SCHART · MOSE UND ISRAEL IM KONFLIKT

ORBIS BIBLICUS ET ORIENTALIS

Im Auftrag des Biblischen Instituts
der Universität Freiburg Schweiz
des Seminars für biblische Zeitgeschichte
der Universität Münster i. W.
und der Schweizerischen Gesellschaft
für orientalische Altertumswissenschaft
herausgegeben von
Othmar Keel
unter Mitarbeit von Erich Zenger und Albert de Pury

Zum Autor:

Aaron Schart, geb. 15. Dezember 1957 in Berlin, studierte von 1976 bis 1982 evangelische Theologie in Berlin, München, Wien und Tübingen. Von 1982 bis 1986 war er Assistent bei Prof. Dr. Jörg Jeremias am Institut für alttestamentliche Theologie der Evangelisch-theologischen Fakultät der Universität München. In den Jahren 1986-1988 absolvierte er das Ausbildungsvikariat in Stuttgart-Bad Cannstatt. Seit 1988 ist er Pfarrvikar in Marbach am Neckar. Promotion 1989.

ORBIS BIBLICUS ET ORIENTALIS 98

AARON SCHART

MOSE UND ISRAEL IM KONFLIKT

EINE REDAKTIONSGESCHICHTLICHE STUDIE
ZU DEN WÜSTENERZÄHLUNGEN

UNIVERSITÄTSVERLAG FREIBURG SCHWEIZ
VANDENHOECK & RUPRECHT GÖTTINGEN
1990

CIP-Titelaufnahme der Deutschen Bibliothek

Schart, Aaron:
Mose und Israel im Konflikt: eine redaktionsgeschichtliche Studie zu den Wüstenerzählungen / Aaron Schart. – Freiburg, Schweiz: Univ.-Verl.; Göttingen: Vandenhoeck u. Ruprecht, 1990
  (Orbis biblicus et orientalis; 98)
  ISBN 3-7278-0672-9 (Univ.-Verl.)
  ISBN 3-525-53729-8 (Vandenhoeck u. Ruprecht)
NE: GT

BS
580
.M6
S32
1990

Die Druckvorlagen
wurden vom Herausgeber als reprofertige
Dokumente zur Verfügung gestellt

© 1990 by Universitätsverlag Freiburg Schweiz
Vandenhoeck & Ruprecht Göttingen
Paulusdruckerei Freiburg Schweiz

ISBN 3-7278-0672-9 (Universitätsverlag)
ISBN 3-525-53729-8 (Vandenhoeck & Ruprecht)

Nur euch habe ich erwählt aus allen Stämmen der Erde;
darum ziehe ich euch zur Rechenschaft für alle eure Vergehen.

(Amos 3,2)

Wer kann die Auserwählten Gottes anklagen? Gott ist es, der gerecht macht. Wer kann sie verurteilen? Christus Jesus, der gestorben ist, mehr noch: der auferweckt worden ist, sitzt zur Rechten Gottes und tritt für uns ein.

(Röm 8,33f)

Vorwort

Die vorliegende Arbeit ist die überarbeitete Fassung meiner Dissertation, die im Sommersemester 1986 der Fakultät für Evangelische Theologie der Universität München vorlag. Sie wagt sich in einem heftig umstrittenen Forschungsgebiet an einen relativ umfangreichen Textkomplex. Um den Arbeitsumfang zu begrenzen, war es unumgänglich, Schwerpunkte zu setzen. Die Arbeit nimmt deshalb zum Teil eine gewisse Unschärfe in der Analyse der Einzeltexte in Kauf und ist stattdessen an einer die Einzelepisoden übergreifenden Reichweite der redaktionsgeschichtlichen Thesen interessiert.

Zu danken habe ich allen, die am Zustandekommen dieser Arbeit auf die eine oder andere Weise beteiligt waren. Zu allererst danke ich Herrn Prof. Dr. J. Jeremias, der mich für die Exegese des AT begeistert und diese Arbeit angeregt hat. Er hat mir nach manchem Rückschlag wieder neu Mut gemacht und das Vorankommen der Arbeit sehr gefördert. Herrn Prof. Dr. K. Baltzer und meinen Kollegen vom Institut für alttestamentliche Theologie, Dr. R. Bartelmus, Dr. H. Utzschneider und Dr. H. Specht, habe ich für manche fruchtbare Diskussion und die gute Atmosphäre zu danken. Auch den Studentinnen und Studenten meiner Lehrveranstaltungen sei für ihre Anregungen gedankt. Prof. Dr. F. E. Deist und Dr. C. Breytenbach haben meine methodologischen Ausführungen in einem früheren Stadium in wohlwollender Weise kommentiert. Herrn Prof. Dr. E. Zenger und Prof. Dr. O. Keel danke ich für die Übernahme meiner Arbeit in die Reihe Orbis biblicus et orientalis. Mein Studienfreund Jörg-Michael Bohnet hat mit großem Einsatz das Korrekturlesen übernommen. Auch meine Frau Charlotte darf nicht unerwähnt bleiben, sie hat mich sehr unterstützt. Schließlich danke ich dem Oberkirchenrat der Evangelischen Landeskirche Württemberg für die Gewährung eines namhaften Druckkostenzuschusses.

Gewidmet sei das Buch meinen Eltern.

Marbach am Neckar, September 1989   Aaron Schart

Inhaltsverzeichnis

Vorwort   1

Kapitel 1: Einführung

1. Das Interesse am Thema der Wüstenerzählungen 7
2. Forschungsüberblick zu den Wüstenerzählungen 8

Kapitel 2: Methodologische Überlegungen

1. Kommunikationstheoretische Grundlegung 17
    1.1. Ein Grundmodell der Kommunikation 18
    1.2. Folgerungen aus dem Grundmodell der Kommunikation 20
2. Methodologische Grundprobleme gegenwärtiger Pentateuchkritik 23
    2.1. Die Ablehnung der historisch-kritischen Forschung 24
    2.2. Zur Auseinandersetzung mit dem "canonical approach" 27
    2.3. Ergebnis der methodologischen Grundlagendiskussion 30
3. Die Diskussion um das literargeschichtliche Modell
der Pentateuchentstehung 31
4. Zum weiteren Vorgehen 34

Kapitel 3: Der Endtext

1. Die Abgrenzung des Episodenkomplexes "Wüste" 38
    1.1. Abgrenzung nach vorne 39
    1.2. Abgrenzung nach hinten 41
    1.3. Ausgrenzung der Sinai-Perikope 44
2. Die Komposition des Episodenkomplexes "Wüste" 45
    2.1. Das Thema des Episodenkomplexes "Wüste" 45
    2.2. Das Erzählmuster "Murrerzählung" 47
    2.3. Die Ringstruktur um den Sinai 49
    2.4. Die Komposition der Episoden vor dem Sinai 53
    2.5. Die Komposition der Episoden nach dem Sinai 55

Kapitel 4: Die Priesterschrift

1. Analyse von Num 13-14 58
   1.1. Übersetzung von Num 13-14 59
   1.2. Formkritik von Num 13-14 62
      1.2.1. Die Erzählstruktur von Num 13-14 63
      1.2.2. Das Erzählmuster "Kundschaftergeschichte" 71
      Exkurs: Gattungsbegriff und Sitz im Leben 71
      1.2.3. Die Spezifika der Kundschaftergeschichte von Num 13-14 ... 75
      1.2.4. Zusammenfassung 79
   1.3. Literarkritik von Num 13-14 80
   1.4. Interpretation der P-Schicht in Num 13-14 89
   1.5. Überlegungen zum historischen Ort des P-Fadens 94
2. Analyse von Num 20,1-13 97
   2.1. Übersetzung von Num 20,1-13 97
   2.2. Formkritik von Num 20,1-13 98
      2.2.1. Die Erzählstruktur von Num 20,1-13 98
      2.2.2. Vergleich von Ex 17,1-7 und Num 20,1-13 108
   2.3. Literarkritik von Num 20,1-13 112
   2.4. Interpretation des P-Fadens von Num 20,1-13 118
   2.5. Überlegungen zum historischen Ort des P-Fadens 121
3. Analyse von Ex 16 122
   3.1. Übersetzung von Ex 16 122
   3.2. Formkritik von Ex 16 123
   3.3. Literarkritik von Ex 16 131
   3.4. Interpretation der P-Schicht in Ex 16 134
   3.5. Überlegungen zum historischen Ort des P-Fadens 135
4. Zur Komposition der Wüstenwanderung in P 137
   4.1. Das Erzählmuster "KABOD-Erzählung" in P 137
   4.2. Die Intention des Erzählmusters "KABOD-Erzählung" 139
   4.3. Der Einschnitt des Sinai - Vergleich von Ex 16/P und Num 13f/P 140
   4.4. Überlegungen zum historischen Ort des P-Fadens 147

Kapitel 5: Die D-Schicht

1. Die Fürsprache Moses in Num 14,11-25 149
   1.1. Aufbau und Struktur des Abschnitts 149
   1.2. Interpretation und traditionsgeschichtliche Einordnung
        von Num 14,11-25 150
   1.3. Vergleichstexte zu Num 14,11-25 155
      1.3.1. Vergleich von Num 14,11-25 mit Ex 32,7-14 155
      1.3.2. Vergleich von Num 14,11-25 und Jos 7,7-9 157
   1.4. Überlegungen zum historischen Ort von Num 14,11-25 158
   1.5. Das Verhältnis von Num 14,11-25 und 14,39-45 159

2. Die Ältestenerzählung in Num 11 160
   2.1. Formkritik von Num 11 160
   2.2. Literarkritik von Num 11 162
   2.3. Die Interpretation der Ältestenerzählung 163
   2.4. Die literargeschichtliche Einordnung der Ältestenerzählung 165
3. Die D-Schicht in Ex 17,1-7 167
   3.1. Literarkritik von Ex 17,1-7 167
   3.2. Traditionsgeschichtliche Einordnung von Ex 17,2.7 169
   3.3. Die Verbindung von Ex 17,2.7 zu anderen Wüstentexten 171
4. Die D-Schicht in Ex 15,22-27 172
   4.1. Formkritik von Ex 15,22-27 172
   4.2. Traditionsgeschichtliche Einordnung von Ex 15,25b-26 172
   4.3. Zur Interpretation von Ex 15,25b-26 174
   4.4. Zur literargeschichtlichen Einordnung von Ex 15,25b-26 175
   4.5. Überlegungen zum historischen Ort von Ex 15,25b-26 177
5. Die D-Schicht in Ex 16 178
   5.1. Zur traditionsgeschichtlichen Einordnung von Ex 16,4-5.28-29 178
   5.2. Zur Interpretation von Ex 16,4-5.28-29 178
   5.3. Zur literargeschichtlichen Einordnung von Ex 16,4-5.28-29 179
6. Zusammenfassung der Ergebnisse zur D-Schicht 181
   6.1. Die Einheit der D-Schicht 181
   6.2. Die zwei Stufen der D-Schicht 181
   6.3. Theologische Intentionen der D-Schicht 182

Kapitel 6: Die jehowistische Schicht

1. Die Komposition des vorsinaitischen Zyklus 184
   1.1. Die Wasserwundererzählungen: Ex 15,22-25a und Ex 17,1b.3-6 184
   1.2. Ex 17,8-16 186
   1.3. Ex 18,1-12 192
   1.4. Ex 18,13-27 194
   1.5. Zur Komposition der jehowistischen Episoden 197
       1.5.1. Die kompositionelle Einbindung der
              Wasserwundererzählungen 198
       1.5.2. Bezüge zwischen Ex 17,8-16 und Ex 18,1-12 200
       1.5.3. Bezüge zwischen Ex 17,8-16 und Ex 18,13-27 201
       1.5.4. Bezüge zwischen Ex 18,1-12 und Ex 18,13-27 202
       1.5.5. Die Gesamtkomposition 204
   1.6. Zur literarischen Vorgeschichte des Jehowisten 205
       1.6.1. Die Einheitlichkeit der einzelnen jehowistischen Episoden 205
       1.6.2. Quellenscheidung des Jehowisten 206
       1.6.3. Der Elohist als Ergänzer des Jahwisten 209
2. Die Komposition des nachsinaitischen Zyklus 210
   2.1. Die einzelnen Episoden 210

  2.1.1. Num 10,29-33a 210
  2.1.2. Num 11,1-3 211
  2.1.3. Die Wachtelerzählung in Num 11 214
  2.1.4. Num 12 216
  2.1.5. Num 13-14/JE 218
  2.1.6. Die Datan-Abiram-Erzählung in Num 16 220
 2.2. Die Komposition der jehowistischen Episoden 224
 2.3. Der Marsch Israels durch die feindliche Völkerwelt 227
 2.4. Zur literarischen Vorgeschichte des Jehowisten 229
  2.4.1. Die Einheitlichkeit der einzelnen jehowistischen Episoden 229
  2.4.2. Quellenscheidung des Jehowisten 231
3. Die Ringstruktur um den Sinai 234
4. Überlegungen zum historischen Ort des Jehowisten 237
 4.1. Zur Datierung des Jehowisten 238
 4.2. Zur Datierung des Jahwisten 240

Kapitel 7: Schluß

1. Modell der Redaktionsgeschichte der Wüstenerzählungen 242
 1.1. Die jehowistische Schicht 243
 1.2. Die erste Stufe der D-Schicht (Dje) 245
 1.3. Die Priesterschrift 247
 1.4. Die Endredaktion 249
 1.5. Die zweite Stufe der D-Schicht (Dp) 252
2. Ausblick 253

Literaturverzeichnis 259

Kapitel 1: Einführung

1. DAS INTERESSE AM THEMA DER WÜSTENERZÄHLUNGEN

Von der Gestalt des Mose ging zu allen Zeiten eine starke Faszination aus. Im Mittelpunkt des Interesses standen dabei in den meisten Fällen der Mose des Exodus, der sein Volk aus der Sklaverei führt, und der Mose des Sinai, der seinem Volk das Gesetz Gottes übermittelt, das den neu errungenen Freiheitsraum auf eine Gott entsprechende Weise begrenzt und gestaltet. Eher am Rande beschäftigte man sich mit dem Mose der Wüstenerzählungen.

Die Wanderung Israels durch die Wüste stellt eine Phase des Übergangs dar. Israel befindet sich zwischen Sklaverei (Ägypten) und nationalstaatlicher Selbstbestimmtheit (Land). Israel ist im Begriff, seine neue Identität herauszubilden. Dies geschieht in einer lebensfeindlichen Umwelt, in der nicht einmal Ressourcen für die Befriedigung der menschlichen Grundbedürfnisse zur Verfügung stehen. Auch innerhalb der Gemeinschaft Israels geht es instabil und chaotisch zu. Moses Führungskompetenz und -legitimität gerät in die Krise. Israel ist noch nicht lange von seinen Verfolgern befreit, da beginnt es bereits, Mose zu attackieren:

> "Wären wir doch in Ägypten durch die Hand Jahwes gestorben, als wir an den Fleischtöpfen saßen und Brot genug zu essen hatten. Ihr habt uns nur deshalb in diese Wüste geführt, um die ganze Versammlung an Hunger sterben zu lassen!" (Ex 16,3)

Israel lehnt sich gegen die von Gott legitimierte Führung auf, es verfolgt eigene Pläne, urteilt nach eigenen Maßstäben und interpretiert die geschichtliche Erfahrung auf eigene Weise. Die Geführten unterstellen dem Mose sogar eigenmächtige Vorhaben zum Schaden Israels. In der Exegese hat sich zur Kennzeichnung dieses Sachverhalts der Begriff "Murren" eingebürgert. Er bezeichnet sehr treffend den Umstand, daß sich der Unmut Israels zwar aggressiv, aber nur verbal äußert. Israel verzichtet auf Gewaltanwendung.[1] Thema der Wüstenerzählungen muß natürlich in solchen Zeiten das besondere Interesse der Exegeten finden, in denen die Legitimation und Kompetenz gesellschaftlicher Führungseliten in die Krise gerät. Es dürfte daher kaum ein Zufall sein, daß wir die zwei einzigen Monographien zum Thema "Murren" den ausgehenden Sechzigerjahren, also der Zeit der Studentenunruhen verdanken.[2]

---

[1] Fälle von Gewaltandrohung (Steinigung) liegen in Ex 17,4 und Num 14,10 vor.

[2] G.W.Coats, Rebellion in the Wilderness (1968); V.Fritz, Israel in der Wüste (1970). Auch K.Budde, Das nomadische Ideal im AT (1896), der erstmals herausstellte, wie wichtig für die alttestamentliche Religion die Vorstellung von einer Urzeit in der Wüste ist, war sich bewußt, in einer Zeit der Krise zu schreiben (S. 78).

Heute können die Wüstenerzählungen m.E. wieder mit dem Interesse der Exegeten rechnen, denn man kann es mit Walter L.Bühl als Konsens bezeichnen, daß wir uns in einer gesellschaftlichen Krisensituation befinden:

> "Ganz allgemein läßt sich jedoch sagen, daß wir heute vor einer Vielzahl von Krisenerscheinungen stehen, deren Anhäufung nicht mehr als mehr oder weniger zufällige Überlagerungen von konjunkturellen Bewegungen, sondern nur noch als tiefgreifende Strukturkrise erklärt werden kann. Diese Krise läßt sich -darin stimmen Marxisten wie Liberale und Konservative überein- schlagwortartig als 'Krise der Industriegesellschaft' oder als 'Krise der Modernität' bezeichnen. Es ist klar, daß diese Strukturkrise nur durch den Übergang in eine andere, in sich wieder stimmige, die kreativen Kräfte der Menschen mobilisierende und ihre Anstrengungen integrierende Struktur gelöst werden kann."[3]

In dieser Situation gesellschaftlicher Umstrukturierung ist auch die Theologie zu einem Beitrag herausgefordert, um die anzustrebenden neuen Strukturen so human wie möglich zu gestalten. Die exegetischen Untersuchungen können dabei als Vorarbeit zu einer theologischen Stellungnahme zur Führungstheorie verstanden werden. Da Führungstheorien sowohl Grundlage für Personalpolitik von Unternehmen, als auch Grundlage für Führungsverhalten von Vorgesetzten gegenüber Untergebenen sind, ist ein theologischer Beitrag zum entsprechenden Reflexionsprozess auch ein Beitrag zur Humanisierung der Arbeitswelt.[4] Auch die Kirche selbst sollte ihre Organisations- und Führungsstruktur durchdenken.[5]

Damit ist das aktuelle Interesse am Thema soweit dargelegt. In einem zweiten Überlegungsgang soll die Fragestellung der Arbeit auf dem Hintergrund eines groben Durchgangs durch die Forschungsgeschichte weiterentwickelt werden.

2. FORSCHUNGSÜBERBLICK ZU DEN WÜSTENERZÄHLUNGEN

Dieser kurze Überblick unterteilt die Geschichte der historisch-kritischen Exegese zu den Wüstenerzählungen ganz grob in drei Phasen: a) die literarkritische, b) die überlieferungsgeschichtliche Phase und c) die Phase neuerer Arbeiten, die durch eine Abkehr vom überlieferungsgeschichtlichen Interesse gekennzeichnet sind.

---

[3] W.L.Bühl, Krisentheorien, 91.
[4] Auf die Notwendigkeit theologischer Reflexion von Führungstheorien und Managementkonzeptionen hat etwa R.Kramer, Arbeit, 112-128 zu Recht hingewiesen. In der Betriebswirtschaftslehre läßt sich auch ein verstärktes Interesse am Thema Führungsethik feststellen, vgl. W.Schmidt, Führungsethik (1986); Ch.Lattmann (Hg), Ethik und Unternehmensführung (1988); Alfred Kieser, u.a. (Hg), Handwörterbuch der Führung (1987).
[5] So haben etwa W.Roeroe und K.Rennstich, Zur Führungskrise in der Kirche - weltweit (1981) versucht, in die Diskussion um die Krise der Führungsstrukturen in den asiatischen Kirchen das alttestamentliche Führungsgremium der Ältesten einzubringen.

a) Die literarkritische Phase
Im ausgehenden letzten und am Beginn dieses Jahrhunderts beschäftigte man sich mit den Wüstenerzählungen vor allem unter dem Aspekt der Literarkritik. Man versuchte, das Textmaterial ziemlich vollständig und bis in einzelne Wörter hinein den Quellen Jahwist, Elohist, Deuteronomist und Priesterschrift zuzuordnen. Diese Forschung war dem Quellenmodell verpflichtet, dem besonders Julius Wellhausen zum Durchbruch verholfen hatte.[6] Sie vollzog sich meist im Rahmen der Kommentierung ganzer Bücher oder der Untersuchung größerer Textzusammenhänge. Ihr verdanken wir einige große Kommentare, die mit großer analytischer Schärfe und philologischer Genauigkeit die Texte exegetisieren.[7] Auch wenn aus heutiger Sicht viel analytische Überschärfe bei der Sezierung der Texte mit im Spiel war, so wurde doch in dieser Phase klar, daß die kanonischen Texte sich einem literarischen Wachstum verdanken.

Bereits **Julius Wellhausen** beobachtete die eigentümliche Sonderstellung des Sinaikomplexes innerhalb der Wüstenerzählungen. Nach seiner Meinung sind die Erzählungen vor und nach dem Sinai in Kadesch zu lokalisieren. Da sie sich zudem zum Teil thematisch entsprechen, folgerte er, daß es eine Überlieferung gegeben habe, "in welcher die Israeliten sofort nach dem Durchgang durchs Schilfmeer auf Kades zogen und nicht erst den Abstecher zum Sinai machten."[8]

Wellhausens theologisches Interesse lag wohl darin, für die Ursprungszeit Israels eine Berufung auf positives, gesetztes Recht zu negieren. Erst die Phase nachexilischer Erstarrung brachte den Gedanken hervor, daß die Tora ein geschichtsloser Gesetzeskodex ist, den Jahwe ein für allemal in Geltung gesetzt hat.[9]

b) Die überlieferungsgeschichtliche Phase
Die überlieferungsgeschichtliche Arbeit an den Wüstenerzählungen ist klassisch von **Martin Noth** in seinem Buch "Überlieferungsgeschichte des Pentateuch" (1948) durchgeführt worden. In der Nachfolge Wellhausens nimmt auch er die Sonderstellung des Sinaikomplexes sehr ernst und vertritt die These, daß das Thema "Führung in der Wüste" gegenüber dem Thema "Offenbarung am Sinai" als eigenständig zu betrachten sei. Er stimmt damit Gerhard von Rad zu, der in seiner Abhandlung "Das formgeschichtliche Problem des Hexateuch" (1938) die

---

[6] J.Wellhausen, Die Composition des Hexateuch (1876-78); ders., Prolegomena zur Geschichte Israels (3.Aufl. 1886).

[7] Einer der bedeutendsten Kommentare ist sicherlich der von Bruno Baentsch, Ex-Num (1900/1903). Als weitere Autoren wären H.Holzinger (Ex 1900, Num 1903); R.Smend, Erzählung des Hexateuch (1912) und andere zu nennen.

[8] J.Wellhausen, Prolegomena, 357. Noch der Aufsatz von J.Gray, The Desert Sojourn of the Hebrews (1954) ist dieser Fragestellung verpflichtet. Er versucht die literarischen Beobachtungen durch historische Argumente zu stützen.

[9] J.Wellhausen, aaO., 358: "Und in dieser Weise gehört die Thora hinein in die Geschichtsdarstellung, nicht nach ihrem Stoff als Inhalt irgend eines Kodex, sondern nach ihrer Form als das berufsmässige Tun Mose's, nicht nach ihrem Ergebnis als Summe der in Israel giltigen Gesetze und Bräuche, sondern nach ihrer Entstehung als begründender Anfang der noch immer in Israel fortwirkenden und lebendigen Institution der Thora."

überlieferungsgeschichtliche Eigenständigkeit der Sinaitradition vertreten hatte.[10]

Bei Noths exegetischer Arbeit muß man m.E. seine Frontstellung gegen die Führerideologie des Nationalsozialismus mitberücksichtigen. Seine These, Mose gehöre "offenbar nicht zum Kerninhalt eines der Pentateuchthemen, sondern erst zur erzählerischen Ausgestaltung"[11], wird auf diesem Hintergrund verständlicher. Noth stellt durch seine exegetischen Forschungen heraus, daß -entgegen der überragenden Bedeutung Moses für die Endgestalt des Pentateuch- *historisch* für den Weg des Gottesvolkes kein Führer nötig war.[12] Implizit scheint mir in dieser exegetischen These doch wohl eine Ablehnung der nationalsozialistischen Führerideologie enthalten zu sein.

Im Bereich des Themas "Führung in der Wüste" fragt Noth in erster Linie nach dem überlieferungsgeschichtlichen Ursprung des Murrmotivs. Diesen findet er in der Namensätiologie von Num 11,34, da nur der Name Kibrot-Taawa "auf ein 'Begehren' (führe), das als Ausdruck der Unzufriedenheit und Mißstimmung des Volkes die göttliche Bestrafung veranlaßt hatte (...)."[13] Von hier aus ist das Murrmotiv in andere Wüstenerzählungen hineingewachsen. Eliminiert man aus den Wüstenerzählungen das sekundär hineingewachsene Motiv des Murrens, so bleibt nach der Meinung Noths eine Reihe von Erzählungen, die "zunächst einfach die den aus Ägypten herausgeführten Israeliten in den Bedrängnissen der Wüste gewährte göttliche Hilfe zum Gegenstand" hatten.[14] Mit diesen Thesen hat Noth die Forschungsrichtung nach ihm sehr stark bestimmt, auch wenn seine Ergebnisse nicht immer Zustimmung fanden.

Andrew Tunyogi bemühte sich in seinem Aufsatz "The Rebellions of Israel" (1962) erneut um das Murrmotiv. Sein Interesse galt den historischen Erfahrungen, die die radikal negative Sicht Israels in der Wüste verständlich machen.[15] Nach seiner Meinung ist diese Sichtweise unter dem Eindruck der Erfahrungen unter Omri und im Exil in prophetischen Kreisen entstanden.[16]

Christoph Barth hat in seinem Aufsatz "Die Bedeutung der Wüstentradition" (1966) die These Noths bestritten, daß es "eine Wüstentradition ohne negativen Aspekt" gegeben habe.[17] Wohl existieren im AT zwei unterschiedliche Sichtweisen der Wüste, nämlich eine, die die positive Seite der Wüstenerzählungen betont (Hos 2,16f und 9,10; Jer 2,2f und 3,4), und eine, die die negative Seite betont, aber diese beiden Sichtweisen existieren nebeneinander.[18] Die Zeit der Wüste ist vom Murren Israels beherrscht, aber sie ist zugleich die Zeit einzigartiger Zuwendung Jahwes zu seinem Volk.

---

[10]G. von Rad, Hexateuch, bes. 20-25.
[11]M.Noth, ÜPent, 191.
[12]K.Koch, Tod des Religionsstifters, 105 gibt mE. die Stoßrichtung Noths richtig wieder: "Die Vorstellung von Mose dem Religionsstifter ist tot und bleibt tot." (kursiv getilgt; AS)
[13]M.Noth, ÜPent, 137.
[14]M.Noth, ÜPent, 137.
[15]Auch R.P.Carroll, Rebellion and Dissent in Ancient Israelite Society (1977) ist den gesellschaftlichen Konflikten nachgegangen, die sich in den Wüstenerzählungen von einem rebellierenden und in sich selbst uneinigen Israel wiederspiegeln.
[16]A.Tunyogi, Rebellions, 388.
[17]C.Barth, Wüstentradition, 23.
[18]C.Barth, Wüstentradition, 20; ebenso B.S.Childs, Ex, 263.

George W. Coats verfaßte die erste Monographie zum Motiv des Murrens.[19] Sein Interesse war -ganz im Sinne Noths- die überlieferungsgeschichtliche Rückfrage nach dem Ursprung des Murrmotivs. Dafür zog er auch Texte außerhalb des Tetrateuchs intensiv heran. Er bestätigte die These Noths, daß das Murrmotiv erst sekundär in die Wüstenerzählungen Eingang gefunden habe, sah aber einen anderen überlieferungsgeschichtlichen Ursprung für das Motiv: "The murmuring tradition, ..., is the polemic directed against the northern cult. Its purpose is to argue that the northern rights to election were forfeited when the fathers in the wilderness rebelled. And in the place of that election, a new election faith is now enjoyed in Jerusalem through the Davidic heir."[20]

Im gleichen Jahr ging **Simon de Vries** erneut den Ursprüngen des Murrmotivs nach.[21] Auch er hält die These von Noth für unwahrscheinlich, kritisiert aber auch die These von Coats. Er sieht den Ursprung des Murrmotivs in der Notwendigkeit, daß eine Tradition von der Landnahme von Süden mit einer Tradition von der Landnahme von Osten miteinander vermittelt werden mußten.[22] Ein Scheitern der Landnahme von Süden war aber nur auf Grund eines Vergehens Israels gegen Jahwe denkbar, dieses sah man im Murren Israels.

Nur zwei Jahre später folgte die Monographie von **Volkmar Fritz** "Israel in der Wüste". Auch seine Studie ist methodisch sehr stark den Fragestellungen von Martin Noth verpflichtet. In breiter Weise untersucht Fritz die dem Jahwisten vorausliegenden Überlieferungen. Noch stärker als Noth sieht er den sekundären Charakter des Murrmotivs gegeben. Seine These ist, daß erst "der Jahwist das Verhalten des Volkes nachträglich negativ qualifiziert" hat.[23] Bei Fritz bahnt sich allerdings schon eine Interessenverlagerung an, die in den neueren Arbeiten immer stärker in den Vordergrund rückt, nämlich die Untersuchung der episodenübergreifenden Zusammenhänge und Kompositionen. So kommt es Fritz letztlich nicht auf die Vorstufen des Jahwisten, sondern auf ihre Aufnahme durch den Jahwisten an, dessen herausgeberische Arbeit er als sehr tiefgreifend ansieht. In diesem Zusammenhang notiert Fritz auch die Bedeutung des Sinai als kompositionellem Einschnitt: vor dem Sinai findet sich keine Bestrafung des Murrens, nach dem Sinai findet sich diese durchgehend.[24]

c) Neuere Arbeiten zu den Wüstenerzählungen

Einen wichtigen Einschnitt stellt die kurze Einleitung zu den Wüstenerzählungen von **Brevard S. Childs** dar, die er in seinem Exoduskommentar (1974) seiner Textauslegung vorangestellt hat.[25] Er zeigt meines Wissens als erster die Fragerichtung neuerer Arbeiten. Das Interesse wendet sich von der Rekonstruktion der überlieferungsgeschichtlichen Vorstufen der Texte ab und

---

[19] G.W.Coats, Rebellion in the Wilderness (1968).
[20] G.W.Coats, Rebellion, 251.
[21] S.de Vries, The Origin of the Murmuring Tradition (1968).
[22] S.de Vries, Murmuring Tradition, 58.
[23] V.Fritz, Israel, 117.
[24] V.Fritz, Israel, 70.
[25] B.S.Childs, Ex, 254-264.

der Analyse der episodenübergreifenden Konzeptionen der literarischen Schichten zu. Für Childs wird dabei die Herausarbeitung von Erzählungsmustern ("Pattern") wichtig. Er unterscheidet zwei unterschiedliche Typen von Murrerzählungen. Der eine Typ kennt kein Strafen Jahwes, da Israel aus einer natürlichen Notlage heraus murrt, der andere kennt eine Bestrafung Israels, da keine solche Notlage erkennbar ist. Die Endredaktion habe mit Absicht die Typen so angeordnet, daß vor der Erzählung vom goldenen Kalb (Ex 32) nur der erste, danach nur der zweite Typ zu finden ist.

Richard Adamiak zeigt in seiner Arbeit "Justice and History" (1981) überhaupt kein Interesse mehr für vorliterarische Stufen des Überlieferungsprozesses. Er widmet sich dem theologischen Sinn der kompositionellen Anordnung von Einzelepisoden. Seine These ist, daß sich in der Anordnung der Murrerzählungen rund um den Sinai eine konsistente Vergeltungslehre ausspricht, die den Bundesschluß mit Gesetzeskundgabe als Verpflichtung Israels begreift. Erst mit der Verpflichtung Israels auf das Gesetz am Sinai zieht das Murren gegen Jahwe Strafe nach sich. Adamiak beschränkt sich dabei nicht auf die Untersuchung des Jahwisten, sondern untersucht alle literarischen Schichten.

Die Arbeit von **Ursula Struppe** "Die Herrlichkeit Jahwes in der Priesterschrift" (1988) untersucht ausschließlich die Priesterschrift im Bereich der Wüstenwanderung. Da "Wüste" und "Sinai" vor allem durch den Begriff "Herrlichkeit Jahwes" kompositionell verbunden sind, ist ihre Arbeit der semantischen Analyse dieses Begriffs gewidmet. Struppe stellt dabei sehr schön heraus, wie eng die priesterschriftlichen Erzählungen in Aufbau und Terminologie aufeinander bezogen sind. Die Komposition der Priesterschrift interpretiert sie so: "... die Herrlichkeit Jahwes offenbart sich schrittweise vom Exodusgeschehen an und erreicht am Sinai ihre vollgültige Gestalt. ... Unzweifelhaft ist die volle Offenbarung mit der Errichtung des Begegnungszeltes gegeben. ... Jahwe bestimmt sich selbst für die Israeliten an diesen Ort, um mitten in seiner Gemeinde zu wohnen und sie so zur Jahweerkenntnis zu führen (Ex 29,43-46). Diese 'Selbstbestimmung' Jahwes für Israel, ..., schafft eine neue Qualität der Beziehung zwischen Jahwes Herrlichkeit und seiner Gemeinde: sie wird direkter, unmittelbarer (ohne 'Wolke') und geschieht je neu 'für sie' ... Es mag sein, daß deshalb auch die Schuld der Israeliten so streng bestraft wird (Num 14). Wenn sie dagegen in Ex 16,3 murren, beseitigt Jahwe die Ursache des Murrens durch Wachteln und Manna."[26]

Zusammenfassend kann man soviel sagen, daß das Interesse an den mündlichen Vorstufen der literarischen Schichten erloschen ist, stattdessen wird immer stärker nach der Komposition von literarischen Schichten gefragt. Auch die vorliegende Arbeit weiß sich letzterem Interesse verpflichtet. Sie versucht auf Grund der verschiedenen Vorarbeiten die Redaktionsgeschichte der Wüstenerzählungen insgesamt zu rekonstruieren, um damit zum Verständnis

---

[26] U.Struppe, Herrlichkeit Jahwes, 228f.

des Endtextes beizutragen. Dies muß nun im Rahmen methodologischer Überlegungen noch weiter präzisiert werden.[27]

---

[27]Erik Aurelius geht in seiner Monographie "Der Fürbitter Israels (1988)" ausführlich auf die Wüstentexte ein, in denen Mose als Fürbitter auftritt. Seine gründliche Studie schließt eine echte Forschungslücke, sie erschien jedoch zu spät, als daß ich mich noch mit ihr hätte auseinandersetzen können.

Kapitel 2: Methodologische Überlegungen

Wer heute im Bereich des Pentateuch Exegese betreibt, sieht sich einer verwirrend vielfältigen, ja gegensätzlichen Forschungslage gegenüber. Lag seit Julius Wellhausen der Forschung am Pentateuch das klassische Quellenmodell als Paradigma zu Grunde, so ist dieses -etwa seit den Siebziger-Jahren [1]- immer stärker der Kritik unterzogen worden. Diese Kritik hat ein Maß erreicht, das dazu berechtigt, von einer Pentateuchkrise zu sprechen.[2]

Charakteristisch für die gegenwärtige Situation ist eine weithin bestehende Einmütigkeit darüber, daß das klassische Quellenmodell den gewandelten Forschungsinteressen und deren Ergebnissen nicht mehr adäquat sei, ohne daß die Grundlagen für ein neues konsensfähiges Modell der Pentateuchexegese sich abzeichnen würden. Es scheint, als stünden wir vor einer Umgestaltung der Grundlagen, auf denen die bisherige Forschung ruhte. Thomas S.Kuhn hat solche Phasen krisenhafter Neuorientierung in der Forschungsgeschichte "Paradigmenwechsel" genannt.[3]

Die Kritik am klassischen Quellenmodell ist offensichtlich eingebunden in den Wandel der geistesgeschichtlichen Situation. Die Rede von einer weltgeschichtlichen "Wendezeit" macht die Runde.[4] Die Quellenhypothese verdankt ihre Evidenz und Stoßkraft zu einem Großteil dem "Geschichtsdenken des ausgehenden 19. Jahrhunderts, dem Historismus."[5] Dieses Geschichtsdenken scheint nach zwei Weltkriegen in einem halben Jahrhundert und einer allseits diagnostizierten Ökologiekrise im Schwinden. Wir befinden uns wohl in der

---

[1] H.Schmid, Mose, 1 sieht mit 1970 einen klaren Einschnitt in der Forschung gegeben. Solche Jahresangaben sind immer problematisch, aber im wesentlichen dürfte er Recht haben.
[2] Vgl. den Untertitel des Forschungsüberblicks von H.Schmid, Mose: Probleme alttestamentlicher Forschung unter Berücksichtigung der Pentateuchkrise. So auch schon E.Zenger (1982): Auf der Suche nach einem Weg aus der Pentateuchkrise.
[3] Zum Begriff "Paradigma" siehe Th.Kuhn, Struktur wissenschaftlicher Revolutionen, 11: "Durch seine (= der Begriff "Paradigma"; AS) Wahl möchte ich andeuten, daß einige anerkannte Beispiele für konkrete wissenschaftliche Praxis -Beispiele, die Gesetz, Theorie, Anwendungen und Hilfsmittel einschließen- Vorbilder abgeben, aus denen bestimmte festgefügte Traditionen wissenschaftlicher Forschung erwachsen." Auf die alttestamentliche Forschung hat den Begriff "Paradigmenwechsel" z.B. B.O.Long, Some recent Trends, 63 angewandt. Vgl. auch B.J.Diebner, Ex 15, 124; A.H.J.Gunneweg, Zur neueren Pentateuchforschung, 227.
[4] So der Titel eines Buches von Fritjof Capra (5.Aufl. 1983). Vgl. auch das Interview mit ihm in EvKomm 20 (1987), 519: "Um als Menschheit überleben zu können, ist ein Paradigmenwechsel nötig: außerdem findet er bereits statt."
[5] H.H.Schmid, Perspektiven, 383. Auch F.Deist, Krise, 2-4 weist auf die Eingebundenheit exegetischer Forschung in die geistesgeschichtlichen Strömungen unseres Jahrhunderts hin.

"Epoche des post-histoire".[6] So ist es verständlich, daß man sich der Fragestellung und mancher Grundannahmen der exegetischen Forschung dieser Zeit heute nicht mehr allzu sehr verpflichtet weiß. Nun darf aber die Rede von einem Paradigmenwechsel nicht so mißverstanden werden, als wäre alles uninteressant oder gar falsch, was bisher als wahr gegolten hat. Ein neues Paradigma muß das alte in irgendeiner Weise einschließen. Mit Kuhn ist daran festzuhalten: "Erstens muß der neue (Paradigma-; AS) Anwärter einige hervorragende und allgemein anerkannte Probleme lösen können, die auf keine andere Weise zu bewältigen sind. Zweitens muß das neue Paradigma die Erhaltung eines relativ großen Teils der konkreten Problemlösungsfähigkeit versprechen, die sich in der Wissenschaft von seinen Vorgängern her angesammelt hat. ... Daraus ergibt sich, daß neue Paradigmata, auch wenn sie selten oder niemals alle Fähigkeiten ihrer Vorgänger besitzen, gewöhnlich doch eine große Zahl der konkretesten Bestandteile vergangener Leistungen bewahren".[7] So kann es auch im Pentateuchbereich m.E. kaum angehen, die historisch-kritische Forschung pauschal zu verwerfen. Es bedarf vielmehr einer sorgfältigen Auseinandersetzung.

Nun zeigt sich, daß zusammen mit dem herkömmlichen Quellenmodell auch die Methode immer stärker in Frage gestellt wird, mit der dieses Modell gewonnen wurde. Die historisch-kritische Methode ist nicht mehr die selbstverständliche Grundlage aller exegetischen Forschung. Dies zeigt sich etwa darin, daß ihre Leistungsfähigkeit bereits ausdrücklich verteidigt werden muß.[8]

So scheint es angebracht, mit methodologischen Erörterungen zu beginnen, um einen möglichst sicheren Einstiegspunkt für die weitere Arbeit zu gewinnen. Mir kommt es dabei nur auf eine kurze Kenntnisnahme der wichtigsten Probleme an.[9] Zunächst (1.) beginne ich mit grundsätzlichen Überlegungen zum kommunikativen Phänomen "Text", um die Überlegungen dann (2. und 3.) auf die literar- und redaktionskritische Methodik zuzuspitzen, und werde schließlich (4.) die Vorgehensweise dieser Arbeit entwerfen.

---

[6] W.Schulz, Philosophie, 581. Vgl. dazu die Diskussion moderner Formen des Ahistorismus bei Schulz, Philosophie, 581-601. Schulz sieht den modernen Ahistorismus in der technologischen Entwicklung unserer Gesellschaft begründet, die besonders im Zeitalter der Mikroelektronik ganz und gar von den Gesetzen der Technik beherrscht ist: "Die Technisierung bringt eine *Schematisierung des Geschehens* mit sich, deren praktische Konsequenz es ist, daß die in dem Geschehen tätigen Menschen nicht mehr als Individuen erscheinen, sondern eigentümlich wesenlos werden. ... Daß die Technologie eine allgemeine Uninteressiertheit an der Geschichte herbeiführt, dies gründet darin, daß die moderne Technik trotz ihrer immer perfekteren Funktionalisierung und trotz ihrer quantitativen Steigerung ins Gigantische sich in qualitativer Hinsicht eigentlich nicht wesentlich verändert. Sie erscheint geschichtslos." (596)
[7] Th.Kuhn, Struktur wissenschaftlicher Revolutionen, 181.
[8] Vgl. etwa W.H.Schmidt, Grenzen und Vorzüge historisch-kritischer Exegese (1985).
[9] Einen neueren Überblick über die verwirrende Forschungslandschaft bietet etwa H.Schmid, Mose (1986).

1. KOMMUNIKATIONSTHEORETISCHE GRUNDLEGUNG

In der zum Teil heftigen Methodendiskussion in der Exegese [10] läßt sich doch wohl ein Ergebnis schon jetzt festhalten: es beginnt sich die Einsicht durchzusetzen, daß Begriffsapparat und Methoden der modernen Sprachwissenschaft (im allgemeinsten Sinn gebraucht) für die Exegese fruchtbar gemacht werden können.[11]

Dieser Dialog mit der Sprachwissenschaft ist aus der Grammatikforschung des biblischen Hebräisch nicht mehr wegzudenken [12] und prägt bereits deutlich die Methodenlehrbücher, die im Studium verwendet werden. Diese sind ja ein deutlicher Indikator für das, was Thomas S.Kuhn die "normale Wissenschaft" genannt hat.[13]

Dieser Dialog kann kaum in einer bloßen Übernahme "säkularkonzipierter" Methodenkonzepte in die Exegese bestehen. Zu Recht hat W.Pannenberg gefordert: "Die Theologie kann sich nicht einfach diesem oder jenem säkularkonzipierten Methodenkonzept anschließen, ohne daß dadurch ihr Thema präjudiziert würde. Darum muß das säkulare Methodenverständnis auf die darin zumeist ausgeblendete religiöse Dimension des betreffenden Phänomenbereichs

---

[10] F.Deist, Krise, führt sechzehn verschiedene "exegetische Modelle" (5) an, die zum Teil "methodologischen Ausschließlichkeitsanspruch" (8) erheben.

[11] So schon W.Richter, Exegese, 12: " Die Bibelwissenschaft ist somit ein kleiner Zweig der Literaturwissenschaften; sie ist Literaturwissenschaft." Vgl. H.D.Preuß, Linguistik, 7; W.Pannenberg, Anthropologie, 378. Eine recht positive Bilanz der von Richter ausgegangenen exegetischen Impulse zieht Th.Seidl, Literaturwissenschaftliche Methode (1989).

[12] Vgl. W.Richter, Grundlagen einer althebräischen Grammatik; R.Bartelmus, HYH (1982); H.Irsigler, Einführung in das biblische Hebräisch (1978/79); W.Schneider, Grammatik (1974); H.Schweizer, Metaphorische Grammatik (1981) u.a..

[13] Th.Kuhn, Struktur wissenschaftlicher Revolutionen, 25: "In diesem Essay bedeutet "normale Wissenschaft" eine Forschung, die fest auf einer oder mehreren wissenschaftlichen Leistungen der Vergangenheit beruht, Leistungen, die von einer bestimmten wissenschaftlichen Gemeinschaft eine Zeit lang als Grundlagen für ihre weitere Arbeit anerkannt werden. Heute werden solche Leistungen in wissenschaftlichen Lehrbüchern, für Anfänger und für Fortgeschrittene, im einzelnen geschildert, wenn auch selten in ihrer ursprünglichen Form. Diese Lehrbücher legen das anerkannte Theoriengebäude dar, erläutern viele oder alle ihrer erfolgreichen Anwendungen mit exemplarischen Beobachtungen und Experimenten." Sie sind also der gegebene Ort, wo sich "Paradigmata" der normalen Wissenschaft finden lassen.
Als Lehrbücher seien genannt: W.Richter, Exegese als Literaturwissenschaft (1971); K.Koch, Was ist Formgeschichte? Nachwort ab dritter Auflage: Linguistik und Formgeschichte; K.Berger, Exegese des NT; G.Fohrer, Exegese des AT; B.Kedar, Biblische Semantik. Für das Gebiet der Narrativik: J.Licht, Storytelling in the Bible (1978); R.Alter, The Art of Biblical Narrative (1981).
Zurückhaltend gegenüber der Rezeption der sprachwissenschaftlichen Begriffsapparate und Methoden äußert sich -soweit ich sehe- lediglich Barth/Steck, Exegese, 74-76, die vor allem in scharfer Abgrenzung von W.Richter, Exegese, grundlegende Schwierigkeiten darin sehen, die grundsätzlich synchron arbeitende strukturale Linguistik mit dem weitgehend diachronen Vorgehen historisch-kritischer Methodik zu vermitteln. Die grundsätzliche wie praktische Verbindbarkeit von synchronen und diachronen Arbeitsweisen dürfte jedoch inzwischen als erwiesen gelten. Die vorliegende Arbeit versteht sich als eine weitere Demonstration dieser Tatsache.

reflektiert und im Lichte solcher Reflexion kritisch revidiert werden."[14] Die Exegese wird freilich solche Auseinandersetzung weniger systematisch-theologisch als in der konkreten Textarbeit durchführen, im Verlauf derer sie die sprachwissenschaftliche Methodik, die in den meisten Fällen an modernen Texten gewonnen wird, der Realität der biblischen Texte anpaßt. Sie bringt dazu eine gewichtige und solide Tradition der Textauslegung in den wissenschaftlichen Dialog mit der modernen Sprachwissenschaft ein.[15]

1.1. Ein Grundmodell der Kommunikation

Die neuere Entwicklung der modernen Sprachwissenschaft geht allgemein dahin, die sprachwissenschaftlichen Analysen von einem kommunikationstheoretischen Ansatz aus durchzuführen. Damit ist das Grundanliegen der Sprechakttheorie -die von Austin ausging- allgemein akzeptiert worden. Heute ist es ein sprachwissenschaftlicher Allgemeinplatz: "Als wichtigste Funktion von Sprache gilt die kommunikative."[16] Dies gilt für alle Teildisziplinen der Sprachwissenschaft.[17]

Schon 1934 hat K.Bühler im Rückgang auf Plato ein einfaches Grundmodell sprachlicher Kommunikation seiner Beschreibung der Sprache als Organon zugrundegelegt: "Ich denke, es war ein guter Griff PLATONs, wenn er im Kratylos angibt, die Sprache sei *organum*, um einer dem anderen etwas mitzuteilen über die Dinge."[18] Deshalb fährt er fort: "Mich dünkt, es sei so etwas wie ein Ariadnefaden, der aus allerhand nur halb begriffenen Verwicklungen herausführt, gefunden, wenn man das Sprechen entschlossen als Handlung (und das ist die volle Praxis im Sinne des ARISTOTELES) bestimmt."[19]

Dieser Ausgangspunkt ist auch in der Textlinguistik inzwischen allgemein akzeptiert. So beginnt das Einführungswerk von B.Sowinski seine materialen Ausführungen: "Im folgenden sollen die wichtigsten textlinguistischen Fragen, Methoden und Begriffe systematisch ... behandelt werden, ... Der Zugang soll dabei von der momentan als besonders bedeutungsvoll angesehenen pragma-

---

[14] W.Pannenberg, Anthropologie, 379. Auch in der Linguistik besteht zum Teil ein gewisser Vorbehalt dagegen, von der Theologie als Rezeptlieferant benutzt zu werden. P.Hartmann, Religiöse Texte, 156, Anm.8: "Es kann bei einer Zusammenarbeit von Theologen und Linguisten nicht darum gehen, daß der Linguist für den Religionsexperten lediglich eine Art von Analyserezept liefert oder ihm gar bei Wege noch schnell die Theologie zur Wissenschaft macht."
[15] Dieses Potential an methodologischem Bewußtsein und Erfahrung im Umgang mit Texten wird auch von linguistischer Seite geschätzt, vgl. etwa B.Sowinski, Textlinguistik, 11.
[16] H.Pelz, Linguistik, 50.
[17] Vgl. etwa: R.Beaugrande/W.Dressler, Textlinguistik, 3: "Wir definieren einen Text als eine KOMMUNIKATIVE OKKURRENZ (...), die sieben Kriterien der TEXTUALITÄT erfüllt"; T.van Dijk, Textwissenschaft, 68; E.Gülich/W.Raible, Textmodelle, 22; E.Coseriu, Textlinguistik, 53-56; K.Stierle, Text als Handlung, 8; W.Kallmeyer,u.a., Lektürekolleg, Punkt 2: Die Entwicklung eines Kommunikationsmodells, 26-60; D.Breuer, Einführung, 44-71; J.Schulte-Sasse/R.Werner, Literaturwissenschaft, 48; H.Zeiher, u.a., Textschreiben, Kap. 2.2. Kommunikationsbezogene Textbewertung; J.Lyons, Language, 195.
[18] K.Bühler, Sprachtheorie, 24.
[19] K.Bühler, aaO., 52.

tischen Theoriebildung aus erfolgen, durch die der Text in seiner kommunikativen Funktion und Form erfaßt wird."[20]

Auch für die Erzähltheorie gilt, was Kahrmann, u.a. formuliert haben: "Als Paradigma des heutigen Standes der Erzähltheorie manifestiert das Kommunikationsmodell des Erzählwerks".[21]

> Wolfhart Pannenberg hat -vor allem in Weiterführung der Kritik N.Chomskys- gewichtige Anfragen an die Auffassung gestellt, daß aus der kommunikativen Funktion der Sprache gefolgert werden könnte, daß jede sprachliche Äußerung eine bewußte Handlung sei.[22] Pannenberg gibt zu, daß es solche sprachlichen Handlungen durchaus gibt, besonders deutlich ist dies bei solchen Äußerungen, die Austin "performativ" genannt hatte.[23] Aber dies ist kaum die ursprüngliche Funktion von Sprache. Diese ist viel eher zugänglich im Phänomen des Gesprächs, in dem beide Gesprächspartner von der Sachthematik des gemeinsamen Gesprächs ergriffen werden, ohne daß sie dabei außerhalb der Äußerung liegende Ziele verfolgen, wie dies der Begriff der Handlung unterstellt.
>
> Verstehe ich diese Argumentation recht, so ist sie kein Einwand dagegen, die Sprache grundlegend als Instrument zur Kommunikation zu verstehen. Pannenberg wendet sich vielmehr dagegen, sprachliche Äußerungen unterschiedslos und ausnahmslos als Handlungen zu bestimmen. In der Tat dürfte darauf zu insistieren sein, daß der Sachorientiertheit der Kommunikation in der Regel eine eigene (zumeist auch primäre) Seinsdignität zukommt, die die kommunikative Absicht der Kommunikationsteilnehmer übersteigt. In der Kommunikationstheorie erscheint dagegen häufig die Absicht und das Interesse der Kommunikationsteilnehmer als das Primäre. Darauf ist später nocheinmal zurückzukommen (1.2.d).

Ein kommunikationstheoretisches Grundmodell muß also den Ausgangspunkt unserer methodologischen Überlegungen bilden, will man den Erkenntnisstand der Linguistik in dem dort üblichen Rahmen rezipieren. Eine Fülle von Kommunikationsmodellen -auch graphischer Art- finden sich in der Sprachwissenschaft, die alle auf "dem aus der Telefontechnik abgeleiteten 'Urmodell' von Shannon und Weaver" basieren.[24]

Demnach geht man allgemein davon aus, daß ein Autor mit einem Leser in einer bestimmten historischen Kommunikationssituation dadurch kommuniziert, daß er einen Text äußert, der vom Empfänger decodiert werden kann und der ihm über die beiden gemeinsame Welt etwas Relevantes mitteilt. Der Text steht also grundsätzlich in einer vierfachen kommunikativen Relation. Dies soll das folgende graphische Modell veranschaulichen: [25]

---

[20] B.Sowinski, Textlinguistik (1983), 64.
[21] C.Kahrmann, Erzähltextanalyse, 12; vgl. E.Gülich, Ansätze, 226.
[22] W.Pannenberg, Anthropologie, 358.
[23] W.Pannenberg, aaO., 352.
[24] H.W.Ludwig, Romananalyse, 44.
[25] Zum Teil erheblich differenziertere graphische Modelle finden sich z.B. bei W.Kallmeyer,u.a., 59-60, H.Pelz, Linguistik, 51.52.55; E.Gülich/W.Raible, Textmodelle, 24-25 (sehr ausdifferenziert!); H.W.Ludwig, Romananalyse, 44.46.49; C.Kahrmann, Erzähltextanalyse, 16.18.20; D.Breuer, Einführung, 44-71.

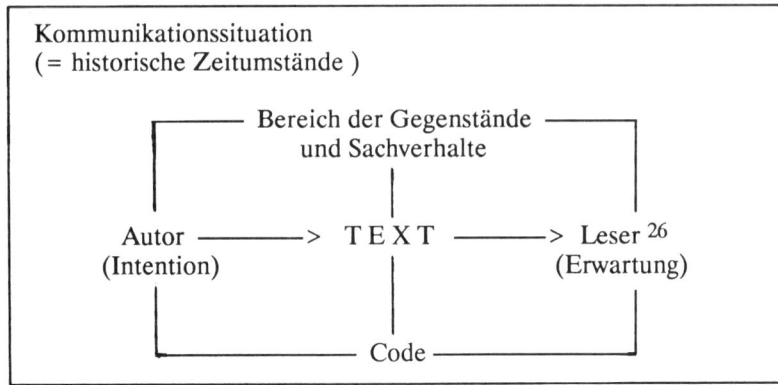

Dieses Modell umfaßt nur die allernotwendigsten Elemente des Kommunikationsaktes. Trotzdem können schon hier einige für die Pentateuchdiskussion wichtige Folgerungen gezogen werden.

1.2. Folgerungen aus dem Grundmodell der Kommunikation

a) Akzeptabilität und Grammatikalität
Das entscheidende und allem anderen übergeordnete Ziel eines Autors mit seinem Text ist es, beim Leser kommunikative Akzeptanz zu erreichen. Alles andere ist diesem Ziel untergeordnet. So können -besonders in der mündlichen Kommunikation, aber auch in der schriftlichen (z.B. Stilfigur des Anakoluth)- selbst nicht-kohäsive Texte akzeptabel sein, wenn nur in der gegebenen Situation verstehbar ist, was die Textäußerung besagen soll und welche Intention der Autor mit der Äußerung seines Textes verfolgt. So argumentieren auch R.Beaugrande/W.Dressler: "Eine sprachliche Struktur muß als Text intendiert und akzeptiert werden, um in der kommunikativen Interaktion verwendet werden zu können. Diese Einstellungen bedingen eine gewisse T o l e r a n z gegenüber Kohäsions- oder Kohärenzstörungen, solange die Zweckhaftigkeit der Kommunikation besteht."[27]

Als Beispiel sei 1Sam 9,12-13 genannt. Hier liegt eine asyntaktische Satzfolge vor, die aber erzählerisch bewußt eingesetzt ist. Sie soll nämlich das "Geschnatter" der verschiedenen Mädchen zum Ausdruck bringen, was die Erzählung verlebendigt. "The question is short, the answer could

---

[26]Für die Exegese besonders wichtig ist ein solches Kommunikationsmodell, das die Besonderheiten literarischer Kommunikation berücksichtigt. Denn die biblischen Texte liegen uns alle in schriftlicher Form vor, geschrieben in einer Sprache, für die uns ein kompetenter Sprecher nicht zur Verfügung steht. Deshalb wähle ich die Begriffe "Autor" und "Leser" statt der gebräuchlicheren und abstrakteren Terminologie "Sender" und "Empfänger".
[27]R.Beaugrande/W.Dressler, Textlinguistik, 118 (Sperrung zum Teil getilgt; AS).

have been shorter: 'he is.' (...) It is, however, long and full of interesting though not quite relevant detail, and slightly disjointed in its grammar. ... The girls are prattling - eager, excited and probably talking all at once."[28]

Auf Grund dieser Ausführungen kann man fragen, ob literarkritische Schärfe nicht in der Gefahr ist zu unterschlagen, daß Texte kommunikativ akzeptabel sein können, auch wenn sie nicht oder nicht in vollem Umfang kohäsiv sind.

b) Schriftliche Kommunikation und Leser
Mündliche und schriftliche Kommunikation unterscheiden sich in mehrfacher Hinsicht. Ein Aspekt soll jedoch angesprochen werden, um den Exegeten im oben dargelegten "Beobachter neutralen" Modell zu verorten. In der mündlichen Kommunikation sind Sender und Empfänger in einer gleichzeitigen Kommunikationssituation eingebettet. In der schriftlichen Kommunikation können Autor und Leser zeitlich durchaus weit auseinanderliegen. Ist die Zeitspanne zwischen Produktions- und Lesevorgang des Textes nicht zu breit, sind insbesondere in der Zwischenzeit keine gravierenden qualitativen Veränderungen der soziokulturellen Rahmenbedingungen (= Kommunikationssituation) eingetreten, so wird es für den Leser relativ einfach sein, den gelesenen Text auch zu verstehen, da er mit dem Autor die Beherrschung des Codes wie des Hintergrundwissens weitgehend teilt. Der Leser versteht den Text umso besser, je mehr er dem Bild entspricht, das sich der Autor von seinem Leser gemacht hat. Der Autor hingegen wird sich bemühen, das in einem Text explizit anzugeben, was er für einen von ihm intendierten Leser für notwendig hält, um den Text zu verstehen. Zum Verständnis des Textes ist also die Interaktion von Autor und Leser nötig. Dies kann am Beispiel der Kohärenz von Texten durch "Inferenzziehung" noch näher erläutert werden.[29]

Kein Text kann verstanden werden, ohne daß Autor und Leser wenigstens partiell über einen gemeinsamen Code und über einen gemeinsamen Wissensraum verfügen. Jeder Autor ist also darauf angewiesen, daß mit bestimmten Lexemen auch die ihnen gemässen Konzepte aktiviert werden. R.Beaugrande und W.Dressler haben in ihrer 'Einführung in die Textlinguistik' diese These eindringlich untermauert: "Ein Text gibt nicht von selbst Sinn, sondern eher durch die Interaktion von TEXTWISSEN mit GESPEICHERTEM WELTWISSEN der jeweiligen Sprachverwender."[30] Besonders deutlich wird dies an sogenannten "Lücken" im Text. R.Beaugrande und W.Dressler führen folgendes Beispiel an:

"(2.1.) Everything was ready. (2.2) Scientists and generals withdrew to some distance and crouched behind earth mounds. (2.3) Two red flares rose as a signal to fire the rocket. Hier gibt es an der Oberfläche keine bemerkbaren Kohäsionsmittel zwischen Sätzen. Und auch die zugrundeliegende Kohärenz leuchtet nicht sofort ein. Ein Zustand der Bereitschaft wird erwähnt, dem zwei Arten von Bewegungsereignissen folgen ('withdraw/crouch', 'rise'). Zur Verbindung

---

[28] J.Licht, Storytelling, 11.
[29] R.Beaugrande/W.Dressler, Textlinguistik, 8: "Wenn eigenes Wissen hinzugefügt wird, um eine Textwelt zusammenzufügen, sprechen wir von INFERENZZIEHUNG (engl. 'inferencing',...)".
[30] R.Beaugrande/W.Dressler, Textlinguistik, 8; vgl. auch die sehr aufschlußreiche empirische Untersuchung von implizitem Wissen von Kommunikationsteilnehmern, aaO. 203-215.

müssen INFERENZEN gezogen werden (...). Diese Operation verlangt die Beistellung angemessener Konzepte und Relationen, um eine LÜCKE oder DISKONTINUITÄT in einer Textwelt aufzufüllen."[31]

Auch der Exeget tut zunächst einmal nichts anderes, als in die Rolle des Lesers einzutreten. Was ihn von einem zeitgenössischen Leser zunächst unterscheidet, ist, daß sich die Kommunikationssituation, sowie der sprachliche Code historisch grundlegend gewandelt haben. Er muß sich das Hintergrundwissen und den Code erst erarbeiten, denn beides wird vom Autor unformuliert vorausgesetzt. Es ist ein grundlegender methodologischer Fehler, die biblischen Texte unmittelbar wie moderne Literaturwerke zu lesen, deren Hintergrundwissen wir weitgehend teilen.[32] Zum Hintergrundwissen gehört nicht nur die Semantik von Wörtern, sondern auch die Kenntnis von Textsortenkonventionen.

Damit ist die Basis gewonnen, um ahistorische Versuche in der Exegese in ihre Grenzen einzuweisen, was nicht heißt, daß nicht bedeutende Beiträge zum Textverstehen von einem solchen Ansatz her möglich und faktisch auch geleistet worden sind.

c) Intertextualität
Ein wichtiges Spezialproblem des Textverstehens ist das Phänomen der Intertextualität.[33] Intertextualität liegt dann vor, wenn ein Autor sich auf einen anderen Text bezieht, dessen Kenntnis er beim Leser voraussetzt. Hier läßt sich das Bemühen zur Rekonstruktion der Literargeschichte der Texte verorten. Man kann auf jeden Fall soviel festhalten: Zumindest *kann* es zum Verständnis eines Textes wichtig sein, die Texte zu rekonstruieren, die der Autor beim Leser als bekannt voraussetzt. In der Tat hat sich die historisch-kritische Forschung am AT sehr stark darum bemüht, die Literargeschichte des Pentateuch zu rekonstruieren, um so zu ermitteln, welchem literarischen Werdegang sich viele Texte verdanken. So ist es z.B. für die Bestimmung der Intention der Priesterschrift nicht unerheblich, in welcher Weise sie sich auf die jehowistische Schicht bezieht. Auch von daher sind solche exegetischen Ansätze in ihrer Tragweite begrenzt, die die Literarkritik *grundsätzlich* ablehnen.

d) "Text" und Kommunikationssituation
Im Zentrum des kommunikativen Aktes steht die Äußerung eines Textes. Im Gefolge der Textlinguistik ist darauf hinzuweisen, daß die Grundform der sprachlichen Äußerung nicht ein Zeichen, nicht der Satz (auf den sich die Sprechakttheorie häufig beschränkt), sondern der Text ist. Zutreffend hat Schicklberger die Grundannahmen der Textlinguistik zusammengefaßt [34]: "Die Textlinguistik geht von der Erkenntnis aus, dass (1.) "die oberste und

---

[31] R.Beaugrande/W.Dressler, Textlinguistik, 108.
[32] Vgl. dazu J.Barr, Scripture, 160f.
[33] R.Beaugrande/W.Dressler, Textlinguistik, 12: Intertextualität "betrifft die Faktoren, welche die Verwendung eines Textes von der Kenntnis eines oder mehrerer vorher aufgenommener Texte abhängig macht."
[34] F.Schicklberger, Literarkritik, 67.

unabhängigste sprachliche Einheit nicht der Satz, sondern der Text" sei, dass (2.) Kommunikation sich "grundsätzlich in Texten" vollzieht und (3.), dass nicht jede beliebige Summe oder Aneinanderreihung von Worten, Sätzen oder Signalen einen Text ergibt. Vielmehr unterliegt deren Anordnung und Aufbau zu einem Text bestimmten Gesetzmäßigkeiten." Hieraus folgt die grundlegende Bedeutung der Textlinguistik für die Exegese.[35]

Der Text stellt gegenüber Autor und Leser eine eigene Größe dar. Der Autor steuert den Text sehr stark, schließlich ist er es ja, der den Text produziert. Aber der Text ist doch vom Autor gelöst, ist eine selbständige Einheit. Deshalb kann er auch vom Leser zum Teil ganz anders rezipiert werden. Der Leser steuert den Text durch sein Hintergrundwissen und vor allem durch seine Erwartungshaltung.[36] Die Selbständigkeit des Textes zeigt sich auch darin, daß er von konkreten Kommunikationssituationen ablösbar ist und als Produkt, bzw. als Ware am gesellschaftlichen Distributionsprozeß teilnehmen kann, unabhängig von der Intention des Autors.

Der Text geht nicht darin auf, ein Produkt seiner Kommunikationssituation zu sein, er ist nicht nur Ausdruck eines ganz bestimmten Interesses, das mit der Äußerung des Textes verfolgt werden soll - dies ist er wesentlich auch. Der Text ist nicht nur auf den Leser bezogen, sondern auch auf den Bereich der Gegenstände und Sachverhalte. Nur als solcher ist er auch vom Leser akzeptierbar und kommunikativ adäquat. Für schriftliche Texte ist häufig vorauszusetzen, daß der Sachaspekt der Äußerung im Vordergrund steht.

Der Primat des Sachaspekts erklärt vielleicht am besten, warum wir häufig in nur geringem Maß über den historischen Ort von Literaturwerken der Bibel informiert sind. Die Sammler des Textmaterials waren offensichtlich nicht immer darum bemüht, die gesammelten Texte auch historisch zu verorten, wohl deshalb, weil sie den Texten eine zeitinvariante Allgemeingültigkeit unterstellten. Die historischen Zeitumstände können deshalb häufig nur in einem vorsichtigen Schlußverfahren aus den Texten selbst rekonstruiert werden.

2. METHODOLOGISCHE GRUNDPROBLEME GEGENWÄRTIGER PENTATEUCHKRITIK

Ein redaktionsgeschichtliches Fragen, wie es diese Arbeit versucht, muß sich -soweit ich sehe- gegenwärtig vor allem mit zwei Vorgehensweisen

---

[35] In meiner Arbeit werde ich mich vor allem auf die international anerkannte, begrifflich sehr differenzierte Einführung von R.-A.de Beaugrande und W.U.Dressler (1981) stützen. Ihrer Terminologie möchte ich mich soweit wie möglich anschließen, wenn auch die speziellen Interessen der Arbeit an biblischen Erzähltexten manche Modifikationen erfordern. Zukunftsweisend ist dieses Werk auch darin, daß Begriffe und Verfahren aus der linguistischen Datenverarbeitung rezipiert werden. Zur -sicher an Bedeutung noch zunehmenden- Nutzung des Computers in der Exegese siehe z.B. Th.Seidl, Literaturwissenschaftliche Methode, 34f.

[36] Da der Exeget auch Leser des Textes ist, ist die Untersuchung von Rezeptionssteuerung und deren Kontrollmöglichkeiten auch von hermeneutischem Interesse.

auseinandersetzen: zum einen (2.1.) mit einer ahistorischen Vorgehensweise, die die historisch-kritische Exegese grundsätzlich ablehnt, zum anderen (2.2.) mit dem "canonical approach", wie er namentlich von B.S.Childs verfochten wird.

2.1. Die Ablehnung der historisch-kritischen Forschung

a) Desinteresse an der literargeschichtlichen Dimension?
Folgt man einigen neueren Exegeten [37] so ist die von der historisch-kritischen Forschung erarbeitete Vorgeschichte des uns heute vorliegenden Endtextes völlig uninteressant, um den Text zu verstehen. Ja, mehr noch, die historisch-kritische Rückfrage hinter den Endtext nimmt den Text hermeneutisch nicht ernst! Dabei wird zum Teil nicht einmal bestritten, daß es eine Vorgeschichte gab, nur wird ihrer Herausarbeitung jeder hermeneutische Wert abgesprochen. Diese Zugangsweise zum Text kann man als ahistorisch, bzw. "achron" bezeichnen. Damit ist eine Arbeitsweise gemeint, "die von dem ursprünglichen Kommunikationszusammenhang zwischen Texthersteller und intendiertem Leser absieht und sich nur auf die Relation Text - (heutiger) Leser konzentriert."[38]

Im Bereich der Wüstentexte hat dies sehr deutlich B.J.Diebner zum Ausdruck gebracht: "Ich halte das Interesse dieser Forschung (Ende des 19.Jahrhunderts; AS) für nutzlos, und damit auch ihre Fragestellungen und die Art, wie die Methoden im Rahmen der Fragestellungen eingebracht werden. Ich halte auch die Ergebnisse dieser Forschung für nutzlos -zum mindesten für uns heute, wenn wir heute noch immer "Ergebnisse" einsammeln, die -beurteilt vom Denkansatz und von der Fragestellung her- vielleicht für unsere Väter und Grossväter (...) sinnvoll hätten gewesen sein können."[39]

Diese Interesselosigkeit gegenüber den Bemühungen der historisch-kritischen Exegese, die Texte in den geschichtlichen Prozeß des alttestamentlichen Israel einzuordnen, stimmt zusammen mit der Beobachtung von W.Schulz, der von einer "unthematisierten Gleichgültigkeit der Geschichte gegenüber" in der heutigen Wissenschaft spricht.[40]

Ich halte dieses völlige Übergehen der literargeschichtlichen Dimension der Texte für verfehlt, zumindest für voreilig. Gibt es eine Vorgeschichte der Texte und kann man sie einigermaßen rekonstruieren, so ist nicht einzusehen, wieso sie nicht hermeneutisch relevant sein sollte. Dies gilt insbesondere dann, wenn im uns gegebenen Endtext Spannungen und Kohärenzstörungen vor-

---

[37] Exemplarisch ist in dieser Hinsicht die Formulierung von D.J.A.Clines, Theme, Preface, 5: " It is time that we ignored the sources -hypothetical as they are- for a little, and asked what the Pentateuch as a whole is about;..."; vgl. auch D.Jobling, Num 11-12, 27.
[38] C.Breytenbach, Nachfolge, 14.
[39] B.J.Diebner, Ex 15,22-27, 123.
[40] W.Schulz, Philosophie, 596. Unter "non-historical movements" der modernen Literaturwissenschaft faßt J.Barr, Scripture, 159: "modern literary theory, structuralism, Ricoeur's hermeneutics".

liegen, die nicht mehr als kommunikativ akzeptabel interpretiert werden können. Die literarkritische Forschung hat eine Fülle solcher Kohärenzstörungen beobachtet und diese im Rahmen ihres literargeschichtlichen Modells interpretieren können. Darüber kann und sollte man nicht einfach hinwegsehen. Wo die klassische Literarkritik des Guten zuviel getan hat (und das hat sie sicher getan), lohnt sich meist die Mühe ausdrücklicher Entkräftung der Argumente, denn die am Text gemachten Beobachtungen müssen auch im Rahmen einer anderen Erklärung des Textes interpretiert werden.

Die rein synchrone, im Grunde ahistorische Betrachtung der Texte droht den Bezug zur realen, und das heißt immer historischen, Lebenswelt zu verlieren. Die Gewachsenheit der Texte bezeugt, daß man in Israel mit den Texten gelebt hat. Im Lichte neuer historischer Erfahrungen dachte man über die kodifizierte Überlieferung neu nach. Die Texte wurden immer neu aktualisiert; nicht weil man aus Pietät die alten Überlieferungen nicht fallen lassen wollte, sondern weil von ihnen eine die geschichtliche Erfahrung erhellende Kraft ausging und dies wiederum deshalb, weil es in allen historischen Wandlungen doch um die Begegnung mit dem einen Gott ging, der sich in allem neuen Handeln an seinem Volk doch als der erwies, der seinem bisherigen Handeln treu blieb.

Dies ist auch theologisch bedeutsam. Die biblischen Texte sind unauflöslich verwoben in die historischen Prozesse. Sie sind entstanden im Spannungsfeld von ideologischen und politischen Interessengegensätzen. Sofern die biblischen Texte in hervorragender Weise die Offenbarung Gottes bezeugen, insofern läßt sich aus den faktischen Entstehungsverhältnissen der Texte ableiten, daß sich Offenbarung in der Geschichte vollzieht. Ja, noch mehr, daß Geschichte erkenntniserschließende Funktion hat. Im Laufe der Verarbeitung geschichtlicher Erfahrungen gelingt es immer mehr, in die Wahrheit des Überlieferungsbestandes einzudringen und diesen zu explizieren und neu zu aktualisieren. Die Abblendung der historischen Dimension der Texte kann dazu führen, die Texte nur noch als bloße Funktion der Selbstverständigung religiöser Sprachgemeinschaften zu verstehen. Es wird dann nicht mehr deutlich, daß die Texte ja religiöse Reflexe auf reale geschichtliche Erfahrungen sind, auf die sie bezogen sind und an denen sie ihren Wahrheitsanspruch messen lassen. Mit der Abblendung der historischen Dimension läßt sich dagegen leicht die Tendenz verbinden, den Wahrheitsanspruch der Texte dahingestellt sein zu lassen und dessen Geltungsbereich eben auf die betreffende religiöse Sprachgemeinschaft einzuschränken.[41] So gesehen ist es dann doch sehr die Frage, ob es gerade die historisch-kritische Forschung ist, die die Texte "nicht ernst nimmt".

b) Zum Verständnis des Endtextes
Bernd J.Diebner wirft dem historisch-kritischen Fragen "Respektlosigkeit" gegenüber den Texten vor. "Die Respektlosigkeit drückt sich m.E.... aus ... in der Art und Weise, wie diese Gebilde nicht als Gebilde wahrgenommen werden, sondern nur als Fundgruben für textarchäologisches Sezieren."[42] Dieser

---

[41] Vgl. dazu W.Pannenberg, Wissenschaftstheorie, 388-392.
[42] B.J.Diebner, Ex 15, 132.

Vorwurf hat seinen Wahrheitsgehalt wohl darin, daß die Literarkritik methodisch oft so vorgegangen ist, daß sie das Faktum literarischer Schichtung im Text bereits unbewiesen unterstellt hat, um dann nur noch die genauere Erfassung der Schichtung zu ihrer Aufgabe zu erklären. Wie der Forschungsüberblick gezeigt hat, verband sich darüber hinaus mit der Frage nach dem Ursprünglichen die nach dem Normativen. Alles "Sekundäre" wurde abgewertet. Demgegenüber insistiert die Forderung, den Endtext "ernst zu nehmen", zu Recht darauf, daß das "Sekundäre" und insbesondere der kanonische Endtext mindestens gleiche Seinsdignität hat. Der Primat des Endtextes wird schon daraus deutlich, daß jede exegetische Hypothesenbildung über die Vorgeschichte des uns heute vorliegenden Endtextes von einer genauen Analyse eben dieses Endtextes ausgehen muß. Dabei kann aber das Ernstnehmen des Endtextes -wie bereits oben gezeigt- eine historische Tiefendimension des Textes nicht von vornherein ausschließen oder für uninteressant erklären.

Man wird dem Anliegen und dem Wahrheitsmoment dieser Forschungsrichtung wohl so gerecht werden können, daß man das synchrone dem diachronen Fragen vorordnet. Am Beginn der Textarbeit muß die Analyse des Endtextes stehn. Ist dies richtig, so folgt daraus die Umgruppierung des traditionellen Methodenkanons, so daß mit den synchronen Arbeitsgängen (Form- und Traditionskritik) begonnen wird.[43]

> Das klassische Methodenlehrbuch von H.Barth/O.H.Steck bietet folgende klassische Abfolge der Methodenschritte bei der Bearbeitung eines Textes: Textkritik - Literarkritik - Überlieferungsgeschichtliche Fragestellung - Formgeschichtliche Fragestellung - Redaktionsgeschichtliche Fragestellung - Bestimmung des historischen Ortes. Nach Barth/Steck spiegelt sich in dieser Anordnung die Vorordnung diachroner Arbeitsschritte vor den synchronen [44], wenn auch die Methoden in der Weise als interdependent verstanden werden, daß sie sich "zu einem umfassenden Korrelationsgefüge" verbinden.[45]

c) Bedeutung des "fiktionalen Gehaltes" der Texte
Ein weiterer Punkt berechtigter Kritik an der historisch-kritischen Forschung betrifft den "fiktionalen Gehalt" der Texte.[46] Die historisch-kritische Forschung klassischer Prägung hat die Texte oft nur als Quellen betrachtet, um auf hinter den Texten liegende Prozesse zugreifen zu können. Man fragte etwa nach dem historischen Gehalt der Texte, oder nach ihrem überlieferungsgeschichtlichen Kern und maß dann diesen rekonstruierten Prozessen oder Ursprüngen Norma-

---

[43] Die Vorordnung der Synchronie vor der Diachronie ist ein wesentliches Grundpostulat des Strukturalismus. Dies hat z.B. H.D.Preuß, Linguistik, 8 hervorgehoben. Vgl. W.Richter, Exegese, 35f; K.Berger, Exegese, 29; W.Egger, Nachfolge,57; M.Theobald, Primat der Synchronie, 186: "Hat die Deutung der gegebenen Textgestalt Vorrang, dann kann die literarkritische Rückfrage da in Gang gesetzt werden, wo eine Analyse trotz allem Bemühen um die Integration disparater Elemente (aber nicht um jeden Preis!) auf stehengebliebene Kanten übernommener Tradition stößt, die sich dem Versuch solcher Intergration widersetzen."
[44] H.Barth/O.H.Steck, Exegese, 10.
[45] H.Barth/O.H.Steck, aaO., 12. Soweit ich sehe, hat lediglich W.Richter, Exegese, 72 diese Reihenfolge als eine unumkehrbare Abarbeitungsreihenfolge verstanden.
[46] Inwieweit mit diesem Begriff in Gänze wiedergegeben ist, was B.J.Diebner, Ex 15, 127 mit "'symbolischem' Verständnis" meint, sei dahingestellt.

tivität zu. Der Endtext wurde stattdessen als Fiktion bestimmt und verlor seine Normativität.

Wolfhart Pannenberg hat dagegen darauf hingewiesen, daß der fiktionale Gehalt das notwendige Korrelat einer religiösen Deutung historischer Ereignisse ist.[47] Der Glaube nimmt die Ereignisse nämlich im Vorgriff auf ein noch ausstehendes Ganzes der Geschichte wahr. Im Lichte dieses Ganzen wird dann das einzelne Ereignis erzählt. Einem auf das "wirkliche Geschehen" reduzierten profanen Blick mag sich dies als die Umhüllung eines historischen Kerns mit erzählerischer Fiktion darstellen. Fiktionen dienen aber "anscheinend der Erfassung der 'tieferen' oder eigentlichen Bedeutung bestimmter Ereignisse, Personen und Erfahrungen."[48] R.E.Clements dürfte Recht haben, wenn er gerade mit dem fiktionalen Gehalt der Texte ihre theologische Aussagekraft verbindet: "Yet they (the stories; AS) also possess a strongly theological quality which has dedicated the way in which they have been formulated and given a connected structure. ... In this respect therefore the way in which the stories have been told has been more surely controlled by questions of a theological and religious nature than by purely historical concerns."[49]

Den fiktionalen Gehalt der Texte in dieser Weise in das Zentrum der Interpretation zu rücken, erfordert aber keine grundsätzliche Abkehr von der historisch-kritischen Forschung.

2.2. Zur Auseinandersetzung mit dem "canonical approach"

Neben der grundsätzlichen Bestreitung historisch-kritischen Fragens muß sich ein redaktionsgeschichtlicher Ansatz m.E. mit B.S.Childs und dem "canonical approach" auseinandersetzen. Childs Versuch kann man als einen fruchtbaren Kompromiß zwischen einem ahistorischen Ansatz und der traditionellen Redaktionsgeschichte verstehen.[50] Vielleicht ist er deshalb auf so breite Resonanz gestoßen.[51]

a) Bedeutung der Vorgeschichte der Texte
Childs ist nicht daran interessiert, die Ergebnisse oder die Relevanz der

---

[47]W.Pannenberg, Das Irreale des Glaubens. Vgl. auch M.Oeming, Fiktionen. Schon G.v.Rad, Gen, 29f befaßte sich mit der Historizität der Erzählungen der Genesis und wies auf den "Zeugnischarakter" der Erzählungen hin: "Deshalb könnte man zugespitzt sagen, daß diese Erzählung nicht 'historisch' sei; aber die Erfahrung, daß Gott die Verheißung über menschliches Versagen wunderbar hinüberrettet, war für die Gemeinde eine eminent geschichtliche. So eignet diesen Erzählungen ein überaus hoher Dichtigkeitsgrad, weil sich in ihnen Erfahrungen zusammendrängen, die der Glaube der Gemeinde vielleicht in Jahrhunderten langsam eingebracht hat."
[48]W.Pannenberg, Das Irreale, 33; vgl. M.Oeming, Fiktionen, 262.
[49]R.E.Clements, History and Theology in Biblical Narrative, 56; vgl. M.Oeming, Fiktionen, 266.
[50]So sieht es auch B.S.Childs selbst, JSOT 16 (1980), 53. Vgl. Smend, Questions, 46; J.Barr, Childs, 20.
[51]Die Bedeutung von Childs' Vorstoß kann daran gemessen werden, daß ihm die Zeitschriftennummer JSOT 16 (1980) zur Gänze und Horizons in Biblical Theology 2 (1980) zur Hälfte gewidmet ist.

Literarkritik grundsätzlich zu bestreiten: "To work with the final stage of the text is not to lose the historical dimension, but it is rather to make a critical, theological judgment regarding the process. The depth dimension aids in understanding the interpreted text, and does not function independently of it."[52] Ausdrücklich grenzt Childs seinen Ansatz gegenüber ahistorischen, strukturalistischen Methoden ab.[53] Allerdings übt Childs auch berechtigte Kritik an der herkömmlichen historisch-kritischen Forschung. Die historisch-kritische Forschung hat hinter den Endtext zurückgefragt und -dies ist das Entscheidende- die so gewonnenen historischen Konstrukte gegen die Darstellung des Endtextes ausgespielt und die ursprünglichen Phasen der Literar- und Überlieferungsgeschichte als normativ angesehen.

Heute ist eine solche Abwertung der Spätphasen geschichtlicher Prozesse nicht mehr verständlich.[54] Gerade die späteren Stadien der Überlieferungsgeschichte haben in der Regel den Texten ihre endgültige Gestalt gegeben. Erst die Kanonisierung [55] hat die Texte weitgehend ihrer historischen Situation und ihres partiellen historischen Sinnes entkleidet und ihnen universale, zeitinvariante Geltung verschafft. Erst seit dieser Phase sind sie nicht mehr Ausdruck partieller Gruppenegoismen, sondern identitätsstiftende Grundlage des einen nachexilischen Judentums. Gerade die Spätphase der israelitischen Geschichte wird so als "die formative Epoche verstanden, der das Alte Testament seine jetzige Gestalt verdankt, und zwar nicht nur in formaler Hinsicht, sondern auch im Blick auf seine theologische Ausformung."[56] Von daher erscheint es angebracht, das exegetische Interesse auch auf die spätesten Phasen zu richten. Gleichwohl wird man kaum bestreiten können, daß viele sehr späte Redaktoren gar nicht mehr das Interesse hatten, die ihnen vorliegenden Texte massiv umzugestalten; sie wollten oft nur einen im wesentlichen bereits formierten Textbestand neu akzentuieren. Auf diese Weise verdanken sich manche Strukturen, die den Endtext prägen, doch einer früheren Epoche des literargeschichtlichen Prozesses.

---

[52]B.S.Childs, Introduction, 76. Der Begriff "Tiefendimension" stammt wohl von G.von Rad, Gen, 19f.
[53]B.S.Childs, Introduction, 74; dazu bemerkt J.Barr, Childs, 20: "Those interested in structuralism as an alternative to historical-critical study will thus be disappointed."
[54]Vgl. auch H.H.Schmid, Perspektiven, 389f: "Es fällt auf, daß nicht nur in der alttestamentlichen Wissenschaft, sondern auch in der allgemeinen Geschichtswissenschaft die Spätzeiten neues Interesse gefunden haben, und wir können heute auch den Spätzeiten positive Seiten abgewinnen. Hängt dies damit zusammen, daß wir selbst in gewissem Sinne in einer Spätzeit leben?"
[55]Die Kanonisierung ist nur dem AT angedichen, nicht irgendwelchen anderen schriftlichen Zeugnissen des Alten Orients. B.S.Childs, Introduction 74.
[56]R.Rendtorff, Kanon, 8. Die Zeit des nachexilischen Judentums ist allerdings sehr dunkel; dagegen läßt sich aus dem Kanon sehr viel Material gewinnen über die vorexilische Zeit Israels (so R.Smend, Questions, 49)! Von daher erscheint das umgekehrte Interesse etwa von M.Noth, ÜPent, 1, nicht als unangebracht, der die Frühzeit Israels für die wesentliche, formative Epoche der Geschichte Israels hält. Schließlich haben sich gerade die späten Phasen der Religionsgeschichte Israels intensiv mit der vorstaatlichen Frühzeit befasst (man denke etwa an P).

b) Das Problem des Kanons

Childs verbindet mit seinem Interesse an der Phase der Endredaktion der alttestamentlichen Bücher zugleich das Interesse am Kanon, d.h. an der Normativität der biblischen Endgestalt.[57] Hier muß man jedoch wohl genauer unterscheiden. James Barr hat zu Recht darauf aufmerksam gemacht, daß hier bei Childs zwei Begriffe durcheinander gehen, die zumindest für das erste auseinanderzuhalten sind: "Kanon" und "Endtext". Den Begriff *Kanon* kann man mit Barr wie folgt definieren: "A canon, in the sense of the canon of scripture, is: 1. a body of texts; 2. something public, declared authoritative for the whole community; 3. something understood to be permanent and not intended for revision."[58] Der *Endtext* ist die Zeichenfolge, die als primäres Datenmaterial jeder Textinterpretation zu Grunde liegt. Sie hat von sich aus keine normative Funktion. Der "Endtext" ist eine rein literaturwissenschaftliche Kategorie, während der Kanon eine kirchliche Sachentscheidung darüber ist, welche Bücher der kirchlichen Lehrbildung als normativ zu Grunde liegen sollen.[59]

In der Tat ist der Kanon der Exegese durch die Tradition als hermeneutische Aufgabe aufgegeben, d.h. durch die kirchliche Entscheidung in den ersten Jahrhunderten und die darauf aufbauende immense Wirkungsgeschichte, gegenüber der die historisch-kritische Epoche leicht verblassen könnte.[60] Es ist jedoch fraglich, inwieweit der "Kanon" zu einem exegetischen Prinzip gemacht werden sollte. Denn das kann leicht als eine ungerechtfertigte autoritäre Setzung erscheinen, gegenüber der keine Kritik mehr möglich ist.[61] Von daher erscheint es angebrachter, sich auf das unhintergehbare Primat des überlieferten Endtextes zu beschränken, und darauf hinzuweisen, daß der Endtext -als das primäre Datenmaterial- den Ausgangspunkt für jede wissenschaftliche Hypothese bilden sollte.

c) Die "kanonische Endgestalt" - Endtext und Endredaktion

Die Exegese führt also zum Verständnis des Endtextes, indem sie ihn als Endprodukt eines Redaktionsprozesses versteht. Die späten Redaktoren haben

---

[57]Es ist gut verständlich, daß der Ansatz von Childs im deutschen Raum als Möglichkeit zur Verständigung mit dem Judentum begrüßt wurde (R.Rendtorff, Kanon, 11; vgl. auch J.Barr, Scripture, 151-152). So scheint die kanonische Endgestalt z.B. die zentrale Rolle der Tora zu unterstützen (R.Rendtorff, Kanon, 11). Der Dialog mit dem Judentum kann sich aber nur in sehr problematischer Weise auf den Begriff des Kanons beziehen. Denn gerade hier trennen sich die Wege von Judentum und Christentum. Es gibt entweder den Tenak, oder die eine ganze Bibel von AT und NT (so zu Recht J.Barr, Childs, 22)! An die Betonung des Kanons läßt sich dagegen leichter ein biblisch-theologisches Interesse anschließen.

[58]J.Barr, Scripture, 71.

[59]So auch J.Barr, Scripture, 159: "Literature, after all, does not lead naturally to terms like canon and authority in the theological sense. For canonical criticism the Bible does not have the same kind of meaning as a play of Shakespeare or a poem of T.S.Eliot." (kursiv getilgt; AS)

[60]So auch R.Smend, Questions, 46.

[61]Auch R.Rendtorff stellt fest, daß der Ansatz von Childs, den Kanon zu einem exegetischen Prinzip zu machen, in der Exegese wenig Gefolgschaft findet (Kanon, 7), während dem Endtext deutlich wachsende Aufmerksamkeit zugewendet wird. Er selber scheint dem Kanon Normativität zubilligen zu wollen (11), betrachtet die Frage aber als dogmatisches Problem. Die Kategorie des "Kanons" ist besonders deshalb fraglich, weil die Gründe für die Kanonisierung mancher Schriften für uns im Dunkeln liegen. Vgl. dazu auch R.Smend, Questions, 47.

aber das ihnen überkommene Text-Material oft viel weniger umgestaltet als frühere Redaktoren. Die Endredaktion hat deshalb häufig eher den Charakter der Sammlung; sie bildet in ihrer kommunikativen Funktion eine Einheit, nicht jedoch als kohärenter Text: "I would also emphasize that the use of the term 'canonical integrity' is not to be identified with literary, historical, or conceptual unity. It rather refers to the effectiveness of the literature to function coherently within a community of faith."[62]

Der Einheitssinn redaktioneller Bearbeitungen, die das überlieferte Textmaterial weitgehend erhalten wollen, zeigt sich oft in der kompositionellen Anordnung eben jenes Textmaterials. Schon die bloße Abfolge von Episoden bringt einen bestimmten Sinn zum Ausdruck.[63] Für den Exegeten folgt daraus, daß er die Einzelepisoden von der globalen Kompositionsstruktur her interpretieren muß.[64] Childs hat sich in seiner 'Introduction' der kompositionellen Gestalt der Endredaktion unter der Überschrift "The canonical Shape of ..." mit großer Energie und interessanten Vorschlägen gewidmet. Und es scheint so, daß hier ein sehr fruchtbarer Ansatz vorliegt.[65] Die Frage nach der Komposition der Episoden ist jedoch nicht nur für die Phase der Kanonisierung von Interesse, wie es der Arbeitstitel "Canonical Shape of..." nahelegt, sondern natürlich auf jeder Stufe des Redaktionsprozesses.

2.3. Ergebnis der methodologischen Grundlagendiskussion

a) Einsatz beim Endtext

Der redaktionsgeschichtliche Zugang zum Endtext ist weiterhin sowohl von Interesse als auch oft geboten. Der Endtext ist nicht pauschal als kohärenter Text interpretierbar. Im Gegenteil, die Ausblendung von Differenzen im Endtext kann dazu führen, daß man mittels der freien Phantasie Dinge in die Texte hineinliest, um sie zu harmonisieren.[66] Methodologischer Ausgangspunkt sollte aber der Endtext sein. Dieser muß zuerst synchron interpretiert und analysiert werden. Wo sich im Zuge dieses Arbeitsganges literarische Brüche zeigen, muß

---

[62] B.S.Childs, JSOT 16 (1980), 55.

[63] Schon Gerhard von Rad hat -anläßlich seiner Interpretation des Jahwisten- darauf hingewiesen, daß die kompositionelle Anordnung der überlieferten Texte theologisch höchst signifikant sein kann: "... das Eigene des Jahwisten, seine theologische Grundkonzeption bekommen wir viel weniger innerhalb der Einzelerzählungen als in der Eigenart der Komposition zu fassen. In der Art, wie er die Stoffe aneinandergereiht, aufeinander bezogen und =abgestimmt hat, darin kommt die Geschichtstheologie des Jahwisten wesentlich zum Ausdruck." (Gen, 28)

[64] G.von Rad, Gen, 29: "So muß also der Ausleger einerseits der hohen Geistigkeit dieser Erzählungen gerecht werden, andererseits vorsichtig aber konsequent seine Auslegung auch von den theologischen Leitgedanken der Gesamtkomposition her bestimmen lassen." (Sperrung getilgt; AS)

[65] H.Schmid, Mose, 35-38 verweist bereits auf einige Titel, die sich dieser Fragestellung verpflichtet wissen. Besonders interessant erscheinen mir die Untersuchungen zu Ex 32-34 von G.W.Coats, King's Loyal Opposition und R.W.L.Moberly, Mountain of God.

[66] Auf diese Gefahr macht J.Barr, Childs, 18 aufmerksam. Auch an B.J.Diebner, Ex 15 könnte man die Frage stellen, wie er seine "symbolische Auslegung" des Endtextes methodisch kontrollieren will.

mittels der Literarkritik auf die literarische Vorgeschichte behutsam zurückgeschlossen werden.

b) Der Endtext als Endredaktion
Hat man die literarische Vorgeschichte des Endtextes erarbeitet, so sollte man nicht die früheren Phasen der Literargeschichte den redaktionellen Spätstadien mit normativen Ansprüchen entgegensetzen, auch wenn die wesentlichen formativen Prozesse der Phase der letzten Redaktion oder der Kanonisierung geschichtlich häufig vorausliegen. Die Interpretation des Endtextes ist eine durch die Tradition gestellte hermeneutische Aufgabe, denn in dieser Gestalt hat der Pentateuch eine immense Wirkungsgeschichte entfaltet, in dieser Gestalt lag er der kirchlichen Lehrbildung zu Grunde.

c) Redaktion und Komposition
In Anlehnung an Childs muß der Frage nach der Komposition der biblischen Texte breiterer Raum eingeräumt werden. Vielfach ist die kompositionelle Gestaltung des Textmaterials eine wesentliche Tat der Redaktoren. Dies ist für die Interpretation der Episoden zu berücksichtigen, und zwar auf jeder Stufe des literarischen Wachstumsprozesses.

3. DIE DISKUSSION UM DAS LITERARGESCHICHTLICHE MODELL DER PENTATEUCHENTSTEHUNG

Die Diskussion im Bereich des Pentateuch erstreckt sich nicht nur auf die Kontroverse um die methodologischen Grundlagen. Auch innerhalb des Kreises der Forscher, die die Literarkritik nicht grundsätzlich ablehnen, besteht zum Teil große Uneinigkeit darüber, welches Modell der literarischen Komplexität des Pentateuch am besten gerecht wird. Die wesentlichen Probleme der gegenwärtigen Forschung hat neuerdings H.Schmid in seinem Forschungsbericht zur Gestalt des Mose zusammengestellt.[67] Am zweckmäßigsten dürfte es sein, zunächst die grundsätzlicheren und dann die begrenzteren Anfragen an das herkömmliche Modell vorzustellen. Die Auseinandersetzung mit bestimmten Hypothesen im Einzelnen muß natürlich am Ort der Textinterpretation erfolgen.

a) Bearbeitungs- kontra Quellenmodell
Die grundsätzlichsten Anfragen dürften diejenigen sein, die das Vorhandensein von selbständigen, in sich geschlossenen Quellen überhaupt bestreiten. Als exemplarischer Vertreter dieser Richtung kann Rolf Rendtorff gelten. Er urteilt: "Die Annahme von 'Quellen' im Sinne der Urkundenhypothese vermag

---

[67] H.Schmid, Mose, 17-38. Gute Forschungsüberblicke älteren Datums bieten E.Osswald, Das Bild des Mose (1963) und R.J.Thompson, Moses and the Law (1970).

heute keinen Beitrag mehr zum Verständnis des Werdens des Pentateuch zu leisten."[68] Nach ihm stellt sich das Wachstum des Pentateuch vielmehr als ein fortwährendes Zusammenwachsen von Einzelerzählungen zu immer größeren Komplexen dar.[69] Schließlich werden solche "größeren Einheiten" auch noch untereinander verbunden: Die "priesterliche Bearbeitungsschicht" verbindet Urgeschichte, Vätergeschichte und Mosegeschichte miteinander.[70] Sie stellt aber keinen Gesamtzusammenhang für den gesamten Pentateuch her. Dies leistest erst eine "deuteronomisch geprägte Bearbeitungsschicht". Sie ist "die erste und nach unserer bisherigen Einsicht einzige, die eindeutig den Pentateuch als ganzen im Blick hat und als *einen* großen Zusammenhang verstanden wissen will."[71] Rendtorffs Überlegungen sind neuerdings von Erhard Blum weitergeführt worden.[72]

Mir scheint, daß Rendtorffs Überlegungen in einem hohem Maß davon abhängen, was man als "bewußte Komposition" versteht. Rendtorff läßt als einziges Kompositionsmittel die expliziten Vor- und Rückverweise gelten, die eben die deuteronomisch geprägten Texte auszeichnen. Nun ist aber dieses Mittel keineswegs das einzige und schon gar nicht ein besonders gebräuchliches. So hält auch R.E.Clements die kompositionelle Verkettungstechnik mittels "forward- and backward-looking technique" für ein Spätstadium der Literaturgeschichte Israels.[73] Die Bewertung der These von Rendtorff wird davon abhängen, in welchem Maß es gelingt, eine episodenübergreifende Komposition auch auf früheren Stufen des literargeschichtlichen Prozesses nachzuweisen. Dabei empfiehlt es sich, auch auf scheinbar weniger signifikante Kompositionsmittel zu achten, z.B. auf lexikalische und thematische Berührungen zwischen einzelnen Episoden.

b) Die alten Quellen
Besonders stark umstritten sind die alten Quellen J und E, was ihre Abgrenzung und ihr literarisches Verhältnis zueinander betrifft. Da sich J und E in Hinsicht auf ihren Erzählstil und ihre Wortwahl oft nicht signifikant unterscheiden, sind sie oft schwer zu trennen. Manches Mal haben Literarkritiker eine Episode in zwei Fäden zerschnitten, die sich bei genauerem Achten auf die biblische Erzählkunst als literarische Einheit erwies.[74] Weiter ist zu fragen, ob E als eigene literarische Quelle existiert hat; oder muß E vielmehr als ergänzender und korrigierender Herausgeber von J begriffen werden?[75] Beide Quellen sind zudem häufig nur bruchstückhaft erhalten, was eine präzise Erfassung ihrer Struktur und theologischen Intention erschwert. Für E hatte man schon immer

---

[68]R.Rendtorff, Problem, 148.
[69]R.Rendtorff, aaO., 170.
[70]R.Rendtorff, aaO., 162.
[71]R.Rendtorff, Problem, 164.
[72]E.Blum, Komposition.
[73]R.E.Clements, Review, 53.
[74]Als besonders gelungenes Beispiel betrachte ich es, wie U.Cassuto, The Documentary Hypothesis, 84-97, Gen 27 als literarisch einheitlich erweist.
[75]Die These, daß E nie als eigene Quelle existiert hat, vertraten schon P.Volz/W.Rudolph, Der Elohist als Erzähler (1933); vgl auch F.V.Winnett, Re-examining the Foundations, 7.

einen fragmentarischen Erhaltungszustand angenommen, aber auch bei J will eine vollständige Herausarbeitung oft nicht gelingen.[76]

Vielleicht hilft es, wenn man sich verstärkt dem Jehowisten zuwendet, also dem literarischen Werk, das aus J und E -in welcher Weise auch immer- entstanden ist. Jedenfalls läßt sich das ältere Quellenmaterial hinsichtlich Stil und Konzeption leichter rekonstruieren, wenn man zunächst von einer Trennung in J und E absieht.[77] Namentlich E.Zenger hat den Jehowisten als eigenes literarisches Werk mit klarem theologischen Profil zu begreifen versucht.[78]

c) Die deuteronomisch-deuteronomistische Schicht

Stärker als die bisherige klassische Forschung nimmt man zum Teil eine dtn-dtr Schicht im Pentateuch an.[79] Dieser Schicht wird -wiederum zum Teil- ein wichtiger Beitrag bei der Redaktion der alten Quellen zugeschrieben. Hatte man diese Schicht weitgehend vor P angesetzt, so wird in letzter Zeit auch eine nachpriesterschriftliche deuteronomistische Schicht angenommen.[80] Problematisch ist, welche Kriterien dazu berechtigen, von einer deuteronomistischen Schicht zu sprechen. "Diese Texte enthalten nämlich keineswegs einfach gängige deuteronomische oder deuteronomistische Aussagen."[81] Rendtorff spricht deshalb lieber von einer "deuteronomisch geprägte(n) Bearbeitungsschicht".[82]

d) Die Priesterschrift

In der gesamten Pentateuchdebatte bildet die Priesterschrift gleichsam einen letzten Grundpfeiler: "Bei den Angriffen auf die Urkundenhypothese erweist sich die Priesterschrift (...) am resistentesten."[83] In der Tat weist sie einige signifikante Charakteristika auf, die die Ausgrenzung eines Mindestbestandes relativ einfach macht. Immerhin besteht in der Abgrenzung der Schicht nach hinten ein schwieriges Problem: Ist P im Josuabuch noch nachzuweisen, hatte P also noch eine Landnahmeerzählung?[84] Ein weiteres Problem liegt darin, ob man P als in sich kohärenten Quellenfaden oder als Bearbeitungsschicht verstehen muß.[85] Wieder dürfte die Entscheidung dieser Frage davon abhängen, in wieweit es gelingt, P als in sich geschlossene Komposition zu verstehen.

---

[76] Man vergleiche etwa die vielen Leerstellen zu Ex 16; Num 14f; 16f in der literarkritischen Übersicht bei V.Fritz, Israel, 35-36.
[77] So geht auch H.Vorländer, Entstehungszeit des jehowistischen Geschichtswerkes (1978) vor.
[78] E.Zenger, Israel am Sinai, 20.
[79] W.Fuß, Deuteronomistische Pentateuchredaktion; A.Reichert, Jehowist; C.Brekelmans, Die sogenannten deuteronomischen Elemente in Gen-Num.
[80] E.Ruprecht, Mannawunder; F.Ahuis, Gerichtsprophet; F.Ahuis, Autorität.
[81] R.Rendtorff, Problem, 165.
[82] R.Rendtorff, Problem, 164.
[83] H.Schmid, Mose, 27.
[84] Diese These vertrat schon Th.Nöldeke, Grundschrift, 144. Ebenso P.Volz/W.Rudolph, Elohist als Erzähler, Anhang 135-142; G.v.Rad, Priesterschrift; N.Lohfink, P und Geschichte, 198, Anm 29.
[85] P wird als Bearbeitungsschicht verstanden von F.M.Cross, Canaanite Myth und S.Tengström, Toledotformel, 16.

e) Datierungsprobleme
Bei nahezu allen Quellen bestehen zum Teil gravierende Kontroversen über die Datierung. Besonders im Zentrum steht die Spätdatierung des Jahwisten, die H.H.Schmid in einer eigenen Monographie vertreten hat.[86] Neuerdings hat W.H.Schmidt die Frühdatierung des Jahwisten erneut verteidigt.[87] Obwohl die Datierung grundsätzlich einiges zum Verständnis der Texte erbringen kann, ist doch darauf hinzuweisen, daß sie nur auf Rückschlüssen aus den Texten beruht, die häufig wenig zwingenden Charakter haben.[88]

4. ZUM WEITEREN VORGEHEN

Nach den bisherigen Überlegungen zur Methodologie und zur Pentateuchkritik ist nun die Vorgehensweise der folgenden redaktionsgeschichtlichen Arbeit zu entwickeln.

a) Formkritik vor Literarkritik
Die bisherigen Überlegungen haben ergeben, daß die synchronen Fragestellungen den diachronen vorausgehen müssen. Das bedeutet, daß der Literarkritik eine gründliche Erfassung des gegebenen Endtextes vorausgehen muß, ehe man Hypothesen über die Vorgeschichte des Textes aufstellt. Vor allem die Kriterien "Dopplung" und "Spannung" setzen eine Analyse der Erzählstruktur des Textes voraus. Denn ohne eine profunde Kenntnis der Erzählstruktur des Textes kann man nicht beurteilen, ob ein Erzählmoment, das zweimal im Text begegnet, eine sinnstörende Dopplung, oder aber eine vom Autor bewußt gewollte Wiederholung ist.[89]
Formkritische Überlegungen werden der Literarkritik vorausgehen müssen. Grundsätzlich aber behalten die Kriterien der klassischen Literarkritik ihre Gültigkeit! Nach wie vor sind wirkliche Dopplungen, Spannungen und Stilbrüche, die im Erzählzusammenhang keine kommunikative Absicht erkennen lassen, kaum anders zu erklären als durch die Annahme literarischer Schichtung im Text. Aber nicht die Störung der Kohäsion und Kohärenz, sondern die Störung der erkennbaren kommunikativen Absicht gegenüber dem intendierten Leser soll das letzte Kriterium sein, an dem sich die Frage der literarischen Einheitlichkeit eines Textes entscheidet. In diesem Sinn können (scheinbare)

---

[86]H.H.Schmid, Jahwist; vor ihm schon F.V.Winnett, Re-examining the Foundations (1965), 3-5; vgl. auch H.Vorländer, Entstehungszeit des jehowistischen Geschichtswerkes.
[87]W.H.Schmidt, Ein Theologe in salomonischer Zeit?
[88]R.Rendtorff, Problem, 169: "Zunächst muß eingeräumt werden, daß wir kaum zuverlässige Kriterien für die Datierung der pentateuchischen Literatur besitzen." Vgl. ebd., 171.
[89]Daß die Wiederholung ein häufiges Mittel in Erzählungen ist, haben etwa C.M.Bowra, Heldendichtung, oder K.-H.Hartmann, Wiederholungen im Erzählen, gezeigt. Für die biblischen Texte vgl. J.Licht, Storytelling, 51-95 und R.Alter, Biblical Narrative, 88-113.

Kohäsions- und Kohärenzstörungen bewußt eingesetzt sein, um einer hierarchisch höher einzustufenden Kommunikationsabsicht zu dienen.[90]

b) Die Frage nach der Komposition

In Übereinstimmung mit der Tradition der formgeschichtlichen Forschung [91] werden zuerst die Einzelerzählungen analysiert und interpretiert werden. Das empfiehlt sich schon allein aus Gründen der Überschaubarkeit. In einem zweiten Arbeitsgang ist dann die Verbindung der Episoden untereinander zu ermitteln. Dabei ist es wichtig, die bunte Vielfalt kompositioneller Techniken nicht auf die eine Form expliziter Vor- und Rückverweise einzuschränken. Bereits die bloße Anordnung ursprünglich selbständiger Erzählungen kann theologisch signifikant sein. Allein die Tatsache, daß einzelne Erzählungen in eine narrative Abfolge gebracht werden, leitet den Leser an, diese als Episoden eines längerfristigen Geschehens zu lesen. Auf diese Weise werden die späteren Erzählungen im Licht der ersteren gelesen und bekommen so einen neuen Sinnhorizont.

c) Vom Sicheren zum Unsichereren

In der zerstrittenen Lage ist -wie das in der Forschung ohnehin die Regel sein sollte- auf den Grad der Wahrscheinlichkeit von Hypothesen zu achten, schon allein deswegen, weil es in dieser unübersichtlichen Forschungslage die Diskussion erleichtert. R.Smend hat dieses Prinzip seiner Einleitung zu Grunde gelegt: "Ausgangspunkt sind die fertigen lit. Größen: das AT selbst und seine Teile. Von ihnen aus wird jeweils zurückgefragt: über die Redaktionen zu den von ihnen verwendeten schriftl. Quellen und von dort zu den Stoffen und Formen, die wiederum diesen zugrundeliegen. ...; vom relativ Sicheren wird schrittweise zum, in der Regel wenigstens, Unsichereren zurückgegangen. Die Unterscheidung des Sicheren vom Unsicheren ist in der at. Wissenschaft der letzten Jahrzehnte oft sträflich vernachlässigt worden."[92]

Auf Grund unserer bisherigen Überlegungen können wir diesem Verfahren zustimmen. Am Anfang unserer Textuntersuchungen werden also Überlegungen zum *Endtext* der Wüstenerzählungen stehen. Im Rahmen dieses Arbeitsganges wird auch zu klären sein, ob und in welcher Weise der Komplex der Wüstenerzählungen abzugrenzen ist. Es wird dann darum gehen müssen, mittels der Literarkritik die literarische Schichtung zu bestimmen. Dabei muß

---

[90] Viele solcher Verstöße gegen die traditionellen Textbildungsmuster sind andererseits wieder fester Bestandteil der sprachlichen Kompetenz der Sprecher, so z.B. die atypische Verwendung von Textsorten in Parodie oder Groteske, oder die Stilfiguren der Ellipse und des Anakoluth.

[91] H.Gunkel, Ziele, 17f spricht davon, daß "in manchen alttestamentlichen Kommentaren eine wunderliche Sucht, weitschichtige Dispositionen zu finden, umgeht, Dispositionen, die dem alten Hebräer ganz unerschwinglich gewesen wären." Dies führt auf das Verständnis der biblischen Autoren als "Sammler" (ebd., 28). Dieser Begriff hat das Verständnis der Quellen lange Zeit beherrscht. Schon Gunkel hat aber auch übergreifende Strukturen entdeckt, nämlich "Sagenkränze", die in der Weise zusammengehören, daß die Einzelepisoden mittels Leitmotiven, Leitworten und anderer erzählerischer Mittel zusammengebunden sind.

[92] R.Smend, Entstehung, 11; vgl. ders., Questions, 45; E.Zenger, Israel, 22f; B.W.Anderson, Genesis 1-11; 25 und 38; R.Rendtorff, Kanon, 8; ders., AT, 138.

die Literarkritik in der gegenwärtigen Umbruchsituation der Forschungslage, stärker als dies bisher seit Wellhausen geschah, mit der Möglichkeit der Revision des üblichen Quellenmodells rechnen. Man wird insbesondere vorsichtig sein, auf Grund der Befunde in einem bestimmten Textbereich des Pentateuch auf die Befunde in einem anderen Bereich des Pentateuch, oder gar Enneateuch, zu schließen.[93]

Die erste literarische Größe, die mittels der Literarkritik ermittelt werden soll, ist die *Priesterschrift*. Ein gewisser Abgrenzungskonsens in der Forschung zeigt, daß sie immer noch die am sichersten rekonstruierbare literarische Schicht ist, zumal sie -trotz späterer Redaktionen- vollständig erhalten zu sein scheint. Neben der Analyse und Interpretation der Einzelepisoden wird der Komposition der Priesterschrift nachzugehen sein. Da die Priesterschrift den Einsatzpunkt des Vorgehens bildet, dieser aber naturgemäß für die weitere Arbeit von zentraler Bedeutung ist, bedarf es hier ausführlicherer Überlegungen als in den folgenden Teilen der Arbeit.

Schon erheblich weniger sicher abhebbar ist diejenige Schicht, die von deuteronomischer Sprache und Vorstellungswelt her geprägt ist. Diese "*D-Schicht*" soll als nächstes literarisch rekonstruiert und auf ihre Konzeption hin befragt werden.

Ist die *jehowistische Schicht* noch einigermaßen sicher zu rekonstruieren, so muß man bei der weiteren literarischen Analyse des Jehowisten besonders vorsichtig operieren. Im Bereich der Wüstenerzählungen hat man kaum Kriterien, um eine Schicht sicher dem Jahwisten, dem Elohisten, dem Jehowisten oder einem nicht-quellenhaften Autor zuzuweisen.

Am Schluß können dann die wesentlichen Stadien des redaktionsgeschichtlichen Prozesses, dem wir den Endtext verdanken, nachgezeichnet werden. Auch sollen noch einige theologische Impulse aufgezeigt werden.

---

[93]So zu Recht K.Koch, Methoden, 809. Als Gegenbeispiel kann M.Noth, Num, 8 gelten: "Nimmt man das 4.Mosebuch für sich, so käme man nicht leicht auf den Gedanken an 'durchlaufende Quellen', sondern eher auf den Gedanken an eine unsystematische Zusammenstellung von zahllosen Überlieferungstücken sehr verschiedenen Inhalts, Alters und Charakters ('Fragmentenhypothese')."

Kapitel 3: Der Endtext

Den methodologischen Überlegungen entsprechend bildet der Endtext den Ausgangspunkt unserer exegetischen Arbeit an den Wüstenerzählungen. Im Rahmen dieses Kapitels sollen die Wüstenerzählungen als ein Ganzes thematisiert werden.[1] Es geht also um die globale Kompositionsstruktur, die die Einzelepisoden übergreift.[2]

Die Suche nach einer solchen Struktur ist mit gewissem Vorbehalt zu betreiben, sie verlangt ein "flächiges" Lesen, um sich nicht mit den vielen literarkritischen Einzelbeobachtungen aufzuhalten. Leider fehlt es hier zum Großteil an Vorarbeiten. Die bisherige Forschung hat sehr differenzierte Verfahren für die Literarkritik, aber kaum solche für die Beschreibung der Komposition und Struktur des Endtextes entwickelt.[3] So bleibt es schwierig und vergleichsweise unsicher, die Fülle von lexikalischen, erzählstrukturellen und thematischen Bezügen zwischen den einzelnen Episoden zu ordnen und in eine übersichtliche, möglichst einfache Struktur zu bringen.[4] Nach einer solchen "einfachen Struktur" gilt es aber m.E. zu fragen. Der Leser braucht eine solche globale Struktur, um nicht den Überblick zu verlieren.[5] Natürlich wird sich im -mehrmaligen- Lesevorgang diese Struktur weiter ausdifferenzieren und verkomplizieren, denn eine allzu einfache Struktur ohne ein Mindestmaß an Komplexität wirkt schematisch und langweilig.

Nun ist es freilich nicht einfach, solche globalen episodenübergreifenden Strukturen zu finden. Vielmehr werden die Wüstentexte und insbesondere das Numeribuch für relativ unstrukturiert gehalten.[6] Daß die Wüstentexte eine amorphe Ansammlung von disparatem Erzählmaterial bilden, scheint auch ein Blick auf die Geschichtspsalmen 78 und 106 zu belegen, die das pentateuchische Erzählmaterial ganz unterschiedlich anordnen. Gleichwohl ist zu

---

[1] Die Analyse des Endtextes von einzelnen Erzählungen erfolgt im Verlauf der literarkritischen Arbeit.
[2] Vgl. D.T.Olson, Death of the Old, 1: "If no structure is detected, the work collapses into a jumble of unrelated fragments with no unifying purpose or meaning."
[3] Darauf weist z.B. auch C.J.Labuschagne, Neue Wege und Perspektiven in der Pentateuchforschung, 149f hin. Immerhin haben sich die Kommentatoren meist bemüht, der fortlaufenden Interpretation der Texte eine Gliederung vorauszuschicken. Für das Numeribuch vergleiche dazu den Forschungsüberblick von D.T.Olson, Death of the Old, 9-30.
[4] So sieht etwa E.Zenger, Israel am Sinai, 24 seinen Versuch, die literarische Komposition des Exodusbuches zu erfassen, durchaus durch "Randunschärfen" belastet, da manche Struktursignale nicht als besonders signifikant gelten können.
[5] So zeigt etwa J.Licht, Storytelling in the Bible, 121-123, wie sich die Einheit des Jona-Buches in einfachen Strukturen manifestiert.
[6] M.Noth, Num, 5 bemerkt zum Numeribuch: "Der Inhalt des Buches ist sehr uneinheitlich, und sein Aufbau ist reichlich undurchsichtig." Vgl. D.T.Olson, Death of the Old, 33.

vermuten, daß auch die Wüstenerzählungen eine Einheit bilden, die sich in einer möglichst einfachen Struktur darstellen läßt. Dieser Vermutung soll in zwei Arbeitsgängen weiter nachgegangen werden. Zum ersten (1.) soll nach der Abgrenzung, zum zweiten (2.) nach der Komposition des Episodenkomplexes gefragt werden.

1. DIE ABGRENZUNG DES EPISODENKOMPLEXES "WÜSTE"

Es kann als ein gewisser Konsens bisheriger exegetischer Forschung gelten, daß sich der Pentateuch in größere thematische Einheiten gliedert, die zum Teil sogar die Buchgrenzen übergreifen.[7] Auch die Wüstenerzählungen bilden ein solches größeres Ganzes, den Episodenkomplex "Wüste". Damit ist ein Bestand von Episoden gemeint, die auf der Ebene des Endtextes als erzählerische Einheit abgrenzbar ist.

Zum wissenschaftsgeschichtlichen Hintergrund dieses Begriffs ist folgendes zu bemerken: Namentlich *Gerhard von Rad* hat in der Frage der Erarbeitung einer thematischen Struktur des Pentateuch als Ganzem die Forschung stark beeinflußt. Er sah den gesamten Erzählstoff des Pentateuch durch "einen verhältnismäßig einfachen Grundgedanken" geordnet, der in einigen Bekenntnissen Israels sogar explizit formuliert sei.[8] Einzelnen Elementen dieses "heilsgeschichtlichen Credos" entspräche auch ein eigener "Sagenkranz".[9] Entscheidend für die Zusammenordnung von Einzelerzählungen zu einem solchen Sagenkranz war die Lokalisierung und die stoffliche Zusammengehörigkeit. Diese Sagenkränze bestanden ursprünglich je für sich und wurden erst im Rahmen der Verschriftung durch den Jahwisten in einen literarischen Zusammenhang gebracht; "dicht hinter der literarischen Arbeit steht noch immer der scharfe Umriß und das ganze Eigengewicht der selbständigen Sinaitradition."[10] Auch wenn sich das Interesse von G.von Rad nicht in erster Linie auf den Endtext, sondern auf "Überlieferungskomplexe" bezog [11], die durch die überlieferungsgeschichtliche Rückfrage leicht und sicher rekonstruiert werden können, so hat er doch auch wichtige Beobachtungen zur Gliederung des Endtextes gemacht.

Die Fragerichtung von G.von Rad wurde von *Martin Noth* fortgeführt.[12] Er faßt die von von Rad herausgearbeiteten Überlieferungskomplexe als "Themen" auf. Auch Noth meint damit nicht einen auf der Textoberfläche abgrenzbaren Episodenkomplex, sondern ein globales Muster, das

---

[7]Gerade im Bereich der Wüstenerzählungen zeigt sich, daß die Komposition der Texte die Buchgrenzen übergreift (vgl. auch J.Barr, Childs, 18). Es ist deshalb m.E. verfehlt, die Bucheinteilung des Pentateuch als Einstiegspunkt für die Suche nach weiträumigen globalen Strukturen zu nehmen, wie dies etwa B.S.Childs, Introduction, E.Zenger, Israel, 22-32 und D.T.Olson, Death of the Old, 43f tun. Auch K.Baltzer, Biographie, 38-53 zeigt buchübergreifende Zusammenhänge auf, indem er die Erzählungen über Mose als Teile einer "Biographie" versteht. Vgl. auch die These von G.W.Coats, Moses Narratives, 34: "The Moses narratives can be understood, bracketed together, as heroic saga." (Kursiv getilgt; AS)

[8]G.v.Rad, Hexateuch, 10.

[9]G.v.Rad, Hexateuch, 21 unterschied zum Beispiel "zwischen einem Kadessagenkranz (Ex.17-18; Num.10-14) und einem Sinaisagenkranz (Ex.19-24; 32-34)".

[10]G.v.Rad, Hexateuch, 61.

[11]R.Rendtorff, Problem, 5 charakterisiert mit dem Begriff "Überlieferungskomplex" den Sachverhalt bei von Rad zutreffend. Schon M.Noth hatte G.von Rad in diesem Sinn verstanden (ÜPent, 49).

[12]M.Noth, ÜPent, 2 (vgl. 48) beruft sich explizit auf von Rad, Hexateuch.

mit Einzelerzählungen "aufgefüllt" werden kann.[13] Es handelt sich also auch bei Noth um eine überlieferungsgeschichtliche Kategorie, die nicht ohne weiteres zur Beschreibung des Endtextes gedacht ist.[14]

Erst *Rolf Rendtorff* hat die von ihm so genannten "größeren Einheiten" konsequent als Gegebenheiten des Endtextes verstanden und sich demzufolge auch mit ihrer genauen Abgrenzung im jetzigen Textbestand beschäftigt.[15] Weil jedoch sein Interesse gleichwohl überlieferungsgeschichtlich ausgerichtet ist, ich mich dagegen im Rahmen meiner Arbeit überlieferungsgeschichtlichen Fragen enthalten will, bevorzuge ich zur Bezeichnung einer auf der Ebene des Endtextes ausweisbaren größeren Einheit von Einzelerzählungen den Begriff "Episodenkomplex".[16]

Die Suche nach Struktursignalen, die die Grenzen des Episodenkomplexes deutlich markieren, gestaltet sich nicht einfach. Da ist zunächst die grundsätzliche Schwierigkeit, welchen Textphänomenen man überhaupt eine Gliederungsfunktion zuschreiben will. Die bisherige Forschung hat zu diesem Thema noch relativ wenig Sicheres erarbeitet, immerhin scheint es sehr wahrscheinlich, daß lokale [17] und thematische [18] Gesichtspunkte von besonderer Bedeutung sind. Weiterhin ist mit Episoden zu rechnen, die Überleitungsfunktion [19] erfüllen oder mit solchen, die innerhalb eines Komplexes bereits auf die Thematik des nächsten Komplexes vorbereiten. So muß die Arbeit an den Texten zeigen, welche Techniken plausibel gemacht werden können. Der zu erarbeitende Abgrenzungsvorschlag sollte sich im Fortgang der Untersuchung zudem dadurch bewähren, daß es gelingt, den ausgegrenzten Episodenkomplex auch noch in sich zu strukturieren.

1.1. Abgrenzung nach vorne

Schon die Abgrenzung des Episodenkomplexes "Wüste" nach vorne macht

---

[13] M.Noth, ÜPent, 48ff erläutert seinen Begriff des Themas leider nicht näher. Deutlich ist jedoch, daß es sich um eine überlieferungsgeschichtliche Kategorie handelt. Sie bezeichnet die im Überlieferungsprozeß stabilen Elemente.

[14] Dies zeigt sich zum Beispiel daran, daß Erzählungen, die "inhaltlich" dem Thema "Landnahme" angehören (etwa Num 13f), auch innerhalb des Episodenkomplexes "Wüste" vorkommen (M.Noth, ÜPent, 143).

[15] R.Rendtorff, Problem, 20-28. Auch G.W.Coats, Conquest Traditions, 178f will unter dem Begriff "Thema" eine abgrenzbare Einheit von Episoden verstehen.

[16] Diesem Begriff liegt die Annahme zu Grunde, daß der Pentateuch als eine "episodische Erzählung" verstanden werden kann. Diesen aristotelischen Begriff hat C.Breytenbach, Nachfolge, 82 zur Charakterisierung des Markusevangeliums eingeführt. Er besagt, daß die Erzählung in Einzelepisoden organisiert ist, die erzählerisch nicht notwendig aufeinander folgen. Gleichwohl ist die Frage legitim, warum eine bestimmte Episode gerade an dieser Stelle des Ganzen steht.

[17] So hat z.B. V.Fritz, Israel, 41 Ex 15,22-25a als "ein ausgesprochenes Verbindungsstück (bestimmt), mit dem der Übergang von dem Auszugsgeschehen, das mit dem Wunder am Meer abgeschlossen ist, und dem Wüstenaufenthalt Israels hergestellt wird."

[18] Etwa J.Wellhausen, Prolegomena, 358 sieht die Einheit der Wüstenerzählungen in ihrem Bezug auf Kadesch begründet.

[19] So sieht M.Noth, ÜPent, 62f die Wüstenerzählungen unter dem Thema "Führung in der Wüste" vereint, und sieht sie im wesentlichen "dem erzählerischen Motiv entsprungen ..., etwas Konkretes über die weiteren Schicksale der israelitischen Stämme nach der 'Herausführung aus Ägypten' auszusagen".

Probleme: Beginnt er bereits mit der Errettung am Schilfmeer, oder erst mit Ex 15,22? Hierüber ist in der Exegese durchaus unterschiedlich geurteilt worden.[20] Wie oben schon angesprochen, hängt die Entscheidung in dieser Frage davon ab, welchen Struktursignalen man bei der Abgrenzung den Vorrang einräumt. Sieht man etwa die Struktur des Endtextes vor allem durch Themen und Motive bestimmt, so wird man besonders auf das Einsetzen des Murrmotivs achten, das zu Recht für die Wüstenerzählungen als typisch angesehen wird.[21] Dieses Motiv begegnet schon in Ex 14,11-12 und der Schluß liegt nahe, bereits diesen Text zu den Wüstentexten zu rechnen.[22]

Verstärkt wird diese These durch die Ortsangabe in Ex 13,20: "Sie brachen von Sukkot auf und schlugen ihr Lager in Etam am Rand der Wüste auf." In dieser Itinerarnotiz -eine der ersten Stationen der langen Wanderung Israels [23]- wird erstmals die Wüste erwähnt. Weiterhin könnte man auch auf Ex 12,40-41 verweisen, wo eine Datierungsangabe vorliegt, die auf den Ägyptenaufenthalt als einen abgeschlossenen Zeitabschnitt zurückblickt. Einen deutlichen Abschluß markiert auch die Moserede in Ex 13,3-16. Durch ihren rück- und vorausblickenden Charakter ist sie geeignet, dem Leser an einem Wendepunkt des Geschehens die religiöse Dimension des Erzählten zu explizieren. Zudem blickt der Murrvorwurf der Israeliten an Mose in Ex 14,11 auf den Auszug als in der Vergangenheit liegend zurück.[24]

Die Mehrzahl der Forscher zählt jedoch Ex 14 noch nicht zu den Wüstentexten.[25] Auch dafür gibt es eine Reihe starker Gründe. So spricht bereits der Wortlaut der Itinerarangabe nur vom "*Rand* der Wüste", der eigentliche Ort des Geschehens ist das Schilfmeer. Wichtiger sind jedoch die narrativen Strukturen, in die Ex 14 eingebettet ist. So ist darauf hinzuweisen, daß die Auseinandersetzung Jahwes mit dem Pharao als dem Repräsentant sowohl der ägyptischen Götter als auch des ägyptischen Volkes erst mit der Vernichtung der ägyptischen Streitmacht im Schilfmeer endet. Ab Ex 14 treten die Ägypter in

---

[20] Namentlich G.W.Coats hat die These verfochten, die Erzählung von der Errettung am Schilfmeer gehöre zur Wüstentradition. G.W.Coats, The Traditio-Historical Character of the Reed Sea Motif (1967); ders., Exposition for the Wilderness Traditions (1972); ders., Wilderness Itinerary (1972) 150f; ders., The Sea Tradition in the Wilderness Theme (1979); ders., Introduction (1983), 16-21.

[21] Dies hat seinen lexikalischen Anhalt an der Distribution des Lexems לון mit der Präposition על, das bis auf Jos 9,18 nur in den Wüstenerzählungen belegt ist. Dies notieren z.B. G.W. Coats, Rebellion, 21; R.Rendtorff, AT, 152; P.Buis, Conflits, 257.

[22] Der Murrvorwurf enthält sogar den typischen Verweis auf den Ort der Wüste, obwohl Israel nach Ex 14,9 am Meer lagerte und nicht in der Wüste!

[23] Zum Itinerar als Ganzem siehe G.W.Coats, The Wilderness Itinerary; J.T.Walsh, From Egypt to Moab; G.I.Davies, The Wilderness Itineraries. Das Itinerar hat für den Endtext sicherlich eine große Bedeutung: "The wilderness itinerary, then, functions as a structural framework that unifies originally distinct traditions into a meaningful whole." (G.W.Coats, Wilderness Itinerary, 147; vgl. G.I.Davies, Wilderness Itineraries, 8f) Es scheint so, daß im Pentateuch häufiger der Ortswechsel gliedernde Funktion hat. So beginnt z.B. die Abrahamserzählung ebenfalls mit einem Ortswechsel (Gen 12,1-9).

[24] Darauf hat G.W.Coats, Rebellion, 133 hingewiesen.

[25] So etwa V.Fritz, Israel, 3 in der Auseinandersetzung mit G.W.Coats, Rebellion, 133. H.Strack, 214 sieht in Ex 15,22 den Beginn des zweiten großen Teils des Exodusbuches, ebenso M.Noth, Ex, 101; R.Rendtorff, AT, 149.

der Figurenkonstellation der restlichen Erzählungen nicht mehr auf. Das Ende dieses Spannungsbogens wird zudem durch deutliche lexikalische Rückverweise auf die Erzählung von der Beauftragung des Mose kenntlich gemacht: So wird die Gotteserkenntnis der Ägypter und die Verhärtung des Herzens des Pharao (Ex 14,4.17) zum letzten Mal und abschließend thematisiert (vgl. Ex 7,5). Schließlich ist auf das "Wort vom Glauben" (Ex 4,31; 14,31) hinzuweisen. "Dieses Wort vom Glauben (4,31) wird dann betont wieder aufgenommen nach der Rettung ... am Schilfmeer (14,31). Damit ist ein deutlicher Abschluß erzielt."[26] Und endlich bildet das Moselied in Ex 15 einen markanten Einschnitt. Der Psalm (Ex 15,1-19), den Mose und die Israeliten als Dank und Lob auf die Errettung anstimmen, und der von den Frauen unter Führung Mirjams hymnisch erwidert wird (Ex 15,20f), bildet einen poetischen Abschluß der Herausführung. Ein geeigneter Ausdruck dessen, daß Gottes Handeln in der Geschichte im Dank- und Preislied der Befreiten zum Ziel kommt.

So haben beide Seiten der bisherigen Forschung jeweils gute Argumente auf ihrer Seite. Sie lassen sich m.E. zur These vermitteln, daß Ex 14 ein Überleitungskapitel darstellt.[27] Es leitet vom Ägyptenzyklus mit den Plagen hinüber zu den Wüstentexten und hat deshalb viele erzählerische Elemente mit beiden Episodenkomplexen gemeinsam. Von der Lokalisierung her spielt die Schilfmeerepisode deshalb auf der Grenze zwischen der Flußoase Ägypten und der Wüste, eben am Schilfmeer, wo immer man es genauer lokalisieren will. Dies bedeutet, daß der Episodenkomplex "Wüste" im eigentlichen Sinn erst mit Ex 15,22 beginnt.

1.2. Abgrenzung nach hinten

Auch bei der Abgrenzung des Episodenkomplexes nach hinten gibt es in der Forschung verschiedene Versuche. Ein Konsens ist kaum in Sicht. Man muß daher wohl noch stärker als bei der Abgrenzung nach vorne die Möglichkeit in Betracht ziehen, daß auf der Ebene des Endtextes das Ende des Episodenkomplexes "Wüste" wenig signifikant markiert ist.[28] In dieser Schwierigkeit dürfte sich der Konflikt um die Frage spiegeln, ob das Ostjordanland zum verheißenen Land gehört.[29] Vermutlich setzten verschiedene literarische

---

[26]Vgl. R.Rendtorff, AT, 149.
[27]So auch G.W.Coats, Rebellion, 135f, der sich allerdings auf die Ebene der alten Quellen, nicht auf den Endtext bezieht.
[28]Dazu bemerkt B.S.Childs, Introduction, 195: "From a literary perspective a major division at this point is far from obvious.... This... confirms the impression that there are no clear indications within the text of how the editors wished to divide the material at this juncture. For this reason, although geographical features are significant, their importance in establishing a structure should not be exaggerated. The biblical editors seem less concerned with this literary problem than as modern commentators." Vgl. D.T.Olson, Death of the Old, 35.
[29]Zum Status des Ostjordanlandes vgl. M.Weinfeld, Extent. Er unterscheidet zwei Konzeptionen der Ausdehnung des Landes. Nach den vor-deuteronomistischen Quellen, die wir im Numeribuch vor uns liegen haben, umfaßt das verheißene Land das ostjordanische Gebiet nicht (Weinfeld, Extent, 59). Anders verhält es sich nach der dtr Konzeption, die das Ostjordanland selbstverständlich zum verheißenen Land rechnet.

Schichten das Ende der Wüstenwanderung je an eine andere Stelle und brachten so erzählerisch ihre Position zum Ausdruck, ob das Ostjordanland zum verheißenen Land gehört oder nicht.

Die Frage nach einer Abgrenzung von Wüste und Landnahme spitzt sich in der Forschung zu Recht auf die Kapitel Num 20 und 21 zu, obwohl auch die zweite Volkszählung in Num 26 [30], das Stationenverzeichnis in Num 33, das die Wanderung der Israeliten resümierend abschließt, oder gar erst der Tod des Mose (Dtn 34) sehr markante Einschnitte im Erzählverlauf darstellen. Mir scheint, daß vor allem Num 20,13 und Num 21,20 als Ende des Episodenkomplexes "Wüste" in Betracht kommen.[31]

Für Num 20,13 als Schlußpunkt des Episodenkomplexes "Wüste" spricht, daß -wie freilich auch schon in Num 13f [32]- deutlich das Thema der Landnahme anklingt. "Mit diesem Stück (Num 20,14-21; AS) beginnt in der Pentateucherzählung das Thema der Landnahme Israels. Israel verläßt nunmehr die Wüste und schlägt den Weg nach dem ihm zugesagten Lande ein."[33] Der Einschnitt wird zudem dadurch unterstrichen, daß in Num 20,14-16 ein kleiner Geschichtsrückblick zu stehen kommt. Dies verstärkt den Eindruck, daß eine gewisse Phase zum Abschluß gekommen ist, auf die man nun zurückblicken kann. Schließlich hat B.J.Diebner darauf hingewiesen, daß die Rahmung des Episodenkomplexes "Wüste" durch zwei Wasserwunder (Num 20,1-13 als Parallele zu Ex 15,22-25a) ein starkes Gliederungsmerkmal ist.[34]

Dies sind in der Tat bedenkenswerte Argumente. Jedoch spricht zweierlei gegen Num 20,13 als Endpunkt des Episodenkomplexes. Zum einen bleibt Israel weiterhin auf der Wanderschaft, Israel gelingt es vorläufig nicht, das Kulturland zu betreten.[35] Zum anderen stellt Num 21,4-9 noch einmal eine für die Wüste typische Murrerzählung dar, die man kaum aus dem Episodenkomplex "Wüste" ausgliedern kann.

Für Num 21,20 als Schlußpunkt des Episodenkomplexes "Wüste" spricht nun ebenfalls einiges. Da ist *zum ersten* die Ortsangabe. Noch in Num 21,10-13 wird die Wüste erwähnt, erst in Num 21,20 wird sie mit dem Erreichen der Steppen von Moab verlassen. Mit Num 21,21ff beginnt die kriegerische Landnahme, die in 21,24f.35 zu ersten Erfolgen führt. Erstmals gelingt es Israel, Kulturland zu erobern! Der beginnende Erfolg der Landnahme wird durch eine Episodenparallele markant herausgearbeitet. Num 20,14-21 und 21,21-25 weisen offensichtliche Ähnlichkeiten in Wortwahl und Erzählstruktur auf. Der hauptsächliche Unterschied ist folgender: Während in Num 20,14-21 Israel -wie schon in Num 13-14- erneut abgedrängt wird, kann es in Num 21,21-25 erstmals

---

[30] D.T.Olson, Death of the Old, hat gezeigt, daß die Volkszählungslisten in Num 1 und Num 26 für die Struktur des Buches Numeri zentrale Bedeutung haben. Er hat damit zugleich deutlich gemacht, welch hohe Bedeutung Doppelüberlieferungen für die Struktur größerer Erzähleinheiten haben. Olson fragt jedoch nicht nach dem Ende der Wüstenerzählungen.
[31] Diskutiert wird auch Num 22,1, die letzte Itinerarnotiz (z.B. V.Fritz, Israel, 3), aber die Bileamepisode paßt thematisch nicht zu den anderen Wüstenerzählungen.
[32] Darauf hat M.Noth, Num, 5 selbst hingewiesen.
[33] M. Noth, Num, 130; vgl. B.Baentsch, Ex-Num, Einleitung, V.
[34] B.J.Diebner, Ex 15, 135.
[35] So richtig G.W.Coats, Conquest Traditions, 181.

Kulturland erobern. Es kommt sogar zur Besiedelung von Städten, also zu einer ersten dauerhaften Besetzung von Kulturland. Die Wüstenzeit ist damit zu Ende. *Zum zweiten* kann man auf die gliedernde Funktion der poetischen Stücke im Erzählverlauf verweisen. So hatten wir bei der Abgrenzung nach vorne auf die Bedeutung des Psalms Ex 15,1-21 hingewiesen, das das Ende des Auszugs aus Ägypten markierte. Höhe- und Wendepunkte der Geschichte verlangen nach poetischer Formulierung, nach gehobener Sprache. Von daher ist die gliedernde Funktion von poetischen Stücken sehr gut nachvollziehbar. Die nachsinaitischen Wüstenerzählungen weisen nur zwei poetische Stücke auf: die Ladesprüche in Num 10,35f, die die Phase des Aufbruchs vom Sinai abschließen, und das Brunnenlied in Num 21,17f, das -folgt man dieser These- den Episodenkomplex nach hinten abschließt. Es ist *drittens* signifikant, daß der Episodenkomplex mit dem Thema "Wasser" abgeschlossen wird. Damit ist vielleicht noch eine überzeugendere Rahmung gefunden als mit der Parallele von Ex 15,22-25a und Num 20,1-13. Dann würden sich nämlich genau vier Erzählungen mit dem Thema Wasser konzentrisch um den Sinai herum legen, wie es in folgendem Schaubild verdeutlicht werden soll:

A	Ex 15,22-25	Wasser ist vorhanden, muß aber genießbar gemacht werden
B	Ex 17,1-7	Mose schlägt Wasser aus dem Felsen
B'	Num 20,1-13	Mose schlägt Wasser aus dem Felsen
A'	Num 21,16-18	(Grund-)Wasser ist vorhanden, es muß aber ein Brunnen gegraben werden

Das innere Paar umfaßt zwei längere Erzählungen, die sehr starke lexikalische Berührungen aufweisen. Das äußere Paar umfaßt zwei kurze Erzählungen, wobei lexikalische Berührungen kaum greifbar sind.

Beide Möglichkeiten haben starke Argumente für sich. Eine Entscheidung fällt schwer. Vielleicht kann man -ähnlich wie bei der Abgrenzung nach vorne- mit einem Erzählabschnitt rechnen, der eine Überleitungsfunktion erfüllt. Eine solche könnte der Abschnitt Num 20,14-21,20 erfüllen. Ähnlich wie Israel durch die Wasser des Schilfmeers hindurch muß, um der Sklaverei endgültig zu entfliehen, so muß Israel den Weg durch die feindliche Völkerwelt finden, um endgültig auf dem Boden des verheißenen Kulturlandes zu stehen. Dies könnte man so interpretieren: In Num 20,14-21 wird Israel noch einmal am Betreten des Kulturlandes gehindert, wohl als Strafe für das Murren gegen Mose und Aaron (Num 20,3-5). Nach dem Tod Aarons (Num 20,22-29) beginnt sich das militärische Glück zu wenden (Num 21,1-3). Die Niederlage von Horma (Num 14,39-45) wird ausgemerzt, jedoch kommt es zu keiner Ansiedlung. Erneut in die Wüste (Num 21,5) zurückgeschlagen murrt Israel ein letztes Mal gegen Mose. Erst nach dem Sieg über Sihon (Num 21,21-25) erfolgt die erste Landnahme. Allerdings ist mit dem Erreichen von Moab die Wanderung Israels noch nicht zu Ende. Wohl ist die Wüstenzeit vorbei, aber die Landnahme des Ostjordanlandes kann noch nicht als das eigentliche Zur-Ruhe-Kommen Israels verstanden werden.³⁶ Trotz der ersten Landnahme bleibt Israel unter dem Zorn Jahwes und bedarf der Sühne. Erst mit dem Tod des Mose und dem Abschluß des letzten großen Gesetzesnachtrags, des Deuteronomiums, ist Israel bereit für die eigentliche Landnahme, für das Cisjordanland.

1.3. Ausgrenzung der Sinai-Perikope

Die Sonderstellung der Sinai-Perikope innerhalb der Wüstentexte ist seit langem erkannt. Obwohl nur eine Station der Wanderung unter anderen, hebt sie sich doch nach Form, Inhalt und nicht zuletzt Umfang deutlich von den anderen Wüstentexten ab. J.Wellhausen sprach vom "Abstecher zum Sinai".³⁷ Auch Gerhard von Rad hat sehr eindringlich auf die Sonderstellung der "Sinaiperikope" hingewiesen.³⁸ Die Sinaiperikope teilt den Episodenkomplex "Wüste" zugleich in zwei große Teile, die für die Komposition sehr wichtig sind, den vorsinaitischen und den nachsinaitischen Teil.

Die Abgrenzung erfolgt in der Forschung auf der Basis des Itinerars relativ einmütig.³⁹ Demnach reicht die Sinaiperikope von Ex 19,1 bis Num 10,10. Wenn man den Bericht von der Ankunft des Volkes am Sinai (Ex 19,1f) zur Sinaiperikope rechnet, so sollte man jedoch auch den Aufbruch vom Sinai Num 10,11-28 ebenfalls noch zum Sinaikomplex rechnen.⁴⁰

Ohne damit ein überlieferungs- oder literargeschichtliches Urteil zu unterstellen, soll die Sinai-Perikope aus dem dieser Untersuchung zu Grunde liegenden Textmaterial ausgeschieden werden.⁴¹ Als Ausgangspunkt unserer Untersuchung bleiben die Texte Ex 15,22 - 18,27 und Num 10,29 - 21,20. Sie bieten einen auf der Ebene des Endtextes einigermaßen klar abgegrenzten Episodenkomplex, nach dessen kompositorischer Struktur nun weiter zu fragen ist.

---

³⁶Darauf hat namentlich G.W.Coats, Conquest Traditions, 185 hingewiesen.
³⁷J.Wellhausen, Prolegomena, 357.
³⁸G.v.Rad, Hexateuch, 21f.
³⁹Probleme bieten allenfalls die Ortsangaben Ex 17,6 (Horeb) und Ex 18,5 (Gottesberg). E.Zenger, Israel, 28-29 betrachtet deshalb Ex 17 und 18 als "Anfang des narrativen Sinai-Teils". Diese Lokalisierungen begegnen aber nicht im Rahmen des Itinerars und erwähnen nicht den Namen Sinai. Ex 17,6 dürfte zudem eine späte Glosse sein (M.Noth, Ex, 112).
⁴⁰Vgl. V.Fritz, Wüste, 3.
⁴¹Bereits V.Fritz, Wüste, 3 hat die Sinaitexte aus seiner Untersuchung ausgeschieden. Ich möchte an dieser Stelle auf den pragmatischen Charakter dieser Entscheidung hinweisen, da ich die Sinaiperikope für das entscheidende kompositorische Zentrum der Wüstentexte halte. Eine Einbeziehung der Sinaitexte ist manchesmal zum Verständnis der Komposition nicht zu umgehen. Es wäre durchaus zu wünschen, dies in aller Ausführlichkeit zu tun, jedoch würde das die Textbasis dieser Arbeit zu sehr anwachsen lassen.

2. DIE KOMPOSITION DES EPISODENKOMPLEXES "WÜSTE"

Fragen wir nun nach der inneren Einheit des Episodenkomplexes, so ist einmal nach der thematischen Zusammengehörigkeit und zum anderen nach der Struktur der Anordnung der Episoden zu fragen.[42]

2.1. Das Thema des Episodenkomplexes "Wüste"

Martin Noth hat die Zusammengehörigkeit der Episoden aus ihrem gemeinsamen Thema "Führung in der Wüste" begründet.[43] Der lokale Bestandteil dieses Themas "... in der Wüste" steht außer Frage, bezeichnet aber auch nur die äußerliche Gemeinsamkeit der Texte. Wie aber steht es um den Begriff "Führung", vermag er das spezifische Thema der Wüstenwanderung herauszustellen? Man muß sehen, daß Noth dieses Thema den Themen "Herausführung aus Ägypten" und "Hineinführung in das palästinische Kulturland" kontrastiert. In allen drei Formulierungen begegnet der Begriff "Führung", er wird lediglich durch unterschiedliche Richtungsangaben ergänzt. Damit hat Noth richtig gesehen, daß die Wüste ein "Zwischen" thematisiert. Eine Übergangszeit, in der man zwar heraus ist aus dem einen Zustand, aber doch auch noch nicht zu einer neuen, stabilen Gestalt gefunden hat. Die Wüste bringt sehr bildhaft eben dies zum Ausdruck: Israel befindet sich in einem leeren Raum. In diesem Raum kann es sich nicht selbst orientieren. Es kann sich auch nicht selbst versorgen. Es ist angewiesen auf "Führung". Es ist andererseits isoliert gegenüber allen möglichen fremden Einflüssen. Israel ist mit Jahwe und Mose allein. Dieser Ort ist deshalb in besonderer Weise geeignet das Verhältnis Israels zu Jahwe und umgekehrt zu illustrieren. Das Fehlen von störenden Umwelteinflüßen gestattet eine Konzentration auf die wesentlichen Faktoren des Verhältnisses Jahwe-Mose-Israel.

In dieser Zeit des Übergangs wird die Führung Moses nicht etwa fraglos akzeptiert, sie gerät vielmehr immer wieder in die Krise. Der Episodenkomplex "Wüste" wird von diesem "Murrmotiv" überwiegend bestimmt. Vielfältig sind die Anlässe und Gründe, aber immer wieder steht die Führungskompetenz Moses in Frage. Dadurch, daß der Marsch in die Freiheit nicht sogleich einen in Wohlstand und Existenzsicherung sich zeigenden Erfolg bringt, gerät der Führer des Auszugs in ein schlechtes Licht. Das Volk zweifelt an seiner

---
[42] Die Textlinguistik verhandelt diese Fragen unter dem Stichwort Textthematik und Textprogression, vgl. etwa B.Sowinski, Textlinguistik, 94-98.
[43] M.Noth, ÜPent, 62f. Die Begriffe "Führung", "Führer", "Führungskrise" werden von Martin Noth anscheinend ganz unreflektiert, umgangssprachlich gebraucht. Klaus Baltzer beruft sich explizit auf den reflektierten soziologischen Sprachgebrauch. Er ordnet Mose dem von Max Weber herausgearbeiteten Typ "charismatischer Führer" zu (Biographie, 51; der Begriff schon bei W.Eichrodt, Theologie Bd.1, 150-154; vgl. P.Buis, Conflits, 269). Heute erfreut sich der Begriff "Führung" in der Soziologie und Betriebswirtschaftslehre neuer Beliebtheit (so erschien 1987 eine eigenes Handwörterbuch der Führung, herausgegeben von A.Kieser).

Kompetenz und am langfristigen Plan, dem dieser sich verpflichtet weiß. In der Wüste wird deutlich, daß Israel sich nicht von der Bindung an das Alte, Vergangene lösen kann, sondern die Zeit in Ägypten glorifiziert. Seine wahre Identität liegt demgegenüber aber in der Zukunft, im künftigen Landbesitz, mit dessen Verheißung sich Israel ja schon auf den Weg hinaus aus Ägypten gemacht hat.

In welcher Situation gerät Moses Führung in die Krise? Noth spricht von "Nöten und Bedrängnissen", denen Israel auf dem Weg durch die Wüste ausgesetzt sei.[44] In Ägypten war Israel mit dem Phänomen der Unterdrückung von Menschen durch Menschen konfrontiert. Es handelte sich um Not in den sozialen Beziehungen, speziell in den Arbeitsbedingungen. In der Wüste dagegen geht es häufig um die Befriedigung der menschlichen Grundbedürfnisse. Dabei ist zu beachten, daß es um Todesgefahren geht! In der ägyptischen Sklaverei, sind die Israeliten zwar schwerer Zwangsarbeit unterworfen, aber sie sind nicht in unmittelbarer Todesgefahr! Bringt man diese Überlegungen auf ein knappes Thema, so könnte man formulieren: Das Murren gegen die legitime Führung angesichts von Todesgefahr.

Damit umfaßt man freilich solche Episoden noch nicht, die weder eine Todesnot, noch ein Murren Israels erkennen lassen. Wie steht es etwa mit Ex 18? In diesem Kapitel ist nirgends eine Not, gar Todesnot erkennbar, die für die Wüste typisch ist. Und wie verhält es sich mit Ex 17,8-16? Hier besteht zwar eine Todesnot, aber kein Murren des Volkes. Es mag von daher naheliegen, auf eine einheitliche Themenformulierung überhaupt zu verzichten und eine begrenzte Anzahl von Themen anzugeben.[45] Mir scheint es wahrscheinlicher, daß wir es in Ex 17,8-16 und Ex 18 nicht mit einem anderen Thema zu tun haben. Vielmehr stehen vor dem Sinai drei Erzählungen, in denen die Führungskompetenz Moses vom Volk bestritten wird (Ex 15,22-25a; 16; 17,1-7), und drei Erzählungen über den Führungserfolg des Mose: Abwehr des Feindes (Ex 17,8-16), Verständigung mit dem Freund (Ex 18,1-12) und Einführung eines effektiven Verwaltungssystems (Ex 18,13-27). Dabei ist darauf hinzuweisen, daß Mose auch in Ex 17,8-16 auf eine Todesgefahr reagieren muß, ja selbst in Ex 18,13-27 reagiert Mose auf eine Krise, nämlich seine Überbelastung (Ex 18,18), die allerdings nicht vom Volk, sondern von Jitro beanstandet wird. Demnach ist das Thema allgemeiner so zu formulieren, daß es um die Führung des Mose geht, deren Kompetenz vom Volk bestritten, deren Legitimität aber immer wieder erneut unter Beweis gestellt wird.

Die weitaus meisten Erzählungen des Episodenkomplexes "Wüste" handeln freilich von der Führungskrise des Mose. Ich werde diese Erzählungen "Murrerzählungen" nennen. Sie werden für die Wüste zu Recht als besonders typisch angesehen.[46]

---

[44] M.Noth, ÜPent, 127 spricht von "Durst, Hunger und Feinde(n) in der Wüste".

[45] G.W.Coats, Exposition for the Wilderness Traditions, 295: "The wilderness 'theme' thus appears to me to be far more complex, far less polished and unified, than the exodus theme. Its original character as a collection of independent traditions can still be seen." Vgl. V.Fritz, Wüste, 97.

[46] Dies gilt auf jeden Fall vom vorliegenden Endtext: Ex 15,24; 16,2; 17,3; Num 11,1; 11,4; 12,2; 14,2; 16,3; 17,6; 20,3-5; 21,5. Namentlich I.Engnell begriff das Motiv des Murrens als überlieferungsgeschichtliches Zentrum der Wüstentexte, nämlich als Manifestation eines "ritual combat" (Critical Essays, 211).

2.2. Das Erzählmuster "Murrerzählung"

Abweichend von der überlieferungsgeschichtlichen Sicht Noths [47] spreche ich lieber von Murrerzählungen als vom Murrmotiv.[48] Namentlich P.Buis hat nämlich gezeigt, daß es sich nicht um ein isoliertes Motiv, sondern um ein Erzählmuster handelt.[49] Das Murrmotiv ist nur ein -freilich besonders konstant formuliertes- Element eines globaleren Erzählmusters, das den Konflikt von Mose und Volk zum zentralen Thema hat. Die Analyse dieser Erzählungen, die Frage nach deren Gemeinsamkeiten und dem Sinn ihrer Differenzen soll im folgenden Thema sein.

P.Buis hat drei verschiedene Typen von Murrerzählungen herausgearbeitet.[50] Allerdings leitet er diese Typen nicht von einem gemeinsamen Grundschema her ab. Ein solches gemeinsames Grundschema könnte aber die auch von Buis herausgearbeitete Tatsache gut erklären, daß keiner der von Buis herausgestellten Typen "rein" vorkommt, sondern immer mit anderen Typen vermischt ist.[51] Es fragt sich dann, ob man überhaupt zwischen verschiedenen Typen differenzieren soll, oder nicht besser mit signifikanten Varianten eines Grundtyps rechnet. Folgt man letzterem Vorschlag, so bekommt man mE den kompositionellen Sinn der Variationen etwas besser zu Gesicht. Buis jedenfalls thematisiert nur am Rande den kompositionellen Sinn der Differenzen der Murrerzählungen, die auf dem Hintergrund eines gleichen Aufbaumusters umso auffälliger hervortreten.[52]

Zur Textbasis für die Erarbeitung eines gemeinsamen Grundschemas der Murrerzählungen gehören (vor dem Sinai:) Ex 15,22-25a; 16,1-36; 17,1-7; (und nach dem Sinai:) Num 11,1-3 [53]; 11,4-34 [54]; 11,35-12,15; 12,16-14,45; 16; 17,6-28 [55]; 20,1-13; 21,4-9. Auf dieser Basis kann man folgendes typisches Grundschema ermitteln:

---

[47] Vgl. M.Noth, ÜPent, 136 mit Anm 351.
[48] Die Klassifizierung von Erzählungen als "Murrerzählungen" ist nicht im Sinne der Gattungsbestimmung gemeint. Es geht zunächst nur um ein Erzählmuster, das der Endtext mehrfach verwendet und das deshalb für die Kompositionsfrage von großer Wichtigkeit sein dürfte. Nach solchen Erzählmustern hat etwa auch R.C.Culley gefragt (Structure; Themes, 4). N.Lohfink, Arzt, 18, Anm 15 spricht in diesem Sinn von "Murr-Geschichten", ihm folgt E.Zenger, Israel, 69-71. Mit deren Begriff assoziiert man aber die Trennung in "positive" und "negative Murr-Geschichten". Diese Unterscheidung möchte ich zunächst fernhalten, deshalb spreche ich lieber von "Murrerzählungen".
[49] P.Buis, Les contlits (1978). Vgl. auch G.W.Coats, Moses (1988), 109 "pattern of the murmuring stories".
[50] P.Buis, Les conflits, bes. 258-261.
[51] P.Buis, Les conflits, 263f.
[52] Vgl. aber seinen Hinweis aaO., 264. Dort interpretiert er die Abfolge der Murrerzählungen als eine ständige Verschlimmerung und weist zugleich auf die Funktion von Doppelerzählungen in diesem Zusammenhang hin, die einmal dem Schema A (ohne Strafe), und zum anderen dem Schema C (mit Verurteilung) folgen.
[53] Num 11,1-3 stellt eine extreme Kurzform des Erzählungstyps dar; P.Buis, Les conflits, 257f berücksichtigt diesen Text wohl deshalb nicht.
[54] Die Abgrenzung der Episoden geht von der These aus, daß Wüstenerzählungen in der Regel mit Itinerarnotizen eröffnet werden.
[55] Die kurze Episode vom grünenden Aaronstab (Num 17,16-28) gehört zur Murrerzählung hinzu. Vgl. nur Vers 25, wo ausdrücklich auf das Murren Bezug genommen wird.

(1) SITUATION
Der Erzähler legt die Situation dar. Im Verlauf dieser Exposition erfolgt
- (a) eine Wandernotiz (z.B. Num 20,1) und
- (b) eine Notiz über einen Mangel, der oftmals Israel mit dem Tod bedroht (z.B. Num 20,2).

(2) MURRVORWURF
Das Volk ergreift daraufhin die Initiative und wendet sich in direkter Rede an Mose (z.B. Num 20,3-5). In einigen Fällen werden einzelne Personen aus dem Volk herausgehoben (z.B. Num 12,1).[56]
- (a) Die direkte Rede enthält einen Vorwurf an Mose, häufig mit einem irrealen Wunsch formuliert (z.B. Num 20,3), der
- (b) die Legitimität und Kompetenz Moses bestreitet. Am häufigsten wird die Herausführung aus Ägypten beklagt (z.B. Num 20,5). Aus der Situation des Mangels wird dann die Absurdität des gesamten Auszugs gefolgert.[57] Das Volk sieht sich in einer Situation, in der nach den Grundsätzen der Berechenbarkeit der Tod klar vor Augen steht.
- (c) Häufig bezieht sich der Murrvorwurf auf eine vergangene Möglichkeit zurück: Der Tod zu einem früheren Zeitpunkt (meist in Ägypten) wird dem Tod in der jetzigen Situation vorgezogen, da ersterer die Gewähr bot, vor Jahwe zu sterben (z.B. Num 20,3).[58]
- (d) In keinem Fall werden gegenüber Mose konkrete Forderungen laut, wie dem beklagten Mangel abzuhelfen sei.

(3) MOSE
Auf den Vorwurf des Volkes hin wird Mose aktiv (in seltenen Fällen ist ihm Aaron an die Seite gestellt). Mose tut dies meist ebenfalls in direkter Rede. Dabei bestehen zwei Möglichkeiten: Einmal wendet er sich direkt an das Volk (z.B. Ex 17,2), dabei weist er etwa darauf hin, daß das Murren des Volkes Unrecht gegen *Jahwe* ist, das andere Mal wendet er sich an Jahwe (z.B. Num 20,6).

(4) JAHWE
An dieser Stelle des Konflikts zwischen Mose und dem Volk bezieht Jahwe Position zu Gunsten Moses und macht damit die Legitimität seiner Führung deutlich. Jahwe führt seinen Plan mit Israel auch gegen die kurzsichtigen Interessen der Israeliten durch.[59]

(5) MOSE
Erneut wird Mose aktiv, er vermittelt die Position Jahwes an das Volk. Allein die Tatsache, daß Jahwe sich weiterhin des Mose als Mittler bedient, legitimiert diesen in seiner Führerstellung gegenüber den Angriffen des Volkes. Die

---
[56] Vgl. P.Buis, Les conflits, 261.
[57] Vgl. P.Buis, Les conflits, 265.
[58] Vgl. P.Buis, Les conflits, 266f.
[59] Vgl. P.Buis, Les conflits, 266.

Legitimität Moses wird häufig noch dadurch unterstrichen, daß Mose ein Wunder vollbringt (z.B. Ex 17,6), oder sich auf seine Ankündigung hin eine wunderbare Abstellung des Mangels ereignet.

(6) FOLGEN
Der Erzähler berichtet, wie Jahwe sein Vorhaben ausführt. Dies kann der Vollzug der Strafe, die Beseitigung des Mangels oder beides zugleich sein (z.B. Num 20,11).

Eine kurze Paraphrase dieses Erzählmusters könnte so lauten: Aus Anlaß eines Mangels entsteht ein Konflikt zwischen Mose und Volk. Das Volk bestreitet Moses Legitimität als Führer. Diesen Konflikt entscheidet Jahwe zu Gunsten Moses, wobei die Ausnahmestellung des Mose darin gegenüber dem Volk manifest wird, daß Jahwe nur zu ihm *spricht*, während er am Volk nur *handelt*. Es liegt kein Rechtsverfahren zu Grunde, bei dem zwei gleiche Partner ihren Streitfall vor einen neutralen Richter bringen, sondern ein Beschwerdeverfahren an eine übergeordnete Stelle.

2.3. Die Ringstruktur um den Sinai

a) Die Bestrafung des Murrens nach dem Sinai
Blickt man nun auf die Variationen des Grundmusters der Murrerzählungen, so fällt auf, daß verschiedene Varianten dieses Grundmusters nur in einem der beiden großen Teile des Episodenkomplexes "Wüste" vorkommen. Vor dem Sinai (= der erste große Teil) wird das Murren durchgehend nicht bestraft, während nach dem Sinai (= der zweite große Teil) das Murren durchgehend bestraft wird.[60] Ein einleuchtendes Beispiel bietet der Vergleich von Ex 15,22-25a und Num 11,1-3. In Ex 15 geht Jahwe kommentarlos auf das Verlangen des Volkes ein, in Num 11 entbrennt stattdessen sein Zorn gegen Israel.

---

[60]Diese wichtige Einsicht in die Kompositionsstruktur des Episodenkomplexes "Wüste" hat meines Wissens zuerst V.Fritz, Israel, 70 für den Jahwisten formuliert. B.S.Childs, Ex, hat dies noch deutlicher mit dem unterschiedlichen Aufbau der Erzählungen verknüpft (vgl. auch schon M.Noth, ÜPent, 136 Anm 351). Er beschreibt zunächst zwei unterschiedliche Strukturmuster (258): "Pattern I" hat die Hilfe Jahwes auf eine "genuine need", "Pattern II" die Bestrafung eines "illigitimate murmuring" zum Gegenstand, um dann festzustellen (260): "It is hardly by chance that the stories placed before the great apostasy (= golden calf incident; AS) are all of Pattern I, which stressed the help of God in overcoming a genuine need (...), whereas the stories following the golden calf incident are all of Pattern II (...)." Diese These wurde von R.Adamiak, Justice, 18f weiter ausgebaut. Er sieht den Bundesschluß am Sinai als entscheidenden Einschnitt, und dies nicht nur für J, sondern auch für P (76-79). Auf der Grundlage des Bundes muß Israel entweder seiner Verpflichtung als Bundespartner nachkommen, oder aber Strafe für Ungehorsam entgegennehmen (R.Adamiak, Justice, 15). N.Lohfink, Arzt, 18, Anm 15 beruft sich zwar auf die Typendifferenzierung von Childs, vernachlässigt aber die kompositionelle Stellung der Typen, auf die Childs schon hingewiesen hatte; E.Zenger, Israel, 69-71 folgt Lohfink in dieser Hinsicht.

Allein Num 20,1-13 scheint dieser Einteilung zu widersprechen. Dieser Text steht eindeutig nach dem Sinai und doch wird das Murren Israels gegen Mose und Aaron scheinbar nicht bestraft.[61] Denn es wird zwar nicht das Volk, aber doch Mose und Aaron bestraft. Ihr Vergehen steht im Mittelpunkt, das Murren des Volkes ist nur der Anlaß für deren Vergehen. Womöglich kann man dies weitergehend auch noch so deuten, daß der Tod von Mose und Aaron, der Führergestalten der ersten Stunde, auch für das Volk eine Bestrafung darstellt. Denn trotz regulärem Amtswechsel von Aaron auf Eleasar (Num 20,22-29) und von Mose auf Josua (Num 27,15-23), ist doch die Kontinuität zwischen Wüste und Landnahme zerbrochen. Zuletzt kann man noch darauf verweisen, daß Israel unmittelbar nach Num 20,1-13, nämlich in Num 20,14-21 erneut vom Weg in's verheißene Land abgedrängt wird. Dies wird man doch wohl als eine Bestrafung Israels einstufen müssen.

Die unterschiedlichen Erzählmuster vor und nach dem Sinai sind nun genauer zu beschreiben. Die folgende Gegenüberstellung soll deutlich machen, wo die Variationen gegenüber dem Grundtyp liegen: [62]

VOR DEM SINAI	NACH DEM SINAI
(1) SITUATION Mangel an Grundnahrungsmitteln	Mangel an Partizipation an der Führung [63]
(2) MURRVORWURF Moses Führungskompetenz wird angegriffen	Moses Führungskompetenz wird angegriffen
(3) MOSE Bitte an Jahwe, daß er helfen möge	- - -
(4) JAHWE Erhörung der Bitte Moses und Anweisung zur Abstellung des Mangels	Bestrafung des Volkes (häufig: Zorn Jahwes entbrennt)
(5) MOSE Ausführung der Anweisungen Jahwes	Fürbitte für das Volk, teils (a) während, teils (b) vor dem Vollzug der Strafe
(6) FOLGEN Mangel wird abgestellt	im Fall (a) bewirkt die Fürbitte des Mose ein Ende des Strafvollzugs, im Fall (b) erreicht Mose eine Abmilderung der Strafe, die dann vollzogen wird.

---

[61] E.Ruprecht, Mannawunder, 282f.
[62] Vgl. B.S.Childs, Ex, 258.
[63] Ein Mangel an Grundnahrungsmitteln (Wasser) kommt nur in Num 20,1-13 vor.

Es zeigt sich also ein erster markanter und auch theologisch entscheidender Strukturierungsgesichtspunkt für den Episodenkomplex "Wüste". Wenn man den Episodenkomplex "Sinai" von seiner globalen Struktur her als eine große Murrerzählung auffaßt, bei der nicht eine natürliche Gefahr, sondern die Gefährlichkeit des Kommens Jahwes den Anlaß des Murrens bildet, so hat man hier den ersten Beleg für eine Bestrafung des Murrens (Ex 32,30-35). Die Sinaitexte handeln aber zugleich auch von Strategien für das Überleben Israels trotz der von Jahwe ausgehenden Gefahr, wie z.B. Sühnekult und den persönlichen Einsatz des Mose für die von ihm Geführten.

Nun ist zu fragen, wie denn diese Ringstruktur um den Sinai interpretiert werden soll. Die am meisten vertretene Sicht ist die, daß sich Jahwe in den "positiven Murrerzählungen" vor dem Sinai zum Teil sogar gegen Mose mit dem in Not befindlichen Volk solidarisch weiß. Jahwe solidarisiert sich mit dem "Aufschrei aus äußerster kreatürlicher Not", besonders dann, wenn er auf dem Marsch in die Freiheit laut wird.[64] Jahwe solidarisiert sich allerdings nicht mit dem unverschämten Verlangen nach "mehr". Die maßlose Gier des Volkes, das sich nie mit dem Vorhandenen begnügt, fordert vielmehr die Strafe Jahwes heraus.

Diese Argumentation ist nicht falsch. Sie insistiert auf einem Punkt, in dem sich in der Tat manche vorsinaitischen und nachsinaitischen Murrerzählungen unterscheiden. Man wird jedoch hierin nicht den allein wesentlichen Grund für Bestrafung oder Nicht-Bestrafung sehen können. So wird z.B. auch in Ex 16,3 auf die "Fleischtöpfe Ägyptens" verwiesen und dieses Verlangen nach Fleisch (also "nicht-kreatürliche" Not) nicht bestraft. Ein weiteres Beispiel ist der unterschiedliche Umgang mit der Übertretung des Sabbatgebotes: In Ex 16,27 verstoßen einige Israeliten gegen das Sabbatgebot, sie werden zwar ermahnt (Ex 16,28f), aber nicht bestraft. In Num 15,32 dagegen wird der Sabbatübertreter mit dem Tod bestraft (Num 15,36).

So scheint es plausibler, daß weniger ein anderer Tatbestand als vielmehr eine durch das Geschehen am Sinai gewandelte Rechtsgrundlage der wesentliche Grund dafür ist, weshalb jetzt das Volk bestraft wird. Dies dürfte so zu interpretieren sein, daß mit dem Sinai die Verantwortlichkeit des Volkes gesetzt ist. Nun kann Israel Strafe für seine Schuld zugemutet werden. Am Sinai findet anscheinend durch Theophanie, Bundesschluß und Gesetzesproklamation eine grundlegende Umgestaltung der Beziehung Jahwes zu seinem Volk Israel statt. Hatte Jahwe vor dem Sinai auf Bestrafung verzichtet, so tut er das jetzt nicht mehr. Jahwe hat sich Israel in einzigartiger Weise bekannt gemacht, nun ist es an Israel, dem auch in seinem Verhalten zu entsprechen. Zugleich mit der besonderen Zuwendung Jahwes zu Israel, ist auch eine Verpflichtung Israels gegenüber Jahwe gegeben. Wem sich Jahwe in gnädiger Bundestreue verbunden hat, der ist im Falle des Ungehorsams auch besonders dem Zorn Gottes ausgesetzt.

---

[64] E.Ruprecht, Mannawunder, 282f. Das Murren auf Grund nicht-kreatürlicher Not wird dagegen bestraft (283 Anm 37). Ähnlich N.Lohfink, Arzt, 18 und weiter ausgeführt E.Zenger, Israel, 69-71. Weder Ruprecht noch Lohfink und Zenger fragen nach der kompositionellen Anordnung der Murrerzählungen um den Sinai herum.

b) Die Ringstruktur um den Sinai

Schon Julius Wellhausen hat darauf aufmerksam gemacht, daß die Sinaiperikope von Erzählungen gleichen Inhalts gerahmt wird: "Darum kehren auch die Erzählungen, die vor der Ankunft am Sinai berichtet werden, nach dem Aufbruch von dort noch einmal wieder, weil das Lokal vorher und nachher das gleiche ist, nämlich die Wüste von Kades, der wahre Schauplatz der mosaischen Geschichte. Mit der Einsetzung von Richtern und Ältesten wird vor dem grossen Sinaiabschnitte abgeschlossen und nachher wieder angefangen (Exod. 18 Num. 11); die Erzählung vom Manna und von den Wachteln begegnet nicht nur Exod. 16, sondern auch Num. 11; ebenso die von dem durch Moses hervorgelockten Felsenquell zu Massa und Meriba nicht bloss Exod. 17, sondern auch Num. 20."[65]

Geht man den Beobachtungen von Wellhausen weiter nach, so läßt sich tatsächlich eine konzentrische Ringstruktur von thematisch sehr ähnlichen Erzählungen fassen, deren Mittelpunkt der Sinai bildet. Zum Teil gehen die Ähnlichkeiten bis in den Wortlaut hinein (am ausgeprägtesten bei Ex 17,1-7 und Num 20,1-13). Es gibt freilich auch Textbezüge, die sich der schematischen Regelmäßigkeit nicht völlig einfügen. Zu erwähnen wäre etwa die von Wellhausen angeführte Entsprechung von Ex 16 und Num 11, oder die wörtlich noch engere Parallele zwischen Ex 16 und Num 13-14. Der Übersichtlichkeit halber aber sollen diese Erzählentsprechungen hier vernachlässigt werden. Die folgende Übersicht enthält die relevanten Texte:

A	Ex 15,22-25	Wasserumwandlung	
B	17,1-7	Wasser aus dem Felsen	
C	17,8-16	Krieg: Amalek - Israel	Strafverzicht
D	18	Entlastung des Mose	Jahwes, Israel
E	18,27	der Midianiter Jitro (חתן משה) kehrt zurück	lebt
F	19,1-2	Ankunft am Sinai	
		SINAI	Theophanie, Bund und Gesetz
F'	Num 10,11-23	Aufbruch vom Sinai	
E'	10,29-32	der Midianiter Hobab (חתן משה) will nicht mitziehen	Strafe und
D'	11	Entlastung des Mose	Zorn Jahwes,
C'	14,39-45	Krieg: Israel - Amalek	Israel von
B'	20,1-13	Wasser aus dem Felsen	Vernichtung
A'	21,16-18	Brunnen	bedroht

---

[65] J.Wellhausen, Prolegomena, 358.

Als ein beherrschendes Thema des nachsinaitischen Zyklus kann der Zorn Jahwes gelten ((Ex 32,10f) Num 11,1.10.33; 12,9; 16,19-22; 17,11).[66] So ist die Erzählung über die Entlastung des Mose eingebettet in eine Murrerzählung, in der das Murren seine Strafe findet (Num 11,33); die Schlacht gegen die Amalekiter (und Kanaanäer) geht nach dem Sinai negativ für Israel aus (Num 14,39-45), vor dem Sinai (Ex 17,8-16) können die angreifenden Amalekiter abgewehrt werden. Auch bei der Erzählung vom Wasser aus dem Felsen zeigt sich, daß sich erst nach dem Sinai eine Bestrafung findet (Num 20,1-13).

Auch die Beziehungen der nicht im obigen Schema erfaßten Doppelerzählungen sind in dieser Weise signifikant. So steht etwa die Erzählung von der Auffindung des Sabbat (Ex 16,16-31), bei der einige die Gebote des Mose straflos übertreten (Ex 16,20), in Kontrast zur Bestrafung des Sabbatschänders in Num 15,32-6. Genauso findet sich der Unterschied zwischen vor- und nachsinaitischen Texten bei der Erzählung vom Manna. In Ex 16,1-15 entspricht Jahwe ohne Strafe der Forderung des Volkes nach Fleisch und Brot, während in Num 11 das Verlangen nach Fleisch bestraft wird (Num 11,33).

Es zeigen sich noch weitere Differenzen zwischen vor- und nachsinaitischen Erzählungen. So spielt nach dem Sinai das am Sinai hergestellte Begegnungszelt eine wichtige Rolle, ebenso wie die ebenfalls am Sinai angefertigte Lade. Vor dem Sinai sind beide nicht zu finden. Nach dem Sinai kann Jahwe mit "Gesetzesnachträgen" (z.B. Num 15; 18f) auf das ständige Murren der Israeliten reagieren. Erst nach dem Sinai setzt sich Mose fürbittend für das dem Zorn Jahwes ausgelieferte Volk ein. Alle diese Beobachtungen belegen den tiefen Wandel im Gottesverhältnis Israels, der mit dem Sinai gegeben ist. Jahwe hat sich an Israel gebunden, also ist Israel Jahwe gegenüber für sein Verhalten verantwortlich. Umgekehrt kann man sagen, daß die Ringstruktur deshalb als Kompositionsprinzip gewählt wurde, um diesen tiefen Wandel auch entsprechend plastisch herauszuarbeiten.

2.4. Die Komposition der Episoden vor dem Sinai

Nachdem wir eine Ringstruktur um den Sinai herum gefunden haben, so fragt sich nun, ob nicht die zwei großen Teile des Episodenkomplexes "Wüste" je für sich wiederum eine klare Struktur aufweisen. Die thematische Einheit des vorsinaitischen Teils wurde bereits beschrieben: Israel befürchtet, daß der Marsch heraus aus der Sklaverei Ägyptens nicht in die Freiheit führt, sondern in den Tod. Die Führung des Mose droht deshalb ihre Legitimität zu verlieren. Jahwe verzichtet aber auf Bestrafung des Murrens und stellt stattdessen den Mangel an Grundnahrungsmitteln (Wasser und Brot) ab.

Sucht man nach einer möglichst einfachen Struktur, die alle Episoden umfaßt, so könnte man erneut an eine Ringstruktur denken. Dabei rahmt ein ganz ähnlich aufgebautes Wasserwunder den ersten Teil dieses Ringes. Der

---

[66] In Num 14,11-35 fällt zwar kein Wort für "Zorn", gleichwohl kann man überlegen, ob der Sachverhalt nicht mit diesem Begriff treffend beschrieben ist. Man vergleiche insbesondere mit Ex 32,7-14!

zweite Teil enthält keine Murrerzählungen und zeigt damit gewisse Eigenständigkeit. Die lexikalischen Berührungen zwischen den Texten sind zum Teil sehr stark (etwa Ex 15,22-25a und 17,1-7) ausgeprägt. Folgendes Schema stellt diesen Versuch der Anordnung dar:

A	15,22-25a	Wassergabe
B	15,25b-27	Jahwe gibt Gesetz und Recht
C	16,1-15	Israel soll Jahwe erkennen
D	16,16-36	Entdeckung des Sabbat
A'	17,1-7	Wassergabe
D'	17,8-16	Entdeckung der Feindschaft gegen Amalek
C'	18,1-12	Jitro erkennt Jahwe
B'	18,13-27	Mose lehrt Gesetz und Recht

Wäre dieses Schema richtig, so würde sich die Ringstruktur um den Sinai hier im Kleinen wiederholen. Und zwar lassen sich die Erzählungen ringförmig um die Erzählung vom Wasserwunder aus dem Felsen (Ex 17,1-7) anordnen. Dieser Wendepunkt ist besonders dadurch markiert, daß sich nach Ex 17,1-7 keine Murrerzählungen mehr finden.

Israel kommt nach der Vernichtung des Pharaos und seiner Streitmacht (Ex 14) in die Wüste. Es erfährt in Ex 15,22-25a erstmals die Wüste als Ort der Lebensbedrohung. Sofort beginnt es zu murren (15,24). Jahwe jedoch beseitigt den Wassermangel, gibt Gesetz und Recht und läßt Israel in Elim an einer Oase lagern, die 12 Quellen und 70 Palmen bietet.[67] In Ex 16,1-15 soll Israel Jahwe erkennen, aber Israel erkennt ihn gerade nicht (16,15). Trotzdem erfolgt keine Bestrafung Israels -wie anders reagiert dagegen Mose (16,20)!-, sondern Jahwe läßt Israel seinen Sabbat entdecken (16,23). Das Volk ruht zwar -gezwungenermaßen-, trotzdem weigert es sich, Jahwe zu erkennen. Dies wird scharf herausgearbeitet durch die Erzählungsentsprechung von Ex 17,1-7 zu Ex 15,22-25. In einer erneuten Situation des Wassermangels erinnert sich Israel nicht etwa der früheren Errettung, sondern murrt nun in noch dreisterer Weise. In V 7 bezweifelt Israel sogar Jahwes Gegenwart in seiner Mitte. Daß Jahwe trotzdem in der Mitte Israels ist, zeigt Ex 17,8-16. Gegenüber einem Feind Israels, der Israel vertilgen will, stellt sich Jahwe auf die Seite Israels. Der Entdeckung des Sabbat entspricht die Entdeckung der ewigen Feindschaft Jahwes gegen Amalek.[68] Nun zeigt Ex 18,1-12, daß es nicht nur Feinde Israels gibt. Jitro erkennt, was Israel erkennen sollte, aber nicht tat: daß Jahwe an diesem Volk festhält. Scharf ist der Kontrast zwischen Israels Nicht-erkennen (Ex 16,15) und Jitros Erkenntnis (Ex 18,11). Sein Verhältnis zu Mose/Israel ist denn auch durch den Schalom bestimmt (18,7). Ewiger Krieg oder friedliche und einmütige Gemeinschaft (Ex 18,12), das sind die beiden Möglichkeiten für Fremdvölker. Der echten und

---

[67]Die Zahlen stehen vielleicht symbolisch für die 12 Stämme und die 70 Ältesten.
[68]Von einer "Entdeckung" dieser Feindschaft kann insofern gesprochen werden, als der aggressive Übergriff Amaleks zwar eine deutliche Niederlage, aber doch wohl kaum eine ewige Feindschaft Jahwes allererst begründen kann.

intensiven Gemeinschaft mit Jitro verdankt Israel auch ein hierarchisches Führungssystem, das sowohl Mose als Führer als auch die Israeliten in effektiver Weise entlastet. In dieser Erzählung klingt bereits das Thema des Sinaikomplexes an: Recht und Gesetz. Hatte es in Ex 15,25b-27 Mose von Jahwe erhalten, so hat das Recht jetzt die effektive juristische Institution gefunden.

Israels Verhältnis zu Jahwe vor dem Sinai erinnert an das symbiotische Verhältnis von Säugling und Mutter. Denn Israel ist in einer ihm selbst nicht bewußten Weise von Jahwe gehalten und geschützt. Das Thema des darauffolgenden Sinaikomplexes ist die Entdeckung mündiger Verantwortlichkeit, die auch straffähig ist. Nach dem Sinai wird sich dieses symbiotische Eingebettetsein in die Fürsorge Jahwes als eine nicht rückholbare Vergangenheit darstellen. Dies zeigt insbesondere die Argumentation von Mose und Jahwe in Num 11,11-20: Mose versucht, Israel gegenüber Jahwe als unmündigen, strafunfähigen Säugling darzustellen (Num 11,12), Jahwe aber behaftet das Volk bei seinen bewußten Sprachäußerungen (Num 11,18), die eben gar nicht "säuglingshaft" sind.

2.5. Die Komposition der Episoden nach dem Sinai

Auch im nachsinaitischen Teil des Episodenkomplexes "Wüste" war eine gewisse thematische Einheit festzustellen. Diese aber bestimmt die einzelnen Episoden in viel geringerem Maß, als dies vor dem Sinai der Fall ist. Zwar stehen Moses Führung und die verschiedenen Weisen der Bestreitung ihrer Legitimität weiterhin im Zentrum des Geschehens, aber nicht so beherrschend wie im vorsinaitischen Teil. So kommt Mose in Num 18,1-24 gar nicht vor, ebensowenig in Num 21,1-3. Im nachsinaitischen Teil des Episodenkomplexes "Wüste" ist es erheblich schwerer, einfache Strukturen zu finden und plausibel zu machen. In dieser Hinsicht erweisen sich die "Gesetzesnachträge" (Num 15; 18f) als besonders störend. Die folgenden Überlegungen zur Gliederung beanspruchen daher weniger Wahrscheinlichkeit als die zum vorsinaitischen Teil. Mir scheint, daß besonders zwei Möglichkeiten durchgespielt werden müssen.

a) Drei Erzählungs-Blöcke?
Eine erste Möglichkeit bestünde darin, mehrere Episoden zu einem thematischen Block zusammenzuordnen. Dann könnte ein erster Block aus den drei Erzählungen Num 11,1-3; 11,4-35 und Num 12 bestehen. Thematisch wären sie durch den Zorn Jahwes (Num 11,1.10.33; 12,9) verbunden. Darüberhinaus dadurch, daß sich Num 11,1-3 und Num 12 rahmend entsprechen. Das hohe Maß an Ähnlichkeiten zwischen Num 11,1-3 und Num 12 ist von R.C.Culley und D.Jobling herausgearbeitet worden.[69] Ein zweiter Block von Erzählungen

---

[69] R.C.Culley, Structure, 101f und 104-106; weitergeführt von D.Jobling, Num 11-12, 37, der Num 11-12 auch als in sich geschlossenen Block versteht.

könnte dann Num 13,1-20,13 umfassen. Thematisch könnte man ihn insofern als eine Einheit bezeichnen, als hier das Erscheinen des KABOD am Begegnungszelt ein zentrales Thema ist (Num 14,10; 16,19; 17,7; 20,6). Wieder wäre auch eine Rahmung zu verzeichnen: Der Block beginnt und endet mit der Feststellung, daß Jahwe Israel das Land Kanaan geben will (Num 13,2 und Num 20,12). Der dritte und letzte Block würde Num 20,14-21,25 umfassen. Sein Thema wäre die Überleitung von der Wüste bis zur ersten Landnahme. Gerahmt würde der Komplex durch die zwei bis in wörtliche Formulierungen hinein sehr ähnlich aufgebauten Erzählungen Num 20,14-21 und Num 21,21-25.

b) Eine Ringstruktur um Num 13-14?
Andererseits könnte man jedoch fragen, ob nicht der nachsinaitische Teil des Episodenkomplexes "Wüste" in Analogie zum vorsinaitischen auch als Ringstruktur verstehbar ist. Dann würde sich auch in diesem Teil die Großstruktur im Kleinen wiederholen. Die Anordnung des Erzählmaterials in einer Ringstruktur erscheint jedenfalls möglich, wie folgendes Schema verdeutlichen soll:

A	10,11-28	Aufbruch vom Sinai
B	10,35-36	Lade-Sprüche (Poesie)
C	11,1-3	Feuer Jahwes und Moses Fürbitte nach geschehener Strafe
D	11,4-35	Wachtelgabe und Bestrafung der Gier
E	12	Aufruhr Mirjams und Aarons, die Bedeutung des Mose
F	13-14	Aufruhr und Verschwörung des Volkes, Tod der Exodusgeneration
E'	16-17	Aufruhr von Datan/Abiram/Korach, die Bedeutung des Aaron
D'	20,1-21	Wassergabe und erneutes Scheitern der Landnahme
C'	21,4-9	Feuerschlangen und Moses Fürbitte nach Strafe, Sündenbekenntnis Israels (vgl. 14,40)
B'	21,17-18	Brunnenlied (Poesie)
A'	21,10-20	Zug nach Moab
----	--------	-------------------
	21,21-25	Erste erfolgreiche Landnahme

Nicht alle Erzählungen lassen sich in dieses Schema einfügen, insbesondere die sehr späten Texte Num 15; 18; 19 nicht. Gleichwohl hat dieses Schema doch eine gewisse Plausibilität. In dieser Ringstruktur nimmt Num 13-14 den zentralen Platz ein.[70] Hier steht Israel zum ersten Mal vor dem Ziel seiner Wanderung, ja, mehr noch, zwölf Kundschafter durchziehen bereits das Land.

---

[70]Das stimmt zusammen mit der These von D.T.Olson, Death of the Old, 138ff, wonach die Kundschaftererzählung das Zentrum des Numeribuches insgesamt darstellt.

Große Anspannung und Dramatik liegt darin, daß die Verheißung, mit der Israel aus Ägypten ausgezogen ist, jetzt in Erfüllung gehen könnte. Aber die Auszugsgeneration versagt und wird zum Tod in der Wüste verurteilt.

Das Glied A und A' rahmt diesen Teil, der mit dem Aufbruch vom Sinai beginnt und mit dem Erreichen von Moab endet. Unterstrichen wird diese Rahmung durch zwei poetische Stücke (B und B'). Signifikant ist auch die Erzählungsentsprechung von Num 11,1-3 und Num 21,4-9 (C und C'). Beides Mal handelt es sich um kurze Erzählungen mit sehr ähnlichem Aufbau, beides Mal leistet Mose auf das Drängen des Volkes hin Fürbitte und erreicht bei Jahwe eine Beendigung der Strafaktion. Dabei unterscheidet sich Num 11,1-3 von Num 21,4-9 wesentlich dadurch, daß in der letzteren Erzählung Israel seine Schuld bekennt. War diese Einsicht in die eigene Schuld in Num 14,40 zu spät gekommen, so ist sie nun eine Voraussetzung für die bevorstehende Landnahme. Num 11,4-35 und Num 20,1-21 (D und D') sind thematisch dadurch verwandt, daß es in beiden Erzählungen um Nahrungsmangel und Führungsprobleme geht. In Num 11,4-35 kommt Jahwe dem Wunsch Moses nach, in Num 20,1-21 wird seine Eigenmächtigkeit bestraft. In Num 12 und Num 16f (E und E') geht es jeweils um den Aufruhr von wenigen Personen gegen Mose. Setzt sich Mose in Num 12 für die Aufrührer (Mirjam) ein (Num 12,13), so in Num 16f nur für deren Absonderung von der Gemeinde (Num 16,22), damit nur die Schuldigen vernichtet werden. In Num 12 wird in diesem Zusammenhang die überragende Bedeutung des Mose herausgestellt, in Num 17 wird die Stellung Aarons als Erzpriester hervorgehoben.

Die aufgezeigte Ringstruktur ist jedoch kompositorisch sehr gering durchgearbeitet, so fehlt es z.B. häufig an markanten wörtlichen Entsprechungen, die die Absicht der Komposition deutlich signalisieren würden. Dieser Umstand läßt sich gut mit der traditionellen These erklären, daß wir die Texte nicht einem einzigen Autor verdanken, sondern einem komplexen Redaktionsprozeß. Im nächsten Kapitel soll deshalb die literarkritische Arbeit beginnen.

Kapitel 4: Die Priesterschrift

Die Priesterschrift ist die Quellenschrift, über deren literarische Abgrenzung vergleichsweise noch am meisten Einigkeit besteht.[1] Als Einsatzpunkt für die Analyse von P, dem natürlicherweise eine größere Aufmerksamkeit gilt, wähle ich den Text Num 13-14. Dies hat vor allem zwei Gründe. Zum einen hat die bisherige Forschung in diesem Text alle drei Haupt-Schichten des Pentateuch gefunden, nämlich P, die alten Quellen (meist J, aber auch E) und eine deuteronomisch geprägte Schicht. Zum anderen ist dieser Text -wie wahrscheinlich gemacht werden konnte- von zentraler Bedeutung für die Komposition des nachsinaitischen Teils des Episodenkomplexes "Wüste".

1. ANALYSE VON NUM 13 - 14

Der Inhalt dieses Textes ist zuhöchst dramatisch: Das erste Mal seit Jahwe in der Moseberufung Israel die Landgabe zugesichert hat (Ex 3,8; 6,8) steht Israel nun vor den Grenzen dieses Landes, ja, eine ausgewählte Gruppe von Repräsentanten durchwandert bereits das Land. Bereits in 13,2 wird an diese Landzusage erinnert. Israel ist am Ende des Wüstenzuges angelangt. Der Zug in die Freiheit, heraus aus der Sklaverei, scheint nun in der wirtschaftlichen Versorgtheit des Kulturlandes sein Ende zu finden. Aber das Unbegreifliche geschieht: Israel lehnt die Landgabe Jahwes ab. Kurz vor dem Ziel verspielt so die Exodusgeneration die Erfüllung der Verheißung. Einer neuen Generation wird es vorbehalten bleiben, in das verheißene Land einzumarschieren.

Wir werden uns dem Verständnis des Textes in folgenden Schritten nähern: Zuerst (1.1.) wird der Text übersetzt. Sodann (1.2.) bedarf es einer formkritischen Erarbeitung des Endtextes von Num 13-14, um eine Basis zu gewinnen für die Diskussion der literarkritischen Probleme (1.3.). Das Ziel der Literarkritik ist die Herausarbeitung des P-Fadens. Dessen Interpretation (1.4.) und Überlegungen zur historischen Situation von P (1.5.) bilden dann den Abschluß dieses Abschnitts.

---

[1] Unter Priesterschrift soll in dieser Arbeit in erster Linie die sogenannte Grundschrift verstanden werden, auf die sich auch das neuere Forschungsinteresse richtet. Im Folgenden benutze ich -wie in der Exegese üblich- der Einfachheit halber das Siglum "P" für "P^g". Sekundäre priesterschriftliche Stücke werden weiterhin mit P^s bezeichnet.

1.1. Übersetzung von Num 13-14

(1) Da redete Jahwe zu Mose: (2) Schicke Männer los, damit [2] sie das Land Kanaan erkunden, das ich im Begriff bin den Israeliten zu geben [3], und zwar sollst "du" [4] je einen Mann je Väterstamm losschicken, jeder von ihnen soll ein NASI sein! (3) Da schickte sie Mose von der Wüste Paran aus los gemäß dem Befehl Jahwes, und [5] alle Männer gehörten zu den Häuptern der Israeliten.
(4) Und das sind ihre Namen: für den Stamm Ruben Schamua ben Sakkur, für den Stamm Simeon Schafat ben Hori, für den Stamm Juda Kaleb ben Jefunne, für den Stamm Issachar Jigal ben Josef, für den Stamm Efraim Hoschea ben Nun, für den Stamm Benjamin Palti ben Rafu, für den Stamm Sebulon Gadiel ben Sodi, (für den Stamm Josef)[6] für den Stamm Manasse Gadi ben Susi, für den Stamm Dan Ammiel ben Gemalli, für den Stamm Ascher Setur ben Michael, für den Stamm Naftali Nachbi ben Wofsi, für den Stamm Gad Geuel ben Machi.
(16) Dies sind also die Namen der Männer, die Mose losschickte, um das Land zu erkunden. Damals nannte Mose den Hoschea ben Nun Josua. (17) Dann schickte Mose sie also los, um das Land Kanaan zu erkunden, und er sprach zu ihnen: Zieht nun [7] hinauf in den Negeb und hinauf auf's Gebirge! (18) Seht euch das Land an, wie es beschaffen ist, und das Volk, das darin wohnt, ob es stark, schwach, klein oder zahlreich ist (19) und das Land, in dem es wohnt, ob es gut oder schlecht ist, und die Städte, in denen es wohnt, ob sie offen oder befestigt sind (20) und ob das Land fett oder mager ist, ob in ihm Bäume vorhanden sind oder nicht. Habt nur Mut und nehmt von den Früchten des Landes mit! Zu jener Zeit waren gerade die Tage der ersten Weintrauben. (21) Da zogen sie hinauf und erkundeten das Land von der Wüste Zin bis Rehob bei Lebo-Hamat. (22) Sie zogen zuerst in den Negeb und kamen bis Hebron. Dort waren Ahiman, Scheschai und Talmai, Nachkommen des Anak. Hebron war sieben Jahre vor Zoan in Ägypten erbaut worden. (23) Dann kamen sie in das Traubental. Dort schnitten sie eine Weinranke und eine einzige Weintraube ab; die mußten sie zu zweit auf einer Tragstange tragen; auch einige Granatäpfel und Feigen. (24) Eben jenen Ort nannte man Traubental, wegen der Traube, die die Israeliten dort abgeschnitten hatten.
(25) Dann kehrten sie zurück vom Erkunden des Landes, nach Ablauf von vierzig Tagen. (26) So kamen sie zu Mose und Aaron und zur ganzen Gemeinde der Israeliten in die Wüste Paran nach Kadesch. Sie erstatteten ihnen und der ganzen Gemeinde Bericht und zeigten die Früchte des Landes. (27) Dann erzählten sie ihm und sprachen: Wir sind in das Land hineingekommen, in das du uns geschickt hast, und es fließt auch tatsächlich Milch und Honig [8] darin, dies sind seine Früchte! (28) Aber leider ist das Volk stark, das im Land wohnt, und die

---

[2] $w^e yiqtol$ nach Imperativ hat finalen Sinn, vgl. G-K §165a.
[3] Hier liegt der sogenannte Koinzidenzfall ("Zusammenfall (Koinzidenz) zwischen Aussage und Vollzug der Handlung" C.Brockelmann, §41d S. 40) vor, der mit *qatal* oder *qotel* ausgedrückt werden kann. Vgl. G-K §106i; R.Bartelmus, HYH, 53 und 56f, W.Schneider, Grammatik, §48.6.2. Die hiesige Stelle interpretieren ebenfalls als Koinzidenzfall M.Noth, Num, 87; H.Strack, Num, 402.
[4] Die singularische Lesart ist von Samaritanus, Peschitta und Septuaginta bestens bezeugt, zudem paßt sie besser in den hiesigen Kontext. Die pluralische Lesart des MT erklärt sich als Harmonisierung mit der Parallelerzählung in Dtn 1, wo dem Volk die Initiative bei der Kundschafteraussendung zukommt (Dtn 1,22). Ich folge hier B.Baentsch, Ex-Num, 517.
[5] Die Asyndese hat explikativen Sinn.
[6] An dieser Stelle ist der Text anscheinend korrupt. Die Kommentatoren schlagen zumeist eine Versumstellung vor. Vgl. B.Baentsch, Ex-Num, 518f; H.Holzinger, Num, 54.
[7] Die Funktion des enklitischen הז dürfte temporal hinweisend sein, vgl. G-K §136d. Anders M.Noth, Num, 87, der darin einen (grammatisch ebenso möglichen) lokalen Hinweis erblickt: "Zieht hier im Negeb hinauf". So auch schon H.Strack, Num, 402.
[8] Milch und Honig bezeichnet die Ganzheit der Nahrungsproduktion des Landes, und zwar steht Milch für die Grundnahrungsmittel, Honig für die Genußmittel. Das "fließen" drückt hyperbolisch den Überreichtum des Landes aus. Vgl. E.Koenig Stilistik, 58,35; 73,4. Ebenso steht die Weintraube für Genußmittel.

Städte sind massig ausgebaute Festungen, ja, mehr noch [9] die Nachkommen des Anak haben wir dort gesehen! (29) Amalek wohnt im Land des Negeb und die Hetiter, die Jebusiter, die Amoriter wohnen auf dem Gebirge und die Kanaaniter wohnen am Meer und am Ufer des Jordan.

(30) Da beruhigte Kaleb das Volk vor Mose, indem er sprach: Laßt uns trotzdem hinaufziehen, um es [10] in Besitz zu nehmen, jawohl, wir werden es bestimmt bezwingen. (31) Aber die Männer, die mit ihm hinaufgezogen waren, sprachen: Wir können bestimmt nicht dieses Volk bezwingen, denn es ist stärker als wir! (32) Dann streuten sie ein Gerücht über das Land aus, das sie erkundet hatten, bei den Israeliten folgenden Inhalts: Das Land, das wir durchquert haben, um es zu erkunden, ist ein Land, das seine Bewohner frißt, und alles Volk, das wir darin gesehen haben, waren Männer von großer Statur. (33) Dort haben wir sogar die (Urzeit-)Riesen [11] gesehen - die Anakiter stammen nämlich von den Riesen ab -. Wir kamen uns selbst wie Heuschrecken vor und ihnen erschienen wir ebenso.[12]

(14,1) Da erhob die ganze Gemeinde ein lautes Geschrei [13] und das Volk weinte in jener Nacht. (2) Dann murrten alle Israeliten gegen Mose und Aaron, und die ganze Gemeinde sprach zu ihnen: Wären wir doch in Ägypten gestorben, oder in dieser Wüste hier, wären wir doch gestorben! (3) Warum will uns Jahwe in dieses Land bringen, wo wir durch das Schwert fallen und unsere Frauen und unsere Kinder zur Beute werden. Wäre es nicht gut für uns, nach Ägypten zurückzukehren? (4) Dann sprachen sie untereinander: Laßt uns einen Anführer bestimmen und nach Ägypten zurückkehren!

(5) Da fielen Mose und Aaron auf ihr Angesicht vor der ganzen Versammlung der Gemeinde der Israeliten. (6) Und Josua ben Nun und Kaleb ben Jefunne, die zu denen gehörten, die das Land erkundet hatten, zerrissen ihre Kleider (7) und sagten zur ganzen Gemeinde der Israeliten: Das Land, das wir durchzogen haben, um es zu erkunden, ist sehr sehr gut. (8) Wenn Jahwe an uns Wohlgefallen hat und uns in dieses Land hineinbringt und es uns gibt, dann ist es ein Land, in dem Milch und Honig fließen. (9) Lehnt euch bloß nicht gegen Jahwe auf, dann braucht ihr das Volk des Landes nicht zu fürchten, denn wahrlich, sie sind unsere Speise, ihr schützender Schatten ist bereits von ihnen gewichen, Jahwe aber ist mit uns, fürchtet sie nicht! (10) Da sprach die ganze Gemeinde, daß sie sie steinigen werde.

Und da nun erschien der KABOD Jahwes am OHEL MOED allen Israeliten.[14] (11) Und Jahwe sagte zu Mose: Wie lange noch verachtet mich dieses Volk da und wie lange noch vertrauen sie mir nicht trotz all der Zeichen, die ich in seiner Mitte vollbracht habe. (12) Ich werde es mit der Pest schlagen und vernichten [15], dich aber mache ich zu einem größeren und stärkeren Volk als es.

(13) Da sagte Mose zu Jahwe: Die Ägypter werden hören [16], daß du dieses Volk da mit deiner Kraft aus ihrer Mitte hinaufgeführt hast (14) und werden zu den Einwohnern dieses

---

[9]Das zweifache גם hat ähnlich wie in Ex 6,4f steigernden Sinn.

[10]Die femininen Proformen referieren auf das Land. Sie sind damit nicht beziehungslos, gegen H.Holzinger, Num, 52.

[11]Vgl. Gen 6,4.

[12]V 33b stellt eine extreme Hyperbel der Geringschätzung dar, vgl. E.Koenig, Stilistik, 71,22.

[13]H.Holzinger, Num, 57: "ותשא hat das Objekt mit ויתנו gemeinsam". Ein ähnlich konstruierter Fall findet sich 2 Sam 6,12b.

[14]Septuaginta, Peschitta und Targum Jonathan lesen die zusätzliche Wendung "in der Wolke". Nach Ex 29,43; Lev 9,5-6.23-24; Num 20,6 kann der KABOD aber auch ohne Wolke erscheinen, deshalb ist der MT vorzuziehen. Anders H.Mölle, Erscheinen, 201 mit Verweis auf Ex 16,10; 24,15-18; 40,34-35. Vgl. auch T.Mettinger, Dethronement, 89 Anm 48.

[15]Das zweifache Nun-energicum verleiht der göttlichen Ankündigung großen Nachdruck, vgl. G-K §58i.

[16]Normalerweise kann w^e-qatal "keine Erstsetzung bezeichnen" (R.Bartelmus, HYH, 74). Direkte Rede kann jedoch mit w^e-qatal beginnen. Es hat dann futurische Bedeutung. Der Grund dürfte darin liegen, daß durch die Sprechsituation ein Relationspunkt implizit gesetzt ist, der dann fortgeführt wird. Vgl. dazu W.Schneider § 48,3.4.; Meyer, Grammatik, §101 6c; G-K §112x.

Landes sagen, sie haben gehört [17], daß du, Jahwe, inmitten dieses Volkes da bist, dem du, Jahwe, Auge in Auge erscheinst [18], über denen deine Wolke steht, vor denen du tagsüber in einer Wolkensäule hergehst und nachtsüber in einer Feuersäule. (15) Wenn du nun aber [19] dieses Volk da wie einen Mann tötest, dann werden die Völker, die diese Kunde von dir gehört haben, folgendermaßen reden: (16) Weil Jahwe nicht im Stande war, dieses Volk da in das Land hineinzubringen, das er ihnen zugeschworen hat, deshalb hat er es abgeschlachtet in der Wüste. (17) Nun aber soll sich doch die Stärke meines Herrn als groß erweisen gemäß dem, was du gesagt hast: (18) Jahwe ist langmütig und reich an Huld, er vergibt Schuld und Sünde, aber er läßt auf keinen Fall [20] straflos, sondern verfolgt die Schuld der Väter an den Söhnen bis in die dritte und vierte Generation. (19) Vergib doch die Schuld dieses Volkes gemäß deiner großen Huld, wie du diesem Volk da bereits vergeben [21] hast von Ägypten an bis hierher.

(20) Daraufhin sprach Jahwe: Hiermit vergebe ich [22] entsprechend deiner Rede. (21) Aber dennoch, so wahr ich lebe [23] und der KABOD Jahwes die ganze Erde erfüllt [24], (22) wahrlich, alle Männer, die meinen KABOD sehen [25] und meine Zeichen, die ich in Ägypten und in der Wüste vollbracht habe, und mich trotzdem nun schon zehnmal [26] versucht haben und nicht auf meine Stimme gehört haben, (23) werden das Land, das ich ihren Vätern zugeschworen habe, nicht sehen, alle, die mich verachten, werden es nicht sehen. (24) Nur mein Knecht Kaleb, weil ein anderer Geist mit ihm ist und er mir ganz und gar folgte, ihn werde ich in das Land bringen, in das er hineingekommen ist, und seine Nachkommen werden es gewiß in Besitz nehmen. (25) '...'[27] Macht morgen kehrt und brecht auf zur Wüste hin [28], schlagt die Richtung zum Schilfmeer ein.

---

[17] Die Konstruktion scheint ungewöhnlich. ויאמר markiert normalerweise den Übergang in die direkte Rede (vgl. 15b), dann müßte das folgende Verb שמעו aber in der ersten Person konstruiert sein. Deshalb rekonstruiert etwa B.Baentsch, Ex-Num, 526 Vers 14a in Anlehnung an die Lesart der Septuaginta den Text wie folgt: "und 'auch alle' Bewohner dieses Landes haben vernommen,..."

[18] Das ראיה ist - wie BHS vorschlägt - in Angleichung an die folgenden Partizipialkonstruktionen als Partizip zu vokalisieren. So auch B.Baentsch, Ex-Num, 527; M.Noth, Num, 88. Anders H.Strack, Num, 405.

[19] H.Strack, Num, 405: "Zwei Perff. mit Waw consec. bilden einen Bedingungssatz, wie Ex 12,13". Ebenso B.Baentsch, Ex-Num, 527; M.Noth, Num, 88.

[20] Die figura etymologica verleiht dieser Feststellung Emphase. Vgl. C.Brockelmann, Syntax, §93a. Inmitten der Formel, die mit den Partizipien das allgemein-zeitlose Wesen Jahwes beschreiben will, muß das *yiqtol* einen generellen Sachverhalt ausdrücken.

[21] Hier liegt eine Ellipse vor. עון ist zu ergänzen. Vgl. E.König, Lehrgebäude III §209b.

[22] Wieder liegt ein performativer Sprechakt vor.

[23] Diese Schwurformel signalisiert, daß die folgenden Sätze der Syntax des Schwurs folgen. Vgl. dazu C.Brockelmann, Syntax, §170c; G-K §149; E.König, Lehrgebäude III §391a.

[24] וימלא ist vielleicht mit BHS als Qal zu vokalisieren. Andernfalls müßte man eine Konstruktion mit zwei Akkusativen annehmen; so H.Strack, Num, 406. Der Sinn bliebe gleich. Das *yiqtol* ist m.E. als Ausdruck eines generellen Sachverhalts zu interpretieren, vgl. dazu R.Bartelmus, HYH, 59. Dies würde besser zum durativen Sinn der Schwurformel passen, zu der V 21b noch gerechnet werden muß, ehe mit כי der eigentliche Schwur beginnt. Anders H.Strack, Num, 406; B.Baentsch, Ex-Num, 528; M.Noth, Num, 89.

[25] Die Form *qotel* drückt Gleichzeitigkeit in diesem Fall zum Relationspunkt des Sprechers aus, vgl. R.Bartelmus, HYH, 51. Mit Vergangenheit übersetzen: Strack, Num, 406; Baentsch, Ex-Num, 528; Noth, Num, 89. G-K §116m (S. 374). Der Text ist wohl so zu interpretieren, daß die Reihe der Zeichen Jahwes als abgeschlossen vorliegend gedacht wird. Das Sehen des KABOD kann sich entweder auf V 10b beziehen, oder "die in Jahves Machtweisungen sich dokumentierende Herrlichkeit" meinen (B.Baentsch, Ex-Num, 528).

[26] Die Zehnzahl legt sich als runde Summe von der Zahl der Finger her nahe, vgl. E.Koenig, Stilistik, 56,4-8, sie meint kaum eine präzise im Pentateuch zu verifizierende Anzahl. Zu solchen interessanten jüdischen Versuchen vergleiche A.Dillmann, Num, 77.

[27] V 25a ist eine deplazierte Glosse. So H.Strack, Num, 406; A.Dillmann, Num, 78; B.Baentsch, Ex-Num, 529; M.Noth, Num, 97; H.Holzinger, Num, 58.

[28] Die gut bezeugte Lesart mit He-lokale macht den Sinn klarer.

(26) Dann redete Jahwe zu Mose und Aaron: (27) Wie lange soll das mit diesem bösen Volk da weitergehen, das ständig [29] gegen mich murrt; das Murren der Israeliten, die ständig gegen mich murren, habe ich gehört. (28) Sag zu ihnen: So wahr ich lebe - Spruch Jahwes -, wahrlich, wie ihr in meine Ohren geredet habt, so werde ich an euch handeln. (29) In dieser Wüste hier werden eure Leichen fallen, alle eure Gemusterten, alle ohne Ausnahme, von zwanzig Jahren an und darüber, die ihr gegen mich gemurrt habt. (30) Ihr werdet nicht in das Land kommen, für das ich meine Hand erhoben habe, um euch darin wohnen zu lassen, außer Kaleb ben Jefunne und Josua ben Nun. (31) Aber eure Kinder, von denen ihr gesagt habt: sie werden zur Beute, werde ich hineinbringen, sie werden das Land kennen lernen, das ihr verschmäht habt. (32) Aber *eure* [30] Leichen werden in dieser Wüste liegen. (33) Eure Söhne werden in der Wüste vierzig Jahre lang Hirten sein und so eure Hurerei büßen bis alle eure Leichen in der Wüste liegen. (34) Für jeden einzelnen Tag, den ihr gebraucht habt, um das Land zu erkunden, nämlich 40 Tage, müßt ihr ein Jahr lang eure Schuld tragen, also 40 Jahre, so werdet ihr die Entfremdung von mir [31] erkennen. (35) Ich Jahwe habe geredet, wahrlich, dies vollstrecke ich an dieser ganzen bösen Gemeinde, die sich ständig gegen mich bestimmt. In dieser Wüste hier finden sie ihr Ende [32] und hier werden sie sterben.

(36) Und die Männer, die Mose losgeschickt hatte, um das Land zu erkunden, und die dann zurückgekehrt waren und die ganze Gemeinde zum Murren gegen ihn angestiftet hatten, indem [33] sie ein Gerücht über das Land verbreitet hatten. (37) Eben diese Männer [34], die ein verleumderisches Gerücht verbreitet hatten, starben durch einen Schlag vor Jahwe. (38) Nur Josua ben Nun und Kaleb ben Jefunne blieben am Leben aus dem Kreis der Männer, die gegangen waren, um das Land zu erkunden.

(39) Dann redete Mose diese Worte zu allen Israeliten und das Volk trauerte sehr. (40) Da standen sie früh am Morgen auf und stiegen hinauf auf den Gipfel des Gebirges, denn sie sagten: Siehe, wir wollen zu dem Ort, den Jahwe genannt hat, wahrlich, wir haben gesündigt. (41) Da sprach Mose: Wozu übertretet ihr denn den Befehl Jahwes, es wird euch doch nicht gelingen. (42) Zieht nicht hinauf, denn Jahwe ist nicht in eurer Mitte, dann werdet ihr nicht geschlagen werden vor euren Feinden. (43) Denn die Amalekiter und Kanaaniter stehen dort gegen euch und ihr werdet durch das Schwert fallen; weil ihr euch von Jahwe abgewendet habt, wird Jahwe nicht mit euch sein. (44) Aber sie waren so vermessen, daß sie doch auf den Gipfel des Gebirges hinaufzogen, die Bundeslade Jahwes und Mose wichen jedoch nicht aus der Mitte des Lagers. (45) Da kamen die Amalekiter und Kanaaniter herab, die auf diesem Gebirge wohnten, und schlugen sie und versprengten sie bis nach Horma.

1.2. Formkritik von Num 13-14

Entsprechend unseren methodologischen Grundsätzen geht der Literarkritik zunächst eine formkritische Untersuchung des Endtextes voraus. Der formkritische Arbeitsgang gliedert sich noch einmal in zwei Schritte. Zum einen (1.2.1.) soll der Erzählstruktur des Einzeltextes nachgegangen werden, zum anderen (1.2.2.) soll nach dem globalen Erzählmuster gefragt werden, nach dem

---

[29]Das *qotel* hat durativen Sinn. R.Bartelmus, HYH, 49.
[30]Das אתם dient der Hervorhebung, vgl. G-K §135f; H.Holzinger, Num, 58.
[31]Zu diesem Übersetzungsproblem siehe die gründliche Studie von R.Loewe, Divine Frustration, sowie S.McEvenue, Source-Critical Problem, 457f.
[32]Nach H.Strack, Num, 407 ist die Form יתמו ein Impf vom Lexem תמם. Ebenso G-K §67g; B.Baentsch, Ex-Num, 531.
[33]H.Strack, Num, 407: "ל mit Inf. gerundivisch, wie Lv 18,18; 22,21". Ebenso B.Baentsch, 531; M.Noth, Num, 89.
[34]Die Wiederaufnahme ist ein stilistisch gebräuchliches Mittel zur Anknüpfung an den parenthetisch unterbrochenen Erzählfaden. Siehe dazu E.König, Stilistik, 129, 30.

dieser Text gebildet ist. Dazu bedarf es des Textvergleichs, eines hervorragenden Mittels, um die spezifische Aussageintention des Einzeltextes zu ermitteln.

1.2.1. Die Erzählstruktur von Num 13-14

Ich gebe kurz eine Übersicht über die Gliederung der Erzählung, die ich im folgenden näher erläutern werde.

(1) 13,1-20   Die Aussendung der Kundschafter
(2) 13,21-25   Der Bericht über den Erkundungsgang im Land
(3) 13,26-33   Der zwiespältige Bericht der Kundschafter
(4) 14,1-10a   Die Reaktion des Volkes
(5) 14,10b-25   Erstes Urteil Jahwes und Fürsprache Moses
(6) 14,26-35   Das endgültige Strafurteil Jahwes
(7) 14,36-38   Der Tod der Kundschafter
(8) 14,39-45   Zu späte Einsicht - die gescheiterte Landnahme

(1) Die Aussendung der Kundschafter (Num 13,1-20)
Die Erzählung beginnt mit einer Jahwerede, ohne daß diese erzählerisch situiert und motiviert würde. Der Lagerort der Israeliten, der sonst zur Exposition der Wüstenerzählungen gehört, ist in Num 12,16 angegeben und in V 3 ebenfalls erwähnt. Offensichtlich befindet sich die Wüste Paran an der Grenze zu Kanaan. Gott befiehlt die Aussendung von Kundschaftern. In seinem kurzen Befehl kann man eine Anspielung auf Gen 13,17 vermuten: So wie Jahwe damals dem Abraham den Befehl zur Durchwanderung des Landes der Verheißung gab, so jetzt den Repräsentanten Israels. Deutlicher greifbar ist jedoch der Bezug auf Ex 6,8, der durch lexikalische Rekurrenz markiert ist. Die dort angekündigte Landgabe wird nun vollzogen. Wichtig ist, daß hier der Koinzidenzfall vorliegt. Die Landgabe ist ein unumstößliches Faktum, sie steht außer Zweifel. Jahwe ist im Begriff, seine Zusage zu erfüllen. Die Spannung des Lesers richtet sich also allein auf die Frage: Wie wird Israel auf diese Zusage Jahwes reagieren?

Die Kundschafter werden in einer Liste namentlich aufgezählt. Die Liste unterbricht den Erzählfluß.[35] Ihr Sonderstatus wird auch durch Rahmung signalisiert.[36] Wörtlich entsprechen sich Num 13,3f und 16f:

---

[35] Die Liste besteht durchgehend aus Nominalsätzen und unterbricht so die Reihe der Verbalsätze mit *wayyiqtol*.

[36] Nach R.Beaugrande/W.Dressler, Textlinguistik, 59 dient solche Rekurrenz dazu, um "irrelevante Unterbrechungen zu überwinden und mit dem Text weiterzukommen". Von "Digressionen" im Erzählfluß handelt auch E.Lämmert, Bauformen, 34. Mit dieser erzählstrukturellen Feststellung ist noch kein literarkritisches Urteil verbunden, wie das etwa M.Noth, Num, 92 tut, der die Liste als sekundären Einschub beurteilt. Immerhin werden zwei für die weitere Erzählung wichtige Figuren bei dieser Gelegenheit eingeführt, nämlich Josua und Kaleb.

(V 3f): ואלה שמותם   ... וישלח אתם משה
(V 16f): אלה שמות ...   וישלח אתם משה

Mose führt den Befehl Jahwes genau aus, auch dies ist wieder durch lexikalische Rekurrenz markiert:

Befehl Jahwes (V 2): שלח־לך   אנשים ויתרו את־ארץ כנען
Ausführung (V 17): וישלח   אתם משה לתור את־ארץ כנען

Darüberhinaus instruiert Mose die Kundschafter in direkter Rede. Die Informationen, die zu beschaffen sind, gehen über die für eine bloß militärische Aktion notwendigen hinaus. Es geht um die zukünftige Besiedlung des Landes. A.Malamat spricht zutreffend von einem "Siedlungsfeldzug".[37]

(2) Der Bericht über den Erkundungsgang im Land (Num 13,21-25)
Der erzählerische Einschnitt an dieser Stelle ist deutlich markiert: Subjekt, Ort und Thematik wechseln. V 21 stellt einen Themasatz dar, eine Art zusammenfassende Überschrift über den ganzen Erzählabschnitt, die in den folgenden Versen ausgeführt wird.[38] Dieser Bericht ist durch lexikalische Rekurrenz als genaue Ausführung des Befehls des Mose gekennzeichnet:

Befehl des Mose (V 17): לתור את־ארץ כנען ... עלו
Ausführung (V 21): ויעלו ויתרו את הארץ

Der Bericht informiert den Leser über das Land, so daß dieser im folgenden Streit zwischen Kundschaftern und Volk darauf zurückgreifen kann. Er ist nicht in der Situation des Volkes, das sich über die widersprechenden Berichte der Kundschafter kein eigenes Urteil bilden kann; aus der Leserperspektive heraus läßt sich der Bericht der Kundschafter leichter beurteilen.

Die Berichterstattung über die Erlebnisse der Kundschafter im Land ist geprägt durch eine Verzerrung der Größenverhältnisse. Alles erscheint riesig groß: die Einwohner, deren Städte, die Naturprodukte. Dies ist ein verbreitetes Motiv fiktiver Erzählungen. H.Weinrich hat die Wirkung dieses erzählerischen Motivs treffend charakterisiert: Durch Übertreibung der Größe wird der Mensch in die kleine Position gedrängt, "so daß alles über ihm zusammenschlägt. Der Mensch und seine Umwelt sind dimensionsverschieden und stehen sich in Urfeindschaft gegenüber".[39] Aber nicht nur die Feindlichkeit des Landes ist sehr groß, wie die Anakiter zeigen, auch die Verlockung dieses äußerst fruchtbaren Landes, wie die Riesentraube zeigt.[40] Der Leser wird vom Erzähler in starker Spannung gehalten. Wie soll er den zwiespältigen Befund im Land deuten? Der Erfüllung der Zusage Gottes stehen ganz offensichtlich Schwierigkeiten im Wege, die nach menschlichem Ermessen sehr groß scheinen. Auch

---

[37] A.Malamat, Wanderung, 249.
[38] Zum Begriff "Themasatz" vgl. T.A.van Dijk, Textlinguistik, 45.
[39] H.Weinrich, Das Zeichen des Jonas. Über das sehr Große und das sehr Kleine in der Literatur. In: Literatur für Leser. Essays und Aufsätze zur Literaturwissenschaft. Sprache und Literatur Bd 68, Stuttgart-Berlin-Köln-Mainz, 1971, S. 44.
[40] F.Nötscher, Altertumskunde, 185: "Im Altertum war Palästina ein gesegnetes W e i n l a n d." Darum spielt auch der Weinstock "in der Bildersprache der Bibel eine so große Rolle".

wenn das Land einige Mühe und Einsatz lohnt, ist es doch fraglich, ob der übermächtige Gegner zu überwinden ist. Der Leser wird dadurch schon an dieser Stelle der Zwiespältigkeit ausgesetzt, die später den Bericht der Kundschafter in zwei Lager zerreissen wird. Trotz Bericht über die Erkundung weiß der Leser schließlich auch nicht wesentlich mehr als das Volk. Es wird darauf zu achten sein, wie die Identifikation des Lesers weiter gesteuert und auf welche Seite der Kundschafter er gezogen wird.

(3) Der zwiespältige Bericht der Kundschafter (Num 13,26-33)
Dem zwiespältigen Bericht über die Erfahrungen der Kundschafter im Land entspricht nun die Zwiespältigkeit der Kundschafter selbst. Bereits der Bericht der Kundschafter (V 27-29), bringt die Zwiespältigkeit der gemachten Erfahrung zum Ausdruck. Die Kundschafter betonen zunächst, daß das Land überaus fruchtbar ist; es ist "das Land, darin Milch und Honig fließt". Mit diesem deutlichen Verweis auf Ex 3,8 erkennen die Kundschafter an, daß es sich um das von Gott zugesagte Land tatsächlich handelt. Auch die Aufzählung der Fremdvölker in V 29 erinnert an Ex 3,8. Diese Einschätzung begründen sie vor den Augen der Zurückgebliebenen mit der Demonstration der mitgebrachten Früchte. Es bleibt aber nicht bei dieser Einschätzung. Die Kundschafter hatten ja den Auftrag, auch Informationen über die Bewohner des Landes, und nicht nur über seine Kultivierbarkeit zu sammeln und sie waren ja auch den Einwohnern tatsächlich begegnet. Der Teil der Berichterstattung, der davon handelt, schließt mit einer starken Kontrajunktion אפס כי an.[41] Dieses "aber" gipfelt in der Feststellung, daß sie sogar die Anakiter im Land gesehen haben. Auch dieses "aber" kann sich auf im Land gemachte Erfahrungen stützen. Nun kommt aber die entscheidende Frage: Wie verhält sich die Zwiespältigkeit der Erfahrung zur Eindeutigkeit der Zusage Jahwes? Gerade dazu erwartet man von den Kundschaftern ein klärendes Wort.

In dieser Situation ergreift Kaleb das Wort (V 30). Aus V 30a ist implizit die Enttäuschung des Volkes nach der Rede der Kundschafter zu erschließen. Denn wenn sich nicht Enttäuschung auf den Gesichtern breit gemacht hätte, hätte Kaleb nicht das Wort ergreifen müssen.[42] Der Vers ist aber doch wohl überinterpretiert, wenn man aus dem אל משה eine "Auflehnung gegen Mose" herausliest.[43] Dann müßte wenigstens על stehen (so der Samaritanus), das eher auch feindlichen Sinn haben kann. M.E. hat M.Noth das Richtige getroffen: "In V.30a soll vielleicht gesagt werden, daß Kaleb zu Mose redete, aber so, daß es auch das Volk hören sollte."[44]

Kaleb findet nun zu einer sehr bestimmten Handlungsanweisung. Er begnügt sich nicht damit, seiner Erfahrung Ausdruck zu geben. Er gibt nicht

---

[41] Zum Begriff Kontrajunktion vergleiche R.Beaugrande/ W.Dressler, Textlinguistik, 78.
[42] H.Strack, Num, 404: "Er (=Kaleb) kann die Gesinnutg des Volkes schon, ehe sie sich in Worten kundgab, am Ausdruck der Gesichter erkannt haben." Vgl. A.Knobel, Num, 67. Es besteht also kein Anlaß für eine Versumstellung wie B.Baentsch, Ex-Num, 522 und H.Holzinger, Num, 52 wollen.
[43] A.Dillmann, Num, 74; vgl. auch H.Holzinger, Num, 52; B.Baentsch, Ex-Num, 522.
[44] M.Noth, Num, 95.

wieder, was er gesehen hat, sondern er fordert zum Handeln auf. Damit stößt er genau in den Problembereich vor, den die Erzählung aufgeworfen hat. An den zwiespältigen Erfahrungen der Kundschafter ist nicht zu rütteln, aber was soll man nun tun? Kaleb fordert dazu auf, die Landnahmeaktion in Angriff zu nehmen. Das zweimalige Vorkommen der figura etymologica unterstreicht die Bestimmtheit seiner Aufforderung.

An diesem Punkt nun entsteht ein Konflikt unter den Kundschaftern. Es geht darum, welche Handlung aus der Wahrnehmung der Sachverhalte folgen kann. Dabei kommt es ganz entscheidend darauf an, in welcher Weise ich mich selbst zu den wahrgenommenen Sachverhalten in Beziehung setze. In der Rede des Kaleb wird zum ersten Mal die gemeinsam verantwortete Darlegung des Sachverhalts (13,27-29) bewertet: "... wir werden sie bezwingen" (13,30). Solche Bewertung verlangt einen Maßstab. Und hier liegen die tieferen Gründe für die Differenzen der Kundschafter untereinander. Welchen Maßstäben folgen sie jeweils?

Die anderen Kundschafter folgern aus dem gleichen Tatbestand genau das Gegenteil, ihr Votum bezieht sich durch lexikalische Rekurrenz auf das des Kaleb zurück:

Kaleb (V 30): עלה נעלה ... יכול נוכל
andere Kundschafter (V 31): לא נוכל לעלות

Eine feine Differenz ist noch zu notieren. Während sich Kaleb auf das Land bezieht, beziehen sich die anderen Kundschafter auf das Volk. Dies zeigt, daß bereits die Wahrnehmung der Sachverhalte selbst dadurch gefärbt ist, in welchem Licht man sie wahrnimmt. Kaleb betont die positiven Erfahrungen mit der Fruchtbarkeit des Landes, während die anderen Kundschafter die negative Erfahrung mit den Einwohnern in den Vordergrund stellen.

Nachdem nun auch die anderen Kundschafter eine Handlungsanweisung abgegeben haben, ist die Situation wieder offen. Zwei Vorschläge stehen gegeneinander. Wie sollen sich nun die entscheiden, die selbst über keine eigene Erfahrung mit dem Land verfügen, nämlich die Zurückgebliebenen? Auch der Leser hat gegenüber dem Volk kaum einen Informationsvorsprung, auf wessen Seite schlägt er sich? Wo sind die Kriterien für richtiges und falsches Handeln?

Der Erzähler beläßt es aber nicht bei dieser Lage. Die anderen Kundschafter greifen in dieser Situation, in der die Entscheidung für jede der Seiten möglich scheint, zum Mittel des Gerüchts. Der Wortlaut dieses Gerüchts, das nicht mehr öffentlich vor Mose, sondern heimlich unter den Israeliten verbreitet wird, macht nun klar, wessen Geistes Kind die Kundschafter sind. N.Lohfink hat darauf hingewiesen, daß der Erzähler hier aus Ez 36,1-15 zitiert.[45] Die Charakterisierung des Landes als "Land, das seine Bewohner frißt", ist im hiesigen Zusammenhang nur als Zitat verstehbar. Die Bewohner des Landes werden ja gerade nicht vom Land "gefressen", vielmehr geht es darum, daß die Israeliten beim Versuch, das Land zu erobern, scheitern werden.[46] Die Ver-

---

[45] N.Lohfink, P und Geschichte, 211f.
[46] E.Cortese, Terra, 130 hat dies schön herausgestellt. Da dieser Satz auch in Ez 36 nicht vollständig in den Kontext paßt, schließt er auf ein in der Exilszeit umlaufendes Wort.

wendung des Zitats aus Ez 36 dürfte so zu interpretieren sein, daß sich die Kundschafter mit ihrem Gerücht auf die Seite der Feinde Israels stellen (vgl. Ez 36,2).⁴⁷ Damit gehören sie nicht mehr zum Volk Jahwes. Weiterhin behaupten die Kundschafter nun, die Einwohner des Landes hätten eine übergroße Statur, ja, sie hätten im Land sogar die נפילים gesehen. Dies ist eine Anspielung auf Gen 6,4. Demnach würden im Land auch noch Urzeitriesen wohnen.⁴⁸ Diese nun seien von nahezu unvorstellbarer Größe. Nachdem der Erzähler auf diese Weise klar gemacht hat, daß die Kundschafter kein Vertrauen verdienen, wird der Blick auf die Reaktion des Volkes gelenkt.

(4) Die Reaktion des Volkes (Num 14,1-10a)
Wie der Vergleich mit anderen Kundschaftererzählungen zeigen wird, liegt auf der Darstellung der Reaktion des Volkes und der Reaktion Jahwes darauf das entscheidende Gewicht der Erzählung. Dieses Thema -sonst nur kurz notiert- wird hier eigens entfaltet. Das Volk stellt sich unbegreiflicher Weise auf die Seite der Kundschafter, die zum Mittel des Gerüchts gegriffen haben. Es murrt gegen Mose und Aaron.⁴⁹ Die Israeliten zeigen damit, daß ihnen die Maßstäbe, nach denen die Mehrzahl der Kundschafter urteilen, näherliegen als die von Kaleb, der trotz der Zwiespältigkeit der Erfahrung an Jahwes Zusage festhält. Mit ihrer Frage (V 3) stellen sie sogar die Landzusage Jahwes als verfehlt hin, dies wird mittels lexikalischer Rekurrenz zu Ex 6,8 zum Ausdruck gebracht:

Ex 6,8: והבאתי אתכם אל הארץ
Num 14,3: ולמה יהוה מביא אתנו אל הארץ הזאת

Das Murren des Volkes gipfelt in einer Verschwörung. Der offene Vorwurf an Mose und Aaron geht über in heimliche Vorbereitungen zur Bestimmung eines neuen Führers für die Rückkehr nach Ägypten (V 4). Das Volk sieht den Plan Jahwes (Ex 6,2-8) als gescheitert an. Damit scheint der gesamte Auszug aus der Sklaverei sinnlos, das Volk will zurück nach Ägypten. Hier liegt der einzige Fall im Episodenkomplex "Wüste" vor, in dem die Israeliten eine Verschwörung gegen Mose planen!

Die Reaktion Moses und Aarons ist stummes Niederfallen. Sie demonstrieren durch diese Geste, daß sie in ihrer Sprachlosigkeit angesichts des Murrens ein Eingreifen Jahwes erbitten, das ihrer Sprachlosigkeit begegnen kann. In ähnlicher Weise zerreissen Josua und Kaleb ihre Kleider und drücken mit dieser Geste ihr trauerndes Entsetzen aus. Dann versuchen sie das Volk doch noch umzustimmen. Da das Murren des Volkes heimlich durch Gerüchte zustande kam, können sie nicht gegen das Gerücht argumentieren. Sie beziehen sich deshalb auf die öffentlichen Äußerungen. Zum einen versuchen sie die Bedenken des Volkes (Num 14,3) zu zerstreuen:

---

⁴⁷So interpretiert auch N.Lohfink, P und Geschichte, 212.
⁴⁸An dieser Stelle ist es interessant, ob die Parenthese "die Anakiter stammen nämlich von den Nefilim ab" zum ursprünglichen Textbestand gehörte, oder nicht. Die Septuaginta bietet die Parenthese nicht. Sollte dies ursprünglich sein, so wäre das Gerücht eine glatte Lüge, andernfalls hätte es immerhin einen Anhalt an den Erfahrungen im Land.
⁴⁹J.Kselman, poetic fragments, nimmt an, daß Num 14,2 poetisch geformt sei (Metrum 7/9). Dafür könnte auch die chiastische Wiederholung von לו־מתנו sprechen.

V 3: ולמה יהוה מביא אתנו אל־הארץ הזאת
V 8: יהוה והביא אתנו אל־הארץ הזאת

Zum anderen verstärken sie die positive Aussage der Kundschafter in 13,27: das Land ist das verheißene, es ist über die Maßen fruchtbar! Die Formulierung טובה הארץ מאד מאד klingt an Gen 1,31 an.[50] Josua und Kaleb erinnern also an die Schöpfergüte Jahwes. Das vor ihnen liegende Land ist Israels schöpfungsgemäßer Platz auf der Erde. Dann halten sie eine Kriegsansprache.[51] In dieser stellen sie heraus, daß Jahwe die Feinde bereits als Speise zubereitet hat, und daß es auf das Vertrauen darauf ankommt, um sie nun auch tatsächlich zu verspeisen. Aber das Volk reagiert selbst auf diese eindringliche, mutmachende Rede nicht. Es hat alles Vertrauen verloren und will Josua und Kaleb steinigen.[52]

(5) Erstes Urteil Jahwes und Fürsprache Moses (Num 14,10b-25)
In dieser Situation, in der nun gar nichts mehr zu helfen scheint, in der die Herausführung aus Ägypten endgültig zu scheitern droht, erscheint nun der KABOD Jahwes. Die knappe Mitteilung darüber bildet den erzählerischen Einschnitt, der den Beginn eines neuen Abschnitts markiert.[53] Er enthält nur Redeteile: Jahwe beginnt mit einer Klage (a) und einem ersten vernichtenden Urteil, dann setzt Mose (b) zu einem großen Argumentationsgang an, worauf wiederum (c) Jahwe antwortet, indem er sein Urteil abmildert.

(a) Die Klage Jahwes (Num 14,11-12)
Jahwe klagt über sein Volk, er leidet an dessen Unverständigkeit.[54] Jahwe reagiert nicht auf bestimmte Vorwürfe, er hält sich nicht mit der Widerlegung bestimmter Argumente auf, die zwischen Kundschaftern, Volk und Josua und Kaleb verhandelt wurden, vielmehr kommt er gleich auf die tieferen Gründe für die ablehnende Haltung des Volkes zu sprechen: es fehlt an Vertrauen auf Jahwes Geschichtsmächtigkeit. Offensichtlich hat Israel die geschichtlichen Zeichen Jahwes [55] nicht recht verstanden, sonst hätte es jetzt mehr Zutrauen in Jahwes Geschichtsmächtigkeit. Wo dieses Zutrauen verloren ist, da kann Israel auch nicht als Gottes Volk gelten. In der Jahwerede wird deshalb auf das Volk abschätzig mit der Phrase העם הזה "dieses Volk da" referiert. Das Urteil ist

---

[50] Darauf hat E.Zenger, Gottes Bogen, 177 hingewiesen.
[51] Auf folgende Merkmale einer Kriegsansprache hat F.Stolz, Jahwes und Israels Kriege, 69-72 aufmerksam gemacht:
- Aufforderung zur Furchtlosigkeit אל־תיראו (zweimal)
- Begründung: Jahwe ist mit uns!
- Feind wird zum Fraß (vgl. Dtn 7,16)
- Schatten (d.h. der Schutz des Nationalgottes) ist gewichen.
[52] Die Proform אתם könnte auch auf Mose, Aaron, Josua und Kaleb zusammen referieren, aber die zuletztgenannten sind nur Josua und Kaleb. Die Steinigung ist im Rahmen von kriegerischen Aktionen als Strafe durchaus belegt, vergleiche etwa die Steinigung des Achan in Jos 7,25.
[53] Dies wird unterstützt durch die Formation w^e-x-qatal.
[54] Die Frage עד־אנה begegnet häufig im Klagelied des Einzelnen, vgl. Ps 13,2f; 35,17; 74,10. Zur Klage Gottes vergleiche auch C.Westermann, Rolle der Klage, 267f.
[55] Vergleiche zu den Zeichen Ex 3,20.

vernichtend: Jahwe bietet Mose an, aus ihm ein neues Volk zu machen [56] und Israel vollkommen zu vernichten.

(b) Moses Fürsprache (Num 14,13-19)
Mose jedoch nimmt das Angebot nicht an. Er will nicht Gottes erwählter Führer sein, ohne die, die er zu führen hat. Deshalb gibt er Jahwe einige Argumente zu bedenken. Zum ersten: Hat nicht schon in Ex 32-34 nur Gottes grundlose Gnade letztlich die Fortexistenz Israels nach dem Ur-Bundesbruch gewährleistet? Mose zitiert in V 18 die am Sinai gegebene Selbstdefinition Jahwes (Ex 34,6f) und setzt dieses Zitat dem Zitat der Fremdvölker gegenüber. Zum zweiten: Die Fremdvölker werden die Vernichtung Israels gerade nicht als gerechte Straftat Jahwes, sondern als Unvermögen Jahwes interpretieren. Aus deren Sicht ist nämlich der Gott eng mit dem Wohlergehen des ihm zugehörigen Volkes verknüpft, so daß sie im gerechten Gericht Jahwes über sein Volk nicht Jahwe als Gott erkennen können.[57] Moses Argumentation gipfelt in einer direkten Aufforderung an Jahwe, doch zu vergeben [58], das sei doch auch Gottes bisherige Praxis gewesen.

(c) Jahwes Abmilderung des Urteils (Num 14,20-25)
Und in der Tat, Jahwe reagiert auf die Bitte des Mose mit der Vergebungszusage. Die Vergebung wird gewährt ohne Einsicht und Sündenbekenntnis des Volkes, ohne entsprechende Sühneleistung. Sie führt zu einer Milderung des Strafurteils. Dieses Strafurteil ist nun aber keiner weiteren Diskussion mehr fähig. Dies kommt zum einen darin zum Ausdruck, daß Jahwe in V 20 nicht mehr *zu* Mose spricht (vgl. die Redeeinleitung mit V 11!), zum anderen dadurch, daß dieses Urteil nun in Form eines Schwures verkündet wird. V 25b beendet den Dialog mit einem Befehl für den nächsten Tag. Der Befehl ergeht im Plural, damit ist Mose dem Volk eingeordnet, seine Sonderrolle, allein mit Jahwe argumentieren zu dürfen, ist damit als beendet anzusehen.

(6) Das endgültige Strafurteil Jahwes (Num 14,26-35)
Völlig unmotiviert und unvorbereitet setzt Jahwe erneut an, um zu reden. Diesmal mit Mose und Aaron. Wieder beginnt Jahwe mit einer Klage. Dieser Neueinsatz ist m.E. nicht sinnvoll zu interpretieren. Wir haben einen deutlichen literarischen Bruch vor uns. Man könnte allenfalls sagen, daß dieser Neueinsatz das Urteil der Verse 20-24 präzisiert: Während in V 20-24 nur von einem Nichtsehen des Landes gesprochen wird, wird nun genau erläutert, wie diese Strafe vollzogen werden soll.

Das Strafurteil ist exakt gegliedert: (a) V 27 beinhaltet die Feststellung des Tatbestandes. Freilich paßt der klagende Ton Jahwes nicht zum sonst sachlich-

---

[56] Num 14,12 ist wörtlich identisch mit Ex 32,10b.
[57] So interpretiert etwa B.Baentsch, Ex-Num, 527: "Denn der Gedanke, dass Jahve an seinem Volke Gericht vollzieht, kann den Völkern, deren Götter nicht ethisch veranlagt sind, nicht kommen." Ähnliche Argumentationen finden sich etwa in Ez 20,9; Ps 79,10; 44,15; Dtn 29,23.
[58] Damit zitiert der Erzähler vielleicht erneut einen Profetentext: Am 7,2. Wird dort mit der Kleinheit Israels argumentiert, so hier ausschließlich durch Appellation an Jahwes grundlose Güte. Der Imperativ findet sich sonst nur noch in Dan 9,19.

distanzierten, juristischen Stil. Dieser Teil der Jahwerede ist auch nur an Mose persönlich gerichtet, erst ab V 28 kommt das, was er zu den Israeliten sprechen soll. (b) V 28 stellt eine Grundsatzerklärung dar, eingeleitet mit einer Schwurformel.[59] (c) V 29-32 beinhalten den grundsätzlichen Teil des Urteils. Es enthält nicht nur eine Bestrafung der Schuldigen, sondern zugleich einen heilvollen Aspekt, insofern die Landzusage für die neue Generation erneuert wird. (d) V 33-34 legen Art und Ausmaß der Strafe genau fest. Im Gegensatz zu Ez 18 kennt dieser Text durchaus eine Haftung der Söhne für die Sünden ihrer Väter, aber nur in dem Sinne, daß sie die Straffolgen mittragen müssen, die eigentlich den Vätern gelten. Dies resultiert aus der Zusammengehörigkeit der Generationen in der Lebensgemeinschaft des Volkes. Das Ziel der ganzen Strafaktion ist die Erkenntnis der Entfremdung von Jahwe. (e) In V 35 beschließt Jahwe seine Rede mit einer Vollstreckungsankündigung, die wie eingangs die Schwurformel das Ich Jahwes betont herausstellt. So rahmt das Ich Jahwes das gesamte Urteil.

(7) Der Tod der Kundschafter (Num 14,36-38)
Anfang und Ende dieses Abschnitts sind deutlich markiert. In V 36 durch die Pendenskonstruktion, in V 38 durch die Formation w^e-x-$qatal$.[60] Dieser Abschnitt macht endgültig klar, daß die Schuld der Kundschafter vor allem im Verbreiten des Gerüchts bestand. Sie haben ihr Informationsmonopol als Kundschafter dazu ausgenutzt, das Volk zum Murren gegen Mose und Aaron anzustiften. Murren gegen Mose und Aaron ist jedoch letztlich ein Murren gegen Jahwe selbst.[61] Auf Grund ihrer besonderen Verantwortung sterben die Kundschafter als erste. Auch wenn dies im Urteil Jahwes so nicht angekündigt war, so ist doch der Tod der Kundschafter die erste exemplarische Verwirklichung der angekündigten Bestrafung ganz Israels.

(8) Zu späte Einsicht - die gescheiterte Landnahme (Num 14,39-45)
Nachdem Jahwes Urteil bekannt gegeben hat und die Vollstreckung der Strafe begonnen hat, sieht das Volk seine Verfehlung ein und versucht nun doch, die Landnahme vorzunehmen. Aber der Kairos ist vorbei. Der Gehorsam gegenüber dem Gebot Jahwes hat seine Stunde. In einer veränderten Situation ist der scheinbare Gehorsam nichts anderes als Ungehorsam. Alle -verspätete- Einsicht und aller guter Wille kann daran nichts ändern. Das Volk wird von den Amalekitern und Kanaanitern geschlagen.
  Erst an dieser Stelle wird die Bundeslade eingeführt. Offensichtlich hat sie in diesem Abschnitt vor allem kriegerische Bedeutung. Weil Mose und die Lade

---

[59] Der gesamte Abschnitt weist in Thematik und Formulierung zum Teil wörtliche Berührungen mit Ezechiel auf. Besonders auf drei Formeln sei hingewiesen:
- Schwurformel: חי־אני נאם־יהוה (Ez 5,11; 14,16.18.20; 16,48; 17,16; u.o.)
- Erkenntnisformel: וידעתם את (Ez 6,7.13; 7,4.9; 11,10.12; 12,20; 13,9.14; u.o.)
- Abschlußformel: אני יהוה דברתי (Ez 5,13.15.17; 17,21.24; 21,22.37; u.o.)

[60] Nach S.McEvenue, Narrative Style, 104 stellt dies ein Endsyntagma dar. Dies scheint mir etwas weit gegangen. Jedenfalls dient diese Formation häufig zur Gliederung von Erzählungen.

[61] So wird doch Num 14,27 interpretiert werden müssen.

im Lager bleiben, ist der Untergang sicher.[62] Ist Mose in Num 14,13-19 vor Jahwe für sein Volk eingetreten, so muß er nun dem Vorhaben des Volkes ein bedingungsloses Nein entgegenschleudern. Die Rede des Mose ist eine negative Kriegsansprache.[63] Sie steht zu der positiven Kriegsansprache Josua und Kalebs (Num 14,7-9) in Kontrast.

1.2.2. Das Erzählmuster "Kundschaftergeschichte"

Die Bestimmung des globalen Erzählmusters von Num 13-14 hat vor allem Siegfried Wagner mit seinem Aufsatz "Die Kundschaftergeschichten im AT" sehr vorangetrieben.[64] Er hat im Vergleich mit Jos 2 und Ri 18,1-10 [65] für alle drei Texte ein gemeinsames Aufbauschema erschlossen.[66] Der theologische Sinn dieses Erzählungstyps liegt darin: Die Kundschafter sind eigentlich Zeugen Jahwes, die seine Zusage bestätigen sollen. Ihr Bericht soll Vertrauen in Jahwe wecken. Auf die rechtliche Funktion der Kundschafter im Rahmen eines Übereignungsaktes hat N.Lohfink hingewiesen: Kundschafter haben im Rahmen einer von Jahwe legitimierten und rechtsgültigen Landgabe das Land symbolisch in Besitz zu nehmen. Ihre Aufgabe ist die symbolische Gegenzeichnung der Landübereignung. Danach erfolgt die endgültige Besitznahme durch Hineinmarschieren (בוא).[67]

Wagners Beobachtungen sollen zunächst noch etwas weitergeführt werden, ehe dann (1.2.3.) nach den Besonderheiten der Kundschaftererzählung in Num 13-14 gefragt werden wird.

E X K U R S: Gattungsbegriff und Sitz im Leben

Wagner fragt nach den Gemeinsamkeiten der verschiedenen Kundschaftererzählungen, um eine Gattung "Kundschaftergeschichte" zu rekonstruieren. Ich verwende den Begriff "Gattung" in diesem Fall lieber nicht und spreche stattdessen von "Erzählmuster". Dies ist kurz näher zu begründen.

Der Gattungsbegriff ist in der alttestamentlichen Exegese mit dem Namen Hermann Gunkel verbunden, der diesen Begriff und den entsprechenden methodischen Arbeitsgang in die

---

[62] Die Bedeutung des Mose für die Kriegsführung wird auch aus Ex 17,8-16 deutlich, wo Israel schon einmal gegen die Amalekiter gekämpft hat (vor dem Sinai siegreich). Mose führt zwar nicht selbst die Truppen, aber von seiner segnenden Unterstützung hängt Sieg oder Niederlage ab.

[63] Beachte die Häufung der Verneinung in der Rede des Mose: fünfmal "Nein" in drei Versen (41-43). F.Stolz, Jahwes und Israels Kriege, 83 überlegt, ob nicht Num 14,39-45; Dtn 1,41ff und Jos 7-8 so eng zusammengehören, daß sie zusammen einem "Schema" des "'negativen' heiligen Krieg(es)" folgen, das als deuteronomistische Beispielerzählung einzustufen sei.

[64] S.Wagner, Kundschaftergeschichten, ZAW 76 (1964) 255-269.

[65] Zu berücksichtigen sind auch: Dtn 1; Jos 2; 7; 14; Num 21,32. S.Wagner, aaO, 259 sieht auch noch in Num 21,33-35 den Rest einer Kundschaftererzählung.

[66] S.Wagner führt folgende 6 Formmerkmale auf: 1. Auswahl der Kundschafter, 2. Aussendung mit genauer Instruktion in wörtlicher Rede, 3. Bericht über die Ausführung des Auftrags - mit "Motiv der Vergewisserung", 4. Rückkehr und Ausforschungsergebnis, 5. zumeist: "Jahwe hat das Land in unsere Hand gegeben" (so Jos 2 und Ri 18, fehlt in Num 13-14), 6. Aufnahme der Eroberungsaktionen.

[67] Vgl. N.Lohfink, Darstellungskunst, 124-127.

exegetische Forschung eingeführt hat. H.J.Boecker faßt die wesentlichen Elemente des Gattungsbegriffs wie folgt treffend zusammen [68]: "Nach Gunkel kann man dann von einer Gattung reden, wenn drei Kriterien zusammen festzustellen sind: 1. Ein bestimmter 'Schatz von Gedanken und Stimmungen, 2. Eine deutliche Formensprache, 3. Ein Sitz im Leben, aus dem Inhalt und Form erst verstanden werden können' (...). D.h. Form, Inhalt und Sitz im Leben müssen gleichzeitig berücksichtigt werden, um eine Gattung angemessen zu beschreiben. Wenn das nicht möglich ist, sollte man nicht von einer Gattung reden".

Meine Anfrage betrifft den Bezug von konstanten Form- und Inhaltsmomenten auf einen bestimmten "Sitz im Leben". Was meint dieser Begriff? Darüber gibt bereits die Metaphorik des Ausdrucks Aufschluß. "Sitz" ist etwas Ruhendes, "Leben" etwas sich ständig Veränderndes, Dynamisches. Es kommt Gunkel also auf die gleichbleibenden soziologischen Strukturen an, die in der Fülle des Lebens Kontinuität wahren und so die bedrohliche Kontingenz chaotischer Vielfalt in die Ruhe der normalen Lebenswelt überführen. Genauerhin zielt der Begriff "Sitz im Leben" auf einen institutionellen Ort im Lebensvollzug einer Sprachgemeinschaft. Demnach verdankt sich die Konstanz eines Erzählmusters der Typik eines bestimmten Lebensvollzuges. Der Erzähler findet sich in einer typischen Rolle und formuliert deshalb den Text in der dieser Rolle entsprechenden konstanten Form. Damit ist der Begriff der Institution erreicht, wie ihn Berger/Luckmann definiert, und namentlich Helmut Utzschneider in die alttestamentliche Debatte eingeführt hat: "Institution postuliert, daß Handlungen des Typus X von Handelnden des Typus X ausgeführt werden".[69] Darüberhinaus dürfte jedoch wesentlich sein, daß man einen Handelnden des Typus X identifizieren kann, ohne daß er handelnd auftritt, daß er also zu seiner Handlung legitimiert ist. Sonst würde jeder, der Handlungen des Typus X ausführt, als Handelnder des Typus X identifiziert, ohne daß er auf seine Legitimation dazu befragt werden könnte. Ein besonders deutlicher Fall solcher Legitimation liegt dann vor, wenn der Handelnde des Typus X zu den Handlungen des Typus X in einem besonderen Initialakt ermächtigt wird (z.B. Berufung).

Hat man den Begriff soweit richtig bestimmt, so ist allerdings zu fragen, ob alle Erzählungen in diesem Sinn der institutionellen Verortung einen Sitz im Leben haben, oder ob es so etwas wie erzählerische Konventionen gibt, die nicht auf den institutionellen Ort, sondern auf den Inhalt des Erzählten bezogen sind.

Setzen wir ein mit Gunkels berühmter Bestimmung des Sitz im Leben für die Volkssage: "Die gewöhnliche Situation (= zur Entstehung einer Sage; AS) aber, die wir uns zu denken haben, ist dies; am müßigen Winterabend sitzt die Familie am Herde; die Erwachsenen und besonders die Kinder lauschen gespannt auf die alten, schönen, so oft gehörten und immer wieder begehrten Geschichten aus der Urzeit. Wir treten hinzu und lauschen mit ihnen".[70] Nun ist die Familie zweifellos eine Institution und für die Sage also ein Sitz im Leben gefunden; es gab aber für Gunkel doch ganz verschiedene Sagen. Wie erklären sich die Unterschiede von Untergruppen der Sage, etwa ätiologische Sagen, ethnologische Sagen, Heldensagen, usw.? Für alle kommt der gleiche Sitz im Leben in Betracht und doch bilden sich unterschiedliche Strukturmuster heraus. Damit stehen wir m.E. vor dem Phänomen der erzählerischen Konvention, die nicht auf den institutionellen Ort, sondern auf den Inhalt und die Absicht des Erzählten bezogen ist. C.M.Bowra ist solchen erzählerischen Konventionen unter dem Stichwort "Erzählmuster" nachgegangen [71], Robert Alter hat ähnliche Sachverhalte für die biblischen Erzählungen angenommen, er spricht von "type-scenes".[72]

Man kann nun versuchen, solche Erzählkonventionen wiederum institutionell zu verorten. Dies hat wohl auch Gunkel getan, wenn er fragt, ob es nicht einen "Stand der Geschichtenerzähler

---

[68] H.J.Boecker, AT §10, 147. (Sperrung getilgt; AS)
[69] H.Utzschneider, Hosea, 15.
[70] H.Gunkel, Genesis, XXXI.
[71] C.M.Bowra, Heldendichtung, 278ff.
[72] R.Alter, Biblical Narrative, beschreibt in seinem dritten Kapitel "Biblical Type-Scenes and the Uses of Convention" (47-62) solche Erzählkonventionen. Er greift mit dem Begriff "type-scene" auf Walter Arend, Die typischen Szenen bei Homer (1933) zurück (50). Vgl. auch den Begriff "pattern", z.B. G.W.Coats, Moses, 109.

gegeben hat". Solche seien etwa bei Volksfesten aufgetreten. Damit verläßt Gunkel die sonst immer betonte Nähe der Texte zur Volksüberlieferung und betritt selbst den Bereich dessen, was ich meine. Denn dieser Stand der Geschichtenerzähler ist zu nichts anderem verpflichtet, als eben dazu, zu erzählen. Konventionen, die sich im Verlauf dieses Erzählens herausbilden, verdanken sich folglich dem Bemühen, Erzählungen -je nach Inhalt und Absicht- effektiv zu strukturieren, und nicht einer bestimmten institutionellen Bezogenheit.

Im folgenden soll so etwas wie ein Idealtyp "Kundschaftergeschichte" rekonstruiert werden, der als erzählerische Konvention den Erwartungshorizont für den Adressaten bildete. Dieser Erwartungshorizont konnte auch durch atypische, verfremdende Verwendung bewußt gebrochen werden. Und es zeigt sich, daß in Num 13-14 eine solche atypische Verwendung vorliegt. Solche atypische Verwendung liegt auch noch in Jos 7 vor, und sie besteht vor allem darin, daß das von Wagner ermittelte sechste Element "Aufnahme der Eroberungsaktionen" mit einer Niederlage Israels endet.

In Jos 7 ist besonders deutlich, daß es sich um eine verfremdende Verwendung handelt, die dem normalen Erwartungshorizont des Lesers widerspricht. Jos 7 steht nämlich unter der Überschrift: "Der Zorn Jahwes entbrannte gegen die Israeliten" (Jos 7,1). Damit ist mit aller Deutlichkeit vom Erzähler gezeigt, daß die Geschichte, die folgt, unter einem besonderen Vorzeichen steht. Damit erklärt sich wohl auch, daß in dieser Kundschaftergeschichte keine Ereignisse im zu erkundenden Land berichtet werden, sondern sofort nach der Aussendung die Rückkehr berichtet wird, ohne daß man folgern müßte, ein solcher Bericht über die Misssion der Kundschafter sei nicht typisch für dieses Erzählmuster. Vielmehr zeigt sich die ganz bewußte Absicht vom Erzähler, die Kundschafter als eigenmächtig und überheblich herauszustellen. Ohne vergewisserndes Zeichen sind sie sich so sicher, daß sie auf den gesamten Heerbann meinen verzichten zu können. Jahwe selbst aber befiehlt in Jos 8,1 den Aufbruch *aller* kriegstüchtigen Männer.

Wie Siegfried Wagner schon richtig erarbeitet hat, umfaßt der Idealtyp sechs erzählerische Strukturmomente.

(1) RAHMEN (fakultativ)
In diesem Erzählabschnitt können Angaben zum Verständnis der folgenden Erzählung stehen (z.B. Ri 18: Daniter hatten noch keinen Erbbesitz, Jos 7: Jahwes Zorn war entbrannt).

(2) AUSSENDUNG
Dieser Abschnitt umfaßt folgende Elemente:
    (a) eine namentlich genannte Figur (meist ein Führer der israelitischen Frühgeschichte: Mose, Josua, Daniter)
    (b) schickt (שלח *wayyiqtol* 3.Pers)
    (c) eine bestimmte Zahl ausgesuchter Männer (אנשים; Jos 2: 2 Männer; Ri 18: 5; Num 13f: 12; Jos 7: Zahl nicht genannt)
    (d) von einem namentlich genannten Ort aus (Ri 18: Zora und Eschtaol; Jos 2: Schittim; Num 13f: Paran),

(e) um das Land zu erkunden (Terminus Technicus: רגל).
(f) Es folgt in allen Fällen eine genaue Instruktion der Kundschafter in direkter Rede:
- 1.Imp: לכו / עלו (losgehen)
- 2.Imp: רגלו / חקרו / ראו (betrachten)
- את הארץ; in allen Fällen soll das ganze Land erkundet werden! Nur in Jos 2,1 wird noch zusätzlich der Ort Jericho als Ziel angegeben.

(3) BERICHT ÜBER DIE AUSFÜHRUNG DES AUFTRAGS

Der Abschnitt, der über die Erfahrungen der Kundschafter im Land berichtet, enthält folgende Erzählmomente:

(a) Die genaue Ausführung des Befehls wird meist dadurch unterstrichen, daß die erste *wayyiqtol*-Form nach der Instruktion der Kundschafter das gleiche Lexem wie der 1. Imperativ der Aussendungsrede aufweist.

(b) Die Kundschafter treffen auf einen bestimmten Ort im Land. Auf diesen wird im Text mittels des Ausdrucks שמה (ה-lokale!) referiert. In Jos 2 und Ri 18 ist dies sogar beidesmal ein Haus, in dem die Kundschafter übernachten.

(c) Nur in Ri 18 und Num 13,21 wird von einer Inspizierung des *gesamten* Landes berichtet, obwohl das in jedem Falle der Inhalt des Auftrags war. Anscheinend soll exemplarisch erzählt werden: Die Ereignisse an einem bestimmten Ort sind bezeichnend für das gesamte Land.

(d) Motiv der Vergewisserung. Dieses Motiv ist am wenigstens klar strukturiert, trotzdem hat es entscheidende Funktion für das Ganze. Im Bericht zeigt sich nämlich irgendwie, daß Jahwe bereits ohne Israel die Einwohner des Landes überwunden *hat*. Das Land "wartet" förmlich auf die Israeliten. Darin zeigt sich, daß das Versprechen Jahwes, er werde Israel dieses Land geben, gleichsam ontologische Realität hat. Die Einwohner zeigen sich bereits als von Jahwe überwunden. Jahwe ist schon vor und ohne Israel da. Die Kunde vom Handeln Jahwes mit Israel überwindet die Einwohner gleichsam von alleine. Die Exodusereignisse sind es z.B., die Rachab und alle sonstigen Einwohner überwinden. (Dieses Motiv ist in Jos 7 mit Absicht gar nicht und in Num 13f in anderer Form enthalten, wie noch zu zeigen sein wird.)

(e) Begegnung mit namentlich genannten Einwohnern als erstem Feindkontakt! (Num 13: Anakiter; Jos 2: Rachab; Ri 18: Levit; Jos 7: nicht berichtet) Gerade in diesem Erstkontakt mit dem militärischen Feind vollzieht sich die Vergewisserung, daß Jahwe bereits den Feind überwunden hat (z.B. im Bekenntnis der Rachab Jos 2,9-13).

(4) RÜCKKEHR UND BERICHTERSTATTUNG

(a) Die Kundschafter kommen zu dem zurück, der sie ausgesandt hat (Mose, Josua, Daniter): וישבו אל (nur in Ri 18: ויבאו)
(b) Sie erstatten Bericht in direkter Rede: ויאמרו

(5) FESTSTELLUNG DER LANDGABE
Der Bericht der Kundschafter beinhaltet die Übergabeformel:
כי נתן יהוה/אלהים בידכם/נו את הארץ. Mit guten Gründen kommt diese Formel nur in Jos 2 und Ri 18, also in den positiv schließenden Berichten vor.[73]

(6) AUFNAHME DER EROBERUNGSAKTIONEN
Das ganze Volk nimmt daraufhin die Eroberungsaktionen auf, dafür muß es aufbrechen (ויסעו) und dann hinaufziehen (ויעלו), da das Land (es ist ja immer dasselbe Land, außer in Ri 18) als erhöht liegend vorgestellt wird. Nur in Jos 2 liegen die Verhältnisse etwas anders, da dort das Volk erst durch den Jordan hindurchziehen muß (עבר). Ein Scheitern dieser Aktionen kommt nur in Num 13f und Jos 7-8 vor.

Die Intention des Erzählmusters läßt sich folgendermaßen beschreiben: Bevor die Eroberungsaktionen aufgenommen werden, gibt Gott seinem Volk Gelegenheit, sich exemplarisch zu vergewissern, daß er die Einwohner des Landes bereits überwunden hat. Israel kann so mit ruhiger Gewißheit in den Kampf ziehen, auch wenn die Probleme militärisch scheinbar unüberwindlich sind. Zeichenhaft und heimlich erfahren die Kundschafter, was bereits wirklich und wirksam ist und worauf Israel nun vertrauen und danach unerschüttlich handeln soll. Die Situation ist nicht mehr offen. Es kann kein Scheitern der Landnahme mehr geben. Jahwe besitzt das Land bereits. Jetzt kommt alles auf den Gehorsam Israels an, und auf die ruhige Gewißheit, entgegenstehende Erfahrungen im Licht der exemplarisch erfahrenen endgültigen Überwindung durch Gott zu sehen. Die Mauern Jerichos sind scheinbar unerstürmbar, aber für den Leser von Jos 2 sind sie schon ins Wanken geraten, bevor Israel vor den Stadtmauern steht. Die Wirksamkeit Gottes geht Israel voraus und Gott läßt Israel dies bereits zur Gewißheit werden.

1.2.3. Die Spezifika der Kundschaftergeschichte von Num 13-14

Nachdem das Erzählmuster, das Num 13f zu Grunde liegt, rekonstruiert ist, geht es nun um die Abweichungen, die Num 13-14 gegenüber diesem Schema aufweist.[74]

(1) RAHMEN (Num 13,1-2)
In diesem Abschnitt finden sich drei wichtige Unterschiede zum Idealtyp. *Zum einen* befiehlt Jahwe selbst die Aussendung der Kundschafter; damit liegt die

---

[73]So schon S.Wagner, Kundschaftergeschichten, 260f.
[74]Für S.Wagner lag die Frage nach den Spezifika der einzelnen Kundschaftererzählungen außerhalb seines Interesses. McEvenue, Narrative Style, 96 Anm 13 ist nur kurz auf einige wichtige Unterschiede von Num 13-14 gegenüber den anderen Kundschaftergeschichten eingegangen.

Initiative bei Jahwe persönlich.[75] *Zum zweiten* steht schon am Beginn der Erzählung fest, daß Jahwe das Land Israel übereignet hat. Auf die sonst als Element 5 begegnende Übergabeformel wird hier gleich am Anfang deutlich angespielt (Num 13,2: "das Land Kanaan, das ich im Begriff bin, den Israeliten zu *geben*). Auch wenn der Ausdruck "in eure Hand" nicht vorkommt, wird die Intention der Übergabeformel durch lexikalische Rückbindung an Ex 6 noch unterstrichen.[76] Das Land ist von jeher Israel als den Nachfahren Abrahams versprochen, und jetzt ist die Situation da, in der Jahwe dieses Bundesversprechen einlöst. Damit steht in Num 13f am Anfang der Erzählung, was sonst deren Schluß bildet. Die Intention der Gattung ist deutlich verschoben. Es geht nicht mehr darum, daß Jahwes vorlaufendes Handeln festgestellt wird, sondern es geht um den Glauben Israels an die Verläßlichkeit der zugesagten Landgabe. Vermag es die gesehenen Fakten im Lichte der Zusage Gottes angemessen zu interpretieren, oder vermag es dieses auch dann nicht, wenn engagierte Führer wie Josua und Kaleb das Volk in richtiger Weise dazu anleiten? *Zum dritten* werden 12 Kundschafter ausgesandt. Hierfür hat Norbert Lohfink die richtige Erklärung: "Es geht um eine für ganz Israel stellvertretenden Stellungnahme zu Jahwes letzter und größter Heilsgabe, dem 'Land Kanaan, das ich nun den Israeliten geben will'. Deshalb muß ein Vertreter aus jedem Stamm Israels dabei sein, jeder muß ein nasi' sein (Num 13,2)."[77] Daß die Kundschafter tatsächlich die Israeliten als Ganzes repräsentieren, machen Num 13,24.34 deutlich. Die Kundschafter werden als בני ישראל bezeichnet.[78]

(2) AUSSENDUNG (Num 13,3-20)
Sean McEvenue hat besonders darauf hingewiesen, daß P den Terminus technicus תור verwendet.[79] Zehnmal charakterisiert er die Tätigkeit der Kundschafter, in allen verglichenen Texten begegnet stattdessen der Begriff רגל, daneben noch חקר. McEvenue hat die These vertreten, daß sich hier eine "Entmilitarisierung" ausspreche. Diese These setzt allerdings die literarkritische

---

[75] Ob damit, daß Jahwe selbst die Aussendung befiehlt, gleich ein pazifistischer Zug in die Darstellung einkehrt, wie dies N.Lohfink, Schichten des Pentateuch und der Krieg, 77f gerne möchte, ist damit noch nicht ausgemacht. Vgl. auch N.Lohfink, Ursünden, 51: "In der priesterlichen Geschichtserzählung ist dagegen jeder Zusammenhang mit Krieg und Eroberung beseitigt. Keine militärische Notwendigkeit gebietet die Aussendung von Kundschaftern. Jahwe selbst befiehlt, daß man eine Delegation durch das Land Kanaan sendet." Wenn Gott selbst die Aussendung der Kundschafter befiehlt, so sagt dies noch gar nichts über den militärischen oder unmilitärischen Charakter der Kundschafteraktion. Gott kann ja auch militärische Aktionen befehlen.

[76] Auf folgende lexikalische Bezüge ist hinzuweisen:
- mit וידבר יהוה/אלהים אל משה und direkter Rede beginnt auch Ex 6,2
- ארץ כנען so lautet nach Ex 6,4 der Name des Landes, dessen Übergabe an die Nachkommen Abrahams Inhalt der Verheißung und des Bundes ist.
- Jahwe gibt (נתן) es den Israeliten (בני ישראל) - wie Ex 6,4.8
- die Betonung des göttlichen אני ist ebenfalls ein Merkmal von Ex 6 (dreimaliges אני יהוה).

[77] N.Lohfink, Ursünden, 51.
[78] Vgl. G.von Rad, Priesterschrift, 108.
[79] S.McEvenue, Narrative Style, 120-123.

Aussonderung des P-Anteils voraus, und kann deshalb hier außer Betracht bleiben. Richtig ist jedoch sein Hinweis insofern, als es nicht allein um militärische Informationen geht. Es geht um eine Stellungnahme Israels zum Land. Dem fügen sich auch die anderen Abweichungen vom normalen Erzählmuster ein. Es geht nicht mehr darum, ob man das Land erobern kann, denn Jahwe stellt schon zu Beginn fest, daß er es Israel übereignet. Vielmehr geht es darum, wie Israel sich zu dieser Gabe Jahwes in's Verhältnis setzt. "It is clear then that the purpose of the expedition was to judge the promised land, and that twr designates an activity leading to such a judgement."[80]

Es geht darum, ob Israel in der Landgabe das Ziel seines Marsches in die Freiheit erblicken kann, ob es die Zusage Jahwes für sich gelten läßt oder sich dieser Zusage gegenüber verschließt. Es geht darum, ob Israel ein Leben im Land, in politischer und wirtschaftlicher und ethnischer Eigenbestimmtheit einem Leben in der scheinbaren Bequemlichkeit der Fremdbestimmtheit vorzieht. Hier scheitert Israel an dem, wozu es von Jahwe bestimmt ist.

Einzigartig an diesem Auftrag ist auch der Befehl, Früchte des Landes mitzubringen. Dies unterstreicht, daß es nicht nur um bloß militärische, sondern zugleich um siedlungsgeographische Informationen geht. Die Früchte weisen die Naturbedingungen dieses Landes aus und geben Aufschluß über seine Kultivierbarkeit.

(3) BERICHT ÜBER DIE AUSFÜHRUNG DES AUFTRAGS (13,21-24)

Die Kundschafter erkunden das ganze Land, von Sin bis Lebo Hamat.[81] Zwei Orte werden dabei exemplarisch erwähnt. Im *Traubental* können sich die Kundschafter anhand einer übergroßen Weintraube von der Güte des Bodens überzeugen. In *Hebron* begegnen die Kundschafter erstmals den Einwohnern des Landes.[82] Es fällt auf, daß das Element des Feindkontaktes in dieser längsten belegten Kundschaftergeschichte sehr kurz gehalten ist. Es wird nicht einmal gesagt, daß die Kundschafter irgendwie mit den Anakitern in Kontakt traten.[83] Gerade in dieser Begegnung mit dem Feind erwartet der Leser aber das Verge-

---

[80] S.McEvenue, Narrative Style, 122.
[81] Dies sind die Idealgrenzen Israels. G.J.Wenham, Numbers, 117-118 verweist auf Num 34,3.8. Die Repräsentanten Israels erkunden also genau das Land, das ihnen dann in Num 34,1-12 als Besitz zugewiesen wird.
[82] Die Bedeutung von Hebron für das Thema Land hat G.J.Wenham, Numbers, 118-119 sehr deutlich herausgearbeitet: (a) Das erste Versprechen der Landgabe an Abraham geschieht in der Gegend von Hebron (Gen 13,14-18). (b) Von Hebron/Mamre aus erobert Abraham mit 318 Mann symbolisch das spätere Gebiet des Großreichs David-Salomons (Gen 14,13-24). Mittelpunkt dieses Reiches wird Jerusalem mit dessen Priesterkönig Melchisedek. (c) In Hebron erwirbt sich Abraham ein Erbbegräbnis als Angeld auf das zukünftige Land (Gen 23; 25,9; 35,27-29; 50,13). Es gibt also kaum einen geeigneteren Ort, den der Erzähler als Hintergrund für das Scheitern Israels exemplarisch herausgreifen könnte.
[83] Anscheinend handelt es sich bei den Anakitern um ein legendäres, furchteinflößendes Riesengeschlecht. So M.Noth, Num, 94.

wisserungsmotiv. Es fehlt.[84] Dadurch bleibt beim Leser ein zwiespältiger Eindruck: Der Boden ist unglaublich fruchtbar, aber die Einwohner zeigen sich noch nicht als von Jahwe überwunden! Der Zusicherung Jahwes am Anfang entspricht noch keine zeichenhaft feststellbare Realität bei den Einwohnern des Landes.

(4) RÜCKKEHR UND BERICHTERSTATTUNG (Num 13,25-33)
Auf diesem Formelement liegt ein breiter Ton, was im Vergleich mit den anderen Kundschaftergeschichteen einmalig ist. *Zum einen* fällt im Vergleich mit dem Idealtyp auf, daß die Kundschafter untereinander zerstritten sind. Sonst geben die Kundschafter immer ein einmütiges und positives Urteil ab. Auch in Num 13-14 sind sich die Kundschafter zunächst einig: das Land ist zwar außerordentlich fruchtbar, aber die Einwohner sind -so muß man doch wohl interpretieren- für eine militärische Eroberung zu stark. Aber als das Volk enttäuscht reagiert, kommt es zum Streit. Kaleb prescht vor mit einer kämpferischen Aufforderung. In Num 14,5-9 stellt sich Josua an seine Seite, auf dessen Eingreifen der Leser seit seiner besonderen Hervorhebung aus der Schar der Kundschafter (Num 13,10) wartet. Aber selbst er verstärkt nur den Unmut des Volkes.

Zum zweiten ist in keinem anderen Vergleichstext belegt, daß die Kundschafter ein Gerücht ausstreuen.[85] Und doch hätte Israel diesem Gerücht widerstehen müssen. Immerhin stand die mitgebrachte Riesentraube vor aller Augen, ein klarer Beweis dafür, daß man vor dem verheißenen Land steht.[86] Zudem entscheidet sich Israel unverständlicher Weise für das Gerücht, also für diejenige Meldung, die nicht offiziell vor Mose erstattet, sondern hinterrücks ausgebreitet worden ist.

Zum dritten begegnet nur in Num 13-14 das Motiv des Murrens des Volkes (Num 14,1-38). In allen anderen Kundschaftergeschichten ist die Reaktion des Volkes so selbstverständlich, daß sie fast nie eigens erwähnt wird. Die Eroberungsaktionen werden meist sofort aufgenommen.[87] Gerade an dieser Stelle bietet Num 13f einen umfangreichen Einschub von fremden Elementen in den Aufbau des Erzählmusters, die zeigen, daß auf der Reaktion des Volkes das besondere Gewicht der Erzählung liegt. In die Kundschaftergeschichte ist eine Murrerzählung eingebettet. Es handelt sich im Einzelnen um folgende Elemente: das Murren des Volkes, die Erscheinung des KABOD, die Fürbitte

---

[84]Die militärische Unüberwindbarkeit kommt auch in der Notiz über das Datum der Gründung Hebrons (7 Jahre vor Zoan, vgl. Ps 78,12.43) zum Ausdruck. G.J.Wenham, Numbers, 118: "At any rate, it implies that Hebron was a large, well-fortified town". Die Kundschafter stoßen also auf erheblichen militärischen Widerstand: Einwohner *und* Befestigungsanlagen machen einen sehr starken Eindruck!

[85]Lediglich Jos 7 läßt sich begrenzt vergleichen. Dort geben die Kundschafter einen überheblichen Bericht, der dem Plan Jahwes widerspricht. Nach der Meinung der Kundschafter brauchen nur zwei- oder dreitausend Mann hinaufziehen (7,3), Jahwe selbst aber befiehlt die Aufbietung aller Männer (8,1)!

[86]Darauf hat E.Jüngel in seiner Predigt mehrfach hingewiesen (Schmecken und Sehen, 17-23).

[87]Allenfalls ist Ri 18,8 zu vergleichen, wo die Daniter neugierig die Kundschafter ausfragen.

des Mose (vgl. aber Jos 7,6-9![88]), der Urteilspruch Jahwes und die Bestrafung der Kundschafter.

(6) AUFNAHME DER EROBERUNGSAKTIONEN (Num 14,39-45)
Das Murren Israels führt zum Scheitern der Landnahme. Nur in Jos 7 wird ähnliches erzählt. In allen Fällen hat die Eroberung auch einen kultischen Aspekt. Darin kommt zum Ausdruck, daß Jahwe der eigentlich Kriegführende ist. Israel erkennt dies durch kultische Vollzüge im Verlauf der Eroberung an. In Jos 2f wird die Lade erwähnt, deren Aufbruch (Jos 3,3-6) den Beginn der Eroberung signalisiert. In Jos 7f wirft sich Josua nach der Niederlage vor der Lade nieder.[89] In Jos 8 erhebt Josua das Sichelschwert, und Ai ist verloren. In Ri 18 wird Michas Gottesbild mitsamt dem Leviten von den Danitern auf ihren Kriegszug mitgenommen, um die Landnahme durchführen zu können. In Num 13-14 bleiben Mose und die Lade im Lager, so wird die Niederlage verständlich.

In ähnlicher Weise wie Jos 7,20 (Achans Schuldbekenntnis) bekennt in Num 14,40 ganz Israel seine Schuld. Doch dieses Bekenntnis kommt zu spät. Da Israel nicht glauben will, daß es ein solches "zu spät" bei Jahwe gibt, zieht es trotz Moses "negativer Kriegsansprache" los und wird geschlagen. Ein eindringliches Exempel und ein nahezu unerträglicher Schluß für den Leser, wenn nicht die Hoffnung bliebe, daß eine neue Generation den Aufbruch der nun im Lager zurückgebliebenen Lade erleben wird (vgl. Jos 3,3-6).[90]

1.2.4. Zusammenfassung

Num 13-14 läßt sich vom globalen Aufbau her dem Erzählmuster der Kundschaftergeschichte zuweisen. Dieses Muster wird in mehrfacher Hinsicht atypisch verwendet. Es geht nicht mehr um eine Vergewisserung darüber, daß Jahwe das Land auch wirklich an Israel übereignet hat; das steht vielmehr von Beginn an fest. Die Übergabeformel, die sonst Kundschaftergeschichten abzuschließen pflegt, begegnet bereits in der Gottesrede am Anfang. Thema der Erzählung ist vielmehr, wie sich Israel zum Land als der Gabe Jahwes stellt. Das Land wird von den Kundschaftern, den Repräsentanten Israels, begutachtet, die dann vor Israel einen Bericht abgeben. Dieser Bericht fällt zwiespältig aus. Als das Volk seine Enttäuschung zeigt, kommt es auch zum Streit zwischen den Kundschaftern. Kaleb und Josua fordern zum Einmarsch in das Land auf. Sie verweisen zur Begründung auf die übergroße Weintraube. Die

---

[88] In Jos 7 findet sich sogar ein Rechtsverfahren, in dem der Schuldige getötet wird, freilich keiner der Kundschafter.
[89] Vielleicht kann man aus der vorherigen Nichterwähnung der Lade schließen, daß sie beim verlustreichen Kriegszug nicht dabei war. Wäre dem so, so würde sich auch hier eine Berührung zu Num 13-14 ergeben.
[90] Jos 2f bildet in diesem Sinne die Fortsetzung von Num 13-14. Der Aufbruch der Bundeslade in Jos 3,3-6 signalisiert den Beginn der endgültigen Landnahme, nun unter der Führung Jahwes. Und nun wird sie auch gelingen!

Mehrzahl der Kundschafter aber stellt die übergroße Stärke der Einwohner in's Zentrum ihrer Überlegungen und verbreitet über das Land ein Gerücht, das die durchaus vorhandenen Negativmomente noch aufbauscht. Jede der Parteien nimmt das Land im Lichte der eigenen Maßstäbe wahr und kommt so zu anderen Handlungsanweisungen.

Eine besondere Note dieser Erzählung ist, daß nicht nur die im Lande verbliebenen Israeliten, sondern auch der Leser keine Informationen besitzt, die es ihm erlauben, von einer neutralen, allwissenden Position aus das Geschehen zu überblicken. Dadurch wird auch der Leser durch die Erzählung vor die Entscheidung gestellt, wie sehr er selbst der Zusage Jahwes gegen widerstreitende Erfahrungen zu vertrauen gewillt ist. Seine Identifikationsmöglichkeit mit den negativ berichtenden Kundschaftern wird erst im Fortgang der Erzählung aufgehoben, wenn Jahwe selbst den Streit der Kundschafter entscheidet. Hat er sich also für die Mehrzahl entschieden, die das Land ablehnt, so fällt er selbst unter das Urteil, das Jahwe über die Generation ausspricht, die dem Gerücht Glauben geschenkt hat. Israel jedenfalls entscheidet sich in der Spannung zwischen Eindeutigkeit der Zusage Jahwes und der vermißten wünschenswerten Deutlichkeit der Realitätserfahrung für die Ablehnung der Gabe Jahwes.

Insgesamt stellt sich der Endtext von Num 13-14 als eine im globalen Sinn relativ geschlossene Erzählung dar. Zwei Erzählmuster sind miteinander kombiniert worden, eine Murrerzählung und eine Kundschaftergeschichte. Dabei dient die Kundschaftergeschichte gleichsam als "Situationsangabe" für eine Murrerzählung. Die Not, aus der heraus das Murren geschieht, ist der Sachverhalt, daß das von Jahwe zugesagte Land sich sehr zwiespältig präsentiert, nämlich faszinierend und abschreckend zugleich.

1.3. Literarkritik von Num 13-14

In der Forschung besteht Konsens darüber, daß in Num 13-14 mindestens zwei ehemals selbständige Erzählungen zusammengearbeitet wurden. Einer der verarbeiteten Fäden gilt als sicher priesterschriftlich.[91] Ich gehe im weiteren so vor, daß ich meine eigene literarkritische These in einer Auseinandersetzung mit den traditionellen Argumenten für eine literarkritische Scheidung in Num 13-14 zu gewinnen suche.[92] Ich setze mich dabei insbesondere mit der forschungsgeschichtlich bedeutsamen Analyse von Martin Noth auseinander.[93]

---

[91] Als Konsens der Zuweisung zu P kann gelten: Num 13,1-3a.17a.21.25.26a.32a; 14,1aα.2.5-7.10.26-29.35-38.

[92] Ein Vorgehen, das schon P.Volz/W.Rudolph, Elohist, 25ff m.E. erfolgreich angewandt haben. Sie bezogen sich dabei auf den zur damaligen Zeit wichtigsten Genesiskommentar von H.Gunkel.

[93] Die Analyse der Kapitel durch Martin Noth hat eine gewichtige Forschungstradition zum Schweigen gebracht. Seit Noth gilt es als sicher, daß der nichtpriesterschriftliche Erzählfaden bis auf den sekundären Einschub 14,11-23a einheitlich J zugehört und keine E-Bestandteile zu finden sind. Solche E-Bestandteile fanden etwa: A.Knobel, Num (1861), 61-63; H.Holzinger, Num, 50-54; B.Baentsch, Ex-Num, 514-516; J.Wellhausen, Composition, 102 spricht nur andeutungsweise von einer "zweiten Quelle".

Am sinnvollsten dürfte es dabei sein, mit den gewichtigsten Argumenten zu beginnen.

1. ARGUMENT: Sonderstellung von Num 14,11-25

Das wohl gewichtigste Argument dafür, daß der Text Num 13-14 literarisch nicht einheitlich sein kann, ist die auffallende Sonderstellung von Num 14,11-25. Das Nebeneinander von zwei Gottesreden, die die Verurteilung der Exodusgeneration zum Ziel haben, war schon im Rahmen der Formkritk selbst für die flächige Lektüre als extrem störend aufgefallen. So bilden die Verse 14,11f und 14,26ff eine erzählerisch nicht motivierte Dopplung, mit der auch keine erkennbare kommunikative Absicht verbunden zu sein scheint. Zudem hebt sich der Stil dieser Textpassage doch sehr deutlich von dem der sonstigen Erzählung ab: "Was dann in V. 11b ff. kommt, ist so stark mit deuteronomistischen Redewendungen und Anschauungen durchsetzt, daß man hier einen umfangreichen späteren Zuwachs zur J=Erzählung annehmen muß."[94] Auch der Neueinsatz der Rede in 14,26 ist völlig unmotiviert, nachdem Jahwe ja bereits redet (14,20). Dieser Passus zeigt zudem eine sehr ähnliche Argumentationsstruktur wie Ex 32,9-14 und Dtn 9,12-14.26-29, wobei auch in Ex 32 der Passus sehr locker in seinen Kontext eingefügt ist.

Wir können also mit ziemlicher Sicherheit sagen, daß die literarkritische Ausgrenzung von Num 14,11-25 gut begründet ist. Nun läßt sich weiter fragen, ob denn dieser Textpassus in sich überhaupt literarisch einheitlich ist. Noth verneint diese Frage, er sieht einmal zwischen V 11a und 11b [95] und zum zweiten zwischen 23a und 23b einen Bruch. Dies vermag jedoch kaum zu überzeugen. So ist die Doppelfrage in V 11 Ausdruck einer Intensivierung der Klage. Für die Klageliteratur der Psalmen ist dies durchaus häufiger zu beobachten. In Ps 13,2f begegnet sogar viermal hintereinander die Frage "Wie lange?". Die Häufung solcher Fragen in der Klage ist von der kommunikativen Absicht her nur zu gut verständlich. Der Größe des Leidens entspricht der wiederholte Hinweis auf seine Unerträglichkeit. Durch die Wiederholung gewinnt die Frage an Dringlichkeit. V 11a und 11b gehören also literarisch zusammen.[96] Ernsthafter ist schon die These, daß es sich zwischen 14,23a und 23b um einen "deutlichen Bruch" handle.[97] Noth muß jedoch mit einem Ausfall des J-Fadens rechnen: "Mit V.23b meldet sich danach wieder die ursprüngliche J=Erzählung, und zwar mit wörtlicher Bezugnahme auf deren letztes Stück (V.11aβ); freilich muß zwischen V.11aβ und V.23b durch den Einschub ein Satz verdrängt worden sein, in dem von dem verheißenen Lande die Rede war, in das nach V.23b alle 'Verächter' Jahwes nicht gelangen sollen (das war bereits in V.22.23a in dem Einschub vorweg gesagt worden)."[98] In der Tat paraphrasiert in V 23 der zweite Versteil den ersten, und ist asyntaktisch angeschlossen. Das könnte aber sehr wohl gewollt sein. Jahwe schließt den ersten verurteilenden

---

[94] M.Noth, Num, 96.
[95] M.Noth, Num, 96.
[96] So auch E.Blum, Komposition, 397 Anm 4.
[97] M.Noth, Num, 97.
[98] M.Noth, ebd.

Teil seines zornigen Schwurs mit einer entschlossenen Bekräftigung ab. Dem fügt sich die Beobachtung Noths gut ein, daß mittels lexikalischer Rekurrenz (נאץ) auf den Beginn der Jahwerede zurückgegriffen wird. Die Bekräftigung des Urteils greift so rahmend auf den Anfang zurück. Die literarkritische These hat also nur sehr geringe Wahrscheinlichkeit. Man wird Num 14,11-25 eher als literarisch einheitlichen Block einstufen müssen.[99]

2.ARGUMENT: Bruch zwischen Num 14,38 und 39
Fast ebenso deutlich wie Num 14,11-25 hebt sich Num 14,39-45 von seinem vorhergehenden Kontext ab. 14,38 bildet durchaus einen sinnvollen Schlußsatz, und was ab V 39 dann kommt, hebt sich vom Stil des sonstigen Erzählverlaufs deutlich ab. So werden Aaron, Josua und Kaleb nicht mehr erwähnt, auch das Lexem עדה für Israel wird nicht mehr verwendet. Dagegen spielt plötzlich die Lade eine wesentliche Rolle. Auch in diesem Fall wird man mit großer Wahrscheinlichkeit von einem literarkritischen Bruch sprechen können.

3. ARGUMENT: uneinheitliche Figurenkonstellation
Eine besonders auffällige Spannung bietet die Figurenkonstellation der Erzählung. Einmal erscheint Kaleb ohne die Begleitung des Josua (13,30f; 14,24), in diesem Fall wird er ohne den Namen seines Vaters eingeführt. Das andere Mal erscheint er als Begleiter des Josua (14,6.30.38), in diesem Fall wird er Kaleb ben Jefunne genannt.

Die Frage ist, ob man dem Wechsel zwischen Kaleb alleine und seinem Auftreten mit Josua zusammen einen erzählerischen Sinn abgewinnen kann. Hier hat G.J.Wenham eine beachtenswerte Argumentation vorgetragen: "Finally, there were good reasons for Caleb to take the lead in opposing the majority of spies. Joshua, as Moses' assistant, would have been expected to disagree, and so did not speak up until it was obvious Caleb's remarks were going unheeded."[100] Diese Argumentation kann noch weiter gestützt werden. Der Erzähler erwähnt in Num 13,16, daß Mose den Hosea in Josua umbenannte. Damit wird Josua dem Mose zugeordnet. Das Lexem ישע, mit dem der Name Josua gebildet ist, stellt vielleicht eine volksetymologische Anspielung auf den Namen Mose dar.[101] Josua bedeutet zudem soviel wie "Jahwe hilft".[102] Der Leser wartet gespannt darauf, wann Josua in der Erzählung in Funktion treten wird, wann er seinem Namen Ehre macht. Seine Spannung wird noch dadurch gesteigert, daß in der ersten kritischen Situation Kaleb alleine auftritt. Dies zeigt, daß man auch zu einem positiven Urteil über das Land kommen kann, ohne zum legitimierten Führungsgremium Israels zu gehören! Kaleb kommt zu seinem Urteil, auch ohne daß ihm egoistische Interessen im Zusammenhang mit der Mosenachfolge unterstellt werden können. Kaleb gehört nicht auf

---

[99]So auch J.Wellhausen, Composition, 102; E.Blum, Komposition, 397 Anm 4; R.Smend, Entstehung, 68.
[100]G.J.Wenham, Numbers, 125.
[101]Nach R.Alter, Biblical Narrative, 57 stellt das ויושיען in Ex 2,17 eine Anspielung auf den Namen Mose dar.
[102]Dafür, daß der Name Josuas tatsächlich so verstanden wurde, steht Jesus Sirach 46,1.

Grund anderer Faktoren auf die Seite Moses und Aarons, sondern allein deshalb, weil er im Sachurteil zu gleicher Überzeugung gelangt. Erst als auch Mose und Aaron verstummen, tritt Josua auf. Wo Mose und Aaron Worte bereits für sinnlos halten, versucht es Josua und mit ihm erneut Kaleb mit einer Kriegsansprache. Damit rechtfertigt Josua das Vertrauen, das ihm Mose entgegengebracht hat und qualifiziert sich als künftiger Führer Israels.[103]

Sosehr einleuchtend diese Argumentation auch sein mag, sie kann nicht erklären, warum Kaleb in 14,24 alleine erwähnt wird. Ein weiteres Problem ist, warum ihm nur dann sein Vatersname beigelegt wird, wenn er mit Josua zusammen in Funktion tritt. Hier liegen nicht erklärbare Probleme des Endtextes, die wohl doch literarkritisch ausgewertet werden müssen. Andererseits läßt sich doch aber soviel schon jetzt sagen, daß die Endredaktion die Sonderstellung des Kaleb in 13,30 einigermaßen planvoll und sehr geschickt eingearbeitet hat.

4. ARGUMENT: Bruch zwischen Num 13,21 und 22f
Ein weiteres schwieriges Problem stellt das Verhältnis von Num 13,21 und 13,22f dar. "Nach 13,21 wurde das ganze Land in seiner vollen Nordsüdausdehnung erkundet, nach 13,22ff. gelangten die Kundschafter nur bis in die Gegend von Hebron."[104] Dieses Argument hat in der Forschungsgeschichte hohes Gewicht und ist immer wieder angeführt worden.[105] Es ist aber vielleicht doch nicht so schlagkräftig.

Zum ersten muß man sich den Aufbau dieses Abschnitts klar machen. Er ist erzählerisch kunstvoll gerahmt durch die lexikalische Rekurrenz von תור את הארץ in V 21 und 25. V 21 stellt einen Themasatz dar, d.h. er nimmt überschriftartig vorweg, was im Einzelnen dann erzählerisch ausgeführt wird.[106] Dies ist ein normales erzählerisches Mittel und auch in der AT-Exegese unter dem Stichwort "Überschrift" bekannt.[107] Beispiele finden sich etwa in Gen 18,1; 22,1; 2 Kön 2,1; Gen 1,1; 2,4a. T.A.van Dijk hat nun darauf aufmerksam gemacht, daß Themasätze meist besondere grammatische Merkmale haben.[108] Die Frage ist dann, ob Themasätze im AT auch mit *wayyiqtol* formuliert sein können. Dies ist der Fall. Als ein Beispiel kann man Ex 14,30 anführen. Dieser Vers beinhaltet nicht einen erneuten Erzählprogreß, sondern ein Résumée des gesamten bisherigen Geschehens, was im Deutschen mit der Proform "so" zum

---

[103] So interpretiert auch G.J.Wenham, Num, 121.
[104] M.Noth, Num, 90.
[105] Ich nenne nur A.Knobel, Num, 61f; J.Wellhausen, Composition, 101; B.Baentsch, Ex-Num, 514.
[106] Nach T.A.van Dijk, Textwissenschaft, 45 ist ein Themasatz ein Satz, der die Makrostruktur eines Textabschnittes explizit formuliert.
[107] In diesem Zusammenhang ist auf U.Cassuto, Documentray Hypothesis hinzuweisen. Er hat sich immer wieder erfolgreich bemüht, scheinbare literarkritische Brüche als normale Phänomene alttestamentlicher Erzählkunst zu erweisen. Er wies auch hin auf eine verbreitete "literary technique of first making a general statement and following it up with a particularized description."(aaO, 96)
[108] T.A.van Dijk, Textwissenschaft, 45: "Solche Themasätze haben besondere grammatische Merkmale: man kann sie in der Regel nicht mit anderen Sätzen des Textes verbinden (z.B. auch nicht mit Konnektiva)."

Ausdruck gebracht werden kann: "So rettete der Herr an jenem Tag Israel aus der Hand der Ägypter." Nun muß man noch weiter fragen: Kann ein mit "resümierendem *wayyiqtol*" konstruierter Themasatz auch als *Überschrift* über einen Erzählabschnitt fungieren? Auch dies ist der Fall. Zu denken wäre etwa an Num 20,27a und 27,22a, wo es jeweils heißt: "Mose tat, was ihm Jahwe befohlen hatte" und dies dann im folgenden Text im Einzelnen erzählerisch ausgeführt wird. Nun scheint es aber so zu sein, daß ein als Überschrift fungierender Themasatz nur dann mit *wayyiqtol* konstruiert sein kann, wenn das Lexem des Prädikats von seiner Semantik her eine Pro-Verb-Funktion übernehmen kann [109], d.h. wenn der semantische Gehalt (in den Beispielen immer "tun, machen") so allgemein ist, daß es für verschiedene andere Lexeme als zusammenfassende Überschrift verwendet werden kann. Dies nun scheint im Fall von עלה kaum der Fall sein zu können. So zeigt sich zweierlei: Zum einen dürfte ein syntaktischer Bruch doch wahrscheinlich sein, und zum anderen ist gezeigt, wie dieser Bruch im Sinne der Endredaktion sinnvoll verstanden werden kann.

Ist soweit die syntaktische Struktur geklärt, so stellt sich *zweitens* die Frage, ob es einen Widerspruch darstellt, wenn in den Rahmenteilen von einer Erkundung des Landes gesprochen wird, im eigentlichen Bericht aber nur die Gegend um Hebron erwähnt wird. Hier hilft ein Blick auf das Aufbauschema dieses Teils des Erzählmusters Kundschaftergeschichte. Dabei zeigt sich, daß es zum konventionellen Erzählmuster gehört, daß wohl im Aussendungsbefehl von der Erkundung des Landes (nicht des ganzen!) gesprochen wird (Jos 2,1 vgl. auch 2,18; Ri 18,2), im Bericht darüber die Erkundung des Landes zum Teil auch kurz erwähnt wird (Ri 18,7), aber ansonsten die Erlebnisse der Kundschafter an einem bestimmten Ort erzählt werden. Ähnlich wird auch in Num 13-14 erzählt, allerdings ist die Unmittelbarkeit, mit der hier Erkundung des ganzen Landes (13,21) und Bericht über Erlebnisse im Raum um Hebron (13,22-24) nebeneinanderstehen, gegenüber Ri 18,2-7 auffällig. So wird man auch in diesem Fall mit gewisser Wahrscheinlichkeit einen literarkritischen Bruch annehmen können und sogleich feststellen, daß die Endredaktion sehr planvoll und nicht nur mechanisch die Stücke zusammengesetzt hat.

5. ARGUMENT: doppelte Berichterstattung der Kundschafter
Ein weiteres Argument für eine literarkritische Scheidung sieht Noth in der doppelten "Berichterstattung" der Kundschafter (Num 13,27f und 13,32f). Zunächst ist jedoch auf das erzählerische Mittel der Steigerung hinzuweisen: Die Kundschafter geben vor Mose und Aaron als den offiziellen Führern einen zwiespältigen Bericht über die Erfahrungen im Land ab. Nach der Gegenrede von Kaleb greifen sie jedoch zum Mittel des Gerüchts, sie wollen auf jeden Fall und mit allen Mitteln den Einmarsch verhindern! So reicht der Hinweis auf den Dopplungscharakter der Berichterstattung allein noch nicht aus, um von einem Bruch zu sprechen; doch es sind noch weitere Unebenheiten zu beachten. So haben wir hier eine Passage, in der Kaleb allein auftritt und nicht mit seinem

---

[109] Zum Begriff Pro-Verb vgl. R.Beaugrande/W.Dressler, Textlinguistik, 67.

Vatersnamen betitelt wird (vgl. Argument 3). Zudem wird in V 30 auf Israel mit dem Lexem עם referiert (vgl. dagegen etwa Num 14,5). Sodann kann auf lexikalische Bezüge zwischen den hiesigen Versen (Num 13,27-31) und Num 13,22-24 (vgl. Argument 4) verwiesen werden, z.B. die Anakiter (Num 13,22 und 28). Auch müssen mit den Früchten, die aus dem Land mitgebrachten (Num 13,23) gemeint sein. Zuletzt könnte man überlegen, ob sich nicht Num 13,32 direkt an 13,26 anschließen läßt.[110] Sieht man diese Hinweise zusammen, so können sie in ihrer Gesamtheit einen literarischen Bruch wahrscheinlich machen. Zugleich ist wieder der Hinweis angebracht, daß der Endtext durchaus geschickt die verschiedenen literarischen Elemente kombiniert.

6. ARGUMENT: Bruch zwischen 13,26 und 27
An das obige Argument läßt sich sogleich ein weiteres anschließen, das die literarische Sonderstellung von Num 13,27-31 weiter untermauert. So fragt M.Noth wohl nicht ganz zu Unrecht, ob nicht zwischen 13,26 und 13,27 ein Bruch vorliege. Nach Noth erstatten die Kundschafter bei J allein dem Mose Bericht (Num 13,27), nach P tun sie das vor der ganzen Gemeinde (Num 13,26).[111] Will man jedoch hier einen Bruch sehen, so muß man mit Noth argumentieren, daß die entsprechende Notiz, auf die mit der Proform לו referiert wird, weggefallen sein müßte.[112] Andererseits ist der Singular "ihm" nicht recht verständlich, nachdem in V 26b bereits der Plural "ihnen" gebraucht wird. So scheint die "unbeholfene" Syntax auf einen literarischen Bruch hinzudeuten. Es zeigen sich aber auch einige Verknüpfungen. So referiert das וזה פריה auf Num 13,26 Ende. Ohne V 26 wäre dieser demonstrative Hinweis doch wohl fehl am Platz. Das שלחתנו bezieht sich mittels lexikalischer Rekurrenz auf V 17a, den Noth der anderen Quelle (P) zuweist. Erzählstrukturell besteht ebenfalls kaum ein Bruch. Num 13,27 führt V 26 fort. Und zwar beinhaltet Num 13,27-29 den Bericht der Kundschafter in direkter Rede, der ja für das Erzählmuster typisch ist. Dabei wird in erster Linie Mose angeredet, da er die Kundschafter beauftragt hat. Dies muß nicht ausschließen, bzw. schließt nach V 26 ausdrücklich ein, daß die Gemeinde mithört.[113] Denn anders wäre Kalebs Beschwichtigungsversuch (Num 13,30) nicht verständlich. So wird man hier mit Vorsicht urteilen, aber dann vielleicht doch mit Rücksicht auf den deutlichen Zusammenhang von Num 13,27-31 mit 13,22-24 (vgl. Argument 5) eine literarkritische Scheidung vornehmen.

7. ARGUMENT: Num 13,17b-20 und 13,22-24.27-31 gehören zusammen
Setzt man die bisherigen literarkritischen Überlegungen voraus, so fragt sich, ob nicht auch Num 13,17b-20 der gleichen Schicht wie Num 13,22-24 und 27-31

---

[110]M.Noth, Num, 95.
[111]M.Noth, Num, 94f.
[112]Dabei könnte man überlegen, ob die Proform לו auf das Volk verweist oder auf Mose. Auf die Gemeinde (V 26) kann sich die Proform kaum beziehen, da עדה vom Geschlecht her feminin ist.
[113]So auch M.Noth, Num, 95: "Die Kundschafter erstatten ihren Bericht nach J an Mose (...). Aber ihre Mitteilung über die Stärke der Bewohner und ihrer befestigten Städte in dem reichen und fruchtbaren Lande ... wird doch vom Volk mitgehört und erregt und entmutigt das Volk."

zugewiesen werden kann. Dafür sprechen einige lexikalische und thematische Bezüge zu eben diesen Versen. So findet sich etwa die Phrase העם הירש in V 18 und 28, oder ענבים in V 20 und 23. Diese Hinweise rechtfertigen allerdings kaum die Annahme eines literarkritischen Bruchs. So fragt sich, ob sich weitere Hinweise finden lassen. M.Noth hat folgendes zu finden gemeint: "Mit V.17b setzt die J=Erzählung ein. Der Bruch zwischen V.17a und V.17b zeigt sich darin, daß in V.17b auf einmal nicht mehr von der Erkundung des (ganzen) 'Landes Kanaan' die Rede ist, sondern nur noch vom 'Negeb' (d.h. von dem südlich des westjordanischen Gebirges in unbestimmter Ausdehnung sich erstreckenden Wüstengebiet) und von dem diesem benachbarten 'Gebirge'. Israel befand sich bereits 'hier im Negeb', und das zu erkundende Gebiet war, wie aus V.22-24 hervorgeht, das (süd)judäische 'Gebirge' bis in die Gegend von Hebron. Vor V.17b ist der Anfang der J=Erzählung zugunsten von P redaktionell weggeschnitten worden."[114]

Auch hier muß man vorsichtiger urteilen als Noth. *Zum ersten* ist V 17b mit 17a durch Proformen verknüpft. Will man also einen Bruch sehen, so kann der nicht syntaktisch begründet werden. Da die Proformen sonst ohne Referenten blieben, muß Noth annehmen, daß der Anfang von J weggebrochen sei. Dies ist selbstverständlich nicht auszuschließen, jedoch verlangt eine solche These einen erhöhten Begründungsbedarf. Zieht man *zweitens* die Konventionen des Erzählmusters zum Vergleich heran, so zeigt sich, daß zum Schema der Aussendung eine Instruktion in direkter Rede hinzugehört. Beide Vershälften hängen also nicht nur auf der Ebene der Kohäsion, sondern auch auf der Ebene des Erzählmusters eng miteinander zusammen. *Drittens* unterstellt Noth, der Aussendungsauftrag habe nach V 17a das ganze Land, nach 17b nur die Gegend um Hebron umfaßt. Dagegen ist jedoch zum einen zu sagen, daß bereits in V 18, den Noth ebenfalls zu J rechnet, wieder von "dem Land" die Rede ist. Zum anderen muß wieder auf das Erzählmuster verwiesen werden. Man vergleiche etwa Jos 2,1. Dort heißt es ähnlich wie hier: "Beseht das Land, näherhin: Jericho!" Es geht gar nicht um eine Erkundung des *ganzen* Landes, sondern um eine *exemplarische* Erkundung des Landes.[115] Daß zwischen Auftrag (Erkundung des Landes) und Bericht (exemplarische Erfahrung der Kundschafter an einem bestimmten Ort) eine Diskrepanz besteht, ist für das Erzählmuster spezifisch und daher kaum literarkritisch verwertbar. Man wird daher eingestehen müssen, daß die literarische Ausscheidung von V 17b-20 sehr unsicher ist, auch wenn die deutlichen Berührungen im Sprachgebrauch mit Num 13,22-24 und 27-31 dann vielleicht doch den Ausschlag geben, Num 13,17b-20.22-24.27-31 der gleichen Schicht zuzuweisen.

8. ARGUMENT: unterschiedliche Ortsangaben
Nur kurz braucht darauf hingewiesen werden, daß in 13,26 der Ort, von dem aus die Aussendung geschah, nämlich die Wüste Paran, durch die Apposition "nach Kadesch" näher spezifiziert wird, ohne daß dies von Num 13,3 her vorbereitet

---

[114] M.Noth, Num, 92f.
[115] Zu Recht setzt M.Noth, ebd. das "ganz" in Klammern.

wäre. Auch liegt Kadesch nach Num 20,1; 27,14; 33,36; Dtn 32,51 in der Wüste Zin. Nun wissen wir über die Geographie der Sinaiwüste zwar sehr wenig, so daß man mit geographischen Argumenten sehr vorsichtig operieren sollte, aber der Sachverhalt macht doch stutzig. Da aber diese Ortsangabe in keiner Weise erzählerisch integriert ist, scheint mir kein zwingender Grund vorzuliegen, diese Ortsangabe als quellenhaft zu beurteilen und dem J zuzuweisen.[116] Viel eher wird man mit der Möglichkeit einer Glosse rechnen.[117]

9. ARGUMENT: Num 14,1-10. Dopplungen im Erzählverlauf?
Ein weiteres Problem stellen die Verse 14,1-10 dar. M.Noth urteilt: "Nur in V. 1aβb und V.4 liegen kurze Elemente der J=Erzählung vor, die sich als solche dadurch erweisen, daß sie Dubletten zu dem jeweils vorher Gesagten sind."[118]

Diese These kann nicht überzeugen. V 1aβb und 1aα sind vielmehr syntaktisch eng verbunden.[119] Eher kann ein Bruch zwischen V 1a und 1b angenommen werden.[120] Dafür spricht schon der unmotivierte Wechsel von כל־העדה zu העם. Zudem läßt sich 1b als Dopplung zu 1a interpretieren, wenn vielleicht auch nicht als besonders störende. Völlig unwahrscheinlich dagegen ist die These, Num 14,4 sei eine Dopplung zum Murrmotiv in Num 14,2-3. V 4 bildet vielmehr eine erzählerische Steigerung des Murrens: er beinhaltet den ersten Schritt zur Verwirklichung des Rückkehrwunsches, nämlich die Vorbereitung einer Verschwörung gegen die von Gott legitimierten Führer. Die Wendung ויאמרו איש אל אחיו entspricht außerdem wörtlich Ex 16,15 (P). Auch die erneute Redeeinleitung "da sprachen sie *untereinander*" ist wichtig. Jetzt wird nämlich nicht mehr offen gegen Mose opponiert, sondern es werden *heimlich* Vorbereitungen zu seiner Absetzung getroffen! So wird man in den Versen 14,1-10 lediglich den Versteil 1b als kohärenz-störend betrachten können. Zwischen V 2-3 und V 4 liegt dagegen mit ziemlicher Sicherheit kein Bruch vor.[121]

10. ARGUMENT: Num 14,30-34. Das Thema "Land" in P
Noth hat in Num 14,30-32(34) einen Redaktor am Werke sehen wollen, der Kaleb vor Josua nennt und in V 30 seinen Zusatz "auffällig abrupt einsetzt".[122] "Das wäre insofern bedeutsam, als unter dieser Voraussetzung die ursprüngliche P=Erzählung, die ja auch sonst an dem Thema Landnahme nicht interessiert ist, auch im hiesigen Zusammenhang überhaupt nicht von dem künftigen Hineinkommen in das Land gesprochen hätte."[123]

Gegen Noths These spricht jedoch allein schon die Tatsache, daß P sehr wohl am Land interessiert ist (Vgl. Gen 17,8; Ex 6,4.8; 16,35). Auch die

---

[116] So M.Noth, Num, 94f.
[117] V.Fritz, Israel, 20f.
[118] M.Noth, Num, 95.
[119] Das ונשא muß sprachlich als Ergänzung zu ויתנו aufgefaßt werden. Beide finiten Verbformen haben also das gleiche Objekt. So auch U.Struppe, Herrlichkeit Jahwes, 159.
[120] So auch U.Struppe, Herrlichkeit Jahwes, 152.
[121] So auch U.Struppe, Herrlichkeit Jahwes, 152.
[122] M.Noth, Num, 98.
[123] M.Noth, Num, 98.

einmalige Nennung von Kaleb vor Josua scheint mir nicht gewichtig genug, um einen literarischen Bruch anzunehmen. Der Textabschnitt ist vielmehr in sich literarisch einheitlich.[124] In Anlehnung an ezechielische Sprache wird das Urteil Jahwes über die Auszugsgeneration juristisch genau dargelegt. Der Aufbau dieses Abschnitts ist zwar nicht einfach, aber doch durchsichtig.[125]

ERGEBNIS
Fassen wir die Prüfung der Argumente zusammen, so hat sich an Num 13-14 deutlich bestätigt, daß man mit großer Sicherheit vom literarischen Wachstum der Texte ausgehen kann, wenngleich der Aufweis literarkritischer Brüche in manchen Fällen nicht über Wahrscheinlichkeitsurteile hinauskommt. Es lassen sich drei oder vier Schichten innerhalb von Num 13-14 ausmachen. Wie der Konsens der Forschung schon vermuten ließ, ist die als Teil der Priesterschrift identifizierbare Schicht -zumindest in ihrem Minimalbestand- am sichersten rekonstruierbar; sie umfaßt Num 13,1-17a.21.25-26.32-33; 14,1a.2-10.26-38.

Ebenfalls sehr deutlich abhebbar ist der Block Num 14,11-25. Zu Recht hat Noth auf die starke Rezeption deuteronomischer Phrasen in diesem Abschnitt hingewiesen. In Anlehnung an Erhard Blum, spreche ich von einer D-Schicht, ohne damit ausschließen zu wollen, daß sich hier mittels deuteronomisch geprägter Terminologie eine Konzeption ausspricht, die von der deuteronomistischen durchaus noch zu unterscheiden ist. Auch Num 14,39-45 greift mit der Bundeslade auf eine deuteronomistische Konzeption zurück. Die Frage, ob Num 14,39-45 mit Num 14,11-25 oder mit der jehowistischen Schicht literarisch zusammengehört, ist schwer zu entscheiden. Sie soll im Zusammenhang der Behandlung der D-Schicht wieder aufgenommen werden.

Mit Num 13,17b-20.22-24.27-31 und 14,1b haben wir eine weitere Schicht vor uns. Bereits im Lauf der Literarkritik ist die sprachliche und thematische Zusammengehörigkeit der Abschnitte ja als Argument eingesetzt worden. Diese Schicht ist so geschickt mit P kombiniert worden, daß ihre Ausgrenzung oft von nur geringer Wahrscheinlichkeit ist. Sie ist auf jeden Fall nur sehr fragmentarisch rekonstruierbar. Im Rahmen dieses Abschnittes reicht es aus, diese Schicht dem Jehowisten zuzuweisen, ohne weiter zwischen Jahwist und Elohist zu differenzieren.

Auch eine relative Chronologie der Schichten läßt sich wahrscheinlich machen. Denn die Erwähnung von Kaleb alleine, also ohne Josua, kann kaum später sein, als die Erwähnung von Kaleb und Josua zusammen. War Josua in dieser Erzählung, die ja vom ersten Kontakt Israels mit dem Land berichtet, das Israel dann unter der Führung Josuas erobern wird, erst einmal verwurzelt, so erscheint es nahezu ausgeschlossen, daß er in einer späteren Fassung oder Überarbeitung dieser Erzählung verschwiegen werden konnte. Daraus folgt, daß die P-Schicht jünger ist als die jehowistische, aber auch als die D-Schicht,

---

[124] So auch G.W.Coats, Rebellion, 139.
[125] Vgl. dazu die bereits durchgeführte erzählstrukturelle Analyse des Abschnitts (1.2.1.(6)). S.McEvenue, Source-Critical Problem, versucht, die Uneinheitlichkeit dieses Abschnitts zu erweisen. Sein Versuch kann insofern nicht überzeugen, als er sich um die Struktur des Abschnitts als Ganzem nicht bemüht.

die wie die jehowistische Schicht Kaleb allein auftreten läßt (Num 14,24). Die D-Schicht wiederum trägt deutlich den Charakter einer Bearbeitungsschicht, sie fügt an geeigneter Stelle ihr Erzählmaterial ein, das sicher nie als eigenständige Erzählung existiert hat. Die D-Schicht setzt daher die jehowistische als Bearbeitungsvorlage voraus. So bestätigt sich die klassische Abfolge der Quellen: die älteste Quelle ist der Jehowist, der von der D-Schicht bearbeitet wird, dann erst kommt die Priesterschrift hinzu. Da diese -wie es scheint- noch vollständig rekonstruiert werden kann, der jehowistische Faden dagegen nur sehr fragmentarisch, kann man schließen, daß die Endredaktion, sei diese mit P identisch oder nicht, dem priesterschriftlichen Text den Vorzug eingeräumt hat. Zum zweiten ist ebenso deutlich, daß der Endredaktor in meist geschickter Weise alle Schichten - trotz Spannungen - in das Erzählmuster einer Kundschaftergeschichte integriert hat.

1.4. Interpretation der P-Schicht in Num 13-14

Die Literarkritik hat mit großer Wahrscheinlichkeit einen P-Faden rekonstruieren können, der nun interpretiert werden soll. In diesem Zusammenhang ist auch der literarische Charakter der P-Schicht zu klären. Folgt man dem klassischen Quellenmodell, so haben P und J als voneinander unabhängige Quellen bestanden und sind erst von einem Redaktor kombiniert worden. Mit diesem Modell konkurriert ein namentlich von Frank M.Cross befürwortetes Bearbeitungsmodell, demzufolge P nie als eigene Quelle existiert habe, sondern eine Bearbeitungsschicht der älteren Quellen sei.[126] Cross bestreitet nicht, daß man P zunächst einmal als literarische Schicht mit eigenem Stil und Charakter herausarbeiten kann.[127] Aber er bestreitet, daß P in sich als geschlossener und kohärenter Erzählfaden verständlich ist. Cross hält diese These -freilich in nicht am Text ausgearbeiteter Weise- auch für Num 13-14 aufrecht.[128]

Um diese Frage zu entscheiden, muß zunächst geklärt werden, ob die P-Schicht in sich als kohärenter Erzählfaden verstehbar ist. Sodann kann gefragt werden, ob und in welcher Weise P sich auf den jehowistischen Textbestand bezieht. Ist P ohne die inkorporierten JE-Texte womöglich gar nicht verstehbar? Eine letzte Kontrollfrage muß dann dem Verhältnis von Intention der

---

[126] F.M.Cross, Canaanite Myth, 293-325. Er beruft sich selbst auf I.Engnell und zum Teil S.Mowinckel (294f), doch auch P.Volz und W.Rudolph dürften zu seinen geistigen Vätern gehören (vgl. den Anhang ihres Buches 'Der Elohist als Erzähler' mit dem Titel "P ist kein Erzähler", S. 135-142). Cross hat mancherlei Nachfolger gefunden, die seine sehr flächig vorgestellte These an konkreten Texten durchgeführt haben, z.B. B.Anderson, Gen 1-11; S.Tengström, Toledotformel; J.Milgrom, Korah's rebellion.

[127] Vgl. auch F.M.Cross, Canaanite Myth, 293f; S.Tengström, Toledotformel, 16, der sich in diesem Sinn ausdrücklich von S.R.Külling und I.Engnell absetzt: "Engnells und Küllings Theorien sind jedoch unzulänglich, denn es besteht kein Zweifel daran, dass die P-Schicht eine besondere Grösse ist, die sich literarkritisch ziemlich leicht aussondern lässt." (kursiv getilgt; AS)

[128] F.M.Cross, Canaanite Myth, 315 behauptet, die epische Tradition in Num 13-14 sei "introduced by a Priestly list of the spies, and reworked and supplemented by the Priestly Editor".

Endredaktion und Intention der P-Schicht gelten.[129] Ist die Intention der Endredaktion von der der Priesterschrift deutlich zu unterscheiden, so dürfte die These sehr unwahrscheinlich werden, daß P mit dem Endredaktor identisch sei.

a) Ist der P-Faden in sich kohärent?

Um diese Frage zu beantworten, muß man der Struktur von P nachgehen. S.McEvenue hat zeigen können, daß der P-Faden keine Lücke aufweist.[130] Er zeigt sich als klar strukturiertes Ganzes: P ist geprägt durch eine ringförmige Anordnung der Redeteile, in deren Mitte die Reaktion des Volkes steht. Diese Ringstruktur leuchtet besonders im Fall der Gegenüberstellung der beiden Bewertungen des Landes ein, einmal durch die Mehrheit der Kundschafter und zum anderen durch Josua und Kaleb. Die einzelnen Reden sind durch lexikalische Rekurrenz aufeinander bezogen, wie folgendes Schema verdeutlichen soll: [131]

    A JAHWEs Aussendungsbefehl (13,1-2)

וידבר יהוה אל משה   לאמר

(Gabe und Erkundung des Landes)

    B Das Gerücht der Kundschafter (13,32f):

הארץ אשר עברנו בה לתור אתה ארץ אכלת יושביה הוא

Übergröße der Einwohner
(Diffamierung des Landes)

     C Murren und Verschwörung der Gemeinde לון   (14,2-4)

ןטפנו יהיו לבז ...

(Ablehnung des Landes)

    B' Die Ansprache von Josua und Kaleb (14,7b-9):

הארץ אשר עברנו בה לתור אתה טובה ארץ מאד מאד

Die Einwohner sind nicht zu fürchten
(Lob des Landes)

    A' JAHWEs Urteil (14,27-35)

וידבר יהוה אל משה ואל אהרן לאמר
את תלנות בני ישראל אשר המה מלינים עלי שמעתי
וטפכם ... לבז יהיה

(Entzug des Landes)

---

[129]Diese wichtige Frage hat H.C.Schmitt, Meerwundererzählung, 144 in die Diskussion eingebracht und damit zugleich die These von Cross, Canaanite Myth, 310 in Zweifel gezogen, daß P in Ex 14 die epische Tradition bearbeitet habe.

[130]Dabei geht McEvenue sogar von einem gegenüber unserer Analyse um einige Verse reduzierten P-Faden aus.

[131]Dieses Schema ist aus dem von S.McEvenue, Narrative Style, 114 weiterentwickelt.

Die Ringstruktur macht deutlich, daß die Erzählung ihr Gewicht auf die Bewertung des Landes legt. Das Land ist in allen Reden Thema. Die notierten lexikalischen Rekurrenzen sollen die Aufmerksamkeit des Lesers steuern. Drei dieser Fälle scheinen mir besonders interessant.

Zum ersten zeigt sich, daß die Bezüge zwischen Element B und B' sehr bewußt gesetzt sind. Sowohl das verleumderische Gerücht der Mehrzahl der Kundschafter, das man "ausgehen läßt" und gerade nicht in der Öffentlichkeit formuliert, wie auch die öffentliche Ansprache von Josua und Kaleb gehen auf zwei Themen ein, einmal auf die Bewertung des Landes, und zum anderen auf die Einwohner des Landes. Ganz scharf wird die unterschiedliche Bewertung des Landes in den Fokus gestellt. Das Gerücht spricht von "einem Land, das seine Bewohner frißt". Josua und Kaleb setzen dem entgegen, daß umgekehrt, die Bewohner des Landes bereits eine fertig zubereitete Speise für die Israeliten seien (14,9).

Wie bei der Interpretation des Endtextes bereits gezeigt, ist diese Wendung nur auf dem Hintergrund von Ez 36,1-15 verständlich.[132] Im hiesigen Text hat es anders keinen Sinn, weil die Bewohner des Landes ja offensichtlich sehr gut in diesem Land leben. Wir haben hier eine zeitgeschichtliche Auseinandersetzung der P zu vermuten. E.Cortese hat wahrscheinlich gemacht, daß es sich um eine im Exil zumindest in gewissen Kreisen verbreitete Redeweise handeln dürfte.[133] Am ehesten dürften solche Kreise in Betracht kommen, die die Rückwanderung nach Palästina ablehnten, vielleicht mit dem Hinweis darauf, daß der Neubeginn im Land ein nicht kalkulierbares Risiko darstelle, und die deshalb eine relativ gesicherte Existenz im Exil der Rückwanderung vorzogen.

Zum zweiten lassen sich auch sehr bewußte Bezüge zwischen Element B' und C finden. Hier zeigt sich eine Kontroverse zwischen der Gemeinde und Josua und Kaleb. Die Gemeinde lehnt die von Jahwe zugesagte Landgabe ab. Dem "Land Kanaan" setzt sie das "Land Ägypten" entgegen. Die Gemeinde bewertet die Rückkehr nach Ägypten als "gut" (14,3b), Josua und Kaleb setzen dem das "sehr sehr gut" des Landes entgegen (14,7b). Nicht, was sich Israel selbst "gibt" (14,4 נתן), sondern was Jahwe "gibt" (14,8) ist gut. Sieht man in der Bewertung des Landes eine Anspielung auf Gen 1,31 [134], so könnte sich hier eine zeitgeschichtlich relevante Argumentation aussprechen. Israel verliert nicht nur die Zusage Jahwes (Ex 6), sondern auch die Möglichkeit, in das "sehr gut" Jahwes über die Schöpfung emphatisch einzustimmen.[135] Vielleicht stellt sich P damit auf die Seite solcher Kreise, die die Verwurzelung des Menschen in seiner Heimat als schöpfungsgemäße Ordnung einstufen.

Zum dritten zeigen sich starke Bezüge zwischen A' und C. Jahwe zitiert in seinem zornigen Urteil die Reaktion des Volkes (14,31 bezieht sich auf 14,3). Jahwe hört das Murren und reagiert so, daß er die Befürchtungen der Israeliten

---

[132] Darauf hat besonders N.Lohfink, Ursünden, 53 hingewiesen.
[133] E.Cortese, Terra, 130.
[134] E.Zenger, Gottes Bogen, 177.
[135] Die Anspielung auf Gen 1,31 ist ein "Zitat" (E.Zenger, Gottes Bogen, 177), das sogar noch gesteigert vorgebracht wird (zweimaliges מאד).

in ironisch umgekehrter Weise wahr werden läßt: Nicht die Kinder, wie Israel befürchtet hatte (14,3), sondern die Exodusgeneration selbst wird in dieser Wüste sterben, ausgeschlossen vom Land, aber auch von der Rückkehr nach Ägypten.

Die außerordentliche Dramatik des Geschehens kommt auch noch in anderen Phänomenen zum Ausdruck. So verbindet sich mit der Ablehnung des Landes auch noch das Bestreben des Volkes, Mose als Führer abzusetzen (14,4). Es kommt also zu einer Art Verschwörung. Ebenso dramatisch ist die Reaktion des Volkes auf das Lob des Landes durch Josua und Kaleb. Das Volk beginnt erneut zu reden (Num 14,10), nun aber nicht mehr artikuliert. Der Erzähler bringt trotz der Redeeinleitung ויאמרו keine direkte Rede. Vielleicht soll das ein wildes Durcheinanderrufen andeuten, das nicht mehr in gesetzten Worten, sondern nur noch seiner Intention nach angebbar ist. Josua und Kaleb sollen gelüncht werden. In dieser dramatisch zugespitzten Lage erscheint nun der KABOD Jahwes, um den angegriffenen Führern Recht zu verschaffen und die Murrenden zu verurteilen. Der Text schließt damit, daß die Kundschafter, die das Land durch ein Gerücht diffamiert haben, auf der Stelle sterben. Man wird darin einen ersten partiellen Vollzug der angekündigten Strafe sehen müssen. Damit schließt die P-Erzählung sinnvoll ab.

Zusammenfassend kann man sagen, daß der P-Faden vollständig erhalten und zudem wohl strukturiert und kohärent ist. Damit ist ein erstes starkes Argument dafür gewonnen, daß P eine eigenständige Quelle ist. Fragen wir nun nach den Vergleichen von P mit JE und Endredaktion.

b) Vergleich von P und JE-Schicht
Vergleicht man den P-Faden mit den Fragmenten von JE, so fällt auf, daß P alle erzählerischen Elemente, die JE hat, ebenfalls aufweist, sogar in der gleichen Abfolge, nur in extremer Kürze.[136] Einige Beobachtungen zeigen, daß P den JE-Faden doch ziemlich genau gekannt haben muß. So erhält der für P ansonsten völlig unwichtige Kaleb eine zentrale Rolle. So betonen beide Schichten die Größe der Einwohner[137], beidesmal bringen die Kundschafter Früchte des Landes mit[138], beidesmal wird das Land als eines qualifiziert, "in dem Milch und Honig fließen" (13,27 und 14,8).[139] Nun scheint zwar die letzte Wendung eine vielfach bekannte Phrase zu sein, so daß man in diesem Fall keine direkte Kenntnis des J-Fadens bei P annehmen muß, aber im Verein mit den anderen Hinweisen legen sie doch nahe, daß P die J-Version gekannt hat.

---

[136] Darauf hat S.McEvenue, Narrative Style, 92f hingewiesen.

[137] S.McEvenue, Narrative Style, 93.

[138] S.McEvenue, Narrative Style, 118 spricht P den Halbvers 13,26b ab. Zwar steht er damit in guter Tradition, aber trotzdem ist Noth an dieser Stelle Recht zu geben. Sowohl die Syntax (siehe die Literarkritik 6.Argument), als auch der Dublettencharakter von V 27a zu V 26b spricht für die Abgrenzung Noths.

[139] Auch Num 14,8 spricht S.McEvenue, Narrative Style, 90 P ab. Auch hier ist er wieder in guter Tradition. Die literarkritische Ausscheidung von 14,8f erscheint auf Grund der etwas anderen Sprache in diesen Versen allenfalls als möglich, kaum jedoch als sehr wahrscheinlich.

Womöglich in der uns noch fragmentarisch vorliegenden literarischen Fassung.[140]

P hat also vermutlich den JE-Bericht gekannt, aber doch ganz eigenständig formuliert. Ein Vergleich beider Schichten wird durch den fragmentarischen Charakter des JE-Fadens sehr erschwert. P hat die volkstümliche Breite der J-Erzählung auf ein absolutes Minimum zusammengedrängt.[141] Aussendung, Bericht über die Ausführung des Auftrags, Rückkehr und Berichterstattung sind zwar vorhanden aber etwas ausführlicher wird nur die Berichterstattung erzählt. So wird auch hier noch einmal deutlich, daß P die Bewertung des Landes in den Fokus stellt. Die zwölf Kundschafter repräsentieren ganz Israel. Neben Kaleb tritt nun Josua, der sich in dieser Situation als späterer Mosenachfolger empfiehlt. Der Erkundungsgang erstreckt sich bei P über das ganze Land (Num 13,21), die volle Nord-Süd-Ausdehnung wird durchmessen. Über Erfahrungen im Land weiß P nun gar nichts mehr zu berichten. Dies könnte damit zusammenhängen, daß P den Leser noch stärker als JE in die Perspektive des Volkes drängen will. Der Leser verfügt gegenüber dem Volk über keine zusätzlichen Informationen über das Land; er soll in die Kontroverse zwischen den Kundschaftern hinein genommen und zur eigenen Entscheidung provoziert werden.

c) Vergleich von P und Endredaktion

Hier fällt vor allem auf, daß die Endredaktion die Fürbitte des Mose jetzt in das Zentrum der Erzählung gestellt hat. Damit ist eine gewichtige Korrektur an der theologischen Intention von P vorgenommen. *Zum einen* wird die Rolle des Mose gegenüber P anders verstanden. In P gibt es nur eine Richtung der Kommunikation zwischen Jahwe und Mose, nämlich die von Jahwe zu Mose; die Umkehrung gibt es nicht. Die Endredaktion hat genau hier nicht nur P ergänzt, sondern die Fürbittefunktion des Mose in den Fokus gestellt (Num 14,11-25)! Mose kann auch seinerseits auf Jahwe einwirken. Eine *zweite* gravierende Korrektur der Endredaktion an P betrifft die Frage, ob Jahwe von einem einmal gefaßten Entschluß wieder abgebracht werden kann. Es ist offensichtlich, daß P auch in diesem Punkt von der Endredaktion nachkorrigiert wurde. Die Endredaktion vertritt die Auffassung, daß es Moses couragiertem Einsatz für die von ihm Geführten zu verdanken sei, daß Jahwe von seinem Entschluß wieder abgerückt ist, Israel völlig zu vernichten und mit Mose neu zu beginnen. Bei P steht das Urteil Jahwes mit dem Zeitpunkt der Äußerung auch unumstößlich fest, allenfalls kann der Vollzug der Strafe längere Zeit beanspruchen. Ein Einspruch dagegen ist weder vorgesehen noch denkbar. *Ein letztes* Problem sei angesprochen: Kann Jahwe Sünde vergeben? Es ist klar, daß die Endredaktion die Fürbitte des Mose in der Appellation an Jahwes grundloses Vergebungshandeln gipfeln läßt, auf das Jahwe eingeht (Num 14,19f). Jahwe kann demnach unabhängig vom Sündenbewußtsein des Volkes und dessen Bußwillen vergeben. Auch hierin muß man eine gravierende Korrektur der theologischen Intention von P sehen. Nach P gibt es keine Vergebung für

---

[140] S.McEvenue, Narrative Style, 96 mit Anm 96 hat die These vertreten, P beruhe auf literarischer Kenntnis des J-Fadens.
[141] S.McEvenue, Narrative Style, 117.

das Murren! Der Tatbestand wird von Jahwe festgestellt, mit der entsprechenden Strafe bedacht und das Urteil vollstreckt. Mehr berichtet P nicht. Man kann allenfalls in der Klage, mit der Jahwe seine Verurteilung der Exodusgeneration beginnt (Num 14,27), und die nur für die Ohren der mit Jahwe besonders vertrauten Führer Mose und Aaron bestimmt ist, ein Leiden Jahwes an seinem eigenen Urteil sehen, sosehr andererseits weder Einspruchsmöglichkeiten vorgesehen noch denkbar sind.

d) P als eigenständige Quelle

Auf Grund der vorgetragenen Überlegungen legt sich folgende Hypothese über den literarischen Befund nahe: P war sehr wahrscheinlich eine eigene Quelle mit eigener theologischer Intention. P kannte vermutlich den JE-Faden, vielleicht auch den um die D-Elemente erweiterten Faden.[142] P hat aber eine eigene, klar durchstrukturierte Fassung dieser Erzählung geschrieben. Der Endredaktor stand P durchaus nahe, was vor allem die Verstümmelung des JE-Fadens zu Gunsten von P zeigt. Der Redaktor hat aber in der Endfassung vor allem die D-Erweiterungen des JE-Fadens *gegen* die Intention von P zur Geltung gebracht. Für Num 13-14 kann die Einsicht als gesichert gelten, daß P eine eigene Quelle darstellt, die nicht mit der Endredaktion identifiziert werden kann. Die Geschlossenheit des Endtextes erklärt sich daraus, daß das Erzählmuster der Kundschaftergeschichte allen Quellen und Bearbeitern als erzählerisches Grundmuster diente.

1.5. Überlegungen zum historischen Ort des P-Fadens

a) Die typische Situation

Zum ersten ist deutlich, daß der Stoff in ganz verschiedenen Epochen für das religiöse Erzählen relevant sein konnte. So findet sich -wenn auch in ganz fragmentarischem Charakter- noch ein J-Faden. Auf dessen Datierung muß an dieser Stelle nicht eingegangen werden, seine vor-priesterschriftliche Abfassung steht jedoch auf Grund des hiesigen Textbefundes außer Frage. Wäre der Stoff nur für eine bestimmte historische Situation relevant, so würde sich seine Weitertradierung nicht wirklich lohnen, es würde lediglich eine archäologische Neugier befriedigt ("Wie war's denn damals?").

Dem Erzählungsstoff muß also eine typische Konstellation entsprechen, die im Leben des Einzelnen (Biographie) wie des sozialen Verbandes (Geschichte) immer wieder auftreten kann und auch auftritt. Die Situation der Kundschafteraussendung versetzt den Leser in die Spannung einer grundlegenden Entscheidungsstunde. Man befindet sich auf der Grenze, auf der Schwelle vom Alten zum Neuen. Das Neue steht als Realität imponierend und drohend zugleich vor Augen. Es geht um eine qualitative Innovation der gesamten Lebenswelt. In solcher Situation wird es immer den Widerstreit der Meinungen geben. Die

---

[142]Dafür spräche immerhin der Tatbestand, daß auch P die Verurteilung als Schwur darstellt und die Rede Jahwes mit einer klagenden Frage beginnt.

einen, die den bedrohlichen Charakter des Neuen betonen: das Neue wird das Gewohnte vernichten und eine Neuorientierung nicht abschätzbaren Ausmasses erfordern. Dabei ist ungewiß, ob diese Umstellung überhaupt zu leisten ist. Die anderen werden das Verheißungsvolle eines Neubeginns betonen und die neuen geschichte besonders griffig. Die Schwellensituation wird in dieser Erzählung in besonderer Dramatik herausgearbeitet. Der Sinn der Erzählung ist in allen Fassungen die Entkräftung von innovationshemmenden Einwänden durch den Hinweis darauf, daß die Ablehnung einer Gabe Gottes schlimme Folgen haben kann. In dieser Form ist die Erzählung in vielen -auch biographischen- Situationen relevant.

b) Die zeitgeschichtliche Situation von P
Nun ist es aber so, daß sich solche allgemeinen Erfahrungen gerne um einmalige geschichtliche Erfahrungen herum gleichsam "anlagern".[143] Man muß sich über die Metaphorik des gewählten Begriffs klar sein. Gemeint ist nicht, daß Alltagserfahrungen bereits formuliert und reflektiert vorliegen, um dann als Traditionsmaterial einem objektiven Tatsachenbericht eingefügt zu werden. Vielmehr düfte es so sein, daß anläßlich einmaliger Schlüsselerfahrungen die das ganze Sein bestimmenden Faktoren klar werden. Prägen solche Schlüsselerfahrungen den Wahrnehmungshorizont für künftige Ereignisse in hohem Maß, so kann man mit Pannenberg von "epochalen Ereignissen" sprechen.[144]

In welcher Situation der Geschichte Israels ist nun die Präzisierung und Zuspitzung des Stoffes am besten verständlich, die P vorgenommen hat? Hier gibt der Bezug der Phrase "ein Land, das seine Bewohner frißt" (Num 13,32) auf Ez 36 den entscheidenden Hinweis. Demnach scheint P sich am besten in einer Situation des Exils verstehen zu lassen, in der eine heftige Kontroverse darüber herrscht, ob man in das Land zurückkehren soll oder nicht. Die Heftigkeit der Auseindersetzung könnte man daraus erschließen, daß zumindest eine Seite der zerstrittenen Parteien über ein Schlagwort verfügt, nämlich eben dies vom "Land, das seine Bewohner frißt". Diese Partei könnte so argumentieren, daß sie auf die Unsicherheit eines Neubeginns im Land verweist, der zudem wirtschaftlich nicht mehr sondern eher weniger verspricht, als man im Exil schon hat. Ist dies soweit richtig, so ließe sich weiter schließen, daß man den P-Faden der anderen Seite zuweisen könnte. Die Tatsache der Zerstrittenheit der Kundschafter könnte dann als Ausdruck einer Kontroverse unter den Exilierten erklärt werden. P steht dann auf der Seite derer, die die Rückkehr in die Heimat als Treue zur Landgabe Jahwes und damit als von Gott her geboten deuten. Insbesondere gilt es denen zu mißtrauen, die nicht zu leugnende Negativerfahrungen aufbauschen und daraus entmutigende Gerüchte stricken. Dieses Land hat Jahwe für Israel bestimmt; Israel kann deshalb dieses Land nicht aufgeben, ohne sich als Volk Gottes aufzugeben. Vielleicht etwas

---

[143] Man hat dieses Phänomen in der Exegese etwa am Begriff des "historischen Kerns" der Sage diskutiert. Vgl. z.B. G.von Rad, Gen, 30.
[144] W.Pannenberg, Anthroplogie, 501.

überspitzt gesagt, könnte man also die P-Schicht in Num 13-14 der Propaganda für die Rückkehr zuordnen.

Diese Kontroverse setzt auf jeden Fall voraus, daß die Rückkehr in's Land für die Exilierten möglich ist oder in absehbarer Zeit möglich wird.[145] Man wird also P kaum vor der spätexilischen Zeit ansetzen, in der die Herrschaft der Perser zumindest als sehr realistische Möglichkeit vor Augen steht und die Exilierten sich mit dem Gedanken der Rückkehr befassen müssen. Denn eine solche Kontroverse erscheint kaum möglich, ohne einen dringenden Handlungsbedarf. Das Problem der Rückwanderung aus dem Exil bestand mindestens bis in die Zeit Esras und Nehemias hinein. So zeigt etwa Esra 7,15, daß maßgebliche Kreise (in diesem Fall Leviten) kaum bereit waren, aus dem Exil heimzukehren.

---

[145] N.Lohfink, Ursünden, 53.

2. ANALYSE VON NUM 20,1 - 13

Nach Num 13-14 soll nun in diesem Teil der Text Num 20,1-13 exegetisiert werden. Dieser Text hat wie Num 13-14 auch einen sehr dramatischen Inhalt. Kurz bevor Israel den Weg auf das Land hin einschlägt, um die Landnahme endgültig zu vollziehen, verfehlen sich auch noch die bisher untadelig gebliebenen Führer Mose und Aaron. Beide dürfen das Land nicht betreten, Aaron wird das Land nicht einmal zu sehen bekommen.

Wieder wird der Text zunächst (2.1.) übersetzt und dann (2.2.) formkritisch in seiner Endgestalt untersucht. Damit ist eine Grundlage für die Diskussion literarkritischer Argumente (2.3.) gewonnen. Danach soll die Erzählung interpretiert werden (2.4.). Den Abschluß bilden Überlegungen zum historischen Ort (2.5.).

2.1. Übersetzung von Num 20,1-13

(1) Dann kamen die Israeliten, die ganze Gemeinde, in der Wüste Sin an im ersten Monat. Und das Volk lagerte sich in Kadesch. Da starb dort Mirjam und wurde dort begraben. (2) Und die Gemeinde hatte kein Wasser.

Daraufhin versammelten sie sich gegen Mose und Aaron. (3) Und das Volk stritt mit Mose, und zwar sprachen sie folgendermaßen: Wären wir doch [1] mit unseren Brüdern vor Jahwe umgekommen! (4) Wozu habt ihr die Versammlung Jahwes an diesen Ort gebracht, doch nur, damit wir und unser Vieh dort sterben! [2] (5) Wozu habt ihr uns heraufgeführt aus Ägypten, doch nur, um uns an diesen üblen Ort hier zu bringen, hier gibt's keinen Samen, keine Feigen, keinen Wein, keine Granatäpfel und Wasser zum Trinken gibt's obendrein nicht!

(6) Da gingen Mose und Aaron von der Versammlung weg hin zum Eingang des OHEL MOED und fielen auf ihr Angesicht. Da erschien ihnen der KABOD Jahwes. (7) Dann redete Jahwe zu Mose folgendermaßen: (8) Nimm den Stab da und versammle die Gemeinde, du und Aaron, dein Bruder, und redet zu dem Felsen da vor ihren Augen, dann wird er sein Wasser geben, so sollst du ihnen Wasser aus dem Felsen herausfließen lassen, und so wirst du die Gemeinde und ihr Vieh tränken.

(9) Da nahm Mose den Stab vor Jahwe weg, wie dieser ihm befohlen hatte. (10) Und Mose und Aaron versammelten die Versammlung vor der Felswand und er sprach zu ihnen: Hört

---

[1] Die Syndese gleich am Beginn einer Rede ist durchaus belegt, vgl. etwa 2 Sam 18,12 und G-K 154b; B.Baentsch, Ex-Num, 567. H.Strack, Num, 422: "Das ו am Anfange erklärt sich aus der Erregtheit des Sprechenden, vgl. Ps 2,6." Ähnlich M.Noth, Num, 128. Es erübrigt sich daher die Annahme, daß hier ein Textstück ausgefallen ist, wie A.Dillmann, Num, 112; C.H.Cornill, Beiträge, 23 und H.Holzinger, Num, 82 angenommen haben.

[2] A.Ehrlich, Randglossen 2, 186: "שם, womit die Redenden auf ihren Aufenthaltsort zur Zeit der Rede hinweisen, ist nicht korrekt." Er meint damit wohl, daß שם normalerweise die fernere Deixis ausdrückt ("dort" und nicht "hier").

doch ³ ihr Meuterer, können wir etwa nicht aus diesem Felsen da Wasser für euch fließen lassen?
(11) Dann erhob Mose seine Hand und schlug den Felsen mit seinem Stab, zweimal. Da floß reichlich Wasser heraus und die Gemeinde und ihr Vieh trank.

(12) Da sprach Jahwe zu Mose und zu Aaron: Weil ihr nicht an mich geglaubt habt, und mich folglich vor den Augen der Israeliten nicht als heilig erwiesen habt, deshalb werdet ihr auch nicht diese Versammlung da in das Land führen, das ich ihnen gegeben habe.

(13) Das ist das Wasser von Meribah, wo die Israeliten mit Jahwe in Rechtsstreit traten und er sich an ihnen ⁴ als heilig erwies.

2.2. Formkritik von Num 20,1-13

Num 20,1-13 bildet eine relativ selbständige Episode, die klar nach vorne und hinten abgegrenzt ist.⁵ Zunächst soll nach der Erzählstruktur des Textes (2.2.1.) und dann nach dem Erzählmuster des Textes gefragt werden (2.2.2.).

2.2.1. Die Erzählstruktur von Num 20,1-13

Die Erzählung ist ziemlich klar klar gegliedert:
(1) 1-2a   Situationsschilderung
(2) 2b-5   Das Murren der Israeliten
(3) 6-9   Mose und Aaron am Begegnungszelt
(4) 10-11   Die Wassergabe
(5) 12   Die Verurteilung von Mose und Aaron
(6) 13   Erklärung des Ortsnamens

(1) Die Situationsschilderung (Num 20,1-2a)
Der Einleitungsabschnitt stellt die wichtigsten Hintergrundinformationen für die Erzählung bereit: Ort, Zeit, Figuren und den die Erzählung in Spannung

---

³Zum Teil wird vorgeschlagen, in diesem Falle der Lesart der Septuaginta zu folgen und שמעו׳ statt שמעו־נא zu lesen, da letzteres innerhalb von P ungebräuchlich sei. So etwa C.H.Cornill, Beiträge, 26; H.Holzinger, Num, 82. Es besteht kein Grund, diesem Vorschlag zu folgen, da P diese Art der Anrede an das Volk dieser Erzählung vorbehalten haben kann. In der Tat meine ich, daß die Verstärkung des Imperativs mit ־נא die Unerhörtheit der Anrede des Mose an das Volk noch hervorheben soll. Mose tritt nicht nur selbstsicher, sondern überheblich auf!
⁴M.Noth, Num, 129 hat die These vertreten, daß der Ausdruck בם auf das gespendete Wasser referiert und nicht -wie allgemein angenommen- auf die vorher genannten Israeliten. Dies widerspricht jedoch der Regel, daß eine Proform auf den zuletzt genannten grammatisch kongruenten Ausdruck referiert (vgl. R.Beaugrande/W.Dressler, Textlinguistik, 70 und G.W.Coats, Rebellion, 76). Auch in Ez 20,41; 28,22.25; 39,27 wird קדש-Nifal mit ב konstruiert. In keinem Fall ist das ב instrumental interpretierbar. Vgl. H.Greßmann, Mose, 152, Anm 1; A.Ehrlich, Randglossen 2, 187.
⁵In der Literatur wird zum Teil diskutiert, ob die Texteinheit erst mit Vers 2 beginnt. So neuerdings wieder U.Struppe, Herrlichkeit Jahwes, 183. Allerdings gesteht auch U.Struppe zu, daß die Fügung wᵉ-x-qatal V 2 dem V 1 als Nebenumstand zuordnet. Zudem ist V 2 mit V 1 durch lexikalische Rekurrenz (עדה) und durch den Artikel vor עדה verknüpft. Der Artikel macht deutlich, daß die Gemeinde bereits aus dem Vorgängerkontext bekannt ist. Auch kann erzählerisch kaum auf die Ortsangabe verzichtet werden. Der Vergleich mit Ex 15 und Ex 17 wird zudem zeigen, daß die Ortsangabe als wichtiges Element zum Textmuster gehört.

haltenden Mangelzustand, der im Fortgang der Erzählung (V 11) dann behoben werden soll. Auffälligerweise enthält die Zeitangabe keine Jahresangabe.6

(2) Das Murren der Israeliten (Num 20,2b-5)
Mit dem Lexem קהל-Nifal beginnt der nächste Abschnitt. Er enthält den Murrvorwurf der Israeliten an Mose und Aaron in direkter Rede. Er beginnt mit dem irrealen Wunsch, doch zusammen mit den Brüdern vor Jahwe gestorben zu sein. Hier wird der Tod zu einem früheren Zeitpunkt dem Tod zum jetzigen Zeitpunkt gegenübergestellt, wobei nicht ganz klar ist, an welchen früheren Tod gedacht ist. Jedenfalls wäre ersterer wenigstens "vor Jahwe" geschehen, während der jetzt bevorstehende Tod "in der Wüste" geschieht, anscheinend also nicht "vor Jahwe". An den irrealen Wunsch schließen sich zwei vorwurfsvolle Fragen an. Beide weisen darauf hin, daß der Auszug aus Ägypten definitiv in der "Todeszone" Wüste an sein Ende gekommen sei und damit die Sinnlosigkeit des Auszugs vor aller Augen liegt.

In der ersten Frage bezeichnet sich die Gemeinde als קהל יהוה. "Dieser feierliche Ausdruck, der durch die Darstellung des Deuteronomiums an den Bundesschluß am Sinai geknüpft war, soll hier den überschwenglichen Wert des Volkes unterstreichen, das Jahwes Aufgebot und damit Jahwes Eigentum geworden war. Wie kommt ein Mose dazu, Jahwes Aufgebot dem sicheren Tode entgegenzuführen?"7 Dieses Zitat von L.Rost beleuchtet in schöner Weise, daß sich das Volk von der Konzeption des deuteronomischen Qahal-Begriffs her versteht. Es fällt jedoch auf, daß die Gemeinde nur nach ihrer eigenen (anmaßenden) Meinung קהל יהוה ist, im Munde Jahwes ist sie עדה (V 8) oder -abschätzig!- הקהל הזה. Der vom Deuteronomiker theologisch so gefüllte Begriff wird bei P für Israel vermieden, außer daß Israel ihn sich selbst zulegt, um seinem Vorwurf gegen Mose Nachdruck zu verleihen. Hier dürfte

---

6Viele Kommentatoren meinen deshalb, daß hinter הראשון die Jahresangabe ausgefallen sei (vgl. etwa Num 9,1; 10,11); z.B. B.Baentsch, Ex-Num, 566f; H.Holzinger, Num, 82; M.Noth, Num, 127; Th.Nöldeke, Grundschrift, 83; C.H.Cornill, Beiträge, 22. Doch könnte auch bewußt auf eine Jahresangabe verzichtet worden sein. Dies wäre insbesondere dann sinnvoll, wenn auf einen jährlich wiederkehrenden kultischen Anlaß hingewiesen werden sollte; etwa auf das Passah, das nach Ex 12,2 und Num 9,5 im ersten Monat gefeiert werden sollte und dem Gedenken an den Auszug gewidmet war. Ergänzt man eine Jahreszahl, dann hat sicher das 40.Jahr die größere Wahrscheinlichkeit für sich; so C.F.Keil, Num, 273; J.Kroeker, Israel, 140; J.Wellhausen, Composition, 107; H.Holzinger, Num, 84; B.Baentsch, Ex-Num, 566. Der stärkste Hinweis ist zweifellos in Num 33,38 gegeben, wonach Aaron im vierzigsten Jahr gestorben ist. Da zwischen Num 20,1-13 und Num 20,22-29 keine große zeitliche Differenz zu liegen scheint, kann man so auf Num 20,1-13 zurückschließen. Auch die Bemerkung in Vers 1aß, daß sich das Volk nun bleibend niederließ (ישב) könnte darauf hinweisen, daß die Zeit der ziellosen Wanderschaft, des Umherirrens nun beendet ist (so auch B.Baentsch, Ex-Num, 567; vgl. P.Buis, Conflits, 266). Schließlich spricht die Ortsangabe Kadesch dafür, daß Israel nun -nach Abbüssung der Strafe- an den Ausgangsort der Kundschafteraussendung (Num 13,26) zurückkehrt. Steht Mose also einer neuen Generation gegenüber? Allerdings steht diese Datierung in Spannung zu Num 26,65. Erst dort wird ausdrücklich Num 14,29-35 zitiert und somit die Strafzeit definitiv für beendet erklärt. Womöglich enthält der Endtext verschiedene Konzeptionen vom Ende der Strafzeit relativ unausgeglichen nebeneinander.
7L.Rost, Vorstufen für Kirche, 19.

sich geradezu eine gewisse Polemik gegen den deuteronomischen Qahal-Begriff ausdrücken.[8]

(3) Mose und Aaron am Begegnungszelt (Num 20,6-9)
Durch Subjektswechsel und vor allem durch die Ortsveränderung ist der Beginn des nächsten Abschnitts markiert. Mose und Aaron verlassen die Versammlung, um sich an Jahwe zu wenden. Sie werfen sich dazu am Eingang des Begegnungszeltes nieder. Daß Mose und Aaron die Gemeinde verlassen, ist in anderen Murrerzählungen nicht belegt. Was besagt sie? Ist die Hinwendung zum Zelt und das stumme Niederfallen ein stillschweigendes Einverständnis mit der Haltung der murrenden Gemeinde?[9] Oder war es eine Flucht? Wenn es eine Flucht war, geschah sie dann, um am Heiligtum Schutz zu suchen?[10] Oder geschah sie, um sich der Führungsverantwortung gegenüber dem Volk zu entziehen?[11]

Die Erzählung ist an dieser Stelle so knapp, daß wohl alle Deutungen in gewissem Maß möglich bleiben. Hier kann man nur Wahrscheinlichkeiten gegeneinander abwägen. Meines Erachtens ist von zweierlei auszugehen. *Zum einen* davon, daß das Niederfallen wie in Num 14,5 ein Bittgestus ist, der Jahwe zum Eingreifen auffordert.[12] *Zum zweiten* ist zu betonen, daß Mose und Aaron in V 8 noch in keiner Weise kritisiert werden, sondern erst in V 12. Ein Vergehen der beiden vor Num 20,8 scheint daher höchst unwahrscheinlich. Das Erscheinen des KABOD nur an Mose und Aaron, während er sonst immer der ganzen Gemeinde erscheint, setzt vielmehr allein diese beiden in's Recht. Kann man dem soweit zustimmen, dann fragt sich, ob sich nicht umgekehrt eine Kritik an der Gemeinde darin ausdrückt, daß Mose und Aaron sich ausdrücklich von ihr distanzieren müssen, um zum Begegnungszelt zu gelangen und die Nähe Jahwes erfahren zu können. Was ist eine Gemeinde, deren selbstverständlicher Mittelpunkt nicht mehr das Begegnungszelt ist? Diese "Ansammlung", die sich gegen ihre von Gott legitimierten Vertreter aus eigenem Antrieb versammelt hat, hat sich von Jahwe entfernt. F.Kohata ist zuzustimmen: Daß Mose und Aaron die Gemeinde verlassen, "bedeutet nicht nur die örtliche Trennung, sondern auch die Herabsetzung der Versammlung, denn durch die örtliche Trennung kommt es dazu, daß das Volk von der Erscheinung der Herrlichkeit

---

[8] Einen bewußt antideuteronomischen Sprachgebrauch von P hat auch Th.W.Mann, Theological Reflections on the Denial of Moses, 483-485 herausgearbeitet. Ich vermute (freilich ohne weiteren Rückhalt im Text), daß P hier gegen Tendenzen polemisiert, die unter Berufung auf das Dtn die Machtfülle traditioneller Führungsämter beschneiden wollten (man vergleiche nur die Beschneidung der Aufgaben des Königs nach Dtn 17,14-20).

[9] So sieht es E.Ruprecht, Mannawunder, 285 Anm 38. Er übersieht jedoch zweierlei: Zum einen kann er nicht erklären, wieso Mose und Aaron die Gemeinde verlassen, denn auch in Num 14,5 geschieht das Niederfallen von Mose und Aaron in Anwesenheit der Gemeinde, zum anderen ist der Gestus des Niederfallens nicht als Klage-, sondern -wie in Num 14,5- als Bittgestus anzusehen.

[10] C.Westermann, Herrlichkeit Gottes, 131. Gegen diese These spricht, daß sich weder eine akute Gefahr findet, die an eine Flucht denken ließe, noch scheint die Gestik des Niederfallens auf das Gesicht mit der Asylfunktion des Heiligtums etwas zu tun zu haben.

[11] U.Struppe, Herrlichkeit Jahwes, 210f.

[12] So zu Recht U.Struppe, Herrlichkeit Jahwes, 210.

Jahwes ausgeschlossen ist, und daß es kein Zeuge für den Empfang des Gotteswortes durch Mose sein darf. Der Verfasser der dritten Stufe ist der Meinung, daß das Volk, das sich für קהל יהוה hält, und das gegen Mose und Aaron wegen ihrer Führung einen Vorwurf macht, in Wirklichkeit entfernt von Jahwe steht."[13] Diese Deutung läßt sich noch etwas verstärken, wenn man die Rede Jahwes in V 8 genauer betrachtet.

Jahwe erteilt Mose den Befehl, wie er dem in V 2a dargestellten Mangel abhelfen soll. Scheinbar wird keine Kritik an der Gemeinde laut, ja, Jahwe scheint auf das Murren der Gemeinde gar keinen weiteren Bezug zu nehmen. Eine lexikalische Rekurrenz markiert nun aber doch die Kritik an der Gemeinde, wie U.Struppe schön herausgestellt hat: "Das eigenmächtige Versammeln der Gemeinde (N-Stamm) verheißt nichts Gutes. Im Auftrag Jahwes von Mose und Aaron versammelt zu werden, ist der Auftakt der Rettung (8b.10a)."[14] Jahwe befiehlt Mose, die Gemeinde zu versammeln. Dies steht in auffallender Opposition dazu, daß sich die Gemeinde bereits selbst versammelt hat (V 2b). Dies kann nur bedeuten, daß die Gemeinde, die sich selbst versammelt, noch dazu gegen ihre legitimen Führer, von Gott nicht als Gemeinde anerkannt wird.[15] Erst wenn sich die Gemeinde von ihren Führern versammeln läßt, ist der Boden für die rettende Wassergabe bereitet.

Auffallend ist, daß Israel wohl von Jahwe kritisiert wird, aber keine Bestrafung folgt, sondern an Mose der Befehl zur Beseitigung des Mangels ergeht. Warum wird Israel für sein Murren nicht bestraft?

Die vielleicht naheliegendste Antwort auf diese Frage hat E.Ruprecht gegeben. Er verweist auf die elementare Not des Verdurstens, die den Grund für das Murren gibt. Der "revoltierende Aufschrei aus äußerster kreatürlicher Not" wird eben nicht bestraft.[16] Mit diesem Notschrei weiß sich Jahwe vielmehr solidarisch. Nun ist aber nicht zu übersehen, daß der Murrvorwurf noch wesentlich mehr Elemente enthält als nur einen Notschrei. Ruprecht weist selbst darauf hin, daß mit dem Notschrei auch die Bestreitung der Legitimität der Führung Moses und der Hinweis auf die Sinnlosigkeit des Auszugs verbunden ist. Zudem geht es in dem Murrvorwurf nicht nur um Wasser, sondern auch um die wichtigsten Kulturlandgüter (V 5). Weder liegt also äußerste kreatürliche Not vor, noch solidarisiert sich Jahwe mit den Murrenden, wie seine Kritik an der anmaßenden Selbstbezeichnung als קהל יהוה zeigt.

Eine zweite Deutungsmöglichkeit könnte davon ausgehen, daß in Num 20,1-13 das Thema der Strafe ja nicht fehlt, nur werden nicht die Israeliten, sondern Mose und Aaron bestraft. Könnte es nicht sein, daß die Bestrafung von Mose und Aaron in vermittelter Weise auch Israel trifft?[17] Worin die Bestrafung der Israeliten dann läge, ist leicht zu sehen: Sie verlieren

---

[13] F.Kohata, Num 20, 25.
[14] U.Struppe, Herrlichkeit Jahwes, 199.
[15] U.Struppe, Herrlichkeit Jahwes, 206: "eine von den geistlichen Autoritäten dem Wort Jahwes gemäß versammelte qahal darf mit der rettenden Nähe Gottes rechnen. Eigenmächtige (N-Stamm) 'Ansammlungen' hingegen sind -bestenfalls!- neutral."
[16] E.Ruprecht, Mannawunder, 282f.
[17] Ähnlich auch G.W.Coats, Rebellion, 80; dagegen N.Lohfink, Ursünden, 54 Anm 57.

ihre Führer Mose und Aaron. Israel wird ohne sie in das Land einmarschieren müssen. Zwar kümmert sich Jahwe selbst um Nachfolger, die das Amt von Mose und Aaron weiterführen (vgl. Num 20,22-29; 27,12-23), aber die Führer der ersten grundlegenden Urzeit Israels überragen doch bei weitem ihre späteren Nachfolger (vgl. Dtn 34,10-12).[18]

(4) Die Wassergabe (Num 20,10-11)
Der Beginn dieses Abschnitts ist ebenfalls wieder durch einen Ortswechsel markiert.[19] Zudem kommen die Israeliten wieder in den Blick. Während V 9 noch in der Abgeschiedenheit von aller Öffentlichkeit "vor Jahwe" spielt, wird dies mit V 10 anders. War Mose in V 9 allein aktiv, so versammeln nun Mose und Aaron zusammen die Gemeinde vor dem Felsen. Auch diese Szene beginnt wieder mit dem Lexem קהל, diesmal jedoch im Hifil. Zur "Selbstversammlung" der Gemeinde wird nun die durch die Amtsautoritäten einberufene Versammlung in Opposition gesetzt. Die Szene endet mit der Auflösung der Eingangsspannung: Das überreichlich strömende Wasser beseitigt die eingangs (Num 20,2a) festgestellte Notlage. Die Erzählung kommt damit an einen deutlichen Einschnittpunkt, der sogar ein Schluß sein könnte.

(5) Die Verurteilung von Mose und Aaron (Num 20,12)
Ganz unvermittelt und ohne vorherigen Ortswechsel setzt der letzte Abschnitt ein.[20] Ganz plötzlich spricht Jahwe in direkter Rede. Der Erzähler legt keinen Wert darauf, das erneute Eingreifen Jahwes in der Zeit- und Raumstruktur dieser Erzählung zu verorten. Die Rede Jahwes ist ähnlich aufgebaut wie ein prophetisches Gerichtswort an Einzelne. Mit יען wird die Feststellung des Tatbestandes eingeleitet, mit לכן die dem gemäße Strafe angekündigt.[21] Die Formulierung der Strafe bezieht sich durch lexikalische Rekurrenz auf den Vorwurf der Israeliten in V 4 zurück.

---

[18]In der Komposition des Endtextes ist sehr wahrscheinlich die unmittelbar folgende Erzählung Num 20,14-21 als Bestrafung Israels gemeint. Erneut wird Israel nämlich durch die Armee Edoms vom Weg in das zugesagte Land (Num 20,12) abgehalten (Num 20,20) und dadurch zu einem längeren Wüstenaufenthalt gezwungen.
[19]Diese Szenenabgrenzung hat ihre Problematik lediglich darin, daß sie den Szeneneinschnitt inmitten der Befehlsausführung ansetzt. Dies ist m.E. jedoch auf Grund der anderen erzählstrukturellen Beobachtungen zu rechtfertigen. Man kann V 9 vielleicht als einen Überleitungsvers ansprechen.
[20]Daß Jahwe eingreift, nachdem die Erzählungsspannung schon gelöst wurde, ist auch in anderen Erzählungen zu beobachten. Vergleiche etwa Gen 12,10-20. Auch dort scheint mit 12,16 die Eingangsspannung gelöst. Der Plan Abrahams ist aufgegangen. Hinfort hat er nicht nur keinen Hunger mehr, sondern ist überdies wohlhabend geworden. Plötzlich und ohne Angabe von Umständen greift in 12,17 Jahwe ein. Jahwe kann sich beim scheinbaren Endzustand nicht beruhigen, weil dieser seinem Rechtswillen widerspricht. Ähnlich aufgebaut ist 1 Kön 21. In V 16 scheint die Eingangsspannung gelöst: Ahab ist im Besitz von Nabots Weinberg, der Plan gelungen. Dies jedoch ist ein Unrechtszustand, und deshalb ergeht plötzlich und ohne Angabe von Umständen das Wort Jahwes an Elija, mit dem Inhalt, dem Schuldiggewordenen die Strafe Gottes anzusagen.
[21]Vgl. C.Westermann, Grundformen prophetischer Rede, 106f. Da Jahwe selbst spricht, fehlt natürlich die Botenformel, die ohnehin nicht in allen Fällen steht.

V 4: למה הבאתם את קהל יהוה
V 12: לא תביאו את קהל הזה

Dieser Rückbezug ist nicht ohne Ironie: Mose und Aaron haben sich verfehlt, ihnen wird das Amt der Führung Israels entzogen. Scheinbar gibt Jahwe damit dem Vorwurf Israels recht, aber zugleich wird die anmaßende Selbstbezeichnung Israels als קהל יהוה kritisiert. In den Augen Jahwes ist Israel nur קהל הזה, was eine abschätzige Konnotation mit sich führt.[22] Die Verfehlung von Mose und Aaron wird von Jahwe klar benannt, gleichwohl ist es für den Leser gar nicht einfach, die Verfehlung zu identifizieren. Der "Befehl Gottes wird glatt befolgt, -wo bleibt da eine Versündigung, ein Widerstreben gegen einen göttlichen Befehl (v.24)?"[23]

Bemüht man sich, zunächst einmal das Sichere festzustellen, so läßt sich von V 12 aus jedenfalls soviel sagen: Zum einen, daß sich Mose *und* Aaron an Jahwe vergangen haben. Zum zweiten, daß der Unglaube der beiden darin manifest wurde, daß sie es unterließen, Jahwe vor den Augen der Israeliten zu heiligen. Das Lexem קדש begegnet auch in dem Rückverweis Num 27,14.

Die deutlichsten Parallelen zum hiesigen Sprachgebrauch von קדש finden sich bei Ezechiel. Bei Ez findet sich der reflexive Gebrauch von קדש (Nifal und Hitpael). Besonders fällt auf, daß der Ausdruck לעיני in Verbindung mit קדש bei Ezechiel ebenfalls begegnet: Ez 20,41; 28,25; 36,23; 38,16.23; 39,27. Dort sind es die Völker, die Zeugen des Geschichtshandelns Jahwes werden und darüber zur Erkenntnis kommen sollen (regelmäßig begegnet in diesem Zusammenhang die Erkenntnisformel), hier in Num 20 sind es die Israeliten. Bei Ezechiel finden sich jedoch keine vermittelnden Gestalten. Immer ist es Jahwe ausschließlich selbst, der in der Geschichte handelt und sich so als heilig erweist. Num 20 nun kennt solche Mittlergestalten, nämlich Mose und Aaron. Diese haben aber die Aufgabe, gerade Jahwe in seinem Handeln deutlich zu

---

[22] Diese Formulierung erinnert an den Ausdruck העדה הרעה הזאת (Num 14,27.35), so wie "an die in Prophetenworten öfter belegte Wendung 'dieses Volk da', die gegenüber der werbenden, gemeinschaftsbezogenen Anrede 'mein Volk' Distanz wahrt." So zutreffend W.H.Schmidt, Nachwirkungen, 372 und Anm 11.

[23] H.Holzinger, Num, 82-83. Ähnlich ratlos zeigt sich etwa W.Rudolph, Elohist, 84, der meint, "daß man im jetzigen Text nicht klar sieht, worin eigentlich der Unglaube ... Moses und Aarons besteht." J.Milgrom, Magic, 251-252 zählt elf in der Exegese vertretene Möglichkeiten auf, worin die Verfehlung des Mose sich habe sei. Eine radikale Lösung dieses Problems der Erzählung hat C.H.Cornill, Beiträge, 27-29 vorgeschlagen. Er hat mittels Umstellungen und phantasievollen Eintragungen folgenden Erzählablauf erschlossen, den dann R[P] verstümmelt habe: Mose und Aaron bekommen den Auftrag, zum Felsen zu reden, damit er Wasser gebe; aber sie antworten Jahwe mit der zweifelnden Frage von V 10bβ; daraufhin tadelt Jahwe ihren Unglauben, wobei er sie als המרים anredet; Jahwe verändert den ursprünglichen Auftrag dahingehend, daß er "um des Unglaubens der beiden Brüder willen nun das Schlagen mit dem Stabe an Stelle des blossen Redens" setzt (kursiv getilgt; AS). An diesen Erzählzusammenhang schließen sich die Verse 9.10a und 11 glatt an. Diese Lösung hat zwar den Vorteil, problemlos mit den Rückverweisen auf Num 20,1-13 in Num 20,24b; 27,14 (vgl. Dtn 32,51) vereinbar zu sein, erfordert aber so massive und phantasievolle Eingriffe in den masoretischen Text, daß sie neuerdings mit Recht keine Zustimmung mehr gefunden hat. Ähnlich verzweifelte Rekonstruktionsversuche finden sich bei Th.Nöldeke, Grundschrift, 84; H.Holzinger, Num, 83; B.Baentsch, Ex-Num, 568.

machen. Jahwes Subjektsein soll auch im Handeln der Mittler unbedingt herausgestellt werden. Auf dem Hintergrund des Sprachgebrauchs bei Ezechiel leuchtet der unbedingte Ernst ein, mit dem in Num 20 daran festgehalten wird, daß die Mittler in ihrem Verhalten letztlich Jahwe verpflichtet sind. Gerade darin versagen Mose und Aaron anscheinend als Führer, daß sie nicht deutlich genug Jahwes Handeln in der Geschichte herausstellen, so daß das Volk zur Erkenntnis käme.[24]

Wo kommt aber die Führungsaufgabe von Mose und Aaron am deutlichsten zum Ausdruck? Doch wohl da, wo insbesondere Mose als Vollstrecker des Gotteswortes agieren soll. Nämlich in der Ausführung des göttlichen Befehls. Diese Vermutung wird von der Kohäsionsstruktur der Erzählung her deutlich unterstützt. Denn die deutlichsten wörtlichen Übereinstimmungen bestehen zwischen dem Befehl Jahwes und der Ausführung des Befehls durch Mose und Aaron. Sieht man genauer hin, so zeigt sich, daß Mose in V.10 [25] gravierend vom Befehl Jahwes abweicht, den er ansonsten streng ausführt.[26]

Zunächst ist überhaupt verwunderlich, daß der Erzähler die Befehlsausführung so ausführlich erzählt. Ein einfaches "und Mose tat so" hätte gereicht, wie ein Vergleich mit Ex 17,6b deutlich belegt. Der Erzähler will also gerade mit der Art und Weise, *wie* er die Befehlsausführung schildert, etwas besonders deutlich machen. Widmen wir uns daher dem Vergleich von Befehl und Befehlsausführung im Einzelnen.

8a: קח את המטה

9: ויקח משה את המטה מלפני יהוה

Wie auch durch die Erzählernotiz in 9b klargestellt wird, entsprechen sich in diesem Punkt Befehl und Befehlsausführung vollständig.[27]

---

[24]Auch E.Arden, How Moses, 52 unterstellt, daß Jahwe will, daß die Israeliten ihn erkennen.

[25]In Num 20,10 vermuten auch G.von Rad, Priesterschrift, 118; G.W.Coats, Rebellion, 80 und N.Lohfink, Ursünden, 55 Anm 58 das entscheidende Vergehen Moses. Lohfink argumentiert, daß nach V 12 Mose und Aaron zusammen schuldig sind. "Nun gibt es aber in Num 20 Pg keine in Frage kommenden gemeinsamen Aktionen von Mose und Aaron außer der Versammlung des Volkes vor dem Felsen und den Worten Moses. Die Worte werden zwar von Mose allein gesprochen, aber er spricht sie, indem er 'wir' sagt, in beider Namen, auch im Namen Aarons." (ebd.) Wieder etwas anders interpretiert E.Arden, How Moses, 52 die Frage 10b. Er sieht in dem "wir" nicht Mose und Aaron, sondern Mose und Jahwe verbunden, so daß Mose gleichsam das göttliche Ich vereinnahmt.

[26]So auch M.Noth, Num, 129, der hypothetische Verbesserungen des überlieferten Wortlautes im Sinne der Angleichung von Befehl und Befehlsausführung als "reine Willkür" abweist; vgl. U.Struppe, Herrlichkeit Jahwes, 201. Eine Harmonisierung versucht z.B. F.Kohata, Num, 23, die die kleinen Differenzen zwischen Befehl und Ausführung durch Rekonstruktion beseitigen will.

[27]Der Artikel vor מטה in Num 20,8a ist als textexterne Deixis zu verstehen. Jahwe zeigt gleichsam auf den vor ihm liegenden Stab. Es ist deshalb ganz präzise, wenn der Erzähler bei der Befehlsausführung hinzufügt, daß Mose den Stab nahm, der "vor Jahwe" lag.

8a:	והקהל את העדה אתה ואהרן אחיך
10a:	ויקהלו משה ואהרן את הקהל אל פני הסלע
8a:	ודברתם אל הסלע לעיניהם ונתן מימיו
10b:	ויאמר להם ... המן־הסלע הזה נוציא לכם מים
8b:	והוצאת להם מים מן־הסלע
11b:	ויצאו מים רבים
8b:	והשקית את־העדה ואת־בעירם
11b:	ותשת העדה ובעירם

Dazu hat U.Struppe sehr schön folgendes bemerkt: "Es gibt einen wesentlichen Unterschied zwischen 8e-f (10a) und 11c.d, nämlich den Wechsel vom H-Stamm zum G-Stamm. ... Mose und Aaron hätten 'Mittler' (H-Stamm) dieses Rettungshandelns Gottes werden sollen, haben sich aber diesem Auftrag verweigert."[28] Es zeigt sich, daß die lexikalischen Rekurrenzen außerordentlich hoch sind. Auf den ersten Blick kann man deshalb versucht sein, Mose eine präzise Erfüllung des Befehls zu bescheinigen. Sogar der Wechsel der agierenden Personen von Mose allein zu Mose und Aaron zusammen folgt dem Befehl. Nur für die Versammlung der Gemeinde und das daraufhin erfolgende Wort an den Felsen ist auch Aaron erforderlich. Den Rest soll Mose allein tun. Genau so wird der Befehl auch ausgeführt. Noch V 10a entspricht völlig dem Befehl. Um zu dem Felsen vor den Augen der Israeliten sprechen zu können, müssen die Israeliten erst einmal vor dem von Jahwe mittels Deixis bezeichneten Felsen versammelt werden.[29] Dann redet aber Mose statt zum Felsen, zu den Israeliten. Damit beginnen die entscheidenden Abweichungen.

Zum einen wendet sich Mose mit einer schroff tadelnden Anrede an die Israeliten. Dies ist offensichtlich eine Reaktion Moses auf den Murrvorwurf des Volkes. Diese tadelnde Anrede fällt sehr hart aus [30], ist aber gleichwohl in keiner Weise durch den Befehl Jahwes gedeckt, sie ist von Mose in eigenem Interesse gesprochen, um seine Sonderstellung gegenüber dem Volk einzuschärfen.[31]

Zum anderen formuliert Mose eine Frage. Diese ist nun in der Tat schwierig zu interpretieren. Zumeist wird diese Frage als eine zweifelnde

---

[28] U.Struppe, Herrlichkeit Jahwes, 202.
[29] Es fragt sich, ob der Lexemwechsel von עדה zu קהל in der Befehlsausführung etwas besagt. Meine Vermutung ist, daß bereits dieser Lexemwechsel vom Erzähler bewußt gesetzt ist. Der Erzähler erzählt aus der Perspektive der Figuren! So ist für Jahwe die von Mose versammelte Gemeinde die עדה, Mose schließt sich der Perspektive Jahwes jedoch nicht an. Er versammelt die קהל.
[30] W.H.Schmidt, Nachwirkungen, 372, meint mit Verweis auf Jes 1,10; Jer 5,21; 4,17 u.a., daß Mose hier "im Stil der Propheten" das Volk anrede. Wenn diese Vermutung richtig ist, würde dem V 12 dann ironisch entsprechen: Den sich selbst zum Propheten aufspielenden Mose trifft das prophetische Gerichtswort Jahwes.
[31] Darauf hat besonders E.Arden, How Moses, 52 hingewiesen.

interpretiert.³² Dies wird wohl von V 12 her suggeriert. Dort heißt es ja, daß Mose und Aaron nicht geglaubt haben. Wird Unglaube dann mit Zweifel gleichgesetzt, so muß die Frage in 10b als ungläubiger Zweifel interpretiert werden. Diese Interpretation stößt jedoch auf Schwierigkeiten. Die Anrede Moses an die Israeliten weist in keiner Weise auf eine zweifelnde Frage. Die heftige Anrede an die Versammelten ³³ stellt *deren* Unrecht deutlich heraus und läßt nichts von einem Selbstzweifel erkennen.³⁴ Deshalb wird man die Frage Moses eher als rhetorische Frage interpretieren müssen, die nicht Zweifel, sondern selbstsichere Überheblichkeit ausdrückt. Durch die Frage נוציא (1.Pers.Pl.) stellen sich Mose und Aaron selbst in den Mittelpunkt, als ob sie diejenigen seien, die das Wunder vollbringen. Sie verstellen damit für das Volk den Blick auf Jahwe, der das Wunder eigentlich vollbringt.³⁵ F.Kohata deutet dies in schöner, vielleicht etwas überspitzter Weise als "religiösen Eifer".³⁶

Die Frage ist jedenfalls so aufgebaut, daß der Verweis auf den Felsen in betonter Erstposition steht. Mose verweist vor aller Augen auf den Felsen, den Inbegriff lebensfeindlicher Starrheit, auf dem nichts wächst, der nicht einmal einer Pflanze Leben gewährt. Aus diesem Fels werden *sie* lebenspendendes Wasser fließen lassen. Das Hifil von יצא ist beibehalten. Hatte nicht Jahwe in seinem Befehl Mose ausdrücklich dazu ermächtigt, daß dieser das Wasser fließen lassen wird (והוצאת 2.Pers. Sing!)? Und trotzdem ist diese Frage eine Verfehlung gegenüber dem Befehl Jahwes. Dies muß doch wohl so interpretiert werden, daß Mose zwar der Ausübende des Wunders sein soll, und daß er dadurch auch sich vor dem murrenden Volk als von Jahwe autorisierter Führer legitimieren soll, daß dies aber Mose kein Recht gibt, sich selbst in den Vordergrund zu rücken. Er ist nur dadurch und solange legitimer Vertreter Jahwes gegenüber dem Volk, solange und insofern er sich von Jahwe selbst unterscheidet, solange er in seinem Reden und Handeln bezeugt, daß eigentlich Jahwe selbst der Handelnde ist. Mose hätte sagen sollen יוציא.³⁷ Eine große erzählerische Leistung von P besteht darin, durch die nur minimalen Abweichungen zwischen dem Befehl Jahwes und dessen Ausführung durch Mose und Aaron, herausgearbeitet zu haben, wie beinahe unmerklich sich Mose und Aaron langsam selbst in den Vordergrund schieben, ihre eigene Machtfülle betonen, und dadurch den Blick auf Jahwe verstellen.

---

[32] A.Dillmann, Num, 113: "Nach dem jetzigen Text muss die Frage, ..., als eine Frage der Unsicherheit u. des Zweifels, also als Zeichen des Mangels an fester Glaubenszuversicht auf das Wort Gottes (V.12) aufgefasst werden, doppelt tadelnswerth, weil der ungläubigen Gemeinde gegenüber ausgesprochen (Ps 106,33)." Ähnlich auch M.Noth, Num, 129; B.Baentsch, Ex-Num, 568; N.Lohfink, Ursünden, 55; P.Heinisch, Num, 78; U.Struppe, Herrlichkeit Jahwes, 201.

[33] Nach B.Baentsch, Ex-Num, 569 kommt die Partikel נא innerhalb von P nur an dieser Stelle vor.

[34] So schon H.Holzinger, Num, 85. Ähnlich W.Rudolph, Elohist, 85.

[35] J.Milgrom, Magic, 257f hat hierauf mit Recht besonderes Gewicht gelegt.

[36] F.Kohata, Num 20, 14f: "Der Verfasser nimmt wohl im Zorn Moses die Problematik des religiösen Eifers wahr. Der Eifer, mit dem Mose den Befehl Jahwes durchführen will, treibt ihn dazu, zornig das Volk anzusprechen." Ähnlich E.Arden, How Moses, 52.

[37] Damit folge ich der Interpretation von J.Milgrom, Magic, 257f, der auf einige Vorläufer verweisen kann und diese These auch noch eindrücklich religionsgeschichtlich untermauert hat.

Die Deutung, daß Mose und Aaron sich einer Überheblichkeit im Amt zu schulden kommen lassen, die zwar ihre Person, aber nicht Jahwe in den Vordergrund des Geschehens rückt, läßt sich noch ein Stück weiter vertiefen. So greift Mose nach seiner überheblichen Frage an Israel zum Stab und schlägt gleich zweimal zu. Auch dies ist nicht durch den Befehl Jahwes gedeckt. H.Holzinger interpretiert den Sinn der Endredaktion (R) so: "Der 'Unglaube' Moses (und Aarons) besteht vermutlich, immer nach der Meinung von R, darin, dass Mose statt mit dem Stab in der Hand zu dem Felsen zu reden, den Stab zum Schlagen benützt, also das Wunder, statt es der unmittelbaren Wirkung Gottes zu überlassen, sich selbst durch das Wundermedium sichert."[38] Diese Deutung dürfte viel für sich haben. Mose verstellt auch darin den Blick auf Jahwe und setzt sich selbst in den Vordergrund, daß er mit dem Stab zuschlägt, anstatt sich ganz auf die Wirksamkeit des gesprochenen Wortes zu verlassen. Trotz der Verfehlung von Mose fließt (Qal) das Wasser, aber eben nicht mehr von Mose und Aaron hervorgebracht (Hifil).[39]

Der genaue Vergleich zwischen dem Befehl Jahwes und seiner Ausführung durch Mose und Aaron zeigt, daß Mose und Aaron den Befehl Jahwes nicht korrekt ausgeführt haben. Diese Unkorrektheit ist jedoch nicht das eigentliche Problem. Das besteht vielmehr in der Einstellung Moses und Aarons, die in dieser Unkorrektheit manifest wird. Mose und Aaron mißverstehen anscheinend ihre Führungsaufgabe. Wohl ist die Legitimität ihrer Führung durch das Erscheinen des KABOD erneut erwiesen, daraus leitet sich jedoch keine selbstherrlich zu gebrauchende Machtfülle ab, sondern die Verantwortung gegenüber den Geführten, diese auf Jahwe hinzuweisen. Führer, die sich nicht mehr ausschließlich Jahwe verpflichtet wissen, sondern damit oder daneben das Interesse verfolgen, sich selbst in den Mittelpunkt zu schieben, machen sich als legitime Führer Jahwes unmöglich. Eine solche Haltung kann als Unglauben der Führer bestimmt werden. Vielleicht greift der Text hier auf Jes 7,9 zurück.[40] Auch dort ist Glaube gerade vom legitimen Führer gefordert. Der Glaube erscheint sowohl in Jes 7 als auch in Num 20 als das Normale, das Selbstverständliche, als etwas, das jeden, der Führungsaufgaben wahrnimmt, prägen sollte. Und es wird hier wie dort mit einem Unterton des Erschreckens registriert, daß Menschen dieses selbstverständliche Vertrauen auf Gott nicht aufbringen können.

(6) Erklärung des Ortsnamens (Num 20,13)
V 13 bildet dann die abschließende Schlußnotiz der Erzählung, der Rahmen der Erzählung wird damit geschlossen. Auch syntaktisch ist der Nominalsatz in V 13a deutlich aus der Folge von *wayyiqtol*-Formen herausgehoben. Die Erzählung ist nun endgültig an ihr Ende gekommen. Es ist die Frage, ob dieser Vers tatsächlich die Sinnspitze dieses Textes zum Ausdruck bringt, wie man dies erwarten würde. Dies scheint nicht der Fall zu sein, da von einem Handeln Jahwes an den Israeliten nicht die Rede zu sein scheint, sondern nur von einem solchen gegenüber Mose und Aaron. Auf die Ungewöhnlichkeit der Formulie-

---

[38] H.Holzinger, Num, 85.
[39] U.Struppe, Herrlichkeit Jahwes, 202.
[40] So die ansprechende Vermutung von W.H.Schmidt, Nachwirkungen, 372 Anm 10.

rung hat schon H.Holzinger hingewiesen: "Nach v.12 soll Gottes Herrlichkeit dargestellt werden durch etwas, was nicht unmittelbar am Volk, sondern an dem Felsen geschieht, statt בם müsste stehen לעיניהם (vgl. z.B. Hes 28,25)."[41] Nun könnte man jedoch überlegen, ob sich Jahwe nicht über Mose und Aaron in vermittelter Weise an Israel als heilig erweist. Dies scheint um so mehr angebracht, als das Suffix der 3.Pers.Pl. sowohl auf Israel als auch auf Mose und Aaron referieren kann. So hat Raschi folgende Deutung vorgeschlagen: "denn, wenn der Heilige, gelobt sei Er, an dem Ihm Geheiligten Gericht vollzieht, wird Er von den Menschen gefürchtet und geheiligt".[42] Dies würde bedeuten, daß sich zwar Jahwe primär an Mose und Aaron als heilig erweist, daß das eigentliche Objekt aber Israel ist.

2.2.2. Vergleich von Ex 17,1-7 und Num 20,1-13

a) Der gemeinsame Aufbau von Ex 15,22-25a; Ex 17,1-7 und Num 20,1-13
Num 20,1-13 weist deutliche Bezüge zu den Wasserwundererzählungen Ex 15,22-25a und Ex 17,1-7 auf. Die drei Erzählungen sind nach dem gleichen Erzählmuster aufgebaut. Es umfaßt sieben Formelemente, die bis auf einen abweichenden Fall [43] in der gleichen Folge hintereinander stehen. Drei Figuren begegnen konstant in allen drei Erzählungen: Jahwe, die Israeliten und Mose.

(1) WANDERNOTIZ
Die Israeliten gelangen an einen bestimmten, namentlich genannten Ort in der Wüste.[44] Genannt werden Aufbruchsort, Zielort und Zeitpunkt.

(2) WASSERMANGEL
Die erzählerische Spannung wird durch eine kurze Notiz aufgebaut, die den Wassermangel konstatiert.

(3) MURREN DER ISRAELITEN
Das Volk wendet sich
    (a) mit einem Vorwurf an Mose, der
    (b) in jedem Falle den Hinweis darauf beinhaltet, daß das Volk nichts zu trinken hat.

(4) MOSE WENDET SICH AN JAHWE
In Ex 15 und 17 geschieht dies in der Weise, daß Mose an Jahwe als den zuständigen Rechtsbeistand appelliert (צעק), in Num 20 so, daß Mose und Aaron sich zum Begegnungszelt begeben und dort auf ihr Angesicht fallen.

---

[41]H.Holzinger, Num, 85. Zum Sprachgebrauch vgl. Ez 20,41; 28,22.25; 36,23; 38,16; 39,27; vgl. auch Lev 10,3.
[42]Raschi, Pentateuchkommentar, 413.
[43]Das betrifft die Namenserklärung in Ex 15,23.
[44] Dies steht offensichtlich in keinem Fall in Spannung dazu, daß die Erzählung in eine Namenserklärung des betreffenden Ortes der Wasserspendung erst ausmündet.

(5) JAHWE ANTWORTET MOSE
In allen Fällen ist Mose dadurch herausgehoben, daß nur an ihn die göttliche Antwort ergeht. Die Antwort Jahwes umfaßt einen Hinweis darauf, wie Mose dem beklagten Mangel begegnen kann.

(6) MOSE FÜHRT DAS WUNDER AUS
Hier wird in Ex 15 und 17 nur kurz notiert, daß der eingangs (2.Element) notierte Mangel auch wirklich abgestellt wird. Wenn Jahwe die Abstellung des Mangels zusichert, so ist die Spannung im Prinzip gelöst. Da bei der Ausführung des Befehls Jahwes keine weiteren Komplikationen zu erwarten sind, braucht diese erzählerisch nicht ausgeführt werden. Hier hebt sich Num 20 sehr deutlich ab. Gerade darauf, wie Mose den Befehl Jahwes ausführt, bzw. eben nicht ausführt, liegt der Ton.

(7) NAMENSERKLÄRUNG
Die Erzählung schließt ab mit einer Namenserklärung. Dieses Element kommt in Ex 15 bereits hinter Element 2 zu stehen. In Ex 15 und 17 wird die traditionelle Benennungsterminologie verwendet (קרא שם).

b) Vergleich von Ex 17,1-7 und Num 20,1-13
Da die Übereinstimmungen zwischen Ex 17,1-7 und Num 20,1-13 besonders groß sind, sollen diese Texte noch genauer verglichen werden.

(1) WANDERNOTIZ
In beiden Erzählungen wird auf die Israeliten mittels der Phrase בני ישראל referiert, beide Male wird auch das Lexem עדה gebraucht. Der Lagerort der Israeliten wird beidesmal namentlich festgehalten. Freilich gibt es auch Unterschiede. In Num 20 wird kein Ort genannt, von dem die Israeliten aufgebrochen sind. Dagegen fehlt in Ex 17 jegliche Zeitangabe. In Ex 17 wird erwähnt, daß die Wanderung der Israeliten auf das Gebot Jahwes hin erfolgt. In Num 20 fehlt ein solcher Hinweis. In Ex 17 "lagern" sich die Israeliten, dh. sie beziehen nur eine vorübergehende Station einer längeren Wanderung. In Num 20 dagegen "läßt sich das Volk dauerhaft nieder" (ישב). In Num 20 ist die Wandernotiz durch eine Notiz von Tod und Begräbnis der Mirjam erweitert. Dies gibt dem Erzähleingang von Num 20 einen unheilvollen Unterton.[45]

(2) WASSERMANGEL
Die Formulierung ist sehr ähnlich. Wesentliche Bedeutungsdifferenzen scheinen nicht gegeben zu sein.

---

[45] K.Fr.Krämer, Num, 117: "Nicht einmal vor der Schwester des auserwählten Führers wird haltgemacht. ... Ein schwerer Schicksalsschlag für Moses, um den es sowieso immer einsamer wird!"

(3) MURREN DER ISRAELITEN
Im 3. Element weisen beide Erzählungen einige wörtliche Übereinstimmungen auf. Auffallend, weil von der Thematik her wenig naheliegend, ist die Tatsache, daß in beiden Erzählungen das Vieh erwähnt wird, das die Israeliten mit sich führen.

In Ex 17 wenden sich die Israeliten zunächst an Mose. Ihr Vorwurf ist ganz und gar bestimmt von der im zweiten Element formulierten Not. Daraufhin weist Mose seine Zuständigkeit für diesen Mangel ab. Er weist auf Jahwe als den eigentlich Zuständigen hin. Daraufhin wenden sich die Israeliten jedoch erneut an Mose und werfen ihm vor, daß der Auszug ja auch in seiner eigenen Regie geschah und daß es dieses Geschehen war, das die jetzige tödliche Lage herbeigeführt hat.

Demgegenüber formuliert das Volk in Num 20 von Anfang an sehr grundsätzlich. Es geht nicht nur um Wasser zum Trinken, das Volk verlangt zudem nach Kulturlandprodukten. Num 20 vermeidet trotzdem das Lexem לון. Dies dürfte mit U.Struppe so zu interpretieren sein: "Da Num 20,1-12 nicht die Schuld der Gemeinde, sondern die Schuld der Führer im Blick hat, war möglicherweise lwn zu stark negativ 'vorbelastet'."[46]

Num 20 vermeidet das Motiv der Versuchung Jahwes durch Israel, das Lexem נסה wird in Num 20 vermieden. Nach Num 20,1-13 liegt die Gottlosigkeit des Volkes nicht darin, daß es Gott mit seinem Verlangen nach Wundern für das eigene Wohlergehen einzuspannen versucht, sondern darin, daß es überhaupt nicht mit Gottes rettender Heiligkeit und Wundermacht rechnet.

(4) MOSE WENDET SICH AN JAHWE
Hier findet sich keine wörtliche Übereinstimmung. In der erzählstrukturellen Funktion sind die Texte jedoch ähnlich. In Ex 17,4 appelliert (צעק) Mose an Jahwe, damit "er sich genauso wie ein Mensch von dem Notschrei eines gequälten Menschen rühren läßt."[47] Auch in Num 20,6 wenden sich Mose und Aaron an Jahwe und bitten ihn um sein Eingreifen. Entscheidende Bedeutung hat das Begegnungszelt: nach dem Aufenthalt am Sinai ist das Begegnungszelt der Ort innerhalb Israels, an den sich Jahwe selbst gebunden hat und den Mose und Aaron folglich aufsuchen können.

(5) JAHWE ANTWORTET MOSE
Jahwe wendet sich an Mose in einer direkten Rede, die einen Befehl darstellt. In beiden Erzählungen spielt ein Stab eine große Rolle -freilich eine durchaus unterschiedliche-, und beidesmal geht es darum, daß aus einem Felsen Wasser fließen soll. In Ex 17 soll das Wunder vor den Augen der Ältesten geschehen, in Num 20 dagegen vor den Augen aller Israeliten, "in ungeschützter Publizität".[48] In Ex 17 wird der Stab zum Schlagen eingesetzt, in Num 20 soll das Wunder durch die Anrede an den Felsen allein geschehen. Hierin drückt sich eine Auf-

---

[46] U.Struppe, Herrlichkeit Jahwes, 206.
[47] Albertz, THAT II, 574. Folgt man der von Albertz abgewiesenen These von H.J.Boecker, so ist Jahwe auf das "Zetergeschrei" hin sogar zum Eingreifen rechtlich verpflichtet (ebd.).
[48] E.Zenger, Israel, 65.

fassung von der Mächtigkeit des Wortes aus, die das Wort selbst als wirksam einstuft.[49] In Ex 17 wird die Gegenwart Jahwes unproblematisch räumlich gedacht: Jahwe steht auf dem Felsen. Dies ist in Num 20 anders. Jahwe selbst unterliegt nicht der Räumlichkeit, seine Rede in Num 20,12 ist z.B. auch nicht in der Raumzeit verortet, aber sein KABOD kann in der Raumzeit erfahrbar werden.[50]

(6) MOSE FÜHRT DAS WUNDER AUS
Wird dies in Ex 17 nur kurz notiert, so wird die Ausführung in Num 20 ausführlich berichtet. Der Grund ist oben schon dargelegt worden. Denn in der unkorrekten Art der Ausführung des Befehls offenbart sich eine Einstellung, die einem Führer nicht entspricht, der Jahwes besonderes Vertrauen genießt. Mose und Aaron verfehlen sich gegenüber dem Befehl Jahwes, indem sie sich selbst in den Vordergrund spielen, statt auf Jahwe zu verweisen. Sie beschimpfen die Israeliten in der typischen Sprache "derer da oben"[51] und stellen in einer rhetorischen Frage ihre eigene Mächtigkeit heraus.

(7) NAMENSERKLÄRUNG
Im 7.Element stimmt sogar der Ortsname, auf den die Erzählung hinläuft, zum Teil überein. Beidesmal geht es um Meribah. In der Erklärung des Ortsnamens wird beidesmal auf den Streit der Israeliten mit Jahwe verwiesen, obwohl vorher nur erzählt wurde, daß die Israeliten mit Mose stritten.

c) Num 20,1-13 als Überarbeitung von Ex 17,1-7
Die starken Berührungen zwischen Ex 17,1-7 und Num 20,1-13[52] lassen sehr ernsthaft überlegen, ob nicht Num 20,1-13 die schriftliche Überarbeitung der Ex 17-Fassung darstellt. Es überrascht, daß in der bisherigen Forschung diese naheliegende These so wenig Berücksichtigung gefunden hat.[53] Sie empfiehlt sich mE. eher als die in der Forschung viel beachtete aber kompliziertere These, daß ein Redaktor Ex 17,1-7 und Num 20,1-13 nachträglich aneinander

---

[49]So auch F.Kohata, Num 20, 17 im Rückgriff auf W.H.Schmidt, Schöpfungsbericht, 172.
[50]Vgl. dazu F.Kohata, Num 20, 12.
[51]E.Zenger, Israel, 65.
[52]Die Berührungen zwischen Ex 17 und Num 20 sind natürlich oft notiert worden. Etwa H.Holzinger, Num, 82: "Der Abschnitt (=Num 20,1-13; AS) ist seinem Hauptinhalte nach eine Parallele zu Ex 17,1-7 und bietet mit dieser Perikope (...) ein besonders kompliziertes kritisches Problem." Auch U.Struppe, Herrlichkeit Jahwes, 205-208 führt einen Vergleich der Texte durch, leider setzt ihr Vergleich die Literarkritik schon voraus. Das gleiche Problem belastet die Analyse von F.Kohata, Num, die schöne Beobachtungen zum Vergleich beiträgt, aber von nicht argumentativ eingelösten literargeschichtlichen Voraussetzungen ausgeht. Wichtige Ansätze auch bei G.W.Coats, Rebellion, 71 und E.Zenger, Israel, 66.
[53]Ohne größere Argumentation hat V.Fritz, Israel, 27 diese Auffassung vertreten. Faktisch setzt auch F.Kohata, Num 20, in ihrer redaktionsgeschichtlichen Analyse ein ähnliches literarisches Verhältnis von Num 20 und Ex 17 voraus.

angeglichen habe, indem er in Num 20 Zitate aus Ex 17 einfügte.[54] Diese Redaktor-These muß mit einer Fülle von literarkritischen Brüchen rechnen und läßt sich mE. nur auf der Basis des literargeschichtlichen Vorurteils verstehen, daß P die alten Quellen (JE) nicht überarbeitet, womöglich nicht einmal gekannt habe. Die Redaktor-These verliert noch mehr an Überzeugungskraft, wenn man in Num 20,1-13 die literarkritischen Argumente für die Annahme einer redaktionellen Bearbeitung widerlegen kann. Dies soll im nächsten Abschnitt geschehen.

2.3. Literarkritik von Num 20,1-13

Nach der formkritischen Untersuchung des Endtextes von Num 20,1-13 sollen nun die literarkritischen Argumente der bisherigen Forschungstradition geprüft werden. Dabei erscheint es am sinnvollsten, die gewichtigsten Argumente zuerst zu behandeln. Als Konsens der Forschung kann vorausgesetzt werden, daß die Hauptmasse von Num 20,1-13 der Priesterschrift zuzuweisen ist.

1. ARGUMENT: Spannungen in V 1
Die deutlichsten Anzeichen literarischer Uneinheitlichkeit zeigen sich in V 1. Zum einen ist die Zugehörigkeit von V 1aβ zur restlichen Erzählung problematisch. So paßt das Lexem עם nicht zum Sprachgebrauch von P.[55] Nun ist es zwar nicht so, daß P das Lexem עם gar nicht gebraucht (vgl. Ex 6,7 und Lev 9,22-24 [56]), aber es wird doch in sehr unmotivierter Weise von עדה zu עם gewechselt. Ein literarischer Bruch ist also wahrscheinlich.

Das zweite Problem in V 1 ist, ob Mirjam eine erzählerische Funktion für die Erzählung hat.[57] Zunächst erscheint Num 20,1-13 auch ohne V 1aβb gut verständlich; die Notiz über den Tod der Mirjam könnte gleichwohl eine erzählerische Funktion erfüllen: Der Tod greift bereits hinein in die Familie der beiden Führer Israels (Mirjam ist nach Ex 15,20 (J) die Schwester Aarons). Daß Mirjam in P sonst nicht begegnet, besagt nicht viel. P setzt voraus, daß der

---

[54]Diese These hat erstmals wohl G.Hölscher, ZAW 45 (1927) 239f vertreten; W.Rudolph, Elohist, 84-87 hat sie weiter untermauert. Seitdem erfreut sich diese These großer Beliebtheit. Neuerdings auch wieder U.Struppe, Herrlichkeit Jahwes, 185: "P$_G$ hat den JE-Text übernommen und ihm den eigenen Stempel aufgedrückt. Diese Grunderzählung wurde redaktionell überarbeitet und dabei noch einmal an Ex 17,1-7 angeglichen."
[55]So H.Holzinger, Num, 82; M.Noth, Num, 127; B.Baentsch, Ex-Num, 565.
[56]Diese Stellen werden mit Sicherheit P zugesprochen, vgl. die Übersichten von M.Noth, ÜPent, 18f; K.Elliger, Sinn und Ursprung, 121f; N.Lohfink, P und Geschichte, 198, Anm 29; Z.Zevit, Converging Lines, 495 Anm 67. Es sei angemerkt, daß sich vermutlich weitere Belege finden ließen, wenn man nicht von vorneherein P dieses Lexem absprechen würde.
[57]C.H.Cornill, Beiträge, 22 meint im Anschluß an A.Knobel, daß 1b aus diesem Grunde zu E gehöre. So auch B.Baentsch, Ex-Num, 565. W.Rudolph, Elohist, 84 weist den Halbvers J zu, da Ex 15,20f und Num 12, wo Mirjam vorkomme, nicht E sei. Dagegen schließe der Vers sachlich an den Schluß von Num 14 (J) an und werde in Num 20,14 fortgesetzt. Ihm folgt M.Noth, Num, 128. H.Holzinger, Num, 82: "Interesse für Mirjam 1^b zeigt P^g sonst nicht." Ähnlich M.Noth, Num, 128.

Leser die alten Quellen kennt und spielt auf sie an.[58] Auch M.Noth hat V 1b P zugesprochen und diesen Sachverhalt so interpretiert: "P hat anscheinend hier keine ältere Überlieferung weitergegeben, sondern einfach seine Erzählung ausklingen lassen mit dem Motiv des Todes der drei Geschwister Mirjam, Aaron und Mose".[59] Num 20,1-13 beginnt also mit einem sehr bedrohlichen Szenarium. Mirjam wird zudem in der Wüste begraben. Selbst im Tod bleibt Mirjam vom Land ausgeschlossen. Was das für P bedeutet, kann man erst auf dem Hintergrund der Erzväter ermessen: Die Erzväter werden wenigstens in einem Stück des verheißenen Landes begraben, das bereits ihnen gehört (vgl. Gen 23; 25,9f; 50,13). Mirjams Tod dient als Warnung für Mose und Aaron. Trotzdem verfehlen sich die beiden.[60]

2.ARGUMENT: Dopplung von Vers 3a und 2b
Ein zweites literarkritisches Problem ist die Dopplung von Vers 3a und V 2b.[61] Num 20,3a findet sich außerdem wortwörtlich so in Ex 17,2. Zudem ist wieder zu beobachten, daß in V 3a reichlich unmotiviert zum Lexem עם gewechselt wird.[62] Deutlich ist aber auch, daß V 3a als erzählerische Vorbereitung von V 13a nötig ist. Beide Halbverse sind durch lexikalische Rekurrenz (ריב) verbunden. Weiter kann darauf hingewiesen werden, daß Num 20,3a als erzählerische Präzisierung von V 2b fungiert. Die Formierung der Israeliten zum sich empörenden Haufen geht über in einen konkret ausformulierten Vorwurf. Während sich der unartikulierte Unwille gegen beide Führer zugleich richtet, ergeht die sprachlich formulierte Anklage an Mose allein, der der Sprecher der beiden ist.

Deutlich ist, daß die wörtlichen Berührungen von Num 20,3a und Ex 17,2 kaum ein Zufall sein können. Wie aber ist dies zu erklären? Mir scheint, daß die Hinweise auf literarische Uneinheitlichkeit nicht so stark sind, daß man Num 20,3a einem späteren Redaktor zuschreiben müßte. Mindestens ebenso gut möglich ist die These, daß der Verfasser von Num 20,1-13 selber (also aller Wahrscheinlichkeit nach P) Ex 17,1-7 als literarische Vorlage benutzt und einzelne Formulierungen wörtlich übernommen hat. Diese Frage kann aber erst nach einer Sichtung der weiteren Probleme entschieden werden.

3. ARGUMENT: Überfüllter Murrvorwurf
Das Murren der Gemeinde scheint einige Spannungen aufzuweisen. *Zum einen* hat H.Holzinger gemeint, "dass v.4 nach dem verzweifelten Aufschrei v.3ᵇ keine

---

[58] Diese Technik hat schon N.Lohfink herausgearbeitet (P und Geschichte, 199-200): "Der Verfasser des Werks (=P; AS) kannte nicht nur selbst den vorpriesterlichen Pentateuch und zumindest Vorstufen der 'früheren' und 'späteren Propheten', sondern setzte auch bei seinen Adressaten solche Kenntnisse voraus." Vgl. bes. Anm 32.
[59] M.Noth, ÜPent, 200. Zustimmend F.Kohata, Num, 27. M.Noth hat seine Meinung im Numerikommentar (Num, 128) freilich wieder zurückgenommen.
[60] Der warnende Unterton dieser Erzählungsnotiz würde sich noch mehr nahelegen, wenn die Vermutung H.Holzingers zuträfe, daß der Name Mirjam mit מרה (hadern) zusammenhängt. Gerade dieses Lexem erscheint ja in Num 20,24; 27,14 wieder.
[61] H.Holzinger, Num, 82; M.Noth, Num, 127; U.Struppe, Herrlichkeit Jahwes, 186.
[62] So W.Rudolph, Elohist, 85.

rechte Fortsetzung mehr ist", den Vers aber im wesentlichen P belassen.[63]
U.Struppe hat dieses Argument dann literarkritisch ausgewertet. Sie sieht einen unauflöslichen Widerspruch "zwischen 'Todeswunsch' (V.3) und 'Todesangst' (V.4)".[64] Diese Argumentation erscheint allerdings wenig wahrscheinlich. So zeigt ein Vergleich mit der Formulierung des Murrmotivs in Ex 16,3 und Num 14,2f, daß der hiesige Aufbau erzählerisch durchaus belegt ist. Ein irrealer Todeswunsch kommt an erster Stelle, dann folgt die Infragestellung des Exodus mit dem Hinweis darauf, daß das "Heraus" aus der Sklaverei in Ägypten nicht zum Leben, sondern nur in diese Wüste, den Ort des Todes, geführt habe.

Zum anderen ist die Frage, ob nicht V 5 eine Dublette zu V 4 bildet.[65] Auch hier finden sich einige Berührungen zu anderen Texten, die sicher nicht P zugewiesen werden können: Num 20,5 berührt sich in der Formulierung des Vorwurfs mit Num 16,14 (J) [66], bezüglich der Kritik des Exodus mit Ex 17,3 und Num 21,5 [67], und was die Aufzählung der Früchte betrifft, mit Num 11,5.[68] Auch hier scheint die Argumentation insgesamt wenig zwingend. So lassen sich alle Bezüge zu anderen Texten auch so erklären, daß P selbst diese Bezüge bewußt einsetzt; dazu bedarf es nicht der Annahme eines eigenen Redaktors. Die Frage ist lediglich, ob V 5 eine Dublette zu V 4 darstellt. Daß V 5 den V 4 paraphrasiert, ist deutlich, die Frage ist jedoch, ob darin nicht ein erzählerisches Mittel liegt. So hat U.Struppe die Zusammengehörigkeit der Verse 4 und 5 betont, auch wenn sie beide Verse einer Überarbeitung zuweist. "Inhaltlich bietet V.5 eine Steigerung: während das Volk sich in V.4 zunächst nur vor dem Tod fürchtet, vermißt es in V.5 die Reichtümer des Kulturlandes."[69] Es geht nicht mehr nur um das Verdursten in der Wüste, sondern um das verheissene Kulturland. Die Früchte sind nach Num 13,23 "charakteristisch für die Früchte des verheißenen Landes."[70] Auch in V 12 wird die Landthematik aufgegriffen, wo Jahwe feststellt, daß er im Begriff ist, Israel das Land zu geben, auch wenn Mose und Aaron die Führung in's verheißene Land nicht übernehmen werden. Durch die Ausweitung des Murrmotivs mit einer zweiten Frage, die lediglich eine Paraphrase der vorhergehenden ist, bekommt der Vorwurf zudem einen lamourjanten, wehleidigen Ton.

4. ARGUMENT: Das Nebeneinander von Wort und Stab
Der Sprachgebrauch der Verse 8-11 macht zunächst durchaus einen einheitlichen Eindruck.[71] Trotzdem werden die Verse 8-11 in der Forschung immer

---

[63] H.Holzinger, Num, 82.
[64] U.Struppe, Herrlichkeit Jahwes, 189. M.Noth, Num, 128 stuft den Vers 3b als redaktionell ein, wobei er mit dem Bezug dieses Verses auf Num 17,27f argumentiert. Vgl. auch B.Baentsch, Ex-Num, 567, der zudem auf die Anspielung auf Num 17,9ff.; 16,35 hinweist.
[65] C.H.Cornill, Beiträge, 25; H.Holzinger, Num, 82; M.Noth, Num, 127.
[66] C.H.Cornill, Beiträge, 25. Ihm folgend auch H.Holzinger, Num, 82.
[67] Th.Nöldeke, Grundschrift, 83; B.Baentsch, Ex-Num, 567; W.Rudolph, Elohist, 85; M.Noth, Num, 128.
[68] Th.Nöldeke, Grundschrift, 83-84; B.Baentsch, Ex-Num, 567.
[69] U.Struppe, Herrlichkeit Jahwes, 189.
[70] U.Struppe, Herrlichkeit Jahwes, 189.
[71] C.H.Cornill, Beiträge, 26 hat den Bestand insgesamt P zugewiesen. J.Wellhausen, Composition, 107 betrachtet den Abschnitt V 7-11.13 ebenfalls im Wesentlichen als einheitlich, weist ihn aber JE zu.

wieder literarisch auseinanderdividiert. So hat etwa H.Holzinger geurteilt: "Das Reden mit dem Felsen und das Schlagen an den Felsen sind sachliche Parallelen aus zwei verschiedenen Quellen."[72] Mit diesem Problem verbindet sich noch ein weiteres: "Auch das ist zu bemerken, dass bei P Mose und Aaron durchweg zusammengenommen werden: zusammen sollen sie zum Felsen reden v.8a, zusammen weigern sie sich v.12, während v.9.11 nur Mose handelt."[73] Mit dieser These pflegt sich die weitere zu verbinden, daß ein späterer Redaktor diesen Stab als den Aaron-Stab von Num 17,16-28 verstanden und die Lokalisierung לפני יהוה (Num 20,9a; vgl. Num 17,22.24) nachgetragen habe.[74]

Auch diese Argumentation ist wenig überzeugend. So ist nicht einzusehen, wieso nicht das, was B.Baentsch als Meinung des Redaktors beschreibt, nicht eine kohärente Interpretation dieses Textes leistet, die insgesamt P zugeschrieben werden kann: Demnach ist der Stab gar nicht zum Schlagen gedacht. Indem Mose mit ihm schlägt, befolgt er nicht etwa den Befehl Gottes, sondern mißbraucht den Stab. Jahwe dagegen will, "dass Moses den Stab (...) nur als Attribut seiner Würde mitnehmen soll."[75] "Jahve befiehlt Moses, den im Heiligtum deponierten Stab Aharons zu nehmen, mit Aharon zusammen die Gemeinde vor dem in Qades befindlichen Felsen zu versammeln und dann dem Felsen zu gebieten, Wasser zu spenden. Moses versammelt mit Aharon die Gemeinde, äussert dieser gegenüber aber starke Zweifel, ob es ihnen gelingen werde, den Felsen durch Zureden zum Wasserspenden zu bewegen, verzichtet denn auch auf einen derartigen Versuch und schlägt, weil er sich davon besseren Erfolg verspricht, mit dem Stabe gleich zweimal auf den Felsen, der denn auch (trotz Moses Ungehorsam!) reichlich Wasser spendet, so dass die Gemeinde mit ihrem Vieh den Durst löschen kann."[76] Der Stab ist also für den Vollzug des Wunders wichtig, aber nicht als Werkzeug zum Schlagen. Mose soll vielmehr zum Felsen reden. Wieso spielt dann der Stab überhaupt so eine große Rolle in der Erzählung? Warum wird die Verfehlung des Mose zweifach illustriert, einmal durch die überhebliche und anmaßende Rede an die Gemeinde, und zum anderen durch das Schlagen des Felsens?

In diesem Zusammenhang scheint mir der Bezug auf Ex 17,1-7 weniger das Werk eines Redaktors zu sein, als vielmehr eine bewußte Bezugnahme von P selbst. In der Zuspitzung auf das Stabmotiv kann man eine kritische Bezugnahme auf Ex 17,1-7 sehen. Der Stab steht nämlich in den alten Quellen als Symbol für die Amtsvollmacht des Mose, über die er nach eigenem Urteil verfügen kann. So übergibt Jahwe nach Ex 4,1-5.17 mit dem Stab auch die Kraft Zeichen zu vollbringen, die ihn vor dem Volk und dem Pharao in seiner Amtsvollmacht bestätigen. Auch in Ex 17,1-7 und vor allem in Ex 17,8-16 zeigt der

---

[72] H.Holzinger, Num, 83. Eine eigene Stab-Version nehmen auch an: B.Baentsch, Ex-Num, 565; W.Rudolph, Elohist, 84; M.Noth, Num, 128; U.Struppe, Herrlichkeit Jahwes, 190f; E.Zenger, Israel, 63.
[73] H.Holzinger, Num, 83.
[74] So konsequenter Weise H.Holzinger, Num, 83; B.Baentsch, Ex-Num, 565; A.Dillmann, Num, 113; M.Noth, Num, 128; P.Heinisch, Num, 78.
[75] B.Baentsch, Ex-Num, 569.
[76] B.Baentsch, Ex-Num, 567.

Stab diese Vollmacht an. So ist in Ex 17,8-16 für den Einsatz des Stabes kein vorheriger Jahwebefehl nötig, Mose agiert selbständig und entscheidet die Schlacht. Gerade diese Auffassung von Mose als Führer kritisiert P. Bei P hat Mose lediglich die Funktion, Befehle Jahwes auszuführen. Gerade da, wo Mose bestrebt ist, seine Sonderstellung gegenüber der Gemeinde zu betonen und Kritik an seiner Führung abzuschmettern, da mißbraucht er seine Stellung. Mit der demonstrativen Handhabung des Stabes versucht sich Mose für seine Person Vorteile zu verschaffen und vergeht sich damit gegen Jahwe, den allein er in allen seinem Handeln als Heiligen bezeugen soll (Num 20,12). Und von hier aus lassen sich dann vielleicht auch die anderen Bezüge auf Ex 17,1-7 als bewußte Anspielungen verstehen.[77] P ruft dem Leser bewußt den Text Ex 17,1-7 in Erinnerung, um seine Konzeption von Mose als Führer klar von der der alten Quellen abzugrenzen.[78]

5. ARGUMENT: Vers 3b
Einen gewissen Anstoß scheint V 3b zu bieten: "unmittelbar auf einander folgendes ויאמרו לאמר ist im Pentateuch unerhört und findet sich überhaupt nur IISam.5,1. 20,18. Jer.29,24. Ez.12,27 (...) 33,10 und Zach.2,4 ... Wir haben deshalb allen Grund, hier einen starken Eingriff zu vermuthen."[79] Nun kann es aber kaum angehen, eine syntaktische Fügung, die nur einmal im Pentateuch belegt ist, allein aus diesem Grund für asyntaktisch zu erklären, zumal die Fügung außerhalb des Pentateuchs durchaus gut belegt ist. Zudem hat W.Rudolph darauf hingewiesen, daß sich die Wendung ויאמרו לאמר auch in Ex 15,1 findet.[80]

6. ARGUMENT: zu Vers 12
Der Vers wird weitestgehend P zugewiesen. Allerdings ist festzustellen, daß "weder יען noch האמין zum Sprachgebrauche Ps gehören."[81] Dagegen ist zu sagen, daß Lexeme, die in P nur an dieser Stelle begegnen, nicht von vorneherein P abgesprochen werden können. Überdies hat N.Lohfink für den Ausdruck לא האמין einen kompositionellen und theologischen Ort innerhalb von P aufgewiesen.[82] Demnach hat P die Rede vom Unglauben bewußt auf diese Erzählung beschränkt, um den nur in dieser Erzählung beschriebenen Sach-

---

[77]Eine solche Anspielung liegt wohl auch bei der Erwähnung des Viehs (Num 20,4.8.11 vgl. Ex 17,3) vor. Literarkritische Annahmen, z.B. ein "das Wunder vergrössernder Redaktor" (H.Holzinger, Num, 82), erübrigen sich dann auch in diesem Fall.
[78]Von dieser These aus läßt sich vielleicht eine weitere Auffälligkeit erklären, daß nämlich in V 11 "vom Stabe Mose's statt Aaron's die Rede" (Th.Nöldeke, Grundschrift, 84) ist. Die Andeutung einer Besitzrelation zwischen Stab und Mose könnte ein Mittel lebendiger Darstellung sein. Die Erzählperspektive schwenkt gleichsam auf die Sicht Moses ein: In dessen Augen ist es tatsächlich *sein* Stab und sein Wunder. Gerade darin liegt ja sein Unglaube, daß er in dieser Hinsicht nicht mehr zwischen seinem und dem Handeln Jahwes zu unterscheiden weiß.
[79]C.H.Cornill, Beiträge, 22. So auch H.Holzinger, Num, 82; U.Struppe, Herrlichkeit Jahwes, 186. B.Baentsch, Ex-Num, 567 läßt die Stelle Ez 12,27 mit Recht aus!
[80]W.Rudolph, Elohist, 85.
[81]C.H.Cornill, Beiträge, 29. Auf האמין hatte schon Th.Nöldeke hingewiesen, Grundschrift, 84. Vgl. H.Holzinger, Num, 83; B.Baentsch, Ex-Num, 569.
[82]N.Lohfink, Ursünden, 55.

verhalt von der Sünde der religiösen Führer auch terminologisch präzise fassen zu können.

7. ARGUMENT: zu Vers 13
V 13 ist aus dem normalen Erzählduktus deutlich herausgehoben. Zum einen durch die Proform המה, die anscheinend nicht nur auf das Wasser in V 11, sondern, wie die Erläuterung durch den אשר-Satz zeigt, auf den Inhalt der gesamten Erzählung referiert. Zum anderen durch die Konstruktion als Nominalsatz. Damit springt der Erzähler in die Erzählergegenwart und stellt etwas für den Leser auch in seiner Zeit noch Gültiges fest.[83] Dies geschieht, wie in alttestamentlichen Erzählungen häufig, durch eine Namenserklärung. Es sind zudem deutliche Bezüge zu Ex 17,7 greifbar.

H.Holzinger weist diesen Vers dem Redaktor zu [84], da die Ortsnamenerklärung eine andere Sinnspitze in den Vordergrund stelle als die sonstige Erzählung.[85] Mir scheint eher, daß die Erzählung mit dem letzten Vers noch einen pointierten Schluß und neuen Akzent erhält, ohne daß ein literarkritischer Bruch vorliegt. Mose und Aaron haben zwar Jahwe gegenüber den streitbaren Israeliten nicht geheiligt (קדש-Hifil), aber trotzdem hat sich Jahwe durch seine Wassergabe selbst als der Heilige erwiesen (קדש-Nifal). Diese Nuance wird in der Tat erst im Schlußvers explizit formuliert. Sie bringt aber die Sinnspitze des Textes treffend zum Ausdruck: Obwohl sich die Führer gegenüber Jahwe verfehlen, gibt Jahwe der Gemeinde Wasser, die Verfehlung von Mose und Aaron aber findet ihre Strafe. In diesem komplexen Hergang hat sich Jahwe an Israel als heilig erwiesen.

ERGEBNIS
Man kann sagen, daß Num 20,1-13 insgesamt einen literarisch einheitlichen Eindruck macht. Am ehesten ist V 1aβb als literarisch eigenständig zu betrachten und einem der Intention von P nahestehenden Redaktor zuzuweisen. Viele scheinbare literarische Brüche werden besser durch die These erklärt, daß Num 20,1-13 unter direkter literarischer Bezugnahme auf Ex 17,1-7 formuliert wurde. Auf keinen Fall läßt sich eine zweite Version der Erzählung neben der von P nachweisen. P hat sehr wahrscheinlich die alten Quellen gekannt und sich mehr oder weniger deutlich auf sie bezogen. Im Falle von Num 20,1-13 legt sich sogar nahe, diesem Bezug einen kritischen, wenn nicht gar polemischen Unterton zu unterstellen. Der zeigt sich zum einen darin, wie das Motiv des Stabes in Num 20 verwendet wird. Der Stab soll von Mose gerade nicht eingesetzt werden. Mose soll reden, nicht schlagen. Er soll auf jede eigene

---
[83] Zum Begriff "Erzählergegenwart" vergleiche E.Lämmert, Bauformen des Erzählens, 67-73.
[84] H.Holzinger, Num, 83-84. Ganz ähnlich auch B.Baentsch, Ex-Num, 569f, der meint, Vers 13 sei "von Rp aus Elementen von J und P komponiert."(569) Ebenso U.Struppe, Herrlichkeit Jahwes, 194: "V.13 bildet einen redaktionellen Zusatz im Stil von P$_G$."
[85] W.Rudolph, Elohist, 87: "Während die Erzählung in v.12 darin gipfelte, daß Mose und Aaron wegen ihres Unglaubens und Ungehorsams gestraft werden, verschiebt v.13ᵃ die Pointe, als ob das Hadern der Israeliten die Hauptsache gewesen sei." Vgl. U.Struppe, Herrlichkeit Jahwes, 194.

Macht verzichten, um ganz allein durch das Wort Jahwes mächtig zu sein. Zum anderen könnte man in Num 20,10 eine versteckte Polemik gegen Ex 17,2 finden. Nach Ex 17,2 weiß sich Mose mit Gott eins und weist deshalb den Vorwurf des Volkes ab. In Num 20 dagegen wird Moses Selbstbewußtsein in die Schranken verwiesen. Mose hat die Aufgabe, sich selbst von Gott zu unterscheiden, um gerade so Jahwe als Bestimmungsgrund seines Handelns zur Geltung zu bringen. Mose darf sich nicht einbilden, daß er für das Heil Israels unentbehrlich sei. Jahwe bringt Israel auch ohne Mose und Aaron in das zugesagte Land.

2.4. Interpretation des P-Fadens von Num 20,1-13

a) Die Verfehlung von Mose und Aaron: fehlendes Vertrauen
Die Erzählung ist geprägt vom tiefen Ernst der Beziehung Jahwes zu seinen Führern. Im letzten Augenblick, bereits am Ende der Wüstenwanderung, schließt eine Verfehlung Mose und Aaron vom Land aus. Es gibt keine Rücksicht aufgrund früherer Verdienste der beiden.[86]

Mose und Aaron verlieren ihr Amt, weil sie es auf Grund mangelnden Vertrauens versäumten, mit ihrem Reden und Handeln Jahwe zu bezeugen. Anstatt sich von Jahwe selbst zu unterscheiden, spielten sie sich selbst in den Vordergrund und verstellten so dem Volk den Blick auf Jahwe. Jahwe tritt mit dem Volk nicht in direkten Kontakt, deshalb bedient er sich besonders legitimierter Personen, um sich dem Volk mitzuteilen und es zu führen. Deshalb achtet er aber auch streng darauf, daß diese Personen dieser ihrer Aufgabe mit aller Entschiedenheit auch nachkommen.

Trotz der Verfehlung von Mose und Aaron erweist sich Jahwe als heilig (V 13).[87] Dies ist wohl so zu interpretieren, daß Jahwe sich in seinem Handeln nicht an die korrekte Wahrnehmung der Amtsfunktion durch Mose und Aaron bindet. Er kann durch ihre Verfehlung hindurch der Gemeinde Wasser fließen lassen.[88] Er schließt die Gemeinde zudem nicht von der entscheidenden Heilsgabe, dem Kulturland, aus.[89] Die Landzusage wird ausdrücklich erneuert (V 12), auch wenn Mose und Aaron nicht mehr die Führung übernehmen werden.

Als die entscheidende Verfehlung hatten wir herausgestellt, daß sich Mose und Aaron selbst in den Vordergrund spielen, statt sich von Jahwe selbst zu unterscheiden und so Jahwe als Subjekt des Wunderhandelns zu bezeugen. Diese Verfehlung wird in Num 20,12 als fehlendes Zutrauen, als Unglaube bestimmt. Die Meinung von P ist anscheinend, daß allein der Glaube dem Gebot Jahwes voll entsprechen kann. Der Glaube erfüllt sich im Gehorsam

---

[86]Darauf weist auch K.Fr.Krämer, Num, 119 hin.
[87]U.Struppe, Herrlichkeit Jahwes, 203 Anm 45: "Jahwe hat sich als der Heilige erwiesen, obwohl und gerade weil ihn Mose und Aaron nicht 'geheiligt' haben".
[88]U.Struppe, Herrlichkeit Jahwes, 202: "Auch der Unglaube, ja die Weigerung der beiden Führer vermag Jahwes rettendes Eingreifen nicht zu verhindern."
[89]So auch U.Struppe, Herrlichkeit Jahwes, 203.

gegenüber dem Gebot Jahwes, das in jeder Situation wieder neu ergeht und neues Verhalten gebietet. Mose und Aaron sollen gehorchen, aber sie sollen dies nicht auf äußeren Zwang hin tun, sondern der Gehorsam soll aus dem Glauben erwachsen, aus dem Zutrauen zu Jahwes Wundermacht. Der Gehorsam, der gegen die eigene Überzeugung dem Zwang folgt, kann nämlich nicht das leisten, worauf es dem Text besonders ankommt: er kann im gehorsamen Vollzug des Gebotes nicht Jahwe verherrlichen. Dies vermag nur der Glaube; er vollzieht die Handlung so, daß sie allein der Verherrlichung Jahwes dient. Allein der Glaube läßt die ganze Ehre Gott zukommen, während ein erzwungener Gehorsam immer die egoistischen Motive des Handelnden mit zum Ausdruck bringt. Der Gezwungene handelt nämlich nur deshalb gehorsam, weil der ihn Zwingende Macht darüber hat, andere, wichtigere Interessen von ihm zu befriedigen oder eben deren Befriedigung zu verhindern; und nur deshalb ist er bereit, im konkreten Fall auf die Durchsetzung seiner Eigeninteressen zu verzichten. Deshalb kritisiert Jahwe an Mose und Aaron in Num 20,12 nicht die eigenmächtig umfunktionierte Befehlsausführung, sondern spricht sie auf das ihrer Handlungsweise zu Grunde liegende fehlende Vertrauen an.

b) Amtstheologie

Für die Priesterschrift ist Num 20 insbesondere deshalb wichtig, weil sich hier ihre Auffassung vom Amt deutlich ausspricht. Der Begriff "Amt" beinhaltet für P folgendes: P hat für Mose und Aaron einen bestimmten Set von Funktionen vorbehalten, zu deren Wahrnehmung sie durch einen Initialakt ausdrücklich legitimiert sind (Ex 6,2-7,7). Scheiden die bisherigen Amtsinhaber aus, so gibt es einen geregelten Akt der Amtsnachfolge. Die Kontinuität im Amt wird etwa im Falle der Nachfolge für Mose durch den Ritus der Handauflegung (Num 27,18.23) zum Ausdruck gebracht. Deshalb ist es gerechtfertigt, von einem Amt zu sprechen, das Mose und Aaron wahrnehmen, das aber von ihrer Person und ihrem persönlichen Charisma unabhängig ist.

Das Amt ist ausgezeichnet durch einen direkten Gotteskontakt, der dem Volk so nicht zukommt. Nur zu Mose und Aaron spricht Jahwe direkt. Zum Volk spricht Jahwe nur über die Vermittlung von Mose und Aaron. Das Volk wiederum spricht nie direkt zu Jahwe, es wendet sich immer an Mose und Aaron, die für das Volk Jahwe repräsentieren. Es ist einleuchtend, daß den Amtsinhabern von daher auch eine besondere Verantwortung zukommt. Sie sind es, die gegenüber der Gemeinde ein Geschehen auf Jahwe hin transparent machen sollen. Werden sie dieser Aufgabe nicht gerecht, so machen sie sich am Gottesverhältnis der Gemeinde schuldig; das muß als grundsätzlicher Verstoß gegen die Aufgaben des Amtes gewertet werden.

P rechnet nun in der Tat damit, daß sich die Führer der Gemeinde, ja selbst Mose und Aaron, die Führer der "Urzeit" Israels, verfehlen können, bzw. sich verfehlt haben.[90] In einem solchen Fall ist Num 20 bemüht, dreierlei festzu-

---

[90] Insofern ist es berechtigt, mit E.Zenger, Gott der Bibel, 17 von einer "massiven Amtskritik" in Num 20 zu sprechen. Zenger übersieht jedoch die Tendenz der Erzählung, solche Kritik Jahwe allein vorzubehalten.

halten: *Zum einen* dies, daß die Führer für ihre Verfehlung zur Rechenschaft gezogen werden, wobei die Strafe im Entzug des Amtes besteht. Für Mose und Aaron werden von Jahwe Nachfolger eingesetzt, die die Führung der Gemeinde übernehmen. Das Amt als solches bleibt bestehen, die Amtsinhaber werden ihres Amtes enthoben (Num 20,22-29; 27,12-23) und vom Weg Israels in das Land ausgeschlossen.

Zum zweiten ist festzuhalten, daß Jahwe nicht das Murren der Gemeinde legitimiert. Zwar äußert Jahwe deutliche Kritik an Mose und Aaron (Num 20,12), aber er distanziert sich zugleich von der murrenden Gemeinde. So wird die Selbstbezeichnung Israels als קהל יהוה zu dem abschätzigen Ausdruck הקהל הזה umformuliert. Die Menge, die sich selbst -gegen ihre Führer- versammelt hat (Num 20,2), wird von Jahwe nicht als Gemeinde anerkannt. Mose bekommt deshalb den Befehl, die Gemeinde zu versammeln (Num 20,8). Sodann insistiert Jahwe auf dem Plan, "diese Versammlung da" in das Land zu bringen, obwohl Israel sich wünscht, den Auszug ungeschehen zu machen. Schließlich stellt sich Jahwe durch die Erscheinung des KABOD und die nachfolgende Rede allein an Mose im Konflikt zwischen Israel und Mose eindeutig auf die Seite Moses. Weiterhin wird nur er der direkten Anrede durch Jahwe gewürdigt. Auch die Verurteilung von Mose und Aaron vollzieht sich anscheinend nicht im Beisein der Gemeinde (Num 20,12); diese hat auch beim Vollzug der Strafe keine Funktion.[91] Alle diese Beobachtungen lassen das Murren der Gemeinde deutlich als illegitim erscheinen! Der Text kennt keine demokratische Kontrolle der Führenden. Nur Jahwe selbst kann an den Amtsinhabern legitime Kritik üben.

Zum dritten macht die Erzählung klar, daß Jahwes Plan nicht von der Kompetenz und Fähigkeit bestimmter Amtsinhaber abhängig ist. Zwar verfehlen sich Mose und Aaron, aber trotz ihrer Verfehlung geschieht durch ihre Vermittlung das Wunder der Wassergabe. Das Wasser fließt unabhängig vom Glauben der Amtsinhaber. Die Wirksamkeit des Amtes wird von der persönlichen Wahrnehmung dieses Amtes durch bestimmte Amtsinhaber gelöst. Damit kann jeder Amtsinhaber gegenüber der Gemeinde legitimer Weise Gefolgschaft beanspruchen, denn es kommt ja nicht auf die persönliche Kompetenz, sondern auf das Amt als solches an. Jahwe bindet sich an das Amt, nicht an den Amtsinhaber, der vielmehr als austauschbar erscheint. Die Gemeinde hat deshalb den Anweisungen der Führer zu gehorchen. Sie darf dabei gewiß sein, daß Jahwe durch das Amt zu ihrem Heil handelt.

Man wird so zusammenfassen können: Die Gemeinde hat durch Gehorsam gegenüber den Amtsinhabern Raum zu schaffen für eine Jahwe gemäße Führung. Ein Murren gegen die Amtsinhaber ist illegitim. Die Amtsinhaber andererseits haben alle egoistischen Interessen zurückzustellen und in freudigem Gehorsam Jahwes je neu ergehendes Gebot so in die Tat umzusetzen, daß *Jahwes* wunderschaffende Macht in ihrem Handeln sichtbar wird.

---

[91] Dazu steht der Versuch der Gemeinde in Num 14,10 in Kontrast, Mose und Aaron eigenmächtig zu steinigen.

2.5. Überlegungen zum historischen Ort des P-Fadens

In welcher historischen Situation ist die eben skizzierte Amtstheologie am besten vorstellbar? Man kann zunächst überlegen, welche typische Situation, bzw. welches typische Thema mit dieser Erzählung angesprochen wird. Es geht wohl um die Legitimation von Führungsämtern in der Gemeinschaft. Solche Ämter bestehen in jedem größeren Gemeinschaftsverband, und sie bedürfen in jedem Falle der Legitimation sowie eines Leitmodells. Ein besonders schwieriger Fall liegt dann vor, wenn Führung nicht mehr auf die fraglose Akzeptanz der Geführten trifft, aus welchen Gründen auch immer. Führung muß in solchen Krisensituationen über Legitimierungsverfahren verfügen, wenn sie einigermaßen stabil sein will. Solchen Problemen dürfte auch Num 20,1-13 verpflichtet sein. Am Leitmodell von Mose und Aaron wird durchgespielt, in welcher Weise sich Amtsträger verfehlen können, und welche Folgen dann eintreten. Die Priesterschrift legt dabei darauf Wert, daß sich Jahwe nicht mit dem Murren der Gemeinde solidarisiert. Verurteilung und Bestrafung von Mose und Aaron vollziehen sich nicht einmal im Beisein der Gemeinde. Damit ist die Idee einer demokratischen Kontrolle der Führer ausgeschlossen. Die Führer sind allein Jahwe verantwortlich und werden allein von ihm zur Rechenschaft gezogen. Diese Idee der Legitimation von Führung dürfte in der Geschichte Israels jedoch kaum einer spezifischen Situation zugewiesen werden können. Datierungen auf dieser Basis erscheinen schwierig.

Eher ergibt sich eine Datierungsmöglichkeit, wenn man fragt, in welcher geschichtlichen Situation neben Mose auch Aaron eine zentrale Rolle bei der Führung Israels zugebilligt wurde. Dabei ist zu beachten, daß Aaron gegenüber Mose in seiner Bedeutung abgestuft ist. Jahwe redet zunächst zu Mose, erst vermittelt durch ihn zu Aaron. Geht man von der verbreiteten und gut begründbaren Annahme aus, daß die Figur des Aaron zumindest seit P das Amt des Priesters repräsentiert, so läßt sich eine solch starke Stellung des Priesters wohl am ehesten in spätexilisch-frühnachexilischer Zeit vorstellen, in der es anscheinend Auseinandersetzungen darum gab, wie denn nun das nachexilische Israel institutionell verfaßt sein sollte. Vielleicht hat die persische Verwaltungsstruktur ihren Teil dazu beigetragen, das Amt des Priesters zu stärken. Die persische Verwaltung sah in den traditionskundigen Priestern anscheinend geeignete Leute, um mit Unterstützung staatlicher Stellen lokale Konfliktpotentiale zu entschärfen und so das Reich zu befrieden. Man kann dabei etwa an Esra denken, der im Auftrag der persischen Regierung aus dem Exil nach Jerusalem kam und dessen Stammbaum bis auf Aaron zurückgeführt wird (Esr 7,1-5).

3. ANALYSE VON EX 16

3.1. Übersetzung von Ex 16

(1) Dann brachen sie auf von Elim, und die ganze Gemeinde der Israeliten kam in die Wüste Sin, die zwischen Elim und dem Sinai liegt. Es war am 15. Tag des zweiten Monats ihres Herausziehens aus Ägypten. (2) Da murrte die ganze Gemeinde der Israeliten gegen Mose und Aaron in der Wüste. (3) Da sprachen die Israeliten zu ihnen: Wären wir in der Hand Jahwes, in Ägypten, gestorben, als wir um den Fleischtopf saßen und Brot bis zur Sättigung aßen. Jawohl - ihr habt uns herausgeführt in diese Wüste, um diese ganze Versammlung durch Hunger zu töten. (4) Da sprach Jahwe zu Mose: Siehe, ich bin im Begriff, euch Brot vom Himmel regnen zu lassen.[1] Das Volk soll herausgehen und soll täglich den Tagesbedarf [2] sammeln, damit ich es prüfen kann, ob es in meiner Tora wandelt oder nicht. (5) Und am sechsten Tag wird, wenn sie anrichten, was sie eingebracht haben werden, dieses das Doppelte von dem sein, was sie sonst Tag für Tag zu sammeln pflegen.[3] (6) Da sprachen Mose und Aaron zu allen Israeliten: Abends werdet ihr erkennen, daß Jahwe es ist, der euch aus Ägypten führt.[4] (7) Und morgens werdet ihr den KABOD Jahwes sehen, er hat nämlich euer Gemurre [5] gegen Jahwe gehört; aber was ist los, daß ihr ausgerechnet gegen uns murrt? (8) Da sprach Mose: ... [6] wenn Jahwe euch am Abend Fleisch zu essen gibt und Brot am Morgen bis zur Sättigung, weil Jahwe euer Gemurre gehört hat, das ihr gegen ihn gemurrt habt. Was ist los, nicht gegen uns richtet sich euer Gemurre, sondern gegen Jahwe! (9) Dann sprach Mose zu Aaron: Sprich zur ganzen Gemeinde der Israeliten: Nähert euch vor Jahwe, denn er hat euer Gemurre gehört.

(10) Und es geschah, als Aaron noch zur ganzen Gemeinde der Israeliten redete, und sie sich zur Wüste hinwandten, siehe, da erschien der KABOD Jahwes in der Wolke. (11) Dann redete Jahwe zu Mose: (12) Ich habe das Gemurre der Israeliten gehört, rede zu ihnen folgendermaßen: Zwischen den Abenden [7] werdet ihr Fleisch essen, und am Morgen werdet ihr satt werden von Brot, und ihr werdet erkennen, daß ich Jahwe bin, euer Gott.

(13) Da geschah es am Abend, daß die Wachteln aufstiegen und das Lager bedeckten, und am Morgen lag Tau rings um das Lager. (14) Und der liegende Tau stieg auf, und siehe, auf der Wüstenoberfläche blieb etwas Feines zurück, Feines wie Reif auf der Erde.[8] (15) Das sahen die

---

[1] Die Konstruktion הנני mit Partizip ist der klassische Fall des "futurum instans". Vgl. R.Bartelmus, HYH, 56.
[2] Dies dürfte mit der schwierigen Formulierung דבר יום ביומו gemeint sein. P.Maiberger, Manna, 100 bestimmt den Ausdruck als "genau vorgeschriebene tägliche Menge".
[3] Das yiqtol drückt hier einen iterativen Sachverhalt aus. Vgl. R.Bartelmus, HYH, 59.
[4] Das qotel drückt Gleichzeitigkeit aus. In direkter Rede ist der Relationspunkt der Gegenwartspunkt des Sprechers. Folglich kann das qotel nicht mit Vergangenheit übersetzt werden, so aber M.Noth, Ex, 103; C.F.Keil, Ex, 431.
[5] תלנו stellt einen Abstraktplural dar. Eine negative Konnotation legt sich in diesem Zusammenhang nahe.
[6] Das בתת schließt an V 6 und 7 an, so H.Strack, Ex, 216. Die Konstruktion ist schwierig. Vgl. B.S.Childs, Ex, 273.
[7] Der Ausdruck בין הערבים findet sich auch noch Ex 12,6 markiert also eine kultisch relevante Zeit. C.F.Keil, Ex, 390: "*Aben Esra* versteht mit den Karäern und Samaritanern den ersten Abend von der Zeit, da die Sonne unter den Horizont geht, den zweiten von der Zeit der eintretenden Dunkelheit" an.
[8] Das Phänomen ist vielleicht so zu verstehen, daß eine Art Verdampfungsrückstand zurückbleibt.

Israeliten und sprachen zueinander: Das ist doch (bloß) Manna, denn sie erkannten nicht, was es war.[9] Da erklärte es ihnen Mose: Das ist das Brot, das Jahwe euch zum Essen gibt.

(16) Dies hat Jahwe befohlen: Sammelt davon, soviel jeder bedarf, ein Gomer pro Kopf, jeder soll soviel sammeln wie es der Zahl seiner Zeltbewohner entspricht. (17) Da handelten die Israeliten genau so und sammelten ein, der eine viel, der andere wenig. (18) Dann maßen sie mit dem Gomer, und es stellte sich heraus, daß der, der viel gesammelt hatte, nicht zuviel hatte, und der, der wenig gesammelt hatte, nicht zuwenig hatte. - Jeder hatte für seinen Nahrungsbedarf gesammelt.

(19) Da sprach Mose zu ihnen: Niemand soll davon bis zum Morgen übriglassen! (20) Aber sie hörten nicht auf Mose. Einige [10] ließen davon übrig bis zum Morgen. Da wurde es wurmig und stank. Und Mose geriet in Zorn über sie. (21) Sie sammelten es Morgen für Morgen, jeder nach seinem Nahrungsbedarf. Sowie die Sonne warm wurde, löste es sich in Nichts auf. (22) Dann kam der 6.Tag, und sie sammelten das Doppelte an Brot, nämlich zwei Gomer für einen. Da kamen alle Sippenhäupter der Gemeinde und teilten es Mose mit.

(23) Er sagte zu ihnen: Das ist's, was Jahwe gesagt hat: Sabbaton, heiliger Sabbat für Jahwe ist morgen. Was ihr backen wollt, backt, und was ihr kochen wollt, kocht! Alles Überflüssige laßt für euch übrig zur Aufbewahrung bis zum Morgen. (24) Da ließen sie es übrig bis zum Morgen, wie Mose befohlen hatte; und es stank nicht und Vermoderungsgeziefer kam auch nicht hinein.

(25) Da sprach Mose: Eßt es heute, denn Sabbat ist heute für Jahwe, heute werdet ihr es auf dem Feld nicht finden. (26) 6 Tage sollt ihr es sammeln, aber am siebten Tag ist Sabbat, da wird es dort nicht zu finden sein. (27) Da geschah es aber am siebten Tag, daß doch einige vom Volk hinausgingen, um zu sammeln, aber sie fanden nichts. (28) Da sprach Jahwe zu Mose: Wie lange weigert ihr euch, meine Befehle und Gesetze zu befolgen? (29) Seht, daß Jahwe euch den Sabbat gegeben hat, deshalb gibt er euch am sechsten Tag Brot für zwei Tage. Bleibt, ein jeder an seiner Stelle, niemand verlasse seinen Ort am siebten Tag! (30) Da ruhte das Volk am siebten Tag. (31) Und das Haus Israel nannte seinen Namen Manna, es war wie weißer Koriandersamen und sein Geschmack wie Kuchen mit Honig.

(32) Da sprach Mose: Das hat Jahwe befohlen: Ein Gomer-Maß voll von ihm soll zur Aufbewahrung dienen für eure Generationen, damit sie das Brot sehen, das ich euch in der Wüste zu essen gab, während ich euch herausführte aus Ägypten. (33) Dann sprach Mose zu Aaron: Nimm einen Krug und gib ein Gomer-Maß voll dort hinein und bring es vor Jahwe zur Aufbewahrung für eure Generationen. (34) Ganz wie Jahwe dem Mose befohlen hatte, so brachte Aaron es vor die EDUT [11] zur Aufbewahrung. (35) Und die Israeliten aßen das Manna vierzig Jahre bis sie in bewohntes Land kamen; das Manna aßen sie, bis sie an die Grenze des Landes Kanaan kamen.

(36) Das Gomer ist ein Zehntel des Efa.

3.2. Formkritik von Ex 16

Ex 16 ist ein klar abgegrenzter Erzähltext, der vor allem zwei erzählerische Schwerpunkte hat, einmal die Gabe des Manna, zum anderen die Entdeckung des Sabbat. Der Text verbindet die Behandlung des Themas der Ressourcenknappheit mit dem Thema der gemeinschaftlichen Verteilung von Lebensmitteln und der von Jahwe heilvoll begrenzten Vorsorgemöglichkeit des Menschen. In der Feier des Sabbat erkennt der Mensch seine Angewiesenheit auf die Fürsorge Jahwes an und feiert zugleich seine Kreatürlichkeit, die aller vorsorgenden Arbeit vorausliegt.

---

[9] Es besteht kein Grund, dem Lexem מן an dieser Stelle eine Sonderbedeutung zu unterlegen, wie Gesenius, WöBu, 432f meint.

[10] Das אנשים ohne Artikel ist kaum anders zu interpretieren.

[11] Die EDUT meint nach Ex 25,16 das kodifizierte Gesetz, das in der Lade deponiert wird.

Der Text läßt sich in drei große Teile gliedern, deren genauere Untergliederung freilich nicht immer deutlich markiert ist:

(1) 1-15   Die Gabe des Manna
    1-3   Das Murren der Israeliten
    4-9   Die Ankündigung des Erscheinens des KABOD und der Rettung
    10-12   Erscheinen des KABOD
    13-14   Die Gabe von Wachteln und Manna
    15   Die fehlende Erkenntnis der Israeliten

(2) 16-31   Die Verteilung des Manna und der Sabbat
    16-18   1.Befehl Moses: das Manna betreffend
    19-22   2.Befehl Moses: das Manna betreffend
    23-24   3.Befehl Moses: den Sabbat betreffend
    25-27   4.Befehl Moses: den Sabbat betreffend
    28-31   Befehl Jahwes

(3) 32-35   Das Manna als Zeichen für die Zukunft
    36   Erläuterung der Maßeinheit "Gomer"

(1) Die Gabe des Manna (Ex 16,1-15)
Man erwartet am Anfang einer Erzählung die Erstellung eines Hintergrundes für die folgende Erzählung, gleichsam ein Koordinatensystem, in dem die Figuren spannungsvoll agieren können. Dies geschieht auch. Israel befindet sich temporal und lokal in der Mitte zwischen Ägypten und Sinai.[12] Mit der Vergangenheit der Sklaverei im Rücken ist Israel auf dem Weg in die Freiheit. Zumindest solange die Generation lebt, die diese Sklaverei mitgemacht hat, sollte die Erinnerung an die Sklaverei und damit auch an die außerordentliche Befreiungstat Jahwes nicht erlöschen; solange sollte der Wille herrschen, die geschenkte Freiheit zu gestalten, und nicht die Sehnsucht, in die wirtschaftlich scheinbar so gesicherte Existenz der Sklaverei zurückzukehren.

Ohne daß vorher ein Mangel erwähnt wird, beginnt Israel gegen Mose und Aaron zu murren (Ex 16,2). Ex 16,3 macht dann klar, welcher Mangel vorausgesetzt wird, nämlich Hunger. Zu beachten ist jedoch, daß dieser Mangel sich aus der Perspektive Israels als solcher darstellt; der Erzähler unterläßt es klarzustellen, welche Tatbestände wirklich vorliegen. Das Stichwort "Murren" (לון) dürfte bereits negative Konnotationen mit sich führen. Es geht nicht um eine berechtigte Klage, wie E.Ruprecht dieses Murren m.E. verharmlosend

---

[12]Da Israel nach Ex 19,1 im dritten Monat am Sinai ankommt, bildet der fünfzehnte Tag des zweiten Monats genau die Mitte dieser Zeitspanne.

interpretiert, sondern es geht um ein ungerechtfertigtes Aufbegehren gegen die legitimen Führer Israels und damit gegen den Plan Jahwes.[13]

Der eigentliche Vorwurf beginnt mit einem irrealen Wunsch: Wären wir doch durch die Hand Jahwes in Ägypten gestorben! Die Gemeinde wünscht sich den Tod. "Der Hungertod in der Wüste wird ferner kontrastiert mit dem natürlichen Tod 'von der Hand Jahwes', der ihnen vergönnt gewesen wäre, wenn sie bis an ihr Lebensende in der ägyptischen Knechtschaft geblieben wären".[14] Zu beachten ist, daß das Murren sich nicht direkt gegen Jahwe richtet, sondern gegen die menschlichen Führer, die Jahwe bestellt hat. Das Volk bestreitet, daß Mose und Aaron im Namen Jahwes gehandelt haben, daß der Auszug überhaupt Jahwes Befehl und Tat war. Vielmehr sei es eine eigenmächtige Aktion der beiden gewesen, um das Volk, das sich durchaus Jahwe verbunden weiß, in der Wüste sterben zu lassen.[15] Nirgends zeigt sich die Absurdität des Anspruchs von Mose und Aaron, Jahwe habe Israel in diese Wüste geführt, deutlicher als darin, daß nicht einmal die Versorgung mit Grundnahrungsmitteln gewährleistet ist. Gegenüber Mose und Aaron bezeichnet sich Israel als קהל. קהל ist die "Bezeichnung der kultischen Festgemeinde Jahwes".[16] Im hiesigen Kontext jedoch liegt auf dem Begriff wohl ein negativer Ton, denn Israels Selbstbezeichnung steht im Gegensatz zu Ex 16,1.9, wo Israel als עדה bezeichnet wird. Das Volk versteht sich gerade nicht als das, was es sein soll, nämlich Gemeinde; damit lehnt es seine von Jahwe gesetzte Bestimmung ab. Israel stellt dem Scheitern des Marsches in die Freiheit die Erinnerung an Ägypten gegenüber. Ägypten erscheint in der verklärenden Erinnerung als Ort vollkommener Versorgtheit, ein psychologisch gut nachzuvollziehendes Phänomen.[17]

Noch bevor Mose und Aaron sich verteidigen können, redet Jahwe, gegen den sich ja faktisch der Murrvorwurf richtet, direkt zu Mose. Jahwe kündigt Brot vom Himmel an. Das Himmelsbrot dient als Nahrung und zugleich als

---

[13] E.Ruprecht, Mannawunder, 281-283 stuft V3 gattungskritisch als besonders radikale "Klage des Volkes" (281) ein. "Diese Anklage stellt radikal in Frage, daß Jahwe es gewesen ist, der Israel aus Ägypten herausgeführt hat". (282) Obwohl er die Schärfe sieht, spricht er von einer "ganz natürliche(n) Reaktion" (281) des Volkes in der Situation des Untergangs. Weil diese Klage dem allgemeinmenschlichen Aufschrei in äußerster kreatürlicher Not entspricht, ist auch verständlich, wieso diese Anklage "auch nicht mit der leisesten Andeutung moralisch abgewertet wird" (283). Eine -eher deutliche als leise- Andeutung der Illegitimität des Murrens zeigt sich aber darin, daß sich Jahwe weiterhin des Mose bedient, um Israel mitzuteilen, obwohl Israel bestreitet, daß Mose und Aaron im Einklang mit Jahwe handeln. Und gegen die Behauptung Israels "*Ihr* habt uns herausgeführt"(Ex 16,4) setzen Mose und Aaron den Hinweis "*Jahwe* führt euch heraus"(Ex 16,6). Mit dem Lexem לון hat P zudem einen negativ besetzten Begriff aus den alten Quellen (Ex 15,24; 17,3) aufgenommen. Es geht in der Tat nicht um Klage, sondern um Murren.
[14] E.Ruprecht, Mannawunder, 281. Anders etwa C.F.Keil, Ex, 431.
[15] E.Ruprecht, Mannawunder, 282: "Bestritten wird, daß Mose und Aaron im Auftrag Jahwes handeln. Vielmehr gelten sie als böswillige menschliche Verführer, die den Untergang des Volkes wollen".
[16] E.Ruprecht, Mannawunder, 282 und Anm 33 im Anschluß an L.Rost, Vorstufen, 19f.
[17] So bemerkt E.Ruprecht, Mannawunder, 282 treffend: "Daß ... die Vergangenheit allein in positiven Farben, fast unwirklich verklärt erscheint, ist ein Wesenszug, der sich durch alle menschliche Klage hindurchzieht".

Legitimation für Mose und Aaron gegenüber dem Volk. Indem eintritt, was sie ankündigen, zeigt sich, daß sie wirklich von Jahwe gesandt sind und seinen Auftrag ausführen. Für das Volk ist damit eine Prüfung verbunden. Diese dürfte darin bestehen, daß sich das Volk mit dem täglichen Brot zufrieden geben muß und keine Vorräte sammeln darf, mittels derer es sich von der permanenten Hilfe Jahwes unabhängig machen könnte. Das Horten von Vorräten, so wäre dann die Meinung des Autors, ist Ausdruck einer Verschlossenheit gegenüber der Zukunft Gottes.

Ex 16,6f enthalten die Antwort von Mose und Aaron. Mit aller Entschiedenheit und Gewißheit verkünden sie ein Eingreifen Jahwes.[18] Damit ist implizit eine Kritik der Israeliten ausgesprochen. Das Volk wirft Mose und Aaron vor, daß *sie* es waren, die herausgeführt haben (הוצאתם אתנו), Mose und Aaron verweisen jedoch auf Jahwe (יהוה הוציא אתכם). Sie gehen auf den konkreten Anlaß, den Hunger, gar nicht ein. Sie sehen tiefer. Hinter dem Murren gegen sie steckt die Verweigerung der Erkenntnis Jahwes, die doch gerade diesem Volk im Geschehen der Herausführung aufgegeben war. Nicht der Hunger steht an erster Stelle, sondern die Erkenntnis Jahwes! Der Erzähler greift nach der Vernichtung der ägyptischen Heeresmacht (Ex 14) die Erkenntnisthematik von Ex 6,7 wieder auf. Die Gemeinde hat das Auszugsgeschehen falsch interpretiert. Die Tatsache des Auszugs steht zwar fest, aber Israel weigert sich, in diesem Geschehen Jahwe als Subjekt am Handeln zu sehen. Auf diese Erkenntnis aber zielt der Exodus: Im Geschehen des Exodus soll Jahwe am Werk gesehen werden. Das erkennt auch Ägypten, daß Jahwe der Herr der Geschichte ist, wenn auch im eigenen Untergang (וידעו מצרים כי אני יהוה Ex 7,5; 14,4.18). Für Israel soll sich im Exodus noch mehr zeigen, nämlich daß sich Jahwe an Israel als sein Volk gebunden hat (וידעתם כי אני יהוה אלהיכם Ex 6,7). Anscheinend kann man sich der Evidenz des Geschehens entziehen, wenn man es nicht im Licht der Zukunft Jahwes sieht. Denn die Wüste ist in der Tat nicht das Ziel des Auszugs. Wenn der Marsch in die Freiheit mit dem Tod durch Hunger enden würde, wäre er wohl mit Recht nicht Jahwe zuzuschreiben. Aber das Volk ist zu kurzatmig, es will kurzfristigen Erfolg sehen. Vorschnell meint es, über die scheinbar abgeschlossen vorliegenden Fakten urteilen zu können. Hier versuchen Mose und Aaron die Perspektive, in der die "Fakten" wahrgenommen werden, weiterhin offen für Gottes zukünftiges Handeln zu halten.

Jahwes Handeln wird für den Abend und den Morgen angekündigt. Darin ist wahrscheinlich ein Rückgriff auf das Schöpferhandeln Jahwes in Gen 1 zu sehen. Auch dieses erstreckte sich in Zeiteinheiten, die durch Abend und

---

[18] E.Ruprecht, Mannawunder, 283 will in dieser Ankündigung Anklänge zum Bekenntnis der Zuversicht in den Klagepsalmen finden, allerdings sind die formalen und inhaltlichen Unterschiede sehr deutlich: Zunächst ist zu notieren, daß die von Ruprecht angeführten Psalmstellen (Ps 83,18-19; 102,16-18) in der dritten Person formuliert, hier wird jedoch in direkter Anrede formuliert (2.Person). Sodann erinnert die Erkenntnisthematik in Ex 16 viel eher an Ezechiel und Deuterojesaja als an die Psalmen. Schließlich ist der Ankündigung ein präziser Termin beigegeben, was einem Bekenntnis der Zuversicht nicht entspricht. Die terminliche Ankündigung muß denn auch Ruprecht wegdiskutieren (Mannawunder, 284).

Morgen begrenzt waren.[19] Wie dieses Tageschema in Gen 1 auf den Sabbat hin zuläuft, so auch in Ex 16.

In V 9 bereitet Aaron dann die Gemeinde auf das Erscheinen des KABOD vor.[20] Deutlich markieren das ויהי und das והנה (Ex 16,10) einen wichtigen Wendepunkt der Erzählung. "In dramatischer Raffung überstürzen sich jetzt fast die Ereignisse."[21] Israel wendet sich auf Anweisung Aarons der Wüste zu, und aus dieser Richtung (vom Sinai?) kommt Jahwe Israel auf dem Marsch zum Sinai entgegen. Er erweist seine Gottheit eben an dem Ort, an dem Israel diese bezweifelt hatte (V 2). Das Erscheinen des KABOD ist der Wendepunkt der Erzählung. In den folgenden Versen nimmt Jahwe sowohl auf das Murren der Israeliten (Ex 16,2), als auch auf die Ankündigung von Mose und Aaron (Ex 16,7) Bezug:

V 12: שמעתי את תלונת בני ישראל
V 7: בשמעואת תלנתיכם
V 2: וילינו כל־עדת בני־ישראל על־משה

Jahwe gibt Mose und Aaron gegenüber Israel Recht. Israels Murren gegen Mose und Aaron ist in der Tat ein Aufbegehren gegen Jahwe! Wohl deshalb spricht Jahwe die Israeliten nicht als Gemeinde an. Es zeigt sich, daß das murrende Israel nicht mehr die Gemeinde darstellt, sondern sich in seiner Identität aufgibt. Daß Jahwe auf der Seite von Mose und Aaron steht, zeigt sich auch darin, daß ihre Ankündigung eintrifft. Der Aufbau der Verse 12-13 entspricht dem der Verse 6-7.[22] Nun präzisiert Jahwe selbst, wie sich die Erkenntnis Israels vollziehen wird: die wunderbare Gabe von Nahrung soll Israel zur Erkenntnis Jahwes führen.

Aber wie reagiert Israel auf die wunderbare Gabe Jahwes? Sie sehen (Ex 16,15 ויראו). Dies ist ein lexikalischer Rückbezug auf V 7. Dann interpretieren sie das, was sie sehen: "Das ist ja bloß Manna!"[23] Selbst nach dem Machterweis Jahwes beharren die Israeliten also bei ihrer Grundhaltung des Murrens! Sie ordnen die wunderbare Gabe als natürliches Produkt in ihr gewohntes Weltwissen ein, ohne in diesem Geschehen Jahwes Handeln zu erkennen. Sie interpretieren auch dieses Geschehen im falschen Licht. Die Israeliten sehen zwar, aber sie erkennen nicht! Auch dies ist mittels lexikalischer Rekurrenz herausgearbeitet:

---

[19] Darauf und auf weitere Gemeinsamkeiten dieser Erzählung mit Gen 1 hat auch E.Zenger, Gottes Bogen, 170 hingewiesen. Vgl. auch W.Brueggemann, Land, 30-35.
[20] Zu קרב לפני יהוה ist Lev 9,5 zu vergleichen. Vgl. E.Ruprecht, Mannawunder, 285: "Die Wendung 'vor Jahwe treten' kann nur das Zusammentreten zu einem gottesdienstähnlichen Akt, nämlich einer Klagefeier, meinen". Eine Klagefeier ist freilich weder in Lev 9 noch hier im Blick.
[21] E.Ruprecht, Mannawunder, 285.
[22] E.Ruprecht, Mannawunder, 285 spricht von einer "Heilsankündigung". Auch in diesem Fall ist der Vergleich mit dem Aufbau des Klageliedes wenig erhellend. Jahwe kündigt eher im Stile ezechielischer Orakel sein Geschichtshandeln an.
[23] Allein für diese Stelle eine ad-hoc-Regelung des Lexikons zu konstruieren, nach der מן auch "Was?" heißen kann, so Gesenius, WöBu, 432r, ist nicht gerechtfertigt. Vgl. E.Ruprecht, Mannawunder, 287.

V 7: וידעתם כי יהוה
V 12: וידעתם כי אני יהוה אלהיכם
V 15: לא ידעו

Nun greift Mose erklärend ein, obwohl er gar nicht angesprochen ist. Mose "interpretiert das Manna als das von Jahwe verheißene 'Brot'."[24] Im Gegensatz zu dem Wunsch der Israeliten -Mose greift mit den Worten אכל לחם zurück auf ein Zentralthema des Murrens-, die sich die Beseitigung des Hungers nur durch eine Rückkehr nach Ägypten vorstellen konnten, stattet Jahwe durch seine Gabe Israel für den Weiterweg durch die Wüste aus.

Nun könnte die Erzählung eigentlich damit zuende gehen, daß der Erzähler kurz notiert, daß die Israeliten daraufhin Jahwe erkannten und Mose und Aaron auf dem weiteren Marsch durch die Wüste Gefolgschaft leisteten, denn die Eingangsspannung der Erzählung ist gelöst, der Mangel an Nahrung beseitigt.[25] Dies geschieht jedoch nicht. Von einer Erkenntnis der Israeliten ist nirgends die Rede! Moses Erklärung des Manna bleibt auf seiten des Volkes ohne entsprechende Gegenreaktion. Israel erkennt nicht, daß das Manna das Brot ist, das Jahwe gibt.[26]

(2) Die Verteilung des Manna und der Sabbat (Ex 16,16-31)
Der zweite Teil der Erzählung enthält keine durchgehende Spannung mehr. Die Erzählung wird in Gang gehalten durch fünf Befehle und deren Befolgung, bzw. Nicht-Befolgung durch Israel.[27] Die ersten vier Befehle werden von Mose ausgesprochen, in einem ersten Paar beziehen sie sich auf Sachverhalte, die das Manna betreffen, in einem zweiten Paar auf solche, die den Sabbat betreffen. Zuletzt ergreift auch noch Jahwe selbst das Wort.

Die Israeliten erfahren jetzt in aller Deutlichkeit, daß es mit diesem Manna nicht so steht, wie mit einer normalen Naturerscheinung [28], sondern daß dieses Manna in besonderer Weise Jahwes Seins- und Naturordnung zum Ausdruck bringt. Es gibt eine dem Menschen schlechthin vorgegebene Ordnung in der Natur, die den aus Ägypten Befreiten in der Wüste offenbart wird. Israel bleibt gar nichts anderes übrig, als sich Jahwes Schöpfungsordnung zu fügen. Die geschichtlichen Fakten sind zweideutig, die Naturordnung ist unumstößlich. Allerdings zeigt sich, daß das Volk -zumindest Einige- bis zuletzt nicht erkennen, was da geschieht; sie verweigern den durch Mose vermittelten Geboten Jahwes den Gehorsam. Wirkliche Gotteserkenntnis könnte aber für

---

[24] E.Ruprecht Mannawunder, 287.
[25] E.Ruprecht, Mannawunder, 288: "An sich ist die am Beginn der Erzählung mit der Klage der Israeliten gesetzte Spannung mit V15 gelöst, so daß hier die Erzählung enden könnte. Wenn aber dennoch eine Fortsetzung folgt, haben wir hier zumindest eine deutliche Zäsur."
[26] Gegen E.Ruprecht, Mannawunder, 287, der meint, Mose habe Israel tatsächlich zur Erkenntnis gebracht.
[27] Auf den unterschiedlichen Aufbau dieser beiden Teile hat E.Ruprecht, Mannawunder, 290 hingewiesen. Dieser erzählstrukturelle Sachverhalt stellt als solches noch keinen literarkritischen Bruch dar (gegen P.Weimar, Zur Freiheit geschaffen, 90 Anm 10).
[28] E.Ruprecht, Mannawunder, 288f erwähnt selbst mehrere Male das entscheidende Stichwort zur Interpretation der Passage: "Überraschende Erfahrung"!

die Dimension des Handelns nicht folgenlos bleiben. Erkenntnis Gottes müßte sich im Gehorsam gegenüber Jahwes Gebot zeigen. So zeigt sich, daß Israel Jahwe nicht erkannt hat, obwohl Mose gerade die Erkenntnis Jahwes als Ziel des göttlichen Handelns angegeben hatte (Ex 16,7). Es bleibt die Spannung, ob Israel nicht zu einem späteren Zeitpunkt doch noch zur Erkenntnis Jahwes kommen wird.

Der *erste Befehl* des Mose betrifft die Menge an Manna, die jedem zusteht. Hier herrscht das Ideal strikter Gleichheit, die von der Fiktion ausgeht, daß jedem sein Tagesbedarf zukommt (לפי אכלו = die Tagesration zum Essen). Da sich erst beim Nachmessen herausstellt, daß tatsächlich alle nur die ihnen zustehende Ration gesammelt haben (Ex 16,18), kann man unterstellen, daß diese Gleichheit von den Sammelnden nicht unbedingt intendiert war. Es gehört also zum überraschenden Charakter dieser Gottesgabe, daß sie das Entstehen von Besitzunterschieden unter den Israeliten gar nicht erst zuläßt.

In Ex 16,19 folgt ein *weiterer Befehl*: Niemand soll etwas übrig lassen. Dies kann am ehesten so interpretiert werden, daß die Gemeinde sich auf die Fürsorge Jahwes bewußt einlassen soll; sie soll nicht haushalten und Vorrat ansammeln. Sie soll sich nicht von der Sorge bestimmen lassen, auch nicht in Gestalt der Vor- sorge. Hier jetzt kommt der Ungehorsam zum Ausbruch. Obwohl nur einige gegen den Befehl verstoßen (V 20), sind doch alle verantwortlich. So dürfte es zu interpreieren sein, daß pauschal formuliert wird: *Sie hörten nicht auf Mose* (V 20). Aber die, die dem Befehl Moses nicht nachkommen, haben davon keinen Vorteil. Die Früchte ihrer Arbeit, das gesammelte Manna, verflüchtigen sich (Ex 16,20f). Das Manna ist das tägliche Brot, von dem nichts für den nächsten Tag übrigbleibt, und das man nur je und je neu gewinnen kann. Freilich hat Gottes Treue sich an einen dauernden Rythmus der Zuteilung gebunden, auf den der Mensch sich verlassen kann -aber auch verlassen soll. Auch in diesem Fall zeigt sich, daß das Manna eine Speise ist, die durch und durch der göttlichen Ordnung entspricht. Israel muß sich Gottes Willen fügen, weil er von gleichsam naturgesetzlicher Unumstößlichkeit ist. Jeder Versuch des Verstoßes ist einfach erfolglos. Der Leser erwartet nun vielleicht eine Reaktion Jahwes.[29] Stattdessen wird Mose zornig (Ex 16,20). Umso deutlicher steht dazu die Geduld Jahwes in Kontrast, der auf den Ungehorsam Israels hin nicht eingreift.

Der *dritte Befehl* betrifft den Sabbat, deutlich spielt das Lexem שבת (Ex 16,23) auf den priesterschriftlichen Schöpfungsbericht (Gen 2,2) an. Wie an anderen Stellen auch, so verbindet P Schöpfung und Geschichte.[30] Es gibt gleichsam unverbrüchliche, stabile Seinsordnungen, die im Laufe der

---

[29] Dies hat G.W.Coats, Rebellion, 95 herausgearbeitet, der diese Erwartung mit dem Aufbauschema einer Murrerzählung begründet.

[30] Vgl. etwa P.Weimars Beobachtung: "Es besteht in der Priesterschrift deutlich eine Entsprechung zwischen dem Ruhen Gottes am siebten Tag als Abschluß der Schöpfung, und der ebenfalls am siebten Tag aufgetragenen Errichtung einer Wohnung Jahwes als Abschluß der Herausführung aus Ägypten. Die Wohnung Jahwes, in der sich die Gegenwart Gottes bei seinem Volk manifestiert, ist damit zugleich der Ort, von dem neue Freiheit eröffnende Lebensmöglichkeiten ausgehen" (Zur Freiheit geschaffen,88).

Geschichte nicht mehr geändert, sondern nur entdeckt werden können. Diese Schöpfungsordnungen hat der Mensch feiernd anzuerkennen, in einem bewußten Abstand-nehmen von den Vorsorgemöglichkeiten seiner Arbeit.

Am siebten Tag (Ex 16,25f) äußert Mose den vierten Befehl: Eßt es heute![31] Die Formulierung in Ex 16,26 erinnert deutlich an das Sabbatgebot des Dekalogs. Nur, daß hier kein Verbot, sondern eine einfache Feststellung vorliegt. Mose appelliert nicht, sondern weist auf die faktische Erfolglosigkeit der Arbeit am Sabbat hin:

Ex 20,9f: ששת ימים תעבד ... ויום השביעי שבת ליהוה... לא־תעשה

Ex 16,26: ששת ימים תלקטהו וביום השביעי שבת לא יהיה־בו

Nachdem der Leser schon seit geraumer Zeit auf ein Eingreifen Jahwes wartet, das die andauernde Übertretung der Befehle Moses verurteilt, ergreift Jahwe in Ex 16,28 das Wort. Deutlich später als bei Mose wird sein Unmut in einer Klage laut. Etwas merkwürdig ist, daß Jahwe plötzlich vom Übertreten seiner Gesetze spricht, da nicht recht ersichtlich ist, von welchen Gesetzen die Rede ist. Am ehesten ist wohl an Ex 15,25b-26 zu denken, auch wenn dort vom Sabbat keine Rede ist. Davon, daß Jahwe den Sabbat *gegeben* (V 29) habe, hat man bisher nichts erfahren. Der Ton lag vielmehr auf der Auffindung einer Schöpfungsordnung, der Israel sich fügen mußte. Jetzt erläßt Jahwe ein Ausgehverbot für den Sabbat. Mit der Namenserklärung des Manna (Ex 16,31) kommt dieser Abschnitt zum Schluß. Die Geschmacksbeschreibung soll anscheinend belegen, daß das Manna eine Köstlichkeit des Speisezettels darstellte.[32]

(3) Das Manna als Zeichen für die Zukunft
Mit Vers 32 wird eine neue Perspektive der Erzählung eröffnet: die künftigen Generationen. Mose beauftragt Aaron, ein Gomer Manna "vor Jahwe" -d.h. nach Ex 16,34 "vor der EDUT" (vgl. Ex 25,16)- zu deponieren. Ex 16,35 ist durch seinen chiastischen Aufbau, in dem der zweite Versteil den ersten paraphrasiert und spezifiziert, sowie durch seinen ausblickartigen Inhalt als Schlußsatz ausgewiesen.[33] Wie die Erwähnung der EDUT bereits auf den Sinai vorgreift, so die Erwähnung der vierzig Jahre auf Num 14 und die Erwähnung des Landes auf Jos 5,12. Mit dem Stichwort ארץ נושבת ist zudem ein lexikalischer Rückbezug auf den Murrvorwurf der Israeliten (Ex 16,3) gegeben. Der Wunsch Israels nach bleibendem Aufenthalt wird erfüllt werden, aber nicht durch Rückkehr in die Sklaverei, sondern durch den Einmarsch in das Land Kanaan. Damit zeigt sich auch ein weiterer Charakterzug des Manna. Es ist Vorgeschmack auf das künftige Kulturland.

Damit ist die Erzählung am Schluß, der Leser wartet jedoch m.E. immer noch darauf, daß Israel Jahwe erkennt. Diese Erkenntnis müßte sich in einem

---

[31] Die Proform verweist auf das Übriggebliebene.
[32] So wohl zu Recht H.Greßmann, SAT, 83: "... sie haben jetzt, was sie wünschen, zwar kein Brot, aber etwas viel Besseres, Honigartiges, das sie ebenso lieben wie alle Süßigkeiten oder wie die Milch." Die Notiz über Aussehen und Geschmack des Manna deckt sich mit der von Num 11,8 und dürfte mit dieser literarisch zusammenhängen.
[33] Vgl. zum Stil solchen Aufbaus E.Koenig, Stilistik, 172.

spontanen Tun der gehorsamen Entsprechung gegenüber Jahwes Offenbarung zeigen oder in anderer Weise vom Erzähler markiert werden. Ein solcher Hinweis darauf, daß Israel Jahwe erkannt hat, fehlt in Ex 16. Er scheint mir erst in Lev 9 gegeben.[34] Dort bricht Israel in Jubel aus, als Jahwe das erste Opfer Israels mittels eines Feuers vom Himmel verzehrt. Liest man diesen Satz auf dem Hintergrund von 1 Kön 18,37-39, auf den P durch lexikalische Rekurrenz deutlich anspielt, so muß der Jubel als Ausdruck der Erkenntnis Jahwes als des wahren und einzigen Gottes interpretiert werden. Es entspricht dabei der Auffassung von P, daß das Volk in Lev 9 nicht, wie in 1 Kön 18,39, in den Ruf ausbricht: "Jahwe ist Gott, Jahwe ist Gott!". Nach der Anschauung von P wendet sich das Volk nämlich nicht in artikulierter Weise an Jahwe, dazu bedarf es der Vermittlung durch Mose und Aaron. Der Jubel Israels ist ein Ausdruck wirklicher Erkenntnis, er bringt gut die existentielle Betroffenheit dieser Erkenntnis zum Ausdruck, aber er geschieht unartikuliert in vorsprachlicher Gefühlsäußerung. Die Priesterschrift bringt damit wohl auch zum Ausdruck, daß die bekenntnismäßige Formulierung der Erkenntnis Jahwes gegenüber der elementaren religiösen Erfahrung sekundär ist.

3.3. Literarkritik von Ex 16

Die Literarkritik an diesem Text steht kaum vor einfachen Problemen.[35] War man sich bis vor wenigen Jahren ziemlich sicher, neben dem priesterschriftlichen Faden auch einen jahwistischen nachweisen zu können, so beurteilt man diese Hypothese in letzter Zeit zunehmend skeptischer.[36] Die traditionellen Argumente müssen daher erneut überprüft werden.

1. ARGUMENT: Die Verse 4-5
Das deutlichste Anzeichen literarischer Uneinheitlichkeit bietet die eigentümliche Stellung der Verse 4-5. Die Verse greifen in kaum sinnvoller Weise der weiteren Erzählung vor[37]: Jahwe redet zu Mose allein, während Mose *und* Aaron vom Murrvorwurf betroffen sind; der Sprachgebrauch weist Anklänge an den des Deuteronomisten auf; und es ist nur vom Brot die Rede, während sonst Brot und Fleisch das Thema bilden.[38]

---

[34] Ein Bezug auf Lev 9 deutete sich ja auch in Ex 16,9 an.
[35] Vgl. P.Maiberger, Manna, 4f.
[36] Bahnbrechend in dieser Hinsicht war E.Ruprecht, Mannawunder, der die wichtigsten Teile des sogenannten J-Fadens als nach- priesterschriftliche deuteronomistische Bearbeitungsschicht einstufte. Diese These hat viel Beachtung gefunden. Vgl. L.Perlitt, Wovon der Mensch lebt, 409 und die Übersicht bei U.Struppe, Herrlichkeit Jahwes, 117 Anm 21 sowie S. 118f. Die jüngste zweibändige Untersuchung von P.Maiberger, Manna, bes. 213 findet ebenfalls keine ältere Quellenschrift als P^g. Bahnt sich hier vielleicht schon ein neuer Konsens der Forschung an?
[37] Dies hat sogar C.F.Keil, Ex 431 angemerkt, auch wenn er diese Beobachtung nicht literarkritisch verwertet: "Hier in v.4 und 5 ist die göttliche Verheizung nur kurz nach ihren Hauptmomenten berichtet und wird erst in den Eröffnungen Mose's und Aarons an das Volk im Einzelnen vollständig mitgeteilt."
[38] Vgl. J.Wellhausen, Composition, 329; E.Ruprecht, Mannawunder, 279f.

Die Beobachtungen reichen in der Tat aus, um die literarische Eigenständigkeit der Verse 4-5 mit ziemlicher Sicherheit annehmen zu können. Wie steht es nun aber um die innere Einheit der Verse? In der Forschungsgeschichte hat man 4bβ meist noch einmal einer eigenen deuteronomistischen Schicht zugewiesen.[39] Mir scheint es allerdings fraglich, einen literarkritischen Bruch zwischen V 4bα und 4bβ anzunehmen, nur weil sich in diesem Versteil Lexeme finden, die aus dem dtn-dtr Sprachschatz stammen. Um einen Bruch wahrscheinlich zu machen, bedürfte es weiterer Indizien. So erscheint es wahrscheinlicher, davon auszugehen, daß die Verse 4-5 eine literarische Einheit bilden und beide Verse dem dtn-dtr Traditionsraum angehören.

2. ARGUMENT: Glosse in V 8
V 8 stellt eine unmotivierte Dopplung zu V 6-7 dar und ist deshalb sicher als literarisch sekundär anzusehen. "Die Glosse verrät sich schon durch die erneute Einführungsformel 'da sprach Mose', obwohl Mose v.6-7 bereits spricht."[40]

3. ARGUMENT: Glosse in V 36
V 36 gehört nicht eigentlich zur Erzählung, sondern erläutert die nur in Ex 16 begegnende Maßeinheit "Gomer", indem sie diese dem bekannten Hohlmaß Efa zuordnet.[41]

4. ARGUMENT: Die Verse 28-29
Während V 27 noch notwendig zum vorhergehenden Erzählzusammenhang gehört, heben sich die Verse 28-29 deutlich aus dem Geschehen heraus, ja sie stehen sogar in Spannung zu diesem. V 27 stellt klar, daß Moses Befehl und Ansage in V 25f in der Tat den Sachverhalt trifft: Einige vom Volk -und damit auch der Leser- können sich durch eigenen Augenschein von der Richtigkeit der Ankündigung Moses überzeugen. Die Sabbatkonzeption, die sich darin ausspricht, ist die, daß Israel den Sabbat als unumstößliche Schöpfungsordnung *entdeckt*. Dazu stehen die Verse 28-29 in deutlicher Spannung, nach der der Sabbat allein in einem Gebot Jahwes gründet, das es zu befolgen gilt. Die Übertretung des Gebotes ist strafwürdig, das Nicht-Anerkennen der Schöpfungsordnung ist schlicht erfolglos. Die Verse 28-29 verschärfen das Sabbatgebot auch noch dadurch, daß ein Ausgehverbot erlassen wird.[42]

Die literarkritische Herauslösung dieser Verse läßt sich durch einen Blick auf Num 14,11 noch weiter stützen. Auch dort beginnt der "dtr" Passus mit den Worten: ויאמר יהוה אל משה עד־אנה. Die Formulierung, die Konzeption von der Klage Gottes über das widerstrebende Israel und die Technik der Bearbeitung von literarischen Vorlagen durch Einfügung einer Jahwerede verbindet Ex 16,28-29 also mit Num 14,11 und erhärtet damit die These, daß

---

[39] W.H.Schmidt, Exodus, Sinai und Mose, 97.
[40] E.Ruprecht, Mannawunder, 280. Vgl. M.Noth, Ex, 107.
[41] E.Ruprecht, Mannawunder, 279.
[42] Vgl. die Ausführungen von E.Ruprecht, Mannawunder, 273.

diese Verse als Einschub zu betrachten sind.⁴³ Durch die Rekurrenz von תורה ist Ex 16,28-29 mit den Versen 4-5 verbunden und daher vermutlich der gleichen Schicht zuzuweisen.

Wenn man den Hauptfaden von Ex 16 P zuweist -wie dies allgemein geschieht-, so bleibt das Problem zu klären, wieso die Priesterschrift Israel nur in V 27 und 30 als העם bezeichnet. Das Lexem עם ist bei P sonst nur dann sicher nachweisbar, wenn Israel als Bundespartner Jahwes im Blick ist (Ex 6,7; Lev 9,23f). In diesem Zusammenhang könnte die Bezeichnung "Volk" gebraucht sein, um zu markieren, daß Israel sich in diesem Moment in Einklang mit der Schöpfungsordnung befindet. Israel hat teil an der Ruhe Jahwes nach der Erschaffung der Welt, die er nach sechs "Arbeitstagen" eingelegt hat, und ist so im Einklang mit Jahwe, auch wenn ihm das selbst nicht bewußt sein mag.

5. ARGUMENT: Die Verse 32-34
Ex 16,31 markiert einen deutlichen erzählerischen Einschnitt, der durchaus auch als Schluß fungieren könnte.⁴⁴ Mit V 32 beginnt ein Passus in priesterschriftlichem Stil, dessen Interesse den "künftigen Generationen" gilt. Als besonders störend fällt auf, daß in V 34 die עדת erwähnt wird, was an dieser Stelle als verfrüht erscheint ⁴⁵, auch spielt das Sabbatmotiv keine Rolle mehr. Ex 16,32-34 sind also sehr wahrscheinlich einem späten Ergänzer der Priesterschrift zuzuweisen.⁴⁶

6. ARGUMENT: V 35 uneinheitlich?
Die sachliche Parallele zwischen Ex 16,35a und 35b wird zum Teil als unmotivierte Dopplung und somit als literarkritischer Bruch betrachtet.⁴⁷ Dies ist jedoch keineswegs überzeugend. Die Vershälften sind vielmehr kunstvoll chiastisch parallelisiert. Das Land wird in V 35a als das Land eingeführt, in dem Israels Wunsch nach dauerhafter Ruhe in Erfüllung gehen wird, in V 35b wird dies dann näher erläutert als das "Land Kanaan". Dieser Ausblick in die Zukunft markiert den Abschluß der Erzählung.

---

⁴³Man kann fragen, ob nicht auch Ex 16,30 zu diesem Einschub gehört. Mir scheint jedoch, daß Ex 16,30 als Fortsetzung von V 27 erzählerisch nötig ist. Der Bearbeiter hat allerdings seinen Einsatzpunkt gut gewählt, da V 30 auch als Folge des Jahwebefehls denkbar ist.

⁴⁴Ex 16,31 darf kaum als unmotivierte Dopplung zu V 14f eingestuft werden, der thematische Rückgriff markiert eher einen rahmenden Abschluß (so auch P.Maiberger, Manna, 88f). Auch die Vorwegnahme des Namens "Manna" in V 15 vor der Namensnennung in V 31 ist kein Widerspruch. So hat A.S.Yahuda, Sprache des Pentateuch, 245 herausgestellt: "Ein gemeinsamer Zug bei der Namengebung von Orten ist die Antizipierung des neuen Namens, noch b e v o r seine Entstehung mitgeteilt ist."

⁴⁵Die EDUT begegnet sonst erst in Ex 25,16.21; 31,7 und wird erst in Ex 40,20 in die Lade gelegt. Vgl. M.Noth, Ex, 109; E.Zenger, Ex, 172f.

⁴⁶Vgl. dazu die ausführliche Begründung von E.Ruprecht, Mannawunder, 276-278. Seine These, daß V 32 eine Dublette zu V 33-34 bilde und deshalb literarisch eigenständig sei, kann nicht überzeugen. Eine gewisse "umständliche" Ausdrucksweise in diesen Versen gehört doch wohl zum Stil.

⁴⁷So z.B. M.Noth, Ex, 105.

7. ARGUMENT: Unausgeglichene Vorstellungen vom Manna?
Nach V 21 "schmilzt" das Manna an der Sonne, während man es nach V 23 kochen und backen und nach V 33 für alle künftigen Generationen aufbewahren kann. Nach V 16a.18b.21 hat jeder nach seinem Bedarf Manna gesammelt, nach V 16b.18a dagegen jeder genau ein Gomer. Bei der Auswertung dieser "naturkundlichen" Angaben des Erzählers muß man besonders vorsichtig operieren. Die vom Erzähler fiktiv konstruierte "Textwelt" hat ihre eigenen Gesetzmäßigkeiten, die ganz im Dienste der theologischen Aussage stehen. So erklärt sich der naturkundliche Widerspruch, daß das nicht gesammelte Manna sich an der Sonne verflüchtigt, während das gesammelte Manna weiterverarbeitet werden kann, aus der erzählerischen Absicht: auf diese Weise bleibt Israel auf die täglich neu gegebene Ration Manna angewiesen. Weder bleibt nicht gesammeltes Manna als Vorrat liegen, noch kann man gesammeltes Manna ansparen (Ex 16,20). Und auch wenn Ex 16,33 literarisch einen Nachtrag darstellt, so ist es doch theologisch gut verständlich, daß der Befehl Jahwes, das Manna aufzubewahren, dessen Verfallseigenschaften automatisch aufhebt. Literarkritisch sind solche "Unstimmigkeiten" jedenfalls nicht auszuwerten. Auch die scheinbar verschiedenen Mengen, die gesammelt werden sollen, bilden keinen Widerspruch. V 16b und 18b sind jeweils ansyndetisch angefügte Maßangaben, die den Befehl Moses näher erläutern. Der Text geht von der Fiktion aus, daß durch ein Gomer der Bedarf jedes Einzelnen gedeckt wird.

ERGEBNIS
Damit können wir als Ergebnis festhalten, daß der P-Faden die Verse 1-3.6-7.9-27.30-31.35 umfaßt.[48] Da die Verse 4-5.28-29 den P-Faden offensichtlich schon voraussetzen, liegt hier eine Bearbeitungsschicht vor, die vom Sprachgebrauch her in eine deutliche Nähe zum dtn-dtr Traditionsraum gerückt werden kann. Sie sei deshalb D-Schicht genannt. Vermutlich noch später liegt die Einfügung der Verse 32-34, die im priesterschriftlichen Stil formuliert sind und deren Interesse die künftigen Generationen sind. Zeitlich nicht recht einzuordnen sind die Glossen in V 8 und V 36.

3.4. Interpretation der P-Schicht in Ex 16

Die Intention der P-Schicht wird besonders deutlich, wenn man sie mit der Intention der Bearbeitung in Ex 16,4-5.28-29 kontrastiert. Die D-Schicht legt das Gewicht darauf, daß Jahwe den Sabbat als Gebot "gibt" und Israel dieses Gebot zu befolgen hat. Anders dagegen P: Hier wird der Sabbat als eine Struktur der Zeit selbst verstanden, der die Schöpfung seit ihrer Erschaffung unterliegt. Auf diese Struktur stößt Israel im Verlauf der Sammlung des Manna. Es kommt nicht darauf an, einem Gebot zu gehorchen, sondern diese

---

[48] Damit bestätigt sich im wesentlichen die Analyse, die E.Ruprecht, Mannawunder vorgenommen hat. Die Analyse von P.Maiberger, Manna, nach der P die Sabbathematik ausgespart haben soll, erscheint mir wenig wahrscheinlich.

Schöpfungsordnung als eine heilvolle Begrenzung der Vorsorgemöglichkeiten menschlicher Arbeit anzuerkennen. Der Mensch soll sich einfinden in die Ehrfurcht gegenüber der Schöpfung und ihrer Ordnung. Die Welt hat eine eigene Dignität, die menschlicher Arbeit unhintergehbar vorausliegt. Die Natur weist den Menschen in die gottgemäße Form des Verhaltens ein. Ein Verstoß des Menschen gegen diese Schöpfungsordnung ist schlicht erfolglos, denn die menschliche Arbeit ist angewiesen auf die Bereitstellung natürlicher Ressourcen, die einer menschlichen Bearbeitung als formbare Materie zu Grunde liegen. In dieser Angewiesenheit auf das Manna soll Israel der Angewiesenheit auf Jahwe gewahr werden. Das Manna läßt sich nicht zur Vorsorge aufbewahren; deshalb muß sich Israel täglich neu in das Vertrauen einüben, daß Jahwe für die Zukunft sorgen wird.[49]

Am Beispiel des Manna reflektiert P darüber hinaus auch über die Verteilung der Ressourcen. P geht vom Ideal der Gleichheit aus. Jeder bekommt gleich viel, und zwar einen reichlichen Tagesbedarf. Der Charakter des Manna läßt nicht zu, daß Besitzunterschiede zwischen den Israeliten überhaupt erst entstehen, die sozialen Verteilungsmechanismen werden außer Kraft gesetzt. Mehrarbeit ist erfolglos, denn da sich das Manna wieder verflüchtigt (Ex 16,21), ist es sinnlos, ein zweites Mal am Tag zu sammeln. Sparen ist erfolglos, denn wer versucht, sich durch Ansparen einen Vorteil zu verschaffen, dem verdirbt das Manna (Ex 16,20). Und auch die Nichtbeachtung der Sabbatruhe bringt keinen Erfolg: die am Sabbat Manna sammeln wollen, finden nichts (Ex 16,27).

3.5. Überlegungen zum historischen Ort des P-Fadens

Fragt man nach dem historischen Ort einer solchen Theologie, so legt sich die spätexilisch-frühnachexilische Zeit nahe.[50] Die Feier des Sabbats dürfte im Exil erstmals in zentraler Weise zum Thema des Glaubens gemacht worden sein. Zum einen wohl deshalb, weil es als religiöses Unterscheidungskriterium nach außen dienen konnte, zum anderen deshalb, weil der Sabbat auch ohne Tempel zu begehen war. Der Sabbat war nicht an den Tempel gebunden, und die soziale Einheit, die ihn feierte, war das "Haus", also die Familie. Es bedurfte keines Priesters, keines heiligen Ortes und keiner großen religiösen Versammlung der Gemeinde. Insofern war es ein idealer Feiertag für die Existenzform Israels in der Diaspora.

Das Insistieren der Priesterschrift auf einer gerechten Verteilung des Manna ist am besten als eine Form der Verarbeitung der prophetischen Kritik seit Amos verstehbar. P sieht deutlich, daß jede Gemeinschaft mit dem grundlegenden Problem umgehen muß, wie die Güter verteilt werden. Für das aus den ungerechten Strukturen Ägyptens befreite Israel geht P vom Ideal strikter Gleichheit aus. Interessant ist nun, daß sich P die Verwirklichung der Gleich-

---

[49]Vgl. H.Thielicke, Glauben als Abenteuer, 84f.
[50]Vgl. zB. R.Bartelmus, Arbeitsruhegebote, 55f.

heit nicht von entsprechenden Geboten Jahwes erwartet, die ohnehin -zumindest von einigen- nicht befolgt werden, sondern von der Macht von Seinsordnungen, die der Mensch nicht ändern kann, und gegen die zu verstoßen, schlicht erfolglos bleiben muß. Zeigt sich in diesem Gedanken, daß die äußeren Strukturen das Innere des Menschen kompensieren können, nicht eine Antwort auf die Prophetie Jeremias, der zu der radikalen Einsicht fand, daß der Mensch von seinem innersten Wesen her nicht bereit ist, Gottes Willen zu entsprechen (vgl. Jer 6,10; 13,23; 17,1)?

4. ZUR KOMPOSITION DER WÜSTENWANDERUNG IN P

Nachdem wir nun die Einzeltexte analysiert haben, ist die Basis für eine Untersuchung der episodenübergreifenden Strukturen von P gewonnen.[1] Zunächst (4.1.) soll nach dem gemeinsamen Erzählmuster der Erzählungen, sodann (4.2.) nach den theologischen Intentionen, die in diesem Erzählmuster zum Ausdruck kommen, schließlich (4.3.) nach der kompositionellen Bedeutung des Sinai und endlich (4.4.) nach dem historischen Ort von P gefragt werden.

4.1. Das Erzählmuster "KABOD-Erzählung" in P

Die Priesterschrift hat die Zeit der Wüstenwanderung als die Urzeit Israels verstanden. Nur in dieser Geschichtsepoche erscheint der KABOD Jahwes. Der KABOD bezeichnet die Israel als Gemeinde (עדה wird von P erst ab Ex 12.16 verwendet!) vorbehaltene Art und Weise der sinnlich erfahrbaren Gegenwart Jahwes. Die Ägypter dagegen können wohl Jahwes herrliches Handeln (Ex 14,4.17f כבד-Nifal) wahrnehmen, nicht aber seine personale Erscheinungsweise. Es liegt nahe, in der "Gewährung seiner (=Jahwes; AS) allerpersönlichsten Gegenwart" den Höhepunkt der priesterschriftlichen Darstellung zu sehen.[2] Dem aus Ägypten befreiten Israel stiftet Gott seine unverbrüchlichen Ordnungen ein und nimmt am Sinai selbst Wohnung inmitten Israels. Das Ende der Wüstenzeit Israels ist für P mit Num 20,1-13 gegeben.[3] Deutlich markiert ist dieser Einschnitt dadurch, daß der KABOD danach nicht mehr erscheint. Nach Num 20,1-13 klingt die Erzählung damit aus, daß von der geordneten Übergabe der beiden Führungsämter erzählt wird. Die Erzählung vom Tod Aarons (Num 20,22-29) gehört von der Thematik her mit der ähnlichen Erzählung von der Amtsübergabe Moses an Josua (Num 27,12-23) zusammen.[4] Die Differenz zwischen Aaron und Mose liegt darin, daß Aaron das Land nicht mehr sehen darf, während Mose das Land von Jahwe gezeigt bekommt.[5]

Die Episoden von P zeigen in ungewöhnlich starkem Maß Gemeinsamkeiten bis in den Wortlaut hinein. Dies wird man als Ausdruck einer sehr

---

[1] Num 16-17 soll ausgespart bleiben; die Forschung ist sich weitgehend einig, daß der P-Faden in Num 16-17 nicht zum Grundbestand der Priesterschrift gerechnet werden kann. Hier besteht Konsens zwischen M.Noth, ÜPent, 18f; N.Lohfink, P und Geschichte, 198 Anm 29; Z.Zevit, Converging lines, 495 Anm 67; K.Elliger, Sinn und Ursprung, 122. Auch U.Struppe, Herrlichkeit Jahwes behandelt Num 16-17 nicht.
[2] K.Elliger, Sinn und Ursprung, 127.
[3] Im Gegensatz zum Endtext geht P davon aus, daß Israel im transjordanischen Gebiet nie gesiedelt hat. Es ist deshalb wenig hilfreich, wenn E.Zenger, Bogen, 161 den Abschnitt Num 10,11 - Dtn 34,9 als "Die Landgabegeschichte" überschreibt.
[4] Beide Erzählungen sind überdies auffallend parallel strukturiert.
[5] Darauf hat F.Kohata, Num 20, 33 Anm 52 hingewiesen.

bewußten kompositionellen Gestaltung zu interpretieren haben. Das konstanteste Erzählmoment in allen Episoden stellt das Erscheinen des KABOD Jahwes dar. In jeder dieser Erzählungen leitet das Erscheinen des KABOD die Wende ein: Nachdem sich die Eingangsproblemlage im Verlauf der Erzählung zunehmend verschärft hat, wird durch die Intervention Jahwes in Gestalt des KABOD die Beseitigung der Problemlage eingeleitet. Man kann auf Grund dieses Sachverhalts geradezu von "KABOD-Erzählungen" sprechen. Folgendes Erzählmuster läßt sich rekonstruieren:

(1) WEGENOTIZ
Die בני ישראל setzen ihre Wanderung durch die Wüste (מידבר) fort, indem sie von einem namentlich genannten Ausgangsort in einem bestimmten Monat zu einem namentlich genannten neuen Lagerort ziehen. Mit dieser Notiz wird die raum-zeitliche Verortung der folgenden Erzählung geleistet.

(2) MANGEL
Daraufhin tritt eine Mangelsituation ein, die für Israel eine tödliche Bedrohung bedeutet.

(3) MURRVORWURF
Die ganze Gemeinde (כל עדה) murrt gegen Mose und Aaron. Der Murrvorwurf wird immer in direkter Rede wiedergegeben.
    (a) Er beginnt mit einem irrealen Wunsch. Israel wäre lieber zu einem früheren Zeitpunkt gestorben als ausgerechnet jetzt, denn der Tod an einem früheren Ort hätte in Kontakt mit Jahwe stehen können. Der nun bevorstehende Tod scheint dagegen sinnlos und absurd.
    (b) Daran schließt sich eine vorwurfsvolle Frage an, die unterstellt, daß der Auszug aus Ägypten nun endgültig in den Tod geführt habe.

(4) MOSE UND AARON
Mose und Aaron reagieren auf diesen Vorwurf; sie stellen sich gegen den Murrvorwurf der Gemeinde und auf die Seite Jahwes.

(5) DER KABOD ERSCHEINT
Der so entstandene Konflikt zwischen Gemeinde und Mose und Aaron wird durch ein Eingreifen Jahwes entschieden. Konstant wird das Erscheinen des כבוד יהוה mit dem Nifal von ראה konstruiert.

(6) JAHWE
Dem Erscheinen des KABOD folgt ein Reden Jahwes zu Mose. Konstant begegnet die Formulierung וידבר יהוה אל משה לאמר. Schon dadurch, daß allein Mose einer direkten Anrede Jahwes gewürdigt wird, ist er vor aller Augen als Führer Israels legitimiert. Dann folgt eine direkte Rede.
    (a) Jahwe stellt in lexikalischem Rückbezug auf das Murren der Gemeinde deren Unrecht fest.
    (b) Jahwe kündigt sein weiteres Handeln an, dieses umfaßt auch eine Beseitigung des unter (2) dargestellten Mangels.

(7) VOLLSTRECKUNG
Der Erzähler notiert, daß die Handlungsankündigung Jahwes in der Tat verwirklicht und der Mangel beseitigt wird.

4.2. Die Intention des Erzählmusters "KABOD-Erzählung"

Dieser gleichförmige formale Aufbau der KABOD-Erzählungen bringt die inhaltlichen Grundanliegen von P zum Ausdruck. Israel befindet sich in der Wüste, in einer Übergangssituation. Israel ist heraus aus der Sklaverei Ägyptens und auf dem Weg in das verheißene Land. Es ist heraus aus den Zwängen der Sklavenarbeit, es ist befreit aus der Macht des Pharao. Aber wahre Freiheit ist nicht die bloße Negierung aller Herrschaft. Es kommt darauf an, der Zwangsherrschaft des Pharao eine Form der Führung der Gemeinde entgegenzusetzen, die nicht auf Zwangsmaßnahmen beruht, sondern dem Volk die gewonnene Freiheit zu gestalten ermöglicht. Dem einen Pharao wird von P das Zweigespann Mose und Aaron entgegengesetzt. Einer solchen Führung bedarf Israel, da es als rebellischer Haufen zu einer Gestaltung der Freiheit nicht fähig ist. Mose und Aaron vertreten eine Form der Führung, die der Bestimmung Israels gerecht wird. Die Führung von Mose und Aaron beruht auf ihrer Autorität, die solange funktioniert, wie sie anerkannt ist.

Dies ist nun aber die Erfahrung, die P (und nicht nur P) zum Ausdruck bringt, daß die Autorität Moses bei den Israeliten gerade dann keine Anerkennung findet, wenn Israel in Not gerät. In einer Phase der Geschichte, in der der endgültige Erfolg der Wanderung noch nicht verwirklicht ist, sondern durch dringende Probleme der Versorgung mit dem Lebensnotwendigen ernsthaft in Zweifel gezogen ist, ist das Volk nicht in der Lage, das Zutrauen zu Mose und Jahwe zu bewahren. Die Autorität und Kompetenz des Mose wird von den vor Augen liegenden Resultaten seiner Führung her stark in Zweifel gezogen. Das Unternehmen des Exodus scheint in der Trost- und Gottlosigkeit der Wüste gescheitert.

Mose und Aaron verfügen in dieser Situation selbst über keine Zwangsmittel, ihre Führung auch gegen Widerstand durchzusetzen. Sie müssen deshalb in einer Konfliktsituation eigens an Jahwe appellieren und sind von seinem Eingreifen abhängig. Jahwe greift so ein, daß er in Gestalt seines KABOD erscheint. In dieser Form seines Offenbarseins tritt er öffentlich und sichtbar dem Volk gegenüber, Mose und Aaron allein genießen das Vorrecht, daß Jahwe zu ihnen redet. Das Erscheinen des KABOD beinhaltet immer eine Legitimation von Mose und Aaron.

Jahwes Gegenwart begleitet sein Volk und doch muß er in den entsprechenden Situationen erst erscheinen, um erfahrbar zu sein. Dem Erscheinen des KABOD soll auf Seiten des Menschen die Erkenntnis Jahwes in seinem Persongeheimnis und zugleich in seinem Herrsein entsprechen. Wo solche Erkenntnis sich vollzieht, kann sie nicht theoretische Einsicht bleiben, sie äußert sich vielmehr in einem Verhalten, das vom Gehorsam gegenüber Jahwe geprägt ist.

Dadurch daß eine Mehrzahl von Erzählungen dieses Musters hintereinandergestellt werden, ergibt sich noch eine besondere Aussage. Obwohl sich Jahwe jedesmal wieder auf die Seite Moses und Aarons stellt und ihre Legitimität durch eine Beseitigung des Mangels bestätigt, ordnet sich Israel immer nur kurzfristig dem Mose unter. Beim nächsten Anlaß erhebt Israel erneut schwere Vorwürfe gegen Mose. Israel erweist sich als eine "Gemeinschaft des kurzen Gedächtnisses". Trotz einschneidender Erfahrungen ist es nicht lernfähig. Nie findet es zu einem völligen Vertrauen auf die Zukunft Jahwes. Es zweifelt immer wieder erneut daran, daß Jahwe ihm auch in Zukunft das Notwendige zukommen läßt.

4.3. Der Einschnitt des Sinai - Vergleich von Ex 16/P und Num 13f/P

Für das Verständnis der Komposition mindestens ebenso wichtig -und in der bisherigen Forschung eher etwas vernachlässigt- sind aber die Differenzen der Erzählungen. Mittels bewußter Abweichungen vom Erzählmuster werden dem Leser in aller Gleichartigkeit des Geschehens die entscheidenden Differenzen deutlich gemacht.[6] Die Abfolge gleicher Aufbaumuster macht die Kontinuität des Geschehens deutlich; die Differenzen zeigen, daß dieser Prozeß verschiedene Stufen hat.

Wie schon im Rahmen der Analyse des Endtexts festgestellt, bildet auch innerhalb der Priesterschrift der Sinai den entscheidenden kompositionellen Einschnitt. Welcher Art dieser Einschnitt ist, läßt sich durch einen Vergleich von Ex 16 und Num 13-14 deutlich machen. Beide KABOD-Erzählungen sind eng aufeinander bezogen und gerade deshalb treten auch die Differenzen zwischen beiden deutlich hervor.

Beide Erzählungen haben ein ähnliches Thema: es geht um die Stellungnahme Israels zu einer Gabe Jahwes. Diese thematische Ähnlichkeit ist durch lexikalische Rekurrenz hervorgehoben: [7]

Num 13,2: Erkundet das Land, אשר נתן יהוה לבני ישראל

Ex 16,15: Dies ist das Brot, אשר נתן יהוה לבני ישראל

In beiden Erzählungen geht es darum, inwieweit Israel dazu in der Lage ist, die mit der Gabe gegebene Aufgabe zu begreifen und wahrzunehmen. In beiden Fällen lehnt Israel diese Gabe ab. In Ex 16 dadurch, daß es das Manna nicht als das von Jahwe angekündigte Brot erkennt. In Num 13-14 dadurch, daß die Israeliten den Kundschaftern Glauben schenken, die das Land verleumden.

Die entscheidende Differenz liegt -wie schon auf der Ebene des Endtextes nachgewiesen- im unterschiedlichen Verhalten Jahwes. In Ex 16 reagiert Jahwe in keiner Weise strafend oder verurteilend. Die Gabe des Manna und des

---

[6] Auf diese Funktion von gleich strukturierten Erzählungen im Verlauf eines Erzählprogresses ist schon verschiedentlich hingewiesen worden. So von K.-H.Hartmann, Wiederholung im Erzählen (1979), R.M.Fowler, Loaves and Fishes (1981), J.C.Anderson, Double and Triple Stories (1985).

[7] Bei dieser Gegenüberstellung habe ich die Proformen durch die Eigennamen ersetzt, auf die sie referieren.

Sabbat wird Israel nicht entzogen, auch wenn Israel sich nicht der Gabe entsprechend verhält. Ein ähnliches Verhalten Israels in Num 13-14 führt jedoch dazu, daß Jahwe der Auszugsgeneration die zugesagte Gabe in einem zornigen Schwur wieder entzieht.

Wenden wir uns dem Vergleich im Einzelnen zu. Ich gehe so vor, daß ich am Erzählmuster KABOD-Erzählung entlang gehe und jeweils für die einzelnen Erzählelemente nach Gemeinsamkeiten und Differenzen frage.

(1) WEGENOTIZ [8]
Das in Num 13-14 erzählte Geschehen spielt sich etwa ein Jahr nach dem in Ex 16 erzählten ab. Beide Ereignisse liegen also auf einem linearen Zeitstrahl. Wie sich zeigen wird, haben sich im Fortgang des Geschehens inzwischen grundlegende Veränderungen ergeben, die auch die Grundlagen des Verhältnisses Jahwes zu seinem Volk betreffen.

(2) MANGEL
Ex 16 bietet keinen eigenen Erzählabschnitt, der den Mangel darlegt, vielmehr ist der Mangel (kein Essen) im Murrvorwurf Israels enthalten. So bleibt für den Leser unklar, inwieweit der Vorwurf, es gebe nichts zu essen, objektiv berechtigt ist oder sich nur aus der -die Verhältnisse in Ägypten verklärenden- Perspektive Israels ableitet (Ex 16,3). Will man in Num 13-14 von einem Mangel reden, so muß man wohl den ganzen Abschnitt Num 13,1-33 als Darlegung des Mangels einschätzen. Hier wird nun aber nicht ein Mangel dargelegt, der auf den Naturbedingungen der Wüste beruht, sondern einer, der in der negativen Wertung des fruchtbaren Landes besteht.

(3) MURRVORWURF
Hier finden sich starke wörtliche Übereinstimmungen (Ex 16,2 und Num 14,2):

וילנו כל עדת בני ישראל על משה ועל אהרן ויאמרו אלהם

Der in direkter Rede formulierte Murrvorwurf beginnt in beiden Fällen mit einem irrealen Wunsch. Die Israeliten wünschen sich, in Ägypten, bzw. in der Wüste, gestorben zu sein. Der Tod zu einem früheren Zeitpunkt wird vorgezogen. War dies in Ex 16 mit dem Hinweis darauf geschehen, daß Mose und Aaron die Versammlung eigenmächtig in die Wüste und damit in den Tod geführt haben, so erkennt Israel in Num 14,3 an, daß *Jahwe* Subjekt der Herausführung ist! Hatte Israel in Ex 16 Ägypten als Land der "Fleischtöpfe" beschrieben, so ist diese verklärte Sicht der Sklaverei angesichts der von den Kundschaftern mitgebrachten Weintraube (Num 13,26) gegenstandslos. Auch im Land Kanaan ist die reichliche Versorgung mit Lebensmitteln garantiert. Trotzdem murrt Israel. Es sieht die Pläne Jahwes bei einer militärischen Niederlage gegen die Bewohner des Landes enden. Gegenüber der Situation vor dem Sinai hat sich also dies geändert: Israel murrt, obwohl es nun ein klares

---

[8] Als Wandernotiz von Num 13-14 wird man Num 10,11f zu betrachten haben. Die Erwähnung der Wolke in Num 10,11f zeigt, daß P die Bedeutung der Wolke aus Ex 13,21f und 14,19f kennt und aufnimmt.

Bewußtsein darüber hat, daß dies eine Opposition gegen Jahwe darstellt! Am Sinai hat Israel also Jahwe als Subjekt des Exodusgeschehens erkannt (Lev 9). Eine Steigerung der Unverschämtheit des Murrvorwurfs kann man auch darin erblicken, daß die Israeliten nun zum Mittel der Verschwörung greifen. Im Geheimen planen sie die Einsetzung eines neuen Führers und die Rückkehr nach Ägypten.

(4) MOSE UND AARON

Auch die Funktionen der Figuren Mose und Aaron ändern sich nach dem Sinai. In Ex 16 ergreift Mose auf den Vorwurf der Israeliten hin die Initiative und kündigt Jahwes Eingreifen an, ohne daß Jahwe ihm etwas Entsprechendes geboten hätte, was wohl als Zeichen besonders intimer Vertrautheit gewertet werden muß. In Num 13-14 ist dies anders: zusammen mit Aaron fällt Mose auf sein Angesicht. Das Gesicht ist der Sitz der Sinnesorgane, mit denen man mit anderen Menschen und mit der Welt in Kontakt tritt. Diese Beziehungen machen den Menschen als Person aus. Die Geste symbolisiert also die freiwillige Auslöschung der Personwürde und ist als Selbstminderungssymbol zu interpretieren. Eine solche Selbstminderung ist angebracht, wenn man einem sozial höher Gestellten entgegentritt, vor dessen Größe man nicht bestehen kann (z.B. Proskynese vor Königen), oder wenn man die eigene Hilflosigkeit demonstrieren will. Analog zu Num 20,6 ist davon auszugehen, daß hier ein Bittgestus vorliegt, mit dem Jahwe zum Eingreifen aufgefordert wird.[9] Das ist vorgelebtes Vertrauen auf die Gegenwart Jahwes in seinem Volk!

Das Eingreifen Jahwes erfolgt aber nicht sofort, sondern erst, nachdem die mutmachende Rede Josuas und Kalebs das Volk von der geheimen Verschwörung zur offenen Rebellion getrieben hat, ja zur Lynchjustiz (Num 14,10a).

(5) DER KABOD ERSCHEINT

Folgende Formulierung findet sich in beiden Texten:

כבוד יהוה נראה ב... אל כל בני ישרל

(a) Nur in Ex 16 findet sich eine Ankündigung und eine Vorbereitung auf das Erscheinen des KABOD, denn es handelt sich ja um die erste Erscheinung des KABOD überhaupt. Nach dem Sinai jedoch wohnt Jahwe inmitten seines Volkes; er hat sich selbst für dieses Volk bestimmt. Nach der ausführlichen Erzählung der Vorbereitung auf das Erscheinen in Ex 16 und besonders Lev 9 ist die Zeit grundlegender Ersterscheinungen abgeschlossen, und das Erscheinen des KABOD gleichsam selbstverständlich geworden.[10] Es genügt, daß Mose und Aaron mittels des stummen Gestus des Niederfallens an Jahwe appellieren.

(b) In Ex 16 erscheint der KABOD "in der Wolke", in Num 13-14 erscheint er dagegen "am Begegnungszelt". Dies zeigt wiederum deutlich, was sich am

---

[9]E.Ruprecht, Mannawunder, 283 Anm 38, interpretiert die Geste so, daß sich dort "Mose und Aron mit dem identifizieren, was Nun (gemeint ist wohl: Josua ben Nun; AS) und Kaleb sagen". Dies mag sein, allerdings kommt deren Votum erst nach der Reaktion von Mose und Aaron.

[10]In Ex 16,10 ist das Erscheinen des KABOD mit והנה konstruiert. Dies unterstreicht das Plötzliche des Erscheinens des KABOD, während dieses Element in Num 14,10 fehlt.

Sinai geändert hat: zum einen, daß Jahwe seinen KABOD vor dem Sinai nur in verhüllter und erst nach dem Sinai in unverhüllter Art und Weise zeigt; zum anderen, daß sich Jahwe am Sinai an das Begegnungszelt gebunden hat. Es gibt nun einen Ort, der gleichsam als institutioneller Freiraum allein Jahwe für seine Intervention zur Verfügung steht.[11]

(6) JAHWE
Folgende Formulierung ist nahezu identisch:

וידבר יהוה אל משה (ואל אהרן) לאמר

(a) In Num 13-14 wird neben Mose auch noch Aaron von Jahwe angeredet. Obwohl nach wie vor Mose in besonderer Weise herausgehoben bleibt [12], scheint es doch so zu sein, daß Aaron nach dem Sinai aufgewertet wird. In Num 14 erhält er keine Befehle von Mose mehr -wie in Ex 16,9.33-, sondern ist unmittelbarer Zeuge dessen, was Jahwe dem Mose aufträgt. Dies dürfte damit zusammenhängen, daß er seit seiner Einsetzung am Sinai als Ur-Hoherpriester der Gemeinde fungiert.

(b) In Num 14,27 beginnt Jahwe seine Rede mit einer vorwurfsvollen Frage, ehe wie in Ex 16,12 (שמעתי את תלונת בני ישראל) die Schuld der Israeliten festgestellt wird. Die Frage Jahwes in Num 14 zeigt, daß Jahwe an seinem Volk leidet. Diese Andeutung einer Gefühlsregung Jahwes ist für die Priesterschrift zuhöchst ungewöhnlich und macht deutlich, daß das Murren Israels in keiner Weise verständlich -erst recht nicht entschuldbar- ist. Die Gemeinde wird von Jahwe erstmals bewertet, sie wird als "böse" bezeichnet. Diese Qualifizierung wird expliziert durch den Relativsatz: "sie murren ständig gegen mich".[13] Das Murren der Israeliten wird von Jahwe nur in Num 14 als speziell gegen ihn gerichtet interpretiert. Dies deckt sich mit der Formulierung des Murrvorwurfs in Num 14,3, auch dort benennen die Israeliten erstmals Jahwe als Subjekt der Herausführung, bzw. als Subjekt der Hineinführung in das Land. Wieder ist dies nur so erklärbar, daß sich am Sinai die Grundverhältnisse des Seins der Gemeinde entscheidend gewandelt haben. Israel hat am Sinai Jahwe tatsächlich als Subjekt der Herausführung erkannt und daraus folgt die volle Verantwortlichkeit Israels und seine Unentschuldbarkeit. Jahwes Urteil, das er sogar beschwört, ist deshalb voll und ganz gerechtfertigt.

(c) In beiden Erzählungen bekommt Mose, nachdem Jahwe ihn persönlich (bzw. mit Aaron zusammen) angesprochen hat, einen Redeauftrag an die

---

[11] P sucht ein System, das offen ist für das Erscheinen Gottes, das nicht so starr und abgeschlossen ist, daß jedes Erscheinen Gottes als vernichtender Einbruch erfahren werden muß. Vgl. dagegen etwa die "ursprüngliche Form" der Theophanieschilderungen, die zwei Elemente umfaßt: Reden "von einem Kommen Jahwes von einem bestimmten Ort und von dem Aufruhr der Natur, der bei seinem Nahen entsteht." (J.Jeremias, Theophanie, 15) Diese Form der Theophanie bringt zum Ausdruck, daß dort, wo Jahwe mit der Schöpfung in Kontakt tritt, diese vergehen muß.
[12] Vgl. den Imperativ Singular in Num 14,28.
[13] Der Nominalsatz hat doch wohl durativen Sinn. Er ist so wichtig, daß er innerhalb von Num 14,27 sogar zweimal begegnet.

Israeliten (אמר/דבר אלהם). Hier findet sich wohl der gravierendste Unterschied der Episoden. Deutlich sticht die unterschiedliche Reaktion Jahwes auf das Murren der Israeliten ins Auge. Während in Ex 16 die zu erwartende Bestrafung der Israeliten nicht geschieht und Jahwe stattdessen über alles Murren hinwegsehend seinem in Not befindlichen Volk Nahrung verschafft, geschieht dies in Num 13-14 nicht. Dort folgt auf das Murren der Israeliten die Bestrafung der gesamten Auszugsgeneration.

Die fehlende Bestrafung Israels in Ex 16 ist oft beobachtet worden und meist auf die unterschiedliche Form des Murrens zurückgeführt worden. So spricht etwa E.Ruprecht vom "revoltierende(n) Aufschrei aus äußerster Not", der zwar in Ex 16, aber nicht mehr in Num 13-14 vorliege.[14] Ich kann aber nicht sehen, wie die radikale Infragestellung des Exodus und der legitimen Führer Israels jemals als neutraler Aufschrei der Not verstanden werden sollte. Daß das Murren in beiden Fällen illegitim ist, folgt insbesondere auch daraus, daß die Feststellung der Schuld in Ex 16 und Num 14 -wie oben dargelegt- nahezu identisch formuliert ist. Jahwe verdichtet die ganze Schuld Israels in dem einen Begriff לון (dreimal begegnet die Wurzel in Num 14,27). Jahwe kommt es nicht darauf an, unter welchen Umständen gemurrt wurde, sondern allein darauf, ob gemurrt wurde.

Wenn aber das Murren auch in Ex 16 als illegitim zu betrachten ist, dann hat man die Nichtbestrafung Israels in Ex 16 als einen Rechtsverzicht Jahwes zu werten. In Num 13-14 aber sieht Jahwe über das Murren Israels nicht mehr einfach hinweg. Warum verzichtet Jahwe nach dem Sinai nicht mehr auf die Durchsetzung seines Rechts? Dies dürfte damit zusammenhängen, daß am Sinai das Verhältnis von Jahwe zu Israel auf eine neue Seinsgrundlage gestellt wurde. Seit dem Sinai, also seit Jahwe die Israeliten als sein Volk angenommen hat und inmitten seines Volkes wohnt, seit dem Bau des Begegnungszeltes, ist Israel aus dem Stand unwissender Unschuld herausgetreten und in vollem Umfang für sein Verhalten gegenüber dem Anspruch Jahwes verantwortlich. Deshalb vollstreckt Jahwe ein vernichtendes Urteil über Israel. In Num 13-14 war Israels Zustimmung gefordert, sein glaubendes Einverständnis in die Zusicherung Gottes. Israel hat daran aber *wissend* versagt, und nun verfällt es dem Gericht.

(d) Die Erkenntnisthematik findet sich in Num 14 an zwei Stellen. Das eine Mal *in Num 14,31*. Im Gegensatz zu Ex 16,6.12.15, wo das Erkennen mit dem KABOD Jahwes verknüpft ist, ist in Num 14,31 das Land der Gegenstand des Erkennens. Die Wahl des Lexems ידע ist auffällig, da sonst das Land in dieser Erzählung erkundet (תור) wird. Diese Auffälligkeit läßt sich gut dann verstehen, wenn darin ein bewußter Bezug auf Ex 16 gesetzt ist: Wie in Ex 16 ist das Erkennen als Aufgabe an Israel formuliert. Und ähnlich wie in Ex 16 ist die Erkenntnis Jahwes über seine Gabe vermittelt. In Ex 16 über das Manna, in Num 14 über das Land.

Ein noch engerer Bezug auf die Erkenntnisthematik in Ex 16 findet sich *in Num 14,34*. Die Formulierung an dieser Stelle erinnert stark an die in Ex

---

[14] E.Ruprecht, Mannawunder, 282f. Ähnlich auch P.Weimar, Zur Freiheit geschaffen, 89.

16,6.12 gebrauchte Erkenntnisformel, weil das Lexem ידע in der gleichen flektierten Form vorliegt (וידעתם), und außerdem der Vers 35 mit der Selbstvorstellungsformel אני יהוה beginnt! Wiesehr hat sich aber die Erkenntnisaufgabe für Israel gewandelt! Von einer Erkenntnis Jahwes ist nicht mehr die Rede. Vielmehr wird die Auszugsgeneration in der Wüste, in ihrem eigenen Sterben die Enfremdung erkennen, die zwischen ihr und Jahwe besteht.[15] Das Murren der Israeliten entstammt, so muß man doch wohl interpretieren, einer tiefen Entfremdung von Jahwe. Wenigstens diese Entfremdung wahrzunehmen, ist die letzte Aufgabe der von der Verheißung ausgeschlossenen Generation. In dieser Aufgabe wird dem Umherirren Israels durch die Wüste außer der Perspektive des Todes noch ein letzter Sinn abgewonnen! Dies erinnert an die Behandlung der Erkenntnisthematik in Ex 14. Dort sollen die Ägypter im eigenen Untergang und in der Machtlosigkeit ihres militärischen Apparates Jahwe erkennen. Der veruteilten Generation steht ebenso der Untergang bevor. Und eben darin kann sie Jahwe nur noch so erkennen, daß sie zugleich der Entfremdung von ihm, der inmitten seines Volkes wohnt, gewahr wird. Auch hier zeigt sich wieder, daß der Sinai einen markanten Einschnitt darstellt, gerade was die Erkenntnis Jahwes betrifft.

Der Sinai scheint geradezu der Ort der Erkenntnis Jahwes zu sein.[16] Als entscheidendes Ereignis im Zusammenhang der Erkenntnisthematik ist m.E. der Jubel der Gemeinde in Lev 9,24 aufzufassen. Dieser Jubel ist Ausdruck dessen, daß Israel Jahwe erkannt hat. Dieser Sinn von Lev 9,24 erschließt sich, wenn man sich den traditionsgeschichtlichen Hintergrund vergegenwärtigt. In Lev 9,24 liegt nämlich ein deutlicher Bezug auf 1 Kön 18,38f vor.[17] Auch dort hat Elija die Erkenntnis Jahwes angekündigt (1Kön 18,37), und auch dort wird Jahwe als der wahre Gott darin erkannt, daß Feuer vom Himmel fällt und das

---

[15]Kurz ist auf die Übersetzung von תנואה mit "Entfremdung" (so schon W.Gesenius, Wöbu, 883r; Forschungsüberblick bei R.Loewe, Divine Frustration) einzugehen. Die semantische Analyse dieses Begriffs stößt auf Schwierigkeiten angesichts der Tatsache, daß das Substantiv lediglich zweimal (noch Hiob 33,10), das Verb nur siebenmal belegt ist (Num 30,6.9.12; 32;7,9; Ps 33,10; 141,5). Schon von daher ist es unwahrscheinlich, mit S.McEvenue, Problem, 458 in diesem Lexem ein "theological fad" zu sehen. Noch schwieriger erscheint mir der Versuch von S.McEvenue, Problem, 458, den Begriff spät-nachexilisch zu datieren, da die wenigen Belege wenig Gemeinsamkeiten aufweisen. Das Verb ist nur im Hifil belegt und meint da soviel wie die Annullierung eines Zustandes oder einer Beziehung. Daß sich der Begriff auch auf das Erkenntnisorgan des Herzens beziehen läßt, belegt Num 32,7.9. S.McEvenue, Problem, 458 übersetzt '"you will experience my opposition', i.e. for 40 years I will 'oppose' your entry into the promised land". Der Begriff "opposition" impliziert jedoch zusehr einen aktiven Widerstand auf Seiten Jahwes. Von einem Vorhaben Israels, dem ein solcher Widerstand entgegengesetzt werden müßte, verlautet aber im Text nichts. Solcher aktiver Widerstand ist mit dem Hifil des Verbs verbunden, dem Substantiv fehlt eine solche Komponente. Die Übersetzung mit "Entfremdung" wird diesem Tatbestand gerecht und bringt doch zur Geltung, daß es um einen Zustand geht, der im Vergleich zu einem früheren oder ursprünglicheren als das erscheint, was er ist. "Entfremdung als Zustand ist die gleichgültige bis feindliche Beziehung zwischen Menschen oder zwischen Mensch und dinglicher Umwelt." (R.Maurer, Entfremdung, 348) Im hiesigen Fall bezieht sich Entfremdung auf das Verhältnis Gottes zu den Menschen.

[16]In dieser Weise hat U.Struppe, Herrlichkeit Jahwes, 229 die Komposition der KABOD-Erzählungen in P interpretiert. Sie mißt allerdings Ex 29 die zentrale Bedeutung zu.

[17]Auf den Bezug zu 1Kön 18 geht U.Struppe, Herrlichkeit, 85 leider nicht näher ein.

vorbereitete Opfer verzehrt. In die Rolle des Elija sind in Lev 9 Mose und Aaron eingetreten. Wie in 1 Kön 18,39 fällt das Volk in Lev 9 auf sein Angesicht nieder (Lev 9,24). Hier wie dort bricht das Volk in Jubel aus. In Lev 9 fehlt lediglich der Ruf "Jahwe ist Gott!". Daß dieser fehlt, zeigt nicht, daß Israel Jahwe faktisch doch nicht erkennt, sondern daß das Volk nicht zu einem artikulierten Bekenntnis findet. Das Volk muß über das eigene Erkennen nicht reflektieren und den Inhalt des Erkennens nicht begrifflich darlegen können, wenn es sich nur der Erscheinung des KABOD angemessen verhält. Die Sprache versagt angesichts der öffentlichen Manifestation des KABOD. Das Fehlen eines formulierten Bekenntnisses tut dem Erkennen keinen Abbruch, was zeigt, daß es bei der Erkenntnis nicht um logische Reflexion, die sich in der Tat sprachlich artikuliert vollzieht, sondern um ein existentielles Vertrautwerden geht. Mit dieser Erkenntnis -so können wir jetzt interpretieren- hat Israel ein Sein gewonnen, hinter das es nicht mehr zurückfallen kann, ohne zugleich die eigene Identität aufzugeben.

Diese Erkenntnis hängt zusammen mit der Bestätigung des Kultes durch Jahwe. Der Kult wiederum ist gebunden an das Begegnungszelt. Mit der grundlegenden Erscheinung des KABOD in Lev 9 hat Jahwe seine Gegenwart inmitten seines Volkes (Ex 29,45) in der Weise eingestiftet, daß er von nun ab am Zelt erscheint.[18] Damit ist Israel auch als Volk Jahwes angenommen. Dies wurde in Ex 6,7 verheißen, in Ex 29,45 klingt dies zum Teil wieder an, in Lev 9 wird es nun Wirklichkeit. In Lev 9,23f wird Israel vom Erzähler deshalb als "Volk" (עם) bezeichnet.

Es entspricht dem bisher festgestellten Sachverhalt, daß seit Lev 9 der KABOD ohne die Wolke erscheint. "Während in Ex 16,10; 24,15b-18; 40,34-35 das Erscheinen der Herrlichkeit mit 'der Wolke' verbunden ist, wird sie weder in Lev 9, noch in Num 14,10 und Num 20,6 erwähnt. Mit der Errichtung des Zeltes verliert sie ihre Funktion. Dies kann nur so gedeutet werden, daß nun ein neues, unmittelbares Verhältnis zu Jahwe erreicht ist, besser: gnadenhaft gestiftet wurde."[19]

Dies alles belegt eindrücklich, daß sich am Sinai die Seinsgrundlagen der Gemeinde in komplexer und vielschichtiger Weise ändern. Jahwe wohnt am Sinai in der Weise in seinem Volk ein, daß er das Erscheinen des KABOD ein für allemal an das Begegnungszelt bindet und so die Voraussetzungen dafür schafft, daß Israel ihn erkennen kann. Der Jubel beim ersten Opfervollzug drückt den Vollzug der Erkenntnis Jahwes aus. Und daraus resultiert für Israel die volle Verantwortlichkeit für sein Verhalten gegenüber den durch Mose (und Aaron) ergehenden Geboten Jahwes. Mit dem Sinai ist also der Zustand einer unwissenden Unschuld beendet, Israel ist nun straffähig.

---

[18] U.Struppe, Herrlichkeit Jahwes, 98f: "Die Beziehung zwischen dem Zelt der Begegnung und der Herrlichkeit Jahwes ist sicherlich enger, als Rendtorff das annimmt. Dafür spricht -neben Ex 29,43-44- die Tatsache, daß die Herrlichkeit von nun an immer beim/im Zelt der Begegnung erscheint. Die Zusage Jahwes, 'sich dorthin zu bestimmen', macht ja geradezu das Wesen des Zeltes aus. Im Kult sagt Jahwe sich und seine Nähe zu, stiftet er die Möglichkeit einer je neuen Gegenwart. Hier wird Israel wahrhaft zum 'Volk' und zur 'Gemeinde'."
[19] U.Struppe, Herrlichkeit Jahwes, 99.

(7) VOLLSTRECKUNG
Eine für P typische Vorstellung ist die, daß bestimmte Ereignisse "vor Jahwe" (לפני יהוה) geschehen. "Vor Jahwe" erwartet Israel die erste Erscheinung des KABOD (Ex 16,9), "vor Jahwe" geschieht auch die Bestrafung der Kundschafter, die das Volk zum Murren über das verheißene Land verführt haben (Num 14,37). Mit dem "vor Jahwe" dürfte jedoch kaum eine räumliche Kategorie gemeint sein, auch nicht das Heiligtum [20], denn die verleumderischen Kundschafter sterben zwar "vor Jahwe", aber vom Begegnungszelt ist in diesem Zusammenhang keine Rede (Num 14,37). Eher dürfte gemeint sein, daß "vor Jahwe" ein Ereignis so geschieht, daß der Bezug des Ereignisses auf Jahwe ausdrücklich zum Thema wird. Im Falle des Todes der verleumderischen Kundschafter dürfte dies heißen, daß ihr Tod nicht mehr anders denn als Handeln Jahwes verstehbar ist. Der gesamten Auszugsgeneration steht damit deutlich vor Augen, daß Jahwe mit der Vollstreckung seines Urteils begonnen hat. Die Kundschafter sind die ersten, die sterben müssen, die gesamte Auszugsgeneration wird folgen.

4.4. Überlegungen zum historischen Ort des P-Fadens

In den Erzählungen von P spielt -wie gezeigt- der Begriff des KABOD Jahwes eine zentrale Rolle. Es läßt sich m.E. zeigen, daß P sich mit diesem Begriff traditionsgeschichtlich sehr eng an Ezechiel anlehnt. Meine Vermutung ist, daß die Priesterschrift -nicht nur bei diesem Begriff- Ezechiel gekannt hat. Dies würde die These erhärten, daß P in die spätexilisch-frühnachexilische Zeit zu datieren ist.

Sowohl bei P als auch bei Ezechiel bilden Erzählungen über den KABOD die kompositionell zentralen Texte. Auch bei Ezechiel hat der KABOD eine räumliche Kontur: Der KABOD erfüllt nicht die ganze Welt (vgl. dagegen Jes 6,3), sondern bleibt beschränkt auf den Ort des Allerheiligsten im Tempel. Der KABOD kann zwar vorübergehend zum Zwecke der Berufung des Propheten (Ez 1-3) seinen Ort verlassen -deshalb bekommt der Thron Jahwes Räder-, aber grundsätzlich bleibt er doch an das Heiligtum gebunden. Nichts belegt dies eindrücklicher als die große Vision von einem neuen Israel in Ez 40-48. Ganz Israel zentriert sich um den neuen Tempel, in den der KABOD wieder -nun endgültig- einzieht. Hinter dem eingezogenen KABOD wird das Tor geschlossen (Ez 44,1). Auch hat Ez die Erscheinung des KABOD an Israel gebunden. Die Bindung an den Tempel wird als ein Wohnen mitten unter den Israeliten verstanden (Ez 43,7 vgl. Ex 29,46).

Wie P unterscheidet auch Ezechiel zwischen der Erkenntnis Jahwes, wie sie auch den Völkern möglich ist, und der Erfahrung des KABOD, die nur Israel möglich ist. So spielt der KABOD in den Völkersprüchen bei Ezechiel keine Rolle. Dort wird zwar von einer Jahweerkenntnis geredet, die den Völkern in

---

[20] Diese Meinung vertritt anscheinend M.Noth, Ex, 107.

gleichem Maße möglich ist wie Israel, aber in diesen Zusammenhängen begegnet nicht der KABOD. Wo es um das Handeln Jahwes an den Fremdvölkern geht, begegnet bei Ezechiel vielmehr der Name Jahwes (שם).

P hat gegenüber Ezechiel einige theologische Umprägungen vorgenommen, die sich m.E. gut als spätexilische Weiterentwicklung Ezechiels verstehen lassen. So ist Jahwe nicht mehr in passiv thronender Stellung vorgestellt, sondern in je und je begegnender Gegenwart. Jahwe bindet sich zwar aus eigenem Willen am Sinai an das Begegnungszelt -diesen exterritorialen Ort, der für Jahwes Eingreifen reserviert ist- und erscheint auch seitdem immer dort. Aber das Begegnungszelt hat doch einen anderen Charakter als ein Tempel: das Begegnungszelt kann wandern. Hier hat die Bindung Jahwes an sein Volk deutlicheren Ausdruck gefunden als bei Ezechiel. Die Bindung Jahwes an das Volk ist primär, deshalb wandert das Heiligtum mit dem Volk mit.

Eine neue Wendung von P ist auch, daß der KABOD gegen Israel einschreitet, wenn innerisraelitische Konflikte zu entscheiden sind. Schon Jesaja hatte seine Unheilsbotschaft unter Verweis auf das Erscheinen des KABOD legitimiert (Jes 6). Bei Ez finden wir dies noch ausgeprägter. Zum Zwecke der Berufung Ezechiels verläßt der KABOD sogar Israel und erscheint im unreinen Land (Ez 1-3). Die Erscheinung des KABOD bedeutet eine Legitimierung des Propheten, der mit hartem Widerstand seitens des Volkes zu rechnen hat, weshalb er auch mit einer diamantharten Stirn ausgestattet wird (Ez 3,4-9). Diesen Gedanken baut P dahingehend aus, daß der KABOD in Konfliktsituationen erscheint, um Mose gegenüber dem Volk zu legitimieren.

Kapitel 5: Die D - Schicht

Wir wenden uns nun den literarischen Elementen zu, deren auffällige Nähe zu Formulierungen des Deuteronomiums schon in der klassischen Epoche der Literarkritik mehrfach notiert wurde.[1] Diese literarischen Elemente nenne ich "D-Schicht", um ihre Nähe zu dem auszudrücken, was man gewöhnlich "deuteronomisch-deuteronomistisch" nennt. Denn ohne Zweifel entstammen einige der in diesen Texten gebrauchten Termini und Vorstellungen dem "deuteronomisch-deuteronomistischen" Traditionsraum. Dieser Traditionsraum hat aber anscheinend durchaus verschiedene theologische Konzeptionen hervorgebracht, so daß genau zu differenzieren sein wird.[2]

Einsatzpunkt der Untersuchung der D-Schicht soll -wie schon bei der Untersuchung von P- Num 13-14 sein, und zwar der literarisch sehr leicht herauslösbare Passus Num 14,11-25.

1. DIE FÜRSPRACHE MOSES IN NUM 14,11 - 25

1.1. Aufbau und Struktur des Abschnitts

Der Abschnitt stellt einen Dialog zwischen Jahwe und Mose dar. Jahwe beginnt (1) mit einer Klage und einem ersten vernichtenden Urteil (V 11-12), dann (2) setzt Mose zu einem großen Argumentationsgang an (V 13-19), worauf (3) wiederum Jahwe antwortet, indem er sein Urteil abmildert (V 20-25). Jeder dieser Redeabschnitte umfaßt wiederum zwei Teile. So ergibt sich folgende Struktur des Dialogs:

(1) Die Klage Jahwes (V 11-12)
(a) Im ersten Teil (V 11) klagt Jahwe über Israel. In zwei parallelen Fragen formuliert Jahwe den Schuldtatbestand.[3] Die erste Frage formuliert positiv das

---

[1] Neuerdings findet diese Schicht anscheinend vermehrtes Interesse, vgl. etwa E.Blum, Komposition, 362-399.
[2] So werden etwa innerhalb des DtrG verschiedene Bearbeitungen unterschieden. Eine Übersicht über die Forschungslage findet sich bei O.Kaiser, Einleitung, 176f.
[3] Die Frage עד־אנה begegnet häufig im Klagelied des Einzelnen (Ps 13,2f; 35,17; 74,10). Auch die Reihung von redundanten Fragen ist in der Klage gut belegt, vgl. nur Ps 13,2f, wo vier Fragen mit עד־אנה aneinander gereiht sind. Diese litaneihafte Redundanz bringt die Größe des Leidens zum Ausdruck. Der Unendlichkeit des Leidens wird nur die potentiell infinite Folge von Klagen gerecht. Es ist deshalb ganz verfehlt, diesen Parallelismus literarkritisch zu zerschneiden. Zur Klage Gottes vergleiche auch C.Westermann, Rolle der Klage, 267f.

Verschulden des Volkes: נאץ - Verwerfung Jahwes. Die zweite formuliert den gleichen Sachverhalt negativ als ein "Nicht-glauben".

(b) Der zweite Teil (V 12) enthält die Reaktion Jahwes auf das Verhalten des Volkes. Einmal kündigt Jahwe die Vernichtung des Volkes an, zum anderen sagt er Mose zu, aus ihm ein großes Volk zu machen.

(2) Die Fürsprache des Mose (V 13-19)
Mose argumentiert mit Jahwe. Seine Argumentation gliedert sich in zwei große Teile. Der erste Teil ist vom Leitwort שמע beherrscht, der zweite vom Leitwort גדל.

(a) Im ersten Teil (V 13b-16) malt Mose Jahwe die Reaktion der Völker vor Augen. Eine "Kunde" wird sich ausbreiten, die wohl von der Macht und Stärke Jahwes zu berichten weiß (V 13b) und auch von der Präsenz Jahwes bei seinem Volk (V 14), aber dies nur so mit dem Tod Israels zusammendenken kann, daß sie daraus Jahwes -und nicht Israels- Unfähigkeit folgert, den Eid an die Väter zu erfüllen (V 15-16).

(b) Mit ועתה geht Mose im zweiten Teil (V 17-19) zum Appell an Jahwe über. Jahwe soll dem Urteil der Völker, daß Jahwe unfähig sei, seine wahre Größe (גדל) entgegensetzen. Diese besteht in der Größe seiner חסד, wie sie sich zum einen in der am Sinai gewährten Theophanie als Wesensmerkmal Jahwes darstellt (V 18) und zum anderen in der Geschichte bisheriger Verschonung des Volkes offenbar ist (V 19).

(3) Jahwes Reaktion (V 20-25)
Jahwe läßt sich von Mose überzeugen, er vergibt Israel erneut (V 20). Dies bedeutet jedoch nicht, daß Israel sich nun gar keiner Strafe zu unterziehen hätte. Das abgemilderte Urteil wird als unabänderlicher Schwur erlassen. Der Schwur hat zwei Teile.

(a) Zuerst (V 22-23) wird die Strafe für "alle Männer" festgelegt. Deren Schuld wird genauer bestimmt (V 22) und die Strafe festgelegt (V 23): sie werden das verheißene Land nicht sehen.

(b) Dann (V 24-25) wird den Männern der Gottesknecht Kaleb gegenübergestellt. Dessen vorbildliches Verhalten wird genauer beschrieben (V 24a) und sein Lohn festgesetzt (V 24b): er wird in das verheißene Land kommen und seine Nachkommen werden es besitzen.

Den Abschluß des gesamten Dialogs bildet der Befehl Jahwes an Mose, die Wüstenwanderung wieder aufzunehmen (V 25b).

1.2. Interpretation und traditionsgeschichtliche Einordnung von Num 14,11-25

Im Verlauf der Interpretation sollen einige markante Konzepte des Textabschnitts traditionsgeschichtlich eingeordnet werden.

(1) Die Klage Jahwes (Num 14,11-12)
(a) Die Verfehlung des Volkes wird als "Nicht-glauben" expliziert (V 11). Dieser Unglaube kann als Verschulden gefaßt werden, weil Jahwe seine Glaub-

würdigkeit in aller Deutlichkeit mittels Zeichen demonstriert hat. Wer angesichts solcher Demonstrationen des göttlichen Handelns seine Augen verschließt, ist selbst schuld. Seine Ignoranz muß einem Erkenntnisinteresse entspringen, das Gottes Wirken nicht wahrhaben will, auch wenn alle Erfahrung und Vernunft dies nahelegt. Offensichtlich hat Israel die Zeichen Jahwes im geschichtlichen Handeln nicht recht verstanden, sonst hätte es jetzt mehr Zutrauen in Jahwes Geschichtsmächtigkeit. Wo dieses Zutrauen verloren ist, da kann Israel auch nicht als Gottes Volk gelten. In der Jahwerede wird deshalb auf das Volk abschätzig mit der Phrase העם הזה referiert.

Die traditionsgeschichtliche Einordnung kann vielleicht damit beginnen, das Verhältnis vom hiesigen Gebrauch von האמין zu Jes 7,9 zu diskutieren, wohl einem der ältesten Belege für האמין.[4] Jes 7,9 belegt wie Num 14,11 die negative Formulierung לא האמין. In Jes 7,9 zeigt sich darin das Erschrecken darüber, daß es möglich ist, den Zusagen Jahwes auch nicht zu trauen. Die Grundhaltung des Vertrauens erscheint als Selbstverständlichkeit, dergegenüber die bedrohliche Möglichkeit des Unglaubens auftaucht. Der Gebrauch bei Jesaja zeigt zugleich, daß vom Glauben oder eben Nicht-glauben der Bestand Jerusalems und Judas abhängt. Unglaube bedeutet Untergang. Des weiteren ist bei Jesaja die Glaubensthematik auch mit einem Zeichen verbunden (Jes 7,11), das Grund des Glaubens werden könnte, aber Ahas lehnt bereits die Möglichkeit eines Zeichens ab.

Gegenüber Jes 7 zeigt Num 14,11-25 zwei Besonderheiten. Zum einen ist in Num 14,11-25 die einmalige Situation der assyrischen Bedrohung Jerusalems, die bei Jesaja im Hintergrund steht, bereits grundsätzlich ausgeweitet. Der Unglaube ist bereits zu einer Grundbestimmung des Verhaltens Israels gegenüber Gott geworden. Es geht zum zweiten nicht mehr um ein isoliertes Zeichen, das den Glauben begründen könnte, sondern um ein Ganzes, einen Prozeß von zeichenhaftem Geschichtshandeln, auf das Israel bereits zurückblicken kann.

Mehr Verwandtschaft mit unserem Text weisen die Belege in 2 Kön 17,14, sowie Ps 78,22.32 auf. Hier ist der Unglaube bereits als Grundhaltung Israels ausgesprochen. In 2 Kön 17 dient die Aussage vom Nicht-Glauben -freilich im Verbund mit anderen Aussagen- ebenfalls als Schuldaufweis, um zu begründen, daß die Vernichtung Nordisraels die gerechte Strafe Jahwes ist. War in 2 Kön 17 noch das Glauben auf die Aussagen der Profeten gegründet, so ist mit Ps 78 eine noch größere Nähe zu unserem Text erreicht: der Glaube gründet sich auf die Geschichtstaten Jahwes, die in Ps 78,43 wie in Num 14,11 als "Zeichen" benannt werden.[5] Die Erwähnung von Zeichen findet sich zwar auch in dtn-dtr

---

[4] Berücksichtigt werden im folgenden nur solche Belege, bei denen das Lexem mit ב konstruiert wird. Die Konstruktion mit ב steht dann, wenn es um das Zutrauen auf die Person selbst geht. Geht es dagegen um das Zutrauen auf bestimmte, einzelne Handlungen und Verhaltensweisen, dann steht ל. Da manche Handlungen oder Verhaltensweisen für eine Person typisch sein können, kann sich der Sprachgebrauch freilich leicht überlagern.

[5] H.Wildbergers Urteil, THAT 1,93 zu Ps 78,4.32 und Num 14,11: "Aus dem Glauben an Gott ist das Fürwahrhalten seiner Wunder geworden" ist nicht ganz richtig. In Num 14,11 wird der Glaube als Glaube *an Jahwe* beschrieben. Der Glaube an Jahwe gründet sich allerdings auf die geschichtlichen Taten, die als Zeichen auf die Person Jahwes als Subjekt geschichtlichen Handelns verweisen.

Literatur [6], aber sie zielen nie auf den Glauben, sondern auf den Gesetzesgehorsam. So zeigt sich eine deutliche Verwandtschaft zu Ps 78 und zugleich eine gewisse Eigenständigkeit gegenüber sonstigem dtn-dtr Sprachgebrauch.

(b) Jahwe beschließt, Israel mittels einer Pestepidemie zu vernichten.[7] Allein Mose repräsentiert noch das wahre Israel, ihm kommt die Verheißung, die sonst nur den Vätern gilt, rechtens zu. Jahwe will noch einmal ganz von vorn beginnen, um aus Mose ein neues Israel hervorgehen zu lassen. In diesem Zusammenhang zeigt sich eine originelle Verwendung von ירש-Hif. Mit der Wurzel ירש verbinden sich nämlich für gewöhnlich "die Aussagenfelder der Inbesitznahme des Landes und der Vernichtung der vorher dort ansässigen Völker."[8] Das Lexem kann mit Jahwe [9] oder mit Israel (oder Teilen von Israel) als Subjekt [10] stehen, immer sind aber die Völker des Landes das Objekt, diese werden vernichtet.[11] Unser Textabschnitt verwendet nun das Lexem mit Jahwe als Subjekt, aber so, daß sich das Vernichtungshandeln Jahwes gegen Israel richtet! Diese Pointe ist in der dtn-dtr Literatur so nicht zu finden. Wohl kann Jahwe fremde Völker aufbieten, um Israel zu bedrücken (z.B. "Richterschema" Ri 2,10ff), aber dies kann nicht mit ירש-Hifil formuliert werden. Der Vernichtungsbeschluß Jahwes bringt deshalb etwas Äußerstes zum Ausdruck. Jahwe vernichtet sein Volk wie eines jener Völker, deren Religion Jahwe ein Greuel sind. Jahwe hat sich damit ganz von seinem Bundesverhältnis zu Israel gelöst. An diesem Beispiel zeigt sich recht deutlich, daß der Autor von Num 14,11-25 zwar die dtn-dtr Terminologie kennt, sie aber bewußt anders einsetzt. Für unseren Autor ist es durchaus eine Denkmöglichkeit, daß Jahwe sein ungläubiges Volk genauso vernichtet, wie jedes andere Volk, das zu ihm keine Beziehung hat. Dies wird nur deshalb keine Realität, weil Mose es versteht, Jahwe von seinem Entschluß abzubringen.

(2) Moses Fürsprache (Num 14,13-19)
Mose nimmt das Angebot Jahwes nicht an, Ahnherr eines neuen Israel zu werden. Er will nicht Gottes erwählter Führer sein, ohne diejenigen, die er zu führen hat. In zwei Gängen entfaltet er seine Argumentation. Dabei versucht er nicht, Israels Schuld zu mindern oder das Strafmaß als überhart hinzustellen. An Israels Schuld und der Angemessenheit des Strafmaßes kann Mose nicht

---

[6]Vgl. M.Weinfeld, Deuteronomy, 330/No 18: Dtn 4,34; 6,22; 7,19; 26,8; 29,2; 34,11; Jer 32,20.21.
[7]Die Pest begegnet bei Jeremia und Ezechiel häufig als Werkzeug von Jahwes Gerichtshandeln. Dort meist in der Triade "Hunger, Schwert, Pest". Nur in Ps 78,50; 2 Sam 24,13.15 (= 1 Chron 21,12.14) und Ex 9,15 ist die Pest allein, ohne Hunger und Schwert, Werkzeug von Gottes Gerichtshandeln.
[8]N.Lohfink, Kerygmata, 89; auch M.Weinfeld, Deuteronomy, 342/5 stuft die Wendung הוריש גוים als dtn-dtr ein, vgl. auch S.R.Driver, Einleitung, 218/No 32.
[9]Ex 34,24; Dtn 4,38; 9,3-5; 11,23; Jos 3,10; 13,6; u.ö.
[10]Num 32,21; 33,52f.55; Jos 13,13; 23,5 u.ö.
[11]Nur in 2 Chron 20,11 sind die Völker Subjekt. Diese "Vertauschung der Subjekte" dient in der Klage Joschafats dazu, Jahwe die dramatische Verkehrung der Verhältnisse vor Augen zu malen, um ihn zum Eingreifen zu bewegen. Zur Übersetzung mit "vernichten", vgl. N.Lohfink, Kerygmata, 89 Anm 15.

rütteln. Mit seiner Argumentation versucht Mose vielmehr beim innersten Wesenskern Gottes anzusetzen. Erscheint nicht von Gottes barmherzigem, gütigem Wesen her sein zweifelsohne gerechtes Strafurteil als übereilt?

(a) Im ersten Argumentationsgang schildert Mose in recht umständlicher Weise, wie sich die Kunde vom Ende Israels unter den Völkern ausbreiten wird. Die vielfachen fiktiven Zitate der Fremdvölker verleihen der Argumentation größere Anschaulichkeit und Dringlichkeit. Die Überzeugungskraft dieses Arguments beruht einmal darauf, daß die Fremdvölker die Vernichtung Israels nicht als gerechte Straftat Jahwes, sondern als Unvermögen Jahwes interpretieren werden.[12] Zum anderen -und darauf liegt der Ton- kann Jahwe seinem Gottsein, seinem Wesen nach nicht am Urteil der Völker vorübergehen. Ohne daß sein Gottsein auch von den Völkern anerkannt wird, kann er nicht wahrhaft Gott sein. Auch hier liegt eine andere Vorstellung vor als im dtr Geschichtswerk. Dort setzt Jahwe die Völker wohl als Instrument seines Geschichtshandelns ein, ob die Völker jedoch Jahwe überhaupt kennen, oder gar anerkennen, ist nicht von Bedeutung.[13]

(b) Im zweiten Argumentationsgang argumentiert Mose sehr stark mit der חסד Jahwes. Dieses Lexem ist im dtn-dtr Sprachraum selten.[14] In Verbindung mit dem Lexem סלח kommt es dort gar nicht vor. Der Autor scheint eher auf Psalmensprache zurückzugreifen. So sind die Lexeme סלח und חסד auch in Ps 86,5 verbunden. Auch die singuläre Wortverbindung גדל חסד (Num 14,19) hat ihre nächsten Verwandten am ehesten in den Psalmen.[15] Die Phrase "Größe deiner חסד" unterliegt einem streng theologischen Gebrauch. "This expression is restricted in use; it refers only to Yahweh. This specialization may indicate that divine *hesed* was recognized as qualitatively (or quantitatively) different from that of men in their interpersonal relationships, in that God is more willing than men to do acts of *hesed*, even under circumstances in which his people are not morally deserving."[16] Mose appelliert also an die menschliches Maß weit übersteigende Güte Gottes.

---

[12] So interpretiert etwa B.Baentsch, Ex-Num, 527: "Denn der Gedanke, dass Jahve an seinem Volke Gericht vollzieht, kann den Völkern, deren Götter nicht ethisch veranlagt sind, nicht kommen." Ganz ähnliche Argumentationen finden sich etwa in Ez 20,9; Ps 79,10; 44,15; Dtn 29,23.

[13] Vgl. die Formulierung von M.Weber, Religionssoziologie, 356: "Eine universalistische Rationalisierung dieser Vorstellungen begann mit dem theologischen Theodizee-Bedürfnis, welches aus der berith mit Jahwe dessen Recht, Israel im Falle des Ungehorsams zu züchtigen, ableitete, um die politische Bedrohung und die Niederlagen zu erklären. Jahwe bleibt nach wie vor indifferent gegen die anderen Völker. Aber er benutzt sie als 'Gottesgeißel' (...) gegen das ungehorsame Israel, um, sobald sein Volk sich wieder gebessert hat, sie wieder durch Israel niederschlagen zu lassen. So in typischer Art in der Pragmatik des jetzigen Richterbuches. Auf Israel, und nur auf Israel, kommt es Jahwe an, die andern sind nur Mittel zum Zweck."

[14] Lediglich in Dtn 5,10; 7,9.12.

[15] גדל und חסד sind auch in Ps 57,11; 86,13 (vgl oben!); 108,5; 145,8 und 2 Chron 1,8 verbunden. Die Verbindung mit רב findet sich Ex 34,6; Num 14,18; Joel 2,13; Ps 5,8; 69,14; 86,5.15; 103,8; 106,7.45; Neh 9,17; 13,22.

[16] K.D.Sakenfeld, Forgiveness, 324f.

Moses Argumentation gipfelt in der Appellation an Jahwe, daß er doch סלח tun solle. Auch dies ist ein streng theologischer Begriff. Allein Jahwe kann als Subjekt von סלח auftreten.[17] Der Begriff bezeichnet offensichtlich ein analogieloses Vergeben, wie es nur Jahwe möglich ist. Der hier verwendete Imperativ "vergib doch!" erinnert sehr stark an Am 7,2, wohl einer der ältesten Belege für den Gebrauch von סלח.[18] Hier wie dort hat Jahwe Unheil über ganz Israel bereits beschlossen und schreitet jetzt zur Vollstreckung. Hier wie dort greift in diesem Moment ein Fürsprecher des Volkes ein, und beide Male nimmt daraufhin Jahwe von der Durchführung des Unheils Abstand. Es scheint deshalb wahrscheinlich, daß die Amosstelle von unserem Autor schon vorausgesetzt wird. Größere Verbreitung hat das Lexem dann in der dtr Literatur der exilisch-frühnachexilischen Zeit gefunden.[19]

Num 14,19 ist aber darin vom dtn-dtr Sprachgebrauch unterschieden, daß nach der Vergebungszusage die Strafe nicht vollständig aufgehoben, sondern nur abgemildert wird. Dies könnte damit zusammenhängen, daß der Autor die Sünde der Israeliten als sehr radikal bestimmt. So hat K.D.Sakenfeld darauf hingewiesen, daß נאץ nicht vergeben werden kann, sondern eine äußerste Form der Verachtung Jahwes darstellt.[20]

(3) Jahwes Abmilderung des Urteils (Num 14,20-25)
Jahwe reagiert auf die Bitte des Mose mit der Vergebungszusage. Der Text ist darin singulär, daß Jahwe vergibt, bevor das Volk sich reuevoll an ihn wendet. Das Volk zeigt weder Einsicht in seine Schuld, noch Reue über sein Verhalten, noch das Verlangen nach Vergebung. In dieser Lage, in der eigentlich keine Basis mehr besteht, auf Grund derer Jahwe zum Eingreifen motiviert werden könnte, kann allein Jahwe selbst aus freiem Willen und unter Verzicht auf die Durchsetzung seines Rechts einen neuen Anfang setzen. Die Vergebungszusage bedeutet aber nun nicht, daß gar keine Strafe erfolgen würde. Gott kann über die Verachtung seiner selbst nicht einfach hinweggehen, als ob gar nichts geschehen sei. Aber er mildert sein erstes Strafvorhaben ab. Die Abmilderung besteht darin, daß (a) nur die Auszugsgeneration sterben wird, und (b) Kaleb und seine Nachkommen ausdrücklich ausgenommen werden. Sein Verhalten gilt als so vorbildlich, daß ihm der Ehrentitel "Knecht Jahwes" beigelegt wird. Dieses Strafurteil ist nun aber keiner weiteren Diskussion mehr fähig. Das abgemilderte Urteil ergeht in Form eines Schwures. Mit V 25b beendet Jahwe den Dialog mit einem Befehl für den nächsten Tag. Der Befehl ergeht im Plural, damit ist Mose wieder dem Volk eingeordnet, seine Sonderrolle, allein mit Jahwe disputieren zu dürfen, ist als beendet anzusehen.

---

[17] Ch.Göbel, Vergebung, 27 (kursiver Druck wurde nicht wiedergegeben): "Die spezifische Funktion dieses Terminus wird dadurch angezeigt, daß er nur Gottes Handeln aussagt."
[18] So Ch.Göbel, Vergebung, 21.
[19] Ch.Göbel, Vergebung, 26f.
[20] K.D.Sakenfeld, Forgiveness, 321f.

1.3. Vergleichstexte zu Num 14,11-25

Ein weiteres wichtiges Mittel zur literargeschichtlichen Einordnung ist der Vergleich mit Texten, die von ähnlicher Thematik und Argumentationsstruktur sind. Besonders eng ist Num 14,11-25 mit dem Abschnitt Ex 32,7-14 verwandt, beide Abschnitte haben zudem große Gemeinsamkeiten mit Teilen aus Dtn 9.[21]

1.3.1. Vergleich von Num 14,11-25 mit Ex 32,7-14

Ex 32,7-14 und Num 14,11-25 gelten beide als stark von deuteronomischen Formulierungen durchsetzt, gleichwohl sind sie sprachlich jeweils ziemlich eigenständig formuliert.[22] Am ehesten stimmen sie in der argumentativen Grundstruktur überein. Diese gilt es nun für Ex 32,7-14 zu erheben.

a) die Argumentationsstruktur von Ex 32,7-14
Jahwes Zorn ist über den Ungehorsam des Volkes entbrannt. Jahwe distanziert sich von seinem Volk und bezeichnet es als Moses Volk (Ex 32,7). Jahwe beendet seine Rede, indem er Mose anweist, aus dem Weg zu gehen, damit sein Zorn Israel treffen kann. Würde Mose es nicht zulassen, so könnte Jahwes Zorn Israel nicht treffen! Diese kühne Vorstellung ist wohl nur nach Jeremia denkbar. Denn das bei Jeremia mehrfach (Jer 7,16; 11,14; 14,11; vgl. 15,1) belegte Verbot der Fürbitte ist von der Struktur her gleich. Jahwe muß Jeremia verbieten, für sein Volk zu bitten, damit er sein Gericht durchführen kann.

Die Aufforderung, dem Zorn Jahwes freie Bahn zu lassen, wird zugleich verbunden mit der Zusage an Mose, daß er der neue Abraham sein wird, aus dem ein neues Israel entstehen wird. Jahwe erklärt seine gesamte Geschichte mit Israel als gescheitert und will erneut beginnen. Dazu greift er auf die Verheißung an Abraham (Gen 12,3) zurück.[23]

---

[21] Vgl. J.Jeremias, Reue Gottes, 61ff. Vgl. auch J.Hahn, Goldenes Kalb, 238f.243-245 und G.Seitz, Redaktionsgeschichtliche Studien zum Dtn; beide berücksichtigen allerdings Num 14,11-25 nicht.

[22] Weder die Liste typisch dtr Phrasen bei S.R.Driver, Einleitung, 216-220 noch diejenige bei M.Weinfeld, Deuteronomy, 320-359 verzeichnen Phrasen, die in Num 14,11-25 vorkommen. Dies zeigt, daß der Autor von Num 14,11-25 ziemlich eigenständig formuliert. Weit mehr ist dagegen Ex 32,7-14 von dtr Terminologie geprägt.
- 32,8: מחר vgl. H.Holzinger, Hexateuch, 288: Dtn 4,26; 7,4.22; 9,3.12.16; 28,20; Jos 2,5.
- 32,11: vgl. M.Weinfeld, Dtn, 329/No 15: Dtn 9,29; 2 Kön 17,36;
- 32,17 "ausgestreckter Arm" ebenda/No 14.
- 32,8: "abweichen vom Weg" vgl. M.Weinfeld, Dtn, 339/No 2a
- 32,7: שחת-Pi nach M.Weinfeld, Dtn, 340/No 3 protodtn
- 32,12: כלה מעל פני האדמה M.Weinfeld, Dtn, 347/No 10
- 32,13: Eid an die Väter, vgl. H.Holzinger, Hexateuch, 289: Dtn 1,8.35; 2,14; 4,31; 6,10.18.23; 7,8.12.13; 8,1.18. 9,5; 10,11; 11,9.21; 13,18; 19,8 u.o.
- 32,13: "gedenke (-der vergangenen Geschichte)", vgl. H.Holzinger, Hexateuch, 286. Dtn 5,15; 7,18; 8,2.18; 9,7; 15,15; 16,12; 24,9.18.22; 25,17; 32,7 In allen Fällen soll *Israel* an Vergangenes denken, nicht -wie hier- Jahwe (so nur Dtn 9,27)!

[23] So zu Recht R.W.L.Moberly, Mountain, 50.

Aber Mose geht nicht zur Seite, er gibt "sein Volk" nicht dem Zorn Jahwes preis. Er gehorcht Jahwe nicht. Stattdessen besänftigt er Jahwes Zorn.[24] Mose stimmt mit Jahwe auch nicht hinsichtlich der Bezeichnung des Volkes überein. Es ist nicht sein, sondern Jahwes Volk. Am Ende der erfolgreichen Argumentation Moses stellt der Erzähler den Erfolg Moses dadurch heraus, daß er Israel als Jahwes Volk bezeichnet. "Yahweh accepts that Israel is *his* people and so not to be destroyed or cast off."[25]

Worauf beruht Moses Erfolg, warum kann er Jahwe umstimmen?[26] Mose versucht jedenfalls nicht die Schuld des Volkes herunterzuspielen.[27] Sowohl in der Beurteilung des Tatbestandes als auch in der Zuordnung des Strafmasses ist Mose mit Jahwe einig. Jahwe ist im Recht. Was Mose Jahwe zumutet, ist vielmehr der Verzicht auf die Durchsetzung seines Rechts! In dieser Weise appelliert Mose mit Gott gegen Gott. Er führt Jahwes Wesen gegen dessen eigenen voreiligen Spontanentschluß in's Feld.[28] Er hält Jahwe von einer voreiligen Handlung ab, die seinem Wesen nicht entspricht. Mit ein paar ruhigen Argumenten bringt er den Zorn Jahwes zum Verrauchen. Mose muß Jahwe davor schützen, daß er sich selbst untreu wird. Wie ein Mensch im Zorn voreilig zu handeln pflegt, so kann auch Jahwe im Zorn seine Handlungen überstürzen! Jahwes Wesen aber ist nicht der Zorn, sondern seine Treue zu Israel. "It is God's faithfulness alone which is the basis for forgiveness; and yet this faithfulness is only revealed and made actual when Moses' bold intercession calls it forth."[29] Jahwe ist durch seinen Eid an die Väter, durch sein bisheriges Geschichtshandeln unauflöslich an Israel gebunden. Auch den Völkern gegenüber ist Jahwe verpflichtet, denn ohne ihre Anerkennung steht die Universalität der Gottheit Jahwes in Frage.

b) Vergleich von Ex 32,7-14 und Num 14,11-25

Num 14,11-25 und Ex 32,7-14 erweisen sich in der Argumentationsstruktur als sehr eng verwandt. Es findet sich sogar eine wörtlich identische Phrase "ich werde dich zu einem großen Volk machen" (Num 14,12b = Ex 32,10b). Die gemeinsame Argumentationsstruktur läßt sich etwa so paraphrasieren: Würde

---

[24]Die Phrase חלה את פני יהוה findet sich noch in 1 Sam 13,12; 1 Kön 13,6; 2 Kön 13,4; Jer 26,19; Sach 7,2; 8,21f; Mal 1,9; Ps 119,58; Dan 9,13; 2 Chron 33,12. Die Belege zeigen, daß es vor allem der König ist, der Jahwe besänftigt (1 Sam 13,12; 2 Kön 13,4; Jer 26,19; 2 Chron 33,12), nur in 1 Kön 13,6 ist es ein namentlich nicht genannter Gottesmann. Besonders eng ist die Parallele zu Jer 26,19. Dort begegnet nämlich auch das Lexem נחם sowie die Wendung "das Unheil, das er (=Jahwe) ihnen angedroht hatte", die mit der entsprechenden Formulierung in Ex 32,14 nahezu identisch ist. Auch dort reagiert der König bereits auf die Androhung des Unheils und nicht erst, nachdem das Unheil bereits eingetreten ist (so in 1 Kön 13,6; 2 Kön 13,4; 2 Chron 33,12).
[25]So richtig von R.W.L.Moberly, Mountain, 50 beobachtet.
[26]Mit Recht stellt J.Jeremias, Reue, 43 diese Frage. Gäbe es keine Gründe für den Willenswandel Jahwes, so hätte Mose "als Machtbegabter Einfluß auf die göttliche Willensbildung."(ebenda, 43f) Davon unbenommen ist natürlich, daß Mose in der Tat eine einmalige Vertrauensstellung vor Jahwe hat, die er immer wieder für sein Volk nützt. Vgl. G.W.Coats, Opposition, 106f.
[27]So auch R.W.L.Moberly, Mountain, 50.
[28]Vgl. R.W.L.Moberly, Mountain, 50.
[29]R.W.L.Moberly, Mountain, 51.

Jahwe seinen zu Recht bestehenden Zorn gegen Israel wenden, so würde dies entscheidende Folgen für Jahwe selbst haben. Um seinem eigenen Wesen treu zu bleiben, soll Jahwe doch auf die Durchsetzung seines Rechts verzichten. Denn zum einen werden die Völker von ihren Denkvoraussetzungen her das Richten Jahwes als sein Scheitern interpretieren. Zum zweiten bedeutet der Väterschwur, obwohl -bzw. gerade weil- er von Jahwe völlig einseitig geleistet wurde, eine eidliche Bindung Jahwes, der er sich nicht entziehen kann. Diese Art der Selbst-Bindung schließt die Bestrafung Israels nicht aus.[30]

Wichtige Unterschiede dürften darin bestehen, daß in Num 14,11-25 das Vergehen Israels nicht besonders spezifiziert wird, es wird ganz allgemein und abstrakt vom Verwerfen Jahwes und vom Unglauben Israels geredet. In Ex 32,8 dagegen liegt die Übertretung eines bestimmten Gebotes vor, das sogar im Dekalog formuliert ist. In Num 14,22 wird schon eine längere Zeitspanne überblickt, die eine lange Kette von Vergehen Israels beinhaltet.[31] Zum anderen ist die Frage: Was werden die Ägypter sagen? in Num 14 zu einer gigantischen Flüsterpropaganda gegen Jahwe ausgebaut, wobei die Heiden Kenntnis von den Verheißungen Jahwes haben und Jahwes Gottsein daran messen, ob er seinen Zusagen treu geblieben ist.

Als Ergebnis läßt sich festhalten, daß beide Texte in ihrer argumentativen Struktur große Ähnlichkeiten aufweisen. Auch der literarische Charakter ist derselbe. In einen bestehenden Erzählzusammenhang hat ein Bearbeiter einen Dialog zwischen Jahwe und Mose eingefügt. Im Rahmen des Dialogs wird die Dramatik der Situation gegenüber dem Kontext noch dadurch zugespitzt, daß Jahwe zunächst beschließt, Israel zu vernichten und mit Mose ein neues Israel zu beginnen. In dieser dramatischen Situation ist es dann allein Mose, der ohne jeglichen Rückhalt im Volk Jahwe von seinem Entschluß wieder abbringt. Obwohl sich die wörtlichen Berührungen zwischen beiden Abschnitten angesichts der großen Übereinstimmungen in sachlicher Hinsicht relativ gering ausnehmen (immerhin lauten Ex 32,10b und Num 14,12b gleich), spricht doch die enge konzeptionelle Verwandtschaft beider Texte dafür, sie der gleichen Schicht zuzuweisen. Diese D-Schicht hat die alten Quellen an zentralen Stellen des Erzählverlaufs durch Einschub von Dialogteilen neu akzentuiert.

1.3.2. Vergleich von Num 14,11-25 und Jos 7,7-9

Es leuchtet auf den ersten Blick ein, daß mit Jos 7,7-9 eine enge Sachparallele zu Num 14,11-25 vorliegt, da beide Abschnitte in Kundschaftererzählungen eingebettet sind, in denen die Landnahme scheitert. Deutliche Differenzen zwischen beiden Texten zeigen sich in der Sicht der Völker. In Jos 7,9 findet sich eine negative Sicht der Völker: die Völker warten förmlich darauf, Israel vernichten zu können. Solange Jahwe auf Israels Seite steht,

---

[30] Dies ist in Ex 32,7-14 nicht explizit gesagt, muß aber vorausgesetzt werden, da die Israeliten auch nach der Reue Gottes noch bestraft werden (Ex 32,26-29.35).
[31] Die Zahl 10 steht wohl kaum für eine genau identifizierbare Anzahl, sondern für eine Zahl, die die große Menge ausdrücken soll.

wagen sie keinen Angriff, aber sobald Jahwe sein Volk sich selbst überläßt, sind sie entschlossen, Israel zu vernichten. Wird aber der Name Israels ausgelöscht, so leidet darunter auch der Name Jahwes.[32] Eine andere Argumentationslinie zeigt Num 14. Um die Vernichtung Israels durch die Völker zeigt sich Mose auffallend wenig besorgt. Es geht darum, daß die Völker die Vernichtung Israels falsch interpretieren werden. Dabei scheint im Hintergrund zu stehen, daß Israel als positives Beispiel für die Völkerwelt fungiert, um diese von Jahwes Gottheit zu überzeugen. Zwar ist keine Mission, aber doch ein positives Ausstrahlen Israels in den Blick genommen. Für die Völker ist Jahwe nicht direkt zugänglich, weil er sich an Israel gebunden hat. Die Völker verfolgen aber mit Aufmerksamkeit, welche Kunde über Jahwes Handeln an und mit Israel im Umlauf ist. Die Völker sind Zeugen für Jahwes Geschichtshandeln.[33] Sie wachen gleichsam darüber, daß Jahwe seiner Selbstbindung an Israel auch gerecht wird. Die Fremdvölker haben gegenüber Israel keinerlei böse Absichten. Ebensowenig bedient sich Jahwe ihrer als Strafwerkzeug, vielmehr übernimmt er den Strafvollzug selbst. Diese Sicht der Fremdvölker hebt sich deutlich von der dtn-dtr Sicht ab, die in den Völkern die große Gefahr für Israel sieht, und in der Vertreibung der Fremdvölker durch Israel die einzig sachgemäße Darstellung religiöser Reinheit.[34]

So bestätigt sich auch durch diesen Vergleich die theologische Eigenständigkeit dieser D-Schicht gegenüber dtn-dtr Vorstellungen, auch wenn wichtige Begriffe und Konzepte aus dem dtn-dtr Traditionsraum stammen.

1.4. Überlegungen zum historischen Ort von Num 14,11-25

Die Frage nach dem historischen Ort von Num 14,11-25 läßt sich am ehesten von Ex 32,7-14 her beantworten. Beide Textabschnitte dürften ja der gleichen Schicht angehören. Für die historische Verortung scheint mir das in Ex 32,7-14 enthaltene "Fürbitteverbot" an Mose wichtig zu sein, das mit großer Sicherheit in die unmittelbare Nähe von Jeremia zu rücken ist, bei dem es mehrfach belegt ist (Jer 7,16; 11,14; 14,11; vgl. 15,1). So wird auch Num 14,11-25 in die spätvorexilisch-frühexilische Zeit gehören.

---

[32] Dies erinnert an Passagen im Jeremiabuch (Jer 10,23-25; 16,19ff), wo auch betont wird, daß der Name Jahwes über Israel ausgerufen und auf diese Weise den Völkern bekannt ist.

[33] Diese positive Sicht der Völker ist in Ex 32,7-14 besonders dadurch herausgearbeitet, daß sie die Herausführung aus Ägypten als Tat Jahwes erkennen (Ex 32,11), wohingegen Israel den Auszug einem selbstgegossenem Götzenbild zuschreibt (Ex 32,8bβ).

[34] Vgl. z.B. J.Hermisson, Bund und Erwählung, 238: "Es hängt mit der veränderten geschichtlichen Lage zusammen, daß die Konzeption der Erwählung Israels im Deuteronomium den Aspekt einer Rolle Israels für die Völker nicht kennt." Die Völker kommen zwar in den Blick, aber nur um der Abgrenzung willen. A.R.Hulst, THAT II, 321: "Die große Gefahr von seiten dieser Völker (...) für Israel bestand für die dtn. und dtr. Schriftsteller darin, daß sie Israel auf religiösem und kultischem Gebiet dazu verführten, von Jahwe abtrünnig zu werden."

1.5. Das Verhältnis von Num 14,11-25 und 14,39-45

Der Vergleich von Num 13-14 und Jos 7 zeigt, daß beide Texte in ihrem Aufbau sehr große Ähnlichkeiten aufweisen.[35] Die Ähnlichkeiten erklären sich zum Großteil aus dem Umstand, daß beide Erzählungen auf das gleiche typische Erzählmuster zurückgreifen. Wie erklären sich aber dann die Übereinstimmungen von Num 13-14 und Jos 7 gerade in den Teilen, in denen sie vom typischen Erzählmuster abweichen, nämlich bei der Fürbitte des Mose (Num 14,11-25) und dem Scheitern der Landnahme (Num 14,39-45)? Eine relativ einfache Erklärung dürfte darin liegen, daß Num 14,11-25 und 14,39-45 dem gleichen Bearbeiter zuzuweisen sind, der die -jetzt nur noch fragmentarisch rekonstruierbare- "jehowistische" Fassung in Anlehnung an Jos 7 überarbeitet hat, um so Pentateuch und deuteronomistisches Geschichtswerk enger miteinander zu verzahnen.

Ein besonders deutliches Zeichen für dtn-dtr Sprachgebrauch in Num 14,39-45 findet sich in der Bezeichnung der Lade als "Bundeslade Jahwes" (Num 14,44).[36] Die Konzeption der Lade, die in Num 14,39-45 vorliegt, berührt sich deutlich mit der von Jos 3,1-13. An beiden Stellen ist die Bundeslade und die Weisung des Führers (Mose oder Josua) für das Gelingen der Eroberungsaktionen wesentlich. Die Textabschnitte lassen sich geradezu "antitypisch" aufeinander beziehen: Bleibt die Bundeslade in Num 14 im Lager, so zieht sie in Jos 3 dem Volk voraus. Hält Mose in Num 14 eine "negative Kriegsansprache", in der er darauf hinweist, daß Jahwe nicht inmitten Israels ist (V 42f), so hält Josua eine positive Kriegsansprache, deren Kern der Hinweis darauf ist, daß Jahwe inmitten Israels ist (Jos 3,10). In Num 14,39-45 ist die Zeit der Landnahme also noch nicht gekommen, in Jos 3 ist sie da. So zeigt der Vergleich, daß die Konzeption der Lade in Num 14,39-45 mit der deuteronomistischen in Jos 3 weitgehend gleich ist. Damit erhärtet sich die These, daß Num 14,11-25 und Num 14,39-45 einem Bearbeiter zuzuweisen sind, der die jehowistische Kundschaftererzählung mit den Erzählungen des Josuabuches verbinden wollte.

Ist die Argumentation soweit richtig, so stellt sich sehr ernsthaft die Frage, ob nicht auch der Passus über die Bundeslade in Num 10,33-36 diesem Bearbeiter zuzuweisen ist, denn auch dort erscheint der Ausdruck "Bundeslade Jahwes".[37] Die kriegerische Funktion der Lade verbunden mit ihrer Funktion, den Zug der Israeliten anzuführen, weist starke Verwandtschaft mit Num 14,39-45 und Jos 3 auf. Beide Textabschnitte verstehen den Weg durch die

---

[35] Dies war bereits bei der Bestimmung des Erzählmusters des Endtextes von Num 13-14 aufgefallen.
[36] Die These, daß ein dtr Redaktor nur das Wort "Bund" nachgetragen haben soll (so etwa B.Baentsch, Ex-Num, 532), ohne sonst irgendwie in den Text einzugreifen, ist eher unwahrscheinlich.
[37] Auch B.Baentsch, Ex-Num, 501 notiert die nahe Verwandtschaft dieses Textes mit Num 14,40ff. Deutlich dürfte sein, daß der Bearbeiter von Num 10,33-36 auf vielleicht altes Liedgut zurückgreift, das er seiner Konzeption von der Lade gut einfügen konnte.

Wüste bereits als den Weg Israels in's Land, der unter Führung der Lade erst dann zum Abschluß kommt, als die am Sinai hergestellte Lade im Heiligtum von Jerusalem abgestellt wird (1 Kön 8). So scheint es mir gut möglich, daß Num 10,33-36 zur gleichen Schicht wie Num 14,39-45 gehört.

2. DIE ÄLTESTENERZÄHLUNG IN NUM 11

Im Rahmen der Frage nach einer "deuteronomistischen" Schicht bedarf im nachsinaitischen Bereich auch Num 11 der Berücksichtigung. Besonders interessant erscheint der Text dadurch, daß auch hier Mose dem Zorn Jahwes argumentativ entgegentritt.[38]

2.1. Formkritik von Num 11

Die Erzählung in Num 11,4-35 läßt sich leicht gliedern:

(1)	4-9	Klage des Volkes: "Wer gibt uns Fleisch zu essen?"
		(darin bilden Num 11,7-9 einen Exkurs zum Manna)
(2)	10	Der Zorn Jahwes entbrennt, aber
	11-23	Mose gelingt es, den Zorn Jahwes zu besänftigen
(3)	24-30	Entlastung des Mose durch 70 Älteste
(4)	31-34	Wachtelgabe und erneutes Entbrennen des Zorns Jahwes
(5)	35	das Volk zieht weiter

(1) Die Klage des Volkes (Num 11,4-9)
Es fällt auf, daß das Volk sich nicht rebellierend gegen Mose wendet, sondern weint. Darauf hat G.W.Coats hingewiesen: "But the quotation associated with the weeping is not addressed to any specific person. Vs. 10 shows clearly that the people were not gathered together but were weeping independently, each man with his family at the door of his tent. ... That statement does appear in the form of a question (vs. 4bβ), but the question is not an accusation directed to a particular person."[39] Das Volk rebelliert nicht, es resigniert! Es werden keine aggressiven Tendenzen sichtbar. Es fällt weiter auf, daß keine lebensbedrohende Not vorliegt. Israel ist nicht am Verhungern oder am Verdursten; es will Fleisch zu essen. Noch dazu trauert Israel dem scheinbar so angenehmen Aufenthalt in Ägypten nach, und das, obwohl der dortige -sicher sehr üppige- Speisezettel gar kein Fleisch enthielt.[40] Die Spitze der Glorifizierung Ägyptens

---

[38] F.Ahuis, Gerichtsprophet, 54-58 hat die These aufgestellt, daß die Ältestenerzählung in Num 11 deuteronomistischer Herkunft sei.
[39] G.W.Coats, Rebellion, 101. V.Fritz, Israel, 71 hat von dieser Beobachtung ausgehend sogar einen literarischen Bruch zwischen V 10a und 10 b sehen wollen.
[40] Num 11,5 führt keine Fleischmahlzeit auf, vgl. dagegen P in Ex 16,3.

besteht aber in der Behauptung, die reichhaltige Nahrung hätte es auch noch umsonst gegeben.

(2) Der Dialog Mose - Jahwe (Num 11,10-23)
In V 10 werden die Reaktionen von Mose und Jahwe unmittelbar gegenübergestellt. Mose hört das Weinen, zeigt aber zunächst keine Reaktion. Jahwe jedoch wird zornig.[41] Dies wiederum, also der Zornesausbruch Jahwes, ist in den Augen Moses nicht recht, deshalb stellt er sich dem Zorn Jahwes in einer ersten Rede (Num 11,11-15) in den Weg. Darauf antwortet Jahwe (Num 11,16-20) mit einer Befehlsfolge, auf die Mose mit einer ungläubigen Gegenfrage reagiert (Num 11,21-22). Darauf antwortet Jahwe kurz mit einer Gegenfrage an Mose, die Mose zum Verstummen bringt und damit zum Ende des Gespräches führt.

(a) Das Thema des Dialogs
Man kann das Thema der Auseinandersetzung zwischen Mose und Jahwe daran deutlich machen, wie unterschiedlich beide den Murrvorwurf des Volkes reformulieren. *Mose* hält den Murrvorwurf grundsätzlich für berechtigt! Er weiß sich solidarisch mit dem resignierenden Volk und beklagt sein eigenes Unvermögen, dem Wunsch des Volkes nachzukommen. Gegenüber Jahwe zitiert er das Volk so (Num 11,13), daß er die ungerechtfertigte Glorifizierung der Speisen in Ägypten wegläßt. Wie eine Amme weiß er sich (in Vertretung der eigentlichen Mutter: Jahwe) für eine umfassende Versorgung Israels zuständig. Er will dem Volk den Raum der Geborgenheit geben, innerhalb dessen Vertrauen in die Zukunft wachsen kann. *Jahwe* dagegen zitiert das Volk so, daß er dessen Glorifizierung Ägyptens und vor allem die unpersönliche Frageform herausstellt, als ob Israel nicht wüßte, an wen es sich zu wenden hätte: nämlich an Jahwe (Num 11,18b).[42]

(b) Die Struktur des Dialogs
"Die Klage des Mose Num 11,11-15 stellt den Kern von Num 11 dar."[43] Sie kann folgendermaßen gegliedert werden: Das *erste Fragenpaar* (zweimal למה) befaßt sich mit dem besonderen Näheverhältnis, in dem Mose zu Jahwe steht. Im Modus des Bezweifelns will Mose sich zu Beginn seines Fragens darüber versichern, daß er die folgenden Fragen überhaupt stellen kann. Er bezeichnet sich als Knecht und erinnert Jahwe daran, daß er doch Gnade gefunden habe. Er legt Jahwe die erdrückenden Folgen seines besonderen Knechtsstatus vor: Jahwe hat ihm die Last des Volkes auferlegt. Das *zweite Fragenpaar* (zweimal אנכי) befaßt sich mit dem besonderen Näheverhältnis, in dem Jahwe zum Volk steht. Auch in diesem Fall bringt Mose Jahwe im Modus des zweifelnden Fragens sehr geschickt nahe, daß Israel eigentlich Jahwes Volk sei. Hier ist das

---

[41] Die Formulierung "da entbrannte der Zorn Jahwes" ist identisch mit der in Num 11,1 und wohl auch in gleichem Sinn zu verstehen: Jahwes Zorn entbrennt gegen Israel und nicht gegen Mose.
[42] Hier verbirgt sich eine Polemik gegen Mose. In V 18 betont Jahwe, daß er "gibt". Mose (V 13) fühlt sich dagegen selbst zuständig, als solle er "geben".
[43] F.Ahuis, Gerichtsprophet, 56.

im AT sehr ungewöhnliche Bild impliziert, daß Jahwe die Mutter Israels sei.[44] Mose weist damit auf die besondere Würde Israels und die Verpflichtung Jahwes gegenüber diesem Volk hin. Nach den zwei parallelen Doppelfragen folgt nun eine fünfte und *letzte Frage*. Sie schließt den ersten Teil der Rede ab. Die sehr allgemeinen Fragen werden jetzt konkret zugespitzt auf das auslösende Problem. Mose zitiert das Volk offensichtlich zustimmend und sieht sich außer Stande, dessen Wunsch zu erfüllen.

Der zweite Teil der Rede (Num 11,14-15) verläßt die Frageform. Einer ersten Feststellung folgt die Aufforderung an Jahwe, seinem Leben und damit seinem Leid ein Ende zu machen. Deutliche Rückbezüge auf den Eingangsteil der Rede bilden einen rahmenden Abschluß.[45]

Die Jahwerede in Num 11,16-19 gliedert sich in zwei Abschnitte: Im ersten (Num 11,16-17) instruiert Jahwe Mose, wie er die ihm auferlegte Last auf mehrere Schultern verteilen kann. Dazu bedarf es einer besonderen Zurüstung der in Frage kommenden Ältesten. "Since they are to share the burden of leadership, they must share his spirit."[46] Im zweiten (Num 11,18-20) kündigt Jahwe die Gabe der Wachteln an, die überreichliche Menge der Wachteln wird aber zugleich auch als Strafe interpretiert. Mose äußert erstaunlicherweise (Num 11,21-22) einen Einwand gegen den Plan Jahwes. Mit einer Gegenfrage beendet Jahwe den Dialog (Num 11,23).

(3) - (5) Unvorhergesehene Komplikationen
Die weitere Erzählung handelt davon, wie die beklagten Zustände, die Mose in seinem Dialog mit Jahwe vorgebracht hat, je für sich abgestellt werden. Im Abschnitt Num 11,24-30 folgt nun die Erfüllung der Ankündigung von Num 11,16-17. Mose wird tatsächlich durch 70 Älteste entlastet. Allerdings tritt ein unvorhergesehenes Ereignis ein: Zwei namentlich genannte Figuren, Eldad und Medad, erregen Aufmerksamkeit dadurch, daß sie im Lager und nicht -wie vorgesehen- am Begegnungszelt in Ekstase geraten. Mose verurteilt diese nicht, sondern wünscht umgekehrt, daß das ganze Volk so sei. Auch im nächsten Abschnitt (Num 11,31-34), der erzählt, wie die Ankündigung riesiger Mengen von Fleisch (Num 11,18-20) eintrifft, ergibt sich eine durch die Ankündigung nicht abgedeckte Komplikation. Erneut entbrennt der Zorn Jahwes, und Israel wird in einer nicht näher erläuterten Weise "schwer geschlagen".

2.2. Literarkritik von Num 11

Es besteht in der Forschung weitgehend Konsens, daß eine Grunderzählung durch eine zweite Erzählung redaktionell erweitert wurde.[47] Zur Grunder-

---

[44] So zu Recht D.M.Beegle, Moses, 281: "The analogy of Moses as the mother of the people is most interesting because it implies that Yahweh was really their mother. This is a rarity because the biblical writers carefully avoided the concept of consort with respect to Yahweh."
[45] Darauf hat G.J.Wenham aufmerksam gemacht, Num, 108, Anm 2.
[46] D.M.Beegle, Moses, 282.
[47] A.Knobel, Num, 46 sieht Num 11 noch als literarische Einheit. Ähnlich noch M.Noth, ÜPent, 34 Anm 119, der sich aber in seinem Numerikommentar wieder der seit J.Wellhausen (Composition, 99) vorherrschenden These zweier Schichten anschließt (Num, 75).

zählung (kurz: Wachtelerzählung) werden nahezu einmütig die Verse 4-6.18-24a.31-34 und zur Ergänzungserzählung (kurz: Ältestenerzählung) die Verse 16-17.24b-30 gerechnet.[48] Beide Schichten lassen sich so deutlich voneinander scheiden, daß in der Forschung nur über die Schichtung der Moseklage (V 11-15) Unsicherheit besteht.[49]

Die Klage des Mose hat sich allerdings im Rahmen der Formkritik als wohlstrukturierte Einheit erwiesen. Aus diesem Grund wird man geneigt sein, so wenig literarische Brüche wie möglich in diesem Abschnitt zu vermuten.[50] Dies leistet am ehesten die These von V.Fritz, der lediglich Num 11,13 der Wachtelerzählung zuweist und die anderen Verse der Ältestenerzählung. In der Tat hat lediglich V 13 einen klaren Bezug auf den Wunsch nach Fleisch, während die anderen Verse grundsätzlicher Art sind.[51] V 13 ist also der Grunderzählung, die Verse Num 11,11-12.14-15 sind der Erweiterungsschicht zuzuweisen. Doch muß die Entscheidung hier sehr unsicher ausfallen, da die gesamte Klage (Num 11,11-15) in beiden Erzählungen gut vorstellbar ist; womöglich hat der Autor der Erweiterungsschicht die Klage eigenständig formuliert, um beide Erzählungen miteinander zu verzahnen.

2.3. Die Interpretation der Ältestenerzählung

a) Die Geistvorstellung
Das beherrschende Thema der Ältestenerzählung ist die Entlastung des Mose durch ein Ältestengremium, das sich Mose selbst auswählt (Num 11,16). Mose soll einen Teil seiner Aufgaben delegieren, um sich selbst zu entlasten. Das Gremium der Siebzig wird weder vom Volk noch von Jahwe, sondern von Mose selbst bestimmt. Mose soll dabei nur auf Älteste zurückgreifen. Seine Führung stützt sich dadurch auf die natürlichen Autoritätsträger der Sippengemeinschaft.

Im Zentrum der Entlastungsthematik steht nicht die Aufgabenbeschreibung des Ältestengremiums. Auf welche Weise es Mose entlastet, ist nebensächlich. Wichtig ist vielmehr, wie dieses Gremium in Besitz von Legitimation und Kompetenz kommt, nämlich dadurch, daß sie von dem Geist ergriffen werden, der auf Mose ruht (Num 11,17). Es liegt also ein charismatisches Amtsverständnis vor.

Hier zeigt sich eine enge Verbindung zum Phänomen der ekstatischen Prophetie: Die Vorstellung, daß der Geist zwanghaft über den Menschen

---
[48]Genau andersherum sieht H.Seebaß, Num 11f, die literarische Abhängigkeit. Seine apologetische ad hoc-These, die die Anzahl anzunehmender literarkritischer Brüche erheblich vermehrt, ohne diese im Einzelnen wirklich plausibel zu machen, kann jedoch nicht überzeugen.
[49]Gerade an dieser Stelle setzt nun auch der neueste Versuch einer Bestreitung literarischer Uneinheitlichkeit in Num 11,4-34 von G.J.Wenham ein (Num, 108 Anm 2). Er argumentiert damit, daß diese Rede in kunstvoller Ringstruktur aufgebaut sei und nicht auseinandergerissen werden dürfe.
[50]Das scheint mir auch für V 12bβ zu gelten, den M.Noth, Num, 78 als Zusatz ausscheidet. Wohl gilt, daß mit V 12bβ "das Bild völlig verlassen" (ebd.) wird, dies muß jedoch keinen literarkritischen Bruch bedeuten.
[51]V.Fritz, Israel, 16.

kommt und zur prophetischen Ekstase führt (Num 11,25), in der der Mensch die Kontrolle über sich verliert, erinnert an das Phänomen der Gruppenprophetie in 1 Sam 10,10-12. Gegenüber 1 Sam 10 zeigt sich jedoch ein wichtiger Unterschied. In 1 Sam 10,10 "springt" der Geist über. Der "springende" Geist kann aber kein auf Dauer gestelltes Amt legitimieren. So wie der Geist auf Saul springt, kann er nämlich auch wieder wegspringen.[52] In der Ältestenerzählung springt der Geist jedoch nicht, sondern er "ruht" (Num 11,25b).[53] Der ruhende Geist drückt den Gedanken von dauernder Vollmacht aus. Die prophetische Ekstase markiert gegenüber 1 Sam 10 nur noch das einen Menschen verwandelnde Ersterignis des Geistempfangs, das dann in die ruhige Form des "Amtsgeistes" übergeht.[54] Vermutlich soll durch dieses ekstatische Ersterignis auch die Größe des Geistes, der auf Mose ruht, zum Ausdruck gebracht werden. Das Wesentliche ist aber nicht diese Ersterfahrung, sondern die stetige Geistbegabung.

Die Vorstellung vom ruhenden Amtsgeist, der an die von Mose bestimmten Ältesten und an den Ort des Begegnungszeltes gebunden ist, wird durch die Episode von Eldad und Medad etwas korrigiert. Ein kleiner Teil des Geistes bricht im Lager -fernab der offiziellen, formalen Strukturen- auf. Dieser Geist geht nicht in den ruhigen "Amtsgeist" über (in Num 11,26 wird kein Ende des Zustands notiert). Gerade dieser Geist wird von Mose emphatisch begrüßt (Num 11,29).[55] Ist es richtig, daß die Wachtelerzählung durch die Ältesten-

---

[52]Die Legitimation von Saul mittels dieses sprunghaften Geistes zeigt schon den vorübergehenden Charakter seines Königtums und ist bereits aus der Perspektive derer formuliert, die Saul nur als Interimsherrscher, als Übergang zum eigentlichen König David verstehen. Der Charakter dieses sprunghaften Geistes ist im Samuelbuch durch die Doppelerzählung 1 Sam 10,9-16 und 1 Sam 19,20-24 herausgearbeitet. In der ersten Ergriffenheit vom Geist ist Saul als König legitimiert (1 Sam 10) und ist ermächtigt zum folgenden Befreiungsschlag (1 Sam 11). In 1 Sam 19 führt der gleiche sprunghafte Geist dazu, daß Saul sich seiner Amtskleidung entledigt und hilflos am Boden liegt. Symbolisch hat er damit seine herausragende Größe eingebüßt, die im Rahmen seiner König-Werdung zweimal erwähnt ist (ein Kopf größer als alles Volk; 1 Sam 9,2; 10,23), und hat in den Kleidern auch sein Amt verloren. Die Wichtigkeit der Amtskleidung zeigt auch Num 20,22-29, wo Eleasar Aarons Amt symbolisch durch den Kleiderwechsel übernimmt.

[53]Dazu finden sich Parallelen nur noch in Jes 11,2 und 2 Kön 2,15, vgl. auch 1 Sam 16,13 (auch hierin ist David also dem Saul antitypisch gegenübergestellt); Jes 59,21; 61,1; Mi 3,8; Dtn 34,9; Num 27,18.

[54]Hiermit ist jedoch ein textkritisches Problem verknüpft, der MT kann nämlich verschieden vokalisiert werden (eine Konsonantenänderung mit dem Samaritanus kommt kaum in Betracht):
(a) יָסָפוּ, also Perf von יסף = sie fuhren nicht fort
(b) יִסָּפוּ, also Impf von סוף = sie hörten nicht auf
Die Entscheidung muß wohl von der Interpretation der ganzen Erzählung her erfolgen. Für (a) spricht, daß es hier um einen ruhenden und keinen springenden Geist geht. Der springende Geist kann zu vorübergehenden Phänomenen führen, der ruhende zielt auf Dauer. So auch B.Baentsch, Ex-Num, 505: "Die Geistesmitteilung (...) hat zunächst einen Ausbruch prophetischer Verzückung zur Folge, wie er sich ähnlich auch in der Stunde der Berufung bei den Propheten findet, vgl. Jes 6. Aber die Verzückung dauert nicht an, sondern wird bald von einer abgeklärten Geistesstimmung abgelöst." Ähnlich A.Dillmann, Num, 60. Anders (b) sehen es D.Jobling, Num 11f, 31; M.Noth, Num, 74; G.von Rad, Theologie Bd 2, 23; N.Lohfink, Charisma, 242. Die Anfrage an diese Entscheidung wäre, wie denn eine wild tanzende Schar Mose entlasten kann.

[55]Vgl. N.Lohfink, Charisma, 243.

erzählung erweitert wurde, so ist auch danach zu fragen, warum beide Erzählungen so eng miteinander verknüpft wurden. Die Antwort dürfte in der Intention des Erweiteres liegen, die Themen "Geist" und "Fleisch" aufeinander zu beziehen. Nach Gen 6,17 und 7,15 besteht ein lebendiges Wesen aus Fleisch und Geist. Der Geist ist das lebensspendende Prinzip [56], das Fleisch dagegen ist das Hinfällige, das belebt werden muß.[57] Diese Vorstellung wird hier kollektiv ausgeweitet. Das Volk verlangt nach Fleisch, nach der Befriedigung der primären Bedürfnisse des kreatürlichen Lebens (נפש Num 11,6). Das eigentliche Lebensprinzip ist jedoch der Geist. Wirklich leben kann Israel nur mit dem Geist, bzw. im Gehorsam gegenüber denen, auf denen der Geist ruht.

b) Mose als Amme
Wachtel- und Ältestenerzählung sind auch im Bild von Mose als Amme (Num 11,12) verknüpft.[58] Die Amme vereint zwei Funktionen in sich: Säugen (also Versorgung mit Nahrung) und Tragen (also Führung und Vermittlung von Geborgenheit).[59] Mit dem Selbstverständnis des Mose als Amme ist impliziert, daß Jahwe die eigentliche Mutter sei. Mose appelliert daran, daß das geborene Kind eine eigene Würde hat, gegenüber der die Mutter zur Fürsorge verpflichtet ist. Diese kindliche Würde ist auch dann zu respektieren, wenn das Kind auf Grund seiner Selbständigkeit zum Widerpart für die Mutter wird. Der Begriff "Sohn" wird in diesem Zusammenhang vermieden, stattdessen wird vom "Säugling" gesprochen. Diese Differenz trägt für die Argumentation des Mose einiges aus. Denn ein Säugling ist der Fürsorge bedürftig; er ist ohne diese gar nicht lebensfähig. Er ist auch noch nicht schuldfähig, denn er hat noch kein eigenständiges Ichbewußtsein entwickelt. Ihm fehlt somit die Instanz, die das Verhalten in eigener Verantwortung kontrolliert. Der Begriff "Sohn" impliziert dagegen den Gedanken der Verantwortlichkeit, Eigenständigkeit und Schuldfähigkeit.

2.4. Die literargeschichtliche Einordnung der Ältestenerzählung

a) Vergleich mit Dtn 1,9-18
Bevor man die Ältestenerzählung als deuteronomistisch einstuft [60], sollte man einen Vergleich mit dem entsprechenden Paralleltext im Buch Deuteronomium durchführen. Bei einem solchen Vergleich läßt sich am ehesten zeigen, ob ein Text mit den Intentionen und Konzepten des Deuteronomismus konvergiert oder eher davon abzusetzen ist.

---

[56] Dies zeigt sich auch in Ez 37,1-14. Der Geist macht aus ausgetrockneten Knochen wieder belebtes Fleisch. Zum Geist als Lebensprinzip vergleiche auch Hiob 32,8; 33,4; Ri 15,19; 1 Sam 30,12; Ps 104,29f; 146,4; Koh 12,7; Num 16,22; 27,16.
[57] Jes 31,3: "Auch der Ägypter ist nur ein Mensch und kein Gott, seine Pferde sind nur Fleisch, nicht Geist." Vgl. auch die Gegenüberstellung von Fleisch und Gottesgeist in DtJes 40,6-8.
[58] So auch H.Seebaß, Num 11f, 217.
[59] Diese zwei Funktionen der Amme hat F.Ahuis, Gerichtsprophet, 54 herausgestellt.
[60] So die These von F.Ahuis, Gerichtsprophet, 54-58.

Dtn 1 dürfte sowohl Ex 18 als auch Num 11 voraussetzen. Dtn 1 lehnt sich aber ganz eindeutig mehr an Ex 18 an: Mose behält die Initiative, er schafft sich aus eigener Einsicht durch die Einsetzung von Richtern Entlastung. Besonders wichtig für Dtn 1 ist, daß das Volk spontan zugestimmt hat und bei der Benennung der Richter ein Vorschlagsrecht eingeräumt bekam. Zentrale Anliegen von Num 11 sind in Dtn 1 also gerade nicht aufgenommen. Weder verlautet etwas von einer Klage Moses an Jahwe, noch von einer Geistbegabung der Richter. So ergibt sich, daß eher Ex 18 mit den Intentionen von Dtn 1 konvergiert als Num 11. Vor allem spielt der Begriff des Geistes weder in der Theologie des Dtn noch auch in der des DtrG eine Rolle.[61] Vielmehr zeigt die in der Ältestenerzählung enthaltene Geistkonzeption starke Verwandtschaft mit der der Prophetie.[62]

b) Vergleich der Ältestenerzählung von Num 11 mit Num 14,11-25
Die Frage ist nun, ob, bzw. inwieweit, die Ältestenerzählung konzeptionell oder gar literarisch mit der D-Schicht in Num 14,11-25 zusammengehört. Eine Verwandtschaft besteht auf jeden Fall insofern, als in beiden Texten Moses gegen Jahwe argumentiert, um das Volk vor der Vernichtung zu bewahren. Mose wird als der große Idealprophet gesehen, dessen Fürbitte bei Jahwe Erfolg hat und dem sich deshalb das Volk in seiner Existenz verdankt. Beide Textabschnitte sind literarisch als Bearbeitung von jehowistischen Vorlagen zu bestimmen, beide Male wird der Ehrentitel "Knecht" verwendet, in Num 11,11 von Mose, in Num 14,24 von Kaleb, beidesmal werden dtn-dtr Formulierungen aufgenommen.

Es bestehen aber auch deutliche Unterschiede. So findet sich in Num 14,11-25 keine Anklage Jahwes, die in Num 11,11-15 so stark dominiert. In Num 11 spielen die Völker keine Rolle, stattdessen ist Jahwes Bindung an Mose im Blick. Mose stellt Jahwe die definitive Grenze seiner Leistungsfähigkeit dar und hofft dann auf die Unterstützung durch Jahwe. Jahwe hat Israel geboren und hat sich deshalb persönlich um sein Kind zu kümmern und dies nicht allein der Amme (also Mose) zu überlassen. Jahwe hingegen übernimmt die Säuglingsmetaphorik für Israel nicht. Israel ist nach dem Sinai kein Säugling mehr, es ist verantwortlich, und sein Verhalten kann ihm als Schuld zugemutet werden. Israel ist erwachsen, es kann seine natürlichen Triebe kontrollieren und zugunsten höherer kultureller und religiöser Ziele zurückstellen. Es muß deshalb nicht resignieren. Mose ist im Unrecht, wenn er Israel noch wie einen Säugling behandelt.

Insgesamt kann man sagen, daß Num 11,11-15 mit Num 14,11-25 durchaus in manchem konzeptionell übereinstimmt, jedoch finden sich keine signifikanten lexikalischen Bezüge. So läßt sich schließen, daß die Ältestenerzählung in Num 11 der D-Bearbeitung von Num 14,11-25 zwar nahesteht, beide Texte sich aber kaum dem gleichen Autor verdanken.

---

[61] Im Buch Dtn begegnet der Begriff "Geist" zweimal: Dtn 34,9 (P!) und Dtn 2,30 als psychologischer Begriff. Es ist von daher mehr als fraglich, wenn F.Ahuis, Gerichtsprophet, 57 die in Num 11 begegnende Geistvorstellung als Kennzeichen dtr Theologie einstuft.
[62] Vgl. Jer 31,31-34; Ez 11,19f; Joel 3,1f. Dazu B.Baentsch, Ex-Num, 505.

3. DIE D-SCHICHT IN Ex 17, 1 - 7

Fragt man nun nach literarischen Elementen, die man im vorsinaitischen Textbereich der D-Schicht zuweisen kann, so fällt als erstes der Blick auf Ex 17,1-7. In Ex 17,1-7 begegnet nämlich die bereits aus Num 14,22 bekannte Vorstellung, daß Israel Jahwe "versucht" habe, und ebenso wie in Num 14,22 wird darin ein schweres Vergehen Israels gesehen. Da innerhalb des Episodenkomplexes "Wüste" diese Vorstellung sonst nicht begegnet, scheint die Zusammengehörigkeit beider Belege sehr wahrscheinlich zu sein.

3.1. Literarkritik von Ex 17,1-7 [63]

a) Spannungen in Ex 17,1-7
Die Textbeobachtungen, die zur literarkritischen Scheidung Anlaß geben können, hat E.Zenger übersichtlich zusammengestellt.[64] Ordnet man sie nach Gewicht, so dürfte folgendes gelten:
Das wichtigste literarkritische Argument ist die Dopplung von V 2 und V 3. "Auf der Geschehensebene bildet das unterschiedlich gestaltete *und* theologisch unterschiedlich beurteilte Murrmotiv in V.1b-2 (...) und in V.3-4 (...) eine Doppelung, die literarkritische Operationen fordert; V.3 führt Situation und Murren überdies so ein, als gingen V.1b-2 nicht voraus!"[65]
Zu Vers 2, der aus dem Zusammenhang also deutlich herausfällt, gehört deutlich V 7.[66] Dies belegen die lexikalischen Rückbezüge auf diesen Vers in der Namenserklärung. Die Sonderstellung von V 7 wiederum hat Zenger ebenfalls markiert: "Die ätiologische Notiz in V.7a ist insofern auffallend, als sie sich nicht, wie von der vorliegenden Textfolge her zu erwarten wäre, auf den *Felsen* bezieht, der Wasser gibt, sondern auf den *Ort* (...) der Meuterei (...)." Zenger notiert weiter, daß das Zitat der Rede des Volkes, das den V 7 abschließt, "in der Geschichte selbst vorher weder semantisch vorbereitet noch geschehensmäßig gedeckt ist."[67]
Zuletzt ist darauf hinzuweisen, daß die Itinerarnotiz 1abα auf Grund des Sprachgebrauchs ("die ganze Gemeinde der Israeliten" weist eher auf P) kaum zur ursprünglichen Fassung der Erzählung gehört hat.[68] Weiter darauf, daß die

---

[63]Der Endtext von Ex 17,1-7 wurde bereits anläßlich der Bestimmung des Erzählmusters von Num 20,1-13 behandelt, vgl. Kap 4: 2.2.2. und 2.2.3.
[64]E.Zenger, Israel, 58f.
[65]E.Zenger, Israel, 59; vgl auch B.Baentsch, Ex-Num, 157; M.Noth, Ex 110; E.Ruprecht, Mannawunder, 302.
[66]So auch M.Noth, Ex, 111; E.Ruprecht, Mannawunder, 304.
[67]Beide Zitate E.Zenger, Israel, 59.
[68]M.Noth, Ex, 110.

Häufung verschiedener Ortsnamen in der Erzählung (V 1: Refidim, V 6: Horeb, V 7: Massa und Meriba) ebenfalls die These literarischer Uneinheitlichkeit unterstützt.[69]

Die literarkritischen Beobachtungen können kaum durch ein Quellenmodell erklärt werden. Es gelingt nicht, in Ex 17,1-7 zwei Varianten des gleichen Erzählstoffes (J und E?) zu rekonstruieren.[70] Eher wird man annehmen, daß ein Grundbestand durch eine Bearbeitungsschicht, die V 2 und 7 umfaßt, überarbeitet wurde.[71]

b) Formkritische Kontrollfragen
Als Kontrolle zur Überprüfung der literarkritischen Ergebnisse muß nach dem Erzählmuster der Erzählung gefragt werden. Hier nun zeigt der Vergleich mit den Parallelen Ex 15,22-25a und Num 20,1-13, daß der Dialog zwischen Mose und Volk (Ex 17,2), der zwischen den Erzählelementen "Konstatierung der Not" und "Wendung Moses an Jahwe" eingeschaltet ist, ungewöhnlich ist. Ex 17,2 stellt also formal eine Erweiterung des Erzählmusters dar.

Schwieriger ist die Frage, ob die Erzählung ohne Namensätiologie (Ex 17,7) existiert haben kann. Dies ist besonders dann schwierig anzunehmen, wenn man den Grundstock der Erzählung als Ortsätiologie einstuft, wie das etwa M.Noth tut.[72] Läßt man die These von der Ortsätiologie fallen, so lassen sich die Verse 3-6 jedoch als in sich geschlossene Erzählung verstehen. So E.Ruprecht: "Wir haben in v.3-6 also eine völlig in sich geschlossene Erzählung von einem

---

[69] Die restlichen Beobachtungen Zengers sind von nur geringer literarkritischer Relevanz. So ist zum ersten (gegen E.Zenger, Israel, 59) nicht einzusehen, wieso die Jahwerede in V 5f zerschnitten werden soll. Die grammatische Folge ist ohne Anstöße. So ist zum zweiten nicht einzusehen, wieso innerhalb von V 7 nochmals literarisch geschieden werden soll. Daß das "abschließende Zitat der Rede des Volkes ... nachhinkend und angehängt" (E.Zenger, Israel, 59) wirke, kann nur als persönliches Geschmacksurteil gelten. Allenfalls könnte man fragen, ob der Doppelname "Massa und Meriba" ursprünglich ist. Darauf hat M.Noth hingewiesen: "Auffällig ist weiter, daß in V.7 der Quellort einen Doppelnamen erhält: 'Massa und Meriba'. Das ist schwerlich ursprünglich."(Ex, 111) Dies hat Noth zu der These geführt, daß in V 2 und V 7 eine spätere Hand am Werk sei, die den Namen Massa und das dazugehörige Versuchungsmotiv nachträglich in V 2 und V 7 nachgetragen habe (ebd.). Dieser These stimmen weder Zenger, Israel, 60, noch E.Ruprecht, Mannawunder, 303, noch V.Fritz, Israel, 11f, noch A.Reichert, Jehowist, 106f zu. In der Tat dürfte sich die Ungewöhnlichkeit des Doppelnamens eher überlieferungsgeschichtlich erklären lassen.

[70] So urteilt auch E.Zenger, Israel, 59f. Zenger wendet sich damit gegen einen breiten Strom der bisherigen literarkritischen Forschung. Zwei Quellen nehmen an: B.Baentsch, Ex-Num, 157; M.Noth, Ex, 111 (sehr vorsichtig!). Ähnlich wie Zenger urteilt auch V.Fritz, Israel, 11, der nur in V 3 einen Nachtrag sieht, den Rest der Erzählung Ex 17,1bβ-2.4-7 für einheitlich hält.

[71] Ein selbständiger Zusatz ist die Itinerarnotiz in V 1, die die Erzählung auf dem Marsch durch die Wüste einreiht. Ebenfalls vermutlich eigenständig ist die glossierende Identifizierung des Felsens mit dem Horeb in V 6. Dabei kann es im Rahmen unserer Fragestellung dahingestellt bleiben, ob E.Zenger, Israel, 60 recht hat, der hier und in V 7bβ die gleiche Bearbeitung am Werk sieht. M.E. gelingt es ihm kaum, die einzelnen Glossen konzeptionell zu verbinden (gegen E.Zenger, 73-75).

[72] M.Noth, Ex, 111f.

Rechtsstreit."[73]

Die formkritische Kontrolle bestätigt also die literarkritische These, daß sich Ex 17,2.7 der Hand eines Bearbeiters verdanken, der um einen wohl jahwistischen Grundbestand einen Rahmen legt. Der Rahmen stellt die Erzählung in eine ganz neue Perspektive: Das Murren gegen Mose wird als ein Murren gegen Jahwe selbst verstanden. Dadurch rückt Mose in eine einzigartige Sonderstellung.

3.2. Traditionsgeschichtliche Einordnung von Ex 17,2.7

Nun muß es um die Frage gehen, ob die Bearbeitungsschicht Ex 17,2.7 der D-Schicht zugewiesen werden kann.[74] Dies legt sich von unserer bisherigen Arbeit her in der Tat nahe, denn hier taucht das Lexem נסה wieder auf.[75]

a) Das Motiv der Versuchung Jahwes durch das Volk
Zunächst eine erzählstrukturelle Frage: Wie kommt eigentlich erzählerisch zum Ausdruck, daß das Volk Jahwe versucht hat? Dies scheint zunächst einfach zu beantworten, wirft doch Mose dem Volk eben dies explizit vor (V 2). Darin wird er nachträglich vom Erzähler in V 7 ausdrücklich bestätigt. Worauf bezieht sich aber der Vorwurf des Mose, auf welches Verhalten des Volkes? Doch wohl auf die Rede des Volkes in Ex 17,2a. Inwiefern ist diese Forderung aber eine Versuchung Jahwes, wo doch nur Mose angeredet ist? Offensichtlich insofern, als die Bestreitung der Führung Moses schon als Versuchung Jahwes zu betrachten ist. "Kritik an seinem Amt ist Kritik an Jahwe!"[76]

---

[73] E.Ruprecht, Mannawunder, 302. Auch E.Zenger nimmt eine Grunderzählung an, die im wesentlichen nur aus den Versen 3-6 bestand, aber eine lückenlos beschreibbare Erzählstruktur aufweist (Israel, 60). - Schwierig einzuordnen ist der Versuch von A.Reichert, Jehowist, 108, Ex 17,1-7 als "theologische Lehrerzählung" zu beschreiben. Soweit ich sehen kann, ist die einzige Auseinandersetzung mit den traditionellen literarkritischen Argumenten in folgendem Zitat zu finden: "Sie (= die theologische Lehrerzählung; AS) versteht es, erzählerische Elemente mit theologischer Begrifflichkeit in eine neue, *nicht immer einheitliche* Form zu gießen, aber gerade dadurch die alten Überlieferungen für die deuteronomische Paränese fruchtbar zu machen,..." (kursiv von mir; AS). R.Smend, Entstehung, 66 hat dem anscheinend zugestimmt. A.Reichert scheint anzunehmen, daß für seine These der Nachweis genügt, daß fast alle erzählerischen Elemente von Ex 17,1-7 auch in anderen Texten belegt sind (101). Dies ist freilich methodologisch sehr fragwürdig. Es dürften sich kaum Texte finden, die nicht mit Lexemen formuliert sind, die auch in anderen Texten begegnen. Zudem hat Reichert nicht gezeigt, inwiefern das intendierte *Ganze* als "deuteronomische Paränese" beschreibbar ist.

[74] Negativ beantwortet diese Frage E.Ruprecht, Mannawunder, 304. Er rechnet Ex 17,7 ursprünglich zu J, da sowohl das Phänomen des doppelten Erzählschlusses bei J belegt sei, als auch sich "keinerlei typisch deuteronomistische Formulierungen" (303) fänden. Das letztere Argument ist insbesondere dann wenig schlagkräftig, wenn man die D-Schicht vom typisch dtn-dtr Sprachgebrauch abrückt.

[75] H.H.Schmid, Jahwist, 66: "Beide Geschichten haben eine Erweiterung erfahren, deren verbindendes Element das Stichwort נסה darstellt."

[76] E.Zenger, Israel, 73. Eine legitime Kritik an Mose, wie E.Zenger, Israel, 73 interpretiert, kann ich in dieser Erzählung nicht recht finden. Schließlich wird Mose beauftragt, das Wunder zu vollbringen. Zudem soll er für das Wunder den Stab verwenden, der gegenüber dem verstockten Pharao zum Einsatz kam. Das impliziert doch, daß Israel als genauso verstockt angesehen wird wie der Pharao.

Es geht um tiefgreifende Zweifel an der Gegenwart Jahwes bei seinem Volk, die einem Mangel an Zutrauen zu Jahwes Geschichtshandeln entspringen. Die vergangenen Heilstaten Jahwes sind sehr schnell wieder vergessen, wenn die Befriedigung der Grundbedürfnisse nicht sicher gestellt scheint. Das Volk fordert Jahwe in grotesker Weise dazu heraus, neue Wunder zu vollbringen, um seine Gegenwart unter Beweis zu stellen. "Mangelndes Vertrauen und Hybris stehen im Hintergrund, wenn Menschen Gott auf die Probe stellen und sich so an die Stelle Gottes setzen (Jdt 8,12), wenn sie versuchen, Gottes Entscheidungen zu erzwingen, ihm drohen und ihn beeinflußen wollen (zu Jdt 8,12 vgl. v.16)."[77]

Das Motiv der Versuchung Jahwes durch Israel entstammt dem dtn-dtr Traditionsraum. Insbesondere sind für den hiesigen Sprachgebrauch die Geschichtspsalmen Ps 78; 95 und 106 zu vergleichen.[78] Auch zu Dtn 6,16 besteht eine enge Verbindung. Allerdings scheint es, daß alle diese Stellen sich bereits auf Ex 17,2.7 zurückbeziehen.[79] Zum Teil werden noch weitere Wüstenerzählungen in diesem Sinn als Versuchungen Jahwes durch das Volk gedeutet (Ps 78,18; 106,14 interpretieren unter diesem Leitgedanken die Manna- und Wachtelerzählungen neu). Dann gilt aber doch soviel, daß die Vorstellung von der Versuchung Jahwes durch Israel -auch wenn sie nicht zu den originalen Vorstellungen des dtn-dtr Schrifttums gehört- im dtn-dtr Traditionsraum besonders stark rezipiert wurde.

b) Das Motiv "Jahwe in unserer Mitte"
Nun ist der Phrase יהוה בקרבנו nachzugehen. Auch für sie hat H.H.Schmid nachgewiesen, daß sie dtn-dtr Denken eng verbunden ist.[80] Ursprünglich dürfte sie in den Rahmen der Zionstheologie gehören (Ps 46,6; Mi 3,11; Jes 12,6). Mit der überheblichen Selbstsicherheit, die sich an diesem Theologumenon festmachen konnte, hat bereits Micha (3,11) zu kämpfen. Interpretiert man Ex 17,7 von Micha 3,11 her, so ist die Abschlußfrage des Volkes nicht Ausdruck übergroßen Zweifels [81], sondern Ausdruck übergroßer Überheblichkeit. Das Volk "versucht" Jahwe in dem anmaßenden Bewußtsein, daß es ein angestammtes Recht auf Versorgung habe, dem Mose nur nicht nachkomme. Das Volk behauptet: Jahwe ist in *unserer* Mitte und bestreitet so die Legitimation Moses, der behauptet, daß Jahwe nur durch ihn dem Volk gegenwärtig und deshalb Kritik an seiner Führung mit der Kritik Jahwes identisch sei.

---

[77]F.J.Helfmeyer, ThWAT 5, 480.
[78]Es findet sich die Vorstellung, "daß Israel oder ein einzelner Gott auf die Probe stellt/versucht, nur in Ex 17,2.7; Num 14,22; Dtn 6,16 (2x); Jes 7,12; Ps 78,18.41.56; 95,9; 106,14 - theologiegeschichtlich fast ausschließlich Texte deuteronomistisch inspirierter Theologie." (E.Zenger, Israel, 62)
[79]So auch F.J.Helfmeyer, ThWAT 5, 477: "Zum großen Teil (der Psalmenbelege; AS) liegt hier die in Ex 17,2.7 (J) enthaltene Tradition zugrunde; das gilt auch für Dtn 6,16."
[80]H.H.Schmid, Jahwist, 67-68 unter Rückgriff auf M.Rose, Ausschließlichkeitsanspruch, 35ff.
[81]So interpretiert E.Zenger, Israel, 73f, der damit Benno Jacob's Interpretation zustimmt.

3.3. Die Verbindung von Ex 17,2.7 zu anderen Wüstentexten

Die Frage des Volkes in Ex 17,7 schafft einmal eine Verbindung zur folgenden Erzählung von der Amalekiterschlacht vor und zum anderen zur Amalekiterschlacht nach dem Sinai.

a) Ex 17,8-16
Unter dem Vorzeichen der überheblichen Frage des Volkes in Ex 17,7 wird die Amalekiterschlacht zu einer eindrücklichen Demonstration der Führungslegitimation und -kompetenz des Mose. Jahwe ist inmitten des Volkes. Das zeigt sich deutlich daran, daß die Amalekiter geschlagen werden. Israel ist so unangreifbar wie der Zion (Ps 46,6). Aber die Gegenwart Jahwes in seinem Volk ist eben über Mose vermittelt! Er allein entscheidet die Schlacht. Josua, Aaron und Hur können Mose unterstützen, aber sie können nicht an seine Stelle treten. Das Volk kann ohne Mose zwar kämpfen, aber nicht gewinnen. Somit ist die Kritik an Mose in aller Deutlichkeit von Jahwe selbst zurückgewiesen. Es ist so wie Mose sagt: Jahwe und Mose sind untrennbar verbunden.

Des weiteren ist interessant, daß das Volk nicht bestraft wird, obwohl Israel im Unrecht ist. In der Schlacht gegen die Amalekiter sind keinerlei Verluste zu beklagen. Der Feind wird vielmehr zurückgeschlagen. Jahwe verzichtet auf die Durchsetzung seines Rechts, er erträgt die ungerechtfertigte Kritik an Mose und damit an ihm selbst.

b) Num 14,39-45
Die Formulierung der Abschlußfrage bezieht sich aber auch auf Num 14,39-45. Auch dort begegnet das Motiv "Jahwe in unserer Mitte", und zwar in der negativen Kriegsansprache des Mose (Num 14,42f). Wenn Jahwe nicht mehr in Israels Mitte ist, dann ist es hilflos dem Angriff der Feinde ausgeliefert. Jahwe überläßt dann das Volk sich selbst.

Als wichtige Differenz zu Num 14,39-45 ist einmal zu nennen, daß die Vorstellung, daß Jahwe inmitten des Volkes ist, in Num 14,39-45 mit der Lade verbunden ist.[82] Deutlich ist weiterhin, daß nach dem Sinai Israel für seinen Ungehorsam bestraft wird. So zeigt sich in dieser Schicht das bekannte Kompositionsschema: vor dem Sinai verzichtet Jahwe auf Strafe, nach dem Sinai bestraft Jahwe Israel, vernichtet es jedoch nicht völlig. Der Einschnitt des Sinai scheint allerdings innerhalb der D-Schicht weniger markant. In Num 14,22 wird als Grund für die Bestrafung Israels von einer zehnmaligen Versuchung Jahwes durch Israel gesprochen. Dies deutet eher darauf, daß nun bei Jahwe eine definitive Toleranzschwelle erreicht ist, als daß durch das Geschehen am Sinai das Verhältnis Jahwes zu Israel auf neue Grundlagen gestellt sei.

Ex 17,2.7 ist über die Vorstellung der Versuchung Jahwes durch Israel mit Num 14,11-25, und über die Vorstellung von "Jahwe in unserer Mitte" mit Num

---
[82] Vgl. 1 Sam 4,3.

14,39-45 verbunden. Dies macht umgekehrt wahrscheinlicher, daß auch Num 14,11-25 und Num 14,39-45 zur gleichen Schicht gehören.[83]

4. DIE D - SCHICHT IN Ex 15, 22 - 27

Auch in Ex 15,25b-26 ist oft ein deuteronomistischer Bearbeiter vermutet worden.[84] Wie in Num 14,11-25 und Ex 17,2.7 findet sich auch in Ex 15,22-27 das Lexem נסה. Beides sind Gründe, um diesen Text einer näheren Untersuchung zu unterziehen und sein Verhältnis zur bisher behandelten D-Schicht zu erörtern.

4.1. Formkritik von Ex 15,22-27

Der Text bildet in seiner Endgestalt eine sinnvolle Einheit.[85] "Während Jahwe den Ägyptern die Krankheit auferlegt, legt er Israel eine Lebensordnung auf, und wenn es nach ihr lebt, legt er Israel keine Krankheit auf. ... Durch Jahwes Tora wurde das Wasser gesund, Israel wurde nicht durch bitteres Wasser in die Todeszone gebracht, und so wird es immer frei von Krankheit bleiben, wenn es sich an Jahwes Ordnungen hält. An dem Ereignis wurde viel Umfassenderes und Allgemeingültigeres deutlich, und die Verse 25b und 26 explizieren das."[86] Heilvolle Verwandlung des Wassers durch die Belehrung Moses und Setzung von חק ומשפט, die zur Verschonung vor Krankheitsepidemien führt, werden bewußt parallelisiert.[87] So wie allein die gehorsame Ausführung der Weisung Jahwes durch Mose das Überleben Israels ermöglicht hat, so ist auch die gehorsame Umsetzung von Recht und Gesetz im Lebensvollzug die Lebensgrundlage für unverstelltes, gesundes Leben.

4.2. Traditionsgeschichtliche Einordnung von Ex 15,25b-26

Obwohl der Endtext in sich eine sinnvolle kommunikative Einheit bildet, ist er literarisch kaum einheitlich. Die Verse 25b-26 lassen sich als literarische

---

[83]Vgl. Kap 4: 1.3. und auch H.H.Schmid, Jahwist, 68.
[84]Vgl. die literarkritische Übersicht bei A.Reichert, Jehowist, 88, sowie die Skizze der "Durchschnittsanalyse" (Diebner) bei B.J.Diebner, Ex 15, 130-131. Vgl. auch M.Noth, Ex, 101; H.H.Schmid, Jahwist, 66.
[85]Dies hat auch B.J.Diebner in seiner Studie zu Ex 15,22-27 betont.
[86]N.Lohfink, Arzt, 25. Ähnlich interpretiert auch A.Reichert, Jehowist, 94.
[87]B.J.Diebner, Ex 15, 149 nimmt eine Art von Ringstruktur an, deren Mitte der asyndetische Anschluß von 25b an 25a bildet.

Bearbeitungsschicht herauslösen.[88] V 25b schließt nur sehr lose an V 25a an, das Thema wechselt sehr abrupt.

Diese Bearbeitungsschicht kann nicht als frühdeuteronomisch eingestuft werden [89], allerdings auch kaum als deuteronomistisch. N.Lohfinks gründliche sprachlich-stilistische Untersuchung ergibt vielmehr folgendes: "Ex 15,26 hat in der Form, im Wortgebrauch und in der Aussage vielfache Beziehungen zu den deuteronomischen und deuteronomistischen Texten. Darin liegt der Wahrheitskern der üblichen Etikettierung als 'deuteronomistisch' o.ä. Doch liegen zugleich so tiefgreifende, fast stets in die Nähe späterer, priesterschriftlicher Stil- und Sprachdokumente weisende Unterschiede zu allem Deuteronomischen vor, daß man diese Etikettierung dann doch ablehnen muß. Der Verfasser muß vielmehr einem Raum entstammen, der schon über Deuteronomisches und Priesterschriftliches zugleich verfügte. Genauer: Dieser Vers ist wohl in Anlehnung an und im Blick auf Deuteronomisches von jemand formuliert worden, der selbst schon eher von priesterschriftlichem Sprachgefühl herkam. Zwar nicht absolut notwendig, aber doch mit großer Wahrscheinlichkeit haben wir also an die eigentliche Pentateuchredaktion oder eine noch nach ihr liegende Überarbeitung zu denken."[90] Hinsichtlich des Vorbehaltes, Ex 15,25b-26 einfachhin als deuteronomistisch einzustufen, kann man N.Lohfink nur zustimmen.[91] Seine wichtigsten Gründe sind (a) אזן-Hifil, das "kein deuteronomisches Wort für Gehorsam oder Gesetzesbeobachtung" ist,[92] (b) die "Selbstprädikation Jahwes als 'Heilender Israels'", die im AT einmalig ist, und

---

[88]Dies kann als Konsens der Exegeten bezeichnet werden, wenn man sich auch über die Zuweisung zu Quellen uneinig ist; vgl. etwa B.Baentsch, Ex-Num, 140f. Sogar B.J.Diebner, der sonst Literarkritik ablehnt, läßt durchblicken, daß er zwischen V 25a und V 25b mit einem Bruch rechnet (Ex 15, 147).

[89]So H.Gese, Sinai, 32 Anm 10 und ihn weiterführend A.Reichert, Jehowist, 90f. Reicherts Gründe für frühdeuteronomische Ansetzung können jedoch nicht überzeugen. Soweit ich sehen kann, fungiert für ihn allein die "formelhafte Wendung" חק ומשפט (A.Reichert, Jehowist, 90) als entscheidendes Argument. Die singularische Formulierung (Jos 24,25; 1 Sam 30,25; Esr 7,10) entspreche nicht dem Sprachgebrauch des Dtn, wo diese Wendung ausschließlich im Plural begegne. Dazu ist wohl zweierlei zu sagen. Zum einen dürfte es unangemessen sein, den Unterschied von Singular und Plural zu sehr zu strapazieren, zumal in V 26 auch gleich der Plural von חק begegnet. Zum anderen ist es verfehlt, den sonstigen Sprachgebrauch des Textes außer acht zu lassen, der deutlich deuteronomistische Wendungen enthält.

[90]N.Lohfink, Arzt, 39.

[91]Sonst macht man es sich mit der Zuordnung zum Deuteronomisten meist zu einfach. Nicht nur das reine Vorkommen eines Lexems, sondern auch sein Verwendungszusammenhang muß beachtet werden.

[92]N.Lohfink, Arzt, 36f. In der Tat ist die Wendung והאזנת למצותיו im Dtn nicht belegt. אזן-Hifil begegnet vielmehr als Höraufruf am Anfang einer Rede, um die Zuhörer zu erhöhter Aufmerksamkeit aufzufordern, z.B. Dtn 31,1; Gen 4,23; Num 23,18; Ri 5,3; Ps 49,2; 78,1. In dieser Funktion findet sich das Lexem auch bei einigen Propheten Jes 1,2.10; 8,9; 28,23; 32,9; 51,4 Jer 13,15; Hos 5,1; Joel 1,2. Deshalb kann der Chronist die Ablehnung der prophetischen Botschaft durch das Volk kurz als ein Nicht-Hinhören bezeichnen (2Chron 24,19; Neh 9,30). Auch Gott kann im Gebet zu erhöhter Aufmerksamkeit aufgefordert werden (Ps 5,2; 17,1; 39,13; 54,4; 55,2; 80,2; 84,9; 86,6; 140,7; 141,1; 143,1). Im Deuteronomium findet sich die Wendung mit dem zu אזן-Hifil weitgehend synonymen Lexem שמע formuliert (die Synonymität notiert auch N.Lohfink, Arzt, 37); vgl. M.Weinfeld, Dtn, 337, No18.

(c) daß der Autor anscheinend "eher von priesterschriftlichem Sprachgefühl herkam."[93]

Wir haben also wieder das Phänomen vor uns, daß in einer Bearbeitungsschicht zu einem JE-Text in deutlicher Anlehnung an dtn-dtr Sprache formuliert wird, und doch auch sehr eigenständige Theologumena verhandelt werden.

4.3. Zur Interpretation von Ex 15,25b-26

Nun sind die theologischen Vorstellungen dieses Abschnitts näher zu bestimmen und hinsichtlich ihrer Nähe oder Distanz zur bisher herausgearbeiteten D-Schicht zu befragen.

a) Jahwe als Arzt

Der Text sagt als Lohn für den Gehorsam gegenüber dem Gebot Jahwes keinen üppigen Segen zu, wie das in Dtn 28 oder Dtn 7 der Fall ist, hier wird im Gegenteil sehr zurückhaltend formuliert: es wird lediglich die Vermeidung von Seuchen angesagt, die Ägypten getroffen haben (dies ist nur ein Bestandteil der sonst viel reicheren Segenszusage in Dtn 7,15). Das impliziert doch wohl, daß Israel grundsätzlich von Jahwe bedroht ist, so daß Verschonung bereits Segen bedeutet.

N.Lohfink hat sehr überzeugend drei Traditionsbereiche herausgearbeitet, in denen Jahwe als Arzt verstanden wurde. (a) Die Familienreligion, die Jahwe in Krankheitsfällen als den anruft, der zu heilen vermag.[94] (b) Die Schriftpropheten, die das Theorem von Jahwe als Arzt übertragen verwenden, d.h. sie fassen ganz Israel kollektiv als krank auf und fassen zum anderen unter Krankheit alle Arten von grassierenden Lebensminderungen, auch soziale Störungen der Gemeinschaft. Israel wird als Organismus verstanden, der einem tödlichen Krankheitsbefall wehrlos ausgeliefert ist. Die gesamte Gemeinschaft ist in den Sog der Verhältnislosigkeit gerissen.[95] (c) In der deuteronomischen Tradition findet sich nach N.Lohfink die engste Berührung zu unserem Text. "Hier ist also die wirkliche körperliche Gesundheit der Gemeinschaft Israel in unmittelbaren Zusammenhang gebracht mit dem Ja zu einer Jahwe zugeordneten Gesellschaftsform, die Israel gegenüber den Normalgesellschaften seiner Umwelt zu einer Kontrastgesellschaft macht."[96] In der Tat sind auch die sprachlichen Berührungen besonders zu Dtn 7,15 eindeutig am engsten. So dürfte Lohfink recht haben, daß dieser Inhalt auch in Ex 15,26 gemeint ist.

b) Das Motiv der Erprobung Israels durch Jahwe

Der Text läßt nicht recht erkennen, worin die Erprobung Israels durch Jahwe besteht. Es wird nicht erzählt, sondern reflektiert. Zur Erhellung der

---
[93] N.Lohfink, Arzt, 39.
[94] N.Lohfink, Arzt, 46.
[95] E.Jüngel, Tod, 99f.
[96] N.Lohfink, Arzt, 51.

Vorstellung ist am ehesten Dtn 8 heranzuziehen.[97] Gott erprobt (נסה) Israel, d.h. seine innere Bereitschaft, auch gegen Widerstände und in äußerst ernsten Plausilibilitätskrisen (es kann um Leben oder Tod gehen, Dtn 8,3: Hunger) an Jahwes Gebot festzuhalten. Diese innere Bereitschaft ist eben nur durch eine ernste Prüfungssituation wirklich zum Vorschein zu bringen. Die "Erprobung" ist -wie besonders Dtn 8 deutlich macht- eine pädagogische Kategorie.[98] Das bedeutet *einmal*, daß zwischen dem, der erprobt und prüft, und dem, der erprobt und geprüft wird, eine personale Beziehung besteht. Erprobung charakterisiert ein bestimmtes Phänomen eines besonderen Nähe- und Vertrauensverhältnisses! Dies wird mit der Kategorie Vater-Sohn ausgesagt. *Des weiteren* ist die Erprobung deshalb sinnvoll, weil der zu Erprobende in der ernsten Situation der Praxis unverlierbare Erfahrungen sammelt. Es geht um ein Bewährungsverfahren, in dessen Verlauf es erst zur Herausbildung der Fähigkeiten und Einstellungen kommt, die dann *nach* dieser Bewährungsprobe erkennbar sind. Das Vermögen, in künftigen Plausibilitätkrisen zu bestehen, wird dadurch gesteigert. Es geht um praktische Erfahrung, nicht um rein kognitive Erkenntnisse.[99] Dabei impliziert *drittens* der Gedanke der Erprobung, daß die Prüfungssituation vom Erprobenden letztlich noch kontrolliert und übersehen wird. Die Erprobungssituation wird aus pädagogischer Verantwortung heraus so dimensioniert, daß sie vom zu Erprobenden erfolgreich bestanden werden kann. Dies zeigt sich in Dtn 8 darin, daß Jahwe den Todesernst der Wüste abmildert. Zwar läßt er Israel den Hunger spüren, aber ansonsten bewahrt er Israel vor den Schrecken der Wüste: er gibt Brot vom Himmel und bewahrt die Füße vor dem Anschwellen (Dtn 8,3f). Der Ernst freilich bleibt, es geht letztlich um das Leben (Dtn 8,1).[100] Und *zuletzt* ist die Erprobung immer befristet. Es geht nur um eine befristete Zeit, oder um einen bestimmten Auftrag. Wenn diese Zeit dann um ist, ist die Plausibilitätskrise nicht nur überwunden, sondern die personale Beziehung ist auch noch vertieft.[101]

4.4. Zur literargeschichtlichen Einordnung von Ex 15,25b-26

Die Frage nach dem Verhältnis von Ex 15,25b-26 zur D-Schicht kann beim Lexem נסה einsetzen. Dieses Lexem verbindet ja Ex 15,25b-26 mit Num

---

[97] Auch A.Reichert, Jehowist, 93 zieht Dtn 8 als entscheidende Sachparallele heran.
[98] Dies hat auch A.Reichert, Jehowist, 93f klar dargelegt.
[99] M.Tsevat, ThWAT 3, 158f sieht für נסה im Vergleich zu synonymen Lexemen "eher das praktische Proben und Ausprobieren" im Vordergrund.
[100] So interpretiert auch N.Lohfink, Arzt, 61f: "Gott bringt Israel in eine Notsituation. Die Bewährung Israels in dieser Situation, die erwartet wird, besteht darin, daß es sein Leben (die Not bringt Israel also auf die Scheide von Tod und Leben) nur davon erhofft, daß es sich an Jahwes Wort hält, d.h. an seine Gebote."
[101] N.Lohfink, Arzt, 69 bemerkt dazu, "wie Väter ihre Söhne in Israel zu erziehen pflegen: Sie geben ihnen die Möglichkeit, sich an harten Widerständen zu bewähren, indem sie sich an die vorher gegebene Weisung des Vaters halten, und sie lassen dann die Bewährung in je größere väterliche Zuwendung einmünden (vgl. Dtn 8,2-6.16)."

14,11-25 und Ex 17,2.7. Jedoch fällt auf, daß mit dem gleichen Lexem zwei unterschiedliche Vorstellungen verbunden sind. Einmal handelt es sich um die Erprobung Jahwes durch Israel (Ex 17,2.7; Num 14,22), ein Akt, der von Jahwe verurteilt wird. Zum anderen handelt es sich um die Erprobung Israels durch Jahwe (Ex 15,25b-26), eine pädagogische Maßnahme, um die personale Bindung von Jahwe und Israel noch zu vertiefen. Beide Konzeptionen muß man auseinanderhalten. Von daher scheint es wahrscheinlicher, Ex 15,25b-26 nicht der gleichen literarischen Schicht wie Num 14,11-25 und Ex 17,2.7 zuzuweisen.

Die literargeschichtliche Einordnung von Ex 15,25b-26 kann weiter präzisiert werden, wenn man darauf achtet, welche anderen Texte und literarischen Schichten Ex 15,25b-26 voraussetzt. Ex 15,25b-26 ist ja an einer kompositionell sehr wichtigen Nahtstelle eingefügt, nämlich am Übergang vom Ägyptenaufenthalt zur Wüstenwanderung. E.Ruprecht hat die Funktion von Ex 15,25b-26 im Kontext zutreffend so beschrieben: "Einmal wird Ex 16 vorbereitet, indem 'Satzung und Recht' gegeben wird, und so das Sabbatgebot für Ex 16 bereits vorausgesetzt werden kann. Zum anderen werden Ex 16 und 17,1-7 unter das gemeinsame Thema 'Versuchung' gestellt, und zwar in doppelter Entfaltung: Ex 16 'versucht' Jahwe die Israeliten, 17,1-7 versuchen die Israeliten Jahwe. Dabei gerät 15,22-25a mit in den Lichtkegel dieser Themensetzung, indem das Murren der Israeliten von 17,1-7 her den Beigeschmack des Gottversuchens erhält."[102]

Die knappen Bemerkungen von Ex 15,25b sind also als Überschrift über Ex 16-18 zu verstehen.[103] Sie lassen die nachfolgenden Erzählungen in neuem Licht erscheinen. So ergibt sich für Ex 17,2.7 im Lichte von Ex 15,25b-26 die Aussage, daß Israel gerade dadurch sich in der Erprobung durch Jahwe nicht bewährt, daß Israel sich nicht von Jahwe erproben läßt, sondern stattdessen seinerseits Jahwe versucht (Ex 17,2.7). Dies bedeutet eine groteske Anmaßung. Da sich dies im Verlaufe der Wüstenwanderung auch noch häuft (Num 14,22), läßt Jahwe die Exodusgeneration dann in der Wüste sterben.

Auch das Thema der körperlichen Gesundung und Heilung taucht in Num 12 (רפא Num 12,13) und Num 21,4-9 wieder auf. Im Lichte von Ex 15,25b-26 sind diese Erzählungen als Illustrationen dessen zu lesen, daß Krankheiten eine Folge fehlenden Gehorsams gegenüber Jahwes Geboten sind. Israel wird als organisches Ganzes in's Auge gefaßt, das rätselhafter Weise ein "ungesundes" Erscheinungsbild zeigt. Alles Murren erscheint so als Symptom der einen grundlegenden Krankheit: Israel übertritt Jahwes heilvolle Gebote, deren Befolgung seine Heilung herbeiführen würde.[104]

Die Tendenz der Bearbeitungsschicht geht dahin, das Verhältnis von Jahwe zu Israel vom Beginn der Wüstenzeit an auf die Grundlage expliziter Normen

---

[102] E.Ruprecht, Mannawunder, 301. Darin haben ihm L.Perlitt, Brot, 409 und P.Maiberger, Manna, 221 zugestimmt, vgl. schon B.Baentsch, Ex-Num, 143.

[103] E.Ruprecht, Mannawunder, 300 meint, "daß Ex 15,25b nicht nur Ex 16 vorbereiten will, sondern auch Ex 18. Denn man vermißt dort, daß Mose den von ihm eingesetzten Richtern auch Rechtssätze als Maßstäbe für ihre richterlichen Entscheidungen gibt."

[104] Mit einer solchen übertragenen Bedeutung des Begriffs "Krankheit" rechnet auch B.J.Diebner, Ex 15, 151.

(חק ומשפט) zu stellen. Es gibt nach Meinung dieses Bearbeiters kein Verhältnis von Jahwe zu Israel, das nicht durch Jahwes expliziten Willen bestimmt ist.[105] Dadurch wird die Bedeutung der Gesetzeskundgabe am Sinai relativiert. Sie erscheint nur mehr als eine -besonders bedeutende- Gesetzeskundgabe unter anderen.

Ex 15,25b-26 scheint also auf den Kontext hin formuliert zu sein. Dabei sind nicht nur die alten Quellen, sondern auch die D-Schicht in Ex 17,2.7 vorausgesetzt und in ein neues Licht gesetzt. Auch die Priesterschrift scheint schon vorausgesetzt zu sein. "Der Rückverweis auf die Plagenerzählungen in 15,26b ist wohl plausibler, wenn man dort nicht nur die alten Pentateuchquellen, sondern bereits auch die Priesterschrift voraussetzen kann. Die Plagenerzählungen waren erheblich leichter als 'Krankheit' interpretierbar, wenn sie in Ex 9,8-12 schon die Plage der Geschwüre enthielten, und die gehört zur Priesterschrift."[106] Dafür spricht auch, daß Ex 15,25b-26 mit Ex 16,4 konzeptionell eng zusammengehört. Auch in Ex 16,4, den wir ja einer nachpriesterschriftlichen Bearbeitungsschicht zugewiesen hatten [107], begegnet die Vorstellung, daß Jahwe Israel versucht habe.[108]

Ist dies soweit richtig, so hätte man zwischen zwei Stufen der D-Schicht zu unterscheiden. Die erste Stufe hat die Vorstellung, daß Israel Jahwe versucht hat und stellt eine Bearbeitung der alten Quellen dar. Sie sei im Folgenden mit "Dje" bezeichnet. Die zweite Stufe hat die umgekehrte Vorstellung, daß nämlich in der Wüste Jahwe Israel erprobt habe. Diese Stufe setzt wohl schon die Priesterschrift voraus und soll deshalb mit "Dp" bezeichnet werden.

4.5. Überlegungen zum historischen Ort von Ex 15,25b-26

Setzen wir ein mit Überlegungen zum existentiell typischen Ort der Rede "von Jahwe, der sein Volk Israel auf die Probe stellt"[109], so läßt sich dafür die Überwindung einer sehr ernsten, aber doch vorübergehenden Plausibilitätskrise benennen. Diese tritt ein, wenn die faktische, geschichtliche Lebenserfahrung und das, was man für wahr hält, was sein soll, nicht zur Deckung zu bringen sind. Da man Gott prinzipiell die Macht zutraut, seinen Willen in der Geschichte auch durchzusetzen, so bedeutet es eine Plausibilitätskrise für den Glauben, wenn Zustände erfahren werden, die dem erklärten Willen Gottes widersprechen. Die Vorstellung, daß solche Plausibilitätskrisen von Gott bewußt herbeigeführt werden, um den Glauben zu vertiefen, ist ein Erklärungsmodell, das dem Glauben widersprechende Erfahrungen sinnvoll zu interpretieren vermag, und so dem Glaubenden in solchen Krisen ruhige Gewißheit gibt.

---

[105] Vgl. B.Baentsch, Ex-Num, 143.
[106] N.Lohfink, Arzt, 41.
[107] Vgl. Kap 4: 3.3.
[108] Auch E.Ruprecht, Mannawunder, 299-301 hat Ex 15,25b-26 als erzählerische Vorbereitung der D-Schicht in Ex 16 eingestuft und beide Textpassagen der gleichen deuteronomistischen Bearbeitungsschicht zugewiesen.
[109] N.Lohfink, Arzt, 58.

Eine historische Verortung dieser typischen Situation erscheint sehr schwierig, da viele Zeiten der Geschichte Israel prinzipiell Gelegenheit zu der Erfahrung boten, daß Gott scheinbar seinem erklärten Willen und seinen eigenen Zusagen widerspreche. Eine besonders tiefgreifende Plausibilitätskrise war sicher das Exil, und vielleicht ist in dieser Zeit die Vorstellung von einer Erprobung ganz Israels durch Jahwe zu begrifflicher Klarheit gekommen.

Präziser läßt sich der historische Ort von Ex 15,25b-26 fassen, wenn man die literargeschichtlichen Ergebnisse heranzieht. Setzt der Abschnitt die Priesterschrift, bzw. die Zusammenarbeitung von P und JE voraus, so kommt man mit der Datierung in spätnachexilische Zeit. Dies läßt sich durch eine sprachliche Beobachtung untermauern. Es zeigt sich nämlich eine besondere Nähe zu Esra 7,10 (חק ומשפט), wo nur einen Vers später wie in Ex 15,26 die Parallelisierung von חקים und מצות erscheint. Diese sprachliche Verwandtschaft macht es wahrscheinlich, daß Ex 15,25b-26 zumindest nicht allzu weit vor Esra zu datieren ist.

5. DIE D - SCHICHT IN EX 16

Im Rahmen der Rekonstruktion des P-Fadens in Ex 16 wurde bereits Ex 16,4-5.28-29 einer nachpriesterschriftlichen Bearbeitungsschicht zugewiesen.[110] Diese Schicht soll nun untersucht werden.

5.1. Zur traditionsgeschichtlichen Einordnung von Ex 16,4-5.28-29

Was sich zum Charakter von Ex 15,25b-26 zeigen ließ, läßt sich hier ebenfalls zeigen: zwar werden dtr Formulierungen aufgenommen, aber der Autor der D-Schicht ist doch insgesamt als eigenständig zu beurteilen. Dies hat N.Lohfink herausgearbeitet: "*m'n* piel 'sich weigern' ist ein undeuteronomistisches Wort. Auf Gehorsam vor Jahwe bezogen steht es konzentriert in zwei Bereichen: in der jahwistischen Plagenerzählung (der Pharao 'weigert' sich) und in (überwiegend authentischen) Texten von Jeremia. Seine Ergänzung durch לשמר מצותי ותורתי 'zu achten auf meine Gebote und meine Belehrungen' hat, wenn ich recht sehe, gar keine exakte Parallele."[111]

5.2. Zur Interpretation von Ex 16,4-5.28-29

a) Erprobung Israels durch Jahwe
Die signifikanteste Verbindung mit der bisher rekonstruierten D-Schicht liegt

---
[110]Vgl. Kap 4: 3.3. Viele Exegeten rechnen freilich nur V 4bβ zur D-Schicht, z.B. N.Lohfink, Arzt, 67.
[111]N.Lohfink, Arzt, 67 Anm 148, vgl. auch A.Reichert, Jehowist, 97.

sicherlich im Lexem נסה. Durch die Verse 4-5 wird die gesamte Erzählung als Erprobungsgeschichte interpretiert. Wieder ist -wie schon in Ex 15,25b-26- Jahwe Subjekt der Erprobung. "Erprobung" ist im gleichen Sinn wie in Ex 15,25b-26 als pädagogische Kategorie verstanden.[112]

Worin besteht die Erprobung? Aus V 4b ergibt sich, daß es um das Leben entsprechend der Tora geht. Die Tora meint auf jeden Fall eine explizite Norm; sie wird als bekannt vorausgesetzt und deshalb nicht näher erläutert. Von daher ist es naheliegend, Ex 15,25b-26 als erzählerische Voraussetzung dieser Schicht zu begreifen, denn dort ist von einer Setzung der Tora die Rede.[113] Ohne Ex 15,25b-26 wäre die D-Schicht in Ex 16 nicht recht verständlich.

b) Der Sabbat

Vom Kontext der Verse 4-5 her ist eindeutig, daß der Toragehorsam des Volkes am Beispiel des Sabbat erprobt werden soll.[114] Insbesondere geht es wohl darum, daß Israel zugemutet wird, auf Vorsorgemöglichkeiten zu verzichten und nur den festgesetzten Tagesbedarf zu sammeln, sowie am siebten Tag überhaupt nicht zu arbeiten.[115]

Hier scheinen sich bereits Kreise zu melden, die eine strenge Durchführung des Sabbats begrüßen und als besondere Aufgabe Jahwes an Israel verstehen. Solche Bestrebungen sind besonders gut in exilisch-nachexilischer Zeit vorstellbar.[116]

Typisch für die D-Schicht in Ex 16 ist, daß der Sabbat als Gebot (Tora) Jahwes verstanden wird, nicht sosehr als eine Grundstruktur der Naturordnung selbst wie bei P. Der Begriff "Tora" verbindet denn auch die beiden Textabschnitte Ex 16,4-5 und 28-29 miteinander.[117] Das Sabbatgebot weist den Menschen auf die Begrenztheit seiner Kulturarbeit hin. Israel soll in der täglich neuen Angewiesenheit auf das Manna seine viel grundlegendere Angewiesenheit auf die Tora Jahwes erkennen. Das gehorsame Begehen des Sabbat ist der angemessene Ausdruck dafür, daß Israel von der zielstrebigen Verwirklichung selbstgesetzter Ziele Abstand nimmt, um in den Gehorsam gegenüber der Tora Jahwes hineinzufinden.

5.3. Zur literargeschichtlichen Einordnung von Ex 16,4-5.28-29

Die D-Schicht in Ex 16 weist -wie schon mehrfach angedeutet- enge Bezüge zu der in Ex 15,25b-26 auf. Das Wichtigste ist wohl, daß beide die Wüstenzeit Israels als eine Zeit interpretieren, in der Israel von Jahwe erprobt worden ist. Inhalt der Erprobung ist der Gehorsam Israels gegenüber der Tora Jahwes.[118]

---

[112]So auch P.Maiberger, Manna, 201.
[113]E.Ruprecht, Mannawunder, 299: "Ex 15,25b-26 wurde eingefügt, um für Ex 16 die Existenz eines Sabbatgebotes bereits voraussetzen zu können."
[114]So auch E.Ruprecht, Mannawunder, 299.
[115]So auch N.Lohfink, Arzt, 68; ähnlich P.Maiberger, Manna, 220; A.Reichert, Jehowist, 98.
[116]Vgl. N.Lohfink, Arzt, 68f.
[117]So auch P.Maiberger, Manna, 220.
[118]Vgl. E.Ruprecht, Mannawunder, 299; fast wörtlich gleich P.Maiberger, Manna, 220.

So liegt es nahe, Ex 15,25b-26 und Ex 16,4b der gleichen Schicht zuzuweisen. Nun hat jedoch N.Lohfink auf die Differenzen zwischen beiden Texten hingewiesen.[119] Soweit ich sehen kann, ist das Hauptargument Lohfinks dieses, daß Ex 15,25b und Ex 16,4b ein unterschiedliches Verhältnis zu Dtn 8 haben.[120] Ziele Ex 15 darauf, daß sich Israel in der Erprobung bewährt, so Ex 16 darauf, daß sich Israel nicht bewährt. Nun ist aber m.E. die Frage, wie man Ex 15,25b-26 einstuft. Die kurze Notiz "dann prüfte er es"(Ex 15,25b) ist nicht sehr vielsagend, ihr kann kaum entnommen werden, daß Israel sich in der Situation der Erprobung bewährt hätte. Besser versteht man Ex 15,25b-26 doch wohl als programmatische Einleitung der Wüstenerzählungen. In Ex 15,25b wird das Thema "Erprobung" erstmals angeschnitten, die Frage, ob sich Israel in dieser Erprobung bewährt oder nicht, ist an dieser Stelle noch gar nicht im Blick; das wird erst in den folgenden Erzählungen (Ex 16; 17,1-7) entfaltet. Ist dies soweit richtig, so gibt es keinen Grund, Ex 15,25b-26 und Ex 16,4-5.28-29 nicht derselben Schicht zuzuweisen. Beide Textabschnitte gehören der zweiten Stufe der D-Schicht "Dp" an. Da die D-Schicht in Ex 16 einen priesterschriftlichen Text bearbeitet hat, kann man davon ausgehen, daß Dp die Priesterschrift als literarische Größe voraussetzt.

Bereits für Ex 15,25b-26 war davon auszugehen, daß Dp auch die erste Stufe der D-Schicht "Dje" kennt. Und auch die D-Schicht in Ex 16 übernimmt ja das Leitwort נסה aus Dje und verbindet damit die Vorstellung, daß nicht -wie in Dje- Israel Jahwe, sondern Jahwe Israel erprobt hat. Daß die D-Schicht in Ex 16 Dje kennt und literarisch voraussetzt, zeigt sich noch deutlicher an einer auffälligen wörtlichen Berührung mit dem Abschnitt Num 14,11-25: "Nur in Ex 16,28 u. Num 14,11 steht עד־אנה in einer Anklage Jahwes gegen Israel."[121] In beiden Fällen beginnt Jahwe mit einer anklagenden Frage. Ist in Num 14,11 von einer Verwerfung Jahwes selbst die Rede, so in Ex 16,28 davon, daß Israel die Gebote Jahwes mißachtet. Dies entspricht in etwa der nachexilischen Situation, in der die Bedeutung der Gebote für das Gottesverhältnis stärker betont wurden. Anders als in Ex 16 erfolgt in Num 14,11-25 eine Bestrafung Israels.[122] Dies zeigt, daß auch innerhalb der D-Schicht der Sinai einen markanten Einschnitt bildet.

So ergibt sich an dieser Stelle sehr deutlich, daß Dp die Bearbeitung von Dje bereits kennt und bewußt Bezüge auf die Texte der ersten Stufe einbaut, wohl auch deshalb, weil er sich in gewisser Kontinuität zu Dje versteht.

---

[119]N.Lohfink, Arzt, 68 Anm 148.
[120]Ebd.
[121]P.Maiberger, Manna, 202.
[122]Darauf hat auch E.Ruprecht, Mannawunder, 300 hingewiesen.

6. ZUSAMMENFASSUNG DER ERGEBNISSE ZUR D - SCHICHT

6.1. Die Einheit der D-Schicht

Die Suche nach einer D-Schicht im Bereich des Episodenkomplexes "Wüste" kann als erfolgreich eingestuft werden. Es haben sich folgende literarische Einheiten abheben lassen, die sich aus mancherlei Gründen zu einer "Schicht" zusammenordnen lassen: Mit großer Sicherheit gehören Ex 15,25b-26; 16,4-5.28-29; 17,2.7; Num 14,11-25 zur D-Schicht. Nicht ganz so sicher ist die Zugehörigkeit von Num 14,39-45 und womöglich auch noch Num 10,33-36. Kaum mehr recht wahrscheinlich zu machen ist die Zugehörigkeit der Ältestenerzählung in Num 11, obwohl eine deutliche Verwandtschaft vor allem zu Num 14,11-25 besteht.

Die Zusammenordnung der literarischen Einheiten zu einer "Schicht" rechtfertigt sich einmal dadurch, daß sämtliche Textabschnitte sich darin gleichen, daß sie Bearbeitungen literarisch vorausliegender Episoden sind. Weder erzählt die D-Schicht eigenständige Episoden, noch stellt sie in sich einen kohärenten literarischen Erzählfaden dar. Sie besteht im Wesentlichen aus Redepassagen, die in den Text älterer Schichten eingefügt wurden. Trotzdem gibt es doch deutliche lexikalische und konzeptionelle Bezüge zwischen den D-Texten. Am signifikantesten in dieser Hinsicht sind wohl das Lexem נסה (Ex 15,25b; 16,4; 17,2.7; Num 14,22) und die Phrase יהוה בקרבנו (Ex 17,7; Num 11,20; 14,42).

Die Einheit der D-Texte liegt zum anderen in ihrer traditionsgeschichtlichen Einordnung. Die D-Texte bedienen sich deuteronomisch-deuteronomistischer Terminologie, oder lehnen sich zumindest an solche Terminologie an, füllen sie aber zu einem großen Teil mit einem neuen Inhalt. So hat man in der D-Schicht einen Bearbeiter (oder Bearbeiterkreis) vor sich, der dem dtn-dtr Traditionsraum entstammt, vielfach aber eigenständig formuliert und dtn-dtr Konzepte neu akzentuiert.

6.2. Die zwei Stufen der D-Schicht

Wie sich zeigte, sind mit dem Lexem נסה zwei voneinander zu unterscheidende Vorstellungen verbunden. Einmal bezeichnet das Lexem den Vorgang, daß Jahwe Israel erprobt, das andere Mal, daß Israel Jahwe auf die Probe stellt. Vor allem diese Beobachtung hatte dazu geführt, zwei Stufen der D-Schicht zu unterscheiden:

Die eine Stufe versteht die Wüste als Ort der Versuchung Jahwes durch Israel und ist auf Grund der konzeptionellen Verwandtschaft zu Ex 32,7-14 am ehesten in spätvorexilischer oder frühexilischer Zeit anzusetzen. Dieser Stufe sind mit hinreichender Sicherheit die Abschnitte Ex 17,2.7 und Num 14,11-25

erzählung in Num 11 nahe. Diese Stufe hat offensichtlich jehowistische Texte bearbeitet, sie wird deshalb mit dem Siglum "Dje" bezeichnet.

Die andere Stufe der D-Schicht versteht die Wüste als Ort der Erprobung Israels durch Jahwe. Sie setzt die Priesterschrift bereits voraus und ist in spätnachexilische Zeit anzusetzen. Als Siglum wurde "Dp" gewählt. Dp schließt sich im Sprachgebrauch der ersten Stufe an und bezieht sich zum Teil wörtlich auf diese (vgl. Ex 16,28 und Num 14,11). Zu dieser Stufe gehören die Textabschnitte Ex 15,25b-26 und Ex 16,4-5.28-29.

6.3. Theologische Intentionen der D-Schicht

a) Dje

Nach der ersten Stufe der D-Schicht "Dje" hat Israel in der Wüste Jahwe auf die Probe gestellt. Die Wüste erscheint als der Ort, wo das aus der Sklaverei befreite Israel Jahwes Geduld durch immer neues Murren gegen die Führung des Mose, und damit implizit gegen Jahwe selbst, strapaziert. Israel vergißt schnell die Heilstaten Jahwes und präsentiert sich in fordernder Überheblichkeit. In dem Bewußtsein, ein angestammtes Recht auf Versorgung zu haben, greift Israel Mose an; so wird Mose zu einem Wunder herausgefordert. Schließlich ist aber Jahwes Geduld mit Israel definitiv erschöpft (Num 14,22). Offensichtlich ist Israel zwanghaft konditioniert, in solchem Maß von der Grundhaltung des Mißtrauens beherrscht, daß es Jahwe immer wieder erneut auf die Probe stellt. Hier scheint nichts mehr zu helfen, als ganz neu -mit Mose- anzufangen (Num 14,12).

Dies führt zum zweiten bedeutenden Thema von Dje. Mose wird als der große Fürbitter verstanden, der für die von ihm Geführten vor Jahwe eintritt, ohne vom Volk zu dieser Fürbitte aufgefordert worden zu sein! Mose will nicht Jahwes erwählter Führer sein ohne die, die er zu führen hat, und für die er sich verantwortlich weiß. Daß Mose das Angebot Jahwes abschlägt, mit ihm den Anfang für ein neues Volk zu setzen, zeigt, wie wenig Mose seinen eigenen Vorteil sucht, und wie sehr er sich Israel verpflichtet weiß, obwohl dieses seine Legitimität bestreitet.

b) Dp

Dp betrachtet die Wüste als eine Erprobungszeit für Israel, von Jahwe dazu gedacht, um Israel in ernsten Situationen zum Gehorsam gegenüber Weisung und Gebot Jahwes zu erziehen. Die mit dem Exodus geschenkte Freiheit kann Israel nicht einfach genießen. Israel muß erst zur Freiheit erzogen werden, und zwar zu einer Freiheit, die durch Jahwes Tora heilvoll begrenzt ist. Sobald Israel diese "gesunden" Grenzen mißachtet, wird es krank und von Plagen heimgesucht (Ex 15,25b-26).

Dies führt zu dem weiteren Gedanken, daß bei Dp das Sinaigeschehen innerhalb der Wüstenwanderung Israels keinen so gravierenden Einschnitt bedeutet. Durch das Sinaigeschehen ändert sich für Israel kaum etwas Grundlegendes. Israel wird von Anfang an (Ex 15,25b-26; Ex 16,4b) mit der

Tora konfrontiert, d.h. mit Gesetz und Gebot Jahwes. Es gibt keine Zeit, in der Israel eine Freiheit ohne Gesetz kannte. Gleich die erste Episode innerhalb des Episodenkomplexes "Wüste" (Ex 15,22-25a) wird durch den Bearbeiter der D-Schicht (Ex 15,25b-26) als eine Tora-Belehrung Moses interpretiert. Die gesamte Wüstenzeit erscheint so als eine Zeit der Erprobung des Tora-Gehorsams Israels. Die Gesetzesproklamation am Sinai wird dadurch relativiert, sie wird zu einer -freilich bedeutenden- Gesetzeskundgabe unter anderen. Andererseits wird dadurch die Bedeutung der Tora für Israel gesteigert, insofern für diesen Bearbeiter kein Gottesverhältnis Israels mehr vorstellbar ist, das nicht durch die Tora bestimmt ist.

Kapitel 6: Die jehowistische Schicht

In diesem Kapitel soll die jehowistische Schicht des Episodenkomplexes "Wüste" untersucht werden. Darunter soll im folgenden der literarische Bestand der sogenannten alten Quellen verstanden werden, der nach Abhebung der P und der D-Schicht übrig bleibt und literargeschichtlich vor diese Schichten einzuordnen ist. Der Begriff "Jehowist" ist traditioneller Weise zur Kennzeichnung dieser Schicht üblich.[1]

1. DIE KOMPOSITION DES VORSINAITISCHEN ZYKLUS

Auch in der jehowistischen Schicht bedeutet der Sinai einen qualitativen Einschnitt in den Verlauf des Geschehens. Wieder ändert sich mit dem Sinai die Reaktion Jahwes auf das Murren des Volkes. Vor dem Sinai verzichtet Jahwe auf Strafe, nach dem Sinai läßt er seinem Zorn freien Lauf.[2] Zunächst soll der vorsinaitische Zyklus behandelt werden, da dieser -wie es scheint- noch vollständig rekonstruiert werden kann. Es lassen sich mit großer Sicherheit fünf Einzelepisoden abgrenzen: Ex 15,22-25a; 17,1b.3-6; 17,8-16; 18,1-12; 18,13-27.[3] Diese Episoden sollen analysiert und auf ihren kompositionellen Zusammenhang hin untersucht werden.

1.1. Die Wasserwundererzählungen: Ex 15,22-25a und Ex 17,1b.3-6

Mit großer Sicherheit lassen sich die ersten beiden Episoden (Ex 15,22-25a [4] und 17,1b.3-6) zu einem Paar zusammenordnen.[5] Nur bei ihnen

---
[1]Vgl. etwa J.Wellhausen, Composition, 2; H.Vorländer hat dem Jehowisten eine eigene Monographie gewidmet "Die Entstehungszeit des jehowistischen Geschichtswerkes" (1978); zum Begriff des Jehowisten siehe seine Einführung, 15-21.
[2]Für den Jahwisten hat bereits V.Fritz, Israel, 70 diesen Einschnitt festgestellt. R.Adamiak, Justice, bes. 18 ist dieser Beobachtung in einer eigenen Monographie nachgegangen.
[3]Daß in Ex 16 kein jahwistischer Faden zu finden ist, hatte die Literarkritik zu diesem Kapitel bereits ergeben. Zu Ex 17,1b.3-6 vgl. die literarkritische Analyse in Kap 5: 3.1.
[4]M.Noth, Ex, 101 meint, der Versteil 22aα sei P zuzuweisen. Allerdings notiert er schon selber, daß der Name "Schilfmeer" gerade nicht für P spricht. B.Baentsch, Ex-Num, 141 weist weiter darauf hin, daß יסע-Hifil im Hexateuch nur hier vorkommt und ebenso die Bezeichnung Israels als "Israel" statt בני ישראל für P durchaus untypisch ist. Zudem ist zwischen 22aα und 22aβ kein literarischer Bruch festzustellen (so auch G.W.Coats, Rebellion, 47). Mit B.Baentsch, Ex-Num, 141 und V.Fritz, Israel, 8 halte ich Ex 15,22-25a daher für literarisch einheitlich.
[5]Auf die strukturelle Parallelität von Ex 15,22-25 und Ex 17,1-7 hat auch R.C.Culley, Studies, 84 hingewiesen.

handelt es sich um Murrerzählungen. Sie sind zugleich thematisch und vom globalen Erzählaufbau her eng aufeinander bezogen. Beide behandeln das Murren des Volkes in der Wüste und die Demonstration Jahwes, daß er auch über die widrigen Naturbedingungen Macht hat und es vermag, sein dem Tode ausgeliefertes Volk wunderbar am Leben zu erhalten. Beide Episoden folgen einem globalen Erzählaufbau, der sechs Elemente umfaßt; zweimal finden sich wörtlich identische Sätze:
  (1) Ortsangabe
  (2) Notiz über den lebensbedrohenden Wassermangel
  (3) Das Volk murrt gegen Mose (in direkter Rede).

15,24: וילנו העם על־משה לאמר

17,3: וילן העם על־משה ויאמר

  (4) Mose wendet sich mit einem Notschrei an Jahwe.

15,25: ויצעק אל יהוה

17,4: ויצעק משה אל יהוה

  (5) Jahwe belehrt Mose darüber, wie er den Wassermangel abstellen soll.
  (6) Mose führt aus, was Jahwe ihm aufgetragen hat.

Dieser sehr ähnliche Aufbau zeigt an, wie sehr beide Erzählungen aufeinander bezogen sind. In dieser Bezogenheit sollen sie auch interpretiert werden.

(1) und (2) Wassermangel in der Wüste
Ex 15,22-25a trägt den Charakter fast "überschriftartiger" Kürze. Ex 17,1b.3-6 erscheint dagegen bereits als ausgeführte Erzählung. In Ex 15,22 wird zunächst erzählt, daß die Israeliten vom Schilfmeer aufbrachen und drei Tage lang in die Wüste hinein zogen.[6] Hier zeigt sich keine wesentliche Differenz zu Ex 17,1bα. Beidesmal endet dieser Eingangsteil damit, daß das Volk kein Wasser findet und daher vom Tod bedroht ist.

(3) Das Volk murrt
In dieser Situation der Todesnot wendet sich das Volk schockiert an seinen Führer Mose. Die Einleitung der direkten Rede des Volkes ist nahezu identisch. So wird dem Leser eindrücklich vor Augen geführt, daß Israel im Lauf der Geschichte trotz evidenter Erfahrungen nichts dazulernt. In ganz ähnlicher Situation wie beim ersten Wasserwunder zeigt sich, daß Israel immer noch nicht zu einer Haltung des Vertrauens gefunden hat. Obwohl Jahwe in Ex 15,22-25a bewiesen hat, daß er willens und in der Lage ist, Israel auch in dieser lebensbedrohlichen Wüste am Leben zu erhalten, und obwohl er sich zu Mose als dem von ihm legitimierten Führer bekannt hat, steigert sich vielmehr die Reaktion des Volkes in ihrer aggressiven Tendenz. Verschaffte sich in Ex 15,24 nur eine allgemeine Rat- und Hilflosigkeit Luft, so zeigt sich in Ex 17,3 schon

---
[6]Die Zeiteinheit "drei Tage" meint wohl die Zeitspanne eines vollen Tages. Damit ist erzählerisch ein Einschnitt markiert, vgl. auch Num 10,33.

ein anderer Ton: Israel stellt den Auszug aus Ägypten in Frage, ja, Mose wird sogar der Plan unterstellt, Israel in den Tod zu führen.

(4) Moses Notschrei
In solcher Weise attackiert wendet sich Mose direkt an Jahwe (15,25a; 17,4a). Anscheinend verfügt er über keine eigene Vollmacht, um die massive Kritik an seiner Person zum Schweigen zu bringen. Kann man den Notschrei Moses in Ex 15,25 noch als eine Art solidarische Fürbitte für das Volk verstehen, so geht es in Ex 17,4 deutlich um die Durchsetzung seiner Führungsrolle. Mose distanziert sich vom Volk, indem er abschätzig von "diesem Volk da" spricht, das ihm die Absicht unterstellt, Israel zu töten. Mose sieht voraus, welche Folgen es haben wird, wenn sich das Volk weiterhin tödlich bedroht fühlt: Der Widerstand gegen ihn wird sich soweit verstärken, bis es nicht mehr bei verbalen Attacken bleibt, sondern die Steine fliegen.

(5) und (6) Jahwe greift ein
Jahwe reagiert auf den Notschrei Moses unterschiedlich. In Ex 15,25a reicht es aus, daß Jahwe die mehr verzweifelte als aggressive Frage des Volkes dadurch zum Schweigen bringt, daß er Mose darüber belehrt, wie er das bittere Wasser der Quelle in genießbares Trinkwasser umwandeln kann. In Ex 17,5f muß dagegen mehr geschehen. Aus der Beseitigung des Wassermangels wird zugleich eine Demonstration der Vollmacht des Mose vor den Augen der Ältesten. Jahwes Anwesenheit (Ex 17,6) wird Moses Führungsrolle legitimieren und die Öffnung des Felsens mit dem Stab wird seine Vollmacht unter Beweis stellen. Durch den expliziten Rückverweis auf die Plagen (Ex 17,5) wird Israels Verhalten mit dem des Pharao parallelisiert. Wurde der Pharao durch Plagen zur Vernunft gebracht, so Israel durch einen Beweis der Fürsorge Jahwes.

<u>1.2. Ex 17,8-16</u>

Die Erzählung zeigt einen relativ klaren Aufbau. B.P.Robinson hat darauf hingewiesen, daß dieser konzentrisch strukturiert ist.[7] Er ist markiert durch die ringförmige Anordnung der Figuren, teilweise unterstützt durch weitere lexikalische Rekurrenzen. Das folgende Schema macht den Aufbau deutlich:

---

[7]Gegenüber B.P.Robinson, Israel and Amalek habe ich die Struktur im Mittelteil genauer herausgearbeitet. Robinson hat sich m.E. zu sehr auf die Rekurrenz der Namen konzentriert, ohne auf die Proformen und Satzstrukturen zu achten. Vor allem ist wichtig, daß Vers 11, der für Robinson das Zentrum der Ringstruktur bildet, als bloße Hintergrundinformation anzusehen ist. V 11 spielt für die Ringstruktur keine Rolle. Strukturbildend ist vielmehr das Oppositionsverhältnis von V 12aα "Moses Hände waren schwer" zu V 12bβ "seine Hände waren (unverrückbar) fest". Als Zentrum der Ringstruktur stellt sich dann Moses Thronen dar.

A	V 8	Amalek im Krieg mit Israel (לחם)
B	V 9	Mose spricht zu Josua in direkter Rede: (ויאמר ... אל ...) zweiteiliger Befehl an Josua und Ankündigung Moses, was er tun wird
C	V 10a	Josua kämpft gegen Amalek (לחם)
D	V 12aα	Moses Hände waren schwer
E		Aaron und Hur [8] legen einen Stein unter ihn
F		Mose thront
E'	V 12bα	Aaron und Hur stützen seine Hände
D'	V.12bβ	Moses Hände sind fest
C'	V 13	Josua schwächt Amalek entscheidend
B'	V 14-15	Jahwe spricht zu Mose in direkter Rede: (ויאמר ... אל ...) zweiteiliger Befehl an Mose und Ankündigung Jahwes, was er tun wird
A'	V 16	Jahwe im Krieg mit Amalek (מלחמה)

Wie immer bei solchen Ringstrukturen kommt es besonders auf die Mitte der Struktur an. Die Entsprechungen von Erzählelementen vor und nach dieser Mitte sollen herausarbeiten, was sich im "Kern" dieser Erzählung gewandelt hat.

(A)
In V 8 wird Amalek als Aggressor vorgestellt. Ohne Gründe und ohne Warnung greift Amalek Israel an. Damit ist der beherrschende Spannungsbogen der Erzählung aufgetan: Wird Israel Amalek unterliegen?

(B)
Ohne weitere Details geht die Erzählung gleich zum Plan Moses über (V 9). Mose entwirft einen zweiteiligen Plan: Zum einen soll Josua die üblichen militärischen Aktionen übernehmen. Zum anderen wird Mose auf den Hügel gehen mit dem Gottesstab.

(C)
Der Plan des Mose funktioniert zunächst. In V 10a wird von Josuas getreuer Befehlsausführung berichtet, in V 10b davon, wie Mose zusammen mit Aaron und Hur seine Position auf dem Hügel einnimmt. Diese Angaben stehen jedoch nicht im Zentrum des Interesses, sie sind knapp und unanschaulich geschildert. Wesentlich ist, daß die Erzählung in der Folge an zwei Orten gleichzeitig spielt: auf dem Schlachtfeld und auf dem Hügel. Wie beide Orte zusammenhängen erläutert nun V 11. Damit wird eine Information nachgetragen, die schon für das Verständnis des zweiten Teils von Moses Plans unentbehrlich ist: Der Aus-

---

[8] Die Proform "sie" muß wohl auf Aaron und Hur referieren, nachdem niemand anderes genannt wird, der mit auf den Berg gestiegen ist.

gang der Kampfhandlungen hängt in unmittelbarer Weise von der Stellung der Arme des Mose ab, bleiben sie -wenn auch mit Unterstützung anderer-erhoben, so wird Israel siegen.

Setzt man naheliegender Weise voraus, daß Mose in V 11 den in V 9 erwähnten Stab in der Hand hält, so kann man diese Geste gut mit O.Keel auf dem Hintergrund eines ägyptischen Bildtyps verstehen, bei dem der Pharao einen (oder gleich mehrere) Feinde niederschlägt, während ein Gott im Hintergrund in der ausgestreckten Hand ein Sichelschwert erhebt (Abbildung 1).[9] "Dieser Bildtyp gehört zur Theologie des königlichen Amtes, wonach der König die Welt- und Heilsordnung gegen feindliche und böse Mächte dadurch schützt oder wiederherstellt, daß er mit Unterstützung der Götter die Feinde niederschlägt und vernichtet."[10]

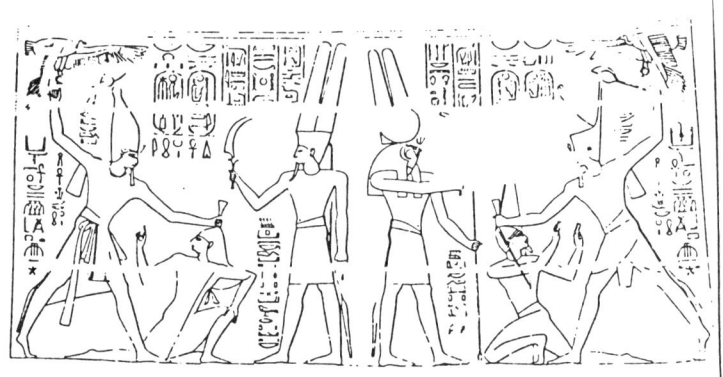

Abbildung 1. Aus: O.Keel, Wirkmächtige Siegeszeichen, 184

Auf diese Weise wird der vorstellungsmäßige Zusammenhang zwischen der Geste des Mose und dem Geschehen auf dem Schlachtfeld klar: Mose ermächtigt Josua zum Niederschlagen der Feinde Israels. Dabei ist unübersehbar, daß im Rahmen der vorliegenden Erzählung das ägyptische Vorstellungsmaterial entscheidend umgeprägt wurde. Es wurde dem Jahweglauben anverwandelt.[11] So tritt (a) Mose in die Rolle des Gottes ein, während (b) Josua in die Rolle des Pharao eintritt. Der Feind wird (c) historisiert, insofern die Schlacht mit Amalek als ein bestimmtes Ereignis auf der Wanderung der Israeliten ange-

---

[9] O.Keel, Siegeszeichen, 81 deutet so zunächst Jos 8,18.26, um dann auch Parallelitäten zu Ex 17,8-16 zu notieren (91). Letztlich führt Keel jedoch die Geste des Mose auf einen anderen Bildtyp zurück.
[10] E.Zenger, Israel, 90.
[11] E.Zenger, Israel, 92 weist ebenfalls eindrücklich auf diese "interpretatio israelitica des ägyptisch-altorientalischen Motivs" hin.

sehen wird.[12] Das Sichelschwert wird (d) durch den Gottesstab ersetzt. Letzteres vor allem verweist auf den Kontext, in dem die Erzählung jetzt zu interpretieren ist.

Der Stab ist als "wirkmächtiges Zeichen" zu verstehen, das vor allem bei den Plagen eine Rolle spielt (Ex 17,5). Besonders wichtig aber für das weitere Verständnis der Erzählung ist Ex 4. Schon bei der Berufung wird Mose von Jahwe dazu ausdrücklich ermächtigt, diesen Stab in eigener Verantwortung zu gebrauchen (Ex 4,1-5.17.20f), z.B. Ex 4,17: "Diesen Stab nimm in deine Hand! Mit ihm wirst du(!) die Zeichen vollbringen."[13] Damit verleiht Jahwe dem Mose eine in der Tat an's Magische grenzende Wirkmächtigkeit. Mose tritt gegenüber Aaron, Israel und auch dem Pharao in die Rolle Gottes ein (Ex 4,16). Auch in der Situation der Bedrohung durch die Amalekiter kann Mose deshalb die Rolle des Gottes übernehmen und Josua dazu ermächtigen, die Feinde niederzuschlagen. Der Stab ist Zeichen göttlicher Autorität des Mose, er kann ihn in eigener Regie führen, deshalb bedarf es auch keiner Jahwebefragung, bevor man in den Kampf zieht.

Das von O.Keel beigebrachte ikonographische Material erklärt aber nicht alle wichtigen Momente der Erzählung. So vermag es vor allem nicht den Umstand zu illustrieren, daß Mose auf den Hügel steigt. In allen von Keel angeführten Bildern steht die Gottheit immer auf der gleichen Standlinie wie der Pharao. Viele Kommentatoren erklären das Hinaufsteigen damit, daß Mose vom Schlachtfeld aus gut sichtbar war [14] und er selbst das Kampfgeschehen gut überblicken konnte.[15] Doch muß man das Hinaufsteigen Moses vom "Klischee abendländischer Schlachtgemälde" deutlich abrücken.[16] Mir scheint es eher sinnvoll, den Gipfel des Hügels als Vorschein des Sinai zu verstehen.[17] Mose präsentiert sich in der Rolle, die ihm dann am Sinai zufällt. In der Tat finden sich noch weitere Bezüge zum Sinaikomplex. So das Aufsteigen Moses auf den Berg (z.B. Ex 19,20), auch Aaron und Hur werden am Sinai wieder erwähnt (Ex 24,14). Am auffälligsten dürfte die Wendung נצב על ראש (Ex 17,9) sein, die in Ex 34,2 wieder begegnet.

(D)
Im weiteren Fortgang liegt der Blick ganz auf dem Geschehen auf dem Hügel (V 12a). Diese Verse sind durch die Formation w^e-x-$qatal$ gerahmt (V 10b.12bα). Die Erzählung wird anschaulicher. Zweimal wird jetzt auch ein Satz durch die Tempusmarker והיה und ויהי makrosyntaktisch besonders markiert. Es ist ganz offensichtlich, daß hier der entscheidende Wendepunkt des Geschehens erzählt wird.[18] In V 12 nun tritt eine Komplikation ein, die die

---
[12] Vergleichbare Vorgänge gibt es bereits in Ägypten, E.Hornung, Geschichte als Fest, 12.
[13] Vgl. auch G.W.Coats, Moses versus Amalek, 34f und ders., Moses-narratives, 40.
[14] H.Strack, Komm, 219.
[15] So etwa M.Noth, Ex, 113.
[16] E.Zenger, Israel, 89.
[17] So erklärt sich auch am besten die redaktionelle Identifizierung des Felsens mit dem Horeb in Ex 17,6.
[18] Die Bedeutung der Verse 11-12 läßt sich auch daran ablesen, daß das Leitwort "Hand" (siebenmal in dieser Erzählung) in diesen Versen allein fünfmal auftritt.

Spannung noch erhöht: Der Sieg Israels scheint an der körperlichen Erschöpfung Moses zu scheitern.

(E)

In diesem Augenblick höchster Spannung treten nun Aaron und Hur auf den Plan. Sie finden einen Weg, um Mose so zu unterstützen, daß die Hände erhoben bleiben. Die ganze Aktivität geht im Gegensatz zum Eingang der Erzählung von den beiden aus, Mose ist völlig passiv und damit hilflos dargestellt.[19]

(F)

Allerdings findet noch ein Subjektwechsel statt, der sehr signifikant ist: Zwar ergreifen Aaron und Hur die Initiative, aber Mose ist es, der sich auf den beigebrachten Stein setzt. Hier sind wir im innersten Kern der Erzählung, hier ereignet sich das, was das Geschehen und die entstandene Notlage wendet. Dieses "sich setzen" des Mose muß als ein Thronen interpretiert werden, wobei der Stein seinen Thronsitz bildet.[20] Soll der Stein einen Thron darstellen, so würde das gut erklären, warum Mose auf einen Hügel steigt, denn der Thron wird immer erhöht dargestellt.

In der altorientalischen Ikonographie findet sich kaum eine Szene, in der ein thronender König von seinem Thron aus in ein Kampfgeschehen eingreift. Die Szene des thronenden Pharao besteht neben der vom Niederschlagen der Feinde, beide werden nicht in einem Bild gemischt. Dies zeigt freilich eine tiefe Wahrheit: Wahre Herrschaft muß sich letztlich gewaltlos durchsetzen. Auf den ägyptischen Bildern sitzt der thronende Pharao immer inmitten eines wohlgeordneten Volkslebens, dessen Bedrohung durch Mächte des Chaos gerade nicht thematisiert wird. Faktisch freilich ist es der Lauf der Welt, daß der geordnete Herrschaftsbereich des Königs gegen Mächte des Chaos verteidigt werden muß. Solche chaotischen Mächte sind etwa in den Feinden präsent. Dennoch gibt es auch für diesen Zusammenhang von Thronen und Kampf gegen chaotische Mächte einen Bildtyp, der die Endgestalt des Textes sehr schön illustriert. (Abbildung 2)

Es fällt auf, daß die Anordnung der Figuren genau der in Ex 17,8-16 entspricht. Auf dem Berg thront der Gott El. Aus dem Berg fließt lebensspendendes Wasser.[21] Er erhebt mit einem Arm ein Szepter. Am linken Rand setzt der Gott Hadad-Baal als Zeichen seines Sieges seinen Fuß auf den Wasserstrom, der die chaotische Urflut repräsentiert. Interessant ist, daß der

---

[19] G.W.Coats, Moses versus Amalek, 33 stuft Aaron und Hur nur als farblose Helfer ein. Dagegen gilt die Feststellung von A.H.J.Gunneweg, Priester, 85: "... ohne ihre Hilfe hätte Mose die Segenshandlung nicht durchgehalten und die Amalekiterschlacht wäre dann auch nicht zu einem siegreichen Ende geführt worden."

[20] ישב im Zusammenhang mit einem Thronsitz heißt in allen Fällen "thronen". Vgl. A.R.Hulst, THAT Bd 2, 909 und M.Görg, ThWAT 3, 1023. Das Lexem כסא kommt allerdings nur in dem textkritisch rekonstruierten Vers 16 vor. Für diesen Vers wäre dann aber zugleich ein sinnvoller Bezug zur Erzählung gefunden!

[21] Dies läßt an die Verbindung der Erzählung mit dem vorhergehenden Episodenpaar über die Behebung des Wassermangels (Ex 15,22-25a und Ex 17,1-7) denken!

Abbildung 2. Aus: O. Keel, Bildsymbolik, 39.

Abbildung 3. Aus: O. Keel, Bildsymbolik, 188.

Thronende die Hand mit dem Szepter anhebt, vielleicht, um zu demonstrieren, daß er der eigentlich Aktive ist, auch wenn er die Durchführung des Kampfes Helfern überlassen muß.

Einen ähnlichen Bildtyp zeigt Abbildung 3. Die Motive "Vernichtung der chaotischen Mächte" und das "Thronen" werden verbunden. Deshalb treten Helfer in Erscheinung. Da der Thronende in einer körperlich passiven Stellung ist, die chaotischen Mächte aber gerade dadurch als chaotische charakterisiert sind, daß sie sich der durch den Thronenden repäsentierten Ordnung nicht freiwillig unterwerfen, bedarf er solcher Helfer, die für ihn die aktive Rolle übernehmen. Der Thronende selbst freilich übt keine Gewalt aus.

Nach der Durchsicht des altorientalischen Materials kann das Spezifikum unserer Erzählung auf jeden Fall darin gesehen werden, daß Mose in die Rolle des Gottes, oder des Götterkönigs eintritt. Ebenso originell ist das Ermüdungsmotiv; es spielt in der altorientalischen Bildwelt keine Rolle. Das altorientalische Material zeigt keinerlei Reflexion auf die im Alltag so deutlichen Grenzen der einzelnen Führungspersönlichkeit trotz dessen guten Willen.

(E')
Dank der Unterstützung von Aaron und Hur sind Moses Arme nun unverrückbar auf Sieg gestellt. Aaron und Hur werden aus funktionslosen Begleitern Moses zu seinen wichtigen Stützen. Das Hochheben der Hände ist ausschließlich an Mose gebunden. Niemand kann Mose darin vertreten; wird dieser auch noch so müde, es müssen seine Arme sein, die Israel den Sieg sichern. Aber Aaron und Hur sind Mose gerade bei der Ausübung der Tätigkeit, die nur er selbst ausführen kann, eine unentbehrliche Hilfe, da auch Mose nur ein Mensch mit begrenzten Kräften ist, die in vielen Fällen nicht ausreichen. Es klingt hier schon die Thematik der Überlastung des Mose an, die in Ex 18,13-27 das zentrale Thema bildet.

(D' und C')
Das Problem der Ermüdung der Arme Moses ist damit gelöst und die Erzählung kommt jetzt auch schnell zum Ende des ersten Spannungsbogens: Josua kann die Amelekiter offenbar entscheidend schwächen (V 13). Damit könnte die Erzählung eigentlich zuende sein.

(B')
Doch unvermittelt, ohne nähere Angaben zur Situation, beginnt Jahwe zu sprechen. Es ist das erste Mal in der Erzählung, daß Jahwe überhaupt erwähnt wird. Es zeigt sich, daß mit der Abwehr des Aggressors für Jahwe noch kein befriedigender Zustand eingetreten ist, bei dem sich der Erzähler beruhigen könnte. Die Ermahnung Jahwes an Mose, dieses Ereignis und die folgenden Worte sowohl der schriftlichen als auch der mündlichen Überlieferung einzuschärfen, macht klar, daß dieses Ereignis für die gesamte zukünftige geschichtliche

Erfahrung Israels Bedeutung hat.[22] Jahwe will nicht nur die Abwehr des Aggressors, sondern seine völlige Vernichtung. Amalek erklärte Israel ohne Gründe den Krieg, am Ende erklärt deshalb Jahwe Amalek für alle künftigen Generationen den Krieg! Jahwe steht ganz und gar auf der Seite Israels, das dem Aggressor Amalek ausgeliefert ist. Der einmalige Übergriff Amaleks rechtfertigt aber doch wohl kaum eine solche ewige, unversöhnliche Feindschaft. Mir scheint daher, daß Israel selbst von der Reaktion Jahwes überrascht wird, und die Feindschaft Jahwes gegen Amalek geradezu erst entdeckt.

Da im Gegensatz zum Element B in diesem Fall Jahwe der Sprecher ist, ist auch die Reaktion auf die Rede anders gestaltet. Der Anrede Gottes entspricht der Mensch in Dankbarkeit. Ausdruck dieser Dankbarkeit gegenüber der göttlichen Zusage ist der Altarbau des Mose.[23] Die Benennung des Altars stellt im Nachhinein sicher, daß der Sieg allein von Jahwes Wirksamkeit abhing, nicht von Mose oder Aaron und Hur.

(A')
Dann wird der Altarname -wie üblich- auch noch erklärt. Das Stichwort "Thron" [24] ist von der Erzählung bestens vorbereitet, steht das Thronen des Mose doch im Zentrum der Erzählung! Was der Handgestus genauer bedeutet, bleibt unklar, da ein erläuterndes Verb fehlt. Im Kontext der Thronvorstellung scheint es nicht abwegig zu sein, an einen Akklamationsgestus zu denken. Mose fordert Israel zur Akklamation, und damit zur Identifizierung mit dem Thron Jahwes auf. Dabei dürfte unterstellt sein, daß Moses Thron den Thron Jahwes und damit dessen Königsherrschaft repräsentiert.

Am Schluß werden aus einem einmaligen Aggressionsakt Amaleks dauernde Konsequenzen gezogen. Wird Amalek in V 14 in alle Richtungen des Raumes verfolgt, so in V 16 auch noch in die Erstreckung der Zeit hinein! Dies wird syntaktisch dadurch unterstrichen, daß in den Versen 15f allein drei Nominalsätze mit durativem Sinn stehen.

1.3. Ex 18,1-12

(1) Familienzusammenführung (Ex 18,1-6)
Jitro erhält Kunde vom Exodus Israels (כל אשר עשה אלהים ל...).
Dadurch wird Jitros Interesse wachgerufen; er macht sich auf den Weg, um sich

---

[22]Die genaue Niederschrift der Taten des Pharao in den Annalen findet sich auch in Ägypten. Vgl. E.Hornung, Geschichte als Fest, 19f: "In den Annalen ist Geschichte als Vergangenes, Gegenwärtiges und Zukünftiges überliefert; sie zeigen und schreiben zugleich vor, was geschehen ist, geschieht und immer wieder zu geschehen hat."
[23]H.Valentin, Aaron, 148: "Sinnvoller ist der Altarbau als Antwort auf die göttliche Zusage der Vernichtung Amaleks in V.14." Daß ein Altarbau nach einem militärischen Sieg erfolgt, erscheint ungewöhnlich, vgl. aber Jos 8,30. Auch die Benennung eines Altars ist relativ selten (noch Ri 6,24; Gn 33,20; 35,7).
[24]Mir scheint es am sinnvollsten, in diesem poetischen Kontext das כס (Ex 17,16) als (poetische?) Kurzform von כסא aufzufassen; so auch H.Valentin, Aaron, 144. Auch das יה stellt ja eine poetische Kurzform dar.

aus erster Hand bei seinem Schwiegersohn Mose zu informieren. In den Versen 2-6 wird erzählt, wie Jitro dem Mose dessen Frau und die Kinder zuführt. Die Erwähnung von Schwiegervater, Frau und Söhnen Moses blendet erzählerisch auf die Familiengeschichten in Ex 2,15-22 zurück.[25] Was dort begann kommt jetzt zum Ende. Die Stimmung des Rückblicks, nachdem alle Not -auch die der Wüste- zurückliegt, prägt diese Erzählung. Mit V 6 ist das Thema der Familienzusammenführung abgeschlossen.

(2) Erkenntnis Jahwes (Ex 18,7-11)
Ab V 7 geht es um die zu Jitro durchgedrungene Kunde. Mose begrüßt seinen Schwiegervater mit aller Ehrerbietung, um ihm (V 8) dann authentisch zu bestätigen, was dieser von ferne gehört hatte (... ל אלהים עשה אשר כל). V 8 enthält gegenüber V 1 eine entscheidende Abweichung: Mose führt nun den Jahwenamen ein.[26] Die Kunde, die unter den Völkern umlief, sprach nur von Elohim. Martin Buber spricht treffend von einer "den Völkern gemeinsamen Elohim-Konzeption," der das "Wissen um JHWH" noch fehlt.[27] Erst Mose interpretiert das Geschehen des Exodus als ein Handeln Jahwes (Ex 18,8). Und daraufhin, nachdem Mose für Jitro das Geschehen als Handeln Jahwes durchsichtig gemacht hat, gebraucht auch Jitro den Jahwenamen (V 9:... ל אלהים עשה אשר כל).[28] Auf Grund des Zeugnisses des Mose -und nicht durch eigenen Augenschein- findet Jitro zu der Erkenntnis, die sich im Bekenntnis zu Jahwe manifestiert (V 10f). Blieb die Erzählung des Mose noch dem konkreten, einzelnen Hergang verhaftet, so löst sich das Bekenntnis des Jitro vom konkreten Geschehen und behauptet Allgemeingültigkeit: "Jahwe ist größer als alle Götter" (Ex 18,11). Mit diesem Bekenntnis ist kaum eine Bekehrung Jitros gemeint, vielmehr wird U.Cassuto im Recht sein, wenn er schreibt: "...although Jethro recognized the supremacy of YHWH over the other deities, he did not entirely accept the faith of Israel (...), and he regarded the Lord as only one of the gods."[29]

(3) Kultische Mahlgemeinschaft (Ex 18,12)
An das Bekenntnis schließt sich ein Opfermahl an (Ex 18,12). Die Gotteserkenntnis bleibt also kein isolierter kognitiver Akt, sie zielt vielmehr auf den kultischen Vollzug und auf die Gemeinschaft derer, die Jahwes Gottheit dankbar bekennen.[30] Plötzlich treten auch noch die wichtigsten Repräsentanten

---

[25] Dies hat besonders B.S.Childs, Ex, 326f herausgearbeitet. Vgl. auch T.C.Butler, Anti-Moses Tradition, 12.
[26] Das etwas undurchsichtige Nebeneinander von Jahwe und Elohim in diesem Text wird meist literarkritisch erklärt. Zumindest für die Stufe des Jehowisten muß dieses Nebeneinander jedoch einen Sinn gehabt haben.
[27] M.Buber, Moses, 112; so auch U.Cassuto, Ex, 213.
[28] Dies notiert auch U.Cassuto, Ex, 216.
[29] U.Cassuto, Ex, 217; ganz ähnlich auch B.S.Childs, Ex, 323.328f; Chr.Brekelmans, Ex 18, 218f.221.
[30] Darauf hat W.Zimmerli, Erkenntnis Gottes nach dem Buche Ezechiel, 85 hingewiesen: "Man wird sich fragen, ob nicht auch noch das Opfer, das Jethro nach v.12 daraufhin darbringt, als Element der zeichenhaften Manifestation der gewonnenen Erkenntnis zu werten ist." Zustimmend W.H.Schmidt, Exodus, 117.

Israels auf.³¹ Jitro bringt Opfer dar und es kommt zur kultischen Mahlgemeinschaft zwischen Jitro und Israel ³², also der denkbar engsten Gemeinschaft, zu der Angehörige verschiedener Völker fähig sind, ohne dabei ihre jeweilige religiöse Identität aufzugeben.³³ Auch Jitro wird nicht in die Volksgemeinschaft Israels aufgenommen, sondern er kehrt in seine Heimat zurück (Ex 18,27).

<u>1.4. Ex 18,13-27</u>

Die Erzählung ist klar gegliedert:
    (1) V 13   Die Situation
    (2) V 14   Jitro stellt die Situation in Frage
    (3) V 15-16   Mose erläutert seine unersetzbare Funktion
    (4) V 17-23   Jitro gibt Mose einen Rat
    (5) V 24-26   Mose führt den Vorschlag Jitros aus
    (6) V 27   Jitro kehrt in seine Heimat zurück

(1) Die Situation (Ex 18,13)
Mose wird beim Ausüben seiner Richterfunktion (שפט) geschildert. Es geht also um die Rechtspflege in Israel. Faktisch ist V 13 die Schilderung einer Notlage. Jedoch ist sich keiner derer, die sich in dieser Notlage befinden, dessen bewußt.

(2) Jitro stellt die Situation in Frage (Ex 18,14)
Jitro erkennt, daß dieser Zustand ein Problem darstellt. Als höflicher Mann fragt Jitro aber zunächst zurück, ob die Situation, die er wahrnimmt, vielleicht einen ihm verborgenen tieferen Sinn hat (V 14). Die Frage des Jitro ist nicht viel mehr als eine Wiederholung der Situationsbeschreibung in Frageform. Um die Situation in Frage stellen zu können und nicht als Selbstverständlichkeit hinzunehmen, bedarf es einer entsprechenden kritischen Kompetenz. Jitros

---

[31] A.H.J.Gunneweg, Mose in Midian, 8 spricht von "allen kultischen und zivilen Behörden Israels (Aaron und den Ältesten)".

[32] W.H.Schmidt, Ex, 117: "Das Opfermahl 'vor Gott' stiftet doch wohl eine Gemeinschaft zwischen Midianitern und Israeliten (vgl. Gen 31,54)." Dies gilt auch dann, wenn man in Ex 18,12 kein vollständiges Bundesritual findet, wie etwa H.Valentin, Aaron, 387 mit Recht gegen A.Cody, Ex 18, S. 12 festhält.

[33] Ex 18,12 ist einer der Hauptbelege für die überlieferungsgeschichtliche These, daß die Israeliten den Jahweglauben von den Midianitern/Kenitern übernahmen. Dies braucht uns in unserem Zusammenhang nicht zu interessieren. Einen Überblick über die Forschung geben W.H.Schmidt, Ex, 110-130 und B.S.Childs, Ex, 322-324. Der jetzige Text, legt darauf Wert, daß Jitro den Namen 'Jahwe' erst von Mose erfährt und nicht umgekehrt! Darauf haben etwa U.Cassuto, Ex, 213 und M.Buber, Moses, 112f zu Recht hingewiesen.
    Im Anschluß an das bekannte Argument, daß die Verschwägerung Moses mit einem midianitischen Priester in späterer Zeit Anstoß erregt haben muß, vertritt T.C.Butler, An Anti-Moses Tradition die These, daß sich in den Texten Ex 2,11-15a; 2,16-22; 4,24-26; Ex 18 eine "polemic against Moses, an anti-Moses tradition"(S. 13) manifestiert. Bis auf das Element der Verschwägerung kann Butler jedoch kaum polemische Spitzen gegen Mose nachweisen.

Kompetenz scheint in seinem Erfahrungsvorsprung zu liegen.³⁴ Auf der Basis dieses Erfahrungsschatzes nimmt Jitro wahr, was Mose, unerfahren, betriebsblind und von seiner Unersetzbarkeit überzeugt ³⁵, zu übersehen scheint: Er steht ganz allein einer großen Zahl von Rechtsfällen gegenüber, deren Behandlung seine Leistungsfähigkeit auf Dauer übersteigt.

(3) Mose erläutert seine unersetzbare Funktion (Ex 18,15-16)
In drei kurzen Sätzen beschreibt Mose seine Funktion und legt damit implizit dar, daß er mit seiner Person für Israel unersetzbar ist: (a) Zu ihm (und niemand anderem ³⁶) kommt das Volk, um "Gott zu befragen". C.Westermann hat gezeigt, daß mit der Phrase "Gott befragen" ein einmaliges "Sich-Wenden an Gott aus Anlaß einer Not" bezeichnet wird, bei dem ein Prophet oder Gottesmann die Vermittlung übernimmt.³⁷ Westermann zählt als Anlaß für solche Befragung lediglich Krankheit und politische Not auf, im hiesigen Text ist offensichtlich Rechtsnot der Anlaß.³⁸ (b) In V 16 wird näher erläutert, was unter "Gott befragen" zu verstehen ist: Das Volk sucht bei Mose verbindliche Entscheidungen in Rechtsangelegenheiten. (c) Und schließlich ist Mose es, der die חקים und תורת Gottes dem Volk mitteilt. Mose entscheidet die Rechtsfälle, die vor ihn gebracht werden, nicht nach eigenem Gutdünken, sondern wendet die Grundsätze des Gottesrechts an. Der Rechtsfrieden in Israel ist dadurch rückgebunden an den Gotteswillen.

Leider ist nicht näher erläutert, wie diese Funktion von Mose konkret wahrgenommen wird. Allerdings dürfte kaum daran gedacht sein, daß ein vorhandenes Gesetzeskorpus erklärt wird (etwa wie in Neh 8,7). So stellt Julius Wellhausen wohl zu Recht fest, daß die חקים und תורת "keine fertigen Gesetze (sind), sondern die bei den jedesmaligen Anlässen stets neu geschöpften Rechtsentscheidungen".³⁹ Damit manifestiert sich in Ex 18 ein anderes Verständnis des Gesetzes als in den Texten von der Sinaigesetzgebung. Von einem ein für alle mal von Gott gesetzten Gesetzeskodex ist in Ex 18 nicht die Rede.⁴⁰ Selbstverständlich geht es auch in Ex 18 um eine Rückbindung von

---

[34] So sieht etwa M.Buber, Moses, 118 einen Erfahrungsvorsprung der Midianiter gegeben. Ähnlich H.Schmid, Mose, 76f.
[35] T.C.Butler, Anti-Moses Tradition, 13 hat auf diesen arroganten Zug von Moses Antwort aufmerksam gemacht.
[36] Das אלי in V 15b steht in Erstposition und ist damit besonders betont.
[37] C.Westermann, Begriffe für Fragen und Suchen, 177ff; Zitat S. 188.
[38] H.Schmid, Mose, 78 weist darauf hin, daß es außerhalb von Ex 18 nicht belegt sei, "daß man Gott bei einem Rechtsstreit befragte." Seiner Meinung nach ist der Passus Ex 18,15b-16 deshalb literarisch nicht einheitlich. Jedoch ist darauf zu verweisen, daß die Funktion des Mose in Ex 18 überhaupt mit Formulierungen beschrieben wird, die sonst im AT nicht belegt sind. So die Formulierung הודעתי את החקים (V 16b, am ehesten noch mit Ez 20,11 und Ps 78,5 zu vergleichen), ebenso זהר Hif-את החקים (V 20, vgl. die wohl von Ex 18 abhängige Stelle 2Chron 19,10 und den ezechielischen Sprachgebrauch in Ez 3,16-21; 33,1-9) und die Wendung מול האלהים in Ex 18,19b. Ex 18 scheint bewußt ein eigenständiges, aber auch schillerndes Bild von der Funktion Moses zu entwerfen (vgl. B.S.Childs, Ex, 330f).
[39] J.Wellhausen, Composition, 81. Dagegen fragt R.Knierim, Ex 18, 154f, "ob wir es in den vv. 16b.20 ...mit literarisch jüngeren Zusätzen zu tun haben." Sollte dies zutreffen, wäre an Dp zu denken.
[40] So auch H.Holzinger, Ex, 61.

Recht und Gesetz an den Gotteswillen. In Israel kann nichts als Recht gelten, was nicht zugleich theologisch legitimiert ist. Deshalb wird in Rechtsnot Gott befragt (Ex 18,15b), deshalb hat Mose die חקי האלהים mitzuteilen (Ex 18,16b), deshalb müssen die auszuwählenden Männer gottesfürchtig sein (Ex 18,21a), ja sogar die von Jitro vorgeschlagene Organisationsform muß Gottes Willen entsprechen (Ex 18,23a). In Ex 18 sind die Rechtsnormen jedoch nicht ein für allemal gültig formuliert, sondern müssen je und je im konkreten Fall von gottesfürchtigen Richtern, deren Rechtsbewußtsein nicht von Gewinnsucht verstellt ist, formuliert werden, wobei Mose die höchstrichterliche Kompetenz zuerkannt wird. Dieses Verfahren ist auf geschichtliche Weiterentwicklung hin angelegt [41], während es auf der Basis des ein für alle Mal gesetzten Sinaigesetzes schwer fällt, neue geschichtliche Erfahrungen, neu auftretende Rechtsfälle und ein gewandeltes Rechtsbewußtsein in die Rechtsprechung zu integrieren.

(4) Jitro gibt Mose einen Rat (Ex 18,17-23)
Erst jetzt maßt sich der höfliche Jitro ein Urteil an (V 17-18): Es ist nicht gut, was Mose da macht, weil die Belastung zu groß und damit die Erschöpfung des Mose absehbar ist. V 18 schließt pointiert mit dem Stichwort לבדך, auf das Mose in seiner Antwort überhaupt nicht eingegangen ist.

Dieser Diagnose schließt Jitro gleich einen Verbesserungsvorschlag an, dessen Beginn durch einen Höraufruf eingeleitet wird (V 19a). Der Vorschlag hat wiederum zwei Teile. Der erste beschreibt die Funktionen, die Mose weiterhin allein ausüben soll (19b.20). Jitro reformuliert hier die Funktionsbeschreibung, die Mose selbst gab. Einige Formulierungen weichen jedoch von V 15b-16 ab. Dies könnte darauf hinweisen, daß Jitro die Antwort des Mose von seinen Voraussetzungen aus etwas anders versteht, als Mose sie gemeint hat.[42] Die Abweichungen scheinen mir jedoch kaum von entscheidender Bedeutung zu sein.[43] Der zweite Teil beschreibt die Funktion, die eine von Mose auszuwählende Schar von tüchtigen Männern zur Entlastung des Mose übernehmen soll (V 21.22). "Jethro's advice to Moses, which he implements, comprises what in our time have become classical principles of public administration. There is 'management by exception' under which routine matters are covered by standard operating procedures, leaving the difficult cases for special attention by higher authority. There are job qualifications established in the selection criteria set out by Moses: employees should be capable, God-fearing, truthful, honest, unswayed by prospects of material gain."[44] Dabei ist beachtenswert, daß nur die Funktion des Richtens (שפט,

---

[41]So auch B.Baentsch, Ex-Num, 166; ähnlich P.Heinisch, Ex, 142.
[42]Diese ansprechende Vermutung hat U.Cassuto, Ex, 219 geäußert.
[43]Immerhin fällt auf, daß in V 20 von Gott nicht die Rede ist, Mose selbst hatte seine Rechtsprechung Gott unterstellt (V 16b).
[44]A.Wildavsky, Nursing Father, 146.

V 22) von Mose ablösbar ist und selbst in diesem Aufgabenbereich die schwierigen Fälle Mose vorbehalten bleiben.[45]

Am Ende seiner Rede (V 23) gibt Jitro einen Ausblick auf den zu erwartenden Nutzen der von ihm vorgeschlagenen Organisationsmaßnahme. Die eingangs von ihm festgestellte Notlage wird dann aufgehoben werden können.[46]

(5) Mose führt den Vorschlag Jitros aus (Ex 18,24-26)
Mose akzeptiert den Vorschlag Jitros (V 24a) und ergreift die entsprechenden Maßnahmen. Ausführlich berichtet wird jedoch nur von der Einsetzung der Männer. Die lexikalischen Rückbezüge auf die Verse 21-22 sind außerordentlich hoch, die Verse 25-26 und 21-22 sind nahezu identisch. Die Differenzen scheinen wiederum kaum von Bedeutung zu sein.[47] Jitro kehrt in seine Heimat zurück (V 27).

(6) Jitro kehrt in seine Heimat zurück (Ex 18,27)
Mit der kurzen Notiz, daß Jitro wieder in seine Heimat zurückkehrt, wird nicht nur die Erzählung der Verse 13-26, sondern das ganze Kapitel abgeschlossen. Dem freundlichen Empfang Ex 18,5-7 entspricht eine freundliche Verabschiedung.

1.5. Zur Komposition der jehowistischen Episoden

Ist die Analyse und Interpretation der Texte soweit vorangebracht, so soll nun nach den kompositionellen Bezügen der Texte untereinander gefragt

---

[45] Ein spezielles Problem ist die militärische Einteilung in Verbände zu je tausend, hundert, fünfzig und zehn (V 21b.25b). Daß diese zahlenmäßige Einteilung eine militärische ist (so z.B. B.Baentsch, Ex-Num, 168; H.Holzinger, Ex, 62; M.Noth, Ex, 121; dagegen etwa P.Heinisch, Ex, 142), ist offensichtlich. Nun fragt R.Knierim, Ex 18, 155 ob nicht V 21b und 25b spätere Zufügungen darstellen. Jedoch hat insbesondere Buber, Moses, 118 herausgearbeitet, daß das "amorphe dekadische Einteilungssystem" sehr gut zu den sonstigen Maßnahmen in Ex 18,13-27 paßt. Denn im Text geht es doch ganz offensichtlich darum, "die sich von unten nach oben aufbauende Volksordnung, wie sie sich in den Einheiten des 'Vaterhauses', der Sippe und des Stammes und in der Vertreterschaft der Ältesten darstellt, durch eine Ordnung von oben nach unten zu ergänzen, die sich nicht in organischen, sondern in mathematischen, in dekadischen Einheiten konstituiert, und deren Obrigkeit aus den vom charismatischen Führer ausgewählten und eingesetzten Vertretern seiner Autorität besteht." Die von Jitro vorgeschlagene Organisationsform entspringt der "idea of bureaucracy" (A.Wildavsky, Nursing Father, 145) und geht offenbar bewußt an den gewachsenen Sozialstrukturen des Volkes vorbei, deren Repräsentanten die Ältesten sind (anders ist das in Num 11!). Zudem erscheint das Bemühen der Exegeten um strenge Scheidung zwischen militärischen und richterlichen Kompetenzen sich eher dem neuzeitlichen Gedanken der Gewaltenteilung und der Zurückdrängung der zivilen Bedeutung des Heeres zu verdanken. So stellt auch R.Knierim, Ex 18, 170 fest: "Überblickt man den Befund, so ist folgendes festzustellen: Die שׂרי sind immer königliche Würdenträger. Sie haben zum Teil militärische, zum Teil richterliche Kompetenzen, nicht selten beide zusammen."
[46] Der eingangs gemachten Feststellung לא טוב חדל wird das ויכלו gegenübergestellt, und dem בשלום das לא טוב.
[47] Vgl. U.Cassuto, Ex, 221.

werden. Die Bezüge werden dabei am sinnvollsten nach ihrem Gewicht geordnet angeführt. Ihr Gewicht bestimmt sich danach, wie sehr sie als bewußt intendiert erscheinen. Bewußte Intention ist um so mehr zu vermuten, je unwahrscheinlicher die Bezüge durch die statistische Häufigkeit der Lexeme erklärt werden können und je eher sich einer solchen Berührung ein Sinn abgewinnen läßt.

1.5.1. Die kompositionelle Einbindung der Wasserwundererzählungen

Wie bereits gezeigt wurde, bilden Ex 15,22-25a und Ex 17,1b.3-6 ein Episodenpaar. Die Texte sind so eng aufeinander bezogen, daß sie auch für die kompositionellen Fragen weiterhin als Einheit behandelt werden können.

a) Fragen wir zuerst nach den Bezügen der Wasserwundererzählungen zur folgenden Erzählung Ex 17,8-16. Die wichtigsten Bezüge werden kurz aufgelistet, dann wird der kompositionelle Zusammenhang interpretiert.

- 17,5 Mose soll den Stab in seine Hand nehmen
 17,9 Mose nimmt den Gottesstab in seine Hand

- 17,6: Ich (= Jahwe) stehe auf dem Felsen
 17,9: Ich (= Mose) stehe auf dem Gipfel des Hügels

- 17,5: Auswahl von Ältesten durch Mose
 17,9: Auswahl von Männern durch Josua

- 17,6b: Und Mose tat so
 17,10: Und Josua tat so, wie Mose ihm gesagt hatte

- 17,5: Und Jahwe sprach zu Mose (mit folgendem Imperativ)
 17,14: Und Jahwe sprach zu Mose (mit folgendem Imperativ)

- 15,23: Namen nennen
 17,14: Namen nennen

Die Berührungen erscheinen je für sich nicht immer als bewußt intendiert. So ist etwa die Redeeinleitung ויאמר יהוה אל משה so häufig, daß man hier keine besondere Absicht vermuten muß. Immerhin sind die Berührungen insgesamt doch ganz beachtlich. Insbesondere ist es doch eine sehr auffällige thematische Berührung, daß die Wende der Not in beiden Texten mit einem erhöhten Stehen (Jahwes oder Moses) verbunden ist. Die aufgelisteten Bezüge der Episoden machen einen kompositionellen Zusammenhang deutlich, den es bei der Interpretation zu beachten gilt.

Nachdem Israel Mose aggressiv attackiert hat (Ex 15,24;17,3), wird Israel in Ex 17,8-16 seinerseits von Amalek grundlos und ohne Vorwarnung angegriffen (17,8). Ohne daß auch nur ein Hilfeschrei Israels laut geworden ist, ergreift Mose selbstverständlich die Initiative und gibt Befehl an Josua. Mose läßt die von ihm Geführten nicht im Stich, er gibt sie nicht den Amalekitern preis, trotz der vorherigen unberechtigten Kritik an seiner Führung. So wie Jahwe dem Mose befohlen hatte (17,5f), was er zu tun hat, um die eingetretene Notlage zu beheben, so gibt nun Mose dem Josua Anweisungen (17,9). Und Josua führt den Befehl Moses so gehorsam aus (17,10), wie Mose den Befehl Jahwes (17,6b). Das Volk bleibt völlig passiv. So wie für das Wasserwunder eine Schar von Ältesten ausgewählt wurde (17,5), so jetzt eine Schar von Kriegern (17,9). Der Plan des Mose sieht vor, daß er in die Rolle eintritt, die Jahwe selbst in Ex 17,1b.3-6 eingenommen hatte. Wie Jahwe wird er sich auf die Kuppe des Hügels begeben und sich dort postieren. Wie Jahwe auf einem Felsen steht, so thront der ermüdete Mose auf einem Stein. Beidesmal ist von der Handhabung des Stabes und der erhöhten Postierung Jahwes oder Moses die Wende der Not abhängig.

Dies alles bedeutet, daß Mose in die Rolle Jahwes eintritt. War Ex 17,8-16 schon auf dem altorientalischen Traditionshintergrund so zu interpretieren, daß Mose in die Rolle des Gottes, bzw. des Götterkönigs eintritt, so ist auf dem Hintergrund von Ex 17,1b.3-6 noch steigernd zu sagen, daß Mose auch Funktionen Jahwes übernimmt. Er in seiner Person repräsentiert Jahwes Königsherrschaft, aber anders als Gott selbst, ist er dabei auf Unterstützung angewiesen.

b) Betrachten wir nun die Bezüge zu Ex 18,1-12:

- 17,3: Herausführung aus Ägypten angesprochen
  18,1b.8.9.10: Herausführung aus Ägypten angesprochen

- 17,5a.6b: Erwähnung der Ältesten
  18,12: Erwähnung der Ältesten

Die ohnehin wenigen Berührungen sind zudem sehr unspezifisch. Trotzdem macht die erste Beobachtung auf eine wichtige Differenz zwischen den Erzählungen aufmerksam. So ist die Herausführung aus Ägypten in Ex 17,3 doch sehr anders erwähnt als in Ex 18,1-12. In Ex 17,3 wird der Exodus dem Mose zugeschrieben. Darin ist der Vorwurf impliziert, daß Mose zu seinem Plan und zu seiner Führungsrolle nicht von Gott legitimiert und ermächtigt war, sondern er dieses Unternehmen in eigener Verantwortung zum Schaden Israels durchgeführt hat. Zu Ex 17,3 steht die Stimmung in Ex 18,1-12 in einem wirkungsvollen Kontrast. Dort steht Moses Führerschaft nicht in Frage. Im Gegensatz zu Israel ist es dem Nichtisraelit Jitro kein Problem, daß Gott im Geschehen des Exodus der eigentlich Handelnde war, und zwar zum Heil Israels. In beiden Erzählungen erscheinen die Ältesten als Repräsentanten des Volkes. In Ex 17,5f sind sie Augenzeugen des Wasserwunders, das zugleich eine Demonstration der Vollmacht des Mose ist. In Ex 18,12 haben sie teil an der kultischen Mahlgemeinschaft mit Jitro.

c) Die Berührungen zu Ex 18,13-27:

- 17,4: Mose will etwas für das Volk tun (עשה לעם)
  18,14 (2x): Mose tut etwas für das Volk (עשה לעם)
- 17,4: העם הזה abschätzig
  18,18.23: העם הזה nicht abschätzig
- 17,6 und 18,24: וירע

Die angeführten Berührungen machen auf einige Differenzen beider Erzählungen aufmerksam. In Ex 17,4 wendet sich Mose hilfesuchend an Jahwe. Das ist in Ex 18,13-27 kaum denkbar. Mose kennt vielmehr seine Funktionen, er weiß, was er zu tun hat. Und er übt diese Funktionen unter voller Anerkennung seiner Führerschaft durch das Volk aus. Folglich gibt es auch keine abschätzigen Äußerungen über das Volk, weder von Jitro noch von Mose. Die Phrase "dieses Volk da" (Ex 18,18.23) ist im Gegensatz zu Ex 17,4, wo sich Mose bewußt vom Volk distanziert, nicht abschätzig, sondern hinweisend gemeint. In beiden Erzählungen führt Mose aus, was andere ihm gesagt haben (Ex 17,6b; 18,24b). In Ex 17 gehorcht Mose dem Befehl Jahwes. Ein solcher direkter Befehl Gottes an Mose kommt in Ex 18 nicht vor. Gott redet überhaupt nie direkt zu Menschen, er kommt nur indirekt in den Reden der Menschen vor. Und in dieser indirekten Weise, indem er dem Rat Jitros folgt, folgt Mose auch Gottes Willen (vgl. Ex 18,19a.23a).

1.5.2. Bezüge zwischen Ex 17,8-16 und Ex 18,1-12

Gehen wir weiter voran und fragen nach der kompositionellen Einbindung von Ex 17,8-16. Die Bezüge zu Ex 15,22-25a und Ex 17,1b.3-6 sind ja bereits herausgearbeitet worden, so ist der Text nun mit Ex 18,1-12 zu vergleichen: [48]

- Ex 17,8: Amalek kommt (ויבא) und kämpft
  Ex 18,5.7: Jitro kommt (ויבא) in Frieden

- 17,9: Josua soll hinaus (יצא), um Amalek zu bekämpfen
  18,7: Mose geht selbst hinaus (יצא), um Jitro zu begrüßen

- 17,14: in's Buch (ספר) schreiben und weitererzählen
  18,8: Mose erzählte (ספר) seinem Schwiegervater

- 17,14 und 18,10 מתחת

- 17,9: Schauplatz ist ein Hügel
  18,5: Gottesberg wird erwähnt

---

[48] Insbesondere U. Cassuto hat im Einzelnen nachgewiesen, daß Ex 18 ein Gegenstück zu Ex 17,8-16 bildet. Er hat auch bereits einige der aufgeführten Beobachtungen notiert (Ex, 211f).

Beide, Amalek und Jitro, kommen auf Israel zu. Amalek als Aggressor und ohne Vorwarnung. Jitro kündigt sein Kommen dagegen an (18,6) und kommt in Frieden (18,7), um Mose dessen Frau und Söhne zu bringen. Wer so auf Mose zukommt, kommt in den Genuß intimer Freundschaft. Mose geht persönlich hinaus, Jitro entgegen, um ihn willkommen zu heißen. Amalek gegenüber reagiert Mose anders. Mose beauftragt seinen Heerführer Josua, eine Truppe zusammenzustellen und Amalek militärisch "in Empfang zu nehmen". Amalek, der Feind Israels, begibt sich der Möglichkeit, vom Weg Jahwes mit Israel Kunde zu erhalten und sich mitfreuen zu können, wie es Jitro möglich ist (18,9). Stattdessen gibt es über Amalek nur eins zu erzählen: Amalek wird vernichtet werden. Dies gilt für alle Zukunft und soll deshalb von Josua aufgeschrieben werden (17,14). Jahwe hat Israel aus Ägypten gerettet (18,10), von Amalek dagegen wird nicht einmal die Erinnerung unter dem Himmel bestehen bleiben (17,14). Amalek und Jitro verkörpern zwei gegensätzliche Haltungen Mose und Israel gegenüber, und es wird deutlich, wie Jahwe und Mose mit dem einen und wie mit dem anderen umgehen. Amalek ist das Volk, das in grundloser Feindschaft den Kampf mit Israel sucht. Es erntet für sein Verhalten immerwährende Feindschaft Jahwes. Jitro verkörpert ein freundschaftliches Verhalten gegenüber Mose und seinem Volk. Er erfährt von den Taten Jahwes und erkennt daraufhin, daß Jahwe der größte Gott ist (18,11). Während die immerwährende Feindschaft Jahwes gegen Amalek durch Niederschrift, mündliche Tradition und Altar festgehalten wird, wird der Frieden mit Jitro durch eine kultische Mahlgemeinschaft zwischen Jitro und den Repräsentanten Israels besiegelt (18,12).

1.5.3. Bezüge zwischen Ex 17,8-16 und Ex 18,13-27

- 17,9: Wähle uns Männer aus, um zu kämpfen
  18,21.25: Such dir Männer aus, zur Herstellung des Friedens

- 17,12: Hände sind zu schwer
  18,18: Dinge sind zu schwer

- 17,12: Mose thront, um die Schlacht zu entscheiden
  18,13: Mose thront, um Recht zu sprechen

- 17,16: Krieg für alle Generationen
  18,22.23: Frieden für alle Zeit

- 17,12b: bis zum Sonnenuntergang
  18,13: vom Morgen bis zum Abend

- 17,10: Josua tat, was Mose gesagt hatte
  18,24: Mose tat alles, was Jitro gesagt hatte

In beiden Erzählungen begegnet das Motiv, daß die Aufgabe, die Mose wahrnehmen muß, zu schwer ist und seine Kräfte übersteigt (Ex 17,12; 18,18). Beide

Male ist Moses Aufgabe mit einem Thronen verbunden (Ex 17,12; 18,13) und beide Male dauert dieses Thronen bis zum Abend, also einen vollen Tag lang. In beiden Erzählungen wird dieser Notstand dadurch behoben, daß Mose entlastet wird. Das Ergebnis der Entlastung des Mose ist in beiden Fällen ein Zustand von Dauer. In Ex 17,16 wird für alle Generationen der Krieg Jahwes gegen Amalek festgeschrieben. In Ex 18,22 (בכל עת) dagegen wird die dauerhafte Entlastung des Mose zum inneren Frieden Israels beitragen (Ex 18,23). In Ex 18,21.25 geschieht diese Entlastung durch von Mose ausgewählte Männer. In Ex 17,9 wählt Josua die Männer aus, eine Entlastung für Mose ist damit jedoch kaum verbunden. Dies ist vielmehr in Ex 17,12 im Blick, wo Aaron und Hur den überlasteten Mose unterstützen. Auch in Ex 18,13-27 verlangt nicht Mose selbst nach Entlastung, Jitro macht Mose erst auf die Notlage aufmerksam. Mose hört dann auf Jitros Rat, wie Josua auf Mose gehört hat (18,24 und 17,10). Ein weiterer Unterschied besteht darin, daß Aaron und Hur -anders als die Männer, die Mose in Ex 18 entlasten- keinen eigenen Verantwortungsbereich zugewiesen bekommen. Sie geben Mose lediglich Hilfestellung.

Sowohl die Begegnung mit dem Feind, Amalek, als auch die Begegnung mit dem Freund, Jitro, haben eine innere Umorganisation Israels zur Folge. Israel bleibt in der Begegnung mit Freund und Feind nicht unverändert, es werden dauerhafte Neuorganisationen durchgeführt. Der Angriff des Feindes erzwingt von Mose eine erhöhte Leistungs- und Belastungsfähigkeit, die er nicht mehr allein, sondern nur noch mit Unterstützung tragen kann. Die Begegnung mit dem Freund dagegen deckt allererst einen organisatorischen Notstand auf, dem Jitro mit dem Rat des Erfahrenen abhilft.

1.5.4. Bezüge zwischen Ex 18,1-12 und Ex 18,13-27

Ex 18,1-12 und 18,13-27 sind schon dadurch besonders eng aufeinander bezogen, daß sie durch die chronologische Notiz "am nächsten Morgen" (Ex 18,13) verknüpft sind.[49] Gehen wir wieder von möglichst wörtlichen Berührungen aus:[50]

- 18,1 u.ö.: Schwiegervater Moses

- 18,1: וישמע... חתן... משה את כל אשר עשה אלהים... ולישראל עמו
  18,14: וירא חתן משה את כל אשר הוא עשה לעם

- 18,5: Jitro und Mose begrüßen sich
  18,27: Jitro und Mose verabschieden sich

- 18,2 und 27: שלח [51]

---
[49] So auch B.S.Childs, Ex, 329: "chronological connection".
[50] Auch hier hat U.Cassuto, Ex, 221f bereits einige Beobachtungen zusammengestellt.
[51] Es ist m.E. nicht recht einzusehen, wieso Ex 18,2b sekundär sein soll. So etwa J.Wellhausen, Composition, 80. Ohne Zweifel soll diese Bemerkung erklären, warum Jitro Mose seine Familie erst zuführen muß. Warum sollte diese Notiz erst ein Späterer eingefügt haben?

- 18,7 und 18,23: שלום
- 18,1: וישמע יתרו
  18,24: וישמע משה
- 18,11/16/20: ידע

Die aufgelisteten Bezüge befestigen die These von der engen Zusammengehörigkeit der beiden Erzählungen. Der Ort bleibt konstant, ebenso die Hauptpersonen: Mose mit seinem Schwiegervater. In beiden Texten sind sie die alleinigen Dialogpartner. Beidesmal wird ein höflicher Jitro gezeichnet, der als Freund Israels kommt. Beide Texte haben auch dies gemeinsam, daß Gott nie von sich aus und nicht direkt in den Gang des Geschehens eingreift. Weder durch ein Handeln, noch durch ein Reden. Im ganzen Kapitel 18 spricht Gott kein einziges Mal selbst, sondern es wird nur über ihn gesprochen.

Beide Erzählungen sind so zusammengebunden, daß sie als Szenen eines Handlungsstranges erscheinen: Jitro macht sich auf, um Mose zu treffen und sie begrüßen sich (18,5-7). Am folgenden Morgen ist aus der Distanz des Hörens (18,1) die Nähe des Sehens (18,14) geworden. Jitro hat davon gehört, was Gott für das Volk getan hat, jetzt sieht er, was Mose für es tut. Jitro begegnet Israel nicht nur in Frieden (18,7), sondern trägt auch noch dazu bei, innerisraelitische Spannungsherde aufzudecken und dadurch auszuschalten, daß die Effizienz der inneren Organisation optimiert wird. So trägt er zum inneren Frieden Israels bei (18,23).[52] Am Ende des nächsten Tages wird Jitro verabschiedet und Jitro kehrt in seine Heimat zurück.

Sowohl im ersten als auch im zweiten Teil von Ex 18 geht es um Erkenntnis (Ex 18,11.16.20). In Ex 18,1-12 geht es um die Erkenntnis des Handelns Gottes in der Geschichte, in Ex 18,13-27 dagegen um die Erkenntnis des Willens Gottes. Einmal also steht das Thema der Geschichte (כל אשר עשה אלהים), das andere Mal das Thema des Rechts (שפט) im Zentrum. Somit dürfte auch ein enger thematischer Zusammenhang beider Erzählungen gegeben sein.[53]

Überblickt man die zusammengestellten Beobachtungen, so scheint es mir gut vertretbar, die beiden Erzählungen Ex 18,1-12 und 18,13-27 in ähnlicher Weise zu einem Paar zusammenzuordnen, wie die Wasserwundererzählungen.[54] Ex 18 als Ganzes bildet ein Gegenstück zu Ex 17,8-16. Der Umgang mit dem Freund und dem Feind werden einander gegenübergestellt. Dabei entfaltet Ex 18 die zwei in Ex 17,8-16 ineinander verschränkten Themen "Entlastung des Mose" und "Außenbeziehungen Israels" in zwei eigenen Erzählungen.

---

[52] Vgl. U.Cassuto, Ex, 222.
[53] Die Themen Geschichte und Recht gehören ja im AT oft zusammen, man denke nur an den Dekaloganfang (Ex 20,2), wo zur Selbstvorstellung des gebietenden Gottes ein Hinweis auf sein Geschichtshandeln gehört.
[54] Es gibt m.E. nur ein ernstliches Problem: Warum kommt in Ex 18,13-27 der Jahwename nicht mehr vor? Dieses Problem erklärt U.Cassuto, Ex, 217 so, daß Jitro eben den Jahweglauben nicht in seiner ganzen Reinheit erfaßt habe.

1.5.5. Die Gesamtkomposition

Insgesamt kann man doch wohl sagen, daß die jehowistischen Episoden in überraschend deutlicher Weise aufeinander bezogen sind. Sie lassen sich als ein Zyklus von fünf Episoden verstehen, von denen jeweils zwei ein Paar bilden. Als beherrschendes Thema kann man die Führungskompetenz des Moses ansehen. Mose wird als Führer Israels in vier Grundsituationen gezeigt: bei der Gewährleistung der Grundversorgung, bei der Abwehr des Feindes, bei der Gemeinschaft mit dem Freund und bei der Organisation des Rechtswesens. Daß ausgerechnet die Episode am Schluß steht, die das Rechtswesen zum Gegenstand hat, ist sicher als Überleitung zur Sinaithematik gemeint. Diese Anordnung der Episoden kann man in folgendem Schema veranschaulichen:

A	Ex 15,22-25	Bitteres Wasser wird süß
A'	Ex 17,1b.3-6	Wasser aus dem Felsen
B	Ex 17,8-16	Die Abwehr der Amalekiter
C	Ex 18,1-12	Jitros Bekenntnis
C'	Ex 18,13-27	Jitros Rat

Zwei Paare von Episoden gruppieren sich um einen Mittelpunkt. Das erste Paar bilden die Wasserwunder-Erzählungen, den Mittelpunkt bildet die Episode von der Schlacht gegen die Amalekiter, das zweite Paar bilden die Episoden, in denen Jitro als Hauptfigur begegnet (Ex 18). Besonders kunstvoll wird diese Komposition dadurch, daß Ex 17,8-16 ja selbst in sich wieder eine ringförmige Struktur hat! Dabei kann man Ex 17,8-16 als einen qualitativen Einschnitt ansehen, denn das Episodenpaar A/A' unterscheidet sich deutlich vom Episodenpaar C/C'. Der wichtigste Unterschied dürfte darin bestehen, daß in Ex 18 das Motiv des Murrens des Volkes fehlt.[55] In Ex 18 wird dem unbelehrbaren Starrsinn Israels (Ex 15,24; Ex 17,3) das vorbildliche Verhalten Jitros gegenübergestellt, besonders wohl dessen Bekenntnis zu Jahwe (Ex 18,9-11). Nach Moses "Inthronisation" auf dem Hügel der Amalekiterschlacht scheint seine Position -jedenfalls für den vorsinaitischen Bereich- gefestigt, keine Kritik wird mehr an ihm laut. Seitdem Jahwe Moses selbständiges Handeln in der Amalekiterschlacht, seine Beauftragung Josuas und seine magische Siegesgeste, durch seine Rede an Mose nachträglich legitimiert hat, agiert Mose ganz selbständig, ohne sich an Gott um Hilfe zu wenden (wie in Ex 15,25; 17,4). Seitdem Mose in die Rolle Gottes eingetreten ist und sein Thronen Gottes Königsherrschaft repräsentiert, verzichtet Gott anscheinend auch auf ein direktes Eingreifen in das Geschehen: In Ex 18 wird Gott nicht mehr selbst aktiv, weder in handelnder noch in redender Weise. Gott redet nicht mehr selbst, es wird nun über ihn geredet.

Es zeigt sich also, daß die jehowistische Schicht durchaus eine kompositionelle und thematische Einheit von fünf Einzelepisoden darstellt. Es ist von

---

[55]Es hätte sich m.E. leicht an Ex 18,13 anschließen lassen.

daher durchaus wahrscheinlich, daß die jehowistische Schicht als eigener literarischer Faden existiert hat.

1.6. Zur literarischen Vorgeschichte des Jehowisten

Nun ist jedoch weiter zu fragen, ob die JE-Schicht eine literarische Einheit darstellt. Folgt man nämlich dem klassischen Quellenmodell, so verdankt sich ja diese Schicht der redaktionellen Zusammenarbeitung zweier eigenständiger Quellen, des Jahwisten und des Elohisten. Ich werde so vorgehen, daß ich zunächst die einzelnen Episoden auf ihre literarische Einheitlichkeit hin überprüfe. Das wird wieder in der Gestalt einer Überprüfung der traditionellen literarkritischen Argumente geschehen. Nach diesem Arbeitsgang wird dann zu fragen sein, ob sich alle Episoden der gleichen Hand verdanken, oder ob sprachliche und konzeptionelle Unterschiede zwischen den einzelnen Episoden die Annahme wahrscheinlich machen, daß sie von verschiedenen Autoren stammen.

1.6.1. Die Einheitlichkeit der einzelnen jehowistischen Episoden

In der Forschung besteht -abgesehen von den bereits behandelten Problemen- Konsens darüber, daß die Episoden Ex 15,22-25a; Ex 17,1b.3-6; 17,8-16 [56]; 18,13-27 [57] je für sich als literarisch einheitlich zu beurteilen sind.[58] Lediglich im Falle von Ex 18,1-12 wird mehrheitlich eine den Jahwenamen gebrauchende Überarbeitungsschicht angenommen, da die Gottesnamen Jahwe und Elohim auffällig durcheinander gehen.[59]

Nun fällt es jedoch äußerst schwer, diese Beobachtung mit anderen so zu verbinden, daß eine einleuchtende literarkritische These entsteht. Denn die Erzählung weist ansonsten kaum literarkritisch auszuwertende Bruchstellen aus. Überzeugender ist da sicher die These, ein Redaktor habe an einigen Stellen nachgebessert.[60] Doch wird es sehr schwierig, zusätzliche literarkritische Argumente beizubringen, die eine solche These stützen können. Für Ex 18,1b läßt sich in der Tat ein weiteres Argument finden: Während sonst im Text immer davon gesprochen wird, daß Gott Israel "errettet" (נצל) habe

---

[56] Als literarisch einheitlich betrachten Ex 17,8-16 z.B. M.Noth, Ex, 113; H.Holzinger, Ex, 55; V.Fritz, Israel, 12; B.Baentsch, Ex-Num, 160.
[57] Ex 18,13-27 betrachten als einheitlich z.B. J.Wellhausen, Composition, 80; M.Noth, Ex, 117; H.Strack, Gen-Num, 223. Eine Einheitlichkeit bis auf Ex 18,21b.25b nehmen an: V.Fritz, Israel, 14; R.Knierim, Ex 18; H.Seebaß, Mose, 93f; B.Baentsch, Ex-Num, 168. Völlig abwegig ist die Aufteilung des Textes in zwei Quellen, so H.Gressmann, SAT I,2, 87f; H.Seebaß, Mose, 84.
[58] Abgesehen von minimalen redaktionellen Ergänzungen, wie etwa der Einfügung des Horeb in Ex 17,6.
[59] M.Noth, Ex, 117; V.Fritz, Israel, 13; B.Baentsch, Ex-Num, 164f; H.Strack, Gen-Num, 223; H.Seebaß, Mose, 84; J.Wellhausen, Composition, 80; und viele andere.
[60] So J.Wellhausen, Composition, 80, der den Jehowist für die Zusätze verantwortlich macht, die den Jahwenamen enthalten. Vgl. W.H.Schmidt, Ex, 115f; M.Noth, Ex, 117; V.Fritz, Israel, 13.

(18,4.8.9.10), heißt es in V 1b: "Jahwe hat Israel hinaufgeführt" (עלה). Ex 18,1b ist also aller Wahrscheinlichkeit nach ein redaktioneller Zusatz.

Schwieriger ist es mit den Versen 8-11, in denen der Jahwename begegnet. Sie passen in Sprachstil und theologischer Konzeption doch sehr gut zum restlichen Text. So greift etwa B.Baentsch zu der These, daß Rje den Gottesnamen in V 8 zweimal aus Elohim in Jahwe geändert habe.[61] Diese Ad-hoc-These von einem der bedeutendsten Kommentatoren des Exodusbuches macht die Schwierigkeit der Literarkritik an diesem Text schlaglichtartig deutlich, denn es ist völlig uneinsichtig, wieso Rje gerade an dieser Stelle Anstoß an dem Gottesnamen Elohim genommen haben sollte, läßt er doch sonst die unterschiedlichen Gottesnamen stehen.

Könnte es nicht sein, daß ein Autor beide Gottesnamen nebeneinander verwendet hat?[62] In der Tat haben wir ja bereits gesehen, daß sich dem Wechsel der Gottesnamen tatsächlich ein Sinn abgewinnen läßt. Erst in Moses Darstellung des Exodusgeschehens begegnet der Jahwename (Ex 18,8), erst er weist Jitro darauf hin, daß im Geschehen des Exodus Jahwe als Subjekt gehandelt hat, wohingegen die zu Jitro gelangte Kunde ganz allgemein von Gott sprach. Jitro übernimmt den Namen Jahwe von Mose. Ein ernstes Problem ist die Tatsache, daß der Erzähler in Ex 18,12 zum Gebrauch von Elohim zurückkehrt. Mir scheint jedoch, daß U.Cassuto eine befriedigende Erklärung dieses Umstands gibt, wenn er meint, die Verwendung von Elohim geschehe, "in order to inform us that although Jethro recognized the supremacy of YHWH over the other deities, he did not entirely accept the faith of Israel (...), and he regarded the Lord as only one of the gods."[63]

1.6.2. Quellenscheidung des Jehowisten

Die Untersuchung der Einzelepisoden hat ergeben, daß diese je für sich literarisch einheitlich sind. Nun ist zu fragen, ob wir alle jehowistischen Episoden der gleichen Quelle zuweisen können. Im Gefolge der neueren Urkundenhypothese unterscheidet man ja für gewöhnlich noch einmal zwei dem Jehowisten vorausliegende literarische Schichten: Jahwist und Elohist. Läßt sich diese Hypothese in unserem Textbereich verifizieren? Die Forschungsgeschichte zeigt, daß die quellenmäßige Einordnung der Texte zum Teil unterschiedlich gehandhabt wird. Anscheinend wurden für die Zuweisung kaum überzeugende, handhabbare Kriterien gefunden. So bleibt die Zuweisung

---

[61] B.Baentsch, Ex-Num, 165. Ähnlich R.Knierim, Ex 18, 153.
[62] Dieser Frage geht P.Heinisch, Ex, 142f mit großer Energie nach. Seine Hauptthese ist die, daß der Erzähler darauf Rücksicht nimmt, "daß es sich um eine Unterhaltung mit einem Nichtisraeliten handelt." (Darauf weist auch U.Cassuto, Ex, 213-217 hin). Heinisch hat hier Richtiges gesehen. Allerdings muß er die Tatsache, daß Jitro in V 10 ebenfalls von Jahwe spricht, als bloßen Höflichkeitsakt einstufen.
[63] U.Cassuto, Ex, 217.

in starkem Maß abhängig von methodologischen Vorentscheidungen.⁶⁴ Immerhin gibt es insoweit einen Konsens der historisch-kritischen Forschung, als Ex 18 im Grundbestand einheitlich E zugewiesen wird. Schwieriger einzuordnen sind die Erzählungen Ex 15,22-25a; Ex 17,1b.3-6 und 17,8-16.

a) Ex 18
Setzen wir also voraus, daß Ex 18,13-27 dem Elohisten zugehört. Die Frage ist nun, ob Ex 18,1-12 dem gleichen Autor zuzuweisen ist. Dafür spricht -außer dem Forschungskonsens- die sehr enge Bezogenheit dieser beiden Erzählungen aufeinander, die oben bereits festgestellt wurde, und der gegenüber die festzustellenden Differenzen nicht sehr in's Gewicht fallen. Die m.E. wichtigste Differenz ist, daß in Ex 18,13-27 der Jahwename nicht mehr vorkommt. Ein Problem, das aber schon innerhalb von Ex 18,1-12 zu lösen war. Mir scheint, daß Cassuto das Richtige getroffen hat: "Throughout the paragraph (= Ex 18,13-27; AS), the Bible uses the name Elohim and not the Tetragrammaton, for this is the usual procedure in conversations with non-Israelites, so long as there is no intention to make an express distinction between the God of Israel an the heathen deities."⁶⁵ So kann Ex 18 mit hoher Wahrscheinlichkeit insgesamt dem Elohisten zugewiesen werden.

b) Die Wasserwundererzählungen
Ähnlich deutlich liegen die Verhältnisse in diesem Fall. Die lexikalischen Berührungen zwischen Ex 15,22-25a und 17,1b.3-6 sind so massiv, und konzeptionelle und theologische Unterschiede so wenig greifbar, daß die These, beide Texte gehören dem gleichen Autor und sind bewußt aufeinander bezogen worden, kaum zu umgehen ist. Zu fragen bleibt allenfalls, ob wohl ein Autor den gleichen Stoff zweimal hintereinander dargeboten haben wird. Da die Dopplung der Erzählungen sehr drastisch die sich steigernde Rebellion Israels deutlich macht und daher einen guten erzählerischen Sinn ergibt, kann diese Frage bejaht werden.
Nun ist weiter zu fragen: Gehören die Wasserwundererzählungen und Ex 18 zur gleichen literarischen Schicht? M.E. lassen sich die schon oben

---

⁶⁴Darauf haben z.B. auch P.Volz/W.Rudolph, Elohist, 9 hingewiesen. Ein Beispiel soll die Problematik der Quellenzuweisung eines Textes illustrieren: Ex 17,8-16 wird von B.Baentsch (Ex-Num, 160) E zugewiesen, wobei er vor allem mit dem Gottesstab (V 9) argumentiert. Er gibt aber gleichzeitig zu, daß einige wenige sprachliche Indizien für J sprechen. M.Noth (Ex, 113) nun weist den Text J zu, wobei er den Gottesstab als redaktionellen Zusatz ansieht. V.Fritz hat sich nun bemüht, die Argumentation Noths durch sprachliche Argumente zu stützen. Er vermag allerdings nach eigenen Aussagen keine einzige sprachliche Eigentümlichkeit zu benennen, die allein J auszeichnet (V.Fritz, Israel, 13 Anm 17)! So wird ausgerechnet der Gottesstab als Argument für J angeführt! Dabei geht Fritz großzügig darüber hinweg, daß der Stab ja als Stab Elohims bezeichnet wird, was nicht mit dem Gebrauch des Jahwenamens bei J zusammenstimmen will. Fritz verweist zur Begründung darauf, daß bei J in Ex 4,20 ebenfalls der Gottesstab begegnet. Nun hatte jedoch just Noth den Versteil Ex 4,20b E zugewiesen (Noth, ÜPent, 39 und ders., Ex, 33). Offensichtlich können die erzählstrukturellen und theologischen Unterschiede von J und E dann nicht besonders groß sein, wenn die Einschätzung einer einzigen Phrase aus der Erzählung über die Quellenzuweisung entscheidet.

⁶⁵U.Cassuto, Ex, 218 (kursive Schrift getilgt; AS).

beobachteten Differenzen zu Ex 18 am besten erklären, wenn man Ex 15,22-25a und 17,1b.3-6 nicht dem Elohisten (Ex 18) zuweist. Der am deutlichsten greifbare Unterschied ist der unterschiedliche Gebrauch des Gottesnamens, einmal Jahwe, in Ex 18 dagegen -vornehmlich- Elohim. Zum unterschiedlichen Namen kommt eine unterschiedliche Gottesvorstellung: In Ex 18 greift Gott weder handelnd noch redend direkt in das Geschehen ein. Wohl wird in Ex 18,8-11 vom Handeln Gottes in der Geschichte geredet, doch es ist etwas anderes, ob Gottes Handeln in der Geschichte im Rückblick dankbar bekannt wird, wobei Menschen Geschehensverläufe als Handeln Gottes interpretieren und damit die Reflexions- und Interpretationleistung des Menschen ausdrücklich bedacht wird, oder ob Gott im Ich-Stil sein Handeln für die Zukunft ankündigt (Ex 17,6), und damit die Interpretationsleistung des Menschen außerhalb des Blickfelds bleibt. In Ex 18 wird über Gott geredet, aber er redet und agiert nicht selbst. Nicht einmal Mose wendet sich direkt an Gott, wie das in Ex 15,25 und 17,4 der Fall ist. Ganz anders ist auch die Sicht des Volkes. In Ex 18 ist von aggressiven Tendenzen gegen Mose nichts mehr zu spüren. Nun ist es sicherlich der Sinn der Komposition, diesen Wandel Israels herauszustreichen, aber daß das Volk ganz in den Hintergrund gedrängt wird und nur in Ex 18,14 kurz auftritt, das ist eher auf eine unterschiedliche Stoßrichtung der Autoren zurückzuführen. Wir können daher davon ausgehen, daß die Wasserwundererzählungen einer anderen Schicht, dem Jahwist, zuzuweisen sind.

c) Ex 17,8-16
Wie ist nun die Zugehörigkeit von Ex 17,8-16 zu beurteilen? Zunächst soll nach dem Verhältnis dieser Episode zu Ex 18 gefragt werden. Da fällt wieder der Gottesname Jahwe auf. In Ex 17,8-16 wird er -im Unterschied zu Ex 18,1-12- sowohl in der Moserede als auch vom Erzähler gebraucht. Noch schwerer wiegt, daß Gott in Ex 17,8-16 direkt mit Mose spricht, was in Ex 18 bekanntlich nicht der Fall ist. Während man noch verstehen kann, daß Josua in Ex 18 nicht mehr auftritt, da er nur für die Kriegsführung zuständig ist, bleibt unverständlich, warum Hur in Ex 18,12 neben Aaron nicht mehr erwähnt wird. So scheint es mir wahrscheinlicher, daß Ex 18 und Ex 17,8-16 nicht dem gleichen Autor zuzuweisen sind.

Fragen wir also weiter, ob Ex 17,8-16 mit den Wasserwundererzählungen literarisch zusammengehört. Dafür spricht auf jeden Fall, daß in allen drei Episoden der Jahwename begegnet und Jahwe auch direkt zu Mose redet. In Ex 17,1b.3-6 wie in Ex 17,8-16 hängt von einer erhöhten Postierung -Jahwes oder Moses- die Wende der Not ab. Dies zeigt, daß Ex 17,8-16 mit den Wasserwundererzählungen (vor allem mit der zweiten) enger verbunden ist als mit Ex 18. Allerdings lassen sich auch Differenzen aufzeigen, die an der gleichen Autorschaft vielleicht Zweifel aufkommen lassen. In beiden Texten kommt der Stab vor, aber doch sehr unterschiedlich. In Ex 17,5 wird der Stab dem Mose zugeordnet (dein Stab), in Ex 17,9b ist es der Stab Gottes. In Ex 17,9 kann Mose über Gebrauch und Einsatz des Stabes in Eigenverantwortung entscheiden. In Ex 17,5 dagegen setzt Mose den Stab auf ausdrücklichen Befehl Jahwes ein. Diese Beobachtung läßt sich mit der anderen verbinden, daß Mose in Ex 15,25 und 17,4 sich an Jahwe um Hilfe wendet, während dies in Ex 17,8-16 unterbleibt. Mose handelt vielmehr in eigener Vollmacht. Auch tritt das Volk in Ex 17,8-16 ganz in den Hintergrund.

Die Frage ist nun, ob die aufgezeigten konzeptionellen Differenzen ausreichen, um Ex 17,8-16 einem eigenen Autor zuzuweisen, wofür dann wohl nur der Jehowist selbst in Frage käme. Diese Frage läßt sich kaum mit Sicherheit beantworten. Eine Antwort wird sehr davon geprägt sein, in welchem Sinn man den Jahwisten als Autor versteht. Meine Vermutung geht dahin, daß Ex 17,8-16 tatsächlich dem Jahwisten zuzuweisen ist. Die genannten Differenzen lassen sich sich zum Großteil aus kompositionellen Absichten erklären. So scheint mir die Vollmacht Moses in Ex 17,8-16 durch Ex 17,1b.3-6 vorbereitet. Als das Volk nach Ex 15,24 bereits das zweite Mal gegen Mose rebelliert (Ex 17,3), ermächtigt Jahwe den Mose dazu, mittels des Stabes seine Legitimation und Kompetenz vor den Augen der Ältesten zu demonstrieren. Das ist nach Verständnis des Jahwisten kein einmaliger Akt gewesen, sondern eine Ermächtigung auf Dauer. Folglich kann Mose in Ex 17,8-16 agieren, ohne sich vorher an Jahwe gewandt zu haben.[66]

1.6.3. Der Elohist als Ergänzer des Jahwisten

Ist es richtig, daß Ex 17,8-16 dem Jahwisten zuzuweisen ist, dann stellt sich die Frage, wie die engen Bezüge zwischen Ex 17,8-16 und dem elohistischen Text Ex 18 zu erklären sind. Die oben aufgelisteten Bezüge legen es m.E. nahe, daß beide Texte in Kenntnis von einander entstanden sind. Mir scheint es dabei am wahrscheinlichsten, daß E die jahwistischen Erzählungen kannte und durch ein eigenes Episodenpaar ergänzte. So erklärt sich auch Ex 18,2b am besten als der Versuch des E, seine Erzählung mit der jahwistischen Auszugserzählung in Einklang zu bringen, in der Moses Frau keine Rolle spielt.[67]

Mit seiner eigenen theologischen Konzeption konnte er am besten an Ex 17,8-16 anknüpfen, während die Erzählungen von einem vom Volk in Frage gestellten Mose, der zu Jahwe um Hilfe schreien muß, nicht so sehr in das Konzept passten. Von E wird Mose als souveräner Führer gezeichnet, dessen Stellung nie in Frage steht. So erklären sich die starken Bezüge zu Ex 17,8-16 und die geringen Bezüge von Ex 18 auf die Wasserwundererzählungen. E ging es darum, die jahwistischen Episoden neu zu akzentuieren. Dabei kann er sich durchaus an jahwistische Motive anschließen, z.B. an das Motiv der Überlastung des Mose: bei J ist Mose in einer besonderen Extremsituation überlastet, bei E im Rahmen seiner ganz alltäglichen Aufgaben, so daß eine grundsätzliche und dauerhafte Lösung dafür gefunden werden muß. J steht anscheinend unter dem Eindruck, daß Israel massiv von außen bedroht ist, und daß sich folglich ein israelitischer Führer in der Abwehr feindlicher Aggres-

---

[66] Weitere, kleinere Differenzen dürften sich vielleicht von daher erklären, daß J alte Überlieferungen aufgegriffen hat, deren Sprachstil er verpflichtet bleibt.

[67] Es ist nicht recht einzusehen, wieso erst ein späterer Redaktor diese harmonisierende Bemerkung gemacht haben soll (so vermutet etwa B.Baentsch, Ex-Num, 164 den Rje), und nicht schon der Elohist selbst.

sionen besonders zu bewähren hat (Ex 17,8-16). E dagegen sieht darin nur eine Möglichkeit. Mindestens ebenso entscheidend ist die Pflege freundschaftlicher Kontakte (Ex 18,1-12). Wie es sich erweist, ist der Rat des Freundes von großer Bedeutung für den inneren Frieden Israels.

2. DIE KOMPOSITION DES NACHSINAITISCHEN ZYKLUS

Will man den nachsinaitischen Zyklus des Jehowisten auf seine Komposition hin untersuchen, so steht man vor erheblich schwierigeren Problemen als beim vorsinaitischen Zyklus. So ist vor allem festzustellen, daß die jehowistische Schicht im vorsinaitischen Bereich noch vollständig erhalten scheint, jedoch im nachsinaitischen Bereich dies offensichtlich nicht mehr gegeben ist. So hatten wir bereits an Num 13-14 gesehen, daß die JE-Erzählung nur noch in Bruchstücken erhalten war. So müssen wir damit rechnen, daß die kompositionellen Bezüge der Episoden untereinander zum Teil ebenfalls weggefallen sind. Alle folgenden Überlegungen beanspruchen daher keine allzu hohe Wahrscheinlichkeit, gleichwohl läßt sich doch genügend Erzählmaterial rekonstruieren, um eine behutsame Rückfrage nicht als freie Phantasie erscheinen zu lassen. Dabei gehe ich so vor, daß ich zunächst (2.1.) wieder die einzelnen Episoden je für sich interpretiere, dann (2.2.) nach der Komposition und schließlich (2.4.) nach der literarischen Vorgeschichte der jehowistischen Schicht frage.

2.1. Die einzelnen Episoden

2.1.1. Num 10,29-33a

Num 10 ist ganz vom Thema "Aufbruch vom Sinai" beherrscht, erst ab Num 11,1 begegnen wieder typische Wüstenerzählungen. Kapitel 10 stellt eine Art Auftakt zur Weiterwanderung dar, ohne schon selbst eine Episode auf diesem Wanderweg zu sein.[68] Kompositionell ist dieser Teil auf Ex 19,1-2 bezogen. Der Ankunft am Sinai, steht der -viel ausführlicher geschilderte- Aufbruch vom Sinai gegenüber.

Nur Num 10,29-33a gehört in diesem Kapitel zum jehowistischen Bestand.[69] War der Midianiter Jitro vor dem Sinai in sein Land zurückgekehrt (Ex 18,27), so versucht Mose nun den Midianiter Hobab ben Reguel zum mit-

---

[68]Die spätere Kapiteleinteilung hat dies dadurch zum Ausdruck gebracht, daß mit Num 11,1 und nicht mit Num 10,12 ein neues Kapitel beginnt.
[69]Zur Literarkritik siehe V.Fritz, Israel, 14f.

ziehen zu bewegen.[70] Der kurze Text legt alles Gewicht darauf, wie sehr sich Mose um die Begleitung durch Hobab bemüht; wenig Interesse hat er an der Reaktion Hobabs. Gleichwohl dürfte der Text damit rechnen, daß Hobab Moses freundlich-bestimmte Einladung angenommen hat. Das "sie brachen auf" in V 33 schließt Hobab mit ein.[71]

Bereits in dieser Textpassage, Auftakt des nachsinaitischen Zuges durch die Wüste, klingt deutlich das Thema Land an (Num 10,29). Das Ziel des Exodus, nämlich das verheißene Land, -immer schon (seit Ex 3) das Ziel des Exodus[72]- rückt nun deutlich näher. Mose spricht schon in solcher Gewißheit vom künftigen Landbesitz, als ob seine Verteilung kurz bevor stünde (Num 10,32). G.J.Wenham hat darauf hingewiesen, wie wenig diese Gewißheit des Mose vom Volk geteilt wird, mit dem sich Mose im selbstverständlich gebrauchten "wir" zusammenschließt: "The faith which Moses affirms so confidently stands in ironic contrast to what happens in the succeeding chapters: whereas Moses is sure God will do good to Israel, the people begin to complain of the evil (11,1) that he is doing them. ...This chapter's triumphant conclusion deepens the poignant tragedy of the succeeding scenes."[73]

2.1.2. Num 11,1-3

Nach dem Auftakt in Num 10,29-32 hat sich Israel wieder auf die Wanderung begeben. Nach drei Tagen (Num 10,33a; vgl. Ex 15,22) kommt es zum ersten Zwischenfall nach dem Sinaiaufenthalt. Im krassen Gegensatz zur zuversichtlichen Haltung des Mose steht die Haltung des Volkes, das Jahwe schwere Vorwürfe macht.

Diese Episode, die vom ersten Zwischenfall der Wüstenwanderung nach dem Aufbruch vom Sinai erzählt, hat in ihrer Kürze und Unanschaulichkeit eine Art Überschriftcharakter über die nun folgenden Erzählungen. Darin ist sie der Episode Ex 15,22-25a vergleichbar, die die vorsinaitischen Erzählungen einleitet. Ein Vergleich beider Erzählungen kann daher dem Verständnis dienlich sein. Für den Vergleich kann man von folgendem -ideellem- Grundschema ausgehen, das beiden Erzählungen zu Grunde liegt:

---

[70] Über die Beziehung dieses Hobab zu Jitro ist viel gerätselt worden. Wären Widersprüche in der Namengebung zwischen Ex 18 und Num 10 gegeben, könnte man beide Texte kaum der gleichen Quelle zuweisen. Indes reicht es bereits, die Konsonanten anders zu vokalisieren, um die Widersprüche aus der Welt zu schaffen. Siehe dazu W.F.Albright, Jethro, Hobab and Reuel in Early Hebrew Tradition, der in Hobab den Schwager, in Jitro den Schwiegervater Moses sieht. Zustimmend D.M.Beegle, Moses, 279. Vgl. A.B.Ehrlich, Randglossen II, 141; W.Riggans, Num, 79; V.Fritz, Israel, 65.
[71] Möglicherweise hat der D-Bearbeiter (V 33.35.36) den ursprünglichen Schluß des JE-Fragments weggebrochen, der eine Reaktion Hobabs erzählt hat. Dies vermuten W.Rudolph, Elohist, 63; V.Fritz, Israel, 63.
[72] Die Landzusage anläßlich der Berufung des Mose bezieht sich natürlich auf die Verheißung an die Väter zurück, deshalb mag man davon sprechen, daß Num 10,29f an Gen 12,1.7 anknüpft; so W.H.Schmidt, Theologe, 92 Anm 32.
[73] G.J.Wenham, Numbers, 105f.

(1) Israel ist drei Tage lang auf dem Weg durch die Wüste,
(beidesmal: שלשת ימים)
(2) da tritt ein lebensbedrohender Mangel ein (nur Ex 15,23 !).
(3) Das Volk beginnt daraufhin zu murren.
(4) Reaktion Moses und/oder Jahwes (beidesmal: ויצעק אל)
(5) Abwendung des Untergangs Israels
(6) Der Ort des Geschehens wird benannt (beidesmal: קרא שם)

(1) DER WEG
Num 11,1-3 unterscheidet sich in diesem Fall dadurch von Ex 15,22-25, daß die Israeliten nun den Aufenthalt am Sinai, am Berg Jahwes, hinter sich haben. Ein neuer Abschnitt der Wüstenwanderung beginnt.

(2) DER MANGEL
Ein auffälliger Unterschied ist, daß in Num 11,1-3 kein Mangel genannt wird, der dem Murren als Anlaß dient![74] Das Volk murrt also, ohne sich auf bestimmte Mißstände beziehen zu können.

(3) DAS MURREN
Das Murren der Israeliten wird in Num 11,1 nicht in direkter Rede wiedergegeben, so daß der genaue Inhalt des Murrens unklar bleibt. Deutlich ist, daß nicht Mose, sondern Jahwe angegriffen wird. Auch das ist gegenüber Ex 15 neu; denn vor dem Sinai hatte Israel Mose als den Schuldigen angesehen und ihn attackiert. Damit dürfte die Episode zum Ausdruck bringen wollen, daß sich Israel nun, nach den Sinaiereignissen, direkt gegen Jahwe wendet, vermutlich doch deshalb, weil das Volk zumindest dies eingesehen hat, daß Jahwe -und nicht Mose- es aus Ägypten in diese Wüste geführt hat, und daß es deshalb an ihn gewiesen ist, wenn es seinen Unmut äußern will.

(4) DER ZORN JAHWES
Ganz entscheidend ist, daß sich die Reaktion Jahwes nach dem Sinai wandelt. Hatte er in Ex 15 durch Mose dem Verlangen des Volkes nachgegeben, so entbrennt nun sein Zorn und Israel wird bestraft.[75] Hatte Jahwe in Ex 15 lebensspendendes Wasser gegeben, so sendet er nun lebensbedrohendes Feuer - ein vom Erzähler mit aller Deutlichkeit herausgearbeiteter Kontrast. Es zeigt sich: Die Gefährlichkeit Gottes -in der Theophanie am Sinai erfahren [76]- kann sich nicht nur gegen die Feinde Israels (Ägypter, Amalekiter), sondern auch gegen

---

[74]Darauf hat schon V.Fritz, Israel, 70 hingewiesen.
[75]Darauf haben V.Fritz, Israel, 70; R.Adamiak, Justice, 18; D.Jobling, Num 11-12, 59 mit Recht hingewiesen.
[76]J.Jeremias, Theophanie hat herausgestellt, daß die ältesten Sinaiberichte Jahwe als einen grundsätzlich gefährlichen Gott zeigen. Wo er sich dem Menschen zeigt, kann das nur geschehen, wenn er den Menschen zugleich vor den Folgen seiner Gegenwart verschont. So ist das zentrale Thema der Sinaiberichte "die außergewöhnliche Verschonung der Menschen" (204).

Israel selbst richten. Die erfahrene Heilsgeschichte nimmt Israel in die Verantwortung, und die Erwählung als Volk Gottes nimmt es in die Pflicht.[77] Israel ist jedoch nicht bereit sich diese Verantwortung zumuten zu lassen, weil ihm das Vertrauen zu Jahwes Güte und die Zuversicht in seine Zukunft fehlt. Israel vermag es nicht, auch kontrafaktisch an der Zusage Jahwes und der Verläßlichkeit seines Handelns festzuhalten.

(5) DIE RETTUNG

In beiden Erzählungen leitet der Notschrei (צעק) die Rettung Israels ein. In Ex 15 schreit Mose zu Jahwe, er vermittelt das Verlangen des Volkes an Jahwe weiter. In Num 11,2 schreit das Volk zu Mose. Selbst in dieser Situation, als das Volk die Strafe Jahwes erleidet, setzt Mose sich für das Volk fürbittend ein und erreicht die Beendigung der Strafaktion. Damit präsentiert sich Mose in einer neuen Rolle: er muß sich auf Grund seiner Verbundenheit mit dem Volk gegen Jahwes Vorhaben, gegen dessen Zorn einsetzen. Ohne weitere Reaktionen Jahwes erreicht er die Beendigung der Strafaktion. Davon, daß jemand ernsthaft zu Schaden gekommen ist, liest man im Text nichts. Mose gelingt es also, die Strafaktion Jahwes zu einer mit allem Ernst untermalten Drohung abzumildern.[78] Das Feuer Jahwes ist nocheinmal verloschen, aber unauslöschlich sollte nun dem Volk zweierlei in's Gedächtnis förmlich "eingebrannt" sein: daß Jahwe von seinem Volk Gehorsam verlangt und daß Mose der von Gott legitimierte Führer Israels ist.[79]

Das "Feuer Jahwes" ist in diesem Zusammenhang ein aussagekräftiges Bild. Riggans ist zuzustimmen: "The image speaks of his irresistibility, his purity, his fascination. But more than that, it tells of his power to refine and help his people to maturity and cleanness".[80] Darüberhinaus paßt das Bild des Feuers besonders gut zum Zorn Jahwes; חרה "entbrennen" enthält ja bereits die Feuermetaphorik. Das Feuer hat auch kompositionellen Sinn, es erinnert den Leser an den brennenden Dornbusch (Ex 3,2), an die Wolken- und Feuersäule (Ex 13,21) und an die Sinaitheophanie (Ex 19,18). In Num 11,1-3 erweist sich dieses Feuer für Israel erstmals als lebensbedrohlich. Als Überschrift über die folgenden Erzählungen dürfte dieses Bild den Weg Israels durch die Wüste wohl als einen -komplizierten- Läuterungsprozeß deuten wollen, ehe es in das zugesagte Land kommen kann.

---

[77] Hier liegt der eigentliche Grund für die unterschiedliche Reaktion Jahwes. Der von B.S.Childs, Ex, 258 genannte Grund, es handle sich einmal um Murren aus Anlaß einer "genuine need", das andere Mal um "illegitimate murmuring" spielt doch wohl nur eine untergeordnete Rolle. Richtig R.Adamiak, Justice, 18f.
[78] Vgl. B.Baentsch, Ex-Num, 503; D.Jobling, Num 11-12, 29.
[79] Vgl. J.Scharbert, Heilsmittler, 87: "Mehrmals wird ausdrücklich erwähnt, daß sich die vom Gericht Bedrohten an Moses mit der Bitte wenden, er möge für sie bei Jahwe eintreten oder die Vergebung selbst aussprechen. Damit erkennen sie Moses immerhin als den von Gott erwählten Heilsmittler an und bekennen somit wenigstens indirekt auch ihre Schuld." Scharbert bezieht sich dabei auf Num 11,2; 12,11f; 21,6f.
[80] W.Riggans, Num, 85.

(6) DER ORT
In beiden Erzählungen wird die Erinnerung an dieses Ereignis in besonderer Weise dadurch für künftige Zeiten festgeschrieben, daß ein Ortsname an dieses Ereignis erinnert.

2.1.3. Die Wachtelerzählung in Num 11

Zur Wachtelerzählung, die die Grunderzählung in Num 11 darstellt, gehören m.E. die Verse 4-6 (7-9 sind Glosse).10.11 (nur: "Mose sprach zu Jahwe") 13.16 (nur:"Jahwe sprach zu Mose").18-24a.31-35.[81] Dies ergibt eine einheitliche Erzählung, deren Thema die Bestrafung der Gier, der Maßlosigkeit Israels ist, und die sich folgendermaßen gliedern läßt:

(1) V 4-6   Das Murren des Volkes
(2) V 10.11.13.16.18-24a Mose und Jahwe im Gespräch
(3) V 31-32   Die Wachtelgabe
(4) V 33   Der Zorn Jahwes
(5) V 34-35   Ätiologische Schlußnotiz, Itinerar

(1) Das Murren des Volkes (Num 11,4-6)
Ohne daß ein Ortswechsel den Beginn einer neuen Episode markiert, schließt sich Num 11,4 an Num 11,1-3 an. Auch die Bemerkung, daß das Volk "wiederum" weinte, schließt die Wachtelerzählung eng an die vorherige Episode an.[82] Die Handlung beginnt mit einer kurzen Erwähnung von Gesindel, das "von Gier gepackt wird".[83] Diese Gier ist das Thema der Episode.[84] Das Volk wird ebenfalls von der Gier ergriffen. Es beginnt zu weinen. Dann folgt die resigniert-unverschämte Frage des Volkes: "Wer gibt uns Fleisch zu essen?"(V 4). Keine Aggression wird laut, weder gegen Mose noch gegen Jahwe.[85] Das Volk trauert der in der Erinnerung verklärten Küche Ägyptens nach, anstatt sich auf das Kommende, nämlich das zugesagte Land zu freuen. Wiederum ein klarer Kontrast zu Moses zuversichtlichem Blick in die Zukunft in Num 10,29-32. Die Bemerkung "jeder weinte am Eingang seines Zeltes (Num 11,10) zeigt, daß der Volkszusammenhalt, die Großorganisation aufgegeben wird; man sucht "Sicherheit in der Gruppe, in der kleinen Gemeinschaft".[86]

---

[81] Vgl. die Ausführungen zu Num 11 in Kap 5: 2.2.
[82] A.B.Ehrlich, Randglossen 2, 146 bemerkt, "dass weder so weit in diesem Buche noch in den vorhergehenden Büchern vom Weinen der Israeliten die Rede war"; also wird man am ehesten mit einem Bezug des "wiederum" auf Num 11,1-3 rechnen; so B.Baentsch, Ex-Num, 506; H.Holzinger, Num, 43.
[83] Diese Übersetzung von התאוו תאוה soll die Intensität des Ausdrucks (Hitpael und figura etymologica) widerspiegeln. Der Ausdruck trägt m.E. negativen Akzent. Anders G.W.Coats, Rebellion, 110. Ob mit dem Gesindel Nichtisraeliten oder Israeliten gemeint sind (so Raschi, Pentateuch, 146), ist nicht zu entscheiden.
[84] Auf das Stichwort "Gier" wird am Schluß (Num 11,34) wieder rahmend zurückgegriffen. M.Noth, Num, 76 sieht hier den überlieferungsgeschichtlichen Kern der gesamten Erzählung.
[85] So G.W.Coats, Rebellion, 101.
[86] W.L.Bühl, Krisentheorien, 89.

(2) Mose und Jahwe im Gespräch (Num 11,10.11.13.16.18-24a)
Jahwe und Mose bewerten dieses Begehren des Volkes unterschiedlich. Während Jahwes Zorn entbrennt, hält Mose Jahwes Reaktion nicht für gerechtfertigt. Er solidarisiert sich mit dem Begehren des Volkes (V 13). Grund für seine Solidarität ist, daß er sich ganz persönlich vom Weinen Israels treffen läßt. Er überlegt sofort, wie *er* dem Volk helfen kann. Sehr schön wird dies daran deutlich, wie Mose die Frage des Volkes aus V 4 gegenüber Jahwe reformuliert: Gib uns Fleisch zu essen (V 13)! Zum einen empfindet er also die Frage als eine *an ihn* gerichtete Aufforderung, zum anderen verschweigt er die Glorifizierung Ägyptens.[87] Er fühlt sich vom Volk zu Recht in Frage gestellt und legt Jahwe seine eigene Rat- und Hilflosigkeit vor.

Jahwe setzt dem Mose sein Verständnis der Klage des Volkes entgegen. Er sieht das Weinen anscheinend als ungerechtfertigtes Lamentieren und das Verlangen nach Fleisch nur als Ausdruck einer Grundhaltung, die den Exodus in Frage stellt. Wieder ist interessant, wie die Frage der Israeliten aus V 4 zweimal reformuliert wird: V 18 zeigt, daß Jahwe besonders über die Glorifizierung der Zeit in Ägypten erbost ist. Das Volk meint, in Ägypten sei es ihnen gut gegangen. Dagegen hatte Mose -sicher ganz im Sinne Jahwes- in Num 10,32 die zukünftige Landgabe als das Gute für Israel betrachtet. Noch weiter geht Jahwe in V 20: Er interpretiert die Frage des Volkes so, als ob Israel den Sinn des Auszugs insgesamt bestreite und nicht nur die verlorene Vielfalt beim Essen beklage.[88] Hatte Mose sich als Adressat der Klage des Volkes empfunden, so sieht Jahwe sich selbst betroffen (V 20b).[89]

Jahwe kündigt trotzdem an, auf das gierige Verlangen nach Fleisch einzugehen. Aber diese Erfüllung wird den Charakter der -pädagogisch gemeinten?- Strafe haben. Jahwe will Israel mehr Fleisch zu essen geben, als es sich -trotz Gier- vorstellen kann. Der Gierige verkennt das Maß, das ihm zuträglich ist. Solange es an Fleisch fehlt, wird dem Gierigen nicht bewußt, daß er mehr haben will als gut für ihn ist. Sobald aber mehr als genügend Fleisch da ist, wird er sich auf es stürzen, um es hinunterzuschlingen, ohne Rücksicht auf eventuelle selbstzerstörerische Konsequenzen, die aus der Überbeanspruchung seines Verdauungsapparates resultieren.

Mose scheint die zornig-grollenden Töne in der Antwort Jahwes zu überhören; er filtert die positiven Aspekte heraus, nämlich die angekündigte Gabe von unermeßlich viel Fleisch. Hier meldet er Zweifel an: die erforderliche Menge von Fleisch ist nicht zu beschaffen! Jahwe jedoch bringt Mose mit einer kurzen Gegenfrage zum Schweigen.

---

[87]So auch D.Jobling, Num 11-12, 30.
[88]So G.W.Coats, Rebellion, 106.
[89]So auch D.Jobling, Num 11-12, 30. V 20b ist allerdings möglicherweise sekundär, so M.Noth, Num, 78f. H.H.Schmid, Jahwist, 69 vermutet stark deuteronomistischen Einfluß. Ihm hat H.Seebass, Num 11, 218 zugestimmt. Sollte dies richtig sein, so wäre an die D-Schicht zu denken, vgl. die lexikalischen Berührungen zu Ex 17,7; Num 14,42 und Num 14,11.

(3) Die Wachtelgabe (Num 11,31-32)
Wie angekündigt wird das Verlangen nach Fleisch in überreichem Maße erfüllt. Mose hat bei diesem Wunder keine Funktion. Er wird nicht mehr erwähnt, nachdem er die Ankündigung des Fleisches dem Volk mitgeteilt hatte. Durch einen Wind (רוח) bringt Jahwe einen gigantischen Wachtelschwarm herbei, dessen überdimensionale Größe ausführlich geschildert wird. Die Israeliten legen Vorräte an.

(4) und (5) Der Zorn Jahwes (Num 11,33-35)
Der Leser erwartet nun, daß der Strafcharakter dieser Gabe auch noch erzählt wird. Dies wird in Num 11,33-34 auch erzählt.[90] Aus V 34 ist zu entnehmen, daß es dabei Tote gegeben haben muß, ohne daß man Näheres erfährt.[91]

2.1.4. Num 12

Die Episode Num 12 weist in Aufbau und in einzelnen Formulierungen deutliche Verwandtschaft zu Num 11,1-3 auf.[92] Die folgende Gliederung soll den gemeinsamen Aufbau verdeutlichen:

(1) DAS MURREN
Das Volk, bzw. Mirjam und Aaron (Num 12), opponieren gegen Mose.

(2) DIE REAKTION JAHWES
Daraufhin wird die Reaktion Jahwes geschildert:
   (a) er hört,
   (b) sein Zorn entbrennt
   (c) und das Volk, bzw. Mirjam (Num 12), wird bestraft

(3) DIE HINWENDUNG AN MOSE
Durch die Strafaktion massiv bedroht, wendet sich das Volk, bzw. Aaron (Num 12), an Mose, damit er Jahwe zu einem Ende der Strafaktion bewege.

(4) MOSES FÜRBITTE
Unverzüglich entspricht Mose der Bitte Israels/ Aarons und tritt vor Gott für sie ein.

---

[90] Es scheint nicht ganz einfach, Num 11,33a mit Num 11,19f zu harmonisieren, da eine längere Zeit des Essens bei der Bestrafung keine Rede zu spielen scheint. Übersetzt man in Num 11,33a mit W.Riggans, Num, 99: "Die Fleischvorräte waren noch nicht aufgebraucht, da entbrannte der Zorn Jahwes", so dürfte das Problem kleiner werden. Die Israeliten hätten dann in der Tat eine nicht näher bestimmte Zeit lang die Wachteln gegessen, ehe sie -wie angekündigt (V 20)?- vom Schlag Jahwes getroffen wurden. Schließlich kann man auch noch auf den überraschenden Charakter des Zornes Jahwes hinweisen, so W.Rudolph, Elohist, 69.

[91] Das ganze Volk, und nicht nur das Gesindel (wie G.W.Coats, Rebellion, 111 will), wurde vom Schlag getroffen.

[92] Diese Ähnlichkeiten hat bereits V.Fritz, Israel, 78 und 95 nebenbei notiert, R.C.Culley, Structure, 105 hat sie explizit thematisiert. Ihm ist D.Jobling, Num 11-12, 37 gefolgt.

(5) DAS ENDE DER STRAFE
Die Aktion Moses hat Erfolg, Jahwe stellt die Strafaktion ein, Israels Fortexistenz ist gesichert.

Durch die Wiederholung des gleichen Aufbaumusters soll die Gleichartigkeit der erzählten Problemlage hervorgehoben werden. Trotz der zweimaligen Erfahrung des Zornes Jahwes (Num 11,1.33), und trotz des Einsatzes, den Mose -in der Wachtelerzählung sogar ohne daß das Volk ihn dazu aufforderte- für sein Volk gezeigt hat, ist Mose erneut Anfeindungen ausgesetzt. Das Verhalten Israels in ähnlich gelagerten Situationen macht eine Grundhaltung deutlich, die sich in verschiedenen Situationen immer wieder neuen Ausdruck verschafft, aber im Grundsatz kaum ändert. Nur in der Situation bedrohlichen Leidensdruckes besinnt man sich auf Mose und die Vollmacht seiner Fürbitte, orientiert sich aber schnell wieder anders, sobald der Leidensdruck nachgelassen hat. Israel ist eine Gemeinschaft des kurzen Gedächtnisses, die schnell wieder ihre lebenserhaltenden Grundlagen vergißt, sobald keine akute Bedrohung mehr vorliegt. Demgegenüber erscheint Mose als der Mann unermüdlicher Geduld (vgl. Num 12,3), der sich immer wieder neu vor die von ihm Geführten stellt und sich vor Gott für sie einsetzt. Dadurch wird dann auch Jahwe zur Selbstbeherrschung seines Zorns gebracht.

(1) DAS MURREN (Num 12,1-2a)
Num 12 beginnt wie Num 11,1-3 mit dem Motiv des Murrens. Allerdings sind bereits hier wichtige Differenzen beider Erzählungen zu verzeichnen. Einmal fällt auf, daß nicht mehr das Volk, sondern Mirjam und Aaron gegen Mose opponieren. Erstmals treten bestimmte namentlich genannte Personen gegen Mose auf.[93] Mirjam und Aaron melden den Anspruch an, an der Führungsstellung des Mose gleichberechtigt zu partizipieren. Zur Begründung verweisen sie darauf, daß sie die gleiche Legitimität und Kompetenz wie Mose haben, daß Jahwe nämlich auch mit ihnen rede. Zum anderen findet sich in Num 12 ein konkreter Anlaß für das Murren, nämlich die kuschitische Frau Moses. Ausdrücklich wird vom Erzähler festgestellt, daß dies keine Verleumdung Moses ist, sondern den Tatsachen entspricht.

(2) DIE REAKTION JAHWES (Num 12,2b-10)
Kaum ist die rhetorische Frage von Mirjam und Aaron ausgesprochen, der Anspruch auf Partizipation angemeldet, da reagiert Jahwe bereits. Mose scheint sich auf Grund seiner großen Demut (V 3) zurückzuhalten. Während in Num 11,1-3 Jahwes Hören und das Auflodern seines Zorns unmittelbar aufeinander folgen, tritt in Num 12 zwischen beide Erzählmomente eine Szene am Begegnungszelt. Jahwe beordert Mose und die beiden Aufrührer zum Begegnungszelt, wohin er selbst in einer Wolkensäule herabsteigt, um Aaron

---
[93] Die Erzählung konzentriert sich auf drei Personen. Nie kommt es in der Wüste zur äußersten Zuspitzung: Mose im Zweikampf mit nur einem Gegenspieler. Möglicherweise gehört es zum Wesen illegitimer Gegnerschaft, daß sie in Koalitionen laut wird.

und Mirjam grundsätzlich über sein Verhältnis zu Mose zu belehren: Wie Jahwe mit Mose redet, das übersteigt qualitativ alles, was selbst Propheten in dieser Hinsicht gewährt wird.[94] Im Mittelpunkt der Charakterisierung Moses steht der Titel "Knecht Jahwes".[95] Erst nach dieser Belehrung entbrennt der Zorn Jahwes. Der Zorn trifft merkwürdigerweise nur Mirjam. Aaron stellt ihren Aussatz fest. Statt Partizipation an der Führung des Volkes droht ihr nun der Ausschluß aus der Volksgemeinschaft.

(3) DIE HINWENDUNG AN MOSE (Num 12,11-12)
Als Mirjam und Aaron in dieser Weise die Folgen ihres Tuns erfahren, also erst in einer Situation, in der der Leidensdruck ein bedrohliches Maß erreicht hat, wendet sich Aaron -als Sprecher der beiden- an Mose. Explizit bekennt er sich als schuldig, weist auf seine Unwissenheit hin und bittet um Moses Eintreten.[96]

(4) MOSES FÜRBITTE (Num 12,13)
Mose wendet sich daraufhin an Jahwe. In beiden Erzählungen ist es die Fürbitte des Mose und ihr Erfolg, der Israel, bzw. Mirjam, vor dem Untergang bewahrt, und zwar die Fürbitte, nachdem Jahwe bereits dabei ist, seine Strafe zu vollziehen.[97]

(5) DAS ENDE DER STRAFE (Num 12,14-16)
Auf die Bitte des Mose hin, läßt sich Jahwe dazu bewegen, seine Strafaktion gegen Mirjam zu einer vorübergehenden Quarantäne abzumildern. Das Volk muß auf seinem Marsch innehalten, dann wird Mirjam wieder in die Volksgemeinschaft aufgenommen.

2.1.5. Num 13-14/JE

Zum jehowistischen Faden in Num 13-14 gehören -wie bereits dargelegt [98]- Num 13,17b-20.22-24.27-31; 14,1b. Da die jehowistische Erzählung nicht mehr vollständig rekonstruiert werden kann, werden viele Probleme offenbleiben müssen. Dies trifft besonders die Frage, wie Jahwe und Mose auf das Weinen des Volkes reagiert haben. Das jehowistische Fragment läßt sich folgendermaßen gliedern:
  (1) 13,17b-20   Die Aussendung der Kundschafter
  (2) 13,22-24   Die Kundschafter erkunden das Land

---

[94]W.Zimmerli, Prophet im Pentateuch, 209 schreibt zu dieser Stelle treffend, Mose sei "kategorial im Blick auf die Art der Gottesbegegnung vom Propheten abgesetzt." Ähnlich L.Perlitt, Mose als Prophet, 595f. Diese überragende Stellung als "Überprophet" findet sich ähnlich auch in Dtn 34,10-12; Ex 33,11.
[95]F.M.Cross, Canaanite Myth, 203f und J.S.Kselman, Num 12, 501 haben darauf hingewiesen, daß der Abschnitt Num 12,6-8 eine konzentrische Struktur aufweist.
[96]Die deutliche Überordnung des Mose über Aaron läßt am ehesten an Ex 4,16 denken.
[97]Dies ist eine andere Konzeption als die der D-Schicht, wo Mose bereits Fürbitte für das Volk leistet, bevor Jahwe zur Durchführung seines Strafbeschlusses schreitet.
[98]Vgl. oben Kap 4: 1.3.

(3) 13,27-31   Der Bericht der Kundschafter
(4) 14,1b   Die Reaktion des Volkes

(1) Die Aussendung der Kundschafter (Num 13,17b-20)
Num 13 bildet einen markanten Einschnitt in der Reihe der nachsinaitischen Episoden, denn zum ersten Mal betreten Israeliten das verheißene Land. Zum ersten Mal wird den Israeliten vor Augen geführt, daß das Ziel, auf das hin sie unterwegs waren, Realität ist. Von Jahwe her ist das Land Israel zugesprochen und übereignet. Nun geht es darum, daß Israel das Land auch wirklich in Besitz nimmt.

Kurz vor dem Ziel also sendet Mose Kundschafter aus. Sie haben den Auftrag, Informationen über das Land zu beschaffen. Informationen, die für die Ansiedlung und solche, die für die militärischen Aktionen relevant sind. Die ausführliche Aussendungsrede des Mose trägt einen Ton der Feierlichkeit. Sie schließt mit der Ermahnung (Num 13,20): "Habt nur Mut und nehmt von den Früchten des Landes mit!" Damit sind zwei Motive angesprochen, die die jehowistische Schicht prägen: der Mut, also die innere Einstellung und Motivation Israels, und die Früchte des Landes, also die äußeren Umstände.

(2) Die Kundschafter erkunden das Land (Num 13,22-24)
Die Kundschafter führen ihren Auftrag aus. Sie erkunden das Land und bringen in der Tat auch Früchte mit, insbesondere eine riesenhafte Weintraube. Ähnlich wie in der Wachtelerzählung von Num 11 geht es auch in Num 13 um Nahrungsmittel, die zum Leben nicht unbedingt nötig sind. Gibt Jahwe in Num 11 Fleisch zum Essen, so in Num 13 Wein zum Trinken. So wie Fleisch gehört Wein zum Luxus des Lebens.

(3) Der Bericht der Kundschafter (Num 13,27-31)
Die Kundschafter lassen zunächst keinen Zweifel daran, daß dieses Land das verheißene ist, das tatsächlich so überaus fruchtbar ist, daß man darin in der Fülle leben kann.[99] Kompositionell besonders wichtig ist die Formulierung "das Land, darin Milch und Honig fließen". Die Formulierung schlägt den Bogen zur Moseberufung und der dort gegebenen Landzusage (Ex 3,8.17). Der Marsch durch die Wüste hat also sein Ziel erreicht, alle Entbehrungen in der Wüste haben sich gelohnt, Gott hat sein Versprechen gehalten. Aber dann kommt das große "Aber" der Kundschafter: die Einwohner sind stark, ihre Städte sind gut befestigt. Soweit sind sich alle Kundschafter einig. Offensichtlich gibt es an diesen Tatsachen nichts zu rütteln. Wie soll man sich aber angesichts dieser Tatsachen verhalten? Welche Entscheidungen soll man treffen? Wie soll man die Fakten zu sich selbst in Beziehung setzen? In diese Situation der Ratlosigkeit hinein stößt Kaleb vor: Die Ergebnisse der Erkundung des Landes wider-

---

[99] Der Weinbau stellt ein herausragendes Merkmal von Fruchtbarkeit dar. K.Budde, Das nomadische Ideal, 59 weist auf das Beispiel der Rechabiter (Jer 35) hin, das zeigt, "daß der Weinbau im letzten Grunde nur als die Blüthe des ansässigen Lebens erscheint." Interessant ist der Gedanke von Chr.Gottfriedsen, Fruchtbarkeit von Israels Land, 88, daß das Land in seiner Fruchtbarkeit an den Garten Eden erinnern soll (Gen 2).

sprechen den Eroberungsplänen nicht! Israel wird siegen. Das erste Mal, daß Mose Unterstützung aus dem Volk erhält! Aber die anderen Kundschafter widersprechen: Im Gegenteil, Israel wird verlieren, dieses Volk ist stärker. Durch die Rekurrenz der Wurzel חזק wird auf die Aufforderung des Mose "Habt Mut!"(Num 13,20) angespielt. Diese Kundschafter folgen gerade nicht der Aufforderung des Mose, sie sind mutlos.

(4) Die Reaktion des Volkes (Num 14,1b)
Das Volk aber läßt sich von der Mutlosigkeit und den Selbstzweifeln der Mehrzahl der Kundschafter anstecken und beginnt zu weinen. Israel resigniert, enttäuscht darüber, daß das Land zwar einen vorzüglichen Lebensraum bieten würde, aber eine militärische Eroberung nicht in Betracht kommt. Wieder erinnert das an die Wachtelerzählung von Num 11, wo das Weinen des Volkes ebenfalls ein wichtiges Motiv war. Leider läßt sich die wichtige Frage nicht mehr klären, wie Mose und Jahwe auf das Weinen des Volkes reagiert haben. Der Redaktor hat an dieser Stelle den Bericht der Priesterschrift vorgezogen.[100]

2.1.6. Die Datan-Abiram-Erzählung in Num 16

Auch in Num 16 ist zu Recht eine Erzählung der alten Quellen vermutet worden. Diese sogenannte Datan-Abiram-Erzählung läßt sich im Wesentlichen leicht und überzeugend rekonstruieren, sie umfaßt kaum näher bestimmbare Teile aus V 1-2, die Verse 12-15 und 25-34.[101] Die Erzählung ist wohl nicht ganz vollständig rekonstruierbar, da manche Einzelzüge des Textbestandes im jetzigen Kontext nicht ganz verständlich sind. Das Wesentliche dürfte jedoch erkennbar sein. Es ergibt sich folgende Gliederung:

(1) 1-2*   Situation (Anlaß?)
(2) 12-14   Weigerung Datans und Abirams, vor Mose zu erscheinen
(3) 15   Moses Zorn
(4) 25-27   Mose separiert Datan und Abiram vom Volk
(5) 28-30   Ankündigung einer Zeichenprobe
(6) 31-33   Eintreffen des angekündigten Zeichens
(7) 34   Entsetzen im Volk

(1) Situation (Num 16,1-2*)
In Num 16,1-2 gelingt es m.E. nicht überzeugend, den Anfang der JE-Schicht zu

---

[100] Eine interessante, aber kaum mehr zu entscheidende Frage ist, ob nicht Num 16/JE hier unmittelbar angeschlossen hat.
[101] Vgl. die nur in Kleinigkeiten voneinander abweichenden Analysen von M.Noth, ÜPent, 34; ders., Num, 108; V.Fritz, Israel, 25; G.W.Coats, Rebellion, 162; H.Drews, Zeichenprobe, 74; H.Strack, Gen-Num, 412; J.Wellhausen, Composition, 341; W.Rudolph, Elohist, 81; J.Milgrom, Korah's Rebellion, 135f; H.Holzinger, Num, 66; B.Baentsch, Ex-Num, 543. In den jehowistischen Bestand sind einige Bemerkungen (der Name Korach in Num 16,27a.32b; vielleicht auch V 33bβ) eingeschoben worden, die die Zusammengehörigkeit der verschiedenen literarischen Schichten verstärken sollen.

rekonstruieren. So ist es durchaus fraglich, ob die Einführung Datans und Abirams mit voller Genealogie ursprünglich in der jehowistischen Fassung verwurzelt ist. Immerhin dürften am Beginn der jehowistischen Fassung Datan und Abiram namentlich eingeführt und vielleicht auch der Anlaß ihres Vorgehens gegen Mose genannt worden sein. Hier sind wohl einige Sätze der jehowistischen Schicht im Laufe des literarischen Wachstums weggefallen.[102]

(2) Weigerung Datans und Abirams (Num 16,12-14)
Aus Vers 12a läßt sich doch wohl entnehmen, daß Datan und Abiram hinter dem Rücken des Mose agierten, so daß Mose sie für eine persönliche Konfrontation herbeizitieren muß.[103] Aber Datan und Abiram weigern sich, vor Mose persönlich zu erscheinen. Sie suchen gar nicht die Konfrontation. Sie wollen gar nicht mit Mose um die Führung Israels konkurrieren, sondern sie verweigern sich seiner Führung. Es geht um die "Aufkündigung der Gefolgschaft."[104] Das sich verweigernde לא נעלה rahmt ihre Antwort an Mose (V 12b-14).[105] Man kann vielleicht von passivem Widerstand reden.

Die Begründung ihrer Totalverweigerung, wobei sie nicht einmal vor Mose erscheinen, um sich zu rechtfertigen, ist, daß sich Mose nun endgültig und offensichtlich als inkompetent erwiesen habe. Der Marsch aus Ägypten heraus hat sich als Fehlschritt erwiesen. Mose hat das Volk aus einem Land heraus geführt, darin Milch und Honig fließen. Datan und Abiram scheuen sich nicht, Ägypten, das Land ihrer Sklaverei, mit dem Ehrentitel des verheißenen Landes zu belegen![106] Diese maßlose Verklärung der Zeit Israels in Ägypten übersteigt alles, was in dieser Richtung bisher von den Israeliten laut geworden ist. Es bedeutet die völlige Ablehnung des Landes, und zwar nachdem man bereits die Früchte dieses Landes mit eigenen Augen gesehen hat (Num 13,27).

Weiter werfen Datan und Abiram Mose vor, er habe die Führung Israels und die damit verbunden Machtansprüche ohne göttliche Legitimation beansprucht, d.h. er habe sich selbst zum Herrscher aufgeworfen.[107] Die ganze Erfolglosigkeit seiner Führung liegt so deutlich vor Augen, daß er seine Führungsrolle nur noch beanspruchen kann, wenn er der Menge derer, die sich seiner Führung verweigern, "die Augen ausbohrt"(V 14), also ihre Wahrnehmungsfähigkeit außer Kraft setzt. F.Crüsemann hat darauf hingewiesen, daß mit dem Augenausstechen "der Ritus des absoluten Entmachtungsvorganges gemeint ist, mit dem der überlegene Sieger den Besiegten demütigt und sich total unterwirft."[108] Es geht also darum, daß sich Mose als totalitärer Führer versteht, der die Akzeptanz seiner Vorrangstellung nicht auf die erfolgreiche

---

[102]G.W.Coats, Rebellion, 158 und 164; H.Drews, Zeichenprobe, 76.
[103]So auch M.Noth, Num, 111.
[104]F.Crüsemann, Widerstand, 170.
[105]Sehr phantasievoll ist der Vorschlag von F.Ahuis, Autorität, 38f: "Mit den Worten: לא נעלה weigern Datan und Abiram sich, zum zentralen Gottesdienst nach Jerusalem unter der Leitung des Königs zu kommen." Ahuis muß doch wohl zu viel in nur sehr geringe Anhaltspunkte am Text hineininterpretieren.
[106]Vgl. B.Baentsch, Ex-Num, 546.
[107]So interpretiert G.W.Coats, Rebellion, 165 zu Recht die Hitpaelform.
[108]F.Crüsemann, Widerstand, 172.

Sorge um das Wohl aller gründet, sondern seinen Anspruch mit Gewalt durchsetzt. Er verlangt "blinden Gehorsam".[109] Dieser Form von Führung verweigern sie sich, und zwar ohne selbst gewalttätig gegen Mose vorzugehen.

(3) Moses Zorn (Num 16,15)
Über diese massiven Vorwürfe wird Mose sehr zornig. Er wendet sich zunächst an Jahwe. Dies ist auffällig, denn ihm gegenüber braucht er sich kaum zu rechtfertigen. Es dürfte zweierlei damit intendiert sein. Erstens wird damit auf den Leser gezielt. Wenn Mose sich Jahwe gegenüber in aller Stille und Einsamkeit rechtfertigt, ist der Verdacht von ihm genommen, vor dem Volk nur selbstrechtfertigend oder taktisch zu argumentieren. Gegenüber Jahwe gibt es nur persönliche Wahrhaftigkeit. Zum zweiten ist wohl auch dies zum Ausdruck gebracht, daß Mose sich seiner Erfolglosigkeit bewußt ist, und er sich auch Jahwe gegenüber der Legitimation seines Führungsanspruchs vergewissern muß. Ihm gegenüber verweist er darauf, daß er in keiner Weise einen persönlichen Vorteil gesucht oder empfangen habe, sondern ganz im Dienste Jahwes steht.[110] Deshalb überläßt er Datan und Abiram ausdrücklich dem Zorn Jahwes! Keine kultische Vermittlung soll mehr für sie möglich sein.[111]

(4) Mose separiert Datan und Abiram vom Volk (Num 16,25-27)
Mose hält sich mit Verfahrensfragen nicht lange auf. Wo es nötig ist, sucht er seine Kritiker selbst auf. Er kann diese Verweigerung nicht dulden. Implizit haben sich Datan und Abiram bereits von Israel dadurch distanziert und aus der Volksgemeinschaft ausgeschlossen, daß sie sich weigerten, an der Landnahme teilzunehmen, und Mose nicht als ihren Führer anerkannten. Denn Israel lebt von diesem Grundkonsens. Nun fordert Mose das Volk auf, sich explizit von den beiden zu distanzieren. Wer sich nicht distanziert, wird zu ihnen gerechnet.

(5) Ankündigung einer Zeichenprobe (Num 16,28-30)
Und dann kündigt Mose ein Zeichen an, das seinen Führungsanspruch legitimieren wird und zwar so, daß gleichzeitig die Strafe an den Aufrührern vollzogen wird.[112] Die Ankündigung ist als Erweiswort stilisiert, gerahmt von zwei Erkenntnisaussagen.[113] Das Schema der Zeichenprobe ist durchbrochen

---

[109] Auf diese Entsprechung im Deutschen hat F.Ahuis, Autorität, 45 hingewiesen.
[110] Die Formulierung "Nicht einen Esel habe ich ihnen genommen" ist wohl in solchen Entlastungssituationen typisch (vgl. 1Sam 12,3; sowie M.Noth, Num, 111; F.Crüsemann, Widerstand, 172) und daher nicht streng wörtlich zu nehmen.
[111] So interpretiert J.Scharbert, Heilsmittler, 86: "Das Volk als ganzes gibt also Mose nie dem Zorn Jahwes preis, wohl aber einzelne Frevler; dann sind sie rettungslos dem Zorngericht Gottes ausgeliefert und damit verloren. Das ist z.B. der Fall bei Datan und Abiram, die Moses ausdrücklich Jahwes Zorn überläßt mit den Worten: 'Wende dich ihrer Opfergabe nicht mehr zu!' (Nm 16,15.25-32)." Dabei ist nicht klar, auf welche "Gaben"(V 15) sich Mose bezieht. Die meisten Ausleger rechnen damit, daß ein Hinweis auf die Gaben im weggefallenen Einleitungsteil enthalten war (z.B. G.W.Coats, Rebellion, 158). Dies scheint mir überzeugender als die Annahme von V.Fritz, Israel, 26, daß dieser Vers von einem Redaktor stamme.
[112] So auch G.W.Coats, Rebellion, 167; J.Liver, Korah, 196.
[113] Dazu gründlich H.Drews, Zeichenprobe, 86f.

dadurch, daß Mose sich des Ausgangs der Zeichenprobe völlig gewiß ist.[114] Dem Vorwurf von Datan und Abiram, die Erfolglosigkeit Moses liege offen zu Tage, wird eine eindrucksvolle Demonstration entgegengesetzt: Datan und Abiram mitsamt ihrer Gefolgschaft werden vom Erdboden verschwinden und lebend in die Scheol hinabfahren. Eine gründlichere Vernichtung der Gegner des Mose ist kaum vorstellbar, es handelt sich um die drastischste Strafe auf dem ganzen Wüstenzug! Gar nichts wird mehr daran erinnern, daß Datan und Abiram gelebt haben. Nichteinmal der Ort dieser Strafaktion wird demonstrierbar sein.[115]

(6) Eintreffen des angekündigten Zeichens (Num 16,31-33)
In der Tat, wie Mose es vorausgesagt hat, so trifft es ein. Für alle Augen sichtbar erweist sich, daß Mose von Gott zu seinem Amt legitimiert ist und daß Datan und Abiram im Unrecht waren. Ganz Israel ist Zeuge dieses Vorgangs.

Die Strafaktion gegen Datan und Abiram bezieht sich in ironischer Weise auf die Vorwürfe der beiden zurück: Weil sie Mose vorwarfen, er würde sie in der Wüste töten (Num 16,13), sterben sie genau dort; weil sie sich weigerten "hinaufzuziehen" (עלה Num 16,12.14), müssen sie in die Scheol hinab (ירד Num 16,33)[116], weil sie das Land (ארץ) verschmähten, werden sie von der Erde (ארץ Num 16,32) verschlungen.

(7) Entsetzen im Volk (Num 16,34)
Die Erzählung schließt trotz dieser Demonstration doch etwas unbefriedigend, denn Israel bleibt in tiefer Furcht zurück. Die enorme Machtdemonstration des Mose, seiner Vollmacht und Gottverbundenheit, hat wohl einen Vorwurf der Kritiker entkräftet, nämlich den, er sei nicht von Gott legitimiert; aber das andere bleibt bestehen, daß Mose seinen eigenen Versprechungen nicht nachgekommen ist. Vom Vorwurf der Erfolglosigkeit kann Mose durch die totale Vernichtung seiner Gegner nicht befreit werden. Und so endet die Erzählung für Mose unbefriedigend. Zeigt nicht das Entsetzen der Israeliten, ihre Angst, ebenfalls vom Erdboden verschluckt zu werden, daß sie insgeheim mit den Verweigerern sympathisieren? Wird nun nicht offenbar, was Datan und Abiram Mose vorwarfen, daß seine Führungsstellung nicht mehr auf Zustimmung und freiwilliger Akzeptanz bei den Israeliten gründet, sondern auf der Angst vor der Macht, die mit dem Tode drohen kann? Diese Zweideutigkeit der machtvollen Bestätigung des Mose treibt den jehowistischen Erzählfaden weiter voran. Der Vorwurf der Erfolglosigkeit wird erst dann wirklich aus der Welt geschafft sein, wenn Israels Marsch in die Freiheit im Land der Verheißung zur Ruhe gekommen ist. Und um die Verwirklichung dieser Zusage Gottes geht es gleich in der nächsten jehowistischen Erzählung: Num 20,14-21. Die Wanderung durch die

---

[114] H.Drews, Zeichenprobe, 89: "Eine echte Probe ist hier nicht dargestellt."
[115] Es findet sich daher keine ätiologische Notiz in der Erzählung. Es ist deshalb unangebracht, über einen lokalen Haftpunkt der Erzählung zu phantasieren, etwa wie H.Gressmann, Anfänge, 100, der einen schaurigen Erdspalt als Haftpunkt annimmt.
[116] Beide Punkte notieren auch J.Magonet, Korah Rebellion, 21 und J.Milgrom, Korah's Rebellion, 139.

Wüste ist beendet, nun kommt der Marsch durch die Völkerwelt, die Israel am Besitz des verheißenen Landes hindern will. Daß beide Themen durchaus nicht streng voneinander zu scheiden sind, zeigt die Episode Num 21,4-9, die noch einmal zur Thematik der Wüstenerzählungen zurückkommt.

2.2. Die Komposition der jehowistischen Episoden

Wir fragen nun nach der kompositionellen Verbindung der jehowistischen Episoden untereinander. Bei den vorsinaitischen Episoden hatte sich eine Fünferstruktur wahrscheinlich machen lassen, bei der sich zwei Erzählungspaare um eine zentrale Episode gruppierten. Sollte sich eine ähnliche Struktur auch nach dem Sinai finden lassen? Ich meine, daß das möglich ist, auch wenn manchmal die Bezüge zwischen den Episoden nicht sehr signifikant sind.

Zunächst muß man die Sonderrolle der Episode von Mose und Hobab Num 10,29-32 beachten. Diese Episode bildet den Auftakt des nachsinaitischen Zyklus und bildet mit der zuversichtlichen Stimmung Moses einen wirkungsvollen Kontrast zu den folgenden fünf Episoden, die die mißmutige Stimmung des Volkes darstellen; sie ist aber selbst nicht Teil der Fünferstruktur, zu der man die verbleibenden fünf Episoden zusammenordnen kann: Die ersten beiden Episoden Num 11,1-3 und Num 11,4-34 haben das gleiche Thema: die Maßlosigkeit der Ansprüche Israels und Jahwes zornige Reaktion. Das zweite Episodenpaar bilden die jehowistischen Schichten in Num 13f und Num 16. Ihr Thema ist die Stellung Israels zum Land. Num 12 steht als einzelne Episode im Zentrum, sie beschäftigt sich -ähnlich wie schon Ex 17,8-16 vor dem Sinai- mit der Sonderstellung des Mose. Folgendes Schema soll die Struktur veranschaulichen:

A	Num 11,1-3	Unzufriedenheit ohne Anlaß
A'	Num 11/JE	überzogene Forderung nach Fleisch
B	Num 12	Klarlegung der Sonderstellung Moses
C	Num 13f/JE	Erkundung des Landes
C'	Num 16/JE	Diffamierung des Landes

a) Das erste Episodenpaar: Num 11,1-3 und Num 11,4-34/JE
Zu einem ersten Episodenpaar lassen sich Num 11,1-3 und die Wachtelerzählung zusammenordnen. Versuchen wir wieder die wichtigsten Berührungen lexikalischer Art aufzulisten:

- "und der Zorn Jahwes entbrannte" Num 11,1; 11,10

- das Volk murrt "in die Ohren Jahwes" Num 11,1; 11,18

- 11,1: וישמע יהוה (את העם)
  11.10: וישמע משה את העם

- Num 11,1; 11,4.5.u.ö.: אכל

Num 11,1-3 und Num 11-Wachtelerzählung gehören schon rein syntaktisch enger zusammen.[117] Ihr gemeinsames Thema ist die zornige Reaktion Jahwes (vgl. Num 11,1 und 10) auf die Gier Israels. Exemplifiziert einmal an der grundlosen (Num 11,1) und zum anderen an der weinerlichen, nach Fleisch verlangenden (Num 11,4) Klage "in die Ohren Jahwes" (Num 11,1 und 18). Sowohl die grundlose Klage als auch das Verlangen nach Fleisch, das man zur damaligen Zeit zu den "Luxus-Nahrungsmitteln" rechnen muß, machen die Grundeinstellung der Gier und Maßlosigkeit deutlich. Israel ist nicht mit dem zufrieden, was es hat, sondern verlangt massiv nach mehr. Beidesmal wird das Verlangen Israels gehört. Das erstemal sofort von Jahwe selbst (Num 11,1), dessen Zorn entbrennt, und der sofort eine Strafaktion einleitet (Num 11,1).[118] Beim zweitenmal wird erzählt, daß Mose das Volk hört. Mose und Jahwe reagieren unterschiedlich: Mose macht das Anliegen des Volkes zu dem seinen, während Jahwes Zorn ebenso wie im ersten Fall entbrennt. Dadurch, daß Jahwe und Mose sich uneins sind, ergeben sich die wesentlichen Differenzen im globalen Erzählaufbau. Bevor die Strafaktion eingeleitet werden kann, muß sich Jahwe erst mit Mose auseinandersetzen. Hatte sich Mose in Num 11,1-3 erst nach der Strafaktion und auf das Verlangen des Volkes hin für das Volk eingesetzt, so tut er es jetzt von selbst und zwar noch bevor Jahwes Zorn sich in eine Strafaktion gegen Israel ergießen kann.

Die Wachtelerzählung stellt in dreifacher Hinsicht eine Steigerung von Num 11,1-3 dar. Einmal wird das Murren, obwohl nicht direkt gegen Mose gerichtet, dadurch drastischer, daß das Volk in direkter Rede angeführt wird, und daß die Klage über den momentanen Zustand mit einer Verklärung der Zeit in Ägypten verbunden wird. Sodann verstärkt sich der Einsatz Moses für sein Volk, insofern er nun von sich aus aktiv wird, ohne daß das Volk ihn darum gebeten hätte. Schließlich fällt die Strafaktion Jahwes härter aus. Kam in Num 11,1-3 niemand zu Schaden, so sind nun die ersten Toten zu beklagen (Num 11,33f).

b) Num 12 als Zentrum der Struktur
Das Zentrum der Fünferstruktur bildet Num 12. Erstmals opponieren namentlich genannte Personen gegen Mose. In dieser erzählerischen Zuspitzung des Geschehens auf drei Figuren erinnert Num 12 an Ex 17,8-16.[119] Die zentrale Bedeutung dieser Episode wird auch dadurch unterstrichen, daß in dieser eine Entscheidung am Begegnungszelt herbeigeführt wird, und Jahwe eigens in einer Wolkensäule herabsteigt (Num 12,5). Eine ausgezeichnete Form der Präsenz Jahwes, die in den anderen Episoden nicht begegnet.[120]

---

[117] Das Suffix von בקרבו greift auf העם in den Versen 1-2 zurück. Vgl. M.Noth, Num, 76; B.Baentsch, Ex-Num, 505f.
[118] Beidesmal hat die Strafaktion etwas mit "essen" zu tun. In Num 11,1-3 "frißt" das Feuer Jahwes am Rande des Lagers. In der Wachtelerzählung trifft Israel der Schlag Jahwes noch während des Essens (Num 11,33).
[119] Da Aaron und Hur in Ex 17,8-16 immer zusammen auftreten und agieren, kann man sie als eine erzählerische Figur behandeln.
[120] Diese Konzeption des Begegnungszeltes hat Num 12 mit der Ältestenerzählung in Num 11 und dem Text Ex 33,7-11 gemeinsam.

Wie Ex 17,8-16 stellt auch Num 12 die Sonderstellung des Mose heraus. Stellt er sich nach Ex 17,8-16 dar als Vertreter der Königsherrschaft Jahwes, so ist er nach Num 12 der einzigartige Knecht Jahwes, betraut mit dessen ganzem Haus (Num 12,7). Dies setzt Mose deutlich ab von Aaron und Mirjam, der Prophetin (Ex 15,20). Mose hat eine einzigartige Verbindung zu Jahwe und daraus resultiert eine ganz einzigartige Vollmacht der Fürbitte. Und diese Kraft der Fürbitte wird in Num 12 ebenfalls herausgestellt.

c) Das zweite Episodenpaar: Num 13-14/JE und Num 16/JE
Num 13-14/JE und Num 16/JE bilden das zweite Episodenpaar der Fünferstruktur. In beiden Episoden geht es um die Stellung Israels zum Land. Gehen wir auch darauf näher ein, indem wir die wichtigsten Berührungen auflisten, um sie dann in ihrem kompositionellen Sinn zu interpretieren.

- "das Land, darin Milch und Honig fließen" 13,27; 16,13f

- עלה 13,17.22.30.31; 16,12-14

- das Land ermöglicht Weinbau 13,23; 16,14

- bestimmte Männer widersetzen sich Mose 13,31; 16,14

In beiden Erzählungen spielt die Stellung zum Land eine entscheidende Rolle, und zwar "das Land, darin Milch und Honig fließen". In beiden Fällen wird das Land von einer Anzahl von Männern verschmäht und diffamiert. In Num 13f/JE sind es einige namentlich nicht genannte Kundschafter, deren Urteil (Num 13,31): "Wir können dieses Volk bestimmt nicht bezwingen, denn es ist stärker als wir!" das Volk vor Enttäuschung weinen läßt. Das Volk läßt sich von der Mutlosigkeit anstecken, weil es unmöglich scheint, das Land zu erobern. In Num 16/JE weigern sich Datan und Abiram, in's Land mit hinaufzuziehen.[121] Anscheinend ist vorausgesetzt, daß der Weg in's Land erneut -nach einer Strafaktion?[122]- offen steht. Die Diffamierung des Landes ist gegenüber Num 13/JE noch gesteigert: In Num 13 waren sich alle Kundschafter darin einig, daß das erkundete Land dasjenige ist, "darin Milch und Honig fließen", daß also vor ihnen das verheißene Land liegt, das von Anfang an das Ziel des Auszugs war (Ex 3). Datan und Abiram nun bestreiten rundweg, daß das vor ihnen liegende Land das verheißene sei (Num 16,13f)! Ausgerechnet Ägypten, das glücklicher Weise hinter ihnen liegt, wird mit dem Ehrentitel des verheißenen Landes belegt. Eine genaue Umkehrung der Tatsachen! Mit eigenen Augen haben sie die Riesentraube gesehen, trotzdem werfen sie Mose vor, daß er ihnen keine Weinberge verschafft habe. Dabei hat Israel es seiner eigenen Mutlosigkeit zu verdanken, daß es nicht schon längst im Land ist.

---

[121]Es kann m.E. kein Zweifel bestehen, daß das לא נעלה von Datan und Abiram auf dem Hintergrund von Num 13,30f als Weigerung interpretiert werden muß, an der Landnahme teilzunehmen. Ähnlich V.Fritz, Israel, 87. Als Möglichkeit auch schon erwogen von W.Rudolph, Elohist, 84.

[122]Leider ist der jehowistische Schluß von Num 13 nicht mehr rekonstruierbar. So muß offen bleiben, ob und wie Israel für seine Mutlosigkeit kurz vor der Landnahme bestraft wurde.

Erst wenn man Num 16/JE in dieser Weise als eine Steigerung der Diffamierung des Landes liest, wird auch voll verständlich, warum Mose diesmal selbst die Initiative ergreift, um die Bestrafung der Aufrührer zu erwirken. Hatte er sich bisher zurückgehalten oder gar mit dem Verlangen des Volkes sympathisiert (so in der Wachtelerzählung), so fordert er nun Gott dazu auf, sich von den Aufrührern zu distanzieren. Weil Datan und Abiram so verblendet sind, daß sie sogar das abstreiten, wovon sie sich mit den eigenen Augen überzeugen konnten, sollen sie vom Zorn Jahwes getroffen werden!

Von großer Bedeutung ist das gewandelte Verhalten des Volkes in Num 16/JE. Mose gelingt es, das Volk auf seine Seite zu ziehen und dazu zu bewegen, sich von Datan und Abiram zu distanzieren. Hatte sich in Num 13 in der Figur des Kaleb erstmals jemand auf die Seite des Mose gestellt, so stellen sich in Num 16 offenbar große Teile des Volkes hinter Mose. Darin zeigt sich, daß Israel nun tatsächlich Mose als den legitimen Führer betrachtet. Anders als im ersten Episodenpaar (Num 11) trifft deshalb in Num 16 die Strafe nicht das ganze Volk, sondern nur Datan und Abiram mit ihrem Anhang. Nach ihrer Vernichtung kann sich Israel geläutert auf das Land zubewegen (Num 20,14-21).

d) Zusammenfassung

Zusammenfassend kann man sagen, daß eine sinnvolle Kompositionsstruktur der fünf jehowistischen Episoden wahrscheinlich gemacht worden sein dürfte. Fünf Episoden befassen sich mit drei Grundsituationen, in denen sich Moses Führung nach dem Sinai bewähren muß. In jeder dieser Situationen steht der Verlust der "Sinaiexistenz" auf dem Spiel. Im ersten Episodenpaar geht es darum, daß das Volk die neue Existenzweise dadurch in Gefahr bringt, daß es überzogene Ansprüche daraus ableitet. In Num 12 besteht die Gefahr, daß dem Mose eigentlich untergeordnete Figuren wie Mirjam und Aaron plötzlich auch an der Herrschaft partizipieren wollen. Die Führungsspitze Israels konkurriert untereinander um die Führung, das hält den Weitermarsch Israels nur auf. Das zweite Episodenpaar hat es mit Komplikationen bei der Verwirklichung der selbstgesteckten Ziele zu tun. In Num 13/JE tun sich vom Volk -zumindest so- nicht erwartete Probleme auf: das Land erscheint als uneinnehmbar. In Num 16/JE haben wir es mit einer Totalverweigerung zu tun. Datan und Abiram wollen nicht mehr mitziehen, weil sie anscheinend das Vertrauen in die gemeinsamen Ziele und in Mose verloren haben. Sie glauben nicht mehr an einen Landbesitz in der Zukunft. Ein Ziel, das nicht realisierbar scheint, lohnt keinen Einsatz. Gegenüber einer mehr als unsicheren Zukunft und angesichts einer Gegenwart in der Wüste erscheint die Vergangenheit als die verlorene Geborgenheit und Heimat, als das verheißene Land. Die aber, die den -nach der Erkundung des Landes eigentlich offensichtlichen- Erfolg Moses durch Verdrehung der Tatsachen bestreiten, verschwinden spurlos vom Erdboden.

2.3. Der Marsch Israels durch die feindliche Völkerwelt

Mit Num 20,14-21 beginnt ein neuer Abschnitt der Wüstenwanderung. Der

Einmarsch in das Israel zugesagte Land wird nun zum beherrschenden Thema.[123] Der Raum der Wüste wird (bis auf Num 21,4-9) verlassen, stattdessen tritt man in Auseinandersetzung mit Völkern, die im Kulturland wohnen. Dieses Kulturland ist aber noch nicht das zugesagte Land, es muß lediglich auf dem Weg dorthin durchzogen werden. Verschiedene Völker weigern sich aber, Israel in Frieden ziehen zu lassen. So häufen sich militärische Auseinandersetzungen. Israel muß sich den Weg in sein Land erkämpfen, weil die Völker ihm bereits den Weg dorthin verstellen.

In Num 20,14-21 verweigert Edom Israel den Durchzug. Für Israel wird die feindliche Grundhaltung der Völker deutlich spürbar: die Völker versuchen, dem kleinen und militärisch schwachen Volk eine staatliche Eigenexistenz zu verwehren. Israel hat keinen Lebensraum auf dieser Welt, der nicht von anderen Völkern beansprucht wird. Es ist der Feindschaft ausgesetzt.

Läßt sich Edom noch nicht zu aggressiven Aktionen gegen Israel hinreißen, so wird dies in Num 21,1-3 anders. Der König von Arad greift Israel bereits an, noch bevor er sich über Israels Absichten im Klaren sein kann. Der Aggressor Arad wird von Israel völlig vernichtet. Der erste militärische Erfolg Israels seit der Abwehr der Amalekiter in Ex 17,8-16!

Gleich nach diesem wichtigen Sieg, der Israel den Zugang zum Land öffnet, begegnet mit Num 21,4-9 noch einmal eine typische Murrerzählung. Die Erzählung spielt in der Wüste (Num 21,5) und weist im globalen Aufbau und in der Formulierung starke Berührungen zu Num 11,1-3 und Num 12 auf.[124] Noch einmal verliert Israel den Mut, trotz des militärischen Erfolgs gegen Arad. Noch einmal müssen Israeliten sterben, bevor sie das Land erreichen. Wie in Num 11,1-3 spielt das Feuerelement auch in Num 21,4-9 eine Rolle bei der Bestrafung.[125] Einen Höhepunkt der Episode stellt das Sündenbekenntnis des ganzen Volkes dar (Num 21,7). Dies bedeutet eine Steigerung gegenüber Num 12, wo allein Aaron seine Sünde bekannt hatte. Auch hier setzt sich Mose wieder für ein Ende der Schlangenplage bei Jahwe ein. Jahwe reagiert auf die Fürbitte des Mose nicht so, daß er die Strafaktion beendet (wie Num 11,2) oder ermäßigt (wie Num 12,14). Die Strafe wird überhaupt nicht kollektiv abgestellt, sie bleibt vielmehr grundsätzlich bestehen. Es ist lediglich so, daß Jahwe ein Heilmittel bereitstellt: das Symbol der bronzenen Schlange, das vermittelnd zwischen Gott und Mensch tritt.[126] Dieses Heilmittel funktioniert jedoch nur, wenn der Betreffende auch zu dem Symbol aufblickt. Das bedeutet, daß es von jedem Einzelnen abhängt, ob er am Leben bleibt oder stirbt. Alle sind schuldig, und alle sind von der Strafe Jahwes betroffen, aber nur die sterben, die so unbelehrbar sind, daß sie sich nicht an die Instruktionen Moses halten. Nur die werden also das Land betreten, die sich um die von Mose angefertigte Standarte sammeln und so dem Zorn Jahwes entgehen.

---

[123]So mit M.Noth, Num, 130; B.Baentsch, Ex-Num, 570.
[124]Vgl. V.Fritz, Israel, 93; H.H.Schmid, Jahwist, 63.
[125]Daß die Schlangen in Num 21,4-9 als "Feuerschlangen" zu interpretieren sind, haben G.Schneemann/J.Heller, Feuerschlangen, 253 nachgewiesen.
[126]Es erscheint mir gut möglich, daß mit dem Symbol der Schlange auf das erste "Legitimationswunder" (Ex 4,1-4) angespielt werden soll. Diese Vermutung äußern G.Schneemann/J.Heller, Feuerschlangen, 254f.

Nach diesem letzten Zwischenfall geht der Marsch Israels in's verheißene Land unaufhaltsam weiter (Num 21,10-20), bis Israel erstmals fremdes Kulturland besetzt und sich dauerhaft niederläßt (Num 21,25). Damit ist auf jeden Fall ein markanter Unterbrechungspunkt auf dem Marsch Israels erreicht. Die Wüste ist verlassen, Israel ist zwar weiter auf dem Weg in's verheißene Land, aber nun endgültig im Kulturlandgebiet.[127]

2.4. Zur literarischen Vorgeschichte des Jehowisten

Nun ist auch wieder für den nachsinaitischen Teil der JE-Episoden zu fragen, ob sich eventuell Anzeichen literarischer Uneinheitlichkeit finden. Dabei ist zunächst (2.4.1.) zu prüfen, ob die jehowistischen Episoden je für sich literarisch einheitlich sind, dann (2.4.2.) ist zu fragen, ob sich alle Episoden der gleichen literarischen Schicht zuweisen lassen.

2.4.1. Die Einheitlichkeit der einzelnen jehowistischen Episoden

Im Bereich der nachsinaitischen jehowistischen Texte scheint mir nur die literarische Einheitlichkeit von Num 12 ernsthaft in Frage zu stehen. So urteilt etwa B.Baentsch zu Num 12: "Wie schon die doppelte Motivierung in V 1f zeigt, ist die Erzählung nicht einheitlich. Ursprünglich hat es sich jedenfalls nur um eine Auflehnung Mirjams gegen ihren Bruder wegen ihrer kuschitischen Schwägerin, also um einen Familienskandal gehandelt."[128] Letzteres folgert Baentsch daraus, daß nur Mirjam bestraft wird, Aaron dagegen aus unerfindlichen Gründen straflos ausgeht.

Nun ist es aber noch keiner literarkritischen Analyse gelungen, eine überzeugende Hypothese für Num 12 vorzulegen. M.Noth hat durchaus Recht: "Die beiden Gegenstände des Kapitels,..., sind nun so eng miteinander verquickt, daß eine Scheidung in getrennte literarische Quellen nicht durchführbar ist."[129] So mag es nahe liegen, Num 12 als literarische Einheit zu behandeln.[130] Prüfen wir deshalb die beiden von Baentsch angeführten Argumente für die Annahme von zwei literarischen Schichten in Num 12.

ARGUMENT 1: Widerspruch zwischen V 1b und V 2 [131]
Schon der von Baentsch genannte wichtigste Widerspruch im Text ist kaum als

---

[127] So stellt G.W.Coats, Conquest Traditions, 185 richtig fest, daß die Eroberungen Israels in Num 21 den Charakter vereinzelter Ereignisse im Zuge der Wanderung Israels haben.
[128] B.Baentsch, Ex-Num, 511.
[129] M.Noth, Num, 83. Vgl. auch sein Urteil (ÜPent, 34 Anm 120): "Das in sich sehr brüchige Kapitel Num 12 gehört mit zu den verzweifelten Fällen der Pentateuchanalyse; ich verzichte daher auch nur auf einen Versuch der Zergliederung." In ähnlicher Weise resignieren auch R.C.Culley, Structure, 104; H.Holzinger, Num, 47.
[130] In diese Richtung geht auch G.W.Coats, Humility, 99, der erklärtermaßen den Endtext als Einheit interpretieren will, ohne freilich literarische Brüche auszuschließen.
[131] V.Fritz, Israel, 18; G.W.Coats, Rebellion, 261; W.Rudolph, Elohist, 70; H.Holzinger, Num, 46.

literarkritischer Bruch zu bewerten. Man muß vielmehr im Sinne des Textes zwischen Anlaß und Ursache unterscheiden.[132] Anlaß der Auseinandersetzungen ist ohne Zweifel die kuschitische Frau des Mose (V 1). Ursache aber das Verlangen von Mirjam und Aaron, an der Stellung des Mose zu partizipieren. Grundsätzlich ist klar, daß der Anlaß mit der wirklichen Ursache des Konflikts nicht viel zu tun haben muß.[133] Trotzdem scheint der Anlaß nicht ungeschickt gewählt zu sein.[134] Mirjam und Aaron verweisen gegenüber dem Volk [135] darauf, daß Mose sich durch seine Heirat außerhalb des Volkszusammenhanges gestellt habe. Dem würde dann auch die Strafe Jahwes ironischerweise entsprechen, indem er Mirjam aus dem Volk ausschließt, Mose aber in's Recht setzt. So scheint mir das wichtigste Argument der Literarkritik nicht sehr gewichtig zu sein.

ARGUMENT 2: Fehlende Bestrafung Aarons [136]
Die weitere Schwierigkeit, warum Aaron nicht bestraft wird, ist m.E. ebenfalls nicht literarkritisch zu erklären. Der Versuch scheitert, in diesem Sinne literarische Brüche nachzuweisen. Aaron spielt hier eine in der Tat merkwürdige Sonderrolle, die ihn vor Unreinheit bewahrt. Vergleichbar ist Ex 32, wo von einer Bestrafung Aarons ebenfalls nichts verlautet, obwohl er das goldene Stierbild hergestellt hat. Weiterhin ist zu beachten, daß die Interessenkoalition von Aaron und Mirjam nach V 10 zerbricht: Aaron und Mirjam agieren nicht mehr zusammen. Aaron allein ist es, der für beide die Schuld bekennt. Mirjam führt das Wort bei der Anklage gegen Mose (beachte die Femininform von ותדבר in V 1) [137], aber bei der Einsicht in die Schuld und der Anerkennung der Sonderstellung des Mose muß Aaron für beide sprechen, Mirjam selbst wird nicht erwähnt. Hierin zeigt sich doch wohl eine Sonderrolle des Aaron [138], die sich eher überlieferungsgeschichtlichem als literargeschichtlichem Wachstum von Num 12 verdankt.

So scheint es mir insgesamt wahrscheinlicher, Num 12 als literarisch einheitlich zu betrachten.

---

[132] Diese Möglichkeit diskutiert auch H.Valentin, Aaron, 315 lehnt sie dann aber als "vorschnelle(!) Harmonisierung" ab. Dies wiederum scheint mir analytische Überschärfe zu sein.

[133] So G.J.Wenham, Num, 111: "The text does not explain why Miriam and Aaron objected to this woman, because in reality their objections to her were only a smokescreen for their challenge to Moses' spiritual authority." Sehr ausführlich K.F.Krämer, Num, 63f.

[134] Dies vermutet auch G.J.Wenham, Num, 111.

[135] In V 2 ist kein Adressat der Frage genannt. Da jedoch von Mose in der dritten Person gesprochen wird, dürften Mirjam und Aaron -zumindest auch- das Volk im Blick haben. So auch M.Noth, Num, 84.

[136] Vgl. V.Fritz, Israel, 18; G.W.Coats, Rebellion, 261; W.Rudolph, Elohist, 70.

[137] W.Rudolph, Elohist, 74 spricht von der "Rädelsführerin".

[138] Darauf weisen auch D.Jobling, Num 11-12, 32 und G.J.Wenham, Num, 113 hin. Wenham vermutet, daß Aarons Verschonung mit seiner Rolle als Hoherpriester Israels zusammenhängt. Die Frage ist jedoch, ob er in Num 12 als solcher agiert. Für Wenham könnte immerhin sprechen, daß die Feststellung von Aussatz Sache des Priesters war (Lev 13f; vgl. A.H.J.Gunneweg, Leviten und Priester, 84).

2.4.2. Quellenscheidung des Jehowisten

So können wir also davon ausgehen, daß die sechs jehowistischen Episoden je für sich literarisch einheitlich sind. Lassen sich aber alle Episoden als Teile einer literarischen Schicht verstehen, oder gibt es Brüche, die eine weitere Scheidung wahrscheinlich machen? Da es kaum signifikante sprachliche Unterschiede zwischen den Episoden gibt [139], muß man nach konzeptionellen Differenzen fragen. Gibt es solche, die nicht mehr nur durch ein verändertes Thema und einen anderen kompositionellen Ort der Episoden, sondern besser durch literarische Schichtung erklärbar sind?

a) Num 12
Mir scheint, daß lediglich für die Epsisode Num 12 mit einiger Sicherheit angenommen werden kann, daß sie nicht zum originalen Bestand des Jehowisten gehört.

Zunächst fällt das Motiv der Fürbitte des Mose auf. Dieses Motiv verbindet Num 12 zwar mit Num 11,1-3, hebt aber beide Texte von den übrigen jehowistischen Episoden ab. Ähnlich wie in Num 11,1-3 tritt Mose in Num 12 erst dann für die von der Strafaktion Jahwes Getroffenen bei Jahwe ein, nachdem sich diese an ihn gewandt haben. *Sodann* fällt auf, daß in Num 12 -anders als in den anderen Episoden- das Volk keine Rolle spielt. Der Angriff auf Mose geht vielmehr von zwei namentlich genannten Einzelgestalten, Mirjam und Aaron, aus. *Schließlich* spielt das Begegnungszelt eine bedeutende Rolle: die Wende der Erzählung geschieht am Eingang des OHEL MOED. Jahwe steigt eigens herab, um die beiden Aufrührer grundsätzlich über Mose zu belehren. Die Episode sieht Mose als eine Art "Superprophet", während in anderen Episoden diese Rolle Moses kaum im Blick ist.[140] *Endlich* hebt auch der Stil der Belehrung Num 12 aus den anderen Episoden heraus. Es handelt sich um eine prinzipielle, begriffliche Darstellung der Funktion und Würde des Mose. Dies ist in den anderen Episoden so nicht zu finden.

Nun haben wir zwar gezeigt, daß diese Besonderheiten von Num 12 einen guten kompositionellen Sinn haben: sie markieren Num 12 als zentrale Episode innerhalb der Fünferstruktur. Andererseits sind aber die Besonderheiten von Num 12 doch derart, daß sie sich zwangloser erklären, wenn man unterschiedliche Autorschaft annimmt.

b) Num 11,1-3
Schwierig einzuordnen ist die Episode Num 11,1-3. Diese kurze Erzählung unterscheidet sich in einigen Punkten durchaus von Num 12; so fällt besonders

---

[139] Die Sprachstatistiken von B.Baentsch und H.Holzinger vermögen selten, wirklich signifikante Differenzen in der Terminologie von J und E zu benennen. Meist müssen sie konstatieren, daß angeblich quellenspezifische Lexeme von beiden Quellen gebraucht werden können.

[140] Daß Num 12 sich in dieser Hinsicht von den anderen nachsinaitischen JE-Episoden unterscheidet, erkennen die meisten Exegeten an: B.Baentsch, Ex-Num, 511 spricht von einer "prophetischen Studie"; vgl. H.Holzinger, Num, 47; M.Noth, Num, 85.

das Fehlen des Begegnungszeltes auf. Es gilt jedoch zu beachten, daß Num 11,1-3 das Motiv der Fürbitte des Mose mit Num 12 gemeinsam hat. Auch sonst waren ja einige globale und sogar wörtliche Berührungen beider Episoden zu verzeichnen. Andererseits schließt sich die Wachtelerzählung syntaktisch und erzählerisch sehr eng an die vorhergehende Episode Num 11,1-3 an, so daß man geneigt ist, beide Episoden der gleichen Schicht zuzuordnen. Die Wachtelerzählung ist jedoch von Num 12 deutlich zu scheiden.[141] So fällt eine klare Entscheidung schwer.[142] Sehr wahrscheinlich dürfte auf jeden Fall sein, daß Num 12 und Num 11,1-3 in Kenntnis voneinander entstanden sind, denn so sind die engen strukturellen und lexikalischen Bezüge gut zu erklären. Meine Vermutung geht dahin, daß Num 12 der spätere Text ist und sich einem Erweiterer des Jahwisten verdankt.

c) Ergebnis

Demnach läßt sich Folgendes wahrscheinlich machen: Literarisch enger zusammen gehören die Wachtelerzählung, die Kundschaftererzählung Num 13f/JE und die Erzählung von der Verweigerung Datans und Abirams Num 16/JE. Ebenfalls zu dieser literarischen Schicht wird man Num 10,29-32 rechnen dürfen. Mit erheblich geringerer Wahrscheinlichkeit ist auch Num 11,1-3 dieser Schicht zuzuweisen. So weit ich sehe, gibt es kaum gewichtige Gründe, diese Schicht eben dem Jahwisten abzusprechen, dem wir schon vor dem Sinai einige Episoden zugewiesen hatten [143], wobei sich manche Uneinheitlichkeit wohl mit dem Sammelcharakter dieser Schicht verständlich machen läßt.[144]

Ziemlich sicher gehört Num 12 nicht zu dieser literarischen Schicht. Da sich Num 12 offensichtlich in hohem Maß auf Num 11,1-3 bezieht, ist der literarkritisch erhobene Tatbestand am ehesten so zu erklären, daß Num 12 eine bewußt auf Num 11,1-3 Bezug nehmende Erweiterung zum literarischen Grundbestand darstellt. Die Einfügung von Num 12 akzentuiert die jahwistischen Episoden neu: Zum einen wird ein neues Sachthema eingeführt, nämlich der Versuch, an Moses ekzeptioneller Stellung zu partizipieren. Zum zweiten wird Moses Rolle in neuer Weise bestimmt: sein Verkehr mit Jahwe übersteigt kategorial die Möglichkeiten eines Propheten. Mose ist ein "Überprophet". Dazu gehört wohl auch, daß Mose als vollmächtiger Fürbitter in Erscheinung tritt. Es scheint so, als wollte der Verfasser von Num 12 darauf insistieren, daß Israel sich in seiner Existenz der vollmächtigen Fürbitte des Mose verdankt.

---

[141] Erst die Bearbeitungsschicht von Num 11, die Ältestenerzählung, zeigt klare Bezüge zu Num 12, wie z.B. das Begegnungszelt.
[142] Diese Entscheidung ist denn auch in der Exegese unterschiedlich getroffen worden. B.Baentsch, Ex-Num, 503f weist Num 11,1-3 E, die Wachtelerzählung J zu (ebenso H.Holzinger, Num, 42f). Beide rechnen damit, daß Num 11,4 durch einen Redaktor so eng auf Num 11,1-3 bezogen wurde. M.Noth, Num, 75 spricht beide Episoden J zu (ebenso W.Rudolph, Elohist, 64).
[143] Dies kann man denn auch als Grundkonsens der Forschung ansehen.
[144] Wären sämtliche Erzählungen allererst aus der Feder eines Verfassers geflossen, so würde man doch wohl signifikantere Bezüge zwischen den einzelnen Episoden erwarten. Als Beispiel weniger gewichtiger Differenzen sei genannt, daß in der Wachtelerzählung ein ausführlicher Dialog zwischen Jahwe und Mose vorkommt, während in Num 16/JE Jahwe überhaupt nicht redet.

Die Frage ist nun, ob Num 12 dem Elohisten zugewiesen werden kann.[145] Da zeigt sich, daß auch die Funktionsbestimmung des Mose in Ex 18,17 mit dem Terminus "Gott befragen" ein prophetisches Element aufweist. Und auch der Sinaibericht des Elohisten zeigt Mose in prophetischer Funktion: "Mose ist also als Vermittler des jeweils ergehenden, auf prophetisches Anfragen antwortenden, aktuellen Gotteswortes gesehen, so gewiß sein Treten vor Gott in priesterlichen Kategorien beschrieben wird (Ex 20,21)."[146] Und daß in Ex 18 das Begegnungszelt nicht vorkommt, ist natürlich keine literarkritisch zu verwertende Differenz, da ja dieses Zelt erst am Sinai in Funktion tritt (Ex 33,7-11).

Es lassen sich jedoch auch Differenzen zwischen Ex 18 und Num 12 zeigen. So tritt Jahwe in Num 12 als der eigentlich Handelnde auf, wohingegen er in Ex 18 nicht als handelnde oder redende Figur auftritt. Auch lassen sich kaum sprachliche Argumente dafür finden, daß Num 12 mit Ex 18 zusammengehört.[147] Als Gottesname begegnet in Num 12 durchgehend Jahwe und nicht Elohim.[148]

Manche der Differenzen lassen sich vielleicht dadurch erklären, daß sich auch bei E mit dem Aufenthalt Israels am Sinai einiges qualitativ verändert. So wäre es denkbar, daß E nach dem Sinai den Jahwenamen verwenden kann, da sich Jahwe ja am Sinai dem Volk in einzigartiger Weise bekannt gemacht hat. Jedoch scheint es in der Sinaiperikope keinen elohistischen Text zu geben, der diesen Wechsel in der Bezeichnung Jahwes deutlich markiert. Könnte man Num 12 trotzdem dem E zuweisen, so würde sich jedenfalls leicht erklären lassen, wie es dazu kam, daß sowohl die vor- als auch die nachsinaitischen jehowistischen Episoden sich in sehr ähnlichen Strukturen organisieren; wir hätten diese Analogie zweier Fünferstrukturen als kompositionelle Absicht des E-Bearbeiters zu werten. So mag es vertretbar sein, Num 12 dem E zuzuweisen.[149]

---

[145] Der prophetische Faden in Num 12 wird oft E zugerechnet. So B.Baentsch, Ex-Num, 511; H.Holzinger, Num, 46.
[146] So beschreibt J.Jeremias, Theophanie, 198 die Funktion Moses im elohistischen Sinaibericht.
[147] Weder B.Baentsch, Ex-Num, 511 noch H.Holzinger, Num, 46 haben sprachliche Bezüge zu Ex 18 aufzeigen können. Beide weisen jedoch darauf hin, wie eng Num 12 mit der Ältestenerzählung in Num 11 zusammengehört (ebd.). Letztere Erzählung steht jedoch in Konkurrenz mit Ex 18,13-27, die den gleichen Stoff in deutlich anderer Weise behandelt. Demnach wird auch Num 12 eher von Ex 18 zu trennen sein.
[148] Für M.Noth, ÜPent, 34 Anm 120 Grund genug, um Num 12 dem Elohisten abzusprechen.
[149] In ihrer Erklärungskraft vielleicht nicht wesentlich schwächer ist die These, daß Num 12 ein sekundärer Nachtrag sei. So schon J.Wellhausen, Composition, 100 und M.Noth, Num, 83. Jedoch wäre dann schwieriger zu erklären, wie es zu der im folgenden Abschnitt noch deutlicher aufgewiesenen Ringstruktur um den Sinai kam.

3. DIE RINGSTRUKTUR UM DEN SINAI

Es hat sich ergeben, daß im vor- und nachsinaitischen Zyklus die einzelnen Episoden in ganz ähnlicher Weise eine Fünferstruktur bilden. Diese Parallelität läßt vermuten, daß die beiden Fünferstrukturen auch noch einmal aufeinander bezogen sind. Dies soll nun im einzelnen geprüft werden. Ich gehe dabei so vor, daß ich die beiden Fünferstrukturen Episode für Episode vergleiche und auf signifikante kompositionelle Bezüge achte. Wie sich zeigen wird, finden sich vor allem thematische Bezüge, die nur in wenigen Fällen durch lexikalische Bezüge verstärkt werden.

a) Ex 15,22-25a und Num 11,1-3
Diese Episoden wurden bereits verglichen. Der Vergleich hat deutlich gemacht, daß die Beziehungen zwischen Jahwe und Israel mit dem Aufenthalt am Sinai auf eine neue Grundlage gestellt wurden. Zum einen hat sich das Volk gewandelt, nach dem Sinai beginnt es ohne ersichtliche Notlage zu murren. Zum anderen hat sich die Reaktion Jahwes gewandelt; nach dem Sinai wendet sich sein Zorn gegen das murrende Israel und es kommt zu einer Strafaktion: das Feuer Jahwes lodert auf. Das Bild des Feuers erinnert dabei an die Theophanie Jahwes am Sinai (Ex 19,18). Schließlich präsentiert sich auch Mose in einer neuen Rolle: als der, der für die von ihm Geführten fürbittend eintritt. Mose ist nicht mehr für die Behebung des Wassermangels, sondern für die Begrenzung des Zornes Jahwes nötig.

b) Ex 17,1.3-6 und Num 11-Wachtelerzählung
Beide Erzählungen sind thematisch aufeinander bezogen. Beidesmal geht es um Nahrung: in Ex 17,3 will das Volk Wasser zu trinken, in Num 11,4 Fleisch zu essen. Und in beiden Fällen wird dieser Wunsch mit einem sehnsüchtigen Blick zurück nach Ägypten verbunden, wo man angeblich hatte, was man brauchte. Daran, daß das Fleisch in Num 11,4-6 ausdrücklich der -anscheinend gewährleisteten- Versorgung mit Manna entgegengesetzt wird (Num 11,6), wird deutlich, daß Israels Verlangen nach Fleisch der Gier entspringt. Anders ist das in Ex 17,1.3-6, wo das Murren Israels in einer Lage akuter Existenzbedrohung laut wird.

Wie schon in Num 11,1 entbrennt auch in der Wachtelerzählung der Zorn Jahwes gegen Israel. Gier, Larmoyanz und romantische Verklärung des Ägyptenaufenthalts fordern Jahwes Strafe heraus. In Ex 17,1.3-6 dagegen verlautet von einer Strafe nichts, auch wenn das Murren ebenso illegitim ist.

c) Ex 17,8-16 und Num 12
In den beiden mittleren Episoden der Fünferstrukturen wird beide Male die ekzeptionelle Stellung Moses herausgearbeitet.[150] Beide Erzählungen beginnen

---
[150] Ähnlich schon G.W.Coats, Humility and Honor, 99f.

mit aggressiven Akten. In Ex 17,8-16 handelt es sich um eine militärische Attacke eines äußeren Feindes gegen Israel. In Num 12 um die verbale Attacke von Israeliten gegen Mose. Derselbe Aaron, der in Ex 17,8-16 Moses Arme stützt, wendet sich in Num 12 gegen Mose!

In beiden Erzählungen liegt der Ort, an dem die Erzählung die entscheidende Wende nehmen soll, außerhalb des Lagers. Einmal ist es die Spitze des Hügels, zum anderen das Begegnungszelt, wo Aufstellung genommen wird (Ex 17,9; Num 12,4). Beide Male zeigt die Beschreibung dieses Ortes Anklänge an das Geschehen am Sinai (vgl. Ex 17,9 mit Ex 34,2; und Num 12 mit Ex 33,7-11). Kann man den Hügel von Ex 17 als Vorschein des Sinai betrachten, so das Begegnungszelt als "Sinai in Bewegung". Während Mose auf den Gipfel des Hügels hinaufsteigt, steigt Jahwe nach dem Sinai zum Eingang des Zeltes herab. In beiden Fällen sind am entscheidenden Ort drei Personen versammelt, Mose und Aaron sind beide Male dabei.

In Ex 17,8-16 wird Mose als Stellvertreter Jahwes gezeichnet: der thronende Mose mit seinen festgestellten (Ex 17,12: אמונה) Händen bringt Israel den Sieg. In Num 12 wird er gegenüber denen, die an seiner exzeptionellen Stellung partizipieren wollen, qualitativ abgehoben. Jahwe steigt eigens (vom Himmel) herab, um Aaron und Mirjam Moses Amtsfunktion in klarer Abgrenzung gegenüber dem Prophetenamt darzulegen: Mose ist Knecht Jahwes, mit dessen ganzem Haus betraut (Num 12,7: נאמן [151]).

Anders als vor dem Sinai entbrennt der Zorn Jahwes und es kommt zu einer Strafaktion. Wie schon in Num 11,1-3 tritt Mose in Num 12 dem Zorn Jahwes entgegen. Er legt für Mirjam Fürbitte ein.

d) Ex 18,1-12 und Num 13f/JE
Trotzdem Num 13f/JE nur sehr unvollständig rekonstruierbar ist, läßt sich doch ein gemeinsames Thema beider Erzählungen finden: die Begegnung mit Fremdvölkern. In Ex 18,1-12 kommt Jitro auf Mose zu, um zu erkunden, ob es stimmt, was er von Israel und seinem Gott gehört hat. Mose erzählt (ספר) seinem Schwiegervater die Geschichte der Befreiung aus Ägypten. Jitro versteht, was Mose ihm sagt. Er erkennt Jahwe als Subjekt des geschichtlichen Geschehens in einem Bekenntnis an. Anders in Num 13f/JE! Die ausgesendeten Kundschafter gehen in das Land und begegnen dort den Bewohnern. Sie kommen zurück und berichten von ihrer Erkundung (ספר). Dieser Bericht enthält einen nicht zu überhörenden Vorbehalt dagegen, in dieses Land einzumarschieren. Jitro erkennt Jahwe als Subjekt des Exodus an; Israel dagegen kann nicht darauf vertrauen, daß Jahwe ihm das Land zugedacht hat, es versinkt in weinerlicher Mutlosigkeit. Offen muß bleiben, ob im weggebrochenen Teil von Num 13/JE noch eine Bestrafung Israels folgte.

e) Ex 18,13-27 und Num 16/JE
Beide Erzählungen thematisieren die innerisraelitische Hierarchie. Während in Ex 18 Mose durch "tüchtige Männer" (Ex 18,21) entlastet wird, weigern sich in

---
[151] Auf dieses Spiel mit dem Lexem אמן hat G.W.Coats, Humility and Honor, 100 hingewiesen.

Num 16 Datan und Abiram Mose als legitimen Führer anzuerkennen. Mose bezeichnet sie abschätzig als "diese bösen Männer da" (Num 16,26). Die selbstverständliche Akzeptanz Moses als Führer ist verloren, die Strafe folgt jedoch. Zwar wird vom Zorn Jahwes nicht explizit gesprochen, aber die totale Vernichtung von Datan und Abiram läßt sich kaum anders verstehen. Von Moses Fürbitte ist keine Rede, im Gegenteil, er betreibt sogar den Untergang von Datan und Abiram (Num 16,15). War der Erfolg der Maßnahmen Moses in Ex 18 der innere Friede Israels (Ex 18,23), so prägt nach der Vernichtung von Datan und Abiram Angst und Entsetzen das Bild (Num 16,34).

f) Zusammenfassung
Es ließ sich die Möglichkeit erhärten, daß die vor- und nachsinaitischen Episoden kompositionell aufeinander bezogen sind. Freilich sind diese Bezüge in den seltensten Fällen durch signifikante lexikalische Rekurrenzen herausgearbeitet. Meist liegen die Beziehungen auf der motivischen, thematischen und erzählstrukturellen Ebene.[152]

Auch der Jehowist sieht also den Sinaiaufenthalt als entscheidenden Mittelpunkt seiner Komposition der Wüstenerzählungen. Vor und nach dem Sinaigeschehen kommen zwar im wesentlichen die gleichen Figuren wieder vor, nämlich Jahwe, Mose und Israel, aber das Beziehungsgefüge zwischen ihnen ist auf eine neue Basis gestellt. Die Neuqualifizierung des Verhältnisses von Jahwe und Israel zeigt sich an den Differenzen zwischen vor- und nachsinaitischen Episoden. Die auffälligste und wohl auch wichtigste Differenz zwischen vor- und nachsinaitischen Episoden innerhalb der jehowistischen Schicht ist -wie schon bei P- die, daß nach dem Sinai das Murren der Israeliten -oder bestimmter Personen aus seiner Mitte- seine Strafe findet. Wohl ändert sich der Charakter des Murrens nach dem Sinai etwas, denn da das Murren nicht mehr in der Situation akuter Existenzbedrohung laut wird, ist offensichtlich, daß es überzogenen Ansprüchen und der Gier entspringt, aber das ist kaum ein ausreichender Grund, um eine so unterschiedliche Reaktion Jahwes auf das Murren zu begründen, zumal es auch Erzählungen gibt, in denen die Gier keine Rolle spielt (z.B. Num 12; 13/JE). Vielmehr muß das Sinaigeschehen dafür verantwortlich gemacht werden: Dort geschah es, "daß sich... Jahwe... in unvergleichlicher Weise seinem Volk einmalig offenbarte und daß er durch den am Sinai mit Israel vollzogenen Bundesschluß in ein Verhältnis zu ihm trat, bei dem er der Gott Israels wurde und Israel sein Volk."[153] Seitdem ist Jahwe in besonderer Weise in Israel gegenwärtig; dies zeigt das Begegnungszelt (Num 12), dies zeigt aber auch der Umstand, daß das Volk nun direkt -ohne Vermittlung des Mose- "in Jahwes Ohren" (Num 11,1) klagen kann. Das Sinaigeschehen beinhaltet aber auch eine Verpflichtung Israels, diesem Gott in Grundhaltung und Verhalten zu entsprechen. Am Sinai hat sich Jahwe das Volk neu zugeordnet, und das bedeutet für Israel eine neue Existenzweise. Jahwe erwartet, daß diese neue Existenzweise auch ein neues Verhalten freisetzt. Geschieht

---

[152]Dies macht eine Schwierigkeit für die exegetische Kontrolle von Hypothesenbildungen aus; lexikalische Rekurrenz ist jedenfalls auf der Textoberfläche wesentlich einfacher zu greifen.
[153]J.Jeremias, Theophanie, 101.

dies nicht, so ist Israel dem Zorn Jahwes ausgesetzt. Der Zorn ist die andere Seite seiner Zuwendung zu Israel. Die Episode Num 11,1-3 bringt dies am deutlichsten zum Ausdruck: das "Feuer Jahwes" ist einerseits ein Theophanieelement (Ex 19,18) und somit Zeichen des Kommens Jahwes zu Israel, es kann sich aber andererseits auch gegen Israel wenden und Zeichen seines Zornes sein.

Dann aber ist die Frage, wie Israel angesichts des Zornes Jahwes leben, ja, überleben kann. Darauf gibt es in den jehowistischen Texten wohl mehrere Antworten.[154] Zum einen zeigen die Texte die Möglichkeit auf, daß Israel als Volk Strafaktionen Jahwes durchaus überlebt, auch wenn einzelne Israeliten sterben müssen (Num 11,33f). Eine andere Möglichkeit zeigt Num 16/JE auf: die wirklichen Schuldigen werden mitsamt ihrem Anhang vom Volk separiert. Und jeder, der sich nicht von den Schuldigen distanziert, wird mit ihnen vernichtet. Das Zorngericht Gottes erscheint so als ein zwar schmerzhafter, aber notwendiger Läuterungsprozeß, den Israel durchlaufen muß, damit sich das wahre Israel herausschält. Die dritte Möglichkeit ist die, daß Moses Fürbitte Israel vor dem Untergang bewahrt. Wenn seine Fürbitte verlangt wird, dann setzt sich Mose für die von ihm Geführten bei Gott ein und erreicht eine Beendigung oder Ermäßigung der Strafaktion. Ihm gelingt es, Jahwe zur Selbstbeherrschung seines Zorns zu bewegen.

4. ÜBERLEGUNGEN ZUM HISTORISCHEN ORT DES JEHOWISTEN

Die Untersuchung der Komposition des Jehowisten hat ergeben, daß wir mit einem relativ profilierten eigenständigen literarischen Werk zu rechnen haben.[155] Ist es noch möglich, dieses literarische Werk historisch zu verorten? Diese Frage wird man kaum leichthin bejahen können, denn klare Indizien und Hinweise auf die bestimmte, historisch verifizierbare Entstehungssituation finden sich in den jehowistischen Texten nicht.[156] Man wird daraus schließen dürfen, daß die Texte auch ohne ihren historischen Kontext in verschiedenen historischen Situationen als existenzerhellend gelesen und erfahren wurden.[157] So bleibt man vor allem auf theologiegeschichtliche Argumente angewiesen.

---

[154]Diese verschiedenen Antworten lassen sich kaum auf die verschiedenen Quellen verteilen; E scheint mit Num 12 jedoch der prophetischen Fürbitte mehr Gewicht einzuräumen.
[155]Damit dürften die Bedenken von H.Seebass, Jahwist, 442f zerstreut sein, daß die Annahme eines Jehowisten das literargeschichtliche Modell der Pentateuchentstehung nur unnötig kompliziere.
[156]So auch H.Seebaß, Jahwist, 446.
[157]Anders ist es ja bekanntlich in der Prophetie, wo die Prophetenbücher meist genau datiert sind, weil die historische Situation für das Verständnis der -in zeitgebundene Auseinandersetzungen hineinformulierten- Texte unerläßlich ist.

4.1. Zur Datierung des Jehowisten

Versucht man, die jehowistische Schicht historisch genauer zu verorten, so ist es am sichersten, von den literarkritischen Ergebnissen auszugehen. Der Jehowist muß danach der ersten Stufe der D-Schicht vorausliegen, da diese ja jehowistische Texte bearbeitet hat. Ist es weiter richtig, daß Dje spätestens in die frühexilische Zeit zu datieren ist, so wird sich für den Jehowisten auf jeden Fall eine vorexilische Datierung nahelegen.[158] Die Frage ist, wieweit man mit der Datierung in die vorexilische Zeit heruntergeht. Dazu bedarf es nun weiterer theologiegeschichtlicher Überlegungen.

a) Der Zorn Jahwes
Wohl eine der markantesten theologischen Leitideen des Jehowisten liegt darin, daß er seinen Lesern die Realität des Zornes Jahwes einzuschärfen versucht. Am Sinai hat Jahwe sich Israel in neuer Weise zugeordnet, und seitdem steht Israel unter der Forderung, dieser Bindung an Jahwe gehorsam zu entsprechen. Wo dies nicht geschieht, wird Israel von Jahwe zur Verantwortung gezogen. Da Israel, bzw. einzelne Vertreter Israels, immer wieder erneut gegen Mose murren, bleibt Israel vom Zorn Jahwes bedroht. Im Unterschied zur D-Schicht geht es dem Jehowisten in Num 11,1-3 und Num 12 nicht um die Abwendung drohender Gefahr, sondern um die Beendigung *bereits im Gange befindlicher* Vernichtung. Moses Fürbitte bringt Jahwe nicht von einem -Mose vor der Vollstreckung bekanntgemachten- Vernichtungsbeschluß ab (wie in dem D-Text Num 14,11-25), sondern von seinem bereits im Gang befindlichen Strafhandeln.

Dies dürfte dafür sprechen, daß der Jehowist unter dem Eindruck einer epochalen Existenzbedrohung Israels steht. Ihm steht eine Situation vor Augen, in der Israel als Ganzes von der Vernichtung bedroht ist. Diese Situation stellt zwei Grundfragen an die theologische Arbeit, denen sich der Jehowist stellt. Einmal geht es um die Frage, ob und wie Jahwe in diesem Vernichtungsgeschehen noch als Handelnder gedacht werden kann. Darauf antwortet der Jehowist, indem er auf den Zorn Jahwes hinweist. Die andere Seite von Jahwes exklusiver Zuwendung zu Israel ist sein Zorn über den Ungehorsam Israels. Es scheint mir sehr wahrscheinlich, daß der Jehowist diesen Gedanken in der Auseinandersetzung mit der Prophetie entwickelt hat (vgl. etwa Amos 3,2; zum Zorn Jahwes z.B. Jes 9,7-20). Zum zweiten geht es um die Frage, ob und wie Israel angesichts des Zornes Jahwes noch überleben kann. Darauf antwortet der Jehowist, indem er erzählt, wie Israel den Zorn Jahwes in der Wüste überlebt hat.

Nun ist es freilich nicht einfach, von diesen existentiellen Merkmalen der Situation des JE auf eine bestimmte historische Situation zu schließen. Vielleicht hat die allmähliche Vernichtung Nordisraels durch die Assyrer den

---

[158] Damit ist eine Datierung des Jehowisten in die Exilszeit ausgeschlossen; gegen H.Vorländer, Jehowist, 367 und 372.

geschichtlichen Hintergrund für die *epochale* Erfahrung akuter Existenzbedrohung ganz Israels abgegeben.

Mit größerer Sicherheit scheint mir erhebbar zu sein, daß sich die Theologie des Jehowisten der Auseinandersetzung mit der vorexilischen Prophetie verdankt. Dafür spricht neben der oben schon erwähnten Einschärfung der besonderen Verantwortlichkeit Israels vor allem der Gedanke, daß Israel von unbelehrbarer Hartnäckigkeit sei. Dieser Gedanke kommt dadurch zum Ausdruck, daß JE die Wüstenzeit als nahezu ununterbrochene Folge von Murrerzählungen darstellt. Diese Sicht des Volkes dürfte in den Umkreis der Prophetie gehören, wie R.P.Carroll herausgestellt hat: "The preaching of the prophets emphasised the continual apostasy of the people; they saw the nation as stubborn and stiff-necked (Jes 1,2f; Jer 7,24-26; 8,4-7) and ultimately as incapable of any response to the prophetic word (cf. Jes 6,9-13; Jer 13,23). This rebellion or departure from Yahweh was the cause of their political troubles and regularly demonstrated their innate disloyalty to their God."[159]

In diesem Zusammenhang hat H.H.Schmid die These vertreten, der Aufbau mancher JE-Erzählungen und wohl auch der Umstand, daß immer wieder Notlagen auftreten, in denen sich Israel an Mose -und damit implizit wohl auch an Jahwe- wende, und Jahwe dann rettend oder strafend reagiere, zeige eine gewisse Verwandtschaft zum "Richterschema" des deuteronomistischen Geschichtswerks.[160] Doch die Feststellung dieser Nähe beruht oft auf einem sehr flächigen Vergleich der Texte. Als Beispiel sei die jahwistische Episode in Ex 17,1-7 angeführt, von der H.H.Schmid meint, sie weise "unverkennbare Anklänge an die Grundelemente des 'Richterschemas' auf."[161] Dies dürfte jedoch nur in sehr geringem Maß der Fall sein. Zwar ist das Volk in Not, aber im Richterschema geht es um Feindesnot, nicht um Durst. Im Richterschema fehlt sodann völlig das Motiv vom Murren des Volkes. Und schließlich ist es dort nicht der Führer, der um Hilfe schreit, sondern das Volk, das sich direkt -ohne Vermittlung- an Jahwe wendet. Die "Anklänge" sind also so global und wenig signifikant, daß sie die These einer besonderen Nähe des JE zum dtr Richterschema kaum begründen dürften. Ebenso weisen Episoden wie Num 16/JE, Num 13f/JE und Num 11/JE nur sehr geringe Berührungen zum Richterschema auf. Die keineswegs schematischen Episoden des Jehowisten müssen zudem m.E. dem deuteronomistischen Schematismus zeitlich klar vorausliegen.

c) Mose als "Überprophet"

Man kann mit der Datierung wohl noch weiter kommen, wenn man versucht, den wohl spätesten Text des JE, Num 12, zu datieren. Mir scheint H.Seebass im Recht zu sein, der Num 12,6-8 vor Jeremia datiert, "da Num 12,6 nach Jer 23,25-32 nicht mehr ganz ungeniert formuliert worden sein dürfte."[162] Da Hos 12,13 Mose noch unproblematisch als einen Propheten sieht, Num 12 aber

---

[159] R.P.Carroll, Rebellion, 189.
[160] H.H.Schmid, Jahwist, 62ff.
[161] H.H.Schmid, Jahwist, 65.
[162] H.Seebass, Num 11f, 221.

Mose *über* alle Propheten stellt [163], dürfte man in eine Zeit zwischen Hosea und Jeremia kommen.[164] Zum Verständnis Moses in prophetischen Kategorien gehört wohl auch die vollmächtige Fürbitte.[165]

d) Zusammenfassung
So scheint es mir insgesamt gut möglich den Jehowisten mit E.Zenger in die Zeit nach dem Untergang des Nordreichs zu datieren.[166] In dieser Situation ist zweierlei zu verarbeiten. Einmal die Tatsache, daß das Nordreich unterging, andererseits, daß Juda die assyrische Expansion überdauern konnte. Man kann sich vorstellen, daß in dieser Situation die Verantwortlichkeit Israels vor Jahwe und die Realität seines Zornes an Hand der alten Erzählungen neu durchdacht wurden. Der Untergang des gesamten Nordreichs ließ wohl bewußt werden, daß Israel als ganzes -und nicht nur einzelne Gruppierungen und Interessenkoalititionen- sich gegen Jahwe gewendet hatte und von seinem Zorn bedroht war. Zum anderen hatten sich die Propheten nachträglich als die wahren Führer Gottes erwiesen. Auf sie hätte man hören sollen. Von daher erscheint es angebracht, daß auch das Führungsamt des Mose, des idealen Führers des Israels der Frühzeit, in spezifisch prophetischen Kategorien beschrieben wurde.

4.2. Zur Datierung des Jahwisten

Es hat sich gezeigt, daß der Jehowist älteres literarisches Material verarbeitet hat, das wohl im wesentlichen dem Jahwisten zuzuweisen ist. Läßt sich auch das jahwistische Textmaterial noch historisch verorten?

F.Crüsemann hat für Num 16/JE erneut die Datierung in davidisch-salomonische Zeit verfochten.[167] Er sieht in Num 16/JE klare Anspielungen auf historische Ereignisse unter David. Man vergleiche die Aufstände gegen David (2Sam 15,1-18; 20,1-22). Insbesondere der "Aufstand" Schebas ist mit der "Aufkündigung der Gefolgschaft" von Datan und Abiram vergleichbar.[168] "Im

---

[163] Die Überordnung Moses über die Prophetie hat sicher ihre Wurzeln in Kontroversen in der Prophetie selbst. Man vergleiche etwa die Aussage des Amos: Ich bin kein Prophet (Amos 7,14; dazu etwa R.P.Carroll, Elijah-Elisha Sagas, 414). Vgl. auch Aussagen wie 1Kön 22,22f; Jer 23,22.
[164] Der Vorwurf an Mose, er habe eine kuschitische Frau geheiratet, wird öfters als Beweis für frühestens exilische Entstehung angeführt (so schon J.Wellhausen, Composition, 99 Anm 1; H.Seebass, Num 11, 222). In Num 12 geht es jedoch nicht um die allgemeine Frage der Mischehen, sondern um die Ehe des Volksführers. Ob er eine Fremdstämmige heiraten soll, ist anscheinend strittig. Die Erzählung selbst läßt jedenfalls nicht erkennen, daß Moses "Mischehe" verurteilt würde! Man braucht nur daran zu denken, daß der Harem des Königs auch politische, sogar religionspolitische Funktionen und Folgen hatte, um sich die Relevanz der Vorwürfe an Mose auch in vorexilischer Zeit klar zu machen. Auch bei den Vätern war die Heirat fremdstämmiger Frauen bereits ein Problem (vgl. Gen 24; 26,34f; 27,46).
[165] R.P.Carroll, Rebellion, 197.
[166] E.Zenger, Israel am Sinai, 19f und 185.
[167] Der Datierung Crüsemanns folgt auch F.Ahuis, Autorität, z.B. 45-47. Auch W.H.Schmidt, Theologe, hat versucht, in methodologisch sehr behutsamer Weise die Argumente für diese traditionelle Datierung des Jahwisten erneut zusammenzutragen.
[168] F.Crüsemann, Widerstand, 170.

Bild der Wüstengeneration hält J hier dem Israel seiner Tage den Spiegel vor. Die Aufstände gegen das Königtum, der Versuch, ihm den Gehorsam aufzusagen und zu den Zuständen der vorstaatlichen Zeit zurückzukehren, so wie das Volk in der Wüste nach Ägypten zurück will, aus dem Jahwe es doch gerade befreit hat, ... gefährden ganz grundsätzlich Jahwes heilsgeschichtlichen Plan, der Segen nicht nur für Israel, sondern für alle Sippen der Erde bringen will."[169]

Natürlich ist das Problem der Aufkündigung der Gefolgschaft ein Grundproblem von Führung. Kein Führer kann auf Dauer auf die Zustimmung und Anerkennung der von ihm Geführten verzichten. So ist die Erzählung von Datan und Abiram sicher auch auf andere historische Situationen hin transparent [170], trotzdem scheint mir Crüsemanns Datierung recht gut begründet. In davidisch-salomonischer Zeit sind sicherlich epochale Erfahrungen mit einer Zentralgewalt gemacht worden.[171] Es erscheint mir als gut möglich, daß in den Gestalten von Datan und Abiram Anhänger der vom Untergang bedrohten akephalen, segmentären Gesellschaft [172] gezeichnet werden, die dem König die Gefolgschaft aufkündigen und jegliche Zentralgewalt als illegitim ablehnen.

Sehe ich recht, so dürften auch die anderen jahwistischen Episoden einer Datierung in die frühe Königszeit nicht allzu sehr widersprechen, so daß eine Datierung des Jahwisten in die frühe Königszeit einige Wahrscheinlichkeit für sich hat.

---

[169]F.Crüsemann, Widerstand, 174.
[170]So sieht es H.Drews, Zeichenprobe, 85: "Die Kontroverse ist so allgemein gehalten, daß Anspielungen auf bestimmte Gruppenkämpfe nicht zu erkennen sind und konkrete Auseinandersetzungen wohl auch nicht im Hintergrund stehen."
[171]Vgl. F.Crüsemann, Widerstand, 195ff.
[172]Zum Begriff siehe F.Crüsemann, Widerstand, 200ff.

Kapitel 7: Schluß

Die literar- und redaktionsgeschichtliche Arbeit an den Wüstentexten hat sich für das Verständnis des Endtextes als notwendig und förderlich erwiesen. Denn der Endtext ist kein kohärenter Text und kann nur als Endstufe eines komplexen Redaktionsprozesses angemessen verstanden werden. Der biblische Endtext verdankt sich einem vitalen und produktiven Prozeß, im Verlauf dessen die überkommenen Erzählungen über Gottes Handeln an Israel immer wieder neu durchdacht und verändert wurden. Die in Erzählungen verdichteten Erfahrungen vergangener Generationen fungierten als Deuteschlüssel für neue geschichtliche Erfahrungen; deshalb wurden sie überliefert. Umgekehrt liessen neue geschichtliche Erfahrungen mit Gott die überkommenen Texte in neuem Licht erscheinen; deshalb wurden sie neu bearbeitet. Dies eindrücklich herausgearbeitet zu haben, ist m.E. das unverlierbare Verdienst der bisherigen historisch-kritischen Forschung.

In den vorherigen Kapiteln haben wir versucht, innerhalb des Episodenkomplexes "Wüste" Schicht um Schicht abzutragen und jede Schicht erst einmal für sich zu interpretieren. Nun soll noch zweierlei behandelt werden. Zum einen (1.) sollen die Ergebnisse der Einzeluntersuchungen in einem Verlaufsmodell des literargeschichtlichen Prozesses zusammenfassend dargestellt werden. Und zum anderen (2.) soll in einem Ausblick noch auf einige theologisch interessante Aspekte dieser Arbeit hingewiesen werden.

1. MODELL DER REDAKTIONSGESCHICHTE DER WÜSTENERZÄHLUNGEN

Es soll ein Modell der Redaktionsgeschichte der Wüstenerzählungen erstellt werden. Sind wir bisher -aus methodologischen Gründen- den Weg der Rückfrage (vom Endtext zu den ältesten literarischen Schichten) gegangen, so soll nun der redaktionsgeschichtliche Prozeß in seinem ursprünglichen Verlaufssinn (von den ältesten Schichten zur Endredaktion) nachgezeichnet werden. Dies soll in Form eines Modells geschehen. Ein Modell verkürzt in seiner Konzentration auf das Wesentliche natürlich die Komplexität und Vielschichtigkeit des wirklichen Sachverhalts. Um die Intention der jeweiligen Schichten besser vergleichbar machen zu können, gehe ich so vor, daß ich die Darstellung der Schichten am Leitfaden des folgenden Fragenkatalogs orientiere: (a) Welchen literarischen Charakter hat die Schicht, (b) welche

Bedeutung hat das Sinaigeschehen, welche Auffassung (c) von Israel und (d) von Mose und seinem Amt findet sich?

1.1. Die jehowistische Schicht

a) Der literarische Charakter des Jehowisten
Die jehowistische Schicht stellt die Bearbeitung des Jahwisten dar. Es sprach einiges für die Vermutung, daß die sogenannten elohistischen Texte nicht als Fragmente einer ehemals eigenständigen Quelle neben J, sondern als auf den Kontext hin formulierte Erweiterungen des J-Fadens einzustufen sind. Die jehowistische Schicht inkorporiert jedenfalls sowohl jahwistische als auch sogenannte elohistische Episoden in eine kompositionelle Einheit, die sehr planvoll zwei aufeinander bezogene Fünferstrukturen um die Sinaiperikope herum gruppiert. Jede dieser Fünferstrukturen ist in sich wieder ähnlich strukturiert. Im *vorsinaitischen* Zyklus wurden zwei Episoden-Paare (Ex 15,22-25a; 17,1b.3-6 und Ex 18,1-12.13-27) um eine zentrale Episode (Ex 17,8-16) herum angeordnet und durch lexikalische Berührungen miteinander verschränkt. Das erste Episodenpaar (Ex 15,22-25a und Ex 17,1b.3-6) handelt davon, wie Jahwe das murrende Israel mit Trinkwasser versorgt; das zweite Episodenpaar davon, wie Jitro zur Erkenntnis Jahwes kam, und wie Mose seinen Rat befolgt, sich durch die Neuorganisation des Rechtswesens zu entlasten. Im Zentrum steht die Episode Ex 17,8-16, die davon handelt, wie die Inthronisation des Mose die Abwehr des Aggressors Amalek ermöglicht. Die besondere Kunstfertigkeit der Komposition zeigt sich darin, daß diese zentrale Episode in sich ebenfalls wieder ringförmig strukturiert ist. Im *nachsinaitischen* Zyklus wiederholt sich diese Struktur: zwei Episodenpaare (Num 11,1-3 und 4-34/JE, sowie Num 13f/JE und Num 16/JE) lagern sich um die zentrale Episode Num 12. Das erste Episodenpaar (Num 11,1-3 und 4-34/JE) handelt von der zornigen Reaktion Jahwes auf die Gier Israels, das zweite Episodenpaar (Num 13f/JE und Num 16/JE) davon, wie Israel (Num 13/JE) oder Teile von Israel (Num 16/JE) das Land, darin Milch und Honig fließen, diffamieren. Im Zentrum steht die Episode Num 12, in der Jahwe Mose als seinen einzigartigen Knecht gegen Angriffe schützt, die selbst von hochrangigen Vertretern Israels (Mirjam und Aaron) gegen ihn vorgetragen werden. Dieser markanten kompositionellen Struktur entspricht auch eine profilierte theologische Position.[1]

b) Der Einschnitt des Sinaigeschehens
Das Sinaigeschehen markiert in dieser Schicht einen deutlichen Einschnitt. Durch das Sinaigeschehen ändern sich die Grundlagen der Gottesbeziehung Israels. Für den Jehowisten zeigt sich dies vor allem darin, daß im nachsinaitischen Episodenzyklus der Zorn Gottes eine wesentliche Rolle spielt (Num 11,1.10.33; 12,9). Im Textbereich vor dem Sinai war von ihm nicht die Rede, nach dem Sinaigeschehen droht Jahwe in seinem Zorn Israel zu ver-

---

[1] Der Jehowist hat m.E. als eigenständiges literarisches Werk dem Verfasser von Ps 78 vorgelegen.

nichten. Die Theophanie Jahwes am Sinai und seine Selbstbindung an Israel hat für Israel auch eine sehr bedrohliche Konsequenz. Im vor- wie im nachsinaitischen Zyklus murrt Israel in vergleichbarer Weise gegen Mose (und damit implizit gegen Jahwe), aber erst nach dem Sinaiaufenthalt wird Israel für sein Verhalten bestraft. Dies macht deutlich, daß für Israel ab dem Moment, in dem Jahwe sich ihm in exklusiver Weise zeigt (Theophanie) und mit seinem Rechtswillen bekannt macht (Gesetz), die Phase beendet ist, während der Jahwe auf Strafe verzichtet hat. Der von Jahwe gewährte Bund bedeutet für Israel auch eine ernste Verpflichtung.

c) Israel

Beim Jehowisten findet sich eine ambivalente Sicht Israels: Zum einen zeigt sich, daß Israel die Ungesichertheit der Existenz in der Wüste nicht erträgt. Der Weg aus Ägypten heraus, hinein in's zugesagte Land führt eben durch die Wüste. Aber Israel will zurück nach Ägypten (Ex 17,3), die Sicherheit der Sklavenexistenz wird in der Erinnerung Israels immer weiter verklärt, je länger man sie hinter sich hat. Der Gipfel der Verklärung Ägyptens dürfte mit Datan und Abiram erreicht sein, die ausgerechnet Ägypten mit dem "Ehrentitel" des verheißenen Landes etikettieren, indem sie behaupten, Ägypten sei das Land, darin Milch und Honig fließen (Num 16,13). Konfrontiert mit der Lebensfeindlichkeit der Wüste trauert Israel der Gesichertheit der Sklaverei nach; denn solange man als Sklave seine Arbeit tut, braucht man wenigstens nicht um sein Leben fürchten. Aus diesem Bewußtsein heraus verweigert sich Israel dann auch der Autorität des Mose, denn seine Führung hat Israel dahin geführt, wo es jetzt steht: in der Wüste, vom Tode bedroht.

Nun finden sich im vorsinaitischen Zyklus aber auch Erzählungen, die von einer solchen negativen Sicht Israels nichts erkennen lassen (Ex 17,8-16; 18,1-12.13-27). Mir scheint, daß der Jehowist dadurch die Bedeutung der zentralen Episode Ex 17,8-16 unterstreichen wollte. Nachdem es Mose gelingt, sich bei der Abwehr des Aggressors Amalek erfolgreich zu bewähren, steht seine Autorität für den vorsinaitischen Zyklus außer Frage.

Nach dem Aufbruch vom Sinai fällt Israel jedoch in seine alte Rolle zurück. In Num 11,1-3 wird nun sogar explizit Jahwe mit Vorwürfen attackiert, während sich im vorsinaitischen Bereich die Kritik an Mose richtete, worin die Kritik an Jahwe lediglich implizit enthalten war. Nach dem Sinaigeschehen reagiert Jahwe auf die Vorwürfe Israels mit seinem Zorn. Im Feuer des Zornes Jahwes wird Israel geläutert. In Num 16/JE wird diese Läuterung eindrücklich dargestellt: Das wahre Israel, das sich durch Gefolgschaftstreue gegenüber Mose auszeichnet, separiert sich von denen, die Mose die Gefolgschaft aufkündigen. Letztere verschwinden vom Erdboden, erstere machen sich auf den Marsch durch die Völkerwelt, hinein in das verheißene Land.

d) Mose

Mose hat beim Jehowisten einerseits die Funktion, für das Volk vor Jahwe einzutreten (z.B. Ex 15,25a), andererseits repräsentiert er für Israel Jahwe. Ohne ihn wäre Israel in vielfachen Gefahren, worunter für den Jehowisten auch der Angriff des äußeren Feindes Amalek fällt (Ex 17,8-16), verloren gewesen. Denn nur vermittelt durch Mose hilft Jahwe seinem Volk. Mose kann in seiner Funktion von anderen unterstützt, aber nicht ersetzt werden (Ex 17,12; 18,26). Eine neue Funktion übernimmt Mose nach dem Sinaigeschehen: die Funktion der Fürbitte.[2] Israel ist, weil es sich nicht der am Sinai gestifteten Gemeinschaft mit Jahwe entsprechend verhält, vom Zorn Jahwes bedroht. In dieser Situation wendet sich das Volk an Mose um Hilfe (Num 11,2), und Mose setzt sich daraufhin bei Jahwe für das Volk ein (Num 11,2; vgl. Num 12,11ff; 21,7) und erreicht tatsächlich eine Beendigung der Strafaktion. Mose kann Jahwes Zorn besänftigen.

1.2. Die erste Stufe der D-Schicht (Dje)

Etwa in spätvor- oder frühexilischer Zeit wird die jehowistische Schicht von einem Herausgeberkreis bearbeitet, der dem deuteronomisch-deuteronomistischen Traditionsraum zuzurechnen ist, sich aber in manchem auch von der dtn-dtr Literatur und ihren Konzeptionen unterscheidet. Solche Unterschiede zeigen sich zum Teil daran, daß aus der dtn-dtr Literatur bekannte Lexeme in der Dje-Schicht mit neuem Inhalt gefüllt werden.

Auf Dje sind wir in Num 14,11-25 gestoßen. Mit großer Sicherheit kann auch Ex 17,2.7 dieser Schicht zugewiesen werden. Nicht sicher, aber doch wahrscheinlich, ist die Zugehörigkeit von Num 14,39-45 zu Dje. Und, sollte letzteres richtig sein, ist es auch gut möglich, daß Num 10,33.35-36 zu Dje gehört. Schließlich ist auch mit Texten zu rechnen, die der D-Schicht konzeptionell nahestehen, ihr aber nicht zuzurechnen sind, so vermutlich die Ältestenerzählung in Num 11.

a) Der literarische Charakter der Dje-Schicht
Als literarische Technik der Bearbeitung bevorzugt Dje die Einfügung von Redepassagen in bestehende Erzählungen (z.B. Num 14,11-25; Ex 17,2). Mit diesem Mittel wird der jehowistische Erzählzusammenhang neu akzentuiert, bleibt aber in seinem literarischen Bestand unangetastet. Dadurch bleiben auch die theologischen Intentionen des JE im wesentlichen erhalten. Dies zeigt sich z.B. in der Einschätzung des Sinaigeschehens.

b) Der Einschnitt des Sinaigeschehens
Auch in dem um die Dje-Schicht erweiterten Textkorpus des JE bildet das Sinaigeschehen weiterhin den schon bei JE festgestellten markanten Einschnitt, es stellt die Beziehung Jahwes zu Israel auf eine qualitativ neue Grundlage. Andererseits läßt sich zeigen, daß Dje an dieser Konzeption von JE kein besonderes Interesse hatte. Zunächst ist es ganz im Sinne von J, daß sich Jahwe erst nach dem Sinaigeschehen (Num 14,22f) dazu entschließt, der Exodus-

---

[2]Damit wird Moses Amt um eine prophetische Funktion bereichert, vgl. zur prophetischen Fürbitte J.Jeremias, Kultprophetie, 140ff.

generation die Zusage des Landes wieder zu entziehen. Aber die Begründung dieses Entschlusses, "weil sie mich jetzt schon zum zehntenmal auf die Probe gestellt haben", läßt kein Interesse am Einschnitt des Sinai erkennen. Die Begründung verweist eher darauf, daß Israel seine Schuld fortwährend akkumuliert habe, bis eben die Toleranzschwelle Jahwes erreicht worden sei. Von einer qualitativen Veränderung der Beziehung Jahwes zu Israel durch das Sinaigeschehen läßt diese Begründung nichts erkennen.

c) Israel
Der signifikanteste neue Akzent bei Dje ist sicher die Vorstellung, daß Israel in der Wüste Jahwe versucht (נסה) habe, ja, daß die gesamte Wüstenwanderung von wiederholten Fällen solcher Versuchung Jahwes geprägt gewesen sei (Ex 17,2; Num 14,22). Die Versuchung Jahwes besteht darin, daß Israel in anmaßender Weise beansprucht, von Jahwe versorgt zu werden. Das kommt in Ex 17,7 zum Ausdruck: Die Frage "Ist Jahwe in unserer Mitte oder nicht?" offenbart eine überspannte Selbstsicherheit, aus der überspannte Legitimationsansprüche abgeleitet werden.[3] Nach Dje (Ex 17,2) weist Mose Israel darauf hin, daß es eine Versuchung Jahwes darstellt, von ihm, Mose, die Befriedigung ihres Verlangens nach Wasser mit Nachdruck zu verlangen. Das Verlangen nach einem Wunder (das dann freilich trotzdem folgt) bedeutet eine Versuchung Jahwes.

d) Mose
Auch bei der Konzeption von Mose und seinem Amt knüpft Dje an die Darstellung des Jehowisten an. Besonders hervorgehoben wird die Fürbittefunktion des Mose (Num 14,11-25). Einer ausführlichen Darstellung des Argumentationsganges, wie Mose Jahwe von seinem Entschluß abbringt, Israel zu vernichten, hat Dje eine eindringliche Textpassage gewidmet (Num 14,11-25). Diese argumentative Entfaltung der Fürbitte des Mose unterscheidet Dje von JE. Hatte sich JE anscheinend damit begnügt, festzustellen, daß Moses Fürbitte eben eine besondere Kraft hat, Jahwe umzustimmen (Num 11,2; 12,13), so liegt Dje daran, die Argumente im einzelnen nachzuzeichnen, die Jahwe zur Selbstbeherrschung seines Zornes gebracht haben. Mose führt eine ganze Reihe von Argumenten an, die alle darauf zielen, Jahwe an sein eigenes Wesen zu erinnern. Es entsteht der Eindruck, Jahwe habe mit seinem Vernichtungsentschluß voreilig und unüberlegt gehandelt. Mose kann Jahwe davon überzeugen, daß die Vernichtung Israels eigentlich mit seiner gnädigen, rettenden Treue zu Israel unvereinbar sei.

Ein weiterer Unterschied zu JE besteht darin, daß Mose in Num 14,11-25 bereits eingreift, noch bevor Jahwe seinen Vernichtungsentschluß in die Tat umsetzen kann. In der jehowistischen Schicht leistet Mose erst dann Fürsprache für das Volk, wenn der Zorn Jahwes bereits erste erfahrbare Folgen zeitigt und das Volk ihn aus diesem Leidensdruck heraus (Num 11,2; 12,11) darum bittet.

---

[3]Dje dürfte die Kritik einer selbstsicher gewordenen Zionstheologie voraussetzen, wie sie in der vorexilischen Prophetie schon laut geworden ist (Micha 3,9-12; vgl. auch Jer 7,1-13).

Folgt man dagegen Dje, so macht Jahwe Mose mit seinem Vorhaben vor deren Ausführung bekannt.[4] Und Mose ergreift bereits dann die Gelegenheit, sich für das von ihm geführte Volk einzusetzen, ohne vom Volk darum gebeten worden zu sein, und ohne daß das Volk seine Schuld einsieht oder gar bekennt.

1.3. Die Priesterschrift

In spätexilischer oder frühnachexilischer Zeit hat die Priesterschrift eine neue, eigenständige Fassung der Stoffe erarbeitet, die im Wesentlichen auch schon die alten Quellen beinhaltet haben.[5] Mehrfach haben sich Anzeichen ergeben, daß P in der Auseinandersetzung mit der Prophetie Ezechiels bzw. seiner Schule steht. So erklären sich jedenfalls manche verblüffenden Gemeinsamkeiten beider Literaturwerke relativ einfach. Sowohl das Ezechielbuch als auch die Priesterschrift schildern mehrfach -jeweils an entscheidenden Punkten ihrer Werke- Erscheinungen des KABOD Jahwes.[6] Ein weiteres Beispiel ist die Formulierung des Strafurteils, das den Tod der Exodusgeneration beinhaltet (Num 14,27-35). Dieses Urteil ist in Anlehnung an die Sprache und das Formelgut ezechielischer Gerichtsworte formuliert.[7] Zuletzt sei noch an die Kennzeichnung des Landes als eines, "das seine Bewohner frißt" (Num 14,32) erinnert. Auch diese Formulierung versteht sich am besten von Ez 36,1-15 her.[8]

a) Der literarische Charakter von P
Die Priesterschrift ist keine Bearbeitungsschicht, sondern eine eigenständige Quelle. Zum einen läßt sich die Priesterschrift -im Gegensatz etwa zur D-Schicht- als in sich kohärenter Erzählfaden lesen. Dieser Erzählfaden ist durch Wiederholung desselben Erzählaufbaus und durch deutliche lexikalische Bezüge kompositionell sehr klar durchstrukturiert. Zum zweiten ist deutlich, daß nahezu alle Texte, die nicht zu P gehören, nur deren profilierte theologische Position sowie die kompositionellen Zusammenhänge verwischen. In Num 13-14 zeigt sich das sehr signifikant. Die um Dje erweiterte JE-Schicht legt großes Gewicht darauf, daß Mose Jahwe von seinem Entschluß, Israel zu vernichten, wieder abbringt und eine Abmilderung des Urteils erreicht. Bei P findet sich von einem solchen dramatischen Ringen zwischen Mose und Jahwe nichts. Jahwe fällt ein Urteil, und das wird auch vollstreckt. Mose hat keine weitere Funktion als die Worte Jahwes an das Volk weiterzuvermitteln. Dieses theologische Profil von P ist durch die Zusammenarbeit mit dem um Dje erweiterten JE verwischt. Die Intention der Endredaktion deckt sich also nicht

---

[4] Diese Konzeption erinnert deutlich an Amos 3,7.
[5] Mit Priesterschrift (Siglum "P") ist immer die sogenannte priesterschriftliche Grundschrift P^g gemeint.
[6] Vgl. Kap 4: 4.2.
[7] Vgl. Kap 4: 1.2.1. (6).
[8] Vgl. Kap 4: 1.2.1. (3).

mit der Intention der Priesterschrift, beide müssen voneinander unterschieden werden.⁹

Obwohl P eine eigenständige Quelle ist, setzt sie beim Leser doch die Kenntnis der alten Quellen voraus. Im Fall von Num 20,1-13 wird sogar die jehowistische Fassung des Wasserwunders in Ex 17,1b.3-6 von P als literarische Vorlage benutzt.

b) Der Einschnitt des Sinaigeschehens
Zunächst einmal unterscheidet sich auch für P die vorsinaitische von der nachsinaitischen Zeit deutlich dadurch, daß Jahwe nach dem Sinai Israel bestraft. Auch für P stellt das Sinaigeschehen das Verhältnis Jahwes zu Israel auf qualitativ neue Grundlagen. Das zeigt sich z.B darin, daß im nachsinaitischen Kontext das Begegnungszelt als Ort des Erscheinens des KABOD eine wichtige Rolle spielt. Nach P hat sich am Sinai die Einrichtung des Kultes vollzogen und in diesem Zusammenhang auch die Erkenntnis Jahwes durch das Volk. Im Jubel über die Annahme des ersten Opfers kommt für P zum Ausdruck, daß Israel Jahwe erkannt hat (Lev 9,24). Hat aber Israel Jahwe erkannt, so ist es nun auch in vollem Sinn verantwortlich für sein Verhalten. Das Murren richtet sich nun nicht mehr nur implizit, sondern explizit gegen Jahwe (Num 14,3.27) und ist deshalb strafwürdig. Nur Josua und Kaleb werden vom Strafurteil ausgenommen, die sich auf die Seite von Mose und Aaron gestellt und das Land Kanaan als gute Schöpfergabe Jahwes bewertet haben.

c) Israel
P zeichnet von Israel -bei P immer als "Gemeinde" bezeichnet- ein Bild, das wohl die aggressivsten Züge enthält. In Ex 16,3 ist das Murren der Gemeinde noch ganz im Rahmen dessen gehalten, was JE ähnlich formuliert hat. Die Zeit in Ägypten wird in der Erinnerung Israels als Zeit der vollkommenen Versorgtheit verklärt, der Exodus aus Ägypten dagegen als eigenmächtige Tat Moses gesehen, die letztlich in den Tod führe. In Num 14 entwickelt die Gemeinde jedoch weit aggressivere Tendenzen. Israel plant eine Verschwörung gegen Mose, um ihn abzusetzen (Num 14,4)! Und obwohl sich Josua und Kaleb mit aller Kraft einsetzen, droht die Gemeinde ihr Vorhaben zu verwirklichen und Mose und Aaron zu steinigen (Num 14,10a). Num 13-14 zeigt ein großes Mißtrauen der Priesterschrift gegenüber Mehrheitsbildungen in der Gemeinde. Die deutliche Mehrheit der Kundschafter streut ein falsches Gerücht aus; und die deutliche Mehrheit des Volkes hätte Mose und Aaron gesteinigt, wenn nicht im letzten Augenblick der KABOD Jahwes erschienen wäre (Num 14,10b).

P zeichnet also ein Israel, daß sogar vor verschwörerischen Gewaltakten gegen Mose und Aaron nicht halt macht. Diese Gemeinde wird dann auch von einer harten Strafe Jahwes getroffen (Num 14,26-35): Die gesamte Generation

---

⁹Wohl noch vor der Vereinigung von P und dem bereits von Dje bearbeiteten Jehowisten durch die Endredaktion sind wohl Zusätze zu P hinzugekommen, so vermutlich Num 16-17 (Pˢ). Auch nach der Endredaktion muß man noch mit Zusätzen im priesterschriftlichen Stil rechnen. So dürften Num 15 und Num 18-19 solche Zusätze darstellen, da diese Kapitel in der Struktur des Endtextes keinen kompositionellen Platz haben.

Israels, die aus Ägypten ausgezogen ist, wird in der Wüste sterben, nur Josua und Kaleb werden in das verheißene Land kommen, das doch all denen zugesagt war, die aus Ägypten aufgebrochen sind.

d) Mose

Das Mosebild von P weicht erheblich von dem der anderen Schichten ab. Die zunächst auffälligste Besonderheit von P ist, daß dem Mose Aaron an die Seite gestellt wird. Beim Jehowisten dagegen trat Aaron nur im Verbund mit anderen, Hur und Mirjam, auf, gegenüber denen er nicht besonders hervorgehoben wurde (Ex 17,8-16; Num 12). Auch wenn Aaron dem Mose deutlich untergeordnet ist, so scheint für P das Führungsamt Israels doch nicht mehr nur durch eine Person wahrnehmbar zu sein. Dabei scheint Aaron -wie häufig vermutet- in der Tat das Priesteramt zu repräsentieren, auch wenn auffällt, daß Aaron im nachsinaitischen Textbereich der priesterschriftlichen Grundschrift keine Opfer darbringt, was doch eine Hauptfunktion des Priesters ist.

Sodann fällt auf, daß die Kommunikation zwischen Jahwe und Mose immer nur in einer Richtung vor sich geht. Mose erscheint als gehorsamer Überbringer der Anweisungen Jahwes, überspitzt könnte man vielleicht vom "Sprachrohr" Jahwes sprechen. Es gibt keine Sprechrichtung von Mose zu Jahwe. Dies fällt umsomehr auf, als sowohl der Jehowist als auch Dje die Fürbittefunktion des Mose so stark betonen. P übergeht diese Funktion Moses sicher bewußt. Dies impliziert ein Gottesbild, bei dem es keine menschliche Einflußnahme -auch nicht von Mose- auf Jahwe gibt. Jahwe ist gerecht, er übersieht alle Fakten und Faktoren, die für ein Urteil oder einen Entschluß notwendig sind, er fällt in gerechter Weise sein Urteil und führt es dann aus. Jahwe handelt nicht voreilig. Er handelt immer in Übereinstimmung mit seinem Wesen. Folglich kann es auch keine Appellation an Gott geben, die die Rücknahme eines Entschlusses Jahwes erreichen will. Es gibt keine Vergebung, ja, nicht einmal eine Abmilderung der Strafe.

Eine weitere Auffälligkeit von P ist, daß es nur in dieser Schicht eine Kritik Jahwes -und nicht nur des Volkes- an Mose gibt. In Num 20,12 werden Mose und Aaron wegen ihres Unglaubens ihres Amtes enthoben. Man versteht diese Kritik doch wohl nicht richtig, wenn man darin eine Solidarisierung Jahwes mit dem Murrvorwurf der Israeliten (Num 20,3-5) erblickt. Mose wird vielmehr dafür verurteilt, daß er gegenüber der Gemeinde, die sich seiner Führung verweigert, versucht hat, sich selbst in den Vordergrund zu spielen. Er wollte von den Murrenden die Anerkennung seiner Führungskompetenz erreichen, ohne auf Jahwe als den zu verweisen, von dem seine Legitimität und Kompetenz abhängt. Damit schärft P die hohe Verantwortung des Führungsamtes ein. Gerade weil es von Seiten des Volkes keiner Kontrolle unterliegt, kommt es darauf an, daß sich die Amtsinhaber nicht selbst absolut setzen und keine egoistischen Interessen einzubringen oder zu verfolgen suchen.

1.4. Die Endredaktion

Unter Endredaktion soll der Redaktor verstanden werden, der die

-wahrscheinlich schon um sekundäre Zuwächse erweiterte- Priesterschrift und den durch Dje bearbeiteten Jehowisten zusammengearbeitet hat. Dieser Bearbeitung verdanken wir im wesentlichen die Gestalt des Pentateuch, wie sie uns heute vorliegt, abgesehen von Nachträgen im priesterschriftlichen Stil und einzelnen Glossen. Die Zusammenarbeit von Priesterschrift und vorpriesterschriftlichem Material ließe sich gut in der Perserzeit vorstellen, in der die Perser die Sammlung und Kodifizierung der nationalen Tradition förderten. Es scheint m.E. gerechtfertigt, anzunehmen, daß der Pentateuch in der Esra-Nehemiazeit abgeschlossen wurde.

a) Der literarische Charakter der Endredaktion
Die Endredaktion hat zwei selbständige Litaraturwerke zusammengearbeitet. Die Zusammenarbeit war möglich, weil sich P ja ohnehin als eine Art Neufassung der alten Quellen verstand und in Aufbau und Stoff den alten Quellen verbunden blieb. Die Endredaktion hat zum einen den priesterschriftlichen Textbestand -wie es scheint- vollständig erhalten. Notfalls hat sie eher auf Teile von JE verzichtet (so z.B. in Num 13-14). Sie hat aber auch -gegen die Intention von P- vieles alte Material erhalten und deren theologische Intentionen gegen P zur Geltung gebracht. Die Endredaktion stellt also durchaus eine Korrektur an P dar.[10]

Da die Endredaktion den Wortlaut des überlieferten Quellenmaterials weitgehend erhalten wollte, blieben trotz bewußter Gestaltung des überkommenen Textmaterials durch die Endredaktion viele Spannungen im Text bestehen. Das Interesse, das alte Erzählmaterial zu erhalten, überlagerte das Interesse, einen neuen, möglichst kohärenten Text zu erstellen. Dabei nimmt die Endredaktion größere Spannungen in Kauf als etwa der Jehowist.

b) Der Einschnitt des Sinaigeschehens
Die Endredaktion hat die Bedeutung des Sinaigeschehens als qualitative Veränderung der Beziehung Jahwes zu Israel durchgehalten. Vor dem Sinaigeschehen verzichtet Jahwe darauf, Israel zu bestrafen, nach den Ereignissen am Sinai wird Israel bestraft, wenn es gegen Mose und Jahwe murrt. Wie wichtig der Endredaktion diese Konzeption war, zeigt der Umgang mit Num 20,1-13. In Num 20,1-13 wird ja von einem Murren der Israeliten erzählt, ohne daß klar herausgestellt würde, worin denn nun die Strafe für das Murren besteht. Mose und Aaron werden für ihren Unglauben bestraft, aber Israel? Die Endredaktion hat an Num 20,1-13 die Erzählung Num 20,14-21 angeschlossen. Israel wird erneut vom Zugang zum Land dadurch abgedrängt, daß sich der König von Edom weigert, Israel durch sein Gebiet ziehen zu lassen. Man kann diese Erzählung nach Num 20,1-13 kaum anders verstehen, als daß dieser erneute Umweg die Strafe für das Murren Israels gegen Mose und Aaron darstellt.

---

[10]H.C.Schmitt hat dies in zwei Aufsätzen nachzuweisen versucht ("Priesterliches" und "prophetisches" Geschichtsverständnis; Redaktion des Pentateuch). Im Grundsatz kann man seinen Ergebnissen zustimmen, im Einzelnen bestehen freilich einige Anfragen.

c) Israel
Was die Konzeption des murrenden Israel betrifft, so ist die Endredaktion der Intention von P weitgehend gefolgt. Israels Murren steigert sich bis zur Ablehnung des verheißenen Landes und zur Verschwörung gegen Mose und Aaron. Und die gesamte Exodusgeneration muß aus diesem Grund in der Wüste sterben, bis auf Josua und Kaleb, die soetwas wie einen heiligen Rest dieser Generation darstellen.

Ziel des Geschichtshandelns Jahwes und des Erscheinens seines KABOD war nach P, daß Israel zur Erkenntnis Jahwes kommt. Die Bedeutung dieses Themas hat die Endredaktion im vorsinaitischen Bereich durchaus herausgearbeitet. So hat sie den P-Text von Ex 16 im Sinne von P kompositionell eingesetzt. Der P-Text wurde zwischen die beiden Wasserwundererzählungen (Ex 15,22-25a und Ex 17,1-7) gesetzt. Daran, daß Israel sich beim zweiten Wassermangel (Ex 17,1-7) noch aggressiver gegen Mose wendet als beim ersten (Ex 15,22-25a), zeigt sich, daß Israel in Ex 16 Jahwe in der Tat nicht erkannt hat. Die Tatsache, daß Israel Jahwe nicht erkannt hat, wird noch durch den Kontrast zum Bekenntnis Jitros unterstrichen (Ex 18,10f). Der Nichtisraelit Jitro erkennt, daß das Geschehen des Exodus nur als Handeln Jahwes verstehbar ist, und folgert daraus, daß er größer ist als alle Götter. Anders als Israel ist Jitro offen für die Wahrnehmung des Handelns Jahwes in der Geschichte. Israel dagegen ist nicht bereit, die geschichtlichen Ereignisse des Exodus als Taten Jahwes zur Rettung und Befreiung Israels anzuerkennen.

d) Mose
Die Konzeption der Priesterschrift von Mose und seinem Amt ist dagegen durch die Endredaktion völlig verwischt worden. Die Fürbittefunktion des Mose, die in P fehlt, nimmt in der Endredaktion einen zentralen Platz ein. In diesem Zusammenhang ist wieder auf Num 14,11-25 zu verweisen. Danach ist es Moses Eintreten für das von ihm geführte Volk zu verdanken, daß Israel von Jahwe nicht völlig vernichtet wurde. Das harte Urteil Jahwes nach P (Num 14,26-35), daß die gesamte Exodusgeneration bis auf Josua und Kaleb in der Wüste sterben muß, erscheint als durch Moses Fürbitte erreichte Abmilderung des noch viel härteren Urteils, nämlich Israel als Ganzes zu vernichten und mit Mose neu zu beginnen. Damit ist auch verbunden, daß das Gottesbild von P, nach dem Jahwe seinen einmal gefaßten Entschluß nie ändert, nicht mehr zum Zuge kommt. Nach der Endredaktion kann Mose Jahwe durch engagierten Einsatz von Argumenten tatsächlich dazu bringen, einen einmal gefaßten Entschluß zu ändern.

Eine weitere Korrektur an P hat die Endredaktion hinsichtlich der Figur des Aaron vorgenommen. Aaron erscheint im Rahmen der Endredaktion als ambivalent. In den P-Texten ist er Moses engster Begleiter und tritt oft mit ihm zusammen auf. Durch die Einbeziehung der JE-Texte durch die Endredaktion kommt es nun vor, daß Aaron auch gegen Mose opponiert (Num 12). Für die Priesterschrift ein undenkbarer Akt, für die Endredaktion vermutlich eine willkommene Episode, um Mose auch deutlich über Aaron und das durch ihn repräsentierte Priesteramt zu stellen.

1.5. Die zweite Stufe der D-Schicht (Dp)

Wir kommen damit zur zweiten Stufe der D-Schicht, die das durch die Endredaktion geschaffene große literarische Werk noch weiter bearbeitet hat.[11] Traditionsgeschichtlich dürfte diese Schicht zu den späten Ausläufern dtn-dtr Theologie zählen. Diese Schicht haben wir nur in vorsinaitischen Texten gefunden, es handelt sich um Ex 15,25b-26 und Ex 16,4-5.28-29.

a) Der literarische Charakter von Dp
Bei Dp handelt es sich -wie schon bei Dje- um eine Bearbeitungsschicht, die durch kleinere Zusätze, die sich sowohl an JE- als auch an P-Texte anschließen, die Texte neu akzentuieren. Mit der Dje-Schicht verbindet Dp nicht nur die vergleichbare Bearbeitungstechnik, sondern auch manche lexikalische Berührung, so z.B. das Lexem נסה, das bei Dp jedoch einen neuen Inhalt erhält, und die Formulierung עד־אנה (Ex 16,28; Num 14,11) in einer Klage Gottes an Mose.

b) Der Einschnitt des Sinaigeschehens
Da sich im nachsinaitischen Textbereich keine Dp-Texte finden ließen, ist nicht zu erheben, was sich für Dp mit dem Sinaigeschehen in der Beziehung Jahwes zu Israel qualitativ geändert haben könnte. Soviel ist aber deutlich: Die Dp-Texte setzen als selbstverständlich voraus, daß Israel bereits vor dem Sinai die Tora bekannt ist (Ex 16,4). Dadurch wird der Sinai als Ort der Gesetzeskundgabe relativiert. Das Gesetz ist nicht ausschließlich am Sinai bekannt gemacht worden, Israel wurde bereits am Beginn der Wüstenzeit mit den expliziten Normen Jahwes bekannt gemacht. Dadurch ist die Bedeutung der Tora für das Gottesverhältnis Israels noch grundsätzlicher gesehen: Es gibt keine Phase der Geschichte Israels, in der nicht das Gottesverhältnis durch den Gehorsam gegenüber der Tora bestimmt ist.

c) Israel
Dp betrachtet die gesamte Wüstenzeit als eine Prüfungszeit für Israel, und zwar erstreckt sich die Prüfung darauf, inwieweit Israel bereit ist, den von Jahwe gesetzten expliziten Normen auch in schwierigen Lagen und in einer feindlichen

---

[11] Neben Dp gab es sicher noch weitere Bearbeitungen der Endredaktion. So ist z.B. Num 15 einer -oder mehrerer- solcher Bearbeitungen zu verdanken. Dieses Kapitel kristallisierte sich sicher nicht zufällig an Num 13f an. Es finden sich z.B lexikalische Bezugnahmen von Num 15 auf Num 13-14, so z.B. das Lexem תור (Num 15,39). Num 15 setzt voraus, daß Israel in das zugesagte Land kommt (Num 15,1f; vgl. 13,1f); und Num 15 schließt mit der Zusicherung, daß Jahwe (weiterhin) für Israel Gott sein will. Das Kapitel fungiert insofern als Vergewisserung Israels, daß die neue Generation tatsächlich das Land betreten wird, und daß der Bund Jahwes nicht gescheitert ist. Vgl. dazu D.T.Olson, Death of the Old, 171-174. Interessant ist, daß von Num 15 auch lexikalische Bezüge zu Ex 16,32-34 bestehen, so die Phrase לדרתיכם (Num 15,14.15.21.23.38; Ex 16,32.33). So wird man vielleicht eine in sich zusammenhängende Schicht annehmen können, die dem priesterschriftlichen Traditionsraum entstammt.

Umwelt zu folgen. Darin berührt sich Dp mit der Sicht der Wüstenzeit in Dtn 8. Die Zeit der Wüste wird so zu einer pädagogisch wichtigen Phase, in der Jahwe Israel mit sich und seiner Tora vertraut macht.

Im Kontext der anderen Erzählungen entsteht der Eindruck, und das dürfte Dp beabsichtigt haben, daß Israel diese Zeit der Prüfung nicht durchsteht und den Sinn einer solchen Prüfungszeit nicht einsieht. Vielmehr versucht es seinerseits Jahwe auf die Probe zu stellen (Ex 17,2.7; Num 14,22), was eine groteske Verkehrung des Verhältnisses zu Jahwe bedeutet.

d) Mose

Den kurzen Passagen von Dp läßt sich nur soviel entnehmen, daß Mose von Jahwe als Vermittler seiner Worte an das Volk eingesetzt wird. Jahwe spricht durch Mose zum Volk. Mose ist sein Bote. Er hat keine weitere Funktion als Sprachrohr Jahwes zu sein. Durch ihn schärft Jahwe dem Volk den Gehorsam gegenüber der Tora ein. Deshalb erscheint Mose vor allem als der, der die Gebote Jahwes bekannt gibt und deren Beachtung einschärft.

2. AUSBLICK

Die Exegese kann sich als theologische Disziplin nicht nur rein historisch verstehen.[12] Ihre Aufgabe ist es, die Gehalte der biblischen Tradition angesichts des heutigen Wahrheitsbewußtseins zur Sprache zu bringen. Damit wird sie auch dem Wahrheitsanspruch der biblischen Texte selbst gerecht.

Für den theologischen Gehalt der Texte ist es von geringem Interesse, inwieweit das erzählte Geschehen auch für heutiges historisches Fragen noch zutreffende Beschreibung von wirklichen Ereignissen ist. Denn die religiöse Beschreibung von Ereignissen operiert immer mit einem Vorgriff auf das noch ausstehende Ganze der Wirklichkeit.[13] Ebensowenig hat das "Ursprüngliche" von vornherein eine höhere theologische Dignität. Viel eher ist zu fragen, ob nicht die Phase der endgültigen Gestaltung der Tradition vermehrt berücksichtigt werden sollte. Die Fragen nach dem historischen Gehalt der Texte und die nach ihren überlieferungsgeschichtlichen Ursprüngen wurden deshalb nicht behandelt.

Die exegetische Untersuchung hat eine Vielzahl von literarischen Schichten herausgearbeitet, die in manchem ähnlicher, aber in manchem auch sehr unter-

---

[12]Schon Johann Philipp Gabler, der Begründer der Biblischen Theologie als eigenständiger Disziplin gegenüber der Dogmatik, hat es in seiner Antrittsrede in Altdorf (1787) für die Aufgabe der biblischen Theologie erklärt, auch zu prüfen, "ob überhaupt alle Meinungen der Apostel, welcher Art und Weise sie auch immer sind, wahrhaft göttlich sind, oder ob eher einige, die sich jedenfalls in keiner Weise auf das Heil beziehen, von deren Geist selbst hinterlassen werden." (zitiert nach der deutschen Übersetzung von O.Merk, Biblische Theologie des Neuen Testaments in ihrer Anfangszeit, 280)

[13]Vgl. Kap 2: 2.1. c).

schiedlicher Auffassung sind. Bei dieser Vielzahl kann man aber kaum stehen bleiben, denn das wäre der biblischen Überlieferung selbst nicht adäquat. Die verschiedenen Schichten sind ja im geschichtlichen Verlauf entstanden, sie verdanken sich gewandelter geschichtlicher Erfahrung mit dem Gott Israels. In der jeweils neuen Erfahrung der göttlichen Wahrheit, die doch in Kontinuität zu den überkommenen Erfahrungen der Tradition steht, liegt der Einheitssinn des biblischen Überlieferungsprozesses. Und hier dürfte auch der tiefere Grund dafür liegen, daß der literargeschichtliche Prozeß viele Jahrhunderte lang in Gang blieb, sich aber andererseits immer wieder die Tendenz zeigte, verschiedene literarische Schichten in ein literarisches Ganzes zu integrieren. Bis auf die Priesterschrift, die ein eigenständiges literarisches Werk darstellt, sind ohnehin alle Schichten als Neuherausgabe älterer Schichten zu verstehen. Am Einheitssinn dieses redaktionsgeschichtlichen Prozesses vorbei wird es kaum eine legitime Form theologischer Aneignung der biblischen Texte geben können. Die theologische Relevanz einiger Konzeptionen, die den literargeschichtlichen Werdeprozeß der Wüstenerzählungen wesentlich formiert haben, soll nun noch kurz angedeutet werden.

a) Die Wüste - Zeit des Übergangs
In der Wüste befindet sich Israel in einer Zeit des Übergangs. Israel ist auf dem Weg heraus aus Ägypten und hinein in das Kulturland. Israel hat mit Ägypten die unmenschlichen Arbeitsbedingungen der Sklaverei hinter sich. Dieses Ereignis wird im Jubel, den Mose anstimmt (Ex 15,1-19), und im Lied der Frauen (Ex 15,20f) entsprechend bedacht. Nicht-Sklaverei ist aber noch keine wirkliche Freiheit. Das Volk, das aus dem stabilen gesellschaftlichen Zustand der Sklaverei in den stabilen Zustand eigenstaatlicher Existenz im Land gelangen will, muß zunächst durch eine Phase des krisenhaften Übergangs. Zwischen Exodus und Landnahme liegt die Wüste.

b) Der Einschnitt des Sinaigeschehens
Gerade in dieser Situation, in der Israel einer feindlichen Umwelt hilflos ausgesetzt und im Inneren instabil ist, sehen alle Schichten für Jahwe die Möglichkeit eines einzigartigen Offenbarwerdens. Mittelpunkt der Wüstenwanderung Israels ist der Sinai, wo Jahwe seinem Volk erscheint, sich an Israel bindet und das Gesetz gibt, das den Freiheitsraum Israels heilvoll eingrenzt und ihm damit Gestalt gibt. Am Sinai wird Jahwe von seinem Volk in für alle weitere Geschichte grundlegender Weise erfahren. Diese Ereignisse verändern die Beziehung Jahwes zu Israel in qualitativer Weise. Nachdem sich Jahwe Israel in exklusiver Weise kund gibt und mit seinem Rechtswillen vertraut macht, ist Israel auch in besonderer Weise gefordert. Israel ist nun verantwortlich für sein Verhalten, es ist straffähig und es wird von Jahwe auch zur Rechenschaft gezogen. Die Wüstenerzählungen wollen damit -sicherlich im Geiste der Prophetie (vgl. etwa Amos 3,2)- einschärfen, daß diejenigen, denen sich Gott offenbart, die Verantwortung haben, Gott auch in ihrem Verhalten zu entsprechen. Wo dies nicht geschieht, stehen sie in Gefahr vom Zorn Gottes getroffen zu werden. Der Zorn Gottes stellt gleichsam die andere Seite seiner liebenden Zuwendung zum Menschen dar.

c) Israels Verweigerung

Das Murren Israels gehört mit zu den konstantesten Motiven des Überlieferungsprozesses der Wüstenerzählungen. Israel fehlt die Motivation, sich von Mose führen zu lassen.[14] Offenbar war es die Erfahrung vieler Jahrhunderte der Geschichte Israels, daß Israel die Legitimität und Kompetenz der von Gott eingesetzten Führer bestritt. Dieses Murren hat in verschiedenen Erzählungen eine verschiedene Gestalt, die Bandbreite reicht vom einfachen Notschrei (z.B. Ex 15,24) bis zur Verschwörung (Num 14,1-4). Häufig bricht der Konflikt mit Mose dann auf, wenn die Versorgung mit unmittelbar lebensnotwendigen Gütern nicht gewährleistet ist (Hunger, Durst, kollektive Sicherheit gegen feindliche Übergriffe). Mit W.L.Bühl kann man von einer Phase des Schocks sprechen, in der Israel sich bewußt wird, daß sein Überleben "ernstlich bedroht ist."[15]

In diesem Konflikt wird deutlich, daß Mose und Israel verschiedene Interessen haben, die zu unterschiedlichen Plänen führen. Mose weiß sich dem Plan verpflichtet, den ihm Jahwe vorgegeben hat. Israel dagegen ist "auf die Erhaltung der Organisation im gegebenen Zustand bedacht" und verfolgt den Plan, nach Ägypten zurückzukehren.[16] Denn in Ägypten war wenigstens die Versorgung mit lebensnotwendigen Gütern gewährleistet. Die positiven Möglichkeiten der neuen Situation verblassen vor der scheinbaren Gesichertheit der Sklavenexistenz. Typisch für das Murren Israels ist es, daß die Zeit in Ägypten in der Erinnerung Israels verklärt wird. Die wohl stärkste Verklärung findet sich in der Datan-Abiram-Erzählung: Datan und Abiram belegen Ägypten mit dem "Ehrentitel" des verheißenen Landes, indem sie es als ein Land kennzeichnen, darin Milch und Honig fließen (Num 16,13). Israel kann sich in seiner Erinnerung nicht von seiner Sklavenexistenz in Ägypten lösen.

Die Wüstentexte wollen den Leser zur Haltung des Vertrauens zu Gott ermuntern, indem sie einmal darauf hinweisen, wie der Exodusgeneration ihre sehnsüchtige Erinnerung an die Vergangenheit den Blick auf die Zukunft Gottes verschließt. Die Befreiung aus den ungerechten und ausbeuterischen Strukturen (Ägypten) ist die eine Seite des Befreiungsprozesses. Hinzu kommen muß jedoch die Befreiung vom "knechtischen Bewußtsein". Erst die Offenheit

---

[14] In der Führungstheorie der Betriebswirtschaftslehre wird zu Recht auch die Motivation der Geführten berücksichtigt, sich führen zu lassen (vgl. E.Heinen, Führungslehre, 71-78). Unter fehlender Motivation leidet zum Beispiel auch die Arbeitszufriedenheit. Die Motivation des Geführten ist "nur dann möglich, wenn bei dem zu Führenden eine Bedürfnislage vorhanden ist, die durch ein Verhalten im Sinne des Führenden befriedigt werden kann." (E.Heinen, Führungslehre, 77) Ein wesentliches Bedürfnis des Menschen, hinter das sogar das Grundbedürfnis nach Nahrung zurückgestellt werden kann, ist aber das "Sinnbedürfnis". Wo dieses nicht befriedigt wird, bedeutet das "Machtverlust und Autoritätsverfall" (W.Pannenberg, Anthropologie, 445).

[15] W.L.Bühl, Krisentheorien, 203: "Danach ist eine Krise stets durch vier Phasen gekennzeichnet: Schock, Rückzug, Akzeptierung und Adaption. Der Schock tritt ein, wenn die Mitglieder einer Organisation sich dessen bewußt werden, daß das Überleben der Organisation ernstlich bedroht ist."

[16] W.L.Bühl, Krisentheorien, 204 kennzeichnet so die Phase des Rückzuges.

für die unabsehbaren Möglichkeiten Gottes und das Vertrauen darauf, daß Gott einem das zum Leben Nötige schon zukommen läßt, macht den Menschen frei von der Sorge um sich selbst.[17] Das wäre dann eine Freiheit, die nicht mehr der Sklaverei mit der Begründung hinterhertrauert, dort sei wenigstens für den Lebensunterhalt gesorgt. Um zur Haltung des Vertrauens auf Gott zu ermuntern, verweisen die Wüstentexte zum anderen immer wieder darauf, daß Gott selbst da Lebensmöglichkeiten schaffen kann, wo dies nach menschlichem Ermessen unmöglich erscheint. Ein eindrückliches Symbol für diesen Sachverhalt ist die Schaffung von Wasser aus dem lebensfeindlichen Felsen (Ex 17,1-7; Num 20,1-13).

d) Mose als idealer Führer
In Person und Amt Moses verdichten sich die Erfahrungen mit Führung, wie sie Israel in einer langen Zeit seiner Geschichte gemacht hat. Er gilt als eine herausragende Führergestalt, als jemand, der intimen Umgang mit Jahwe hatte. Nach Mose gab es in Israel nie wieder einen Führer von seinem Format (Dtn 34,10).[18]

Und doch, selbst Mose findet bei Israel keine selbstverständliche Gefolgschaftstreue. Das Volk verweigert sich seiner Führung. In dieser Situation verfügt Mose von sich aus aber über keine Mittel, die Befolgung seiner Anordnungen zu erzwingen. Mose ist hier immer wieder darauf angewiesen, daß Jahwe zu seinen Gunsten eingreift.

Es ist interessant, daß Mose -gemeinsam mit Aaron- gerade dann von Jahwe kritisiert und seines Amtes enthoben wird (Num 20,12), als er versucht, sich selbst in den Vordergrund zu spielen und seine eigene Macht betont, anstatt das Volk allein auf Jahwe hinzuweisen. Mose vergeht sich damit gegen die Grundbestimmung seines Amtes: Jahwe wird gerade dadurch vor dem Volk verherrlicht, daß Mose sich selbst in der Ausübung seines Auftrags von Jahwe unterscheidet. Nicht er vollbringt das Wasserwunder, sondern Jahwe durch ihn. Mose repräsentiert die Autorität Jahwes, er hat sie aber nicht. Mose ist darauf angewiesen, daß Jahwe gegenüber dem Volk erweist, daß Mose sein legitimierter Führer ist, aber Mose kann über diesen Erweis nicht verfügen. Damit wird eingeschärft, daß kein Mensch göttliche Autorität beanspruchen kann und soll.[19] Wahre Führung erweist sich darin, daß sie egoistische Interessen zurücksteckt, daß sie in der Ausübung des Amtes keinen persönlichen Vorteil sucht.

---

[17] W.Pannenberg, Anthropologie, 100 hat den anthropologischen Grundsachverhalt, der hier zum Ausdruck kommt folgendermaßen formuliert: "Sofern wir von der Sorge um uns selbst, im Sinne der besorgenden Umsicht Heideggers, beherrscht werden, leben wir schon nicht mehr aus einem unser Verhalten tragenden Vertrauen, sondern im Streben nach Sicherung. ... Solches Streben nach Selbsterhaltung kann durchaus im Vertrauen auf den für das eigene Dasein und Selbstsein konstitutiven, es übersteigenden Ursprung geschehen. ... Erst wenn Selbsterhaltung nicht mehr aus Vertrauen, sondern aus Angst und Sorge geschieht, wird sie Ausdruck jener Verkehrung des menschlichen Verhaltens, die daraus resultiert, daß die Liebe zum eigenen Ich, die nur noch um sich selber besorgt ist, das Zentrum der Existenz besetzt hält."

[18] Auf die Unvergleichlichkeit Moses weist auch A.Wildavsky, Moses, 201 hin: "With whom may Moses be compared? No one, according to the Bible."

[19] Vgl. auch A.Wildavsky, Mose, 156.

Besonders eindrücklich ist es m.E., daß die Endredaktion gegen die Intention von P die Funktion Moses als Fürbitter zur Geltung gebracht hat. Die Kommunikation von Jahwe und Mose läuft nicht nur in eine Richtung, nämlich von Jahwe zu Mose, sondern auch umgekehrt, von Mose zu Jahwe. Mose tritt für die von ihm Geführten vor Gott ein, ohne deren Schuldbekenntnis, ja, auch gegen deren erklärten Willen (Num 14,11-25). Er trägt somit die Fehler der von ihm Geführten und stellt sich vor sie. Mose will nicht Gottes erwählter Führer sein ohne die von ihm Geführten. Diese Fürbitte des Mose bewahrt Israel vor der totalen Vernichtung und bringt Jahwe zur Selbstbeherrschung seines Zorns. Diese Konzeption von Mose weist auf die Fürsorgepflicht von Führung hin. Ein Führer hat die Pflicht, sich für das Wohlergehen der von ihm Geführten einzusetzen. Trotz aller Energie, mit der ferne Ziele und hohe Ideale angestrebt werden, darf die Fürsorgepflicht nicht auf der Strecke bleiben.

Es fragt sich, ob das Idealbild von Führung, das die Wüstenerzählungen in der Gestalt des Mose zeichnen, heute -in einer westlichen Demokratie- noch tragfähig ist. Problematisch scheint vor allem, daß Mose keiner Kontrolle durch das Volk unterliegt. Die Erzählungen thematisieren stattdessen immer wieder, daß Mose einer ungerechtfertigten Kritik durch das Volk ausgesetzt ist, daß das Volk Mose mit Legitimationsansprüchen überhäuft, denen er kaum nachkommen kann, und daß das Volk es sich letztlich selbst zuzuschreiben hat, wenn für die Exodusgeneration die Wüste zum Ort des Todes wird, wie es gerade diese Generation Mose immer wieder vorgeworfen hat. Auch in der Episode Num 20,1-13, in der Mose seines Amtes enthoben wird, ist es allein Jahwe, der Mose kritisiert. Das Volk übt keine legitime Kritik an Mose. Mose ist durch den Willen Jahwes und nicht durch den Willen Israels als Führer Israels legitimiert.[20] Es dürfte freilich auch aus dieser Art der Legitimation abzuleiten sein, daß sich Mose auch noch da für Israel einsetzt, wo dieses ihn steinigen will (Num 14,10-25).

Das Bild von der idealen Führung durch Mose kann daran erinnern, daß Führung kaum zureichend durch den Verweis auf den Willen der Gemeinschaft legitimiert werden kann. Vielmehr muß Führung von der göttlichen Wahrheit her legitimiert werden.[21] Diese Art der Legitimation ermöglicht dann auch, was faktisch immer wieder erforderlich ist, daß nämlich an gemeinsamen Zielen

---

[20] In diesem Zusammenhang stellt sich auch noch ein weiteres Problem: Die Führung Israels in der Wüste ist in allen Fällen so organisiert, daß Mose die alleinige Spitze einnimmt und allenfalls Aaron manchmal als gleichberechtigt erscheint. Auch in der Ältestenerzählung von Num 11 wird das Ältestengremium von Mose ausgewählt und untersteht seiner Leitung. Die Leitidee dieser Organisationsstruktur ist die hierarchische Ordnung mit einfacher Spitze. Nach Walter L.Bühl ist aber ein "plastisches System" erstrebenswert, bei dem "die Kontrolle des Systems von zwei oder mehr relativ unabhängig voneinander agierenden Kontrollzentren wahrgenommen werden kann." Zur Plastizität gehört "die Konkurrenz oder der Konflikt zwischen den Kontrollzentren" (Bühl, Krisentheorien, 210). Man kann jedoch fragen, ob die Einheit eines sozialen Systems nicht auch eigens durch ein Amt repräsentiert werden muß.

[21] Es gilt also ähnlich für das Phänomen der Führung, was W.Pannenberg, Anthropologie, 459 vom Staat sagt: "Demjenigen Staate, der nur noch das Volk, bzw. die Gesellschaft und ihre Antagonismen repräsentiert, aber nicht mehr die in der Ordnung des Kosmos oder der Geschichte offenbare göttliche Wahrheit, bleibt die Möglichkeit einer nicht auf ihn selber begründeten Legitimation seiner politischen Ordnung verschlossen."

festgehalten werden muß, wenn Gruppenegoismen -selbst wenn sie eine Mehrheit hinter sich brächten- oder kurzfristige Erfolgswünsche diese Ziele zu gefährden drohen.

Die Orientierung von Führung an der göttlichen Wahrheit macht deutlich, daß auch die Theologie aufgefordert ist, in der heutigen Krisensituation ihren Beitrag zu einer "Managementideologie" zu leisten, "die die Tätigkeit der Mitglieder auf *neue* Ziele und Ideale lenkt und die ihren Enthusiasmus hervorruft."[22] Dabei wird die Reflexion der Theologie im Zeichen der kommenden Gottesherrschaft geschehen und von daher ihre materialen Orientierungen empfangen.

---

[22] W.L.Bühl, Krisentheorien, 207, der damit sehr formal eine wesentliche Leistung für die fruchtbare Beendigung einer Krise beschreibt.

Literaturverzeichnis

Ergänzungen in Zitaten, die zum Verständnis notwendig sind, habe ich in einfache Klammern gesetzt und mit "AS" als eigenen Beitrag zum Zitat gekennzeichnet.

Die Abkürzung "G-K" steht für: W.Gesenius / E.Kautzsch: Hebräische Grammatik, 28.Aufl. 1909.

ACKROYD, P.R.: The History of Israel in the Exilic and Post-exilic Periods. In: G.W.Anderson (Hg), Tradition and Interpretation. Essays by Members of the Society for Old Testament Study. Oxford, 1979, S. 320-350.

ADAMIAK, RICHARD: Justice and History in the Old Testament. 1981.

AHUIS, FERDINAND: Autorität im Umbruch. Ein formgeschichtlicher Beitrag zur Klärung der literarischen Schichtung und der zeitgeschichtlichen Bezüge von Num 16 und 17. Mit einem Ausblick auf die Diskussion um die Ämter in der Kirche. CTM 13, Stuttgart, 1983.

AHUIS, FERDINAND: Der klagende Gerichtsprophet. Studien zur Klage in der Überlieferung von den alttestamentlichen Gerichtspropheten. CTM 12, Stuttgart, 1982.

ALBERTZ, R.: Atk. צעק THAT 2 (1976) 568-575.

ALBRIGHT, W.F.: Jethro, Hobab and Reuel in Early Hebrew Tradition. CBQ 25 (1963) 1-11.

ALTER, ROBERT: The Art of Biblical Narrative. Basic Books. New York, 1981.

ANDERSON, BERNHARD W.: From Analysis to Synthesis: The Interpretation of Genesis 1-11. JBL 97 (1978) 23-39.

ANDERSON, JANICE CAPEL: Double and triple Stories, the implied Reader, and Redundancy in Matthew. Semeia 31 (1985) 71-89.

ARDEN, EUGENE: How Moses failed God. JBL 76 (1957) 50-52.

ARMERDING, CARL E.: The Old Testament and Criticism. Grand Rapids (Michigan), 1983.

AUFFRET, PIERRE: The literary Structure of Exodus 6,2-8. JSOT 27 (1983) 46-54.

AURELIUS, ERIK: Der Fürbitter Israels. Eine Studie zum Mosebild im Alten Testament. Coniectanea Biblica OT Series 27. Stockholm, 1988.

BACH, ROBERT: Die Erwählung Israels in der Wüste. Diss. masch. Bonn, 1951.

BAENTSCH, BRUNO: Exodus-Leviticus-Numeri. Handkommentar zum Alten Testament, I.Abteilung, 2. Band, 1.-2. Teil. (Hg) W.Nowack, Göttingen, 1900/1903.

BAETGE, JÖRG / U.A.: Vahlens Kompendium der Betriebswirtschaftslehre, Bd 2. München, 1984.

BALTZER, KLAUS: Die Biographie der Propheten. Neukirchen-Vluyn, 1975.

BALTZER, KLAUS: Das Bundesformular. WMANT 4. Neukirchen, 2.Aufl. 1964.

BARR, JAMES: Childs' Introduction to the Old Testament as Scripture. JSOT 16 (1980) 12-23.

BARR, JAMES: Holy Scripture. Canon, Authority, Criticism. Oxford, 1983.

BARTELMUS, RÜDIGER: *HYH*. Bedeutung und Funktion eines hebräischen "Allerweltswortes". ATS 17, St.Ottilien, 1982.

BARTELMUS, RÜDIGER: Mk 2,27 und die ältesten Fassungen des Arbeitsruhegebotes im AT. Biblisch-theologische Beobachtungen zur Sabbatfrage. BN 41 (1988) 41-64.

BARTH, CHRISTOPH: Zur Bedeutung der Wüstentradition. VTS 15 (1966) 14-23.

BARTH, HERMANN / STECK, ODIL HANNES: Exegese des Alten Testaments. Leitfaden der Methodik. Neukirchen-Vluyn, 9.Aufl. 1980.

BEAUGRANDE, ROBERT-ALAIN DE / DRESSLER, WOLFGANG U.: Einführung in die Textlinguistik. Konzepte der Sprach- und Literaturwissenschaft Bd 28. Tübingen, 1981.

BEEGLE, DEWEY M.: Moses, The Servant of Yahweh. Grand Rapids (Michigan) 1972.

BERGER, KLAUS: Exegese des Neuen Testaments. Neue Wege vom Text zur Auslegung. UTB 658, Heidelberg, 1977.

BERLIN, ADELE: Poetics and Interpretation of Biblical Narrative. Bible and Literature Series 9. Sheffield, 1983.

BEUKEN, W.A.M.: Exodus 16,5.23. A rule regarding the keeping of the Sabbath? JSOT 32 (1985) 3-14.

BEYERLIN, WALTER: Herkunft und Geschichte der ältesten Sinaitraditionen. Tübingen, 1961.

BIRCH, BRUCE C.: Tradition, Canon and Biblical Theology. Horizons in Biblical Theology 2 (1980) 113-125.

BLENKINSOPP, JOSEPH: A New Kind of Introduction: Professor Child's <u>Introduction to the Old Testament as Scripture</u>. JSOT 16 (1980) 24-27.

BLENKINSOPP, JOSEPH: The Structure of P. CBQ 38 (1976) 275-292.

BLUM, ERHARD: Die Komposition der Vätergeschichte. WMANT 57. Neukirchen-Vluyn, 1984.

BOCHENSKI, J.M.: Was ist Autorität? Einführung in die Logik der Autorität. Herderbücherei Bd 439, Freiburg-Basel-Wien, 1974.

BOECKER, HANS-JOCHEN: §10: Psalmen. In: Ders./ u.a., Altes Testament. Neukirchen-Vluyn, 1983, S. 146-165.

BOECKER, HANS JOCHEN: Recht und Gesetz im Alten Testament und im Alten Orient. Neukirchen-Vluyn, 2.Aufl. 1984.

BOECKER, HANS JOCHEN: Redeformen des Rechtslebens im Alten Testament. WMANT 14. Neukirchen-Vluyn, 2.Aufl. 1970.

BORCHERT, RUDOLF: Stil und Aufbau der priesterschriftlichen Erzählung. Diss. masch. Heidelberg, 1956.

BOTTERWECK, G. JOHANNES: Atk. ידע ThWAT 4 (1982-84) 479-512.

BOWRA,C.M.: Heldendichtung. Eine vergleichende Phänomenologie der heroischen Poesie aller Völker und Zeiten. Stuttgart, 1964.

BRAULIK, GEORG: Die Angst vor dem 'gelobten Land' oder: vom Aushalten der Hoffnung. Bibel und Kirche 33 (1978) 79-83.

BREKELMANS, CHR.: Exodus 18 and the Origins of Yahwism in Israel. OTS 10 (1954) 215-224.

BREKELMANS, CHR.: Die sogenannten deuteronomischen Elemente in Gen-Num. Ein Beitrag zur Vorgeschichte des Deuteronomiums. VTS 15 (1966) 90-96.

BREUER, D.: Einführung in die pragmatische Texttheorie. UTB 106 (1974).

BREYTENBACH, CILLIERS: Nachfolge und Zukunftserwartung nach Markus. Eine methodenkritische Studie. AThANT 71. Zürich, 1984.

BRIN, GERSHON: Numbers 15,22-23 and the Question of the Composition of the Pentateuch. VT 30 (1980) 351-354.

BROCKELMANN, CARL: Hebräische Syntax. Neukirchen, 1956.

BRUEGGEMANN, WALTER: The Kerygma of the Priestly Writers. ZAW 84 (1972) 397-414.

BRUEGGEMANN, WALTER: The Land. Place as Gift, Promise, and Challenge in Biblical Faith. Overtures to Biblical Theology. London, 1978 = Fortress Press, 1977.

BUBER, MARTIN: Biblisches Führertum. In: Ders., Werke Bd 2, München-Heidelberg (1964) 901-916.

BUBER, MARTIN: Leitwortstil in der Erzählung des Pentateuchs. In: Ders., Werke Bd 2, München-Heidelberg (1964) 1131-1149.

BUBER, MARTIN: Das Leitwort und der Formtypus der Rede. In: Ders., Werke Bd 2, München-Heidelberg (1964) 1150-1158.

BUBER, MARTIN: Moses. Heidelberg, 3.Aufl. 1966.

BUDDE, KARL: Das nomadische Ideal im AT. Preussische Jahrbücher 85 (1896) 57-79.

BÜHL, WALTER L.: Krisentheorien. Politik, Wirtschaft und Gesellschaft im Übergang. Darmstadt, 1984.

BÜHL, WALTER L.: Theorien sozialer Konflikte. EdF 53. Darmstadt, 1976.

BÜHLER, KARL: Sprachtheorie. Die Darstellungsfunktion der Sprache. UTB 1159, Stuttgart-New York, 1982 = Jena, 1934.

BUIS, PIERRE: Les conflits entre Moise et Israel dans Exode et Nombres. VT 28 (1978) 257-270.

BUTLER, TRENT C.: An Anti-Moses Tradition. JSOT 12 (1979) 9-15.

CAPRA, FRITJOF: Wendezeit. Bausteine für ein neues Weltbild. Bern-München-Wien, 5.Aufl. 1983.

CAPRA, FRITJOF: Für ein neues Weltbild. Gespräch mit Fritjof Capra. EvKomm 20 (1987) 519-522.

CARROLL, R.P.: The Elijah-Elisha Sagas. Some Remarks on prophetic succession in Ancient Israel. VT 19 (1969) 400-415.

CARROLL, R.P.: Rebellion and Dissent in Ancient Israelite Society. ZAW 89 (1977) 176-204.

CAZELLES, H.: Review: Volkmar Fritz, Israel in der Wüste (1970). VT 21 (1971) 506-514.

CASSUTO, UMBERTO: A Commentary on the Book of Exodus. Jerusalem, 1967.

CASSUTO, UMBERTO: The Documentary Hypothesis and the Composition of the Pentateuch. Jerusalem, 1961.

CHARPENTIER, ETIENNE: Führer durch das AT. Anleitung zum Selbst- und Gruppenstudium. Deutsche Bearbeitung von F.J.Schierse. Düsseldorf, 1984.

CHILDS, BREVARD S.: The exegetical Significance of Canon for the Study of the Old Testament. VTS 29 (1978) 66-80.

CHILDS, BREVARD S.: Exodus. OT Library. Philadelphia, 1974.

CHILDS, BREVARD S.: Introduction to the Old Testament as Scripture. London, 1979.

CHILDS, BREVARD S.: Old Testament Theology in a Canonical Context. London, 1985.

CHILDS, BREVARD S.: A Response. Horizons in Biblical Theology 2 (1980) 199-211.

CHILDS, BREVARD S.: Response to Reviewers of Introduction to the OT as Scripture. JSOT 16 (1980) 52-60.

CLEMENTS, RONALD,E.: History and Theology in Biblical Narrative. Horizons in Biblical Theology, Vol 4,2-5,1 (1982/83) 45-60.

CLEMENTS, R.E.: Pentateuchal Problems. In: G.W.Anderson (Hg), Tradition and Interpretation. Essays by Members of the Society for Old Testament Study. Oxford, 1979, S. 96-124.

CLEMENTS, RONALD E.: Review: Rolf Rendtorff, Das überlieferungsgeschichtliche Problem des Pentateuch. JSOT 3 (1977) 46-56.

CLEVENOT, MICHEL: So kennen wir die Bibel nicht. Anleitung zu einer materialistischen Lektüre biblischer Texte. München, 2.Aufl. 1980.

CLINES, DAVID J.A.: The Theme of the Pentateuch. JSOTS 10. Sheffield, 1978.

COATS, GEORGE W.: Conquest Traditions in the Wilderness Theme. JBL 95 (1976) 177-190.

COATS, GEORGE W.: An Exposition for the Wilderness Traditions. VT 22 (1972) 288-295.

COATS, GEORGE W.: Genesis with an introduction to Narrative Literature. The Forms of the OT Literature Vol I. Grand Rapids (Michigan), 1983.

COATS, GEORGE W.: Humility and Honor: A Moses legend in Numbers 12. In: David J.A.Clines/ David M. Gunn/ Alan J.Hauser (Hg), Art and Meaning: Rhetoric in Biblical Literature. JSOTS 19. Sheffield, 1982, S. 97-107.

COATS, GEORGE W.: The King's loyal Opposition: Obedience and Authority in Exodus 32-34. In: Ders./ Burke.O.Long (Hg), Canon and Authority. Essays in Old Testament Religion and Theology. Philadelphia, 1977, S. 91-109.

COATS, GEORGE W.: Legendary Motifs in the Moses Death Reports. CBQ 39 (1977) 34-44.

COATS, GEORGE W.: Moses. Heroic Man, Man of God. JSOTS 57. Sheffield, 1988.

COATS, GEORGE W.: Moses versus Amalek. Aetiology and Legend in Exod. xvii 8-16. VTS 28 (1975) 29-41.

COATS, GEORGE W.: The Moses Narratives as heroic Saga. In: Ders. (Hg): Saga, Legend, Tale, Novella, Fable. Narrative Forms in OT Literature. JSOTS 35. Sheffield, 1985, S. 33-44.

COATS, GEORGE W.: Rebellion in the Wilderness. The Murmuring Motif in the Wilderness Traditions of the OT. Nashville-New York, 1968.

COATS, GEORGE W.: The Sea Tradition in the Wilderness Theme: A Review. JSOT 12 (1979) 2-8.

COATS, GEORGE W.: The Traditio-Historical Character of the Reed Sea Motif. VT 17 (1967) 253-265.

COATS, GEORGE W.: The Wilderness Itinerary. CBQ 34 (1972) 135-152.

COATS, GEORGE W.: The Yahwist as Theologian? A Critical Reflection. JSOT 3 (1977) 28-32.

CODY, AELRED: Exodus 18,12: Jethro Accepts a Covenant with the Israelites. Biblica 49 (1968) 153-166.

CORNILL, C.H.: Beiträge zur Pentateuchkritik. ZAW 11 (1891) 1-34.

CORTESE, ENZO: La Terra di Canaan nella Storia Sacerdotale del Pentateuco. Supplementi alla Rivista Biblica Bd 5. Brescia, 1972.

COSERIU, EUGENIO: Textlinguistik. Eine Einführung. Tübinger Beiträge zur Linguistik 109, Tübingen, 2.Aufl. 1981.

CROATTO, J.SEVERINO: Exodus. A Hermeneutics of Freedom. Übersetzt von: S.Attanasio. Marykoll-New Nork, 1981.

CROSS, FRANK MOORE: Canaanite Myth and Hebrew Epic. Essays in the History of the Religion of Israel. Cambridge (Massachusetts), 1973.

CRÜSEMANN, FRANK: Tora und christliche Ethik. In: Rolf Rendtorff/ Ekkehard Stegemann (Hg), Auschwitz - Krise der christlichen Theologie. Abhandlungen zum christlich-jüdischen Dialog Bd 10. München, 1980, S. 159-177.

CRÜSEMANN, FRANK: Der Widerstand gegen das Königtum. Die antiköniglichen Texte des AT und der Kampf um den frühen israelitischen Staat. WMANT 49. Neukirchen-Vluyn, 1978.

CRYER, FREDERICK H.: On the Relationship between the Yahwistic and the Deuteronomistic Histories. BN 29 (1985) 58-74.

CULLEY, ROBERT C.: Analyse alttestamentlicher Erzählungen - Erträge der jüngsten Methodendiskussion. BN 6 (1978), 27-39.

CULLEY, ROBERT C.: Studies in the Structure of Hebrew Narrative. Missoula, 1976.

CULLEY, ROBERT C.: Themes and Variations in three Groups of OT Narratives. Semeia 3 (1975) 3-13.

DAMROSCH, DAVID: The Narrative Covenant. Transformations of Genre in the Growth of Biblical Literature. San Francisco, 1987.

DAUBER, KENNETH: The Bible as Literature: Reading like the Rabbis. Semeia 31 (1985) 27-48.

DAVIES, G.I.: The Way of the Wilderness. A geographical Study of the Wilderness Itineraries in the Old Testament. Society for OT Study Monograph Series Bd 5. Cambridge, 1979.

DAVIES, G.I.: The Wilderness Itineraries and the Composition of the Pentateuch. VT 23 (1983) 1-13.

DEIST, FERDINAND E.: Die Krise gegenwärtiger Exegese. Notizen über einige methodologischen Holzwege. Nicht veröffentlichter Vortrag vor der theologischen Fakultät der Universität Marburg (1978).

DIEBNER, BERND JÖRG: Neue Ansätze in der Pentateuchforschung. DBAT 13 (1978) 2-13.

DIEBNER, BERND JÖRG / SCHULT, HERMANN: Ätiologische Texte im AT - Ein Kapitel Bibelkunde. Teil II: Exodus bis Deuteronomium. DBAT 6 (1974) 6-30.

DIEBNER, BERND JÖRG / ROGERSON, JOHN WILLIAM: Atk. Bibelwissenschaft I/2. TRE 6 (1980) 346-374.

DIEBNER, BERND JÖRG: Exodus 15,22-27 und der Beginn der Wüstenzeit "Israels". DBAT 20 (1984) 122-159.

DIEPOLD, PETER: Israels Land. BWANT 95. Stuttgart-Berlin-Köln-Mainz, 1972.

DIJK, TEUN A.VAN. / KINTSCH, WALTER: Strategies of Discourse Comprehension. New York, u.a., 1983.

DIJK, TEUN A.VAN: Studies in the Pragmatics of Discourse. Janua Linguarum Series Maior 101. The Hague-Paris-New York, 1981.

DIJK, TEUN A. VAN: Textwissenschaft. Eine interdisziplinäre Einführung. dtv Wissenschaft 4364. Tübingen 1980.

DILLMANN, AUGUST: Die Bücher Numeri, Deuteronomium und Josua. Kurzgefaßtes exeget. Handbuch zum AT (Lief 13). Leipzig, 2. Aufl. 1886.

DREWS, HERMANN: Die Zeichenprobe. Ein literarisches Schema, seine Herkunft und Verwendung in erzählenden Texten des AT. Diss.theol. Göttingen, 1977.

DRIVER, S.R.: The Book of Genesis. London, 1920.

DRIVER,S.R.: Einleitung in die Literatur des alten Testaments. Übersetzt von J.W.Rothstein nach der 5. Auflage. Berlin, 1896.

EBACH, JÜRGEN: Das Erbe der Gewalt. Eine biblische Realität und ihre Wirkungsgeschichte. GTB Siebenstern 378. Gütersloh, 1980.

EERDMANS, B.D.: The Composition of Numbers. OTS 6 (1949) 101-216.

EGGER, WILHELM: Nachfolge als Weg zum Leben. Chancen neuerer exegetischer Methoden dargelegt an Mk 10,17-31. ÖBS 1. Klosterneuburg, 1979.

EHRLICH, ARNOLD B.: Randglossen zur hebräischen Bibel. Textkritisches, Sprachliches und Sachliches. Bd 1: Genesis und Exodus. Hildesheim, 1968; Bd 2: Leviticus, Numeri, Deuteronomium. Hildesheim, 1968.

EICHRODT, WALTHER: Theologie des Alten Testaments. Teil 1: Gott und Volk. Leipzig, 1933.

ELLIGER, KARL: Sinn und Ursprung der priesterlichen Geschichtserzählung. ZThK 49 (1952) 121-143.

ENGNELL, IVAN: Critical Essays on the OT. London, 1970.

EPHᶜAL ISRAEL: On the political and social Organization of the Jews in Babylonian Exile. In: Fritz Steppart (Hg), 21. Deutscher Orientalistentag, Zeitschrift der Deutschen Morgenländischen Gesellschaft Supplement 5. Wiesbaden, 1983, S. 106-112.

FISHBANE, MICHAEL: Text and texture. Close Readings of Selected Biblical Texts. Schocken Books. New York, 1979.

FISHBANE, MICHAEL: Recent Work on Biblical Narrative. Review: Bar-Efrat; Fokkelmann; Licht. Prooftexts 1 (1981) 99-104.

FOHRER, GEORG / u.a.: Exegese des AT. Einführung in die Methodik. UTB 267. Heidelberg, 2.Aufl. 1976.

FOKKELMANN, J.P.: Narrative Art in Genesis. Specimes of Stylistic and Structural Analysis. Studia Semitica Neerlandica Bd 17. Amsterdam, 1975.

FOWLER, ROBERT M: Loaves and Fishes. The Function of the Feeding Stories in the Gospel of Mark. SBL Diss. Series 54. Scholars Press, Michigan, 1981.

FOWLER, ROBERT M.: Who is "the Reader" in Reader Response Criticism? Semeia 31 (1985) 5-23.

FRANKEMÖLLE, HUBERT: Exegese und Linguistik - Methodenprobleme neuerer exegetischer Veröffentlichungen. ThRev 71 (1975) 1-12.

FRETHEIM, TERENCE E.: The Priestly Document: Anti-Temple? VT 18 (1968) 313-329.

FRITZ, VOLKMAR: Israel in der Wüste. Traditionsgeschichtliche Untersuchung der Wüstenüberlieferung des Jahwisten. Marburger Theologische Studien Bd 7, Marburg, 1970.

FRITZ, VOLKMAR / GÖRG, MANFRED / FUHS, H.F.: Kadesch in Geschichte und Überlieferung. Materialien zur Tagung der Arbeitsgemeinschaft der deutschsprachigen kath. Alttestamentler vom 23.-27. Sept. 1979 in Bamberg. BN 9 (1979) 45-70.

FRITZSCHE, HANS-GEORG: Leittexte der Bibel. Systematische Theologie auf der Grundlage biblischer Texte. Berlin, 1981.

FUSS, WERNER: Die deuteronomistische Pentateuchredaktion in Exodus 3-17. BZAW 126. Berlin-New York, 1972.

GABLER, JOHANN: Antrittsrede in Altendorf vom 30.3.1787. Deutsche Übersetzung in: Otto Merk: Biblische Theologie des NT in ihrer Anfangszeit. Ihre methodischen Probleme bei Johann Philipp Gabler und Georg Lorenz Bauer und deren Nachwirkungen. Marburger Theologische Studien Bd 9. Marburg, 1972, S. 273-284.

GALL, FREIHERR VON: Die Herrlichkeit Gottes. Eine biblisch-theologische Untersuchung. Giessen, 1900.

GESE, HARTMUT: Bemerkungen zur Sinaitradition. In: Ders., Vom Sinai zum Zion. Alttestamentliche Beiträge zur biblischen Theologie. BEvTh 64. München, 1974, S. 31-48.

GESE, HARTMUT: Komposition bei Amos. VTS 32 (1981) 74-95.

GESE, HARTMUT: Tradition und Biblische Theologie. In: Odil Hannes Steck (Hg), Zu Tradition und Theologie im Alten Testament. BThSt 2. Neukirchen-Vluyn, 1978, S. 87-111.

GESENIUS, WILHELM / KAUTZSCH, E. / BERGSTRÄSSER, G.: Hebräische Grammatik. Hildesheim-New York, 1977 = 28. Aufl. 1909.

GESENIUS, WILHELM / BUHL, FRANTS: Hebräisches und aramäisches Handwörterbuch über das AT. Berlin-Göttingen-Heidelberg, 1962 = 17.Aufl. 1915.

GÖBEL, CHRISTA: "Denn bei dir ist die Vergebung..." - *Slh* im Alten Testament. Theologische Versuche VIII (1977) 21-33.

GÖRG, MANFRED: Atk. יער ThWAT 4 (1982-84) 697-706.

GÖRG, MANFRED: Atk. ישב ThWAT 3 (1982) 1012-1032.

GOTTFRIEDSEN, CHRISTINE: Die Fruchtbarkeit von Israels Land. Zur Differenz der Theologie in den beiden Landesteilen. Europäische Hochschulschriften Reihe 23/Theologie, Bd 267. Frankfurt/M-Bern-New York, 1985.

GRAY, JOHN: The Desert sojurn of the Hebrews and the Sinai-Horeb Tradition. VT 4 (1954) 148-154.

GREENBERG, MOSHE: Moses' Intercessory Prayer (Ex 32,11-13.31-32; Dtn 9,26-29). Yearbook of the Ecumenical Institute for Advanced Theological Studies, Jerusalem (1977-78) 21-35.

GREENBERG, MOSHE: נסה in Exodus 20,20 and the Purpose of the Sinaitic Theophany. JBL 79 (1960) 273-276.

GRESSMANN, HUGO: Die Anfänge Israels. SAT 1,2. Göttingen, 1914.

GRESSMANN, HUGO: Mose und seine Zeit. Ein Kommentar zu den Mose=Sagen. FRLANT 18. Göttingen, 1913.

GROSS, KARL: Menschenhand und Gotteshand in Antike und Christentum. Aus dem Nachlaß hrsg. von Wolfgang Speyer. Stuttgart, 1985.

GROSS, WALTER: Syntaktische Erscheinungen am Anfang althebräischer Erzählungen: Hintergrund und Vordergrund. VTS 32 (1981) 131-145.

GROSS, WALTER: Die Gottebenbildlichkeit des Menschen im Kontext der Priesterschrift. Theol. Quartalschrift 161 (1981) 244-264.

GÜLICH, ELISABETH: Ansätze zu einer kommunikationsorientierten Erzähltextanalyse (am Beispiel mündlicher und schriftlicher Erzähltexte). In: W.Haubrichs (Hg), Erzählforschung. Bd 1. Theorien, Modelle und Methoden der Narrativik. LiLi Beiheft 4 (1976) 224-246.

GÜLICH, ELISABETH / RAIBLE, WOLFGANG: Linguistische Textmodelle. Grundlagen und Möglichkeiten. UTB 130, München, 1977.

GUNKEL, HERMANN: Genesis. Göttinger Handkommentar zum AT I,1, Göttingen, 6.Aufl. 1964 = 3.Aufl. 1910.

GUNKEL, HERMANN: Die Richtungen der alttestamentlichen Forschung. Die Christliche Welt 36 (1922) 64-67.

GUNKEL, HERMANN: Ziele und Methoden der Erklärung des Alten Testaments. In: Ders., Reden und Aufsätze. Göttingen, 1913, S. 11-29.

GUNNEWEG, ANTONIUS H.J.: Anmerkungen und Anfragen zur neueren Pentateuchforschung. Theol. Rundschau NF 48 (1983) 227-253.

GUNNEWEG, ANTONIUS H.J.: Leviten und Priester. Hauptlinien der Traditionsbildung und Geschichte des israelitisch-jüdischen Kultpersonals. FRLANT 89. Göttingen, 1965.

GUNNEWEG, ANTONIUS H.J.: Mose in Midian. ZThK 61 (1964) 1-9.

HAHN, JOACHIM: Das "Goldene Kalb". Die Jahwe-Verehrung bei Stierbildern in der Geschichte Israels. Europäische Hochschulschriften Reihe 23/Theologie, Bd 154. Frankfurt/M-Bern, 1981.

HARAN, MENAHEM: Behind the Scenes of History: Determining the Date of the Priestly Source. JBL 100 (1981) 321-333.

HARDMEIER, CHRISTOF: Texttheorie und biblische Exegese. Zur rhetorischen Funktion der Trauermetaphorik in der Prophetie. BET 79. München, 1978.

HARTMANN, KARL-HEINZ: Wiederholungen im Erzählen. Zur Literarität narrativer Texte. Studien zur Allgemeinen und Vergleichenden Literaturwissenschaft Bd 17. Stuttgart, 1979.

HARTMANN, PETER: Religiöse Texte als linguistisches Objekt. In: Ders./ H.Rieser (Hg), Angewandte Textlinguistik I. Papiere zur Textlinguistik Bd 2. Hamburg, 1974, S. 133-158.

HAUSMANN, JUTTA: Israels Rest. Studien zum Selbstverständnis der nachexilischen Gemeinde. Stuttgart-Berlin-Köln-Mainz, 1987.

HEINEN, EDMUND: Betriebswirtschaftliche Führungslehre. Ein entscheidungsorientierter Ansatz. Entscheidungsorientierte betriebswirtschaftliche Studien Bd 2. Wiesbaden, 1978.

HEINISCH, PAUL: Das Buch Numeri. Die Heilige Schrift des AT II/1. Bonn, 1936.

HELFMEYER, FRANZ JOSEF: Atk. נסה ThWAT 5 (1985) 473-487.

HEMPEL, JOHANNES: Gottes Selbstbeherrschung als Problem des Monotheismus und der Eschatologie. In: H.G.Reventlow (Hg), Gottes Wort und Gottes Land. Fs Hans Wilhelm Hertzberg. Göttingen, 1965, S. 56-66.

HENRY, MARIE-LOUISE: Jahwist und Priesterschrift. Zwei Glaubenszeugnisse des AT. Arbeiten zur Theologie Heft 3. Stuttgart, 1960.

HERMISSON, HANS-JÜRGEN: Bund und Erwählung. In: H.-J.Boecker/u.a. Altes Testament, Neukirchen-Vluyn, 1983, S. 222-243.

HERTZBERG, HANS WILHELM: Die Bücher Josua, Richter, Ruth. ATD 9. Göttingen, 3. Aufl. 1965.

HERTZSCH, KLAUS-PETER: 2. Sonntag nach Weihnachten (4.Mose 13,25-28; 14,1-3.10b-13.19-24.31) GöPrMed 60 (1971) 64-68.

HOELSCHER, GUSTAV: Zu Num 20,1-13. ZAW 45 (1927) 239-240.

HOLZINGER, H.: Einleitung in den Hexateuch. Freiburg i.B.-Leipzig, 1893.

HOLZINGER, H.: Exodus. Kurzer Hand-Commentar zum Alten Testament, (Hg) Karl Marti, Abteilung II, Tübingen, 1900.

HOLZINGER, H.: Numeri. Kurzer Hand-Commentar zum Alten Testament, (Hg) Karl Marti, Abteilung IV, Tübingen-Leipzig, 1903.

HORNUNG, ERIK: Geschichte als Fest. Zwei Vorträge zum Geschichtsbild der frühen Menschheit. Darmstadt, 1966.

HOUTMAN, C.: Ezra and the Law. Observations on the supposed Relation between Ezra and the Pentateuch. OTS 21 (1981) 91-115.

HULST, A.R.: Atk. שכן. THAT 2 (1976) 904-909.

HULST, A.R.: Atk. גור/עם. THAT 2 (1976) 290-325.

HURVITZ, AVI: A linguistic Study of the Relationship between the Priestly Source and the Book of Ezekiel. A new Approach to an old Problem. Cahiers de la Revue Biblique Bd 20. Paris, 1982.

IRSIGLER, H.: Einführung in das biblische Hebräisch. 2 Bde, ATS 9/I und 9/II. St.Ottilien, 1978/79.

JAGERSMA, H.: Numeri - Deel I. De Prediking van het Oude Testament. Nijkerk, 1983.

JANOWSKI, BERND: Sühne als Heilsgeschehen. Studien zur Sühnetheologie der Priesterschrift und zur Wurzel KPR im Alten Orient und im Alten Testament. WMANT 55. Neukirchen-Vluyn, 1982.

JAPHET, SARA: People and Land in the Restoration Period. In: Georg Strecker (Hg), Das Land Israel in biblischer Zeit. Jerusalem-Symposium 1981. Göttinger Theologische Arbeiten Bd 25. Göttingen, 1983, S. 103-125.

JAROS, KARL: Die Stellung des Elohisten zur kanaanäischen Religion. OBO 4. Freiburg/Schweiz-Göttingen, 2.Aufl. 1982.

JENKS, ALAN W.: The Elohist and North Israelite Traditions. SBL-Monograph Series 22. Missoula (Montana), 1977.

JENSEN, HANS JÜRGEN LUNDAGER: Reden, Zeit und Raum in Genesis 28,10-15. Textlinguistische und textsemiotische Exegese eines Fragments. Linguistica Biblica 49 (1981) 54-70.

JEPSEN, ALFRED: Atk אמן. ThWAT 1 (1973) 313-348.

JEREMIAS, JÖRG: Kultprophetie und Gerichtsverkündigung in der späten Königszeit. WMANT 35. Neukirchen-Vluyn, 1970.

JEREMIAS, JÖRG: Der Prophet Hosea. ATD 24/1. Göttingen, 1983.

JEREMIAS, JÖRG: Die Reue Gottes. Aspekte alttestamentlicher Gottesvorstellung. BSt 65. Neukirchen-Vluyn, 1975.

JEREMIAS, JÖRG: Theophanie. Die Geschichte einer alttestamentlichen Gattung. WMANT 10. Neukirchen-Vluyn, 2.Aufl. 1977.

JOBLING, DAVID: Num 11-12. In: Ders., The Sense of Biblical Narrative: Three Structural Analyses in the OT (1Sam 13-31; Num 11-12; 1Kings 17-18). JSOTS 7. Sheffield, 1978, S. 26-62.

JOHNSTONE, WILLIAM: The Decalogue and the Redaction of the Sinai Pericope in Exodus. ZAW 100 (1988) 361-385.

JÜNGEL, EBERHARD: Predigt über 4.Mose 13,1-14,5. In: Ders., Schmecken und Sehen. Predigten III. München, 1983.

JÜNGEL, EBERHARD: Tod. Themen der Theologie Bd 8. Stuttgart-Berlin, 1971.

KAHRMANN, CORDULA / U.A.: Erzähltextanalyse. Eine Einführung in Grundlagen und Verfahren. Athenäum Taschenbücher 2121/2132. Bd 1: 2. Aufl. Königstein, 1981; Bd 2: Kronberg, 1977.

KAISER, OTTO: Einleitung in das AT. Eine Einführung in ihre Ergebnisse und Probleme. Gütersloh, 5.Aufl. 1984.

KALLMEYER, W. / U.A.: Lektürekolleg zur Textlinguistik. Bd 1: Einführung; Bd 2: Reader. Fischer Athenäum Taschenbücher Sprachwissenschaft. Frankfurt/M, 1974.

KAPELRUD, ARVID S.: Critical Note: How Tradition failed Moses. JBL 76 (1957) 242.

KAYSER, WOLFGANG: Das sprachliche Kunstwerk. Eine Einführung in die Literaturwissenschaft. Bern-München, 18.Aufl. 1978 = 6.Aufl. 1960.

KEDAR, BENJAMIN: Biblische Semantik. Eine Einführung. Stuttgart-Berlin-Köln-Mainz, 1981.

KEEL, OTHMAR: Jahwe-Visionen und Siegelkunst. Eine neue Deutung der Majestätsschilderungen in Jes 6, Ez 1 und 10 und Sach 4. SBS 84/85. Stuttgart, 1977.

KEEL, OTHMAR: Die Welt der altorientalischen Bildsymbolik und das AT. Am Beispiel der Psalmen. Zürich / Neukirchen-Vluyn, 3.Aufl. 1980.

KEEL, OTHMAR: Wirkmächtige Siegeszeichen im AT. Ikonographische Studien zu Jos 8,18-26; Ex 17,8-13; 2Kön 13,14-19 und 1Kön 22,11. OBO 5. Freiburg (Schweiz)-Göttingen, 1974.

KEIL, CARL FRIEDRICH: Genesis und Exodus. Bibl. Kommentar Bd 1. Leipzig, 1866.

KEIL, CARL FRIEDRICH: Leviticus, Numeri und Deuteronomium. Bibl. Kommentar Bd 2. Leipzig, 1862.

KIESER, ALFRED / U.A. (Hg): Handwörterbuch der Führung. Enzyklopädie der Betriebswirtschaftslehre Bd 10. Stuttgart, 1987.

KILIAN, RUDOLF: Die Hoffnung auf Heimkehr in der Priesterschrift. Bibel und Leben 7 (1966) 39-51.

KILIAN, RUDOLF: Die Priesterschrift. Hoffnung auf Heimkehr. In: Josef Schreiner (Hg), Wort und Botschaft. Eine theologische und kritische Einführung in die Probleme des AT. Würzburg, 1967, S. 226-243.

KITTEL, BONNIE: Brevard Child's Development of the Canonical Approach. JSOT 16 (1980) 2-11.

KLEIN, RALPH W.: The Message of P. In: Jörg Jeremias/ Lothar Perlitt (Hg), Die Botschaft und die Boten. Fs Hans-Walter Wolff. Neukirchen-Vluyn, 1981, S. 57-67.

KNIERIM, ROLF: Exodus 18 und die Neuordnung der mosaischen Gerichtsbarkeit. ZAW 73 (1961) 146-171.

KNIGHT, DOUGLAS A.: Canon and History of Tradition: A Critique of Brevard S.Childs' Introduction to the Old Testament as Scripture. Horizons in Biblical Theology 2 (1980) 127-149.

KNOBEL, AUGUST: Die Bücher Numeri, Deuteronomium und Josua. Kurzgefasstes exegetisches Handbuch zum AT. 13.Lieferung. Leipzig, 1861.

KOCH, KLAUS: Die Eigenart der priesterschriftlichen Sinaigesetzgebung. ZThK 55 (1958) 36-51.

KOCH, KLAUS: Reichen die formgeschichtlichen Methoden für die Gegenwartsaufgaben der Bibelwissenschaft zu? ThLZ 98 (1973) 801-814.

KOCH, KLAUS: Der Tod des Religionsstifters. Erwägungen über das Verhältnis Israels zur Geschichte der altorientalischen Religionen. KuD 8 (1962) 100-123.

KOCH, KLAUS: Was ist Formgeschichte? Methoden der Bibelexegese. Neukirchen-Vluyn, 4.Aufl. 1981.

KÖNIG, (F.) EDUARD: Historisch-kritisches Lehrgebäude der hebräischen Sprache. 3 Bände, Leipzig, 1881/1895/1897 = Hildesheim, 1979.

KÖNIG, EDUARD: Stilistik, Rhetorik, Poetik in Bezug auf die biblische Literatur. Leipzig, 1900.

KOHATA, FUJIKO: Die priesterschriftliche Überlieferungsgeschichte von Numeri 20,1-13. Annual of the Japanese Biblical Inst. Vol 3 (1977) 3-34.

KORN, JOACHIM HANS: ΠΕΙΡΑΣΜΟΣ. Die Versuchung des Gläubigen in der griechischen Bibel. BWANT 72 Stuttgart, 1937.

KRÄMER, KARL FR.: Numeri und Deuteronomium. Die Heilige Schrift für das Leben erklärt Bd II/1. Freiburg, 1955.

KRAMER, ROLF: Arbeit. Theologische, wirtschaftliche und soziale Aspekte. Kleine Vandenhoeck-Reihe 1482. Göttingen, 1982.

KROEKER, JAKOB: Israel ein Wunder der Geschichte. Das lebendige Wort Bd 4. Wernigerode, 1929.

KSELMAN, JOHN S.: A Note on Numbers 12,6-8. VT 26 (1976) 500-505.

KSELMAN, JOHN S.: The Recovery of poetic fragments from the pentateuchal Priestly Source. JBL 97 (1978) 161-173.

KUGEL, JAMES: On the Bible and Literary Criticism. Prooftexts 1 (1981) 217-236.

KUHL, CURT: Die "Wiederaufnahme" - ein literarkritisches Prinzip? In: ZAW 64 (1952) 1-11.

KUHN, THOMAS S.: Die Struktur wissenschaftlicher Revolutionen. stw 25. Frankfurt/M, 5.Aufl. 1981.

KUSCHKE, ARNULF: Die Lagervorstellung der priesterschriftlichen Erzählung. Eine überlieferungsgeschichtliche Studie. ZAW 63 (1951) 74-105.

KUTSCH, ERNST: Atk. פרר. THAT 2 (1976) 486-488.

LABUSCHAGNE, C.J.: Neue Wege und Perspektiven in der Pentateuchforschung. VT 36 (1986) 146-162.

LÄMMERT, EBERHARD: Bauformen des Erzählens. Stuttgart, 8.Aufl. 1983 = 1955.

LANDES, GEORGE M.: The Canonical Approach to Introducing the Old Testament: Prodigy and Problems. JSOT 16 (1980) 32-39.

LATTMANN, CHARLES (Hg): Ethik und Unternehmensführung. Heidelberg, 1988.

LEHMANN, KARL: Der hermeneutische Horizont der historisch-kritischen Exegese. In: Josef Schreiner (Hg), Einführung in die Methoden der biblischen Exegese. Würzburg, 1971, S. 40-80.

LEHMING, SIGO: Massa und Meriba. ZAW 73 (1961) 71-77.

LEIBFRIED, ERWIN: Literarische Hermeneutik. Eine Einführung in ihre Geschichte und Probleme. Literaturwissenschaft im Grundstudium Bd 9. Tübingen, 1980.

LICHT, JAKOB: Storytelling in the Bible. Jerusalem, 1978.

LIVER, JACOB: Korah, Dathan and Abiram. Scripta Hierosolymitana 8 (1961) 189-217.

LOEWE, RAPHAEL: Divine Frustration exegetically frustrated - Numbers 14:34 תנואתי. In: Peter R. Ackroyd/ Barnabas Lindars (Hg), Words and Meanings. Fs David Winton Thomas. Cambridge, 1968, S. 137-158.

LOHFINK, NORBERT: Charisma. Von der Last der Propheten. In: Ders., Unsere großen Wörter. Das AT zu Themen dieser Jahre. Freiburg-Basel-Wien, 1977, S. 241-251.

LOHFINK, NORBERT: Darstellungskunst und Theologie in Dtn 1,6-3,29. Biblica 41 (1960) 105-134.

LOHFINK, NORBERT: Die deuteronomistische Darstellung des Übergangs der Führung Israels von Moses auf Josue. Ein Beitrag zur alttestamentlichen Theologie des Amtes. Scholastik 37 (1962) 32-44.

LOHFINK, NORBERT: "Gewalt" als Thema alttestamentlicher Forschung. In: Ders. (Hg), Gewalt und Gewaltlosigkeit im AT. Quaestiones Disputatae Bd 96. Freiburg-Basel-Wien, 1983, S. 15-50.

LOHFINK, NORBERT: 'Ich bin Jahwe, dein Arzt'. In: Ders. (Hg), "Ich will euer Gott werden". Beispiele biblischen Redens von Gott. SBS 100. Stuttgart, 1981, S. 11-73.

LOHFINK, NORBERT: Kerygmata des Deuteronomistischen Geschichtswerks. In: Jörg Jeremias/ Lothar Perlitt (Hg), Die Botschaft und die Boten. Fs Hans-Walter Wolff. Neukirchen-Vluyn, 1981, S. 87-100.

LOHFINK, NORBERT: Die Priesterschrift und die Geschichte. VTS 29 (1977) 189-225.

LOHFINK, NORBERT: Die priesterschriftliche Abwertung der Tradition von der Offenbarung des Jahwenamens an Mose. Biblica 49 (1968) 1-8.

LOHFINK, NORBERT: Wie stellt sich das Problem Individuum - Gemeinschaft in Deuteronomium 1,6-3,29? Scholastik 35 (1960) 403-407.

LOHFINK, NORBERT: Die Schichten des Pentateuch und der Krieg. In: Ders. (Hg), Gewalt und Gewaltlosigkeit im AT. Quaestiones Disputatae Bd 96. Freiburg-Basel-Wien, 1983, S. 51-110.

LOHFINK, NORBERT: Die Ursünden in der priesterlichen Geschichtserzählung. In: G.Bornkamm/ K.Rahner (Hg), Die Zeit Jesu, Fs Heinrich Schlier. Freiburg-Basel-Wien, 1970, S. 38-57.

LONG, BURKE O.: Some recent Trends in the Form Criticism of the OT Narratives. Proceedings of the Seventh World Congress of Jewish Studies. Jerusalem (1981) 63-72.

LUDWIG, HANS WERNER (Hg): Arbeitsbuch Romananalyse. Literaturwissenschaft im Grundstudium Bd 12. Tübingen, 1982.

LYONS, JOHN: Language, Meaning and Context. Fontana Linguistics. Bungay-Suffolk, 1981.

MACHOLZ, GEORG CHRISTIAN: Israel und das Land. Vorarbeiten zu einem Vergleich zwischen Priesterschrift und deuteronomistischen Geschichtswerk. Theol.habil.masch. Heidelberg, 1969.

MAGONET, JONATHAN: The Korah Rebellion. JSOT 24 (1982) 3-25.

MAIBERGER, PAUL: Das Manna. Eine literarische, etymologische und naturkundliche Untersuchung. 2 Bde. ÄAT Bd 6/1-2. Wiesbaden, 1983.

MALAMAT, ABRAHAM: Die Wanderung der Daniten und die panisraelitische Exodus-Landnahme: Ein biblisches Erzählmuster. In: Meqor Hajjim. Fs Georg Molin, Graz (Austria), 1983, S. 249-265.

MANN, THOMAS W.: Theological Reflections on the Denial of Moses. JBL 98 (1979) 481-494.

MARQUARDT, FRIEDRICH-WILHELM: Die Bedeutung der biblischen Landverheißung für die Christen. Theol Existenz Heute NF 116. München, 1964.

MARQUARDT, FRIEDRICH-WILHELM: Die Juden und ihr Land. GTB Siebenstern 189. Gütersloh, 2.Aufl. 1978.

MARTI, KURT: Bundesgenosse Gott. Versuche zu 2. Mose 1-14. Basel, 1972.

MAURER, REINHART: Atk. Entfremdung. In: Hermann Krings/ u.a. (Hg), Handbuch philosophischer Grundbegriffe Bd 2, München, 1973, S. 348-360.

MAYS, JAMES L.: What is written. A Response to Brevard Childs' Introduction to the Old Testament as Scripture. Horizons in Biblical Theology 2 (1980) 151-163.

McCARTHY, CARMEL / RILEY, WILLIAM: The Old Testament Short Story. Explorations into Narrative Spirituality. Message of Biblical Spirituality Vol 7. Wilmington, 1986.

McEVENUE, SEAN E.: A Source-critical Problem in Nm 14,26-38. Biblica 50 (1969) 453-465.

McEVENUE, SEAN E.: The Narrative Style of the Priestly Writer. Analecta Biblica 50. Rom, 1971.

METTINGER, TRYGGVE N.D.: The Dethronement of Sabaoth. Studies in the Shem and Kabod Theologies. (Gleerup) Lund, 1982.

MEYER, EDUARD: Die Israeliten und ihre Nachbarstämme. Alttestamentliche Untersuchungen. Mit Beiträgen von Bernhard Luther. Darmstadt, 1967 = Halle a.S., 1906.

MEYER, LESTER: The Message of Exodus. A Theological Commentary. Minneapolis, 1983.

MEYER, RUDOLF: Hebräische Grammatik. Bd II - IV, Berlin-New York, 3.Aufl. 1969, 3.Aufl. 1972, 3.Aufl. 1972.

MILGROM, JACOB: Korah's rebellion: A Study in redaction. In: Maurice Carrez/ u.a. (Hg), De la Tôrah au Messie. Mélanges Henri Cazelles. Paris, 1981, S. 135-146.

MILGROM, JACOB: Magic, Monotheism and the Sin of Moses. In: H.B.Huffmon/ u.a. (Hg), The Quest for the Kingship of God. Fs George E.Mendenhall. Eisenbrauns, 1983, S. 251-265.

MILNE, PAMELA J.: Vladimir Propp and the Study of Structure in Hebrew Biblical Narrative. Bible an Literature Series Vol 13. Sheffield, 1988.

MISCALL, PETER D.: The Workings of Old Testament Narrative. Semeia Studies 12. Philadelphia, 1983.

MITTMANN, SIEGFRIED: Deuteronomium 1,1-6,3 - literarkritisch und traditionsgeschichtlich untersucht. BZAW 139. Berlin-New York, 1975.

MOBERLY, R. WALTER L.: At the Mountain of God. Story and Theology in Exodus 32-34. JSOTS 22. Sheffield, 1983.

MÖLLE, HERBERT: Das 'Erscheinen' Gottes im Pentateuch. Ein literaturwissenschaftlicher Beitrag zur alttestamentlichen Exegese. Europäische Hochschulschriften Reihe 23/Theologie, Bd 18. Bern-Frankfurt/M, 1973.

MOWINCKEL, SIGMUND: Erwägungen zur Pentateuch Quellenfrage. Trondheim, 1964.

MÜLLER, HANS-PETER: Atk. קדשׁ. THAT 2 (1976) 589-609.

MUILENBURG, JAMES: The Intercession of the Covenant Mediator (Ex 33,1a.12-17). In: Peter R. Ackroyd/ Barnabas Lindars (Hg), Words and Meanings. Fs David Winton Thomas. Cambridge, 1968, S. 159-181.

MURPHY, R.E.: The Old Testament as Scripture. JSOT 16 (1980) 40-44.

NA'AMAN, N.: "Hebron was built seven years before Zoan in Egypt" (Numbers 13,22). VT 31 (1981) 488-492.

NEIRYNCK, FRANS: Duality in Mark. Contributions to the study of the Markan Redaction. Bibliotheca Ephemeridum Theologicarum Lovaniensim Bd 31. Leuven, 1972.

NEWSOME, JAMES D. Jr.: By the Waters of Babylon. An introduction to the History and Theology of the Exile. Edinburgh, 1980.

NÖLDEKE, THEODOR: Dic sogenannte Grundschrift des Pentateuchs. In: Ders., Untersuchungen zur Kritik des Alten Testaments. Kiel, 1869, S. 1-144.

NÖLDEKE, THEODOR: Die alttestamentliche Literatur in einer Reihe von Aufsätzen dargestellt. Leipzig, 1868.

NÖTSCHER, FRIEDRICH: Biblische Altertumskunde. Die Heilige Schrift des AT übersetzt und erklärt, Ergänzungsband III, Bonn, 1940.

NOTH, MARTIN: Das zweite Buch Mose, Exodus. ATD 5. Göttingen, 1968.

NOTH, MARTIN: Das vierte Buch Mose, Numeri. ATD 7. Göttingen, 1966.

NOTH, MARTIN: Die Katastrophe von Jerusalem im Jahre 587 vChr und ihre Bedeutung für Israel. In: Ders., Gesammelte Studien zum AT. ThB 6. München, 3.Aufl. 1966, S. 346-371.

NOTH, MARTIN: Num. 21 als Glied der "Hexateuch"-Erzählung. In: ZAW 58 (1940/41) 161-189 = Ders., Aufsätze zur biblischen Landes- und Altertumskunde Bd 1, Neukirchen-Vluyn, 1971, S. 75-101.

NOTH, MARTIN: Überlieferungsgeschichtliche Studien. Die sammelnden und bearbeitenden Geschichtswerke im AT. Darmstadt, 3.Aufl. 1967.

NOTH, MARTIN: *(Kurztitel: ÜPent)* Überlieferungsgeschichte des Pentateuch. Stuttgart, 1948.

NOTH, MARTIN: Die Vergegenwärtigung des Alten Testaments in der Verkündigung. EvTh 12 (1952/53) 6-17. Wieder abgedruckt in: Claus Westermann (Hg), Probleme alttestamentlicher Hermeneutik. Aufsätze zum Verstehen des AT. ThB 11. München, 2.Aufl. 1963=1960, S. 54-68. Ebenfalls abgedruckt in: Martin Noth: Gesammelte Studien zum Alten Testament II. ThB 39. München, 1969, S. 86-98.

OEMING, MANFRED: Bedeutung und Funktionen von 'Fiktionen' in der alttestamentlichen Geschichtsschreibung. EvTh 44 (1984) 254-266.

OLSON, DENNIS T.: The Death of the Old an the Birth of the New. The Framework of the Book of Numbers and the Pentateuch. Brown Judaic Studies 71. Chico/California, 1985.

OSSWALD, EVA: Das Bild des Mose in der kritischen alttestamentlichen Wissenschaft seit Julius Wellhausen. Theologische Arbeiten Bd 18. Berlin, 1963.

OTTO, ECKART: Stehen wir vor einem Umbruch in der Pentateuchkritik? VuF 22 (1/1977) 82-97.

PANNENBERG, WOLFHART: Anthropologie in theologischer Perspektive. Göttingen, 1983.

PANNENBERG, WOLFHART: Das Irreale des Glaubens. In: D.Henrich/ W.Iser (Hg), Funktionen des Fiktiven. Poetik und Hermeneutik Bd X. München, 1983, S. 17-34.

PANNENBERG, WOLFHART: Wissenschaftstheorie und Theologie. Frankfurt/M., 1977.

PELZ, HEIDRUN: Linguistik für Anfänger. Hamburg, 5.Aufl. 1982.

PERLITT, LOTHAR: Bundestheologie im Alten Testament. WMANT 36. Neukirchen-Vluyn, 1969.

PERLITT, LOTHAR: Mose als Prophet. EvTh 31 (1971) 588-608.

PERLITT, LOTHAR: Wovon der Mensch lebt (Dtn 8,3b). In: Jörg Jeremias/ Lothar Perlitt (Hg), Die Botschaft und die Boten. Fs Hans-Walter Wolff. Neukirchen-Vluyn, 1981, S. 403-426.

PLETT, HEINRICH F.: Einführung in die rhetorische Textanalyse. Hamburg, 5.Aufl. 1983 = 4.Aufl. 1979.

PLOEG, J.P.M. VAN DER: Zur Literatur- und Stilforschung im Alten Testament. ThLZ 100 (1975) 801-814.

PORTER, J.R.: Moses and Monarchy. A Study in the Biblical Tradition of Moses. Oxford, 1963.

POSTMA, FERENC: Exodus. Materials in Automatic Text Processing. Part I-II, Instrumenta Biblica Vol 1,1-2, Amsterdam-Turnhout, 1983.

PREUSS, HORST-DIETRICH: Linguistik - Literaturwissenschaft - Altes Testament. VuF 27 (1/1982) 2-28.

PROPP, VLADIMIR: Morphologie des Märchens. München, 1972.

RAD, GERHARD VON: Das formgeschichtliche Problem des Hexateuch. In: Ders., Gesammelte Studien zum AT. ThB 8. München, 2.Aufl. 1961, S. 9-86.

RAD, GERHARD VON: Das erste Buch Mose - Genesis. ATD 2-4. Göttingen, 4.Aufl. 1956.

RAD, GERHARD VON: Mose. Wege in die Bibel Heft 3. Göttingen, 1940.

RAD, GERHARD VON: Die Priesterschrift im Hexateuch. Literarisch untersucht und theologisch gewertet. BWANT Vierte Folge Heft 13, ganze Sammlung Heft 65, Stuttgart-Berlin, 1934.

RAD, GERHARD VON: Theologie des Alten Testaments. Bd 1: München, 2.Aufl. 1958; Bd 2: München, 3.Aufl. 1962.

RASCHI: Raschis Pentateuchkommentar. Vollständig ins Deutsche übertragen und mit einer Einleitung versehen von Selig Bamberger. Basel, 3.Aufl. 1975.

REICHERT, ANDREAS: Der Jehowist und die sogenannten deuteronomistischen Erweiterungen im Buch Exodus. Diss. masch. Tübingen, 1972.

RENDTORFF, ROLF: Das Alte Testament. Eine Einführung. Neukirchen-Vluyn, 1983.

RENDTORFF, ROLF: Zur Bedeutung des Kanons für eine Theologie des AT. In: H-G.Geyer/ u.a. (Hg), "Wenn nicht jetzt, wann dann?". Fs Hans-Joachim Kraus. Neukirchen-Vluyn, 1983, S. 3-11.

RENDTORFF, ROLF: Esra und das 'Gesetz'. ZAW 96 (1984) 165-184.

RENDTORFF, ROLF: Der 'Jahwist' als Theologe? Zum Dilemma der Pentateuchkritik. VTS 28 (1975) 158-166.

RENDTORFF, ROLF: Jakob in Bethel. Beobachtungen zum Aufbau und zur Quellenfrage in Gen 28,10-22*. ZAW (1982) 511-523.

RENDTORFF, ROLF: Offenbarung und Geschichte. Partikularismus und Universalismus im Offenbarungsverständnis Israels. In: Jakob J.Petuchowski/ Walter Strolz (Hg), Offenbarung im jüdischen und christlichen Glaubensverständnis. Freiburg-Basel-Wien, 1981, S. 37-49.

RENDTORFF, ROLF: Pentateuchal Studies on the Move. JSOT 3 (1977) 43-45.

RENDTORFF, ROLF: Das überlieferungsgeschichtliche Problem des Pentateuch. BZAW 147. Berlin-New York, 1977.

REVENTLOW, HENNING GRAF: Hauptprobleme der alttestamentlichen Theologie im 20. Jahrhundert. EdF 173. Darmstadt, 1982.

REVENTLOW, HENNING GRAF: Hauptprobleme der Biblischen Theologie im 20. Jahrhundert. EdF 203. Darmstadt, 1983.

RICHTER, WOLFGANG: Exegese als Literaturwissenschaft. Entwurf einer alttestamentlichen Literaturtheorie und Methodologie. Göttingen, 1971.

RICHTER, WOLFGANG: Grundlagen einer althebräischen Grammatik. 3 Bde., ATS 8/10/13. St.Ottilien, 2.Aufl. 1984 / 2.Aufl. 1984 / 1980.

RIGGANS, WALTER: Numbers. The Daily Study Bible (OT). Philadelphia, 1983.

ROBERTSON, DAVID: The Old Testament and the Literary Critic. Guides to Biblical Scholarship. Philadelphia, 1977.

ROBINSON, BERNARD P.: Israel and Amalek. The Context of Exodus 17,8-16. JSOT 32 (1985) 15-22.

ROEROE, WILHELM A./ RENNSTICH, K.: Zur Führungskrise in der Kirche - weltweit. ZfM 7 (1981) 221-227.

ROSE, MARTIN: Der Ausschließlichkeitsanspruch Jahwes. Deuteronomische Schultheologie und die Volksfrömmigkeit in der späten Königszeit. BWANT 106. Stuttgart-Berlin-Köln-Mainz, 1975.

ROSE, MARTIN: Deuteronomist und Jahwist. Untersuchungen zu den Berührungspunkten beider Literaturwerke. AThANT 67. Zürich, 1981.

ROST, LEONHARD: Die Vorstufen von Kirche und Synagoge im AT. Eine wortgeschichtliche Untersuchung. BWANT 76. Stuttgart, 1938.

RUDOLPH, WILHELM: Der "Elohist" von Exodus bis Josua. BZAW 68. Berlin, 1938.

RUPPERT, LOTHAR: Das Motiv der Versuchung durch Gott in vordeuteronomischer Tradition. VT 22 (1972) 55-63.

RUPPRECHT, WALTER: 2. Sonntag nach dem Christfest (4.Mose 13,25-28; 14,1-3.10b-13.19-24.31). Calwer Predigthilfen 4 (=AT, 6.Reihe) Stuttgart, 1965, S. 69-85.

RUPRECHT, EBERHARD: Stellung und Bedeutung der Erzählung vom Mannawunder (Ex 16) im Aufbau der Priesterschrift. ZAW 86 (1974) 269-307.

SAEBØ, MAGNE: Grenzbeschreibung und Landideal im AT. Mit besonderer Berücksichtigung der min-ᶜad-Formel. ZDPV 90 (1974) 14-37.

SAEBØ, MAGNE: Johann Philipp Gablers Bedeutung für die Biblische Theologie. Zum 200-jährigen Jubiläum seiner Antrittsrede vom 30.März 1787. ZAW 99 (1987) 1-16.

SAKENFELD, KATHERINE D.: The Problem of Divine Forgiveness in Numbers 14. CBQ 37 (1975) 317-330.

SANDERS, JAMES A.: Canonical Context and Canonical Criticism. Horizons in Biblical Theology 2 (1980) 173-197.

SCHARBERT, JOSEF: Heilsmittler im AT und im Alten Orient. Quaestiones Disputatae 23/24. Freiburg-Basel-Wien, 1964.

SCHART, AARON: Rezension von Heinrich Valentin, Aaron (1978). ThZ 40 (1984) 417-418.

SCHART, DIETER: Technologieentwicklung und berufliche Identität. In: H.Luckmann, u.a. (Hg), Technologieentwicklung und Ausbildung. Stuttgarter Beiträge zur Berufs- und Wirtschaftspädagogik Bd 2. Esslingen, 1984, S. 93-104.

SCHICKLBERGER, FRANZ: Biblische Literarkritik und linguistische Texttheorie. Bemerkungen zu einer Textsyntax von hebräischen Erzähltexten. ThZ 34 (1978) 65-81.

SCHMID, HANS HEINRICH: Der sogenannte Jahwist. Beobachtungen und Fragen zur Pentateuchforschung. Zürich, 1976.

SCHMID, HANS HEINRICH: Auf der Suche nach neuen Perspektiven für die Pentateuchforschung. VTS 32 (1981) 375-394.

SCHMID, HERBERT: Die Gestalt des Mose. Probleme alttestamentlicher Forschung unter Berücksichtigung der Pentateuchkrise. EdF 237. Darmstadt, 1986.

SCHMIDT, WALTER: Führungsethik als Grundlage betrieblichen Managements. Taschenbücher für die Wirtschaft Bd 46. Heidelberg, 1986.

SCHMIDT, WERNER H.: Exodus, Sinai und Mose. Erträge der Forschung Bd 191. Darmstadt, 1983.

SCHMIDT, WERNER H.: Grenzen und Vorzüge historisch-kritischer Exegese. EvTh 45 (1985) 469-481.

SCHMIDT, WERNER H.: Königtum Gottes in Ugarit und Israel. Zur Herkunft der Königsprädikation Jahwes. BZAW 80. Berlin, 1961.

SCHMIDT, WERNER H.: Nachwirkungen prophetischer Botschaft in der Priesterschrift. In: A.Caquot/ S.Légasse/ M.Taríe (Hg), Melanges bibliques et orientaux en l'honneur de M.Mathias Delcor. AOAT 215. Neukirchen-Vluyn, 1985, S. 369-377.

SCHMIDT, WERNER H.: Die Schöpfungsgeschichte der Priesterschrift. WMANT 17. Neukirchen-Vluyn, 1964.

SCHMIDT, WERNER H.: Ein Theologe in salomonischer Zeit? Plädoyer für den Jahwisten. BZ 25 (1981) 82-102.

SCHMITT, HANS-CHRISTOPH: 'Priesterliches' und 'prophetisches' Geschichtsverständnis in der Meerwundererzählung Ex 13,17-14,31 - Beobachtungen zur Endredaktion des Pentateuch. In: A.H.J.Gunneweg und O.Kaiser (Hg), Textgemäß. Fs Ernst Würthwein. Göttingen, 1979, S. 139-155.

SCHMITT, HANS-CHRISTOPH: Redaktion des Pentateuch im Geiste der Prophetie. Beobachtungen zur Bedeutung der "Glaubens"-Thematik innerhalb der Theologie des Pentateuch. VT 32 (1982) 170-189.

SCHNEEMANN, G. / HELLER, JAN: Feuerschlangen in Num 21,4-9. Von der Exegese zur Predigt. Communio viatorum 20 (1977) 251-257.

SCHNEIDER, WERNER: Grammatik des biblischen Hebräisch. München, 1974.

SCHOTTROFF, WILLY: Soziologie und Altes Testament. VuF 19 (1974) 46-66.

SCHÜPPHAUS, JOACHIM: Volk Gottes und Gesetz beim Elohisten. ThZ 31 (1975) 193-210.

SCHULTE-SASSE, JOCHEN / WERNER, RENATE: Einführung in die Literaturwissenschaft. UTB 640. München, 1977.

SCHULZ, WALTER: Philosophie in der veränderten Welt. Pfullingen, 1972.

SCHWARZE, CHRISTOPH: Zu Forschungsstand und Perspektiven der linguistischen Textanalyse. Linguistik und Didaktik 15 (1973) 218-231.

SCHWEIZER, HARALD: Metaphorische Grammatik. Wege zur Integration von Grammatik und Textinterpretation in der Exegese. ATS 15, St. Ottilien, 1981.

SEEBASS, HORST: Der Erzvater Israel und die Einführung der Jahweverehrung in Kanaan. BZAW 98. Berlin, 1966.

SEEBASS, HORST: Atk. Jahwist. TRE 16 (1987) 441-451.

SEEBASS, HORST: Mose und Aaron, Sinai und Gottesberg. Bonn, 1962.

SEEBASS, HORST: Num 11;12 und die Hypothese des Jahwisten. VT 28 (1978) 214-223.

SEEBASS, HORST: Zur geistigen Welt des sog. Jahwisten. BN 4 (1977) 39-47.

SEEBASS, HORST: Der Gott der ganzen Bibel. Biblische Theologie zur Orientierung im Glauben. Freiburg-Basel-Wien, 1982.

SEIDL, THEODOR: Die literaturwissenschaftliche Methode in der alttestamentlichen Exegese. Erträge-Erfahrungen-Projekte. Ein Überblick. Münchener Theol.Zeitschrift 40 (1989) 27-37.

SEITZ, GOTTFRIED: Redaktionsgeschichtliche Studien zum Deuteronomium. BWANT 93, Stuttgart-Berlin-Köln-Mainz, 1971.

SETERS, JOHN VAN: The Yahwist as Theologian? A Response. JSOT 3 (1977) 15-20.

SEYRING, FRITZ: Der alttestamentliche Sprachgebrauch inbetreff des Namens der sogen. "Bundeslade". ZAW 11 (1891) 114-125.

SKA, PAR JEAN-LOUIS: La place d'Ex 6,2-8 dans la narration de l'exode. ZAW 94 (1982) 530-548.

SMEND, RUDOLF: 'Das Ende ist gekommen'. Ein Amoswort in der Priesterschrift. In: Jörg Jeremias/ Lothar Perlitt (Hg), Die Botschaft und die Boten. Fs Hans-Walter Wolff. Neukirchen-Vluyn, 1981, S. 67-72.

SMEND, RUDOLF: Die Entstehung des Alten Testaments. Theologische Wissenschaft Bd 1, Stuttgart-Berlin-Köln-Mainz, 2.Aufl. 1981.

SMEND, RUDOLF: Die Erzählung des Hexateuch auf ihre Quellen untersucht. Berlin, 1912.

SMEND, RUDOLF: Questions about the Importance of the Canon in an Old Testament Introduction. JSOT 16 (1980) 45-51.

SOWINSKI, BERNHARD: Textlinguistik. Eine Einführung. Urban-Taschenbuch 325, Stuttgart-Berlin-Köln-Mainz, 1983.

STEMBERGER, GÜNTER: Die Bedeutung des "Landes Israel" in der rabbinischen Tradition. Kairos 25 (1983) 176-199.

STIERLE, KARLHEINZ: Text als Handlung. Perspektiven einer systematischen Literaturwissenschaft. UTB 423, München, 1975.

STOCK, ALEX: Umgang mit theologischen Texten. Methoden - Analysen - Vorschläge. Zürich-Einsiedeln-Köln, 1974.

STOLZ, FRITZ: Jahwes und Israels Kriege. Kriegstheorien und Kriegserfahrungen im Glauben des alten Israels. AThANT 60. Zürich, 1972.

STRACK, HERMANN L.: Die Bücher Genesis, Exodus, Leviticus und Numeri. Kurzgefaßter Kommentar zu den heiligen Schriften Alten und Neuen Testamentes, erste Abteilung. München, 1894.

STREECK, JÜRGEN: Sprachliches Handeln und sprachliche Verständigung - Argumente wider den semantischen Absolutismus der Sprechakttheorie. Linguistische Berichte 56 (1978) 23-43.

STRUPPE, URSULA: Die Herrlichkeit Jahwes in der Priesterschrift. Eine semantische Studie zu k^{e}bôd YHWH. Klosterneuburg, 1988.

TALMON, SHEMARYAHU / FISHBANE, MICHAEL: Aspects of the Literary Structure of the Book of Ezekiel. Tarbiz 42 (1972/73) II-IV.

TALMON, SHEMARYAHU: The 'Desert Motif' in the Bible and in Qumran Literature. In: Alexander Altmann (Hg), Biblical Motifs. Origins and Transformations. Studies and Texts Vol III. Cambridge (Massachusetts), 1966, S. 31-63.

TALMON, SHEMARYAHU: "Exil" und "Rückkehr" in der Ideenwelt des AT. In: Rudolf Mosis (Hg), Exil - Diaspora - Rückkehr. Zum theologischen Gespräch zwischen Juden und Christen. Düsseldorf, 1978, S. 30-54.

TENGSTRÖM, SVEN: Die Toledotformel und die literarische Struktur der priesterlichen Erweiterungsschicht im Pentateuch. Coniectanea Biblica, Old Testament Series 17. Uppsala, 1981.

THEOBALD, MICHAEL: Der Primat der Synchronie vor der Diachronie als Grundaxiom der Literarkritik. Methodische Erwägungen an Hand von Mk 2,13-17/ Mt 9,9-13. BZ 22 (1978) 161-186.

THIELICKE, HELMUT: Glauben als Abenteuer. Unsere Lebensfragen im Lichte biblischer Texte. Stuttgart, 1983 = 1980.

THOMPSON, R.J.: Moses and the Law in a Century of Criticism since Graf. VTS 19. Leiden, 1979.

TIGAY, JEFFREY HOWARD: Literary-critical Studies in the Gilgamesh Epic: An Assyriological Contribution to biblical Literary Criticism. Yale University, Ph.D., 1971.

TSEVAT, M.: Atk. בחן. ThWAT 1 (1973) 588-592.

TSEVAT, M.: Atk. חקר. ThWAT 3 (1982) 157-160.

TUNYOGI, ANDREW C.: The Rebellions of Israel. JBL 81 (1962) 385-390.

TURGMAN, VICTOR: De l'autorité de Moïse. Ex 15,22-27. Eilsbrunn, 1987.

UTZSCHNEIDER, HELMUT: Das Heiligtum und das Gesetz. Studien zur Bedeutung der sinaitischen Heiligtumstexte (Ex 25-40; Lev 8-9). OBO 77. Freiburg (Schweiz)-Göttingen, 1988.

UTZSCHNEIDER, HELMUT: Hosea. Prophet vor dem Ende. Zum Verhältnis von Geschichte und Institution in der alttestamentlichen Prophetie. OBO 31. Freiburg (Schweiz)-Göttingen, 1980.

VALENTIN, HEINRICH: Aaron. Eine Studie zur vor-priesterschriftlichen Aaron-Überlieferung. OBO 18. Freiburg (Schweiz)-Göttingen, 1978.

VOLZ, PAUL: Mose und sein Werk. Tübingen, 2.Aufl. 1932.

VOLZ, PAUL / RUDOLPH, WILHELM: Der Elohist als Erzähler. Ein Irrweg der Pentateuchkritik? BZAW 63. Giessen, 1933.

VORLÄNDER, HERMANN: Die Entstehungszeit des jehowistischen Geschichtswerkes. Europäische Hochschulschriften Reihe 23/Theologie, Bd 109, Frankfurt/M-Bern-Las Vegas, 1978.

VRIES, SIMON J. DE: The origin of the Murmuring Tradition. JBL 87 (1968) 51-58.

WAGNER, NORMAN E.: A Response to Professor Rolf Rendtorff. JSOT 3 (1977) 20-27.

WAGNER, SIEGFRIED: Die Kundschaftergeschichten im AT. ZAW 76 (1964) 255-269.

WALKENHORST, KARL-HEINZ: Hochwertung der Namenserkenntnis und Gottverbundenheit in der Höhenlinie der priesterlichen Geschichtserzählung. Annual of the Japanese Biblical Institute 6 (1980) 3-28.

WALSH, JEROME T.: From Egypt to Moab. A Source critical Analysis of the Wilderness Itinerary. CBQ 39 (1977) 20-33.

WEBER, MAX: Gesammelte Aufsätze zur Religionssoziologie Bd III: Das Antike Judentum. Tübingen, 1971.

WEIMAR, PETER / ZENGER, ERICH: Exodus. Geschichten und Geschichte der Befreiung Israels. SBS 75. Stuttgart, 1975.

WEIMAR, PETER: Zur Freiheit geschaffen. Aspekte des alttestamentlichen Freiheitsverständnisses. Bibel und Kirche 34 (1979) 86-90.

WEIMAR, PETER: Struktur und Komposition der priesterschriftlichen Geschichtsdarstellung. BN 23 (1984) 81-134. Fortsetzung: BN 24 (1984) 138-162.

WEINFELD, MOSCHE: Deuteronomy and the Deuteronomic School. Oxford, 1972.

WEINFELD, MOSCHE: The Extent of the Promised Land - the Status of Transjordan. In: Georg Strecker (Hg), Das Land Israel in biblischer Zeit. Göttinger Theologische Arbeiten Bd 25, Göttingen, 1983, S. 59-75.

WEINFELD, MOSCHE: Atk. כבוד ThWAT 4 (1982-84) 23-40.

WEINFELD, MOSCHE: Atk. Presence, Divine. Judaica 13 (1971) 1015-1020.

WEINRICH, HARALD: Erzählstrukturen des Mythos. In: Ders., Literatur für Leser. Essays und Aufsätze zur Literaturwissenschaft. Sprache und Literatur 68. Stuttgart-Berlin-Köln-Mainz, 1971, S. 137-149.

WEINRICH, HARALD: Für eine Literaturgeschichte des Lesers. In: Ders., Literatur für Leser. Essays und Aufsätze zur Literaturwissenschaft. Sprache und Literatur 68. Stuttgart-Berlin-Köln-Mainz, 1971, S. 23-34.

WEINRICH, HARALD: Narrative Theologie. Concilium 9 (1973) 329-334.

WEISS, MEIR: Einiges über die Bauformen des Erzählens in der Bibel. VT 13 (1963) 456-475.

WEISS, MEIR: Weiteres über die Bauformen des Erzählens in der Bibel. Biblica 46 (1965) 181-206.

WELLHAUSEN, JULIUS: Die Composition des Hexateuch. Berlin, 4.Aufl. 1963.

WELLHAUSEN, JULIUS: Israelitische und Jüdische Geschichte. Berlin, 1894.

WELLHAUSEN, JULIUS: Prolegomena zur Geschichte Israels. Berlin, 3.Aufl. 1886.

WENHAM, GORDON J.: Numbers - An introduction and Commentary. Tyndale OT Commentaries. Leicester-Illinois, 1981.

WENHAM, GORDON J.: Review of Hans H.Schmid, Der sogenannte Jahwist: Beobachtungen und Fragen zur Pentateuchforschung. JSOT 3 (1977) 57-60.

WEST, STUART A.: Moses - Man of Indecision. Dor le Dor 9 (1980) 33-43.

WESTERMANN, CLAUS: Die Begriffe für Fragen und Suchen im AT. In: Ders., Forschung am AT - Gesammelte Studien II. ThB 55. München, 1974, S. 162-190.

WESTERMANN, CLAUS: Grundformen prophetischer Rede. BEvTh 31. München, 5.Aufl. 1978.

WESTERMANN, CLAUS: Die Herrlichkeit Gottes in der Priesterschrift. In: Ders., Forschung am AT. Ges.Stud. II, München, 1974, S. 115-137.

WESTERMANN, CLAUS: Atk. כבד. THAT 1 (1971) 794-812.

WESTERMANN, CLAUS: Die Rolle der Klage in der Theologie des AT. In: Ders., Forschung am AT. Ges.Stud. II, München, 1974, S. 250-268.

WHYBRAY, R.N.: On Robert Alter's 'The Art of Biblical Narrative'. JSOT 27 (1983) 75-86.

WHYBRAY, R.N.: Response to Professor Rendtorff. JSOT 3 (1977) 11-14.

WILDAVSKY, AARON: The Nursing Father. Moses as a Political Leader. The University of Alabama Press, 1984.

WILDBERGER, HANS: Atk. אמן. THAT 1 (1971) 177-209.

WILDBERGER, HANS: Israel und sein Land. EvTh 16 (1956) 404-422.

WILLI-PLEIN, INA: Das Buch vom Auszug, 2.Mose. Kleine Biblische Bibliothek. Neukirchen-Vluyn, 1988.

WILMS, FRANZ-ELMAR: Wunder im AT. Regensburg, 1979.

WINNETT, FREDERICK V.: Re-Examining the Foundations. JBL 84 (1965) 1-19.

WOLFF, HANS-WALTER: Anthropologie des Alten Testaments. München, 4.Aufl. 1984.

YAHUDA, A.S.: Die Sprache des Pentateuch in ihren Beziehungen zum Ägyptischen. Berlin-Leipzig, 1929.

ZEIHER, HELGA/ U.A.: Textschreiben als produktives und kommunikatives Handeln. Untersuchungen und Konzepte zum Deutschunterricht. Stuttgart, 1979.

ZENGER, ERICH: Der Gott der Bibel. Sachbuch zu den Anfängen des alttestamentlichen Gottesglaubens. Stuttgart, 2.Aufl. 1981.

ZENGER, ERICH: Gottes Bogen in den Wolken. Untersuchungen zu Komposition und Theologie der priesterlichen Urgeschichte. SBS 112. Stuttgart, 1983.

ZENGER, ERICH: Israel am Sinai. Analysen und Interpretationen zu Ex 17-34. Altenberge, 1982.

ZENGER, ERICH: Wo steht die Pentateuchforschung heute? Ein kritischer Bericht über zwei wichtige neuere Publikationen. BZ 24 (1980) 101-116.

ZENGER, ERICH: Auf der Suche nach einem Weg aus der Pentateuchkrise. Theol Revue 78 (1982) 353-362.

ZEVIT, Z.: Converging Lines of Evidence Bearing on the date of P. ZAW 94 (1982) 481-511.

ZIMMERLI, WALTHER: Erkenntnis Gottes nach dem Buche Ezechiel. In: Ders., Gottes Offenbarung - Gesammelte Aufsätze zum AT. ThB 19. München, 1963, S. 41-119.

ZIMMERLI, WALTHER: Der Prophet im Pentateuch. In: Georg Braulik (Hg), Studien zum Pentateuch. Fs Walter Kornfeld. Wien-Freiburg-Basel, 1977, S. 197-211.

ZUBER, P.BEAT: Marginalien zur Quellentheorie. DBAT 12 (1977) 14-29.

ORBIS BIBLICUS ET ORIENTALIS

Bd. 1   OTTO RICKENBACHER: *Weisheitsperikopen bei Ben Sira.* X–214–15* Seiten. 1973. Vergriffen.

Bd. 2   FRANZ SCHNIDER: *Jesus der Prophet.* 298 Seiten. 1973. Vergriffen.

Bd. 3   PAUL ZINGG: *Das Wachsen der Kirche.* Beiträge zur Frage der lukanischen Redaktion und Theologie. 345 Seiten. 1974. Vergriffen.

Bd. 4   KARL JAROŠ: *Die Stellung des Elobisten zur kanaanäischen Religion.* 294 Seiten, 12 Abbildungen. 1982. 2. verbesserte und überarbeitete Auflage.

Bd. 5   OTHMAR KEEL: *Wirkmächtige Siegeszeichen im Alten Testament.* Ikonographische Studien zu Jos 8, 18–26; Ex 17, 8–13; 2 Kön 13, 14–19 und 1 Kön 22, 11. 232 Seiten, 78 Abbildungen. 1974. Vergriffen.

Bd. 6   VITUS HUONDER: *Israel Sohn Gottes.* Zur Deutung eines alttestamentlichen Themas in der jüdischen Exegese des Mittelalters. 231 Seiten. 1975.

Bd. 7   RAINER SCHMITT: *Exodus und Passa. Ihr Zusammenhang im Alten Testament.* 124 Seiten. 1982. 2. neubearbeitete Auflage.

Bd. 8   ADRIAN SCHENKER: *Hexaplarische Psalmenbruchstücke.* Die hexaplarischen Psalmenfragmente der Handschriften Vaticanus graecus 752 und Canonicianus graecus 62. Einleitung, Ausgabe, Erläuterung. XXVIII–446 Seiten. 1975.

Bd. 9   BEAT ZUBER: *Vier Studien zu den Ursprüngen Israels.* Die Sinaifrage und Probleme der Volks- und Traditionsbildung. 152 Seiten. 1976. Vergriffen.

Bd. 10 EDUARDO ARENS: *The HΛΘON-Sayings in the Synoptic Tradition.* A Historico-critical Investigation. 370 Seiten. 1976.

Bd. 11 KARL JAROŠ: *Sichem.* Eine archäologische und religionsgeschichtliche Studie, mit besonderer Berücksichtigung von Jos 24. 280 Seiten, 193 Abbildungen. 1976.

Bd. 11a KARL JAROŠ/BRIGITTE DECKERT: *Studien zur Sichem-Area.* 81 Seiten, 23 Abbildungen. 1977.

Bd. 12 WALTER BÜHLMANN: *Vom rechten Reden und Schweigen.* Studien zu Proverbien 10–31. 371 Seiten. 1976.

Bd. 13 IVO MEYER: *Jeremia und die falschen Propheten.* 155 Seiten. 1977.

Bd. 14 OTHMAR KEEL: *Vögel als Boten.* Studien zu Ps 68, 12–14, Gen 8, 6–12, Koh 10, 20 und dem Aussenden von Botenvögeln in Ägypten. – Mit einem Beitrag von Urs Winter zu Ps 56, 1 und zur Ikonographie der Göttin mit der Taube. 164 Seiten, 44 Abbildungen. 1977.

Bd. 15 MARIE-LOUISE GUBLER: *Die frühesten Deutungen des Todes Jesu.* Eine motivgeschichtliche Darstellung aufgrund der neueren exegetischen Forschung. XVI–424 Seiten. 1977. Vergriffen.

Bd. 16 JEAN ZUMSTEIN: *La condition du croyant dans l'Evangile selon Matthieu.* 467 pages. 1977. Epuisé.

Bd. 17 FRANZ SCHNIDER: *Die verlorenen Söhne.* Strukturanalytische und historisch-kritische Untersuchungen zu Lk 15. 105 Seiten. 1977.

Bd. 18 HEINRICH VALENTIN: *Aaron.* Eine Studie zur vor-priesterschriftlichen Aaron-Überlieferung. VIII–441 Seiten. 1978.

Bd. 19 MASSÉO CALOZ: *Etude sur la LXX origénienne du Psautier.* Les relations entre les leçons des Psaumes du Manuscrit Coislin 44, les Fragments des Hexaples et le texte du Psautier Gallican. 480 pages. 1978.

Bd. 20 RAPHAEL GIVEON: *The Impact of Egypt on Canaan.* Iconographical and Related Studies. 156 Seiten, 73 Abbildungen. 1978.

Bd. 21 DOMINIQUE BARTHÉLEMY: *Etudes d'histoire du texte de l'Ancien Testament.* XXV–419 pages. 1978. Vergriffen.

Bd. 22/1 CESLAS SPICQ: *Notes de Lexicographie néo-testamentaire.* Tome I: p. 1–524. 1978. Epuisé.

Bd. 22/2 CESLAS SPICQ: *Notes de Lexicographie néo-testamentaire.* Tome II: p. 525–980. 1978. Epuisé.

Bd. 22/3 CESLAS SPICQ: *Notes de Lexicographie néo-testamentaire.* Supplément. 698 pages. 1982.

Bd. 23 BRIAN M. NOLAN: *The Royal Son of God.* The Christology of Matthew 1–2 in the Setting of the Gospel. 282 Seiten. 1979.

Bd. 24 KLAUS KIESOW: *Exodustexte im Jesajabuch.* Literarkritische und motivgeschichtliche Analysen. 221 Seiten. 1979. Vergriffen.

Bd. 25/1 MICHAEL LATTKE: *Die Oden Salomos in ihrer Bedeutung für Neues Testament und Gnosis.* Band I. Ausführliche Handschriftenbeschreibung. Edition mit deutscher Parallel-Übersetzung. Hermeneutischer Anhang zur gnostischen Interpretation der Oden Salomos in der Pistis Sophia. XI–237 Seiten. 1979.

Bd. 25/1a MICHAEL LATTKE: *Die Oden Salomos in ihrer Bedeutung für Neues Testament und Gnosis.* Band Ia. Der syrische Text der Edition in Estrangela Faksimile des griechischen Papyrus Bodmer XI. 68 Seiten. 1980.

Bd. 25/2 MICHAEL LATTKE: *Die Oden Salomos in ihrer Bedeutung für Neues Testament und Gnosis.* Band II. Vollständige Wortkonkordanz zur handschriftlichen, griechischen, koptischen, lateinischen und syrischen Überlieferung der Oden Salomos. Mit einem Faksimile des Kodex N. XVI–201 Seiten. 1979.

Bd. 25/3 MICHAEL LATTKE: *Die Oden Salomos in ihrer Bedeutung für Neues Testament und Gnosis.* Band III. XXXIV–478 Seiten. 1986.

Bd. 26 MAX KÜCHLER: *Frühjüdische Weisheitstraditionen.* Zum Fortgang weisheitlichen Denkens im Bereich des frühjüdischen Jahweglaubens. 703 Seiten. 1979. Vergriffen.

Bd. 27 JOSEF M. OESCH: *Petucha und Setuma.* Untersuchungen zu einer überlieferten Gliederung im hebräischen Text des Alten Testaments. XX–392–37* Seiten. 1979.

Bd. 28 ERIK HORNUNG / OTHMAR KEEL (Herausgeber): *Studien zu altägyptischen Lebenslehren.* 394 Seiten. 1979.

Bd. 29 HERMANN ALEXANDER SCHLÖGL: *Der Gott Tatenen.* Nach Texten und Bildern des Neuen Reiches. 216 Seiten, 14 Abbildungen. 1980.

Bd. 30 JOHANN JAKOB STAMM: *Beiträge zur Hebräischen und Altorientalischen Namenkunde.* XVI–264 Seiten. 1980.

Bd. 31 HELMUT UTZSCHNEIDER: *Hosea – Prophet vor dem Ende.* Zum Verhältnis von Geschichte und Institution in der alttestamentlichen Prophetie. 260 Seiten. 1980.

Bd. 32 PETER WEIMAR: *Die Berufung des Mose.* Literaturwissenschaftliche Analyse von Exodus 2, 23–5, 5. 402 Seiten. 1980.

Bd. 33   OTHMAR KEEL: *Das Böcklein in der Milch seiner Mutter und Verwandtes.* Im Lichte eines altorientalischen Bildmotivs. 163 Seiten, 141 Abbildungen. 1980.

Bd. 34   PIERRE AUFFRET: *Hymnes d'Egypte et d'Israël.* Etudes de structures littéraires. 316 pages, 1 illustration. 1981.

Bd. 35   ARIE VAN DER KOOIJ: *Die alten Textzeugen des Jesajabuches.* Ein Beitrag zur Textgeschichte des Alten Testaments. 388 Seiten. 1981.

Bd. 36   CARMEL McCARTHY: *The Tiqqune Sopherim and Other Theological Corrections in the Masoretic Text of the Old Testament.* 280 Seiten. 1981.

Bd. 37   BARBARA L. BEGELSBACHER-FISCHER: *Untersuchungen zur Götterwelt des Alten Reiches im Spiegel der Privatgräber der IV. und V. Dynastie.* 336 Seiten. 1981.

Bd. 38   MÉLANGES DOMINIQUE BARTHÉLEMY. *Etudes bibliques offertes à l'occasion de son 60ᵉ anniversaire.* Edités par Pierre Casetti, Othmar Keel et Adrian Schenker. 724 pages, 31 illustrations. 1981.

Bd. 39   ANDRÉ LEMAIRE: *Les écoles et la formation de la Bible dans l'ancien Israël.* 142 pages, 14 illustrations. 1981.

Bd. 40   JOSEPH HENNINGER: *Arabica Sacra.* Aufsätze zur Religionsgeschichte Arabiens und seiner Randgebiete. Contributions à l'histoire religieuse de l'Arabie et de ses régions limitrophes. 347 Seiten. 1981.

Bd. 41   DANIEL VON ALLMEN: *La famille de Dieu.* La symbolique familiale dans le paulinisme. LXVII–330 pages, 27 planches. 1981.

Bd. 42   ADRIAN SCHENKER: *Der Mächtige im Schmelzofen des Mitleids.* Eine Interpretation von 2 Sam 24. 92 Seiten. 1982.

Bd. 43   PAUL DESELAERS: *Das Buch Tobit.* Studien zu seiner Entstehung, Komposition und Theologie. 532 Seiten + Übersetzung 16 Seiten. 1982.

Bd. 44   PIERRE CASETTI: *Gibt es ein Leben vor dem Tod?* Eine Auslegung von Psalm 49. 315 Seiten. 1982.

Bd. 45   FRANK-LOTHAR HOSSFELD: *Der Dekalog.* Seine späten Fassungen, die originale Komposition und seine Vorstufen. 308 Seiten. 1982. Vergriffen.

Bd. 46   ERIK HORNUNG: *Der ägyptische Mythos von der Himmelskuh.* Eine Ätiologie des Unvollkommenen. Unter Mitarbeit von Andreas Brodbeck, Hermann Schlögl und Elisabeth Staehelin und mit einem Beitrag von Gerhard Fecht. XII–129 Seiten, 10 Abbildungen. 1982. Vergriffen.

Bd. 47   PIERRE CHERIX: *Le Concept de Notre Grande Puissance (CG VI, 4).* Texte, remarques philologiques, traduction et notes. XIV–95 pages. 1982.

Bd. 48   JAN ASSMANN/WALTER BURKERT/FRITZ STOLZ: *Funktionen und Leistungen des Mythos.* Drei altorientalische Beispiele. 118 Seiten, 17 Abbildungen. 1982. Vergriffen.

Bd. 49   PIERRE AUFFRET: *La sagesse a bâti sa maison.* Etudes de structures littéraires dans l'Ancien Testament et spécialement dans les psaumes. 580 pages. 1982.

Bd. 50/1   DOMINIQUE BARTHÉLEMY: *Critique textuelle de l'Ancien Testament.* 1. Josué, Juges, Ruth, Samuel, Rois, Chroniques, Esdras, Néhémie, Esther. Rapport final du Comité pour l'analyse textuelle de l'Ancien Testament hébreu institué par l'Alliance Biblique Universelle, établi en coopération avec Alexander R. Hulst †, Norbert Lohfink, William D. McHardy, H. Peter Rüger, coéditeur, James A. Sanders, coéditeur. 812 pages. 1982.

Bd. 50/2   DOMINIQUE BARTHÉLEMY: *Critique textuelle de l'Ancien Testament.* 2. Isaïe, Jérémie, Lamentations. Rapport final du Comité pour l'analyse textuelle de l'Ancien Testament hébreu institué par l'Alliance Biblique Universelle, établi en coopération avec Alexander R. Hulst †, Norbert Lohfink, William D. McHardy, H. Peter Rüger, coéditeur, James A. Sanders, coéditeur. 1112 pages. 1986.

Bd. 51   JAN ASSMANN: *Re und Amun.* Die Krise des polytheistischen Weltbilds im Ägypten der 18.–20. Dynastie. XII–309 Seiten. 1983.

Bd. 52   MIRIAM LICHTHEIM: *Late Egyptian Wisdom Literature in the International Context.* A Study of Demotic Instructions. X–240 Seiten. 1983.

Bd. 53   URS WINTER: *Frau und Göttin.* Exegetische und ikonographische Studien zum weiblichen Gottesbild im Alten Israel und in dessen Umwelt. XVIII–928 Seiten, 520 Abbildungen. 1987. 2. Auflage. Mit einem Nachwort zur 2. Auflage.

Bd. 54   PAUL MAIBERGER: *Topographische und historische Untersuchungen zum Sinaiproblem.* Worauf beruht die Identifizierung des Ǧabal Mūsā mit dem Sinai? 189 Seiten, 13 Tafeln. 1984.

Bd. 55   PETER FREI/KLAUS KOCH: *Reichsidee und Reichsorganisation im Perserreich.* 119 Seiten, 17 Abbildungen. 1984. Vergriffen. Neuauflage in Vorbereitung

Bd. 56   HANS-PETER MÜLLER: *Vergleich und Metapher im Hohenlied.* 59 Seiten. 1984.

Bd. 57   STEPHEN PISANO: *Additions or Omissions in the Books of Samuel.* The Significant Pluses and Minuses in the Massoretic, LXX and Qumran Texts. XIV–295 Seiten. 1984.

Bd. 58   ODO CAMPONOVO: *Königtum, Königsherrschaft und Reich Gottes in den Frühjüdischen Schriften.* XVI–492 Seiten. 1984.

Bd. 59   JAMES KARL HOFFMEIER: *Sacred in the Vocabulary of Ancient Egypt.* The Term *DSR,* with Special Reference to Dynasties I–XX. XXIV–281 Seiten, 24 Figures. 1985.

Bd. 60   CHRISTIAN HERRMANN: *Formen für ägyptische Fayencen.* Katalog der Sammlung des Biblischen Instituts der Universität Freiburg Schweiz und einer Privatsammlung. XXVIII-199 Seiten. 1985.

Bd. 61   HELMUT ENGEL: *Die Susanna-Erzählung.* Einleitung, Übersetzung und Kommentar zum Septuaginta-Text und zur Theodition-Bearbeitung. 205 Seiten + Anhang 11 Seiten. 1985.

Bd. 62   ERNST KUTSCH: *Die chronologischen Daten des Ezechielbuches.* 82 Seiten. 1985.

Bd. 63   MANFRED HUTTER: *Altorientalische Vorstellungen von der Unterwelt.* Literar- und religionsgeschichtliche Überlegungen zu «Nergal und Ereškigal». VIII–187 Seiten. 1985.

Bd. 64   HELGA WEIPPERT/KLAUS SEYBOLD/MANFRED WEIPPERT: *Beiträge zur prophetischen Bildsprache in Israel und Assyrien.* IX–93 Seiten. 1985.

Bd. 65   ABDEL-AZIZ FAHMY SADEK: *Contribution à l'étude de l'Amdouat.* Les variantes tardives du Livre de l'Amdouat dans les papyrus du Musée du Caire. XVI–400 pages, 175 illustrations. 1985.

Bd. 66   HANS-PETER STÄHLI: *Solare Elemente im Jahweglauben des Alten Testamentes.* X–60 Seiten. 1985.

Bd. 67   OTHMAR KEEL / SILVIA SCHROER: *Studien zu den Stempelsiegeln aus Palästina/Israel.* Band I. 115 Seiten, 103 Abbildungen. 1985.

Bd. 68   WALTER BEYERLIN: *Weisheitliche Vergewisserung mit Bezug auf den Zionskult.* Studien zum 125. Psalm. 96 Seiten. 1985.

Bd. 69   RAPHAEL VENTURA: *Living in a City of the Dead.* A Selection of Topographical and Administrative Terms in the Documents of the Theban Necropolis. XII–232 Seiten. 1986.

Bd. 70   CLEMENS LOCHER: *Die Ehre einer Frau in Israel.* Exegetische und rechtsvergleichende Studien zu Dtn 22, 13–21. XVIII–464 Seiten. 1986.

Bd. 71   HANS-PETER MATHYS: *Liebe deinen Nächsten wie dich selbst.* Untersuchungen zum alttestamentlichen Gebot der Nächstenliebe (Lev 19, 18). XIV–196 Seiten. 1986. Vergriffen. Neuauflage in Vorbereitung.

Bd. 72   FRIEDRICH ABITZ: *Ramses III. in den Gräbern seiner Söhne.* 156 Seiten, 31 Abbildungen. 1986.

Bd. 73   DOMINIQUE BARTHÉLEMY/DAVID W. GOODING/JOHAN LUST/EMANUEL TOV: *The Story of David and Goliath.* 160 Seiten. 1986.

Bd. 74   SILVIA SCHROER: *In Israel gab es Bilder.* Nachrichten von darstellender Kunst im Alten Testament. XVI–553 Seiten, 146 Abbildungen. 1987.

Bd. 75   ALAN R. SCHULMAN: *Ceremonial Execution and Public Rewards.* Some Historical Scenes on New Kingdom Private Stelae. 296 Seiten. 41 Abbildungen. 1987.

Bd. 76   JOŽE KRAŠOVEC: *La justice (Ṣdq) de Dieu dans la Bible hébraïque et l'interprétation juive et chrétienne.* 456 pages. 1988.

Bd. 77   HELMUT UTZSCHNEIDER: *Das Heiligtum und das Gesetz.* Studien zur Bedeutung der sinaitischen Heiligtumstexte (Ez 25–40; Lev 8–9). XIV–326 Seiten. 1988.

Bd. 78   BERNARD GOSSE: *Isaïe 13,1–14,23.* Dans la tradition littéraire du livre d'Isaïe et dans la tradition des oracles contre les nations. 308 pages. 1988.

Bd. 79   INKE W. SCHUMACHER: *Der Gott Sopdu – Der Herr der Fremdländer.* XVI–364 Seiten, 6 Abbildungen. 1988.

Bd. 80   HELLMUT BRUNNER: *Das hörende Herz.* Kleine Schriften zur Religions- und Geistesgeschichte Ägyptens. Herausgegeben von Wolfgang Röllig. 449 Seiten, 55 Abbildungen. 1988.

Bd. 81   WALTER BEYERLIN: *Bleilot, Brecheisen oder was sonst?* Revision einer Amos-Vision. 68 Seiten. 1988.

Bd. 82   MANFRED HUTTER: *Behexung, Entsühnung und Heilung.* Das Ritual der Tunnawiya für ein Königspaar aus mittelhethitischer Zeit (KBo XXI 1 – KUB IX 34 – KBo XXI 6). 186 Seiten. 1988.

Bd. 83   RAPHAEL GIVEON: *Scarabs from Recent Excavations in Israel.* 114 Seiten, 9 Tafeln. 1988.

Bd. 84   MIRIAM LICHTHEIM: *Ancient Egyptian Autobiographies chiefly of the Middle Kingdom.* A Study and an Anthology. 200 Seiten, 10 Seiten Abbildungen. 1988.

Bd. 85   ECKART OTTO: *Rechtsgeschichte der Redaktionen im Kodex Ešnunna und im «Bundesbuch».* Eine redaktionsgeschichtliche und rechtsvergleichende Studie zu altbabylonischen und altisraelitischen Rechtsüberlieferungen. 220 Seiten. 1989.

Bd. 86   ANDRZEJ NIWIŃSKI: *Studies on the Illustrated Theban Funerary Papyri of the 11th and 10th Centuries B.C.* 488 Seiten, 80 Seiten Tafeln. 1989.

Bd. 87   URSULA SEIDL: *Die babylonischen Kudurru-Reliefs.* Symbole mesopotamischer Gottheiten. 236 Seiten, 33 Tafeln und 2 Tabellen. 1989.

Bd. 88   OTHMAR KEEL/HILDI KEEL-LEU/SILVIA SCHROER: *Studien zu den Stempelsiegeln aus Palästina/Israel.* Band II. 364 Seiten, 652 Abbildungen. 1989.

Bd. 89   FRIEDRICH ABITZ: *Baugeschichte und Dekoration des Grabes Ramses' VI.* 202 Seiten, 39 Abbildungen. 1989.

Bd. 90   JOSEPH HENNINGER SVD: *Arabica varia.* Aufsätze zur Kulturgeschichte Arabiens und seiner Randgebiete. Contributions à l'histoire culturelle de l'Arabie et de ses régions limitrophes. 504 Seiten. 1989.

Bd. 91   GEORG FISCHER: *Jahwe unser Gott.* Sprache, Aufbau und Erzähltechnik in der Berufung des Mose (Ex. 3–4). 276 Seiten. 1989.

Bd. 92   MARK A. O'BRIEN: *The Deuteronomistic History Hypothesis:* A Reassessment. 340 Seiten. 1989.

Bd. 93   WALTER BEYERLIN: *Reflexe der Amosvisionen im Jeremiabuch.* 120 Seiten. 1989.

Bd. 94   ENZO CORTESE: *Josua 13-21.* Ein priesterschriftlicher Abschnitt im deuteronomistischen Geschichtswerk. 136 Seiten. 1990.

Bd. 95   ERIK HORNUNG (Hrsg.): *Zum Bild Ägyptens im Mittelalter und in der Renaissance. Comment se représente-t-on l'Egypte au Moyen-Age et à la Renaissance.* 268 pages. 1990.

Bd. 96   ANDRÉ WIESE: *Zum Bild des Königs auf ägyptischen Siegelamuletten.* 264 Seiten. 1990.

Bd. 97   WOLFGANG ZWICKEL: *Räucherkult und Räuchergeräte.* Exegetische und archäologische Studien zum Räucheropfer im Alten Testament. 372 Seiten. 1990.

Bd. 98   AARON SCHART: *Mose und Israel im Konflikt.* Eine redaktionsgeschichtliche Studie zu den Wüstenerzählungen. 296 Seiten. 1990.

UNIVERSITÄTSVERLAG FREIBURG SCHWEIZ

Transport and Thermal Properties of f-Electron Systems

Transport and Thermal Properties of f-Electron Systems

Edited by

G. Oomi
Kumamoto University
Kumamoto, Japan

H. Fujii and T. Fujita
Hiroshima University
Hiroshima, Japan

Plenum Press • New York and London

Library of Congress Cataloging-in-Publication Data

```
Transport and thermal properties of f-electron systems / edited by G.
 Oomi, H. Fujii and T. Fujita.
      p.   cm.
   Proceedings of the Hiroshima Workshop on Transport and Thermal
 Properties of f-Electron Systems, T²-PfS, held August 30-September
 2, 1992, in Greenpia Yasuura, Hiroshima, Japan.
   Includes bibliographical references and index.
   ISBN 0-306-44531-X
   1. Electron transport--Congresses.  2. Thermal electrons-
 -Congresses.   I. Oomi, G.  II. Fujii, H.  III. Fujita, T.
 IV. Hiroshima Workshop on Transport and Thermal Properties of f
 -Electron Systems (1992 : Hiroshima-shi, Japan)
 QC176.8.E4T73  1993
 530.4'1--dc20                                            93-32228
                                                              CIP
```

Proceedings of the Hiroshima Workshop on Transport and Thermal Properties of f-Electron Systems, T^2-PfS, held August 30–September 2, 1992, in Greenpia Yasuura, Hiroshima, Japan

ISBN 0-306-44531-X

©1993 Plenum Press, New York
A Division of Plenum Publishing Corporation
233 Spring Street, New York, N.Y. 10013

All rights reserved

No part of this book may be reproduced, stored in retrieval system, or transmitted in any form or by any means, electronic, mechanical, photocopying, microfilming, recording, or otherwise, without written permission from the Publisher

Printed in the United States of America

ACKNOWLEDGEMENTS

The organizing committee of the Hiroshima Workshop on Transport and Thermal Properties of f-Electron Systems is indebted for a grant-in-aid for the International Joint Research Program from the Ministry of Education, Science, and Culture of Japan, and to the Electric Technology Research Foundation of Chugoku and the Inoue Foundation for Science for providing generous and timely funds.

We would like to express our thanks for the financial support from the following sponsors and persons:

AICHI STEELWORKS, LTD.
ALPS ELECTRIC CO., LTD.
HITACHI METALS, LTD.
THE IRON AND STEEL INSTITUTE OF JAPAN,
    CHUGOKU-SHIKOKU BRANCH
THE JAPAN STEEL WORKS, LTD.
MAC SCIENCE CO., LTD.
MATSUSHITA ELECTRIC INDUSTRIAL CO., LTD.
MAZDA MOTOR CORPORATION
MINEBEA CO., LTD.
MITSUBISHI HEAVY INDUSTRIES, LTD.
NACHI-FUJIKOSHI CORP.
NEC CORPORATION
NEC HOME ELECTRONICS, LTD.
NISSHIN STEEL CO., LTD.
RYOMEI ENGINEERING CO., LTD.
SANYO ELECTRIC CO., LTD.
SANYO-KOKUSAKU PULP CO., LTD.
SHIN-ETSU CO., LTD.
TDK CO., LTD.
TOKYO TUNGSTEN CO., LTD.
TOYO KOHAN STEEL CO., LTD.
Y-E DATA IND.
YOKOGAWA ELECTRIC CO., LTD.

Dr. Masato Sagawa, President of Intermetallics Co., Ltd.
Mr. Hisashi Fujii, President of 2nd Futaba Building Co., Ltd.

ORGANIZATION

Organizing Committee

H. Fujii (Hiroshima Univ., Hiroshima)	Chairman
T. Fujita (Hiroshima Univ., Hiroshima)	Chairman
T. Takabatake (Hiroshima Univ., Hiroshima)	Secretary General
T. Hihara (Hiroshima Univ., Hiroshima)	Program
G. Oomi (Kumamoto Univ., Kumamoto)	Publications
K. Kojima (Hiroshima Univ., Hiroshima)	Local Organization
J. Sakurai (Toyama Univ., Toyama)	Coordinator
T. Komatsubara (Tohoku Univ., Sendai)	
Y. Miyako (Osaka Univ., Osaka)	
K. Machida (Okayama Univ., Okayama)	
T. Ekino (Hiroshima Univ., Hiroshima)	
F. Nakamura (Hiroshima Univ., Hiroshima)	
T. Suzuki (Hiroshima Univ., Hiroshima)	

International Advisory Committee

M. Date (Osaka Univ., Japan)
Z. Fisk (Los Alamos National Lab., USA)
J. Flouquet (C. E. N. Grenoble, France)
J. J. M. Franse (Van der Waals-Zeeman Lab., The Netherlands)
F. Steglich (T. H. Darmstadt, Germany)
T. Kasuya (Tohoku Univ., Japan)

Transport and Thermal Properties of f-Electron Systems
Edited by G. Oomi, H. Fujii, and T. Fujita
0-306-44531-X
Plenum Press, New York, 1993

PREFACE

The Hiroshima Workshop on Transport and Thermal Properties of f-Electron Systems, T^2PfS, was held in the hotel Greenpia Yasuura on the shores of the Seto Inland Sea near Hiroshima, Japan from August 30, to September 2, 1992, as a satellite meeting of the International Conference of Strongly Correlated Electron Systems in Sendai. The purpose of this workshop was to bring together those scientists who are actively involved in the research of 4f- and 5f-electron systems; particularly the transport and thermal properties such as electrical resistivity, Hall effect, thermoelectric power, thermal conductivity, thermal expansion and specific heat. Hence, the organizing committee limited the number of participants to 60; 25 from abroad and 35 from Japan. In the workshop, all the sessions consisted of oral presentations; 25 invited talks and 5 contributed talks, including at least 10 minutes of discussion for each presentation.

The program was divided into the following five topics: [1] Kondo-lattice semiconductors, [2] superconductivity of f-electron systems, [3] anomalous transport and thermal properties of 4f- and 5f-compounds, [4] low-carrier heavy-electron systems and [5] theoretical investigation of heavy-electron and mixed-valence states. This division of topics has been retained in the organization of papers in this volume. Almost all of the invited and contributed papers are included. These papers include excellent reviews of both the recent advances and historical background of each topic. We believe this book would be a tutorial text for researchers working in the field of solid state physics.

We thank all the authors for their efforts to submit the papers in a timely manner. The concluding remarks given by Professor T. Kasuya, was a major contribution to both the meeting and the book. We would like to thank him for accepting this difficult task. We are indebted to the members of International Advisory Committee for their suggestions concerning the invited speakers and assisting with the scope of this workshop. We would like to thank the members of the organizing committee, who established the program and conducted the workshop successfully. We especially thank T. Takabatake, secretary, T. Hihara, program, G. Oomi, publications, K. Kojima, general affairs and J. Sakurai, coordinator for their hard work. Special thanks are also due to the session chairmen for running the sessions and to the referees for their advice on the papers.

H. Fujii and T. Fujita
Chairmen of the T^2PfS'92

Hiroshima, September 1992

CONTENTS

Kondo semiconductors

Kondo Semiconductor CeNiSn 1
    T. Takabatake, G. Nakamoto, H. Tanaka, H. Fujii, S. Nishigori,
        T. Suzuki, T. Fujita, M. Ishikawa, I. Oguro, M. Kurisu, and
        A.A. Menovsky

Non Fermi–Liquid Ground State in the Heavy Fermion Compounds 17
    F.G. Aliev

Mechanism of the Appearance of an Energy Gap in Mixed–Valent Rare–Earth
        Compounds 27
    M. Kasaya

Thermodynamics and Transport in $Ce_3Bi_4Pt_3$ and Related Materials 35
    J.D. Thompson, W.P. Beyermann, P.C. Canfield, Z. Fisk,
        M.F. Hundley, G.H. Kwei, R.S. Kwok, A. Lacerda,
        J.M. Lawrence, and A. Severing

Origin of Gap Formation in $Ce_3Pt_3Sb_4$ and $Ce_3Pt_3Bi_4$ 49
    K. Takegahara, H. Harima, Y. Kaneta, and A. Yanase

Magnetic and Transport Studies on Ce–Based Compounds 55
    S.K. Malik, and D.T. Adroja

4f and 5f compounds

Low–Temperature Magnetotransport of the Intermetallic Actinide Compound
        $NpPt_3$ 71
    M. Amanowicz, C. Ayache, H. Kitazawa, S. Kwon, Y. Ohe,
        J. Rebizant, J.C. Spirlet, J. Rossat–Mignod, T. Suzuki, and
        T. Kasuya

Specific Heat of Some Uranium–Based Ternary Compounds 81
    T. Fujita, S. Ikeda, S. Nishigori, Y. Aoki, T. Takabatake, and
        H. Fujii

Magnetic Ordering of 1–2–2 U and Ce Intermetallic Compounds Described via an f–d Hybridization Model ... 93
    J.A. Mydosh, T. Endstra, and G.J. Nieuwenhuys

Anomalous Hall Coefficient in the f Electron System ... 103
    Y. Ōnuki, S.W. Yun, K. Satoh, H. Sugawara, and H. Sato

Magnetoresistance in UTX Compounds ... 113
    V. Sechovský, L. Havela, F.R. de Boer, H. Fujii, and T. Fujita

Electron Transport in the UTSn Series, where T=Ni, Pd, Pt, Cu and Au ... 123
    R. Troć, B. Badurski, and V.H. Tran

Thermal Conductivity of Ce and Yb Based Kondo Compounds ... 133
    E. Bauer

High–Pressure Resistivity and Lattice Parameters of $CeRu_2Si_2$ ... 145
    P. Haen, J.-M. Laurant, K. Payer, and J.-M. Mignot

Collapse of the Heavy Fermion State under High Pressure ... 155
    T. Kagayama, and G. Oomi

Several Aspects on Thermopower of Ce Compounds ... 165
    J. Sakurai

Superconductivity of f-electron systems

Transport and Thermodynamic Properties of UNi_2Al_3 and UPd_2Al_3 ... 175
    C. Geibel, A. Böhm, C.D. Bredl, R. Caspary, A. Grauel, A. Hiess, C. Schank, F. Steglich, and G. Weber

Pressure–Induced Superconductivity of $CeCu_2Ge_2$ (Abstract) ... 185
    D. Jaccard

Weak Magnetism and Magnetic Phase Transitions in Mixed Compound $U(Ru_{1-x}Rh_x)_2Si_2$ ... 187
    Y. Miyako

Transport and Thermal Properties of Some Selected Heavy–Fermion Materials: Probing the Electronic Instability ... 203
    A. de Visser

Thermal Properties of Heavy Fermion Superconductors (Abstract) ... 219
    J.-P. Brison, J. Flouquet, K. Behnia, and D. Jaccard

Theory

$(DCNQI)_2Cu$: A Luttinger–Peierls System ... 221
    H. Fukuyama

Quasiparticles in Heavy Fermion Systems below and above the Coherence
      Temperature 227
  P. Fulde, U. Pulst, and G. Zwicknagl

Competition between CEF Singlet and Kondo Singlet as Origin of Weak
      Antiferromagnetism and Resistivity Anomaly 237
  Y. Kuramoto

The Ground State of the One Dimensional Kondo Lattice Model 247
  M. Sigrist, H. Tsunetsugu, K. Ueda, Y. Hatsugai, and T.M. Rice

Anisotropic Transport Properties of Cerium Kondo Compounds 255
  A.K. Bhattacharjee, B. Coqblin, S.M.M. Evans, C. Ayache, P. Haen,
  and F. Lapierre

Short presentations

Effect of Pressure on the Electrical Resistivity of a Gap-Type Valence Fluctuating
      Compound CeNiSn 265
  M. Kurisu, T. Takabatake, and H. Fujii

The Hall Effect in $U_3T_3M_4$(T=Ni, Cu, Au, M=Sn, Sb) 271
  T. Hiraoka, T. Sada, T. Takabatake, and H. Fujii

Some Issues Concerning Transport and Thermal Behavior of f-Electron
      Systems 277
  E.V. Sampathkumaran

Specific Heat in a Low Carrier Concentration Compound: Yb-Monopnictides . 283
  N. Sato, T. Sakon, T. Suzuki, T. Komatsubara, and A. Oyamada

Low Energy Excitations in Low Carrier Concentration System of CeSb and Yb-
      Monopnictides 289
  T. Suzuki

Concluding Remarks

Summary, How Far Could We Understand the f-Electron Systems 295
  T. Kasuya

Contributors Index 307

Subject Index 309

KONDO SEMICONDUCTOR CeNiSn

T. Takabatake[1], G. Nakamoto[1], H. Tanaka[1], H. Fujii[1], S. Nishigori[2],
T. Suzuki[2], T. Fujita,[2] M. Ishikawa[3], I. Oguro[3], M. Kurisu[4] and
A.A. Menovsky[5]

[1]Faculty of Integrated Arts and Sciences, Hiroshima University, Hiroshima 730, Japan
[2]Faculty of Science, Hiroshima University, Higashi-Hiroshima 724, Japan
[3]Institute for Solid State Physics, University of Tokyo, Tokyo 106, Japan
[4]Faculty of Engineering, Iwate University, Morioka 020, Japan
[5]Van der Waals-Zeeman Laboratorium, Universiteit van Amsterdam, 1018 XE Amsterdam, The Netherlands

1. INTRODUCTION

Since the discovery of semiconducting behavior of SmB_6 in 1969,[1] the formation of a small energy gap in 4f-electron systems has been the subject of intensive studies. The presence of energy gap of several 10 K was found in valence-fluctuating (VF) compounds gold SmS, TmSe and YbB_{12} with cubic structures.[2-4] A simple picture of these systems is that the hybridization of the 4f electron states and the conduction band leads to the small gap at the Fermi level.[5] However, the detailed mechanism of the gap formation remains unsettled. Recently, CeNiSn has been found to be the first example of a cerium compound showing the behavior of a small-gapped semiconductor.[6] From the activation-type resistivity, the gap energy E_g was estimated to be 6 K. This compound crystallizes in an orthorhombic structure ($Pn2_1a$),[7] which is closely related to the ε-TiNiSi type structure. Subsequently, similar gap formation has been found in $Ce_3Pt_3Bi_4$ and CeRhSb,[8,9] where the values of E_g are 70 and 8 K, respectively. The latter crystallizes in the same type of structure as CeNiSn, whereas the former in the cubic $Y_3Au_3Sb_4$-type structure. These findings have renewed the interest in the problem of the insulating ground state of the Kondo lattice.[10,11]

In this article, we review the experimental studies of the transport, magnetic and thermal properties of CeNiSn.[12-17] The results obtained on single crystalline samples demonstrate that an anisotropic gap opens in the heavy-fermion bands as temperature is reduced below 6 K. Because of the small gap energy of several Kelvins, we expect strong effects of magnetic field and pressure on the gapped state. The strength of hybridization in this compound can be controlled by substituting Co, Cu and Pt for Ni in the nonmagnetic sublattice. The substituted samples serve as systems where one can examine the coherence effect on the gap formation. Furthermore, we compare the physical properties of CeNiSn with those of the

Transport and Thermal Properties of f-Electron Systems
Edited by G. Oomi et al., Plenum Press, New York, 1993

isostructural compound CePtSn, the latter of which is an antiferromagnetic Kondo compound with $T_N = 7.5$ K.[18,19]

2. SAMPLE PREPARATION AND CHARACTERIZATION

Polycrystalline samples were prepared from stoichiometric starting materials by arc-melting in a purified argon atmosphere. The samples were homogenized by annealing in quartz ampoules for 10 days at 1000°C. Single crystals were grown from Ames Laboratory Ce by a Czochralski technique in a triarc furnace or by a floating-zone method in an infrared mirror furnace. From metallographic examination and electron-probe microanalysis (EPMA) of the as-grown crystal, impurity phases of $CeNi_2Sn_2$ and cerium oxides were detected at the tail end and on the surface. As shown in Fig. 1, a line-shaped impurity phase of $Ce_3Ni_4Sn_3$ of 1~10 µm width was detected even in the central part of the crystal. The volume fraction of this phase is less than about 1% of the sample, which is much smaller than that assumed by Kasuya[20] to explain the anomalous properties of CeNiSn based on a two-phase model. The impurity phase of $Ce_3Ni_4Sn_3$ could not be eliminated by starting with off-stoichiometric compositions of $Ce_{1.05}NiSn_{1.03}$ and $Ce_{1.07}NiSn_{1.05}$. However, any deviation from the 1-1-1 stoichiomerty larger than the resolution of about 0.3 at.%. was not detected by EPMA for the host phase in spite of the off-stoichiometric starting compositions.

The unit cell of CeNiSn consists of four formula units and hence contains an even number of valence electrons irrespective of the valence states of the Ce ions. We note here that in CeRhSb, which exhibits similar semiconducting behavior, the number of valence electrons is supposed to be same as in CeNiSn. In the orthorhombic structures of the two compounds, the Ce atoms form a zigzag chain along the a axis. Recently, band structure calculations on CeNiSn have been performed by Yanase and Harima[21] using a self-consistent LAPW method. According to their calculations, CeNiSn is a semimetal with a hole Fermi surface on the Δ axis and two electron Fermi surface centered at the X points. The overlap of the valence band with the conduction band is about 600 K. Since the 4f components are about 80 % both at the top of the valence band and the bottom of the conduction band, we expect large effect of strong correlation among 4f electrons on the transport and magnetic properties of this compound.

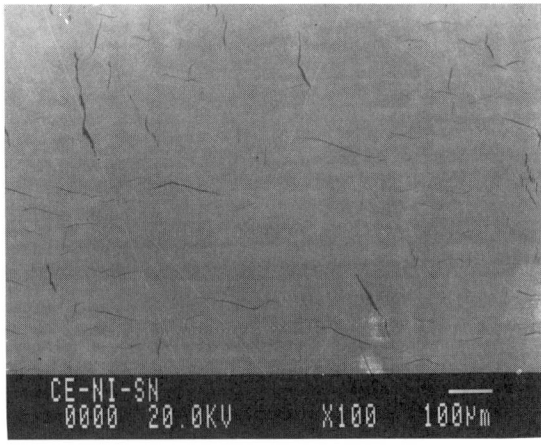

Fig. 1. Scanning electron micrograph of a CeNiSn crystal showing the impurity phase of $Ce_3Ni_4Sn_3$.

3. BASIC PROPERTIES OF CeNiSn

3.1 Magnetic Susceptibility

In Fig. 2, magnetic susceptibility $\chi(T)$ of a single crystalline sample of CeNiSn along the three principal axes is compared with that of CePtSn along the *a* axis labelled as $\chi_a(T)$.[13,19] We note here that the relationship $\chi_a > \chi_b > \chi_c$ at low temperatures is the same for the two compounds. Hence, we may attribute the magnetic anisotropy in CeNiSn to the effect of the hybridization similar to that in CePtSn where Ce ions are almost trivalent. However, the temperature dependence is weaker in CeNiSn at low temperatures below 100 K, which is an indication of valence fluctuation in this compound. The VF character has been confirmed by inelastic neutron scattering experiments,[22] by which no well-defined crystal-field (CF) excitations are observed. The maximum in $\chi_a(T)$ at 12 K for CeNiSn is not associated with a long-range magnetic order as will be discussed later. Instead, it can be attributed to the development of antiferromagnetic correlations among quasiparticles as observed in neutron scattering experiments.[23]

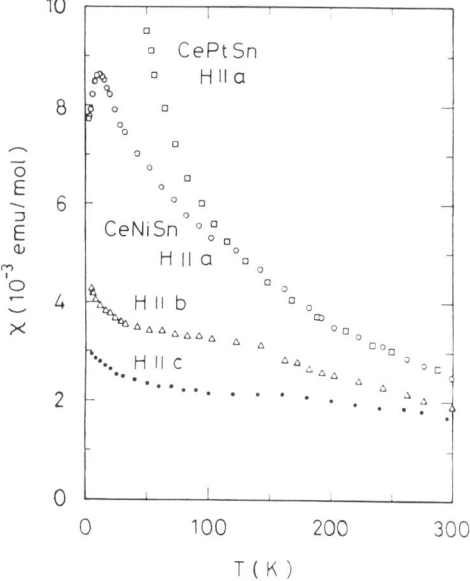

Fig. 2. Magnetic susceptibility vs temperature for single-crystalline CeNiSn (H//*a*, H//*b*, H//*c*) and CePtSn (H//*a*).

3.2 Electrical Resistivity

Figure 3 represents the resistivity $\rho(T)$ of CeNiSn and CePtSn as a function of temperature.[13,19] As temperature is decreased from 300 K, the $\rho(T)$ curves of CeNiSn initially show a quasi-logarithmic increase in all directions, whereas those of CePtSn are metallic. From a local maximum around 100 K for $\rho_a(T)$ and 60 K for $\rho_b(T)$, the Kondo temperature T_K of CeNiSn is estimated to be about 100 K for the degenerate $J = 5/2$ manifold. Another ln$T$ dependence for $\rho_a(T)$ appears between 15 and 40 K, which is similar to that found in the magnetic part of the resistivity in CePtSn.[19] The close similarity suggests the presence of another Kondo scale of about 30 K for the CF ground state in CeNiSn although the CF level scheme is not well defined.

A local maximum in $\rho_a(T)$ appears at the same temperature of 12 K at which $\chi_a(T)$ shows the peak. The decrease in both $\rho_a(T)$ and $\rho_b(T)$ below 12 K indicates that the system goes into the coherent scattering regime. With further decrease of temperature below 6 K, the resistivities turn to increase. An activation-type variation appears only in a small temperature range between 2.5 and 4.6 K. Nevertheless, the gap energy $E_g/k_B=T_g$ in the formula $\rho(T) = \rho_0 \exp(E_g/2k_BT)$ was deduced as 1.0, 4.8 and 8.0 K for the a, b and c axes, respectively. Such a large difference in T_g implies an anisotropic gapping of the density of states on the Fermi surface. The value of T_g along the c axis is still one order of magnitude smaller than that reported for $Ce_3Pt_3Bi_4$. As shown in the inset of Fig. 3, $\rho_c(T)$ and $\rho_b(T)$ pass through a weak maximum at 0.4 and 0.6 K, respectively, and decrease with further decreasing temperature. A plausible explanation for this temperature dependence is that the gapping of the quasiparticle band is incomplete or there exist impurity bands in the gap.

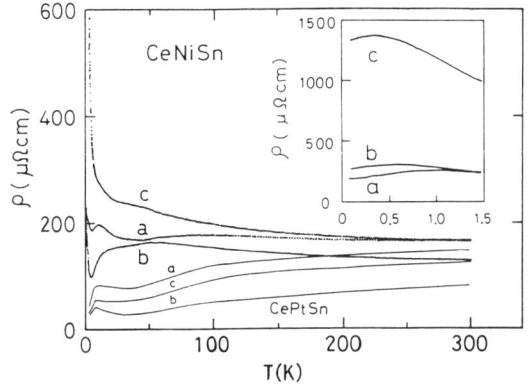

Fig. 3. Electrical resistivity vs temperature for single-crystalline CeNiSn and CePtSn.

3.3 Hall Effect

The temperature dependence of the Hall coefficient R_H for three configurations $H//a$ ($I//b$), $H//b$ ($I//c$) and $H//c$ ($I//b$) is represented in Fig. 4 from Ref. 15. The three curves rise rapidly with decreasing temperature below 100 K and exhibit a positive peak around 9 K, followed by a precipitous drop to a negative value. The positive R_H peak of the size of $5 \times 10^{-3} cm^3/C$ is in common with those found in heavy-fermion compounds like $CeAl_3$ and $CeRu_2Si_2$.[24] Acording to the theory of Fert and Levy,[25] the strong temperature dependence of R_H with a positive peak arises from the contribution of the intrinsic skew scattering. Further, the extraordinary part of R_H is proportional to the product of $\chi(T)$ and magnetic resistivity $\rho_m(T)$. Between 100 and 10 K, $R_H(H//a)$ approximately follows the product. Since the peak temperature of R_H in heavy-fermion systems is regarded as the

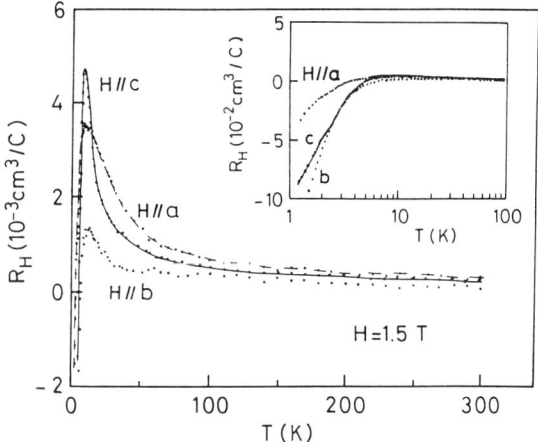

Fig. 4. Hall coefficient of CeNiSn as a function of temperature taken for three configuration; H//a (I//b), H//b (I//c) and H//c (I//b) (after ref. 15).

onset of coherence,[24] the above result indicates that the electronic state in CeNiSn gradually goes into a coherent scattering regime below 9 K. This temperature is somewhat lower than the maximal temperature in $\chi_a(T)$ and $\rho_a(T)$ at 12 K. The strong decrease in R_H below 5 K can be ascribed to the reduction of carrier density caused by the opening of the energy gap in the density of states. If we assume a single type of carriers, the concentration at 1.3 K is estimated to be 4.6×10^{-3} per formula unit from the data for H//c.

3.4 Specific Heat

The specific heat C of a single crystalline sample of CeNiSn is shown in Fig. 5 in a plot of C/T vs T^2 for T < 16 K. No appreciable anomaly exists near 12 K, and hence the peaking in both $\chi_a(T)$ and $\rho_a(T)$ at 12 K does not originate from a long-range magnetic order. The value of C/T decreases almost linearly with T^2 down to nearly 6 K and then suddenly diminishes. This temperature dependence is consistent with the opening of a gap below 6 K as inferred from the transport properties. Furthermore, the large value of C/T of 0.2 J/K^{2}mol near 6 K indicates the development of a narrow band of heavy quasiparticles antecedent to the gap opening. Using the relation between γ and T_K derived for a single Kondo impurity, $T_K = 0.68R/\gamma$ (R is the gas constant),[26] T_K is estimated as 28 K. This temperature is within the lower temperature range where $\rho_a(T)$ increases as ln T, and thus this T_K can be regarded as the Kondo temperature for the CF ground state.

The magnetic contribution to the specific heat, C_m, was estimated by subtracting the data of LaNiSn from that of CeNiSn. As shown in the inset of Fig. 5, C_m/T reveals a pronounced maximum near 6.7 K. The magnetic entropy up to 20 K amounts to only half of Rln2. Between 1.5 and 5 K, C_m/T shows a linear variation, $C_m/T = \gamma + AT$, as opposed to the T^2 dependence of C_m/T in usual metallic systems. The observed temperature dependence is consistent with the renormalized density of states with a V-shaped gap near the Fermi level E_F, which was first proposed based on the results of NMR experiments.[27] The nuclear-spin lattice relaxation rate $1/T_1$ of ^{119}Sn in CeNiSn was found to be proportional to T^3 between 0.4 and 1.3 K. The proposed density of states is proportional to $|E-E_F|/E_g$, which yields a T^3 dependence for $1/T_1$ and a T^2 dependence for C_m at low temperatures below $T_g = E_g/k_B$.

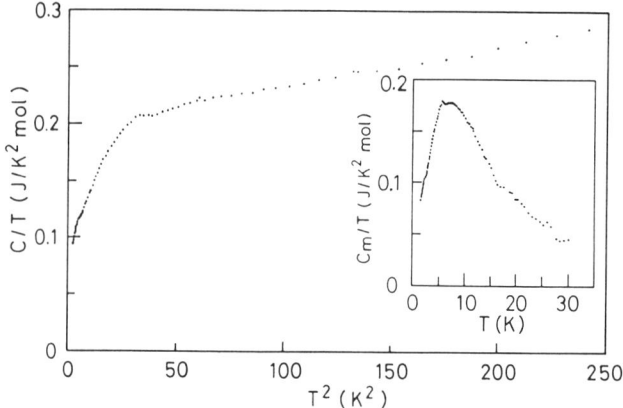

Fig. 5. Specific heat divided by temperature C/T vs T^2 for CeNiSn. The inset shows the magnetic contribution to the specific heat divided by temperature C_m/T vs T.

3.5 Magnetic Correlations Sudied by NMR and µSR

Both NMR and µSR techniques have been employed to study the magnetic correlations in CeNiSn at low temperatures. Kyogaku et al.[28] extended the temperature range of NMR experiments down to 80 mK. They observed a strong deviation of $1/T_1$ of ^{119}Sn from the T^3 behavior below 0.4 K. With further decrease of temperature below 0.13 K, $1/T_1$ decreases exponentially together with an increase in the line width. The results suggest that the pseudogap state becomes unstable below 0.4 K and a spin excitation gap is induced by the development of quasistatic magnetic correlations.

Krazer et al.[29] revealed from µSR experiments that CeNiSn exhibits properties typical of a paramagnet moving towards magnetic order below 1 K. However, no transition into long-range order was observed down to 33 mK. The formation of extended spin correlation up to short-range order is deduced from the unusual dependence of muon spin relaxation rate and muon spin precession frequency on external field.

4. HIGH-MAGNETIC FIELD STUDIES

4.1 Magnetization

The field dependence of magnetization M(H) of single crystal CeNiSn at 1.3 K is represented in Fig. 6 from Ref. 16. The M(H) curve only along the a axis exhibits a weak metamagnetic-like transition near 13 T. It is more clearly seen in the derivative susceptibility dM/dH vs H. However, the increase in M associated with the transition is much smaller than that found in nonmagnetic heavy-fermion compounds like $CeRu_2Si_2$.[30] This fact suggests that the weak transition in CeNiSn is not due to the suppression of antiferromagnetic intersite interactions as found in $CeRu_2Si_2$ but due to the collapse of the pseudogap. Above 20 T, $M_a(H)$ increases linearly with increasing field and attains 0.3 μ_B/Ce at 36 T. The size of the magnetization is only one fourth of that found in the isostructural, antiferromagnetic compound CePtSn, 1.2 μ_B/Ce.[19] The small and linearly increasing moment in CeNiSn can be interpreted as a result of strong Kondo-type interaction persisting even after the pseudogap has collapsed. Assuming the effective moment of 0.3 μ_B/Ce, the magnetic energy at the transition field of 13 T corresponds to the thermal energy of 2.6 K, which is comparable to the gap energy estimated from the a-axis resistivity.

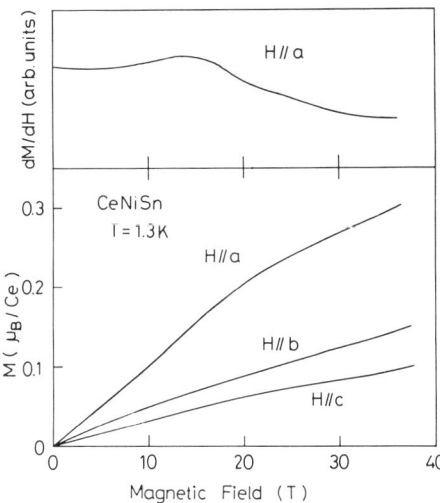

Fig. 6. Magnetization of CeNiSn along the three principal axes at 1.3 K (after ref. 16).

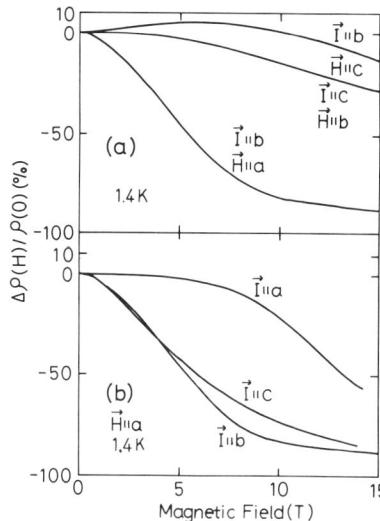

Fig. 7. Magnetoresistance of CeNiSn at 1.4 K (after ref. 14).

4.2 Magnetoresistance

Strong suppression of the energy gap in CeNiSn by application of magnetic field was first demonstrated by the magnetoresistance measurements on a polycrystalline sample.[12] The resistivity at 1.7 K was found to decrease from 730 to 200 $\mu\Omega$cm as the field is raised to 24 T. The results obtained on single crystalline samples show very strong anisotropy.[14] The normalized magnetoresistance $\Delta\rho(H)/\rho(0)$, where $\Delta\rho(H) = \rho(H)-\rho(0)$, at 1.4 K are presented in Figs. 7(a) and 7(b). At H = 15 T, the negative magnetoresistance for H//a attains -88%, which is much larger than for H//b and H//c. Thus, the energy gap is most sensitive to the magnetic field applied along the easy a axis. For H//a, the dependence of magnetoresistance on the current direction was further examined. In Fig. 7(b), the field dependence of $\Delta\rho(H)/\rho(0)$ for I//c is similar to that for I//b, whereas $\Delta\rho(H)/\rho(0)$ for I//a is almost constant up to 4 T and then gradually decreases with increasing field. These results suggest a strong anisotropic scattering mechanism under magnetic fields.

Shown in Fig. 8 is the temperature dependence of the resistivity along the three principal axes in fields of 0, 12 and 14 T. At H = 0 T, $\rho_a(T)$ exhibits a maximum near 11.4 K, which has been ascribed to the development of antiferromagnetic correlations. In a field of 14 T parallel to the a axis, this maximum is almost smeared out. The strong suppression of the upturn below 6 K is a result of the gap suppression by magnetic fields. A drastic effect occurs in the resistivity for the configuration I//b and H//a, which indicates metallic behavior and is in contrast to the semiconductor-like behavior for H//c. Furthermore, at temperatures below 4 K, it obeys a T^2 dependence with a coefficient of 1.0 $\mu\Omega$cm/K^2 and a residual resistivity of 39 $\mu\Omega$cm. The size of this coefficient is typical for moderately heavy fermion systems.

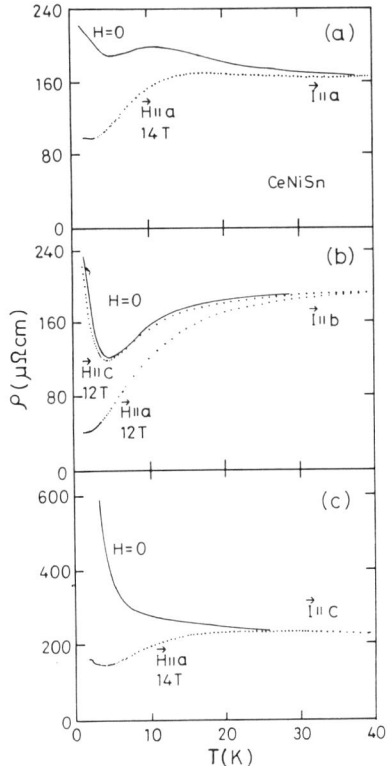
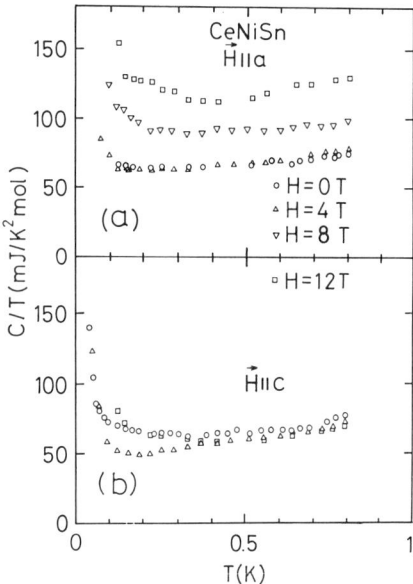

Fig. 8. Electrical resistivity vs temperature for CeNiSn in external fields 0, 12 and 14 T for electrical currents along the three principal axes (after ref. 14).

Fig. 9. Specific heat of CeNiSn plotted as C/T vs T in magnetic fields for (a) H//a and (b) H//c (after ref. 14).

4.3 Specific Heat in Magnetic Fields

The suppression of the energy gap by magnetic field was further studied by specific-heat measurements.[14] Temperature variations of the specific heat of CeNiSn in magnetic fields parallel to the a and c axes are shown in Figs. 9(a) and 9(b), respectively. At H = 0 T, C/T is almost proportional to T between 0.3 and 0.8 K and the linear extrapolation to T= 0 K yields a γ value of 57 mJ/K^{2}mol. This size of γ value seems to be too large to be ascribed to the contribution from impurity phases. Rather, it may be the contribution from the residual density of states at E_F in the pseudogap, as inferred from the saturation of the resistivity below 1 K. The origin of the upturn in C/T below 0.2 K is not clear yet.

When magnetic field is raised to 12 T, the value of C/T is strongly enhanced for H//a, whereas it is almost unchanged for H//c. For H//a, the field dependence of C/T was measured at 0.15, 0.42 and 0.76 K.[14] The values of C/T at these temperatures stay constant for H < 4 T and then increase monotonically from about 70 to 125 mJ/K^{2}mol. This large enhancement is consistent with the heavy-fermion behavior in ρ_b(T) at 12 T in Fig. 8(b). These results support the idea that the density of states in the minimum of the V-shaped pseudogap is increased by application of magnetic field along the easy axis of magnetization. In this anisotropic suppression of the pseudogap, a strong spin polarization of the renormalized band should play an important role.

5. HIGH-PRESSURE STUDIES

The effect of application of pressure on the gapped state in CeNiSn has been studied by Kurisu et al.[31,32] from resistivity measurements. As a typical result, the a-axis resistivity is shown in Fig. 10. With increasing pressure, the upturn in $\rho_a(T)$ below 6 K is strongly suppressed, and the local maximum at 12 K shifts to higher temperatures. Above 12 kbar, the resistivity shows metallic behavior with a single maximum around 100 K. This maximum, which originates in the interplay of the Kondo effect and the CF effect, shifts also to higher temperatures. Generally, application of pressure on cerium-based Kondo-lattice compounds increases the degree of the 4f-ligand hybridization so that the renormalized band broadens.[33] As a result, the value of T_K is increased and hence the maximal temperature of the resistivity due to the Kondo effect is elevated. In fact, we find large shift of both the peaks in $\rho_a(T)$, which are originally at 12 and 65 K, respectively, to 30 and 180 K. The broadening of the renormalized band should also be responsible for the suppression of the gap at low temperatures. In other words, the gap formation in CeNiSn is

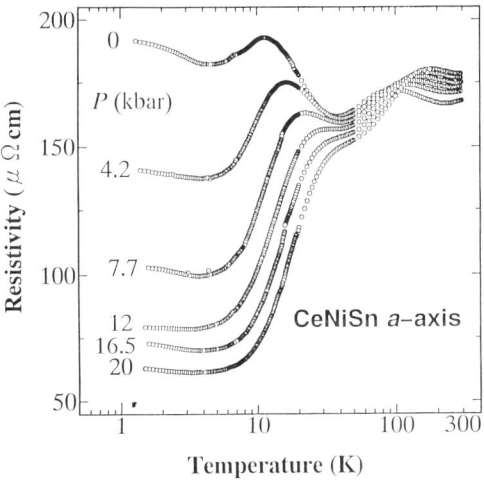

Fig. 10. Electrical resistivity vs lnT for single-crystalline CeNiSn along the a axis under various applied hydrostatic pressures.

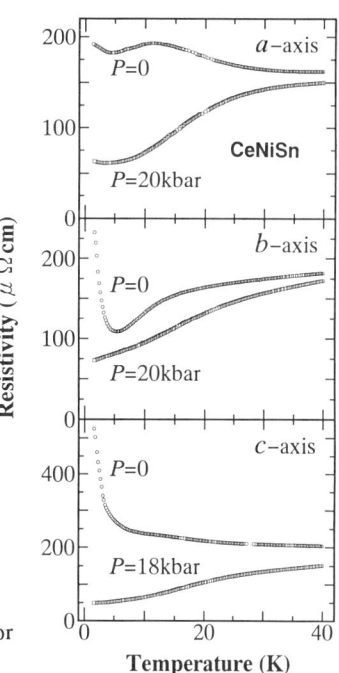

Fig. 11. Electrical resistivity vs temperature for CeNiSn at hydrostatic pressures 0, 18 and 20 kbar.

strongly suppressed by the increase of the degree of hybridization. We will see in the next section that the reduced hybridization by negative chemical pressure also suppresses the gap.

It is interesting to compare the effect of pressure on the resistivity with that of magnetic field. Comparing the resistivity curves in Figs. 8 and 11, we notice that the effect of application of 20 kbar is comparable with that of a magnetic field of 14 T applied along the a axis. However, a simple scaling is rather difficult because the negative magnetoresistance is significant only below 30 K, whereas the overall temperature dependence is changed by application of pressure.

6. EFFECT OF ALLOYING

Low-temperature properties of heavy-fermion compounds are generally very sensitive to a small amount of substitution.[34] We expect that the substitution of 3d element Co or Cu for the Ni atom in CeNiSn would change the number of conduction electrons. If the Ni atom is replaced by the 4d or 5d atom in the same column in the periodic table, i.e., Pd or Pt, then the unit cell volume would increase without changing the number of conduction electrons so much. Keeping this in mind, we have performed systematic studies of the substituted systems $CeNi_{1-x}T_xSn$ with T= Co, Cu and Pt.

Figure 12 shows variations of the lattice parameters with x. The substitution of Co for Ni hardly changes the lattice parameters, whereas that of Cu leads to a linear increase in the three parameters. By the substitution of Pt, the c parameter increases significantly but the a parameter slightly decreases. For $CeNi_{1-x}Cu_xSn$, we previously reported that the energy gap disappears near x= 0.1 and then a long-range antiferromagnetic order develops for x ≥ 0.13.[12] Hereafter, we compare the magnetic and thermal properties of the Co and Pt substituted systems. Temperature dependences of the magnetic susceptibility $\chi(T)$ of

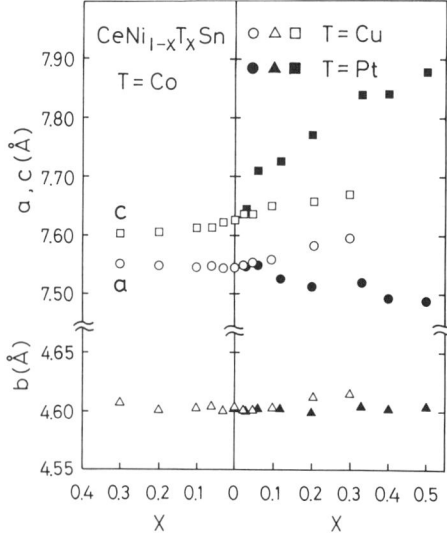

Fig. 12. Variations of lattice parameters of $CeNi_{1-x}T_xSn$ (T = Co, Cu and Pt).

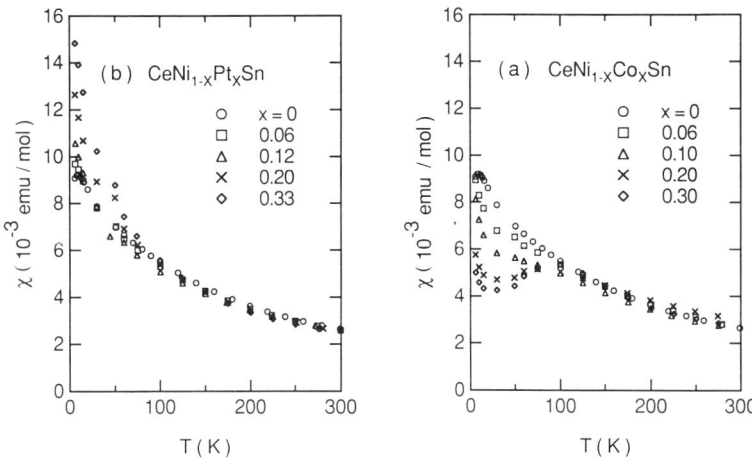

Fig. 13. Magnetic susceptibility vs temperature for field-aligned polycrystalline samples of (a) CeNi1-xCoxSn and (b) CeNi1-xPtxSn.

polycrystalline samples of $CeNi_{1-x}T_xSn$ for T= Co and Pt are shown in Figs. 13 (a) and 13(b), respectively. The measurements were performed on powdered samples which were pre-aligned by application of a magnetic field of 14 T at 4.2 K.

The data of CeNiSn with a maximum around 12 K agree with those of $\chi(T)$ along the a axis of the single crystalline sample as was shown in Fig. 2. This agreement guarantees that the powders are aligned along the easy a axis of the magnetization. In Fig. 13(a), the values of $\chi(T)$ for T<100 K decrease as x is increased in $CeNi_{1-x}Co_xSn$. At higher Co concentration $x \geq 0.2$, a broad maximum appears around 100 K and the value of the paramagnetic Curie temperature estimated from the Curie-Weiss fitting exceeds -130 K. These features are the signals for the transition to the VF regime. The Pt substitution has an opposite effect on the system and leads to the Kondo regime. In Fig. 13(b), the low-temperature value of $\chi(T)$ increases with increasing x in $CeNi_{1-x}Pt_xSn$, resulting in the recovery of the Curie-Weiss behavior down to low temperatures. The paramagnetic Curie temperature remains constant at about -70 K.

The trend toward either the VF or the Kondo regime is confirmed by the result of magnetization measurements at 4.2 K. As shown in Fig. 14(a), the slope of the magnetization curve decreases with increasing Co concentration. A downward curvature near 4 T for $x \geq 0.1$ may indicate the saturation of impurity contribution. All the magnetization curves of the Pt substituted samples are almost linear with field. The value of M(H) at H = 14.6 T increases linearly with increasing Pt concentration, whereas it decreases with Co concentration at almost the same rate of $dM/dx = 0.42\ \mu_B$.

As mentioned above, Co substitution for Ni in CeNiSn may decrease the number of conduction electrons. The Fermi level accordingly lowers toward the level of the unrenormalized 4f states, E_f. For a Cerium impurity in metal, the Kondo temperature T_K is proportional to $\exp[-1/|J|N(E_F)]$, where J is the effective exchange integral given by

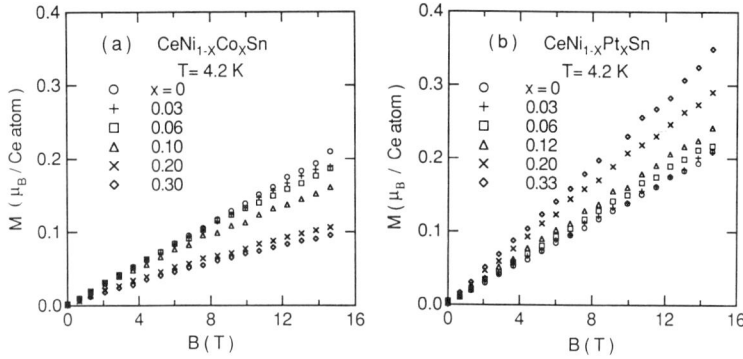

Fig. 14. Magnetization vs magnetic field for powdered polycrystalline samples of (a) CeNi$_{1-x}$Co$_x$Sn and (b) CeNi$_{1-x}$Pt$_x$Sn.

$J = |V_{k,f}|^2/(E_f-E_F)$ with the hybridization matrix element $V_{k,f}$ between the 4f state and the conduction electrons.[35] Then, T_K is expected to be strongly enhanced by Co substitution and the system is converted to the VF regime, as is experimentally observed. On the contrary, the negative chemical pressure induced by the Pt substitution may weakens the hybridization of the 4f states with the Sn-5p and Ni-3d states. In fact, recent photoemission study by Nohara et al.[36] have revealed that the hybridization weakens significantly on going from CeNiSn to CePtSn. The decrease of $V_{k,f}$ in the above expression for T_K results in the lowering of the value of T_K. This is consistent with the transition into the Kondo regime observed for the Pt substituted system.

The effect of the substitution on the gapped state in CeNiSn was studied by the measurements of resistivity and specific heat. However, the temperature dependence of resistivity of polycrystalline samples of CeNi$_{1-x}$T$_x$Sn (T= Co and Pt) was found to be very sample-dependent even for a fixed value of x. This is presumably caused by the preferred orientation of the sample, as is expected from the highly anisotropic behavior in the the resistivity of the single crystalline sample (see Fig. 3). This situation did not allow us to study how the gap energy changes as a function of x.

The low-temperature specific heat of CeNi$_{1-x}$T$_x$Sn (T= Co and Pt) changes smoothly with x as shown in Fig. 15.[37,38] For pure CeNiSn, the sudden decrease in C/T below 6 K originates from the gap formation in the density of states. With increasing Pt concentration, the value of C/T increases and an upturn in C/T appears for $x \geq 0.12$. This change implies that the density of quasiparticle states grows within the gap and eventually a heavy fermion band is formed. The Kondo temperature for the x = 0.2 sample is estimated to be 25 K from an analysis of C/T using the isolated Kondo impurity model.[38] The pronounced peak at 2.1 K for x = 0.33 indicates the development of a long-range magnetic order for higher Pt concentration. This trend is consistent with the increased magnetic moment with Pt concentration, as was shown in Fig.14. We recall here that the transition into an antiferromagnetically ordered state is induced by the Cu substitution at a smaller concent-

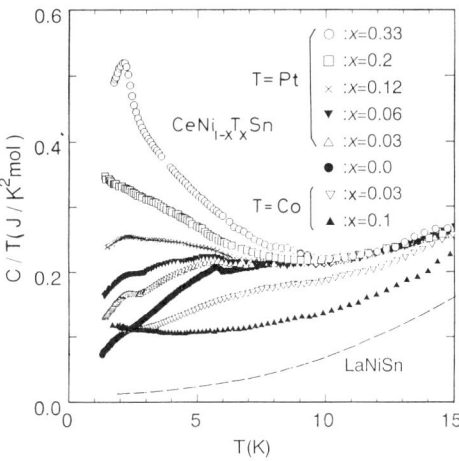

Fig. 15. Specific heat divided by temperature C/T vs T for CeNi$_{1-x}$T$_x$Sn (T= Co and Pt).

ration $x = 0.13$.[12] In this case, the increase in both the number of 3d electrons and the unit-cell volume may promote the transition.

On the other hand, the substitution of only 3 at.% Co is enough to reduce the value of C/T substantially throughout the temperature range below 30 K. Thereby, the anomaly due to the gap formation below 6 K is also smeared out. This in turn suggests that a moderate mass-enhancement is a necessary condition for the gap formation. Comparing the results of the Co, Cu and Pt substituted systems, we find that any replacement of about 10% of the Ni sublattice in CeNiSn closes the energy gap. This fact implies that the loss of the periodicity in the Kondo-lattice is very destructive for the gap formation.

7. CONCLUDING REMARKS

In this article, we reviewed our experimental attempts to understand the semiconductor-like behavior in CeNiSn at low temperatures. The results of transport, thermal and magnetic measurements characterize this compound as a rare example located near the crossover between the Kondo and VF regimes. The highly anisotropic behavior reflects the strong hybridization of the 4f states with the Sn-5p and Ni-3d states in the orthorhombic structure. The Kondo temperature of this system is about 28 K. At low temperatures below 12 K, coherence of local spin fluctuations develops, as indicated by the peaking in both $\rho_a(T)$ and $\chi_a(T)$ at 12 K and in $R_H(T)$ at 9 K. An anisotropic gap opens in the heavy-quasiparticle bands as temperature is reduced below 6 K. This semiconducting state with a charge excitation gap of several Kelvins is destructible by applying either hydrostatic pressure of 20 kbar or magnetic field of 13 T along the easy a axis. Substitutions of Co and Pt for a few percent of Ni in CeNiSn destroy the energy gap and shift the system toward the VF and the heavy-fermion regimes, respectively. The combined results indicate that the gap formation in CeNiSn is very sensitive to the degree of hybridization of the 4f and the conduction electron states. It is also emphasized that the development of coherence in the Kondo lattice is crucial for the gap formation.

ACKNOWLEDGMENT

The authors acknowledge fruitful collaborations with J. Sakurai, G. Kido, K. Sugiyama, M. Date, T. Hiraoka, M. Kyogaku, Y. Kitaoka, K. Asayama, D. Jaccard, U. Ahlheim, C. Geibel, F. Steglich, A. Krazer and G.M. Kalvius. We are benefited from valuable discussion with A. Yanase, S. Namatame, A. Fujimori, M. Kasaya, M. Kohgi, Y. Kuramoto and T. Kasuya. This work was supported in part by a Grant-in-Aid for Scientific Research and for International-Joint Research Program from Ministry of Education, Science and Culture of Japan.

REFERENCES

1. A. Menth, E. Buehler and T.H. Geballe, Phys. Rev. Lett. 22:295(1969).
2. A. Jayaraman, V. Narayanamurti, E. Bucher and R.G. Maines, Phys. Rev. Lett. 25:1430(1970).
3. P. Haen, F. Holzberg, F. Lapierre, T. Penny and R. Tournier, in *Valence Instabilities and Related Narrow Band Phenomena*, ed. by R.D. Parks (Plenum, New York, 1977) p. 1495.
4. M. Kasaya, F. Iga, M. Takigawa and T. Kasuya, J. Magn. Magn. Mater. 47&48:429(1985).
5. N.F. Mott, Phil. Mag. 30:403(1973).
6. T. Takabatake, Y. Nakazawa and M. Ishikawa, Jpn. J. Appl. Phys. Suppl. 26-3:547(1987).
7. I. Higashi, K. Kobayashi, T. Takabatake and M. Kasaya, to be published in J. Alloys Compds. (1992).
8. M.F. Hundley, P.C. Canfield, J.D. Thompson, Z. Fisk and J.M. Lawrence, Phys. Rev. B42:6842 (1990).
9. S.K. Malik and D.T. Adroja: Phys. Rev. B43:6277(1991).
10. P.S. Riseborough, Phys. Rev. B45:13984(1992).
11. P. Schlottmann, Phys. Rev. B46:998(1992).
12. T. Takabatake, Y. Nakazawa, M. Ishikawa, T. Sakakibara, K. Koga and I. Oguro, J. Magn. Magn. Mater. 76&77:87(1988).
13. T. Takabatake, F. Teshima, H. Fujii, S. Nishigori, T. Suzuki, T. Fujita, Y. Yamaguchi, J. Sakurai and D. Jaccard, Phys. Rev. B41:9607(1990).
14. T. Takabatake, M. Nagasawa, H. Fujii, G. Kido, M. Nohara, S. Nishigori, T. Suzuki, T. Fujita, R. Helfrich, U. Ahlheim, K. Fraas, C. Geibel and F. Steglich, Phys. Rev. B45:5740(1992).
15. T. Takabatake, M. Nagasawa, H. Fujii, M. Nohara, T. Suzuki, T. Fujita, G. Kido and T. Hiraoka, J. Magn. Magn. Mater. 108:155(1992).
16. T. Takabatake, M. Nagasawa, H. Fujii, G. Kido, K. Sugiyama, K. Senda, K. Kido and M. Date, Physica B172:177(1992).
17. T. Takabatake and H. Fujii, to be published in Jpn. J. Appl. Phys. Ser.8 (1992).
18. J. Sakurai, Y. Yamaguchi, S. Nishigori, T. Suzuki and T. Fujita, J. Magn. Magn. Mater. 90&91: 442(1990).
19. T. Takabatake, H. Iwasaki, G. Nakamoto, H. Fujii, H. Nakotte, F.R. de Boer and V. Sechovsky, to be published in Physica B182(1992).
20. T. Kasuya, J. Phys. Soc. Jpn. 61:1863(1992).
21. A. Yanase and H. Harima, Progr. Theor. Phys. Jpn. Suppl. 108:19(1992).
22. M. Kohgi, K. Ohoyama, T. Osakabe and M. Kasaya, J. Magn. Magn. Mater. 108:187(1992).
23. T.E. Mason, G. Aeppli, A.P. Ramirez, K.N. Clausen, C. Broholm, N. Stücheli, E. Bucher and T.T.M. Palstra, Phys. Rev. Lett. 69:490(1992).
24. F. Lapierre, P. Haen, R. Brigs, A. Hamezić, A. Fert and J.P. Kappler, J. Magn. Magn. Mater. 63&64: 338(1987).
25. A. Fert and P.M. Levy, Phys. Rev. B36:1907(1987).

26. N. Andrei, K. Furuya and J.K. Loewenstein, Rev. Mod. Phys. 55:331(1983).
27. M. Kyogaku, Y. Kitaoka, H. Nakamura, K. Asayama, T. Takabatake, F. Teshima and H. Fujii, J. Phys. Soc. Jpn. 59:1728(1990).
28. M. Kyogaku, Y. Kitaoka, K. Asayama, T. Takabatake and H. Fujii, J. Phys. Soc. Jpn. 61:43(1992).
29. A. Kratzer, G.M. Kalvius, T. Takabatake, G. Nakamoto, H. Fujii and S.R. Kreitzman, Europhys. Lett. 19:649(1992).
30. J.M. Mignot, J. Flouquet, P. Haen, F. Lapierre, L. Puech and J. Voiron, J. Magn. Magn. Mater. 76&77:97(1988).
31. M. Kurisu, T. Takabatake and H. Fujiwara, Solid State Commun. 68:595(1988).
32. M. Kurisu, T. Takabatake and H. Fujii, in this issue.
33. J.D. Thompson, J. Magn. Magn. Mater. 63&64:358(1987).
34. N. Grewe and F. Steglich, in *Handbook on the Physics and Chemistry of Rare Earths*, ed. by K.A. Gschneidner, Jr. and L. Eyring (Elsevier, Amsterdam, 1991) Vol.14, p. 343.
35. B. Cornut and B. Coqblin, Phys. Rev. B5:4541(1972).
36. S. Nohara, H. Namatame, A. Fujimori and T. Takabatake, to be published in Phys. Rev. B (1992).
37. T. Fujita, T. Suzuki, S. Nishigori, T. Takabatake, H. Fujii and J. Sakurai, J. Magn. Magn. Mater. 104-107:1415(1992).
38. S. Nishigori, H. Goshima, T. Suzuki, T. Fujita, G. Nakamoto, T. Takabatake, H. Fujii and J. Sakurai, to be published in Physica B (1992).

NON FERMI-LIQUID GROUND STATE IN THE HEAVY FERMION COMPOUNDS

Farkhad G. Aliev

Physics Department, Moscow State
University, 119899, Moscow, Russia
and
Dpto Fisica de la Materia Condensada,C-III
Universidad Autonoma de Madrid, 28049
Madrid, Spain

INTRODUCTION

Heavy fermions, one of the most astonishing fields of condensed matter physics, beginning from the work of Andres et.al.[1], is possibly feeling at present a third wave of interest. The first stage (see reviews[2,3]) characterized mainly by "quantitative progress" due to a very rapid growth of the number of the new heavy fermion compounds: "normal" as well as superconducting ones. In this period usually two alternative types of the HF ground state were treated: Fermi-liquid (FL) or gapped[2] as in SmB_6. At the same time the simplified scheme[3] according to which heavy fermions were considered as concentrated Kondo-systems was used. The second stage came with work[4] as a possible repel point associated with the understanding of the fact, that the FL ground state of the HFS may be characterized by the presence of weak magnetic coherent correlations[4,5].

At present it is almost obvious that the "classical" FL is not a certain attribute of the ground state of intermetallic heavy fermion compounds. Recently two new HFS (CeNiSn [6,7] and $Ce_3Bi_4Pt_3$ [8]) were unexpectedly found to show a gapped ground state. While for the CeNiSn compound a small gap at the Fermi level ($E_g \sim$ 6-10K) seems to exist[6,7] within a many-body resonance (of width about 50K), for $Ce_3Bi_4Pt_3$ only an observation of the gap of about 35K was reported[8]. On the other hand, another type of non Fermi-liquid ground state: "Marginal Fermi-Liquid" (MFL) was recently[9-11] shown to determine the low temperature properties in the dilute U limit of cubic $U_{0.2}Y_{0.8}Pd_3$ and the electron heat capacities of doped UPt_3 and UBe_{13}.

In the coherent regime HF could obey Fermi-statistics and have a well defined Fermi-surface[12]. The anisotropic character of the parameter J of spin-flip exchange between f- and d- states near the Fermi level could result in the strongly anisotropic reconstruction of the Fermi surface[13]. In the specific case characterized by a number of electrons on the magnetic center n equal to unit (n=1) the renormalized Fermi-surface will have zero volume[14]. Lacroix[15] showed that for n near 1 and for a rather high J the ground state should be nonmagnetic, while for a moderate J, the transition into a magnetic ground state for n near unit will proceed (Fig.1a). Possible disposition of SmB_6, $Ce_3Bi_4Pt_3$ and CeNiSn HFS also shown on this diagram.

GAPPING OF THE ELECTRON SPECTRUM IN CeNiSn

Let us now try to go inside the anomalous ground state of the HFS CeNiSn. In this chapter analyzing low temperature transport[6,7,17,18], thermal[19-21] and NMR[22-24] properties of polycrystalline and single crystalline samples we will "draw" possible excitation spectra near the Fermi-level. In the next part the transformation of the CeNiSn ground state through the effect of external influences (pressure and alloying) will be examined.

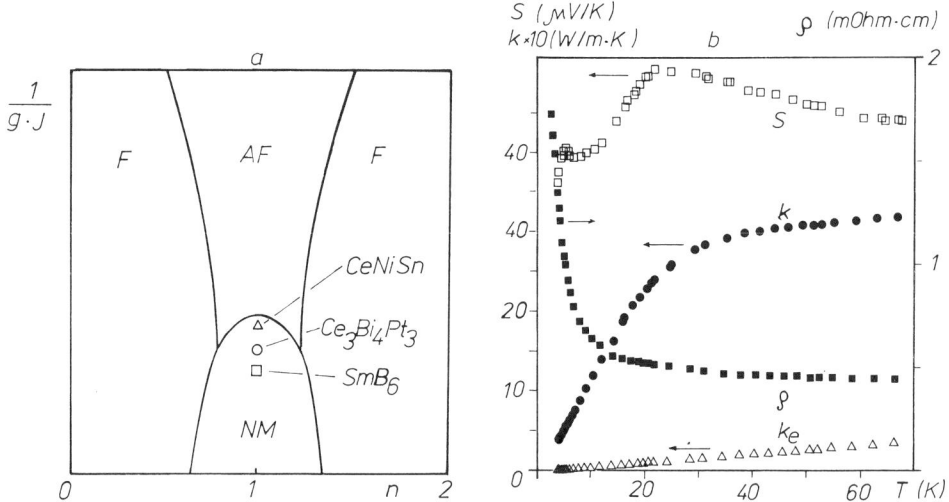

Figure 1 a) Phase diagram of Kondo-lattice[16].
b) Transport characteristics[21] of polycrystalline CeNiSn.

Figure 1b shows representative temperature dependences of resistivity ρ, Seebeck coefficient S and thermal conductivity k (electron part k_e) for polycrystalline CeNiSn samples[21]. From thermoelectric properties[25], besides the reported in early work the maximum near 70K (possibly originated[26] from a crystal field splitting effect Δ_{CF} of about 7meV) we see a clear evidence of two other maxima in the temperature range corresponding to the gapping of the spectrum: at below 20K and 3-5K. A qualitatively analogous behavior is also shown by the Seebeck coefficient of the single crystals[18]. Moreover near 4K a noticeable bend on the $\ln \rho$ vs 1/T dependence exists[17,27]). Curiously, that the existence of the second low temperature maximum on the electron heat capacity in the gapped state (Fig.2a) was explained as being due to the presence of impurity phases[20].

In our opinion, a clearer proof and demonstration of the intrinsic character of the second characteristic temperature scale in the gapped ground state of CeNiSn comes from the temperature dependence of the thermal expansion[19,21] $\alpha(T)$ (Fig.2b). For a qualitative analysis of the $\alpha(T)$ behavior below 1K we will use the theory of the negative thermal expansion in Kondo lattices[28]. This model proposes a strong correlation between the existence of a pseudogap in the electron spectrum near the Fermi level and negative value at T→0. Modelling of the NMR data by different gap structures showed[22] the best correspondence of experimental data with a linear dependence of g(E) on energy E (g(E)~E). Here we propose that this simple g(E) dependence should be modified in the vicinity of E_F due to at least two facts. The first reason is that neither a linear, nor a parabolic dependence of g(E) near the Fermi energy can explain large negative

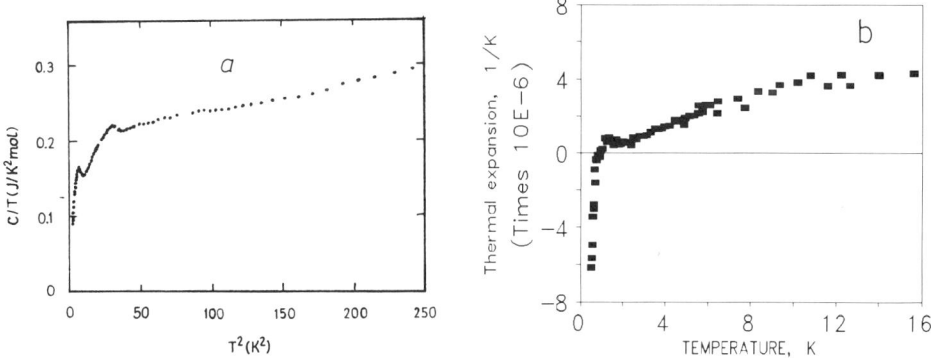

Figure 2 a) Linear term of the heat capacity[20] and b) thermal expansion[19] vs temperature of CeNiSn.

values in the frame of the theory[28]. Only a bend in the g(E) dependence near E_F could produce a rather high negative α values[28]. The other reason to modify the early proposed[22] density of electron states inside the gap comes from the more recent NMR experiments which revealed some deviation of the $1/T^1$ vs T dependence from the g(E) fitting curve below 1.5K, followed by quasi saturation[23] of the $1/T^1$ signal at T<0.5K.

The strongly anisotropic CeNiSn crystal structure[29,30] with Ce-atoms forming a system of (bc) planes, separated by planes containing Ni and Sn atoms results in the anisotropic parameter J, mirrored by the anisotropy of the lattice[30], magnetic and transport[18] properties (Fig.3a,b). Along "more magnetic" a-direction the transport gap is about 2-3 times lower than in the b-c plane. The critical magnetic field of about 13T suppressing the gapping along a-axis[32] is consistent with effective magnetic moment $\mathcal{M}_{eff} \sim 0.3\, \mathcal{M}_B$ and the gap of 2K.

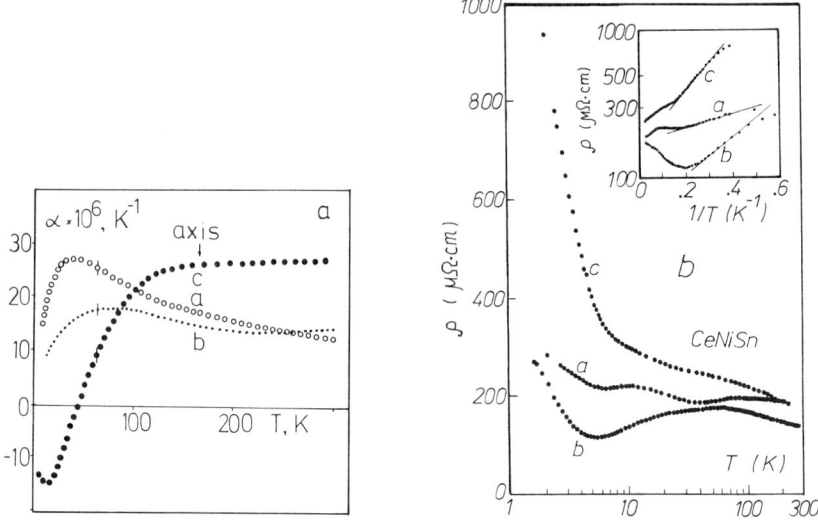

Figure 3. a) Anisotropy of thermal expansion[30] and b) Anisotropy of resistivity[18] for CeNiSn

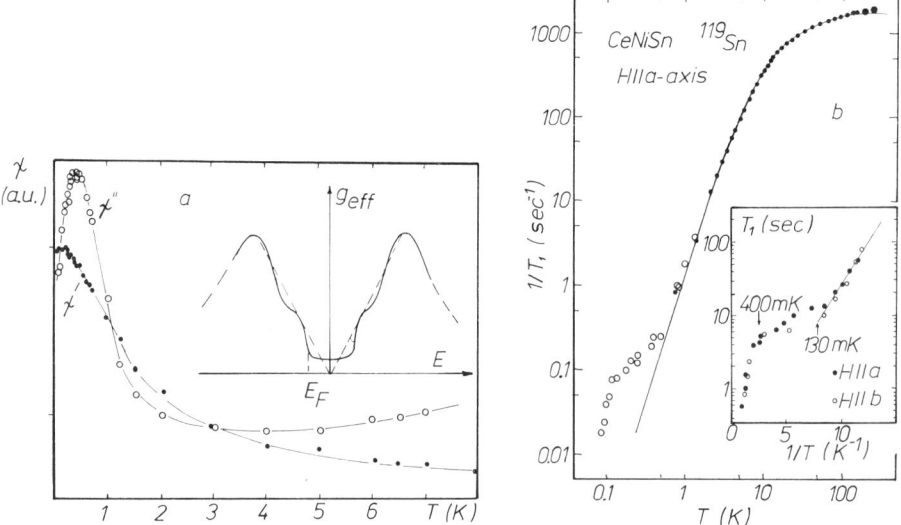

Fig.4a) Magnetic susceptibility[21] b) NMR[24] vs T for CeNiSn.

Now we will try to draw schematically the character of the density of states discussed before, neglecting the possible anisitropy between b and c - directions. The effective density of states (see insert on Fig.4a) being sum $g_{eff}(E) = g_a(E) + g_{bc}(E)$ seems to be rather close to the one proposed to fit the NMR- data[22] and at the same time will describe the negative thermal expansion coefficient at $T \to 0$ as well as the two-fold anomalies in the gapped region observed in the temperature dependences of the specific heat and Seebeck coefficient.

The long range coherent interaction of the Kondo-reduced magnetic Ce moments in CeNiSn possibly becomes important[19,21] below 1K. The maximum[21] on the imaginary part $\chi''(T)$ near 0.5K (Fig.4a) may be considered as an indication of the existence of this transition. More likely, the process of formation of the ground state having as a consequence the appearance of the gap in magnetic excitation spectra near E_F is complete below T=0.5K. In fact, recently Kuogaki et.al.[24] also reported magnetic instability in CeNiSn at very low temperatures: the development of static magnetic correlations inducing a "spin gap" of about 0.25K was seen[24] (Fig.4b).

EFFECT OF THE SUBSTITUTION AND PRESSURE ON THE GAPPED GROUND STATE OF CeNiSn

Let us now discuss the influence of external factors, for example, the change of composition or the effect of hydrostatic pressure on the ground state of CeNiSn. Of course, a correct analysis should be rather complicated, because the proposed spectrum (Fig.4a) is itself a function of the temperature. Nevertheless it is reasonable to suppose that the substitution of Ce by La in $Ce_{1-x}La_xNiSn$, increasing[21] the effective volume V of the lattice according to the derivative $dV/dx \approx 7\text{Å}^3$, for small x could induce a "negative pressure effect" and also will transform the gap mainly along b-c plane. In fact, a very small (x<0.05) La substitution, having only a negligible effect on the upper gap value[33], shifts the CeNiSn system towards a magnetic instability below 5K. This may be seen also in the temperature dependence of the thermal expansion[21] of polycrystalline $Ce_{0.97}La_{0.03}NiSn$, presented in Fig.5. It is interesting to note that the same type of anomaly near T~5-6K, possibly indicating the proximity of the ground state of CeNiSn to "weak" antiferromagnetism, was also recently deduced from the temperature dependences of volume thermal expansion[31] and thermal conductivity[34] of CeNiSn single crystals along the b-direction. On the other hand, studies of thermal expansion under pressure[31] revealed that a hydrostatic pressure of about 8 kbars completely suppresses the AF instability at T~6K, reducing the absolute values more than twice down to those corresponding to data on polycrystals[19,21]. Therefore we can conclude that, in comparison with single crystals the polycristalline CeNiSn samples seem to be "pressed".

To our knowledge, no studies of the thermal expansion of single crystalline CeNiSn samples have been performed below 4K. Based on the analysis presented here, we propose that an anomalously strong effect will show up in the thermal expansion of CeNiSn at T<2K under a hydrostatic pressure of only a few kbars. Also we can suppose that the AF instability seen in the single crystals near 6K may be the reason of the partial suppression of the gap value along the a-direction. In this case, studies of the anisotropic transport of CeNiSn under pressure could even reveal an initial increase of the E_g^a value under pressure. The studies of the electron transport in CeNiSn under pressure carried out previously were done using polycrystalline samples[17,27]. In fact, in these experiments only the pressure dependence of the higher gap value was analyzed. A reanalysis of these data plotting

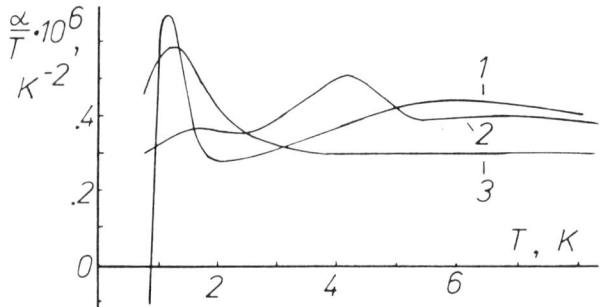

Fig.5 Linear term in thermal expansion[21]: CeNiSn (curve 1), $Ce_{0.97}La_{0.03}NiSn$ (2) and $Ce_{0.9}La_{0.1}NiSn$ (3).

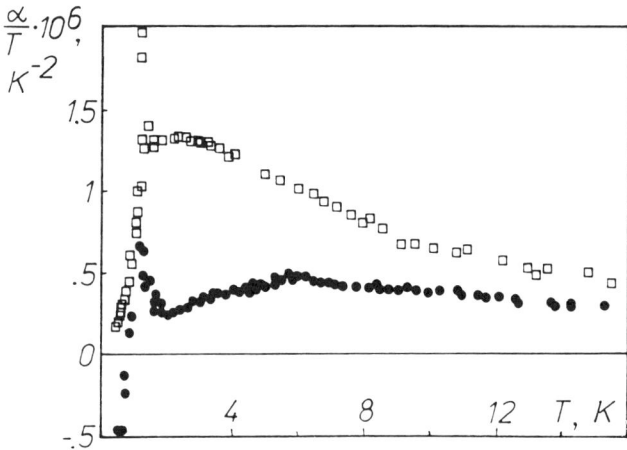

Figure 6 Thermal expansion[21] on T of CeNiSn (●) and $CeNi_{0.9}Cu_{0.1}Sn$ (□).

two gaps (E_g^{bc} as E_{g1}) for (7<T<20)K and E_g^a as E_{g2} for (2<T<6)K) shows that even in "pressed" polycrystalline samples a small initial increase of E_{g2} at p< 6kbars followed by a more rapid (in comparison with E_{g1}) gap suppression at p>10kbars possibly exists.

Coming back to the effect of alloying, let us consider shortly[21,35] the other stoichiometric substitution: $CeNi_{1-x}Cu_xSn$. A change of the free electron density of states in the Ni-Cu sheets could mainly affect the s-f interaction along the a-direction and therefore a smaller gap value. The experimentally observed substantial increase of the low temperature α/T values[21] (as well as of the linear term in the heat capacity[35]) of $CeNi_{0.9}Cu_{0.1}Sn$ (Fig.6) very likely reflects the disappearance of the gap with the development of the magnetic ground state. The physical reason for the strengthening of magnetism in $CeNi_{0.9}Cu_{0.1}Sn$, in comparison with CeNiSn, may be the decrease of the Kondo temperature originated from the weakening of the s-f exchange due to substitution of the narrow Ni conduction electron zone by the wide Cu one.

$Ce_3Bi_4Pt_3$: GAPPING OF THE ELECTRON AND MAGNETIC EXCITATION SPECTRA

We will shortly discuss below the main characteristics of the other gapped intermetallic Ce-compound: $Ce_3Bi_4Pt_3$. A cubic crystal structure and a rather "high" value of the gap in the transport characteristics[36] of about 35K results in the more stable to external influences (in comparison with CeNiSn) nonmagnetic ground state. In fact, the effect of the substitution of Ce by La in $(Ce_{1-x}La_x)_3Bi_4Pt_3$ leads to a rather rapid (but without transition into a magnetic state) decrease of the energy gap, as well as to a corresponding increase of the linear C/T term[36]. So, for $Ce_3Bi_4Pt_3$, no magnetic instability of the ground state was reported in agreement the position on the phase diagram proposed for this compound (Fig.1a). Nevertheless, the gap structure of $Ce_3Bi_4Pt_3$ also seems to be not very simple. From the $\ln \rho$ vs 1/T dependence it is clear that as with CeNiSn, here it is difficult to fit curve with only one E_g parameter[36]. As another evidence of the nontrivial character of the gapping process in $Ce_3Bi_4Pt_3$ the existence of the gap in the magnetic excitation spectra[37] may be considered where an absolute value at least twice higher than those found from transport data has been observed[36].

NON-FERMI-LIQUID BEHAVIOR IN THE METALLIC GROUND STATE

The absence of the normal FL features in the gapped state of some heavy fermion compounds, analyzed above, seems to be originating from the strong localization of the electrons near the Fermi-level and the closeness to an AF magnetic instability. In metallic compounds the formation of the FL ground state normally is considered in the frame of the formalism, were existence of short-range electron-electron interaction leads to the renormalization of the effective mass of the quasiparticles. As a consequence, low temperature properties of such interacting systems resemble those of a noninteracting Fermi-gas. Nevertheless, from a number of experimental characteristics in the dilute and concentrated limits, specially from the temperature dependences of the electron part of the specific heat, C_e, an important experimental evidence of non-Fermi-liquid behavior of HFS with a metallic ground state was also seen recently[9-11,38].

In the Kondo-alloy[9] $U_{0.2}Y_{0.8}Pd_3$ instead of a saturation of the added specific heat C_e/T at $T \to 0$, predicted for the normal Kondo-effect[3], a logarithmic divergence $C_e(T)/T \sim \ln T$ between 0.6 and 16K was observed. The authors[9] argued that their data provide evidence of two-channels quadrupolar

Kondo-effect (TCQKE) in the MFL ground state. In this approach, for a small (in comparison with crystal electric fields) spin-orbital coupling and for orbital channels (f) of more than double value of the scattered spin moment S (i.e. for f > 2S) a nontrivial infrared fixed point, which controls the low temperature properties, appears[39].

In the other explanation[38] a break of the FL behavior in $U_{0.2}Y_{0.8}Pd_3$ was described as being a consequence of the long-range correlations between quasiparticles. These interactions gradually appear with decreasing of the temperature and result in a second order phase transition at T=0. The evidence of this transition comes from experimentally observed proper scaling of the thermodynamic properties[38]. The later observations of the MFL behavior in the electronic

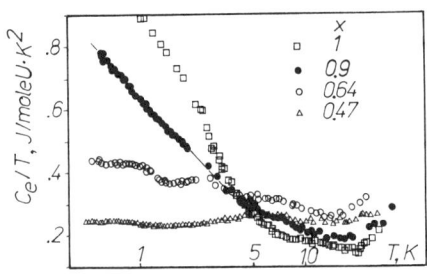

Figure 7 Term C_e/T vs lnT for $U_xTh_{1-x}Be_{13}$ compounds[11].

specific heat of the two doped concentrated heavy fermion systems[10,11]: $U(Pt_{0.94}Pd_{0.06})_3$ and $U_{0.9}Th_{0.1}Be_{13}$ support this hypotesis. In the former compound a weak antiferromagnetic transition near 6K exists. In $U_{0.9}Th_{0.1}Be_{13}$ an anomalous linear C_e/T vs ln(T) dependence is seen at least between 0.6K and 6K (see Fig.7). In this alloy the closeness to the antiferromagnetic instability may originate from the weak magnetic transition[40] in the superconducting state of $U_{1-x}Th_xBe_{13}$ (0.02<x<0.04). Let us also note that the observation of the C_e/T ln(T) behavior in $U_{0.2}Y_{0.8}Pd_3$ also proceeds in the U-concentration range close to the magnetic instability. First of all $U_{0.3}Y_{0.7}Pd_3$ already shows spin-glass behavior[9] and then the concentration dependence of this spin-glass transition temperature extrapolates to $T_{SG}=0$ value corresponding to $U_{0.2}Y_{0.8}Pd_3$ composition[41].

Finally, the lack[10,42] of the decrease of the resistivity predicted by TCQKE ($\rho \sim -AT$) in the ground state of $U(Pt_{0.94}Pd_{0.06})_3$ and $U_{0.9}Th_{0.1}Be_{13}$ compounds show that to describe MFL behavior in these heavy fermion systems new theories taking into account a possible magnetic phase transition at zero temperature should be developed. On this way a Kondo-hole approach[43] possibly could be fruitful.

CONCLUDING REMARKS

The analysis of the recent experimental data shows that in a number of heavy fermion compounds a simple Fermi-liquid approach to the normal ground state properties could break down. In Kondo-lattices with n=1 and a moderate J like in CeNiSn electron-electron correlations may result in an almost nonmagnetic, low conducting ground state, exceptionally unstable to external influences. An increase of the J value could stabilize the nonmagnetic character of the ground state, as it proceeds in $Ce_3Bi_4Pt_3$. For good conducting HF systems non-Fermi-liquid behavior in the ground state also exists. In fact this type of ground state is seen in the normal state of high-T_C superconductors[44] as well as in the dilute and concentrated limit of HFS[9-11,38] and is usually described within the frame of MFL terminology. A possible connection between two different types of non-Fermi-liquid ground state mentioned above could originate from the predicted[45] for MFL character of the excitation of both charge and spin polarizability, which gives a gapping at E_F of the spectral function for the quasiparticles having energy just below the Fermi-level.

ACKNOWLEDGMENTS

The author wishes to thank V.V.Pryadun, M.Yu. Kulikov, I.Grishchenko and for help in experiment and to N.B.Brandt, V.V.Moshchalkov, R.V.Scolozdra, R.Villar, S.Vieira, M.A.Lopez de la Torre, C.L.Seaman and P.A.Alekseev for discussions. The author gratefully acknowledges financial support from the Ministry of Science and Education of Spain. This work was also supported by grant MAT 92-0170 from Plan Nacional de Materiales and by Russian State Programm on Superconductivity.

REFERENCES

1. K.Andres, J.E.Graebner, H.R.Ott, Phys.Rev.Lett. 35: 1779 (1975).
2. G.R.Stewart, Rev. Mod. Phys. 56: 755 (1984).
3. N.B.Brandt and V.V.Moshchalkov, Adv.Phys.33:373 (1984).
4. S.Barth, H.R.Ott, F.N.Gygax, Phys.Rev.Lett.59:2991(1987)
5. E.Blount, C.M.Varma, G.Aeppli, Phys.Rev.Lett.66:512(1990).
6. T.Takabatake, Y.Nakazawa, M.Ishikawa, Jpn.J.Appl.Phys.26: 547 (1987).
7. F.G.Aliev, N.B.Brandt, V.V.Moshchalkov, M.K. Zalyalutdinov, G.I.Pak, R.V.Scolozdra, J. Magn.& Magn. Mat. 76-77: 295 (1988).
8. M.F.Hundley, P.C.Canfield, J.D.Thompson, Z.Fisk and J.M.Lawrence, Physica B171: 254 (1991).
9. C.L.Seaman, M.B.Maple, B.W.Lee, S.Ghamaty, M.S.Torikachvili J.S.Kang, J.W.Allen, D.L.Cox, Phys.Rev.Lett.67:2882(1991).
10. J.S.Kim, B.Andraka, G.R.Stewart, Phys.Rev.B45:12081(1992)
11. F.G.Aliev, A.V.Andreev, I.O.Grishchenko, R.Villar and S.Vieira, to. be publ. in proceedings of ICPTM-92.
12. P.Coleman, Phys. Rev. B28: 5255 (1983).
13. R.Martin, Phys.Rev.Lett. 48: 362 (1982).
14. R.Jullien, J.N.Fields, S.Doniach, Phys.Rev.B16:4889(1977).

15. C.Lacroix, Sol.St.Comm. 54:991(1985).
16. C.Lacroix,J.M.&M.M. 63-64:239(1987).
17. F.G.Aliev,N.B.Brandt,V.V.Moshchalkov,M.K.Zalyalyutdiv, R.V.Scolozdra,and G.I.Pak Pis'ma ZETPh 48:536(1988).
18. T.Takabatake, F.Teshima, H.Fujii, S.Nishigory, T.Suzuki,T.Fujita, Y.Yamaguchi, J.Sakurai and D.Jaccard Phys.Rev. B41: 9607 (1990).
19. F.G.Aliev, A.I.Belogorochov, V.V.Moshchalkov, R.V.Scolozdra, M.A.Lopez de la Torre, S. Vieira and R. Villar, Physica B171: 381 (1991).
20. T.Takabatake, Y.Nakazawa, M. Ishikawa, I. Sakakibara, K.Kogoand I.Oguro, J.M.&M.M. 76-77: 87 (1988).
21. F.G.Aliev, R.Villar, S.Vieira, M.A.Lopez de la Torre, R.V.Scolozdra and M.B.Maple subm. in Phys. Rev B.
22. M.Kyogaku, Y.Kitaoka, H.Nakamura, K.Asayama, T.Takabatake, F.Teshima and H.Fujii, J.Phys.Soc.Jap. 59:1728(1990).
23. M.Kyogaku,Y.Kitaoka,H.Nakamura,K.Asayama,T.Takabatake, T.Teshima and H.Fujii,Physica B171:235(1991)
24. M.Kuogaku,Y.Kitaoka,K.Asayama,T.Takabatake and H.Fujii,J.Phys.Soc.Jap.61:43(1992).
25. F.G.Aliev,N.B.Brandt,V.V.Moshchalkov,R.V.Scolozdra Preprint N.4 Physics Department, MSU (1988).
26. F.G.Aliev, V.V.Moshchalkov, M.K.Zalyalyutdinov, G.I.Pak,R.V.Scolozdra, P.A.Alekseev, V.N.Lazukov, I.P.Sadikov, Physica B163: 358 (1990).
27. M.Kurisu, T.Takabatake, H.Fujiwara, preprint
28. C.Bastide and C.Lacroix,Sol.St.Comm.59:121(1986).
29. R.V.Scolozdra, O.E.Koretscaya and Yu.K.Gorelenko, Inorganic Mater.20:604(1984).
30. F.G.Aliev,V.V.Moshchalkov,R.V.Scolozdra,M.A.Lopez de la Torre, S. Vieira, R. Villar, P.A.Alekseev, E.S.Klement'ev, V.N.Lazukov,I.P.Sadikov, G.A.Ivanov Smolenskii and I.D.Datt J.Moscow Phys.Soc.1:311(1991).
31. Y.Uwatoko, G.Oomi, T.Takabatake, H.Fujii, preprint.
32. T.Takabatake, M. Nagazawa, H.Fujii, G.Kido, M.Nohara, S.Nishigori, T. Suzuki, T. Fujita, R. Helfrich, U.Ahlheim, K.Fraas,C.Geibel and F.Steglich, Phys.Rev. B45:5740 (1992).
33. F.G.Aliev and M.K.Tambiev (to be publ.)
34. Y.Isikawa, K.Mori, Y. Ogiso, K. Oyabe and K. Sato J.Phys.Soc.Jap. 60: 2514 (1991).
35. T.Takabatake, Y.Nakazawa, M.Ishikawa, Preprint.
36. M.F.Hundley, P.C.Canfield, J.D.Thompson, Z.Fisk, J.M.Lawrence, Phys.Rev. B42: 6842 (1990).
37. A.Severing, J.D.Thompson, P.C.Canfield, Z.Fisk and P.S.Riseborough, Phys. Rev. B44: 6832 (1991).
38. B.Andraka and A.M.Tsvelik,Phys.Rev.Lett.67:2886(1991).
39. P.Nozieres and A Blandin J.Phys. 41: 193 (1980).
40. H.R.Ott,H.Rudigier,Z.Fisk,J.L.Smith,Phys.Rev.B31:1651 (1985).
41. C.L.Seaman, private communication.
42. F.G.Aliev, A.V.Andreev, N.B.Brandt, V.V.Moshchalkov and V.Kovacik, Fiz.Tv.Tela. 29: 596 (1987).
43. R.Sollie and P.Schlottmann,J.Appl.Phys.69:5478(1991).
44. M.Gurvitch and A.T.Fiory,Phys.Rev.Lett.59:1337(1987).
45. C.M.Varma,P.B.Littlewood,S.Schmitt- Rink, E.Abrahams and A.E.Ruckenstein, Phys. Rev. Lett. 63: 1996 (1989).

MECHANISM OF THE APPEARANCE OF AN ENERGY GAP IN MIXED-VALENT RARE-EARTH COMPOUNDS

Mitsuo Kasaya
Department of Physics, Faculty of Science, Tohoku University
Sendai 980, Japan

INTRODUCTION

The origin of an energy gap at the Fermi level in mixed-valent SmB_6, gold-phase SmS, YbB_{12}, CeNiSn and $Ce_3Pt_3Bi_4$ has been a subject of controversy.[1-6] In case of SmB_6, for instance, valence of Sm ions is about +2.6, and then the number of conduction electrons per formula unit has been believed to be 0.6, because RB_6 compounds with R=Ca^{2+} and Eu^{2+} are semiconductors and $La^{3+}B_6$ is a monovalent metal. How to construct an energy gap and how to obtain a semiconducting property in such a metallic state have been an attractive theme for theorist. Models of hybridization gap,[7] Wigner-crystal formation[8] and coherence pseudogap[9] have been proposed so far. From an experimental point of view, it has been required to distinguish the gap due to the effect of f-electrons from the one in the non-f electronic states. Furthermore, to find a requisite condition for the gap opening, it is also necessary to find other exemplifications, especially, in isomorphous compounds in which rare-earth ions exist as a well-defined valence state in one compound and as different valence state in another one, both of which show semiconducting properties. Recently, based on our experimental finding of the appearance of semiconducting properties in both $Ce_3Au_3Sb_4$ with well-defined Ce^{3+} ions and the mixed-valent compound $Ce_3Pt_3Sb_4$, we have pointed out that the valence of Ce ions in $Ce_3Pt_3X_4$(X=Bi,Sb) is formally 4+ and the origin of the energy gap is not so much different from those of $Ce_3Au_3Sb_4$ and $La_3Au_3Sb_4$.[10] Furthermore, we pointed out that there are common features in the band structures of their reference systems without f electrons.[10,11] For Sm- and Yb-based mixed-valent compounds, for instance, the band calculations of CaB_6[ref.12] and YB_{12}[ref.13] predicted that non-f $R^{2+}B_6$ and non-f $R^{2+}B_{12}$ can be semiconductors, i.e., band structures of compounds with rare-earth sites replaced by non-f 2+ ions have a gap at the Fermi level. As for Ce-based compounds, the band structure of the reference system for CeNiSn has not yet been calculated, but band calculations of $La_3^{3+}Au_3Sb_4$[ref.10] and $Th_3^{4+}Ni_3Sb_4$[ref.14] suggest isoelectronic non-f $R_3^{4+}Pt_3X_4$(X=Bi,Sb) to be semiconductors, i.e., the band structure of compounds with rare-earth site replaced by non-f 4+ ions has a band gap at the Fermi level. The valences 2+ and 4+ correspond to

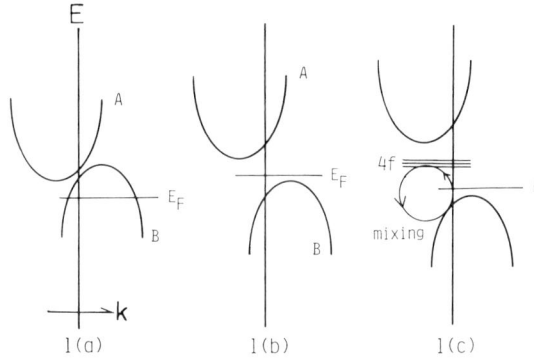

Fig.1. Schematic pictures of LaNiSn(a), non-f R^{4+}NiSn and $Th_3^{4+}T_3Sb_4$(T=Pt,Ni) (b), and CeNiSn and $Ce_3Pt_3Sb_4$(c).

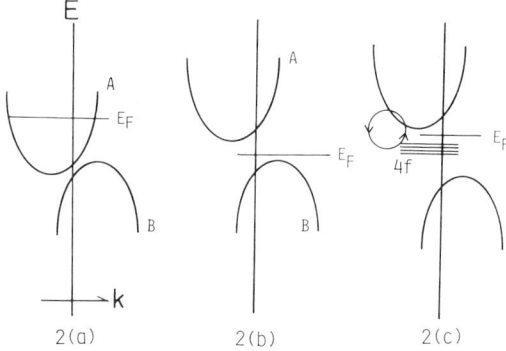

Fig.2. Schematic pictures of YB_{12}(a), CaB_6 and non-f $R^{2+}B_{12}$(b), and YbB_{12}(c).

ionic states of nonmagnetic ($J=0$) Yb(Sm) and Ce, respectively. Quite recently, band calculations of YbB_{12},[15] SmB_6,[15] CeNiSn,[15] LaNiSn[ref.16] and $Ce_3Pt_3Sb_4$[ref.17] were performed by Yanase, Harima and Takegahara. In the following, with the help of the results of these band calculations, we review a more detailed description of our model and the physical meaning of the origin of an energy gap in these exotic mixed-valent compounds. Main part of this manuscript will be published elsewhere.[18]

RESULTS AND DISCUSSION

First, we discuss calculated band structures of the reference systems for Ce-based mixed-valent compounds. As described above, the calculation of the band structure for $Th_3^{4+}Ni_3Sb_4$,[14] which is isoelectronic with $Th_3^{4+}Pt_3Sb_4$ and can be a reference system for mixed-valent $Ce_3Pt_3Sb_4$, revealed that $Th_3^{4+}Ni_3Sb_4$ is an insulator with a well-defined energy gap between the Sb $5p$ valence and Th $6d$ conduction bands. In the following, such a band structure is shown schematically as one in Fig.1(b). As for the reference system of CeNiSn, there is no band calculation for hypothetical non-f

R^{4+}NiSn. Therefore, as the next best policy, results of band calculation of metallic LaNiSn will be discussed. It is revealed that for any fixed wave vector **k**, for instance at Γ, T, Z points and so on, the energy of branch A is higher than the energy of branch B, and there is no crossing between branch A and branch B.[16,18] This result is shown schematically in Fig.1(a). Branch A and branch B correspond to branch A and B in Fig.3 in ref.18, respectively. As the rare-earth site is varied from La to non-f R^{4+}, the number of electrons increases by four electrons per unit cell, because the unit cell of ε-TiNiSi-type structure contains four formula units. Therefore, if the bottom of branch A is higher than the top of branch B for any direction of **k** in non-f R^{4+}NiSn, electrons occupy branch B completely and the Fermi energy E_F is located in the band gap, leading to semiconducting properties in non-f R^{4+}NiSn. Therefore, electronic structures of non-f R^{4+}NiSn can be the same as those of non-f $Th_3^{4+}Ni_3Sb_4$ shown schematically in Fig.1(b). Under the existing circumstances, we mention that a necessary condition for the appearance of semiconducting property is satisfied in non-f R^{4+}NiSn. In other words, our prediction for semiconducting Ce-based mixed-valent compounds that their reference systems with rare-earth sites replaced by non-f R^{4+} ion are semiconductors or, to say the least, semi-metals, is realized in the reference system for $Ce_3Pt_3Sb_4$ and CeNiSn.

Next, band structures of reference systems for the Sm- and Yb-based compounds are discussed. For the reference system of SmB_6, results of band calculation of $Ca^{2+}B_6$ showed a well-defined energy gap[12] which is schematically shown in Fig.2(b). As for the reference system of YbB_{12}, there exist no non-f $R^{2+}B_{12}$ compounds. Therefore, no band calculation of, for instance, $Ca^{2+}B_{12}$, has been performed. Then, as an alternative, we quote results of band calculation of $Y^{3+}B_{12}$ performed by Harima *et al.*[13] New results of YB_{12} taking account of spin-orbit interaction are shown schematically in Fig.2(a).[15,16] For any fixed **k**, energy of branch A is higher than the energy of branch B, similar to the case of LaNiSn. Therefore, as the rare-earth site is varied from Y to non-f R^{2+}, number of electrons decreases by one electron per primitive cell and band structure of non-f $R^{2+}B_{12}$ can be expected to that shown in Fig.2(b). It is worthwhile to note that a similar shift of the band structure has been observed also between metallic LaB_6 and semiconducting CaB_6.[12,19] Therefore, there is no exception which contradicts the common features we pointed out previously. The most important conclusion obtained from these discusions is that $Ce_3Pt_3Sb_4$(CeNiSn) and YbB_{12}(SmB_6) can be semiconductors, in principle, if valences of rare-earth ions are formally 4+ and 2+, respectively and 4f levels of interest are located in the band gap. Here we used terminology "formally 4+" in the sense that four electrons of rare-earth ion shift towards anions to fill the valence band.

The relation between the band gap observed in the non-f reference systems and the energy gap in the f-electron systems is as follows. In the case of Ce-based compounds, empty 4f levels are located above the Fermi energy E_F, as shown schematically in Fig.1(c). In the figure, we showed empty 4f levels corresponding to spin-orbit split $j=5/2$ levels. The spin-orbit split $j=7/2$ levels are located above those of $j=5/2$, but play no important role in the origin of an energy gap, therefore they are not shown in the figure. Nevertheless, the valence of Ce ions in Ce-based semiconducting compounds is formally 4+ and then the valence band is fully occupied by electrons. The mixed-valent originates from mixing between the occupied branch B and empty 4f levels. This mixing will modify the size of the energy gap, but does not necessarily cause the shift of the Fermi energy, i.e., semiconducting properties will be conserved. Such a picture is consistent with the results of band calculations of CeNiSn[(ref.15)] and $Ce_3Pt_3Sb_4$.[17] It is to be noted that this mixing introduces a considerable amount of 4f character in the

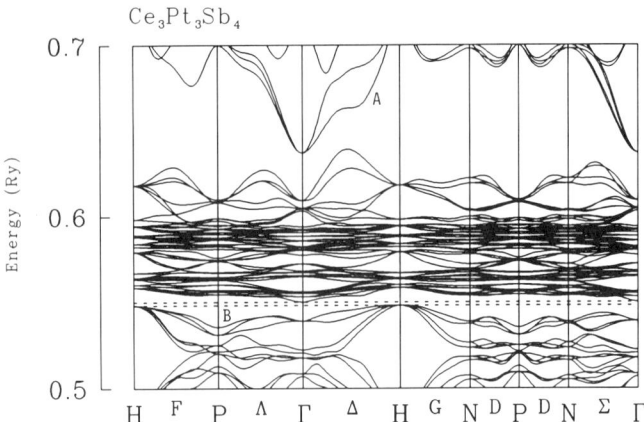

Fig.3. Self-consistent LAPW energy band structure for $Ce_3Pt_3Sb_4$.[17] Branch A and branch B correspond to branch A and branch B in Fig.1(b).

valence band of CeNiSn ($N_{4f} \sim 1$),[16] and then the valence band of CeNiSn does not correspond directly to branch B of Fig.1(b). Band calculation suggests that branch B and $4f$ levels mix strongly on the P-axis, resulting in hybridization gap between $4f$ level and the reconstructed valence band with considerable amount of $4f$ character.[15] Although a overlapping of branch B and $4f$ levels occurs at another direction of **k** in the band calculation, opening of an energy gap for any direction of **k** is possible in princile. On the other hand, in the case of $Ce_3Pt_3Sb_4$, results of band calculation shown in Fig.3 suggests that spin-orbit split $j=5/2$ and $j=7/2$ levels are located within a band gap of $Th_3Pt_3Sb_4$, i.e., branch A and branch B shown in Fig.3 correspond directly to the conduction band and valence band of $Th_3Pt_3Sb_4$.[14] Therefore, no hybridization gap in any **k** occurs in $Ce_3Pt_3Sb_4$. Minimum of $4f$ level and maximum of the valence band are located at Γ and H points, respectively. Such an energy gap can be termed as a band gap. The observed energy gaps, 455 K for $Ce_3Pt_3Sb_4$[(ref.10)], may correspond to this gap.

In the case of YbB_{12}, occupied $4f$ levels are located below E_F as shown in Fig.2(c). Therefore, the valence of Yb ion is formally 2+. In Fig.2(c), spin-orbit split $j=5/2$ levels are not shown. Needless to say, there exists mixing between the empty branch A and occupied $4f$ levels, resulting in mixed-valent in YbB_{12}. Overall features of the calculated band structure of YbB_{12} are quite similar to those shown in Fig.2(c). It is to be noticed that, in this case, branch A mixes strongly with $4f$ level at X-point, resulting in hybridization gap between the reconstructed conduction band and $4f$ level. Electron-hole symmetry is applicable to Figs.1(c) and 2(c). Here, it is worthwhile to mention about the definition of the hybridization gap more in detail. We show a conventional hybridization gap and an actual one which is realized in YbB_{12} in Fig.4(a) and Fig.4(b), respectively. It is to be noted that the hybridization gap is important only at around X-point. In other words, direct gap at another fixed **k** originates from a band gap. Minimum of energy separation between the $4f$ levels and the conduction band, which is important in the transport properties, may be dominated by this hybridization gap.

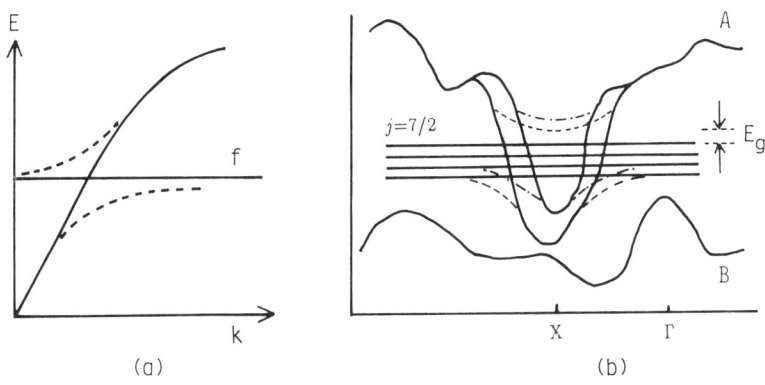

Fig.4. Conventional hybridization gap(a) and actual hybridization gap realized in YbB$_{12}$(b).

The observed energy gap of YbB$_{12}$, 90 K,[3] may correspond to this gap.

In the case of SmB$_6$, number of f-electron is five or six and then the band structure is rather complicated. However, the origin of the energy gap of SmB$_6$ may be the same as those of CeNiSn and YbB$_{12}$. As a representative example, we discuss mechanism of the appearance of the hybridization gap in SmB$_6$ more in detail. Calculated results of the band structure of SmB$_6$ by Yanase and Harima[15] are shown in Fig.5. In SmB$_6$, spin-orbit split $j=5/2$ and $7/2$ levels are located above the top of branch B. Moreover, the Fermi energy is located between spin-orbit split $j=5/2$ and $7/2$ levels. This situation is different from those of Ce- and Yb-based compounds. At the first glance, it looks like as if our prediction for Sm-based compounds that the band structure of reference system with rare-earth sites replaced by non-f R^{2+} ions has a gap at the Fermi level was not important in the case of SmB$_6$. The answer to this suspicion is shown in Fig.6. We consider two bands, P and Q, and only $j=5/2$ levels for simplicity(Fig.6(a)). If band P and band Q have the same symmetry(Fig.6(b)), a crossing between band P and band Q does not occur, yielding branch a' and branch B with finite energy separation for any fixed k. Band calculation suggests that such a condition is realized in the electronic structure of RB$_6$. Then, the branch a' is mixed with one of the 4f levels, making a hybridization gap at around X-point. In this case, there exist six electrons above the bottom of branch a'. Then, E_F is located at the position shown in Fig.6(b), leading to semiconducting properties in SmB$_6$. On the other hand, in the case of different symmetry between band P and band Q, crossing between the two bands occurs, as shown in Fig.6(c). In such a case, band P mixes with one of the 4f level, while band Q does not. Then, a hybridization gap does not appear. Even if band Q can mix with another 4f level, a hybridization gap does not open. Therefore, for any fixed k, the condition that the energy of branch A exceeding the energy of branch B is necessary for non-f R^{2+}B$_6$ to be a semiconductor and also for the appearance of semiconducting properties in SmB$_6$. Here, it is to be noted that branch a' of Fig.6(b) corresponds to branch A' of Fig.5 which split from branch A by mixing with 4f level. We note in parentheses that there exists another hybridization gap in between branch A and spin-orbit split $j=7/2$ level. The mechanism of the appearance of the latter hybridization gap is the same as that of the former. Furthermore, the latter hybridization gap is essentially the same as one in YbB$_{12}$.

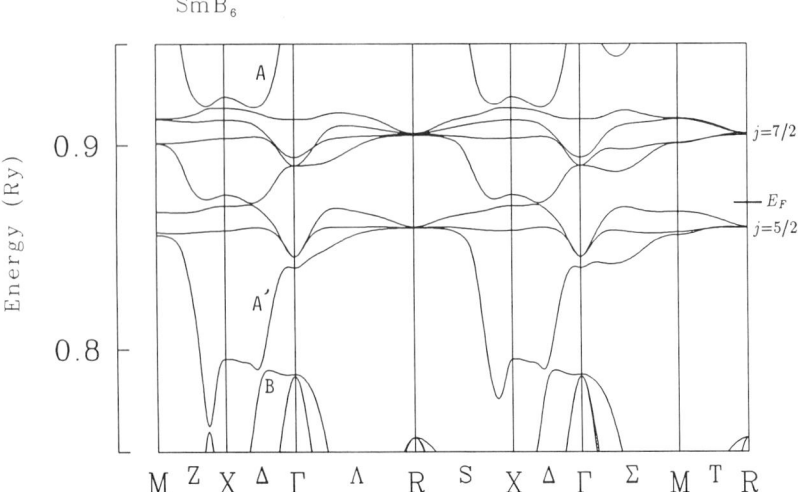

Fig.5. Calculated band structure of SmB$_6$(after ref.15). E_F means the Fermi energy.

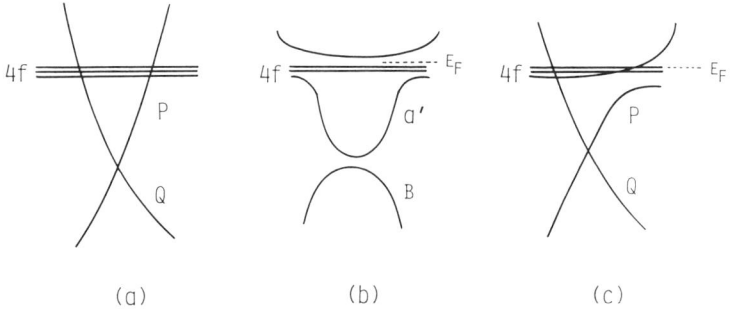

Fig.6. Schematic pictures for the explanation of the opening of hybridization gap in SmB$_6$(after ref.18). We consider two bands P, Q and $4f$ levels prior to mixing(a). If P and Q have the same symmetry, branch a' which is derived from mixing between P and Q is mixed with $4f$ level, resulting in the opening of hybridization gap(b). If P and Q have a different symmetry, P and Q can not mix with $4f$ level simultaneously. Then a hybridization gap does not appear(c).

Finally, it may be worthwhile to comment on the physical property of Ce$_3$Au$_3$Sb$_4$ and CePdSn. In the case of Ce$_3$Au$_3$Sb$_4$, band calculation of La$_3$Au$_3$Sb$_4$ showed that non-f R$_3^{3+}$Au$_3$Sb$_4$ can be semiconductors. Experimentally, Ce$_3$Au$_3$Sb$_4$ is also a semiconductor.[10] Therefore, Ce$_3$Au$_3$Sb$_4$ does not belong to the category we described above. Then band calculation of Ce$_3$Au$_3$Sb$_4$ can not probably explain the semiconducting property. In fact, valence of Ce ion in Ce$_3$Au$_3$Sb$_4$ is well-localized 3+ state and then Ce$_3$Au$_3$Sb$_4$ belongs to the Kondo regime. In such a case, framework of the electronic structure of Ce$_3$Au$_3$Sb$_4$ may be the same as that of La$_3$Au$_3$Sb$_4$, but a localized $4f^1$ level is located within a valence band in the former. Therefore, f electrons are not concerned with the origin of an energy gap. As for CePdSn, this compound is isoelectornic with

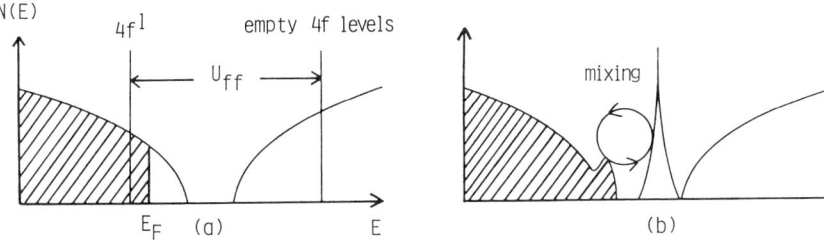

Fig.7. Schematic electronic structures of CePdSn(a) and CeNiSn(b).

CeNiSn. Therefore, CePdSn could be a semiconductor if Ce ion is in a mixed-valent regime and band calculation can create an energy gap at the Fermi level in principle. However, actual CePdSn shows a typical metallic behavior and valence of Ce ion is a well-localized 3+ state.[20] Then, CePdSn belongs to metallic Kondo regime. This may be due to weak mixing between Ce $4f$ and Pd $4d$ electrons. In such a case, correlation energy U_{ff}, which is not taken into account in the band calculation, becomes important. Schematic electronic structures of CePdSn and CeNiSn are shown in Fig.7.[11]

In conclusion, our previous prediction that the common features observed in non-f reference systems of mixed-valent semiconducting compounds play an important role in the origin of an energy gap is supported by recent band calculations. We suggest that the common features we predicted can be a powerful guide to look for new semiconducting mixed-valent rare-earth compounds. For example, mixed-valent Eu compound can be a semiconductor, if band structure of compounds with rare-earth site replaced by non-f 3+ ions has a gap at the Fermi energy. It is surprising that electronic structures of not only metallic mixed-valent compounds such as CeNi and CeSn$_3$[ref.21,22] but also of semiconducting compounds in mixed-valent regime can be explained by the band calculation.

ACKNOWLEDGMENTS

The author gratefully acknowledges Professors A. Yanase, K. Takegahara and Dr. H. Harima for useful comments and communicating their results prior to publication.

REFERENCES

1. J. C. Nickerson, R. M. White, K. N. Lee, R. Bachmann, T. H. Geballe, and G. W. Hull, Jr., Physical properties of SmB$_6$, *Phys. Rev.* B3:2030 (1971).
2. A. Jayaraman, P. Dernier, and L. D. Longinotti, Study of the valence transition in SmS induced by alloying, temperature, and pressure, *Phys. Rev.* B11:2783 (1975).
3. M. Kasaya, F. Iga, M. Takigawa, and T. Kasuya, Mixed valence properties of YbB$_{12}$, *J. Magn. Magn. Mat.* 47&48:429 (1985).
4. P. Wachter and G. Travaglini, Intermediate Valence and the hybridization model: a study on SmB$_6$, "gold" SmS and YbB$_{12}$, *J. Magn. Magn. Mat.* 47&48:423 (1985).
5. T. Takabatake, F. Teshima, H. Fujii, S. Nishigori, T. Suzuki, T. Fujita, Y. Yamaguchi, J. Sakurai, and D. Jaccard, Formation of an anisotropic energy gap in the valence-fluctuating system CeNiSn, *Phys. Rev.* B41:9607 (1990).
6. M. F. Hundley, P. C. Canfield, J. D. Thompson, Z. Fisk, and J. M. Lawrence, Hybridization gap in Ce$_3$Bi$_4$Pt$_3$, *Phys. Rev.* B42:6842 (1990).
7. N. F. Mott, Rare-earth compounds with mixed valencies, *Phil. Mag.* 30:403 (1974).

8. T. Kasuya, K. Takegahara, T. Fujita, T. Tanaka, and E. Bannai, Valence fluctuation state in SmB_6, *J. Phys.* (Paris) 40:C5-308 (1979).
9. R. M. Martin, Fermi-surface sum rule and its consequences for periodic Kondo and mixed-valence systems, *Phys. Rev. Lett.* 48:362 (1982).
10. M. Kasaya, K. Katoh, and K. Takegahara, Semiconducting properties of the isomorphous compounds, $Ce_3Au_3Sb_4$ and $Ce_3Pt_3Sb_4$, *Solid State Commun.* 78:797 (1991).
11. M. Kasaya, H. Suzuki, K. Katoh, M. Inoue, and T. Yamaguchi, Structural and magnetic properties of ternary rare earth compounds RPt(Au)Sb and RPd(Ni)Sn, Special issue of *Jpn. J. Appl. Phys.* as "Physical Properties of Actinide and Rare Earth Compounds" (in press).
12. A. Hasegawa and A. Yanase, Electronic structure of CaB_6, *J. Phys.* C12:5431 (1979).
13. H. Harima, A. Yanase, and T. Kasuya, Energy band structure of YB_{12} and LuB_{12}, *J. Magn. Magn. Mat.* 47&48:567 (1985).
14. K. Takegahara, Y. Kaneta, and T. Kasuya, Electronic band structure of $Th_3Ni_3Sb_4$ and Th_3X_4(X =P,As,Sb), *J. Phys. Soc. Jpn.* 59:4394 (1990).
15. A. Yanase and H. Harima, Band calculations on YbB_{12}, SmB_6 and CeNiSn, *Prog. Theor. Phys. Suppl.* No.108:19 (1992).
16. H. Harima: private communication.
17. K. Takegahara, H. Harima, Y. Kaneta, and A. Yanase, Origin of gap formation in $Ce_3Pt_3Sb_4$ and $Ce_3Pt_3Bi_4$, in this volume.
18. M. Kasaya, On the origin of an energy gap in semiconducting mixed-valent rare-earth compounds, *J. Phys. Soc. Jpn.* 61:3841 (1992).
19. A. Hasegawa and A. Yanase, Energy bandstructure and Fermi surface of LaB_6 by a self-consistent APW method, *J. Phys.* F7:1245 (1977).
20. M. Kasaya, T. Tani, H. Suzuki, K. Ohoyama, and M. Kohgi, Crossover from magnetic to nonmagnetic ground state in the Kondo alloy system $Ce(Ni_{1-x}Pd_x)Sn$, *J. Phys. Soc. Jpn.* 60:2542 (1991).
21. A. Hasegawa, H. Yamagami, and H. Johbettoh, Electronic Structure of $CeSn_3$, *J. Phys. Soc. Jpn.* 59:2457 (1990).
22. I. Umehara, Y. Kurosawa, N. Nagai, M. Kikuchi, K. Satoh, and Y. Ônuki, High field magnetoresistance and de Haas-van Alphen effect in $CeSn_3$, *J. Phys. Soc. Jpn.* 59:2848 (1990).

THERMODYNAMICS AND TRANSPORT IN Ce$_3$Bi$_4$Pt$_3$ AND RELATED MATERIALS

J.D. Thompson[1], W.P. Beyermann[1,2], P.C. Canfield[1], Z. Fisk[1], M.F. Hundley[1], G.H. Kwei[1], R.S. Kwok[1,3], A. Lacerda[1], J.M. Lawrence[4], and A. Severing[5]

[1]Los Alamos National Laboratory, Los Alamos, NM 87545
[2]Department of Physics, University of California, Riverside, CA 92521
[3]Hughes Aircraft, Los Angeles, CA 90009
[4]Department of Physics, University of California, Irvine, CA 92717
[5]Institut Laue-Langevin, 38042 Grenoble, France

INTRODUCTION

The interplay between electronic and magnetic correlations in certain 4f and 5f intermetallic compounds has been shown[1] to lead to novel ground state properties, including strongly renormalized effective electron masses, homogeneous mixed valence of the f-configuration and unconventional superconductivity. Whereas the vast majority of these compounds are metallic at low temperatures, a few examples, such as SmB$_6$ (Ref. 2), SmS (Ref. 3), and YbB$_{12}$ (Ref. 4), have been known for some time to be small-gap semiconductors, with gaps of order 100K. Within the past two or three years several new examples have been discovered, notably in Ce[5-8] and U[9] compounds, suggesting that small-gap semiconductors may be a general consequence of strongly interacting electrons. With very few exceptions, the crystal structures of these materials are cubic which, as will be argued, is favorable for the appearance of a small gap in the electronic spectrum. Further common features are temperature variations in the cubic lattice parameter, in magnetic susceptibility and in L-edge absorption spectra that are consistent with an unstable f-configuration arising from hybridization between f and ligand electrons. The extent to which the physics of these small-gap semiconductors is similar to metals with otherwise similar properties remains an outstanding question but their analogous behavior to Kondo-lattice metals has led to the terminology Kondo insulators.[10,11] In the following we review transport and thermodynamic properties of the small-gap semiconductor Ce$_3$Bi$_4$Pt$_3$ and discuss them in relation to what is known about other Kondo insulators and metals.

RESULTS

Ce3Bi4Pt3

Figure 1 compares the temperature-dependent resistivity $\rho(T)$ of single crystal Ce3Bi4Pt3, La3Bi4Pt3 and Pr3Bi4Pt3. Whereas $\rho(T)$ for the isostructural La and Pr analogues is typical of dirty intermetallic compounds, that of the Ce compound increases strongly with decreasing temperature. An Ahrrenius plot of the Ce3Bi4Pt3 data shows activated behavior above approximately 50K, with an activation energy Δ=50K or gap energy $E_g = 2\Delta$ of about 100K, if the Fermi level lies in the center of the gap.[*] Below 50K, $\rho(T)$ increases less rapidly than exponentially, with the deviation from activated behavior depending on sample quality. For crystals prepared with higher purity (Ames Laboratory) Ce, the Ahrrenius plot remains activated to lower temperatures but the magnitude of Δ is relatively insensitive to these effects, suggesting that small amounts (of order 0.1%) of impurities introduce electronic states in the gapped region. A crude measure of sample quality, therefore, is the resistivity ratio $\rho(2K)/\rho(300K)$ which approaches 1000 in the "best" crystals. Even in these, one should consider the low-temperature transport to be influenced by extrinsic effects.

Similar conclusions are drawn from Hall-coefficient R_H and thermoelectric power measurements[12] which show above about 50K temperature dependences characteristic of an electronic gap E_g=100K, but at lower temperatures both are dominated by parallel conduction channels arising from impurity states in the gap. Above the extrinsic carrier-dominated regime the Hall mobility,[13] $\mu = R_H/\rho$, saturates to a small, temperature-independent value of 10 cm^2/V-sec, suggesting strong scattering of carriers with enhanced effective mass.

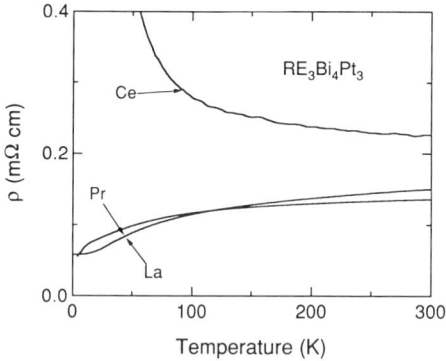

Fig. 1. Resistivity, plotted on a linear scale, as a function of temperature for single crystals of Ce3Bi4Pt3, La3Bi4Pt3 and Pr3Bi4Pt3. Above approximately 350K, the resistivity of Ce3Bi4Pt3 begins to increase at a rate $\partial\rho/\partial T$ comparable to what is seen in La and Pr analogues below 300K. Measurements to 40 mK show no evidence for a phase transition in Ce3Bi4Pt3.

As to be expected for a small-gap semiconductor, the electronic contribution to the specific heat[6] of $Ce_3Bi_4Pt_3$ is small, $\gamma = 3$ mJ/mole·Ce·K^2, a value about one-third that of $La_3Bi_4Pt_3$. That a measurable contribution is found at all reflects the presence of extrinsic carriers. Application of a 10T-magnetic field has no effect on the specific heat in the temperature interval 1.5<T<20K of the measurements. This result contrasts to observations[14] on the orthorhombic, small-gap ($\Delta = 5$K) semiconductor CeNiSn in which C/T at low temperatures increases by about a factor of two when an 8T field is applied along the a-axis. This could arise because the ratio of field-strength to gap-energy differs substantially in these two experiments and/or from the anisotropic nature of the energy gap in CeNiSn. Magnetoresistance behavior in these two materials will be discussed below.

Evidence for mixed-valence nature of the 4f configuration is found in the magnetic susceptibility χ and thermal expansion of $Ce_3Bi_4Pt_3$. Figure 2 shows χ versus temperature for a $Ce_3Bi_4Pt_3$ crystal produced from Ames Laboratory Ce. The temperature dependence is Curie-Weiss above ~100K, with an effective moment $\mu_{eff}=2.42\mu_B$/Ce and a paramagnetic $\Theta_p=-125$K. The broad peak in χ, centered at $T_\chi=80$K, is characteristic of metallic mixed-valence compounds having a Kondo temperature $T_K \approx (3-4)T_\chi = 240-320$K (Ref. 6). In contrast to earlier measurements[6] on samples prepared with less-pure (99.9%) Ce that showed a pronounced "Curie-tail" at low temperatures, the data of Fig. 2 approach a constant value $\chi(0) \approx 2.3 \times 10^{-3}$ emu/moleCe. This large $\chi(0)$ most definitely is not Pauli-like and possibly arises from an unquenched orbital contribution of the 4f moment that gives a Van Vleck-type susceptibility with characteristic energy on the order of Δ.

Inelastic neutron scattering measurements[15] on powdered single crystals reproduce the temperature dependence of the static susceptibility, as also shown in Fig. 2. What is

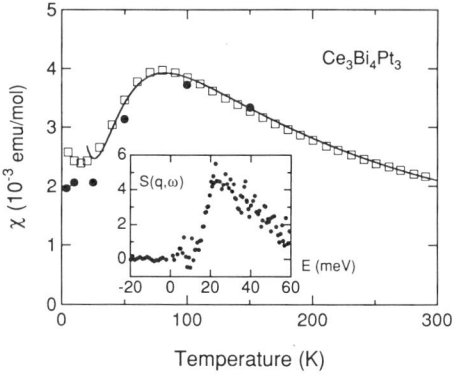

Fig. 2. Magnetic susceptibility χ versus temperature for $Ce_3Bi_4Pt_3$ measured in a field of 1T. Open circles denote χ obtained from the neutron scattering function $S(Q,\omega)$. The solid line is $\chi(T)$ calculated as described in the text. Inset shows the magnetic contribution to $S(Q,\omega)$ versus energy transfer at T=2K for an incident neutron energy of 69 meV. A gap in the spin-spin correlation function of 12meV is apparent.

not apparent in Fig. 2 but is revealed by neutron scattering is that below approximately 50K a well-defined gap in the spin-spin correlation function develops. (See Fig. 2 inset.) At 2K, this gap is 12 meV (140K), a value comparable to E_g inferred from transport measurements and below which magnetic intensity is zero. The gap remains well-defined to 25K but above 50K magnetic scattering at small energy transfer develops rapidly with increasing T. By 150K, the magnetic scattering is quasi-elastic like, consistent with a T_K inferred from susceptibility measurements. Similar conclusions are drawn from NQR studies.[16] Evidence for a spin-gap has also been reported in the small-gap semiconductor CeNiSn[17] and in the mixed-valent metal YbAl3 (Ref. 18).

Temperature variations in the cubic lattice parameters a_0 of $Ce_3Bi_4Pt_3$ and $La_3Bi_4Pt_3$ are given in Fig. 3(a). An anomalous decrease in a_0 is seen below 100K for $Ce_3Bi_4Pt_3$, which for metallic Ce compounds would be argued as an indication of admixed $4f^0$ and $4f^1$ configurations. (Preliminary L_{III}-edge x-ray absorption experiments on $Ce_3Bi_4Pt_3$ indicate an f-occupancy $n_f \approx 0.9$).[19] The 4f-contribution to the volume-thermal expansion

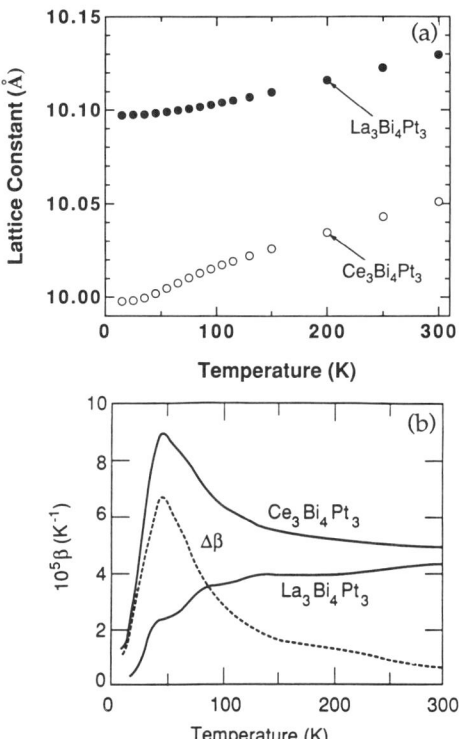

Fig. 3. (a) Cubic lattice parameter, determined by Rietveld analysis of neutron-diffraction spectra, of $Ce_3Bi_4Pt_3$ and $La_3Bi_4Pt_3$ as a function of temperature. (b) Volume-thermal expansion coefficient for both compounds calculated from the data in (a) and their difference $\Delta\beta(T)$, which gives the 4f-derived contribution to the thermal expansion.

is displayed more obviously in Fig. 3(b) where the volume thermal expansion coefficient $\beta = 3\partial(\ln a_0)/\partial T$ of both compounds and their difference $\Delta\beta = \beta_{Ce}-\beta_{La}$ are plotted as a function of temperature. The difference $\Delta\beta$ peaks at $T_{\Delta\beta} \approx 50K$. By Maxwell's relations, then, the pressure derivative of the 4f entropy also peaks at $T_{\Delta\beta}$. Similar measurements[20] performed with the samples subjected to an applied pressure of 17.7 kbar give $T_{\Delta\beta} \approx 85K$ and, from a comparison of the ambient and high pressure data for $Ce_3Bi_4Pt_3$, a $T\rightarrow 0$ bulk modulus of about 950 kbar. An analysis of these results yields a Gruneisen parameter Ω =36 comparable to that expected of a metallic-mixed valent compound with a T_K of 200-300K.

A remarkable observation[13] is that the difference in lattice parameters Δa_0 between that of $Ce_3Bi_4Pt_3$ and $La_3Bi_4Pt_3$ is linear in the product χT, as shown in Fig. 4(a). In the absence of interactions, χT is just the volume density of moments contributing to the susceptibility. A linear fit to these data gives $\chi T=-27.31\Delta a_0+2.76$ (emu·K/mole·Ce). A second interesting observation+ is that, as shown in Fig. 4(b), the function $1/(1+\exp(\Delta/T))$ linearizes $\Delta a_0(T)$ to a good approximation. More precisely $\Delta a_0=-0.529/(1+\exp(120/T))+.099$ (Å). We note that the numerator in the exponential is very close in

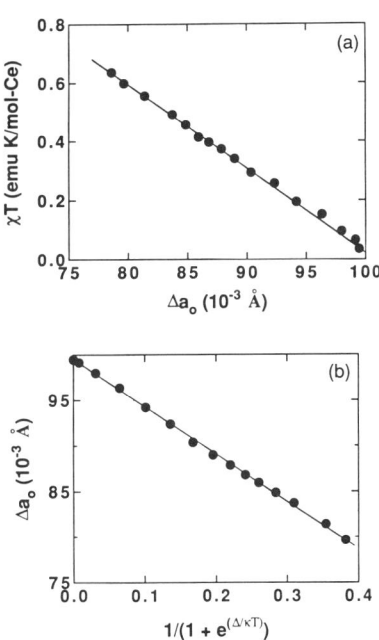

Fig. 4. (a) Product of static susceptibility times temperature versus the lattice-parameter difference $\Delta a_0 = a_0(La_3Bi_4Pt_3)-a_0(Ce_3Bi_4Pt_3)$, with temperature as the implicit variable. (b) Δa_0 versus $1/[1+\exp(\Delta/k_B T)]$. A linear relationship is found for $\Delta/k_B = 120 \pm 5K$.

magnitude to the value of the gap in the spin-spin correlation function measured at low temperatures by inelastic neutron scattering[15] and to the paramagnetic Θp found from fitting a Curie-Weiss-form to the high-temperature susceptibility (Fig. 2). Together these two relationships allow the temperature-dependent susceptibility to be calculated directly, the results of which are shown in Fig. 2 as the solid line. The relatively good agreement between measured and calculated values of χ above ~30K confirms consistency in the parameterizations of $\Delta a_0(T)$; but perhaps more significant is that when $\chi(T)$ is viewed this way no Curie-Weiss Θp, ie., no interactions in the conventional sense, is required to understand the temperature variations in χ at low T.[21]

To probe the ground state of Ce$_3$Bi$_4$Pt$_3$ in more detail, the response of the electrical resistivity to applied magnetic fields and pressures has been measured. Fig. 5(a) shows the magnetoresistance $\Delta\rho/\rho=[\rho(H)-\rho(H=0)]/\rho(H=0)$ of Ce$_3$Bi$_4$Pt$_3$ at selected temperatures. At low temperatures, $\Delta\rho/\rho$ is strongly negative at high fields but exhibits a weak positive contribution at low fields. (Preliminary measurements[22] at 4K in fields to 50T find an approximately two-order-of-magnitude decrease in the resistivity, so that the sample is nearly metallized by a field comparable to Δ. Similar results have been reported[23] for CeNiSn with H=11T parallel to the orthorhombic a-axis.) With increasing temperature,

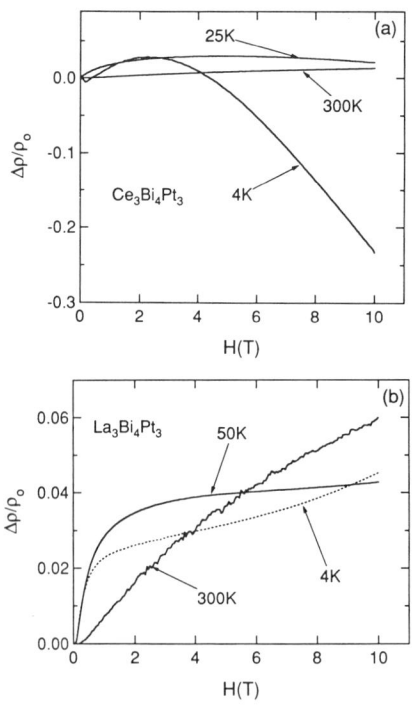

Fig. 5. Normalized magnetoresistance $\Delta\rho=[\rho(H)-\rho(H=0)]/\rho(H=0)$ as a function of magnetic field for (a) Ce$_3$Bi$_4$Pt$_3$ and (b) La$_3$Bi$_4$Pt$_3$ at selected temperatures.

the positive contribution dominates at all fields below 10T. An unusually large, positive magnetoresistance is also found in the non-magnetic analogue La$_3$Bi$_4$Pt$_3$ (Fig. 5(b)) that saturates at progressively lower fields with decreasing temperature and can be scaled to fit the positive $\Delta\rho/\rho$ in Ce$_3$Bi$_4$Pt$_3$ (Ref. 24). Given the low mobility in Ce$_3$Bi$_4$Pt$_3$ and comparable values of room-temperature resistivity in the Ce and La compounds, we believe this field and temperature dependence reflects the condition $\omega_c\tau \approx 1$ at about 1T, where ω_c is the cyclotron frequency. Comparison of Figs. 5(a) and (b) then suggests that the room-temperature band structures of both materials are similar and that the 4f interaction with the common underlying electronics results in the appearance of the gap in Ce$_3$Bi$_4$Pt$_3$ and its large negative $\Delta\rho/\rho$ at low temperatures.

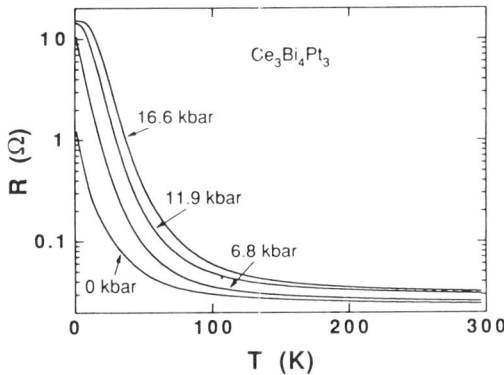

Fig. 6. Resistance as a function of temperature for Ce$_3$Bi$_4$Pt$_3$ subject to various applied hydrostatic pressures.

From the linear relationship found in Fig. 4(b) and the observation[20] that at low temperatures Δa_0 increases with pressure, it is straightforward to show that $\partial\Delta/\partial P > 0$, if Δ in Fig. 4(b) is associated with the spin or charge gap. That is, decreasing the cell volume, which favors stronger admixture of the 4f^0 configuration, should enhance the gap. Figure 6 gives resistance versus temperature measurements for Ce$_3$Bi$_4$Pt$_3$ at pressures to over 16 kbar. These experiments were performed on an early sample in which $\rho(2K)/\rho(300K)$ was only 30. In spite of this, the data clearly show trends consistent with $\partial\Delta/\partial P > 0$. At the highest pressures, the low-temperature resistance saturates, most likely reflecting parallel conduction by impurity states in the gap. Depending on details of the analysis, we find that $\partial ln\Delta/\partial P$ ranges from 0.05 to 0.16 kbar^{-1} consistent with the Gruneisen interpretation of the pressure-dependent thermal expansion.[20] This result contrasts to observations[25,26] on SmB$_6$ and YbB$_{12}$ in which pressure suppresses the electronic gap. In the case of SmB$_6$, $\partial ln\Delta/\partial P$ varies from -0.02 to about -0.03 kbar^{-1} depending on the sample. (The sign difference between Ce$_3$Bi$_4$Pt$_3$ and SmB$_6$ in their logarithmic derivatives of Δ are reflected as well in sign differences in their 4f-derived thermal expansion.)[20,27]

At pressures of 55 to 70 kbar the electronic gap in SmB_6 is closed and the temperature-dependent resistance becomes that of a typical Kondo-lattice metal.[10,25] X-ray diffraction at room temperature indicates[28] the valence of Sm changes from 2.8 at P=0 to 2.9 at 60 kbar. Thus, with applied pressure the magnetic $4f^5$ configuration of Sm is favored over the $4f^6$ (J=0), leading to a decrease in charge hybridization and an approach to the Kondo-limit. Similar arguments apply to YbB_{12}. On the other hand, the $4f^0$ configuration in Ce is favored at high pressure and we expect a more strongly mixed-valent, less magnetic ground state. In these materials, then, Δ tracks the expected change[29] with pressure in charge/spin hybridization and not band filling because in all cases the $4f^{n-1}$ configuration is stabilized relative to the $4f^n$ with decreasing volume. The small-gap semiconductor CeNiSn does not follow the expected response to pressure; instead of $\partial\Delta/\partial P$ being positive, the gap closes at a rate $\partial ln\Delta/\partial P \approx -0.03$ kbar^{-1} and extrapolates to $\Delta=0$ at a critical pressure of about 30 kbar.[30] A possible interpretation is that the anisotropic gap[31], not observed in these measurements on a polycrystalline sample[30], is shunted by conduction through non-gapped regions of the Fermi surface. Pressure studies on single crystals of CeNiSn should prove valuable in resolving this possibility.

Substitution Studies

Lutetium substitutions[32] for Yb in YbB_{12} and La substitutions[33] for Sm in SmB_6 rapidly metallize these Kondo insulators which have gaps comparable[2,4,6] to $Ce_3Bi_4Pt_3$. Because Lu is smaller than Yb but La is larger than Sm, this immediately suggests that the primary role of the dopant is not to suppress the gap by chemical pressure. However, in both cases the 4f-sublattice periodicity is broken and nonmagnetic, trivalent atoms replace those with some divalent character.

In the case of $(Ce_{1-x}La_x)_3Bi_4Pt_3$, La substitutions also induce a metallic, Kondo-like state, shift the maximum in χ to lower temperatures and produce a contribution to the electronic specific heat γ that is consistent with a Kondo temperature of about 300K.[6] Previously we have established[12] that, for La concentrations above about x=0.20, $\gamma \propto 1/T\chi$. Experimentally, the proportionality agrees quantitatively with the prediction from a Bethe ansatz solution of the Coqblin-Schrieffer model. Figure 7 shows that within uncertainties in absolute values of x the electronic specific heat per mole Ce is also proportional to $\sqrt{x}$ over the range studied $0.015 \leq x \leq 0.5$. Such a relationship has been predicted[34] recently to arise from an impurity band of Kondo holes produced by breaking translational invariance of the Ce sublattice through non-magnetic substitutions. (We note that in $Ce_3Bi_4(Pt_{1-x}Au_x)_3$, gold substitutions for Pt also metallize the compound but in this case $\gamma \propto x$ for x=0.1 and 0.2.)

Similar studies have not been performed for other rare-earth (RE) substitutions. However, resistivity, susceptibility and specific heat have been measured[35] on a series of $(Ce_{.985}RE_{.015})_3Bi_4Pt_3$ crystals. Detailed analysis of the specific heat is complicated by a low-temperature upturn in C/T that scales approximately with the spin of the rare-earth

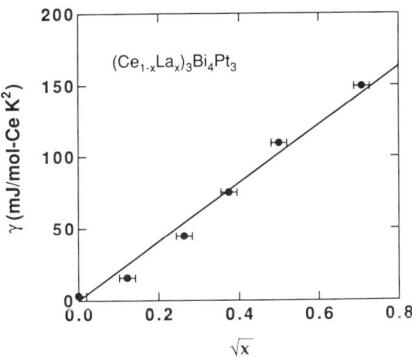

Fig. 7. Linear contribution to the specific heat $\gamma \equiv C/T$ at low temperature for $(Ce_{1-x}La_x)_3Bi_4Pt_3$ versus the square root of La concentration x.

dopant. However, a linear extrapolation of C/T vs T^2 from above the upturn to T=0 gives $C/T|_{T=0} = 16 \pm 6$ mJ/mole·Ce·K^2 for all seven rare-earth dopants. This result argues again that chemical pressure is not a dominant effect and that the increase in C/T for small x is independent of the magnetic character of the substituted element as expected[36] in a Kondo-hole interpretation, provided the low-temperature tail in C/T is not intrinsic to the correlated-electron ground state. This last point has not been resolved and deserves further attention, particularly in light of resistivity and susceptibility measurements that exhibit non-monotonic trends with RE substituents. Most pronounced is the resistivity that tends toward metallization for rare-earths lighter than Ho and toward more strongly semiconducting behavior for heavier rare earths.

Although arguments have been made that chemical pressure is not a dominant effect in substituted alloys, pressure does play a role. Shown in Fig. 8 is the resistance of $(Ce_{.985}La_{.015})_3Bi_4Pt_3$ at applied pressures to 18 kbar. The temperature-dependent resistance at ambient pressure is typical of $(Ce_{.985}RE_{.015})_3Bi_4Pt_3$ compounds for rare-earths lighter than Ho and of mixed-valent metals, eg. $CePd_3$, in which the Ce sublattice periodicity has been broken by non-magnetic or magnetic substitutions.[36] With increasing pressure (increasing hybridization) there is a clear trend for the resistance to approach that of the undoped compound. A linear extrapolation between the lattice parameters of $La_3Bi_4Pt_3$ and $Ce_3Bi_4Pt_3$, combined with a bulk modulus of 950 kbar, allows an estimate of -3 kbar for the negative chemical pressure induced by substituting the larger La atom for Ce. Although local chemical pressure around the dopant must be larger than this estimate, the data of Fig. 8 suggest an applied pressure of 30 to 40 kbar would be required to reproduce $\rho(T)$ of undoped $Ce_3Bi_4Pt_3$. Comparison of data for P=12.4 and 18.0 kbar shows a qualitative change in the low-temperature dependence of $\rho(T)$ that could be associated with a metal-insulator transition in the Kondo-hole band that is formed by La substitutions. Higher pressure experiments on this material and on more heavily doped compounds would be helpful in clarifying this possibility.

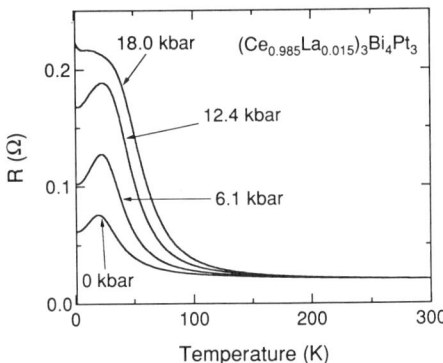

Fig. 8. Resistance as a function of temperature for $(Ce_{.985}La_{.015})_3Bi_4Pt_3$ under various applied hydrostatic pressures.

Attempts to replace Ce with tetravalent ions, such as Zr and Th, have been unsuccessful in $Ce_3Bi_4Pt_3$. However, a pronounced asymmetry has been observed[37] in tri- versus tetravalent doping in the Kondo insulators, orthorhombic CeRbSb and cubic $U_3Sb_4Pt_3$. Substituting 10% La in CeRbSb destroys the small, ~7K, gap; whereas, the same amount of Zr makes the sample more resistive at all temperatures below 300K. Three percent Y or Lu in $U_3Sb_4Pt_3$ decreases the low-temperature resistivity and enhances the electronic specific heat by about one order of magnitude. On the other hand up to 10% Th addition causes no change in γ.

DISCUSSION

The body of data presented for $Ce_3Bi_4Pt_3$ and existing in the literature for related small-gap semiconductors is consistent with their being Kondo-like metals at temperatures $T \geq E_g/k_B$. Purely trivalent, isostructural analogues are normal metals at all temperatures; whereas, isostructural compounds formed with an element having the anomalous valence of the rare-earth it replaces, e.g., tetravalent elements replacing Ce or divalent elements replacing Sm or Yb, often are conventional semiconductors.[13,21] An example is EuB_6, in which Eu is divalent and which has a large gap, but SmB_6, in which Sm is nearly trivalent, has a small semiconducting gap. The existence of these isostructural conventional semiconductors indicates that the band structure near the Fermi level in Kondo insulators is relatively simple. We believe this is why most Kondo insulators form in cubic crystal structures, ie., very loosely, simple crystal and band structures are mutually compatible.

The modestly large electronic specific heat that develops when the Kondo insulator is metallized by doping[12,38] or by pressure[3], quasi-elastic neutron scattering at high temperatures that evolves into a well-defined gap in the spin-spin correlation function at low temperature[15], and the inter-relationship between 4f-derived thermal expansion, static susceptibility and the spin gap are incontrovertible evidence that the charge-excitation gap originates from spin/change hybridization between the 4f electron and the underlying s,p,d band structure. In mixed-valent metals this behavior is believed to be described by the Anderson Lattice Hamiltonian. In this model many-body interactions renormalize the bare f level to be degenerate with the conduction band, allowing hybridization between conduction electrons and the renormalized f level. Generally there will be more than one conduction band crossing the Fermi level and in this case it is easy to argue that the resulting hybridized-band structure will produce a metallic ground state.[21] However, if there is only a single conduction band cutting E_F and the electron count, which includes the strongly interacting f-electrons, is exactly two, the lower-hybridized band will be filled and the upper band empty. Under these conditions, a mean-field treatment of the Anderson Lattice Hamiltonian predicts[39,40] an indirect gap for excitations from the zone center to zone boundary proportional to $(1-n_f)V^2D$, where n_f is the f occupation, V is the hybridization matrix element and D is the conduction-band density of states. This interpretation** has a number of interesting consequences: at temperatures greater than E_g/k_B, the physics of Kondo insulators and metals is identical; the low-temperature transport and magnetic gaps have a common origin and should be of comparable magnitude, as experimentally observed; the existence of isostructural compounds having a conventional semiconducting gap, ie., not induced by electronic correlations, provides experimental proof that the Fermi- surface volume, in these cases zero, is independent of the Coulomb repulsion U, as expected from Luttinger's theorem[21,39]; an asymmetry in the thermodynamics is expected[39] between electron and hole doping, as observed, because Coulomb interactions forbid doping by more than one electron per f ion but there is no such restriction for hole doping; and the temperature dependence of the static susceptibility below T_χ arises from intraband processes allowed by thermal population of holes at finite T, i.e., interactions, characterized by a Curie-Weiss Θ_p are not required to explain $\chi(T)$ at low T.

CONCLUSIONS

Kondo insulators appear to be an unusually simple realization of the Anderson Lattice Hamiltonian in which the lower-hybridization band is exactly filled, or in Kondo language, the Abrikosov-Suhl resonance exactly fills a Brillouin zone. As such, this class of materials offers the possibility of detailed comparison between theory and experiment and the hope of a more complete understanding of both strongly-correlated insulators and metals.

Acknowledgments

We thank G. Aeppli, P.S. Riseborough and P. Schlottmann for helpful discussions. Work at Los Alamos was performed under the auspices of the U.S. Department of Energy.

Footnotes

* Because the temperature range over which the activation energy is evaluated is larger than or comparable to Δ, Δ and E_g may be underestimated by ~20%.

+ We thank G. Aeppli for this suggestion.

** Strictly, the model is for a doubly degenerate ground state. Inelastic neutron scattering (Ref. 15) finds no evidence for crystal-field splitting of the J=5/2 manifold in $Ce_3Bi_4Pt_3$. In spite of this, the calculation should reflect qualitatively the essential physics at larger degeneracy.

REFERENCES

1. See, for example, N. Grewe and F. Steglich, Heavy Fermions, in: "Handbook on the Physics and Chemistry of Rare Earths", Vol. 14, K. A. Gschneidner and L. Eyring, ed. Elsevier Science Publishers, Amsterdam (1991).
2. S. von Molnar et al., Study of the energy gap in single crystal SmB_6, in: "Valence Instabilities," P. Wachter and H. Boppart, ed. North-Holland, Amsterdam (1982); A. Menth, E. Buehler and T. H. Geballe, Magnetic and semiconducting properties of SmB_6, Phys. Rev. Lett. 22: 295 (1969).
3. D. Bader, N. E. Phillips and D. B. McWhan, Heat capacity and resistivity of metallic SmS at high pressure, Phys. Rev. B 7: 4686 (1973).
4. M. Kasaya et al., Mixed valence properties of YbB_{12}, J. Magn. Magn. Mat. 47 & 48: 429 (1985).
5. T. Takabatake, Y. Nakazawa and M. Ishikawa, Gap formation in the valence fluctuation system CeNiSn, Jpn. J. Appl. Phys. 26, Suppl. 26-3: 547 (1987); F. G. Aliev et al., Transport and magnetic properties of intermetallic systems RNiM(R=U,Ce,Er,Ho,Tm,Yb,Sc,Ti,Zr,Hf; M=Sn,Sb), J. Magn. Magn. Mat. 76 & 77: 295 (1988).
6. M. F. Hundley et al., Hybridization gap in $Ce_3Bi_4Pt_3$, Phys. Rev. B 42: 6842 (1990).
7. K. Malik and D. T. Adroja, Evidence of pseudogap formation in a new valence-fluctuating compound: CeRhSb, Phys. Rev. B 43: 6267 (1991).
8. M. Kasaya, K. Katoh and K. Takegaraha, Semiconducting properties of the isomorphous compounds $Ce_3Au_3Sb_4$ and $Ce_3Pt_3Sb_4$, Solid State Commun. 78: 797 (1991).
9. T. Takabatake et al., Heavy-fermion and semiconducting properties of the ternary uranium compounds $U_3T_3Sn_4$ and $U_3T_3Sb_4$ (T=Ni,Cu,Pd,Pt and Au), J. Phys. Soc. Jpn. 59: 4412 (1990).
10. V. Moshchalkov et al., SmB_6 at high pressures: the transition from insulating to the metallic Kondo lattice, J. Magn. Magn. Mat. 47 & 48: 289 (1985).
11. A. J. Millis, Heavy electron metals and insulators, in: Physical Phenomena at High magnetic Fields, E. Manousakis, P. Schlottmann, P. Kumar, K. Bedell and F. M. Mueller, ed., Addison-Wesley, Redwood (1991).
12. M. F. Hundley et al., Evidence for a coherence gap in $Ce_3Bi_4Pt_3$, Physica B 171: 254 (1991).
13. Z. Fisk et al., $Ce_3Bi_4Pt_3$ and hybridization gap physics, J. Alloys Cmpds. 181: 369 (1992).
14. T. Takabatake et al., Anisotropic suppression of the energy gap in CeNiSn by high magnetic fields, Phys. Rev. B 45: 5740 (1992-II).
15. A. Severing et al., Gap in the magnetic excitation spectrum of $Ce_3Bi_4Pt_3$, Phys. Rev. B 44: 6832 (1991-I).
16. A. P. Reyes et al., (unpublished).

17. T. E. Mason et al., Spin gap and antiferromagnetic correlations in the Kondo insulator CeNiSn, Phys. Rev. Lett. 69: 490 (1992).
18. A. P. Murani, Observation of f-band hybridization gap in the anomalous rare-earth compound $YbAl_3$, Phys. Rev. Lett. 54: 1444 (1985).
19. G. H. Kwei et al., (unpublished).
20. G. H. Kwei et al., Thermal expansion of $Ce_3Bi_4Pt_3$ at ambient and high pressures, Phys. Rev. B (in press).
21. G. Aeppli and Z. Fisk, Kondo insulators, Comm. Cond. Mat. Phys. (in press).
22. G. Boebinger et al., (unpublished).
23. T. Takabatake et al., Magnetoresistance and Hall effect in the Kondo-lattice system CeNiSn with an anisotropic energy gap, J. Magn. Magn, Mat. 108: 155 (1992).
24. M. F. Hundley et al., Magnetoresistance of the Kondo insulator $Ce_3Bi_4Pt_3$, Physica B (in press).
25. J. Beille et al., Suppression of the energy gap in SmB_6 under pressure, Phys. Rev. B 28: 7397 (1983).
26. F. Iga, "Experimental Study of Intermmediate Valence Compound YbB_{12}", Ph.D. thesis, Tohoku University (1988).
27. T. Kasuya et al., Anomalous properties of valence fluctuating CeB_6 and SmB_6 in: "Valence Fluctuations in Solids", L. M. Falicov, W. Hanke and M. B. Maple, ed., North-Holland, Amsterdam (1981).
28. H. E. King et al., Effects of valence and intermediate valence on the compressibility of the rare-earth hexaborides, in: "Valence Fluctuations in Solids," L. M. Falicov, W. Hanke and M. B. Maple, ed., North-Holland, Amsterdam (1981).
29. J. D. Thompson, Magnetic interactions in correlated electron systems: high pressure investigations, in: "Frontiers in Solid State Sciences," L. C. Gupta and M. S. Multani, ed., World Scientific, Singapore (in press).
30. M. Kurisu, T. Takabatake and H. Fujiwara, Gap suppression in CeNiSn under hydrostatic pressure, Solid State Commun. 68: 595 (1988).
31. T. Takabatake et al., Formation of an anisotropic energy gap in the valence-fluctuating system in CeNiSn, Phys. Rev. B 41: 9607 (1990).
32. F. Iga, M. Kasaya and T. Kasuya, Kondo state in the alloy system $Lu_{1-x}Yb_xB_{12}$, J. Magn. Magn. Mat. 52: 279 (1985).
33. M. Kasaya et al., Valence instabilities and electrical properties of the La- and Yb-substituted SmB_6,, in: "Valence Fluctuations in Solids," L. M. Falicov, W. Hanke and M. B. Maple, ed., North-Holland, Amsterdam (1981).
34. P. Schlottmann, Impurity bands in Kondo insulators, Phys. Rev. B 46: 998 (1992-II).
35. P. C. Canfield et al., (unpublished).
36. J. M. Lawrence, J. D. Thompson and Y. Y. Chen, Two energy scales in $CePd_3$, Phys. Rev. Lett. 54: 2537 (1985).
37. P. C. Canfield et al., Effects of doping on hybridization gapped materials, J. Magn. Magn. Mat. 108: 217 (1992); P. C. Canfield et al., Doping and pressure study of $U_3Sb_4Pt_3$, J. Alloys Compds. 181: 77 (1992).

38. F. Iga, M. Kasaya and T. Kasuya, Specific heat measurements of YbB_{12} and $Yb_xLu_{1-x}B_{12}$, J. Magn. Magn. Mat. 76 & 77: 156 (1988).

39. P. S. Riseborough, Theory of the dynamic magnetic response of Ce3Bi4Pt3: a heavy-fermion semiconductor, Phys. Rev. B 45: 13984 (1992-II).

40. R. M. Martin and J. W. Allen, Classification of states at the Fermi energy in mixed valence systems, *in*: "Valence Fluctuations in Solids," L. M. Falicov, W. Hanke and M. B. Maple, ed., North-Holland, Amsterdam (1981).

ORIGIN OF GAP FORMATION IN $Ce_3Pt_3Sb_4$ AND $Ce_3Pt_3Bi_4$

Katsuhiko Takegahara,[1] Hisatomo Harima,[2] Yasunori Kaneta,[3] and Akira Yanase[2]

[1]Education Center for Information Processing, Tohoku University
Sendai 980, Japan
[2]College of Integrated Arts and Sciences, University of Osaka Prefecture
Sakai 593, Japan
[3]Department of Physics, Tohoku University, Sendai 980, Japan

INTRODUCTION

Valence fluctuation systems with an energy gap of activation type have been attracting much attention to investigate the origin of gap formation. SmB_6, SmS, and YbB_{12} are well known to have clear gap.[1,2] The existence of gap has been experimentally suggested in CeNiSn, $Ce(Pd_{1-x}Cu_x)_3$, CeRhSb, and TmSe.[1,2,3]

Recently, new groups of ternary compounds containing Ce or U have been found to show semiconductor-like behavior.[2,3,4,5] The first group is UNiSn, UPtSn and URhSb, the second $U_3T_3Sb_4$ (T = Ni, Pd, Pt) and $Ce_3Au_3Sb_4$, and the third $Ce_3Pt_3X_4$ (X = Sb, Bi)[3,4,5] that is the subject of this report. All of these ternary compounds have a characteristic crystal structure; a transition or a noble metal atom is placed at the largest empty site of corresponding binary compound.[2] In the first and second groups, as f electrons are well localized and have a large magnetic moment, an origin of gap formation has been explained from band structures of non-f reference Th- or La-compounds.[2] Furthermore the band structures of the ternary compounds are understood on the basis of those of the corresponding binary compounds because of the characteristic crystal structure. The third group compounds belong to the valence fluctuation regime because the magnetic susceptibility of these compounds is typical for a valence fluctuating Ce compound.[3,4,5] Thus the ground state is considered to be different from the first and second groups.

In recent years, there is notable progress in the Fermi surface study for Ce compounds.[6,7] For the materials belonging to the valence fluctuation regime, the Fermi surfaces can be explained very well by conventional band calculations. This implies that the $4f$ electrons are itinerant in the ground state and contribute directly to the formation of the Fermi surface. However, cyclotron effective masses cannot be explained by the band theory alone and the large mass enhancement factor of the $4f$ electrons is ascribed to correlation effects. For the valence fluctuation systems with an energy gap, the electronic band structures of CeNiSn, SmB_6, and YbB_{12} have been calculated within the local density approximation.[1] The calculated results show an energy gap or pseudo-gap at the Fermi level. Therefore, we consider that this picture is applicable to the gap formation in the valence fluctuating Ce compounds as a straight extension. To confirm this picture, we have carried out self-consistent relativistic LAPW band calculations for $Ce_3Pt_3X_4$. Details of the method of calculation are almost the same as those described in the previous paper on $LaCu_6$ (ref. 8) and will be presented elsewhere.

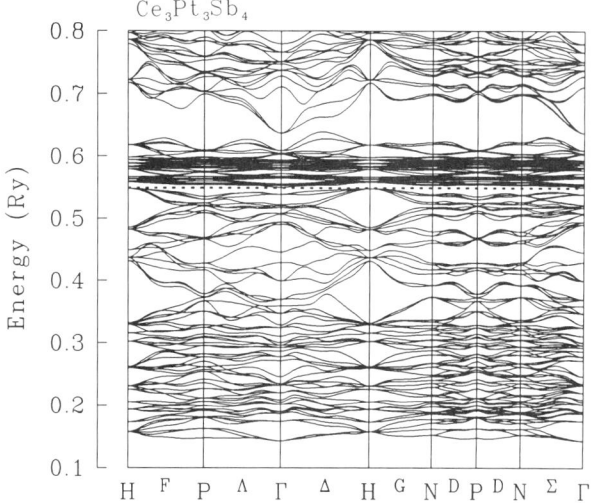

Figure 1. Self-consistent LAPW energy band structure for $Ce_3Pt_3Sb_4$. Dashed lines show the energy gap at the Fermi level.

ENERGY BAND STRUCTURES

At first, we summarize our recent results[2] on band structures for Th_3X_4 (X = P, As, and Sb), $Th_3Ni_3Sb_4$, and $La_3Au_3Sb_4$ because these are instructive to understand the band structures for the Ce compounds.

As the stable ionic state is Th^{4+} and X^{3-}, the band structures of Th_3X_4 are expected to be that the filled valence bands are derived from the X p states and the empty conduction bands from the Th $6d$ states. The calculated results show that the narrow gap appears at the Fermi level for Th_3P_4 and Th_3As_4 but the valence and conduction bands overlap slightly for Th_3Sb_4.

In $Th_3Ni_3Sb_4$, where the Ni atom is embedded in Th_3Sb_4, the $3d$ states on Ni are fully occupied by electrons. Therefore Ni exists as neutral atom. Then, as compared with the band structure of Th_3Sb_4, the Th $6d$ bands are shifted up by the hybridization with the Ni $3d$ bands to open a gap between the Sb $5p$ valence and Th $6d$ conduction bands because of the short distance between Th and Ni atoms. Therefore the system becomes an insulator.

In $La_3Au_3Sb_4$, the Sb $5p$ valence bands are filled by the transfer of three electrons from La atom and one electron from Au atom, leading to the insulator with an energy gap at the Fermi level.

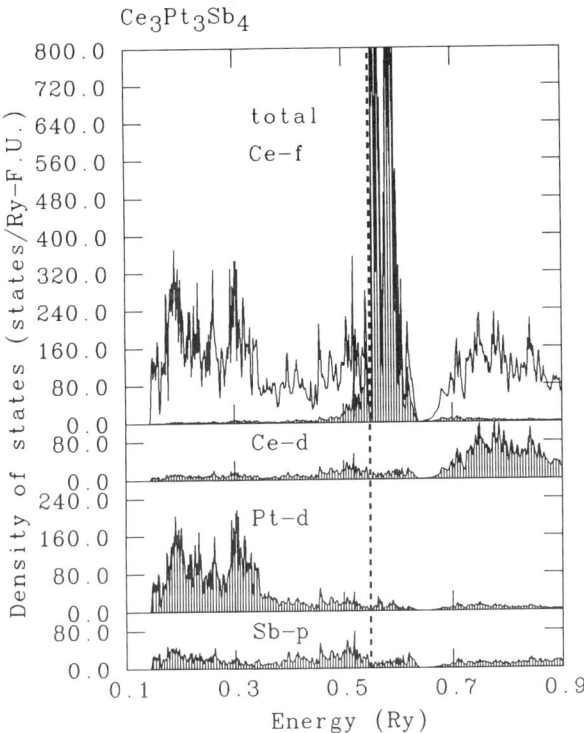

Figure 2. Calculated densities of states for $Ce_3Pt_3Sb_4$. Solid curves show the total density of states and hatched parts show the partial densities of states. Dashed lines show the energy gap at the Fermi level.

Figures 1 and 2 show the calculated energy band structure and the density of states for $Ce_3Pt_3Sb_4$, respectively. The tightly bound Ce $5p$ and Sb $5s$ bands are not shown in the figures. Similar to the band structure for $Th_3Ni_3Sb_4$, the $5d$ states on Pt are fully occupied by electrons. Then Pt remains as neutral atom.

The number of the valence electrons amounts to 108, $5d^1 4f^1 6s^2$ for each Ce, $5d^9 6s^1$ for each Pt, and $5p^3$ for each Sb and two formula units (F.U.) in the primitive unit cell. Thus, in Fig. 1, the lower 108 bands (from 0.1431 Ry to 0.5390 Ry at the Γ point) are the occupied valence bands and the empty bands lie above them. Note that, on the D and Σ axes, a degeneracy is lifted by the spin-orbit interactions and thus one band is occupied by one electron. As compared with the band structures of $Th_3Ni_3Sb_4$

51

and La$_3$Au$_3$Sb$_4$, the Ce 4f bands are shifted down and are located just in the energy gap between the Sb 5p valence and the Ce 5d conduction bands. Furthermore, a very narrow gap appears at the Fermi level because the top of valence bands is depressed by the Ce 4f bands around the H point. The valence bands consist of the Sb 5p and the Pt 5d states but the Pt 5d state is dominant at lower part. At upper part, the Ce 4f state mixes substantially as shown in Fig. 2. Then the number of 4f electron in the Ce muffin-tin sphere is 1.26 per Ce.

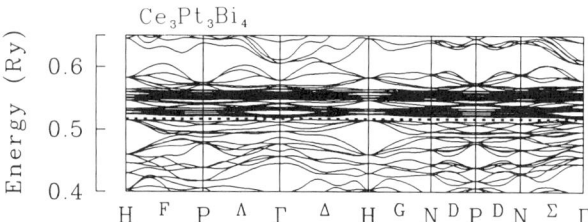

Figure 3. Self-consistent LAPW energy band structure in the vicinity of the Fermi level for Ce$_3$Pt$_3$Bi$_4$. Dashed lines show the energy gap at the Fermi level.

Between the 108th and 109th bands, there is the narrow gap with the indirect gap width of 0.0020 Ry (27 meV). The Ce 4f states form 84 bands (= 14 states × 6 atoms) from the 109th to the 192nd bands. The spin-orbit splitting is seen clearly in Fig. 1. The Ce 4f component in almost the 84 bands is more than 90 %. However, in several bands at upper part of the 84 bands the 4f component decreases to 45 ~ 70 % while the Ce 5d and Sb 5p components increase. Note that, at the Γ and H points, the symmetry label of 108th and 192nd bands is the same, indicating that these two bands repel each other due to mixings between the Ce 4f and 5d states and the Sb 5p states. Above the 193rd band (0.6369 Ry at the Γ point), the Ce 5d state is dominant but the Ce 4f, Pt 5d, and Sb 5p states mix slightly.

The electronic band structure of Ce$_3$Pt$_3$Bi$_4$ is also calculated and shown in Fig. 3. Overall feature is very similar to that of Ce$_3$Pt$_3$Sb$_4$ except some differences as follows.
1) As the spin-orbit interactions are larger for heavier atom Bi, the spin-orbit splitting of Bi 6p valence bands is about two times as large as that of Sb 5p bands.
2) The Ce 5d conduction bands are located closer to the valence bands. The first reason is that the lattice constant of Ce$_3$Pt$_3$Bi$_4$ is larger than that of Ce$_3$Pt$_3$Sb$_4$. Thus the hybridization between the Ce 5d and the Pt 5d states is weaker in Ce$_3$Pt$_3$Bi$_4$ thus results small repulsion between these states. The second reason is well known fact that the pnictogen p bands and the rare-earth 5d and 4f bands become closer as the atomic number of pnictogen increasing in many pnictides.
3) The number of 4f electron in Ce muffin-tin sphere increases slightly but the energy gap at the Fermi level is nearly same as that of Ce$_3$Pt$_3$Sb$_4$, 0.0022 Ry (30 meV).

DISCUSSION

For Ce$_3$Pt$_3$Sb$_4$, an energy gap is experimentally observed as 78 meV (ref. 4), but the calculated value is rather small, 27 meV. It is well known that the energy gap in the band calculation is much smaller than the actual value due to the inadequate treatment of the exchange-correlation potential in the local density approximation. As mentioned above, this problem also makes the disagreement of cyclotron effective mass between experimentally observed one and calculated one by band theory in the Fermi surface study.

In $Ce_3Pt_3Bi_4$, the resistivity shows activated behavior above 100 K with the energy gap of 70 K (6 meV).[5] The calculated energy gap is 30 meV, factor of 5 larger than the observed value. We rather speculate that the observed energy gap is not the intrinsic gap but due to impurity state, because it is common that the gap in the band calculation is smaller than the actual one as mentioned above.

The number of $4f$ electron in the Ce muffin-tin sphere is 1.26 per Ce for $Ce_3Pt_3Sb_4$ and 1.29 for $Ce_3Pt_3Bi_4$. These values are very close to the calculated ones for many other Ce compounds belonging to either the valence fluctuation regime or the Kondo regime. As the $4f$ bands are located near the Fermi level, the $4f$ components are induced in the valence bands by the hybridization effects between the $4f$ states and other states and thus the number of occupied $4f$ electron is about one. Thus the magnetic susceptibility at sufficiently high temperature has Curie-Weiss behavior.[5]

To conclude, $Ce_3Pt_3X_4$ is a very interesting material, one of a few examples belonging to the valence fluctuation regime with an energy gap. The origin of gap formation is clarified reasonably well by the band theory based on the itinerant electron model for the $4f$ electrons.

ACKNOWLEDGMENTS

The numerical computations were performed at the Computer Center of the Institute for Molecular Science and at the Computer Center of Tohoku University.

REFERENCES

1. A. Yanase and H. Harima, Band calculations on YbB_{12}, SmB_6 and CeNiSn, *Prog. Theor. Phys. Suppl.* No. 108:19 (1992), and references therein.
2. K. Takegahara and Y. Kaneta, Electronic band structures of f-electron ternary compounds with an energy gap, *Prog. Theor. Phys. Suppl.* No. 108:55 (1992), and references therein.
3. P. C. Canfield, J. D. Thompson, Z. Fisk, M. F. Hundly, and A. Lacerda, Effects of doping on hybridization gapped materials, *J. Magn. Magn. Mater.* 108:217 (1992), and references therein.
4. M. Kasaya, K. Katoh, and K. Takegahara, Semiconducting properties of the isomorphous compounds, $Ce_3Au_3Sb_4$ and $Ce_3Pt_3Sb_4$, *Solid State Commun.* 78:797 (1991).
5. M. F. Hundly, P. C. Canfield, J. D. Thompson, Z. Fisk, and J. M. Lawrence, Evidence for a 'coherence' gap in $Ce_3Bi_4Pt_3$, *Physica* B171:254 (1991).
6. Y. Ōnuki, T. Goto, and T. Kasuya, Fermi surfaces in strongly correlated electron systems, *in*: "Materials Science and Technology," R. W. Cahn, P. Haasen, and E. J. Kramer, ed., VCH, Weinheim (1992), Vol. 3A, Part I.
7. A. Hasegawa and H. Yamagami, Band theory of itinerant f-electron compounds, *Prog. Theor. Phys. Suppl.* No. 108:27 (1992).
8. H. Harima, A. Yanase and A. Hasegawa, Electronic structure and Fermi surface of $LaCu_6$, *J. Phys. Soc. Jpn.* 59:4054 (1990).

MAGNETIC AND TRANSPORT STUDIES ON Ce-BASED COMPOUNDS

S.K. Malik,[1] and D.T. Adroja[2]

[1]Tata Institute of Fundamental Research
Bombay 400 005, India

[2]Department of Physics
University of Southampton, Southampton, S09 5NH, U.K.

INTRODUCTION

In recent years, there has been a great deal of interest in the structural, magnetic and transport properties of intermetallic compounds containing rare earths and actinides. Among the rare earths, the compounds containing cerium have attracted a great deal of attention. Cerium is the first element in the lanthanide series having a non zero 4f occupation. Therefore, the 4f shell is rather unstable in cerium and can lead to very interesting properties.

The differing behaviour in many Ce-based compounds can be understood in terms of the hybridization width $\Delta \approx \pi <V_{sf}>^2 \rho(E_F)$ (where V_{sf} is the hybridization strength and $\rho(E_F)$ is the density of states at the Fermi level, E_F) and the position of the 4f level (E_f) relative to the Fermi level given by $E_0 = |E_f - E_F|$. Though Δ and E_0 may vary continuously, one can visualize three extreme cases.

(i) $\Delta << E_0$: In this case the system shows a stable valence state and in some cases it may exhibit a long range magnetic order below a certain temperature. The 4f electrons can be described as localized which interact with the neighbouring 4f electrons through RKKY interaction. Such compounds can be described by the free ion behaviour - at best influenced by the electrostatic fields, the so called crystal fields arising from the neighbouring ions.

(ii) $\Delta < E_0$: The system exhibits Kondo type behaviour and the 4f occupancy may slightly deviate from the integral value. If the intersite interactions between the ions are small, the system gains energy by losing the magnetic moment and forming a singlet ground state. The energy gain by such a process is $k_B T_K$ where T_K is the Kondo temperature which can vary from milli Kelvins to few tens of degree Kelvins. At temperatures well below T_K, the electrical resistivity shows a drop which is due to the coherence between the local moments. In the coherence regime, the single impurity Anderson model no longer holds [1]. If the intersite interaction is strong in the Kondo Lattice system, it may order magnetically with reduced moment.

(iii) $\Delta \geq E_0$: The system shows intermediate valence or valence fluctuating behaviour. Such compounds exhibit Curie-Weiss behaviour in their susceptibility at high temperatures with an effective moment intermediate between the values of the integral valent state. Most of the Ce and Yb based compounds show a maximum in the susceptibility at some temperature. At low temperatures the susceptibility becomes nearly temperature independent. The ground state properties of such systems can be described by a Fermi liquid model.

The degree of delocalization and the extent of hybridization strongly influences the magnetic and transport behaviour of these compounds and may lead to large values of the electronic specific heat coefficient γ, large value of the coefficient of the T^2 term in the resistivity, enhanced Pauli paramagnetism, etc. The interplay of the RKKY type interaction and the Kondo effect leads to further interesting features.

In this article we present a brief review of the magnetic and transport studies on some of the Ce-based compounds primarily carried out by the authors. The systems discussed are the equiatomic ternary compounds of the type RTX where R is a rare earth ion -primarily Ce, T is a transition metal and X is a metalloid atom, and compounds of the type $CeXPt_4$ where X=Cu, Ga, Rh, Pd, Ir, Sn and In.

EQUIATOMIC TERNARY COMPOUNDS

The equiatomic ternary compounds are represented by the general formula RTX where R is a lanthanide or an actinide ion, T is a transition metal such as Cu, Ag, Au, Pd, Pt, Rh, Ru, etc., and X is one of the sp metals or metalloid such as Si, Ge, Al, In, Ga, Sn, Sb etc. The RTX compounds crystallize in a variety of structure types ranging from the cubic (LaIrSi, MgAgAs type), the hexagonal ($CaIn_2$, Fe_2P type), the orthorhombic (TiNiSi, $CeCu_2$ type), the tetragonal (LaPtSi type), etc. Therefore, this family of compounds offers the opportunity of a systematic investigation of the effect of crystal structure, transition metals and metalloids on the electronic behaviour of the rare earth ions. With this in mind, we initiated a systematic investigation of such equiatomic ternary compounds. In what follows, we discuss the results on some selected cerium-based compounds which show rather unusual behaviour.

Antiferromagnetic Kondo Lattice System: CePdSn

The compound CePdSn crystallizes in the orthorhombic TiNiSi-type structure (space group Pnma). Its unit cell volume follows the lanthanide contraction observed in the RPdSn compounds. This suggests that the cerium ions are in the 3+ or nearly 3+ state in this compound. The magnetic susceptibility of CePdSn (Fig. 1) exhibits Curie-Weiss (CW) behaviour in the temperature range of 50-300K. Below 50K, deviations from CW behaviour are observed [2]. These have been analyzed in terms of the crystalline electric-field effects. The compound orders antiferromagnetically with Néel temperature (T_N) of about 7.5K. This is confirmed by neutron, ^{119}Sn Mössbauer, heat capacity and resistivity measurements. The isostructural Gd compound also orders antiferromagnetically at 14.5K [3]. On the basis of de Gennes scaling, the T_N of CePdSn should have been 91 times smaller than that of the Gd compound assuming that the exchange constant J_{sf} for the interaction between the conduction electron spins and the Ce-4f spins is the same. This is not the case experimentally. This already indicates the presence of strong exchange interaction between the conduction-electron spins and the Ce-4f spins presumably caused by the hybridization effects.

The resistivity of CePdSn is shown in Fig. 2. It decreases linearly with decreasing temperature from 300K but shows a downward curvature starting at about 80K. It exhibits a broad minimum at about 20K, a small rise and then a sudden drop at about 7.5K, the latter of which corresponds to the antiferromagnetic ordering of the Ce moments. The minima in the resistivity, shown clearly as an inset in Fig. 2 suggests the presence of Kondo type interactions in this compound. Thermoelectric power of CePdSn has also been measured and analyzed [4] in terms of the Bhattacharjee-Coqblin model [5] which takes into account the Kondo effect in the presence of crystalline electric fields. Thus CePdSn appears to be an antiferromagnetically ordered Kondo lattice system.

Ferromagnetic Kondo Lattice System: CePdSb

The occurrence of antiferromagnetic state is often observed in Ce-based ternary compounds and is in accord with such an ordering predicted by the single impurity Kondo

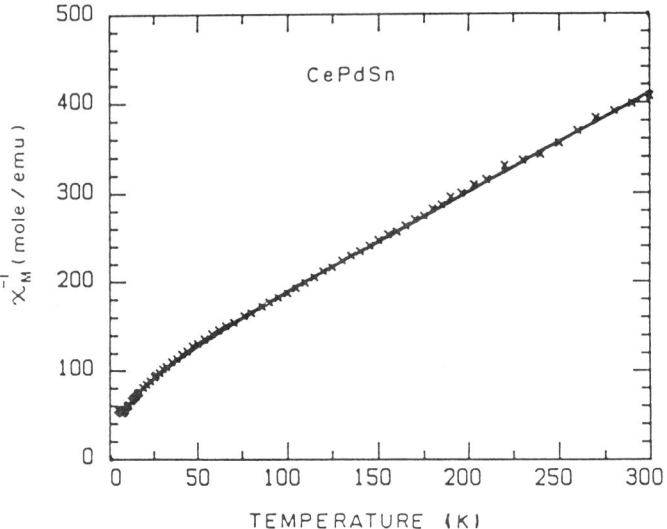

Figure. 1   Inverse magnetic susceptibility vs temperature for CePdSn.

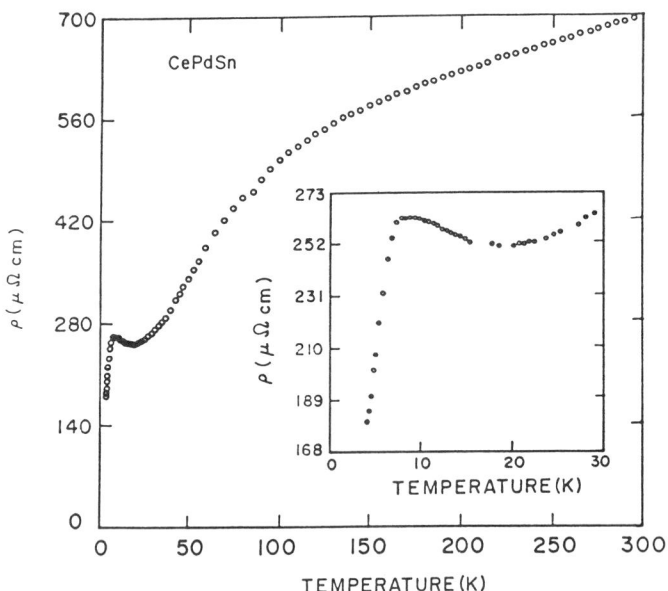

Figure 2   Electrical resistivity of CePdSn as a function of temperature. Inset shows expanded data at low temperatures.

models due to the negative exchange interaction inherent in such models. Of late ferromagnetic ordering has also been observed in Ce-based compounds many of which show features characteristic of Kondo lattice systems. Here we present the results on CePdSb which suggest that this compound may represent a ferromagnetic Kondo lattice system [6].

The RPdSb compounds with R=La to Sm crystallize in the hexagonal structure. Originally, based on the x-ray data, the hexagonal $CaIn_2$ type structure (space group $P6_3/mmc$) was proposed for these compounds. In this structure Pd and Sb atoms randomly occupy the In sites. More recent neutron diffraction studies carried out by us on CePdSb have shown that the diffraction pattern can also be fitted to an ordered structure (space group $P6_3mc$) in which the Pd and the Sb atoms occupy distinct sites. However, the Pd and Sb scattering lengths are almost similar, and from the neutron data alone one cannot distinguish between the ordered and the disordered structure. The inelastic scattering measurements [7] show well defined peaks corresponding to transitions from the ground state doublet and two excited state crystal field doublets. This may be taken as an indirect evidence for the ordered $P6_3mc$ space group. It is likely that the other RPdSb compounds mentioned above also crystallize in this structure type. The unit cell volume of CePdSb does not show any pronounced anomaly in comparison to that expected on the basis of lanthanide contraction suggesting that the Ce ions are in a nearly trivalent state in this compound.

Among the RPdSb compound, those with Nd, Sm and Gd order antiferromagnetically with Néel temperature of 11K, 18K and 15.5K, respectively [8]. There are indications of another transition at lower temperatures, presumably of magnetic origin, in most of these compounds. Moreover, Nd compound shows a metamagnetic or spin flop transition in applied fields starting at about 2kOe at 4.2K. In contrast to these compounds, CePdSb orders ferromagnetically with a relatively high ordering temperature of about 17K (Fig. 3). The magnetization-field isotherms at 4.2K yield a value of $1.2\mu_B$ as the ordered state moment per Ce ion. Not only is the magnetic ordering so different in CePdSb and GdPdSb, but also the magnetic ordering temperature (T_M) of Ce compound is rather high and does not follow de Gennes scaling. The large observed T_M in Ce compound suggests the presence of stronger exchange interaction between the conduction electron spins and the Ce spins (compared to that in the Gd compound), possibly arising due to the hybridization effects.

The susceptibility of CePdSb follows Curie-Weiss behaviour above 50K with $\mu_{eff}=2.64\mu_B$ and $\theta_p=10K$. The deviation of susceptibility from CW behaviour below 50K is attributed to the effect of crystalline electric fields. This is consistent with the Ce ordered moment being less than the free ion value.

The resistivity behaviour of CePdSb is rather unusual. Figure 4 shows the plot of resistivity versus temperature for CePdSb, GdPdSb and LaPdSb. The phonon contribution to the resistivity in various RPdSb compounds may be taken to be the same as in isostructural nonmagnetic LaPdSb. The 4f contribution to the resistivity of CePdSb, obtained by subtracting the resistivity of LaPdSb, increases as the temperature is lowered from 300K; passes through a broad maximum at about 150K and then starts decreasing. It

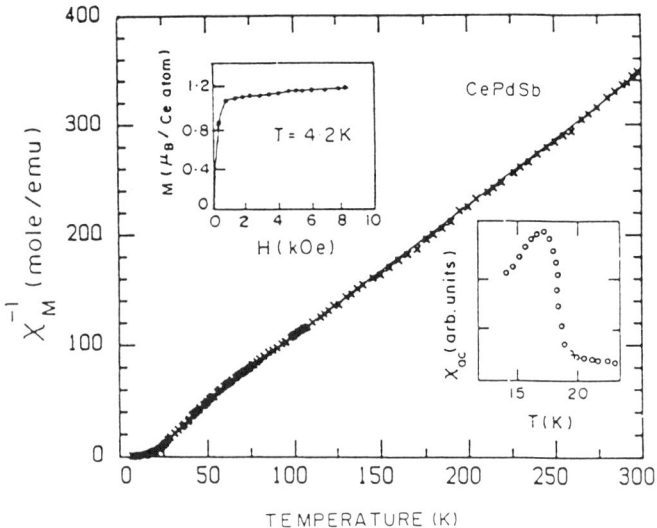

Figure. 3 Inverse magnetic susceptibility of CePdSb (in 5 kOe field) as a function of temperature. Insets show the magnetization-field isotherm at 4.2K and ac susceptibility as a function of temperature.

shows a precipitous drop at the magnetic ordering temperature. The high temperature resistivity can be fitted to a ln T behaviour which is one of the characteristic features of the dense Kondo systems. According to the Cornut-Coqblin model [9], the broad maxima in resistivity arises due to a combined influence of CEF on the 4f moments and the presence of Kondo type interactions. This theory predicts different ln T behaviour for different temperature regimes corresponding to different crystal field split levels. In the CePdSb resistivity data, the low temperature ln T behaviour is not observed, the absence of which may be due to the onset of ferromagnetic ordering and the ferromagnetic correlations which may set in at temperatures above T_M.

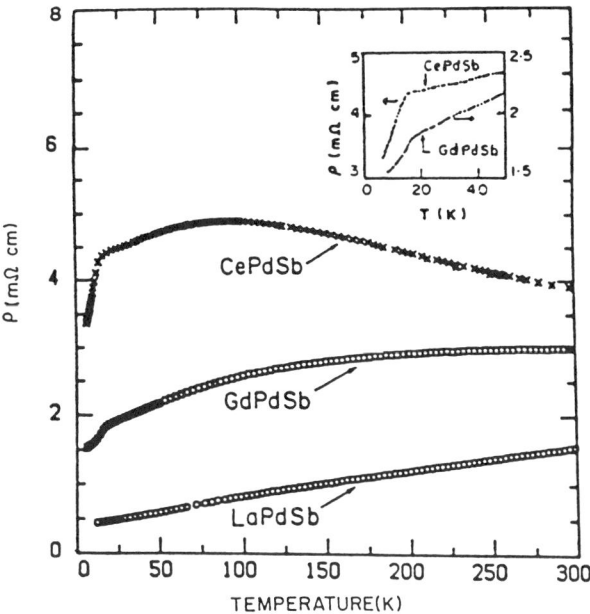

Figure. 4 Electrical resistivity of RPdSb (R=La, Ce and Gd) as a function of temperature. Inset shows the resistivity behaviour at low temperatures.

The nearest neighbour Ce-Ce distance in CePdSb is 3.96Å along the c axis, which is greater than 3.25-3.4Å, the Hill limit, for the direct overlap between the 4f electrons at adjacent sites to occur. Therefore, the mechanism for the relatively high magnetic ordering temperature does not involve direct 4f-4f overlap. The results can be understood on the basis of the interplay between two competing processes, namely, the indirect exchange interaction of Ce^{3+} ions via the RKKY interaction and the effective suppression of the Ce magnetic moments due to Kondo effect. This is the so called Kondo necklace model proposed by Doniach [10]. By considering a one dimensional lattice of localized spins coupled to a system of conduction electrons he showed that, when the local spin - conduction electron coupling is weak, an antiferromagnetic ground state can exist. For strong J_{sf} the local moments are quenched forming a Kondo like state. In the very weak hybridization limit (i.e. when the 4f level is well separated from the Fermi level and the 4f occupation is nearly unity), the Anderson single ion Hamiltonian [11] can be transformed in to a simple Kondo model by the Schreiffer-Wolf transformation [12]. In this case J_{sf} depends on the hybridization strength V_{sf}, the position of the 4f level, E_f, relative to the Fermi energy given by $E_0 = |E_F - E_f|$, and the inter-site Coulomb repulsion U of the two electrons with opposite spin directions at the same ion. In the limit of both V_{sf} and E_0 much smaller than U, the exchange constant is given by $J_{sf} = -V_{sf}^2/E_0$.

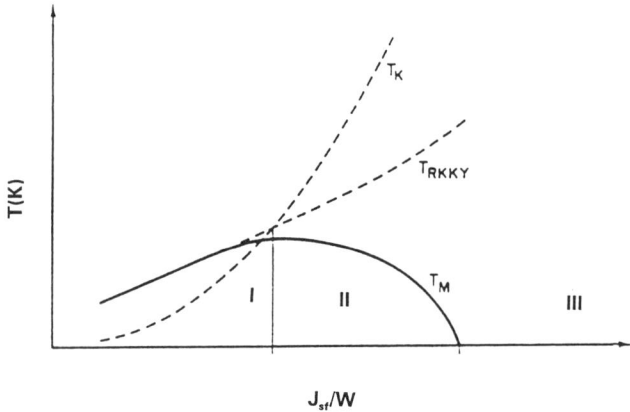

Figure. 5 Schematic diagram showing T_K, T_{RKKY} and T_M as a function of J_{sf}/W.
I: Pure magnetic system, II: Magnetic Kondo lattice, III: Nonmagnetic Kondo lattice.

The RKKY interaction temperature T_{RKKY} varies as J_{sf}^2 while the Kondo temperature T_K varies as $\exp(-1/|J_{sf}|)$. Thus in the limit when E_0 decreases significantly, J_{sf} increases appreciably in magnitude and so do T_{RKKY} and T_K. However because of their different dependences on J_{sf}, the system shows a crossover from a magnetically ordered ground state to a spin compensated ground state at a critical value of Jsf. This is also noted in the Kondo necklace model. The magnetic ordering temperature calculated by Doniach exhibits a maximum at certain value of J_{sf} [13] and this has been observed experimentally in some intermetallic compounds [14]. The schematic dependence of the magnetic transition temperature T_M on the normalized Kondo coupling constant J_{sf}/W (where W is the width of the conduction band) is shown in Fig. 5. Thus the high ordering temperatures of CePdSn and CePdSb may be understood on the basis of the interplay between the Kondo and the RKKY type interactions. However, it should be pointed out that CePdSb orders ferromagnetically unlike most other Kondo lattice systems which show antiferromagnetic ordering.

Pseudo-gap in the Density of States in CeRhSb

The study of gap formation in the valence fluctuating compounds has evinced a great deal of interest in recent times. The valence fluctuating compounds SmB_6 [15], SmS [16] and YbB_{12} [17] are known to develop an energy gap in their density of states. Very recently this phenomenon has been observed in CeNiSn [18], $Ce_3Bi_3Pt_4$ [19] and CeRhSb [20]. These compounds exhibit an insulating ground state with a small energy gap in the electronic density of states at the Fermi level which clearly manifests itself in transport properties such as resistivity, thermoelectric power and also in inelastic neutron scattering experiments. Here we present detailed results on CeRhSb.

The RRhSb (R=La to Sm) compounds form in the orthorhombic structure (TiNiSi type). The unit cell volume of CeRhSb shows pronounced deviation from the lanthanide contraction suggesting the mixed valent nature of cerium ions in this compound. This is also borne out by the magnetic susceptibility measurements. The susceptibility of CeRhSb (Fig. 6) is only weakly temperature dependent, shows a broad maximum at about 113K and a rise at low temperatures. The latter may be due to the stabilization of a fraction of cerium ions in the 3+ state which carry a magnetic moment. The susceptibility behaviour observed in CeRhSb, in particular the broad maximum, is typical of mixed valent Ce and Yb compounds. The susceptibility results on CeRhSb have been analyzed on the basis of Coqblin-Schrieffer model [21]. The solid line in Fig. 6 represents a fit to this model.

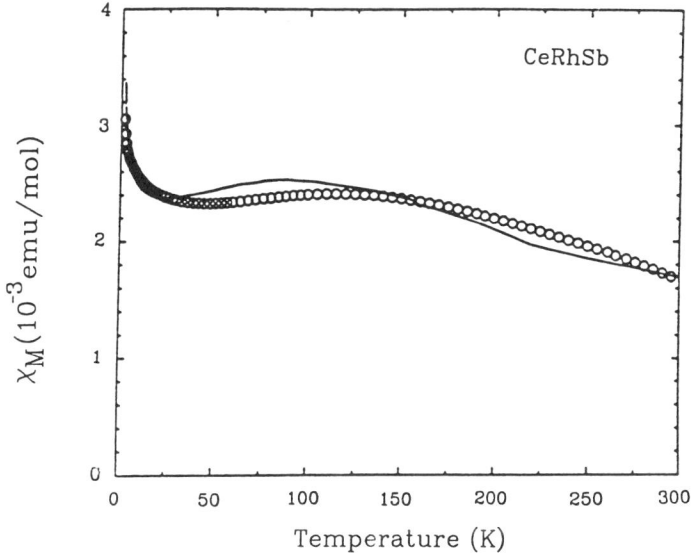

Figure. 6 Magnetic susceptibility of CeRhSb as a function of temperature.

The resistivity of CeRhSb shows very interesting behaviour (Fig. 7). As temperature is lowered from 300K, the resistivity increases slightly and reaches a broad maximum at 113K - the same temperature where susceptibility also shows a broad maximum. It then decreases with decreasing temperature and exhibits a minimum at about 21K. However, below 21K, the resistivity increases rapidly with decreasing temperature. In contrast, the resistivity of LaRhSb (Fig. 7) shows the behaviour typical of metallic systems throughout the temperature range investigated (4.2-300K). The rapid rise in the resistivity of CeRhSb below 21K may be interpreted in terms of the opening of a gap in the density of states. A plot of $\ln \rho$ vs T^{-1} (Fig. 8) is a straight line from which the gap energy

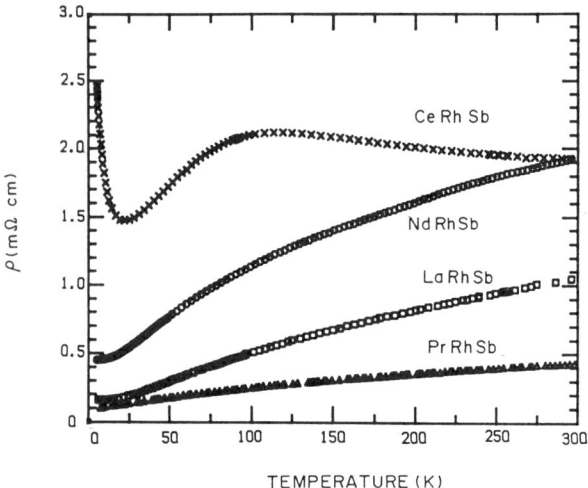

Figure. 7 Temperature dependence of the electrical resistivity of RRhSb (R = La, Ce, Pr and Nd).

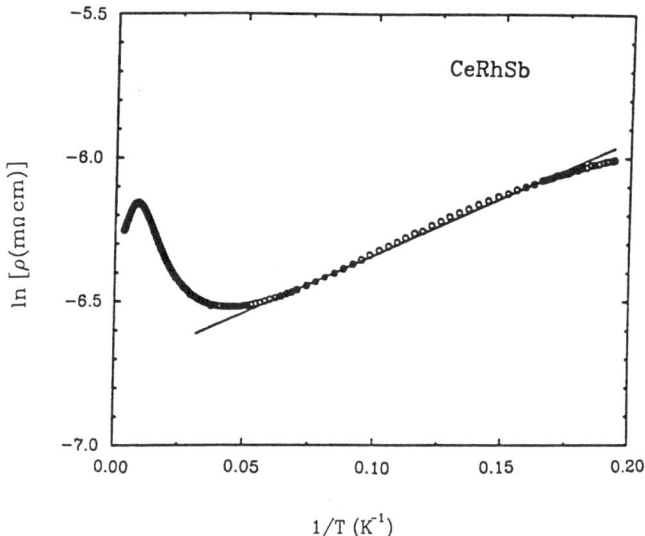

Figure. 8 Ln ρ versus 1/T for CeRhsb. The solid line represents the fit ($\rho = \rho_0 \exp(-E_g/kT)$) with E_g of about 4K.

is estimated to be about 4K. It is interesting to note that a 20% replacement of La by Ce suppresses the rise in resistivity at low temperatures though the susceptibility continues to exhibit a broad maximum. This suggests that a crystallographically well-ordered Ce-lattice may be essential for the formation of a gap in such compounds. The magnetoresistance measurements on CeRhSb and gapless $Ce_{0.8}La_{0.2}RhSb$ compound [22] reveal that the gap in CeRhSb decreases with increasing applied field (Fig. 9). For comparison purpose, data on CeNiSn taken from ref. 23 are also shown in the same figure.

Although, the study of the origin of the energy gap in the mixed valent insulating ground state systems is an area of active research at present, not much progress has been made in understanding all the factors leading to the formation of such a gap. It is believed

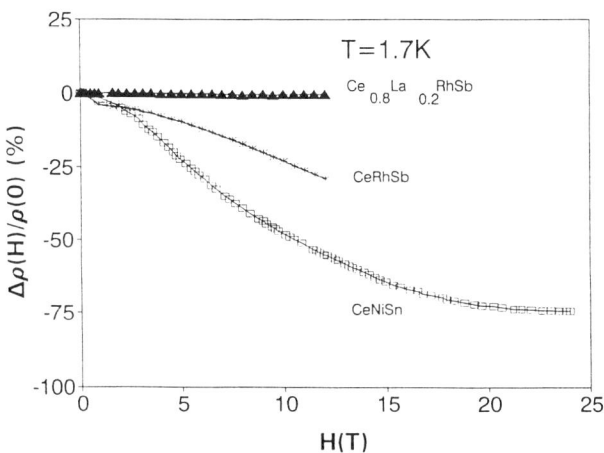

Figure. 9 Normalized change in resistance vs applied field at 1.7K for various compounds.

that lattice coherence and strong hybridization between Ce-4f electrons and the conduction electrons are responsible for the stability of the gap at E_F [24,25]; consequently it is frequently referred to as hybridization or coherence gap.

COMPOUNDS OF THE TYPE $CeXPt_4$ (X= Cu, Ga, Rh, Pd, Ir Sn and In)

Hexagonal Compounds

The compound $CePt_5$ crystallizes in the hexagonal $CaCu_5$ structure (space group P6/mmm) with one formula unit per unit cell and orders antiferromagnetically at low temperatures below 1K [26]. There are two crystallographically inequivalent Pt sites in this compound in the ratio of 2:3. Thus a selective replacement of one of the two Pt sites may be possible by other elements which may influence the magnetic and transport properties of these compounds. In many cerium-based compounds, it is often observed that the magnetic ordering is lost when T_K exceeds T_M, the temperature corresponding to the RKKY interaction. In this respect CePt$_5$ offers the opportunity to study the possible crossover from magnetic to nonmagnetic regime. With this mind, we have investigated the structural, magnetic and transport properties of the compounds CeXPt$_4$ with X=Cu, Ga, Rh, Pd, Ir, Sn and In.

Powder X-ray diffraction studies on CeXPt$_4$ compounds with X=Cu, Ga, Rh, Pd, Ir and Sn show that these compounds also crystallize in the hexagonal structure [27]. However, it can not be ascertained whether the X atoms selectively occupy one of the two Pt sites or are randomly distributed on both the sites. The lattice parameters of CeXPt$_4$ compounds are similar to those of CePt$_5$ from which these are derived.

The susceptibility of CePt$_5$ follows Curie-Weiss behaviour with an effective moment of 2.48µ$_B$ which is close to that of the free Ce^{3+} ion. Replacement of one Pt by the X atom does not alter the behaviour substantially. Curie-Weiss behaviour in the susceptibility is also observed in CeXPt$_4$ compounds between 20-300K with moments again close to the free ion value. A slight deviation from the Curie-Weiss behaviour is seen below 20K and is attributed to the effects of crystalline electric fields on Ce^{3+} ions.

Cubic Compounds

In contrast to the above, the compound CeInPt$_4$ is found to crystallize in a cubic structure - either the Laves phase MgCu$_2$ type or the cubic MgSnCu$_4$ type structure. One may visualize that CeInPt$_4$ is derived from the cubic CePt$_2$ (MgCu$_2$ type) by partial replacement of the Ce atoms by the In atoms. Such a substitution will lead to a distribution of the Ce and In atoms at the rare earth (8a) site. On the other hand MgSnCu$_4$ type of structure is an ordered structure with all the atoms occupying distinct sites. Further x-ray and/or neutron diffraction measurements are needed to determine the atomic ordering.

The CeInPt$_4$ compound behaves very differently [28] compared to the other CeXPt$_4$ compounds mentioned above. A comparison of the unit cell parameters of the RInPt$_4$ (R=rare earth) compounds reveals that the unit cell volume of CeInPt$_4$ does not deviate significantly from that expected on the basis of lanthanide contraction. From this it may be inferred that Ce is in a trivalent or nearly trivalent state in this compound. Figure 10 shows the plot of inverse susceptibility versus temperature for CeInPt$_4$. A Curie-Weiss behaviour is observed in the temperature range of 100-300K. The effective paramagnetic moment and the paramagnetic Curie temperatures are 2.54µ$_B$ and -225K respectively. The large negative paramagnetic Curie temperature is indicative of the presence of Kondo type interactions in this compound. In fact, the susceptibility behaviour of CeInPt$_4$ is similar to those of heavy fermion systems CeAl3 [29] and CeCu2Si2 [30]. Pronounced deviation of the susceptibility from Curie-Weiss behaviour is observed below 100K.

The results of the heat capacity (C) measurements on CeInPt4 down to 100mK [28] are shown in Fig. 11 where C/T is plotted as a function of T^2. This compound does not appear to order magnetically in the temperature range investigated. The C/T (or γ) continues to increase below 2K and attains a value of 1750 mj/mole K^2 at 100mK. The value of γ extrapolated to T=0 is 2500 mj/mole-K^2 suggesting the formation of a quasiparticle state with very large effective mass. This value of γ is among the highest reported in the literature. According to the single ion Kondo model, the Kondo temperature T_K is related to the maximum value of γ by $\gamma_{max}=0.68R/T_K$ where R is the gas constant [31]. The value of T_K obtained by using $\gamma=2500$ mj/mol-K^2 is 2.2K.

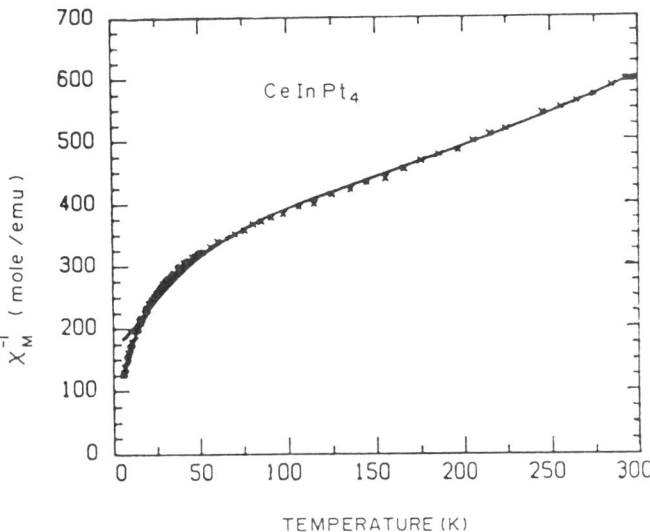

Figure. 10 Inverse magnetic susceptibility vs temperature for CeInPt4.

The electrical resistivity of CeInPt4 and that of the nonmagnetic LaInPt4 is shown in Fig. 12. If the phonon contribution to the resistivity is assumed to be the same in La and Ce compounds then the magnetic contribution to the resistivity (ρ_m) due to Ce can be obtained by subtracting the resistivity of La compound from that of the Ce compound. The most prominent feature of ρ_m is a broad maximum at about 70K followed by a shallow minimum at 20K. Below 20K, ρ_m increases with decreasing temperatures down to 4.2K. This resistivity behaviour is similar to that observed in other heavy fermion systems.

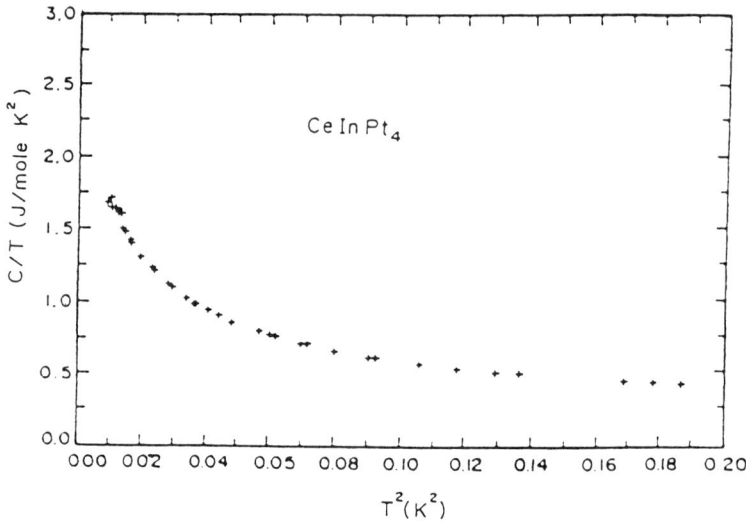

Figure. 11 Specific heat divided by temperature (C/T) as a function of T^2.

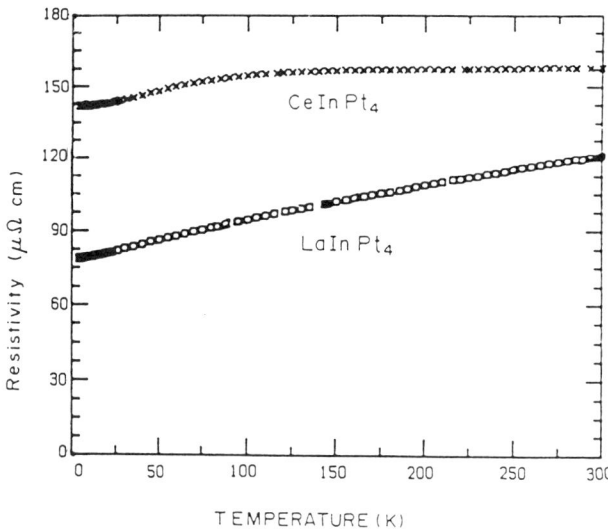

Figure. 12 Electrical resistivity of $LaInPt_4$ and $CeInPt_4$ as a function of temperature.

The magnetic susceptibility of $CeInPt_4$ has been analyzed on the basis of a model which takes into account the valence fluctuation as well as the crystal field effects on the $J=5/2$ state of Ce^{3+} ion. Solid line in Figure 10 shows one of the fits using this model. Details of the analysis are given elsewhere [28].

In conclusion, we have shown that Ce-based compounds show a variety of behaviour in their magnetic and transport properties. In the family of equiatomic compounds discussed above, CePdSn represents an antiferromagnetic Kondo lattice system while CePdSb is ordered ferromagnetically and shows features characteristic of Kondo lattice systems. The compound CeRhSb exhibits nearly temperature independent susceptibility typical of Ce-based mixed valent systems. Its resistivity shows a rapid rise at low temperatures which is attributed to the opening of an energy gap in the density of states. The compounds of the type $CeXPt_4$ crystallize in the hexagonal structure for X=Pt, Cu, Ga, Rh, Pd, Ir and Sn in which Ce behaves like a normal trivalent rare earth ion. However, $CeInPt_4$ forms in the cubic structure and shows one of the highest reported values of the electronic specific heat coefficient.

ACKNOWLEDGEMENT

One of us (SKM) is thankful to JSPS for the award of their fellowship which enabled him to attend this Conference and spend some time in Japan. He also thanks Profs. H. Fujii and T. Takabatake of Hiroshima University for their kind hospitality at Hiroshima during which period this manuscript was written.

REFERENCES

[1] See, for instance, *"Theory of Heavy Fermions and Valence Fluctuations"*, edited by T. Kasuya and T. Saso, Springer Series in Solid State Science, No. 62, (Springer-Verlag 1985).

[2] S.K. Malik, D.T. Adroja, S.K. Dhar, R. Vijayaraghavan and B.D. Padalia, Phys. Rev. B **40**, 2414 (1989).

[3] D.T. Adroja and S.K. Malik, Phys. Rev. B **45**, 779 (1992).

[4] D.T. Adroja, B.D. Padalia, S.N. Bhatia and S.K. Malik, Phys. Rev. B **45**, 477 (1992).

[5] A.K. Bhattacharjee and B. Coqblin, Phys. Rev. B **13**, 3441 (1976).

[6] S.K. Malik and D.T. Adroja, Phys. Rev. B **43**, 6295 (1991).

[7] B.D. Rainford and D.T. Adroja, ISIS, Rutherford Lab. U.K., Annual Report (1992), p. A243; and to be published.

[8] S.K. Malik and D.T. Adroja, JMMM **102**, 42 (1991).

[9] B. Cornut and B. Coqblin, Phys. Rev. B **5**, 4541 (1972).

[10] S. Doniach, Physica B **91**, 231 (1977).

[11] P.W. Anderson, Phys. Rev. **124**, 41 (1961).

[12] J.R. Schrieffer and P.W. Wolf, Phys. Rev. **149**, 491 (1966).

[13] See, for instance, S. Doniach, in "*Valence Instability and Related Narrow-Band Phenomena*", edited by R.D. Parks (Plenum Press, New York, 1977), p. 169.

[14] See, for instance, N.B. Brandt and V.V. Moschalkov, Adv. Phys. **33**, 373 (1984).

[15] F. Lapierre, M. Ribalt, F. Holtzberg and J. Flouquet, Solid State Commun. **40**, 347 (1981).

[16] A. Jayaraman, V. Narayanamurti, E. Bucher and R.G. Maines, Phys. Rev. Lett. **25**, 1430 (1970).

[17] M. Kasuya, F. Iga, M. Takigawa and T. Kasuya, JMM **47 & 48**, 429 (1985).

[18] T. Takabatake, F. Teshima, H. Fujii, S. Nishigori, T. Suzuki, T. Fujita, Y. Yamaguchi, J. Sakurai, and D. Jaccard, Phys. Rev. B **41**, 9607 (1990).

[19] M.F. Hundley, P.C. Canfield, J.D. Thompson, Z. Fisk, and J.M. Lawrence, Phys. Rev. B **42**, 6842 (1990).

[20] S.K. Malik and D.T. Adroja, Phys. Rev. B **43**, 6277 (1991).

[21] V.T. Rajan, Phys. Rev. Lett. **51**, 308 (1983).

[22] D.T. Adroja and B.D. Rainford, submitted to Z. Physik B (1992); S.K. Malik et al, to be published.

[23] T. Takabatake, Y. Nakazawa, M. Ishikawa, T. Sakakibara, K. Koga and I. Oguro, JMMM **76 & 77**, 87 (1988).

[24] T. Takabatake, M. Nagasano, H. Fujii, M. Nohara, T. Suzuki, T. Fujita, G. Kido and T. Hiraoka, JMMM **108**, 155 (1992).

[25] R.M. Martin, Phys. Rev. Lett. **48**, 362 (1982).

[26] P.K. Ikonomou, J. Less-Common Met. 71, 13 (1980);
K.S.V.L. Narasimhan, V.U.S. Rao and R.A. Butera, AIP Conf. Proc. **10**, 1081 (1973);
R. Vijayaraghavan, S.K. Malik and V.U.S. Rao, Phys. Rev. Lett. **20**, 106 (1968).

[27] D.T. Adroja, S.K. Malik, B.D. Padalia and R. Vijayaraghavan, Solid State Commun.**71**, 649 (1989).

[28] S.K. Malik, D.T. Adroja, M. Slaski, B.D. Dunlap and A. Umezawa, Phys. Rev. B **40**, 9378 (1989).

[29] B.C. Sales and R. Viswanathan, J. Low Temp. Phys. **23**, 449 (1976).

[30] K.H.J. Buschow and J.F. Fast, Z. Phys. Chem. **50**, 1 (1966).

[31] N. Anderi, R. Furuya and M. Lowenstein, Rev. Mod. Phys. **55**, 331 (1983).

LOW-TEMPERATURE MAGNETOTRANSPORT OF THE INTERMETALLIC ACTINIDE COMPOUND NpPt$_3$

M. Amanowicz[a], C.Ayache[a], H.Kitazawa[a)d], S.Kwon[a)c], Y.Ohe[a)c],
J.Rebizant[b], J.C.Spirlet[b], J.Rossat-Mignod[a], T.Suzuki[c] and T.Kasuya[c]

[a] Centre d'Etudes Nucléaires, DRFMC/SPSMS, BP 85X
38041 Grenoble-céde, France
[b] T.U.I.Karlsruhe, 7500 Karlsruhe, Germany
[c] Tohoku University, Sendai 980, Japan
[d] The Institute of Physical and Chemical Research (RIKEN)
Wako Saitama 351-01, Japan

INTRODUCTION

The study of actinide intermetallics AnPt$_3$ is interesting in many respects. The prototype in the series is the well-known uranium compound, UPt$_3$, characterized by the high γ-value of its electronic specific heat (γ=420 mJ.mole^{-1}.K^{-2}) and which becomes superconducting below T$_c$=0.5 K [1]. The superconducting state involves heavy mass electrons resulting from the hybridization between the broad electronic band structure and the localized 5f states. It is thus interesting to follow the evolution of the Fermi liquid parameters of the heavy electrons while reducing the spatial extension of 5f electrons is reduced without changing the matrix. This can be realized by spanning the actinide sequence.

On the other hand, antiferromagnetic order with a highly reduced ordered momentum has been evidenced below T$_N$=5 K in UPt$_3$ [2] and substituting a few percent of Pt ions by other metallic ions like Th, Pd or Au, strongly reinforces magnetism. Understanding the role of magnetic fluctuations is one of the essential goals in order to elucidate the nature of the superconductivity in UPt$_3$ for which some authors have invoked an odd-coupling mechanism. Comparison with magnetically ordered parent compounds thus appears usefull. Such is the case of NpPt$_3$ which has been reported to be antiferromagnetically ordered below T$_N$=22 K [3]. More recently, resistivity measurements indicated rather a value close to 17 K [4]. However, as will be shown below and in a companion article [5], it is now established that the A.F.-order develops below T$_N$#29 K. This is clearly settled owing to ^{237}Np Mössbauer spectroscopy and to neutron diffraction. In addition, Mössbauer spectroscopy provides the valency 4+ for neptunium. This result is important for a good understanding of the band properties in AnPt$_3$ compounds while in the case of UPt$_3$ the valency of uranium is still controversial.

However, in order to compare consistently the electronic and magnetic properties of the AnPt$_3$ compounds, one must take care of their different crystallographic structures [6]. Both UPt$_3$ and NpPt$_3$ belong to the space group P6$_3$/mmc but a major change concerns the stacking sequence of the AnPt$_3$ planes. In UPt$_3$ the stacking sequence is ABAB... and leads to the crystal structure of the MgCd$_3$-type. The unit crystallographic cell thus contains two unit formulas with U in hexagonal coordination.. The stacking sequence of NpPt$_3$ is of the ABACABAC...type which generates the TiNi$_3$ crystal structure. Each unit cell contains four unit formulas. That structure accomodates two distinct crystallographic sites for Np: one cubic and one hexagonal, and this predicts different magnetic ground states for the Np ions. On the other hand, the volume associated with each unit formula is slightly reduced from UPt$_3$ (70.42 Å^3) to NpPt$_3$ (69.85 Å^3) and PuPt$_3$ (cubic, 69.27 Å^3). These relatively small volume changes mask more important ones concerning the lattice parameters which vary in an opposite direction. The a-parameter of NpPt$_3$ (5.806 Å) is stretched relatively to that of UPt$_3$(5.760 Å) while the mean interlayer spacing is more contracted in NpPt$_3$ (4.785 Å= a/2 Å) than in UPt$_3$(4.902 Å). These opposite trends should have an effect on both the electronic and the magnetic properties.

In the present article we report measurements of the magnetoresistance and Hall effect of NpPt$_3$ obtained for temperatures ranging from 450 mK to 50 K and for magnetic fields up to 12 T. These measurements are interestingly discussed in terms of the NpPt$_3$ magnetism and by comparison with UPt$_3$. However, several of our present conclusions should be considered as provisional, waiting for a refined characterization of the material investigated.

SAMPLE PREPARATION AND EXPERIMENTAL CONDITIONS

NpPt$_3$ was prepared by arc melting, directly starting from pure metallic neptunium and platinum. Then it was annealed at 1500°C for one week. Metallography indicates that grains of 3-4 mm were grown in this way. Most probably, this preparation technique provides a highly textured polycrystalline material. Neutron diffraction studies are in project for a confirmation of this point.

Two samples were cut from the same ingot. They have the form of platelets whose dimensions are approximatly 3-4mm x 2mm x 1mm. Consequently, it is quite possible that each sample contains a few grain boundaries accross its length.

We have measured the galvanomagnetic effects using two different contact geometries. Sample 1 was first mounted with a square configuration of contacts adapted to the determination of the Hall coefficient. However the relative changes of the resistance with temperature and magnetic field were also deduced from the even part of the measured voltage on field reversal. The current flows parallely to the platelet and the magnetic field is directed perpendicularly to it. Then the same sample was mounted in a second geometry with contacts aligned, enabling a direct determination of the resistance. Current still flows parallely to the platelet but the magnetic field now is parallel to the platelet and perpendicular to the current direction. Sample 2 was mounted using this second geometry. A helium-3 insert was specially designed for receiving neptunium materials. The lowest temperature presently achievable is 450 mK. Samples are encapsulated under a glove box in a contaminant free container which can be pluged into the insert. Electrical contacts are insured by beryllium copper springs. Electrical measurements are done either with a dc or an ac technique. Magnetic fields up to 12 T are provided by a superconducting magnet.

EXPERIMENTAL RESULTS

The temperature dependence of the resistivity of $NpPt_3$ is shown between 2 K and room temperature for sample 2, together with similar data obtained for UPt_3 in the hexagonal plane [7] and for the mixed compound, $U_{0.5}Np_{0.5}Pt_3$, normalized to $NpPt_3$ at R.T. The RRR for $NpPt_3$ is of the order of 20, i.e. the same order as that measured previously by Van Sprang et al [8]. However, we presently obtain $\varrho(R.T.) \# 220 \ \mu\Omega.cm$ very similar to the value of UPt_3 for the hexagonal plane. It is possible that the value of 80 $\mu\Omega.cm$ obtained by Van Sprang et al results both of the textured nature of the sample and of their experimental setup [4] which could favour the c-axis component. The temperature dependences of $NpPt_3$ and UPt_3 are very similar with the characteristic rounding due to spin fluctuation scatering whereas the alloy exhibits a much flatter resistance in the higher temperature interval.

Figure 2 shows the relative variation of the resistance of sample 1, first geometry between 1.3 K and 50 K for different applied magnetic fields. In this temperature interval, the resistance increases nearly by a factor ten for all fields. This change is fairly consitent with that of sample 2 reported above and indicates that the deconvolution presently made is correct. At H=0 T, the R(T) curve is mainly characterized by two slightly marked anomalies. At $T_N \approx 29$ K, a kink separates the higher temperature region

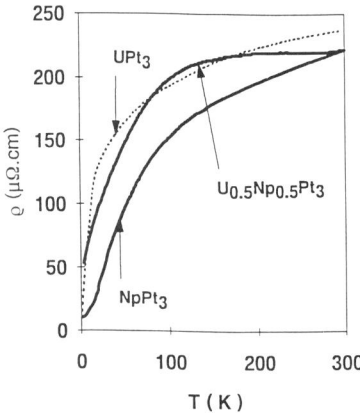

Figure 1. Electrical resistivity of NpPt$_3$, UPt$_3$ [7] and U$_{0.5}$Np$_{0.5}$Pt$_3$.

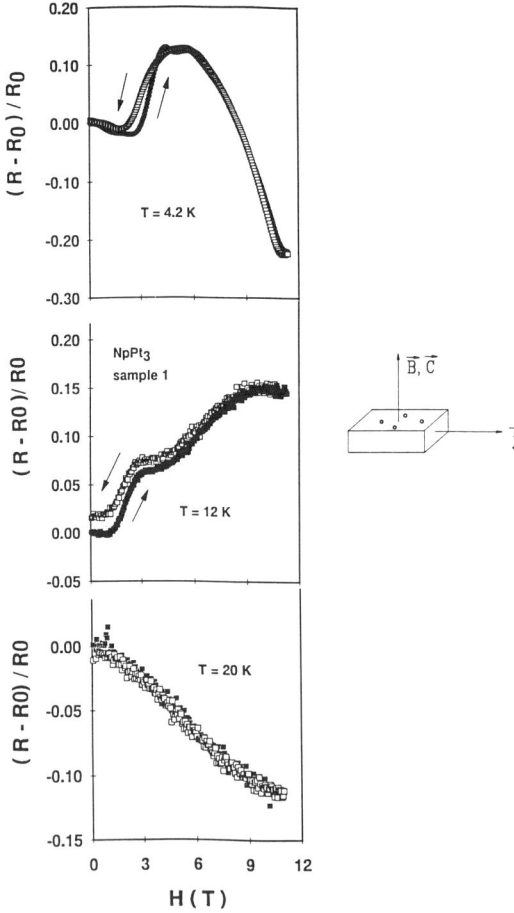

Figure 2. Temperature variations of the resistance of sample 1 at different applied fields. For clarity, the different curves are shifted by +2 relatively to each other. For higher fields, the H=0 T-curve is also reproduced by a thin line for comparison. The assumed experimental geometry is indicated.

with a negative curvature from the lower temperature one in which R increases more rapidly with T. Mössbauer spectroscopy and neutron diffraction clearly observe the development of magnetic order below the same temperature [5]. Between T≈15 K and T≈18 K, an excess of resistance, like a plateau, is observed. This could correspond to a similar excess observed in the magnetic susceptibility [9]. The anomaly at 29 K is not at all affected by the application of a magnetic field but the plateau is progressively changed into a peak shape. Despite this effect, the magnetoresitance remains moderate especially far from this temperature interval. However the R(H) curves at constant temperature reveal a more complex behaviour as shown in Figure 3. At lower temperatures, typically for T< 9-10 K, the magnetoresistance is non monotonous. The curve at T=4.2K for instance, shows a step-like increase around H=3T followed by a maximum and a negative contribution which approximately varies like H^2 at higher fields In the higher field range, R(H) is reversible upon increasing and decreasing field while the step is not. For T≥10 K, the resistance is always increasing. In Figure 3 the result for T=12 K is reported. The irreversible step is still present but it is less intense and located at lower field. At higher field, the negative contribution is replaced by a shoulder which could indicate the presence of a second step. Such a positive magnetoresistance is maintained up to the upper part of the peak in the resistance namely up to T≅18 K. However the step progressively broadens and disappears, and it loses irreversibility. For T>18 K, the magnetoresistance is monotonous and negative. At T=20 K, an inflexion is still observed but at higher temperatures a H^2- law dominates all the experimental field range.

It is possible to consider the magnetoresistance results for the first geometry, as the superposition of two contributions: 1/ a negative contribution which varies as H^2 at all temperatures and 2/ a positive contribution which varies rapidly with one or eventually two steps. Hysteresis clearly affects the lower step. This first step is easily associated with the metamagnetic effect observed in magnetization measurements [9]. For H=11 T, the negative contribution decreases from about 35% at T=2 K to 12% at T=20 K. In the intermediate region it is masked by the different structures of the positive part. The decrease is very strong between T=20K and T=30K where it reaches 2%. At T=50K it is limited to about 1%. Thus clearly the strong magentoresistance for this first geometry is a character of the ordered state as is the positive one.

The variations of the resistivity of sample 2 between 2 K and 50 K are shown in Figure 4a for different applied fields ranging from H=0 T to H=11.4 T. The agreement also holds as concerns the kink at T_N≈30K which separates the upper range with negative curvature from the lower range. However, the other anomalies appear to be different from those observed in sample 1. At a temperature T≈19.5K, ϱ(T) exhibits a drop of about 20% instead of the small plateau excess observed in sample1 with an onset at 18 K. A bump follows this drop on decreasing temperature; this has a lower inflexion point at T≈16 K close to the inflexion point at T≈15 K in sample 2. Another broad bump located around 10 K is also shown much better than in sample 1. Measurements performed down to

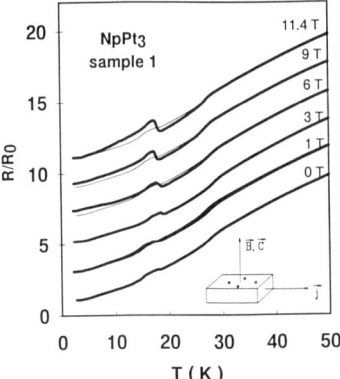

Figure 3. Magnetoresistance of sample 1, shown at three characteristic temperatures in the ordered phase: T= 4.2 K, 12 K and 20 K . The experimental geometry is the same as in Figure 2.

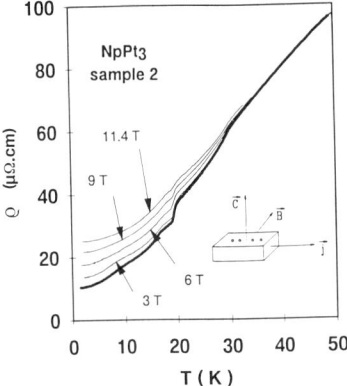

Figure 4a Temperature dependence of the resistivity of sample 2 at several applied fields. The thick line represents the H=0 T-curve. The assumed geometry is shown in insert.

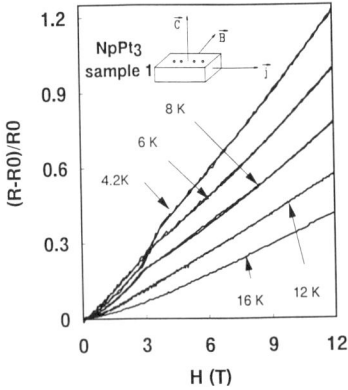

Figure 4b. Magnetoresistance of sample 1 with the same geometry as in Figure 4a. Similar data where obtained for sample 2.

450 mK showed no further irregularity. The effect of the magnetic field is more dramatic than in the case of sample 1. In the lower temperature range, e.g. at T=2 K, the magnetoresistance is positive and very stong, of the order of 150% at H=11.4 T. The other dramatic effect of the field is to wipe out all the anomalies in the $\varrho(T)$ curve. One is left only with a T^2-law for all the temperatures below T_N. Even the anomaly at $T_N \approx 30K$ is progressively smoothened. However the position of the different anomalies do not shift significantly with field.

In order to clarify the above differences in $\varrho(T)$, sample 1 was remounted in the same geometry as sample 2. The result is surprising as it fully agrees with that obtained with sample 2 as well in magnitude and as regards the details of the anomalies.

This agreement is further comforted by the field dependence. In the present case it is always positive and monotonous. Corresponding results are shown for sample 1 in Figure 4b. At T=4.2 K, ϱ varies first like H^2 only up to about $H \leq 1$ T. A kink is observed about 3 T but without hysteresis. Above this kink, $\varrho(H)$ seems to have a linear contribution whereas the quadratic one is considerably reduced.

The preceeding results clearly establish than the observed differences in the $\varrho(t)$ (fig4a vs fig 2) and $\varrho(H)$ (fig 4b vs fig 3) dependences are due to differences between the measuring geometry rather than between samples. This should be related to the certainly high-textured samples expected from the synthesis method. As stated above, the value of the resistivity measured along the platelets is close to that reported for UPt_3 in the hexagonal plane.

Thus it is fairly reasonable to assume that current is flowing along the hexagonal plane also for our samples. The differences in the anomalies of the ordered region can be attributed to several reasons:1/the measuring method for which the deconvolution procedure could be deffective though correct in a first approximation, 2/one or more grain boundaries could be located between the contacts and bias the results following the contact geometry, 3/ a possible domain structure or even an intrinsic anisotropy within the hexagonal plane could lead to different effects on the R(T) curve depending on the orientation within the plane. This last point seems to be excluded as the observed differences are stable as shown from thermal cycling and from the similar behaviours of the two samples when mounted similarly.

Figure 5a shows the temperature variations of the Hall coefficient R_H at different fields. Above T_N, only marked by a change in slope, $R_H(T)$ presents a positive curvature indicating an anomalous contribution. Data must be extended to higher temperatures in order to separate normal and anomalous contributions in a confident way. A shoulder is observed around $T \approx 25$ K and a maximum around $T \approx 15K$. The latter slightly shifts when field increases.

Below $T \approx 20$ K, R_H is no more linear in magnetic field (Figure 5b). There is a general reducing trend but, in addition, one has several maximums or kinks corresponding to the step anomalies observed in the magnetoresistance. In particular hysteresis is observed for the lowest field anomalies.

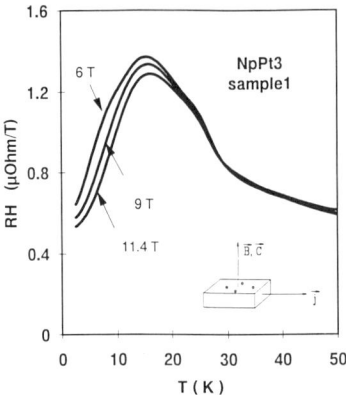

Figure 5a. Temperature dependence of Hall coefficient at different applied fields. The differences at low temperature reveal the non-linear field dependence.

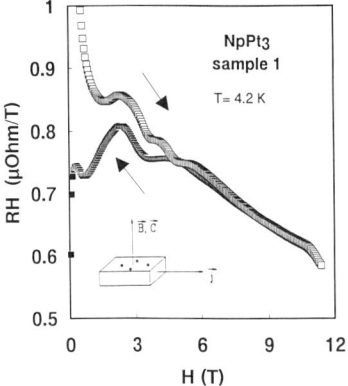

Figure 5b. Hall coefficient at T=4.2 K as a function of magnetic field. This curve shows hysteretic behaviour, field dependence and ondulations which correspond to the steps in magnetoresistance.

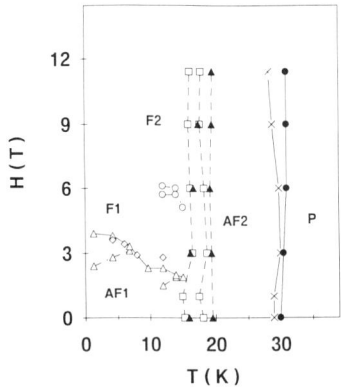

Figure 6. Magnetic phase diagram of NpPt$_3$. This diagram is deduced from the magnetoresistance data of samples 1 (open symbols) and 2 (full symbols). H is assumed perpendicular and parallel to the hexagonal plane for the first and second geometry, respectively.

DISCUSSION

The above results are interestingly discussed in terms of the presence of an antiferromagnetic ordering below $T_N=30K$.

Provided one retains the hypothesis concerning the two geometries used, when H is parrallel to c, one has a complicated effect on transport due to the combined effect of a positive contribution connected with a first order spin-flop transition and of a strong negative contribution in the ordered state. This could indicate that applying the field along c decreases the magnetic disorder in the plane. But the spin-flop transition has just an opposite effect. The higher field step indicate that the transition from the AF zero field state to the induced ferrimagnetic state could be rather complex both as a function of T and H. Preliminary results with H//ab plane seem indicative of a spin-flop transition also for this orientation. But the main result concerns the very strong positive MR and could indicate a strongly increased disorder when H is applied in that direction and it smoothes all the anomlies connected with different transitions.

The position of the anomalies at T_N and in the range 15-19K, appear less sensitive to orientation and intensity of the magnetic field. They could possibly involve some structural transitions though Mössbauer and neutrons show that T_N corresponds to a true magnetic order. All these characteristics are summarized in the H-T phase diagram where vertical lines separate the paramagnetic state from The AF2, possibly modulated phase and the latter from a second low temperature one:AF1. The separation between the two AF phases looks complex. At low T, an equaly complex transition is predicted from AF1 to the strong field ferrimagnetic state.

Finally, let us remark that some similarities exist with the magnetoresistance of UPt_3 [7,9,10]. However strong differences also exist and further work should aim at a refined comparison on the basis of a better description of the microscopic magnetic order.

REFERENCES

[1] G.R. STEWART, Z. FISK, J.O. WILLIS and J.L. SMITH, Phys.Rev.Lett. **52** (1984) 679.
[2] G. AEPPLI, E. BUCHER, C. BROHELM, J.K. KJEMS, J. BAUMANN and J. HUFNAGE, Phys.Rev.Lett.**60** (1988) 615.
[3] B. ERDMANN and C. KELLER, J.Solid State Chemistry, **7** (1973) 40
[4] M. van SPRANG, PhD Thesis, University of Amsterdam (1989)
[5] J.P. SANCHEZ et al., SCES' 92, Sendai sept. 1992.
[6] J. REBIZANT, unpublished.
[7] A. de VISSER, A.MENOVSKY and J.J.M.FRANSE, Physica **147B** (1987) 81.
[8] M.Van SPRANG, J.J.M.FRANSE, J.M.ROSSAT-MIGNOD,J.M.FOURNIER,J.CHIAPUSIO and J.C.SPIRLET, J.Physique **49** (1988) C8-975
[9] K.BEHNIA, thesis, Université de Paris-Sud, Orsay (1990).
[10] G.REMENYI, U.WELP, J.FLOUQUET, J.J.M.FRANSE, and A.MENOVSKY, J.Magn.Magn.Mat.**63-64**(1987) 391.

SPECIFIC HEAT OF SOME URANIUM–BASED TERNARY COMPOUNDS

Toshizo Fujita,[1] Shin–ichi Ikeda,[1] Shijo Nishigori,[1]
Yuji Aoki,[2] Toshiro Takabatake,[3] and Hironobu Fujii[3]

[1]Department of Physics, Hiroshima University
Higashi–Hiroshima 724, Japan
[2]Department of Physics, Tokyo Metropolitan University
Hachioji, Tokyo 129–03, Japan
[3]Faculty of Integrated Arts and Sciences, Hiroshima University
Hiroshima 730, Japan

INTRODUCTION

Unusual low–temperature properties of uranium–based intermetallic compounds originate from 5f electrons of uranium atoms, which have an intermediate nature between itinerant and localized characters. The 5f states are more extended in space than 4f orbits in rare earth compounds. Usually the 4f electrons of rare earth atoms are well localized inside the 5s and 5p shells. On the other hand, the 5f electrons are not so delocalized as compared with d electrons in transition metals, for which an itinerant description is suitable.

The degree of itinerancy is frequently discussed using the Hill criterion,[1] in which the atomic spacing d_{U-U} between neighboring uranium sites is an important parameter. For $d_{U-U} < 3.5$ Å, the 5f wave functions of neighboring uranium atoms overlap with one another and the 5f electrons have an itinerant character, whereas, for $d_{U-U} > 3.5$ Å, the 5f electrons are expected to be localized as the 4f electrons in rare earth compounds. In uranium–based intermetallic compounds, however, the 5f states hybridize with s, p or d bands of ligand elements in the vicinity of Fermi level. Such hybridization mainly determines the degree of delocalization of the 5f states for large d_{U-U} and gives rise to a wide variety of unusual magnetic and transport properties in uranium compounds at low temperatures.

In binary systems of U_kX_m, the hybridization of the 5f electrons with p electrons derived from a metalloid or non–transition metal element X is essential, while the hybridization with d electrons from transition metal element T plays an important role in compounds U_kT_l. In the case of weak hybridization, the Hill criterion holds true and a localized character of the 5f electrons is observed for large

d_{U-U}. For strong hybridization, the 5f electrons are delocalized even for large d_{U-U} and the systems exhibit metallic conduction as well as Pauli paramagnetism. The most interesting is the case of intermediate hybridization, in which the systems display various exotic phenomena including unusual magnetic ordering, heavy–fermion behavior, spin–fluctuating state and unconventional superconductivity. In addition, these consequences of hybridization delicately depend on the type of ligand elements X or T. In ternary compounds $U_k T_l X_m$, the 5f electrons hybridize with both of the p electrons from X and the d electrons from T, and the hybridization can be controlled systematically if we choose a proper series of compounds.

Specific heat measurement provides a useful parameter to experimentally characterize the effects of hybridization, since the Sommerfeld coefficient γ or the low–temperature ratio C/T of electronic specific heat C to temperature T is closely related to the density of states $N(E_F)$ at the Fermi level E_F. Metallic systems with widely extended conduction bands show a small γ value, typically smaller than 30 mJ/K^{2}mol. In strongly localized systems or insulators, the γ value should be zero. In the intermediate regime, however, uranium compounds exhibit a remarkably enhanced γ value, in some cases larger than 100 mJ/K^{2}mol, suggesting a renormalized narrow band of quasiparticles with heavy effective mass at E_F.

In this article, we review recent studies on the specific heat of uranium–based ternary compounds $U_k T_l X_m$. A large collection of the γ values is given in the next section to show an outline of the general trend as well as the individual characters which the ternaries exhibit. To demonstrate some consequences of hybridization, we present the specific heat studies which we have recently performed on three series of compounds.

URANIUM–BASED TERNARY COMPOUNDS

In Table 1, we list crystal structures and Sommerfeld coefficients of various uranium–based ternary compounds $U_k T_l X_m$ which have been reported in recent literatures. The uranium–uranium spacings d_{U-U} of the ternaries are usually greater than the Hill limit of d_H = 3.5 Å. Of equiatomic systems UTX ($k=l=m=1$), hexagonal compounds have d_{U-U} ranging between 3.5 and 4.0 Å, whereas cubic compounds, including UNiSn, UPtSn and URhSb, have a larger d_{U-U} value than 4.0 Å. Most compounds of this class undergo ferromagnetic or antiferromagnetic transition. UPdIn exhibits double magnetic transitions and has a large C/T value of 280 mJ/K^{2}mol at 1.5 K in the lowest–temperature phase. An antiferromagnetic transition is accompanied by a semiconductor to metal transition in UNiSn.

In all other ternaries $U_k T_l X_m$, the nearest neighbor uranium–uranium distance d_{U-U} is larger than 4.0 Å. It is noted that cubic compounds have particularly large d_{U-U} values. Without hybridization, 5f electrons would be well localized in these compounds. However, not a few compounds exhibit metallic conduction. Furthermore, some of them become superconducting at low temperatures. There are many antiferromagnets also in this class of ternaries. The C/T ratios at low temperatures are widely distributed. UPt$_4$Au is reported to have an exceptionally large value of C/T = 725 mJ/K^{2}mol. An interesting change has been found in low–temperature transport properties of $UCu_{3+x}Ga_{2-x}$ with varying x, although no apparent anomaly is seen in d_{U-U} or C/T.

Table 1. Crystal structures, uranium–uranium spacings $d_{U-U}(\text{Å})$ and Sommerfeld coefficients $C/T(\text{mJ/K}^2\text{mol})$ of various ternaries $U_kT_lX_m$. Symbols (c), (t), (o) and (h) denote the cubic, tetragonal, orthorhombic and hexagonal structures, respectively. Most of C/T are evaluated at the lowest temperature of measurements below 2 K or by extrapolation to 0 K. Superconducting(SC), antiferromagnetic(AF), ferromagnetic(F), structural(CS) transition temparatures and Kondo(K) temperature are given in Kelvin in Remarks. P means paramagnetic, PP Pauli–paramagnetic, CW Curie–Weiss paramagnetic and NM non–magnetic behavior.

Compounds $U_kT_lX_m$	Structure	d_{U-U} (Å)	C/T (mJ/K^{2}mol)	Remarks	Reference
UCoAl	ZrNiAl(h)	3.48	68	AF16K	2
UNiAl	ZrNiAl(h)	3.51	164	AF19K	3,4,5
URuAl	ZrNiAl(h)	3.61	45	P	2
UCoGa	ZrNiAl(h)	3.5	40	F47	2
UNiGa	ZrNiAl(h)	3.51	59	F36	2,3
URuGa	ZrNiAl(h)	3.73	52	P	2
URhGa	ZrNiAl(h)	3.67	40	F40	6
UIrGa	ZrNiAl(h)	3.68	41	F60	6
UPtGa	ZrNiAl(h)	3.66	72	F68	6
UPdIn	ZrNiAl(h)	3.87	280	AF21,8.5	7
UCoSn	ZrNiAl(h)	3.86	61	F80	2,3
UNiSn	MgAgAs(c)	4.53	20	AF43	8,9
UCuSn	CaIn$_2$ (h)	3.62	53	AF60	9
URuSn	ZrNiAl(h)	3.98	50	F53	2
UPdSn	CaIn$_2$ (h)	3.65	4.3	AF29	3
UPtSn	MgAgAs(c)	4.63	11	K75	3
URhSb	MgAgAs(c)	4.62	2.1	K40	3
UPdSb	CaIn$_2$ (h)	3.61	62	F65	3
UAu$_2$Al	YPd$_2$Si(o)	4.03	102	AF25	10
UNi$_2$Ga	ZrPt$_2$Al(h)	4.21	62	P	ours*
UPd$_2$Ga	YPd$_2$Si(o)	3.83	172	AF6.5	ours*
UAu$_2$In	MnCu$_2$Al(c)	4.60	60	AF61,K40	11
UNi$_2$In	MnCu$_2$Al(c)	4.60	45		12
UPd$_2$In	MnCu$_2$Al(c)	4.81	200	AF20,CT180	13
UNi$_2$Sn	MnCu$_2$Al(c)	4.58	52		12
UPd$_2$Sn	YPd$_2$Si(o)	>4.0	80	K81	14
UCu$_2$Sn	ZrPt$_2$Al(h)	4.46	60	AF16.6	ours*
UPt$_2$Sn	ZrPt$_2$Al(h)	4.55	17	AF60	ours*
UAl$_2$Si$_2$	Cu$_3$Au(c)	>4.0	27.9	PP,SC1.3	15
UPt$_2$Si$_2$	CaBe$_2$Ge$_2$(t)	4.19	35	AF35	16
URu$_2$Si$_2$	ThCr$_2$Si$_2$(t)	4.13	75	AF17,SC1.31	17 (cont.)

Table 1 (Cont.)

UPt_2Ge_2	$CaBe_2Ge_2$(t)	4.33	14	AF72	16
UNi_2Al_3	$PrNi_2Al_3$(h)	4.02	125	AF4.6,SC1	18
UPd_2Al_3	$PrNi_2Al_3$(h)	4.20	150	AF14,SC2	19
UPt_4Au	$AuBe_5$(c)	5.29	725~900	NM	15,20,21,22
UPt_4Ir	$AuBe_5$(c)	5.23	45	NM	20
$UCu_{3.1}Ga_{1.9}$	$CaCu_5$(h)	4.13	370	AF9.4	ours*
$UCu_{3.3}Ga_{1.7}$	$CaCu_5$(h)	4.14	205	AF17.4	ours*
$UCu_{3.8}Ga_{1.2}$	$CaCu_5$(h)	4.15	285	CW	ours*
U_2PtSi_3	AlB_2(h)	3.97	200	WF?	23,24,25
$U_2Pt_{15}Si_7$	(c)	5.9	100	CW	25,26
$U_3Ni_3Sn_4$	$Y_3Au_3Sb_4$(c)	4.38	92	CW	12,27
$U_3Cu_3Sn_4$	$Y_3Au_3Sb_4$(c)	4.45	380	AF12	27
$U_3Pt_3Sn_4$	$Y_3Au_3Sb_4$(c)	4.52	94	CW	27
$U_3Au_3Sn_4$	$Y_3Au_3Sb_4$(c)	4.59	280	CW	27
$U_3Ni_3Sb_4$	$Y_3Au_3Sb_4$(c)	4.39	2	F?	27

*The details will be reported elsewhere.

It is difficult to find any simple systematics concerning the relation between d_{U-U} and low–temperature properties listed in Table 1. This suggests importance of hybridization depending on ligand elements. Different consequences of hybridization are described in the following sections.

DOUBLE MAGNETIC TRANSITIONS IN UPdIn

Brück et al.[28] have predicted that the ternary compound UPdIn is a heavy–fermion compound with a spontaneous ferromagnetic moment of 0.30 μ_B per U atom in the ground state. The crystal structure of hexagonal ZrNiAl–type gives rise to a strong anisotropy in various properties. The nearest–neighboring uranium atoms in the c plane form a two–dimensional network with the uranium–uranium distance of d_{U-U} = 3.87 Å. Unusual anisotropy was found to become clear in the temperature dependence of resistivity[7] ρ below 50 K. As temperature decreases, the resistivity ρ_c along the c axis decreases initially, but it exhibits a rapid upturn below 50 K, and finally tends to saturation below 10 K. In contrast, the a–axis resistivity ρ_a rapidly decreases below 21 K and shows a T^2–dependence in the lowest temperature range below 4 K.

In Fig. 1, the ratio of specific heat[7] to temperature C/T is plotted as a function of T for UPdIn and the non–magnetic reference material ThPdIn. The 5f contribution to the Sommerfeld coefficient C_m/T is estimated by subtracting C/T of ThPdIn from the ratio of UPdIn. Two peaks are clearly found in C_m/T at 21 and 8.5 K, indicating

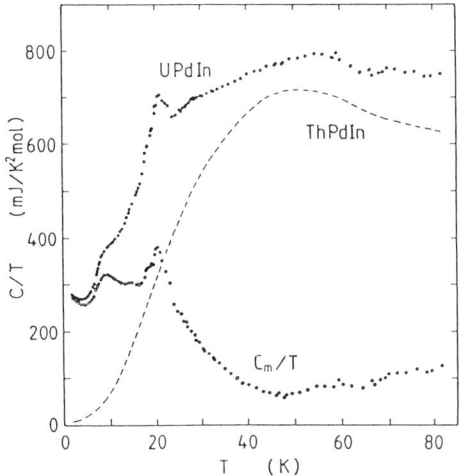

Fig. 1. Temperature dependence of C/T for UPdIn. The dotted line show the data for isostructural ThPdIn. The magnetic contribution C_m/T estimated by subtracting C/T of ThPdIn from C/T of UPdIn is also shown.

double phase transitions. With further decreasing temperature, C_m/T exhibits an upturn below 4 K and attains 280 mJ/K^{2}mol at 1.5 K. Thus the specific heat measurements not only confirmed the prediction by Brück et al.[28] for the realization of a magnetic heavy-fermion state, but also revealed double phase transitions. Magnetic entropy S_m is roughly estimated to attain $R\ln 2$ at 20 K and is saturated at $R\ln 3$ around 30 K. This temperature dependence of entropy suggests that a triplet ground state is responsible for the low-temperature properties.

A recent neutron diffraction study on a single crystal[29] revealed that a c-axis incommensurate structure of the uranium moments coupled ferromagnetically within a c plane with a propagation vector $k = (0, 0, 0.405)$ is realized below 21 K. The magnetic structure changes at 8.5 K into a square-up structure with the stacking sequence +−++− of the ferromagnetic c-plane sheets along the c-axis with $k = (0, 0, 0.400)$. This arrangement of uranium moments yields a net moment of $0.3\mu_B$ per U atom, whereas each uranium atom has a moment of $\sim 1.5\mu_B$. The large value of $C_m = 280$ mJ/K^{2}mol at 1.5 K indicates that the heavy-fermion nature survives in the ferromagnetic phase below 8.5 K.

PARAMAGNETIC SEMICONDUCTOR TO ANTIFERROMAGNETIC METAL TRANSITION IN UNiSn

A cubic compound UNiSn attracts a special interest since a semiconductor to metal transition[3] occurs in concurrence with an antiferromagnetic ordering. In this compound, the uranium-uranium interatomic distance, $d_{U-U} = 4.53$ Å, is larger than the critical value of $d_H = 3.5$ Å. Hence, the 5f electrons are expected to be localized. In fact, the electrical resistivity exhibits a semiconductor-like temperature dependence at high temperatures and a pronounced peak around 50 K. The activation energy E_g in the semiconducting region depends critically on sample quality; $E_g = 67$ meV is reported above 200 K for a well annealed sample.[30] At low temperatures below 50 K, however, the resistivity decreases substantially and shows a metallic temperature–dependence.

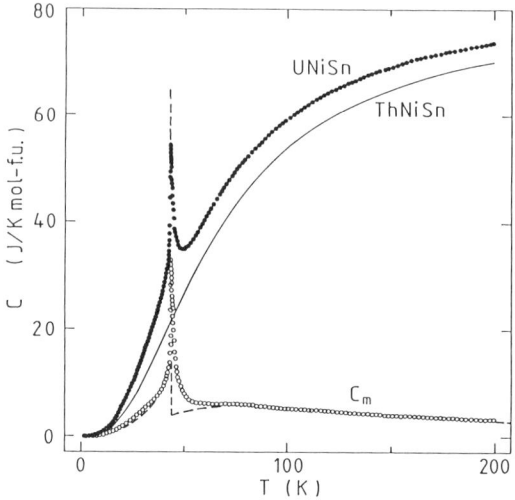

Fig. 2. Specific heat C of UNiSn and ThNiSn. The 5f contribution C_m is eatimated by subtracting C of ThNiSn from C of UNiSn. The broken curve is a calculated one for C_m.

The powder neutron diffraction[31] revealed that an antiferromagnetic order of type–I with single k was established in the low–temperature phase. The Néel temperature T_N was determined to be 45±2 K. However, the $M(110)$ magnetic intensity diminishes at T_N more rapidly than that expected for a typical antiferromagnetic transition. Similar behavior was reported for the ^{119}Sn Mössbauer spectra[32] of UNiSn, in which the hyperfine field discontinuously vanishes around T_N with increasing temperature, suggesting a first–order transition. It is also curious that the magnetic susceptibility[9,30] $\chi(T)$ exhibits a clear upturn below 43 K instead of a decrease following a cusp–like anomaly at T_N, although $\chi(T)$ follows the Curie–Weiss law in the paramagnetic high temperature phase.

In Fig. 2, the specific heat C is plotted as a function of temperature for UNiSn and ThNiSn. A sharp peak is found at 43 K in $C(T)$ of UNiSn, indicating a single transition from the paramagnetic semiconducting phase to the antiferromagnetic metallic phase. A low-temperature C/T vs T^2 plot for ThNiSn shows a linear variation up to 10 K with the Sommerfeld coefficient of $\gamma = 0.9$ mJ/K^{2}mol. The small γ value is ascribed to impurities or crystal imperfection since the resistivity and thermoelectric power[30] as well as the band calculation[33] indicate semiconducting characters for ThNiSn. To estimate the 5f contribution C_m to the specific heat of UNiSn, we subtracted C of ThNiSn from C of UNiSn; $C_m = C_{UNiSn} - C_{ThNiSn}$. The C_m/T vs T^2

curve is nearly linear below 7 K and the extrapolated value is 19 mJ/K²mol at 0 K, which we adopt as the Sommerfeld coefficient. This is consistent with the metallic conduction induced in the antiferromagnetic phase. The Sommerfeld coefficient is substantially reduced below 7 mJ/K²mol if 5% uranium is replaced by thorium.[34] On the other hand, both $C_m(T)$ and $\chi(T)$ in the paramagnetic semiconducting phase exhibit essentially the same values for UNiSn as the corresponding values per molar U for the diluted compound $(U_{1-x}Th_x)$NiSn.[34] This also supports the localized picture for the 5f electrons in UNiSn.

The 5f contribution $S_m(T)$ to the entropy calculated from $C_m(T)$ reaches Rln2 around T_N = 43 K and tends to saturation approaching Rln5 at 200 K. This fact suggests that five levels of the 5f electron lie in a energy range of 200 K and the lowest two of them split in the antiferromagnetic phase. As shown in Fig. 3, the low-temperature susceptibility $\chi(T)$ of the diluted compound $(U_{1-x}Th_x)$NiSn tends to be temperature-independent in the paramagnetic phase below 50 K, suggesting that the ground state is a non-magnetic doublet, although $\chi(T)$ of UNiSn exhibits an unusual sudden increase below T_N = 43 K.

Assuming the tetravalent $5f^2$ configuration for the uranium ion, we tried to reproduce the observed behavior within the framework of a simple localized model and a molecular field approximation. In a cubic lattice, a ground multiplet $^3H_4$ for the $5f^2$ splits into a singlet Γ_1, a doublet Γ_3, and two triplets Γ_4 and Γ_5. We calculated the specific heat and magnetic susceptibility and chose the parameters involved so as to yield the best fit to the experimental data for the paramagnetic region. For the antiferromagnetic region, we introduced a molecular field H^{MF} = $-\lambda_{AF}M$, where λ_{AF} is the molecular field coefficient and the sublattice magnetization M was determined self-consistently. The detail will be described elsewhere.[34] As a result, we obtained the level scheme and wave functions proposed for the paramagnetic state, which are given in Table 2. The molecular field coefficient λ_{AF} = $0.1\Delta/g^2\mu_B^2$ reproduce a first-order antiferromagnetic transition at T_N = 43 K, where Δ is the energy separation between the ground state Γ_3 and the first excited state Γ_4. The estimated entropy jump ΔS is as small as 1.0

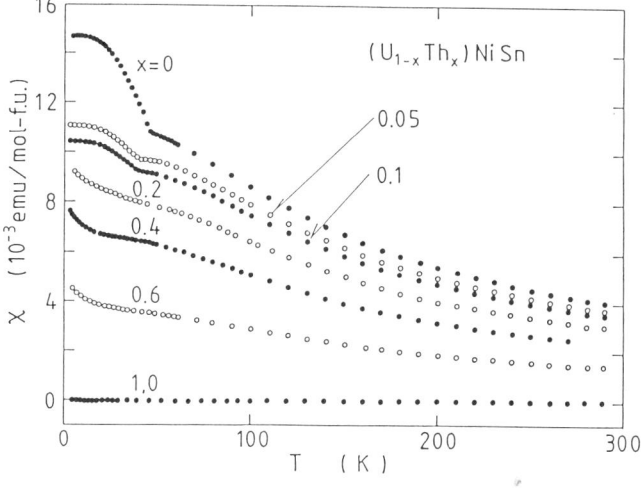

Fig. 3. Magnetic Susceptibility $\chi(T)$ of $(U_{1-x}Th_x)$NiSn.

Table 2. A proposed level scheme of U^{4+} in the cubic crystalline electric field of UNiSn.

State	Multiplicity	Energy
Γ_5	triplet	(~3000 K)
$\Gamma_1{'}$	singlet	430 K
Γ_4	triplet	180 K
Γ_3	doublet	0 K

J/Kmol, which is consistent again with our experimental result. The broken curve in Fig. 2 is the calculated specific heat using the parameters obtained above. Pauli paramagnetism due to the induced carriers in the metallic phase is one of possibilities explaining the unusual increase in $\chi(T)$ below 43 K, because the observed C_m/T value of 19 mJ/K^{2}mol leads to the Pauli susceptibility of ~10^{-3} emu/mol.

CHANGE OF HYBRIDIZATION IN $UCu_{3+x}Ga_{2-x}$

The off-stoichiometric compound $UCu_{3+x}Ga_{2-x}$, which crystallizes in the hexagonal $CaCu_5$-type structure, is available only in a limited range of $0.1 \le x \le 0.8$. The uranium-uranium distance is estimated to be $d_{U-U} = 4.13 \sim 4.15$ Å. As x increases from 0.1 to 0.8, the lattice parameter a decreases linearly from 5.144 to 5.068 Å, whereas the parameter c increases from 4.131 to 4.153 Å.

For all x, the resistivity increases with decreasing temperature down to 30 K, and the magnetic susceptibility follows the Curie-Weiss law above 150 K with the paramagnetic Curie temperature of $\Theta = -45$ K for $x = 0.1$ and $\Theta = -30$ K for $x = 0.8$. These results appear to suggest the localized character of 5f electrons. At low temperatures, the $x=0.1$ sample shows a peak in $\chi(T)$ around 10 K, indicating an antiferromagnetic transition. On the other hand, the resistivity $\rho(T)$ shows a broad peak around 30 K followed by a rapid upturn below T_N. As x increases to 0.3, T_N increases to about 18 K. With further increasing x, T_N begins to decrease and the antiferromagnetic ordering is missing at least down to 2 K for $x \ge 0.6$. At the limiting region of x close to 0.8, a pronounced reduction is observed in ρ below 20 K in the Curie-Weiss paramagnetic state.

Figure 4 illustrates how the specific heat divided by temperature C/T changes with varying x. At high temperatures above 20 K, C/T is essentially identical for $0.3 \leq x \leq 0.6$. A triangular peak is clearly observed for $x \leq 0.5$. The midpoint of the specific heat jump corresponds to the antiferromagnetic peak in $\chi(T)$. The Néel temperature T_N determined from C/T sifts from 9.4 K for $x = 0.1$ to 17.4 K for $x = 0.3$. With further increasing x, T_N decreases and the peak height of C/T diminishes substantially. In the case of $x = 0.6$, C/T shows an appreciable upturn below 10 K. The C/T value at the lowest temperature of 1.3 K initially decreases from 370 mJ/K^{2}mol for $x = 0.1$ to 205 mJ/K^{2}mol for $x = 0.3$ as T_N rises. As T_N is lowered by further doping Cu but the contribution of antiferromagnetic ordering to C/T reduces, the low temperature C/T value grows up to 435 mJ/K^{2}mol for $x = 0.6$. Moreover the $x=0.8$ sample has a smaller C/T of 285 mJ/K^{2}mol at 1.3 K.

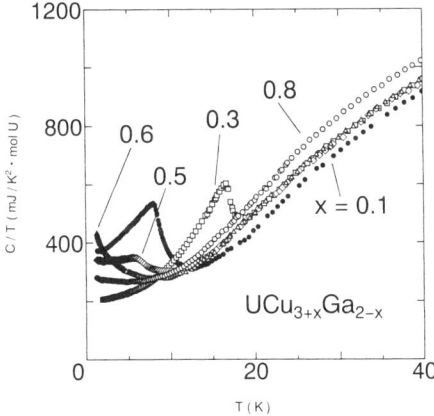

Fig. 4. The ratio C/T of specific heat to temperature of $UCu_{3+x}Ga_{2-x}$ for $x = 0.1, 0.3, 0.5, 0.6$ and 0.8.

The variation of C/T is not accidental but can be interpreted as a consequence of competition between delocalization and magnetic ordering. As x increases, the compound changes from a localized magnetic system to a heavy-fermion system. The initial growth of hybridization promotes the indirect magnetic coupling between localized magnetic moments of uranium ions, resulting in the antiferromagnetic ordering and depression of C/T. The increasing hybridization reduces the magnetic moment of uranium ions and forms an antiferromagnetic heavy-fermion state. Finally the delocalization prevails over the magnetic ordering and a moderate heavy-fermion state is realized due to the enhanced hybridization.

Plotted in Fig. 5 is the entropy which is calculated from the specific heat after the subtraction of the non-magnetic contribution estimated from the specific heat of the corresponding thorium compound. For most of x, the $5f$ contribution to the entropy $S_m(T)$ tends to approach a saturated value of $R\ln 3$ around 60 K, although S_m for $x = 0.8$ is somewhat larger than $R\ln 3$. The saturation appears to indicate a triplet ground state for uranium ions. The amount of entropy released by the antiferromagnetic ordering is remarkably reduced for $x = 0.5$.

CONCLUSION

We collected experimental data on specific heat of various uranium–based ternary compounds and discussed the low–temperature properties in terms of the degree of hybridization. The degree of hybridization, which depends delicately on ligand elements, governs the low–temperature properties of uranium–based ternary compounds with larger $d_{\text{U-U}}$ than d_{H}.

The specific heat of UPdIn revealed that the compound undergoes double magnetic transitions; antiferromagnetic ordering at 21 K and magnetic structural change to the ground state with a ferromagnetic moment at 8.5 K. The observation of the large C/T value indicates the survival of a heavy–fermion state even in the low–temperature ferromagnetic state.

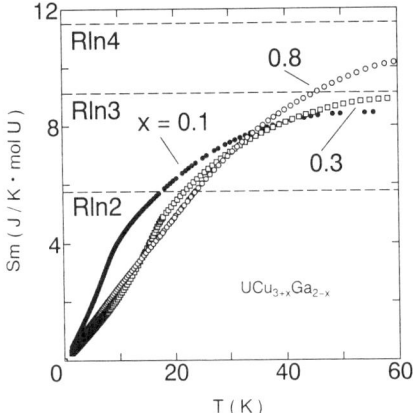

Fig. 5. The 5f contribution to the entropy S_m of $UCu_{3+x}Ga_{2-x}$ for $x = 0.1, 0.3$ and 0.8.

A sharp single peak was observed at 43 K in the specific heat of UNiSn, suggesting a first–order phase transition. This transition is an antiferromagnetic ordering accompanied by a semiconductor to metal transition. We analyzed the specific heat data of $(U_{1-x}Th_x)NiSn$ in conjunction with the magnetic susceptibility data. Assuming a simple localized model in the cubic crystalline field and introducing a molecular field approximation, we proposed a energy level scheme and wave functions for uranium ions so as to reproduce the temperature dependence of specific heat and susceptibility as well as the first-order transition. The small C/T value also implies that the $5f$ electrons are well localized in these compounds as suggested by a large d_{U-U}.

An off-stoichiometric series $UCu_{3+x}Ga_{2-x}$ shows a wide variety of low-temperature properties by varying x from 0.1 to 0.8. As x increases, the competition between antiferromagnetic ordering and delocalization give rise to a drastic change in the ground state from a localized magnetic state to a non-magnetic heavy-fermion state. The entropy consideration suggests a triplet ground state for the $5f$ electrons of uranium ions.

REFERENCES

1. H.H. Hill, in "Plutonium and Other Actinides," W.M.Miner, eds., AIME, New York (1970) p.2.
2. V. Sechovsky, L. Havela, L. Neuzil, A.V. Andreev, G. Hilscher and C. Schmitzer, J. Less Common Metals **121**, 169 (1986).
3. T.T.M. Palstra, G.J. Nieuwenhuys, R.F.M. Vlastuin, J. van den Berg, J.A. Mydosh and K.H.J. Buschow, J. Magn. Magn. Mater. **67**, 331 (1987).
4. L. Havela, V. Sechovsky, P. Nozar, E. Brück, F.R. de Boer, J.C.P. Klaasse, A.A. Menovsky, J.M. Fournier, M. Wulff, E. Sugiura, M. Ono, M. Date and A. Yamagishi, Physica **B163**, 313 (1990).
5. E. Brück, H.P. Van der Meulen, A.A. Menovsky, F.R. de Boer, P.F. de Chatel, J.J.M. Franse, J.A.A.J. Perenboom, T.T.J.M. Berendschot, H. Van Kempen, L. Havela and V. Sechovsky, J. Magn. Magn. Mater. **104&107**, 17 (1992).
6. V. Sechovsky, L. Havela, N. Pillmayr, G. Hilscher and A.V. Andreev, J. Magn. Magn. Mater. **63&64**, 199 (1987).
7. H. Fujii, H. Kawanaka, M. Nagasawa, T. Takabatake, Y. Aoki, T. Suzuki, T. Fujita, E. Sugiura, K. Sugiyama and M. Date, J. Magn. Magn. Mater. **90&91**, 507 (1990).
8. Y. Aoki, T. Suzuki, T. Fujita, H. Kawanaka, T. Takabatake and H. Fujii, J. Magn. Magn. Mater. **90&91**, 96 (1990).
9. H. Fujii, H. Kawanaka, T. Takabatake, E. Sugiura, K. Sugiyama and M. Date, J. Magn. Magn. Mater. **87**, 235 (1990).
10. T. Takabatake, H. Iwasaki, H. Fujii, S. Ikeda, S. Nishigori, Y. Aoki, T. Suzuki and T. Fujita, J. Phys. Soc. Jpn. **61**, 778 (1992).
11. M.J. Besnus, M. Benakki, J.P. Kappler, P. Lehmann, A. Meyer and P. Panissod, J. Less Common Metals **141**, 121 (1988).
12. T. Takabatake, H. Fujii, S. Miyata, H. Kawanaka, Y. Aoki, T. Suzuki, T. Fujita, Y.Yamagushi and J. Sakurai, J. Phys. Soc. Jpn. **59**, 16 (1990).
13. T. Takabatake, H. Kawanaka, H. Fujii, Y. Yamaguchi, J. Sakurai, Y. Aoki and T. Fujita, J. Phys. Soc. Jpn. **58**, 1918 (1989).
14. C. Rossel, M.S. Torikachvili, J.W. Chen and M.B. Maple, Solid State Com. **60**, 563 (1986).
15. H.R. Ott, F. Hulliger, H. Rudigier and Z. Fisk, Phys. Rev. **B31**, 1329 (1985).
16. T. Endstra, G.J. Nieuwenhuys, A.A. Menovsky and J.A. Mydosh, J. Magn. Magn. Mater. **108**, 67 (1992).
17. W. Schlabitz, J. Baumann, B. Pollit, U. Rauchschwalbe, H.M. Mayer, U. Ahlheim and C.D. Bredl, Z. Phys. **B62**, 171 (1986).
18. C. Geibel, S. Thies, D. Kaczorowski, A. Mehner, A. Grauel, B. Seidel, U. Ahlheim, R. Helfrich, K. Petersen, C.D. Bredl and F. Steglich, Z. Phys. **B83**, 305 (1991).

19. C. Geibel, C. Schank, S. Thies, H. Kitazawa, C.D. Bredl, A. Bohm, M. Rau, A. Grauel, R.Caspary, R. Helfrich, U. Ahlheim, G. Weber and F. Steglich, Z. Phys. **B84**, 1 (1991).
20. C. Quitmann, B. Andraka, J.S. Kim, B. Treadway, G. Frauenberger, G.R. Stewart and J. Sticht, J. Magn. Magn. Mater. 76&77, 91 (1988).
21. Z. Fisk, H.R. Ott and J.L. Smith, J. Less Common Metals **133**, 99 (1987).
22. H.R. Ott, H. Rudigier, E. Felder, Z. Fisk and J.D. Thompson, Phys. Rev. **B35**, 1452 (1987).
23. N. Sato, M. Kagawa, N. Tanaka, N. Takeda, T. Satoh and T. Komatsubara, J. Magn. Magn. Mater. **108**, 115 (1992).
24. N. Sato, M. Kagawa, K. Tanaka, N. Takeda, T. Sato, S. Sakatsune and T. Komatsubara, J. Phys. Soc. Jpn. **60,** 757 (1991).
25. C.G. Geibel, C. Kammerer, E. Goring, R. Moog, G. Sparn, R. Henseleit, G. Cordier, S. Horn and F. Steglich, J. Magn. Magn. Mater. **90&91**, 435 (1990).
26. C. Geibel, R. Kohler, A. Bohm, J. Diehl, B. Seidel, C. Kammerer, A. Grauel, C.D. Bredl, S. Horn, G. Weber and F. Steglich, J. Magn. Magn. Mater. **108**, 209 (1992).
27. T. Takabatake, S. Miyata, H. Fujii, Y. Aoki, T. Suzuki, T. Fujita, J. Sakurai and T.Hiraoka, J. Phys. Soc. Jpn. **59**, 4412 (1990).
28. E. Brück, F.R. de Boer, V. Sechovský and L. Havela, Europhys. Lett. **7**, 177 (1988).
29. T. Ekino, H. Fujii, M. Nagasawa, H. Kawanaka, T. Takabatake, M. Nishi, K. Motoya and Y. Ito, preprint.
30. H. Fujii, H. Kawanaka, T. Takabatake, M. Kurisu, Y. Yamaguchi, J. Sakurai, H. Fujiwara, T. Fujita and I.Oguro, J. Phys. Soc. Jpn. **58**, 2495 (1989).
31. H. Kawanaka, H. Fujii, M. Nishi, T. Takabatake, K. Motoya, Y. Uwatoko and Y. Ito, J. Phys. Soc. Jpn. **58**, 3481 (1989).
32. N. Bykovetz, Warren N.Herman, T. Yuen, Chan-Soo Jee, C.L. Lin and J.E. Crow, J. Appl. Phys. **63**, 4127 (1988).
33. K. Takegahara and T. Kasuya, Solid State Commun. **74**, 243 (1990).
34. Y.Aoki, T.Suzuki, T.Fujita, H.Kawanaka, T.Takabatake and H.Fujii, preprint.

MAGNETIC ORDERING OF 1-2-2 U AND Ce INTERMETALLIC COMPOUNDS DESCRIBED VIA AN f-d HYBRIDIZATION MODEL

J.A. Mydosh, T. Endstra, and G.J. Nieuwenhuys

Kamerlingh Onnes Laboratorium
der Rijksuniversiteit Leiden
2300 RA Leiden, The Netherlands

INTRODUCTION

There exist a large number of well-characterized MT_2X_2 intermetallic compounds which form in two slightly different tetragonal crystal structures. For the purposes of this overview M is restricted to uranium or cerium, T denotes a transition metal (3d, 4d or 5d), and X is silicon or germanium. The crystal structures are shown in Fig. 1 and consist of the $ThCr_2Si_2$ and $CaBe_2Ge_2$ types. Note the symmetry change due to the different stacking sequences of T and X, while the U or Ce sites remain approximately fixed.

Here a rich variety of electronic ground-state properties were observed which ranged from simple Pauli paramagnetism to long-range (anti-) ferromagnetism, and also, extended into the more exotic phenomena associated with "heavy-fermion" behavior. The latter includes coherency effects resulting in strongly correlated Fermi liquids, superconductivity, reduced-moment magnetism, and the coexistence of superconductivity and antiferromagnetism. The complete experimental properties of these compounds are reviewed in Refs. [1-3].

In this article we summarize our efforts at collecting and interpreting the available data concerning the appearance and strength of the magnetic ordering. We first present, as a retrospect of the experimental behavior, the essential physical properties of UT_2Si_2 and UT_2Ge_2. Then we offer a brief outline of the theoretical model which, based upon a semi-quantitative band-structure approach, relates the magnetic-ordering temperature T_c (or disappearance of it) to the strength of the f-d hybridization V_{df}. The systematics of V_{df} is employed to determine the ordering trends in the phase diagram of a Kondo lattice. Using this model satisfactory agreement with the experimental data for T_c is attained.

BASIC PROPERTIES

In Tables I and II we show the basic physical properties of UT_2Si_2 and UT_2Ge_2, respectively. The appropriate references to these data can be found in Ref. [3]. The table captions describe the various symbols. Note especially the different magnetic features which appear as the T=3d, 4d

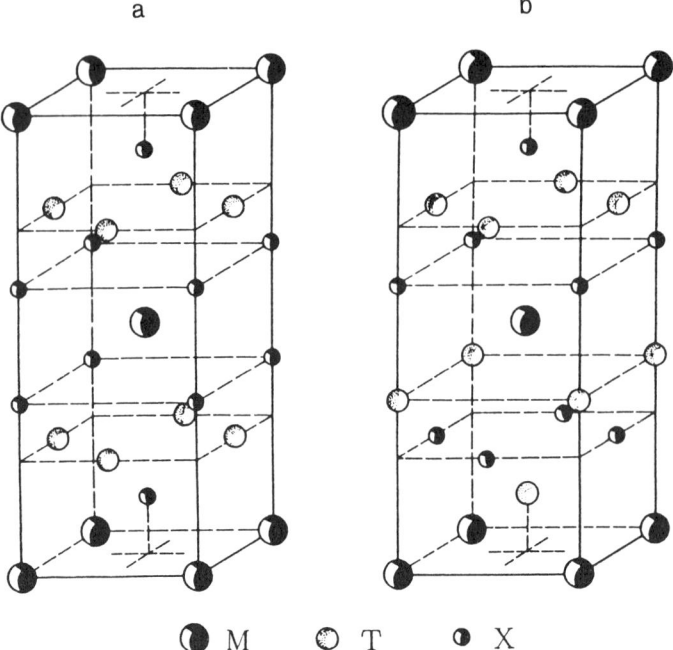

Figure 1. A schematic drawing of (a) the $ThCr_2Si_2$ and (b) the $CaBe_2Ge_2$ crystal structure. The origin of the $CaBe_2Ge_2$ unit cell is shifted by $(3/4, 3/4, -z_M)$ to facilitate a comparison with the $ThCr_2Si_2$ unit cell. M denote lanthanide or actinide atoms, T are transition-metal atoms and X metalloids Si, Ge etc.

and 5d rows are traversed. The magnetic-ordering temperature, denoted by T_c for both ferro and antiferromagnetism, can vary between 0 and 174 K with the exception of the Mn compounds. This special case is due to the transition metal Mn (S=5/2) possessing a full local moment which orders at a much higher temperature than the U-moments. For all the other compounds (the situation of Cr in UCr_2Si_2 is still uncertain), the T-elements do not exhibit any magnetism. Based upon this accumulation of data we can ask about possible trends or systematics leading to a theoretical interpretation.

THEORETICAL MODEL: KONDO LATTICE AND HYBRIDIZATION

We consider these UT_2X_2 compounds as a periodic array of 5f spins in which a conduction-electron-mediated (RKKY) magnetic-exchange interaction is in competition with a Kondo-type spin-compensation. By comparing the binding energy of a Kondo singlet

$$k_B T_K \propto [N(0)]^{-1} \exp[-1/N(0)J]$$

with that of a RKKY ordered magnetic state

$$k_B T_{RKKY} \propto J^2 N(0)$$

where $N(0)$ is the conduction-electron density of states at the Fermi

Table I. Physical properties of UT$_2$Si$_2$. Key to the abbreviations: AF denotes antiferromagnetism, FM means ferromagnetism, T_N and T_C are the Néel and Curie temperatures, PP means Pauli paramagnetism and MULT indicates that multiple magnetic transitions were found at different temperatures (only the highest one is given). S denotes superconductivity. I and P indicate $I4/mmm$ (ThCr$_2$Si$_2$) and $P4/nmm$ (CaBe$_2$Ge$_2$) crystal structures, respectively. For single crystals, first the value measured parallel to the c axis, and then (in parentheses) the value perpendicular to it is given.

			UT$_2$Si$_2$			
T=3d	Cr	Mn	Fe	Co	Ni	Cu
Cryst. struct.	I	I	I	I	I	I
a (Å)	3.911	3.922	3.951	3.917	3.958	3.984
c (Å)	10.503	10.284	9.530	9.614	9.514	9.946
Magn. ord.	AF	FM (Mn)	PP	AF	MULT	FM
T_C, T_N (K)	30	377	<1.8	85	124	104
θ_{CW} (K)	-6	388	–	-285	-15 (-530)	103
μ_{eff} (μ_B/U)	1.8	5.41 (Mn)	–	4.85	3.67 (3.55)	2.7
γ (mJ/mol K^2)			17.5		22	
T=4d	Mo	Tc	Ru	Rh	Pd	Ag
Cryst. struct.	not	not	I	I	I	not
a (Å)	repor-	repor-	4.128	4.012	4.121	repor-
c (Å)	ted	ted	9.592	10.06	10.19	ted
Magn. ord.			AF+S	AF	AF	
T_C, T_N (K)			17.5	130	97	
θ_{CW} (K)			-65 (//c)	-40	-10	
μ_{eff} (μ_B/U)			3.51 (//c)	2.65	2.88	
γ (mJ/mol K^2)			180			
T=5d	W	Re	Os	Ir	Pt	Au
Cryst. struct.	not	I	I	P	P	I
a (Å)	repor-	4.121	4.087	4.197	4.28	
c (Å)	ted	9.681	9.829	9.691	10.29	
Magn. ord.	PP	PP	AF	AF	MULT	
T_C, T_N (K)	<0.33	<0.33	4.9	35	48	
θ_{CW} (K)	–	–	1.84 (//c)	-31 (-98)	-37	
μ_{eff} (μ_B/U)	–	–	1.03 (//c)	2.87 (3.39)	3.1	
γ (mJ/mol K^2)			105	32		

Table II. Physical properties of UT$_2$Ge$_2$. Abbreviations as in the previous table. P[1]) denotes a primitive orthorhombic crystal structure. Ko means Kondo. * For the Co and Ir germanides LT and HT crystal-structure modifications exist with different physical properties. Only the properties of the LT phase are listed. UCo$_2$Ge$_2$ HT phase: $P4/nmm$ (?), $a = 4.043$ Å, $c = 9.295$ Å, paramagnetic down to $T = 0.35$ K, $\theta_{CW} = -51$ K, $\mu_{eff} = 1.58$ μ_B/U, $\gamma = 62$ mJ/mol K^2. UIr$_2$Ge$_2$ HT phase: $P4/nmm$, $a = 4.156$ Å, $c = 9.773$ Å, AF with $T_N = 19$ K, $\theta_{CW} = -230$ K, $\mu_{eff} = 3.3$ μ_B/U. "does not exist" means that the compound cannot be stabilized in 1-2-2 composition, using standard metallurgical techniques.

	UT$_2$Ge$_2$					
T=3d	Cr	Mn	Fe	Co (LT)	Ni	Cu
Cryst. struct.	does	I	I	I*	I	I
a (Å)	not	3.993	4.024	4.010	4.095	4.063
c (Å)	exist	10.809	9.964	9.878	9.478	10.229
Magn. ord.		FM (Mn)	PP	AF	AF	FM/AF
T_C, T_N (K)		380	<0.35	174	77	100/43
θ_{CW} (K)		400	–	-262	-70.7	70
μ_{eff} (μ_B/U)		5.46 (Mn)	–	4.0	3.08	3.02
γ (mJ/mol K^2)		30.3	24.4	34	39.5	26.4
T=4d	Mo	Tc	Ru	Rh	Pd	Ag
Cryst. struct.	not	not	does	?	I	not
a (Å)	repor-	repor-	not	4.154	4.200	repor-
c (Å)	ted	ted	exist	9.762	10.230	ted
Magn. ord.				Ko	AF	
T_C, T_N (K)					140	
θ_{CW} (K)				-10 (-19)	-81	
μ_{eff} (μ_B/U)				2.98 (1.25)	3.40	
γ (mJ/mol K^2)				305		
T=5d	W	Re	Os	Ir (LT)	Pt	Au
Cryst. struct.	not	not	does	P[1]),*	P	not
a (Å)	repor-	repor-	not	4.054	4.330	repor-
b (Å)	ted	ted	exist	4.195		ted
c (Å)				10.25	9.752	
Magn. ord.				AF	AF	
T_C, T_N (K)				33	72	
θ_{CW} (K)				-240	-52	
μ_{eff} (μ_B/U)				3.6	2.93	
γ (mJ/mol K^2)					14	

level and J is an exchange coupling constant, Doniach [4,5] derived a phase diagram for this so-called Kondo lattice. Figure 2 illustrates the stability of the possible states in the T-J plane [6]. The dashed lines indicate the Kondo and RKKY temperatures; the thick line (T_M) denotes the effective magnetic-ordering temperature in the presence of the Kondo effect. Notice the three regimes along the abscissa: a conventional magnetic 4f or 5f metal at low J, a magnetically concentrated Kondo system at intermediate J where the magnetic-ordering temperature (T_M in the figure) begins to decrease with increasing J, and finally, a non-magnetic regime, i.e. $T_M=0$ at $J \geq J_c$.

In order to proceed we must determine the conduction-electron/f-electron exchange parameter J_{cf}. Here we invoke hybridization according to the proportionality

$$J_{cf} \propto V_{cf}^2/(E_F - E_f)$$

where V_{cf} is the hybridization matrix element and E_f is the location of the f-level relative to the Fermi level E_F. This relation is the form given by the Schrieffer-Wolff transformation. If we take $E_F - E_f$ to be constant in a given transition-metal series and also assume the conduction-electron bandwidth W to be constant, we can, by calculating the c-f hybridization of the compound obtain an estimate of J_{cf}/W.

It is commonly believed that in these 1-2-2 compounds the hybridization between the f states and the conduction electrons is mainly governed by f-d hybridization. Our key parameter is the variable number of d electrons for a given series. Thus, we assume that the f-d hybridization depends, firstly, on the spatial extent of the d-orbitals resulting in an "effective radius" for each T-metal, and secondly, on the distance between the d and f atoms in the crystal structure. According to the first assumption with increasing number of d electrons the hybridization decreases since the d band is pulled down in energy away from E_F. The second assumption is analogous to the Hill criterion which states that when U-U interatomic distances are too large there will be no direct overlap of the 5f wave functions. We propose a similar criterion for the U-T interatomic distances, i.e., if d_{U-T} is too large no f-d hybridization can occur. Consequently with the above relation between J_{df} and V_{df}, J_{df} will increase (move to the right in Fig. 2) both with decreasing number of d electrons and with decreasing U-T separation.

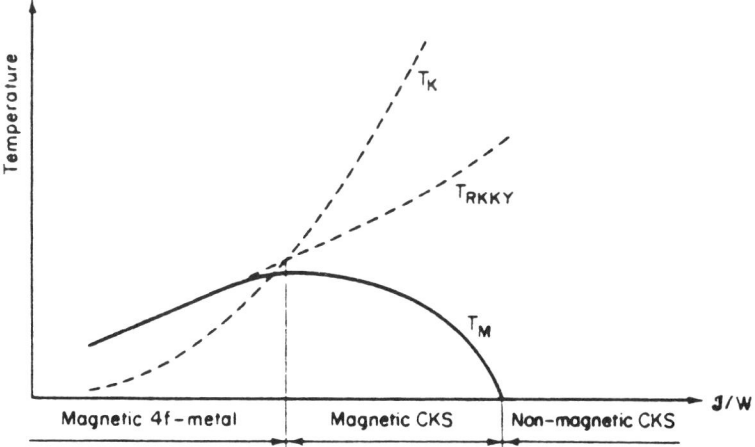

Figure 2. Phase diagram for the Kondo-lattice model after Brandt and Moshchalkov Ref. [6]

In order to put these ideas on more quantitative basis we follow the band-structure approach of Harrison and co-workers [7-11]. This method was initially used to calculate the d-band structure of solids, but was latter adapted to compute the coupling between atomic orbitals of s, p, d, f symmetries in different compounds. The formalism combines muffin-tin-orbital theory with transition-metal pseudo-potentials to obtain a general hybridization matrix element $V_{\ell\ell'm}$. The resulting equation [11] is

$$V_{\ell\ell'm} = \frac{\eta_{\ell\ell'm}\hbar^2}{m_e}\left[(r_\ell^{2\ell-1} r_{\ell'}^{2\ell'-1})^{1/2}/d^{\ell+\ell'+1}\right]$$

The input parameters are the atomic radii of the respective atoms (r_ℓ and $r_{\ell'}$) the interatomic distance d, the angular momenta ℓ,ℓ' ($\ell=0,1,2,3$ for s,p,d,f orbitals) and the symmetry of the bond m. For a given d-series, which keeps V_{pf} and V_{sf} relatively fixed, $\eta_{\ell\ell'm}$ becomes a simple constant. As indicated previously the important parameters in determining V_{df} are the U-T interatomic distance and the number of d electrons of the transition metal. The former directly enter into the above equation as $d=d_{U-T}$ and the latter via the tabulated values [10] of the atomic radii r_d since r_f = constant.

In Table III we have collected the U-T interatomic distances, the calculated V_{df} values and the magnetic ordering temperatures of the UT_2Si_2 compounds. Table IV repeats the same quantities for the UT_2Ge_2 compounds. Here we have also included the results on a number of pseudo-ternary (2 different transition metal) compounds. We now can proceed with a direct comparison of the T_c magnitudes according to their calculated V_{df} values. Since the constant of proportionality is missing in the relation between J_{df} and V_{df} only the sequence along the horizontal axis of Fig. 2 can be determined. Nevertheless this then should establish the T_c trends according to the curve in Fig. 2.

COMPARISON OF EXPERIMENT WITH f-d HYBRIDIZATION MODEL

Let us first consider the $U(3d)_2Si_2$ series of compounds. From the crystal-structure data of Table III and the number of d electrons, the following order of increase of V_{df} (and thus J_{df}) can be expected: Cu → Ni → Co → Fe. Since in the T=Ni, Co and Fe compounds the d_{U-T} are almost equal, the hybridization will solely be determined by the d-band filling. With decreasing number of d-electrons this hybridization should increase as discussed above. For T=Cu both the increased distance and d-band filling imply a smaller hybridization, thus completing the trend. Because of its 3d magnetism we must exclude T=Mn, and the situation for T=Cr remains unclear. From the entries in the tables it can be seen that the calculated V_{df} values (using the Harrison model) indeed confirm this expected trend. The results for the $U(3d)_2Si_2$ system, interpreted within the framework of the Kondo-lattice model are shown in Fig. 3 together with those for $U(4d)_2Si_2$ and $U(5d)_2Si_2$ compounds. For the latter two d series a similar procedure was used from Table III as for the 3d series. The maximum in the curve corresponds to a $T_c \approx 190$ K which is the highest transition temperature observed in these silicides for pseudo-ternary $U(Ru_{0.3}Rh_{0.7})_2Si_2$. The model does not yield absolute value of J_{df}/W, nor does it predict the ordering temperatures, only the order of J, or sequence in which we put the systems of a given series into the phase diagram, is given. Yet it is not trivial that this will always work.

Figure 4 exhibits the results for UT_2Ge_2 according to Table IV. A

Table III. Crystal-structure data, hybridization matrix elements (V_{df}), and magnetic-ordering temperatures (T_c) for UT_2Si_2 compounds. The nature of the magnetic order is given in brackets after the ordering temperature, the abbreviations denote the type of magnetism as follows: AF antiferromagnetism, FM ferromagnetism, and P (Pauli) paramagnetism. For $CaBe_2Ge_2$ type compounds (indicated by superscript "a") only the shortest d_{U-T} is given, but an average V_{df} has been calculated by taking into account two different d_{U-T} distances.

Compound	d_{U-T} (Å)	V_{df} (eV)	T_c (K)
UCr_2Si_2	3.274	0.269	27 (AF)
UMn_2Si_2	3.234	0.273	80–100 (FM, U)
UFe_2Si_2	3.095	0.320	– (P)
UCo_2Si_2	3.100	0.290	90 (AF)
UNi_2Si_2	3.092	0.270	124 (AF)
UCu_2Si_2	3.189	0.204	103–107 (FM)
$UCoNiSi_2$	3.091	0.283	115 (AF)
$UNiCuSi_2$	3.136	0.237	162 (AF)
URu_2Si_2	3.164	0.418	17.5 (AF)
URh_2Si_2	3.209	0.354	130–137 (AF)
UPd_2Si_2	3.241	0.308	97, 150 (AF)
UOs_2Si_2	3.179	0.458	– (P)
UIr_2Si_2[a]	3.113	0.436	4.9 (AF)
UPt_2Si_2[a]	3.211	0.376	35 (AF)
UAu_2Si_2	3.322	0.293	48, 78 (AF ?)

[a] $CaBe_2Ge_2$ crystal structure, others adopt the $ThCr_2Si_2$ structure.

Table IV. Crystal-structure data, hybridization matrix elements and magnetic-ordering temperatures for UT_2Ge_2 compounds. Abbreviations as in Table III. "LT" and "HT" denote a low- and a high-temperature crystal-structure modification respectively.

Compound	d_{U-T} (Å)	V_{df} (eV)	T_c (K)
UMn_2Ge_2	3.364	0.215	100–150 (FM, U)
UFe_2Ge_2	3.199	0.263	– (P)
$UCo_2Ge_2^{LT}$	3.182	0.248	174 (AF)
$UCo_2Ge_2^{HT,a}$	3.080[b]	0.302	– (P)
UNi_2Ge_2	3.128	0.251	77 (AF)
UCu_2Ge_2	3.266	0.177	100–110 (FM)
$U(Co_{0.875}Ni_{0.125})_2Ge_2$	3.153	0.259	46 (AF)
$U(Co_{0.75}Ni_{0.25})_2Ge_2^a$	3.134[b]	0.266	19 (AF)
$U(Co_{0.5}Ni_{0.5})_2Ge_2^a$	3.135[b]	0.260	21 (AF)
$U(Co_{0.5}Ni_{0.5})_2Ge_2^a$	3.131[b]	0.262	– (<10)
$U(Co_{0.25}Ni_{0.75})_2Ge_2^a$	3.133[b]	0.255	51 (AF)
$U(Co_{0.75}Cu_{0.25})_2Ge_2$	3.199	0.230	130 (AF)
$U(Co_{0.5}Cu_{0.5})_2Ge_2$	3.213	0.215	100 (AF)
$U(Co_{0.25}Cu_{0.75})_2Ge_2$	3.235	0.197	102 (FM)
$U(Ni_{0.75}Cu_{0.25})_2Ge_2$	3.182	0.222	135 (AF)
$U(Ni_{0.5}Cu_{0.5})_2Ge_2$	3.213	0.205	140 (AF)
$U(Ni_{0.25}Cu_{0.75})_2Ge_2$	3.234	0.192	133 (FM)
$U(Ni_{0.1}Cu_{0.9})_2Ge_2$	3.250	0.184	115 (FM)
$URh_2Ge_2^c$	3.205[b]	0.356	–
UPd_2Ge_2	3.309	0.272	140 (AF)
$UIr_2Ge_2^{LT,d}$	3.289[b]	0.346	33 (AF)
$UIr_2Ge_2^{HT,a}$	3.194[b]	0.412	19 (AF)
$UPt_2Ge_2^a$	3.261[b]	0.344	72 (AF)

[a] $CaBe_2Ge_2$ ($P4/nmm$) crystal structure.

[b] estimated value, exact z parameters not known.

[c] exact crystal structure not known.

[d] $Pmmm$ crystal structure.

similarly good agreement results for the germanides. Of particular importance is the existence of two phases with different crystal structures for UCo_2Ge_2 and UIr_2Ge_2. Their T_c's are indeed consistent with their V_{df} values. In addition Table IV has various groups of pseudo ternary compounds which, if plotted in Fig. 4, would also fall on the "bell-shaped" curve [12].

We could extend our considerations to the Ce 1-2-2 compounds where T_c has been experimentally determined and calculate the hybridization values using the same procedure. Once again the dependence of T_c follows the Kondo-lattice curve according to the sequence of V_{df} values obtained from the band-structure model.

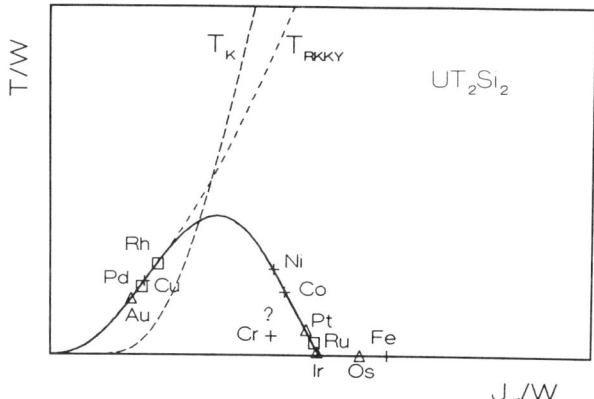

Figure 3. Schematic phase diagram for the Kondo-lattice along with the magnetic-ordering temperatures of UT_2Si_2.

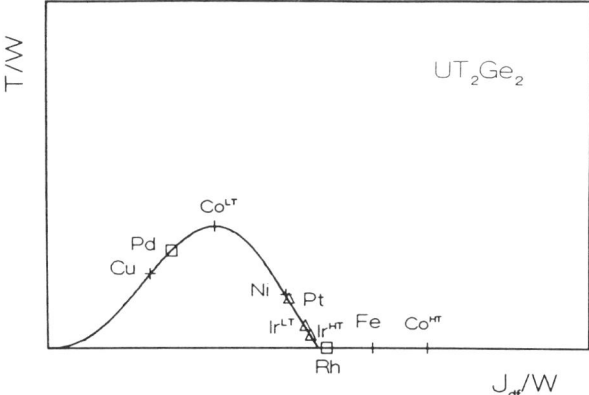

Figure 4. Schematic phase diagram for the Kondo-lattice with magnetic-ordering temperatures of UT_2Ge_2.

CONCLUSIONS

The systematic behavior of the magnetic properties of $(U, Ce)T_2X_2$ intermetallic compounds, with the transition metal as variable, has attracted considerable experimental attention in the past. However, little theoretical guidance was offered for the diversities in the magnetic ordering. Our hybridization model is the first attempt to clarify the mechanism underlying the absence or presence of magnetic ordering and the nonmonotonic variation of T_c for those compounds that do order magnetically.

We have shown that the magnetic-ordering characteristics of U and Ce 1-2-2 compounds are determined by the strength of the f-d hybridization. By means of a simple band-structure approach we have calculated V_{df}, the hybridization matrix element for four different series of compounds and used their relative values for a given d series to explain the observed trends within the Kondo-lattice phase diagram. The success of this f-d hybridization model in interpreting the experimental data may be taken as a strong justification of the initial assumptions. Additional experiments such as pressure and new pseudo-ternary combinations are needed to extend the experiment-model comparison.

ACKNOWLEDGEMENTS

This work was supported in part by a Grant-in-Aid for International-Joint Research Program from Ministry of Education, Science and Culture of Japan.

REFERENCES

[1] A. Szytuła and J. Leciejewicz, in *Handbook on the Physics and Chemistry of Rare Earths, Vol. 12*, edited by K.A. Gschneidner, Jr. and L. Eyring (North-Holland, Amsterdam, 1989), p.133.
[2] V. Sechovsky and L. Havela, in *Ferromagnetic Materials, Vol. 4*, edited by E.P. Wohlfarth and K.H.J. Buschow (North-Holland, Amsterdam, 1988), p. 309.
[3] T. Endstra, S.A.M. Mentink, G.J. Nieuwenhuys, and J.A. Mydosh, to be published in *Frontiers in Solid State Sciences: Magnetism*, edited by L.C. Gupta and M.S. Multani (World Scientific, Singapore, 1992).
[4] S. Doniach, in *Valence Instabilities and Related Narrow-Band Phenomena*, edited by R.D. Parks (Plenum, New York, 1977), p. 169.
[5] S. Doniach, Physica B **91**, 231 (1977).
[6] N.B. Brandt and V.V. Moshchalkov, Adv. Phys. **33**, 373 (1984).
[7] W.A. Harrison, Phys. Rev. **181**, 1036 (1969).
[8] W.A. Harrison and S. Froyen, Phys. Rev. B **21**, 3214 (1980).
[9] W.A. Harrison, Phys. Rev. B **28**, 550 (1983).
[10] G.K. Straub and W.A. Harrison, Phys. Rev. B **31**, 7668 (1985).
[11] W.A. Harrison and G.K. Straub, Phys. Rev. B **36**, 2695 (1987).
[12] T. Endstra, G.J. Nieuwenhuys, and J.A. Mydosh, to be published.

ANOMALOUS HALL COEFFICIENT IN THE f ELECTRON SYSTEM

Y. Ōnuki,[1] S. W. Yun,[1] K. Satoh[1]
H. Sugawara[1] and H. Sato[2]

[1] Institute of Materials Science
University of Tsukuba
Tsukuba, Ibaraki 305, Japan
[2] Department of Physics
Tokyo Metropolitan University
Minami-osawa, Hachiōji, Tokyo 192-3, Japan

INTRODUCTION

The 4f(5f) electrons in the rare earth(uranium) atom are pushed deep into the interior of the closed 5s(6s) and 5p(6p) shells because of the strong centrifugal potential $l(l+1)/r^2$, where l=3 holds for the f electrons. This is a reason why the 4f(5f) electrons possess an atomic-like character even in the compound. On the other hand, the tail of their wave function spreads to the outside of the closed 5s(6s) and 5p(6p) shells, which is highly influenced by the potential energy, the relativistic effect, the distance between the rare earth(uranium) atoms, and hybridization of the 4f(5f) electrons with the conduction electrons. These cause the various phenomena such as valence and spin fluctuations, gap states, Kondo lattice, heavy electrons (fermion), metamagnetism and superconductivity for the f electron compounds.[1]

The Hall effect is a good experimental method to detect the f electron behavior. It is generally considered as a sum of an ordinary Hall effect which is related to the carrier concentration and an anomalous part dependent on the magnetization. The Hall coefficient in the paramagnetic state is phenomenologically expressed as

$$R_H = R_0 + 4\pi R_s \chi \tag{1}$$

and

$$\chi = C / (T + \theta_p) \tag{2}$$

where R_0 is the ordinary Hall coefficient, R_s is the temperature-independent anomalous Hall coefficient, χ is the magnetic susceptibility, C is the Curie constant and θ_p is the paramagnetic Curie temperature.

Theoretically the skew (asymmetric) scattering is the main mechanism of the anomalous Hall coefficient. The asymmetry comes from an interaction of conduction electrons with localized d or f electrons which possess orbital angular moments. In this case, the transition probability of the conduction electrons which are scattered from a state k to another state k' due to the localized d or f electrons, $W(k \rightarrow k')$ is not equal to the one from k' to k; $W(k' \rightarrow k) \neq W(k \rightarrow k')$. This leads to the anomalous Hall coefficient. Experimentally, the sign of R_s is positive in the ferromagnetic compound, while in the antiferromagnetic compound it becomes positive for one compound and negative for another one, dependent on the compound.

The Hall effect in the impurity Kondo system was calculated by Coleman et al.[2] and by Fert et al.[3] on the basis of the skew scattering by the Ce impurity;

$$R_H = R_0 + \gamma \bar{\chi} \rho_m \tag{3}$$

where γ is $-(15/7)g\mu_B k_B^{-1}\sin\delta_2\cos\delta_2$, $\bar{\chi} = \chi/C$ and ρ_m is the magnetic resistivity. The skew scattering in this case is due to the d-wave (l=2) and f-wave (l=3) scattering. The phase shift δ_2 is associated with a spherical scattering in the channel l=2. The prominent scattering is due to the Kondo scattering in channel l=3. Therefore, the magnetic susceptibility originates from the Ce impurity, and ρ_m corresponds to the magnetic resistivity which is extremely dominant in the Ce compounds.

The conduction electrons in the Ce-based Kondo lattice compounds or the spin-fluctuating U compounds possess large cyclotron masses at low temperatures, forming the f-derived heavy bands. We present in this paper the characteristic behavior of the Hall coefficient in the heavy electron system.

ANOMALOUS HALL COEFFICIENT OF THE FERROMAGNETIC COMPOUND

As mentioned above, the Hall coefficient R_H indicates a large anomalous Hall coefficient with the positive value for the ferromagnetic compound. Figure 1 shows a typical example of the Hall coefficient in UGe_2 for current and field along the c- and b-axes, respectively under fields of 5kOe and 20kOe. UGe_2 is known to become ferromagnetic below 52K.[4] It increases in magnitude with decreasing the temperature, makes a maximum around the Curie temperature and finally decreases steeply with decreasing the temperature.

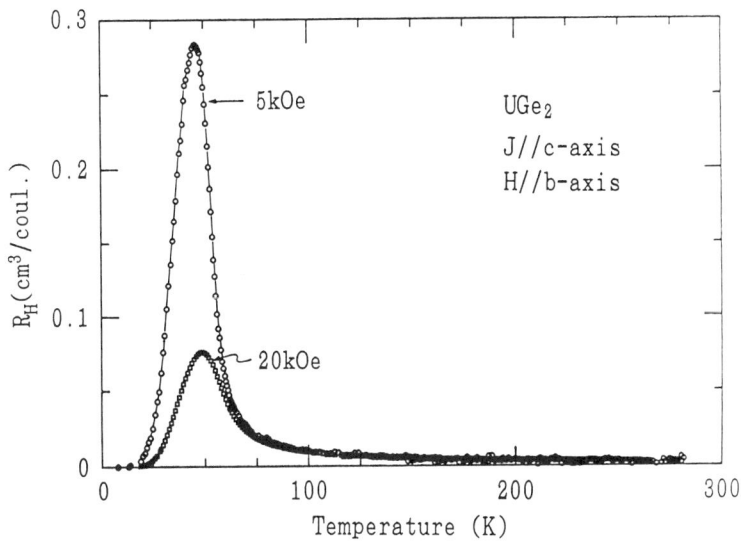

Fig. 1 Temperature dependence of R_H in UGe_2.

This is a characteristic behavior for the ferromagnetic compound. In the ferromagnetic state the magnitude of the Hall coefficient at 5kOe is larger than that at 20kOe. This is related to the saturated behavior of magnetization.

ANOMALOUS HALL COEFFICIENT IN THE HEAVY ELECTRON SYSTEM

Kondo Lattice Compounds with Clear Antiferromagnetic Ordering

First we show in Fig. 2 the Hall coefficient of the Kondo lattice compound with clear magnetic ordering such as $CeAl_2$ (Néel temperature $T_N=3.8K$), CeB_6 (quadrupolar ordering temperature $T_Q=3.2K$ and $T_N=2.3K$) and $CeIn_3$ ($T_N=10.2K$).

The behavior of the Hall coefficient is highly different in the compounds. If we follow eq. (1), the sign of R_S is positive in $CeAl_2$, zero in CeB_6, and negative in $CeIn_3$.

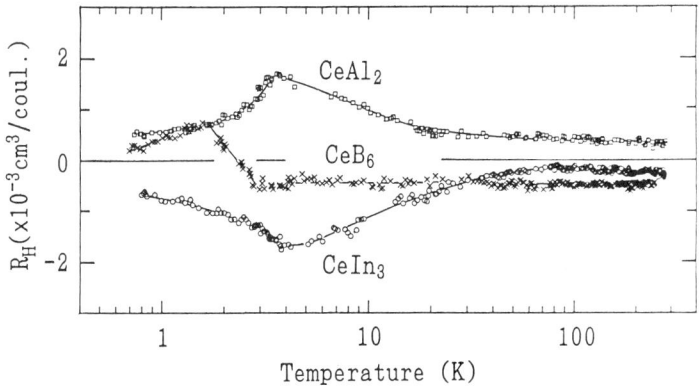

Fig. 2 Temperature dependence of R_H in $CeAl_2$, CeB_6 and $CeIn_3$.

The magnitude of R_H is not large and is the same order as in the usual rare earth compounds, although the magnetic resistivity ρ_m in eq. (3), which results in the Kondo effect, is extremely large for these compounds. We note that in the temperature range of 4K to room temperature, the Hall coefficient of CeB_6 is -4.5×10^{-4} cm^3/coul. in value, which is the same with that of LaB_6, indicating one conduction electron per primitive cell. Thus no anomalous Hall coefficient is present in CeB_6.

These results claim that the anomalous Hall coefficient for these compounds does not follow eq. (3) but rather eq. (1) as in the usual antiferromagnetic compounds.[5]

Non-magnetic Kondo Lattice Compounds

The theory of eq. (3) is applied to the non-magnetic Ce-based Kondo lattice compounds. Previously we analyzed the Hall coefficient of $Ce_xLa_{1-x}Cu_6$ (x=0-1) on the basis of eq. (3).[5] At higher temperatures than 40K, the Hall coefficient is explained well by eq. (3), as shown by the solid lines in Fig. 3. Here we used the magnetic susceptibility $\bar{\chi}=\chi/C$ and the magnetic resistivity $\rho_m=\rho(Ce_xLa_{1-x}Cu_6)-\rho(LaCu_6)$ for the same sample. We note that the fitting parameter of the phase shift δ_2 (=-0.02) is concentration-independent. This means that the f electron behavior in $Ce_xLa_{1-x}Cu_6$ is governed by the impurity Kondo effect. Thus obtained theoretical curves are in good agreement with the experimental data.

At low temperatures, the behavior of the Hall

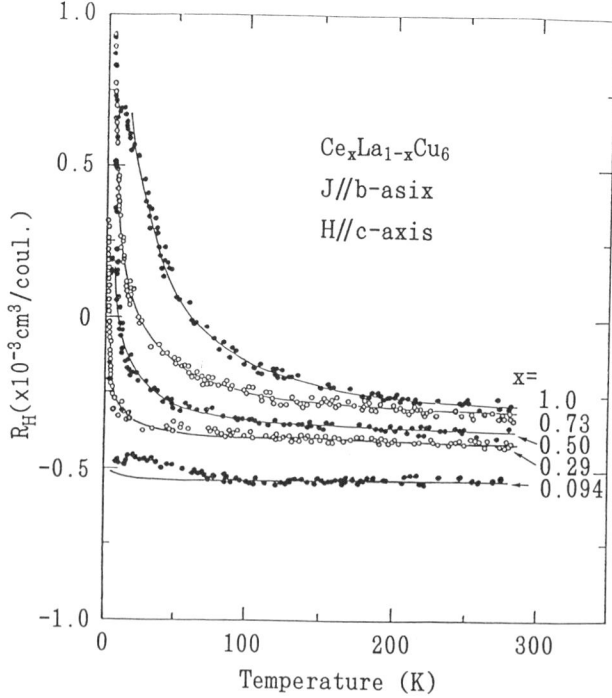

Fig. 3 Temperature dependence of R_H in $Ce_xLa_{1-x}Cu_6$.

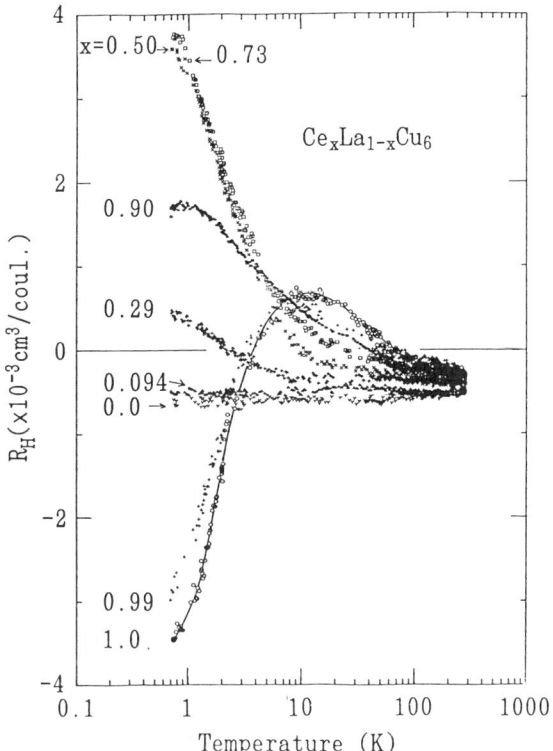

Fig. 4 Temperature dependence of R_H in $Ce_xLa_{1-x}Cu_6$.

coefficient is not simple in $Ce_xLa_{1-x}Cu_6$, as shown in Fig. 4. The Hall coefficient of $CeCu_6$ makes a maximum around 10K, which is highly different from the dilute Kondo system (x=0.094 or 0.29).

To know the overall behavior of the Hall coefficient we show in Fig. 5 the logarithmic temperature dependence of the Hall coefficient of the non-magnetic Kondo lattice compounds

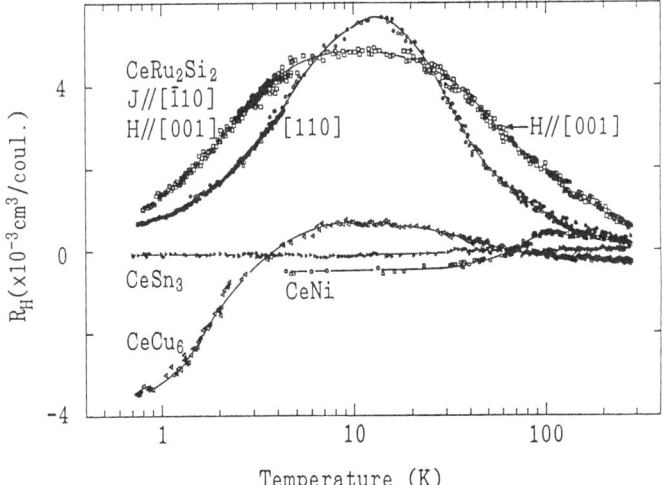

Fig. 5 Temperature dependence of R_H in $CeCu_6$, $CeRu_2Si_2$, CeNi and $CeSn_3$.

such as $CeCu_6$ (Kondo temperature T_K=4K), $CeRu_2Si_2$ (T_K=20K), CeNi (T_K=150K) and $CeSn_3$ (T_K =200K). The Hall coefficient of these compounds, except $CeSn_3$, indicates a maximum around the Kondo temperature.

We discuss the Hall coefficient of $CeRu_2Si_2$. This compound shows a highly anisotropic behavior, reflecting the tetragonal crystal structure. Figure 6 shows the temperature dependence of the electrical resistivity, magnetic

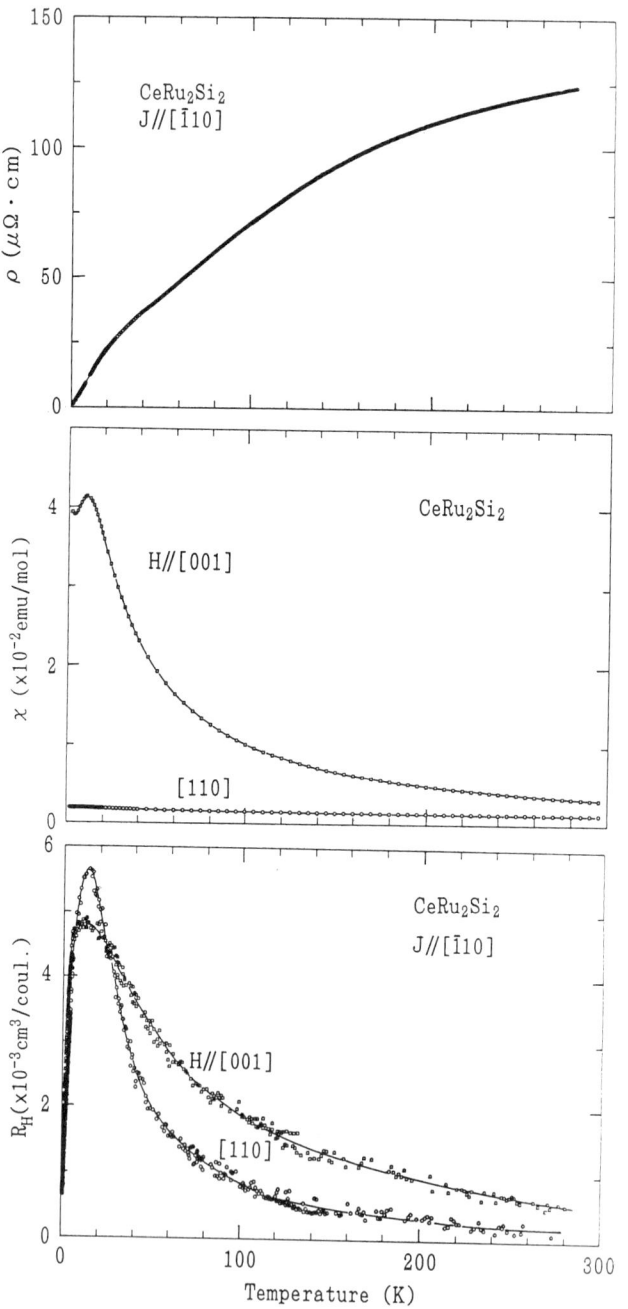

Fig. 6 Temperature dependence of ρ, χ and R_H in $CeRu_2Si_2$.

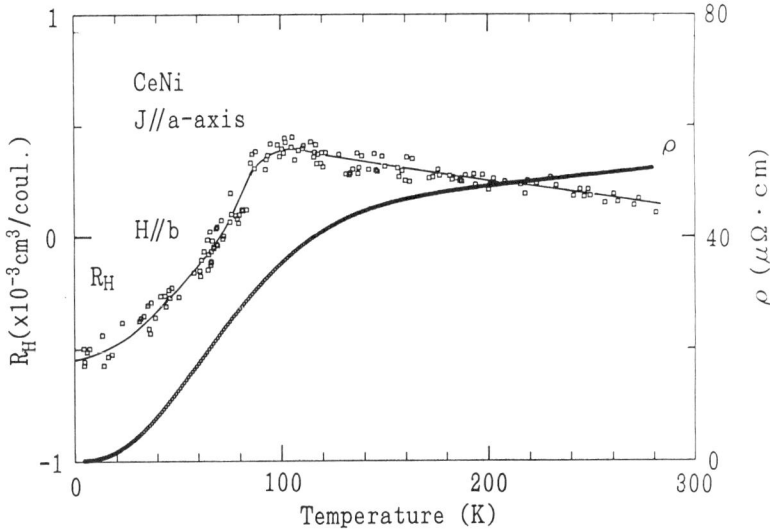

Fig. 7 Temperature dependence of R_H and ρ in CeNi.

susceptibility and Hall coefficient. The residual resistivity ρ_0 and the residual resistivity ratio ρ_{RT}/ρ_0 are estimated as $0.5\mu\Omega\cdot cm$ and 250, respectively. The present sample indicates a high-quality single crystal. The magnetic susceptibility for field along the [001] direction increases with decreasing temperature, following the Curie-Weiss behavior. On the other hand, the magnetic susceptibility for field along the [110] direction is almost temperature-independent. This anisotropic behavior is reflected in the Hall coefficient at temperatures higher than 150K.

As the temperature is decreased, both Hall coefficients of $CeRu_2Si_2$ become large in magnitude, as shown in Figs. 5 and 6. The Hall coefficient makes a maximum around 10-20K and decreases steeply with decreasing temperature. We discuss the low-temperature behavior in the next section.

In CeNi the characteristic feature is the same as in $CeRu_2Si_2$, indicating a maximum around 100K, as shown in Fig. 7.

Anomalous Hall Coefficient at Low Temperatures

Recently Kohno and Yamada[6] have proposed the theoretical formula of the anomalous Hall coefficient, which is applied to the heavy fermion compounds at low temperatures. They have taken into account the skew scattering through the spin-orbit coupling of the f-orbitals. The formula is proportional to the square of the electrical resistivity including the residual resistivity ρ;

$$R_H = R_0 + c\,\rho^2 \qquad (4)$$

where c is independent of temperature and is proportional to the magnetic susceptibility. We have checked whether or not this formula is applied to the anomalous Hall coefficient in the heavy electron system.

Figures 8 and 9 show the ρ^2 dependence of the Hall coefficient in $CeRu_2Si_2$, $CeCu_6$ and CeNi. The experimental data are fitted well by the straight lines. The temperatures indicated by arrows mean the deviation from the straight lines. These values are lower than the corresponding Kondo temperatures.

We have also applied this relation to the well-known spin fluctuators of UPt_3 and UAl_2.[7] The straight lines approximately hold at low temperatures.

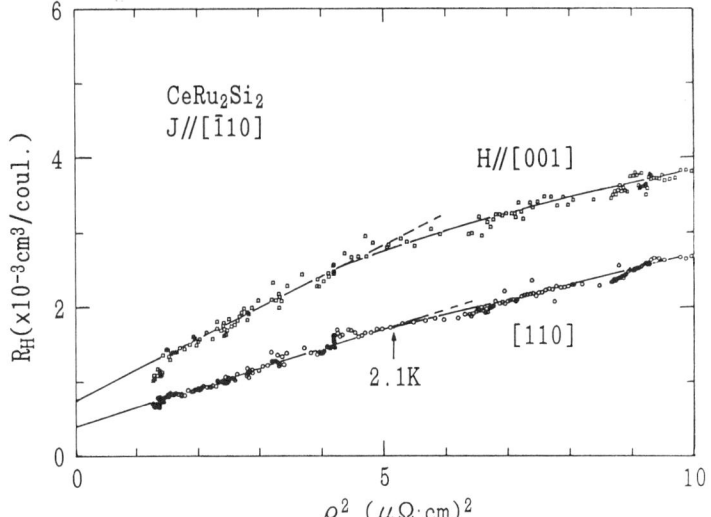

Fig. 8 ρ^2 dependence of R_H in $CeRu_2Si_2$.

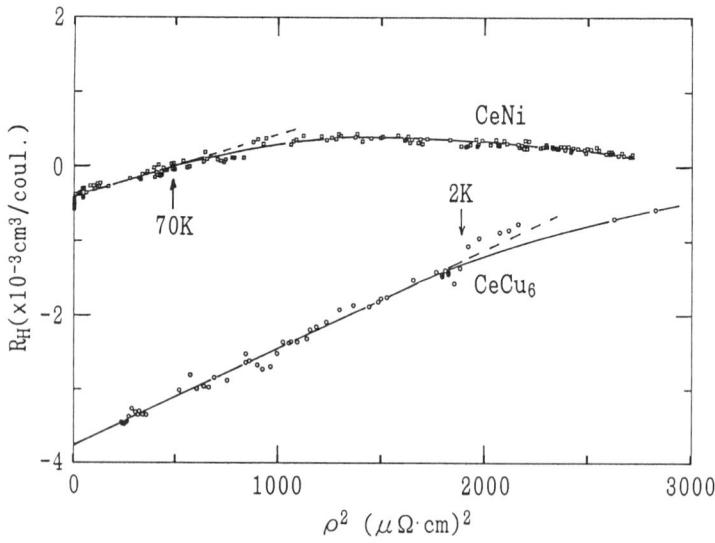

Fig. 9 ρ^2 dependence of R_H in $CeCu_6$ and CeNi.

ACKNOWLEDGEMENTS

We are grateful to Prof. K. Yamada for fruitful discussions. This work was supported by Grant-in-Aid for the Scientific Research from the Ministry of Education, Science and Culture and also by University of Tsukuba Project Research.

REFERENCES

1. Y. Ōnuki, T. Goto and T. Kasuya, in Mat. Sci. and Tech. vol. 3A, chap. 7, ed. K. H. J. Buschow, VCH, Weinheim (1991).
2. P. Coleman, P. W. Anderson and T. V. Ramakrishnan, Phys. Rev. Lett. 55:414(1985).
3. A. Fert, A. Håmzic and P. M. Levy, J. Mag. Mag. Mat. 63&64:353(1987).
4. Y. Ōnuki, I. Ukon, S. W. Yun, I. Umehara, K. Satoh, T. Fukuhara, H. Sato, S. Takayanagi, M. Shikama and A. Ochiai, J. Phys. Soc. Jpn. 61:293(1992).
5. Y. Ōnuki, T. Yamazaki, T. Omi, I. Ukon, A. Kobori and T. Komatsubara, J. Phys. Soc. Jpn. 58:2126(1989).
6. H. Kohno and K. Yamada, J. Mag. Mag. Mat. 90&91:431(1990);K. Yamada, H. Kohno and S. Inagaki:preprint.
7. Y. Ōnuki, T. Yamazaki, I. Ukon, T. Komatsubara, A. Umezawa, W. K. Kwok, G. W. Crabtree and D. G. Hinks, J. Phys. Soc. Jpn. 58:2119(1989).

MAGNETORESISTANCE IN UTX COMPOUNDS

V. Sechovský,[1] L. Havela,[1] F.R. de Boer,[2]
H. Fujii[3], and T. Fujita[4]

[1]Department of Metal Physics, Charles University
CS-121 16 Prague, Czechoslovakia
[2]Van der Waals - Zeeman Laboratory, University of Amsterdam
NL-1018 XE Amsterdam, The Netherlands
[3]Faculty of Integrated Arts and Sciences
[4]Faculty of Science
Hiroshima University, Hiroshima 730, Japan

INTRODUCTION

Transport properties of actinide intermetallic compounds are a subject of controversies originating in difficulties to understand mechanisms governing strongly correlated electron systems. Phenomenological similarities in the electrical resistivity behavior of some U and Ce compounds led to application of concepts like Kondo lattice for interpretation of both classes of materials. Adequacy of this model for many Ce-based compounds is well documented. In the case of U intermetallic compounds no direct experimental evidence proves the applicability of Kondo model with the condition $V_{k-f}^2/|E_F-E_f| \ll 1$ (V_{k-f} is the matrix element of the hybridization of $5f$ states with conduction electron states, $|E_F-E_f|$ is the energy separation of f states from the Fermi energy). Instead, $5f$ states are indicated states at E_F in most cases.

Experimental studies of transport properties in the context of magnetism in $5f$ electron systems were focused mostly on several uranium heavy-fermion compounds. Therefore, no systematic information connecting bulk transport properties with microscopic parameters is available up to now. Lack of experimental data is noticeable especially for magneto-transport. In this field we concentrate on materials, in which the the lower symmetry of magnetism can help to disentangle effects of different types of magnetic ordering. In particular, we study hexagonal compounds from the UTX series UNiAl, UNiGa and UPdIn, (ZrNiAl structure type), which display a strong uniaxial magnetic anisotropy.

An overview of ground state properties of UTX compounds[1] shows that a choice of transition (T) and non-transition (X) metal affects the degree of localization of uranium $5f$ states, which can be varied to a large extent while conserving the particular structure type. A reduced hybridization of $5f$ states (being pinned at E_F) with the $3d$ states of Ni or $4d$ states of Pd, which are located at considerably higher binding energies, is probably the main reason why the $5f$ magnetic moments in these three compounds are formed and become ordered at low temperatures.

MAGNETIC PROPERTIES

The type of ordering is essentially antiferromagnetic in all three cases below 19, 39 and 21 K, respectively[2-4]. The U magnetic moments are locked in the c-direction by huge magnetic anisotropy which is caused primarily by the participation of $5f$ electrons in bonding. The strong uniaxial magnetic anisotropy survives in the paramagnetic region[2,3,5]. Their collinear magnetic structures are built up by stacking basal-plane sheets of U magnetic moments. In UNiGa[6] and UPdIn[7] the magnetic moments ($\mu_U \simeq 1.4$ and 1.5 μ_B, respectively) are ferromagnetically ordered within these sheets whereas a long-periode modulation with a wave-vector $\vec{k}$ = (0.1, 0.1, 0.5) was observed in UNiAl[8].

UNiGa has the most complex magnetic phase diagram[6] of all three compounds. Below T_N = 38.8 K, we observe four AF phases separated by magnetic phase transitions at 37.5, 36.1 and 34.8 K. The ground-state phase is characterized by the stacking (+ + - + - -) of equal-moment ferromagnetic sheets, whereas structures modulated along the c-axis are observed in high temperature phases.

In case of UPdIn, two phases were found below T_N[7]. The ground state magnetic structure of UPdIn is characterized by a sequence (+ - + + -) along c-axis yielding a spontaneous magnetization of 0.3 μ_B (1/5 M_s). Above 8.5 K, the moments are sinusoidally modulated along the c-axis with the propagation vector **k** = (0, 0, 0.4).

ELECTRICAL RESISTIVITY

The electrical resistivity is anisotropic in all three compounds and exhibits anomalous temperature dependence (Figs 1 - 3). The high temperature parts (paramagnetic range) are nearly temperature independent with large absolute values of the resistivity (hundreds of $\mu\Omega$cm).

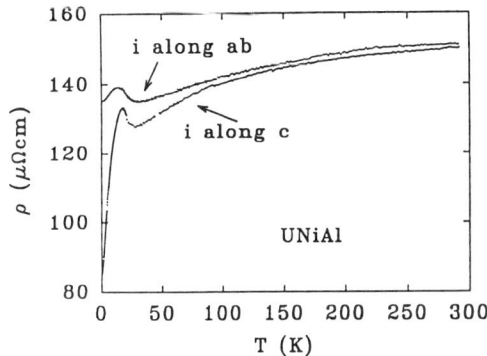

Figure 1. Temperature dependence of the electrical resistivity for $i \parallel c$ and $i \perp c$ in the UNiAl single crystal.

The resistivity of UNiAl[2] (Fig. 1) shows only a small anisotropy above 100 K ($\rho_{300K} \approx 150$ $\mu\Omega$cm). Upon decreasing temperature, the $\rho^{\parallel}(T)$ and $\rho^{\perp}(T)$ curves gradually deviate from one another. In contrast to UNiGa and UPdIn, lower resistivity values were measured for $i \parallel c$. Below 30 K, a minimum and a maximum are observed in both $\rho(T)$ curves at about 25 K (30 K) and 19 K (15 K), respectively. These features, connected with the magnetic ordering at 19 K, are more pronounced for $i \parallel c$. Moreover, at temperatures below the $\rho(T)$ maximum $\rho^{\parallel}$ decreases steeply with decreasing T to a low temperature value of 85 $\mu\Omega$cm ($\rho_0^{\parallel}/\rho_{300\,K} \approx 0.57$) whereas 130 $\mu\Omega$cm ($\rho_0^{\perp}/\rho_{300\,K} \approx 0.87$) is reached in the basal plane.

In UNiGa[11] (Fig. 2), a gradual upturn on the $\rho(T)$ curve for $i \parallel c$ is observed with lowering temperature. The upturn is suppressed by the magnetic field applied along c, and can be tentatively attributed to AF spin fluctuations with $\vec{q} \parallel c$, which are detected above T_N by magnetization measurements[3]. The two sharp peaks and the additional structure of the $\rho(T)$ curve between 30 and 40 K are connected with the four successive magnetic phase transitions. For $i \perp c$, the drop of the resistivity, which sets in at 39 K, reflects the the ferromagnetic ordering within the basal plane. At lower temperatures ($T < 20$ K), the resistivity follows a $\rho_0 + AT^2$ dependence. The ratio $\rho_0/\rho_{300K} \approx 0.66$ for $i \parallel c$ is much larger than that for the current in the basal plane (≈ 0.21).

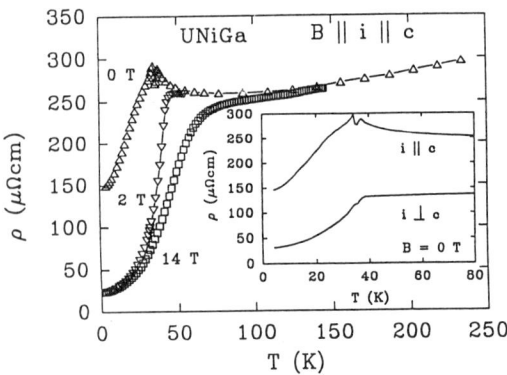

Figure 2. Temperature dependence of the electrical resistivity for $i \parallel c$ in the UNiGa single crystal in 0, 2 and 14 T. Insert: Low temperature section of the temperature dependence of the electrical resistivity for $i \parallel c$ and $i \perp c$. It is noted, that the intrinsic values of the resistivity for $i \parallel c$ can be much smaller than those presented. The measured resistivity was in some cases suddenly and irreversibly enhanced when passing magnetic phase transitions (no such effects were found for $i \perp c$). After the last measurement, a value of $\rho_{300K}^{\parallel} \cong 460$ $\mu\Omega$cm was recorded. The presented results for $i \parallel c$ have been normalized to the first-recorded resistivity value. But also this value can be enhanced substantially because the same crystal was used before for a number of low temperature magnetization measurements. These effects, are probably connected with large magnetostriction effects along the c-axis, which can produce microcracks in the sample.

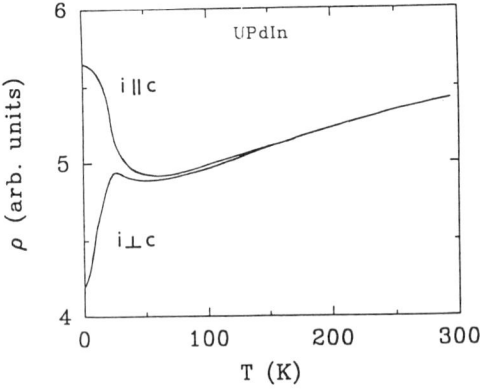

Figure 3. Temperature dependence of the electrical resistivity for $i \parallel c$ and $i \perp c$ in the UPdIn single crystal.

In UPdIn[5] (Fig. 3), the both $\rho(T)$ curves (for $i \parallel c$ and $i \perp c$) are almost identical in the high temperature range ($T > 50$ K). They pass a minimum around 50 K. Below this temperature, the resistance for i along c increases considerably and tends to saturation at 4.2 K. The resistance for i within the basal plane is, similar to UNiGa, more regular and resembles behaviour of ferromagnets. It decreases rapidly below 20 K.

The general tendency towards saturation observed for UTX compounds at high temperatures excludes application of any model yielding the flat $\rho(T)$ dependence as being due to mutual cancellation of a positive $d\rho/dT$ due to electron-phonon scattering and a negative "Kondo" $d\rho/dT$. It implies that the subtraction of resistivity of any background compound without f-component, as e.g. ThNiAl, is senseless. The Matthiessen rule is not obeyed here because of the mean free path approaching the interuranium spacing.

FIELD-INDUCED TRANSITIONS AND RESISTIVITY

By applying magnetic field along the c-axis, the metamagnetic transition to a ferromagnetically aligned phase is found in UNiAl (Fig. 4), UNiGa (Fig. 5), and UPdIn (Fig.6) at $\simeq$ 11, 0.8, and 16 T, respectively, all at T = 4.2 K. At higher temperatures, the ferromagnetic phase in UNiGa can be reached by a two step transition (Fig. 7) via a ferrimagnetic phase (+ + -). A double step transition is observed also in UPdIn at 4.2 K (Fig. 6). The first step corresponds to the transition from the (+ - + + -) phase to a phase with M = 1/3 M_s (presumably + + -) and the second to a full ferromagnetic-type alignment. The metamagnetic transitions are accompanied by dramatic reductions of the electrical resistivity (see Figs. 4 - 7).

The resistivity in UNiAl at 14 T (Fig. 4), is reduced by 70 % with respect to zero-field values for both current directions. Unlike UNiGa and UPdIn, where measurable resistance changes at 4.2 K are concentrated almost exclusively into the transition region, a noticeable decrease of ρ is found in UNiAl also below and above B_c (the critical field of the metamagnetic transition). This (similar to the γ-enhancement in field) can be related to moment-fluctuation effects, which strongly affect the magnetism in this compound. From the lack of saturation between 11.5 and 14 T one expects still a considerable decrease of the resistivity in higher fields, because the magnetization saturates only around 50 T. Above the metamagnetic transition in UNiGa (Fig. 3), the resistivity reduction amounts to $\simeq$ 0.1 and 0.4 ρ(0 T) for $i \parallel c$ and $i \perp c$, respective-

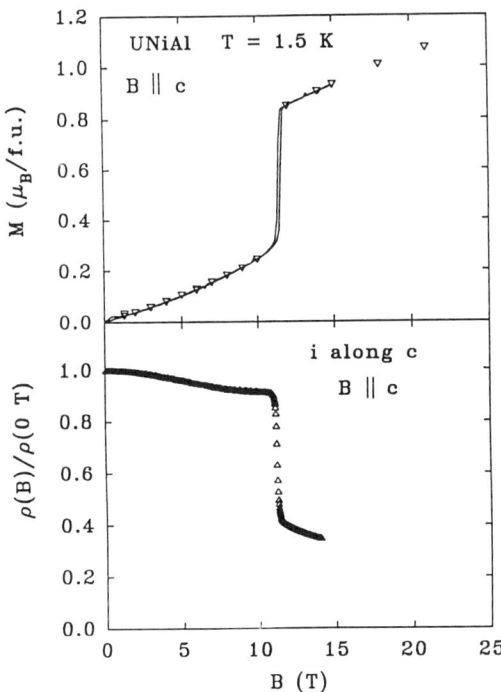

Figure 4. Magnetization curve (upper part) and magnetic-field dependence of the relative electrical resistivity for $i \parallel c$ (lower part) in the UNiAl single crystal at 1.5 K for $B \parallel c$.

ly. Despite the invariable γ-value of 40.8 mJ/mol K^2, values of the quadratic coefficient A are also strongly Both residual resistivity values in a field above the metamagnetic transition are only about 8% of the corresponding room-temperature values. The observed hysteresis effects reproduce well the hysteresis of magnetization.

The field dependence of the relative resistance in UPdIn, shown in Fig 6, displays two distinct drops, one around $B = 3$ T, the other at approximately 16 T. The low-field transition has a noticeable hysteresis and $\rho(B)$ in this region is rather time dependent in a constant field. This time dependence can be described as an exponential relaxation behaviour with relaxation times of the order of 100 ms. This observation is consistent with the relation between the width of the hysteresis loop and the field sweeping rate in magnetization measurements[5]. The high-field transition is practically without hysteresis. This was ascribed to a more complicated moment re-arrangement at the lower transition. The resistivity here is reduced only by a small portion, whereas the high-field transition depresses the resistivity far below its high-temperature values. Magnetic fields applied within the basal plane have no influence on the resistivity values in all three compounds, which proves that it is the scattering mechanism and not the electron-path variations which drive the huge magnetoresistance effects.

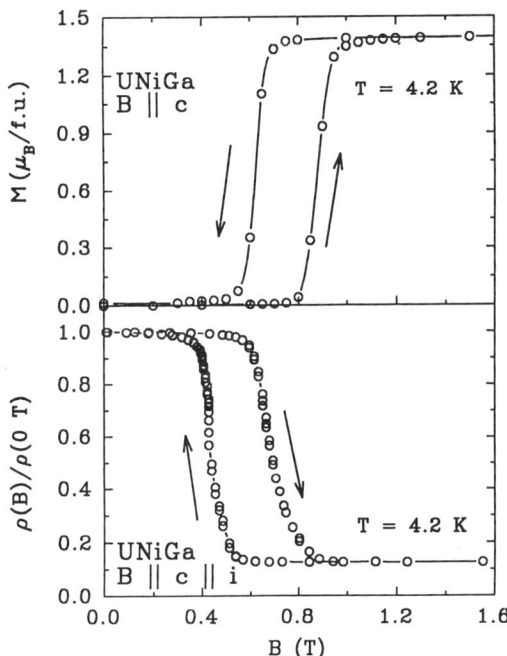

Figure 5. Magnetization curve (upper part) and magnetic-field dependence of the relative electrical resistivity for $i \parallel c$ (lower part) in the UNiGa single crystal at 4.2 K for $B \parallel c$. We note, that the different values of metamagnetic fields observed in the magnetization measurement and in the resistivity measurements for $i \parallel c$ and $i \perp c$ are due to different demagnetization factors of used samples. (also in Figure 6).

DISCUSSION AND CONCLUSIONS

All compounds under investigation display a significant anisotropy of ρ. Besides the general anisotropy due to the crystal-structure and Fermi-surface anisotropy, there is a significant anisotropy of ρ related to the anisotropy of $5f$-moment ordering. For transport of charge along sheets with ferromagnetically coupled moments, the $\rho(T)$ dependence mimics a behaviour of a ferromagnet. Relying on a local-moment picture, we can attribute the difference $\rho(300\ K) - \rho_0$ to the "spin-disorder scattering". The values of several hundred $\mu\Omega$cm point then to a very strong exchange interactions between $5f$ and conduction electrons (comparing to e.g $4f$-conduction electron interaction in lanthanides). Electron-phonon scattering cannot contribute substantially to $\rho(300\ K)$, as the $\rho(T)$ dependencies are flat at high T.

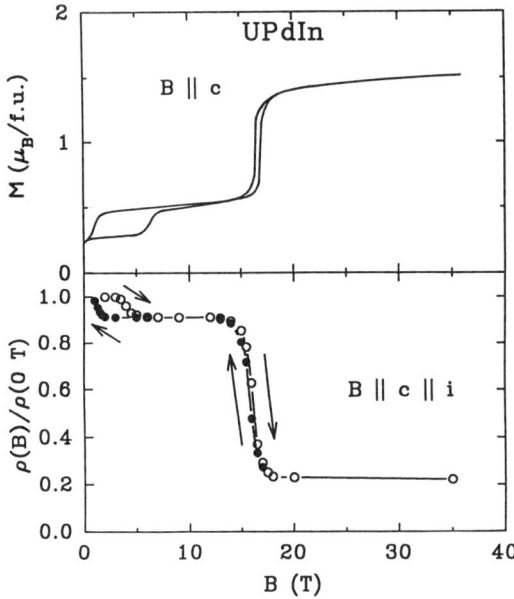

Figure 6. Magnetization curve (upper part) and magnetic-field dependence of the relative electrical resistivity for $i\ \|\ c$ (lower part) in the UPdIn single crystal at 4.2 K for $B\ \|\ c$.

The resistance for current sensing the AF coupling displays in all cases an upturn with decreasing T, which is pertinent to many antiferromagnets. The fact, that this upturn appears well above the ordering temperature, points to the presence of short-range AF correlations (AF spin fluctuations) on the scale of the electron mean free path.

The main issue remains a mechanism responsible for the huge drop of ρ at the metamagnetic transition which is preserved even in the low-temperature limit. One mechanism possible in non-local-moment systems, the change of the coupling strength between f and conduction electrons, is probably unimportant, because this would affect both the magnitude of magnetic moment themselves and their dynamics, reflected in variations of the γ-coefficient. But at least in UNiGa, where the drop of ρ is relatively largest, this was not observed. The invariability of γ makes questionable also a generally present impact of the Fermi surface reconstruction, which come into consideration due to the nesting of additional Brillouin zones because of additional periodicity in the AF state. Phenomenologically, the layered type of magnetism in UTX

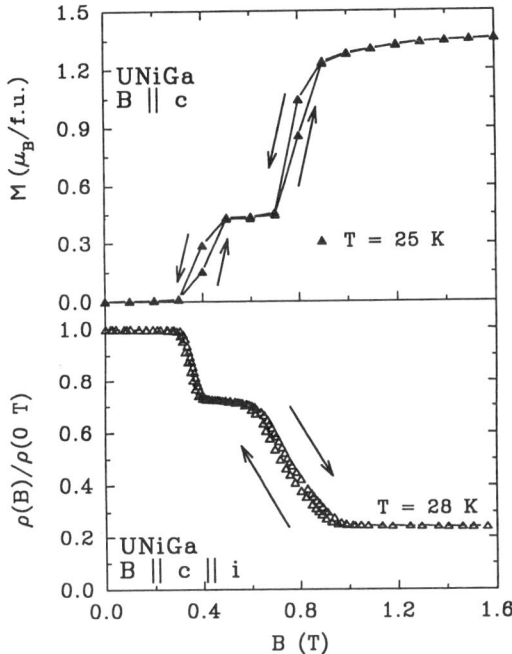

Figure 7. Magnetization curve (upper part) and magnetic-field dependence of the relative electrical resistivity for $i \parallel c$ (lower part) in the UNiGa single crystal at 25 and 28 K, respectively, for $B \parallel c$.

compounds is reminiscent of magnetic multilayers. One of explanations, used here to describe large magnetoresistance effects, is based on a picture of spin-up and spin-down split bands. The majority sub-band in one layer is a minority one (for one spin direction) in neighbouring layers for layers with AF coupling. Without spin-flip scattering, this reduces the density of states at E_F, which is available for charge transport in direction perpendicular to the layers.

Acknowledgements

Financial support of this work by a Grant-in-Aid for the International-Joint Research Program from the Ministry of Education, Science and Culture of Japan is gratefully acknowledged.

REFERENCES

1. V.Sechovsky, L.Havela, E.Brück, F.R.de Boer, and A.V.Andreev, 5f-ligand hybridization and magnetism in UTX compounds, *Physica B* 163:103 (1990)
2. L.Havela, V.Sechovsky, P.Nozar, E.Brück, F.R.de Boer, J.C.P.Klaasse, A.A.Menovsky, J.M.Fournier, M.Wulff, E.Sugiura, M.Ono, M.Date, and A.Yamagishi, Antiferromagnetic correlations in UNiAl, *Physica B*, 163:313 (1990)
3. L.Havela, V.Sechovsky, L.Jirman, F.R.de Boer, and E.Brück, Magnetic transitions in UNiGa, *J.Appl.Phys.* 93:4813 (1991)
4. E.Brück, F.R.de Boer, V.Sechovsky, and L.Havela, UPdIn - a new heavy-fermion compound, *Europhys.Lett.* 7:177 (1988)
5. H.Fujii, H.Kawanaka, M.Nagasawa, T.Takabatake, Y.Aoki, T.Suzuki, T.Kujita, E.Sugiura, K.Sugiyama, and M.Date, Anisotropic hybridization in a heavy-fermion compound with double magnetic transitions, *J.Magn.Magn.Mater.* 90&91:507 (1990)
6. P.Burlet, L.Jirman, V.Sechovsky, L.Havela, M.Diviš, Y.Kergadallan, J.C.Spirlet, J.Rebizant, E.Brück, F.R.de Boer, H.Nakotte, T.Suzuki, T.Fujita, and H.Maletta, Magnetic phase diagram of UNiGa, in: Proc. $22^{\text{ièmes}}$ Journées des Actinides, Méribel (1992), p. 125
7. H.Fujii, H.Kawanaka, T.Takabatake, E.Sugiura, K.Sugiyama, and M.Date, Magnetic and electrical properties in UCuSn, UPdIn and Th substituted UNiSn, *J.Magn.Magn.Mater.* 87:235 (1990)
8. J.M.Fournier and P.Burlet, Antiferromagnetic ordering in UNiAl, in: Proc. $21^{\text{èmes}}$ Journées des Actinides, Montechoro (1991), p. 126
9. L.Jirman, V.Sechovsky, L.Havela, W.Ye, T.Takabatake, H.Fujii, T.Suzuki, T.Fujita, E.Brück, and F.R.de Boer, Magnetic and transport properties of UNiGa, *J.Magn.Magn.Mater.* 104-107:19 (1992)
10. H.Nakotte, E.Brück, F.R.de Boer, A.J.Riemersma, L.Havela, and V. Sechovský, Magnetoresistance and Metamagnetic Transitions in UPdIn, *Physica B* 179:269 (1992)
11. J.Mathon, Theory of magnetic multilayers. Exchange interactions and transport properties, *J.Magn.Magn.Mater.* 100:527 (1991)

ELECTRON TRANSPORT IN THE UTSn SERIES,
WHERE T = Ni, Pd, Pt, Cu and Au

R. Troć, B. Badurski and V.H. Tran

W. Trzebiatowski Institute of Low Temperature
and Structure Research, Polish Academy of Sciences
50-950 Wrocław, Poland

1. INTRODUCTION

Studies of the magnetic and transport properties of the equiatomic ternary systems, UTM, in which U is combined with a transition metal T and an sp-element M have been a subject of great interest. This interest arises from the fact that these systems comprise a wide range of different ground states of uranium depending on the kind of T and M constituents. Such parameters like the occupancy of T-d shell, the size of M-element and the mutual coordination of T and M atoms with the uranium atoms (crystal structure) play an important role in the U5f-ligand hybridization[1]. As many authors have claimed, the latter is a dominating factor determining the observed magnetic and transport properties of these phases.

One interesting class of these systems are stannides, UTSn. In this work we have investigated these compounds with T = Ni, Pd and Pt or Cu and Au, which have mostly or complete filled d-states, respectively, what thus prevent or eliminate the U5f-Tnd hybridization. Also a large introduced atom into the compound as Sn diminishes greatly the effect of U5f-Msp hybridization. Therefore, the investigated ternary compounds behave mainly as the local-moment systems and their observed properties are predominantly governed by the geometry of U-surrounding, which is varied from compound to compound due to the appearance of different crystal structures in this series of compounds.

The magnetic and transport properties of UTSn compounds have intensively been discussed elsewhere[2,3]. Here we have extended our studies by measuring except the electrical resistivity also the magnetoresistivity, $\Delta\rho/\rho$, in weak fields up to 1 T.

Previously, the magnetoresistivity for the cubic UNiSn and UPtSn phases as well as for the hexagonal UPdSn one has been measured by Palstra et al.[2]. We think that the transport properties are valuable tools in the study of these materials, especially near to any transition temperature, because the principal scattering mechanism here is believed to be associated mainly with the magnetic effects.

2. EXPERIMENTAL PROCEDURES AND RESULTS

For samples preparation and electrical resistivity measurements we refer to ref. 3. The samples for transport measurements were cut into bars with typical dimensions 1x1x5 mm^3. Magnetoresistivity, $\Delta\rho/\rho$, was first measured at 4.2 K in applied fields up to 1 T and then keeping this field strength the temperature was varied from 4.2 K to that being usually much higher than the respective transition temperatures of a studied compound. The obtained results we present in Figs. 1-7 and discuss below in groups having the same crystal structure.

2.1 UNiSn

Recently we have found[3] that the UNiSn samples obtained just after melting (not annealed) reveal an orthorhombic structure of $CeCu_2$-type.

In contrast to the well known, low temperature (LT), MgAgAs-type phase of UNiSn[2], the orthorhombic phase behaves as a typical intermetallic actinide phase. The ρ-T curve of this phase is shown in Fig. 1. According to our previous results[3], the $\rho(T)$ function is strongly curvilinear up to about 200 K and then it saturates to a value of about 350 $\mu\Omega$cm. At low temperatures a T^2 dependence is marked. The temperature dependence of the derivative $d\rho/dT$ shows a sharp cusp at 12 K and some step-like change at about 20 K. $\Delta\rho/\rho$ at 4.2 K is negative and steeply decreases with rising temperature, showing a distinct kink at 20 K (see the inset of Fig. 1). At present, it is not completely clear whether this anomaly, seen in the vicinity of 20 K also in $\chi(T)$[3], is intrinsic or is caused by an impurity phase. As shown by Palstra et al.[2], the resistivity of the cubic UNiSn phase exhibits a semiconductor to metal transition at T_{SM} near T_N = 47 K. The semiconducting behaviour with an energy gap Δ/k = 800 K is ascribed to the particular band structure, relevant to the MgAgAs-type lattice. As recent studies[4] have shown, pressure strongly suppresses this energy gap. The thermoelectric power, Q, goes through an extremely sharp peak of 50μV/K at T_{SM}[5] The magnetoresistivity measured at temperatures up to 100 K and magnetic fields up to 7 T for this phase[2] is negative at all

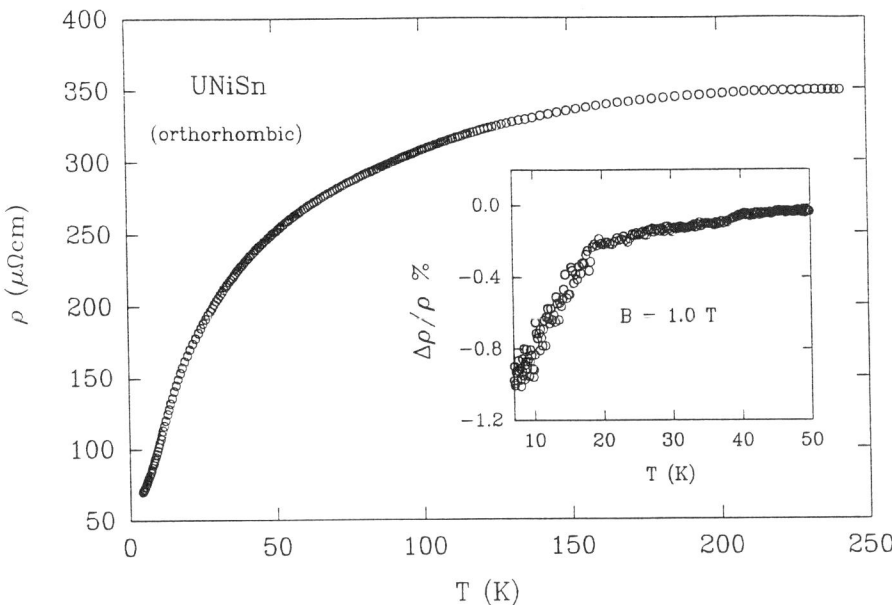

Figure 1. Temperature dependence of the electrical resistivity for the CeCu$_2$-type compound, UNiSn. Inset: the magnetoresistivity against the temperature at B = 1 T.

temperatures and varies quadratically with the magnetic field. Again, the largest effect in $\Delta\rho/\rho$ was found at temperatures near T_N, $\Delta\rho/\rho$ = -7.5 % at 7 T comparing to -2% at 4.2 K and 5 T.

2.2 UPtSn

In our previous paper[3] we reported that except for the cubic (MgAgAs-type) UPtSn there exists also the hexagonal (Fe$_2$P-type) form, but for the off-stoichiometric sample, UPt$_{0.9}$Sn$_{1.1}$. The magnetic properties of these two forms appeared to be quite different. Whereas the susceptibility of the cubic phase increases largely below 35 K and then at about 20 K, it goes through a small maximum, the hexagonal phase is ferromagnetic below 28 K. Fig. 2 presents the $\rho(T)$ curve for the MgAgAs-type compound. As one can see from this figure, $\rho(T)$ behaves amazingly, i.e. the resistivity values are huge as those reported previously for this compound by Palstra et al.[2]. Despite that the shape of the $\rho(T)$ curve reflects the magnetic behaviour of this compound. As our results indicate (see Fig. 2), the resistivity increases with cooling down to about 35 K, passing through a flat maximum and then ρ below about 26 K decreases more rapidly. In addition, at T = 7 K a small minimum in $\rho(T)$ is observed (see the inset of Fig.2), an origin of which is not clear now.

The $\Delta\rho/\rho$ vs. T curve, taken at B = 1 T, is displayed in Fig. 3. The magnetoresistivity at low temperatures is positive, but at about 22 K changes its sign and at T = 26 K shows a sharp negative minimum, then at

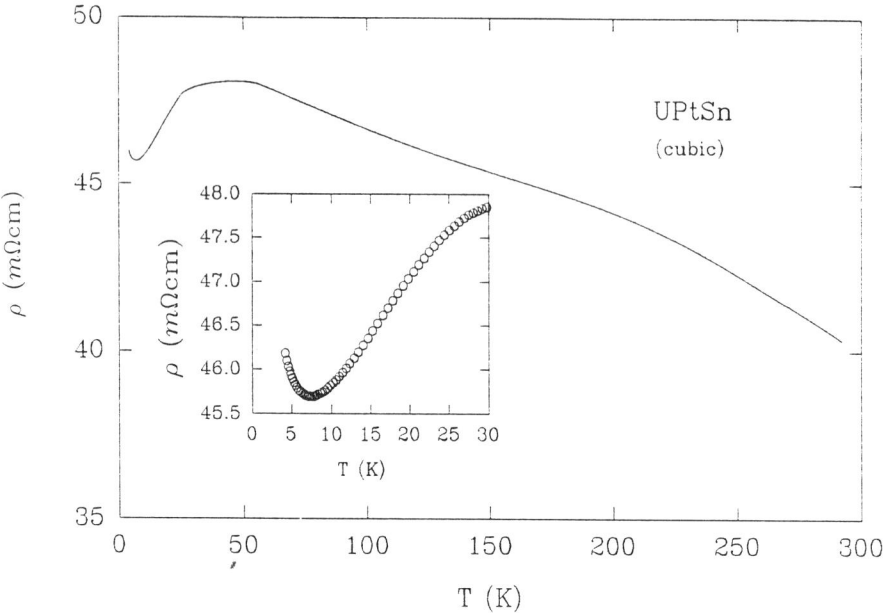

Figure 2. Temperature dependence of the electrical resistivity for the MgAgAs–type compound, UPtSn. Inset: low temperature behaviour of the resistivity.

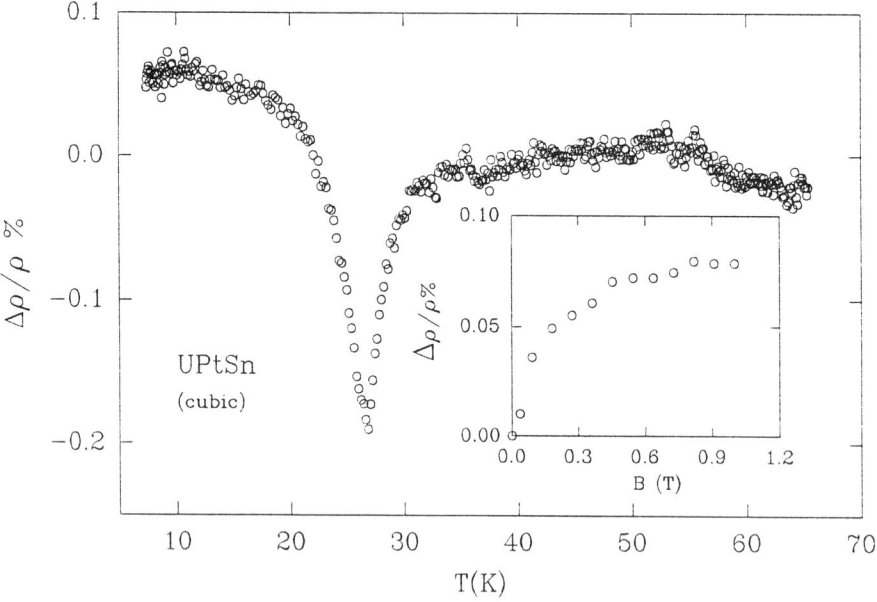

Figure 3. Temperature dependence of the magnetoresistivity for the MgAgAs–type compound, UPtSn. Inset: the magnetoresistivity at 4.2 K

35 K it becomes zero and finaly $\Delta\rho/\rho$ above about T = 55 K again slowly increases negatively. The behaviour described above exactly reflects the anomalies observed in the $\rho(T)$ curve. The similar temperature effect was observed by Palstra et al.[2] for their sample of UPtSn. The largest negative magnetoresistivity they also found around T = 30 K with a change in sign at 20 K. At 4.2 K and 5 T they reported $\Delta\rho/\rho$ = 0.5 %. The inset of Fig. 3 shows a positive increase in $\Delta\rho/\rho$ of our sample with applied magnetic field.

However, in contrast to the cubic UNiSn phase, having the same type of crystal structure, the thermoelectric power of cubic UPtSn, measured by Yamaguchi et al.[4], does not exhibit any notable structure and Q-values are close to zero over the temperature range, 4.2-300 K.

Fig. 4 displays the $\rho(T)$ curve of the hexagonal $UPt_{0.9}Sn_{1.1}$ form. Its behaviour is similar to that reported earlier[3]. There is a remarkable change in slope of $\rho(T)$ at 28 K, being typical for a ferromagnet. The field dependence of the magnetoresistivity at 4.2 K, shown in the upper inset of Fig. 4, is initially slightly negative and above B = 0.4 T becomes positive. The $\Delta\rho/\rho$ vs. T curve (the lower inset) shows a small jump at the ferromagnetic transition temperature, T_C = 28 K, and additionally one sees only slightly marked anomaly at about T = 24 K. The occurrence of two close lying features for $UPt_{0.9}Sn_{1.1}$ we have observed

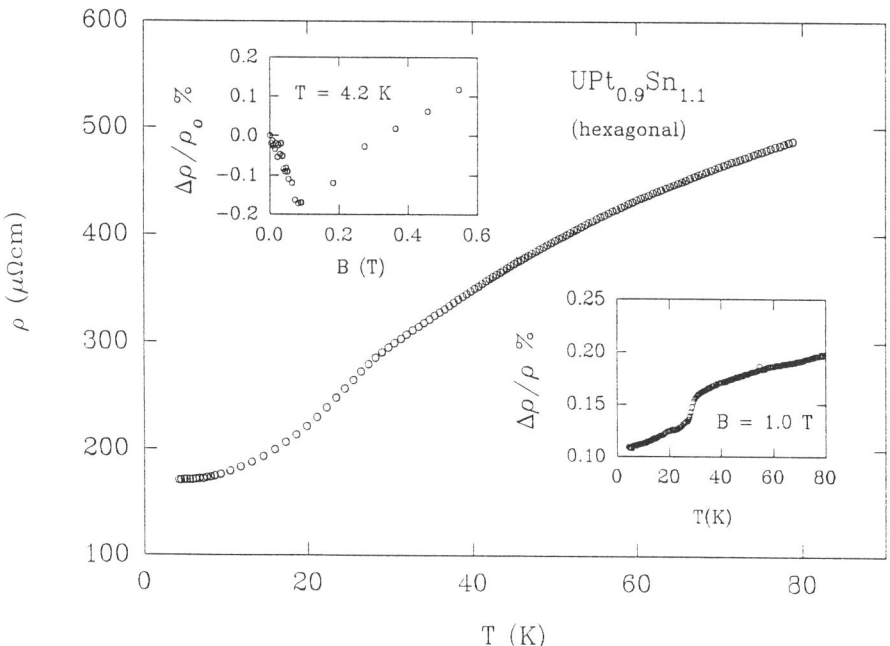

Figure 4. Temperature dependence of the electrical resistivity for the Fe_2P-type. compound, $UPt_{0.9}Sn_{1.1}$. Inset: the magnetic field (upper) and temperature (lower) dependences of the magnetoresistivity.

in our previous studies[3] in the temperature dependences of both the derivative dρ/dT and magnetization.

2.3 $CaIn_2$ - TYPE COMPOUNDS

In this hexagonal symmetry structure crystallizes a few UTM compounds. Among them also UPdSn, UCuSn and UAuSn. The characteristic feature of this structure is that the shortest U-U distances are not in the basal plane (d_{U-U} =4.6 - 4.7 Å), but along the c-axis (d_{U-U} = 1/2c = 3.60 - 3.65 Å). This leads to a linear chain of U-atoms spreading out along the c-axis, what should impact on the magnetic and transport properties of these systems.

a) UPdSn

Shown in Fig.5 is the ρ - T curve, taken at B = 0 and 1 T for newly obtained sample of UPdSn. Although an overall shape of this curve is similar to that reported earlier[2-4], the magnitudes of ρ are here considerably larger than those reported in previous studies. For example, the difference $\rho_p - \rho_o$, where ρ_p is an average value of the resistivities within the plateau (80 - 150) K and ρ_o is the residual resistivity, in our case is 4400 μΩcm, while for the samples studied previously this

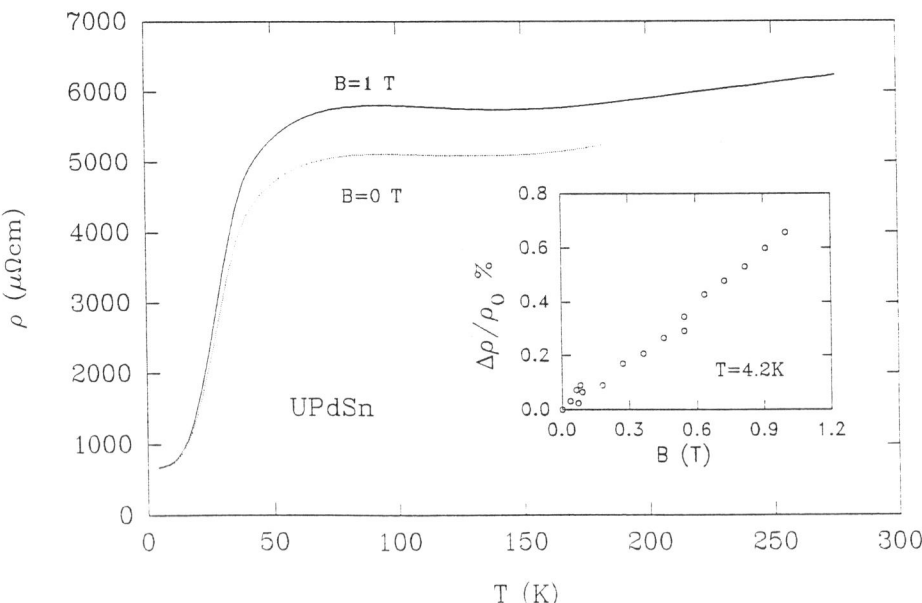

Figure 5. Temperature dependence of the electrical resistivity at B = 0 and 1 T for the $CaIn_2$-type compound, UPdSn. Inset: the magnetic field change of the resistivity at 4.2 K..

difference reaches the following values: 400^3, 800^2 and 2100^4 $\mu\Omega$cm. This large spread in these values strongly indicates a large-sample dependent effect taking place for this compound. Moreover, as Fig. 5 illustrates, ρ-values markedly increase when measured at B = 1 T. The temperature dependence of ρ is also strongly affected by pressure[4], especially above 100 K. It is also worth noting that the dρ/dT vs. T curve (not shown) has a fairly sharp maximum at T = 26 K and an inflection point at T = 41 K, which well correspond to the critical temperatures determined from the susceptibility[3,6,7] and neutron diffraction[7-9] measurements.

The inset of Fig. 5 shows the magnetoresistivity of UPdSn at 4.2 K. As seen, $\Delta\rho/\rho$ is positive and rises linearly with applied magnetic field. At B = 1 T it is equal to 0.7 %. In contrast to this result, Palstra et al.[3] have found at the same temperature, but at 5 T, that $\Delta\rho/\rho$ = -8%.

b) $UCu_{1+x}Sn_{1-x}$

Some basic properties of UCuSn have previously been studied by Fujii et al.[10] We have studied two samples, the stoichiometric UCuSn and non-stoichiometric $UCu_{1.1}Sn_{0.9}$ alloys. The electrical resistivity of both these materials behaves in similar manner, as was reported by Fujii et al.[10], i.e. ρ rises slightly with decreasing temperature down to 60 K. Below this temperature a characteristic bump in $\rho(T)$ with T_{max} = 25 K is observed, because the new periodicity generated by the antiferromagnetic order modifies the band structure below T_N = 60 K. The difference between these two materials is only seen in the magnitudes of ρ. Surprisingly, these for the non-stoichiometric phase are about 45 % lower in comparison to the stoichiometric one. In turn, the ρ-value at room temperature of our UCuSn sample is only half of that reported in Ref. 10.

Furthermore, the magnetic properties of UCuSn determined by us[11] seem to be more complex than those reported in Ref. 10. The cusp anomaly in $\chi(T)$ at T_N = 60 K, observed by Fujii et al.[10], exactly corresponds to what we have found for the non-stoichiometric sample. It appears that the magnetic susceptibility of our x = 0 sample increases suddenly below 77 K and goes through a broad maximum centered at T = 30 K. It is interesting to note that some sign of such a maximum is also seen for $UCu_{1.1}Sn_{0.9}$[11]. However, it is surprising that the difference in magnetic behaviour of our UCuSn sample is not reflected in its temperature dependence of ρ. At low temperatures the resistivity varies as $\rho(T) = a\,T^2$ with the coefficient a = 1.23 and 0.52 $\mu\Omega$cm/K^2 for the x = 0 and 0.1 samples, respectively.

The magnetoresistivity was measured only for the $UCu_{1.1}Sn_{0.9}$ sample.

At 4.2 K $\Delta\rho/\rho$ increases negatively as a B^2, reaching a value of -0.11% at $B = 1$ T.

c) *UAuSn*

The electrical properties of UAuSn have previously been studied by Palstra et al.[3] and recently by de Boer et al.[6]. The former authors present a flat $\rho(T)$ curve between 4.2 - 300 K, while the latter ones have observed an upturn in $\rho(T)$ developing below 80 K.

Our $\rho(T)$ data for UAuSn are depicted in Fig. 6. One can see from this

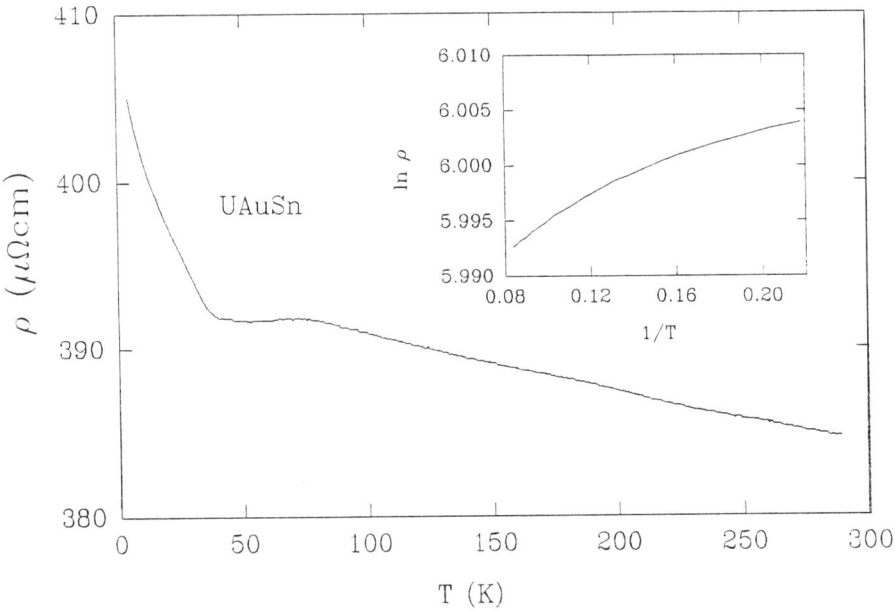

Figure 6. Temperature dependence of the electrical resistivity for the $CaIn_2$-type compound, UAuSn. Inset: the $\ln\rho$ vs. $1/T$ plot below 12 K.

figure that ρ monotonically increases if the temperature is decreased from room temperature to about 75 K, passes a plateau down to $T_N = 35$ K and below this temperature $\rho(T)$ rapidly increases exponentially, without any sign of saturation at 4.2 K. This exponential increase in $\rho(T)$ is interpreted as a result of the opening of the energy gap in the density of states. In the inset of this figure, the $\ln \rho$ vs. T^{-1} plot is shown. The energy gap estimated from this plot between 4.2 - 8 K is about 10 K. The mechanism of the gap formation in UAuSn is likely associated with a complex, long-range magnetic ordering, which finds its support in the well-resolved Mössbauer spectra measured on the same sample[12]. It is interesting to note that an analogical situation was found in UPdIn[13], for which ρ measured along the c-axis indicates that a pseudogap is formed on the part of Fermi surface in connection with the development of an incommensurate, sinusoidally modulated magnetic structure below $T_N = 20$

K^{14}. The possible randomness in the occupancy of the Au and Sn lattice sites may prevent the formation of long-range magnetic order in some samples of UAuSn, as suggested in Ref.6, and hence, we think, no distinct change in the resistivity near the critical point can be observed.

The $\Delta\rho/\rho$ vs. T plot around the Néel temperature of UAuSn is given in Fig.7. Despite the extremely smallness of the effect, one can easy

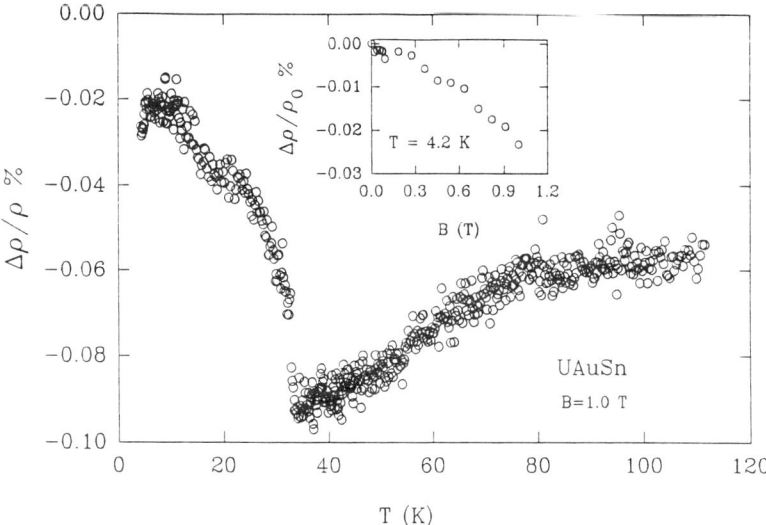

distinguish from this plot the transition temperature, T_N = 35 K, where $\Delta\rho/\rho$ achieves a fairly sharp negative minimum.

Like for the Cu-based sample, the magnetoresistivity of UAuSn at 4.2 K is negative following a B^2 law, but the effect is about an order of magnitude smaller.

SUMMARY

We present results of the temperature dependences of the electrical resistivity measured in zero and magnetic fields up to 1 T for the UTSn phases with T from the end of the trasition-metal series. These phases crystallize in different lattices and exhibit various magnetic transitions at low temperatures. We have found that the resistivity behaviour for most of the studied compounds is strongly sample-dependent. It results from the fact that most properties of the UTSn phases are influenced considerably by small changes in the chemical compositions. It also implies that some of UTSn compounds occur in different crystal structure forms.

Especially the strange results obtained for the cubic phase of UPtSn in comparision to previous data require further studies of this compound. It is also interesting to note that the temperature dependence of the magnetoresistivity in weak magnetic fields may yield usefull information on the magnetic transitions taking place in these phases. Our such data obtained for UAuSn clearly indicate that this compound is antiferromagnetically ordered below T_N = 35 K, but probably with a complex magnetic structure. The latter is inferred from the low temperature electrical resistivity behaviour of this compound, which indicates the opening of the energy gap of about 10 K on the Fermi surface. Single crystal measurements should clear up these findings.

ACKNOWLEDGEMENTS

The work was supported by the research program of the KBN Grant Nr. 202969101.

REFERENCES

1. D.D. Koelling, B.D. Dunlap, and G.W. Crabtree, *Phys. Rev.* B31:4966 (1985).
2. T.T.M Palstra, G.J. Nieuwenhuys, R.F.M. Vlastuin, J van der Berg, J.A. Mydosh, and K.H.J. Buschow, *J. Magn. Magn. Mat.*, 67:331 (1987).
3. V.H. Tran and R. Troć, *J. Magn. Magn. Mat.*, 102:74 (1991).
4. M. Kurisu, H. Kawanaka, T. Takabatake, and H. Fujii, *J. Phys. Soc. Jap.*, 60:3792 (1991).
5. Y. Yamaguchi, J. Sakurai, F. Teshima, H. Kawanaka, T. Takabatake, and H. Fujii, *J. Phys: Cond. Matter* 2:5715 (1990).
6. F.R. de Boer, E. Brück, H. Nakotte, A.V. Andreev, V. Sechovsky, L. Havela, P. Nozar, C.J.M. Denissen, K.H.J. Buschow, B. Vaziri, M. Meissner, H. Maletta, and P. Rogl, *Physica B* 176:275 (1992).
7. R.A. Robinson, A.C. Lawson, K.H.J. Buschow, F.R. de Boer, V. Sechovsky, and R.B. von Dreele, *J. Magn. Magn. Mat.*, 98:147 (1991).
8. R.A. Robinson, A.C. Lawson, J.W. Lynn, and K.H.J. Buschow, *Phys. Rev.* B45:2939 (1992).
9. R. Troć, V.H. Tran, J.Rossat-Mignod, M. Bonnet, R. Kmieć, A. Szytuła, M. Kolenda, R. Kruk, K. Łątka, and T. Tomala, *J. Magn. Magn. Mat.*, (submitted).
10. H. Fujii, H. Kawanaka, T. Takabatake, E. Sugiura, K. Sugiyama, and M. Date, *J. Mag. Magn. Mat.*, 87:235 (1990).
11. V.H. Tran and R. Troć, *Physica B* (in press).
12. R. Kruk et. al. (to be published).
13. H. Fujii, H. Kawanake, M. Nagasawa, T. Takabatake, Y. Aoki, T. Suzuki, T. Fujii, E. Sugiura, R. Sugiyama and M. Date, *J. Magn. Magn. Mat.*, 90&91: 507 (1990).
14. E. Suigiura, K. Sugiyama, H. Kawanaka, T. Takabatake, H. Fujii, and M. Date, *J. Magn. Magn. Mat.*, 90&91:65 (1990).

THERMAL CONDUCTIVITY OF Ce AND Yb BASED KONDO COMPOUNDS

E. Bauer

Institut für Experimentalphysik
Technische Universität Wien
A - 1040 Wien, Austria

INTRODUCTION

It is well known that the electronic thermal conductivity of simple metals traces the behaviour of the electrical conductivity of the same material. The resemblance between both transport quantities is theoretically proven by the so called Wiedemann - Franz law. However, there are some constraints since, for example, small angle scattering processes do not contribute to the electrical resistivity. Moreover, the lattice thermal conductivity cannot be neglected in certain cases. In spite of such discrepancies, each information on details of the electrical resistivity allows a better understanding of the much more complex behaviour of the temperature dependent thermal conductivity.

There are a lot of fundamental papers considering both the Kondo effect and crystal field splitting and their impact on the temperature dependent electrical resistivity $\rho(T)$ and on the temperature dependent thermopower $S(T)$.[1,2,3,4]

- The magnetic contribution to the electrical resistivity $\rho_{mag}(T)$ due to both effects is characterized by logarithmic ranges for temperatures which are much larger or smaller than the temperature of a certain crystal field level Δ_i/k_B. Around Δ_i/k_B a maximum in $\rho_{mag}(T)$ occurs. This dependence has been concluded from solutions of the Coqblin - Schrieffer model in a perturbation type calculation.[1] Usually, this distinct behaviour serves to state pronounced Kondo scattering processes in presence of crystal field splitting. As an archetypal example for this behaviour, CeAl$_2$ is mentioned.[5] Kondo type interactions in this compound yield to a negative logarithmic behaviour at low and high temperatures and a maximum around 80 to 90 K, marking the Γ_8 quartet above the Γ_7 ground state.

However, as the separation of the different CF levels becomes closer, just an integral effect can be observed, i.e. a negative logarithmic range in the crystal field ground state and in the full multiplet of the considered ion. Moreover, if the high temperature Kondo temperature T_K^H (i.e. the Kondo temperature in the full multiplet of the Hund ground state) becomes comparable with the overall crystal field splitting Δ_{CF}, the deduced behaviour of $\rho_{mag}(T)$ may be degenerated in the sense that just one maximum in $\rho_{mag}(T)$ appears. Above which, an extended range with an (-lnT) behaviour occurs.[6] As representatives for this case we mention $CeCu_6$,[7] $CeAl_3$,[8] $CeCu_4Al$ [9] or $YbCu_4Ag$.[10]

- Extraordinary large thermopower values, which exceed those of normal metals by one ore two orders of magnitude are observed for Kondo compounds. The reason of which is an asymmetric relaxation time τ_k with respect to the energy around the Fermi level.[3] If crystal field splitting in the compounds is negligible, Kondo interaction processes yield to an universal behaviour of $S(T)$, scaled by just a single temperature, the Kondo temperature T_K. Additionally, a maximum appears around $T = T_K$. However, as crystal field splitting or other interaction mechanisms like the RKKY interaction become important, the universal behaviour of $S(T)$ is lost.[2,11] If the degeneracy of the ground state is lifted by the crystal field, an extremum in $S(T)$ at a certain fraction of Δ_{CF} should occur ($S^{max} = (1/3 - 1/6)\Delta_{CF}$).[2] Very recently it has been shown that the maximum in $S(T)$ observed for Ce - or the minimum for Yb systems can be related also with the value of the high temperature Kondo temperature T_K^H.[12] However, it is noticed that the value of $(1/3 - 1/6)\Delta_{CF}$ is usually of the same magnitude as the value of T_K^H.

In the following sections we will show that also thermal conductivity measurements on Ce and Yb based compounds can be used to study the Kondo effect, crystal field splitting or the contribution due to RKKY interaction. For this, a short section with basic theoretical concepts, followed by a number of experimental results on Ce and Yb based Kondo compounds will be presented. To deduce from the total measured thermal conductivity the contribution due to the interaction of conduction electrons with the almost localized magnetic moments, a comparison with equivalent nonmagnetic compounds is necessary. Besides it is necessary to consider the lattice contribution to the total thermal conductivity.

THEORETICAL CONCEPTS

As demonstrated in many textbooks,[13,14] the temperature dependent thermal conductivity $\lambda(T)$ may be described using the linearized Boltzmann equation. In the usual way the thermal conductivity can be written as

$$\lambda = \frac{1}{T}\left[K_2 - \frac{(K_1)^2}{K_0}\right] \quad (1)$$

where the integrals K_n are given by

$$K_n = \frac{k_F^3}{3\pi^2 m}\int \epsilon_k^n \cdot \tau(\epsilon_k)\left(-\frac{df_k}{d\epsilon}\right)d\epsilon_k \quad (2)$$

with m the electron mass, k_F the Fermi wave vector and ϵ_k the electron energy. Once, the relaxation time $\tau(\epsilon_k)$ of a certain scattering event is determined, the thermal conductivity λ can be calculated. Following the treatment of Bhattacharjee and Coqblin,[15] the thermal conductivity, originated from Kondo scattering processes in presence of crystal field splitting can be obtained using the third order perturbation theory in the framework of the Coqblin - Schrieffer model. The associated relaxation time, including second and third order terms is given by

$$\frac{1}{\tau_k} = \frac{mkv_0c}{\pi\hbar^3(2j+1)}(R_K + S_K) \qquad (3)$$

k is the wave vector, v_0 the sample volume and c is the concentration of impurity moments with total angular momentum j. R_K and S_K are mainly functions of J^2 and J^3, respectively. The exchange integral J is calculated applying the Schrieffer Wolff transformation to the hybridization matrix element of the Anderson Hamiltonian.[16] Equation (1), (2) and (3) then yields[15]

$$\lambda = \frac{\hbar^3 k_F^2(2j+1)}{3\pi m^2 v_0 c}\frac{1}{T}(W_2 - W_3) \qquad (4)$$

with

$$W_2 = \int \epsilon_k^2 \left(-\frac{\partial f_k}{\partial \epsilon_k}\right)\frac{d\epsilon_k}{R_k} \qquad (5)$$

and

$$W_3 = \int \epsilon_k^2 \left(-\frac{\partial f_k}{\partial \epsilon_k}\right)\frac{S_k}{R_k^2}d\epsilon_k \qquad (6)$$

Here, $S_K \ll R_K$ has been assumed. Using the f = 1/2 approximation, the electronic thermal conductivity $\lambda_{e,mag}(T)$, confined by scattering processes of conduction electrons with almost localized magnetic moments is calculated. The principal result, expressed in terms of the electronic thermal resistivity $(1/\lambda_{e,mag} \equiv W_{e,mag})$ times temperature traces closely the well known characteristics of the electrical resistivity of Kondo compounds in presence of crystal field splitting.[17]

$$W_{e,mag} \cdot T = \frac{R}{L_0}\left(\mathcal{V}^2 + \frac{(\alpha^2-1)}{(2j+1)\alpha}J^2\right) + \frac{2R}{L_0}n(E_F)J^3 \cdot \frac{(\alpha^2-1)}{2j+1}\ln\left(\frac{k_B T}{D}\right) \qquad (7)$$

The customary notation[1,15] has been used. $\alpha = 2j+1$ is the effective degeneracy of the 4f state, $R = (3m\pi v_0 c)/(e^2 hk_F^2)$ and $L_0 = (\pi^2 k_B^2)/(3e^2)$ is the Sommerfeld value of the Lorenz number. Equation (7) shows that $W_{e,mag} \cdot T$ is logarithmic for temperatures which are much larger or smaller than the temperature of a certain crystal field level Δ_i/k_B.

RESULTS

In this section thermal conductivity results obtained for some Ce and Yb based Kondo compounds are summarized. The temperature dependence of the thermal conductivity $\lambda(T)$ for such compounds is illustrated in figure 1. $\lambda(T)$ of the presented compounds exhibits no clear cut anomalies, which can be immediately associated with the Kondo effect, crystal field splitting or magnetic ordering. The reason for the undramatic temperature variation of the thermal conductivity is that the anomalous behaviour, originated from the Kondo interaction of conduction electrons with almost localized magnetic moments is masked by contributions caused from scattering processes of conduction electrons with static imperfections and from the interaction with lattice vibrations. Additionally, the phonon system is able to carry heat in condensed matter, which can exceed that of the electronic system. It is therefore necessary to clear the total measured quantity from the mentioned contributions to figure out the behaviour expected in the scope of equation (7).

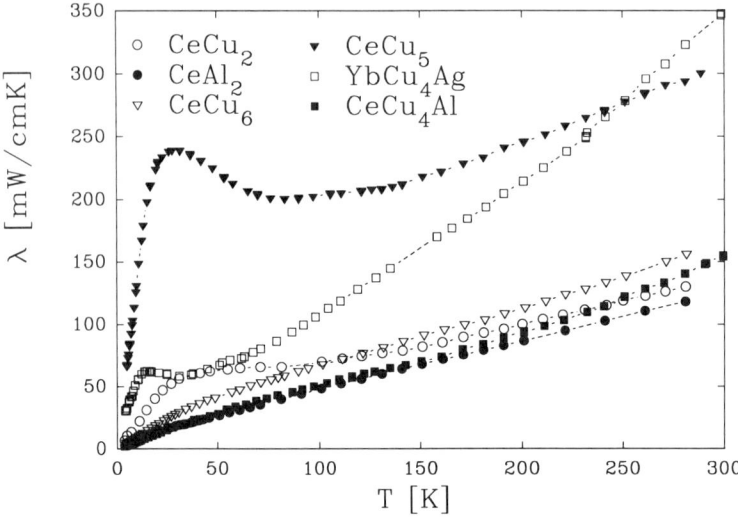

Figure 1. Temperature dependent thermal conductivity λ of various Ce - and Yb - based compounds.

The usual way to deduce the magnetic contribution from the measured data is a comparison with isostructural nonmagnetic compounds. These latter systems should account for the electron - phonon interaction and the interaction of conduction electrons with static imperfections of the sample. Both contributions are assumed to be equal in equivalent magnetic and nonmagnetic compounds. For such a comparison, we show $\lambda(T)$ for a variety of La - and Lu - based samples (figure 2), equivalent to those of figure 1. Some of the compounds presented exhibit at low temperature a maximum in $\lambda(T)$ which usually characterize metals and compounds with low scattering rates on static imperfections. The appearance of this type of maximum in nonmagnetic compounds has the same meaning as a small value of the residual resistivity in $\rho(T)$. Compared to the compounds depicted in figure 1, $\lambda(T)$ of the La - and the Lu - based samples is much larger. This is explained from additional scattering processes of the conduction electrons with the magnetic moments of Ce^{3+} and Yb^{3+} ions. Such interaction mechanisms increase the thermal resistivity, consequently, the total thermal conductivity is lowered.

DISCUSSION

Usually, the thermal conductivity λ of metallic systems consists of a sum of an electronic, λ_e, and a lattice contribution, λ_l.

According to Matthiessen's rule, the electronic thermal resistivity W_e can be expressed by

$$1/\lambda_e \equiv W_e = W_{e,o} + W_{e,ph} + W_{e,mag} \qquad (8)$$

where (e,o), (e,ph) and (e,mag) are the contributions owing to scattering processes of electrons with static imperfections, with thermally excited phonons and magnetic moments, respectively. While $W_{e,o} \propto 1/T$ in the whole temperature range, the contribution $W_{e,ph}$ follows from the classical Wilson law. The dependence of $W_{e,mag}$ is accounted for by equation (7). An expression similar to equation (8) can be derived for the lattice thermal conductivity λ_l. Makinson[18] has pointed out that there are mainly two processes which limit the phonon mean free path:

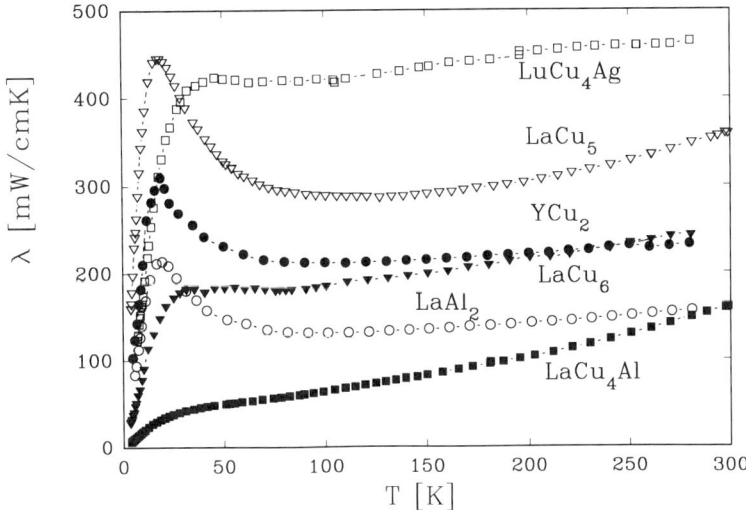

Figure 2. Temperature dependent thermal conductivity λ of various La - and Lu - based compounds.

1. Phonon - phonon Umklapp processes become important at high temperatures, resulting in a strong decrease of λ_l ($\lambda_{l,ph} \propto 1/T$).

2. At low temperatures and metallic systems, the interaction of lattice vibrations with the conduction electron system is the most effective scattering process for phonons ($\lambda_{l,e} \propto T^2$).

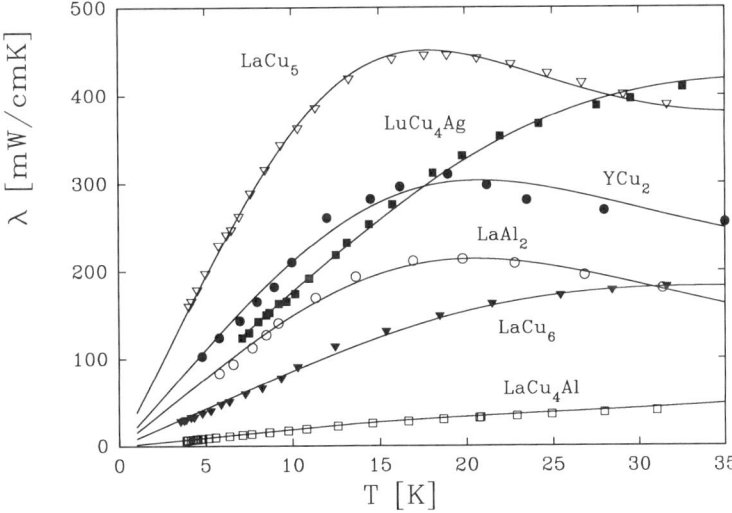

Figure 3. Low temperature thermal conductivity λ of various La - and Lu - based compounds. The full lines are least squares fits according equation (9).

Taking into account these interaction processes and their particular temperature dependencies, it is, in principle, possible to analyze the total thermal conductivity. Considerable simple conditions[19] can be found for nonmagnetic compounds at low temperatures

$$\lambda = \lambda_e + \lambda_l = \frac{1}{W_{e,0} + W_{e,ph}} + \lambda_{l,e} = \frac{1}{\alpha/T + \beta T^2} + \delta T^2 \qquad (9)$$

Figure 3 displays $\lambda(T)$ for some nonmagnetic La - and Lu - compounds in the low temperature range. The full lines in this figure are least squares fits according equation (9). These fits reveal satisfactorily agreement with the data and give therefore quantitative information concerning λ_l of a certain nonmagnetic compound, at least at low temperatures. The compounds shown in figure 3 are characterized by a lattice contribution to the total thermal conductivity, which does not exceed a few percent around 10 K. The only compound which behaves different is $LaCu_4Al$. $\lambda(T)$ of this compound is much smaller than the thermal conductivity of the other compounds (cf. figure 2). The reason of which are enhanced scattering processes, arising from atomic disorder owing to substitutions of Cu by Al in $LaCu_5$. The data presented in figure 3 (except $LaCu_4Al$) are therefore characterized by a thermal conductivity which is mainly determined by the electron system. The lattice contribution, at least at low temperatures, is negligible and will therefore be omitted in the further discussion.

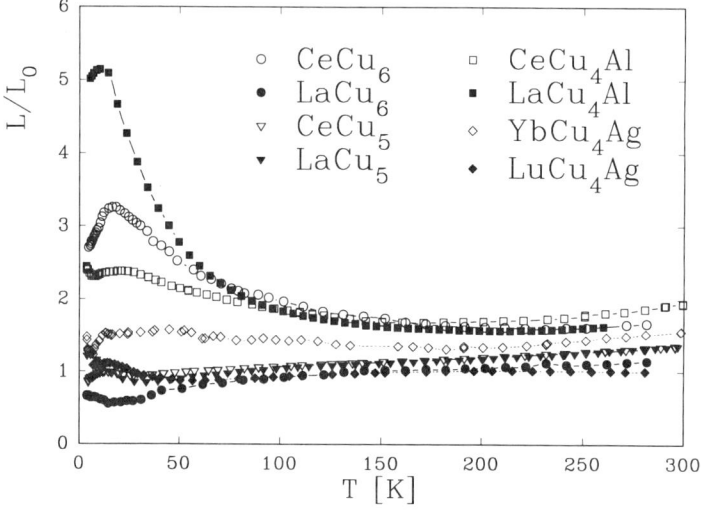

Figure 4. Temperature dependent Lorenznumber L, normalized to the Sommerfeldvalue L_0 for various La-, Ce-, Yb- and Lu compounds.

Information concerning the lattice contribution to the total thermal conductivity of compounds can be gained also from the temperature dependent Lorenz number $L(T)$. Theoretically, $L(T)$ follows from the Wiedemann - Franz law which relates the electrical resistivity and the thermal conductivity ($L = \lambda \cdot \rho/T$). Since this law accounts just for electronic contributions, a contribution of the lattice yields to deviations from the Sommerfeld value L_0 of the Lorenz number. Simple free electron theory shows that L_0 is determined from constants only, amounting to $2.45 \cdot 10^{-8} W\Omega K^{-2}$. As can be seen from figure 4, the normalized temperature dependent Lorenz numbers for most of the compounds (including also $CeAl_2$ and $CeCu_2$) do not deviate strongly from L_0, therefore the lattice thermal conductivity can be considered as small in both the magnetic and the nonmagnetic compounds. However, $CeCu_6$, $CeCu_4Al$ and $LaCu_4Al$ do not belong to that group of materials where $\lambda_l(T)$ seems to be negligible, since L/L_0 of the latter compounds exceed the Sommerfeld value by up to 500 %. Because of the fact that the latter group contains magnetic and nonmagnetic compounds, the reason for the unusual large deviations of L from L_0 cannot be found from magnetic interactions, i.e. the Kondo effect in the Ce compounds. Theoretically, it has been shown[15] that in spite of the Kondo effect in metallic samples, the Lorenz number L remains relatively close to its Sommerfeld value in the whole temperature domain. The conclusion which therefore can be drawn for this group is that the lattice thermal conductivity is, at least, of the same order of magnitude as the electronic contribution to the thermal conductivity. This infers that $\lambda_l(T)$ cannot be neglected immediately. A considerable large lattice contribution to $\lambda(T)$ for LaCu$_4$Al has also been deduced from the analysis of the low temperature thermal conductivity.[20]

In the remaining part of this chapter the evaluation of the magnetic thermal resistivity for typical examples is demonstrated and results will be discussed in the scope of equation (7). The most reliable and simplest analysis can be performed for those compounds where the lattice thermal conductivity is of minor importance.

CeAl$_2$ and CeCu$_2$. The total thermal conductivity $\lambda(T)$ for CeAl$_2$ and CeCu$_2$ has been shown in figure 1. The associated Lorenz numbers for both compounds prove the dominance of the electronic thermal conductivity. In spite of this, the $\lambda(T)$ data do not reveal unusual features originated from the Kondo effect in presence of crystal field splitting. To emphasize these effects, we have chosen a T/λ vs T representation (figure 5)

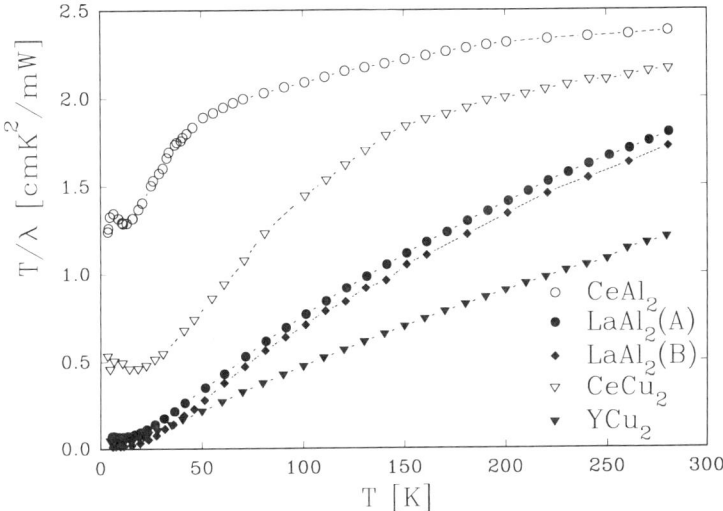

Figure 5. Temperature dependent thermal conductivity λ for CeAl$_2$ and CeCu$_2$ plotted as T/λ vs T.

which follows from the application of the Wiedemann - Franz law $(T/\lambda(T) \propto \rho(T))$. For the purpose of comparison, the equivalent nonmagnetic compounds (two different heat treated LaAl$_2$ samples and YCu$_2$) are added in the same representation. $T/\lambda(T)$ for CeAl$_2$ and CeCu$_2$ is characterized by a Kondo - like minimum at low temperatures, whereas at higher temperatures a pronounced saturation tendency is obtained. The overall behaviour for both compounds resembles just those characteristics known from $\rho(T)$ measurements on these samples. The behaviour of the nonmagnetic isostructural compounds LaAl$_2$ and YCu$_2$ is reminiscent of the temperature dependent electrical resistivity of simple metallic compounds. Deviations of $T/\lambda(T)$ from the behaviour expected from resistivity measurements are usually originated from a non negligible lattice thermal conductivity. It is therefore noticed that this type of plot additionally informs concerning whether or not the lattice contribution is of importance.

Under the assumption that the lattice contribution to the total thermal conductivity is negligible, i.e. $\lambda(T) \approx \lambda_e(T)$, the magnetic contribution to the thermal resistivity, $W_{e,mag}$ can be found from a comparison of the equivalent magnetic (m) and nonmagnetic (nm) compounds.[20]

$$1/\lambda^m - 1/\lambda^{nm} \equiv W^m - W^{nm} = \Delta W \approx W_{e,mag} \qquad (10)$$

The magnetic thermal resistivity $\Delta W \approx W_{e,mag}$ for CeCu$_2$ and CeAl$_2$ is plotted as $\Delta W \cdot T$ vs $\ln T$ in figure 6. The temperature dependent behaviour of $\Delta W \cdot T$ for both

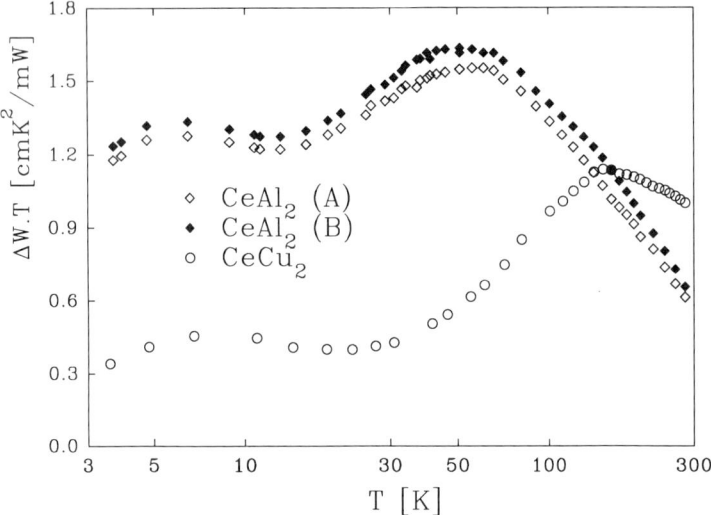

Figure 6. Magnetic contribution to the thermal resistivity for CeAl$_2$ and CeCu$_2$ plotted as $\Delta W \cdot T$ vs lnT.

compounds is characterized by two nearly logarithmic ranges which are separated by a maximum roughly around 75 K and 140 K for CeAl$_2$ and CeCu$_2$, respectively. The plots of $\Delta W \cdot T$ are in fact almost identical with those of the respective ρ_{mag} data. The dependence of the magnetic thermal resistivity for both compounds is in excellent agreement with the theoretical predictions, following from equation (7): Firstly, the logarithmic slope of $\Delta W \cdot T$ is much larger at high than at low temperatures. This is associated with the ratio Q of the effective degeneracy of the full $j = 5/2$ multiplet and of the crystal field ground of the Ce ion. Since both compounds are known to exhibit a doublet as ground state, Q should amount to about 11.[1] Secondly, the maxima at 75 K and 140 K correspond roughly to the overall crystal field splitting. From inelastic neutron scattering experiments it is known that the quartet state Γ_8 of CeAl$_2$ is situated about 8 meV above the Γ_7 ground state.[21] For the orthorhombic compound CeCu$_2$, inelastic neutron scattering experiments by Loewenhaupt et al.[22] reveal crystal field doublets 9 and 23 meV above the ground state. Differences in the magnitude of the overall crystal field splitting Δ_{CF} deduced from neutron scattering experiments and the maximum in $\Delta W \cdot T$ are thought to be originated from the subtraction procedure (equation (10)) applied to the thermal conductivity data. This subtraction accounts essentially for the phonon contribution in the magnetic compound. However, it is well known that for example La - based compounds like LaAl$_2$ exhibit a strong electron - phonon coupling which frequently lead to a superconducting instability. Such an enhanced coupling of the conduction electrons with lattice vibrations results in a much steeper slope for the quantity $T/\lambda(T)$ (compare figure 5). Consequently, the position of the maximum in $\Delta W \cdot T$ for the magnetic compounds sensitively follows from the choice of the appropriate phonon contribution $W_{e,ph}(T)$.

The next group for which the magnetic contribution to the total thermal conductivity is discussed, includes compounds, characterized by $T_K^H \approx \Delta_{CF}$. As representative, YbCu$_4$Ag is chosen.

YbCu$_4$Ag. The magnetic contribution to the electrical resistivity for this compound exhibits a rather extended range with a (-lnT) dependence and a maximum around 70 K. Below this maximum, $\rho_{mag}(T)$ steadily decreases, approaching a T^2 behaviour in the low temperature region. This latter feature is associated with a Fermi liquid state. Most of the physical properties of YbCu$_4$Ag are explained in the scope of the Kondo lattice model, assuming a characteristic temperature T_0 of about 150 K.[10] The cubic symmetry of the crystal structure gives rise to a lifting of the eightfold degenerate ground state into doublets (Γ_6 and Γ_7) and a quartet (Γ_8). Inelastic neutron scattering experiments do not lead to an undoubted crystal field level scheme. However, it has been concluded that the overall crystal field splitting Δ_{CF}/k_B most likely amounts to 180 K,[23] which is of the same magnitude as T_0.

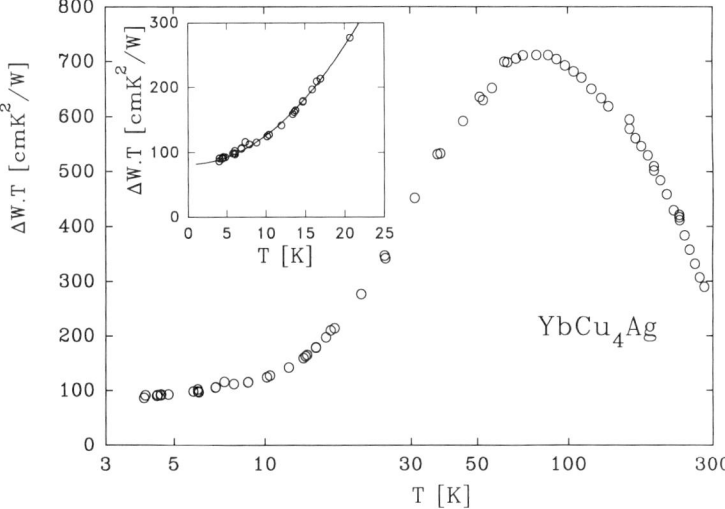

Figure 7. Magnetic contribution to the thermal resistivity for YbCu$_4$Ag plotted as $\Delta W \cdot T$ vs lnT. The inset shows $\Delta W \cdot T$ at low temperatures on a linear scale. The full line is a least squares fit according to equation (11).

Both the small electrical resistivity and the Lorenz number of the order of L_0 allows to neglect the lattice thermal conductivity for analysing $\lambda(T)$ of YbCu$_4$Ag. Figure 7 displays the magnetic thermal resistivity of YbCu$_4$Ag plotted as $\Delta W \cdot T$ vs lnT. ΔW has been evaluated according equation (10) and using LuCu$_4$Ag as nonmagnetic reference compound. The features deduced for this quantity resemble closely the behaviour of $\rho_{mag}(T)$; i.e. the maximum around 70 K and a (-lnT) range above which. The overall behaviour of $\Delta W \cdot T$ is clearly explained in the framework of the Kondo effect and crystal field splitting. The logarithmic behaviour observed at high temperatures is characteristic of the Kondo effect in the full j = 7/2 multiplet and can be accounted for by equation (7) with $\alpha = 2j + 1$. The proximity of the Kondo temperature T_K and the crystal field splitting Δ_{CF} yields to a different behaviour of $\Delta W \cdot T$ vs lnT compared with that of CeAl$_2$ or CeCu$_2$. The inset of figure 7 shows $\Delta W \cdot T$ vs T below 25 K. It is well known, that a characteristic sign of a Kondo lattice compound is the Fermi liquid state at low temperatures. This causes for example a T^2 dependence of the electrical resistivity, while for the magnetic contribution to the thermal resistivity also a power law can be expected. Thus, for the low temperature range, the thermal resistivity is accounted for by

$$T \cdot W_e = T \cdot W_{e,0} + T \cdot W_{e,mag} = \alpha + A \cdot T^n \tag{11}$$

A least squares fit (full line in the inset) indicates that the exponent n in equation (11) is close to 2 (n = 2.03). This exponent demonstrates also the close relation of the thermal and the electrical resistivity, which, of course, can be read off from the Wiedemann - Franz law.

The magnetic contribution for compounds with a non negligible lattice contribution, e.g. CeCu$_6$ or CeCu$_4$Al has been evaluated recently.[24,20] Phonon - phonon Umklapp processes, which limit the phonon mean free path reduce the lattice thermal conductivity rapidly at elevated temperatures. It is therefore supposed that λ_l vanishes with increasing temperatures like 1/T, yielding to the possibility that $\Delta W \cdot T$ can be evaluated in the usual way (equation (10)). Indeed, both compounds CeCu$_6$ and CeCu$_4$Al are characterized by a logarithmic behaviour of $\Delta W \cdot T$ at higher temperatures, satisfying the predictions of equation (7) for Kondo compounds in presence of crystal field splitting.

Summary

Various examples of well known Kondo compounds have been analysed for their magnetic contribution to the thermal resistivity. In each case, ranges with a logarithmic behaviour of the quantity $\Delta W \cdot T$ have been obtained, tracing closely the behaviour of the temperature dependent electrical resistivity. Theoretically, this particular behaviour follows from the combined influence of the Kondo effect and crystal field splitting.

Acknowledgements

Parts of the work have been supported by the "Austrian Science Foundation" under project no. P7608-PHY. I am indebted to the "Österreichische Forschungsgemeinschaft" for financial support.

References

1. D. Cornut and B. Coqblin, Influence of the crystalline field on the Kondo effect of alloys and compounds with cerium impurities, *Phys. Rev.* B5:4541 (1972)
2. A.K. Bhattacharjee and B. Coqblin, Thermoelectric power of compounds with cerium: influence of the crystalline field on the Kondo effect, *Phys. Rev.* B13:3441 (1976)
3. S. Maekawa, S. Kashiba, S. Takahashi and M. Tachiki, Kondo effect versus crystal field, in: "Theory of Heavy Fermions and Valence Fluctuations", T. Kasuya and T. Saso eds., Springer Series in Solid State Sciences, Vol. 62, Berlin (1987)
4. S. Maekawa, S. Kashiba, M. Tachiki and S. Takahashi, Thermopower in Ce Kondo systems, *J. Phys. Soc. Japan* 55:3194 (1986)
5. E. Bauer, E. Gratz, W. Mikovits, H. Sassik and H. Kirchmayr, Transport phenomena in CeAl$_2$, *J. Magn. Magn. Mat.* 29:192 (1982)
6. A. Guessous, *PhD Thesis*, University of Grenoble (1987)
7. Y. Onuki, Y. Shimizu and T. Komatsubara, Magnetic properties of a new Kondo lattice intermetallic compound: CeCu$_6$, *J. Phys. Soc. Japan* 53:1210 (1984)
8. D. Jaccard, R. Cibin and J. Sierro, Resistivity and magnetoresistance of CeAl$_3$ single crystals, *Helv. Phys. Acta* 61:530 (1988)
9. E. Bauer, Anomalous properties of Ce-Cu and Yb-Cu based compounds, *Adv. Phys.* 40:417 (1991)

10. C. Rossel, K.N. Yang, M.B. Maple, Z. Fisk, E. Zirngiebl and J.D. Thompson, Strong electronic correlations in a new class of Yb-based compounds: YbXCu$_4$ (X = Ag, Au, Pd), *Phys. Rev.* B35:1914 (1987)
11. K. Fischer, Thermoelectric power of heavy - fermion compounds, *Z. Phys.* B76:315 (1989)
12. D. Jaccard, A. Basset, J. Sierro and J. Pierre, Thermopower of Ce$_x$Y$_{1-x}$InCu$_2$ and CeInCu$_y$Ag$_{2-y}$, *J. Low Temp. Phys.* 80:285 (1990)
13. A.H. Wilson. "The Theory of Metals", second edition, Cambridge University Press, London (1958)
14. J.M. Ziman. "Electrons and Phonons" 4th edition, Clarendon, Oxford, (1960)
15. A.K. Bhattacharjee and B. Coqblin, Thermal conductivity of cerium compounds *Phys. Rev.* B38:338 (1988)
16. P.W. Anderson, Localized magnetic states in metals, *Phys. Rev.* 124·41 (1961)
17. E. Bauer, E. Gratz, G. Hutflesz, A.K. Bhattacharjee and B. Coqblin, Thermal conductivity of Ce-based Kondo compounds, *J. Magn. Magn. Mat.* 108:159 (1992)
18. R.E.B. Makinson, Thermal conductivity of metals, *Proc. Camb. Phil. Soc.* 34:474 (1938)
19. P.G. Klemens, Theory of thermal conductivity of solids, *in:* "Thermal Conductivity", vol. 1, R.P. Tye ed., Academic Press, London (1969)
20. E. Bauer, E. Gratz, G. Hutflesz and H. Müller H, Thermal conductivity in Ce(Cu, Al)$_5$ compounds, *J. Phys. Cond. Mat.* 3:7641 (1991)
21. P. Fulde and M. Loewenhaupt, Magnetic excitations in crystal - field split 4f systems, *Adv. Phys.* 34:589 (1985)
22. M. Loewenhaupt, M. Prager, E. Gratz and B. Frick, Magnetic excitations in CeCu$_2$, *J. Magn. Magn. Mat.* 76-77:415 (1988)
23. A. Severing, A.P. Murani, J.D. Thomson, Z. Fisk and C.K. Loong, Neutron scattering experiments on YbXCu$_4$ and ErXCu$_4$ (X = Au, Pd and Ag), *Phys. Rev.* B41:1739 (1990)
24. E. Bauer, E. Gratz and Y. Peysson, Thermal conductivity of (Ce$_x$La$_{1-x}$)Cu$_6$ compounds, *J. Magn. Magn. Mat.* 63-64:303 (1987)

HIGH–PRESSURE RESISTIVITY AND LATTICE PARAMETERS OF $CeRu_2Si_2$

P. Haen[1], J.-M. Laurant[1], K. Payer[2], and J.-M. Mignot[3]

[1]CRTBT, CNRS, BP 166, 38042 Grenoble-Cédex 9, France
[2]Inst. Exp. Phys., Techn. Universität, Wiedener Hauptstr. 8-10, 1040 Wien, Austria
[3]Laboratoire Léon Brillouin, CEA-CNRS, CE Saclay, 91191 Gif sur Yvette, France

INTRODUCTION

The atomic volume is an important parameter for investigating the ground state of heavy fermion systems. This has been shown, for instance, by an extensive series of pressure and alloying experiments on the tetragonal compound $CeRu_2Si_2$.[1-5] This material is known to be non-superconducting at ambient pressure, at least down to $T = 20$ mK.[1,6] The absence of long-range order, also taken for granted until recently, is now questioned on the basis of muon-spin relaxation results.[7] However, the magnetic moments involved are extremely small ($\approx 10^{-3}$ μ_B), and this is probably why no evidence for a magnetic transition is found in the low-temperature resistivity. The dominant contribution to the latter quantity is thus of the usual Fermi-liquid type, with a quadratic, AT^2, term holding below $\approx 0.7 - 1$ K at ambient pressure.[1,5,6,8]

The effect of hydrostatic pressure on the electrical resistivity was first investigated by Thompson et al.[4] up to 16.8 kbar. Later on, measurements to lower temperatures ($T_{min} \approx$ 25 mK) were reported,[5] allowing a reliable estimate of the (*temperature*) electronic Grüneisen parameter $\Gamma_T \approx 200$. Most remarkably, the *field* Grüneisen parameter, deduced from the magnetoresistance or the magnetization under pressure,[1,5] was found to have almost exactly the same value, $\Gamma_H \approx 200$, emphasizing the role of low-energy quasiparticle excitations in the metamagnetic process. Some questions, however, remained unsolved, such as the possibility that a superconducting state might occur at higher pressures, or the occurrence of a crossover into a less-heavy, lower-Γ, Fermi liquid state as the unit-cell volume becomes further reduced at higher applied pressures. New experiments were thus undertaken to extend the experimental range of pressure to $P_{max} \approx 100$ kbar. In this review, we will present the results and compare them in detail to those of refs. 4 and 5. We will show that the three sets of data are entirely consistent and allow the pressure dependence of the Grüneisen parameter Γ to be determined. For this purpose, we will make use of the compressibility data obtained in a separate x-ray diffraction experiment up to 70 kbar, which we performed on $CeRu_2Si_2$ material from the same source. A brief account of these results has already been given in ref. 9.

EXPERIMENTAL CONDITIONS

The present high-pressure resistivity experiments were carried out using a Bridgmann anvil device described previously.[10] In the present study, we used tungsten carbide anvils, which provide a larger high-pressure volume (2 mm in diameter) for the sample assembly. Quasi-hydrostatic pressure conditions were ensured by a soft solid pressure medium (steatite). All pressure changes were performed at room temperature (RT). The pressure was determined from the superconducting transition temperature T_c of a strip of Pb foil located close to the sample, according to the $T_c(P)$ calibration of ref. 11, and its homogeneity could be estimated from the width of the transition ($\approx 5\%$ in this series of measurements). The resistances of both the specimen and the Pb manometer were measured in a true four-wire geometry, using a high-sensitivity a.c. device. The $CeRu_2Si_2$ specimen (tetragonal, $I4/mmm$ structure) was prepared by cleaving the starting single-crystal parallel to the (0 0 1) plane, then polishing it down to the desired thickness ($e \approx 200$ μm). As in our previous experiments[1,5,6] the electrical current was applied within the basal plane. The contacts consisted of Pt wires pressed onto the samples. In a few cases during the present experiment, one of them eventually became unstable upon cooling down, which explains why some of the experimental $R(T)$ curves remained incomplete. However, the Pb manometer was not affected and P could still be determined from its critical temperature. Finally, no good measurements could be performed below 23 kbar (including $P = 0$) upon release of pressure, due to cracks forming within the sample and/or loss of contacts.

The x-ray experiments under pressure were performed in the diffractometer shortly described in ref. 12. Fine (< 0.5 μm) $CeRu_2Si_2$ powder prepared by crushing a small fragment of single-crystal material was mixed up with NaCl which served both as a pressure medium and a manometer. As the absorption coefficients of Ce and Ru are both very high, the proportion of $CeRu_2Si_2$ was only of about 15 %. The mixture was introduced in the hole ($\varnothing \approx 0.3$ mm) of an stainless steel gasket with thickness $e \approx 0.3$ mm, and squeezed between two single-crystal diamond anvils. The load is applied by a stainless steel press using a gas piston multiplier. The measurements are performed in the transmission mode, with the x-ray beam (molybdenum K_α) from a rotating-anod generator passing through the anvils. The diffraction pattern are recorded by a gas (krypton-ethan) position sensitive detector.

ROOM TEMPERATURE RESISTANCE AND CALIBRATION TO ABSOLUTE VALUES

Moderate pressure data for the variation of electrical resistivity of $CeRu_2Si_2$ at RT are available from refs. 4 and 5. Both measurements indicate a significant increase in $\rho(P)$. However, the absolute values of the resistivity are appreciably larger in ref. 4, which most likely reflects the difficulty in accurately determining the geometrical factor of a small, irregular-shaped, platelet. Since we are quite confident in the value $\rho(295\ K) = 85$ μΩcm at ambient pressure, which was obtained as the average of several measurements on different specimens, we chose to use it for all subsequent normalizations. More precisely, since samples from different batches do not necessarily have the same residual resistivity ρ_0, it is preferable to normalize the *temperature dependent part*, $\Delta\rho \equiv \rho - \rho_0$, of the resistivity to a constant value, namely $\Delta\rho(295\ K) = 83\ \mu\Omega cm$. If this normalization is applied to the data of ref. 4, an excellent agreement is obtained with our own results, not only at RT as a function of pressure (fig. 1), but also regarding the T-dependences at fixed pressure to be discussed in the following.

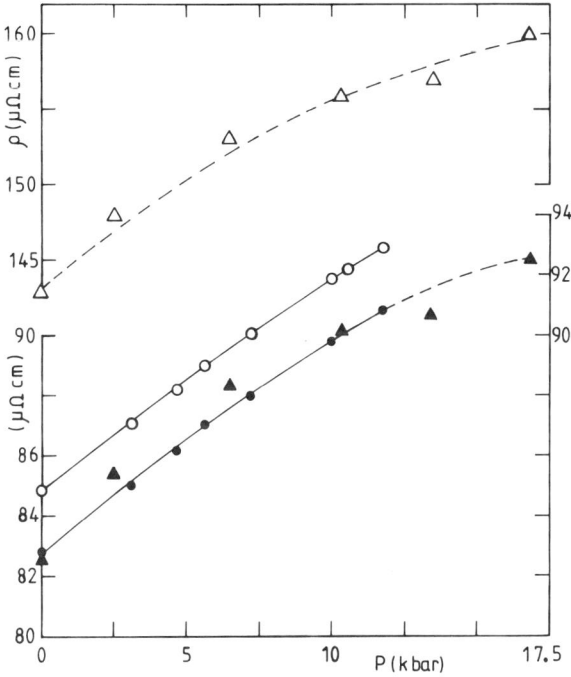

Figure 1. : Pressure dependence of the electrical resistivity of CeRu$_2$Si$_2$ at 295 K, ($\triangle$) : ref. 4, ($\circ$) : ref. 5, and of $\rho - \rho_0$: ($\bullet$) : ref. 5, ($\blacktriangle$) : ref. 4 after normalization of the data of ref. 5.

The same procedure can then be applied to the Bridgman anvil results, for which it is difficult to estimate the sample dimensions precisely. Fig. 2 shows the resistance of CeRu$_2$Si$_2$ at RT plotted as a function of pressure. The numbers represent the order in which the pressures were successively applied (7 values ranging from 23 to 105 kbar). One notes immediately that the pressure dependence has reversed sign with respect to the preceding regime, suggesting that a maximum occurs in $R(P)$ at about 20 kbar. Unfortunately, as noted in the previous section, the pressure could not be reduced sufficiently in the present experiments to provide an overlap with the previous data. Nevertheless, a downward curvature is clearly observed in the data on both sides of the maximum, and a smooth interpolation can be obtained by normalizing the high pressure values to $\Delta\rho\ (295\ K) = 93$ $\mu\Omega cm$ for $P = 23$ kbar. The resulting variation of $\Delta\rho(P)$ at RT is shown in fig. 3. The main features of the curve are unambiguous, even though the shape of the maximum at 20 kbar may depend slightly on the normalization adopted. Above this maximum, $\Delta\rho$ decreases strongly between 30 and 50 kbar, and finally tends towards a low value, comparable to that of LaRu$_2$Si$_2$, at the highest pressures.

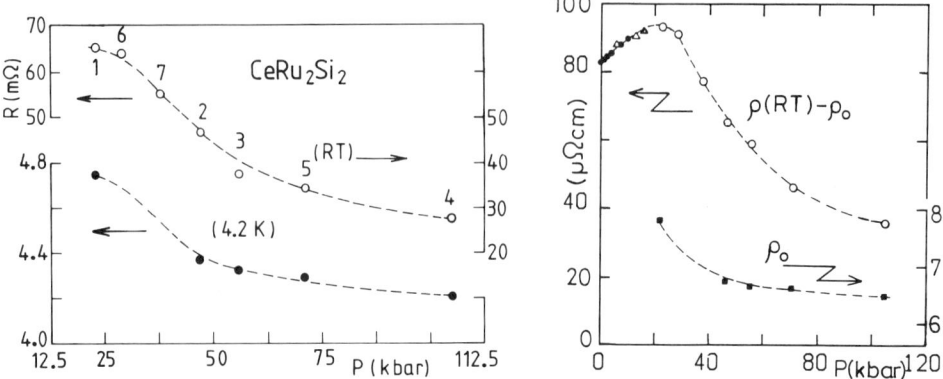

Figure 2. (Left Frame): Pressure dependence of the electrical resistance of CeRu$_2$Si$_2$ at room temperature (open circles) and 4.2 K (closed circles) measured in Bridgmann anvils (this work).

Figure 3. (Right Frame): Pressure variation of the room temperature resistivity, (ρ-ρ_0), and of the residual resistivity, ρ_0, of CeRu$_2$Si$_2$; ● : ref 5; △ : ref. 4; o and ■ : present work.

LOW-TEMPERATURE RESISTIVITY AT FIXED PRESSURES

Fig. 4 shows a selection of $\Delta\rho(T)$ isobars for pressures comprised between 0 and 105 kbar. The plot includes data from refs. 4 and 5, as well as our high-pressure results. In order to obtain consistent values, we have i) normalized the different sets of data as explained in the preceding section, and ii) subtracted out the residual resistivities ρ_0, which are found to differ substantially from one case to another. In ref. 5, ρ_0 is pressure independent (≈ 2 μΩcm) up to 10.6 kbar; in ref. 4 it also appears to be constant, with a comparable value ($\rho_0 \approx 2.7$ μΩcm), up to 16.8 kbar; at higher pressures ($P \geq 23$ kbar), on the other hand, ρ_0 is larger by almost a factor of 4, and decreases as P increases (fig. 3). It should be kept in mind, however, that the latter variation may be partly due to pressure-induced sample deformations. At such high pressures, the residual resistivity is already obtained for $T \approx 4.2$ K. In fact, $\rho(T)$ is even found to increase slightly on further cooling down to 1.3 K.

From the curves plotted in fig. 4, it can be concluded that the three sets of experimental data are quite consistent with one another, and that our normalization procedure is basically correct. Let us first remark that no evidence for superconductivity is found in the present measurements. As already noted in refs. 4 and 5, pressure qualitatively affects the shape of the $\rho(T)$ curves. The shoulder observed near 25 K at ambient pressure shifts rapidly to higher temperatures at very low pressures, then merges into the large upturn of $\rho(T)$ occurring at intermediate temperatures. It has been suggested[4,5,6] that this anomaly is related to the Kondo, or spin-fluctuation, temperature of this compound. The pronounced negative curvature in $\rho(T)$ observed above ≈ 200 K at ambient pressure has been ascribed to crystal field effects,[5,6] in agreement with the splitting estimated from the specific heat[2] (220 K) or the thermal expansion[13] (280 K). This curvature actually becomes a slight maximum if one subtracts out the resistivity of the reference compound LaRu$_2$Si$_2$ (see refs. 5, 8, and 14). It is still visible for $P = 29$ kbar, but has practically disappeared at 38 kbar. It can be inferred that the spin-fluctuation temperature is close to RT for this range of pressures. At even higher pressures, the curves show an upward curvature similar to that observed in mixed-valence compounds and, finally, the 105 kbar isobar is essentially that for a normal metal, although the ρ-values remain larger than in LaRu$_2$Si$_2$ (i // a, taken from ref. 8).

The gradual transformation of CeRu$_2$Si$_2$ first into an intermediate valence system, then into a normal metal, by the application of pressure is also reflected in the functional dependence of $\rho(T)$ at low temperature[5]. In the logarithmic plot of $(\rho - \rho_0)$ as a function of T (fig. 5) one notes the gradual depression of the Fermi-liquid AT^2 term and its extension to higher temperatures (the phonon scattering correction is unessential in this range of pressures,

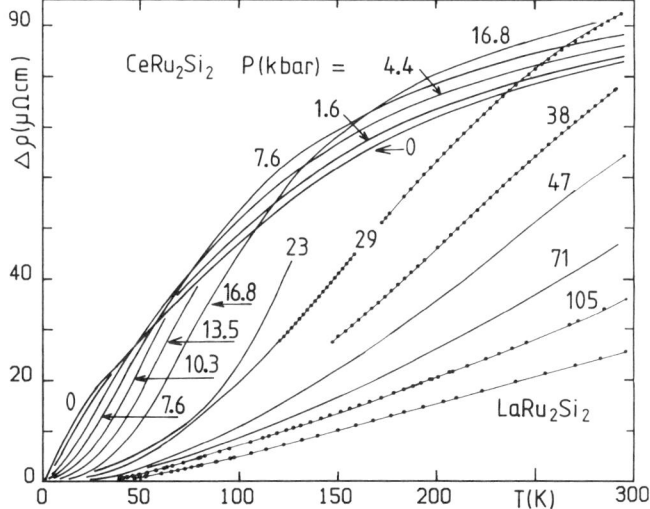

Figure 4. : Variation of $(\rho - \rho_0)$ as a function of temperature for CeRu$_2$Si$_2$ at different pressures : this study in Bridgmann anvils and selected curves from ref. 4 (P = 10.3, 13.5, 16.8 kbar) and from ref. 5 (P = 0, 1.6, 4.4, 7.6 kbar); data from ref. 8 for LaRu$_2$Si$_2$ ($i // a$) are plotted for comparison.

as can be seen from the LaRu$_2$Si$_2$ data). However, above 47 kbar, it becomes difficult to define this quadratic term because the error bars resulting from the uncertainty in ρ_0 become quite large. Furthermore, additional contributions with larger T–exponents ($n = 3$–5) appear above ≈ 20 K. Finally, for the 105 kbar curve, the AT^2 term, if any, is almost identical to that of LaRu$_2$Si$_2$ (below ≈ 10-15 K), and thus more likely to arise from a Baber scattering mechanism. (A more relevant reference would probably be YRu$_2$Si$_2$, whose volume is comparable to that of CeRu$_2$Si$_2$ at 105 kbar).

From the results in fig. 4 the coefficient A of the AT^2 term can be determined with a good precision between 0 and 29 kbar. As P increases, the error bars becomes larger, especially after correcting A for the residual T^2 contribution of LaRu$_2$Si$_2$. Following refs. 4 and 5, we can introduce a characteristic temperature T^* by writing the quadratic term as $AT^2 = \alpha \left(T/T^*(P)\right)^2$. The variation of $A^{-1/2} \propto T^*$ is plotted in fig. 6 as a function of pressure. The slope decreases markedly above 15–20 kbar, then seems to saturate at the highest pressures.

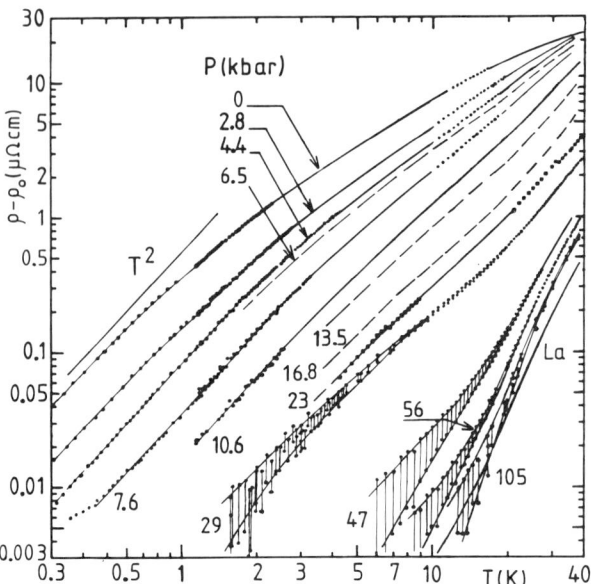

Figure 5. : Log-log plot of $\rho-\rho_0$ in CeRu$_2$Si$_2$ as a function of temperature for different pressures showing the change in the exponents of the power-law dependence of $\rho(T)$ for $0 \leq P \leq 10.6$ kbar : ref. 5, for $P = 13.5$ and 16.8 kbar : ref. 4, and for $P \geq 23$ kbar : this work (the $P = 10.3$ kbar curve of ref. 4 is superimposed to the $P = 10.6$ kbar curve of ref. 5). Continuous line noted La : $\rho-\rho_0$ plot for LaRu$_2$Si$_2$.

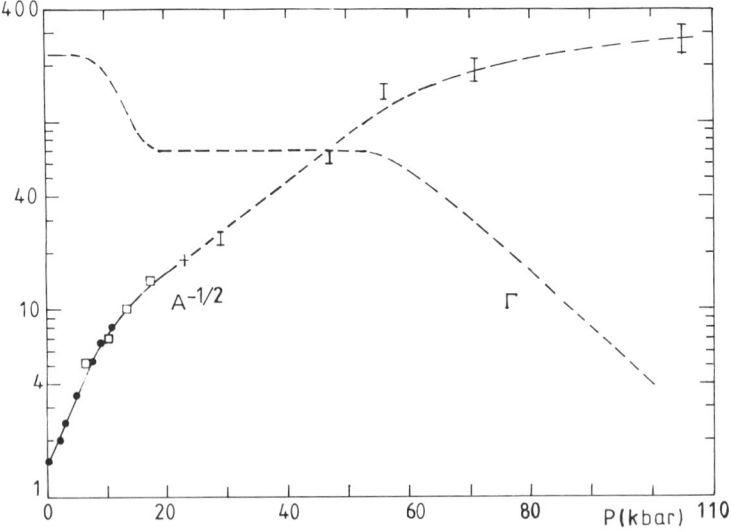

Figure 6. : Pressure dependence of $A^{-1/2}$ (A is coefficient the AT^2 resistivity, expressed in $\mu\Omega$cm/K^2) and of the Grüneisen coefficient Γ of CeRu$_2$Si$_2$ (in log scale) : ● : ref 5; △ : ref. 4; I : present work.

LATTICE PARAMETER VARIATIONS AND GRÜNEISEN COEFFICIENT

Fig. 7 shows the relative variation of the lattice parameters a and c and of the unit cell volume $(\Delta V)/V = 2(\Delta a)/a + (\Delta c)/c$ deduced from the x-ray experiments. $(\Delta a)/a$ and $(\Delta c)/c$ were determined from the positions of the (2 0 0) and (0 0 4) reflections, respectively. A larger effect is seen on the c-parameter of the tetragonal structure, as compared to the basal plane parameter a. Yet, the scatter in the data points is also larger, the reason being that the (2 0 0) reflection is well resolved, whereas the (0 0 4) one is less intense. Within the precision of the present data, the volume compressibility remains surprisingly constant over the entire range of pressure, possibly indicating some incipient softening associated with the anomalous electronic properties of $CeRu_2Si_2$. A detailed comparison with the reference compound $LaRu_2Si_2$ would be useful to clarify this point. Measurements with improved accuracy and to higher pressures would probably reveal an upward concavity in the curves, as in, e.g., $CeAl_2$.[12,15] The volume compressibility deduced from the ΔV data is plotted at the bottom of fig. 7. Its average value is $\kappa = 0.82 \pm 0.05$ (Mbar)$^{-1}$. The low pressure points seem to be erroneous, perhaps because the first x-ray spectra used as reference were not really measured at zero pressure as expected, but with a small pressure generated in the process of closing the cell.

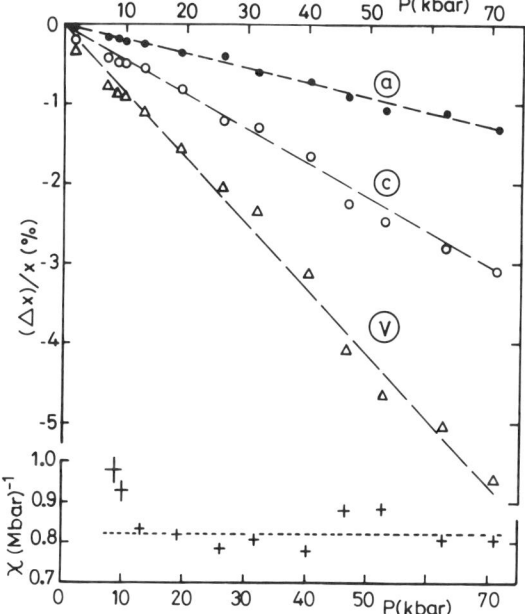

Figure 7. : Pressure dependence of the room temperature lattice parameters a and c, and of the specific volume of $CeRu_2Si_2$ up to 70 kbar ; lower curve : volume compressibility.

Using the above value of the volume compressibility, the pressure dependence of the electronic Grüneisen coefficient Γ of $CeRu_2Si_2$ can be determined from that of $A^{-1/2}$. Both quantities are plotted together in fig. 6. At low pressures, Γ first remains constant up to ≈ 8 kbar, with a very high value of about 200, then decreases markedly to less than 5 at the maximum pressure. The existence of a plateau between about 20 and 50 kbar is an interesting feature which might characterize an intermediate valence regime in $CeRu_2Si_2$. However, this observation must certainly be taken with caution in view of the various sources of uncertainty affecting the determination of A, and hence of Γ.

CONCLUSION

This study provides a comprehensive view of the effect of pressure on the electrical resistivity of $CeRu_2Si_2$ based on a critical comparison of earlier data, as well as a novel experimental work extending the pressure range investigated previously to more than 100 kbar. As pressure increases, a gradual crossover is observed from an initially heavy fermion regime to a mixed-valence one, then towards a state in which the resistivity behaves essentially like that of a normal metal. Whereas similar effect have already been reported for other heavy fermion materials, special care has been taken in the present experiments to quantitatively define the changes occuring in the low-temperature Fermi liquid regime. This analysis results in the dramatic decrease found for the electronic Grüneisen parameter, which is a direct consequence of the quenching of the heavy fermion state. The compression curves determined for both latice parameters a and c are surprisingly linear, possibly indicating some anomalous softening associated with the instability of the 4f shell in this material. Finally, it must be noted that no evidence for a superconducting transition was detected in the pressure and temperature ranges investigated. The reason for this difference between the present compound and its Cu-based analogs $CeCu_2Si_2$[10] and $CeCu_2Ge_2$[16] is an unsolved and most intriguing question.

ACKNOWLEDGEMENTS

We wish to thank Drs. J. Flouquet, F. Lapierre, D. Jaccard, C. Ayache for their stimulating interest to this work, and Dr. J.D. Thompson for allowing us to use the data of ref. 4.

REFERENCES

1. J.-M. Mignot, J. Flouquet, P. Haen, F. Lapierre, L. Puech, and J. Voiron, *J. Magn. Magn. Mat.* 76&77:97 (1988).
2. M.J. Besnus, J.P. Kappler, P. Lehmann, and A. Meyer, *Solid State Commun.* 55:779 (1985) ; M.J. Besnus, P. Lehmann, and A. Meyer, *J. Magn. Magn. Mat.* 63&64:323 (1987) ; P. Lehmann, thesis, Strasbourg (1987).
3. R.A. Fisher, C. Marcenat, N.E. Phillips, P. Haen, F. Lapierre, P. Lejay, J. Flouquet, and J. Voiron, *J. Phys. France* 49:1555 (1988).
4. J.D. Thompson, J.O. Willis, C. Godart, D.E. Mac Laughauglin, and L.C. Gupta, *J. Magn. Magn. Mat.* 47&48:281 (1985).
5. J.-M. Mignot, A. Ponchet, P. Haen, F. Lapierre, and J. Flouquet, *Phys. Rev. B* 40:10917 (1989).
6. P. Haen, J. Flouquet, F. Lapierre, P. Lejay, and G. Remenyi, *J. Low Temp. Phys.* 67:391 (1987).
7. A. Amato, R. Feyerherm, J. Flouquet, F.N. Gygax, P. Lejay, A. Schenk, and U. Zimmermann, SCES'92, Sendai, Sep. 7-11, 1992, to be published in *Physica B*.
8. F. Lapierre and P. Haen, *J. Magn. Magn. Mat.* 108:167 (1992).
9. K. Payer, P. Haen, J.-M. Laurant, J.-M. Mignot, and J. Flouquet, SCES'92, Sendai, Sep. 7-11, 1992, to be published in *Physica B*.
10. B. Bellarbi, A. Benoit, D. Jaccard, J.-M. Mignot, and H.F. Braun, *Phys. Rev. B* 30:779 (1984).
11. A. Eichler and J. Wittig, *Z. Angew. Phys.* 25:319 (1968).

12. B. Barbara, J. Beille, B. Cheaito, J.-M.Laurant, M.F. Rossignol, A. Waintal, and S. Zemirli, *J. Physique France* 48:635 (1987).
13. A. Lacerda, A. de Visser, P. Haen, P. Lejay, and J. Flouquet, *Phys. Rev. B* 40:8759 (1989).
14. J.D. Thompson, J.O. Willis, C. Godart, D.E. Mac Laughauglin and L.C. Gupta, *Solid State Commun.* 568:169 (1985).
15. I. Vedel, A. M. Redon, J.-M. Mignot, and J.M. Léger, *J. Phys. F (Met. Phys.)* 17:849 (1987).
16. D. Jaccard, K. Behnia, and J. Sierro, *Phys. Lett. A.* 163:475 (1992).

COLLAPSE OF THE HEAVY FERMION STATE UNDER HIGH PRESSURE

Tomoko Kagayama and Gendo Oomi

Department of Physics, Faculty of General Education
Kumamoto University, Kumamoto 860
Japan

INTRODUCTION

There has been a lot of investigation about the electronic and magnetic properties of heavy fermion (HF) systems containing certain lanthanide or actinide elements, because these compounds give useful information for studying the role of strong electron correlations in metals.[1,2] The compounds in the HF systems are characterized by a extremely large coefficient γ of the linear term in the electronic specific heat, a large value of the coefficient of T^2-term in the electrical resistivity $\rho(T)$ at low temperature, a log T term in the $\rho(T)$ at high temperature and so forth.

Basically these anomalous properties are dominated by a complicated interplay of two effects, the (concentrated) Kondo effect and the effect of crystalline electric field (CEF). Main features of the effects are that the former gives rise to the logarithmic temperature dependence and a peak in the $\rho(T)$ curve and the latter shows a Schottky type anomaly in the specific heat $C(T)$[3] and the thermal expansion coefficient $\alpha(T)$.[4]

It is well known that the electronic states of HF systems are strongly dependent on the change in pressure or volume.[5] This fact indicates the large change of the characteristic temperature of the systems, the so-called Kondo temperature T_K, by an application of pressure. Usually the HF system has low T_K of the order of several degree Kelvin but the compounds of intermediate valence state (IVS) shows a relatively high T_K of ~100 K. So we expect an interesting transition (or a crossover) in the electronic state from the HF state to IVS by changing the T_K or by changing the pressure. Recently we have reported such pressure–induced crossover for several Ce[6,7] and U[8] compounds, and found a systematics for the value of $JN(0)$ at ambient pressure, where J is the s–f exchange interaction and $N(0)$ the density of state at Fermi level.

In the present paper we summarize the recent experimental results of electrical resistivity and lattice constant at high pressure for the Ce–compounds. The results are discussed on the recent theoretical works and analyzed on the basis of simple phenomenological theory.

Transport and Thermal Properties of f-Electron Systems
Edited by G. Oomi *et al.*, Plenum Press, New York, 1993

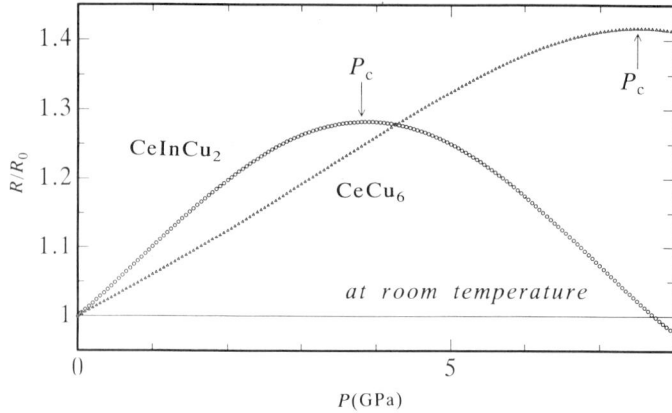

Figure 1. Pressure dependence of the relative change of the electrical resistance R/R_0 at room temperature for CeInCu$_2$ and CeCu$_6$.

SURVEY OF EXPERIMENTAL RESULTS OF ELECTRICAL RESISTANCE AND LATTICE CONSTANTS AT HIGH PRESSURE FOR Ce–BASED HEAVY FERMION COMPOUNDS, CeInCu$_2$ and CeCu$_6$

Here we review the recent experimental results of Ce–based heavy fermions at high pressure mainly focused on the typical two HF compounds, CeInCu$_2$ and CeCu$_6$. CeCu$_6$ crystallizes in the orthorhombic crystal structure with a large γ value of 1.5 J/mol K^2 and a strong T^2 dependence at low temperature below 1 K.[9] Cubic Heusler type compound CeInCu$_2$ is also characterized as a HF material having γ~1.2 J/mol K^2 at 1 K and also a strong T^2 dependence below 2.5 K.[10,11] The electrical resistance R/R_0 at room temperature is shown in Fig. 1 as a function of pressure P (GPa), where R and R_0 are the electrical resistance at a pressure P and ambient pressure, respectively. The R increases with increasing pressure until it shows a maximum at P_c (3.8 GPa for CeInCu$_2$ and 7.5 GPa for CeCu$_6$) and then begins to decrease. The maximum in the $R(P)$ curve stems from Kondo effect, in which the characteristic temperature T_K (~4 K at ambient pressure for CeInCu$_2$ and CeCu$_6$) increases with increasing pressure. As will be shown later, the maximum in $R(P)$ corresponds to the crossover from the HF to IVS induced by pressure.

In order to examine whether the crossover is accompanied with a volume discontinuity or not, we observed the pressure dependence of volume of CeInCu$_2$[12] and CeCu$_6$[13] at room temperature. Figure 2 shows the volume V/V_0 as a function of pressure, where V and V_0 are the volume at high and ambient pressure, respectively. There is no discontinuity in the compression curves within experimental error and further no crystal structure change up to 14 GPa. Considering the fact, it is concluded that the pressure–induced crossover in CeInCu$_2$ and CeCu$_6$ occurs continuously without any discontinuous change in volume.

The temperature dependence of electrical resistivity ρ(T) of CeInCu$_2$ at various pressures up to 8 GPa is shown in Fig. 3.[14] The values of ρ at high pressure were corrected by taking into account the change of geometrical factor l/S of the specimen at high pressure, which was obtained by the data of the thermal expansion[4] and of the compressibility.[12] At ambient pressure, ρ increases gradually with decreasing temperature, reaches a maximum at 27 K and then decreases by further cooling. This behavior is similar to those of typical HF compounds. The temperature of resistivity-maximum T_{max} is found to increase with increasing pressure and the maximum in ρ(T) curves tends to be smeared at high pressure. The change in the overall behavior in the ρ(T) curve in Fig. 3 implies a crossover from HF to IVS at high pressure, i.e., a collapse of HF state at high pressure.

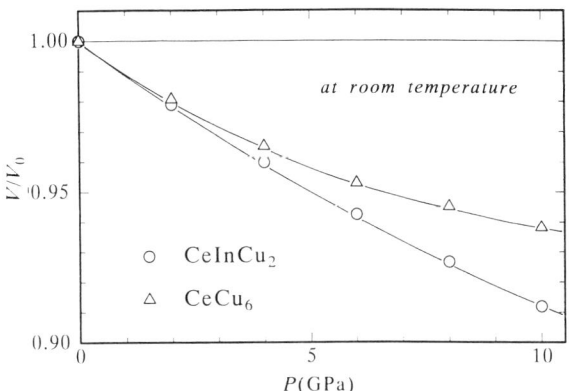

Figure 2. The relative change in the volume V/V_0 of $CeInCu_2$ and $CeCu_6$ as a function of pressure at room temperature.

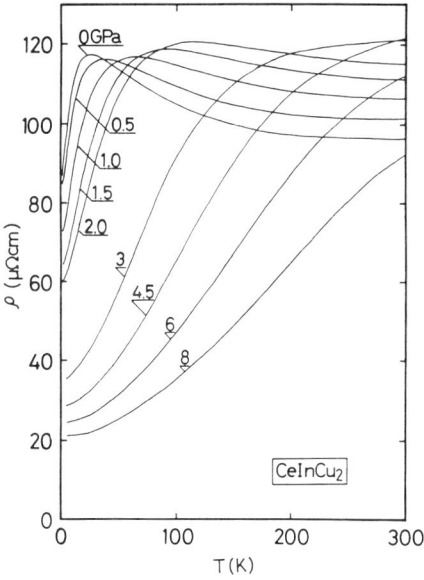

Figure 3. Electrical resistivity ρ of $CeInCu_2$ at high pressures as a function of temperature.

The results for $CeCu_6$ are shown in Fig. 4. The overall behavior of $\rho(T)$ is almost similar to that of $CeInCu_2$. Crossover in the electronic states of $CeCu_6$ also occurs at high pressure. This result is in qualitative agreement with the previous one.[15]

Figure 5 shows the T_{max} as a function of pressure for $CeInCu_2$ and $CeCu_6$. T_{max}'s are found to increase with increasing pressure. The increasing rate of T_{max} of $CeInCu_2$ is larger than that of $CeCu_6$. Since T_{max} is roughly proportional to the Kondo temperature T_K, this result indicates that T_K is enhanced by an application of pressure.

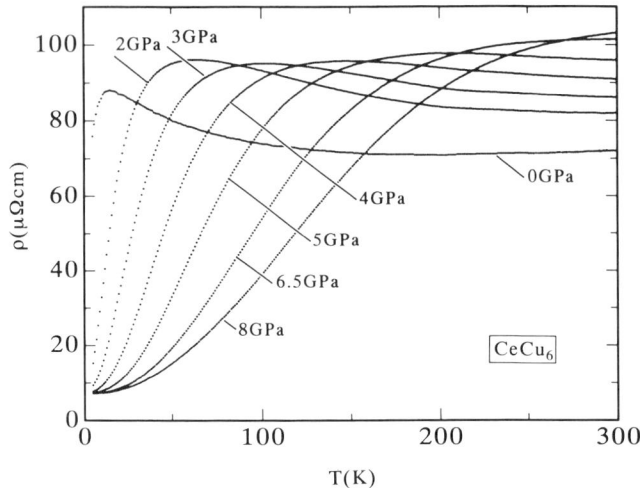

Figure 4. Temperature dependence of the electrical resistivity ρ of $CeCu_6$ at various pressures.

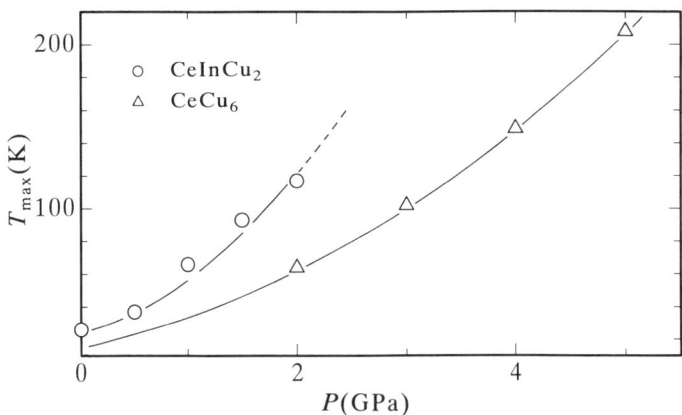

Figure 5. The temperature showing the maximum in the $\rho(T)$ curve, T_{max}, for $CeInCu_2$ and $CeCu_6$ as a function of pressure.

In order to examine the Fermi liquid behavior in the $\rho(T)$ curve at low temperature, we plotted in Figs. 6 and 7 the electrical resistivity $\rho(T)-\rho_0$ as a function of T^2 for $CeInCu_2$ and $CeCu_6$ at various pressures, where ρ_0 is the residual resistivity. It is seen that $\rho(T)$ shows the T^2-dependence and also the temperature range having T^2-behavior expands with increasing pressure. The coefficient A of T^2-term in logarithmic scale, which was estimated from the plot in Figs. 6 and 7, is shown as a function of pressure in Fig. 8 for $CeInCu_2$ and

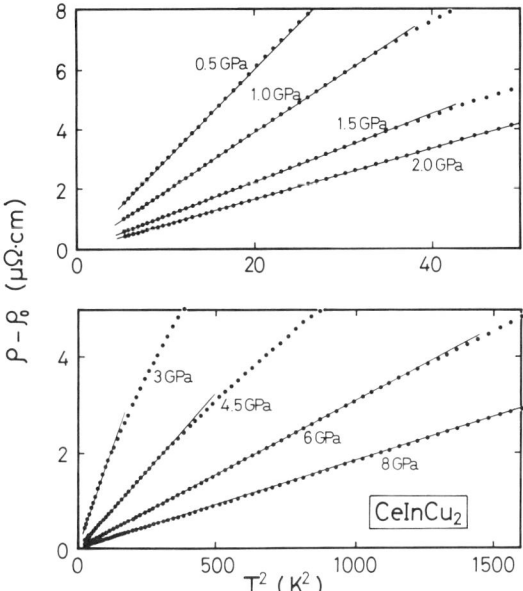

Figure 6. $\rho(T)-\rho_0$ as a function of T^2 for CeInCu$_2$ at various pressures.

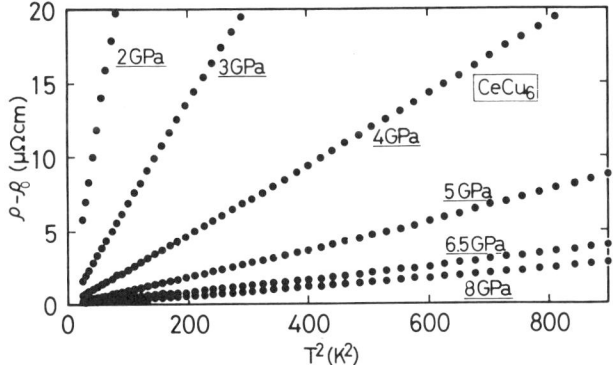

Figure 7. $\rho(T)-\rho_0$ as a function of T^2 for CeCu$_6$ at various pressures.

$CeCu_6$. A decreases largely with increasing pressure below ~4 GPa and then shows a small pressure variation above ~5 GPa. The closed relation between A and T_{max} will be discussed in detail in the following section.

SIMPLE INTERPRETATION OF THE RESULTS AT HIGH PRESSURE

Crossover from HF to IVS by Applying Pressure

The pseudobinary system $Ce(In_{1-x}Sn_x)_3$ is well known to show a crossover from HF(x=0) to IVS(x=1).[16] The $\rho(T)$ at x=0($CeIn_3$) shows a well-defined maximum around 50 K, which is characteristic of HF compounds. The maximum becomes less prominent with increasing x. At x=1($CeSn_3$), $\rho(T)$ increases only monotonously with temperature (T<300 K), which is very similar to the $\rho(T)$ of $CeInCu_2$ at 8 GPa. Taking these facts into consideration, the change in the overall behavior in the $\rho(T)$ of $CeInCu_2$ observed in Figs. 3 and 4 implies a crossover from HF at low pressure (low T_K) to IVS at high pressure (high T_K). The maximum of the R–P curve in Fig. 1 is considered to be due to a shift of T_{max} to higher temperatures by applying pressure: T_{max} may be around 300 K at 3.8 GPa for $CeInCu_2$ and 7.5 GPa for $CeCu_6$. Ohkawa proposed a phase diagram of HF systems on the basis of periodic Anderson model.[17] According to that, a crossover from HF state to IVS

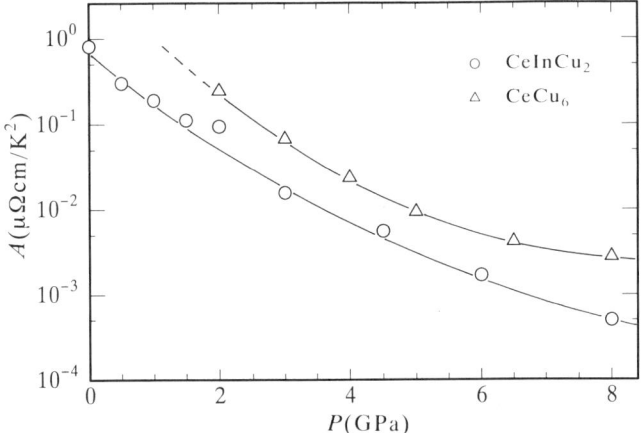

Figure 8. The coefficient A of T^2-term in the logarithmic scale as a function of pressure for $CeInCu_2$ and $CeCu_6$.

takes place when the number of f electrons, n_f, changes from n_f≈1 to n_f<1. A decrease in n_f indicates an increase in T_K because T_K is roughly proportional to $(1-n_f)/n_f$. In the present case IVS is induced by pressure since the f electrons may be delocalized at high pressure to increase T_K. Thus the results in Figs. 3 and 4 are explained as a crossover from the HF state to the IVS induced by pressure. In other words the present results show a collapse of HF state by applying pressure.

Volume Dependence of the Resistivity–Maximum Temperature T_{max} and the Coefficients of T^2-term A

In this section we attempt to analyze quantitatively the present data to elucidate the characteristics of the electronic structure of HF compounds. According to the theory of Yoshimori and Kasai (YK),[18] A is proportional to T_K^{-2} and T_K is approximately proportional to T_{max}. Then we have the following relation,

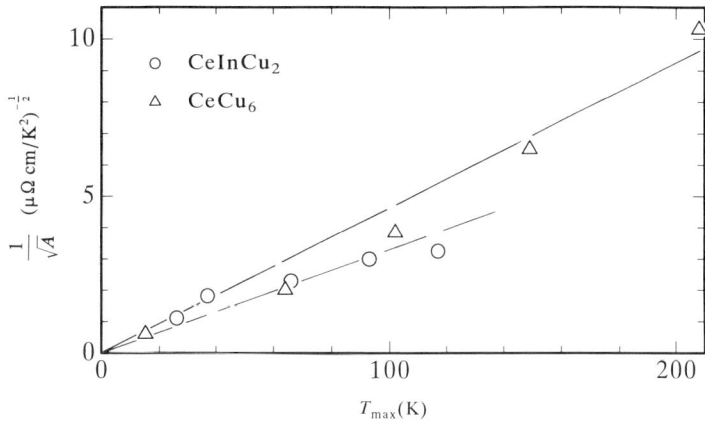

Figure 9. $1/\sqrt{A}$ plotted against T_{max} for $CeInCu_2$ and $CeCu_6$. The solid lines show the linear dependence.

$$T_{max} \propto \frac{1}{\sqrt{A}}. \tag{1}$$

Figure 9 shows the plot of $1/\sqrt{A}$ against T_{max} for both $CeInCu_2$ and $CeCu_6$, in which $1/\sqrt{A}$ is found to increase linearly with T_{max} as is shown by a solid line. This fact indicates that the relation (1) is valid and the large decrease in the magnitude of A or the increase of T_{max} at high pressure in Figs. 5 and 8 is due to the increase of T_K by an application of pressure.

The Kondo temperature T_K is described as

$$T_K \propto \exp\left[-\frac{1}{|JN(0)|}\right], \tag{2}$$

where J is the exchange interaction between the conduction electron and the localized $4f$ spin and $N(0)$ the density of states at the Fermi level. The increase of T_{max} with pressure indicates the increase of $|JN(0)|$. In other words, $|JN(0)|$ is one of the most fundamental parameters because T_K is mainly dominated by its change under the application of external forces such as pressure or magnetic field. The large change in the magnitude of $|JN(0)|$ gives rise to the large change in A, T_{max} or T_K.

Here we assume the following volume dependence of $|JN(0)|$,[19]

$$|JN(0)| = |JN(0)|_0 \exp\left[-q\frac{V-V_0}{V_0}\right], \tag{3}$$

where $|JN(0)|_0$ is the value of $|JN(0)|$ at ambient pressure and q is the dimensionless constant. q may be defined as a Grüneisen parameter of $|JN(0)|$,

$$q = -\left.\frac{\partial \ln|JN(0)|}{\partial \ln V}\right|_{V=V_0}, \tag{4}$$

and usually has a value between 6 and 8. From eqs. (2) and (6) the Grüneisen parameter for T_K is written,

$$-\frac{\partial \ln T_K}{\partial \ln V}\bigg|_{V=V_0} = \frac{q}{|JN(0)|_0}. \tag{5}$$

Further we obtain the following relations,

$$\ln\frac{T_{max}(P)}{T_{max}(0)} = -\frac{1}{2}\ln\frac{A(P)}{A(0)} = -\frac{q}{|JN(0)|_0}\frac{V_0-V}{V_0}. \tag{6}$$

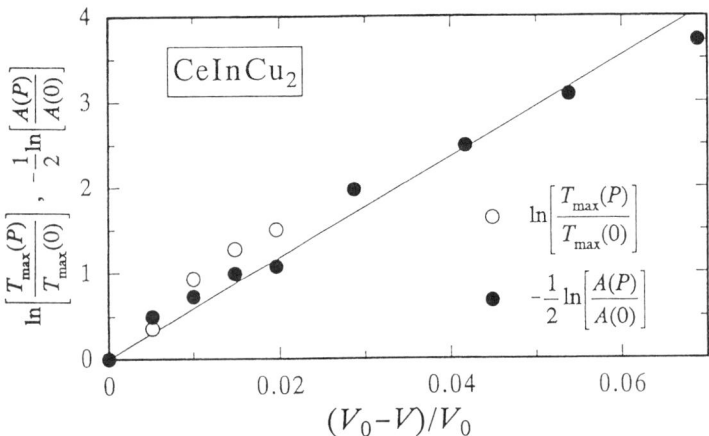

Figure 10. The values of $\ln[T_{max}(P)/T_{max}(0)]$ and $-\frac{1}{2}\ln[A(P)/A(0)]$ as a function of volume change $(V_0-V)/V_0$ for CeInCu$_2$. The solid line is obtained from the least square fitting.

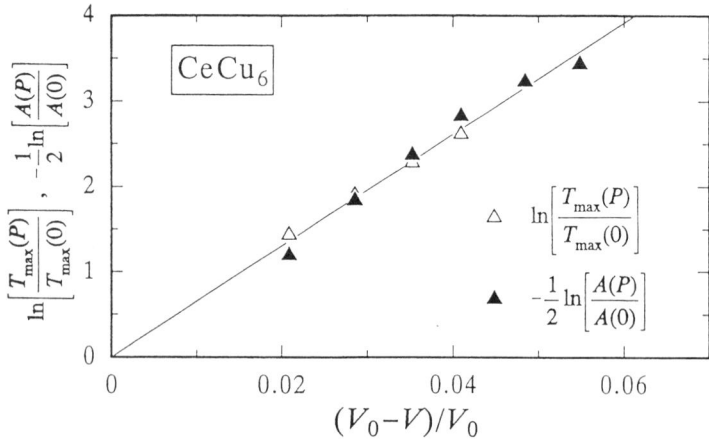

Figure 11. The values of $\ln[T_{max}(P)/T_{max}(0)]$ and $-\frac{1}{2}\ln[A(P)/A(0)]$ as a function of volume change $(V_0-V)/V_0$ for CeCu$_6$. The solid line is obtained from the least square fitting.

Figures 10 and 11 show the plot of $\ln[T_{max}(P)/T_{max}(0)]$ and $-\tfrac{1}{2}[\ln A(P)/A(0)]$ as a function of $(V_0-V)/V_0$. The linear relationship is found in the plots as is shown by solid lines, which were obtained by a least square fitting. From the result in Figs. 10 and 11, we estimated the values of $q/|JN(0)|_0$ to be 59 and 65 for CeInCu$_2$ and CeCu$_6$, respectively. These values are larger than that of the IVS compound CePd$_3$ of 9 by about an order of magnitude. This confirms that the electronic state of HF compounds is very sensitive to a change in volume or pressure. Since the value of q was obtained to be 6 for CeCu$_6$,[21] $|JN(0)|_0$ of CeCu$_6$ is 0.09. Assuming the same value of $q(=6)$ for CeInCu$_2$, we obtained the value of $|JN(0)|_0$ to be 0.10.

It was reported that the values of $|JN(0)|_0$ are 0.125, 0.13 and 0.115 for CeTe, CeBi and CeSb, respectively.[22] These values are the same order of magnitude as those obtained above. On the other hand the value of 0.5 was estimated for the intermediate valence α-Ce.[23] Thus the value of $|JN(0)|_0$ of HF compounds may be around 0.1.

SUMMARY

From the measurements of the electrical resistivity and lattice constants of CeCu$_6$ and CeInCu$_2$ at high pressure we obtained the following results:
1) a crossover from HF (low T_K) to IVS (high T_K), i.e., a collapse of HF is induced by an application of pressure,
2) the crossover occurs without any discontinuous change in volume,
3) the coefficient of T^2-term, A, decreases rapidly with pressure, and
4) the values of $|JN(0)|_0$ are estimated to be about 0.1 for CeInCu$_2$ and CeCu$_6$.

Acknowledgments

The authors would like to express their sincere thanks to Prof. Y.Ōnuki and Prof. T.Komatsubara for supplying them single crystalline CeInCu$_2$ and CeCu$_6$. They also greatly acknowledge Prof. N.Mōri, Dr. H.Takahashi and Dr. Y.Uwatoko for their encouragement and assistance throughout the present experiment. They are deeply indebted to Prof. B.R.Cooper, Dr. J.D.Thompson and Prof. K.Yamada for their stimulating discussion. This work was supported partly by Grant-in-Aid for Scientific Research from the Ministry of Education, Science and Culture and the 1991 special fund of Kumamoto City.

REFERENCES

1. G.R.Stewart, *Rev.Mod.Phys.* 56:755(1984).
2. N.B.Brandt and V.V.Moshchalkov, *Adv.in Phys.* 33:373(1984).
3. M.Kato, K.Satoh, Y.Maeno, Y.Aoki, T.Fujita, Y.Ōnuki and T.Komatsubara, *J.Phys.Soc.Jpn.* 56:3661(1987).
4. G.Oomi, T.Kagayama, Y.Ōnuki and T.Komatsubara, *Physica B* 163:557(1990).
5. J.D.Thompson, Frontiers in solid state sciences, to be published.
6. T.Kagayama, G.Oomi, H.Takahashi, N.Mōri, Y.Ōnuki and T.Komatsubara, *Phys.Rev.B* 44:7690(1991).
7. G.Oomi, T.Kagayama, H.Takahashi, N.Mōri, Y.Ōnuki and T.Komatsubara, *J.Alloys and Compounds* (1992) to be published.
8. K.Iki, G.Oomi, Y.Uwatoko, H.Takahashi, N.Mōri, Y.Ōnuki and T.Komatsubara, *J.Alloys and Compounds* 181:71(1992).
9. Y.Ōnuki, Y.Shimizu and T.Komatsubara, *J.Phys.Soc.Jpn.* 54:304(1985).
10. Y.Ōnuki, T.Yamazaki, A.Kobori, T.Omi, T.Komatsubara, S.Takayanagi, H.Kato and N.Wada: *J.Phys.Soc.Jpn.* 56:4251(1987).
11. T.Kagayama, G.Oomi, R.Yagi, Y.Iye, Y.Ōnuki and T.Komatsubara, *J.Phys.Soc.Jpn.* 61:2632(1992).

12. T.Kagayama, K.Suenega, G.Oomi, Y.Ōnuki and T.Komatsubara, *J.Magn.&Magn.Mater.* 90&91:449(1990).
13. G.Oomi, A.Shibata, Y.Ōnuki and T.Komatsubara, *J.Phys.Soc.Jpn.* 57:152(1988).
14. T.Kagayama, G.Oomi, H.Takahashi, N.Mōri, Y.Ōnuki and T.Komatsubara, *J.Magn.&Magn.Mater.* 108:(1992)103.
15. S.Yomo, L.Gao, R.L.Meng, P.H.Hor, C.W.Chu and J.Susaki, *J.Magn.&Magn.Mater.* 76&77:257(1988).
16. R.A.Elenbaas, C.J.Schinkel and C.J.M.Deudekom, *J.Magn.&Magn.Mater.* 15–18:979(1980).
17. F.J.Ohkawa, *J.Magn.&Magn.Mater.* 52:217(1985).
18. A.Yoshimori and H.Kasai, *J.Magn.&Magn.Mater.* 31–34:475(1983).
19. M.Lavagna, C.Lacroix and M.Cyrot, *J.Phys.F* 13:1007(1983).
20. T.Kagayama, G.Oomi, H.Takahashi, N.Mōri, Y.Ōnuki and T.Komatsubara, *J.Alloys and Compounds* 181:185(1992).
21. A.Shibata, G.Oomi, Y.Ōnuki and T.Komatsubara, *J.Phys.Soc.Jpn.* 55:2086(1988).
22. B.R.Cooper, private communication.
23. J.W.Allen and R.M.Martin, *Phys.Rev.Lett.* 49:1106(1982).

SEVERAL ASPECTS ON THERMOPOWER OF Ce COMPOUNDS

J. Sakurai

Department of Physics
Toyama University
Gofuku, Toyama 930, Japan

ABSTRACT

The thermopower (TEP) of Ce compounds shows a variety of anomalies. First, the sign of the TEP is considered in relation to the impurity Kondo resonance peak at the Fermi energy on the basis of Mott's equation of the TEP. Next, a relation between the TEP and the electronic specific heat developed by Fischer and by others on the basis of the impurity Anderson model are verified, by referring to available data, to approximately hold for the heavy Fermion compounds and for the intermediate compounds for the temperature range $T > T_{coh}$, T_{coh} being the temperature of an onset of a coherence effect. Finally, the TEP behaviour of the compounds with different types of magnetic correlations is shown, and the occurrence of a negative peak of the TEP for the antiferromagnetic Kondo compounds is explained in the spirit of Mott's equation.

INTRODUCTION

In Ce compounds, a coexistence and a competition between incoherent or coherent Kondo interaction and RKKY interaction give rise to interesting and different types of anomalies in physical properties. The thermopower (TEP) is one of transport properties which is sensitive to the details of the band structure and the scattering spectrum of conduction electrons. Therefore, TEP measurements on variety of Ce compounds are expected to be fruitful for understanding details of electron interactions.

As a matter of fact, a large number of the TEP data on Ce compounds has been accumulated until now, and Mott's expression of the TEP succeeded to give simple and clear physical meanings on these data as exemplified in the next section. However, discussions of TEP data often seem to be of a qualitative nature. Although the TEP can reflect very sensitively details of the structures of electron interactions, an absolute value of the TEP alone is not as simple to give a physical meaning as for other quantities, the specific heat, for example.

However, a simple relation between the TEP and the electronic specific heat at the low temperature limit was rather recently proposed by Kawakami et al[1], Houghton et al[2] and by Fischer[3] on the single impurity Anderson model. According to this relation, meaning of a TEP value can be as simple and fundamental as a specific heat value. In the subsequent section, we try to verify this relation by experimental data of the TEP and the specific heat of on Ce compounds. In the lack of enough numbers of available data on dilute Ce systems, the heavy Fermion compounds and the intermediate valence compounds of Ce were also considered.

The largest numbers of Ce compounds may be probably classified as the antiferromagnetic Kondo compounds. The TEP curves of them are very often characterized with an existence of a deep and negative peak at a temperature several times higher than the Neel temperatures T_N, and thus the occurrence of the peak is sometimes considered to be an evidence of onset of the magnetic correlation. However, theoretical and quantitative explanations for the peak have not be fully achieved so far. In the subsequent section, we try to show several types of TEP data with regard to different natures of the magnetic correlations.

MOTT'S EQUATION OF THERMOPOWER

Mott's equation[4] for the thermopower S is often referred to in discussions of TEP data because of simple and clear physical insights it provides. The equation is written as follows,

$$S = -\frac{\pi^2 k^2}{3 |e|} T \left(\frac{\partial \ln D}{\partial \varepsilon} + \frac{\partial \ln \tau}{\partial \varepsilon} \right)_{\varepsilon = \varepsilon_F} \quad (1)$$

where, D and τ are the state density and the relaxation time of conduction electrons, respectively, and the energy derivative is at the Fermi energy ε_F. Jaccard et al[5] explained the sign of the TEP of Ce compounds on the base of this equation.

For Ce compounds for $T > T_K$, a narrow resonance with its state density $N(\varepsilon)$ at Fermi energy is considered to take place with its energy centered at ε_f above ε_F, and hence with the derivative of $N(\varepsilon)$ being positive at $\varepsilon = \varepsilon_F$. The state is incoherent and plays a role of scatterer for conduction electrons. Since τ is inversely proportional to $N(\varepsilon)$, the sign of S is expected to be positive from eq. (1) in accordance with the experimental data for Ce compounds of the heavy Fermion state or of the intermediate valence state in the temperature range $T > T_K$.

While for these Ce compounds at sufficiently low temperature $T < T_{coh}$, T_{coh} being the temperature of the onset of formation of coherent Kondo lattice, $4f$ electrons of Ce construct a coherent Kondo-lattice resonance with the state density $N(\varepsilon)$ and they participate to conduction. Hence, we introduce the $N(\varepsilon)$ in the first term D in eq. 1), and the sign of S becomes opposite to the sign of the derivative of $N(\varepsilon)$ at $\varepsilon = \varepsilon_F$. Experimentally, the sign of S for the heavy Fermion compounds, $CeCu_6$[6] for example, and for the intermediate valence compounds, $CeNi$[7] and $CeSn_3$[8] for examples, is positive down to low temperatures. Therefore, the formation of the Kondo lattice seems to introduce a dip in $D(\varepsilon)$ so that its derivative becomes negative at $\varepsilon = \varepsilon_F$.

THERMOPOWER AND SPECIFIC HEAT

Mott's equation succeeds to explain satisfactorily some of qualitative features of the thermopower. However, one can seldom discuss a numerical value of TEP on the base of this equation. The equation expressed by a derivative form seems to be more suited to bring the structure of the TEP to light rather than its actual value.

In respect to relation between numerical value of the TEP and other quantities, the pioneering concept by Lord Kelvin[9] must be cited at first; on a simple electron gas without scattering, the thermopower was shown to be equal to the entropy flow carried by electrons in a temperature gradient. For an actual discussion, however, the model of a simple electron gas must be modified and other competing mechanisms have to be taken into account as well.

Recently, TEP theories[1–3] of the heavy Fermion compounds were developed on the single impurity Anderson model. Here, we refer to Fischer's paper. The model leads to the Kondo term of order J^3V and the resonance term of order J^2V, J and V being the exchange interaction and the potential interaction, respectively. The Kondo term, a relation between the TEP and the constant γ of the specific heat similarly to the Kelvin's concept, is positive and is given as follows,

$$S = \frac{2\pi}{|e|N}\gamma T \cot(\pi n_f / N) \quad (2)$$

where N is the degeneracy of $4f$-impurity, and n_f, the occupation number of a $4f$-impurity, is near to 1 for Ce compounds. On the other hand, the resonance term in the presence of a magnetic correlation between Kondo impurities gives rise to a negative contribution.

We tried to compare eq. (2) with experimental data. However, data on Ce dilute alloys have not been accumulated much. Therefore, we include in our comparison data on the heavy Fermion compounds in appropriate temperature range $T > T_{coh}$, where each $4f$ electron is expected to behave independently and incoherently as an impurity Kondo ion. Some of the heavy Fermion compounds, $CeAl_3$[10] and $CeCu_2Si_2$[5] for examples, have a negative peak of the TEP at low temperature. They were excluded from the present comparison. They might have weak magnetic correlations.

In Fig. 1, the TEP divided by the temperature S/T for several Ce compounds is plotted against the specific heat constant. We immediately see a strong correlation between both the quantities. The line in Fig. 1 is after eq. (2) with $N = 6$ for the ground state of spin-orbit coupling and with the assumption of $n_f = 1$.

Only a single data of a dilute Ce alloy in Fig. 1 is for $Ce_{0.1}La_{0.9}Cu_6$ at 2 K, where data on both the quantities are available. Huge enhancements of both S/T and γ take place below this temperature[11]. Thus, further studies are waited for.

As the heavy Fermion compounds, $CeCu_6$[6,11,12] $CePtIn$[13,14], $CeInCu_2$[15], $CeCu_4Al$[16], $CeCu_3Al_2$[17], $CeCu_4Ga$[18] and $CeCu_3Ga_2$[19] are referred to. For these compounds, both S/T and γ show huge enhancements at low temperatures. Thus, the curves with temperature as a hidden parameter are plotted in Fig. 1. The temperature range of each curves as written in Fig. 1 is from 2 K to 10 K, for example, where data of both the quantities are available. The condition $T \geq T_{coh}$ for an impurity scattering is considered to be satisfied since T_{coh} for the heavy Fermion compounds is at most a few degrees.

The curves for $CeCu_6$, $CePtIn$, $CeInCu_2$, $CeCu_3Ga_2$ and $CeCu_3Al_2$ are noticed not to be far from the theoretical line. While, the curves for $CeCu_4Al$ and $CeCu_4Ga$ are away from the line. However, if they are multiplied by an appropriate factor, they could be brought near to the line. Apart from the numerical factor, all curves resembles each other qualitatively.

Thus, S/T and γ are closely related for the dilute Ce compounds and for the heavy Fermion compounds for $T \geq T_{coh}$, and eq. (2) crudely represents the relation between the two quantities. However, the numerical agreement between experimental data and eq. (2) is rather poor. There may be many reasons for this. In addition to eq. (2), there are other contributions to the TEP. The temperature range of application of eq.

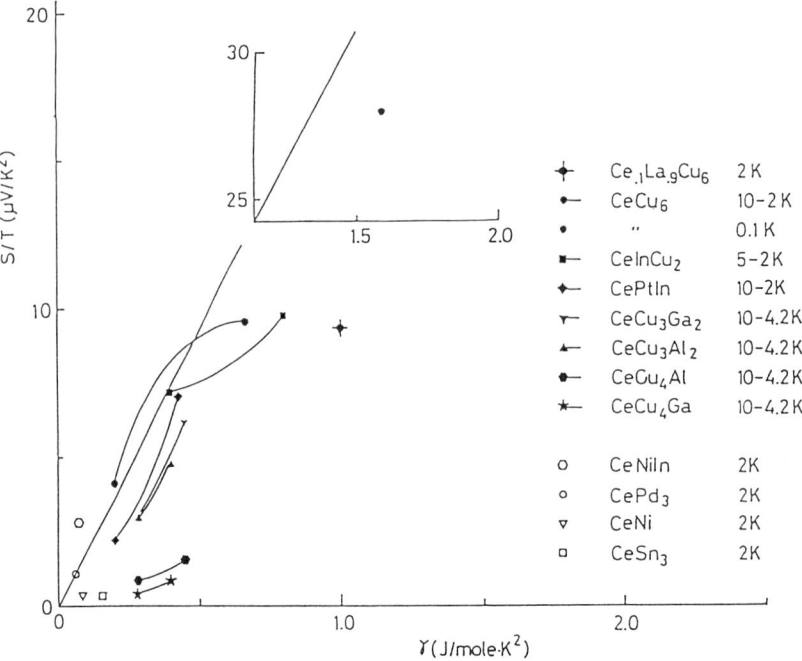

Fig. 1 The thermopower divided by the temperature S/T for some of the heavy Fermion compounds and the intermediate valence compounds is plotted as a function of the constant of the electronic specific heat γ.

(2) is limited and must be very carefully chosen. Moreover, eq. (2) does not consider the anisotropy of TEP for samples with low crystal-symmetries. From an experimental point of view, the value of TEP at low temperature is often sample-dependent, and difficulties of obtaining reproducible data must be stressed. When we consider all these, we are led to conclusion that eq. (2) is quite satisfactory as a first approximation for the relation between S/T and γ for an impurity Kondo systems of Ce compounds and alloys.

For $CeCu_6$, the values of S/T and γ are well established down to milli Kelvin region[11,12]. The curve for the compound in Fig. 1 is down to 2 K. With the decrease of temperature below 2 K down to the region $T \geq T_{coh}$, both S/T and γ become larger, and at the same time, the deviation from the theoretical line becomes larger. Only below 0.1 K, both S/T and γ get saturated and attain to constant values with the accomplishment of the heavy Fermion state. A point for this low temperature limit is marked in Fig. 1. This point turns out not to be far from the theoretical line.

We also refer to several intermediate valence compounds, namely, $CeSn_3$[8,20], $CeNi$[7,21], $CePd_3$[22,23] and $CeNiIn$[13,24]. The values of γ for these compounds are constant at low temperature range, say below 20 K, and are around 0.1 $J/mole \cdot K^2$ due to their high values of T_K. Correspondingly, the S curves of these compounds smoothly extrapolate to zero as T approaches to zero at the same temperature range. The points for the compounds in Fig. 1 are at 2 K or at 10 K and are supposed to be at the low temperature limit. The theoretical line passes among the scattering of the points, and it seems to serve again as a crude approximation for the relation between S/T and γ for the compounds.

THERMOPOWER, ANTIFERRO- OR FERROMAGNETIC CORRELATION AND MAGNETIC ORDER

Although the implication of Mott's equation is clear, further steps into TEP theories on magnetic Kondo compounds turn out to be very complicated and hard to discuss with a simple physical meaning. Fischer[3] discribed that the negative peak of thermopower originates from the resonance term in the presence of magnetic correlations. Matho[25] discussed the importance of the antiferromagnetic correlation to give rise to the negative peak of thermopower.

Experimentally, the negative peak of thermopower for antiferromagnetic Kondo compounds of Ce occurs at a temperature several times higher than T_N, and thus, the thermopower sensitively detects a precursory short-range antiferromagnetic correlation. However, we note that a magnetic correlation is not always of a short-range and antiferromagnetic. Thus, the question arise, 1) how the onset of a long-range antiferromagnetic correlation at T_N is reflected on the S curve? and 2) how the S curve looks like if the magnetic correlation in question is ferromagnetic? In the rest of this paper, we try to answer these questions by referring to available data on the TEP.

As a typical example of antiferromagnetic Kondo compounds of Ce, we refer to CePdSn[26]. The magnetic resistivity $\rho_m = \rho_{CePdSn} - \rho_{LaPdSn}$ and the thermopower S are shown in Fig. 2 a) and b), respectively. Two steps of lagarithmic increase of ρ_m as

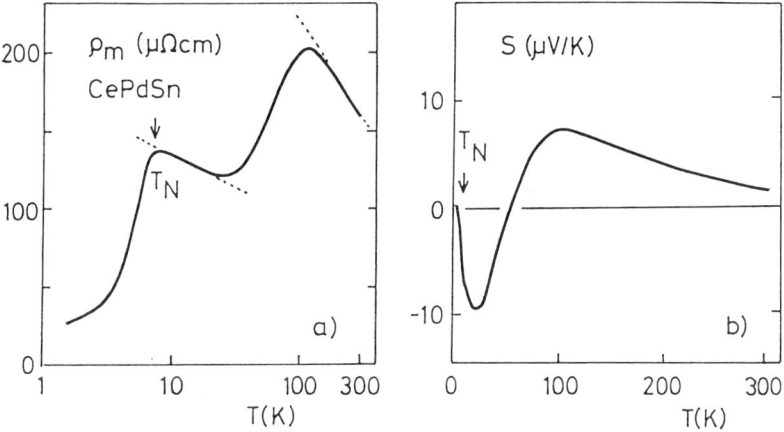

Fig. 2 a) The magnetic resistivity ρ_m and b) the thermopower S of CePdSn plotted as a function of temperature. The two steps of Kondo resistivity are marked by the dotted lines. The arrows indicate the Neel temperature T_N.

marked by the dotted lines in Fig. 2 a) are due to the Kondo effect of the six-fold degeneracy of Ce $4f$ electron for $T > \Delta$, Δ being the energy separation of the crystalline electric field (CEF) levels, and to the Kondo effect of the two-fold degeneracy of the CEF ground level for $T < \Delta$. The huge peaks of S at about 100 K in Fig. 2 b) corresponds to the high-temperature peak of ρ_m in Fig. 2 a). The temperature of the peak is relevant to the separation of the CEF splitting, and the amplitude of the peak to the Kondo interaction according to Bhattacharjee et al[27]. The negative peak of S, sensing precursory short-range antiferromagnetic correlation, is at 25 K much higher

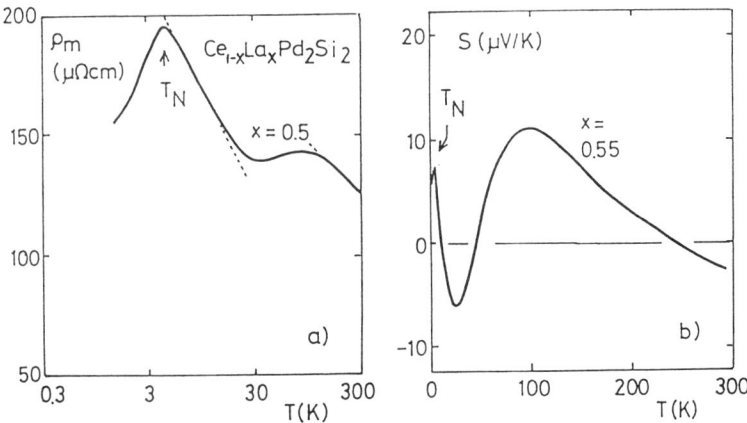

Fig. 3 a) The magnetic resistivity ρ_m for $Ce_{1-x}La_xPd_2Si_2$ with $x = 0.5$ and b) the thermopower S for $Ce_{1-x}La_xPd_2Si_2$ with $x = 0.55$. The two steps of the Kondo resistivity are marked by the dotted lines. The arrows indicate the Neel temperature T_N.

than T_N of 7.0 K. Below T_N, ρ_m manifests a rapid decrease as seen in Fig. 2 a), while, the S curve shows only a faint change in its derivative at T_N. Similar behaviour of S was observed for other antiferromagnetic Kondo compounds, $CePtSn$[28], $CePb_3$[29], $CeCu_2$[30] and $CeAl_2$[5] for examples, for which the thermopower shows only a faint or almost no singularity at T_N.

However, there are some cases where the TEP shows indeed a sharp peak with a singularity at T_N. We refer to $Ce_{1-x}La_xPd_2Si_2$, for example, a pseudo-binary system of an antiferromagnetic Kondo compound $CePd_2Si_2$ with its non-magnetic La isomorphic compound $LaPd_2Si_2$. In Figs. 3 a) and b), the ρ_m curve[31] and the TEP curve[32] for $Ce_{1-x}La_xPd_2Si_2$ are shown, respectively. Two steps of lagarithmic increase of ρ_m and a steep decrease below T_N on one hand in Fig. 3 a), and a huge peak of S at 100 K and a negative peak at 25 K on the other hand in Fig. 3 b) are similar to those for CePdSn. A notable difference is that the S curve for $Ce_{1-x}La_xPd_2Si_2$ continues to increase below 20 K and makes a prominently sharp peak at T_N. In addition, we notice that the maximum value of ρ_m at T_N is much higher than another peak at 100 K as seen in Fig. 3 a), making a contrast to the ρ_m curve for CePdSn. Judging from nearly parallel slope of the two dotted lines for ρ_m in Fig. 3 a), the Kondo interaction for $T < \Delta$ is somehow very much enhanced in comparison to that for $T > \Delta$. A ρ_m curve with a notable Kondo increase probably shows a large decrease below T_N as well, giving rise to a sharp peak at T_N. This in turn may be related to the existence of the sharp peak in the S curve at T_N. Thus, in some cases an antiferromagnetic long-range order at T_N can give rise to a sharp peak in the S curve.

Our next question is whether a negative peak of S exists for the ferromagnetic Kondo compounds of Ce. Unfortunately, only a few compounds are known in this category. Among them, we refer to $CeNi_{1-x}Pt_x$. The ρ_m curve[33] and the S curve[34] for $CeNi_{1-x}Pt_x$ with $x = 0.5$ and 1.0 are shown in Figs. 4 a) and b), respectively. The Kondo interaction in CePt is much weaker than that in $CeNi_{0.5}Pt_{0.5}$, as seen from the difference of the slopes of the dotted lines for the Kondo resistivity in Fig. 4 a). Thus, the S curve for CePt alone seems somewhat to be of a normal metal. However, it

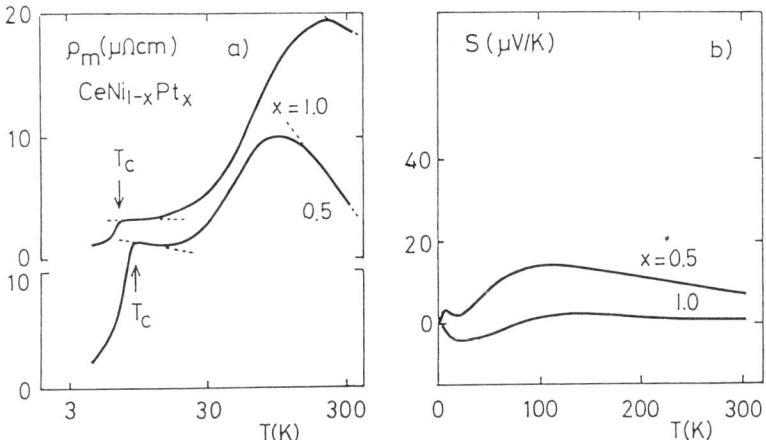

Fig. 4 a) The magnetic resistivity ρ_m and b) the thermopower S for $CeNi_{1-x}Pt_x$ with $x = 0.5$ and 1.0. The two steps of the Kondo resistivity are marked by the dotted lines. The arrows indicate the Curie temperature T_C.

retained the common features to the S curves for $CeNi_{0.5}Pt_{0.5}$ proving its Kondo character. Thus, on the S curves of both the two samples, we observe an existence of a broad negative peak at about 25 K, although its amplitute is not large. The Curie temperature T_C for the two samples are around 10 K. Therefore, the negative peak of S is probably the indication of the precursory short-range ferromagnetic correlation. On the other hand, nothing appears for the S curves at T_C. A small peak appears for the S curve for $CeNi_{0.5}Pt_{0.5}$ at 7 K. We do not know its origin.

The final case is a ferromagnetic Kondo compound where the S curve show a

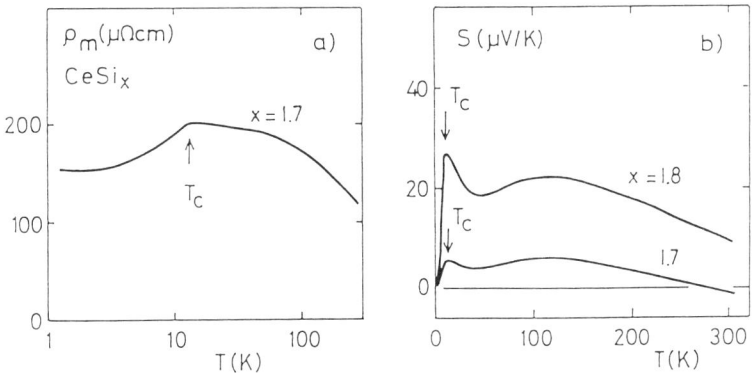

Fig. 5 a) The magnetic resistivity ρ_m for $CeSi_x$ with $x = 1.7$ and the thermopower S for $CeSi_x$ with $x = 1.7$ and 1.8. The arrows indicate the Curie temperature T_C.

strong peak with a singularity at T_C. The ρ_m curve for CeSi$_{1.7}$[35] and the S curves for CeSi$_{1.7}$ and CeSi$_{1.8}$[36] are shown in Fig. 5 a) and b), respectively. The ρ_m curve do not show well resolved two steps of the logarithmic Kondo increase observed in Figs. 2 a) - 4 a). We do not know the reason for this. On the other hand, the S curves in Fig. 5 b) continue to increase notably below 40 K and they manifests a sudden fall at $T_C = 10K$, giving rise to an eminent peak at T_C in contrast to the S curve in Fig. 4 b).

From a comparison of the strength of the negative peak of S for the antiferromagnetic Kondo compounds with those for the ferromagnetic Kondo compounds, we make an observation that the short-range magnetic correlation for $T > T_N$, with its center in the Brillouin zone at the propagation vector τ_m of the antiferromagnetic structure, contribute effectively as the scatter, while the short-range magnetic correlation for $T > T_C$, with its center at the origin, do not contribute too effectively as the scatter. Therefore, to explain the difference of the S behaviour in the spirit of mott's equation, we have to consider the actual shape and hence an inhomogeneity of the Fermi surface in the Brillouin zone. Although the amplitude of each component of short-range antiferromagnetic correlation is small, the integration over an effective area of the scatterers on the Fermi surface becomes just as important as the care for of a long-ranged magnetic correlation, and gives rise to the sharp negative peak of the TEP.

In conclusion, we have seen several types of the S curves associated with the different types of magnetic correlations. The S curves of the antiferro- or ferromagnetic Kondo compounds of Ce are seen to manifest sometimes a strong peak at T_N or at T_C reflecting an onset of long-range magnetic correlation. The negative peak of S seems to exist for the antiferro- as well as for ferromagnetic Kondo compounds, although it may be much more eminent for the former compounds.

Hearty thanks are due to Prof. K. Yamada for his very helpful discussions.

REFERENCES

1) N. Kawakami and A. Okiji, Jpn. J. Appl. Phys. 26, Suppl. 26-3, 499 (1987)

2) A. Houghton, N. Read and H. Won, Phys. Rev. B 35, 5123 (1987)

3) K. H. Fischer, Z. Phys. B 76, 315 (1989)

4) see for example, J. M. Ziman, *Electrons and Phonons*, Oxford University Press (1960)

5) D. Jaccard and J. Sierro, *Valence Instabilities*, eds. P. Wachter and H. Boppart, north Holland Publishing Company, p 409 (1982)

6) Y. Onuki and T. Komatsubara, J. Magn. Magn. Mat., 63 & 64 281 (1987)

7) T. Ohyama, J. Sakurai and Y. Komura, J. Magn. Magn. Mat., 63 & 64 581 (1987)

8) J. Sakurai, K. Murata and Y. Komura, Solid State Commun., 49 287 (1984)

9) see for example, F. J. Blatt, P. A. Schroeder, C. L. Foiles and D. Greig, *Thermoelectric Power of Metals*, Plenum Press, (1976) p 164

10) D. Jaccard and J. Flouquet, J. Magn. Magn. Mat., 47 & 48 45 (1985)

11) K. Satoh, T. Fujita, Y. Maeno, Y. Onuki and T. Komatsubara,

12) H. Sato, J. Zhao, W. P. Pratt, Jr., Y. Onuki and T. Komatsubara, Phys. Rev. B 36 8841 (1987)

13) H. Fujii, KY. Uwatoko, M. Akayama, K. Satoh, Y. Maeno, T. Fujita, J. Sakurai, H. Kamimura and T. Okamoto, Jpn. J. Appl. Phys. 26 Suppl. 26-3 549 (1987)

14) T. Fujita, K. Satoh, Y. Maeno, Y. Uwatoko and H. Fujii, J. Magn. Magn. Mat. 76 & 77 133 (1988)

15) S. Takayanagi, S. B. Woods, N. Wada, T. Watanabe, Y. Onuki, A. Kobori, T. Komatsubara, M. Imai and H. Asano, J. Magn. Magn. Mat., 76 & 77 281 (1988)

16) E. Bauer, E. Gratz and N. Plillmayr, Solid State Commun., 62 271 (1987)
17) E. Bauer, N. Pillmayr, E. Gratz, D. Gignoux and D. Schmitt J. Magn. Magn. Mat. 67 L 143 (1987)
18) E. Bauer, N. Pillmayr. E. Gratz, D. Gignoux, D. Schmitt, K. Winzer and J. Kohlmann, J. Magn. Magn. Mat., 71 311 (1988)
19) E. Bauer N. Pillmayr, E. Gratz, D. Gignoux and D. Schmitt, Physica letters A 124 445 (1987)
20) K. A. Gschneidner, Jr., S. K. Dhar, R. J. Stierman and T. -W. E. Tsang, J. Magn. Magn. Mat., 47 & 48 51 (1985)
21) Y. Ishikawa, K. Mori, T. Mizushima, A. Fujii, H. Takeda and K. Sato, J. Magn. Magn. Mat., 70 385 (1987)
22) H. Sthioul, D. Jaccard and J. Sierro, *Valence Instabilities*, P. Wachter and H. Boppart eds. North Holland Publishing Company p 443 (1982)
23) N. Pillmayr, unpublished
24) H. Fujii, T. Inoue, Y. Andoh, T. Takabatake, K. Satoh, Y. Maeno, T. Jujita, T. Sakurai and Y. Yamaguchi, Phys. Rev. B 39 6840 (1989)
25) K. Matho and M. T. Beal-Monod, J. Phys. F 4 848 (1974)
26) J. Sakurai, Y. Yamaguchi, K. Mibu and T. Shinjo, J. Magn. Magn. Mat., 84 157 (1990)
27) A. K. Bhattacharjee and B. Coqblin, Phys. Rev. B 13 3441 (1976)
28) J. Sakurai, R. Kawamura, T. Taniguchi, S. Nishigori, S. Ikeda, H. Goshima, T. Suzuki and T. Fujita, J. Magn. Magn. Mat., 104-107 1415 (1992)
29) J. Sakurai, H. Kamimura and Y. Komura, J. Magn. Magn. Mat., 76 & 77 287 (1988)
30) E. Gratz, E. Bauer, B. Barbara, S. Zemirli, F. Steglich, C. D. Bredl and W. Lieke, J. Phys. F 15 1975 (1985)
31) M. J. Besnus, A. Braghta and A. Meyer, Z. Phys. B 83 207 (1991)
32) Y. Bands, J. Sakurai and E. V. Sampathkumaran, Submitted to J. Magn. Magn. Mat.,
33) D. Gignoux and J. C. Gomez-Sal, Phys. Rev. B 30 3967 (1984)
34) J. Sakurai and M. Horie, unpublished
35) N. Sato, H. Mori, T. Satoh, T. Miura and H. Takei, J. Phys. Soc. Jpn., 57 1384 (1988)
36) J. Sakurai and Y. Murashita, Physica Letters A 150 113 (1990)

TRANSPORT AND THERMODYNAMIC PROPERTIES OF UNi_2Al_3 and UPd_2Al_3

C. Geibel, A. Böhm, C.D. Bredl, R. Caspary, A. Grauel, A. Hiess, C. Schank, F. Steglich, G. Weber

Institut für Festkörperphysik, TH Darmstadt, W-6100 Darmstadt, Germany

Abstract

We present and discuss the transport and thermodynamic properties of the new heavy-fermion superconductors UNi_2Al_3 and UPd_2Al_3. Analysis of the normal-state properties of UPd_2Al_3 indicates pronounced crystal-field effects and suggests a $5f^2$ configuration with a lowest-lying singlet. From the shifts of the maxima in the resistivity and susceptibility to higher temperatures when replacing Pd by Ni we deduce an increase by a factor of 3 in the crystal field splitting Δ. The energy scale for the screening of the 5f electrons appears to scale with Δ, leading to the observed reduction of the ordered moment on going from the Pd- to the Ni-compound. The specific heat in the superconducting state of UPd_2Al_3 shows many similarities to the specific heat of other heavy fermion superconductors. The temperature dependence of the thermodynamic critical field determined from the specific heat is close to the result of the BCS-theory.

INTRODUCTION

Since the discovery of the large electronic specific heat in $CeAl_3$ /1/ and of superconductivity in $CeCu_2Si_2$ /2/, heavy fermion (HF) compounds have been the subject of intensive experimental and theoretical research. It is now commonly accepted, that the HF-state in Cerium-based compounds can be well described within the frame of the Kondo-lattice theory /3/. In contrast the situation for Uranium-based HF-compounds is still not clear. The difficulties begin with the unknown number of electrons in the f-shell: Uranium can adopt a U^{3+}, U^{4+} or U^{5+}-ionic state corresponding to a $5f^3$, $5f^2$ and $5f^1$ configuration, respectively. With very few exception, it is generally not possible to determine the ionic state directly. Further, the spatial extent of the f-electrons in comparison to the valence electrons is larger for U than for Ce. Thus, hybridization between 5f electrons and valence electrons from ligand atoms can be much stronger. The importance of 5f-band-structure effects for the description of the HF-state in U compounds is still an open question. At last, the pairing mechanism and the pairing state in both U- and Ce-based HF-superconductors is also controversially discussed.

The discovery of the two new HF superconductors UNi_2Al_3 and UPd_2Al_3 in 1991 /4/5/

has opened a new opportunity to investigate these problems. Transport, susceptibility and specific-heat measurements indicate in UNi$_2$Al$_3$ and UPd$_2$Al$_3$ antiferromagnetic (AF) ordering at $T_N=4.5K$ and $T_N=14.5K$, respectively, and a transition into the superconducting state at $T_c=1.1K$ and $T_c=2.0K$, respectively /6/. Lateron, neutron diffraction and μ^+SR measurements revealed quite a large ordered moment for HF superconductors, approximately $0.1\mu_B$ in UNi$_2$Al$_3$ /7/ and $0.85\mu_B$ in UPd$_2$Al$_3$ /8/, and proved the coexistence of superconductivity and magnetic order below T_c in both compounds. Here, we present a status report on the transport and thermodynamic properties of these two compounds. These results give strong evidence for a tetravalent Uranium state (5f^2 configuration) and a singlet crystal-field (CF) ground state. They further suggest that the superconducting state can be described quite well with classical BCS-type models.

CRYSTAL FIELD AND KONDO EFFECT

Stimulated by the pronounced maximum in the susceptibility of UPd$_2$Al$_3$ and its resemblence to the susceptibility of PrNi$_5$ which crystallizes in the related CaCu$_5$ structure, already in the first paper on UPd$_2$Al$_3$ we speculated about a possible 5f^2 configuration (see Ref. 8 in /5/). Lateron, we found that the specific heat of the 5f-electrons in UNi$_2$Al$_3$ could be well fitted by a Bethe-Ansatz for a single ion Kondo effect and a doublet-singlet CF transition, implying a 5f^2 configuration /9/. This led us to perform a crystal-field analysis of the 5f-derived specific heat and the susceptibility of UPd$_2$Al$_3$ /10/. A more detailed description of the experiments and the calculation is given in /11/. In the following discussion, we can safely ignore the 5f^1 configuration, because its small free-ion moment $\mu_{eff}=2.54\mu_B$ is significantly lower than the experimental value of $3.4\mu_B$ obtained at high temperature on a polycrystalline sample, which in turn corresponds well to the free-ion moment for both the 5f^2 ($\mu_{eff}=3.58\mu_B$) and 5f^3 ($\mu_{eff}=3.62\mu_B$) configuration. The discrimination between configurations 5f^2 and 5f^3 is more difficult and it is easily shown that fits to the specific heat alone are not sufficient for an unequivocal assignment.

The specific heat of the 5f electrons as obtained by subtracting the specific heat of ThPd$_2$Al$_3$ from that of UPd$_2$Al$_3$ shows the AF transition at 14.5K and a broad peak at 55K which in the following will be addressed as a Schottky-type anomaly (Fig. 1). The dashed curve corresponds to a fit with the five doublets of a 5f^3 configuration. The entropy connected with the excess specific heat found experimentally at low temperatures amounts to nearly Rln2, as expected for a lowest-lying doublet state. The fit, therefore, must be considered quite good. However, Fig. 1 also contains a fit with the three singlets and the three doublets (two singlets lowest) of the 5f^2 configuration, which we will more fully discuss later. If we assume that part of the entropy connected with the Schottky anomaly is transferred to the onset of magnetic order by the exchange interaction, this fit can also be considered quite good.

Obviously additional information is needed for an unequivocal assignment and for this we turn to the magnetic susceptibility. The latter is very anisotropic for UPd$_2$Al$_3$, with large values and a pronounced temperature dependence for the field applied in the basal plane ($\chi_\perp$) and small values and a weak temperature dependence for the field applied along the c-axis ($\chi_\parallel$) (Fig. 2) /12/. In a magnetic field, the Hamiltonian reads

$$H = H_{CF} + g\mu_B \, \mathbf{J} \cdot \mathbf{H} \qquad (1)$$

$$H_{CF} = B_2^0 O_2^0 + B_4^0 O_4^0 + B_6^0 O_6^0 + B_2^6 O_6^6 \tag{2}$$

where g and J are the Landé factor and the total angular momentum of the free ion, respectively, and O_n the Stevens equivalent operators and B_n the CF parameters. In comparing the susceptibilities χ_{CF} derived from (1) and (2) with experiment, exchange

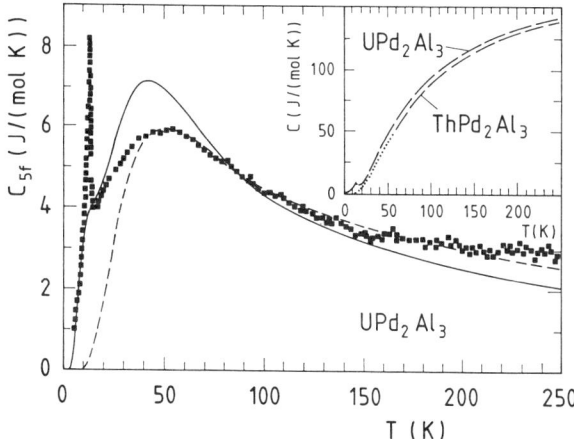

Figure 1. Temperature dependence of the 5f contribution to the specific heat of UPd_2Al_3 as $C(UPd_2Al_3)$ - $C(ThPd_2Al_3)$. Solid and dashed curves represent CF driven Schottky anomalies (see text). The inset shows the specific heat of UPd_2Al_3 and $ThPd_2Al_3$ vs T /11/.

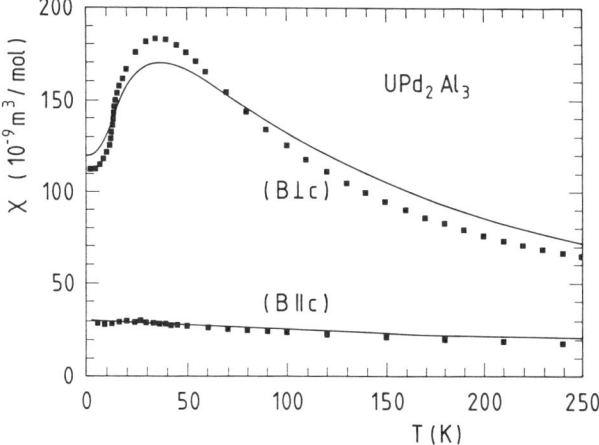

Figure 2. Temperature dependence of $\chi_\perp (B \perp c)$ and $\chi_\parallel (B \parallel c)$. The solid lines show CF calculations for both directions (see text) /11/.

interactions were taken into account in a mean-field approximation by introducing two mean-field fit parameters $\lambda_{\perp/\|}$ as follows: $(\chi_m)^{-1}=(\chi_{CEF})^{-1}-\lambda$. Starting from the $5f^3$-configuration of trivalent Uranium we found it impossible to reproduce the two salient features of the susceptibility data: the maximum in $\chi_\perp(T)$ and the small and non-diverging $\chi_\|(T)$. These features could, however, be reproduced by assuming the $5f^2$-configuration of tetravalent Uranium and we, therefore, exclude the former from consideration and concentrate on the latter. For the $5f^2$ configuration our best fit to the susceptibility and specific-heat data was obtained with the parameters of Table 1.

Table 1. Crystal field parameters used for the fit of the specific-heat and susceptibility data of UPd_2Al_3.

CF operators	eigenfunctions	eigenvalues
$B_2'=8.74K$	$\Gamma_4=1/\sqrt{2}[\,\|-3\rangle-\|3\rangle\,]$	0K
$B_4=57.5mK$	$\Gamma_1=\|0\rangle$	32K
$B_6=3.10mK$	$\Gamma_6=\|\pm1\rangle$	109K
$B_6'=38.3mK$	$\Gamma_5=0.29\|\pm4\rangle-0.96\|\mp2\rangle$	168K
	$\Gamma_3=1/\sqrt{2}[\,\|-3\rangle+\|3\rangle\,]$	290K
	$\Gamma_5=0.96\|\pm4\rangle+0.29\|\mp2\rangle$	564K

The fitted values of the mean-field parameters, $\lambda_\|=2.8\cdot10^7 mole/m^3$ and $\lambda_\perp=2.8\cdot10^6 mole/m^3$, are in good agreement with a rough estimate according to the simple relation $\lambda_{\perp/\|}=1/\chi_{\perp/\|}(T_N)$ which leads to $\lambda_\|=3\cdot10^7 mole/m^3$ and $\lambda_\perp=7\cdot10^6 mole/m^3$. The same set of CF parameters used for the specific-heat data gives the solid line in Fig. 1. The entropies of both the CF fit and the measured specific heat reach the same value at about 90K. We think that magnetic interactions, essential for establishing magnetic order in a singlet-ground-state system, account for the differences observed at low temperatures. With two lowest lying singlets the susceptibility for $T\to0$ is driven by van-Vleck contributions. The maximum in $\chi_\perp(T)$ is caused by successive thermal population of excited levels. Expanding our analysis by including finite magnetic fields /13/ we find that for $B\perp c$ the eigenvalues strongly depend on magnetic field. We suggest that this produces some kind of instability of the magnetic ordering and that this, in turn, leads to the complex magnetic phase diagram observed in the easy plane /10/.

It is remarkable that similar susceptibility and specific-heat anomalies as in UPd_2Al_3 have also been found /14/ in $PrNi_5$ ($CaCu_5$ structure and $4f^2$ configuration of Pr^{3+}) and have likewise been ascribed to the influence of the same sequence of CEF levels. Furthermore, a singlet ground state was proposed for another HF superconductor, URu_2Si_2, which presents a similar peak in the susceptibility along the easy direction /15/16/17/18/.

We now turn to the Kondo effect. The negative temperature derivative of the resistivity at high temperatures which is clearly seen in the raw data for UPd_2Al_3 and, after substraction of the phonon contribution, for UNi_2Al_3, suggest some kind of Kondo interaction. Thus, one would at first glance interpret the decrease of $\rho(T)$ to lower temperature to the transition from a single-ion Kondo regime at high T to a Kondo-lattice regime at low T in analogy to the Ce-based HF compounds. The investigation of the pseudo-binary system $U(Pd_{1-x}Ni_x)_2Al_3$ sheds more light on this question /19/. We have observed that in the whole concentration range, both maxima in ρ and χ remain well resolved and shift toward higher temperature with increasing Ni-content (Fig. 3a). This is in contrast to the typical behavior in Ce-based systems, where alloying usually results in a large increase of the residual resistivity and a strong reduction or even disappearance of the coherence maximum in ρ, see e.g. the Ce(Cu$_{1-x}$Ni$_x$)$_2$Ge$_2$ system /20/. Thus, either the coherence in U-based HF compounds is less sensitive to disorder, or the maximum in $\rho(T)$ has another origin.

Remarkably, although the temperatures of the maxima increase by a factor 3 on going from the Pd- to the Ni-compound, the ratio $T_{\rho m}/T_{\chi m}$ of the maximum positions of both resistivity and susceptibility remains unchanged (Fig. 3a), indicating a common origin for both phenomena, i.e. CF effects. This is supported by an analysis of the 5f-derived entropy at the temperature of the maximum in $\chi(T)$, $S_{5f}(T_{\chi m})$, which also remains constant over the whole concentration range. One may ask whether the maximum in $\chi(T)$ could be

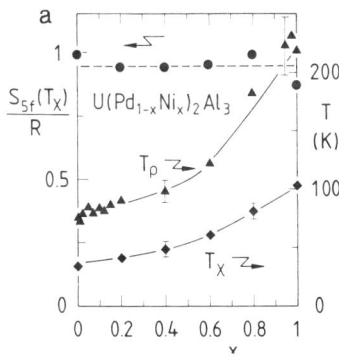
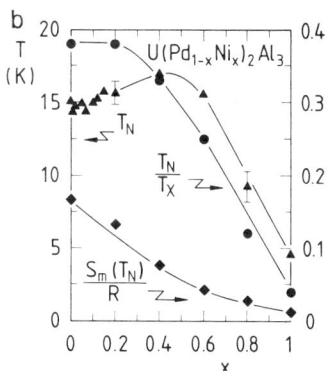

Figure 3. Left frame (a): Concentration dependence of the temperatures of the maxima in $\rho(T)$ and $\chi(T)$, $T_{\rho m}$ (▲) and $T_{\chi m}$ (♦), as well as of the entropy at T_x, $S_{5f}(T_{\chi m})$ (●). Solid and broken lines are guides to the eye. Right frame (b): Concentration dependence of T_N (▲) as well as of the ratio $T_N/T_{\chi m}$ (●) and of the entropy at T_N, $S_m(T_N)$ (♦). Solid lines are guides to the eye /19/.

related to another phenomenon, e.g. to the metamagnetic transition observed at B=18 Tesla in UPd$_2$Al$_3$ /15/ (and at 38 Tesla in URu$_2$Si$_2$ /16/). However, it is rather difficult to understand how a purely magnetic inter site interaction could lead to a maximum in $\rho(T)$ at a temperature twice as large as the temperature of the maximum in $\chi(T)$. Another explanation would involve the Kondo effect of a magnetic ion with a large ground state degeneracy since $S_{5f}(T_{\chi m})$ is already rather large ~ Rln3. But for this case the theory /21/ predicts $T_K \approx 2 \cdot T_{\chi m}$ and one would obtain $T_K \approx 70K$ for UPd$_2$Al$_3$. In this case it is difficult to understand how a large moment of 0.85μ_B can still be formed at T_N=14.5K. On the other hand, no difficulties have to be encountered, if one assumes that the maxima in $\chi(T)$ and $\rho(T)$ are mainly related to CF effects in the presence of strong 5f-conduction electron hybridization. Calculations of the resistivity for a combined action of CF and Kondo effect show that, if $T_K/\Delta \geq 0.1$ (Δ being the CF splitting), the Kondo coherence peak merges with the CF derived peak (see e.g. Ref. 22). This seems to be the case for UPd$_2$Al$_3$, since the model for the CF level scheme gives for the first excited level $\Delta \approx 33K$ and, from the reduction of the ordered moment, one expects $T_K \approx T_N \approx 15K$.

Another interesting scaling behaviour can be observed for the AF ordering. In Fig. 3b we have plotted the concentration dependence of T_N, of the ratio T_N/T_{xm} and of the "magnetic inter site" contribution to the 5f-derived entropy at T_N, defined by $S_m(T_N)=S_{5f}(T_N)-\gamma T_N$. Whereas T_N vs x shows a maximum around x=0.4, both T_N/T_{xm} vs x and $S_m(T_N)$ vs x decrease monotonically with increasing Ni content. In the pure compounds, $S_m(T_N)$ scales with the values of the ordered moments. In a simple phenomenological approach, the ordered moment μ_s should be roughly proportional to the ratio between the energy scale $k_B T_{int}$ of the inter site interaction responsible for the AF ordering and the energy scale $k_B T_{red}$ of the intrasite interaction responsible for the moment reduction. The reduction of T_N in UNi_2Al_3 is certainly not due to a frustration problem since in that case one would expect a shift of the magnetic entropy to lower temperature but not a reduction as observed. Then in a first approximation T_{int} should be proportional to T_N and we obtain

$$\mu_s \sim S_m(T_N) \sim T_{int}/T_{red} \sim T_N/T_{red} \qquad (3)$$

Now, the similar concentration dependence of $S_m(T_N)$ and T_N/T_{xm} means that

$$S_m(T_N) \sim T_N/T_{red} \sim T_N/T_{xm} \qquad (4)$$

The proportionality of T_{red} and T_{xm} suggests that either T_K scales with the CF splitting or that the moment reduction is directly connected to CF effects.

Somewhat different behavior between Uranium- and Cerium-based HF compounds is seen also in the temperature dependence of the thermopower, $S(T)$. In Ce-based HF compounds, one often observes a negative minimum at the characteristic Kondo lattice temperature but a positive maximum at higher temperatures related to CF effects. In U-based HF compounds, there is no common behavior at low temperatures, but at high temperatures (above 50K) the absolute value of $S(T)$ generally increases steadily with increasing temperatures. This was also observed in UNi_2Al_3 and UPd_2Al_3 (Fig. 4a) (for more details see /23/). In both compounds, $S(T)$ is positive and increases monotonically with the temperature assuming large values above 50K. Small anomalies are visible at the ordering temperature. In Fig. 4b, we have plotted T/S vs T. For T>50K we get a straight line, indicating that the thermopower can be phenomenologically described by the general expression $S(T)=AT(1+T/T')$. In Ref. 23, it was shown that this is also the case for other U-based heavy fermion compounds and that the characteristic temperature T' scales approximately with the temperature of the maximum in the resistivity. This could be an indication that CF effects are also manifested in the temperature dependence of the thermopower. Since the U-based HF compounds seem to exhibit either a $5f^2$ or a $5f^3$ configuration the number of CF levels and thus of CF transitions is larger and this may be responsible for the larger thermopower at high temperature in these compounds compared to the Ce-based compounds.

SUPERCONDUCTING STATE

Some of the most fascinating aspects of the HF superconductors were revealed in specific-heat C(T) measurements: e.g. the giant jump at T_c in the specific heat of $CeCu_2Si_2$ proved that the Cooper pairs are formed by the heavy electrons, the double transition in the specific heat of UPt$_3$ was the definitive evidence for a complex superconducting phase diagram and the power laws observed in C(T) below T$_c$ stimulated the speculation about highly anisotropic order parameters with nodes or lines of zero gap on the Fermi surface /3/. Preliminary measurements on UPd$_2$Al$_3$ revealed no spectacular behavior: Only one sharp ($\Delta T_c < 0.1$K) transition at T$_c$, a linear decrease of C/T with T below T$_c$ with some evidence for a higher power law at the lowest temperatures and a residual γT term which was attributed to defects in the sample /5/. The reduced jump height at T$_c$, $\Delta C/C_n(T_c) \approx 1.2$, was found to be close to the BCS value. In UNi$_2$Al$_3$, the transition was found to be much broader and the jump height smaller due to the lower quality of the sample. Since these results do not reflect the intrinsic properties of this compound, we shall not discuss UNi$_2$Al$_3$ further here.

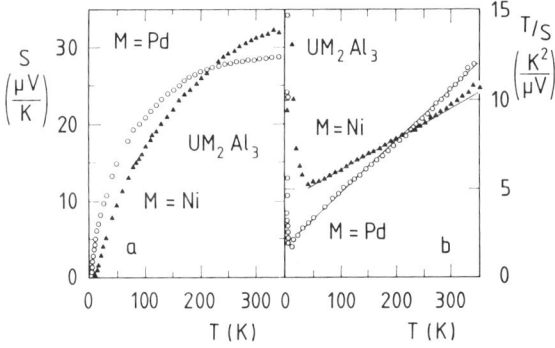

Figure 4. a: Thermopower S(T) vs T of polycrystalline UPd$_2$Al$_3$ (○) and UNi$_2$Al$_3$ (▲). b: T/S vs T in polycrystalline UPd$_2$Al$_3$ and UNi$_2$Al$_3$ /23/.

We have now performed a more detailed investigation of the specific heat of UPd$_2$Al$_3$ below 3K /24/ (Fig. 5a). In general, the previous results were confirmed, but since the experiments were extended to lower temperature, down to 0.18K, the low-T behavior can now be studied more precisely. For all values of the applied magnetic field, the specific heat could be well fitted, in the temperature range 0.18K < T < 0.6K, to the expression $C = a/T^2 + \gamma T + bT^n$ where a, γ and b are field-dependent coefficients. The first term represents the contribution of the nuclear moments of ^{27}Al due to the Zeeman splitting in a magnetic field. For high field (4T and 8T) where this term is dominating, the calculated value of the field at the Al-site coincides within 6% with the external field, indicating that the net transferred hyperfine field is nearly zero, i.e. that the ^{27}Al atoms occupy a high-symmetry site in the AF structure. This is in accordance with the results of neutron diffraction measurements /8/. The contribution of the other isotopes as well as a quadrupolar effect can be neglected within experimental resolution.

The second term γT represents the contribution of unpaired electrons. For other samples this term (taken at B=0) was found to increase with increasing width of the superconducting transition. This suggests that γT(B=0) is due to pairbreaking caused by some defects. Below B$_{c2}$ this term increases linearly with applied field.

The third term represents the quasiparticle contribution of the superconductor. The best fit to the data was obtained with $n=2.9\pm0.1$ independent of the applied field. We also tried an exponential function, but the quality of the fit was much worse. A very similar term was also observed in $CeCu_2Si_2$ /25/ and UBe_{13} /26/. For $0.3<T/T_c<1$ $C(T)$ increases linearly with T like in $CeCu_2Si_2$, UPt_3 /27/ and URu_2Si_2 /28/. Thus, in the superconducting state the specific heat of UPd_2Al_3 reveals a profound similarity to that of other HF superconductors.

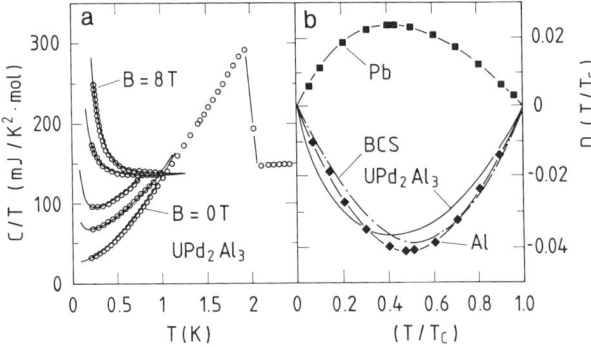

Figure 5. a: Temperature dependence of the specific heat of UPd_2Al_3 below 3.5K for B=0, 1, 2, 4, and 8 Tesla (from bottom to top). The lines correspond to the fits described in the text. b: Deviation function $D(T/T_c)$ vs $(T/T_c)^2$ for UPd_2Al_3, Al, Pb and the BCS-theory.

From the specific heat in the normal and in the superconducting state, we determined the thermodynamic field B_c and the deviation function $D(t)=b-(1-t^2)$ where $t=T/T_c$ and $b=B_c(T)/B_c(0)$. UPd_2Al_3 is the first HF-superconductor where this can safely be done because its specific heat in the normal state is nearly field-independent and T_c is rather large. In Fig. 5b, we compare the deviation function of UPd_2Al_3 with the deviation function of a weak coupling superconductor, Al, (ii) of a strong coupling superconductor, Pb and (iii) the BCS result. The curve for UPd_2Al_3 is very close to the results for Al and the universal BCS curve. Only at low temperature, a significant deviation can be seen. This implies that the excitation spectrum of the superconductor UPd_2Al_3 is, at least for $T>0.3T_c$, quite similar to that of a classical weak-coupling superconductor.

Finally, we present new measurements of the thermal conductivity, $\kappa(T)$, performed on a polycrystalline sample of UPd_2Al_3 (Fig. 6). In this sample the low temperature thermal conductivity is dominated by the electronic contribution, since the $\kappa\rho/T$ ratio comes close to the Lorenz number. This is a further indication for a large electronic mean free path in this system. Correspondingly $\kappa(T)$ increases strongly in a field larger than B_{c2}. By extrapolating κ/T vs T^2 for $T\to 0$, we extracted the electronic contribution $\kappa_e(T)$. We notice that the ratio of κ_e in the superconducting and in the normal state is the same as the ratio in the electronic specific heat coefficient γ. Since the samples used in both experiments are comparable this would suggest that the electrons responsible for the residual γ term have the same heavy mass as the electrons which form the Cooper pairs, supporting a pairbreaking origin for the unpaired electrons.

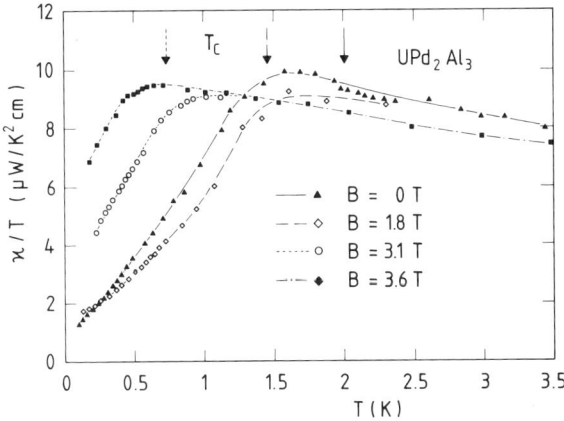

Figure 6. Temperature dependence of κ/T for B=0 (▲), B=1.8T (◇), B=3.1T (○) and B=3.6T (♦).

CONCLUSION

In summary, we observe in UPd$_2$Al$_3$ between 30K and 100K pronounced maxima in the temperature dependence of the easy plane susceptibility, of the resistivity and of the 5f-derived specific heat. These anomalies can be described surprisingly well by a CF model for 5f^2 configuration (tetravalent Uranium). A comparison of UPd$_2$Al$_3$ and UNi$_2$Al$_3$ suggests in the latter one an increase by a factor 3 in the crystal field splitting and a similar increase in the energy scale of the interaction responsible for the reduction of the ordered moment. The power laws observed below T_c in the specific heat of UPd$_2$Al$_3$ are very similar to those observed in the other HF superconductors. The temperature dependence of the thermodynamical field determined from the specific heat is close to the results of the BCS theory, implying that the excitation spectrum of the superconductor UPd$_2$Al$_3$ is, at least for $T>0.3T_c$, quite similar to that of a classical weak coupling superconductor.

REFERENCES

/1/ K. Andres et al., Phys. Rev. Lett. **35**, 1779 (1975).
/2/ F. Steglich et al., Phys. Rev. Lett. **43**, 1892 (1979).
/3/ For a recent review, see: N. Grewe, F. Steglich, in: Handbook on the physics and chemistry of rare earths, K.A. Gschneidner Jr., L. Eyring (eds.), Vol. 14, Chapt. 97.
/4/ C. Geibel et al., Z. Phys. B **83**, 305 (1991).
/5/ C. Geibel et al., Z. Phys. B **84**, 1 (1991).
/6/ F. Steglich et al., in: Frontiers in solid state sciences, L.C. Gupta, M.S. Multani (eds.), World Scientific Publishing Company, in press.
/7/ A. Amato et al., Z. Phys. B **86**, 159 (1992).
/8/ A. Krimmel et al., Z. Phys. B **86**, 161 (1992).
/9/ F. Steglich et al., Physica C **185-189**, 379 (1991).

/10/ A. Grauel et al., Phys. Rev. B **46**, 5818 (1992).
/11/ A. Böhm et al., Int. J. of Modern Physics, in press.
/12/ C. Geibel et al., Physica C **185-189**, 2651 (1991).
/13/ A. Böhm et al., to be published.
/14/ K. Andres et al., Phys. Rev. Lett. **52**, 1551 (1984).
/15/ R. Felten, PhD Thesis, TH Darmstadt (1987).
/16/ G.J. Nieuwenhuys, Phys. Rev. B **35**, 5260 (1987).
/17/ R.J. Radwanski, J. Magn. Magn. Mat. **103**, L1 (1992).
/18/ C. Broholm et al., Phys. Rev. B **43**, 12809 (1991).
/19/ C. Schank et al., Int. J. of Modern Physics.
/20/ A. Loidl et al., Ann. Physik **1**, 78 (1992).
/21/ V.T. Rajan, Phys. Rev. Lett. **51**, 308 (1983).
/22/ see, e.g.: Y. Lassailly et al., J. Magn. Magn. Mat. **47&48**, 501 (1985).
/23/ A. Grauel et al., Int. J. of Modern Physics, in press.
/24/ R. Caspary et al., to be published.
/25/ F. Steglich, Vol. 62 of: Springer Series in Solid-State Sciences, p. 23 (1985).
/26/ A. Ravex et al., J. Magn. Magn. Mat. **63&64**, 400 (1987).
/27/ A. Sulpice et al., J. Low Temp. Phys. **62**, 39 (1986).
/28/ W. Schlabitz et al., Z. Phys. B **62**, 171 (1986).

PRESSURE-INDUCED SUPERCONDUCTIVITY OF $CeCu_2Ge_2$

D. Jaccard

Université de Genève, DPMC, 24, quai E.-Amsermet
CH 1211 Genève 4, Switzerland

Systematic trends observed in the thermopower of heavy fermion compounds have led us to study $CeCu_2Ge_2$ under high pressure. As expected, the transport properties of this compound above 70 kbar were found to be quite similar to the normal pressure ones of $CeCu_2Si_2$. Around this pressure, magnetic ordering vanishes and superconductivity appears. At 101 kbar, the transition temperature $T_c \approx 0.64K$ and the critical field $B_{c2}(0) \approx 2T$ (1).

REFERENCE

(1) D. Jaccard, K. Behnia and J. Sierro, Phys. Lett A163, 475 (1992)

WEAK MAGNETISM AND MAGNETIC PHASE TRANSITIONS
IN MIXED COMPOUND-U(Ru$_{1-x}$Rh$_x$)$_2$Si$_2$

Y. Miyako

Department of Earth and Space Science
Faculty of Science, Osaka University
Toyonaka 560, Osaka, Japan

Abstract

The magnetic properties of URu$_2$Si$_2$ and mixed compound U(Ru$_{1-x}$Rh$_x$)$_2$Si$_2$ are reviewed. Weak antiferromagnetic order was found by neutron diffraction in URu$_2$Si$_2$ and random order was suggested by μSR while no magnetic order was detected in NMR.

U(Ru$_{1-x}$Rh$_x$)$_2$Si$_2$ shows various magnetic properties depending on the local environment of uranium from heavy fermion properties to devil's staircase type magnetic phase transitions.

Introduction

RM$_2$Si$_2$ (R = U and Ce, M = 3d, 4d and 5d transition metals) ternary uranium and cerium compounds have a variety of magnetic properties. URu$_2$Si$_2$[1] and CeRu$_2$Si$_2$[2] are known as heavy fermion compound and UNi$_2$Si$_2$[3] and CeRh$_2$Si$_2$[4] show magnetic phase transition with ordered moment of ~ 3 μ_B. Uranium compound[5][6] as well as cerium[7][8] changes the magnetic properties with kinds of atoms of environment.

URu$_2$Si$_2$ is a canonical heavy fermion compound which exhibits superconductivity[1] and URh$_2$Si$_2$ is a simple collinear antiferromagnet polarized along the c-axis[5]. By mixing two compounds, U(Ru$_{1-x}$Rh$_x$)$_2$Si$_2$ displays different kinds of magnetic properties. U(Ru$_{1-x}$Rh$_x$)$_2$Si$_2$ is a heavy fermion in

$0 < x < 0.08$ and a crossover occurs around $x = 0.1$ from delocalized to localized f-electron state.

For $0.2 < x < 0.35$, the mixed compound shows successive magnetic phase transitions.

Valence state of Uranium

Heavy fermion compound, URu_2Si_2, has a large anisotropy which is considered to be originated in the crystalline field, although the valence state of uranium is not so well defined as cerium. In the case of $CeRu_2Si_2$, the crystalline field splitting between the ground and excited doublets was estimated to be 220 K from the analysis of a Schottky anomaly observed in the specific heat measurement[9]. Uranium compounds seem to be more complex than cerium compounds due to the extent of f-orbits of uranium atom. UPt_2Si_2[10] and UPd_3[11] are the compounds where the crystalline field splittings are observed by neutron inelastic scattering. The magnetic properties of UPt_2Si_2 are explained by a simple crystalline field model assuming U^{4+}, which are the magnetic anisotropy of the susceptibility[12], the high field magnetization[13] and the specific heat[13].

The crystalline field model was applied to URu_2Si_2[12], but the low temperature properties below 100K could not be expressed even qualitatively. The low temperature properties of URu_2Si_2 are considered to be a coherent Kondo state developed as a result of the competitions among Kondo couplings, RKKY interactions and the crystalline field effect.

In the specific heat measurements, the observation of a Schottky type anomaly in 10 - 50 K is not a few in cerium and uranium heavy fermion compounds. UPt_2Si_2 exhibits the antiferromagnetic phase transition at 35 K with the ordered moment of 1.67 μ_B. The magnetic specific heat anomaly is analyzed by the crystalline field model[14].

The Schottky anomaly in URu_2Si_2 was observed at 32 K and was fitted by the doublet - doublet crystalline field splitting[15]. The doublet ground state contradicts the prediction of neutron scattering experiment[16].

The Schottky anomaly in URu_2Si_2 is also interpreted by a singlet-doublet(85K) crystalline field splitting model as shown in Fig.1[17] and the entropy change is given in Fig.2 as a function of temperature.

The best fitting (solid line in Fig.1) to the experimental data is obtained assuming a singlet ground and doublet excited level scheme with a splitting of 85 K[17]. Dotted and dush-dot curves are calculations that are a singlet-singlet(42K)-singlet-(170K)-doublet(550K) model by Nieuwenhuys[12] and a doublet-doublet(75K) model by Renker et al.[15], respectively.

The theoretical prediction of Kondo model[18] is smaller than the observed Schottly anomaly in URu_2Si_2. Similar large Schottky anomaly is observed even in UAl_2 with cubic symmetry[19].

These results suggest that the interpretation of Schottky anomaly in URu_2Si_2 has ambiguity because of complex f-electronic state. In the case of $CeRu_2Si_2$, a Schottky anomaly around 10K was explained as Kondo anomaly of $S = 1/2$[18] with the Kondo temperature of 24.4 K.

In a dilute compound $La_{0.95}U_{0.05}Ru_2Si_2$, the susceptibilty in Fig.3 increases down to 4.2 K, which suggests the contribution of a Kramers doublet ground state. The electronic state of uranium varies from compound to compound and seems to be sensitive to local environment of uranium.

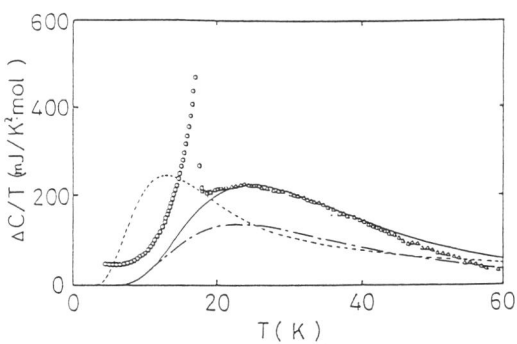

Figure 1. The specific heat of f-electron part in URu_2Si_2. Lattice part is subtracted using the specific heat of $LaRu_2Si_2$ making a correction of mass difference. after [18].

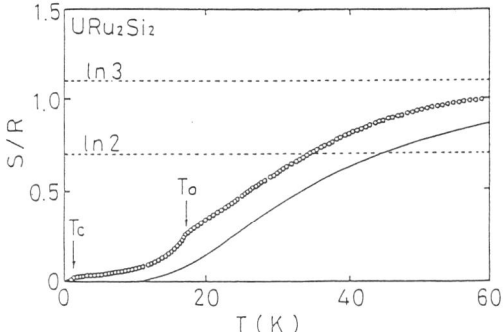

Figure 2. The entropy of f-electrons in URu_2Si_2 as a function of temperature. after [18].

Weak Magnetism

Heavy fermions have a variety of low temperature properties as the result of the delicate balance of the competition among the Kondo coupling, the RKKY interaction and the crystalline field effect. When the Kondo coupling is dominant, a coherent Kondo state, which is an antiferromagnetically correlated Fermi liquid, evolves at low temperatures.

By doping a few percent of impurities, the coherent Kondo state is easily collapsed and magnetic order appears.

URu_2Si_2 and UPt_3 [20] are canonical compounds which show a superconducting phase transition and the antiferromagnetic order persists in their superconducting state.

URu_2Si_2

URu_2Si_2 is shown to be a Kondo lattice system from the resistivity at high temperatures[21].

Antiferromagnetic and superconducting phase transitions in URu_2Si_2 were found by Schlabitz et al.[1] and the coexistence of the antiferromagnetic order and superconductivity was suggested.

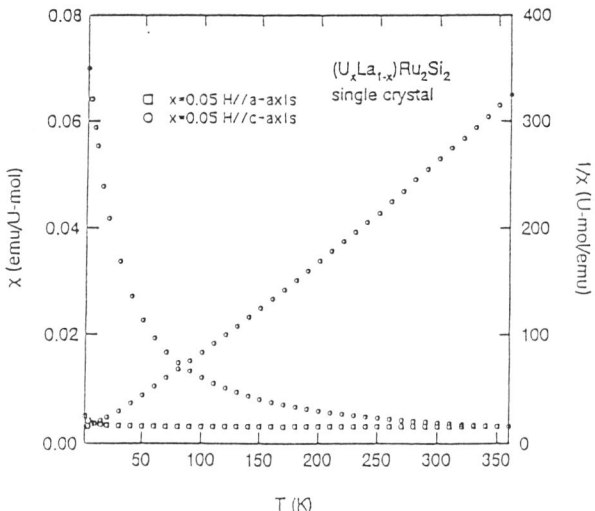

Figure 3. The susceptibility of $La_{0.95}U_{0.05}Ru_2Si_2$.

Neutron scattering experiment[16] confirmed the coexistence and showed the small ordered moment of 0.03 μ_B polarized along the tetragonal c-axis. However, the magnetic Bragg peak seems to appear from above about 30 K. μSR experiment also showed the evidence of magnetic ordering below about 30 K[22].

Contrary to the above early experiments, recent X-ray[23] and neutron scattering[24] experiments have demonstrated the abrupt increase of the magnetic Bragg reflection from about 17 K, where the specific heat anomaly is observed. In these experiments, it was stressed that good sample quality provides the rapid appearance of the Bragg reflections around 17 K.

However, there is still mystery that the sharp specific heat anomaly at 17 K is insensitive to sample preparation. The entropy change due to the sharp specific heat anomaly is ~ 0.4 R ln 2. This large entropy change does not seem to be explained by the antiferromagnetic order with small ordered moment(0.03 μ_B). Moreover, no magnetic order is found in NMR although the internal field on ^{29}Si site(4kOe) may be too small to detect the magnetic order. In NMR experiment on ^{29}Si in URu_2Si_2 by Kohori et al.[25], the line width was about 150 Oe, which was attributed mainly to the distribution of the Knight shift. In the powdered sample, the c-axis of crushed microcrystals is roughly aligned under the external magnetic field due to the strong anisotropy of the susceptibility. No broadening of the line width was observed at T_0, although the transferred hyperfine field from uranium moments does not cancel at the Si sites owing to the low symmetry.

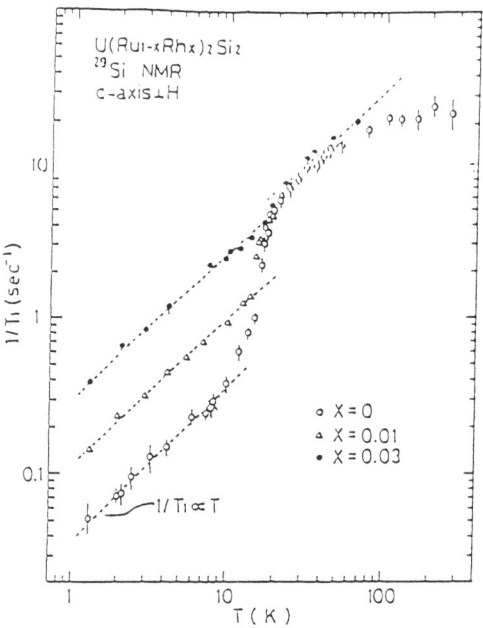

Figure 4. Temperature dependence of $1/T_1$ of ^{29}Si in $U(Ru_{1-x}Rh_x)_2Si_2$ for 0<x<0.03 (H⊥c-axis). after [25].

The nuclear spin lattice relaxation time, T_1, becomes longer below T_0 as shown in Fig.4. $1/T_1$ is proportional to temperature T below T_0, predicting the Fermi liquid state. The temperature dependence of $1/T_1$ predicts the creation of the Fermi surface, which stems from the Kondo coherent state.

Maple and his collaborators[26] proposed a partial gap opening of the Fermi surface at T_0 by the formation of spin density wave(SDW) or charge density wave(CDW). They suggested that SDW or CDW removes about 40 % of the Fermi surface by estimating the elecronic specific heat coefficient from extrapolating the slope of C/T vs T^2 curve from above and below T_0.

They also estimated an energy gap, Δ, to be $\sim$ 11 meV by fitting the specific heat data to the function of A exp($-\Delta/T$) where A and Δ are fitting parameters.

The temperature dependence of the resistivity of URu_2Si_2 seems to support the gap opening on the Fermi surface[22]. However, the shoulder of the specific heat below T_o cannot be expressed by an exponential function for a partial gap opening of the Fermi surface.

It is a very delicate problem whether a partial gap opening occurs by SDW transition at T_o in URu_2Si_2 or not.

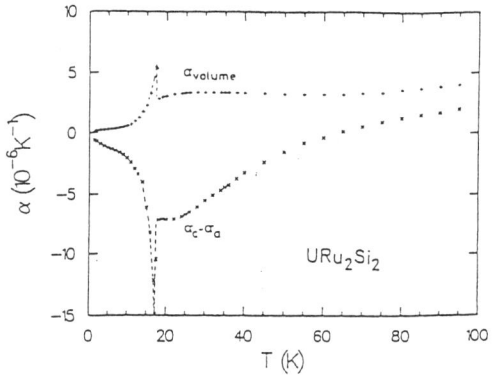

Figure 5. The volume thremal-expansion coefficient α_{volume} and the temperature dependence of the c/a ratio $\alpha_T = \alpha_c - \alpha_a$. after [30]

According to inelastic neutron scattering by Broholm et al.[16], the splitting between the ground and the first excited levels increases rapidly below T_o like an order parameter. Holland-Moritz and his colaborators[28] carried out neutron scattering experiment and showed the appearance of inelastic scattering below about 35 K and suggested the possibility of quadrupolar ordering.

de Visser et al. measured the thermal expansion coefficients along the three crystallographic axes of the tetragonal URu_2Si_2[29] and found an anomalous peak at T_o as shown in Fig.5.

The temperature dependence of the volume thermal expansion coefficient of URu_2Si_2 below T_o is different from the case of Cr metal[30].

Magnetization, M, is given as a function of an external magnetic field, H, in a paramagnetic state that $M = \chi_0 H + \chi_2 H^3$. Here, χ_0 and χ_2 are the (linear)susceptibility and the nonlinear susceptibility, respectively. Nonlinear susceptibilty is a sensitive probe for the study of the phase transition related to four spin correlations. Morin and Schmit [31] proposed the study by nonlinear susceptibility of quadrupolar ordering of localized f-electrons in rare earth compounds.

Fig.6 (a) and (b) are the temperature dependence of the nonlinear susceptibility of URu_2Si_2 and $U(Ru_{0.99}Rh_{0.01})_2Si_2$. χ_2 has a positive sign and a sharp peak at T_0 which corresponds to the peak of $-d(c/a)/dT$ where c/a is the ratio of the lattice constant of URu_2Si_2. We calculated the derivative of c/a with respect to temperature using the temperature dependence of c/a measured by de Visser[29].

The positive divergent behavior can not be explained by magnetic phase transitions and suggests the possibility of quadrupolar ordering[32][33][34], although the ordering temperature is too high.

At present, the origin of the phase transition accompanied by lattice instability is still a puzzle.

By replacing Ru atoms with a few percent Rh, the specific heat anomaly in Fig.7 becomes smaller with decreasing T_0 and vanishes above around 6% Rh concentration. The slope of C/T vs T^2 is independent of x above T_0 for $0 < x < 0.06$ of $U(Ru_{1-x}Rh_x)_2Si_2$.

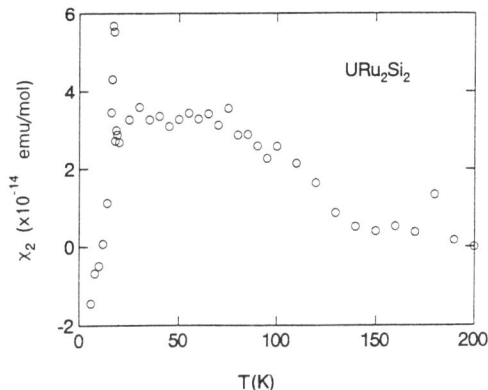

a) The nonlinear susceptibility of URu_2Si_2.

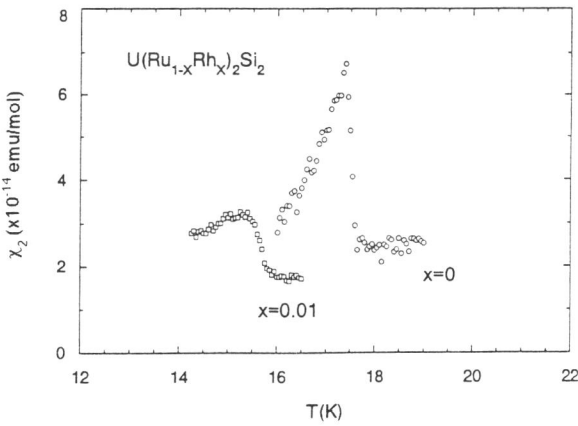

b) The nonlinear susceptibility of URu_2Si_2 and of $U(Ru_{1-x}Rh_x)_2Si_2$.

Figure 6

An external magnetic field reduces the Kondo screening and a metamagnetic like transition occurs at $H_M=358$ kO$_e$ in URu$_2$Si$_2$ [35]. Fig.8 shows the H_M versus T_0 curves as a function of x in U(Ru$_{1-x}$Rh$_x$)$_2$Si$_2$. H_M decreases with x having the minimum value at around x=0.08 and start to increase with x up to x=0.2. This is clearly shown in Fig.9.

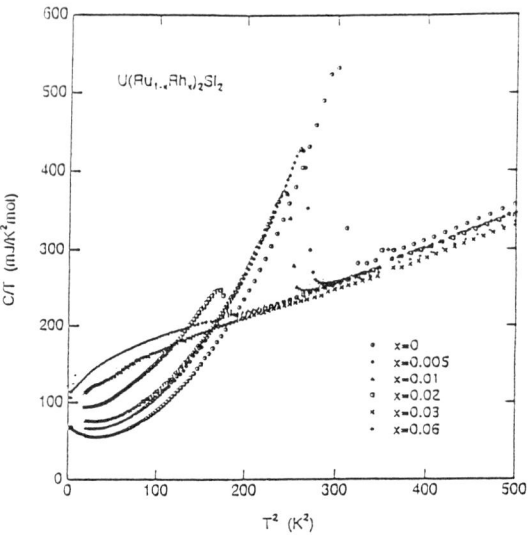

Figure 7. The specific heat of f-electrons in U(Ru$_{1-x}$Rh$_x$)$_2$Si$_2$.

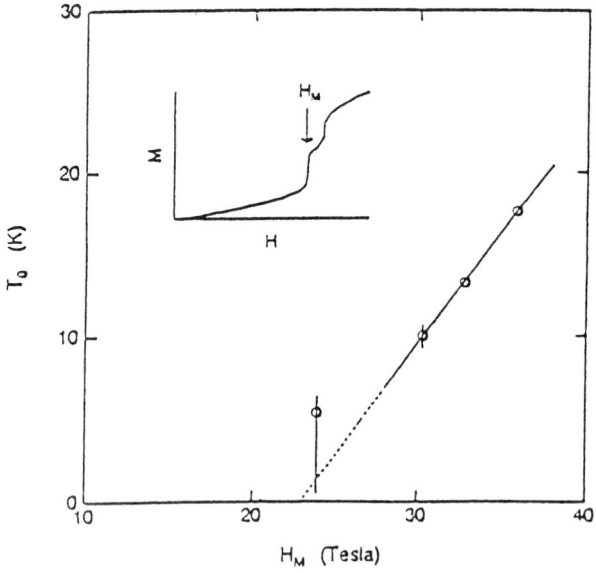

Figure 8. T_0 versus H_M curve in U(Ru$_{1-x}$Rh$_x$)$_2$Si$_2$.
T_0 and H_M are defined in the text.

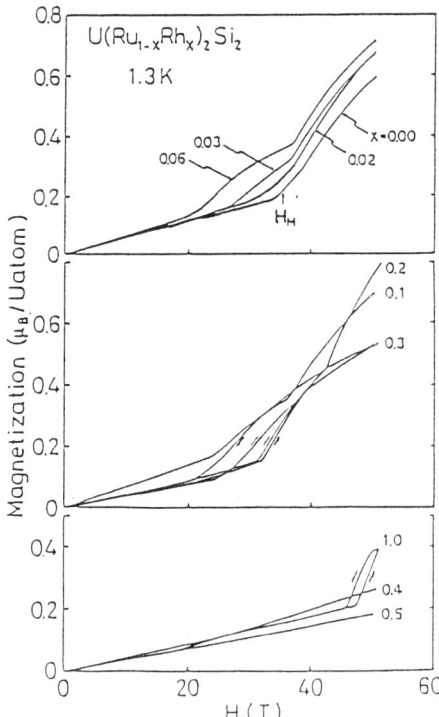

Figure 9. High field magnetization curve of $U(Ru_{1-x}Rh_x)_2Si_2$.

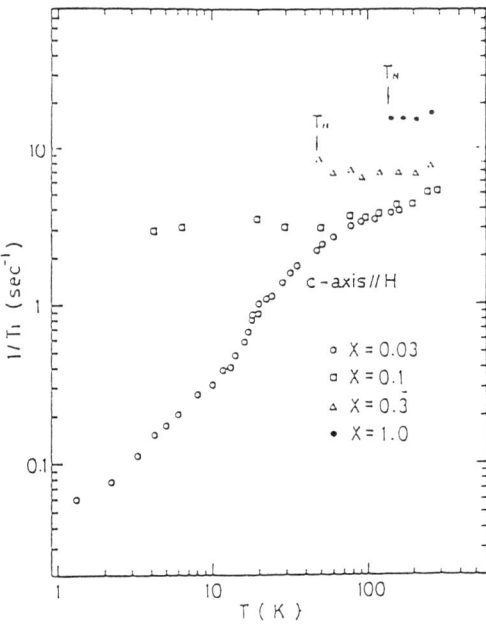

Figure 10. Temperature dependence of $1/T_1$ of ^{29}Si in $U(Ru_{1-x}Rh_x)_2Si_2$ for $0.03<x<1.0$ ($H\perp$ c-axis). after [26].

The specific heat magnetization experiments suggest that the coherent Kondo state, which is a Fermi liquid, sets in below T_o for $U(Ru_{1-x}Rhx)_2Si_2$ with x less than 0.08. The crossover from delocalized to localized f-electron state occurs around x=0.1. This is observed in NMR experiment on ^{29}Si in $U(Ru_{1-x}Rh_x)_2Si_2$[25], which is consistent with the results of neutron scattering experiment[36]. The nuclear spin lattice relaxation, $1/T_1$ of ^{29}Si varies in proportion to the temperature below T_o, indicating a Fermi liquid state. Above T_o, $1/T_1$ changes gradually with increasing temperature as seen in Fig.4 and has almost same value for x=0, 0.01 and 0.03 within the experimental accuracy, which attains a constant value around 100K.

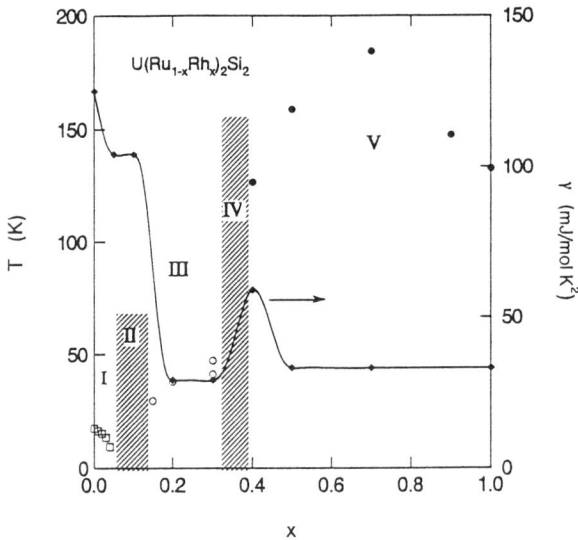

Figure 11. X-T phase diagram of $U(Ru_{1-x}Rh_x)_2Si_2$. after [33].

Fig.10 shows that $1/T_1$ has no temperature dependence for x=0.1, 0.3 and 1.0. For x>0.1, $U(Ru_{1-x}Rh_x)_2Si_2$ has a localized moment and an antiferromagnetic order occurs. At T_N, NMR signal becomes too broad to observe due to the increase of the internal field. x=0.1 compound shows no magnetic transition down to 4.2K, although $1/T_1$ behaves like the temperature dependence of localized moment. x=0.1 is the critical concentration for Rh to separate the low temperature phase into the coherent Kondo and magnetic ordered state of localized moment in x-T phase diagram as shown in Fig.11.

In UPt_3, as antiferromagnetic order with an ordered moment of $0.02\mu_B$ was found by neutron diffraction[37]. The elastic reflection at $q=(\pm 1/201)$ has a width broader than the spectrometer resolution and no specific heat anomaly is observed for the antiferromagnetic order.

However, UPt$_3$ with 5% Pd impurities orders at 5K exhibiting a sharp specific heat anomaly [38]. NMR signal was observed in the ordered state in U(Pt$_{0.95}$Pd$_{0.05}$)$_3$ and the isotropic hyperfine field was estimated to be -85 kOe/μ_B.

If we assume the same hyperfine coupling constant in UPt$_3$ as in U(Pt$_{0.95}$Pd$_{0.05}$)$_3$, the Knight shift of 900 Oe is expected in the antiferromagnetic ordered state (0.02μ_B) in UPt$_3$. No sign of the magnetic ordering was observed in NMR experiment in pure UPt$_3$ [39], although μSR experiment suggested the static random order below about 5K[40].

The magnetic moments in UPt$_3$ may be fluctuating with the time scale of $10^{-12} < t < 10^{-6}$.

Successive Magnetic Phase Transitions

The mixed compound U(Ru$_{1-x}$Rh$_x$)$_2$Si$_2$ displays a variety of magnetic properties as a function of x. A magnetic phase diagram of Fig.11 has been obtained from susceptibility, magnetization, specific heat and neutron scattering experiments[32]. The effective magnetic moment estimated from high temperature susceptibility and the Weiss constant (H) are given in Fig. 12.

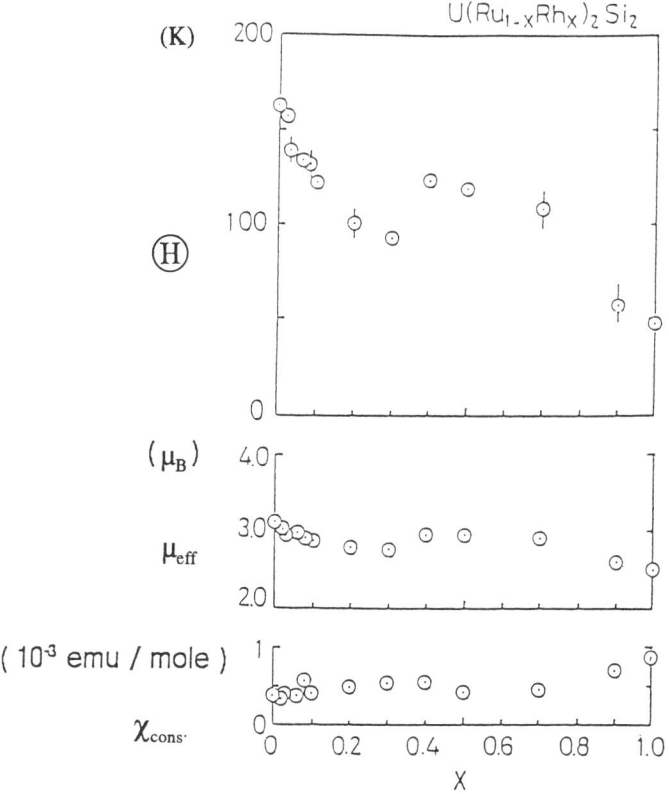

Figure 12. Weiss constant (H), effective magnetic moment μ_{eff} and the susceptibility independent of temperature χ_{cons}.

x=0.1 area hatched in Fig.11 is a crossover region from delocalized heavy fermion to localized f-electron state. In region III, the mixed compound of x=0.25, 0.3 and 0.35 exhibits successive magnetic phase transitions[39].

The specific heat and the susceptibility of $U(Ru_{0.7}Rh_{0.3})_2Si_2$ are shown in Figs.13 and 14 [32]. The three successive magnetic phase transitions are indicated by T_o^1, T_o^2 and T_o^3. The magnetic structure of these three phases are determined by neutron scattering experiment[32].

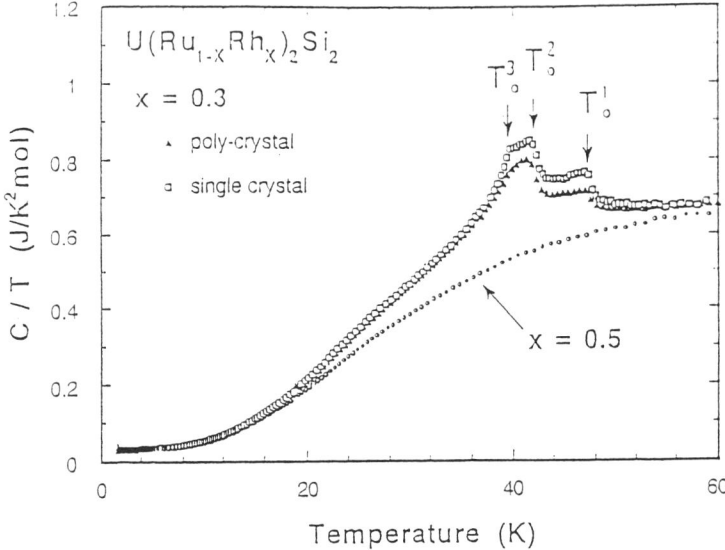

Figure 13. The specific heat of $U(Ru_{1-x}Rh_x)_2Si_2$ for x = 0.3 single and polysrystals and x = 0.5 polycrystal.
The specific heat of x = 0.5 is used to estimate lattice contribution. after [33].

Fig.15 is the temperature dependence of the magnetic Bragg reflections whose indices are indicated. The reflections consist of clear three peaks. In addition to these three Bragg reflections, three are some other magnetic scattering which are weak but significant.

Fig.16 shows the scattering spectrum in the reciprocal space region between (1/2 1/2 1/2) and (1/2 1/2 1/2 ± 1/6) at several temperatures between 39.8 and 43K. The reflection intensity of (1/2 1/2 1/2) peak decreases at around 43K and the satellite peaks at (1/2 1/2 1/2±1/6) appear. Their modulations are suggested to be associated with a polarization along the c-axis.

The peak position moves from near (1/2 1/2 1/2) to (1/2 1/2 1/2±1/6) with decreasing temperature, which suggests devil's staircase type phase transitions.

Below the temperature (43K) where the satellites (1/2 1/2 1/2±1/6) appear, (1/2 1/2 1/2) peak still remains with strong scattering intensity and there is a thermal hysteresis below 43K as seen in Fig.15. Similar behavior has been observed in the temperature dependence of the modulation wave vector along the c-axis of holmium[42].

This may be due to pinning by defects in bond random system, which is similar to lock in transition in holmium.

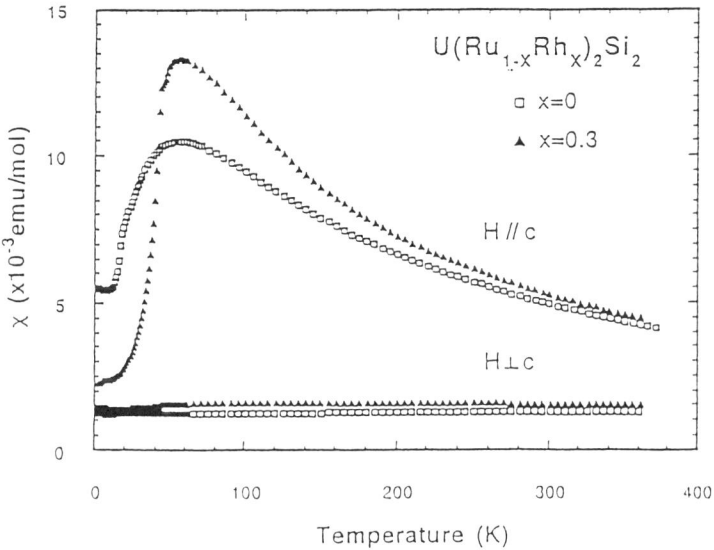

Figure 14. The susceptibility of URu_2Si_2 and $U(Ru_{0.7}Rh_{0.3})_2Si_2$

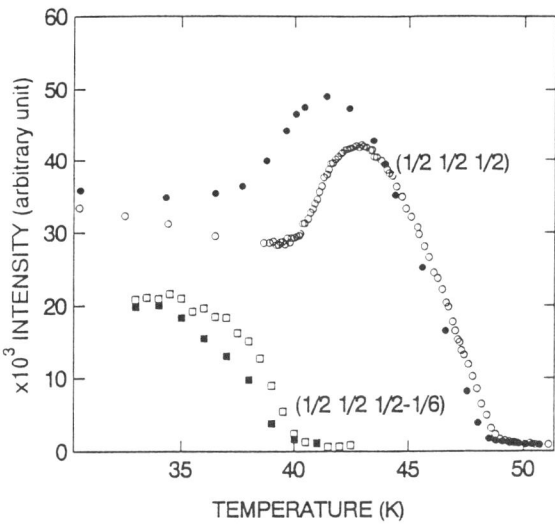

Figure 15. Thermal hysteresis of the intensities of the (1/2 1/2 1/2) and the (1/2 1/2 1/2 - 1/6) reflections. Direstions of the thermal scanning are indicated by the arrows. after [42].

Devil's staircase type magnetic phase transitions were observed in erbium [43] and holmium [44] in addition to a classical CeSb [45]. To explain devil's staircase magnetic phase transitions, Bak proposed two theoretical models, which are Ising model with long range repulsive force [46] and an axial next nearest neighbor Ising model (ANNNI model)[47]. These simple models qualitatively explain the devil's staircase phenomenon, which is the transitions that the magnetic wave vector passes a discrete series of commensurate values as observed in holmium under an applied magnetic field [41].

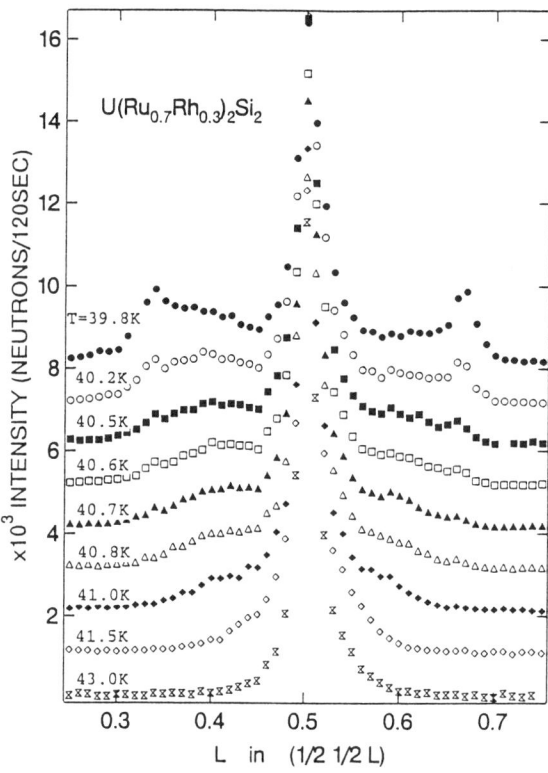

Figure 16. Diffraction spectrum between (1/2 1/2 1/2) and (1/2 1/2 1/2 + 1/6) reciprocal space region at several temperatures. after [42].

Very recently, the magnetic structure of UNi_2Si_2 was determined by neutron diffraction [3] and the wave vector of incommensurate phase changes smoothly with decreasing temperature, leading to a commensurate phase. $U(Ru_{1-x}Rh_x)_2Si_2$ and UNi_2Si_2 doped with impurities are new candidates to show devil's staircase transitions.

References

[1] W. Schlabitz, J. Baumann, B. Pollit, U. Rauschwalbe, H. M. Mayer, U. Ahlheim and C. D. Bredl, Z. Phys. B 62 (1986) 171
[2] A. Amato, D. Jaccard, J. Sierro, P. Haen, P. Lejay and J. Flouquet, J. Low Temp. Phys., 77 (1989) 195
[3] H. Lin, L. Rebelsky, M. F. Collins, J. D. Garrett and W. J. L. Buyers, Phys. Rev. B 43 (1991) 13232
[4] B. Lloret, B. Chevallier, B. Buffat, J. Etourneau, S. Quewzel, A. Lamharrar, J. Rossat-Mignot, R. Calemczuk and E. Bonjour, J. Mag. Mag. Mater. 63&64 (1987) 85
[5] H. Ptasiewicz-Bak, J. Leciejewicz and A. Zygmunt, J. Phys., F 11 (1981) 1225
[6] L. Chetmicki, J.Leciejewicz and A. Zygmunt, J. Phys. Chem. Solids 46 (1985) 529
[7] B. H. Grier, J. M. Lawrence, V. Murgai and R. D. Parks, Phys. Rev.,B 29(1984)2664
[8] A. Severing, E. Holland-Moritz and B. Frick, Phys. Rev.,B 39(1989)4164
[9] M. J. Besnus, J. P. Kappler, P. Lehmann and A. Meyer, Solid State Commun. 55 (1985) 779
[10] R. A. Steeman, E. Frikkee, C. van Dijk, G. J. Nieuwenhuys, and A. A. Menovsky, J. Mag. Mag. Mater., 76 & 77 (1988) 435
[11] W. J. L. Buyers, A. F. Murray, T. M. Holden, E. C. Svensson, P. de V. Duplessis, G. H. Lander and O. Vogt, Physica B 102(1980)291
[12] G. J. Nieuwenhuys, Phys. Rev. B 35 (1987) 5260
[13] H. Amitsuka, T. Sakakibara, K.Sugiyama, T. Ikeda, Y. Miyako, M. Date and A. Yamagishi, Physica B 177 (1992) 173
[14] R. A. Steeman, E. Frikkee, S. A. M. Mentink, A. A. Menovsky, G. J. Nieuwenhuys and J. A. Mydosh, J. Phys., C 2(1990) 4059
[15] B. Renker, F. Gompf, E. Gering, P. Frings, H. Rietschel, R. Felten, F. Steglich and G. Weber, Physica B 148 (1987) 41
[16] C. Brohlm, J. K. Kjems, W. J. L. Buyers, P. Mathews, T. M. Palstra, A. A. Menovsky and J. A. Mydosh, Phys. Rev. Lett., 58 (1987)1467
[17] H. Amitsuka, a private communication.
[18] V. Rajan and J. H. Lowenstein, Phys. Rev. Lett., 49(1982)497
[19] T. Kuwai and Y. Miyako, to be published.
[20] G. R. Stewart, Z. Fisk, J. O. Willis and J. L. Smith, Phys. Rev. Lett., 52 (1984) 679
[21] J. Schoenes, C. Schonenberger, J. J. M. Franse and A. A. Menovsky, Phys. Rev., B 35(1987)5375
[22] D. E. MacLaughlin, D. W. Cooke, R. H. Heffner, R. H. Hutson, M. W. McElfresh, M. E. Schllaci, H. D. Rempp, J. L. Smith, J. O. Willis, E.Zirngieble, C. Boekema, R. L. Licht, J. Oostens, Phys. Rev. B 37(1988)3153
[23] E. D. Isaacs, D. B. Mcwhan, R. N. Keinman, D. J. Bishop, G. E. Ice, P. Zschack, B. D. Gaulin, T. E. Mason, J. D. Garrett and W. J. L. Buyers, Phys. Rev. Lett., 65(1990)3185

[24] T. E. Mason, B. D. Gaulin, J. D. Garrett, Z. Tun, W. J. L. Buyers and
    E. D. Isaacs,   Phys. Rev. Lett.,   65(1990)3189
[25] Y. Kohori, Y. Noguchi, T. Kohara, K. Asayama, H. Amitsuka and
    Y. Miyako,   Solid State Commun.   82 (1992) 479
[26] M. B. Maple, J. W. Chen, Y. Dalichaouch, T. Kohara, C. Rossel and
    M. S. Torikachvili,   Phys. Rev. Lett.,   56 (1986) 185
[27] T. T. M. Palstra, A. A. Menovsky and J. A. Mydosh,
    Phys. Rev., B   33 (1986) 6527
[28] E. Holland-Moritz, W. Schlabitz, M. Loewenhaupt and U. Walter,
    Phys. Rev., B   (1989)551
[29] A. de Visser, F. E. Kayzel, A. A. Menovsky, J. J. M. Franse, J. van den
    Berg and G. J. Nieuwenhuys,   Phys. Rev. , B   34 (1986) 8168
[30] E. W. Lee and M. A. Asgar,   Phys. Rev. Lett.,   22 (1969) 1436
[31] P. Morin and D. Schmitt,   Phys. Rev., B   23 (1981) 5936
[32] Y. Miyako, S. Kawarazaki, H. Amitsuka, C. C. Paulsen and
    K. Hasselbach,   J. Appl. Phys.,   70 (1991) 5791
[33] A. P. Ramirez, P. Coleman, P. Chandra, E. Bruck, A. A. Menovsky,
    Z. Fisk and E. Bucher,   Phys. Rev. Lett.,   68(1992)2680
[34] Y. Miyako, H. Amitsuka, S. Kunii and T. Kasuya, Physica (1993)
    to be published.
[35] F. R. deBoer, J. J. M. Pastra, U. Rauchschwalbe, W. Schlabitz,
    F.Steglich and A. de Visser,   Physica B   138(1986)1
[36] P. Burlet, F. Bourdarot, S. Quezel, J. Rossat-Mignot, P. Lejey,
    B. Chevalier and H. Hickey,   J. Mag. Mag. Mater.,   108 (1992) 202
[37] G. Aeppli, E. Bucher, A. I. Goldman, S. Shirane and C. Broholm,
    J. Mag. Mag. Mater.,   76&77 (1988) 385
[38] J. J. M. Franse, A. de Visser, A. Menovsky and P. H. Frings,
    J. Mag. Mag. Mater.,   52(1985)61
[39] Y. Kohori, M. Kyogaku, T. Kohara, K. Asayama, H. Amitsuka and
    Y. Miyako,   J. Mag. Mag. Mater.,   90&91 (1990) 510
[40] D. W. Cooke, R. H. Heffner, R. L. Hutson, M. E. Schillaci and J. L.
    Smith,
    Hyperfine Interaction   31 (1986) 425
[41] S. Kawarazaki, T. Taniguchi, H. Iwabuchi, Y. Miyako, H. Amitsuka and
    T. Sakakibara,   Phys. Lett.   A   160 (1991) 103
[42] D. Gibbs, D. E. Moncton, K. L. D'Amico, J. Bohr and B. H. Grier,
    Phys. Rev. Lett.,   55(1985)234
[43] M. Habenschuss, C. Stassis, S. K. Sinha, H. W. Deckman and
    F. H. Spedding,   Phys. Rev., B   10 (1974) 1020
[44] R. A. Cowley, D. A. Jehan, D. F. McMarrow and G. J. McIntyre,
    Phys. Rev. Lett.,   66 (1991) 1521
[45] J. Rossat-Minod, P. Burlet, J. Villain, H. Bartholin, Wang Tcheng-Si,
    D. Florence and O. Vogt,   Phys. Rev., B   16 (1977) 440
[46] P. Bak and R. Bruinsma,   Phys. Rev. Lett.,   49 (1982) 249
[47] P. Bak and J. von Boehm,   Phys. Rev.,   B   21 (1980) 5297

TRANSPORT AND THERMAL PROPERTIES OF SOME SELECTED HEAVY-FERMION MATERIALS:
PROBING THE ELECTRONIC INSTABILITY

Anne de Visser

Van der Waals - Zeeman Laboratorium
Universiteit van Amsterdam
Valckenierstraat 65
1018 XE Amsterdam
The Netherlands

1. INTRODUCTION

In the past decade it has been recognized that the delocalization of 4f or 5f electrons in cerium or uranium intermetallics occasionally gives rise to the low-temperature formation of a strongly correlated electron band close to the Fermi level. The unprecedented strong renormalization is reflected in a Fermi-liquid quasiparticle mass of the order of 100 times the free electron mass. Concurrently, the Fermi-liquid temperature is strongly renormalized: $T_F \sim 100$ K. The enormous effective mass is built up by a variety of competing electron-electron interactions, of which the on-site Kondo effect and the inter-site Ruderman-Kittel-Kasuya-Yosida (RKKY) interactions are thought to play the leading parts. The stabilization of the heavy-fermion state is attended by striking anomalies in the thermal and transport properties. As to the thermal properties, spin degrees of freedom turn up predominantly in the low-temperature entropy and enhance the electronic specific heat accordingly, while the strains are tightly coupled to the heavy-electron bands via anomalously large Grüneisen parameters giving rise to large coefficients of thermal expansion. As far as the transport properties are concerned, a rapid variation of the scattering processes takes place at low temperatures, as a consequence of the competing on-site and inter-site interactions. This is manifested in the electrical resistivity as a crossover from the Kondo-esque increase to the Fermi-liquid-like decrease in the coherent state, at lowering the temperature. At studying the physics of correlated electrons in heavy-fermion materials, the influence of clean external parameters, e.g. pressure and magnetic field, has received a wide attention. The pressure effects on the heavy-fermion bands are unusually large because of the strong hybridization. However, the influence of a magnetic field is relatively small, so that very strong magnetic fields are needed in order to investigate the heavy-fermion state.

Electronic instabilities in the heavy-electron liquid at low temperatures are mostly of antiferromagnetic nature. However, for a few intriguing materials a superconducting ground state coexists with an antiferromagnetic one. The non-standard-BCS thermal and transport properties of some of these heavy-fermion superconductors provide strong evidence for an unconventional Cooper state and have led to speculations upon electron-electron mediated superconductivity.

The purpose of the present paper is to high-light a number of salient properties of heavy-fermion systems, as detected by low-temperature transport and thermal measurements. Special emphasis is given to the phase transitions that take place in the heavy-electron liquid, e.g. long-range antiferromagnetism, unconventional superconductivity, pseudo-metamagnetism and gap-formation. These phenomena are elucidated by experimental studies on exemplary systems, such as $U(Pt,Pd)_3$, $(Ce,La)Ru_2Si_2$, UPd_2Al_3 and CeNiSn. Furthermore, in a few special cases the behaviour under extreme conditions (high pressures and high-magnetic fields) is discussed.

2. THE SUPERCONDUCTING AND MAGNETIC INSTABILITY IN $U(Pt,Pd)_3$

Many intriguing aspects of heavy-fermion physics can be illustrated by experimental studies on the pseudobinary series $U(Pt,Pd)_3$ [1]. Thermal, magnetic and transport studies on the renowned 5f-electron compound UPt_3 [2] have revealed various anomalous properties at low temperatures, i.e. a large coefficient of the linear term in the electronic specific heat, $c(T)$ ($\gamma = 420$ mJ/molK^2), an enhanced low-field magnetic susceptibility, $\chi(T)$, with a pronounced maximum at $T_{max} = 18$ K, and a strongly temperature dependent electrical resistivity, $\rho(T)$, which exhibits a sharp decrease near 10 K, and passes to a Fermi-liquid AT^2 regime ($T < 1.5$ K), with a coefficient A enhanced two orders of magnitude over that of a normal metal. These anomalous low-temperature properties are reputed as hints for pronounced spin-fluctuation phenomena. Studies of the thermal and transport properties in an external magnetic field provide evidence that the electronic correlations are primarily of antiferromagnetic character.

Solid evidence for antiferromagnetic spin-fluctuation phenomena comes from inelastic neutron-scattering experiments [3]. The fluctuation spectrum is quite complex, as different energy scales are present. Experiments on polycrystalline samples yield a quasi-elastic contribution centered at 10 meV, which is related to the fluctuating local f-moment. The size of the fluctuating moment is of the same order as the effective moment deduced from the high-temperature Curie constant. Experiments on single-crystalline samples reveal a response centered at 6-8 meV, which reveals antiferromagnetic short-range order between nearest neighbour uranium atoms located in adjacent planes (UPt_3 has a hexagonal closed-packed type structure). The antiferromagnetic correlations disappear above T_{max}, whereas in-plane ferromagnetic correlations are present up to about 150 K. At yet a lower energy (0.5 meV), a second type of antiferromagnetic (basal-plane) correlations is found, and, surprisingly, also a very weak long-range magnetic moment appears with a Néel temperature $T_N = 5$ K. The size of the ordered moment amounts to 0.02 ± 0.01 μ_B/U-atom, and is directed along the b-axis. To what extent this extremely small ordered moment is intrinsic to UPt_3 is still an open question, as one cannot exclude that it emerges from crystalline imperfections.

The thermodynamic and spectroscopic studies on UPt_3 clearly demonstrate the proximity of an antiferromagnetic instability. Having noticed the corresponding spin-fluctuation phenomena, which constitute the anomalous low-temperature behaviour of

UPt$_3$, next two extraordinary findings will be discussed: the appearance of antiferromagnetic order with a substantial moment by alloying with Pd [1] and the superconducting instability at $T_c = 0.5$ K [4].

2.1 Long-range Antiferromagnetism in U(Pt,Pd)$_3$

By alloying UPt$_3$ with iso-electronic Pd, additional large anomalies appear in the specific heat (see fig.1) [1] and the electrical resistivity [5]. The λ-like anomaly in $c(T)$ and the Cr-type anomaly in $\rho(T)$ give evidence for an antiferromagnetic transition of the spin-density wave type. Neutron-diffraction experiments [6] on a single-crystalline sample with composition U(Pt$_{0.95}$Pd$_{0.05}$)$_3$ ($T_N = 5.8$ K) confirmed the antiferromagnetic order. The ordered moment equals 0.6 ± 0.2 μ_B/ U-atom and points along the b-axis. The magnetic structure consists of a doubling of the nuclear cell along the b-axis, just as is the case for the weak antiferromagnetic order observed in pure UPt$_3$.

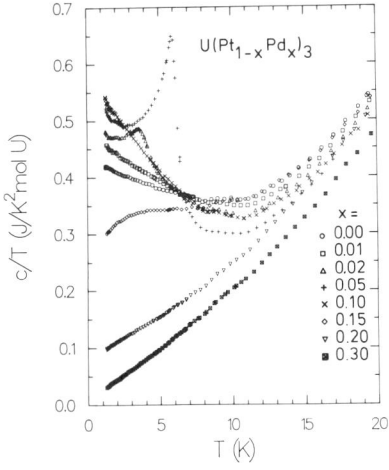

Figure 1. Specific heat of U(Pt$_x$Pd$_{1-x}$)$_3$ in a plot of c/T versus T, for $x \leq 0.30$ (after Ref.1). The peaks at $T_N = 3.6$ K for $x = 0.02$ and $T_N = 5.8$ K for $x = 0.05$ indicate long-range antiferromagnetic order.

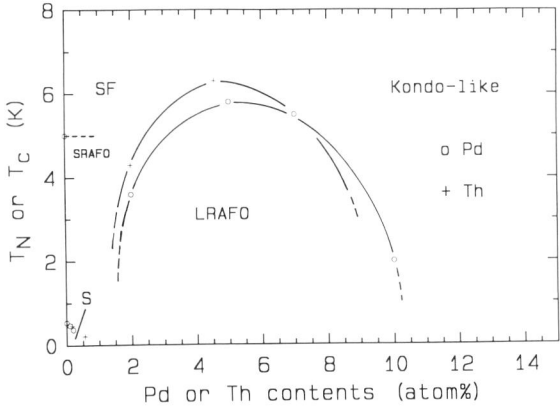

Figure 2. Superconducting and magnetic phase diagram for U(Pt,Pd)$_3$ (o) and (U,Th)Pt$_3$ (+) (after Ref.7). S = superconductivity; LRAFO = long-range antiferromagnetic order; SRAFO = (short-range) small-moment antiferromagnetic order; SF = spin fluctuations.

205

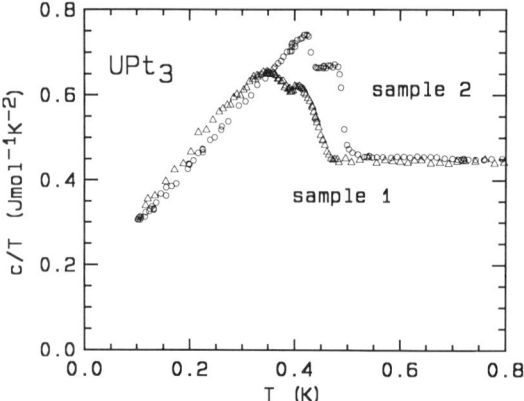

Figure 3. The double anomaly in the specific heat of single-crystalline UPt$_3$ at the superconducting transition, in a plot of c/T versus T. Data are from Ref.16 (sample 1) and Ref.15 (sample 2).

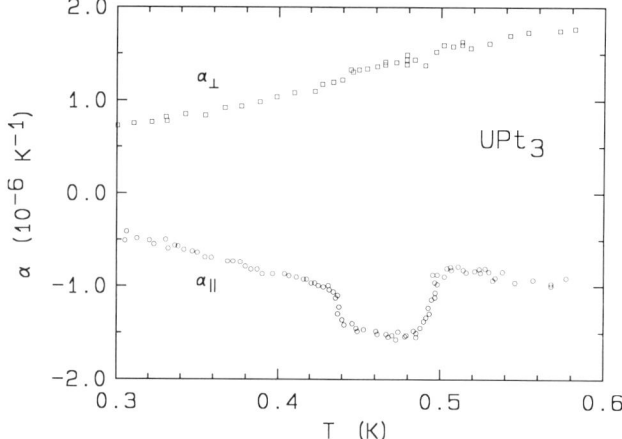

Figure 4. The coefficient of linear thermal expansion of single-crystalline UPt$_3$ versus temperature, along (○) and perpendicular to (□) the hexagonal axis. After Ref.17.

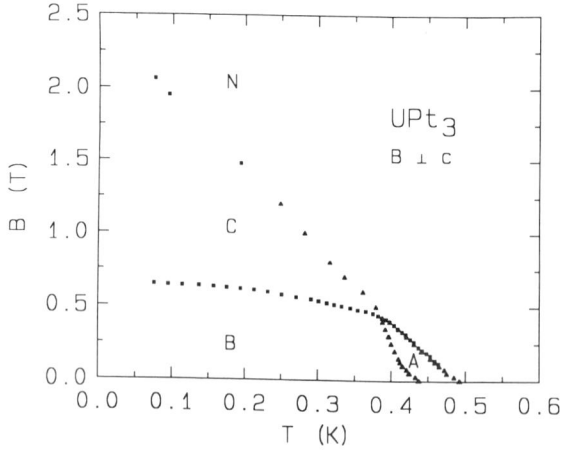

Figure 5. Superconducting phase diagram of UPt$_3$ for $B \perp c$, determined from magnetostriction (■) and thermal expansion (△) data (after Ref.18). The superconducting phases are labeled A, B and C. N denotes the normal phase.

By tracing the Néel temperatures, deduced from the $c(T)$ and $\rho(T)$ data, as function of Pd concentration, the antiferromagnetic phase boundary for the $U(Pt_{1-x}Pd_x)_3$ series is determined (fig.2) [7]. Apparently, the long-range antiferromagnetic order, with fairly large moments, appears in a very limited concentration range, $0.02 \leq x \leq 0.07$, and seems to be unrelated to the reduced moment antiferromagnetism observed for pure UPt_3. It is remarkable that an almost similar magnetic phase diagram is obtained by substituting U by Th (see fig.2) [7]. This proofs that the tendency of the f-moments to localize is not dominated by the volume of these pseudo-binary compounds (the molar volume decreases by alloying with Pd, while it increases by alloying with Th). Other investigations have shown that long-range antiferromagnetic order also appears when UPt_3 is doped with 5% Au, while substitutions of 5 at% Ir, Rh, Y, Ce or Os do not lead to magnetic order [8,9]. Possibly a shape effect (a subtle change in the c/a ratio) is the relevant parameter here. The reduced entropy involved in the ordering (0.1Rln2 for 5 at% Pd) and the enhanced (with respect to pure UPt_3) low-temperature c/T-values (fig.1), demonstrate that only a part of the fluctuating moment orders. The heavy-electron behaviour is not removed by the ordering; it persists in the ordered state. The antiferromagnetic coupling is relatively strong, as a substantial magnetic field is needed to suppress the antiferromagnetic order. In the case of the $U(Pt_{0.95}Pd_{0.05})_3$ compound, specific-heat measurements in field revealed that a field of 13 T (a-axis) or 12 T (b-axis) directed in the easy plane for magnetization is needed to suppress the antiferromagnetic state completely [10].

2.2 The Superconducting Phases of UPt_3

The occurrence of superconductivity in the strongly correlated electron system UPt_3 is highly remarkable, the more because the alloying studies with Pd indisputably reveal the proximity of a magnetic instability. Therefore, it has been suggested that electron-electron interactions mediate superconductivity, instead of the conventional electron-phonon interaction. This issue is, however, not easily accessible by experiments, and constructive evidence for it is lacking, albeit that hydrostatic pressure experiments [11] have revealed a correlation between T_c and the spin fluctuation temperature (T_{sf}). As far as the superconducting order parameter is concerned, measurements of the thermal and transport properties yield strong evidence for an unconventional (L $\neq$ 0) Cooper state and a gap-function with reduced symmetry. The electronic activation energy, determined by various techniques, e.g. sound attenuation [12] and London penetration depth [13], exhibits a power-law temperature dependence and a strongly anisotropic response, indicating a hybrid gap with line nodes at the equator and point nodes at the poles. However, as impurity scattering may contribute significantly, the gap function has not been determined unambiguously so far.

Recently, another type of evidence for unconventional superconductivity in UPt_3 has been put forward, namely the occurrence of additional anomalies in the thermodynamic quantities of the superconducting phase. High-precision measurements of the specific heat [14,15,16] (see fig.3), the thermal expansion (see fig.4) [17,18] and the sound velocity [19], on high-quality single-crystalline samples, clearly identified a second phase transition $\sim$ 50 mK below the superconducting one. The small temperature difference ($T_c/10$) between the two transitions, strongly suggests that the superconducting phase transition is split. From an analysis of the data, using phenomenological Ginzburg-Landau theory [20], it has been inferred that the splitting might arise from the lifting of the degeneracy of a superconducting *vector* order parameter by a symmetry breaking field. Within this analysis, the unconventional nature of the order parameter is irrefutable. However, the model allows not for an unambiguous determination of the angular momentum of the Cooper pair. A study of the double superconducting transition in a magnetic field revealed a remarkable phase diagram with three distinctly different superconducting phases that meet at a tetracritical point (fig.5) [15,17-19]. From the theoretical side much effort is put in a phenomenological description of the superconducting phase diagram using Ginzburg-Landau theory [20]. In the most appealing scenario the symmetry breaking field is supposed to originate form the extremely small antiferromagnetic moment that is found below $T_N = 5$ K. However, the available Ginzburg-Landau models are inadequate at several points [21], in particular as to the topology of the phase diagram, which appeared to be rather isotropic with respect to the magnetic field orientation. In order to gain more insight in the puzzling aspects of the superconducting phase diagram, the current experiments aim at probing directly the coupling of the superconducting order parameter to the symmetry breaking field, via microscopic techniques, e.g. neutron scattering. Besides, much experimental work is directed towards a study of the superconducting phases under pressure. In particular, uniaxial pressure might be a very helpful external parameter, as a further reduction of the crystalline symmetry can be imposed.

3. COMPETITION BETWEEN RKKY AND KONDO EFFECT IN U(Pt,Pd)$_3$

Evidence for competing electronic interactions in heavy-fermion systems has for the greater part been gathered by alloying studies, i.e. by progressive replacements of one of the constituents. Detailed measurements of the transport, magnetic and thermal properties along such a series yield often distinctly different regimes. In this respect pseudobinary U(Pt$_{1-x}$Pd$_x$)$_3$ is an exemplary system [1]. As discussed in section 2, the low-temperature properties of UPt$_3$ are dominated by antiferromagnetic interactions. However, by substituting small amounts of Pt by Pd, a crossover to a regime dominated by Kondo fluctuations is observed. This change in regime manifests itself most clearly in the electrical resistivity (see fig.6) [5]. For pure UPt$_3$, the gradual drop of $\rho(T)$ with decreasing temperature is ascribed to the stabilization of antiferromagnetic correlations, while for a Pd contents of only 10 at% a Kondo-like upturn appears. The maximum in the magnetic susceptibility at $T_{max} = 18$ K, and the metamagnetic-like transition at a field of 21 T ($T \leq T_{max}$), characteristic of pure UPt$_3$, both shift towards lower energies on alloying, and are no longer observed for $x = 0.10$ [1], lending further support for a suppression of the antiferromagnetic correlations. Large variations are also observed in the thermal properties. The γ-value passes through a pronounced maximum near $x = 0.10$ (see fig.1), while $\partial\gamma/\partial B$ for $B \to 0$ changes sign between $x = 0.07$ and $x = 0.10$ (as $\partial\rho/\partial B$ does at low temperatures). In the same Pd concentration range the coefficient of volume expansion ($\alpha_v(T)$) changes sign [22] and the Grüneisen parameter, $\Gamma(T \to 0)$, shows a huge drop from ~ 60 for pure UPt$_3$ to -300 for $x = 0.15$ [22]. This salient change in regime clearly indicates the presence of competing electronic interactions and is more generally attributed to a competition between the RKKY (T_{RKKY}) and Kondo-effect (T_K). However, the variation of T_{RKKY} and T_K with Pd content is not easily determined in the crossover regime [23], as no clear-cut definitions are at hand. Furthermore, as it are the very same electrons that take part in both phenomena, the separation of both contributions is thwarted. A next complication arises from the part of the fluctuating moment that orders antiferromagnetically (see section 2.1), thus giving rise to another superimposed contribution. In order to unravel the composite low-temperature properties of the U(Pt,Pd)$_3$ system, inelastic-neutron scattering experiments will be extremely helpful.

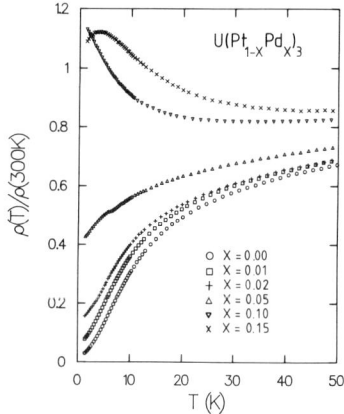

Figure 6. Electrical resistivity versus temperature for polycrystalline U(Pt$_{1-x}$Pd$_x$)$_3$ for $x \leq 0.15$. The resistivity values are normalized to 1 at $T = 300$ K (after Ref.5).

4. PSEUDO-METAMAGNETISM IN U(Pt,Pd)$_3$

Besides the superconducting and magnetic instabilities, the electron liquid of U(Pt,Pd)$_3$ exhibits a third electronic transition, albeit in very strong magnetic fields. This transition is often referred to as the pseudo-metamagnetic or metamagnetic-like transition and occurs at liquid helium temperatures ($T < T_{\max}$) at a threshold field $B^* \approx 21$ T directed in the hexagonal plane [24]. The transition appears as a gradual increase in the magnetization [24] and as a sharp maximum in the magnetoresistance [25]. Note that the magnetic energy $\mu_B B^*$ is almost equal to the thermal energy $k_B T_{\max}$. Taking into account the variety of thermal, magnetic, transport and alloying studies performed on UPt$_3$ [2], it is plausible that the 21 T anomaly is connected with a strong reduction of the antiferromagnetic intersite correlations. It is remarkable that the magnetization increase at B^* amounts to 0.6 μ_B/U-atom, which is equal to the size of the ordered moment in the 5 at% Pd compound, suggesting a common origin of the field-induced and alloying-induced moment. Specific-heat measurements in very strong magnetic fields ($B \leq 24.5$ T) [26] have shown that fields much larger than B^* are required in order to suppress the heavy-fermion state. At increasing the magnetic field, the γ-value initially increases and passes through a pronounced maximum at B^*, where the field-induced quasiparticle-mass enhancement amounts to 1.4 times the zero-field value. For fields $B > B^*$, the γ-value drops only slowly and is still larger than the zero-field value at the maximum applied field. This indicates that correlated electron phenomena, probably of the Kondo-type, persist in very strong magnetic fields. Note that the transition at B^* is not a true phase transition, but rather indicates a rapid crossover.

By substituting Pt by Pd in UPt$_3$, B^* decreases, which supports the claim that the intersite fluctuations become weaker (section 3). For a 10 at% Pd compound the metamagnetic-like transition is no longer observed. Hence the high-field experiments yield important information about the heavy-fermion state. Recently, high-magnetic fields were combined with high-pressures, in order to study several aspects of the pseudo-metamagnetism in the U(Pt,Pd)$_3$ system. The issue of one-parameter scaling was addressed by high-field high-pressure experiments on UPt$_3$ [27], while for

$U(Pt_{0.95}Pd_{0.05})_3$ the magnetic phase diagram in the $B-T$ plane was investigated [28]. In the following sections a brief account of these studies is presented.

4.1 One-Parameter Scaling in UPt$_3$

The heavy-electron bands are very sensitive to volume (and shape) effects, as follows from the extremely large thermal Grüneisen parameters, $\Gamma_T = -\partial \ln T^*/\partial \ln V$, that are roughly two orders of magnitude larger than for ordinary metals [29,30]. Here T^* ($\propto T_{max}$) is the characteristic temperature of the heavy-fermion resonance which is of the order of several Kelvin. In the case of UPt$_3$, Γ_T amounts to 60 [29]. The close connection between the thermal and magnetic energy scales ($k_B T_{max} \approx \mu_B B^*$) suggests that the relevant free energy term can be written as $F = F(T/T^*(V), B/B^*(V))$. This implies that the thermal and magnetic properties can be scaled by one single volume-dependent energy parameter and that the thermal and magnetic Grüneisen parameters $\Gamma_B = -\partial \ln B^*/\partial \ln V$ are equal, $\Gamma_T = \Gamma_B$. In order to verify the scaling anzats for B^*, a comparison of high-field magnetization and magnetostriction data was made [29]. However, Γ_B can also be measured directly in a high-field high-pressure experiment. This was achieved by measuring the longitudinal magnetoresistance of a single-crystalline UPt$_3$ sample ($B\|a\|I$) up to a field of 28 T under hydrostatic pressures up to 5 kbar [27]. The results are shown in fig.7. A large shift of the maximum in the magnetoresistance towards higher fields with increasing pressure is observed. The pressure variation of B^* is also plotted in fig.7, from which it follows that dB^*/dp is constant over the pressure range 0-5 kbar and amounts to 0.60 T/kbar. Consequently, the magnetic Grüneisen parameter Γ_B equals 59. The thermal Grüneisen parameter of UPt$_3$ has been determined in several ways [27]. From a combination of thermal-expansion and specific-heat measurements a value for Γ_T of 71 results. Pressure experiments yield values of 52 (from the suppression of the coefficient of the T^2 term in the resistivity, where $A \propto 1/(T^*)^2$), 58 (from the pressure induced shift of $T_{max} \propto T^*$ in the susceptibility) and 55 (from specific heat measurements under pressure, where $\gamma \propto 1/(T^*)$). Hence it is readily concluded that $\Gamma_T \simeq \Gamma_B$.

The presence of one single energy scale that governs the low-temperature thermal, magnetic and transport properties, is well established experimentally for UPt$_3$. However, the one-parameter scaling is not easily reconciled with the notion that competing magnetic interactions, namely the Kondo screening and the RKKY exchange, are at the basis of the quasiparticle formation, as this brings two energy scales into the problem. The scaling via B^* suggests that the characteristic energy scale is mainly determined by the intersite interactions. However, the complex nature of f-electron screening and f-electron exchange in heavy-fermion compounds likely implies that the on-site and inter-site interactions are intimately connected.

4.2 The Magnetic Phase Diagram of $U(Pt_{0.95}Pd_{0.05})_3$

In the following a discussion is presented of the magnetic phase diagram of the 5% Pd compound (fig.8). The antiferromagnetic phase boundary for a field directed in the easy plane for magnetization has been detected by specific-heat experiments in applied magnetic fields [10]. For $B\|a$ and $B\|b$ the suppression of the long-range magnetic order occurs at $B_c = 13$ T and $B_c = 12$ T for $T \to 0$, respectively. Magnetization measurements performed in the temperature range 1.3 K $< T < 20$ K indicated, however, the presence of a weakly temperature-dependent second phase transition at $B^* = 12$-13 T [31]. B^* is interpreted as the threshold field for the suppression of the antiferromagnetic intersite correlations, i.e. the same phenomenon that takes place in pure UPt$_3$ at $B^* = 21$ T. The pseudo-metamagnetism in the 5 at% Pd compound, is related to the fluctuating f-moment (the part that does not order antiferromagnetically). The

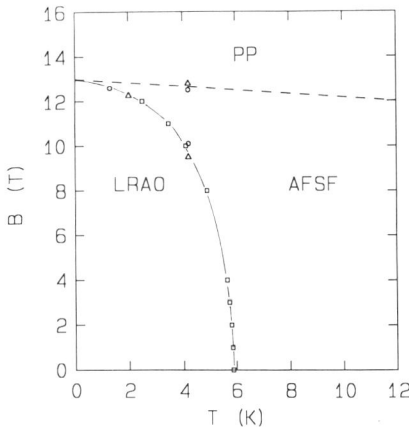

Figure 7. Left frame: High-field magnetoresistance of UPt$_3$ ($B\|I\|a$) at $T = 2.0$ K under hydrostatic pressures up to 5.1 kbar as indicated (after Ref.27). Right frame: Pressure variation of the metamagnetic threshold field B^* of UPt$_3$ at $T = 2.0$ K. B^* increases at a constant rate of 0.60 T/kbar (solid line) (after Ref.27).

fact that electron correlations still play an important role below T_N, is demonstrated by the large γ-value, which is enhanced considerably ($\sim 50\%$) with respect to pure UPt$_3$ (see fig.1).

Surprisingly, the extrapolation of both phase lines (fig.8) suggests that they meet at $T = 0$ K. Apparently, the magnetic energies for suppression of the antiferromagnetic order ($\mu_B B_c$) at 0 K and the antiferromagnetic intersite correlations ($\mu_B B^*$) are approximately equal. On the other hand, an intriguing question is whether the metamagnetic-like transition still exists at $T = 0$ K. While the anomaly at B^* becomes more pronounced in pure UPt$_3$ when the temperature is decreased, the sharp anomaly at B_c hampers the observation of B^* in the case of the 5% Pd compound. Interestingly, for the heavy-fermion antiferromagnets Ce$_{0.90}$La$_{0.10}$Ru$_2$Si$_2$ ($T_N = 2.7$ K) and Ce$_{0.87}$La$_{0.13}$Ru$_2$Si$_2$ ($T_N = 3.8$ K) a similar magnetic phase diagram has been reported [32], i.e. the boundary for the metamagnetic-like transition (for both compounds at $B^* \simeq 3.5$ T ($T \to 0$) for B along the tetragonal axis) extrapolates to the antiferromagnetic phase boundary for $T \to 0$.

In order to investigate whether a close connection between B^* and B_c exists or whether the coincidence of B^* and B_c for $T = 0$ K is accidental, high-field high-pressure magnetoresistance experiments have been performed [28]. The experimental results are shown in fig.9. The anomalous behaviour at low fields ($B < 5$ T) is related to the field orientation of magnetic domains. The most important result, that is inferred from fig.9, is that the antiferromagnetic phase boundary and the metamagnetic-like transition, that merge at zero pressure, are separated under pressure. The pressure variation of B_c and B^* is also plotted in fig.9. B^* increases at a constant rate of 0.81 T/kbar, while the suppression of B_c takes place non-monotonously, so that $B_c = 11.3$ T at 4.9 kbar (the Néel temperature is suppressed with pressure at a rate $dT_N/dp = -0.3$ K/kbar in zero field [7]).

From the data in fig.9 it is concluded that the coincidence of B_c and B^* for $T \to 0$ at zero pressure is accidental (note that the measurements have been performed at $T = 2.0$ K, but one would have to assume an exceptionally strong temperature variation of B^* and B_c under pressure in order to arrive at $B_c = B^*$ for $T \to 0$). Under pressure $\Delta\rho$ at B^* is nearly constant, suggesting that the metamagnetic-like transition also takes place at zero pressure. At present a method for the separation of the contibutions from the long-range antiferomagnetic order and the metamagnetic-like transition to

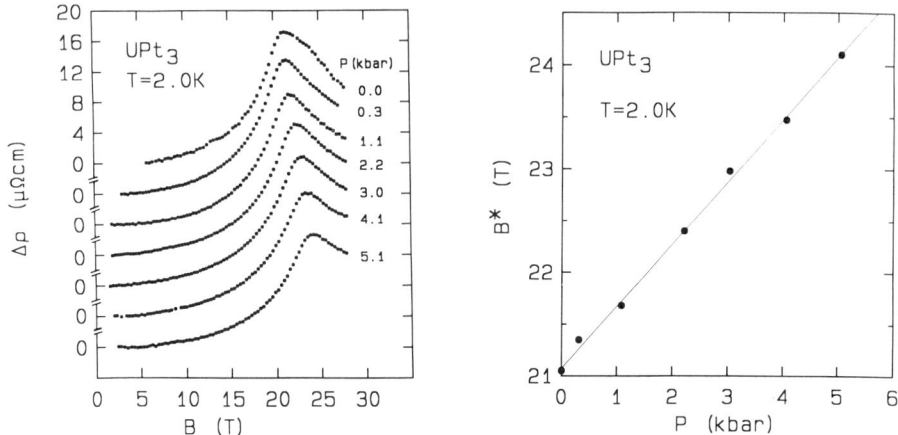

Figure 8. The magnetic phase diagram of U(Pt$_{0.95}$Pd$_{0.05}$)$_3$ for $B\|a$ (after Ref.28). Data are taken from specific heat ($\square$), magnetization ($\triangle$) and magnetoresistance measurements ($\circ$). LRAO = long-range antiferromagnetic order, AFSF = antiferromagnetic spin fluctuations and PP = polarized paramagnetic phase. The dashed line represents the metamagnetic-like transition, i.e. quenching of the antiferromagnetic spin fluctuations. The solid line is the antiferromagnetic phase boundary.

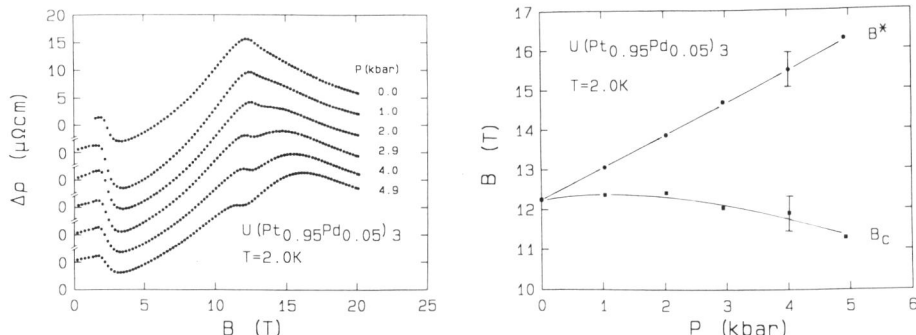

Figure 9. Left frame: High-field magnetoresistance of U(Pt$_{0.95}$Pd$_{0.05}$)$_3$ ($B\|I\|a$) at $T = 2.0$ K under hydrostatic pressures up to 4.9 kbar as indicated (after Ref.28). Right frame: Pressure variation of the metamagnetic threshold field (B^*) and the antiferromagnetic phase boundary (B_c) of U(Pt$_{0.95}$Pd$_{0.05}$)$_3$ for $B\|a$ at $T = 2.0$ K.

$\Delta\rho$ is not at hand. Therefore, other types of experiments are necessary to elucidate the magnetoresistance data. In particular magnetization measurements under pressure might enable one to follow the pressure variation of the "steps" in the magnetization associated with B_c and B^*.

5. PSEUDO-METAMAGNETISM IN (Ce,La)Ru$_2$Si$_2$

Comprehensive transport, magnetic and thermal studies [32-34] have shown that heavy-fermion CeRu$_2$Si$_2$ is another exemplary system that may serve to investigate the approach of the antiferromagnetic instability. Although CeRu$_2$Si$_2$ remains a Pauli paramagnet down to the lowest temperatures investigated (20 mK) [33], long-range antiferromagnetic order is readily induced by alloying with La (the antiferromagnetic instability appears for 7 at% La) [32]. At low temperatures, CeRu$_2$Si$_2$ bears a close resemblance to UPt$_3$, in particular as far as the magnetic properties are concerned. A maximum is observed in the magnetic susceptibility at $T_{max} = 10$ K, and a metamagnetic-like transition at $B^* = 8$ T [33]. However, tetragonal CeRu$_2$Si$_2$ is an uniaxial system, i.e. these phenomena are only observed for a field along the tetragonal axis. Note that also in the case of CeRu$_2$Si$_2$ the characteristic low-temperature thermal energy ($k_B T_{max}$) is almost equal to the characteristic magnetic energy ($\mu_B B^*$) and that an one-parameter scaling law was verified by extensive experimental work [34]. In the case of CeRu$_2$Si$_2$, inelastic neutron-scattering experiments (in an external field) [35] have been very elucidating. Two contributions to the magnetic fluctuation spectrum have been observed: i) an on-site contribution, attributed to Kondo-type fluctuations, that is almost field independent and ii) antiferromagnetic intersite-interactions that are strongly suppressed at a threshold field B^*. Hence, the neutron-scattering data provide direct evidence that the pseudometamagnetism arises from the suppression of the intersite interactions. For an elaborate study of the low-temperature properties of the (Ce,La)Ru$_2$Si$_2$ system the reader is referred to Ref.34.

6. THE ANTIFERROMAGNETIC PHASE BOUNDARY OF UPd$_2$Al$_3$

Recently, the study of the interplay of antiferromagnetism and superconductivity in heavy-fermion systems received a considerable impetus by the discovery of the novel antiferromagnetic superconductors UPd$_2$Al$_3$ ($T_N = 14$ K, $T_c = 2$ K) [36] and UNi$_2$Al$_3$ ($T_N = 4.6$ K, $T_c = 1$ K) [37]. The formation of heavy quasiparticles in both compounds is evidenced by the moderately enhanced linear coefficient of the normal-state specific heat ($\gamma = 150$ mJ/molK^2 for UPd$_2$Al$_3$ [36] and $\gamma = 120$ mJ/molK^2 for UNi$_2$Al$_3$ [37]). The heavy quasiparticles take part in the superconducting condensate as follows from the large jumps in the specific heat at T_c. The analysis of the upper critical field (B_{c2}) [36,37] yields in both cases a quasiparticle mass (m^*) of ~ 70 times the free electron mass. Both uranium compounds crystallize in the hexagonal PrNi$_2$Al$_3$ structure. In the following we concentrate on UPd$_2$Al$_3$, as for this compound good-quality single-crystalline samples have been prepared.

The antiferromagnetic phase transition of UPd$_2$Al$_3$ at a Néel temperature $T_N = 14$ K is evidenced by a pronounced λ-type anomaly in the specific heat $c(T)$ [36,38], a kink in the magnetic susceptibility $\chi(T)$ [36,38] and a kink in the electrical resistivity $\rho(T)$ [36]. Neutron-diffraction experiments [39] on polycrystalline material revealed a magnetic structure consisting of ferromagnetic sheets that are coupled antiferromagnetically along the hexagonal axis (c-axis), i.e. a doubling of the nuclear unit cell with an ordering vector $k = [0,0,1/2]$. The ordered uranium moment amounts to 0.85 ± 0.03 μ_B/U-atom.

Magnetic-susceptibility data taken on single-crystalline samples revealed that the magnetic properties are strongly anisotropic [38,40]. The basal plane is the easy direction for magnetization. For $B\|a$ deviations from a Curie-Weiss behaviour ($\mu_{eff} = 3.6$ μ_B/U-atom) appear below 150 K, leading to a broad maximum centered at 40 K, while a kink is found at $T_N = 14$ K. For $B\|c$ $\chi(T)$ is only weakly temperature dependent. The magnetic anisotropy is also reflected in the high-field magnetization data $M(B)$ (see fig.10) [37]. At 4.2 K $M(B)$ is close to linear for $B\|c$, while for $B\|a$ the magnetization increases faster than linear and shows a sharp jump at $B_c = 18.0$ T. The size of the jump amounts to $\Delta M = 0.92$ μ_B/U-atom, which is almost equal to the size of the ordered moment (0.85 μ_B/U-atom). Therefore, it is likely that the anomaly at B_c reflects the antiferromagnetic phase boundary. In the high-field magnetoresistance measurements [41], the antiferromagnetic phase boundary appears as a sharp maximum in the longitudinal configuration ($B\|I\|a$) and as a sudden drop in the transverse configuration ($B\perp b$, $I\|c$) (see fig.10).

Comparing the $M(B)$ and the $\Delta\rho$ data in fig.10, it is observed that for both field directions in the basal plane ($a\perp b$) the transition occurs at almost the same field. This indicates that the basal-plane anisotropy is negligible or at least very small. The high-field data indicate that the magnetization process is rather complex, although it is of the single-step type. The large jump in the magnetization at B_c, with a size equal to the ordered moment, suggests that a spin-flip takes place. However, the absence of a

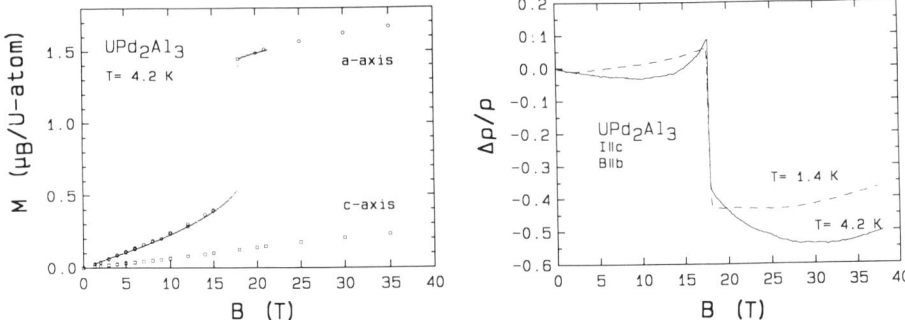

Figure 10. Left frame: Magnetization versus field of UPd$_2$Al$_3$ along the a- and c-axis at $T = 4.2$ K (after Ref.38). Right frame: Transverse magnetoresistance versus field of UPd$_2$Al$_3$ ($B\|b$, $I\|c$) at temperatures as indicated (after Ref.41).

marked basal-plane anisotropy implies that at low fields the sublattice magnetization is free to rotate towards a direction perpendicular to the field. Therefore, one expects (in a simple two-sublattice picture) that the alignment of the sublattice magnetizations with increasing field would occur gradually, which is contradicted by the experiment. However, as UPd$_2$Al$_3$ is a heavy-fermion compound, the Kondo-effect might complicate the magnetization process and transitions between different magnetic structures might only take place after the suppression of the Kondo-screening in field.

7. GAP-FORMATION IN CeNiSn

Recently, the ternary compound CeNiSn has attracted much attention because of the discovery [42] of the low-temperature formation of a pseudo-gap in the quasiparticle density of states. This novel ground state in correlated electron systems was first detected in the transport properties. Resistivity measurements revealed a logarithmic increase below ~ 7 K, that was taken as evidence for a simple activation law: $\rho(T) = \rho_0 \exp(E_g/2k_B T)$ [42]. The $\rho(T)$-data, taken on a single-crystalline sample (CeNiSn has an orthorhombic structure) [43], indicated a strongly anisotropic structure of the gap, as $T_g \equiv E_g/k_B$ is estimated at 1.0, 4.8 and 8.0 K for the a, b and c axis, respectively. Magnetoresistance measurements show that the gap is suppressed for a field of ~ 14 T along the a-axis [44]. In the electronic specific heat [43] no distinct anomaly related to the opening of the gap is signalized. Below ~ 25 K, the c/T-value increases monotonously up to a maximum value of 0.18 J/molK^2 at ~ 7 K. This gradual increase of the c/T-value is attributed to the formation of a Kondo-lattice state. Below $T = 7$ K, c/T decreases again, due to the opening of the gap. Hence it appears that the gap opens in the quasiparticle density of states. Extrapolating the c/T-data measured for $T > 7$ K to $T = 0$ K, yields a γ-value of 0.2 J/molK^2.

In order to investigate the anomalies in the volume that are associated with this novel type of ground state, accurate measurements of the coefficients of thermal expansion (α_a, α_b and α_c) have been performed in the temperature interval 0.3 K < T < 12 K. Because of the strongly anisotropic gap, the measurements have been performed on a single-crystalline sample. The experimental results, taken in zero magnetic field and in an applied field of 8 T along the a-axis, are shown in fig.11. A large anisotropy is observed between α_a and α_b on the hand and α_c on the other hand. The coefficient of volume expansion, $\alpha_v = \alpha_a + \alpha_b + \alpha_c$, shows no specific structure when the gap opens. However, a broad anomalous contribution is visible in the high-temperature part of the data, just as is found in the specific heat. At low temperatures a second anomaly appears (below ∼ 1.5 K), the most clearly in α_c. In the volume expansion

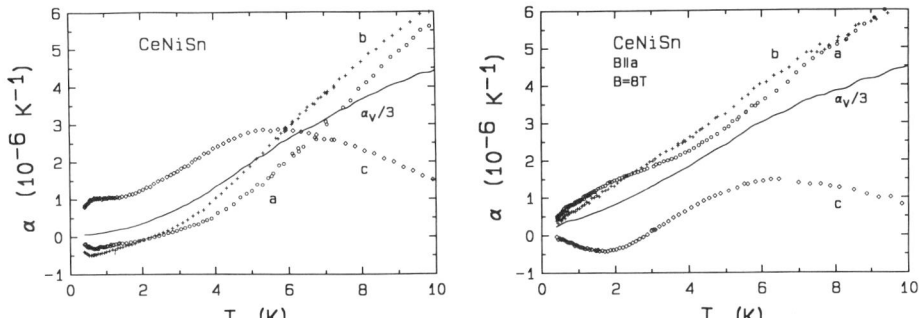

Figure 11. Left frame: Coeffient of linear thermal expansion versus temperature for CeNiSn along the a (○), b (+) and c (◊) axis. The solid line represents $\alpha_v/3$. Right frame: As in the left frame, but in a magnetic field of 8 T directed along the a-axis.

this low-temperature anomaly hardly shows up. In a magnetic field of 8 T along the a-axis (the easy direction for magnetization) a very different behaviour is observed. The anisotropy in the thermal expansion coeffients is reversed, and the low-temperature anomaly is pushed upwards considerably. The field effect on α_v is positive, but small. Recently, two other data sets of the thermal expansion of CeNiSn have been reported. Oomi et al. [45] have measured the *same* single-crystalline specimen for 4.2 K < T < 300 K. The pronounced anomalies detected by these authors at 7 K, when the gap opens, are not confirmed by the data in fig.11, and therefore should be discarded. Aliev et al. [46] investigated $\alpha_v(T)$ for a polycrystalline sample (0.3 K < T < 10 K). The pronounced negative contribution, observed below 1 K by these authors, is probably due to a second phase (or a non-isotropic distribution of the crystallites), as it is neither confirmed by the data in fig.11, nor by measurements on another single-crystalline sample [40].

A quantitative analyis of the electronic contribution to the thermal expansion of CeNiSn awaits the determination of the phonon part as may be estimated by measurements on LaNiSn. The additional anomaly ($T < 1.5$ K at $B = 0$ T) indicates the presence of a second low-temperature energy scale in CeNiSn and is likely related with the stabilization of antiferromagnetic intersite correlations. The presence of intersite correlations was recently put on firm footing by μSR experiments [47]. A full account of the magnetovolume experiments on CeNiSn will be published elsewhere [48].

8. CONCLUDING REMARKS

In the persevering attempts to unravel the physics of correlated electrons and the related electronic instability, careful experimental investigations of the transport and thermal properties play a major role. The profound studies on exemplary systems, like U(Pt,Pd)$_3$ and (Ce,La)Ru$_2$Si$_2$, reveal that a wealth of phenomena may occur in a *single* series of compounds: Kondo-behaviour, RKKY interactions, reduced moment magnetism, long-range antiferromagnetism, pseudo-metamagnetism and unconventional superconductivity. This indisputably deserves a large attention of solid state theorists. As far as the interpretation of the bulk of these phenomena is concerned, only a more or less satisfactory qualititative picture has been offered. Detailed theoretical descriptions are still lacking. Hopefully, the exemplary experimental studies reviewed here will trigger further theoretical work. As to the experimental side of the physics of heavy-fermion materials, research techniques in very strong magnetic fields *and* at very low temperatures ($T < 1$ K) should be developed in order to detail the suppression of the heavy-fermion state. Besides, the metallurgical aspects of heavy-fermion metals have become more and more important and, therefore, future research programs should also focus on improving sample preparation techniques. Finally, it is stressed that the rich and exotic physics of correlated electrons justifies the continuous effort to search for novel heavy-fermion materials.

ACKNOWLEDGEMENTS

The author gratefully acknowledges all his co-authors on the various topics, and is especially indebted to J.J.M. Franse and J. Flouquet for their continuous support. This work was made possible by a fellowship of the "Koninklijke Nederlandse Akademie van Wetenschappen" (The Royal Netherlands Academy of Arts and Sciences). Support from the Grant-in-Aid for the International Joint Research Program "A searching Study of New Heavy-Fermion Systems" sponsored by the Ministry of Education, Science and Culture of Japan is highly appreciated.

REFERENCES

[1] A. de Visser, J.C.P. Klaasse, M. van Sprang, J.J.M. Franse, A. Menovsky, T.T.M. Palstra and A.J. Dirkmaat, *Phys. Lett.* A 113 (1986) 489.

[2] A. de Visser, A. Menovsky and J.J.M. Franse, *Physica* 147B (1987) 81.

[3] G. Aeppli, E. Bucher, A.I. Goldman, G. Shirane, C. Broholm and J.K. Kjems, *J. Magn. Magn. Mater.* 76&77 (1988) 385.

[4] G.R. Stewart, Z. Fisk, J.O. Willis and J.L. Smith, *Phys. Rev. Lett.* 52 (1984) 679.

[5] R. Verhoef, A. de Visser, A. Menovsky, A.J. Riemersma and J.J.M. Franse, *Physica* 142B (1986) 11.

[6] P.H. Frings, B. Renker and C. Vettier, *J. Magn. Magn. Mater.* 63-64 (1987) 202.

[7] J.J.M. Franse, K. Kadowaki, A. Menovksy, M. van Sprang and A. de Visser, *J. Appl. Phys.* 61 (1987) 3380.

[8] B. Batlogg, D.J. Bishop, E. Bucher, B. Golding Jr., A.P. Ramirez, Z. Fisk and J.L. Smith, *J. Magn. Magn. Mater.* 63-64 (1987) 441.

[9] K. Kadowaki, M. van Sprang, A.A. Menovsky and J.J.M. Franse, *Jpn. J. Appl. Phys.* 26 (Suppl. 26-3) (1987) 1243.

[10] H.P. van der Meulen, J.J.M. Franse, A. de Visser, J.A.A.J. Perenboom and H. van Kempen, *Physica* B165&166 (1990) 441.

[11] J.O. Willis, J. D. Thompson, Z. Fisk, A. de Visser, J.J.M. Franse and A. Menovsky, *Phys. Rev.* B 31 (1985) 1654.

[12] B.S. Shivaram, Y.H. Jeong, T.F. Rosenbaum, D.G. Hinks and S. Schmitt-Rink, *Phys. Rev.* B35 (1987) 5372.

[13] C. Broholm, G. Aeppli, R.N. Kleiman, D.R. Harshman, D.J. Bishop, E. Bucher, D.L. Williams, E.J. Ansalo and R.H. Heffner, *Phys. Rev. Lett.* 65 (1990) 2062.

[14] R.A. Fisher, S. Kim, B.F. Woodfield, N.E. Phillips, L. Taillefer, K. Hasselbach. J. Flouquet, A.L. Giorgi and J.L. Smith, *Phys. Rev. Lett.* 62 (1989) 1411.

[15] K. Hasselbach, L. Taillefer and J. Flouquet, *Phys. Rev. Lett.* 63 (1989) 93.

[16] T. Vorenkamp, Z. Tarnawski, H.P. van der Meulen, K. Kadowaki, V.J.M. Meulenbroek, A.A. Menovsky and J.J.M. Franse, *Physica* B163 (1990) 564.

[17] K. Hasselbach, A. Lacerda, A. de Visser, K. Behnia, L. Taillefer and J.Flouquet, *J. Low Temp. Phys.* 81 (1990) 299.

[18] N.H. van Dijk, A. de Visser, J.J.M. Franse, S. Holtmeier, L. Taillefer and J. Flouquet, to be published.

[19] G. Bruls, D. Weber, B. Wolf, P. Thalmeier, B. Lüthi, A. de Visser and A. Menovsky, *Phys. Rev. Lett.* 65 (1990) 2294.

[20] R. Joynt, *Superc. Sci. Techn.* 1 (1988) 210; K. Machida, M. Ozaki and T. Ohmi, *J. Phys. Soc. Jpn.* 58 (1989) 4116; D.W. Hess, T. Tokuyasu and J.A. Sauls, *J. Phys. Cond. Matt.* 1 (1989) 8135.

[21] R. Joynt, *J. Magn. Magn. Mater.* 108 (1992) 31.

[22] A. de Visser, H.P. van der Meulen, B.J. Kors and J.J.M. Franse, *J. Magn. Magn. Mater.* 108 (1992) 61.

[23] J.J.M. Franse, H.P. van der Meulen and A. de Visser, *Physica* B165&166 (1990) 383.

[24] P.H. Frings, J.J.M. Franse, F.R. de Boer and A. Menovsky, *J. Magn. Magn. Mater.* 31-34 (1983) 240.

[25] A. de Visser, R. Gersdorf, J.J.M. Franse and A. Menovsky, *J. Magn. Magn. Mater.* 54-57 (1986) 383.

[26] H.P. van der Meulen, Z. Tarnawski, A. de Visser, J.J.M. Franse, J.A.A.J. Perenboom, D. Althof and H. van Kempen, *Phys. Rev.* B 41 (1990) 9352.

[27] K. Bakker, A. de Visser, A.A. Menovsky and J.J.M. Franse, *Phys. Rev.* B46 (1992) 544.

[28] K. Bakker, A. de Visser, A.A. Menovsky and J.J.M. Franse, to be published in: The Proceedings of the International Conference on Strongly Correlated Electron Systems (Sendai, 7-11 September, 1992).

[29] A. de Visser, J.J.M. Franse and J. Flouquet, *Physica* B 161 (1989) 324.

[30] B. Lüthi, *J. Magn. Magn. Mater.* 52 (1985) 70.

[31] A. de Visser, M. van Sprang, A.A. Menovsky and J.J.M. Franse, *J. de Physique Coll.* C8-49 (1988) 761.

[32] P. Haen, J. Voiron, F. Lapierre, J. Flouquet and P. Lejay, *Physica* B 163 (1990) 519.

[33] P. Haen, J. Flouquet, F. Lapiere, P. Lejay and G. Remenyi, *J. Low Temp. Phys.* 67 (1987) 391.

[34] C. Paulsen, A. Lacerda, L. Puech, P. Haen, P. Lejay, J.L. Tholence, J. Flouquet and A. de Visser, *J. Low Temp. Phys.* 81 (1990) 317.

[35] J. Rossat-Mignod, L.P. Regnault, J.L. Jacoud, C. Vettier, P. Lejay, J. Flouquet, E. Walker, D. Jaccard and A. Amato, *J. Magn. Magn. Mater.* 76&77 (1988) 376.

[36] C. Geibel, C. Shank, S. Thies, H. Kitazawa, C.D. Bredl, A. Böhm, M. Rau, A. Grauel, R. Caspary, R. Helfrich, U. Ahlheim, G. Weber and F. Steglich, *Z. Phys.* B85 (1991) 1.

[37] C. Geibel, S. Thies, D. Kaczorowski, A. Mehner, A. Grauel, B. Seidel, U. Ahlheim, R. Helfrich, K. Petersen, C.D. Bredl and F. Steglich, *Z. Phys.* B83 (1991) 305.

[38] A. de Visser, H. Nakotte, L.T. Tai, A.A. Menovsky, S.A.M. Mentink, G.J. Nieuwenhuys and J.A. Mydosh, *Physica* B179 (1992) 84.

[39] A. Krimmel, P. Fischer, B. Roessli, H. Maletta, C. Giebel, C. Schank, A. Grauel, A. Loidl and F. Steglich, *Z. Phys.* B86 (1992) 161.

[40] C. Geibel, U. Ahlheim, C.D. Bredl, J. Diehl, A. Grauel, R. Helfrich, H. Kitazawa, R. Köhler, R. Modler, M. Lang, C. Schank, S. Thies, F. Steglich, N. Sato and T. Komatsubara, *Physica* C185-189 (1991) 2651.

[41] A. de Visser, K. Bakker, L.T. Tai, A.A. Menovsky, S.A.M. Mentink, G.J. Nieuwenhuys and J.A. Mydosh, to be published in: The Proceedings of the International Conference on Strongly Correlated Electron Systems (Sendai, 7-11 September, 1992).

[42] T. Takabatake, Y. Nakazawa and M. Ishikawa, *Jpn. J. Appl. Phys.* 26 (Suppl. 26-3) (1987) 547.

[43] T. Takabatake, F. Teshima, H. Fujii, S. Nishigori, T. Suzuki, T. Fujita, Y. Yamaguchi, J. Sakurai and D. Jaccard, *Phys. Rev.* B41 (1990) 9607.

[44] T. Takabatake, M. Nagasawa, H. Fujii, M. Nohara, T. Suzuki, T. Fujita, G. Kido and T. Hiraoka, *J. Magn. Magn. Mater.* 108 (1992) 155.

[45] Y. Uwatoko, G. Oomi, T. Takabatake, F. Teshima and H. Fujii, to be published.

[46] F.G. Aliev, R. Villar, S. Vieira, M.A. Lopez de la Torre, R.V. Scolozdra and M.B. Maple, to be published.

[47] A. Kratzer, G.M. Kalvius, T. Takabatake, G. Nakamoto, H. Fuji and S.R. Kreitzman, to be published.

[48] A. de Visser, K. Bakker and T. Takabatake, to be published.

THERMAL PROPERTIES OF HEAVY FERMION SUPERCONDUCTORS

J.-P. Brison and J. Flouquet
CRTBT and DRFMC-Grenoble

K. Behnia and D. Jaccard
DRMC-Geneve

Recent thermal conductivity experiments on heavy fermion superconductors with special focus on magnetic field effects are reviewed. Comparisons are made with the theory. Our attempt to realize reliable specific heat experiments below 50 mK are discussed. Finally, we discuss the need for experimental progresses in materials and physical measurements, notably thermometry.

$(DCNQI)_2Cu$: A LUTTINGER-PEIERLS SYSTEM

Hidetoshi Fukuyama

Department of Physics, Faculty of Science, University of Tokyo
7-3-1 Hongo, Bunkyo-ku, Tokyo 113, Japan

INTRODUCTION

Among various one-dimensional organic conductors, $(R_1, R_2\text{-}DCNQI)_2Cu$ is unique by its intriquing structural and transport properties associated with drastic changes with magnetic properties through the metal-insulator transition.[1] The phase diagram in the plane of preseure (p) and temperature (T) is shown in Fig.1(a), where the high-pressure insulating phase (I) is separated from the low-pressure metallic phase (M) by the critical line of the metal-insulator transition, T_{MI}. This indicates the existence of three characteristic regions of p denoted as I, II and III. In each region the temperature dependence of the resistivity, ρ, has a characteristic feature as shown schematically in Fig.1(b). Depending on the choice of R_1 and R_2, e.g. DMe, DMeO, MeBr etc., each member of these salts shows either one of behaviors shown in Fig.1(b) at ambient pressure and the application of the external pressure makes the system move to the right in the horizontal coordinates in Fig.1(a).

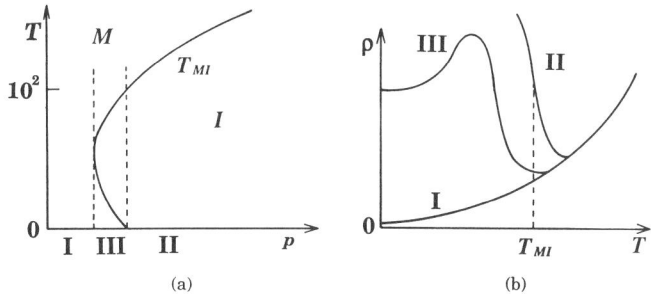

Figure 1. (a) A shematic representation of the phase diagram of $(DCNQI)_2Cu$ family in the plane of pressure (p) and temperature (T); the metallic state (M) and the insulating state (I) are separated by the meal-insulator transition temperature (T_{MI}). There are three different regions, I, II and III. (b) A shematic representation of the temperature dependences of the resistivity in each region, I, II and III. There exists a reentrant metallic state in the region III.

In accordance with the classification, I, II and III, based on the temperature dependence of the resistivity, there exist following magnetic and structural characteristics in each region:[2-6]

I. Metallic down to the lowest temperatures without lattice distortions. The Pauli-like paramagnetism independent of temperature.

II. Three-fold static lattice distortions and the Curie-Weiß like paramagnetism strongly dependent on temperature below the metal-insulator transition temperature (T_{MI}). The onset of the magnetic phase transition, possibly antiferromagnetic, at around $10K$.

III. Similar features to those in the heavy electrons in the electronic specific heat, spin susceptibility and the coefficient of T^2 in the resistivity in the reentrant metallic state.

Besides these interesting behaviors in each region, the most noteworthy is the fact that the average valence of Cu is always equal or close to $+4/3$, i.e. $Cu^{+4/3}$, independent of pressure and temperature.[2,6,7]

A THEORETICAL MODEL

In order to study this system[8] we will employ the periodic Anderson model for the three dimensional array of chains associated with stacked DCNQI molecules and Cu ions located in between as in ref.9. Each unit cell in the plane perpendicular to the stacking axis has two DCNQI chains and one Cu chain. We first ignore the three-dimensionality and focus on the unit cell in the plane perpendicular to the chain. In this case it is sufficient to consider doubly degenerate one-dimensional π-bands of DCNQI and one flat band associated with the d-orbitals of Cu, which are to be coupled together by the mixing integral. These Bloch bands are filled as the amount of the charge transfer is varied. If $(DCNQI)_2^{-1/2}Cu^{+1}$ is stable, the band scheme will be as shown in Fig.2 based on the hole picture i.e. the Cu-d hole level, ε_d, should be located above the Fermi level, ε_F, and doubly degenerate DCNQI-π bands are 3/4 filled. In the case of $(DCNQI)_2^{-2/3}Cu^{+4/3}$ on the other hand the lower mixed band denoted as the ε_1-band will be 5/6 filled whereas the ε_2-band is 2/3 filled as shown in Fig.2(b), where the region around $k/c^* = 1$ in Fig.2(a) is enlarged together with the redefinition of the origin of k. This will be the actual filling of the band, i.e. the Fermi surface satisfying the Luttinger sum rule, if the metallic state is stabilized down to low temperature. The special feature of this filling is understood by noting that the stability of the amount of charge transfer is in general determined by the energetics involving the whole energy scheme. If the Coulomb interaction at Cu-site is strong, the spectrum weight at each momentum of the one-particle Green function associated with the ε_1-band will essentially be reduced by half in the region where the d-orbital component dominates (shaded region in Fig.2(b)) and then the whole shaded region is essentially occupied. In these approximations the ε_1-band in the shaded region in Fig.2b can be considered as the Hubbard lower band. Consequently, apart from the subtle singularity associated with the true Fermi surface, the ε_1-band is completely filled from the energetical point of view and hence the charge transfer resulting in $Cu^{+4/3}$ as an average will particularly be stabilized.

The argument given above implies that there exist fluctuations of valence of Cu as $Cu^+:Cu^{++} = 2:1$ as an average even in the metallic state.

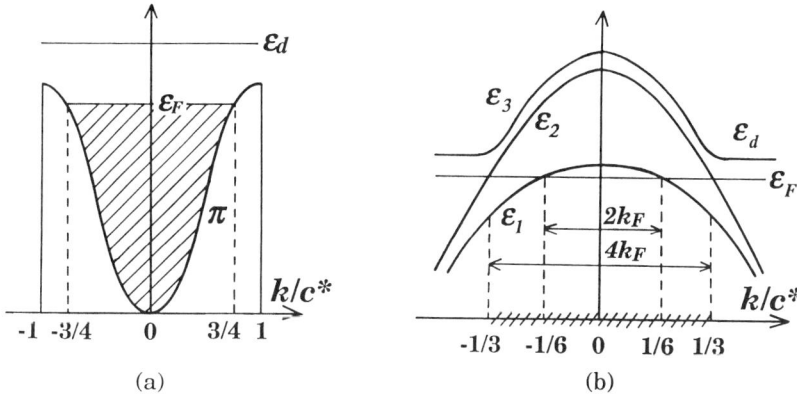

Figure 2. (a) A hole band scheme if $(DCNQI)_2^{-1/2}Cu^+$ is stable; ε_d and ε_F are the atomic d-level and the Fermi energy, respectively, and $c^* \equiv \pi/c$, c being the lattice spacing in the direction of the stacking. The π-bands associated with DCNQI are shown as if completely degenerate. (b) A hole band scheme in the case of $(DCNQI)_2^{-2/3}Cu^{+4/3}$, where the origin of k is shifted to $k/c^* = 1$ in Fig.2(a) and the splitting of the π-bands is explicitly shown. The "$2k_F$" and "$4k_F$" are referred to the ε_1-band, but note that this "$4k_F$" corresponds to "$2k_F$" of the ε_2-band.

METAL-INSULATOR TRANSITION

Next we will study the charge ordering process, which can be viewed as Peierls transition driven by the $4k_F$ charge fluctuations in the d-band (ε_1-band) together with $2k_F$ charge fluctuations of π-band (ε_2-band). It is to be noted that both fluctuations can contribute to the softening of the same phonon mode. The possible candidate of this phonon is the one which involves the change of N-Cu-N angle, α, since α is known experimentally to change at $T = T_{MI}$. The critical temperature, T_p, of this transition, which may be called the Tomonaga-Luttinger-Peierls transition, or simply the Luttinger-Peierls transition, is given by the solution of the following equation

$$\omega_0^2 = g_1^2 N_1(4k_F, T) + g_2^2 N_2(2k_F, T) , \qquad (1)$$

where ω_0 is the unrenormalized frequency of the phonon mode. In this equation g_i and $N_i(q,T)$ are the coupling constant and the density-density correlation function associated with each band, i. Since the contributions from $N_1(4k_F, T)$ will be appreciable in a quantitative sense but is finite as $T \to 0$, these can be taken into account in the large renormalization of the phonon frequency. The existence of such appreciable contributions of $4k_F$ fluctuations to the lattice instability can be deduced from the fact that T_{MI} in $(DCNQI)_2Cu$ family is higher than those in $(DCNQI)_2Ag$.[4] On the other hand the $2k_F$-charge fluctuations represented by $N_2(2k_F, T)$ is divergent as $T \to 0$ in purely one-dimensional systems logarithmically for non-interacting electrons and with power-law in the presence of mutual interactions (Luttinger liquid) and is expected to be very sensitive to the interchain transfer integral, $t_\perp$, i.e. the three-dimensionality. Actually it has been demonstrated[10-12] that the solution, T_p, of eq.(1) for a fixed value of $\omega^2(T) \equiv \omega_0^2 - g_1^2 N_1(4k_F, T)$ with $N_2(2k_F, T)$ for non-interacting electrons has a critical dependence on $t_\perp$ as schematically shown in Fig.3. In $(DCNQI)_2Cu$ the effective value of $t_\perp$ is tightly related with the N-Cu-N angle (α) which is inferred from the fact that α increases as the temperature is lowered in accordance with the expan-

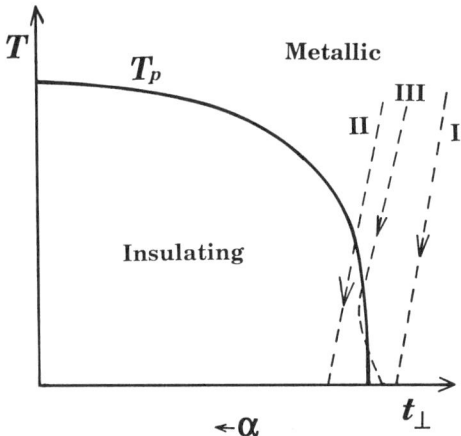

Figure 3. The shematic dependence on the interchain transfer integral, $t_\perp$, of the critical temperature, T_p after refs. 10–12. As the N-Cu-N angle, α, increases, $t_\perp$ decreases. (Since T_p is of first order transition in the present case, there exists a discontinuous change of α at T_p.)

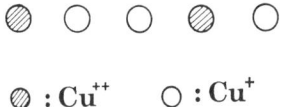

Figure 4. The shematic representation of the charge ordering below T_p. Depending on the magnitude of the $4k_F$ periodic lattice distortion, the spatial extents of the variation of the valence and the local magnetic moment (Cu^{++}) will be different and are not necessarily so localized as in this figure.

sion in the direction perpendicular to the chains[4] and that the polarized reflectance spectra in the perpendicular direction loses the Drude tail in the insulating phase[13] where α takes larger values. Hence the increase of $t_\perp$ in Fig.3 will correspond to the decrease of α, and each member of $(DCNQI)_2Cu$ family follow the dotted lines in the figure corresponding to the classification of groups I, II and III in Fig.1(a). The fact that the reentrant behavior seen in resistivity goes together with that of α has been experimentally indicated by the X-ray diffraction on $(DMeDCNQI)_2Cu$ carried out by Kagoshima et al.[5]

In the present view the spin degree of freedom of the ε_1-band, i.e. the d-spin of Cu^{++}, is not directly coupled to the transition and the spin fluctuations survive even $T < T_P$ in accordance with the experimental findings of the Curie-Weiß like paramagnetism in the insulating state. This is in sharp contrast of the ordinary $2k_F$-Peierls transition. In the latter case both spin and charge fluctuations are suppressed below the transition. Actually the ε_1-band is half-filled in the presence of the three fold lattice distortion and then result in the Mott insulator with a local magnetic moment associated with Cu^{++} in the presence of strong correlation as shown schematically in Fig.4.

SUMMARY

In summary it is indicated that the stability of the average valence of $Cu^{+4/3}$ in $(DCNQI)_2Cu$ is due to the strong correlations in Cu sites and that the metal-insulator transition of this family can be understood as the Peierls transition driven by the $2k_F$-charge fluctuations of the nearly free DCNQI-π band (ε_2-band) together with the $4k_F$-charge fluctuations of the narrow d band (ε_1-band), which behaves like a Tomonaga-Luttinger liquid. It is also argued that there exists a competition between the Peierls transition in the Luttinger liquid and the three-dimensionality resulting from the interchain transfer integral, which would stabilize the (heavy) Fermi liquid.

ACKNOWLEDGEMENT

The author thanks R. Kato, S. Kagoshima and T. Takahashi for informative discussions on the experimental facts and Y. Suzumura for many useful discussions on the subject. He also thanks H. Kobayashi for his sending him an illuminating review article. This work is financially supported by Grant-in-Aid for Science Research from the Ministry of Education, Science and Culture No.3303017 and Monbusho International Scientific Research Program: Joint Research "Magnetism and Superconductivity in Highly Correlated Systems" (03044037).

REFERENCES

1. Various papers in the Proceedings of the International Conference on Science and Technology of Synthetic Metals (ICSM'90), Synth. Metals **41-43** (1991).
2. A. Kobayashi, R. Kato, H. Kobayashi, T. Mori and H. Inokuchi, Solid State Commun. **64** : 45 (1987).
3. T. Mori, H. Inokuchi, A. Kobayashi, R. Kato and H. Kobayashi: Phys. Rev. **B38** : 5913 (1988).
4. R. Kato, H. Kobayashi and A. Kobayashi, J. Am. Chem. Soc. **111** : 5224 (1989).
5. S. Kagoshima, N. Sugimoto, T. Osada, A. Kobayashi, R. Kato and H. Kobayashi, J. Phys. Soc. Jpn. **60** : 4222 (1991).
6. H. Kobayashi, A. Miyamoto, R. Kato, F. Sakai, A. Kobayashi, Y. Yamakita, Y. Furukawa, M. Tasumi and T. Watanabe, preprint.
7. I.H. Inoue, A. Kakizaki, H. Namatame, A. Fujimori, A. Kobayashi R. Kato and H. Kobayashi, Phys. Rev. **B 45** : 5828 (1992).
8. H. Fukuyama, submitted to J. Phys. Soc. Jpn.
9. Y. Suzumura and H. Fukuyama, J. Phys. Soc. Jpn. **61** no.9 (1992) .
10. B. Horovitz, H. Gutfreud and M. Weger, Phys. Rev. **B 12** : 3174 (1975).
11. K. Yamaji: J. Phys. Soc. Jpn. **51** : 2787 (1982).
12. Y. Hasegawa and H. Fukuyama, J. Phys. Soc. Jpn. **55** : 3978 (1986).
13. K. Yakushi, A. Ugawa, G. Ojima, T. Ida, H. Tajima, H. Kuroda, R. Kato and H. Kobayashi, Mol. Ceyst. Liq. Cryst. **181** : 217 (1990).

QUASIPARTICLES IN HEAVY FERMION SYSTEMS BELOW AND ABOVE THE COHERENCE TEMPERATURE

Peter Fulde, Uwe Pulst and Gertrud Zwicknagl
Max-Planck-Institut für Festkörperforschung
D-7000 Stuttgart 80, Germany

Abstract

The quasiparticle concept of Landau is based on the existence of a Fermi surface. Arguments are given why in heavy fermion systems below the coherence temperature, the f electrons should be treated as itinerant when the Fermi surface is determined while above the Kondo temperature they are to be considered as part of the core. Possible experimental deviations from Luttinger's theorem are pointed out. For temperatures above the coherence temperature the Anderson impurity model within the Noncrossing Approximation (NCA) may be applied. It is shown that a simple approximation scheme for solving the coupled integral equations of the NCA is very useful for the interpretation of a number of experiments. Thereby the crystal field splittings of the $4f$ ($5f$) ions. can be taken into consideration. Examples are the temperature dependence of the quadrupole moment of $YbCu_2Si_2$ and the inelastic neutron scattering experiments on $YbPd_2Si_2$. The theory gives simple results for the transport coefficients.

I. Introduction

We know from experiments that at low temperatures heavy fermion systems behave like Landau liquids [1-3]. This implies that there is a one to one correspondence between the excitations of a heavy fermion system and those of a noninteracting electron gas. With this in mind several questions arise which we will try to answer. How accurately can the Fermi surface of a system of heavy fermions be calculated and how large is the volume in momentum space enclosed by it? Does Luttinger's theorem hold and under which circumstances might it be violated?

When the temperature is sufficiently high, quasiparticle collisions dramatically reduce the quasiparticle lifetimes [4]. As a consequence coherence is lost in the lattice of f sites (formed e.g. by Ce ions) and the problem reduces to the Anderson impurity model. The latter can be handled in the Noncrossing Approximation (NCA) [5]. The resulting coupled integral equations are solved with the help of a simple approximation scheme [6]. The solutions may be used in order to calculate the temperature dependence of a number of physical quantities like the magnetic response. The effects of the crystalline electric field (CEF) are thereby included. A comparison with Bethe *ansatz* results can be made as well as with exact numerical solutions of the NCA equations. We show that the method gives surprisingly good results. The experimentally observed temperature dependence of the quadrupolar susceptibility of $YbCu_2Si_2$ can be explained [6] as well as the inelastic neutron scattering results on related materials [7]. The approximation allows to calculate also transport properties like the resistivity, thermal conductivity or thermopower.

II. Quasiparticles and the Fermi surface

The assumption that heavy fermion systems are Fermi liquids as defined by Landau implies, that there must exist a Fermi surface. Indeed, by de Haas-van Alphen measurements e.g. on UPt_3 the Fermi surface was determined and it was shown that the quasiparticle excitations have the large relative mass required for the explanation of the large γ-value in the low temperature specific heat $C = \gamma T$. Furthermore, it was demonstrated by means of renormalized band-structure calculations that not only the topology of the Fermi surface can be calculated correctly, but that also the large relative mass anisotropies e.g. in $CeRu_2Si_2$ can be explained without any fit parameter [8]. But repeatedly the question has been raised under which circumstances the f-electrons must be included in a band calculation and when they have to be treated as part of the core [9]. Since there seems to be a lack of mutual consent we want to address this problem here.

Without doubt, the low lying excitations which are characteristic for heavy fermion systems involve predominantly spin degrees of freedom. Direct evidence is the magnitude of the entropy which is associated with the excess specific heat. It is of order $S \simeq k_B ln N_f$ per f site where N_f is the degeneracy of the ground-state of the atomic f shell which depends on the CEF. Like in the one-impurity Kondo problem a singlet-triplet excitation has to be associated with each f site (e.g. Ce). The excitation energy is of order $k_B T^*$ and defines a characteristic low-energy scale of the system (Kondo temperature). The lower T^* is, the smaller is the change in the f charge associated with the excitation. In the case of Ce, it is of order $(1 - <n_f>)$ and for $T^* \to 0$ the f count approaches $<n_f> \to 1$. The simplest model for this excitation is found in Ref. [10]. Because the f-sites form a lattice, the excitations are coupled with each other and at sufficiently low temperatures, i.e., below $T_{coh} < T^*$ coherent states are formed. The details of this coupling are not yet well understood, but from experiments we know that the density of states of the excitations is like the one in a noninteracting electron gas, though with renormalized parameters. Let us first assume that de Haas-van Alphen experiments are performed at a temperature $T << T_{coh}$. In that case the f electrons have to be included in the renormalized band calculations. In many Ce (or Yb) compounds with one $4f$ electron (hole) the topological shape of the Fermi surface is essentially determined by the conduction electrons [4]. The $"f-band"$ is situated by an energy of order of $k_B T^*$ above the Fermi energy ϵ_F (Kondo resonance). The situation is different in systems like UPt_3, where the magnetic ion, i.e., U has more than one f electron. In that case the Fermi surface is intersecting with the f bands and its shape is strongly influenced by the presence of f electrons.

Returning to the case of Ce compounds, we note that the electrons are scattered by the Ce sites, resulting in energy dependent phase shifts $\eta_\nu^{Ce}(\epsilon - \epsilon_F)$. Through a generalized Friedel sum rule the f phase shift at ϵ_F is fixed by the requirement that there is slightly less than one f electron contained in the CEF ground-state of a Ce site. The slope of the f phase shift at ϵ_F is related to the high effective mass m^*. The volume enclosed by the Fermi surface includes the $4f$ electrons in the counting. Clearly, Luttinger's theorem is fulfilled.

Next we assume that a de Haas-van Alphen experiment on a Ce compound is done at a temperature $T > T^*$. In that case the low lying excitations of the f electrons are saturated and they can be treated as part of the core. The (small) charge fluctuations associated with their hybridizations are eliminated by a Schrieffer-Wolff transformation and replaced by an effective, spin dependent interaction between f and conduction electrons (Coqblin-Schrieffer Hamiltonian). A mass enhancement of the conduction electrons can be derived from this interaction. The Fermi surface has shrunk in its electronic part and expanded its hole pockets as compared with the previous case ($T < T_{coh}$). The enclosed volume should contain one electron less than before, because the $4f$ electron is part of the core. By excluding the f electron from counting, Luttinger's theorem is again satisfied. This is precisely the situation found when de Haas-van Alphen measurements on $CeRu_2Si_2$ and $CeRu_2Ge_2$ are compared with each other. Because of the large atomic distances the hybridization of the $4f$ electron with its surroundings is much less in $CeRu_2Ge_2$ than it is in $CeRu_2Si_2$. In a series of beautiful experiments [11, 12] it was demonstrated that the Fermi surface looks very much alike in both materials but with the hole parts extended and the electronic parts reduced in $CeRu_2Ge_2$. The difference in volume of phase space is roughly one electron per unit cell. Because in $CeRu_2Ge_2$ the characteristic energy scale k_BT^* and hence also T_{coh} are very small (in fact they have not been measured) parts of the Fermi surface of $CeRu_2Si_2$ have disappeared. These are the parts on which the lifetime of the quasiparticles has become too short in order to retain a coherent motion. It is worth pointing out that the calculated band masses of $CeRu_2Ge_2$ are by a factor of 1.3-5.4 smaller than the measured ones. This is what one might expect. The virtual excitation of higher CEF levels of the $J = 5/2$ ground-state multiplet of Ce^{3+} as well as the excitation of spin waves ($CeRu_2Ge_2$ is a ferromagnet with a Curie temperature of $T_0 \simeq 8$ K) are not included in the calculation. They will certainly lead to an enhancement of the band masses [12]. The measured γ coefficient in the specific heat agrees well with the one determined from the measured effective masses. This suggests that there are no other but the quasiparticle contributions to the linear specific heat term.

From the above considerations the following scenario can be deduced. For $T << T_{coh}$ heavy, coherent quasiparticles exist and the large specific heat coefficient γ is directly related to the large quasiparticle mass. When T increases above T_{coh}, the mean-free path of the (spin dominated) excitations of the f electron system becomes so short that coherence can no longer be maintained. The heavy quasiparticles gradually disappear in de Haas-van Alphen measurements and the volume enclosed by the measured Fermi surface does no longer correspond to an integer electron number per unit cell. Luttinger's theorem is violated in that temperature regime. As the temperature increases further, the Fermi surface reduces to the one with the f electrons taken as part of the cores. But as long as $T < T^*$ there is still a large specific heat present. For $T_{coh} \leq T \leq T^*$ this specific heat can no longer be calculated from the measured quasiparticle dispersions alone. Instead, it contains large contributions from the incoherent f electron excitations. Only when $T > T^*$ does one have again a correspondence between the quasiparticle dispersion and the specific heat. This is the regime to which $CeRu_2Ge_2$ belongs, because T^* is apparently extremely low in that system. King and Lonzarich [12] have suggested that by applying pressure to $CeRu_2Ge_2$ one should be able to reach a situation encounted in $CeRu_2Si_2$. This is a fascinating perspective. According to what has been suggested above one should first observe a strong increase in the specific heat without a corresponding enhancement of the quasiparticle masses. At higher pressures the Fermi surface should extend so that it incorporates the $4f$ electron and the large measured quasiparticle masses should match with the specific heat coefficient γ.

III. Low frequency response

At temperatures $T > T_{coh}$ the problem of the Kondo lattice reduces to that of independent impurities. Although the heavy quasiparticles have lost their coherence properties in that temperature regime, their dynamics must still be properly accounted for. Therefore the starting point is the Anderson impurity Hamiltonian and we limit ourselves to the case of one electron (Ce^{3+}) or one hole (Yb^{3+}):

$$H = \sum_{k\sigma} \epsilon(\underline{k}) c^\dagger_{\underline{k}\sigma} c_{\underline{k}\sigma} + \epsilon_f \sum_m n^f_m \qquad (1)$$

$$+ U/2 \sum_{m \neq m'} n^f_m n^f_{m'} + \qquad (2)$$

$$+ \sum_{\underline{k}m\sigma} (V_{m\sigma}(\underline{k}) f^\dagger_m c_{\underline{k}\sigma} + V^*_{m\sigma}(\underline{k}) c^\dagger_{\underline{k}\sigma} f_m). \qquad (3)$$

The operators $c^\dagger_{\underline{k}\sigma}$ ($c_{\underline{k}\sigma}$) create (annihilate) conduction electrons with momentum $\underline{k}$, and spin σ. The $f^\dagger_{km}$ (f_{km}) are the creation (annihilation) operators for f-electrons on the impurity site. They are chracterized by the total angular momentum J and a quantum number m which denotes the different states within the J multiplet. Only the lowest spin-orbit multiplet is considered which is $J = 5/2$ for Ce^{3+} and $J = 7/2$ for Yb^{3+}. The orbital energies are

$$\epsilon_{fm} = \epsilon_f + \Delta_m \qquad (4)$$

where Δ_m are the CEF excitation energies. The hybridization matrix element is denoted by $V_{m\sigma}(\underline{k})$. The Coulomb repulsion between two f-electrons is given by U. It is assumed that U is much larger than the other energy scales and therefore we may let $U \to \infty$. The conduction electron degrees of freedom which do not couple to the impurity are omitted here. The interconfiguration energy ϵ_f is negative. The energies Δ_m and the corresponding wave functions depend on the symmetry and the strength of the CEF.

The properties of the single impurity model can be calculated from two many-body spectra $\rho_f(\omega, T)$ and $\chi''(\omega, T)$ which are referred to as the f-density of states and the f-moment spectrum, respectively. These spectra can be determined experimentally, i.e. $\rho_f(\omega, T)$ from photoelectron and inverse photoelectron spectroscopy and $\chi''(\omega, T)$ from inelastic neutron scattering, for example. The spectra are calculated from the resolvents of the empty state $|0>$ (i.e. the f^0 or f^{14} configuration) and the occupied f states $|m>$, respectively, denoted by $R_0(z)$ and $R_m(z)$

$$R_0(z) = \frac{1}{z - \Sigma_0(z)} \qquad (5)$$

$$R_m(z) = \frac{1}{z - \Sigma_m(z)}. \qquad (6)$$

The self-energies Σ_0 and Σ_m are coupled. In the Noncrossing Approximation (see Ref. [5, 13, 14]) the coupling is given through the integral equations

$$\Sigma_0(z) = \frac{\Gamma}{\pi} \sum_m \int_{-\infty}^{+\infty} d\xi \rho_m(\xi) K(z - \xi) \qquad (7)$$

$$\Sigma_m(z) = \frac{\Gamma}{\pi} \int_{-\infty}^{+\infty} d\xi \rho_0(\xi) K(z - \xi) \qquad (8)$$

with $z = \omega + i\delta$ and Γ denoting the width of the $4f$ level due to hybridization. In the absence of hybridization, the spectral densities $\rho_\alpha(\xi) (\alpha = 0, m)$ of the resolvents R_α

are δ-functions $\delta(\xi - \omega_\alpha)$ centered at $\omega_0 = 0$ and $\omega_m = \epsilon_{fm}$. The kernel $K(z)$ is defined through

$$K(z) = \frac{1}{N(0)} \int_{-\infty}^{+\infty} d\epsilon N(\epsilon) \frac{f(\epsilon)}{z + \epsilon} \tag{9}$$

where $N(\epsilon)$ is the density of states of the conduction electrons and $f(\epsilon)$ is the Fermi distribution function. The energy cut-off is provided by the conduction electron band width.

Our *ansatz* exploits the information about the self-consistent solution for $\rho_0(\omega)$ (see Ref. [5] and references therein). For temperatures $T \to 0$ the function consists of three rather different parts. The most prominent feature is a narrow peak of weight $(1 - n_f)$ centered at $\omega_0 = -|\epsilon_f| - T^*$. It reflects an admixture of states with no f-electron/hole to the many-body ground-state and the low-lying excitations. It is this feature which gives rise to the anomalous low-temperature behavior of Kondo alloys. The residual weight is distributed among a structureless background and a broad peak describing "charge fluctuations".

The spectral function $\rho_0(\omega)$ is approximated by

$$\rho_0(\omega, T) \simeq (1 - n_f)\delta(\omega - \omega_0) \tag{10}$$

where $n_f = n_f(T = 0)$ is the low-temperature f-valence. This *ansatz* is inserted into the self-consistency equations to obtain the spectral function of the occupied f-states, $\rho_m(z)$ as

$$\rho_m(\omega, T) = \frac{1}{\pi} \frac{(1 - n_f)\Gamma f(\omega_0 - \omega)}{(\omega + |\epsilon_f| - \Delta_m)^2 + [(1 - n_f)\Gamma f(\omega_0 - \omega)]^2} . \tag{11}$$

The simplified forms (8,9) yield explicit expressions for experimental quantities which can easily be evaluated. In particular, CEF effects can be incorporated in a straightforward way.

For example, the temperature dependence of the f-electron occupational numbers $n_{fm}(T) = <f_m^+ f_m>$ is given by

$$n_{fm}(T) = \frac{1}{Z_f} \int_{-\infty}^{+\infty} d\omega \rho_m(\omega) e^{-\beta(\omega - \mu)} \tag{12}$$

where μ is the chemical potential and Z_f denotes the partition function of the f electron system (i.e., after the conduction electron degrees of freedom have been integrated out)

$$Z_f = \int_{-\infty}^{+\infty} d\omega \rho_0(\omega) e^{-\beta\omega} + \sum_{m=1}^{2J+1} \int_{-\infty}^{+\infty} d\omega \rho_m(\omega) e^{-\beta\omega} . \tag{13}$$

A detailed discussion of the method is found in Ref. [6].

The simplified solutions were used to calculated the temperature dependence of the $4f$-quadrupole moment $Q(T)$ in $YbCu_2Si_2$. The latter is given by

$$Q(T) = \sum_{m=1}^{8} <m|(3J_z^2 - J^2)|m> n_{fm}(T) . \tag{14}$$

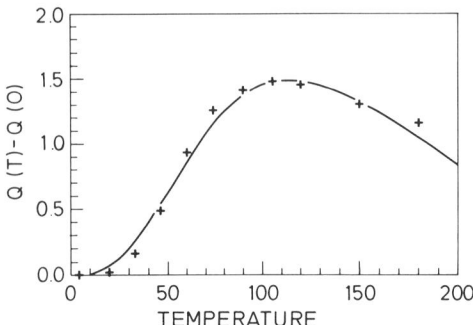

Figure 1. Temperature-dependent quadrupole moment $Q(T)$ for the $4f$ shell of $YbCu_2Si_2$: theory [6] (solid line) and experiments [15] (crosses). The following parameters were used: $T^* = 200$ K, $\Gamma = 47.4$ meV and $W = -1.67$ meV.

Here $|m>$ denotes the different CEF eigenstates of the $J = 7/2$ multiplet of the Yb^{3+} ions with population $n_{fm}(T)$. Results of the calculation are shown in Fig. 1 which also contains the measurements of Tomala et al. [15]. Thereby the input parameters $n_f(T = 0)$, T^* and the CEF parameter $W = 3B_2^0$ had to be chosen properly. They are listed in the figure caption. The agreement of the theoretical curve with the experimental data is very good. Another test of the simplified forms (8,9) was made by calculating the T dependence of static magnetic susceptibility and comparing it with the Bethe *ansatz* result. After adjustment of the characteristic temperature T^* the computations based on (8,9) reproduce well the Bethe *ansatz* data, even in the case of two-fold degeneracy $N_f = 2$.

The imaginary part of the diagonal elements of the susceptibility tensor is proportional to

$$\chi''_{\alpha\alpha}(\omega,T) \sim \frac{1}{Z_f} \sum_{mm'} |<m|J_\alpha|m'>|^2 \int_{-\infty}^{+\infty} d\omega' e^{-\beta\omega'} \rho_m(\omega')\rho_{m'}(\omega'+\omega) . \quad (15)$$

For $T = 0$ this expression can be evaluated analytically when the approximation (9) is used. For details see Ref. [6]. A comparison of $\chi''(\omega,T)$ has been made for $T \ll T^*$ in the absence of CEF splittings, when on one hand Eq. (9) is used and when in distinction the NCA equations are solved numerically. It was found that the two results agree very well with each other [6].

The theory was recently used by Polatsek and Bonville [7] to interpret inelastic neutron scattering data on $YbPd_2Si_2$ [16] and $YbAgCu_4$ [17]. The inelastic neutron scattering cross-section is

$$\frac{d^2\sigma}{d\Omega d\omega} \sim \frac{1}{1 - e^{-\omega/(k_B T)}} \chi''(\omega,T) . \quad (16)$$

Regarding $YbPd_2Si_2$ it was found that all available experimental data can be best explained by assuming $T^* = 60K, \Gamma = 40 meV$ and the following CEF parameters: $B_2^0 = -50 \pm 5\ cm^{-1}$, $B_4^0 = 15 \pm 5\ cm^{-1}$, $B_4^4 = 250 \pm 30\ cm^{-1}$, $B_6^0 = -25 \pm 5\ cm^{-1}$ and $B_6^4 = -140 \pm 40\ cm^{-1}$. The corresponding splitting energies of the four Kramer doublets are 0, 27, 199 and 209 K, respectively.

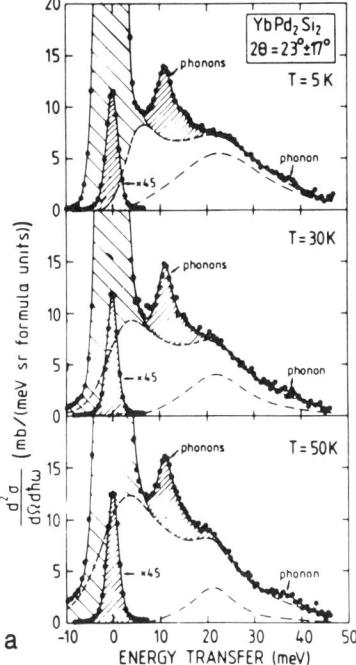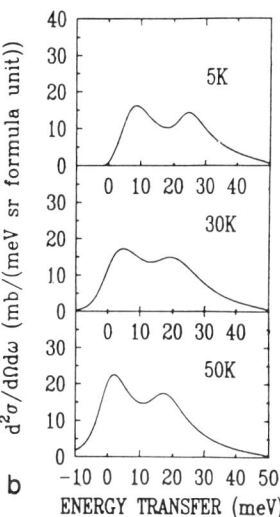

Figure 2. Temperature dependence of magnetic scattering of $YbPd_2Si_2$ as measured by inelastic neutron scattering [16] and as calculated from theory [7] by using Eqs. (13, 9).

A comparison between the measured cross-section and the computed ones for different temperatures is shown in Fig 2. The incident neutron energy is $\omega_{in} = 50.8$ meV. One notices that the theory can well describe the experimental data, even in details. In passing we note that also for $YbAgCu_4$ and $YbCu_2Si_2$ [18] good agreement is found between inelastic neutron scattering measurements and theory. The above examples demonstrate convincingly, that the NCA and the simplified solutions (8,9) provide a successful and easy to handle scheme for interpreting the low-energy response of heavy fermion or intermediate-valency systems.

IV. Transport properties

The absence of lattice coherence in heavy fermion compounds for temperatures $T > T_{coh}$ is also reflected in the transport properties. Their variation with temperature resembles those of dilute magnetic alloys. In the linear response regime, it is determined by a scattering rate $1/\tau(\epsilon)$ per impurity which is related to the f density of states $\rho_f(\epsilon)$

$$1/\tau(\epsilon) \propto \rho_f(\epsilon) \tag{17}$$

where

$$\rho_f(\omega) = \frac{1}{Z_f}(1 + e^{-\beta\omega}) \int_{-\infty}^{+\infty} d\epsilon \, e^{-\beta\epsilon} \rho_0(\epsilon)\rho_m(\epsilon + \omega) \tag{18}$$

is measuring the weight for transitions between f^0 and f^1 configurations. The simplified approximation scheme (8,9) which focusses on the universal low-energy features and yields the explicit expression

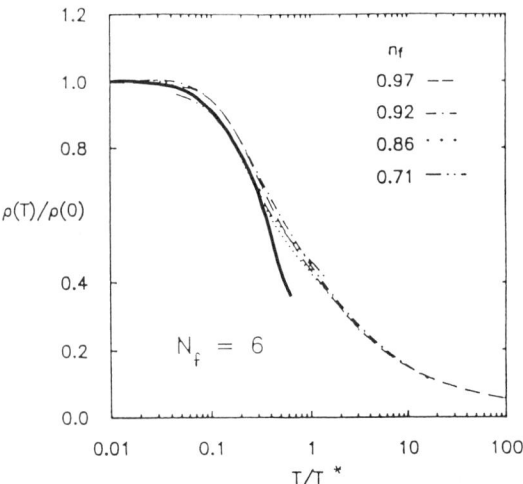

Figure 3. Temperature dependence of the resistivity as calculated from Eq. (20) for $n_f = 0.9$ (full line) and by using the complete NCA solution [5].

$$\rho_f(\omega) = (1 - n_f(T)) \sum_m \frac{1}{\pi} \frac{\Gamma(1 - n_f)}{(\omega - T^* - \Delta_m)^2 + (\Gamma(1 - n_f)f(-\omega))^2} . \quad (19)$$

The transport properties such as the resistivity ρ, the thermopower S and the thermal conductivity κ are expressed in terms of this quantity through the transport integrals $L_n(T)$ [19]

$$L_n(T) \propto \int_{-\infty}^{+\infty} d\epsilon \left[-\frac{df}{d\epsilon} \right] \epsilon^n \tau(\epsilon) \quad (20)$$

which are moments of the f density of states. Within the present approximation scheme they can be directly evaluated. The result for the resistivity ratio

$$\rho(T)/\rho(0) = (L_0(T)/L_0(0))^{-1} \quad (21)$$

is particularly simple,

$$\frac{\rho(T)}{\rho(0)} = \frac{1 - n_f(T)}{1 - n_f} \frac{1}{1 + \pi^2 \left(\frac{T}{T^*}\right)^2 \left[3 + \pi^2 \frac{n_f^2}{N_f^2}\right]^{-1}} . \quad (22)$$

The material-dependent prefactors are eliminated by dividing through the corresponding zero-temperature values.

Transport properties test energy moments of the f density of states and hence the shape of the Kondo resonance. Figure 3 compares the results of the full NCA and of the approximation scheme for the resistivity ratio $\rho(T)/\rho(0)$. The NCA results are reasonably well reproduced in the temperature regime where the behavior of the dilute magnetic alloy is universal. This rule of thumb is also valid for the other transport properties.

The deviations in the transport data may be partially due to the fact that the *ansatz* focusses exclusively on the universal features but entirely neglects the influence of charge fluctuations. This approximation certainly represents an oversimplification which affects the higher energy moments of the conduction-electron life times entering the thermopower, the thermal conductivity and the Lorentz ratio. The approximation scheme is extended in a straight forward way to approximately account for the charge fluctuations. A detailed discussion of the results will be reported elsewhere.

Acknowledgement

We want to thank Prof. V. Zevin for numerous discussions. Chapter II is a review of work done with him. We also thank Dr. G. Polatsek for making available to us his data.

References

[1] G.R. Stewart. Rev. Mod. Phys. 56,755 (1984)
[2] H. R. Ott, Progr. Low. Temp. Phys. 11, 215 (1987)
[3] N. Grewe and F. Steglich in "Handbook on the Physics and Chemistry of Rare Earths" Vol. 14, ed. by K.A. Gscheidner, Jr. and L. Eyring (North-Holland, Amsterdam 1991)
[4] G. Zwicknagl, Adv. Phys. 41, 203 (1992)
[5] For a review see N.E. Bickers, Rev. Mod. Phys. 59, 845 (1987)
[6] G. Zwicknagl, V. Zevin and P. Fulde, Z. Phys. B79, 365 (1990); see also V. Zevin, G. Zwicknagl and P. Fulde, Phys. Rev. Lett. 60, 2331 (1988)
[7] G. Polatsek and Bonville, Z. Phys. B88, 189 (1992)
[8] G. Zwicknagl, E. Runge and N.E. Christensen, Physica B163, 97 (1990)
[9] see e.g. Progr. Theor. Phys. Supplement 108 (1992) " Physics of f-electrons and related phenomena in strongly correlated systems", ed. by O. Sakai and T. Saso
[10] P. Fulde, J. Keller and G. Zwicknagl, Solid State Physics, Vol. 41, ed. by H. Ehrenreich and D. Turnbull (Academic, San Diego 1988) p.1
[11] B.K. Howard and G.G. Lonzarich, (private communication)
[12] C.A. King and G.G. Lonzarich, Physica B171, 161 (1991)
[13] L. Kuramoto, Z. Phys. B53, 37 (1983)
[14] M. Keiter and G. Czycholl, J. Magn. Magn. Mater. 31, 477 (1983)
[15] K. Tomala, D. Weschenfelder, G. Czjzek and E. Holland-Moritz, J. Magn. Magn. Mater. 89, 143 (1990)
[16] W. Weber, E. Holland-Moritz and A.P. Murani, Z. Phys. B76, 229 (1989)
[17] A. Severing, A.P. Murani, J.D. Thompson, Z. Fisk, C.K. Loong, Phys. Rev. B41, 1739 (1990)
[18] E. Holland-Moritz, D. Wohlleben and M. Loewenhaupt, Phys. Rev. B25, 7482 (1982)
[19] N.W. Ashcroft and N.D. Mermin, "Solid State Physics" (Holt, Rinehart and Winston, Philadelphia, 1976)

COMPETITION BETWEEN CEF SINGLET AND KONDO SINGLET AS ORIGIN OF WEAK ANTIFERROMAGNETISM AND RESISTIVITY ANOMALY

Y. Kuramoto

Department of Physics
Tohoku University
Sendai 980, Japan

INTRODUCTION

In some uranium compounds with $5f^2$ configuration (U^{4+}) the ground state in the crystalline electric field (CEF) is a nonmagnetic singlet. The singlet CEF state is also realized in the case of praseodymium compounds with $4f^2$ configuration (Pr^{3+}). In such cases the spin entropy of the system goes to zero as temperature decreases even though interactions with conduction electrons or with f electrons at other sites are absent. This is in striking contrast with the case of cerium compounds with $4f^1$ configuration (Ce^{3+}) where the Kramers degeneracy associated with the $4f^1$ configuration should lead to nonvanishing entropy if a Ce ion were isolated. It has been considered from this fact that the case of the singlet CEF ground state is much simpler because one need not consider the Kondo effect and related infrared effects which originate from interaction with conduction electrons. However, URu_2Si_2 for which the singlet CEF model accounts for the gross feature of the highly anisotropic susceptibility [1], gives clear indication of the Kondo effect in the resistivity[2] at temperatures higher than 100 K. The Kondo-type behavior of the resistivity has also been found in other U systems with a singlet CEF ground state such as UPt_2Si_2 [3], UPd_3 [4], UNi_2Al_3 [5], and UPd_2Al_3 [6].

The purpose of this paper is to elucidate some novel features caused by competition between the CEF effect and the Kondo effect for a singlet CEF ground state. To our surprise we have not found any theoretical work on the Kondo effect in the singlet CEF system. As the first step to explore characteristic properties of the system, we mainly discuss features which already appear in the single impurity system with the singlet CEF state. We take the simplest possible approach and apply the scaling method[7] with account of leading logarithmic terms. It is shown that the exchange interaction between f and conduction electrons does give rise to the Kondo effect at finite temperatures. Furthermore, provided that the interaction is strong enough, the ground state of the system can be a Kondo singlet instead of the CEF singlet. We discuss possibility of controlling the competition between the Kondo and CEF effects by diluting the system or by applying pressure.

In order to understand the low-temperature properties of URu$_2$Si$_2$ such as the tiny antiferromagnetic moment and the superconductivity, which coexists with the antiferromagnetism, we obviously need analysis of intersite interactions. In this paper we merely suggest that a cooperative collapse of the CEF levels may be a driving force of the Néel-type transition, but wait for a more detailed study to prove (or disprove) the suggestion.

CONSTRUCTION OF AN EXCHANGE MODEL

We take URu$_2$Si$_2$ as an exemplary target of our analysis. According to ref.[1], magnetic susceptibility of URu$_2$Si$_2$ can roughly be understood in terms of CEF levels of three singlets referred to as $|a\rangle, |b\rangle$ and $|a'\rangle$ with energies 0, 46 K and 170 K, respectively. The lowest doublet $|c_\pm\rangle$ lies at 550 K. In terms of the basis set $|J_z\rangle$ with $|J_z| \leq 4$ in the $^3H_4$ configuration, these wave functions are given by

$$\begin{aligned}
|a\rangle &= \epsilon[\,|4\rangle + |-4\rangle\,] + \gamma\,|0\rangle, \\
|b\rangle &= 2^{-1/2}[\,|4\rangle - |-4\rangle\,], \\
|a'\rangle &= 2^{-1/2}\gamma[\,|4\rangle + |-4\rangle\,] - 2^{1/2}\epsilon\,|0\rangle, \\
|c_\pm\rangle &= \alpha|\mp 3\rangle + \beta|\pm 1\rangle,
\end{aligned}$$

where α, β, γ and ϵ are numerical constants. From these equations the matrix elements of the magnetic moment operator M_i with $i = x, y, z$ can easily be derived. For example $\langle a|M_i|b\rangle$ is nonzero only for $i = z$. This leads to the van Vleck susceptibility along the z direction. On the other hand, the x and y components of the moment have nonzero elements between $|a\rangle$ and $|c_\pm\rangle$ with energy much higher than that of $|b\rangle$, or between $|b\rangle$ and $|c_\pm\rangle$. Thus the CEF scheme is consistent with the strong Ising-type anisotropy of the susceptibility.

To construct the simplest model for studying the competition between the CEF and Kondo effects, we neglect $|a'\rangle$ and other levels higher than $|c_\pm\rangle$. Then the 5f-electron part of the Hamiltonian with a single U site is given by

$$\mathcal{H}_\mathrm{f} = \Delta_0 |b\rangle\langle b| + \Delta_1 \sum_\pm |c_\pm\rangle\langle c_\pm|, \tag{1}$$

where the state $|a\rangle$ does not appear because its energy is taken to be 0. In order to introduce the exchange interaction we define the following operators which constitute the magnetic moment by a suitable linear combination:

$$\begin{aligned}
m_z &= |b\rangle\langle a| + |a\rangle\langle b| \\
m_+ &= |c_+\rangle\langle a| + |a\rangle\langle c_-| \\
m_- &= |c_-\rangle\langle a| + |a\rangle\langle c_+| \\
\tilde{m}_z &= |c_+\rangle\langle c_+| - |c_-\rangle\langle c_-| \\
\tilde{m}_+ &= |c_+\rangle\langle b| - |b\rangle\langle c_-| \\
\tilde{m}_- &= |b\rangle\langle c_+| - |c_-\rangle\langle b|.
\end{aligned}$$

The x and y components are derived from the spin flip components in the standard way:

$$m_\pm = m_x \pm i m_y, \qquad \tilde{m}_\pm = \tilde{m}_x \pm i \tilde{m}_y.$$

For conduction electrons we take a single band and write the creation operator of a conduction electron using the Wannier basis at the f-electron site as $d_\sigma^\dagger$ with spin σ. Then the exchange interaction is given by

$$\mathcal{H}_{ex} = \sum_i (I_i m_i + K_i \tilde{m}_i) \sum_{\sigma\rho} (\tau_i)_{\sigma\rho} d_\sigma^\dagger d_\rho, \qquad (2)$$

where τ_i is the Pauli matrix with $i = x, y, z$ and the exchange constants I_i and K_i have a tetragonal symmetry: $I_x = I_y \equiv I_\perp, K_x = K_y \equiv K_\perp$. Figure 1 illustrates the CEF energy levels and the nonzero matrix moments of the magnetic moment. Thus our model is characterized by eqs.(1),(2) and the spectrum of the conduction band to be specified in the next section.

A consequence of the competition between the CEF and Kondo effects is understood by the following qualitative argument. Let us for simplicity assume $\Delta_0 = \Delta_1 = \Delta$ and introduce the Kondo temperature T_K which would result in the case of $\Delta = 0$. Obviously the Kondo effect is of no importance in the limit of $\Delta/T_K \to \infty$. In the opposite limit of $\Delta/T_K \to 0$, the CEF splitting is of no importance and the ground state should be a Kondo singlet. The crucial point here is that the two kinds of singlets have different number of screening conduction electrons, and therefore the wave functions are orthogonal to each other. If one can increase Δ/T_K from zero to infinity, there must be a change of the ground state. At zero temperature this change accompanies abrupt decrease in the number of screening electrons. Near the critical ratio of Δ/T_K the characteristic energy of the system is smaller than either Δ or T_K.

At finite temperature the decrease in the number of screening electrons should be continuous, but the effect of competition appears, for example, as the anomalous increase of the van Vleck susceptibility at temperatures lower than Δ.

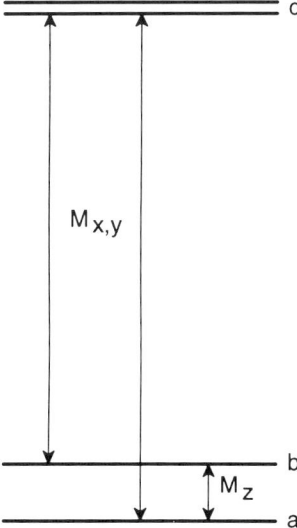

Figure 1. The CEF level scheme in the present model. The vertical lines with arrows indicate the presence of nonzero matrix elements of the moment M_i with $i = x, y$ or z.

SCALING THEORY FOR EFFECTIVE EXCHANGE INTERACTIONS

Let us consider the lowest-order correction to the exchange scattering as shown in Fig.2. Figure 2(a) shows a potential scattering generated from the exchange interaction. As in the case of the standard Kondo model there is no logarithmic correction because of cancellation of the two processes in Fig.2(a). On the other hand the processes in Fig.2(b) give rise to a logarithmic correction to the exchange interaction I_z. In contrast to the Kondo model, the present model has a low-energy cut-off Δ_0 so that the logarithm does not diverge even at $T = 0$. To be specific we consider a conduction band with constant density of states ρ_c between the band edges $-D_0$ and D_0. Following the method of "poor man's scaling" in ref.[7] we pursue the change of the coupling constants upon shifting the cut-off energy from D_0 to a smaller value D. We introduce the resolvents as follows:

$$G_a(z) = \frac{1}{z - D}, \quad G_b(z) = \frac{1}{z - \Delta_0 - D}, \quad G_c(z) = \frac{1}{z - \Delta_1 - D}.$$

The variable z represents the excitation energy measured from energy of the Fermi sea plus the lowest CEF state $|a\rangle$. Let us introduce a dimensionless vertex part Γ_z which reduces to $I_z \rho_c$ in the lowest order. Similarly we introduce $\Gamma_\perp$, Λ_z, $\Lambda_\perp$ which reduce to $I_\perp \rho_c$, $K_z \rho_c$ and $K_\perp \rho_c$, respectively. Then we obtain the following scaling equations:

$$\frac{\partial \Gamma_z}{\partial D} = \Gamma_\perp \Lambda_\perp G_c,$$

$$\frac{\partial \Gamma_\perp}{\partial D} = \Gamma_z \Lambda_\perp G_b + \Gamma_\perp \Lambda_z G_c,$$

$$\frac{\partial \Lambda_z}{\partial D} = \frac{1}{2}(\Gamma_\perp^2 G_a + \Lambda_\perp^2 G_b),$$

$$\frac{\partial \Lambda_\perp}{\partial D} = \Gamma_z \Gamma_\perp G_a.$$

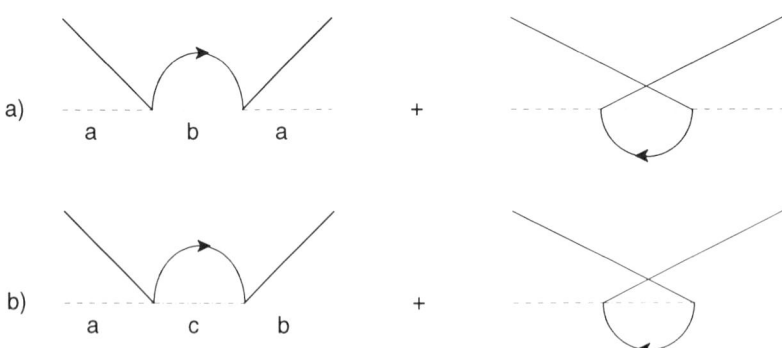

Figure 2. Examples of second-order contributions to the t-matrix: (a) potential scattering with the same initial and final f-states, (b) exchange scattering with different initial and final f states.

We have integrated the scaling equation numerically putting $z = 0$. Figure 3(a) shows the results in the case of

$$I_z\rho_c = I_\perp\rho_c = K_z\rho_c = K_\perp\rho_c = 1/4.$$

In the course of scaling the vertex parts grow and finally diverge simultaneously at $\log(D_0/D) \simeq 3.5$ or $D/D_0 \simeq 0.03$. We interpret this divergence in the same way as in the case of the standard Kondo model. Namely the ground state of the system is the Kondo singlet which is not accessible by perturbation theory with respect to the exchange interactions. In the case of an exchange model with a degenerate CEF ground state, the characteristic energy corresponding to the Kondo temperature has

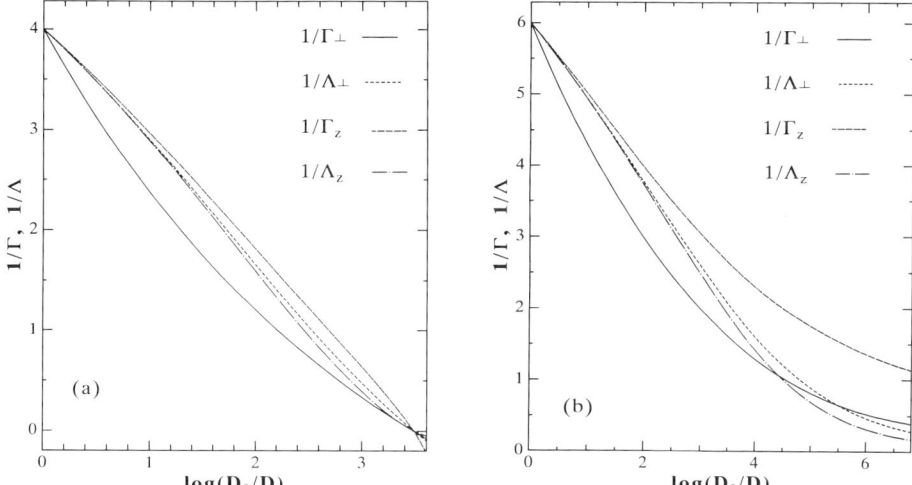

Figure 3. Renormalization of vertex parts against the change of the band cut-off: (a) a case where the vertex parts diverge and the Kondo singlet is realized, (b) another case where the vertex parts tend to saturate to finite values. In this case the singlet CEF ground state is realized with a renormalized CEF splitting.

been obtained as the value of z (< 0) which gives divergence of vertex parts at $D = 0$ [8]. In the present singlet CEF system the number of screening electrons is likely to be 2. Then derivation of the energy scale requires more elaborate procedure [9].

In contrast to the standard Kondo model, there is a finite threshold in the coupling constant for the divergence to occur. For example if we start from smaller coupling constants such as

$$I_z\rho_c = I_\perp\rho_c = K_z\rho_c = K_\perp\rho_c = 1/6,$$

we obtain the results shown in Fig.3(b). In this case the vertex parts grow but tend to saturate to finite values. This means that the ground state of the system is connected continuously with the unperturbed state. The CEF singlet without screening electrons remains the ground state.

RESISTIVITY AND MAGNETIC SUSCEPTIBILITY

The electrical resistivity due to exchange scattering with the singlet CEF ground state has a characteristic dependence on temperature. In terms of the t-matrix $t(\epsilon)$ of conduction electrons the conductivity $\sigma(T)$ at temperature T is given by

$$\sigma(T) = C \int d\epsilon \left(-\frac{\partial f}{\partial \epsilon}\right) \frac{1}{|\text{Im}\, t(\epsilon)|},$$

where C is a constant and f is the Fermi distribution function. Then the resistivity $\rho(T)$ is given by $1/\sigma(T)$. In contrast to the degenerate CEF ground state, the lowest-order scattering of a conduction electron has an activation energy. As a result the exchange scattering becomes exponentially small at temperatures lower than the CEF splitting. This situation is most clearly seen in a simplified treatment of the exchange scattering where only the singlet levels $|a\rangle$ and $|b\rangle$ are kept. In the lowest-order scattering, the initial f state $|a\rangle$ goes to $|b\rangle$ in the final state. The reverse process can also occur with the thermally excited level $|b\rangle$ as the initial state. We use the resolvent method[10] to calculate the t-matrix. In this method one first evaluates diagrams with a loop of f-state lines and the incoming Matsubara frequency $i\epsilon_n$ of a conduction electron. After analytic continuation $i\epsilon_n \to \epsilon + i\delta$ with ϵ real and δ positive infinitesimal we obtain

$$\frac{|\text{Im}\, t(\epsilon)|}{\pi I_z^2 \rho_c} = f(-\Delta_0)[f(-\epsilon+\Delta_0)+f(\epsilon+\Delta_0)] + f(\Delta_0)[f(\epsilon-\Delta_0)+f(-\epsilon-\Delta_0)] \equiv g(\epsilon). \tag{3}$$

We note that $g(\epsilon)$ in eq.(3) tends to 1 in the limit $\Delta_0 \ll T$. Thus the resistivity tends to a constant value as the temperature increases. In the opposite limit of low T, the resistivity is determined by $\text{Im}\, t(\epsilon)$ at $\epsilon = 0$. It is easily checked that $g(\epsilon)$ at $\epsilon = 0$ is $\cosh^{-2}[\Delta_0/(2T)]$. Hence the resistivity becomes exponentially small. Figure 4 shows the numerical result for $\rho(T)/\rho(\infty)$ in the lowest-order theory.

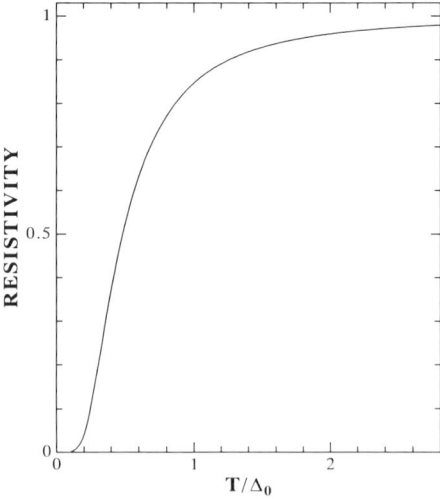

Figure 4. Temperature dependence of the resistivity in the lowest-order theory with the singlet CEF ground state.

Inclusion of leading logarithmic terms in the t-matrix proceeds just as in the case of the Kondo model [11]. Within the logarithmic accuracy we replace the bare coupling constant $I_z \rho_c$ by $\Gamma_z(z = T)$ and obtain

$$\text{Im}\, t(\epsilon) = -\pi |\Gamma_z|^2 \rho_c g(\epsilon),$$

where $g(\epsilon)$ has been defined in eq.(3). If the temperature is much higher than the CEF splitting the vertex part Γ_z depends logarithmically on T as in the case of the Kondo model. On the other hand if the bare coupling constants are below the threshold for the Kondo singlet, the vertex part at $T \ll \Delta_0$ is almost independent of T, and $\rho(T)$ becomes exponentially small as in the case of the lowest-order theory. Thus $\rho(T)$ has a peak at $T \simeq \Delta_0$. This behavior is qualitatively the same as the one found experimentally in URu_2Si_2. We thus suggest a possibility that the decrease of the resistivity below 100 K is *not* due to the lattice effect, but due essentially to the single-site effect with the singlet CEF ground state. This is in striking contrast with the case of Ce heavy fermion systems.

Let us now consider the magnetic susceptibility. In zero-th order the van Vleck susceptibility is given by

$$\chi_{vv} = |\langle b|M_z|a\rangle|^2 \frac{2}{\Delta_0} \tanh\left(\frac{\Delta_0}{2T}\right).$$

At temperatures much higher than Δ_0, $\chi_{vv}(T)$ follows the Curie law. As T decreases $\chi_{vv}(T)$ continues to increase but finally saturates to $2|\langle b|M_z|a\rangle|^2/\Delta_0$. This type of behavior should appear in the singlet CEF system if interactions with conduction electrons and with other f sites are weak. In the presence of the exchange interaction we have seen two possible cases for the ground state: the CEF singlet and the Kondo singlet. If the coupling constants are near the threshold the characteristic energy of the system can be very small. Intuitively one may interpret this small scale as the renormalized CEF splitting $\tilde{\Delta}_0$. If $\tilde{\Delta}_0$ is much smaller than Δ_0 the Curie-type behavior of χ_{vv} should persist down to temperatures much lower than Δ_0.

DISCUSSIONS

Relevance to Experimental Results

We first discuss possible relevance of the results obtained to actual systems, in particular URu_2Si_2 and its dilute counterparts like $U_xTh_{1-x}Ru_2Si_2$. Since the intersite interaction between U ions is neglected in the present treatment, the dilute U system is the best candidate for comparison between theory and experiment. In this connection we mention recent experimental work[12] on $U_xTh_{1-x}Ru_2Si_2$. A remarkable feature found in $U_xTh_{1-x}Ru_2Si_2$ is that the characteristic temperature which corresponds to the peak in the magnetic susceptibility $\chi(T)$ shifts to lower temperatures as x becomes smaller than 0.07. In the case of $x = 0.01$, $\chi(T)$ continues to increase down to 0.01K which is the lowest temperature measured. Correspondingly $\rho(T)$ and the specific heat also indicate the presence of a very small energy scale. We note that $\chi(T)$ in pure URu_2Si_2 has a peak at $T = 55$ K, which we ascribe to the presence of antiferromagnetic intersite interactions. It has been suggested in ref.[12] that the CEF ground state in $U_xTh_{1-x}Ru_2Si_2$ may in fact be a doublet which accompanies the Kondo effect. An alternative possibility is that the effective CEF splitting between the two singlets becomes extremely small by the competition described in this paper. If this is indeed the case one may cross between the Kondo fixed point and the CEF singlet one by applying pressure or by changing the alloying composition.

Comparison with the Two-Impurity Kondo System

The existence of two kinds of singlet in the system is analogous to the two-center Kondo system with antiferromagnetic RKKY interaction. It has been shown that the competition of the single-site Kondo effect and the pair singlet caused by the RKKY interaction can lead to a very small energy scale[14]. The staggered susceptibility and the specific heat coefficient γ become subsequently large. If one neglects charge fluctuation of f electrons the characteristic energy can become zero, and then γ diverges.

In actual systems there should always be the charge fluctuation, and then the f-electron levels of the two-center system undergo splitting into bonding and antibonding levels[15, 17]. As a result at $T = 0$ the two Kondo singlets in the limit of small RKKY interaction change continuously to the pair singlet as the RKKY interaction increases. If the charge fluctuation is small the transient region becomes narrow.

In the present model for the singlet CEF system, the charge fluctuation of f electrons has been neglected. It remains to be seen whether the slight amount of charge fluctuation makes smooth the change from the CEF singlet to the Kondo singlet even at $T = 0$.

Possibility of More Quantitative Theory

In this paper, as the first step to study the competition between the Kondo singlet and the CEF singlet, we have used the poor man's scaling with account of leading logarithmic terms only. For more quantitative study we mention two possible approaches: the numerical renormalization-group (NRG) method[16] and the quantum Monte Carlo (QMC) method[17] which can be combined with the expansion in terms of reciprocal of interacting f-electron sites[18, 19, 20]. The NRG has been successfully applied to the single-impurity and two-center Anderson models[15]. It seems straightforward to apply the NRG method to the present CEF model. The QMC method has also been applied to both models[17]. This method has an advantage of being able to treat finite temperatures.

Recently the QMC has been applied to the infinite dimensional Hubbard model[18, 19, 20]. For infinite dimensional hypercubic lattice the problem is reduced to the effective single-site model in a medium which is to be self-consistently determined. It should be possible to apply the same idea to the lattice of singlet CEF sites plus conduction electrons. Then the intersite interaction may lead to a phase transition between the CEF singlet phase and the Kondo singlet phase both of which are affected by the presence of many f sites.

Weak Antiferromagnetism and the Lattice Anomaly

The origin of weak antiferromagnetism in URu_2Si_2 is a long-standing mystery. In a previous paper[21] we assumed the presence of nesting in the Fermi surface of conduction electrons, and considered that the resultant enhancement of the polarization function plays an important role in stabilizing the small moment. Since the anomaly in the specific heat is large in spite of the tiny moment, it is natural to suspect the presence of a hidden order parameter other than the Néel order. A possible driving force is the cooperative collapse of the CEF splittings by the Kondo effect as the temperature is increased. This interpretation is consistent with the disappearance of a clear dispersive mode, which is due to the singlet-singlet CEF excitation with intersite interactions, above the Néel temperature[22].

Recently similar weak antiferromagnetism has been found[23] in UPd$_3$ which also has the CEF singlet as the ground state. UPd$_3$ undergoes a structural transition at $T_1 = 6.5$ K, and then Néel-like transition at 4.5 K. Dispersive modes have been found below T_1 by neutron scattering[24, 25]. The temperature dependence of the resistivity in UPd$_3$ is characterized by a peak at around 150 K and a Kondo-type behavior above 150 K[4]. Further similarity to URu$_2$Si$_2$ is the sensitivity of the phase transition to impurities. Namely inclusion of Th in place of U suppresses the large peak in specific heat at T_1 drastically[26]. For comparison we note that the analogous peak in URu$_2$Si$_2$ is much suppressed in U$_{1-y}$La$_y$Ru$_2$Si$_2$ [27].

Presence of the large anomaly[28] in the lattice parameter in URu$_2$Si$_2$ suggests a strong coupling to the lattice degrees of freedom. In this connection we notice that tilting of the quadrupole moment associated with each 5f wave function has been argued[25] to be the origin of the weak antiferromagnetism observed in UPd$_3$. It should be interesting to check whether such tilting is also relevant to URu$_2$Si$_2$.

SUMMARY

In summary, we have shown that the single-site f-electron system with a singlet CEF ground state has highly nontrivial physics when the Kondo singlet is competing for the stability. Of particular interest is the emergence of a new energy scale which can be much smaller either than the CEF splitting or the hypothetical Kondo temperature without the CEF splitting. The temperature dependence of the resistivity in URu$_2$Si$_2$ with the Kondo effect is naturally explained by the present theory. We have proposed an interpretation of the unusual temperature dependence of $\rho(T)$, $\chi(T)$ and specific heat in U$_x$Th$_{1-x}$Ru$_2$Si$_2$ in terms of the accidental tuning to the critical region of the competition upon alloying. In order to make the theory more quantitative we have proposed application of the NRG and QMC methods.

I would like to thank N. Sato, T. Komatsubara, F. Steglich and H. Amitsuka for informative discussions on experimental results. This work was supported by a Grant-in-Aid for Scientific Research from the Ministry of Education, Science and Culture of Japan.

REFERENCES

[1] G.J. Nieuwenhuys, Phys. Rev. B**35**, 5260 (1987).

[2] T.T.M. Palstra, A.A. Menovsky, and J.A. Mydosh, Phys. Rev. B**33**, 6527 (1986).

[3] R.A. Steeman et al., J. Phys. Condens. Matter **2**, 4059 (1990).

[4] M.-T. Beal-Monod, D. Davidov and R. Orbach, Phys. Rev. B**14**, 1189 (1976).

[5] C. Geibel et al., Z. Phys. B**83**, 305 (1991).

[6] N. Sato et al., J. Phys. Soc. Jpn. **61**, 32 (1992).

[7] P.W. Anderson, J. Phys. C**3**, 2436 (1970).

[8] K. Yamada, K. Yosida, and K. Hanzawa, Prog. Theor. Phys. **71**, 84 (1984).

[9] T. Saso, Prog. Theor. Phys. Suppl. No.108, 89 (1992).

[10] Y. Kuramoto, Z. Phys. **B53**, 57 (1983).

[11] A.A. Abrikosov, Physics **2**, 5 (1965).

[12] H. Amitsuka *et al.*, to be published in Physica B.

[13] T. Sakakibara *et al.*, to be published in Physica B.

[14] B.A. Jones, C.M. Varma and J.W. Wilkins, Phys. Rev. Lett. **61**, 125 (1988).

[15] O. Sakai, Y. Shimizu and T. Kasuya, J. Phys. Soc. Jpn. **58**, 3666 (1989); Prog. Theor. Phys. Suppl. No.108, 73 (1992).

[16] K.G. Wilson, Rev. Mod. Phys. **47**, 773 (1975).

[17] R.M. Fye and J.E. Hirsch, Phys. Rev. **B40**, 4780 (1989).

[18] M. Jarrel, Phys. Rev. Lett. **69**, 168 (1992).

[19] M.J. Rozenberg, X.Y. Zhang, and G. Kotliar, Phys. Rev. Lett. **69**, 1236 (1992).

[20] A. Georges and W. Krauth, Phys. Rev. Lett. **69**, 1240 (1992).

[21] Y. Kuramoto and K. Miyake, Prog. Theor. Phys. Suppl. No.108, 199 (1992).

[22] C. Broholm *et al.*, Phys. Rev. **B43**, 12809 (1991).

[23] U. Steigenberger *et al.*, J. Magn. & Magn. Mater. **108**, 163 (1992).

[24] W.J.L. Buyers *et al.*, Physica **102B+C**, 291 (1980).

[25] K.A. McEwen, U. Steigenberger, and J.L. Martinez, to be published in Physica B.

[26] K. Andres *et al.*, Solid State Commun. **28**, 405 (1978).

[27] H. Amitsuka *et al.*, J. Magn. & Magn. Mater. **104-107**, 60 (1992).

[28] A. de Visser *et al.*, Phys. Rev. **B34**, 8168 (1986).

THE GROUND STATE OF THE ONE DIMENSIONAL KONDO LATTICE MODEL

M. Sigrist[a,b], H. Tsunetsugu[a,c], K. Ueda[b],
Y. Hatsugai[d], and T.M.Rice[a]

a) Theoretische Physik, ETH-Hönggerberg, 8093 Zürich, Switzerland
b) Paul Scherrer Institut, 5232 Villigen PSI, Switzerland
c) Interdisziplinäres Projektzentrum für Supercomputing
   ETH-Zentrum, 8092 Zürich, Switzerland
d) Institute for Solid State Physics, University of Tokyo 106, Japan

INTRODUCTION

The rich variety of phenomena observed in the class of heavy fermion materials has attracted attention from experimental and theoretical side. It is believed that the generic features of these materials can be understood from the subtle interaction between localized f-orbitals forming local magnetic moments and extended conduction electron orbitals. The typical theoretical models to describe this are the periodic Anderson model (PAM) and the Kondo lattice model (KLM).[1] In spite of big efforts in theoretical study it is still an open question whether these models contain the right ingredients to account for all the essential properties of the heavy fermion systems, the transport properties as well as the ordered phases, like antiferromagnetism or exotic superconductivity.[2]

Our study concentrates on the ground state of the KLM. This model is given by the following Hamiltonian

$$\mathcal{H}_{KLM} = -t \sum_{i,j} \sum_s c_{is}^\dagger c_{js} - J \sum_i \mathbf{S}_i \cdot \left(\sum_{s,s'} c_{is}^\dagger \frac{\sigma_{ss'}}{2} c_{is'} \right) \tag{1}$$

The conduction electrons denoted by the operators $c_{is}^{(\dagger)}$ move via nearest neighbor hopping with a matrix element $-t$ and have a local exchange interaction with the localized spin S_i on each site. No exact solutions are known for this model in the sense as one obtains by Bethe ansatz for the 1D Hubbard model or the single impurity Kondo model. Furthermore, the fact, that the Hilbert space of the KLM is considerably larger than, for example, that of the Hubbard model, makes numerical investigations more difficult.

On the other hand, a few exact results are known for some limiting cases of the KLM, which provide a good test for approximate treatments. Let us here briefly review two results which are valid in any spatial dimension. The first is concerning the ground state of the KLM for very small conduction electron concentrations. Restricting on the case of just one electron in a finite lattice (L lattice sites) with periodic boundary conditions, it is found that the ground state is ferromagnetic for all finite values of $J < 0$. with a total spin quantum number $S_{tot} = (L-1)/2$. The ground state whose wave function is obtained exactly, is characterized by the formation of a spin polaron dressing the conduction electron.[3]

The second case is the KLM with a half-filled conduction band. It can be shown rigorously that the ground state of the symmetric PAM is a total spin singlet in the case of half filling for any choice of the parameters in the model.[4] This result can be transferred partially to the KLM in its weak coupling limit as this represents an effective model for the strong coupling PAM. On the other side, the infinite coupling KLM ($J = -\infty$) is trivially a spin singlet since each site is occupied by one conduction electron locked into an on site spin singlet pair with the localized spin. In some range of the coupling constant J the ground state has probably antiferromagnetic long range order, at least for three dimensions. However, it has not been possible to give a proof for this yet.

In this paper we would like to review our recent work on the 1D KLM in order to clarify at least partially the phase diagram for the ground states. Our main attention is devoted to the strong coupling limit. Since this fix point is rather easy to understand it is a useful starting point for the perturbative study of the 1D KLM. It provides also the starting point for the understanding of the phase diagram of this system.

EFFECTIVE STRONG COUPLING MODEL

In the strong coupling limit the low energy states are contained in a very restricted Hilbert space. All electrons form onsite singlet pairs (OSSP) with the localized spins. For concentrations less than half filling the charge transfer in the KLM Hamiltonian leads to the motion of the OSSP with the nearest neighbor hopping matrix element $-t^* = -t/2$ accompanied by a spin back flow, exactly like the hole motion in the $U = \infty$ Hubbard model. The breaking of an OSSP is connected with an energy cost of the order $|J|$. In the restricted Hilbert space consisting of configurations which contain only OSSPs and unpaired localized spins, these high energy states can be included via virtual process leading in the lowest non-trivial order to an new Hamiltonian of the strong coupling limit. In one dimension it has the form

$$\tilde{\mathcal{H}} = \mathcal{H}_1 + \mathcal{H}_2 + \mathcal{H}_3 + \mathcal{H}_4 + \mathcal{H}_5 \qquad (2)$$

with

$$\mathcal{H}_1 = -\frac{t}{2}\sum_{i,s}(f^\dagger_{i+1,s}f_{is} + h.c.) + \frac{3J}{4}\sum_i(1-n_i)$$

$$\mathcal{H}_2 = -\frac{t^2}{2J}\sum_{i,s}(f^\dagger_{i+1,s}n_i f_{i-1,s} + h.c.)$$

$$\mathcal{H}_3 = \frac{t^2}{4J}\sum_{i,s,s'}(f^\dagger_{i+1,s'}f^\dagger_{is}f_{is'}f_{i-1,s} + h.c.)$$

$$\mathcal{H}_4 = -\frac{t^2}{2J}\sum_{i,s}(f^\dagger_{i+1,s}(1-n_i)f_{i-1,s} + h.c.)$$

$$\mathcal{H}_5 = -\frac{5t^2}{6J}\sum_i n_{i+1}n_i + \frac{t^2}{6J}\sum_i(n_i + 4)$$

We introduced here hard core Fermi operators $f^{(\dagger)}_{is}$ for the unpaired localized spins considering the OSSP as holes, so that the Hamiltonian is expressed entirely in an f-electron basis ($n_i = \sum_s f^\dagger_{is}f_{is}$).

In the case of infinite J this 1D system exhibits a complete spin degeneracy like the 1D $U = \infty$ Hubbard model. Thus the charge and spin degrees of freedom are separated so that the charge is described by the picture of non interacting spinless fermions with a wave function given by a Slater determinant. The complete wave function can therefore be written in product form:
$|\Psi\rangle = \sum_{\{r_i\}}\sum_{\{s_i\}} \phi_c(r_1, ..., r_N)\phi_s(s_1, ..., s_N)|r_1, ..., r_n\rangle \otimes |s_1, ..., s_N\rangle$ where N is the number of f-electrons ($L - N$ is the number of conduction electrons in the KLM).

How is the spin degeneracy lifted when J is turned to finite values? This question can be answered by the lowest order perturbation theory in $|t/J|$ for the degenerate ground state of $\mathcal{H}_0$. The only process which connects different spin configurations is contained in $\mathcal{H}_2$ which denotes assisted next nearest neighbor hopping. All other terms of the Hamiltonian describe hopping processes or interactions which do not change the spin sequence. Thus, considering the Hamiltonian matrix of the degenerate ground state the spin space basis $\{|s_1, ..., s_N\rangle\}$, $\langle s'_1, ..., s'_N|\mathcal{H}_2|s_1, ..., s_N\rangle$, it is easy to prove that the lowest eigenvalue belongs to the state which is fully spin polarized, $S_{tot} = N/2$ [5]. This result is valid for all f-electron numbers N, except $N = L$ which corresponds to the KLM without conduction electrons. Especially, for the half-filled KLM, $N = 0$ the singlet ground state is recovered trivially.

ELEMENTARY EXCITATIONS IN THE STRONG COUPLING LIMIT

The elementary excitations of the effective model in Eq.(2) are given essentially by the collective modes of the symmetry broken state, the spin waves, and the particle-hole excitations. The former can easily be described by deriving a spin Hamiltonian describing the spin degrees of freedom effectively on a squeezed spin chain (L sites $\rightarrow$ N sites).

$$\mathcal{H}_{spin} = \sum_{i=1}^{N} J_{eff} \mathbf{S}_{i+1} \cdot \mathbf{S}_i \qquad (3)$$

with $J_{eff}(\rho) = (t^2/\pi J)[(2/\pi\rho)\sin^2(\pi\rho) - \sin(2\pi\rho)]$ ($J_{eff} \leq 0$ for all $\rho = N/L$). This leads to the textbook spin wave spectrum $\omega_q = J_{eff}(1 - \cos q)$, $q = 2\pi m/N$. In the thermodynamic limit the momentum q of the spin wave on the squeezed chain is related to the momentum $\tilde{q}$ of the complete system by $\tilde{q} = \rho q$ [5].

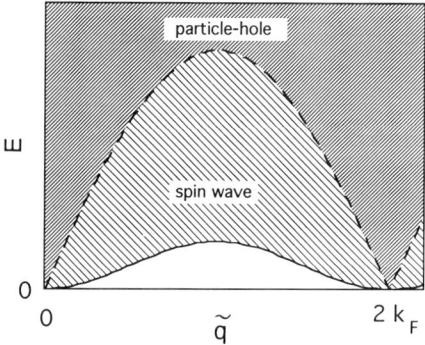

Figure 1. Spectrum of elementary excitations. The full line is the one magnon excitation and the dashed line is the particle-hole excitation. The shaded areas denote the excitation continuum for both types of excitations.

The particle-hole excitations are essentially those of spinless fermions. This picture is justified because in the ground state all f-electrons are spin polarized yielding this behavior even for finite values $|t/J|$ where the separation of spin and charge is not allowed anymore in a strict sense.

In Fig.1 the spectrum of both excitations is shown. Both are gapless at $\tilde{q} = 0$ and $2k'_F$, where k'_F is the Fermi momentum for the f-electrons). [1] The shaded areas in Fig.1

---
[1] Note, that $2k'_F$ corresponds to $4k_F$ with k_F the Fermi momentum for the conduction electrons.

denote the excitation continua. Since the energy scale of the two types of excitations is different by a factor $|t/J|$, the two spectra do not intersect so that there is no damping of the single magnon modes through particle-hole excitations in this 1D system. This is different for ferromagnetic states in higher dimensions (see for example Ref.6).

THE HALF-FILLED 1D KLM

Let us now briefly turn to the case of the half-filled 1D KLM. From our previous description it is clear that this system has an excitation gap in the strong coupling limit. The lowest excitation of the singlet ground state is produced by breaking one OSSP and transforming it into a triplet at the energy cost of $|J|$. In a numerical study we have investigated the evolution of this gap as we turn the exchange coupling towards

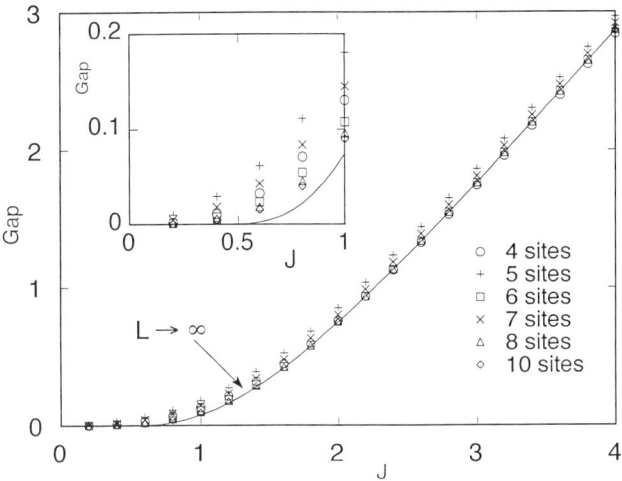

Figure 2. Spin excitation gap of the half-filled 1D Kondo lattice. The numerical results for systems from 4 to 10 sites are given. The line in the figure denotes the finite size extrapolation for the spin gap.

the weak coupling limit.[7] In Fig.2 the excitation gap as a function of J is shown for various system sizes. A careful finite size analysis is necessary to extract a meaningful result from this numerical data in the weak coupling region. The comparison of the numerical result with a mean field BCS-like description leads to a clear scaling for all computationally accessible finite J-values. This scaling allows to conclude that the gap is finite for all $J < 0$. Furthermore, it is found from this scaling that the functional dependence of the gap has an essential singularity at $J = 0$ of the form $G(J) \propto \exp(-1/bN(0)|J|)$ ($N(0)$: the density of states at the Fermi level of the conduction electrons). A comparison with the energy scale of the single impurity Kondo problem given by the Kondo temperature, $T_K \propto \exp(-1/N(0)|J|)$ shows that there is a slight lattice enhancement found in the KLM, $1 \leq b \leq 5/4$. The lowest

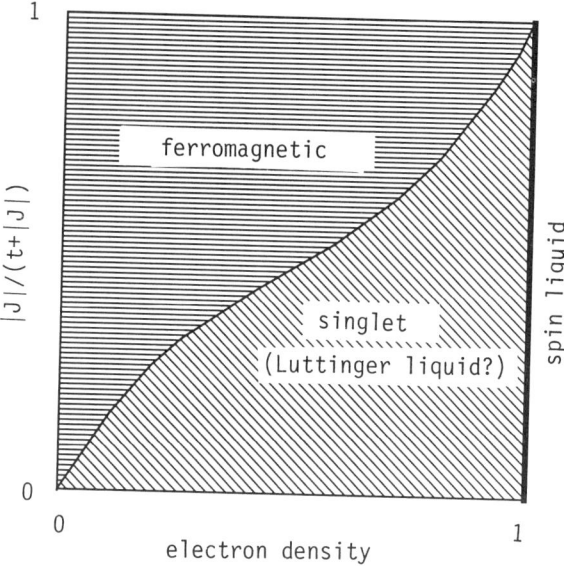

Figure 3. Schematic phase diagram of the 1D KLM, electron density versus coupling constant. The emphasized line at half-filling denotes the spin liquid ground state.

spin excitation (singlet → triplet) is lower than the charge excitations for all finite J. Consequently, the 1D KLM is an *incompressible spin liquid* at half filling.[7] There is no indication of a transition to a ground state with antiferromagnetic quasi long range order which would give rise to gapless spin excitations.

PHASE DIAGRAM

For the construction of a phase diagram of the 1D KLM we can rely now on several rigorous results for limiting cases. One important limit, however, is still missing, the weak coupling limit. At present it is not clear how the lift of the spin degeneracy at $J = 0$ can be described in one dimension. The concept of an effective RKKY-interaction among the localized spins is not applicable in one dimension. The reason is that this interaction produces a logarithmic singularity for the $2k_F$-spin correlation which leads to the unphysical result that the ground state energy had no lower bound. This means that for one dimension, opposite to higher dimensions, the Fermi sea of conduction electrons and the localized spins cannot be treated in a separate way as soon as J is finite. The system may show Luttinger liquid behavior for all fillings away from half-filling in the weak coupling regime. Results from numerical diagonalization of finite systems show that the spin correlation in the ground state are strongly peaked at $2k_F$ which distinguishes this phase clearly from the ferromagnetic phase in the strong coupling regime. This phase might have a strong spiral spin correlation with $Q = 2k_F$ as suggested by Fazekas and Müller-Hartmann.[8]

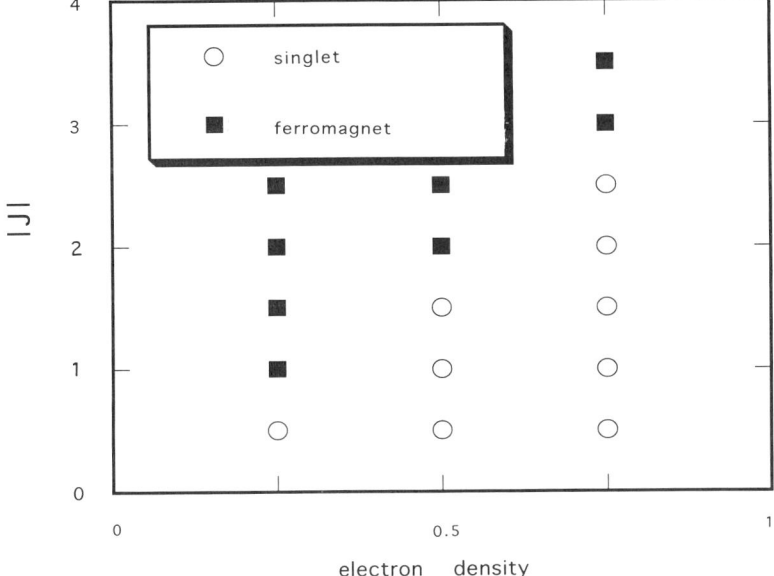

Figure 4. Phase diagram obtained from numerical diagonalization of the 8 sites Kondo lattice model.

On this basis the schematic phase diagram shown in Fig.3 may be appropriate for the 1D KLM. It shows a wide region of ferromagnetism in the low conduction electron density and the strong coupling region. This is in contrast to phase diagrams found on the basis of mean field and variational calculations.[8] Especially the "Kondo singlet" phase usually suggested for the strong exchange coupling exists only for half-filling in the 1D KLM. This schematic phase diagram is supported by numerical calculations on finite systems, exact diagonalization (Fig.4) and Quantum Monte Carlo studies [9] of a finite Kondo chain. However, in these calculations the exact location of the phase boundary lines is difficult because of various finite size effects. From these results it is also not clear whether the transition between these two phases is continuous or not.

FINAL REMARKS

We have studied the KLM in one dimension starting from the strong coupling limit and found that the ground state is ferromagnetic (spin polarized) in this regime for all conduction band fillings away from half-filling (by particle-hole symmetry also for band fillings larger than half-filled). This result supports the idea that the ferromagnetism established for only one electron in a finite system would be possibly stable for a small but finite electron concentration in the thermodynamic limit of the higher dimensional KLM.[6] However, in higher dimensions the infinite coupling regime yields for most fillings a singlet ground state (equivalent to the $U = \infty$ Hubbard model). The extension of the Nagaoka ferromagnetism - this is related here to the low conduction electron concentration limit of the $J = -\infty$ KLM - in the thermodynamic limit is still a matter of intense investigation.

Acknowledgment

We are grateful to the Swiss National Science Foundation and the Ministry of Education, Science and Culture of Japan (monbusho) for financial support of our studies.

References

1. P.A. Lee, T.M. Rice, J.W. Serene, L.J. Sham, and J.W. Wilkins, Comments Cond. Mat. Phys. **12**, 99 (1986).

2. For an experimental review see H.R. Ott, Helv. Phys. Acta **60**, 62 (1987).

3. M. Sigrist, H. Tsunetsugu, and K. Ueda, Phys.Rev.Lett. **67**, 2211 (1991).

4. K. Ueda, H. Tsunetsugu, and M. Sigrist, Phys.Rev.Lett. **68**, 1030 (1992).

5. M. Sigrist, H. Tsunetsugu, K. Ueda, and T.M. Rice, preprint.

6. M. Sigrist, K. Ueda, and H. Tsunetsugu, Phys. Rev. **B46**, 175 (1992).

7. H. Tsunetsugu, Y. Hatsugai, K. Ueda, and M. Sigrist, Phys. Rev. **B46**, 3175 (1992).

8. P. Fazekas, and E. Müller-Hartmann, Z. Phys. B- Condensed Matter **85**, 285 (1991).

9. M. Troyer, and D. Würtz, preprint.

ANISOTROPIC TRANSPORT PROPERTIES OF CERIUM KONDO COMPOUNDS

A.K. Bhattacharjee[1], B. Coqblin[1], S.M.M. Evans[2], C. Ayache[3], P. Haen[4] and F. Lapierre[4]

[1]Laboratoire de Physique des Solides, Bât. 510, Université Paris-Sud, 91405 Orsay, France
[2]Department of Mathematics, Imperial College, 180 Queens Gate, London SW7 2BZ, U.K.
[3]DRFMC, C.E.N.G., BP 85 X, 38041 Grenoble-Cédex, France
[4]CRTBT, C.N.R.S., BP 166, 38042 Grenoble-Cédex 9, France

A theoretical calculation of the anisotropy in the transport properties of cerium Kondo compounds is presented. It uses the third-order perturbation treatment of the Coqblin-Schrieffer hamiltonian at high temperatures (for temperatures T larger than T_K) and the slave-boson technique for the Anderson lattice hamiltonian at low temperatures (T smaller than T_K). It is shown that this model accounts for the main features of the anisotropic transport properties of single crystals of Ce Kondo compounds actually available. However the need for more experiments is emphasized.

1. INTRODUCTION

Anomalous cerium compounds have been extensively studied from both an experimental and theoretical point of view since more than two decades, i.e. since the date when a theoretical computation for the so-called "high temperature" (HT) regime of the resistivity (ρ) of Ce Kondo lattice compounds was first reported.[1] The same technique, i.e. third order perturbation calculation (for T higher than the Kondo Temperature T_K) with the Coqblin-Schrieffer hamiltonian including crystal field effects, was successively applied to the thermoelectric power[2] (S) and to the thermal conductivity[3] (K). Other developments have been made during the same period,[4,5] but in each of them only the transport properties of polycrystalline compounds were considered. This was because at this time, almost no data on transport properties of anisotropic single crystals were reported. This was particularly true for intermetallic compounds, single crystals of which are quite difficult to grow.

Transport and Thermal Properties of f-Electron Systems
Edited by G. Oomi *et al.*, Plenum Press, New York, 1993

A real need and a great incitation to perform further theoretical work were raised only a few years ago with the first reports of anisotropies in the transport properties of some Ce Kondo compounds such as the orthorhombic compound $CeCu_6$,[6,7] or the tetragonal compound $CePt_2Si_2$.[8] For the latter, a complete study of the anisotropy of the three transport properties ρ, K and S in the HT regime has been performed. The experimental data have been accounted for within a theoretical model that extended the method of refs.1-3 by introducing an anisotropic relaxation time. Similar calculations[9] also lead to a reasonable agreement with the experimental HT anisotropy of ρ and S in $CeCu_6$, in particular the three positive maxima occuring[7] in S around 50 K. An anisotropic behaviour is also observed in the "low temperature" (LT) Fermi liquid regime of the resistivity of heavy fermion compounds, i.e. in both the AT^2 and the BT terms, as well as in the residual resistivity, $ρ_0$. Experimental values for these parameters have been reported for $CeCu_6$ [6,7] and, more recently, for the tetragonal compound $CeRu_2Si_2$.[10] The anisotropy of $ρ_0$ and of the A coefficients has been calculated[11] using the slave boson technique on the periodic Anderson hamiltonian and compared to the experimental values. The anisotropy of the magnetic susceptibility and of the relaxation time T_1 has been also theoretically studied[12,13] by the latter approach and applied to recent results on cerium Kondo compounds such as $CeCu_6$ or $CeRu_2Si_2$.

We shall present here only the key points of the theoretical calculations of ref. 11. Then, we shall compare the predictions with some experimental results, limiting ourselves to the resistivity. For this pupose, a short review of available data concerning the anisotropy of ρ will be made and discussed.

2. THEORETICAL MODEL

2.1 "High temperature" regime $(T > T_K)$

The model we present here is based on a third-order perturbation theory calculation on the Coqblin-Schrieffer hamiltonian including crystal-field effects, like those previously performed for of ρ,[1] S,[2] and K,[3] for polycrystals. In the latter, the relaxation time of a conduction electron was approximated by an isotropic average over the different $\vec{k}$ directions of the conduction electrons. On the contrary, in the case of single crystals, we compute the transport properties along the principal axes i and we must calculate the relaxation time $τ_{\vec{k}σ}$ for a conduction electron plane wave of wavevector $\vec{k}$ and spin σ, which turns out to be highly anisotropic.

The electrical resistivity ρ is given by :

$$\frac{1}{ρ} = e^2 K_o , \qquad (1)$$

the thermoelectric power by :

$$S = \frac{K_1}{eTK_o} , \qquad (2)$$

and the thermal conductivity κ by :

$$κ = \frac{1}{T}\left[K_2 - \frac{(K_1)^2}{K_o} \right]. \qquad (3)$$

In the case of a single crystal, the integrals K_n (written in the following K_n^i for each direction i) are given by :

$$K_n^i = \frac{1}{8\pi^3} \int \left(\frac{\partial \varepsilon_k}{\hbar \partial k_i}\right)^2 \left(-\frac{\partial f_k}{\partial \varepsilon_k}\right) \varepsilon_k^n (\tau_{\vec{k}\uparrow} + \tau_{\vec{k}\downarrow}) \, dk \tag{4}$$

ε_k is the conduction-electron energy and f_k the Fermi-Dirac distribution. The relaxation time $\tau_{k\sigma}$ is given here by :

$$\frac{1}{\tau_{k\sigma}} = \sum_\mu |\langle \vec{k}\sigma | k\mu \rangle|^2 \frac{1}{\tau_{k\mu}}, \tag{5}$$

as a function of the partial wave relaxation time $\tau_{k\mu}$, where the partial wave $|k\mu\rangle$ corresponds to one of the eigenfunctions in presence of crystalline-field effects. The partial wave relaxation times $\tau_{k\mu}$ are computed by the usual third-order perturbation theory and are given by the equations (8), (9) and (10) of ref. 11.

In general, the partial wave function $|k\mu\rangle$ (or the corresponding 4f eigenfunction $|\mu\rangle$ in the presence of crystal-field effects) is a linear combination :

$$|k\mu\rangle = \sum_M a_{M\mu} |kM\rangle, \tag{6}$$

of the elementary wavefunctions $|kM\rangle$ with $M = \pm 1/2, \pm 3/2, \pm 5/2$ in the case of cerium compounds and with $M = \pm 1/2, \pm 3/2, \pm 5/2, \pm 7/2$ in the case of ytterbium compounds. Then we insert (6) in the expression (5) and the weight of the partial wave $|kM\rangle$ inside the plane wave $|k\sigma\rangle$ is given by (with $\sigma = \pm 1/2$) :

$$|\langle \vec{k}\sigma | kM \rangle|^2 = 4\pi \left(\frac{7 - 4\sigma M}{14}\right) |Y_3^{M-\sigma}(\Omega_k)|^2 . \tag{7}$$

The key point of the model yielding anisotropy in the transport properties is the $\vec{k}$-dependence of the relaxation time $\tau_{\vec{k}\sigma}$, because the angular integration over Ω_k in (4) gives different results for the different directions. Integration of the products of spherical harmonics leads to three values of the integrals K_n^x, K_n^y and K_n^z. We then proceed, as usual, for the calculation of the transport properties by using the third-order perturbation approximation for the inversion of the relaxation times.

Then, the electrical resistivity ρ_i, the thermoelectric power S_i and the thermal conductivity K_i along the i-direction have been computed for cerium or ytterbium compounds and we do not present here the detailed formulae which are given by the equations (13)-(19) of ref. 11. Let us remark that the anisotropy disappears in cubic crystals and that the basal plane anisotropy disappears in hexagonal or tetragonal crystal structures.

2.2 "Low temperature" regime ($T < T_K$)

By low temperature regime we understand the temperatures below T_K, where Ce Kondo compounds are characterized by a Fermi liquid behaviour. The calculation as reported in ref. 11, starts from the Anderson lattice hamiltonian in the Kondo limit and in the $U \to \infty$ and large spin-orbit coupling limit, yielding $N = (2j+1)$ 4f states with different $M = j_z$ values. Then, we include crystalline field effects for non cubic cerium Kondo compounds, thus splitting the 4f level into three doublets of energy E_μ. The hybridization matrix element between a 4f wavefunction of M value on site i and a plane wave of wavevector $\vec{k}$ and spin σ equal to :

$$V_{M\sigma}(\vec{k}) = V \langle \vec{k}\sigma | kM \rangle, \tag{8}$$

where V is a constant and $\langle \vec{k}\sigma | kM \rangle$ is given by the equation (7).

Then we use the "slave boson" technique which consists in rewriting the hybridization term in the $U \to \infty$ limit, in order to avoid double occupancy for 4f electrons. In the "mean field" approximation, we obtain renormalized parameters for the hybridization and the different energies of the three doublets split by the crystalline field effect. Then, we include fluctuations to go beyond the mean field solution, in order to compute the self-energy and consequently the transport properties.

In the low temperatures ($T < T_K$) Fermi liquid regime, we get a T^2 dependence of the resistivity, but different coefficients along the different principal directions. The reason of this anisotropy lies here, as in high temperature treatment, in the $\vec{k}$-dependence of the hybridization term as resulting from the $\ell = 3$ spherical harmonic entering the formulae (7) and (8).

These calculations have been extended in several directions. First of all, it is well known that the residual resistivity ρ_o is large in cerium Kondo compounds and we need to introduce the effect of disorder to account for it. In a first step, we take an isotropic and temperature independent scattering rate $1/\tau_i$ resulting from disorder purely on the conduction electron sites. Including such an effect yields a smaller anisotropy of the resistivity. But moreover, as has been noted experimentally[14] the coefficient A of the T^2 law and ρ_o might be not independent from each other, which suggests a temperature dependent impurity scattering. Thus, in a second step, we include f electron disorder in which ρ_o can be thought as arising from Kondo hole scattering.[15]

The thermoelectric power computed within the same model, is linear in temperature at low temperatures in the case of a pure lattice, while in the case where impurity scattering is important, S behaves as T^3; the anisotropy of this T^3 term is approximately the same as that for the T^2 term in the resistivity. Finally, the thermal conductivity diverges as $1/T$ for a pure lattice; the addition of impurities suppresses the divergence and instead κ goes to 0 linearly with decreasing temperature, but there is no longer any anisotropy in this case.

3. EXPERIMENTAL REVIEW AND COMPARISION WITH THE MODEL

There are not many available data on the anisotropy of transport properties on Ce Kondo single crystals, even in the "high temperature" domain. The three anisotropic transport properties ρ, S and K were studied in both the HT and LT regimes[6,7,16] only for the case of the orthorhombic compound $CeCu_6$. As mentioned before, the studies[8] performed on the tetragonal compound $CePt_2Si_2$ were principally devoted to the HT domain, although preliminary measurements of ρ down to 80 mK have been also reported.[17] However, only few compounds crystallize in the same non-symmetric $CaBe_2Ge_2$-type structure as $CePt_2Si_2$ (let us mention some resitsivity measurements performed[18] on $CeNi_2Sn_2$). Thus, one could expect to find more data for compounds which crystallize in the symmetric tetragonal $ThCr_2Si_2$-type structure. Except for a study[19] of the anisotropy of S in $CeRu_2Si_2$, most of the works reported for such compounds concern the anisotropy of ρ. We have already mentioned a study[10] performed down to 20 mK on $CeRu_2Si_2$, while other measurements have been recently reported.[20] In the other cases, the anisotropy of ρ has been measured only in the HT domain. Measurements on $CeCu_2Si_2$ were reported in several papers.[21-24] One of them[21] deals also whith $CeNi_2Ge_2$ while interesting data have been reported[25] for $CePd_2Si_2$. Works on compounds with other crytallographic structure can be mentioned, such as the recent ones[26,27] performed on $CeAl_3$ in the entire range of temperature and the HT measurements performed on $CeSi_x$ compounds[28] and on compounds of the Ce-Sn system.[29] In the following paragraphs, we will reproduce and discuss some of the above results, limiting ourselves to the electrical resitivity anisotropy.

3.1 "High temperature" domain

As mentioned in introduction, the preceding model has been successfully applied to the three anisotropic transport properties of $CePt_2Si_2$ and to the electrical resistivity and the thermoelectric power of $CeCu_6$ in the HT domain. These results have been discussed in ref. 8 for $CePt_2Si_2$ and ref. 9 for $CeCu_6$.

Let us however emphasize some points concerning the resistivity anisotropy in $CePt_2Si_2$. Figure 1 represents the experimental results down to 80 mK of ref. 17 and the calculated curves for the HT regime, showing good agreement between the model and experiment in this temperature range. However, the experimental curves should be corrected for the respective phonon contributions, in order to deal only with the Ce contributions. Since there are no data for a reference compound such as $LaPt_2Si_2$ available yet, we have estimated the Ce contributions $\Delta\rho//c$ and $\Delta\rho//a$ by subtracting the resistivity of a $LaRu_2Si_2$ polycrystal[30], which is plotted in fig. 1 (although the crystallographic structures are not the same). The latter, assumed to be isotropic, shows a reasonable value of 30 $\mu\Omega$cm at room temperature and a linear decrease down to about 100 K. Fig. 2 represents the resulting experimental anisotropy ratio $\Delta\rho_{//}/\Delta\rho_\perp$, i.e. $(\Delta\rho//c)/(\Delta\rho//a)$ together with the anisotropy (ρ_z/ρ_{xy}) calculated by the model. The general features of the two curves are the same, i.e. an increase of the anisotropy as T decreases, especially below about 100 K (the minimum at high T in the experimental curve can be an artefact due to the subtraction of the non-magnetic reference).

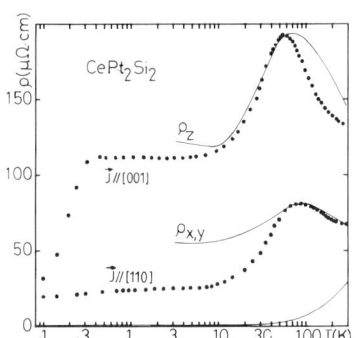
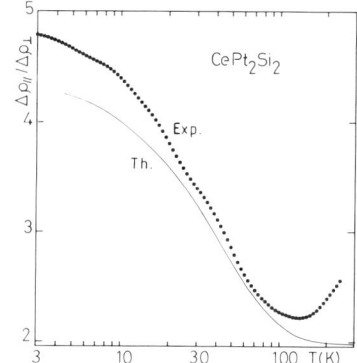

Figure 1. (Left frame): Variation of the experimental resistivity for i//a and i//c (after ref. 17) and calculated curves for the HT regime in $CePt_2Si_2$, as a function of logT. Continuous line at right bottom represents the expected phonon contribution (see text).

Figure 2. (Right frame): Variation of the anisotropy ratio $\Delta\rho_{//}/\Delta\rho_\perp$ as derived from the experimental curves of fig. 1 after subtraction of the phonon contribution and the theoretical anisotropy curve (full curve).

An important feature observed in fig. 1 is the decrease of $\rho//c$ below ≈ 0.4 K, from a quite high value of ≈ 100 $\mu\Omega$cm to a residual one of the same order as $\rho//a$ (≈ 20 $\mu\Omega$cm). As a consequence, the experimental anisotropy is expected to decrease below this temperature. Notice that this decrease is not well understood yet and will be further studied. Besides, the residual values are quite high for both $\rho//c$ and $\rho//a$, which is not so surprising, since $CePt_2Si_2$ crystallizes in the non-symmetric $CaBe_2Ge_2$ structure, in which site inversions can easily occur.

The data recently reported[18] for the compound $CeNi_2Sn_2$ show also $\rho//c > \rho//a$, in agreement with the classification reported in ref. 31. It would be interesting to check also the model on these data.

Let us consider now the tetragonal compounds which crystallize in the symmetric $ThCr_2Si_2$ structure. In the case of $CeRu_2Si_2$, an anisotropy $\rho//c < \rho//a$ is observed, at least at room temperature, also in agreement with the classification reported in ref. 31. Fig. 3 represents the variations of the Ce contributions $\Delta\rho//c$ and $\Delta\rho//a$ in this compound, as reported by two of us in ref 10. For the HT regime, similar variations can be deduced from the data of ref. 20, in spite of small differences in the absolute values of ρ at room temperature, and of the fact that the resistivity of $LaRu_2Si_2$ is reported as slightly anisotropic in ref. 10 ($\rho//c < \rho//a$) while it is not in ref. 20. These small differences, as well as the introduction of uncertainties in the absolute values of ρ do not greatly affect the general variation of the anisotropy ratio $\Delta\rho_{//}/\Delta\rho_\perp$ which is plotted in fig. 4. The main feature of this ratio is a maximum around 14 K, which might be related to T_K and/or to the onset of coherence.

In the case of $CePd_2Si_2$, actually reported data[25] show $\rho//a$ about three times larger than $\rho//c$ down to 4.2 K, i.e. even below the ordering temperature $T_N = 8.5$ K. In fig. 5, we have plotted the HT part (T > 10 K) of these results vs. logT. Since no data for a reference compound (such as $LaPd_2Si_2$) were reported, we have calculated the Ce contributions, $\Delta\rho$, by assuming simply reference resitivity variations identical to those reported[10] for $LaRu_2Si_2$. The $\Delta\rho$ curves are plotted also in fig. 5. They are typical for a Kondo lattice compound with a crystal field shoulder separating two lnT variations. The resulting "experimental" anisotropy is plotted in fig. 6, down to 30 K. It shows a shallow maximum around 80-100 K, i.e. in the vicinity of the crystal field structure. However, the total variation is small. More precise measurements are needed to estimate the anisotropy of ρ below 30 K in this compound, especially below T_N and down to the residual value.

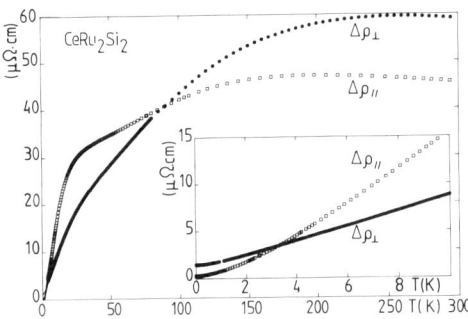
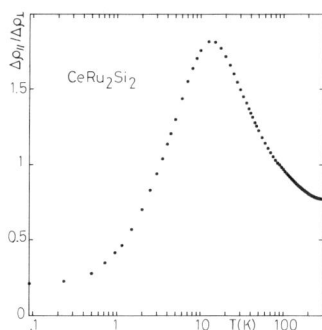

Figure 3. (Left frame) : Temperature dependence of the Ce contributions $\Delta\rho//c$ and $\Delta\rho\perp c$ to the resistivity of $CeRu_2Si_2$, after subtraction of the respective resistivities $\rho//c$ and $\rho\perp c$ of $LaRu_2Si_2$ (after ref. 10).

Figure 4. (Right frame) : Variation of the anisotropy $\Delta\rho_{//}/\Delta\rho_\perp$ vs. logT in $CeRu_2Si_2$.

Although several measurements on $CeCu_2Si_2$ have been reported,[21-24] it is not possible to determine precisely the thermal variation of the anisotropy of ρ in this compound. Quite large anisotropies ($\rho//c < \rho//a$) have been first reported[21] for a non-superconducting crystal. In another study,[22] large differences in absolute values are reported for crystals grown by the Czochralski method, but issued from different batches. In the two other reports,[23,24] $\rho//c$ and $\rho//a$ are normalized to the same value at ambiant temperature. One can simply observe in these data the occurence of an anisotropy below about 200 K, which increases on cooling, at least in the HT regime.

For a long time, only polycrystals of the hexagonal compound CeAl$_3$ could be prepared, since this compound is formed in a peritectoidal reaction. But some years ago, small single crystals were extracted from large polycrystals and their resistivity anisotropy measured.[26] Very recently, new measurements have been reported.[27] In the HT domain, $\rho//c < \rho\perp c$ is observed. We have subtracted from the latest $\rho//c$ and $\rho\perp c$ results[27] the resistivity of LaAl$_3$ reported in ref. 32. This lead to the differences $\Delta\rho_{//}$ and $\Delta\rho_\perp$ and to their ratio $\Delta\rho_{//}/\Delta\rho_\perp$

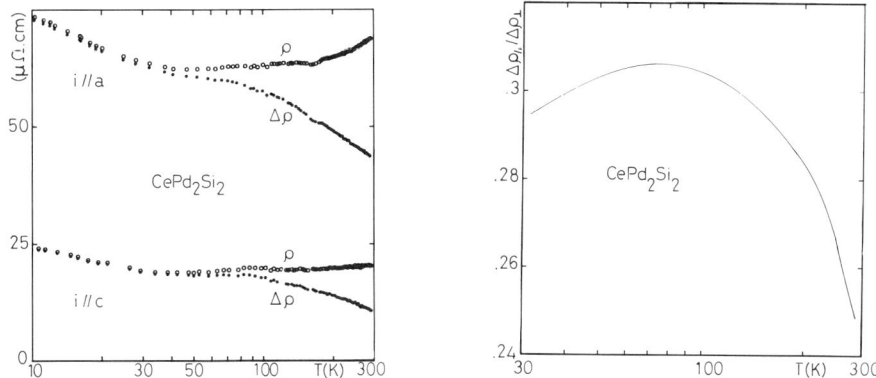

Figure 5. (Left frame) : Variation vs. logT of $\rho//c$ and $\rho\perp c$ of CePd$_2$Si$_2$ (after ref. 25) and of the expected Ce contributions $\Delta\rho//c$ and $\Delta\rho\perp c$, obtained after subtraction of phonon contributions evaluated from LaRu$_2$Si$_2$.[10]

Figure 6. (Right frame) : Resulting variation vs. logT of the anisotropy $\Delta\rho_{//}/\Delta\rho_\perp$ in CePd$_2$Si$_2$.

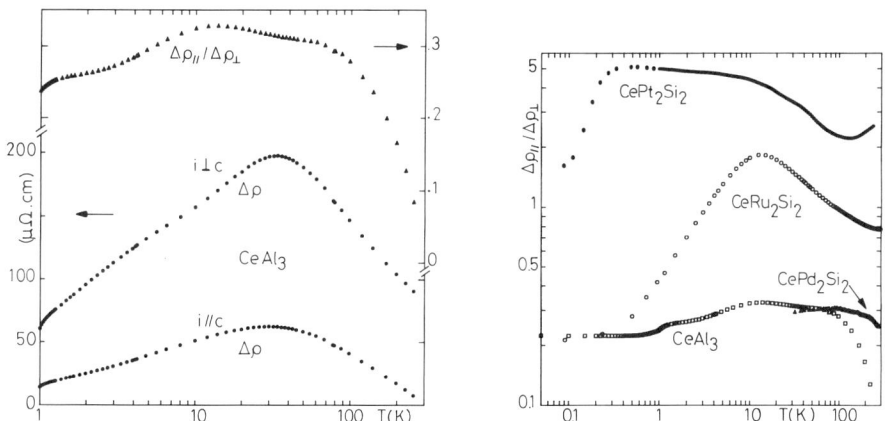

Figure 7. (Left frame) : Variation of Ce contributions $\Delta\rho//c$ and $\Delta\rho\perp c$ in CeAl$_3$ and the resulting anisotropy versus logT. These curves are deduced from the results of ref. 27, by subtraction of the contribution of LaAl$_3$ (after ref. 32).

Figure 8. (Right frame) : Comparison of the anisotropy curves of figs. 2, 4, 6, and 7, in log-log scales.

which are plotted in fig. 7. Both $\Delta\rho_{//}$ and $\Delta\rho_\perp$ show a maximum near 30-40 K, certainly due to crystal field effect, as in polycrystals.[1,32] This crystal field effect gives raise to the change of slope observed in $\Delta\rho_{//}/\Delta\rho_\perp$ around 80 K. (Small changes in these characteristic temperatures would be obtained by another choice for the resistivity of LaAl$_3$. The latter was measured[32] on a polycrystal and it is of course isotropic, but it seems to be of a good order of magnitude). A maximum is observed in $\Delta\rho_{//}/\Delta\rho_\perp$ near 14 K and some kind of change of slope near 4 K in the decrease below this maximum. The origin of these structures is not quite clear. The first one seems to be related in some way to the onset of coherence and the lower one to T_K. It is noticeable that a kind of plateau or slow increase has been observed[30,33] in the Hall coefficient R_H of CeAl$_3$ between about these two temperatures. The magnetic order occuring[26,27] in this compound lead to another anomaly in the anisotropy ratio near 1 K. Resistivity measurements on LaAl$_3$ single crystals would be useful in order to confirm the existence of the above anomalies in the anisotropy ratio. Actually they are small compared to those occuring in CeRu$_2$Si$_2$ and CePt$_2$Si$_2$, as seen in fig. 8 where all curves are plotted together in log scales.

Finally, it seems worthwhile to mention the data reported[28] for CeSi$_x$ compounds. In the tetragonal (ThSi$_2$ structure) non-ordered Kondo lattice compound CeSi$_{1.86}$, $\rho//c$ is lower than $\rho//a$ above about 100 K and larger below. The crossing of the $\rho//a$ and $\rho//c$ curves is reminiscent of that observed[10] in CeRu$_2$Si$_2$. In the ferromagnetically ordered orthorhombic compound CeSi$_{1.71}$, $\rho//c$ is larger than $\rho//a$ down to 1.5 K. No resistivities of normal metal references are reported in ref. 28. However, one can expect in the thermal variation of the Ce contribution ratios, the occurence of a maximum for CeSi$_{1.86}$, and a slow increase on cooling for CeSi$_{1.71}$. As discussed by the authors, these differences might result from different T_K and crystal field values.

3.2 Fermi liquid regime

The resistivity of cerium Kondo compounds has been measured at low temperatures with respect to T_K along the different principal axes i, only in a few cases, namely CeCu$_6$,[6,7] CeRu$_2$Si$_2$,[10] and CeAl$_3$.[26,27] The residual resistivities ρ_{0i} and the coefficients A_i of the quadratic term $\rho_i = A_i T^2$ depend generally on the axis i considered. We have shown in ref. 11 that for CeCu$_6$ the agreement between calculated and experimental values of ref. 6 is satisfying for the ratios between the A_i. The calculation also predicts anisotropy ratios between the ρ_{0i} which agree with those reported in refs. 6 and 7.

For CeRu$_2$Si$_2$, the experimental results of ref. 10 lead to a residual resistivity ratio $\rho_{0\perp}/\rho_{0//}$ of the order of 3 after correction for the ρ_{0i} of LaRu$_2$Si$_2$. (Here we write the anisotropy ratio in the way they are used in ref. 11). A value of the same order can be deduced from the data reported in ref. 20. This is in reasonable agreement with the model which predicts $\rho_{0\perp}/\rho_{0//} = 5.8$. But, the experimental anisotropy of A reported in ref. 10 is small : $A_\perp/A_{//} \approx 0.7$, while the model predicts values larger than 1.

For CeAl$_3$, the first measurements[26] showed a crossing of the resistivity curves near 0.6 K, leading to ratios $\rho_{0\perp}/\rho_{0//} \approx 0.7$ and $A_\perp/A_{//} \approx 2.5$ (for the AT^2 variation observed below 0.35 K, i.e. well below the antiferromagnetic order). This was compatible with the model for the A_i ratio, but not for the ρ_{0i} ratio. However, different resistivity variations were recently measured[27] for CeAl$_3$ at low temperature. In particular, the new resistivity curves do not cross each other any more and anisotropy remains large down to very low temperature : both the $\rho_{0\perp}/\rho_{0//}$ and $A_\perp/A_{//}$ ratios are of the order of 4. These values are now in the right sense, eventhough twice as much as the theoretically predicted ones.

4. CONCLUDING REMARKS

There are certainly several origins for the anisotropy, but we have shown in the model[11] summarized above that the Coqblin-Schrieffer or Anderson lattice hamiltonians, which describe both the Kondo effect and crystalline field effects, can yield a large anisotropy in transport properties and provide usefull informations for the study of the Kondo effet in Ce compounds. For the HT regime, up to now the model has been quantitatively applied to CePt$_2$Si$_2$ and CeCu$_6$ yielding good agreement.

The experimental resistivity anisotropies we have reviewed here show interesting features. In particular, the temperature dependence of the anisotropy ratio reveals structures which are not obvious in the resistivity curves. Whatever be situation at room temperature ($\rho_{//}$ higher or lower than $\rho_\perp$), the anisotropy ratio, $\rho_{//}/\rho_\perp$, increases upon cooling, then it is eventually followed by a maximum and a decrease at lower temperature. The observed structures can be generally related to characteristic effects and/or temperatures of the systems, i.e. crystal field, T_K, coherence, magnetic order. However, the amplitude of the anisotropy ratio variation is very different in different systems (see fig. 8). Large variations are observed in $CePt_2Si_2$ and $CeRu_2Si_2$. The effect is relatively small for $CePd_2Si_2$ and $CeAl_3$. However, it should be checked whether a reduction of the anisotropy occurs far below T_N in $CePd_2Si_2$, and whether this could be a general behaviour in ordered compounds. Also, the case of $CePt_2Si_2$ needs to be further studied below 1 K. On the other hand, it would be interesting to extend the theoretical model to cover the "intermediate" temperature range.

Focussing now on the very low temperature T^2 variations, we must say that experimental data in this temperature domain must be well confirmed before any quantitative comparison with theoretical results can be made. Nevertheless, reasonable agreement has been found in the cases of $CeCu_6$ and $CeAl_3$.

ACKNOWLEDGEMENTS

We are indebted to Dr. D. Jaccard for supplying us the recent resistivity data of ref. 27 for $CeAl_3$ and for interesting discussion about the resistivity anisotropy in this compound.

REFERENCES

1. B. Cornut and B. Coqblin, *Phys. Rev. B* 5:4541 (1972).
2. A.K. Bhattacharjee and B. Coqblin, *Phys. Rev. B* 13:3441 (1976).
3. A.K. Bhattacharjee and B. Coqblin, *Phys. Rev. B* 38:338 (1988).
4. S. Maekawa, S. Kashiba, M. Tachiki, and S. Takahashi, *J. Phys. Soc. Jpn* 55:3194 (1986); and in: "Theory of Heavy Fermions and Valence Fluctuations," T. Kasuya and T. Saso, eds., Springer Verlag, New York (1985) p. 90.
5. A. Guessous, Thesis, Grenoble (1987, unpublished).
6. A. Sumiyama, Y. Oda, H. Nagano, Y. Onuki, K. Shibutani, and T. Komatsubara, *J. Phys. Soc. Jpn* 55:1294 (1986).
7. A. Amato, D. Jaccard, E. Walker, and J. Flouquet, *Solid State Commun.* 55:1131 (1985).
8. A.K. Bhattacharjee, B. Coqblin, M. Raki, L. Forro, C. Ayache, and D. Schmitt, *J.Physique* 50:2781 (1989).
9. B. Coqblin, A.K. Bhattacharjee, and S.M.M. Evans, *J. Mag. Mag. Mat.* 90&91:393 (1990).
10. F. Lapierre and P. Haen, *J. Mag. Mag. Mat.* 108:167 (1992).
11. S.M.M. Evans, A.K. Bhattacharjee, and B. Coqblin, *Phys. Rev. B* 45:7244 (1992).
12. S.M.M. Evans, *J. Phys. Cond. Mater* 2:9097 (1990).
13. S.M.M. Evans, and B. Coqblin, *Phys. Rev. B* 43:12790 (1991).
14. D. Jaccard, R. Cibin, and J. Sierro, *Helv. Phys. Acta* 61:530 (1988).
15. J.M. Lawrence, J.D. Thompson, and Y.Y. Chen, *Phys. Rev. Lett.* 54:2537 (1985).
16. A. Amato, D. Jaccard, J. Flouquet, F. Lapierre, J.L. Tholence, R.A. Fisher, S.E. Lacy, J.A. Olsen, and N.E. Phillips, *J. Low Temp. Phys.* 68:371 (1987).
17. R.M. Marsolais, C. Ayache, D. Schmitt, A.K. Bhattacharjee, and B. Coqblin, *J. Magn. Magn. Mat.* 76&77:269 (1988).
18. T. Takabatake, F. Teshima, H. Fujii, S. Nishigori, T. Suzuki, T. Fujita, Y. Yamaguchi, and J. Sakurai, *J. Magn. Magn. Mat.* 790&91:474 (1990).

19. A. Amato, D. Jaccard, J. Sierro, P. Haen, P. Lejay, and J. Flouquet, *J. Low Temp. Phys.* 77:195 (1989).
20. Y. Ōnuki, I. Umehara, A. K. Albessard, T. Ebihara, and K. Satoh, *J. Phys. Soc. Jpn* 61:960 (1992).
21. H. Schneider, Z. Kletowski, F. Oster, and D. Wohlleben, *Solid State Commun.* 48:1093 (1983).
22. Y. Ōnuki, Y. Furukawa, and T. Komatsubara, *J. Phys. Soc. Jpn* 53:2197 (1984).
23. W. Asmuss, M. Herrmann, U. Rauchschwalbe, S. Riegel, W. Lieke, H. Spille, S. Horn, G. Weber, F. Steglich, and G. Cordier, *Phys. Rev. Lett..* 52:469 (1984).
24. B. Batlogg, J. P. Remeika, and A.S. Cooper, *J. Appl. Phys.* 55:2001 (1984).
25. R.A. Steeman, E. Frikkee, R.B. Helmholdt, A.A. Menovsky, J. van den Berg, G.J. Nieuwenhuys, and J.A. Mydosh, *Solid State Commun.* 66:103 (1988).
26. D. Jaccard, R. Cibin, J.L. Jorda, and J. Flouquet, *Jpn J. Appl. Phys.* 26 (suppl. 26-3):517 (1987).
27. G. Lapertot, R. Calemczuk, C. Marcenat, J.H. Henry, J.X. Boucherle, J. Flouquet, J. Hammann, R. Cibin, J. Cors, D. Jaccard, and J. Sierro, SCES'92, Sendai (Japan) sept. 7-11, 1992, to be published in *Physica B*.
28. J. Pierre, O. Laborde, E. Houssay, A. Rouault, J.P. Sénateur, and R. Madar, *J. Phys.: Cond. Mater* 2:431 (1990).
29. A. Stunault, Thesis, Grenoble (1988); and to be published
30. P. Haen, J. Flouquet, F. Lapierre, P. Lejay, and G. Remenyi, *J. Low Temp. Phys.* 67:391 (1987).
31. R.A. Steeman, A.J. Dirkmaat, A.A. Menovsky, E. Frikkee, G.J. Nieuwenhuys, and J.A. Mydosh, *Physica B* 163:382 (1990).
32. A. Percheron, J.C. Achard, O. Gorochov, B. Cornut, D. Jérome, and B. Coqblin, *Solid State Commun.* 12:1289 (1973).
33. Y. Ōnuki, T. Yamazaki, T. Omi, I. Ukon, A. Kobori, and T. Komatsubara, *J. Phys. Soc. Jpn* 58:2126 (1989).

EFFECT OF PRESSURE ON THE ELECTRICAL RESISTIVITY OF A GAP-TYPE VALENCE FLUCTUATING COMPOUND CeNiSn

Makio Kurisu,[1] Toshiro Takabatake,[2] and Hironobu Fujii[2]

[1] Faculty of Engineering, Iwate University, Morioka 020, Japan
[2] Faculty of Integrated Arts and Sciences
Hiroshima University, Nakaku Hiroshima 730, Japan

INTRODUCTION

CeNiSn is an unconventional example of a valence fluctuating cerium intermetallic compound with an energy gap at the Fermi level [1–5]. As expected from its crystal structure of the orthorhombic ε-TiNiSi-type, many physical properties are anisotropic. Transport measurements indicate that the appearance of gap is highly anisotropic below 7 K and that the anisotropic inherent single-impurity Kondo scattering dominates at high temperatures [3]. Magnetic measurements also show a strongly anisotropic behavior; susceptibility indicates a character of strongly anisotropic valence-fluctuation at high temperatures and a pronounced peak only along the a-axis at T_{coh} = 12 K at which the resistivity also takes a peak. These anomalies at T_{coh} were attributed to the development of an antiferromagnetic coherency which results in the gap formation [3]. Furthermore, the resistivity and specific-heat measurements in high magnetic field demonstrate an anisotropic suppression of the energy gap [4]. Pressure, as well as magnetic field, has been accepted to be a clean and effective tool to control the degree of hybridization of the 4f and conduction electrons in so-called valence-fluctuating systems or dense-Kondo regime materials. In a previous high pressure study on a polycrystal sample CeNiSn, we showed that the energy gap is continuously decreased with increasing pressure and would be closed at a pressure of ~ 30 kbar. In addition, a Kondo-like scattering in the presence of crystal field was elucidated by an application of pressure of 20 kbar [2]. This paper reports a further pressure study of these resistive anomalies of single crystal CeNiSn.

EXPERIMENTAL PROCEDURE

The samples used in this study are single crystals of CeNiSn prepared by a floating-zone method in an infrared mirror furnace. Details of the sample preparation method, the purity of starting materials and the characterization of the samples were described elsewhere [4,5].

The electrical resistivity ρ was measured with a dc four-probe method in the temperature range 1.4 K to 300 K and under hydrostatic pressures up to 20 kbar. Voltage and current leads of gold wires (0.05 mm φ) were soldered to rectangular single crystals, dimensions of $0.3 \times 0.5 \times 3\ mm^3$. Typical distance between two voltage probes was 2 mm. Hydrostatic pressure was generated by a self-clamping piston cylinder cell using a 1:1 mixture of isoamyl alcohol and n-pentane as the pressure transmitting medium. The pressure was monitored by a manganin wire gauge. On cooling, the loss of pressure was about 2 kbar independently of the clamped pressure at room temperature and the pressure at low temperatures was constant up to 150 K. The temperature of the cell was measured by Au+0.07 at.% Fe vs. chromel thermocouple in good thermal contact with the cell. The zero pressure value of ρ was redetermined after a set of high pressure measurements. The ρ(T) behavior was reversible against pressure/temperature cycling.

RESULTS AND DISCUSSION

Figures 1(a)–(d) show the temperature dependence of the resistivity ρ(T) for single crystal of CeNiSn at four different pressures. The zero-pressure results (Fig.1 (a)) are in good agreement with those of previous measurements [3]. The ρ(T) behavior of CeNiSn at P = 0 kbar is characterized by the inherent and strongly anisotropic Kondo scattering and semiconductor-like dependence which is also very much anisotropic at low temperatures. As the temperature is decreased, $\rho_a(T)$, $\rho_b(T)$ and $\rho_c(T)$ show a quasilogarithmic increase for 100 K < T < 300 K. For T < 100 K, $\rho_a(T)$ and $\rho_b(T)$ reach a local maximum around T_{max} = 100 K and 60 K, respectively, while for the $\rho_c(T)$ there is a faint knee around 40 K. For $\rho_a(T)$, another ln T dependence is seen for 15 K < T < 40 K. Furthermore, a second well resolved maximum appears at T_{coh} = 12 K, which indicates the onset of some coherent scattering [3]. It is also noted that below 6 K rapid increase is seen in both $\rho_b(T)$ and $\rho_c(T)$, whereas in $\rho_a(T)$ less pronounced increase is seen.

The salient features under high pressure of the resistivity curves of single crystalline CeNiSn are the followings:
(i) The behavior of ρ(T) changes continuously from that of a narrow-gap semiconductor to that of a usual dense-Kondo metal. Steep increase in $\rho_b(T)$ and $\rho_c(T)$ at low-temperatures are strongly suppressed with pressure. On the other hand, $\rho_a(T)$ is still increasing with decreasing T below 7 K even at P = 20 kbar (more clearly seen in Fig. 2(a)).
(ii) The resistive anomaly at T_{coh} (12 K at P = 0 kbar) along the a-axis is shifted to higher temperatures with increasing pressure at a rate of 1.6 K/kbar and the peak is still resolved at P = 20 kbar.
(iii) The T_{max} is shifted to higher temperatures with increasing pressure; T_{max} changes by a factor of 2 at a pressure of ≈ 20 kbar (see Fig. 3).

For the highest pressure of ≈ 20 kbar (Fig. 1(d)), the low-temperature ρ(T) behaviors for the b and c axes indicate that the ground state is metallic. As in many unstable Ce compounds, on cooling, the ρ(T) shows a logarithmic increase, reaches a maximum and then decreases rapidly at low temperatures. The low-temperature resistivity at high pressures above 12 kbar is displayed in Figs. 2(a)–(c) as a function of temperature squared. The low-temperature ρ(T) data for the three principal axes show a quadratic temperature dependence between 5 K and 12 K, $\rho=\rho_0+AT^2$ with a large quadratic coefficient A. Values of the slope A determined from least squares fit to the data are plotted as a

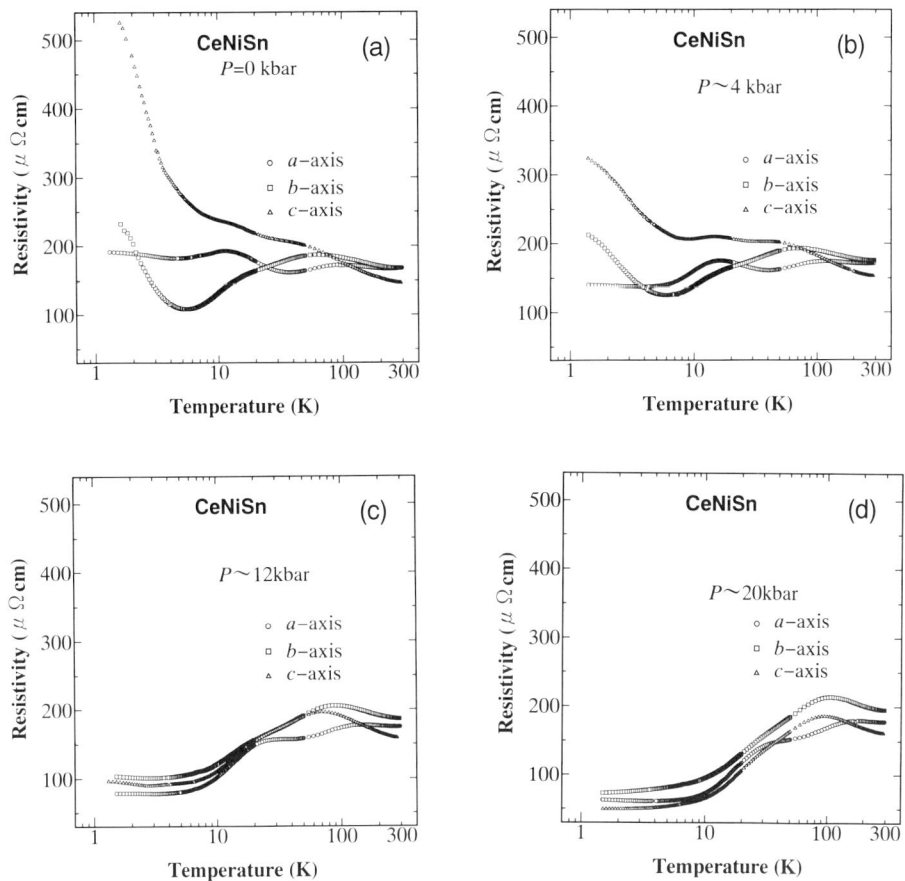

Figure 1. Resistivity of single crystal CeNiSn along the three principal axes plotted vs the logarithm of temperature for four different pressures: a) $P = 0$ kbar, b) $P \approx 4$ kbar, c) $P \approx 12$ kbar, and d) $P \approx 20$ kbar.

function of pressure in the insets of Fig. 2. A for the three axes decreases steadily with increasing pressure, to ≈ 0.2 μΩcm/K^2 at $P \approx 20$ kbar. When we adopt an empirical relationship between the low–temperature resistivity and the specific heat in heavy fermion compounds, i.e., $A/\gamma^2 = 1\times10^{-5}$ μΩcm(mol K^2/mJ)^2 [6], we obtain $\gamma \approx 140$ mJ/mol K^2. This hypothetical metallic state γ value is comparable with both $C_m/T \approx 190$ mJ/mol K^2 at 7 K below which a gap opens at ambient pressure and $\gamma \approx 130$ mJ/mol K^2 in the magnetic field of 12 T parallel to the a–axis [4]. Thus, it is strongly suggested that a metallic state with moderately large density of states at the Fermi level is attained under pressure of ≈ 20 kbar as well as a high magnetic field of 12 T. The decrease in A with increasing pressure therefore indicates a transition from a strongly interacting Fermi liquid state towards a state with relatively weak correlations (*valence fluctuating regime*) as pressure increases. On the other hand, the specific heat measurement on single crystalline CeNiSn under high magnetic field suggests a transition to a highly correlated heavy fermion state (*Kondo regime*) as magnetic field increases [4].

For $P \approx 12$ kbar, a small upturn below 7 K which may be associated with the gap

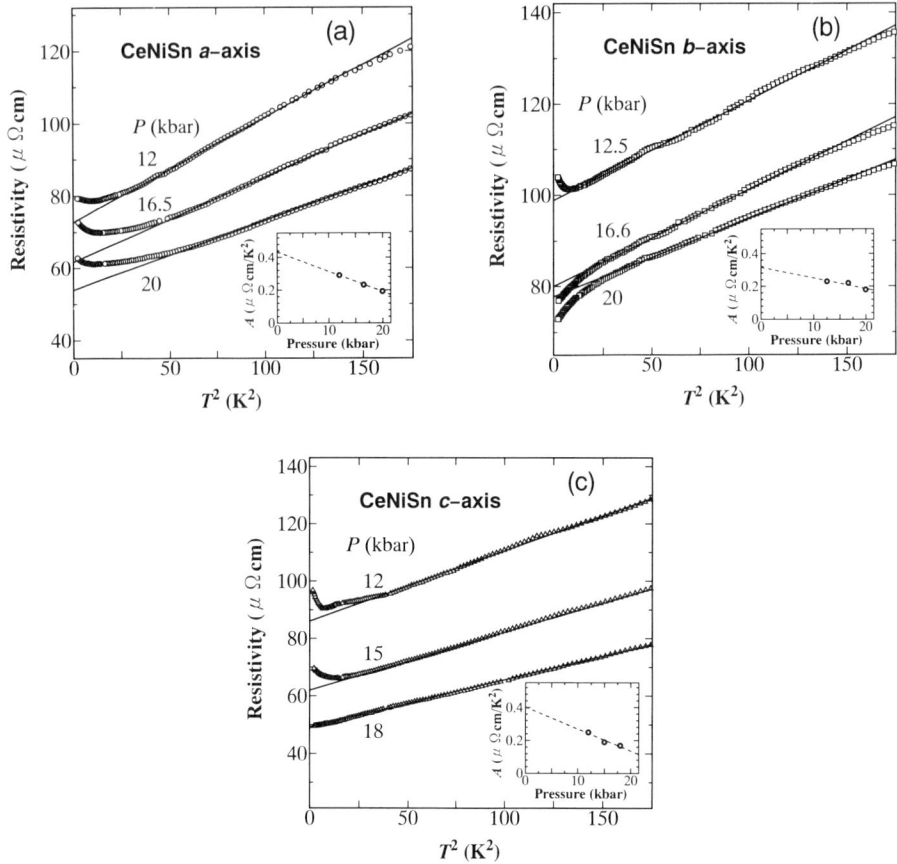

Figure 2. Resistivity of single crystal CeNiSn plotted vs the square of the temperature at pressures: (a) a–axis, (b) b–axis, and (c) c–axis. Insets: A vs pressure P, where A is the coefficient of the T^2 term in $\rho = \rho_0 + AT^2$.

opening is still visible for the three axes. The more striking fact is that for the highest pressure only the $\rho_a(T)$ shows an upturn below 7 K yet, we believe that it is an intrinsic effect, suggesting that the energy gap along the a direction is not closed at 20 kbar. This is not inconsistent with the result of previous high pressure study on a polycrystal sample; the gap would be closed at 30 kbar [2].

Pressure dependence of T_{max} is shown in Fig. 3. T_{max} increases linearly with increasing pressure at rates of 3.8, 2.1 and 2.7 K/kbar for the a, b and c–axes, respectively. This behavior, as well as the increase of T_{coh} with pressure, is in agreement with the general observation that T_{max} and T_{coh} increase with pressure in usual Kondo systems, which also supports the idea that an enhancement of the degree of hybridization by an application of pressure drives CeNiSn into a weakly correlated Fermi liquid regime. Of further interest is that T_{max}'s are all different in directions. For $P = 0$ kbar, T_{max} for the a–axis is two times as large as that for other two axes. Recent inelastic neutron scattering experiment on CeNiSn has exhibited no well-defined crystal field excitations [7]. The significant difference in T_{max} for the three principal directions reflects the strongly anisotropic c–f hybridization in the orthorhombic structure. This anisotropic hybridization may play an indispensable role in the formation of a narrow–gapped insulating ground state in CeNiSn.

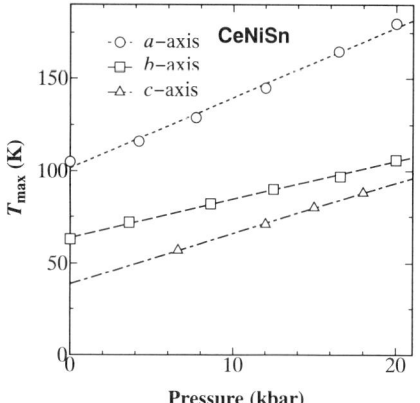

Figure 3. Pressure dependence of T_{max} for single crystal CeNiSn, where T_{max} is the temperature at which the resistivity maximum occurs.

In summary, we have shown that the behavior of $\rho(T)$ of single crystal CeNiSn changes continuously with pressure from that of a narrow–gap semiconductor to that of a usual dense Kondo metal; application of pressure drives the system into a state with relatively weak correlations from a relatively strongly interacting Fermi–liquid state.

Acknowledgements

This work was partly supported by a Grant–in–Aid for Scientific Research from the Ministry of Education, Science and Culture of Japan.

REFERENCES

[1] T.Takabatake, Y.Nakazawa, M.Ishikawa, T.Sakakibara, K.Koga, and I.Oguro, J.Magn.Magn.Mat.**76&77**:87(1988).
[2] M.Kurisu, T.Takabatake, and H.Fujiwara, Solid State Commun.**68**:595(1988).
[3] T.Takabatake, F.Teshima, H.Fujii, S.Nishigori, T.Suzuki, T.Fujita, Y.Yamaguchi, J.Sakurai, and D.Jaccard, Phys.Rev.B**41**:9607(1990).
[4] T.Takabatake, M.Nagasawa, H.Fujii, G.Kido, M.Nohara, S.Nishigori, and T.Fujita, Phys. Rev.B**45**:5740(1992).
[5] T.Takabatake, and H.Fujii, to be published in Jpn.J.Appl.Phys.Ser.8:(1992).
[6] K.Kadowaki and S.B.Woods, Solid State Commun.**58**:507(1986).
[7] M.Kohgi, T.Osakabe, K.Ohoyama, M.Kasaya, T.Takabatake and H.Fujii, to be published in Physica B.

THE HALL EFFECT IN $U_3T_3M_4$ (T=Ni,Cu,Au, M=Sn,Sb)

T. Hiraoka,[1] T. Sada,[1] T. Takabatake,[2] and H. Fujii[2]

[1]Faculty of Science and Engineering, Saga University, Saga, 840 Japan
[2]Faculty of Integrated Arts and Sciences, Hiroshima University, Hiroshima, 730 Japan

INTRODUCTION

Hall effect studies in heavy fermion (HF) systems of uranium compounds[1-8] as well as in Ce ones[8-12] have recently been progressively done. The Hall effect in HF systems offers useful tool to study the HF state in the coherent region as well as in the incoherent region. In fact various behaviors are reported at low temperature region; strong temperature and magnetic field dependence including change in sign for $CeCu_6$[10] or strong enhancement at T_N for UR_2Si_2[2-5] and for CePtSi.[11]

The $U_3T_3M_4$ (T=Ni,Cu,Au, M=Sn,Sb) compound crystallizes in the cubic $Y_3Au_3Sb_4$-type structure.[13] Various electronic states appear[7]; HF states in $U_3Cu_3Sn_4$(UCS), $U_3Au_3Sn_4$(UAS) and $U_3Ni_3Sn_4$ (UNS), a semiconducting state in $U_3Ni_3Sb_4$(UNSB) and a ferromagnetic state in $U_3Cu_3Sb_4$(UCSB). UCS orders antiferromagnetically at $T_N=12$ K and UCSB orders ferromagnetically at $T_C=91$ K. UNSB shows semiconducting behavior at high temperature range with an energy gap of 0.27 eV.

This variety arises from the difference in the hybridyzation of 5f electrons with d, p and s electrons of T and M metals.[7] The present paper reports the study of this variety of states especially HF ones from measurements of the Hall effect. In the HF systems the discussion is made based on the skew scattering theory.[14] We also discuss the general aspect of the Hall effect in the present systems in comparison with other known HF systems.

SAMPLE PREPARATION

Polycrystalline samples were prepared by arc melting of constituent elements under argon atmosphere.[7] To account for the evaporation losses due to the high vapor pressure of antimony, an excess of antimony was added. The samples were subsequently annealed at about 800 °C for 10 days. Powder diffraction X-ray analysis showed the samples having almost single phase of the $Y_3Au_3Sb_4$-type crystal structure. The samples were spark cut into rectangular bars. For the simultaneous measurement of Hall effect and resistivity, 6 fine gold wires were spot welded to these samples using short pulse spot welder. Measurements were done by usual standard DC method in a field of 1 T.

EXPERIMENTAL RESULTS AND DISCUSSION

Figures 1-5 show the Hall effect and resistivity for UNS, UAS, UCS, UNSB and UCSB respectively. All the three HF systems UNS (Fig.1), UAS (Fig.2) and UCS (Fig.3) show positive and large Hall effect which is the characteristic of heavy fermion systems. These behaviors can be considered due to the skew scattering mechanism as discussed below. UNSB (Fig.4) and UCSB (Fig.5) also show positive Hall effect but in the former it is not due to the skew scattering. As shown in the insert, both Hall effect and resistivity show an activation-type behavior of $\exp(E_g/2kT)$ above about 230 K from which the energy gap of 0.27 eV is estimated. Band calculation[15] on UNSB confirmed the semiconducting structure. On the other hand, the Hall effect in UCSB above T_C is considered as due to the same mechanism as the above HF systems. Both the Hall effect and resistivity of UAS and UNS show maximum at low temperatures and both decrease as going into the coherent regime. However both in UCS continue to increase below T_N. The behavior of Hall effect in UCS resembles that of CePtSi[11] and URu_2Si_2[4] in which the abrupt increase below T_N is followed by a sharp decrease as the temperature approaches to zero. The Hall effect and resistivity in UCSB show very different behavior; the resistivity shows little change in the whole temperature range while the Hall effect increases below T_C and saturates as the temperature is lowered. This Hall effect is compared with that of a ferromagnet $UCuAs_2$[6] in which R_H takes maximum below Tc and decreases below it as the temperature is decreased.

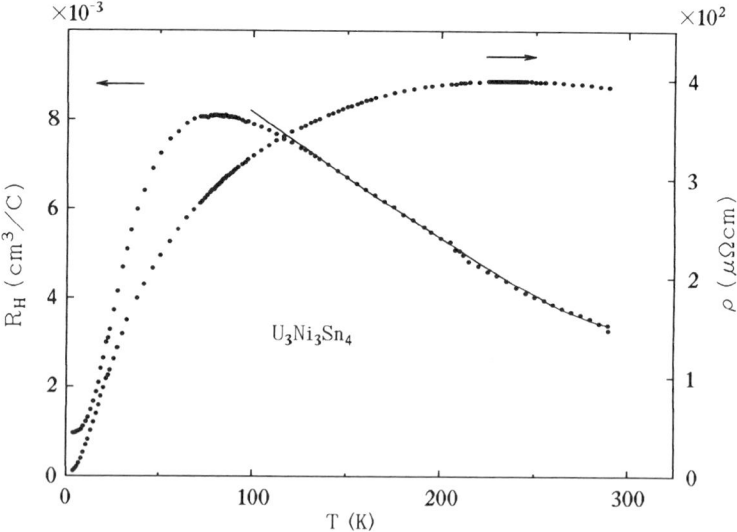

Fig.1. Hall effect and resistivity in $U_3Ni_3Sn_4$. The solid line (also in Figs. 2, 3 and 5) is the best fit using the eq.(1).

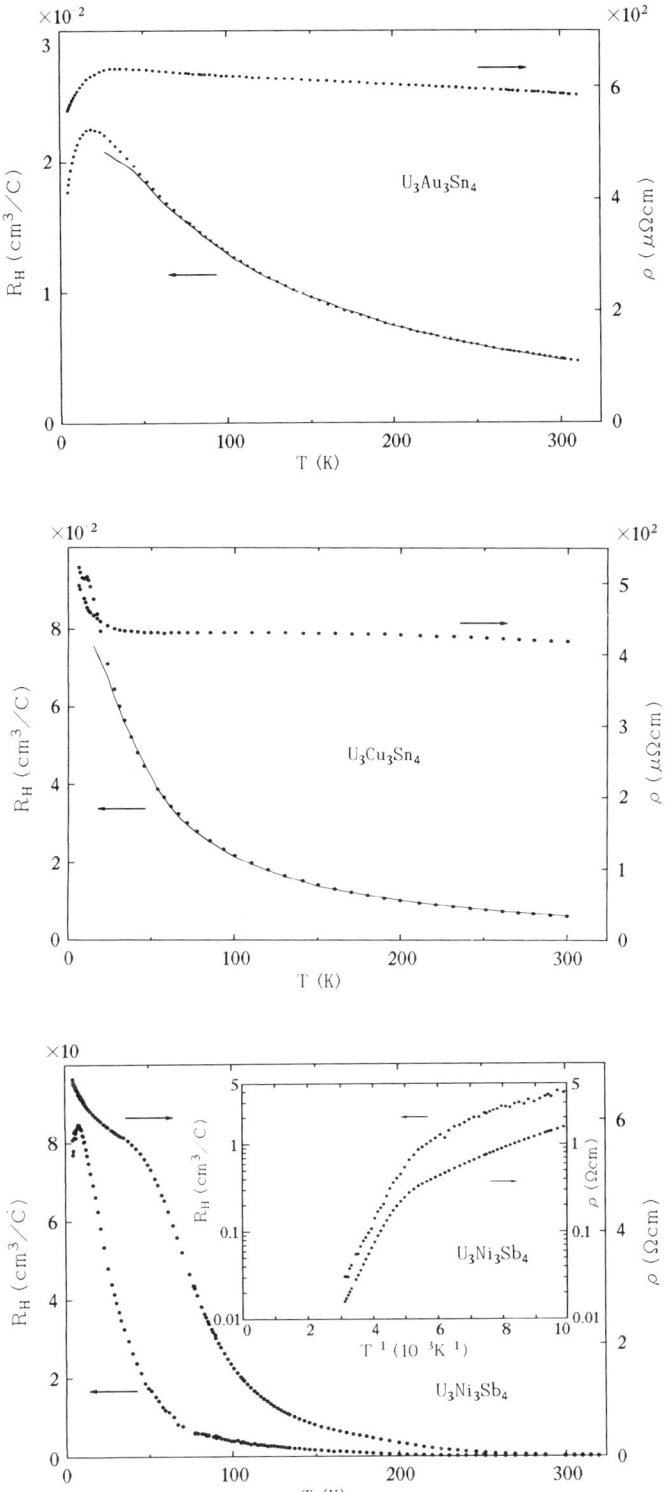

Fig.2. (upper) Hall effect and resistivity in $U_3Au_3Sn_4$.
Fig.3. (middle) Hall effect and resistivity in $U_3Cu_3Sn_4$.
Fig.4. (lower) Hall effect and resistivity in $U_3Ni_3Sb_4$.

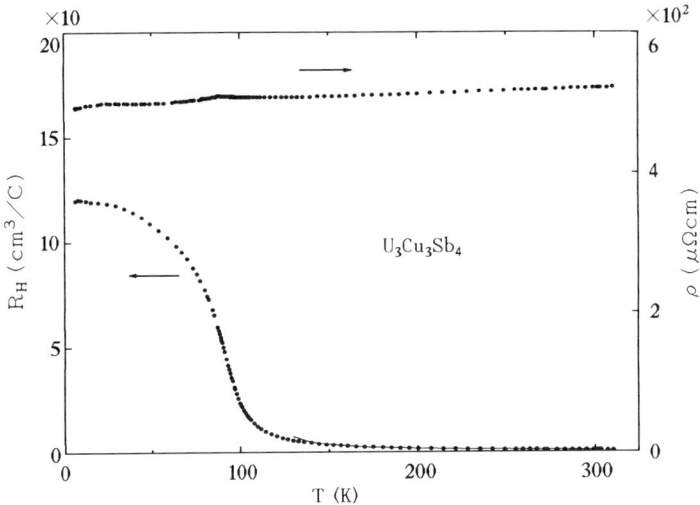

Fig.5. Hall effect and resistivity in $U_3Cu_3Sb_4$.

Hall effect of heavy fermion system in the incoherent region is expressed[14] as a sum of normal Hall effect and the extraordinary Hall effect (EHE) due to skew scattering from single impurity.

$$R_H = R_o + \gamma_1 \tilde{\chi} \rho \qquad (1)$$

In eq.(1), ρ is the magnetic resistivity which is temperature dependent, $\tilde{\chi}$ is the normalized susceptibility and γ_1 is a constant. The observed Hall effect in UAS, UCS, UNS and UCSB are well fitted by eq.(1) at high temperatures as shown by the solid line as in Figs. 1, 2, 3, 5. Here the data of χ are taken from ref.7 in which for UNS 0.0011emu/mol is subtrated. From the fitting curves the parameters of R_o and γ_1 are derived as shown in Table 1. n is the carrier density derived from R_o and the lattice parameters in ref 7. Values of γ_1 are the same order of 0.226 K/T for nonmagnetic $CeRu_2Si_2$.[8] Value of n for UCSB is large compared with 0.18 e/f.u. for ferromagnet $UCuAs_2$.[6]

Table 1. Various parameters deduced from the fitting of eq.(1) to the data in Figs. 1, 2, 3 and 5.

	$R_o(10^{-3}cm^3/C)$	n(elect./U)	$\gamma_1(K/T)$
$U_3Ni_3Sn_4$	-2.12	0.20	0.49
$U_3Au_3Sn_4$	-1.92	0.25	0.48
$U_3Cu_3Sn_4$	-2.19	0.21	0.62
$U_3Cu_3Sb_4$	-0.688	0.64	0.10

In the fitting procedure, the temperature range using eq.(1) is generally restricted to narrow one at high temperature region. This comes from the dissimilarity of the temperature dependence of ρ compared with those of R_H and χ; in $CeRu_2Si_2$ it is in the range of 125<T<300 K, that R_H is well fitted by $\chi\rho$.[8] If it is fitted, instead of using eq.(1), by the usual expression of $R_H = R_o + 4\pi R_s \chi$, the range extends down to T=86 K.[8] However, in the low temperature range about at the temperature of Hall effect maximum, T_{RHmax}, (in this case, γ_1 should be changed as γ_2 in eq.(1)) the fitting procedure using eq.(1) generally becomes well again. This is because that in this temperature range, ρ generally decreases as the temperature decreases and it compensates the increase of χ (in UCS, χ decreases instead of ρ does). Thus there appear two fitting regions of R_H between the maximum and room temperature.[5,8,14] This consideration clarifies the role of ρ in eq.(1) which is derived theoretically its presence.[14]

In low-temperature coherent region, resistivity of HF system obeys $\rho=AT^2$ law. UNS has high resistivity maximum temperature of 238 K this law is well obeyed with the coefficient $A=0.36\mu\Omega cm/K^2$ up to 10 K as shown in Fig. 6. On the other hand, in the same region, the relation $R_H(EHE)=c\rho^2$ is shown theoretically.[16] In UNS this law

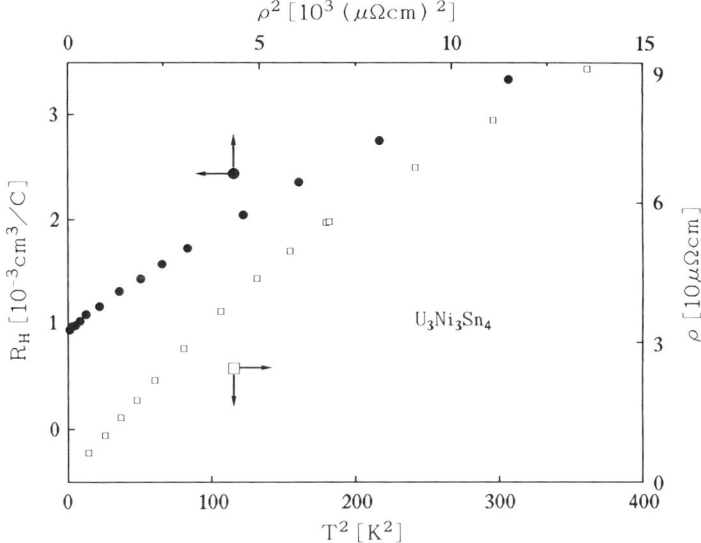

Fig.6. Hall effect vs ρ^2 and resistivity vs T^2.

is obeyed well at the low temperature region below 10 K as shown in Fig. 6. In Fig. 6 positive residual Hall effect should be considered as the normal one which would be changed from negative at high temperature region to positive one due to the change of electronic state similarly to the case in $CeCu_6$[10] thus EHE vs ρ^2 law could be obeyed strictly.

As discussed above, eq.(1) could be generally applied at R_H maximum. From this, we show in Fig.7 the Hall effect at its maximum compared with $\chi\rho$ for several U and Ce based HF systems in which ρ and χ are taken at T_{RHmax}. For the systems which order at low temperature it is taken at T_N or T_C. In Fig.7, (and also in the Figs 1, 2, 3, 5) the value of ρ is taken from the total resistivity but could be considered almost the magnetic one (for UNS and UAS) since in this temperature range phonon part could be almost negligible (in UNS, it is 3% of the total one at 300 K). The residual resistivities in UAS, UCS and UCSB can not be estimated but for UAS the measurement of ρ down to 0.3 K shows steady decrease of it. In Fig. 6, R_H is EHE except which subtraction of R_0 can not be available. It can be seen that R_H (EHE) is roughly proportional to $\chi\rho$ or γ_2 is roughly constant. It is noted that the present HF systems have larger size compared with the other HF systems. There seems to be less correspondence between γ value and R_H. The large γ of $1.6J/K^2mol$ in

CeCu$_6$ and CeAl$_3$ is known but R$_H$'s of these systems are not so large compared with the present system. The large size of R$_H$ in the present system mainly originates from that of ρ at T$_{RHmax}$ since in the present system ρ is almost an order of magnitude larger compared with the other HF systems. The residual resistivity in UCS and UCSB might be large but eq.(1) seems to be obeyed in this case also as in the case Ce$_x$La$_{1-x}$Cu$_6$ in which large residual resistivity is observed[9] but eq.(1) is well obeyed.[12]

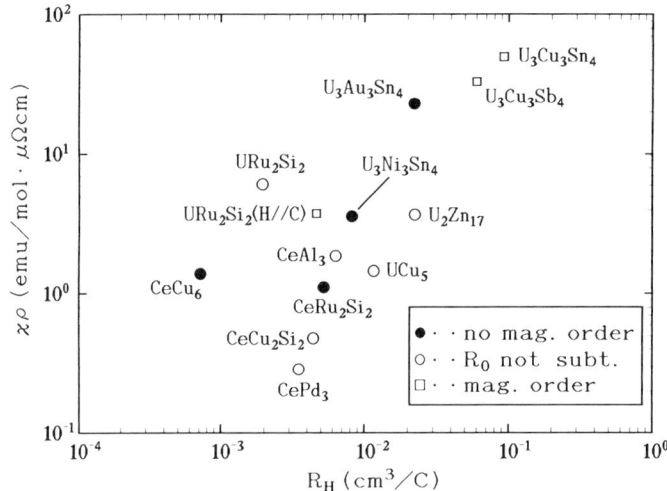

Fig.7. Hall effect vs $\chi\rho$ for HF systems including present systems.

REFERENCES

1. T.Siegrist, M.Olivier, S.P.McAlister and R.W.Cochrane, Phys.Rev.B 33: 4370(1986).
2. J.Schoenes, C.Schönenberger, J.J.M.Franse, and A.A.Menovsky, Phys.Rev. B35: 5375(1987).
3. C.Schönenberger, J.Schoenes, J.J.M.Franse, and A.A.Menovsky, Helv.Phys.Acta 60: 785(1987).
4. Y.Onuki, T.Yamazaki, I.Ukon, T.Komatsubara, A.Umezawa, W.K.Kwok, G.W.Crabtree, and D.G.Hinks, J.Phys.Soc.Japan 58: 2119(1989).
5. A.LeR.Dawson, W.R.Datars, J.D.Garrett and F.S.Razavi, J.Phys. Cond.Mat. 1: 6817(1989).
6. D.Kaczorowski and J.Schoenes, Solid State Comm 74:143(1990).
7. T.Takabatake, S.Miyata, H.Fujii, Y.Aoki, T.Suzuki, T.Fujita, J.Sakurai and T.Hiraoka, J.Phys.Soc.Japan 59: 4412(1990).
8. F.Lapierre, P.Haen, R.Briggs, A.Hamzic, A.Fert and J.P.Kappler, J.Mag.Mag.Mat 63&64: 338(1987).
9. Y.Onuki, Y.Shimizu, M.Nishihara,Y.Machii and T.Komatsubara, J.Phys. Soc.Jpn. 54: 1964(1985).
10. T.Penny,F.P.Milliken, S.von Molnar and F.Holtzberg, Phys.Rev. B34:5959(1986).
11. A.Hamzic, A.Fert, M.Miljak, and S.Horn, Phys.Rev.B38: 7141(1988).
12. Y.Onuki, T.Yamazaki, T.Omi, I.Ukon, A.Kobori, and T.Komatsubara, J.Phys.Soc.Japan 58: 2116(1989).
13. A.E.Dwight, Acta Cryst. B33: 1579(1977).
14. A.Fert, P.M.Levy, Phys.Rev. B36: 1907(1987).
15. K.Takegahara, Y.Kaneta and T.Kasuya, J.Phy.Soc.Jpn. 59: 4394(1990).
16. H.Kohno and K.Yamada, J.Magn.Magn.Mat. 90&91: 431(1990).

SOME ISSUES CONCERNING TRANSPORT AND THERMAL BEHAVIOR OF f-ELECTRON SYSTEMS

E.V. Sampathkumaran

Tata Institute of Fundamental Research
Homi Bhabha Road, Bombay–400005
India

INTRODUCTION

During the last decade, significant progress has been made in identifying novel Ce compounds with exotic thermal and transport properties. Inspite of availability of voluminous data, complete quantitative understanding of these properties is still lacking. There are often discrepancies even in qualitative interpretation of the data of some materials. In this article, we make some remarks on certain basic issues pertinent to the interpretation of the electrical resistivity (R) and heat–capacity (C) behaviour of Ce systems.

ANTIFERROMAGNETIC ENERGY–GAP

It is quite well–known that the long–range antiferromagnetic ordering induces superzone gaps in the conduction band.[1] Such energy gaps at the Fermi surface result in an increase of R with decreasing temperature below Néel temperature (T_N). However, possible modifications of these distortions of the Fermi surface are often ignored while interpreting the experimental results of rare–earth based solid solutions. This may probably be because the existence of such effects has not been sufficiently demonstrated in the alloys containing localised moments.

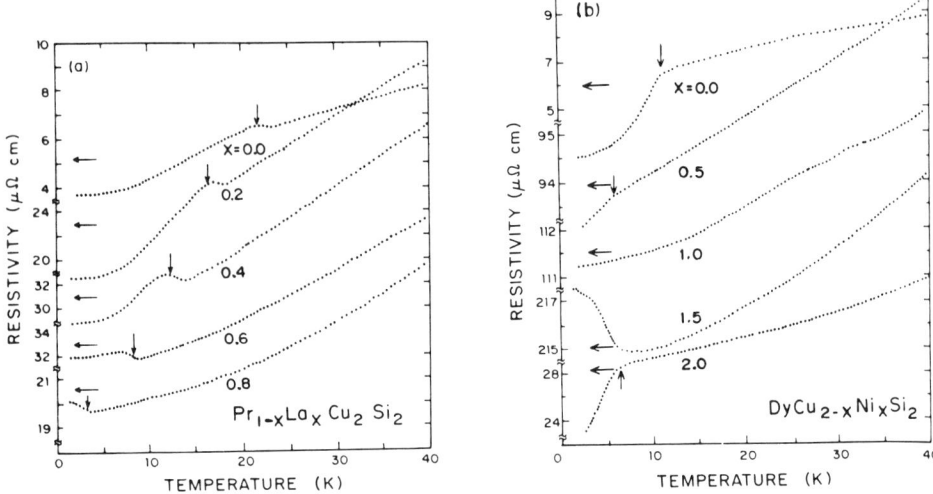

Figure 1. Electrical resistivity as a function of temperature for the alloys of the two series, (a) $Pr_{1-x}La_xCu_2Si_2$ and (b) $DyCu_{2-x}Ni_xSi_2$. Vertical arrows represent the Néel temperature determined from magnetic susceptibility measurements.

To demonstrate the importance of the above phenomenon with respect to the topic of present interest we show in figure 1 the electrical-resistivity behaviour[2,3] across antiferromagnetic transition in the pseudo-ternary alloys, $Pr_{1-x}La_xCu_2Si_2$, and $DyCu_{2-x}Ni_xSi_2$. Vertical arrows represent the peak position in the magnetic susceptibility due to antiferromagnetic ordering. In many alloys, we have noticed[2,3] a peak in the temperature dependent R data near T_N, characterizing the existence of energy-gap. A careful look at the composition dependence of this peak reveals some interesting features. While there is no peak at T_N for $DyCu_2Si_2$ and $DyNi_2Si_2$, there is a dominant rise of R with decreasing temperature, surpassing the drop due to the loss of spin-disorder contribution. For $DyCuNiSi_2$, both these contributions seem to cancel each other. Likewise, in the case of Gd series, the energy-gap features appear only for the intermediate concentrations.[2] These results demonstrate the movement of the Fermi-surface across the magnetic Brillouin-zone boundary gaps with the changes in the number of conduction electrons and this finding bears significant relevance to the comparison of the properties of solid solutions of Ce-based antiferromagnets. Another finding is that the energy-gap persists even for the moderately dilute limits of magnetic ions (see the data for x=0.8 in the La series). We have also tracked the behaviour of this peak as a function of unit-cell volume.[3] The results emphasize the need to be cautious while utilizing the data in the paramagnetic state to draw any conclusion in the antiferromagnetically ordered state even for the moderately dilute concentrations of magnetic ions.

The above results may also suggest that possible existence of spin density waves[4] below 1K in the case of $CeCu_2Si_2$ can in principle result in a similar energy-gap.

ORIGIN OF THE LOW-TEMPERATURE RESISTIVITY PEAK IN Ce-SYSTEMS

It is well-known that a peak in the resistivity (in the R versus temperature plot) appears at low temperatures even in non-magnetic Ce systems. (Needless to point out that this peak appearing well-above T_N in antiferromagnetic Ce systems should not be confused with the one that might sometimes occur at T_N due to the energy-gap discussed above. Readers are also aware that, due to the interplay between crystal-field and Kondo effect, another broad feature appears aound 100–150K and this is not a matter of discussion here). For instance, this peak appears[5] at about 15K for $CeCu_2Si_2$. While it is generally believed that the temperature (T_{max}) at which this peak appears is related to single-ion Kondo temperature (T_K) or Kondo coherence temperature $(T_{coh})^6$, some authors[7,8] tend to believe that T_{max} has a dominant contribution from the strength of the Ruderman–Kittel–Kasuya Yosida interaction (T_{RKKY}). From our earlier investigations[9], we arrived at the conclusion that both these views are valid and the interpretation varies from one compound to the other. We present here an experimental criterion to decide the relative importance of these interpretations for a compound of interest: (1) If T_{max} is proportional to T_K, the application of external (or positive chemical) pressure would shift T_{max} to higher values, as demanded by the well-known relationship between T_K and unit-cell volume. This is found[10] to be the case in $CeCu_2Si_2$. (2) If T_K and T_{coh} are independent of each other, and also if T_{max} is related to the latter, then, for such a compound, a decrease of the concentration of the Kondo ions by a few percent should depress the value of T_{max} significantly due to the destruction of coherence, as demonstrated[11] for the case of Y substituted UBe_{13}. The value of T_{max} may also be sensitive to slight variations of stoichiometry, as it possibly happens[12] in the case of $CeCo_xGe_2$. (3) If the gradual replacement of the Kondo ion by an iso-electronic non-mangetic ion (like La and Y) results in a decrease of T_{max}, the value of which varies proportionately to the concentration of Kondo ions, then in that compound, T_{max} is related to T_{RKKY}. One may normally encounter this situation in Ce systems with a magnetic ground state, for instance, in $CePt_2Ge_2$.[9]

MAGNETIC PRECURSOR EFFECTS IN HEAT-CAPACITY

Several Ce compounds ordering magnetically have been shown to exhibit a huge rise in the values of C/T below a certain temperature before the precipituous rise due to the onset of magnetic ordering. It is customary to attribute this rise to the mass enhancement. We feel that such a conclusion, unless supported by other experimental methods, may be erroneous. Such a rise in the values of C/T has been noticed in some rare-earth compounds

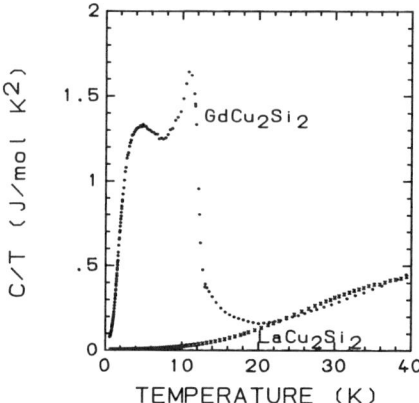

Figure 2. Heat-capacity divided by temperature as a function of temperature for the compounds, $LaCu_2Si_2$ and $GdCu_2Si_2$.

with well-localised 4f-electrons, though no serious attempt has been made to understand this feature. To illustrate this observation, we reproduce our data reported earlier[13] on $GdCu_2Si_2$ (alongwith that for $LaCu_2Si_2$ as a reference for the lattice contribution) in Fig. 2. While the data above 20K for Gd and La compounds track each other, there is a significant rise below 20K for the former, reaching a value of about 400 mJ/mol K^2 before a precipituous rise at 12K due to antiferromagnetic ordering. We believe that this anomaly arises from magnetic precursor effects, which need to be understood better. One way of verifying whether such an anomaly arises from heavy-fermion behaviour is to look for the relationship[14] between thermal expansion coefficient, heat-capacity and bulk-modulus. High pressure heat-capacity and thermal expansion studies are also helpful to clarify this point.

FINAL REMARKS

We would like to remark that we have noticed interesting transport anomalies sensitive to stoichiometry in the new Ce compounds which we have identified in the recent past[12, 15-17]. A few noteworthy features are ferromagnetic Kondo lattice behaviour and a huge increase in the electrical resistivity in the alloys of $CeNi_xGa_{4-x}$ below 20K, and a combination of logarithmic and exponential variation of resistivity above 100K in $CeRu_4Sn_6$. It is not clear at present whether energy-gap contributes to these anomalies.

ACKNOWLEDGEMENTS

The author would like to thank I. Das for his association in various experiments. He also appreciates the cooperation of M. Ishikawa and K. Hirota for heat-capacity measurements. He thanks R. Vijayaraghavan for his support.

REFERENCES

1. R.J. Elliott and F.A. Wedgewood, Proc. Phys. Soc. 81:846(1963).
2. I. Das, E.V. Sampathkumaran, and R. Vijayaraghavan, Phys. Rev. B 44:159(1991).
3. I. Das, E.V. Sampathkumaran, and R. Vijayaraghavan, J. Magn. Magn. Mater. 104–107:874(1992).
4. C. Tien, Phys. Rev. B 43:83(1991).
5. H. Spille, U. Rauchschwalbe, and F. Steglich, Helv. Phys. Acta 56:165(1983).
6. G.R. Stewart, Rev. Mod. Phys. 56:755(1984).
7. U. Larsen, J. Appl. Phys. 49:1610(1978).
8. J.S. Schilling, Phys. Rev. B 33:1667(1986).
9. E.V. Sampathkumaran, I. Das, and R. Vijayaraghavan, Z. Phys. B – Condensed Matter. 84:247(1991).
10. J. Ray, E.V. Sampathkumaran, and G. Chandra, Phys. Rev. B 35:2095(1987).
11. J.S. Kim, B. Andraka, C.S. Jee, S.B. Roy and G.R. Stewart, Phys. Rev. B 41:11073(1990).
12. I. Das and E.V. Sampathkumaran, Solid State Commun, in press.
13. E.V. Sampathkumaran, I. Das, R. Vijayaraghavan, K. Hirota and M. Ishikawa, J. Magn. Magn. Mater. 108:85(1992).
14. G. Oomi, Y. Onuki, and T. Komatsubara, J. Phys. Soc. Jap. 59:803(1990); Y. Uwatoko, G. Oomi, Y. Sakurai, and E.V. Sampathkumaran, J. Magn. Magn. Mater. 108:105(1992).
15. E.V. Sampathkumaran, and I. Das, Solid State Commun. 81:901(1992).
16. I. Das, and E.V. Sampathkumaran, Solid State Commun. 81:905(1992).
17. I. Das, and E.V. Sampathkumaran, Phys. Rev. B, in press.

SPECIFIC HEAT IN A LOW CARRIER CONCENTRATION COMPOUND: Yb-MONOPNICTIDES

Noriaki Sato,[1] Takuo Sakon,[1] Takashi Suzuki,[1]
Takemi Komatsubara[1] and Akira Oyamada[2]

[1] Department of Physics, Tohoku University, Sendai 980, Japan
[2] College of Liberal Arts and Sciences, Kyoto University
Kyoto 606, Japan

INTRODUCTION

In rare earth compounds, 4f electrons usually tend to localize, because their wave functions are restricted within the outer closed shell in the atom. However, in some cerium and ytterbium compounds, 4f electrons are likely to fluctuate in both space and time through their mixing with conduction electrons, resulting in formation of many-body states at low temperatures. A huge value of the electronic specific heat coefficient γ is indicative of this many-body ground state. It is believed that this large γ comes from fermion-type quasi-particle excitations with the large density-of-state at the Fermi level. Because of this, these compounds are referred to as "heavy fermion" compounds. Usually, the number of the conduction electrons is comparable to that of the magnetic moments located at rare earth atoms. Recently even in a semimetallic compound with a low carrier concentration, heavy-fermion-like behavior is observed. A series of ytterbium pnictides, YbX (X=N, P, As and Sb), is one of the typical examples of these semimetallic compounds.

Yb-monopnictides crystallize in the NaCl type, and (stoichiometric) compounds of YbN and YbAs exhibit long-range antiferromagnetic ordering of type III.[1,2] The pioneer work for this series was carried out by the ETH group. The temperature dependence of the magnetic susceptibility showed that 4f electrons are in Yb^{3+} state,[3] and the inelastic neutron scattering experiment indicated crystal field splitting,[4] revealing a well-localized 4f electron state. It was also reported that these compounds exhibit a sharp peak in the specific heat corresponding to the magnetic ordering at T_N = 0.735K(YbN), 0.410K(YbP) and 0.490K(YbAs).[5] A broad maximum in the specific heat appears around 4-5K, as does a sharp peak at T_N. This broad maximum was ascribed to the Kondo effect through mixing between the 4f hole state of Yb^{3+} ion and the p-states in the valence bands.[6] This assignment is supported by the fact that the cooperative transition releases only 20% of $Rln2$ (for YbP),[5] the expected molar entropy of a doublet ground state. Mössbauer and neutron scattering measurements yielded the magnetic saturation moments significantly reduced below the value expected from the crystal field ground state Γ_6.[1,2,7] This reduction of the of the magnetic moment seems to be a common feature observed in heavy fermion compounds. Although we have several experimental results to suggest the Kondo hybridization model in Yb-monopnictides, we have no information concerning to the γ-value, which is indicative of the heavy fermion compounds. Furthermore, there exists no sign of the Kondo effect in the electrical resistivity.[8] In order to resolve these questions, experimental measurements were performed in Sendai group.[8-11] In this paper, we review these experimental investigations and also discuss the competition between the Kondo effect and the magnetic interactions.

RESULTS AND DISCUSSION

In order to obtain the γ-value, we performed the specific heat measurements of YbAs below 1K.[12] Although it was first reported by Ott et al.,[5] the electronic specific heat coefficient was not deduced. The overall features of our results[12] are consistent with the data in the literature,[5] where the increase of the specific heat below about 150mK was safely attributed to the nuclear Zeeman effect of Yb nuclei which suffer an exchange field in the antiferromagnetic ordered state. To estimate the nuclear part of the specific heat, we assumed that the temperature dependence in the lowest temperature region can be given as follows.

$$C = (\alpha/T^2) + \gamma_1 T \qquad (1)$$

Here, the first term indicates the nuclear contribution to the specific heat in the high-temperature approximation, and the second one the electronic specific heat. The contribution of the antiferromagnetic spin wave excitation is small compared with the above two terms in this temperature range (T < 150mK). The specific heat is plotted in Fig. 1. The external magnetic field effect on α and γ_1 is small. From the fit to the experimental result, which is indicated by a broken line in the case of

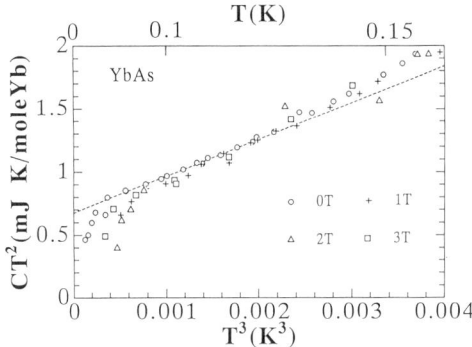

Figure 1. Plot of specific heat multiplied by T^2 as a function of T^3. Data are taken from ref. 12.

zero field, we obtain $\alpha = 0.67$mJ·K/mole and γ_1=290mJ/K^2 mole. The deviation from the broken line in the lowest temperature region is possibly due to the adoption of the high-temperature approximation in eq. (1). The magnitude of the internal field at a Yb (^{171}Yb and ^{173}Yb) nucleus site was obtained from the above value of α to be $H_{\text{int}} = 53$T. This value of the internal field is compatible with the hyperfine field ($H_{\text{hf}} = 87$T) derived from the measurements of the ^{170}Yb Mössbauer effect.[7]

Since the internal field is so large, α is not affected by the application of a magnetic field up to 3T, as mentioned above. By subtraction of the nuclear contribution from the measured specific heat, the electronic part of the specific heat was obtained and plotted in Fig. 2.

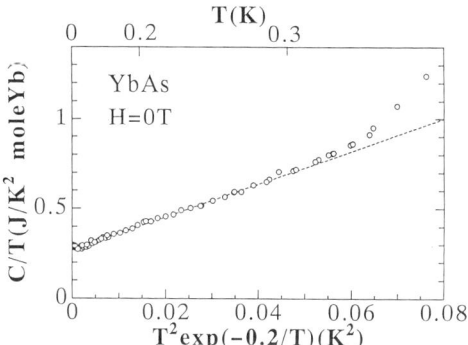

Figure 2. Electronic part of specific heat after subtraction of the contribution from the nuclear Zeeman effect. The value in the exponent (=0.2K) indicates the gap of the antiferromagnetic spin wave excitation. The values of γ and δ are obtained to be 270mJ/K² mole and 9.1J/K⁴, respectively. Data are from ref. 12.

The temperature dependence of the specific heat was assumed to be given as follows.

$$C = \gamma T + \delta T^3 exp(-\Delta/T) \qquad (2)$$

The second term indicates the antiferromagnetic magnon contribution with an energy gap Δ in zero field. The best fit to the formula yields Δ=0.2K. Dönni et al. performed the inelastic neutron scattering experiment to obtain the spin wave dispersion,[13] and they found two magnon branches. One of them has a k-linear dispersion near the magnetic zone center Q=(1,1/2,0) with an energy gap of 0.08meV. This value of the energy gap is several times larger than the above value. This discrepancy probably originates from the difference in resolution in the experiment, and we believe that the resolution is better in the specific heat experiment than in the neutron scattering measurement. The γ value obtained from eq. (2), i.e. 270($\pm$10)mJ/K² mole is consistent with the above γ_1-value. This indicates the self-consistency of our analysis. The γ-value in external magnetic fields is γ=220, 210 and 200mJ/K²mole for $H = 1, 2$ and 3T, respectively.

We also obtain δ=9.1 J/K⁴ and further the exchange coupling constant of the same order as the Néel temperature, assuming a simple model of spin wave.[14] This result is quite contrast to the Mössbauer experiment results, which suggest that the exchange field energy (in the ordered state) is 20 times larger than the Néel temperature.[7]

It is apparent from these specific heat measurements that YbAs is a heavy fermion compound. However, the kondo behavior is not found in the electrical resistivity, as mentioned before. To resolve this contradiction, transport properties were analyzed by Oyamada,[8] as follows. Assuming both the good stoichimetry of the sample and the field independence of the mobilities and the anomalous Hall effect, one can obtain all three parameters, i.e. $n_h = n_e = n$ (carrier concentration), μ_h (hole mobility) and μ_e (electron mobility). The carrier numbers at low temperatures, i.e. $n = 0.054$/unit cell at 4.2K, is completely consistent with that derived from the dHvA effect experiment.[10] The results are illustrated in Fig. 3. This indicates the different behavior of holes and electrons at low temperatures, that is, the mobility of electrons increases strongly below 80K, whereas that of holes shows no increase.

This means that the electric current is mainly carried by the electron with larger mobility. On the other hand, it is shown from a band structure calculation that the Kondo effect is due to the mixing of the 4f state with the hole state of the conduction electrons, not due to with the electron state.[8] Therefore, the large conductivity of the electron state can mask the Kondo scattering of the hole state by the 4f moments.

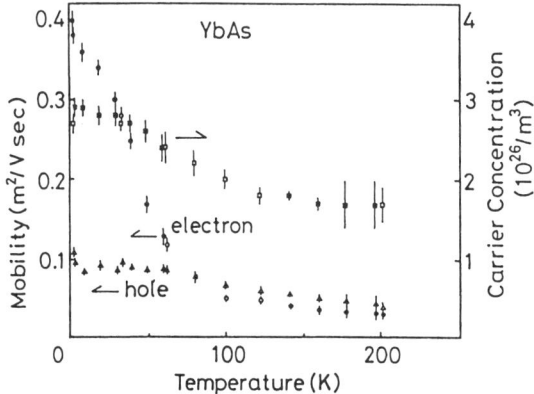

Figure 3. Temperature dependence of mobilities and the carrier number. (See text) Data are from ref. 8.

The quasi-inelastic neutron scattering experiment is useful for extracting the strength of the 4f-4f magnetic interactions. From the analysis of the line shapes of the quasi-elastic spectrum, the strength of the magnetic interaction is obtained to be about 18meV even at $T=50K$.[11] Surprisingly, this value is about 40 times larger than that of the Néel temperature. This implies that there exists a mechanism such as Kondo effect or some magnetic frustration which suppresses the magnetic ordering.

In this paper, the terminology of "Kondo effect" was used. However, it seems difficult to ascribe the heavy-fermion-like features in Yb-monopnictides to the Kondo effect, because the conduction-electron-density in Yb-monopnictides is two orders of magnitude smaller compared to the density of the magnetic moments. This suggests that other types of spin fluctuation is to be considered instead of the Kondo-effect-type spin fluctuation. Anyway, we conclude that Yb-monopnictides are a typical example demonstrating the competition between the "Kondo effect" and magnetic interactions.

REFERENCES

1. A. Dönni, P. Fischer, A. Furrer and F. Hulliger, Long-range f.c.c. antiferromagnetic ordering of type III in the heavy fermion compound YbAs, Solid State Commun. 71:365 (1989).
2. A. Oyamada, P. Burlet, A. Bouvet, R. Calemczuk, J. Rossat-Mignod, T. Suzuki and T. Kasuya, J. Magn. Magn. Mater. 90-91:441 (1990).
3. H. R. Ott, F. Hulliger and H. Rudigier, Absence of magnetic order in Yb monopnictides, in:"Valence Instabilities", P. Wachter and H. Boppart, eds., North-Holland (1982).
4. M. Kohgi, K. Ohoyama, A. Oyamada, T. Suzuki and M. Arai, Crystal field excitations in Yb monopnictides, Physica B 163:625 (1990).
5. H. R. Ott, R. Rudigier and F. Hulliger, Low-temperature phase transitions in Yb monopnictides, Solid State Commun., 55:113 (1985).
6. S. Takagi, A. Oyamada and T. Kasuya, ^{31}P NMR studies of the magnetically ordered heavy-electron compound YbP, J. Phys. Soc. Jpn., 57:1456 (1988).
7. P. Bonville, J. A. Hodges, F. Hulliger, P. Imbert, G. Jehanno, J. B. Marimon Da Chuha and H. R. Ott, First-order Kondo-frustrated antiferromagnetic ordering in the heavy electron compound YbAs, Hyperfine Inter. 40:381 (1988).
8. A. Oyamada, Ph.D. Thesis (Tohoku Univ.) (1991).
9. T. Sakon, Master Thesis (Tohoku Univ.) (1992).
10. N. Takeda, Ph.D. Thesis (Tohoku Univ.) (1992).
11. K. Ohoyama, Ph.D. Thesis (Tohoku Univ.) (1992).
12. T. Sakon, N. Sato, A. Oyamada, N. Takeda, T. Suzuki and T. Komatsubara, Heavy-electron behavior in a low-carrier-concentration compound YbAs, J. Phys. Soc. Jpn., 61:2209 (1992).
13. A. Dönni, A. Furrer, P. Fischer, F. Hulliger and S. M. Hayden, Spin-wave excitations and the magnetic phase transition in the ytterbium monopnictide YbAs, J. Phys. :Condens. Matter 4:1 (1992).
14. R. Kubo, Phys. Rev. 87:568 (1952).

LOW ENERGY EXCITATIONS IN LOW CARRIER CONCENTRATION SYSTEMS OF CeSb AND Yb-MONOPNICTIDES

Takashi Suzuki

Department of Physics, Tohoku University
Sendai 980, Japan

The dHvA effect has been measured in several heavy Fermion substances. There are some discrepancies between the observed cyclotron mass and the mass estimated from the linear term of low temperature specific heat. A typical example is CeB_6 in which the cyclotron mass in lower magnetic field observed by Onuki et al (1) is twice smaller than that estimated from γ. We believed that this discrepancy is due to unobservable Fermi Surfaces with a much heavier cyclotron mass at that time. $CeSn_3$ is taken as a typical example which exhibits a good agreement between the band calculated mass(2) and dHvA effect one(3). In this compound, theoretical prediction of mass enhancement factor in the specific heat is about 4, while the ratio of band mass and observed cyclotron mass is 4 only along special direction of the Fermi surface and is nearly 2-3 along other all direction. The discrepancy is clear and may be due to the error in both experimental and theoretical estimations.

There is a similar situation in CeSb. Various anomalous properties of CeSb and CeBi have been successfully analyzed on the baisis of the p-f mixing model, in which the hybridization of the hole state at the top of the valence p-band of pnictogen with the occupied f-electron plays an essential role (4). It was also shown that in the ferromagnetic phases the Fermi surfaces given by the p-f mixing model agree with the experimental ones obtained by Kitazawa(5), Aoki(6) and Goto except that for the most strongly hybridized band, which was not experimentally observed. Sakai et al predicted that the mass enhancement factor of unobserved Fermi surface is 11.6 and cyclotron mass is 5.7(9). After that, Aoki et al confirmed the existence of the largest hole Fermi surfaces, which is nearly 10% smaller than the theoretical one. However, the cyclotron masses could not be determined by their experiment.

Very recently Settai et al (11) have measured the accoustic dHvA effect down to 30mK and up to 13T in CeSb and found that the cyclotron mass is $4.2m_0$ on the [100] direction. This value is in very good agreement with $m^*=5.7m_0$ theoretically estimated by Sakai et al. The validity of the p-f mixing model has been confirmed again. Now all the Fermi surfaces were experimentally determined, and the situation becomes very clear, that is only the largest hole surface has a large mass enhancement of about $4.2m_0$, which is due to a strong p-f mixing. All the other branches at the Fermi surfaces have lighter masses ($m^*<1$). Still the discrepancy between the cyclotron mass and the mass estimated from the γ value of the specific heat remain to be very serious. The specific heat at lower temperatures in various magnetic field are shown in Fig.1(12).

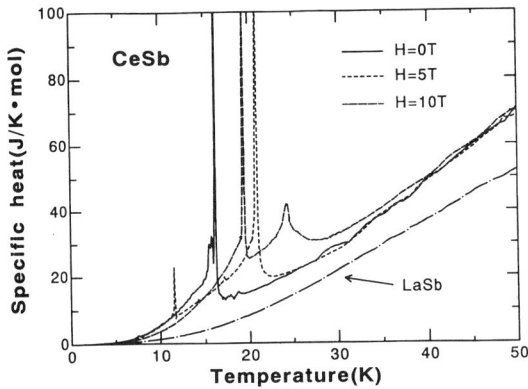

Fig.1 Specific heat of CeSb for various magnetic field

At 10T, which is nearly the same magnetic field used in the estimation of the cyclotron mass of the largest hole surface, the γ value of CeSb was obtained as $13mJ/molK^2$. On the other hand, the theoretical estimation predicted a γ value of $1.9mJ/mol.K^2$ with $m_0=5.7$. It is to be noted that the γ value smaller than those in usual metallic substance is due to low carrier concentration, in spite of large mass enhancement, in CeSb. The discrepancy is nearly 6 times and there is no other Fermi surface. It is sure that the all contributions to the γ value from the Fermi surfaces are about $2mJ/mol.K^2$ at most if there is uniform mass enhancemen on the largest Fermi surface. We have to look for other sources of the contribution to the γ value. At first, is there any cotribution from spin fluctuation?, even though it is difficult to produce the linear term of the specific heat due to spin fluctuation. The answer is definitely no. because the magnetic excitation spectrum spectrum measured by Rossat-Mignod et al (13) and Halg et al (14) showed a large gap of about 3.6meV. This gap energy is much larger than the thermal excitation energy in the temperature range 2-5K, where the γ value was estimated from the specific heat. Next possibility is the low energy excitation corresponding to the anomalous absorption in optical conductivity of the far infrared region. This absortion peak sites at 10 meV (15) as shown in Fig. 2. This is also much larger excitation energy for the low temperature specific heat. At present, there is no experimental evidence for other sources of the contribution to low energy excitation except the contribution of the carriers on the Fermi surfaces. In order to clarify this point, the specific heat measurement at lower temperatures is necessary and may give the information about the structure of this anomalous low energy excitation. It is sure that there are some low energy excitations contributed to γ-value of specific heat without carrying the current even in present temperature region of 2-6K. This may be connected the occurrence of the heavy Fermion states in insulating materials such as Sm_3Se_4 (16) and Sm_3Te_4 (17).

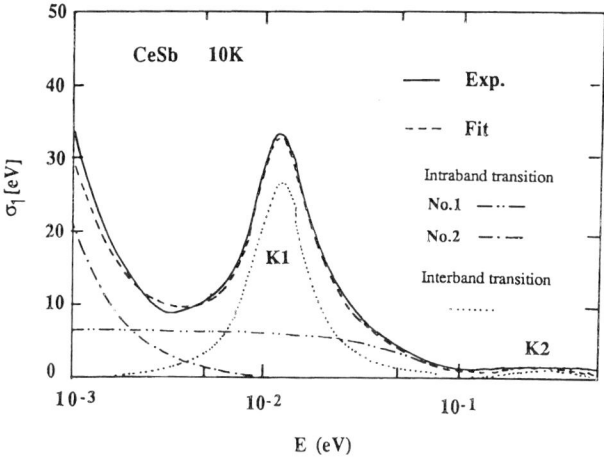

Fig.2 Optical conductivity for CeSb

Another anomalous contribution to the specific heat is found in Yb-monopnictides. Yb-monopnictides YbX (X=N,P,As,Sb) are very interesting materials which exhibit strong competition between a remarkable Kondo effect and an intersite magnetic interaction in several physical properties (18),(19). They are also low carrier concentration systems as confirmed by the result of dHvA effect for YbAs (20). A systematic study of the specific heat in the whole series of YbX has recently been carried out in the temperature range between 2K and 60K by Li et al (21). The result for YbN is shown in Fig.3. The Schottky anomaly calculated on the basis of the CEF level scheme of the neutron scattering is also shown in this figure.

For YbN no contribution from the Schottky anomaly is seen in the temperature range below 40K. The magnetic contribution to the specific heat is obtained by subtracting the specific heat of LuN. Both YbP and YbAs exhibit similar results. The magnetic entropy of the Γ_6 ground state doublet is released near 20K(22). This cannot be explained by the thermal excitation of the crystalline field level with a separation of 200-300K between the Γ_6 ground state and the Γ_8 first excited state which was determined by neutron scattering. We have to look for again the source of the contribution to this excess entropy. One possible source may come from to some kind of phonon softening effect which was observed clearly in the neutron scattering experiment of YbN(23). This softening, however, can not be seen so clearly in YbP and YbAs, where an excess entropy beyond the doublet can be seen in specific heat results.

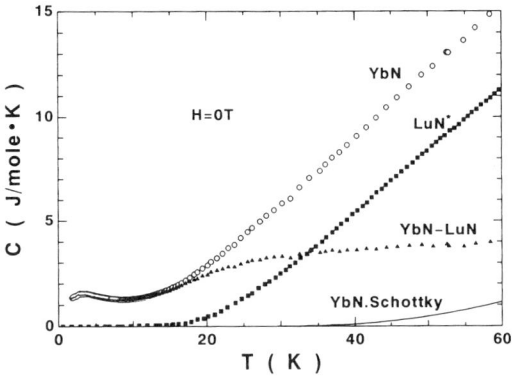

Fig.3 Specific heat for YbN

As the other possibility of the effect of a strong magnetic correlation, a phenomenological model was proposed, in which the width and separation of excited Γ_8 excited state are same as to those observed by neutron diffraction but they are assumed to have a long extended tail caused by magnetic excitation as shown in Fig.4

This model with a long tail of the first excited state could also describe well the anomalous specific heat behavior in YbP and YbAs. This long tail, however, could not be detected in simple neutron scattering experiments of YbAs. A careful temperature dependence of the scattering intensity in the neutron

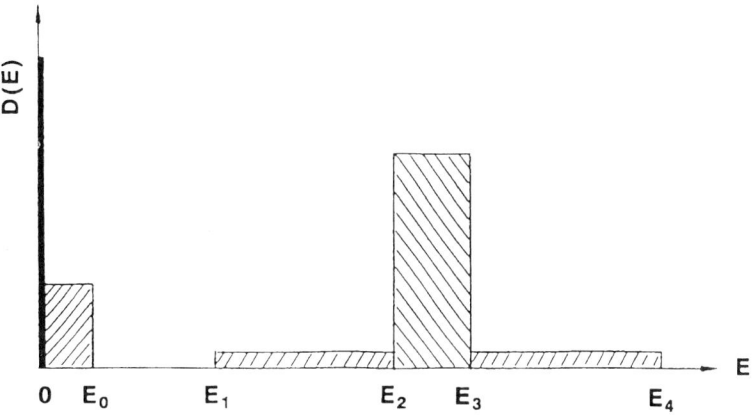

Fig. 4 Schematic energy diagram of the proposed model

and quasi-elastic scattering may give the key to solve this interesting problem. In conclusion, we would like to stress the possibility of the existence of the low energy excitation emphasized not related to the carriers in CeSb and Yb-monopnictides.

REFERENCES

1. Y. Onuki, T. Komatsubara, P.H.P. Reinders and M. Springford, Physica B 163 (1990) 100
2. A. Hasegawa and H. Yamagami, Prog.Theor.Pys.Suppl.108 (1992) 27
3. I. Umehara, Y. Kurosawa, N. Nagai, M.Kikuchi, K. Satoh and Y.Onuki,
   J.Phys.Soc.Jpn. 59(1990) 2848
4. H. Takahashi and T. Kasuya,
   J. Phys. C18 (1985) 2697,2709,2721,2731,2745 and 2755
5. H. Kitazawa, T. Suzuki, M. Sera, I. Oguro, A. Yanase, A. Hasegawa and T. Kasuya, J. Magn.Magn.Mat. 31-34 (1983) 421
6. H. Aoki, G.W. Crabtree,W. Joss and F. Hulliger,
   J.Magn.Magn.Mat. 52 (1985) 389
7. O. Sakai, M. Takeshige, H. Harima, K. Otaki and T.Kasuya,
   J.Magn.Magn.Mat. 52 (1985) 18
8. T. Kasuya, O. Sakai, J. Tanaka, H. Kitazawa and T. Suzuki,
   J.Magn.Magn.Mat. 63&64 (1987) 9
9. O. Sakai, Y. Kaneta and T. Kasuya,
   Jpn.J.App.Phys. Supl. 26-3(1987) 477
10. H. Aoki, G.W. Crabtree,W. Joss and F. Hulliger,
    J.Magn.Magn.Mat. 97 (1985) 169

11. R. Settai, T. Goto, S. Sakatsume, Y.S.Kwon, T. Suzuki and T. Kasuya,
    Proc. of SCES '92 in Sendai (1992) to be published
12. T. Kasuya, Y.S.Kwon, T. Suzuki, K. Nakanishi, F. Ishiyama and K. Takegahara, J.Magn.Magn.Mat. 90&91 (1990) 389
13. J.Rossat-Mignod, J.M.Effantin, C. Vettier and O. Vogt,
    Physica 130B (1985) 555
14. B. Halg., A. Furrer and O. Vogt,
    J.Magn.Magn.Mat. 63&64 (1987) 55
15. Y.S. Kwon, M. Takeshige, T. Suzuki and T. Kasuya,
    Physica B 163 (1990) 328
16. K. Faas, U. Alheim, P.H.P. Reinders, C. Shank, R. Caspary, F. Steglich, A. Ochiai, T.Suzuki and T.Kasuya,
    J.Magn.Magn.Mat. 108(1992) 220
17. U. Alheim, K. Faas, P.H.P. Reinders, O. Nakamura, F. Steglich, T.Suzuki and T.Kasuya, J.Magn.Magn.Mat. 108(1992) 220
18. A. Donni, Doctor Thesis of ETH Zulich (1990)
19. A. Oyamada, Doctor Thesis of Tohoku Univ. (1991)
20. D.X.Li, A. Oyamada, H. Shida, T. Kasuya, A. Donni and H. Fulliger,
    Proc. of SCES '92 in Sendai (1992) to be published
21. H.R.Ott, H. Rudigier and F. Hulliger, Solid State Comm. 55 (1985) 113
22. M. Kohgi, K. Ohoyama, A. Oyamada, T. Suzuki and M. Arai,
    Physica B, 163 (1990) 625

SUMMARY, HOW FAR COULD WE UNDERSTAND THE f-ELECTRON SYSTEMS

T. Kasuya

Department of Physics, Tohoku University
Sendai, Japan

INTRODUCTION

In this Hiroshima Workshop, mostly the transport and thermal properties of f-electron systems were discussed. We are mostly interested in some typical common anomalous properties but to establish them it is fundamentally necessary to study some typical materials in detail, and the latter becomes more important as our study extends over many materials.

It is now well known that it is possible to classify the materials by the kind of atoms. Clearly Ce and Yb compounds make a common class, the simplest system, because of the valence fluctuation between f^0 and f^1, or f_h and f_h^1, in which f_h means a f-hole state, and are most extensively studied. The other rare earth compounds make the second class, in which Sm and Tm compounds, in particular SmB_6, Tm-monochalcogenides and pressurized Sm-monochalcogenides, are known as materials to show unusual gap states, distinguished from the conventional gap states as shown later more in detail. The U-compounds may be classified as the third class, in which the f-f correlation energy U_f is much smaller than that in the rare earth compounds. Therefore many U-compounds are well described by the usual 5f-band model, similar to the 3d transition metals compounds. However, in some compounds, the 5f localized model is applicable and the compounds belonging to the boundary between them show the valence fluctuation states similar to that in the 4f systems in some sense but different in other sense because of the weaker U_f effect. The trans-uranium compounds form the forth class and are characterized so as to connect the U-compounds to the rare earth compounds.

In the following studies, however, keeping the above mentioned classification in mind, we shall classify the subjects by physical character.

IMPURITY KONDO STATES

Impurity Kondo problem was the starting point for the valence fluctuating problem in the f-electron systems and still now is keeping its fundamental importance. The simplest system is a Ce or Yb impurity in a typical metal and the fundamental characters are now fairly well understood when the valence fluctuation occurs mainly between f^0 and f^1 or f_h^0 and f_h^1. When more than two f electrons occupation is involved, the situation becomes complicated. For f^2 configurations, typically observed in Tm, Pr and trivalent U compounds, a possible singlet configuration competes with the Kondo singlet constructed with the conduction electrons causing various anomalies including the multi-channel non-fermi-liquid state. This state was claimed recently to be realized in some U-compounds and a detailed debate is expected to be held in Sendai.

Two impurity Kondo problem has been studied theoretically fairly extensively because it is the simplest fundamental model to understand the Kondo lattice problem. The external field and the RKKY interation between them are introduced as fixed values but the most interesting is the induced RKKY interaction through the c-f mixing and how it competes with the impurity Kondo effect favoring the singlet state at each site. In particular the competition between the Kondo singlet at each site and the magnetic singlet state and how the RKKY interaction is renormalized by the Kondo effect are most interesting in the connection to the Kondo lattice. Some discussions were done in this workshop but a more detail is expected in Sendai.

Impurity Kondo states in U-compounds are also of controversial. Indeed, the typical impurity Kondo state seen typically in Ce and Yb impurities are not found. In the Ce and Yb compounds, the impurity Kondo character persists even in the dense Kondo systems including the Kondo lattice systems. This is not found in the U-compounds. In particular in PES-BIS, there are no difference between the heavy fermion systems and the 5f-band system, a peak at 1.5 eV above the Fermi energy with a shoulder near the Fermi energy, while in the localized regime system such as UPd_3 a PES peak is observed at about 1.5 eV below the Fermi energy. It was claimed that the diluted UPd_3 shows a Kondo like behavior, in particular at 20% U concentration a non-fermi liquid behavior as expected by the two channel Kondo system. There are some mysteries in UPd_3 systems and more detailed experimental studies are necessary to reach a final picture.

LOW CARRIER-SEMIMETAL-NARROW GAP SYSTEMS

Extensive studies for new heavy fermion systems were reported in this workshop, and in particular various low carrier exotic materials were reported. The easiest way to make a low carrier material is a doping in a insulator, typically done in the high T_c CuO_2 layered materials. In such a system, the really low carrier regime is governed by the impurity state or the magnetic impurity state as was done at first in Eu-chalcogenides doped with a trivalent rare earth atom such as Gd or La and the situation becomes complicated because of randomness.[1] To obtain the intrinsic properties, intrinsic low carrier systems such as semimetals and narrow gap semiconductors are appropriate. Actually the materials reported in this workshop belong to the latter category. However, to obtain the really intrinsic properties, the sample should be very good, that is, the impurity should be at least one order of magnitude smaller than the intrinsic carrier number. Based on this criterion, the most appropriate samples in the present stage is the rare earth monopnictides, RX, prepared by T. Suzuki group and more improvements are required for all the samples. Excepting RX and CeNiSn, all other materials are thought to be explained by the already known mechanism known first in EuB_6, a typical semimetal or narrow gap semiconductor and studied by M. Kasaya et al. experimentally and by T. Kasuya et al. theoretically.[2]

It was shown that the top of the valence band and the bottom of the conduction band are slightly overlapping, or have a narrow gap, at room temperature. The occupied 4f levels are near, about 1 eV, below the Fermi energy, while the unoccupied 4f levels are several eV above the Fermi energy. When the 4f spins on each Eu atom align ferromagnetically, the up-spin valence band is pushed up due to increasing p-f mixing interaction, while the up-spin conduction band is pulled down due to increasing intra-atomic d-f exchange interaction causing the system into a stronger semimetal with a larger carrier number. The ferromagnetic order is stabilized due to the rearranging energy of carriers from the valence band to the conduction band. The opposite thing happens for the down-spin bands. The transition is the first order due to a strong non-linearity. This phenomenon is a typical one for a weak-overlapping or a narrow-gap system and actually has been observed in many materials including the materials reported in the present workshop. A typical example is CeSb, the most extensively studied materials, or the Ce-monopnictides in general. Here, the situation is more complicated because the excited crystal field state, Γ_8, has a much stronger p-f mixing and thus the ferromagnetic order is realized by the $4f\Gamma_8$ state ordered in a layer. Ordered states are complicated bacause among the Γ_7 ground state the Γ_8 ferromagnetic layers stack in various ways.[3] More variations are, of course, possible.

A typical example in the U-compounds is U_3P_4, in which U atom is tetravalent. The reference system Th_3P_4 has a narrow gap between the valence and the conduction bands, because Th is tetravalent. Because of strong local anisotropies on three different sites, a canted ferromagnetic order is realized at low temperature. Similar to the Ce-monopnictides, U_3P_4 is a rare material in which dHvA oscillations were observed because of its high quality. Different from Ce-monopnictides, however, the Fermi surface is not yet fitted theoretically by the same model as that for Ce-monopnictides again indicating different character of 5f electrons from the 4f electrons. UNiSn reported in this workshop is a typical example belonging to the same class. Various trans-uranium compounds, in particular pnictides, also belong to the present class.

Most materials belonging to this class are pnictides, in some sense, because in the rare earth pnictides, the energy gap between the conduction band made mainly by the rare earth 5d-states and the valence band made mostly by the pnictogen p-states becomes nearly zero. In chalcogenides, the gap becomes the order of 2 eV with a strong ionic character. In some C and Sn compounds, the band overlapping is weak and thus belong to the present class. The most compounds have the form $R_xT_yX_z$, in which R means a rare earth atom or U-atom, T is a transition metal atom with nearly filled d-states and X is a pnictogen atom and C or Sn. The present situation is realized when the following equation is satisfied.

$$\alpha x = \beta y + \gamma z , \qquad (1)$$

This is because electrons flow from R to T and X. α is the valency of R. In Ce, when it is in a valence fluctuation regime, the usual 4f band model is applicable and thus $\alpha = 4$, while in the Kondo and localized 4f regimes, the split 4f band model, or the Hartree-Fock model, is applicable in which one 4f state is below the Fermi energy, and thus $\alpha = 3$. For the U-compounds, the valency of U-ion should be well defined. This does not exclude, however, the materials in which the 5f band model is applicable. For pnictides, $\gamma = 3$ and for C and Sn $\gamma = 4$. When z is sufficiently large, the s-band, or the OPW band, related with the s-state on T and R are pushed up above the Fermi energy due to the mixing with the closed s-shell on X. Therefore, $y = -1$ for the Cu-column, $y = 0$ for the Ni-column and $y = 1$ for the Co-column. For a small value of z, however, the OPW band is lowered below the Fermi energy and thus a careful band calculation is needed. For example in LaSb, the OPW band is above the Fermi energy but in La_2Sb it exists below the Fermi energy. In $LaPd_3$, the OPW bands appear in between the d-bands for Pd and La and thus $LaPd_3$ is a monovalent metal in the sense of the OPW bands. Because $CePd_3$ belongs to the valence fluctuation regime, it is a divalent semi metal for the OPW bands and thus belongs to the present class. Anyway, the low carrier character is explained by the usual band model and thus should be called as the ususal band gap or the ususal band semimetal, or a trivial gap. On the other hand, the gap, which is not explained by the above model, should be called as the non-trivial gap, or exotic gap. Typical examples were SmB_6, TmSe, Sm-monochalcogenides under pressure and YbB_{12}. The newly found material CeNiSn also seems to belong to this class but more studies are needed as shown later.

The main subject for the former class of materials, in particular belonging to the Kondo regime, is how far and why the Kondo-like singlet persists in a low carrier system. In a low carrier system, a more probable singlet for theorists is the magnetic singlet, in which an antiferromagnetic RKKY exchange interaction between the 4f dipole moments is dominant and the RVB-like singlet state is formed. However, this type of singlet is thought to be not realized in the systems under consideration because, first, this singlet does not cause anomalies on the transport properties as observed, second, the exchange interaction in the low carrier system is predominantly ferromagnetic, as observed, third, there are no acceptable mechanisms to cause the RVB-like singlet from the antiferromagnetic order, and forth, the Kondo-like behavior persists from the good metals to the low carrier systems continuously without any essential change. It should be noted, however, that clear impurity Kondo behavior has been not yet observed in the low carrier systems.

It is also an important issue to know what kinds of novel states, in particular magnetic and superconducting states, emerge as the competing states in the low carrier systems. It is an interesting question to ask whether any superconducting state exists in the low carrier system. A typical example may be $La_{3-x}X_4$, in which X is a chalcogen atom and $0 < x < 1/3$, where at $x = 1/3$ the system has no carrier. Clear superconductivity with a fairly large T_c, several K, is observed. Origin of this large T_c even for a low carrier density is not clear. As a typical magnetic state in a low carrier system, strong ferromagnetism due to strong non-linearity of density of state was already studied before. Another typical example is magnetic polarons, or its lattice, and this is strongly related with the Wigner crystal in the non-magnetic low carrier systems. Indeed, these were reported to be realized in the Ce- and La- monopnictides.[4] These were predicted theoretically in many years ago and investigated experimentally without success. Very high quality samples are the most important factor for the recent new observation.

Low carrier systems are also important to check the Luttinger theorem. In the metallic systems, it is difficult to obtain whole the Fermi surface by dHvA measurement, in particular for the Kondo regime compounds, because of heavy masses on a complicated fermi surface, as well as due to coexisting magnetic ordering and magnetic breakdown effect. These facts cause serious ambiguity to check agreement with the band calculation. The low carrier semimetal has a strong merit on this point because of its simple Fermi surface located at some symmetry points. Then the effects of magnetic ordering are usually expected to be much weaker except a special case that the magnetic gap boundaries cut the small Fermi surface. Furthermore, the large magnetoresistance due to semimetal can prove the Luttinger theorem very precisely. In CeSb, for example, the magnetoresistance ratio increases as high as 100, indicating that the difference of carrier numbers in the electrons and holes is less than 10^{-4}. Note that CeN in the valence fluctuation regime is monovalent metal, no holes and one conduction electron per Ce atom. Therefore, even though the effective 4f level is near the Fermi energy and the effective Kondo temperature is estimated to be about 100 K, the Luttinger theorem as the split 4f-band model is satisfied very well. Note also that for dHvA measurement both the low temperature and low Dingle temperature are required, while for the magnetoresistance only the low Dingle temperature is required. Therefore, even if whole the Fermi surface is not observed by dHvA measurement, the strong magnetoresistance is observed, as was happened really in CeSb. Indeed through Ce- and Yb- monopnictides, in which very detailed dHvA and magnetoresistivity have been measured, we have studied that the split 4f band model is applicable for the low carrier Kondo regime materials, irrespective of long range magnetic orderings, and the Luttinger theorem is applicable very accurately even if the material is near the valence fluctuation regime. The large mass enhancement is due to the electron-magnetic fluctuation interaction. The mechanism for the Kondo-like singlet state and the large effective Kondo temperature, many orderes of magnitude larger than the impurity Kondo temperature evaluated by using the usual model, are, however, not clear. More detailed studies on various different materials are necessary.

Many low carrier systems belonging to both the Kondo and valence fluctuation regimes, for example $Ce_3Au_3Sb_4$ for the former and $Ce_3Pt_3Sb_4$ for the latter, were found and reported in this Workshop. However, non of them are still not so pure enough to measure dHvA effect. Some of them show very large γ-values, such as YbPtBi, which also belongs to the low carrier system in the Kondo regime as clear from the equation shown before. Such a large γ-value is due to partly weak crystal field splitting, that is a large degeneracy, but partly related with a kind of magnetic ordering at very low temperature. In this sense, Sm_3X_4, in which X means S, Se and Te, is the extreme case, the heavy fermion without free carrier.[5] Careful measurement by using high quality sample is needed. Note that YbPtBi is essentially the same as YbBi. In the former, Pt atoms occupy the vacant space in YbBi of the Nacl type structure. Because Pt is neutral no essential change occurs. However, due to d-d mixing between the d-states on Yb and Pt, the band gap becomes wider. The crystal field splitting and the indirect f-f exchange interaction are also altered because of the f-d mixing between Yb and Pt. The same thing exists between Ce_3Sb_4 and $Ce_3Pt_3Sb_4$. Note that by introducing the transition metal atoms the crystal structure is stabilized and thus new materials are found but due to the ternary alloys it is more difficult to obtain high quality samples.

FERMI SURFACE AND MASS ENHANCEMENT

For the materials belonging to the Kondo regime, where both the occupied and unoccupied f-bands are not at the Fermi energy, the mass enhancement on the usual band states is due to mainly fluctuations of spin and orbital moments in the f-states. However, the usual second order approximation valid for the electron-phonon interaction seems to be not enough to explain the large γ-value observed in some materials. In particular, the large γ-values in low carrier systems are mystery. On the other hand in the valence fluctuation regime, the usual f-band model can explain the Fermi surface and the renormalized f-band model is claimed to explain both the Fermi surface and mass enhancement. These problems were discussed actively in this Workshop. It is clear that there are two f-peaks in BIS of Ce-compounds. One near the Fermi level is called the Kondo peak and another, several eV above the Fermi energy, is called the f^2-peak with the f^2-multiplet structure. The f-band model should be good when the f^2-peak is weak, and then the Kondo peak becomes the usual f-bands. As the f^2-peak intensity increases, the f-band becomes narrower renormalized f-band with the narrowing ratio, proportional to the intensity of Kondo peak relative to the f^2-peak. However, the intensity of the f-character at the Fermi energy does not change and thus the Fermi surface of the f-band model persists even for the renormalized band. The Kondo peak seen by BIS corresponds, however, to the high frequency Kondo state, much higher than the low frequency Kondo state, where only the lowest 4f states are mainly concerned, and thus the mass enhancement is small. To obtain the observed large mass at low temperature, the spin and charge fluctuation of f-electrons should be taken into account in the usual way, similar to the case of the 3d electrons. The renormalized f-band with the large mass enhancement corresponds to the low temperature Kondo state and thus of much lower energy. There are many ways to construct this kind of renormalized f-band depending on how to take into account various interaction effects such as the spin-orbit splitting, crystal field splitting etc. because there is no first principle description. The same intensity at the Fermi energy may be a possible guide line. The simplest way, for the present author, is to put the f-characters corresponding to the low temperature Kondo state at T_K above the fermi energy for the high frequency renormalized band. The Fermi surface is not expected to change substantially. In anyway, it is important to check the fermi surface, as well as the anisotropic mass enhancement effect carefully. For the f-band model, it is necessary to calculate the mass enhancement through the spin-charge fluctuation. It should be also noted that the fermi liquid character exists only very near the fermi energy and in the most part of the renormalized band a many body local state with strong spin and charge fluctuations is a better description.

The same thing exists in the Kondo regime. In CeSb, for an example, the f-PES splits into two peaks, named as bonding and antibonding peaks, in which the bonding peak intensity is about 40% situating at about 1 eV below the Fermi energy. Therefore, when we put one full f-state below the Fermi energy to calculate the Fermi surface of conduction band affected by the occupied f-state, the position should be accordingly chosen.[6] This corresponds to the f-band and the high frequency renormalized band in the valence fluctuation regime. Therefore, it is also possible to calculate the mass renormalization by putting the low frequency Kondo state at T_K above the fermi energy. Comparison with the usual method to use the magnetic fluctuation[7] should been done carefully.

It was reported that the fermi surface of $CeRu_2Si_2$, which has a large γ-value and thus has been thought to belong to the Kondo regime, seems to belong to the valence fluctuation regime. Both the usual f band claculation and the renormalized f-band model claimed that they could fit the experimental result fairly well. More detailed comparison is necessary.

NON TRIVIAL GAP STATES

As mentioned before, the most low carrier systems are explained by the usual band gap or weak overlap and thus called as the trivial gap formation. Of course there are many interesting physics exist in these materials but the origin of gap is clear. On the other hand, in some materials, the origin of gap remains to be controversial. Typical examples are SmB_6, pressurized Sm-monochalcogenides. TmSe and YbB_{12}. Recently found CeNiSn seems to belong to this category but still a lot of questions remain.

Among the above mentioned example, SmB_6 and YbB_{12} are most extensively studied. In TmSe, the valency of Tm depends very sensitively on the stoicheometry, which makes difficult to prepare high quality good stoicheometric samples. There is still a claim that the gap can be obtained by the usual f band model in SmB_6 and YbB_{12}. Even if it is so, the f band model is too far from the real f-state and can not be a convenient starting model to understand various anomalous properties under consideration. Actually no attempt has been done so far to understand anomalous properties based on the f-band model. The same argument is applicable for the so called c-f hybridization gap, which is essentially the same as the f-band model. The 4f states in SmB_6 and YbB_{12} are very well described by the atomic many body states with strong f-f correlation energy. In YbB_{12}, a well defined crystal field splitting is observed by the neutron scattering and the ground state is a quartet, while in SmB_6 the crystal field splitting is weak and above 50 K all the freedom of $J = 5/2$ in the trivalent Sm is free. A kind of Wigner crystal for the 4f states was proposed to be consistent with various anomalous properties, for example increasing lattice constant with decreasing temperature, opposite to the c-f hybridization model.[8] Recent neutron scattering experiment on SmB_6 also consistents with the local character of gap formation.[9] It should be noted that the study of SmB_6 started in 1970 and then the non-magnetic character was attributed to local trapping of one 5d electron at each trivalent Sm ion making non-magnetic ground state. This looks similar to the strong Kondo limit lattice but different in the point that there is no intra-atomic d-f mixing and thus the main interaction is the intra-atomic d-f Coulomb-exchange interaction. It should be noted that SmB_6 and TmSe are the mixed valence materials in which both the trivalent and divalent ions coexist in a more static sense. YbB_{12} is different in this sense because where Yb is the trivalent Kondo system. We know now that the inter-atomic d-f and p-f mixing interactions are more important and the singlet formation is due to these mixing interactions. It is clear that the transport gap, or the charge fluctuation gap, is nearly equal to the singlet bound energy, or the magnetic excitation gap, and this gap energy changes gradually to the Kondo temperature T_K as diluting Sm by trivalent ions such as La, while the gap character persists by diluting with the divalent ions such as Yb.

On the other hand various measurements on CeNiSn are causing confusion. Very clear gap formation was reported by NMR measurement. However, no other experimental results support gap formation. The γ-value is large and increases with applied field. The resistivity is rather metallic and gives a large metallic residual resistivity, which decreases with applied field. To solve this dilemma, Kasuya proposed that similar to Ce, in which both α and γ Ce coexist, both the CeNiSn belonging to the valence fluctuation regime and the Kondo regime may coexist.[10] From eq. (1), CeNiSn for valence fluctuating regime has a narrow band gap, or low carrier system, with a large energy scale. Therefore, anomalies at low temperature, in particular a narrow gap formation at low temperature should be attributed to the Kondo regime CeNiSn. The gap may collapse with applied field corresponding to $T_K \sim 10K$. Various anomalous properties are explained consistently by the above model and then the Kondo regime CeNiSn belongs to the non-trivial gap state class, the first case in the Ce-compounds. Anyway more careful experimental studies are necessary.

HEAVY FERMION SUPERCONDUCTIVITY

This is obviously one of the most interesting subject in the heavy fermion systems. However, a detailed debate is expected in Sendai and thus here we mention only briefly, mostly on the new materials. UPd_2Al_3 is the newly found heavy fermion superconductor with substantially different characteristics compared with the already known materials. First of all a clear magnetic ordering with a substantial magnetic moment appears well above Ts. Crystal field splitting is also clearly seen. Therefore, this materials looks to belong to the localized 5f regime, or the Kondo like regime in the analogy to the 4f system. As mentioned before, it is difficult to classify the U-compounds to the Kondo and valence fluctuation regimes as was done in the Ce-compounds. From FES-BIS, we are rather inclined to assume that in the most heavy fermion U-compounds the 5f band model is applicable. This is true in UPt_3 and probably in UBe_{13} and URu_2Si_2. In this sense UPd_2Al_3 is clearly different. Furthermore, we should expect that near Ts the 5f magnetic fluctuation is weak, different from other materials. The pairing scheme looks like similar to the conventional one. However, the behavior of T_1 measured by NMR is very similar to other materials indicating exotic character. UPd_2Al_3 is simpler compared with other materials and dHvA measurement seems to be possible. In this sense, this material seems to be the most convenient one to reveal the exotic heavy fermion superconductivity.

It has been a puzzling that why $CeCu_2Si_2$ is the only one heavy fermion superconductor in the 4f system. Now we have two new family members. One is $CeCu_2Ge_2$. Under applied pressure, it shows a superconducting transition, similar to $CeCu_2Si_2$. More studies should be done to check whether a mysterious phase boundary found in $CeCu_2Si_2$ also exists in $CeCu_2Ge_2$. Its pressure dependence is very interesting. It was already reported that in $CeCu_2Si_2$ Ts increases with applied pressure. A more detailed study was reported in this workshop and it was shown that the change looks like discontinuous. Therefore, the high pressure phase may be regarded as a new phase. It was proposed[11] that in the heavy fermion superconducting materials a near nesting fermi surface exists which shows strong charge and spin fluctuation near the ordered temperature preventing the superconductivity. Because of the Kondo-like behavior favoring magnetic singlet state, a charge ordering or a multipole ordering is expected with a weak magnetic ordering as a secondary effect. It is expected that with increasing pressure the nesting condition is weakened causing high T_s state. Anyway more detailed studies are expected.

TRANSPORT PROPERTIES

Transport properties were one of the main thema in this workshop. Various properties such as thermal conductivity, thermoelectric power, magnetoresistance in general, and Hall effects were reported. In heavy fermion systems, the resistivity is usually high and then the phonon, as well as magnon, thermal conductivities have substantial contributions. Then the informations about the magnon-electron and phonon-electron interactions can be obtained. Detailed analysis to obtain these informations is, however, not so easy. Systematic studies on the low carrier systems, as well as the non-trivial gap systems, seem to be interesting.

The thermoelectric power is very sensitive to the delicate electronic structure and thus important tool to study the heavy fermion character. It is well known that in the Ce-compounds a large positive peak appears, while in the Yb-compounds a large negative peak appears due to the Kondo effect, in a general sense. In the Kondo lattice system, however, the sign is reversed for temperature below T_K and changes again at lower temperature. The magnetic scattering effect is attributed for the first sign change and the coherent effect is told for the second change but the real mechanism is not yet clear.

For the Hall effect, people are more interesting in the anomalous Hall effect than the normal Hall effect. For the anomalous Hall effect, there is a big difference depending on whether the f electrons move or not. Usually the anomalous Hall effect is treated as the scattering of conduction electrons by the localized f electrons through the intra-atomic c-f Coulomb-exchange interaction and the c-f mixing interaction and in the Kondo system the latter interaction is thought to be more important. In the U-compounds, however, the 5f-band model is thought to be applicable even in the heavy fermion system and thus the scattering mechanisms for the 5f bands should be considered in detail. For the 4f system, in particular for the Ce-compounds because the Ce-compounds are most extensively studied, however, the situation is different depending whether the system belongs to the valence fluctuation regime or to the Kondo regime. For the former, the scattering of the f-bands is the main mechanism and for the latter the scattering of conduction electron by the local f electrons is the main mechanism. However, there are no systematic studies on this stand point. The more interesting case is the non-trivial gap states, SmB_6, TmSe and YbB_{12}. From the measurement on other materials belonging to the localized 4f regime, for example CeB_6, it is clear that no anomalous Hall effect exists in these types of compounds when the 4f electrons are in the localized or Kondo regimes. Usually in the cubic crystals the anomalous Hall effect is not observed. However, in SmB_6 and TmSe, strong anomalous Hall effect is observed. In SmB_6, the anomalous Hall effect is strongly related with the gap opening, that is, the anomalous Hall effect disappears at low temperature when the gap opens.[8] This indicates clearly that the gap is formed as the 4f Wigner crystalization and as the Wigner crystal is melt, the gap disappears, the 4f electron can move contributing to the anomalous Hall effect. The same thing is expected in TmSe, where, the gap energy is much smaller. However, the situation is more complicated and more detailed experimental studies are necessary. In YbB_{12}, no anomalous Hall effect is observed. This means that SmB_6 and TmSe are mixed valent system in which both the trivalent and divalent atoms coexist and thus the 4f electrons can move but YbB_{12} is a trivalent system and thus the 4f electrons can not move even at high temperature.

CONCLUSIONS

So far some topics were picked up and considered. Many other things were also talked and discussed in this workshop and they are included in this proceedings. Anyway our main interest in the physics in the f-electron systems is how the transition from the atomic localized many body state to the itenerant one body band like state occurs, what happens at the transient region, what kind of new states with novel, exotic characteristics emerge at the boundary and whether more universal concepts eixst to explain the novel characteristics including both the limiting cases. We are now in the middle of the road to the goal and more systematic studies on more high quality samples are necessary in strong collaboration with theorists.

REFERENCES

1. For example, S. von Molnar and S. Methfessel, J. Appl. Phys. 38 (1967) 959.
2. M. Kasaya, Y. Ishikawa, K. Takegahara and T. Kasuya, J. Phys. Soc. Jpn. Supl. 49 (1980) 831.
   T. Kasuya, K. Takegahara, M. Kasaya, Y. Ishikawa and T. Fujita, J. de Physique C5 (1980) 161.
   T. Kasuya, K. Takegahara, M. Kasaya, Y. Ishikawa, H. Takahashi, T. Sakakibara and M. Date, Solid State Sciences 24 (1981) 150, Springer-Verlag, New York.
3. J. Rossat Mignod, J. M. Effantin, P. Burlet, T. Chattopadhyay, L. R. Regnault, H. Bartholin, C. Vettier, O. Vogt, D. Ravot and J. C. Achard, J. Magn. Magn. Mater. 52 (1985) 111.
   H. Takahashi and T. Kasuya, J. Phys. C, Solid State Phys. 18 (1985) 2697, 2709, 2721, 2731, 2745 and 2755.
4. T. Kasuya, J. Phys. Soc. Jpn. 61 (1992) 2206.
   T. Kasuya and T. Suzuki, J. Phys. Soc. Jpn. 61 (1992) 2628.
5. U. Ahlheimer, K. Fraas, P. H. P. Reinders, F. Steglich, O. Nakamura, T. Suzuki and T. Kasuya, J. Magn. Magn. Mater. 108 (1992) 213.
6. T. Kasuya, O. Sakai, H. Harima and M. Ikeda, J. Magn. Magn. Mater. 76&77 (1988) 46.
7. O. Sakai, Y. Kaneta and T. Kasuya, Jpn. J. Appl. Phys. 26 (1987) Supl. 26-3, 477.
8. T. Kasuya, K. Takegahara, Y. Aoki, K. Hanzawa, M. Kasaya, S. Kunii, T. Fujita, N. Sato, H. Kimura, T. Komatsubara, T. Furuno and J. Rossat-Mignod, Valence Fluctuations in Solids, ed. L. M. Falikov, W. Hanke, M. B. Maple, North Holland (1981) 215.
9. P. A. Alekseev, to be published in Proc. Intern. Conf. Strongly Correlated Electron Systems, in Sendai (1992).
10. T. Kasuya, J. Phys. Soc. Jpn. 61 (1992) 1863.
11. T. Kasuya, Prog. Theor. Phys. Supple. 108 (1992) 1.

CONTRIBUTORS INDEX

D.T. Adroja 55
F.G. Aliev 17
M. Amanowicz 71
Y. Aoki 81
C. Ayache 71, 255
B. Badurski 123
E. Bauer 133
K. Behnia 219
W.P. Beyermann 35
A.K. Bhattacharjee 255
A. Böhm 175
C.D. Bredl 175
J.-P. Brison 219
P.C. Canfield 35
R. Caspary 175
B. Coqblin 255
F.R. de Boer 113
A. de Visser 203
T. Endstra 93
S.M.M. Evans 255
Z. Fisk 35
J. Flouquet 219
H. Fujii . 1, 81, 113, 265, 271
T. Fujita 1, 81, 113
H. Fukuyama 221
P. Fulde 227
C. Geibel 175
A. Grauel 175
P. Haen 145, 255
H. Harima 49
Y. Hatsugai 247
L. Havela 113
A. Hiess 175
T. Hiraoka 271
M.F. Hundley 35
S. Ikeda 81
M. Ishikawa 1
D. Jaccard 185, 219
T. Kagayama 155

Y. Kaneta 49
M. Kasaya 27
T. Kasuya 71, 295
H. Kitazawa 71
T. Komatsubara 283
Y. Kuramoto 237
M. Kurisu 1, 265
G.H. Kwei 35
R.S. Kwok 35
S. Kwon 71
A. Lacerda 35
F. Lapierre 255
J.-M. Laurant 145
J.M. Lawrence 35
S.K. Malik 55
A.A. Menovsky 1
J.-M. Mignot 145
Y. Miyako 187
J.A. Mydosh 93
G. Nakamoto 1
G.J. Nieuwenhuys 93
S. Nishigori 1, 81
I. Oguro 1
Y. Ohe 71
Y. Ōnuki 103
G. Oomi 155
A. Oyamada 283
K. Payer 145
U. Pulst 227
J. Rebizant 71
T.M. Rice 247
J. Rossat-Mignod 71
T. Sada 271
T. Sakon 283
J. Sakurai 165
E.V. Sampathkumaran . . . 277
N. Sato 283
H. Sato 103
K. Satoh 103

C. Schank	175	H. Tanaka	1
V. Sechovský	113	J.D. Thompson	35
A. Severing	35	V.H. Tran	123
M. Sigrist	247	R. Troć	123
J.C. Spirlet	71	H. Tsunetsugu	247
F. Steglich	175	K. Ueda	247
H. Sugawara	103	G. Weber	175
T. Suzuki	1, 71, 283, 289	A. Yanase	49
T. Takabatake	1, 81, 265, 271	S.W. Yun	103
K. Takegahara	49	G. Zwicknagl	227

SUBJECT INDEX

Alloying effect	10
Band structure	30,50,101
Bulk modulus	39
CDW	191
$Ce(Cu_{1-x}Ni_x)_2Ge_2$	179
$Ce(In_{1-x}Sn_x)_3$	160
$(Ce_{1-x}La_x)_3Pt_3Bi_4$	42
$Ce_{1-x}La_xNiSn$	22
$Ce_{1-x}La_xPd_2Si_2$	170
$Ce_3(Pt_{1-x}Au_x)_3Bi_4$	42
$Ce_3Au_3Sb_4$	32
$Ce_3Pt_3Bi_4$	23,35,49,62
$Ce_3Pt_3Sb_4$	28,49
$CeAl_2$	105,133
$CeAl_3$	134,167,258,276
CeB_6	105,289
CeBi	289
$CeCu_2$	139
$CeCu_2Ge_2$	152,185
$CeCu_2Si_2$	152,167,182,279
$CeCu_3Al_2$	167
$CeCu_3Ga_2$	167
$CeCu_4Al$	134,167
$CeCu_4Ga$	167
$CeCu_6$	107,134,156,166,258,276
$CeIn_3$	105
$CeInCu_2$	156,167
$CeInPt_4$	66
$(Ce,La)Ru_2Si_2$	204
CeNi	107,166
$CeNi_{1-x}Pt_x$	171
$CeNi_{1-x}T_xSn$	10
CeNiIn	168
CeNiSn	1,17,27,62,204,214,266
$CeNi_xGa_{4-x}$	280
$CePb_3$	170
$CePd_2Si_2$	258
$CePd_3$	168
CePdSb	59
CePdSn	32,57,169
$CePt_2Si_2$	258
$CePt_5$	65
CePtIn	167
$CeRh_2Si_2$	187,204
CeRhSb	62
$CeRu_2Ge_2$	229
$CeRu_2Si_2$	107,145,187,212,229, 258
$CeRu_4Sn_6$	280
CeSb	200,289
$CeSi_x$	171
$CeSn_3$	107,166
$Ce_xLa_{1-x}Cu_6$	106,167,276
$CeXPt_4$	65
Coherence	196,227
Compressibility	151,157
Crossover	160,196
Crystal field	60,88,134,169,176, 227,237,292
$(DCNQI)_2Cu$	221
de Haas–van Alphen effect	228, 289
Devil's staircase	200
$DyCu_2Si_2$	278
$DyCu_{2-x}Ni_xSi_2$	278
$DyNi_2Si_2$	278
Electrical resistivity	3,20,36,57, 74,85,108,115,125,147,156, 242,256,265,272,277,284
Electronic specific heat	56,71, 182,283
EuB_6	44
f–d hybridization	93
Fermi liquid	17,56,71,141,190, 203,256
Fermi surface	49,130,228,277, 289
Field-induced transition	117

Gap ... 1,17,27,35,49,62,130,192, 214,251,265,277,285,291
$GdCu_2Si_2$ 280
GdPdSb 59
Grüneisen parameter .. 39,151,161, 203
Hall effect .. 4,77,103,262,272,285
Heat capacity 19,57,277
Heavy fermion .. 17,67,85,93,103, 155,165,175,185,187, 203,219, 227,247,271,289
Hill criterion 81
Inelastic neutron scattering ... 37, 192,232
Knight shift 197
Kondo chain 254
Kondo effect ... 176,279,284,291
Kondo lattice . 25,35,56,94,103,113, 190,230,247,262
Kondo semiconductor ... 1,17,27
Kondo singlet 237
$La_3Au_3Sb_4$ 32,50
$La_3Pt_3Bi_4$ 36
$LaCu_2Si_2$ 280
$LaCu_4Al$ 134
LaNiSn 28
LaPdSb 60
LaPdSn 169
$LaRu_2Si_2$ 189,204,212,260
Lattice parameter 35,72,145
Luttinger liquid 253
Luttinger–Peierls system 221
Magnetic susceptibility . 3,20,35,49, 58,86,108,178,190,232,239
Magnetization 6,118,128,192
Magnetoresistance . 7,40,76,113,127
Metal–insulator transition ... 223
Metamagnetism 209
Mixed valence 27,43,149,168
Mössbauer 57,72,130,284
Mott's equation 166
Nagaoka ferromagnetism 254
Neutron diffraction . 72,85,187,213
Neutron scattering 38,197
NMR 6,20,187
$NpPt_3$ 71
Organic conductor 221
$Pr_{1-x}La_xCu_2Si_2$ 278
$Pr_3Pt_3Bi_4$ 36
Pressure effect .. 9,21,41,145,155, 185,280
Quadrupole moment 231

Quantum Montecarlo 253
Quasiparticle 227
$R_3T_3X_4$ 23,27,35,49,272
RB_{12} 28
Relaxation time 257
Residual resistivity .. 109,128,158, 258,275
$RInPt_4$ 66
RKKY interaction 56,94,134, 165,189,203,244,279
RNiSn 28
RPdSb 59
RRhSb 63
RTX 56
SDW 191
Sm_3Ce_4 291
Sm_3Te_4 291
SmB_6 28,41,62
SmS 62
Specific heat .. 5,42,68,81,166,175, 194,204,219,228,267,283,290
Spin fluctuation .. 73,205,287,290
Spin–orbit coupling 257
Spin–orbit interaction 51
Substitution effect 21,42
Superconductivity 35,71,103, 180,185,187,205
Th_3As_4 50
$Th_3Ni_3Sb_4$ 50
Th_3P_4 50
Th_3Sb_4 51
$Th_3T_3Sb_4$ 28
Th_3X_4 50
Thermal conductivity ... 133,182, 219,234,256
Thermal expansion ... 19,38,192, 203,280
Thermopower ... 165,181,185,256
ThNiSn 86
ThPdIn 84
$(U_{1-x}Th_x)NiSn$ 87
$U_{1-y}La_yRu_2Si_2$ 245
$U_3Au_3Sn_4$ 273
$U_3Cu_3Sn_4$ 273
$U_3Ni_3Sn_4$ 272
$U_3Pt_3Sb_4$ 44
$U_3T_3M_4$ 271
UAl_2 110,188
UAuSn 130
UBe_{13} 182,279
$(U,Ce)T_2X_2$ 102
UCo_2Ge_2 101,279

$UCu_{1+x}Sn_{1-x}$	129
$UCu_{3+x}Ga_{2-x}$	82
UGe_2	104
UIr_2Ge_2	101
$U_kT_lX_m$	81
UNi_2Al_3	175,237
UNi_2Si_2	182
UNiAl	115
UNiGa	114
UNiSn	82,124
UPd_2Al_3	175,204,237
UPd_3	237
UPdIn	82,114
UPdSn	124
UPt_2Si_2	237
$U(Pt,Pd)_3$	197,204
UPt_3	71,110,182,204,228
UPt_4Au	82
UPtSn	82,124
URh_2Si_2	187
URhSb	82
$U(Ru_{1-x}Rh_x)_2Si_2$	98,187
URu_2Si_2	182,187,238
UT_2Ge_2	93
UT_2Si_2	93
UTSn	123
$U_xTh_{1-x}Be_{13}$	24
$U_xTh_{1-x}Ru_2Si_2$	243
Valence fluctuation	49,265
Weak antiferromagnetism	237
X-ray diffraction	66
YbAs	283
YbB_{12}	28,41,62
$YbCu_2Si_2$	227
$YbCu_4Ag$	141
YbN	283
YbP	283
YbX	283,291
µSR	6,187